한국문제 관련 유엔문서 자료집(上)

경희대학교 한국현대사연구원
현대사 자료총서 2-1

한국문제 관련 유엔문서 자료집(上)

유엔한국임시위원단 보고서(1948)
제3차 유엔총회 회의록(1948)
유엔한국위원단 보고서(1949)

경희대학교 한국현대사연구원
권재원 · 김재웅 · 안소영 · 유지아

경인문화사

| 간행사 |

역사는 우리가 발을 딛고 서 있는 현재의 디딤돌이자 내일의 뿌리다. 우리는 역사에서 얻은 교훈을 통해 미래의 진로를 열어야 한다. 지금 한국사회는 많은 어려움에 봉착해 있다. 남북 분단과 대치 상황은 여전하며, 동아시아 국가들 사이의 역사관도 첨예한 대립에서 벗어나지 못하고 있다. 남북 간 갈등과 동아시아 각국 간 민족주의적 대립은 인류사회의 염원인 평화와 공영을 이룩하는데 걸림돌로 작용한다. 게다가 지금 한국이 처한 정치·경제·사회적 곤경은 우리 삶의 질을 현저히 떨어뜨리고 있다.

오늘 우리 사회가 직면한 현실을 잉태한 역사적 기원은 1945년 해방 후 국가건설기로 거슬러 올라간다. 한국의 해방은 자력이 아닌 타력에 의한 해방이었다. 특히 미국과 소련은 남북한의 국가건설에 지대한 영향을 끼쳤다. 양차에 걸친 미소공동위원회가 결렬된 뒤인 1947년 9월 미국은 종래 모스크바3상회의의 결정을 준수한다는 입장을 폐기하고 한국문제의 유엔 이관을 결정했다. 11월 14일 제2차 유엔총회는 미국이 제출한 유엔 주관하의 남북한 동시선거 결의안을 채택했으며, 1948년 1월 선거 감시를 위한 유엔한국임시위원단(UNTCOK)이 서울에 들어 왔다. 그러나 소련의 위원단 방북 거부로 남북동시선거가 불가능해지자, 유엔 소총회는 2월 26일 남한 단독 총선거 실시 결의안을 다시 채택했다. 그 결과 5월 10일 총선으로 남한에는 대한민국이 수립되었고, 북한에서는 "8월 25일 선거"로 조선민주주의 인민공화국이 들어섰다. 1948년 9월 21일 프랑스 파리에서 열린 제3차 유엔총회는 대한민국과 북한이 그 정당성을 둘러싸고 국제적 승인을 얻기 위해 맞붙은 격전장이었다. 제3차 유엔총회에서 남북한이 벌인 "인정(認定)투쟁"에서 48대 6이라는 압도적 표차로 한반도 내 유일한 합법정부임을 승인받았다. 이때 얻은 국제적 승인은 1950년 6·25전쟁 때 북한의 침략에서 대한민국을 지킨 유엔군 파병의 근거가 되었다.

제2공화국 국무총리 운석(雲石) 장면(張勉: 1899~1966)은 1948년 9월 21일부터 12월 12일까지 프랑스 파리 샤요 궁(Palais de Chaillot)에서 열린 제3차 유엔총회 파견 수석대표로 대한민국에 대한 승인을 획득한 주역이자, 초대 주미대사(1949~1951)로 6·25전쟁을 맞아 유엔군의 파병을 이끌어 내 백척간두에 선 나라를 구한 발군의 외교관이었다. 당시 그가 남긴 기록들과 수집한 유엔관련 자료들은 장익 주교를 비롯한 유족들에 의해 잘 보존·관리되어 왔다. 경희대학교 한국현대사연구원은 장면의 삶과 치적을 기리는 운석 장면기념사업회의 지원으로 2014년과 2016년 장면이 남긴 친필 연대기 기록을 활자화한 『장면, 시대를 기록하다』(샘터)와 제3차 유엔총회 수석대표와 주미대사 시절 활동이 담긴 수첩을 탈초·교주(校註)한 『장면, 수첩(1948~1949)에 세상을 담다 Ⅰ: 대한민국 그 첫걸음의 기억』(경인문화사)을 현대사 자료총서1-1과 현대사 자료총서 1-2로 발간한 바 있다.

이번에 한국현대사연구원이 한국연구재단이 지원하는 중점연구소로 선정된 후 1차년도 사업의 성과물(현대사 자료총서 2-1)로 펴내는 『한국문제 관련 유엔문서 자료(1948~1949)』는 제3차 유엔총회 파견 수석대표 장면이 수집해 온 한국관련 의제와 관련된 회의기록, 보고서 등 운석 장면기념사업회 소장 자료를 중심으로 하되 일부 누락 자료는 유엔 아카이브 소장 자료로 보완해 자료원문을 해제와 함께 수록한 것이다. 1947년에서 1949년에 걸친 유엔한국임시위원단, 유엔한국위원단, 그리고 유엔총회의 활동이 낱낱이 담긴 이 자료집은 남북한 국가 건설 과정과 이에 관련된 유엔의 영향을 구명하는데 관건이 되는 기초자료로 관련연구의 진전에 기여하리라고 본다.

이 자료집이 나오기 까지 많은 분들의 도움이 있었다. 무엇보다 먼저 이 지면을 빌려 교책 연구소로 한국현대사연구원을 세워 지원을 아끼지 않은 경희대학교 조인원 총장님께 감사의 인사를 드린다. 또한 소중한 자료를 제공해 주신 유족 장익 주교님과 김종숙 여사님, 운석 장면기념사업회의 류덕희·한홍순 두 분의 이사장님께 감사 말씀을 드린다. 또한 해제와 편집으로부터 교정에 이르기까지 자료집이 세상에 나오기까지 전 과정에 참여한 본연구원의 안소영, 유지아, 권재원, 김재웅 선생님의 노고에, 그리고 궂은일을 마다하지 않은 김영숙 선생님과 권난경, 이슬비, 임성희, 조하영, 황승준, 이성우 조교의 조력에도 고마운 마음을 전한다. 끝으로 어려운 출판 환경에도 기꺼이 출판을 맡아 준 경인출판사의 한정희 대표님, 번거로운 요구사항들을 수용해준 김환기 이사님과 편집부 직원들에게 감사드린다.

2017년 2월

경희대학교 한국현대사연구원장 허동현

| 해제 |

한국문제 관련 유엔문서 자료(1948~1949) 해설

안소영(한국현대사연구원 연구교수)

1. 유엔과 한국문제

1945년 8월 제2차 세계대전이 끝나고 세계평화를 유지하기 위한 수단으로 유엔이 창설되었으나 미국과 소련의 대립으로 말미암아 유엔 활동의 대부분은 합의를 보기가 어려웠고 통일국가 수립의 과제를 안고 있는 한국문제는 그 가운데서도 해결이 가장 어려운 경우였다. 1947년 통일 한국의 국회 설립을 위한 전국 선거를 지원하려는 미국의 제안을 소련이 거부하자 미국은 한국문제의 유엔 이관을 결정했고 한국문제는 유엔총회가 해결해야 할 현안으로 부상했다. 이 무렵 유엔에서는 팔레스타인 분쟁 해결을 위한 유엔의 개입문제, 그리스 내전에 개입한 외국군대에 대한 조사, 원자력에 대한 국제적 관리문제 등, 중요한 국제정치 이슈들이 산적해 있었고 그러한 가운데 한국문제는 거의 주목의 대상이 되지 못했다. 그럼에도 불구하고 1947년 11월 14일 제2차 유엔총회는 제2차 세계대전 이후 유엔이 개입한 일련의 결정들 가운데 첫 번째 조치로서 한국문제에 관한 개입을 결정했다. 미국과 소련 두 강대국이 동시에 한반도에 진주해 있는 상황에서 유엔한국임시위원단이 6개월 동안 남북한 동시 선거를 감시한다는 결정을 승인한 것이다.

이어서 1948년과 1949년에는 두 가지 유엔총회의 결정이 대한민국을 보호하는 유엔의 개입을 강화했다. 첫째로 제3차 유엔총회는 소련군이 주둔하고 있는 북한지역의 입북 거부와 이에 따른 유엔한국임시위원단 활동의 제약, 공산주의자들의 선거 보이콧에도 불구하고 1948년 12월 12일의 미국 제안을 받아들여 대한민국을 한반도 유일의 합법정부로 승인했다. 유엔이 한국문제에 개입한 두 번째 결정은 1949년 10월 21일 미국의 제안에서 비롯되었다. 남한에서 총선거가 실시되고 유엔한국임시위원단의 공식적인 활동이 끝난 후 1949년 유엔총회는 유엔한국위원단에 대해 한국의 발전을 감시하고 이를 보고할 임무를 부여하는 결정을 채택했고 이에 따라 1950년 2월에 유엔한국위원단이 한국으로 파견되었다. 1950년 6월 25일 한국전쟁이 발발하자 유엔한국위원단은 북한을 침략자로 규정하였다. 이처럼 유엔은 남한에서의 국가건설을 지원하는 한편, 전쟁기에는 공산주의자의 침략에 반대하는 국제적 여론 규합에 중요한 역할을 수행했다.

이에 따라 본 자료집은 1947년에서 1949년에 걸친 유엔한국임시위원단, 유엔한국위원단, 그리고 유엔총회의 활동을 구체적으로 밝히고 유엔의 한국문제 개입 경위와 내용, 그리고 해방 후 남북한 국가건설에 끼친 영향 등의 규명하는 기초자료로서 이 분야 연구의 심화 확대에 기여할 목적으로 발간된다.

2. 본 자료집 발간의 의의

한국현대사연구원은 한국연구재단 지원 중점연구 제1년차(2015년 9월 ~2016년 8월) 과제로 '운석 장면기념사업회' 소장 한국문제 관련 유엔문서의 분류·정리·해제작업을 실시한 결과, 유엔총회 기록, 유엔한국임시위원단 보고서, 유엔한국위원단 보고서 등으로 구성된 자료 원문과 이들 문서의 성격과 내용에 대한 개괄적 해제를 첨부한 자료집을 발간하기로 하였다.

국내의 유엔문서 관련 소장기관으로는 국사편찬위원회가 가장 많은 자료를 수집해 왔다. 주한 미 제24군단 사령부 연락장교로 유엔한국임시위원단에 파견된 존 웨커링(John Weckerling) 준장이 작성한 보고서『유엔한국임시위원단(United Nations Temporary Commission on Korea : UNTCOK) 관계문서』(『대한민국사자료집』 제1-7집으로 간행, 1987-1990)을 비롯하여 당 위원회가 소장하고 있는 한국문제 관련 유엔 문서에 대한 개괄적인 소개를 하고 있으며 희망 자료의 열람이나 부분적으로 원문 출력이 가능한 시스템을 구축해 놓고 있다. 또한 해외기관의 경우는 뉴욕의 유엔본부 내에 설치된 유엔문서보관소(United Nations Archives)가 소장하고 있는 한국관련 문서철이 대표적이다. 1947~1948년간의 유엔한국임시위원단 문서, 한반도와 관련한 최초의 유엔위원단으로 1946년 10월부터 1947년 6월까지 활동한 운라위원단(UNRRA Mission in Korea), 1950~1962년의 유엔한국재건위원단(United Nations Korean Reconstruction Agency : UNKRA) 문서 등이 이에 해당한다.

그러나 이들 국내외 기관들이 한국문제와 관련된 유엔 관련 문서를 망라하고 있음에도 불구하고 이들 방대한 양의 자료들 가운데 한국문제 관련 문서의 종합적, 체계적 이용을 가능하게 하는 자료집이 발간된 경우는 없었다. 일찍이 국회 입법조사국에 의해 대(對) 유엔정책 수립의 필요로 인해 과거 유엔한국임시위원단과 유엔한국위원단 관련 보고서가 번역·공간된 바 있으나(國會圖書館 立法調査局편,『1948年度 國際聯合韓國臨時委員團 報告書 第1部 第1卷』1965년; 國會圖書館 立法調査局편,『國際聯合 韓國委員團報告書, 1949~1950』1965년) 이들 자료는 이들 두 위원단 활동과 관련된 전체 보고서의 일부에 불과하다.

이상과 같은 자료의 수집 및 발간 현황을 검토한 위에 본 연구원에서는 제3차 및 4차 유엔총회 문서, 그리고 유엔한국임시위원단과 유엔한국위원단 보고서를 중심으로 1948년에서 1949년에 걸친 한국문제 관련 유엔문서들을 모아 첫 번째 자료집을 발간하기로 하였다. 즉 1948년의 5.10 선거를 전후로 한 국내외의 상황 및 대한민국 정부 승인과 관련된 유엔 내부의 논의 및 유엔 산하기구의 보고서 등이 구성의 핵심이다. 미리 밝혀둘 것은, 본 자료집이 제3차 유엔총회와 유엔 한국임시위원단 및 한국위원단에 관련된 모든 문서를 포괄하는 것은 아니라는 점이다. 1948년 9월 21일 장면 박사가 제3차 유엔총회 개막식에 대한민국 정부대표단으로 파견되었을 당시 주요관심사이던 한국관련 의제와 관련된 회의기록, 보고서 등을 중심으로 직접 수집해 온 문서들, 즉 현재 운석 장면기념사업회에 소장된 문서들이 본 자료집 구성의 핵심이다. 다만, 유엔한국임시위원단과 유엔한국위원단 보고서의 경우, 운석 장면기념사업회가 소장하고 있는 문서 가운데는 보고서에 부속된 문서들, 즉 보고서 작성의 바탕이 된 문서들이 누락되어 있으므로 이들 일부 누락된 문서들을 포함하여 완결된 형태의 보고서를 수록하는 것이 자료적 가치나 활용도를 높이는 것이라 판단하여 유엔 아카이브의 원문제공 서비스를 활용하여 필요한 자료를 확보하여 본 자료집을 완성하였다. 그 결과, 크게 제3차 유엔총회 회의 기록, 유엔사무총장 보고서, 유엔한국임시위원단 보고서, 유엔한국위원단 보고서로 이루어진 총 22건, 929매에 이르는 자료 원문을 그대로 수록하고 이들 원문 자료를 개괄하는 해제를 첨부하기로 하였다.

3. 자료집의 구성

본 자료집은 아래에서 소개하는 바와 같이 제1부 유엔한국임시위원단 보고서(1948년), 제2부 제3차 유엔총회 관련 기록 및 유엔사무총장 보고서(1948년), 제3부 유엔한국위원단 보고서(1949년)의 세 부분으로 구성된다.

1) 제1부: 유엔한국임시위원단 보고서

연합국의 전시회담에 의거하여 전후 한반도에 대한 신탁통치의 실시와 통일임시정부 수립을 지원하기 위해 미소공동위원회가 개최되었으나 1947

년 5월에 개최된 제2차 미소공위는 협의대상 문제를 둘러싼 미국과 소련의 입장대립으로 말미암아 결렬되었고 미국과 소련은 각각 독자적인 해결 방안을 제시했다. 먼저 미국은 '모스크바협정'이라는 국제적 합의사항을 미소양국의 협의에 의해서가 아니라, 국제기구인 유엔을 통해 해결하자는 방안을 제시했다. 이에 대해 소련은 패전국의 식민지인 한국에 관한 처리는 연합국의 소관사항이지 유엔이 개입할 문제가 아니며 모스크바협정만이 한국문제 해결의 유일한 방안이라고 주장하면서 모스크바협정의 이행이 불가능할 경우 미소양군이 동시에 철군할 것을 제안했다.

마침내 1947년 9월 17일 미국은 한국문제를 유엔에 이관하였으며 유엔에서는 9월 23일 한국문제를 총회 의제로 상정했다. 동시에 미국은 미국, 소련, 중국, 영국의 4개국 회담에 한국 통일문제를 상정할 것을 제안했지만 소련은 이에 반대했다. 미국의 제안에 따라 유엔총회는 1947년 11월 14일 유엔한국임시위원단의 구성을 결정했다. 유엔한국임시위원단은 호주, 캐나다, 중국, 엘살바도르, 프랑스, 인도, 필리핀, 시리아, 우크라이나 등 9개국으로 구성되었으나 우크라이나는 참석을 거부했고 우크라이나의 불참으로 8개국으로 출범한 위원단은 1948년 1월, 한국으로 파견되었다. 서울에 들어 온 한국임시위원단은 남한의 정치지도자들과 협의하는 한편, 북한의 정치지도자들과도 접촉을 시도했지만 북한지역에 주둔하고 있던 소련군의 방북 제지로 임무를 수행할 수가 없었다.

남한에서 총선거를 위한 자유로운 분위기 조성이 순조롭지 않을 뿐더러, 북한지역에 들어가는 것을 거부당한 유엔한국임시위원단은 현지에서의 임무 수행이 난관에 봉착하고 더 이상 필요한 조치를 찾기 어렵게 되자, 메논(V. K. K. Menon) 의장과 호세택(胡世澤) 사무국장을 유엔 소총회에 파견해 향후의 활동방향을 모색하기로 하였다. 1948년 2월 20일, 메논의장은 유엔 소총회에 한국문제 해결 방안을 제시했으나 미국은 당장 임시한국위원단 접근이 가능한 지역 즉 남한에서의 총선거를 제안하여 유엔의 가결을 이끌어낸다. 유엔은 남한에 체류 중이던 한국임시위원단에 이를 통보했고 남한 미군정의 하지장군은 5월 10일의 총선거 실시를 결정하게 된다. 이에 따라 유엔한국임시위원단은 남한에서의 총선거 실시를 감독하고 이어서 선거가 '전반적으로 자유로운 분위기' 속에서 치러졌다는 보고서를 작성했다. 이 보고서를 근거로 제3차 유엔총회는 대한민국이 유엔한국임시위원단이 접근 가능한 지역에서 '자유로운 분위기' 속에 실시된 총선거를 통해 수립된 합법정부임을 승인했다.

본 자료집 제1부는 위에서 개괄한 유엔한국임시위원단의 활동과 관련된 보고서로, 그 내용을 개괄하면 다음과 같다.

① First part of the report of the United Nations Temporary Commission on Korea Volume I (1948) [A/575]

1947년 11월 14일 유엔총회에서 채택된 결의문 112(Ⅱ)에 따라 설치된 유엔한국임시위원단이 1948년 1월 12일부터 5월 24일까지의 활동내용을 유엔총회에 제출한 보고서(제1부 제1권)이다. 1965년 국회도서관 입법조사국에 의해 『1948년도 국제연합한국임시위원단 보고서(제1부 제1권): 입법참고자료 제30호』라는 제목으로 전문이 번역, 출간된 바 있으며, 유엔한국임시위원단의 창설과정, 위원단의 권한 및 조직 구성, 당시 한국의 정치상황, 위원단의 주요활동 등의 내용을 수록하고 있다.

본 보고서에 의하면 유엔한국임시위원단은 1948년 1월 12일부터 1948년 6월 4일까지 모두 2회의 공식회의와 56회의 비공식회의를 개최하였으며 총 58회 회의 중 서울에서 41회, 중국 상하이에서 17회를 개최하였다. 임시위원단은 서울에서 활동하는 동안 3개 분과위원회(sub-committee)와 선거감시반(observation groups)을 설치하였다. 제1분과위원회는 자유로운 선거분위기 보장을 위한 방안을 강구하고, 제2분과위원회는 임시위원단의 직무 수행에 도움이 될 한국 측 인사들의 청문, 그리고 제3분과위원회는 남북한의 선거법 및 규정을 검토하는 역할을 각각 담당했다.

특히 제2분과위원회는 1948년 5월 10일까지 선거 및 임시위원단의 역할에 대해 개인들로부터 278통, 그리고 정치·종교·문화 단체로부터 498통, 모두 776통의 서신을 접수하였고 균형 있는 여론을 수렴할 목적으로 인터뷰 실시를 계획하는 한편, 우익, 중도, 좌익 인사 대표 및 정치와 무관한 주요 단체의 대표들을 대상으로 인터뷰 대상자를 확정하였다. 제2분과위원회가 수집한 정보는 제1분과위원회 및 제3분과위원회와의 협조를 통해 검토하고 그 결과를 의장에게 제공하여 유엔총회 소총회와의 토의에 참고자료로 활용할 수 있도록 하였다. 제3분과위원회는 남조선과도입법의원 의원선거법과 북한 선거규칙 원문 등 남북한의 선거법 관련 규정을 검토하였다. 다른 한편으로 임시위원단은 선거기간 중 서울시와 전국 각 도 지역의 선거진행상황을 감시하기 위해 현지 선거감시반을 조직하였으며, 1948년 4월 10일까지 기간에 3개 반, 1948년 4월 24일까지 기간에는 4개 반, 선거일에 임박해서는 9개 반을 편성하여 운용하였다.

이상의 3개 분과위원회의 활동 결과와 현지감시반에 의한 보고, 한국의 전통과 역사적 배경을 종합적으로 고려한 결과, 임시위원단은 1948년 5.10선거는 임시위원단의 접근가능 지역이자 전체 인구의 3분의 2를 차지하는 지역(즉 남한)에 거주하는 유권자의 자유의사를 반영한 유효한 선거로 간주할 수 있다는 결론을 내렸고 이상과 같은 취지의 보고서는 파리에서 개최되는 제3차 유엔총회에 제출되었다.

② First part of the report of the United Nations Temporary Commission on Korea Volume II, Annexes I -VIII (1948) [A/575/Add.1]

1947년 11월 14일 유엔총회에서 채택된 결의문 112(II)에 따라 설치된 유엔한국임시위원단이 1948년 1월 12일부터 5월 24일까지의 활동내용을 유엔총회에 제출한 보고서(제1부 제1권)가운데 언급된 문서의 원문을 수록한 부록(제1부 제2권)이다.

구체적으로는, 유엔한국임시위원난에 파견된 각국 대표단 및 사무국 명단, 소련·우크라이나 · 북한 당국의 협조를 얻기 위한 성명문 및 교환 서신, 남한의 선거법과 북한의 선거규칙 원문 및 이와 관련하여 유엔한국임시위원단이 제시한 권고내용, 자유로운 선거분위기 보장을 위한 문제에 관한 문서, 한국 측 인사들의 증언 및 한국의 정보원들과 주고받은 연락사항에 관한 문서, 1948년 5월 10일 선거 결과에 관한 주요 문서 원문들로 구성되어 있다.

유엔한국임시위원단과 관련하여 "자유로운 선거분위기와 과련된 주요문서"(부속문서 5) 부분에는 임시위원단이 남한의 미군정에 대해 전달한 권고사항, 남조선과도정부의 형사소송 관련 법령, 남한 시민의 자유에 영향을 미치는 미군정 포고 및 명령, 공식연설, 정책 자료 등이 포함되어 있다. 또 부속문서 6에는 5·10선거 실시를 앞두고 제2분과위원회가 실시한 여론조사 내용을 수록한 것으로 1)당시 한국의 정치동향 2)남한의 정당 및 사회단체들의 견해 3)한반도 전역 또는 남한만의 선거 실시에 대한 입장 4)자유로운 분위기에서 실시되는 선거를 보장하기 위해 필요한 조건 5)자유선거 실시 전망에 대한 견해 6)정치범에 관한 의견 7)한국의 국가독립 달성을 위한 대안 8)고위관료의 견해 9)자유로운 선거 분위기에 관한 견해 10)국립경찰의 역할 11)종교, 교육, 문화, 경제 및 여성 단체 지도자들의 견해 12)마을 이장 및 동장의 견해 13)주한미군사령관의 견해 등 주요 현안에 대한 각계각층의 의견을 청취하였으며 추후 그 결과를 바탕으로 유엔총회에 제출할 보고서를 작성하였다. 또한 1948년 1월 26일부터 3월 6일까지 임시위원단 제2분과위원회에서 증언한 인사들의 명단이 수록되어 있으며 정치성향에 따라 우익, 중도파, 좌익으로 분류되어 있다.

"5.10 선거 결과에 관한 문서들"(부속문서 7) 가운데는 미군정 연락장교가 작성한 공식선거등록 통계 및 후보자의 정당소속 통계, 선거구별 당선자의 이름과 나이 투표수, 직업, 소속 정당 등 상세한 정보와 북제주 선거구의 선거무효 관련 문서가 포함되어 있다. 맨 마지막에 첨부된 문서목록(부속문서 8)에는 한국의 독립문제에 관한 유엔문서와 유엔한국임시위원단 관계 전체 문서목록을 수록하고 있으며 어젠다별로 자료군을 몇 가지로 구분하고 각 자료군에 해당하는 문서목록을 일괄수록하고 있어서 주제별 해당문서를 일목요연하게 파악할 수 있다.

③ First part of the report of the United Nations Temporary Commission on Korea Volume III, Annexes IX-XII (1948) [A/575/Add.2]

1948년 5·10 선거에 관한 유엔한국임시위원단(UNTCOK)의 활동을 기록한 보고서(제1부 제3권)로, 4개의 부속문서로 구성되어 있다.

첫 번째는 제1분과위원회가 실시한 "자유로운 선거분위기에 관한 인터뷰 및 구술기록"(부속문서 9)으로, 주한 미군 연락장교 웨커링(John Weckerling) 준장, 주한 미 군정장관 윌리엄 딘(William F. Dean) 소장, 미군정 고문 퍼글러(Dean Charles Pergler)와 프랑켈(Ernest Fraenkel) 박사, 주한 미군 사령관 하지(John R. Hodge) 중장에 대한 인터뷰를 수록하고 있다.

두 번째는 제2분과위원회가 선거와 관련하여 실시한 "한국인 요인에 대한 인터뷰 및 구술 기록"(부속문서 10)으로, 이승만(대한독립촉성회), 김구(한독당), 김규식(과도입법의원), 김성수(한민당), 안재홍(남조선과도정부 민정장관), 조병옥(경무부장), 장건상(근로인민당), 여운홍(사회민주당) 등 정계 인사를 비롯하여 재계, 종교계, 사회단체 대표, 마을 이장에 이르기까지 각계, 각 정파의 견해를 청취, 수록하고 있다. 자유롭고 민주적인 선거가 이루어지기 위한 조건, 모든 단체와 정당들이 차별 없는 표현, 집회, 출판의 등 기본적 자유의 보장 여부, 정치범의 현황, 남한의 경찰에 관한 견해 등이 질문으로 주어졌다.

세 번째는 제3분과위원회가 실시한 "남북한의 선거법 및 선거규칙에 대한 요인들의 견해"(부속문서 11)에 관한 인터뷰 기록이다. 유권자와 후보자의 연령 제한, 부적격자의 자격 제한 에 대한 남북한 법률조항의 자이, 부일협력자의 선거 참여 문제, 문맹자의 투표권, 국회의원 정족수 등에 대해 질문하였고 이에 대한 견해를 좌, 우, 중도 등 답변자의 정치적 성향별로 구분하여 파악하였다.

마지막 문서는 "유엔한국임시위원단 선거감시반의 1948년 5·10 선거에 대한 관찰 기록"이다. 제1단계(1948.4.5.~10)의 유권자 등록에 관한 내용을 지역별로 제1, 제2, 제3선거감시반의 활동기록으로 나누어 파악하고, 제2단계(1948.4.19.~24)의 후보자 등록에 관한 내용을 지역별로 제1~제4선거감시반의 활동을 통해, 마지막으로 제3단계(1948.5.7.~11) 선거당일의 활동을 제1~제9선거감시반의 기록으로 요약하였다. 현지에 파견된 위원단들이 선거관리위원회 위원과 지방단체장, 입후보자, 지역유지 등에 대한 인터뷰를 통해 각각 선거등록 현황과 후보자들의 정치성향을 파악하였으며 전국에 걸친 선거 분위기와 투개표 상황에 대한 상세하고 생생한 기록의 보고라 할 수 있다.

④ Second part of the report of the United Nations Temporary Commission on Korea Volume I (1948) [A/575/Add.3]

유엔한국임시위원단의 1948년 5·10 선거 후의 활동을 요약한 보고서(제2부 제1권)이다. 본보고서는 크게 두 부분으로 구성되어 있으며 제1장은 1948년 5월 25일부터 10월 14일까지의 선거 후 임시위원단 및 산하기구의 주요 활동에 관한 내용을 요약하고 있다. 구체적으로 1장에서는 5·10 선거에 의해 구성된 대한민국 국회에 대한 유엔임시위원단의 결의와 성명, 국회 내 임시연락위원회와의 협의문제, 대한민국 정부 수립과 통치권의 이양문제, 유엔총회에 제출할 보고서 준비와 위원단의 제3차 유엔총회 참가 방식에 대한 검토 내용이 포함되어 있다. 제2장은 한국독립문제의 여러 측면과 남북통일문제가 주제이다. 5·10선거 후 정부수립 문제에 대한 임시위원단의 입장, 국회에 대한 평가, 유엔의 대한민국 정부 승인 문제, 통일문제에 관한 임시위원단의 입장과 권고안이 제시되어 있다.

⑤ Second part of the report of the United Nations Temporary Commission on Korea Volume II, Annexes I-VII (1948) [A/575/Add.4]

5·10 선거 후 유엔한국임시위원단의 활동 보고서(제2부 제1권)에 언급된 내용과 관련된 문서 원문을 수록한 보고서(제2부 제2권)이다. 구체적으로는 대한민국 국회구성, 유엔한국임시위원단과 국회의 협의에 관한 문서, 대한민국 정부수립과 임시위원단과의 협의에 관한 문서, 정부기능 이양에 관한 합의문과 교환통신문, 북한의 선거 과련 문서, 대한민국 헌법, 1948년 6월 5일 이후 임시위원단 대표 및 사무국 명단, 1948년 6월 5일 이후 발표된 임시위원단 문서의 최종 목록 등이 수록되어 있다.

이상의 유엔한국임시위원단의 보고서 총 다섯 권 가운데 제1부 제1권과 제2권은 운석 장면기념사업회에 소장되어 있는 문서이며, 제1부 제3권과 제2부의 제1, 제2권은 유엔문서보관소(United Nations Archives)의 자료공개 사이트를 통해 직접 확보한 문서이다.

2) 제2부: 제3차 유엔총회 한국관련 문서(1948)

제2부는 제3차 유엔총회의 한국 관련 문서들로 1) 제3차 유엔총회 소총회 회의기록 요약 2) 제3차 유엔총회 제1위원회 회의기록 요약 3) 유엔사무총장보고서의 세 부분으로 구성되어 있다. 먼저 그 첫 번째 부분은 제3차 유엔총회 '소총회'의 한국관련 회의 기록이다.[1]

유엔헌장에 의하면 식민지의 독립과 같은 정치·안보 문제는 우선 안전보장이사회가 담당하기로 되어 있었다. 그러나 한국의 독립문제에 관해서는

1947년 미소공위의 결렬에서 이미 경험한 바와 같이 미국과 소련의 대립이 예상되고 있었기 때문에 미국은 안전보장이사회가 아닌 유엔 총회의 결의에 의해 한국의 독립문제, 대한민국 정부 수립을 관철시키고자 했다. 이와 같이 1950년 한국전쟁 발발 이전까지 한국문제는 주로 유엔총회에서 논의, 검토되었으며 궁극적으로는 통일정부수립을 위한 총선거의 실시라는 결정에 이르게 된다. 본 자료집 제2부에 수록된 제3차 유엔총회 관련 문서들은 바로 이러한 한국문제 처리방침에 관한 일련의 논의에 관한 것이다.

1947년 11월 14일 제2차 유엔총회는 ①한국 정부수립 문제 토의에 한국 대표를 초청하기 위해 9개국으로 구성되는 유엔한국임시위원단을 파견하고 ②대표자들이 국회를 구성하고 정부를 수립하도록 1948년 3월 31일 이전 남북한 동시 선거를 실시하며 ③수립된 정부가 위원단과 협의하여 국방군을 조직하고 점령당국 군대의 철수를 위해 점령 당사국과 협의할 것 ④위원단은 사태의 진행에 따라 유엔소총회와 협의할 수 있다고 하는 미국측 제안을 가결하였다.

이에 따라 유엔한국임시위원단은 한국통일문제에 관한 여론을 수합해서 유엔총회에 보고하는 임무를 맡게 되었다. 그러나 소련은 소련군 점령하의 북한에 유엔한국임시위원단이 들어가는 것을 거부하였기 때문에 위원단은 남한만으로 한정된 활동 및 여론수집 결과를 유엔 소총회에 보고하고 제2차 유엔총회의 결의사항을 남한만으로 한정하여 실시할 수 있는지 여부에 대하여 소총회와 협의하기로 하였다. 이에 대해 소총회는 1948년 2월 26

1 유엔총회는 각 회기마다 특정 사안을 처리하기 위한 특별기구(ad hoc body)를 설치했는데, 1947년 11월 13일 각 회원국의 대표 1명씩으로 구성되는 '소총회'를 한시적으로(1년) 설치했다. 1948년 유엔총회는 소총회를 1년간 더 존속시키기로 결정했으며 1949년에는 '중간위원회'로 명칭을 바꾸고 상설기구가 되었다. 소총회의 주요 임무는 총회가 의뢰하는 사항, 가맹국이 총회의 의사결정에 포함시킬 것을 제안하거나 안전보장이사회가 총회에 의뢰하는 분쟁사태 또는 국제평화와 안전에 관한 일반원칙 및 정치적 분야에서의 국제협력의 촉진 등에 관해 연구·조사·심의를 하고 그 결론을 총회에 보고하는 것이었다. Yearbook of the United Nations, "Introduction" p.4; p.16.

일 채택한 결의에서 "1947년 11월 14일의 총회결의에 설정된 계획은 실시되어야 하며, 이 목적을 위하여 필요한 조치로서 유엔한국임시위원단은 한반도 전역을 통한 선거 감시에 임하여야 하며, 그것이 불가능한 경우에는 위원단이 접근 가능한 지역에서라도 선거 감시에 임하여야 한다"라고 말함으로써 남한만의 단독선거를 실시할 수 있다는 견해를 밝혔다. 이 결정에 따라 남한에서는 1948년 5월 10일, 국회를 구성하기 위한 총선거가 실시되었으며, 유엔한국임시위원단의 임무도 선거를 감시하고 결과를 보고하는 것으로 변경되었다. 본 자료집에 수록된 제3차 유엔총회 소총회 제6회(A/AC.18/SR.6) 및 제7회(A/AC.18/SR.7) 회의기록 요약과 '한국 독립문제에 관한 제3차 유엔총회 소총회 기록'(A/AC.18/32)은 바로 이와 같은 남한에서의 5·10 총선거의 실시에 관한 소총회의 결의에 관한 문서이다.

다음으로 제2부의 두 번째 부분은 제3차 유엔총회 '제1위원회' 회의기록을 수록하고 있다.

유엔 총회는 본회의에서 직접 토의하는 일부 안건을 제외한 대부분의 안건은 일차적으로 산하 각 위원회에서 실질적인 토의를 진행하도록 하였고 한국 독립문제에 관해 가장 활발한 논의가 이루어진 것은 '군축(軍縮) 및 국제안보'에 관한 문제를 담당하는 제3차 유엔총회 제1위원회(First Committee)에서였다.[2] 그 중 본 자료집 제2부에는 제229차~제236차 회의 요록(A/C.1/SR 229~A/C.1/SR 236, 194812.6~12.8 작성)이 수록되어 있다.

구체적으로는 첫째 제3차 유엔총회에 한국문제를 어젠다로 상정하고 한국문제에 관한 회의에 이미 한국대표와 함께 북한 대표 초청안이 제안되었으나 표결 결과 남한이 한반도의 유일한 합법적 정부로 인정받아 유엔총회

2 총회 산하의 주요 위원회 구성은 다음과 같다. 제1위원회(First Committee)는 군축 및 국제안보문제, 제2위원회(Second Committee)는 경제·개발 및 금융문제, 제3위원회(Third Committee)는 사회적, 인도적 및 문화적 문제, 제4위원회(Fourth Committee)는 특별정치 및 탈식민 문제, 제5위원회(Fifth Committee)는 행정 및 예산문제, 제6위원회(Sixth Committee)는 법률문제를 각각 다루게 되어 있다.

에 참석할 수 있게 되었다(A/C.1/SR 229, 230). 둘째 한국독립문제에 관한 유엔한국임시위원단의 활동 보고서(1948.1.12.~5.24와 5월 25~10.14의 두 기간)를 토대로 한 논의 결과, 남한에서의 총선거과정의 합법성과 정당성을 인정하고 대한민국정부가 한반도 내의 유일 합법정부임을 확인하였다. 여기서 유엔총회에 한국대표단 대표로 참석한 장면 박사는 한반도의 유일한 합법정부로서 대한민국이 외교권을 행사할 것을 주장하고 남북한 군사력의 비대칭성을 해소하기 위해 미군에 의한 한국군 육성 지원을 요청했다(A/C.1/SR 231, 232). 이러한 움직임에 대해 우크라이나와 폴란드, 소련이 한국문제 해결과정에서의 미국의 정책, 유엔한국임시위원단 구성 및 활동의 문제점을 지적하거나(A/C.1/SR 233, 234), 한국문제가 유엔 영역 밖의 일이므로 미국과 소련 양국의 협의하에 해결해야 할 문제라고 주장하는 등 견해가 대립되었으나 결국은 분단을 기정사실로 수용한 후에 대한민국이 유일한 정부임을 승인하고 새로운 위원회(유엔한국위원단)를 설치하자는 미국 수정안의 가결로(A/C.1/SR 235, 236) 제1위원회 회의는 종료되었다.

제2부의 마지막 부분은 제3차 유엔총회 시기 사무총장의 연례활동 보고서(Annual Report of The Secretary-General on The Work of The Organization 1 July 1947~30 June 1948)로, 유엔총회에서 유엔한국임시위원단의 설치가 결정된 것에서부터 비롯하여 임시위원단의 방북을 위한 소련측과의 접촉, 유엔총회 소총회의 논의, 유엔한국임시위원단 각 분과위원회의 활동 등을 망라한 종합적 보고서이다.

3) 제3부: 유엔한국위원단 보고서(1949)

1948년 12월 11일 개최된 제3차 유엔총회 제186차 본회의(plenary meeting)에서 유엔은 제1위원회가 결의한 '한국의 독립문제에 대한 제1위원회 보고서'의 심의를 통해 기존의 유엔한국임시위원단의 활동이 그 임무를 완수하지 못하였으나 남북한의 교류를 증진시키는 데에 중요한 역할을

할 수 있다는 인식을 공유하고 재차 위원단을 파견한다는 데에 동의하였다. 이에 따라 12월 12일, 제3차 유엔총회는 임시위원단의 사업을 계승하되 새로이 오스트리아, 중국, 엘살바도르, 프랑스, 인도, 필리핀, 시리아의 7개국으로 구성되는 유엔한국위원단을 설치한다는 제195호 결의안을 채택하였다.

결의안 제195조 3항에 의하면 유엔한국위원단은 한국에서 군사적 충돌에 휘말리게 될지도 모르는 사태의 발전을 관찰, 보고하고 한반도 분단에 의해 초래된 경제·사회적 교류의 장애물을 제거하며(제1분과위원회), 한국의 통일을 촉진하고 한반도 전체를 대표하는 정부, 의회의 발전을 유지하는 데에 필요한 감시와 협의를 실시하며(제2분과위원회), 점령군의 조속한 철수를 감시하는(제3분과위원회) 임무를 부여받았다. 또한 이러한 임무를 발전적으로 수행하기 위해 위원단은 중간위원회와 협의할 수 있으며 총회에 대해 보고서를 제출하도록 되어 있었다.[3]

이른바 '유엔신한국위원단(新韓委)'으로도 불리는 이 조직은 1949~50년 사이에 남한에 파견되어 머무르는 동안 통일 가능성을 타진하기 위한 남북한 대표자간 토론을 지원할 용의를 표명하고, 남북한 간의 시험적인 합법적 교역의 재개 지원을 제안하기도 하였으나 남북한 모두로부터 거절당했다. 이처럼 평화통일의 진전을 위해 다양한 가능성을 모색했지만, 1950년 1월 미 대사관이 '혼수상태의 위원단(the comatose Commission)'이라고 부를 정도로 무기력 상태에 빠졌다. 그러나 한국전쟁이 발발하자[4] 유엔한국위원단은 38선 전역에 걸친 북한의 침략을 확인하고 유엔 안전보장이사회에 보고하였고 이들 현지 유엔기구 요원들의 보고는 북한의 침략에 대한 사실 확인과 신속한 유엔결의안 채택을 이끌어내는 바탕이 되기도 하였다.

---

3 Yearbook of the United Nations, ch.2 Functions and Organization of the United Nations, p.17.

4 357.AD file, UNCOK, box 1375, State Department to San Salvador Embassy, January 24, 1950.

유엔한국위원단이 총회에 제출한 1949~1950년도 보고서는 국회도서관 입법조사국에 의해 번역된 바 있다.[5] 다만 이 번역본은 위원단 자체 보고서로서는 온전한 내용을 담고 있지만 보고서 내용과 관련된 중요 문서와 관련기록들을 포함하고 있지는 않다. 본 자료집에서는 이를 보완하여 다음 두 권의 유엔한국위원단 보고서 원문과 해제를 수록하였다.

① **유엔한국위원단 보고서 제1권**(Report of The United Nations Commission on Korea, Volume I (1949) [A936]

1948년 12월 12일 유엔총회 결의 195(Ⅲ)에 의하여 설치된 유엔한국위원단이 도착한 1949년 1월 30일 부터 1949년 7월 28일까지의 활동을 기록한 보고서(제1권)이다. 제1장에는 유엔한국위원단의 창설경위에 대해, 권한과 구성과 조직에 대해, 제2장에서는 임시위원단 및 산하기구의 주요 활동의 개요를 제1~제3분과위원회별로 각각 서술하였으며, 제3장에서는 정부수립 이후 한국문제의 현황에 대해 즉 정치, 경제, 사회적 발전과 한국의 독립과 통일에 영향을 미치는 요소들에 대해 요약, 정리하였다.

② **유엔한국위원단 보고서 제2권**(Report of The United Nations Commission on Korea, Volume Ⅱ(1949) [A936/Add.1]

앞의 유엔한국위원단 보고서 제1권의 부속문서로, 보고서에서 언급된 문서들을 모은 것으로, 위원단 내 각 분과위원회 활동, 위원단 자체 조직에 관한 원문 자료이다.

첫째, 통일에 장애가 되는 경제적 · 사회적 장벽을 제거하기 위한 위원단 활동과 관련하여,

5 國會圖書館 立法調査局, 1965『國際聯合韓國委員團 報告書(1949.1950): 立法參考資料 第35號』

a, 제1분과위원회의 최종보고서 및 부속문서

b. 주한 미 경제협조처 대표단 번스(Arthur C. Bunce)의 청문회(hearing) 발언 요지와 번스가 제출한 경제발전에 관한 보고서

c. 미국과 대한민국 간의 원조에 관한 협정문(1948.12.10)

둘째, 대한민국의 의회정치 발전에 관한 주요 문서로,

a. 제2분과위원회 최종보고서 및 부속문서

b. 한국신문법(1907년[광무 11년] 공포, 1909년[광무 12년] 개정)

c. 국가보안법(1948.12.1, 법률 제10호) 원문

셋째, 주한미군 철수 및 주한 미 군사고문단 설치와 관련하여,

a. 제3분과위원회 보고서

b. 미국대사가 위원단에 보낸 서한 및 위원단 면담 시의 발언

c. 한국에서 외국군대의 철수 및 군사대표단 설치에 관한 국회의원 및 애국단체의 서한

넷째, 위원단에 부여된 위임사항의 실시에 대한 대한민국 정부와 북한의 태도와 대한민국 정부에 대한 위원단의 입장에 관한 문서

다섯째, 유엔한국위원단 대표단 및 사무국 조직 명단

끝으로, 한국 독립문제에 관한 유엔 문서와 유엔한국위원단 문서 전체 목록이 수록되어 있다.

4. 맺는 말

해방 후 유엔은 '한국문제'에 관해 유엔총회의 결의안을 실현하기 위해 유

엔한국임시위원단(UN Temporary Commision on Korea, UNTCOK, 1947-1948), 유엔한국위원단(UN Commission on Korea, UNCOK, 1948-1950), 유엔한국통일부흥위원단(UN Commission for the Unification and Rehabilitation of Korea, 1950-1970) 등을 현지에 파견하였다. 그리고 이들 위원단이 총회에 제출한 활동보고서에는 통일정부의 수립이라는 과제를 둘러싼 한국문제에 관한 유엔에서의 논의, 나아가 한국전쟁에 이르기까지 한국의 통일·독립문제 등에 관한 국제사회의 인식은 물론, 당시 한국의 국내정세 및 통일정부수립에 대한 각 정치세력의 입장과 대응 등에 관한 상세한 내용이 기술되어 있다. 따라서 본 자료집은 근래에 신진 연구자들에 의한 연구가 진척되고 있음에도 불구하고 그 중요성에 비해 상대적으로 연구 대상으로 크게 주목받지 못한 유엔한국임시위원단과 유엔한국위원단 연구의 의의와 필요성을 환기하고 연구의 축적에 기여할 것으로 기대된다.

물론 본 자료집에 수록된 문서들이 1948년과 1949년의 제3·4차 유엔총회에서 논의된 한국문제에 관한 모든 자료를 망라하고 있는 것은 아니다. 어디까지나 제3차 유엔총회에 한국 대표로 파견된 장면 박사가 수집한, 현재 운석 장면기념사업회가 소장하고 있는 문서들을 편집·발간하는 것에 목표를 둔 것이다. 이를 통해 유엔의 대한민국 정부 승인을 위한 한국대표단의 활동을 유엔문서를 통해 직접, 다각적으로 분석하는 실마리를 제공한다는 데에서 그 일차적 의의를 찾을 수 있을 것이다.

또한 본 한국현대사연구원이 한국연구재단의 지원을 받아 수행하고 있는 "장면 및 제2공화국 관련 문헌 발굴, 정리, 집성" 작업의 1단계 성과물인 이 자료집은 기존 연구에서 상대적으로 충분히 조명되지 못한 제1공화국 시기 장면 박사의 정치 활동, 특히 유엔을 중심으로 한 외교활동에 초점을 맞춘 분석을 가능하게 한다는 점에서 장면 연구 또는 초창기 한국외교사 연구의 지평을 확대하게 될 것이다.

마지막으로 본 자료집에 수록된 유엔한국임시위원단의 보고서 가운데에는 1948년에 실시된 5·10선거 관련 내용이나 한국의 유엔 가입 문제에 관한 각 국의 반응 등이 수록되어 있을 뿐만 아니라 1948~1949년의 한국의 국내정세, 남한의 사회경제적 상황, 석유 등을 비롯한 자원 현황, 북한 주민의 월남, 만주나 중국으로부터 자본의 유출입 등 다양한 측면에 관한 내용들로 풍부하다. 이는 1948~1950년 사이의 정부 및 민간의 많은 문서들이 한국전쟁 등으로 인해 소실된 점을 고려한다면 해방 후 한국의 사회사, 경제사 연구에도 일정하게 활용될 가능성이 있다는 점에서 연구 의의 및 효과가 적지 않을 것이다.

제1부 유엔한국임시위원단 보고서(1948)

제1부 | 유엔한국임시위원단 보고서(1948)

| 일러두기 |

1. 본 자료집은 운석 장면기념사업회가 소장하고 있는 유엔 제3차 총회의 한국 관련 문서 중 총회 회의기록, 유엔사무총장보고서, 유엔한국임시위원단 보고서, 유엔한국위원단 보고서 등 총 22건, 929매에 이르는 문서 원문을 정리하고 이를 건별로 해제한 것이다. 이 가운데 유엔한국 임시위원단 및 위원단 보고서가 공간·번역된 바 있으나(국회도서관 입법조사국 편, 『1948年度 國際聯合 韓國臨時委員團 報告書(第1部 第1卷)』, 1965; 국회도서관 입법조사국 편, 『國際聯合 韓國委員團報告書, 1949~1950』, 1965), 이는 전체보고서의 일부에 해당하는 문서이다. 따라서 본 자료집은 이들 위원단의 일련의 보고서 전체와 위원단 활동에 관련된 유엔총회 및 '제1위원회' 회의기록 등을 망라하여, 제3차 및 제4차 유엔총회 시기의 한국문제에 관한 문서와 해제를 첨부해 수록하였다.

2. 편집은 각 문서별로 해제문을 앞에 배치하고 영인한 영문 원문을 그 뒤에 실었다. 지금까지 한국관련 유엔총회 및 산하위원회의 회의기록, 그리고 유엔한국 임시위원단 및 위원단 보고서가 문서별로 상세하게 해제·공간된 적은 없었다.

3. 편집 자료의 선정기준은 기존에 공간·번역되지 않은 문서를 중심으로 했다. 아울러 한국현대사 연구의 기초자료라 할 만한 문건과 정치학·법학·사회학 등 학제적 연구에 필요한 자료를 포함해서, 당시 유엔이 개입한 국제정치와 관련된 자료도 선정되었다. 또한 내용에 관한 이해를 돕기 위해 필요한 경우 각주를 첨부하였다.

4. 해제문은 가급적 원문의 형식을 따라 작성하고자 하였다. 회의록이나 보고서 등 원 사료의 형식은 물론, 내용구분 방식이나 기호를 원문대로 유지함으로써, 해제와 원문의 대조를 용이하게 하여 본 자료집을 활용할 연구자의 편의를 도모하고자 하였다.

5. 인명, 단체명, 직명 등의 용어는 관련 연구논저와 당시 신문, 국사편찬위원회가 발간한 문헌, 온라인 검색상의 용례(用例), 대한민국 외교부의 유엔문서 소개사이트 등을 참고하여 최대한 정확도를 높였고 표기는 가급적 원어 발음에 준하였다.

6. 특히 본 자료집의 중요 부분인 유엔한국위원단의 대표단 인명 및 사무국 직위는 동아일보(1948.1.8, "유엔朝鮮委員團 今夕入京豫定")와 경향신문(1948.1.7, "獨立朝鮮誕生의 前夜") 기사에 소개된 위원단 관련 정보에 근거하여 기재되었다. 현지채용 직원의 경우 영문 표기만 기록되어 있어 정확한 한글 이름을 확인하기 어렵지만 영문발음으로 추정한 한글인명과 원문에 나오는 이름을 병기하였다.

1. 유엔한국임시위원단 보고서 제1부 제1권

해제문서 1 : A/575 (First part of the Report of the United Nations Temporary Commission on Korea, Volume I)

문서명	First Part of the Report of the United Nations Temporary Commission on Korea, Volume I.		
	유엔한국임시위원단 보고서 제1부 제1권		
발신	유엔한국임시위원단	생성일시	1948. 7. 21
		발신일시	
수신	유엔총회	수신일시	
		문서번호	Official Records: Third Session Supplement No.9 (A/575)
문서형태	보고서	문서분량	55쪽
주제명	1. 유엔한국임시위원단의 창설과정: 위원단의 권한 및 구성 2. 위원단의 조직구성 현황 3. 한국의 정치상황 개관 4. 1948년 1월 12일 부터 5월 24일까지 위원단 및 산하기구의 주요 활동상황 개요 5. 1948년 1월 12일 부터 5월 24일까지 위원단 및 산하기구의 주요 활동상황 개요(계속) 6. 보고서 제1부의 개요 및 결론(선거의 기술적 측면)		
주요내용	본문 참조		
검색어	유엔한국임시위원단(UNTCOK), 한국문제, 남한 단독선거, 카이로회담, 포츠담선언, 모스크바삼상회의, 신탁통치, 북조선임시인민위원회, 민주주의민족전선, 인민위원회, 인민공화국, 한국민주당(한민당), 대한독립촉성국민회, 한국독립당(한독당), 남조선로동당(남로당), 민족자주연맹, 남조선과도정부, 야전명령 55호(Field Order No. 55), 남북조선 제정당·사회단체 지도자협의회, 남북조선 제정당·사회단체대표자 연석회의, 북조선인민위원회, 제1분과위원회, 제2분과위원회, 제3분과위원회, 특별분과위원회, 본위원회, 선거감시반, 김구, 김규식, 김두봉, 김성수, 김일성, 박헌영, 안재홍, 여운형, 이승만, 마샬(George C. Marshall), 잭슨(S. H. Jackson), 패터슨(G. S. Patterson), 리우위안(Liu Yu-Wan), 봉꾸르(Jean-Louis Paul-Boncour), 메논(K. P. S. Menon), 아란즈(Melecio Arranz), 자비(Zeki Djabi), 후(Victor Chi-Tasi Hoo), 슈미트(Petrus J. Schmidt)		

본 문서는 1947년 11월 14일 유엔총회에서 채택된 결의문 112조 (II)항에 의거하여 설치된 유엔한국임시위원단(UNTCOK)이 1948년 1월 12일부터 5월 24일까지의 활동 내용을 유엔총회에 제출한 보고서 제1부의 총3권 가운데 제1권에 해당함. 전체 3권의 내용은 다음과 같이 구성됨.

제1권(Vol. I): 유엔한국임시위원단 창설과정 및 조직구성, 당시 한국의 정치상황, 임시위원단의 주요활동 내용 수록

제2권(Vol. II): 보고서 제1권에서 언급된 기본문서들로 구성된 부속문서 I ~ VIII 수록

제3권(Vol. III): 임시위원단 분과위원회에서 실시된 구두진술 기록 및 1948년 5월 10일 선거에 대한 참관기록들로 구성된 부속문서 IX ~ XII 수록

▶본 해제의 대상인 제1부 제1권은 다음의 총 여섯 장으로 구성됨.

제 1장 유엔한국임시위원단 창설과정, 위원단의 권한 및 구성

제 2장 위원단의 조직구성 현황

제 3장 한국의 정치상황 개관

제 4장 1948년 1월 12일 부터 5월 24일까지 위원단 및 산하기구의 주요 활동상황 개요

제 5장 1948년 1월 12일 부터 5월 24일까지 위원단 및 산하기구의 주요 활동상황 개요(계속)

제 6장 보고서 제1부의 개요 및 결론(선거의 기술적 측면)

제1장에서 제5장까지는 남한 상황의 기본적 내용에 대한 검토와 더불어 1948년 1월 12일부터 5월 24일까지의 위원단 활동에 대한 시간적·역사적 조사내용을 기록하였으며, 제6장에서는 보고서 제1부의 개요와 결론을 포함해

1948년 5월 10일 남한에서 실시된 선거에 대한 위원단의 참관 내용을 주로 기술적인 측면에서 서술함.

▶보고서 제1부 제2권은 제1권의 보고서에서 언급된 기본문서의 내용을 수록한 부속문서들로 구성되어 있으며, 보고서 제2부는 위원단의 권한과 관련된 추가적 사항들과 선거 후 한국의 발전에 관한 여타 사항들을 다룸. 이 보고서는 파리에서 개최되는 유엔 제3차 정기총회에 제출될 예정임.

제1장

유엔한국임시위원단의 창설 과정 : 위원단의 권한 및 조직

(a) 한국문제의 유엔 상정

- '한국 독립문제'를 '모스크바 협정' 당사국(중국, 소련, 영국, 미국 이상 4개국) 회담에서 논의하자는 미국의 제안을 소비에트 사회주의공화국연방(이하, 소련)이 거부하자(Document A/AC.19/W.6, pp.64~66), 미국의 유엔 대표인 마샬(George C. Marshall) 국무장관은 유엔총회 제82차 본회의에서 '한국 독립문제'를 본 총회 회기에 상정하는 것이 미국의 방침임을 밝히고 이를 사무총장에게 통보함.

소련의 반대에도 불구하고 미국의 제안을 총회 의제에 포함시킬 것을 권고하기로 함(미국, 중국, 시리아, 인도, 영국 대표는 의제 포함에 호의적이었으나, 소련과 폴란드 대표는 이에 반대함). 총회에서 해당 안건을 의제에 포함시키기로 결의하고 이에 대한 심의와 보고를 제1위원회에 회부함. 백러시아 사회주의공화국, 체코슬로바키아, 폴란드, 우크라이나 사회주의공화국, 소련, 유고슬라비아 이상 6개국이 이 결정에 반대했으며 근동(Near East) 국가 및 아프리카 국가들은 기권 의사를 밝힘.

미국의 제안

유엔 감시 하에 한반도에 단일한 국회와 정부를 수립하기 위하여 1948년 3월 31일까지 선거를 실시하고 정부 수립 즉시 국방경비대(National Security Force)를 창설하며, 소련과 미국 군대가 한국으로부터 조기에 완전히 철수할 것을 권고함.

이를 위해 (1) 각 지역에서 선거기간 중 한반도에 주재하면서 한반도 전역을 자유로이 순회하고 감찰하는 권한을 가지며 (2) 선거, 국회의 구성, 정부의 조직 그리고 점령군의 철수에 관한 협정체결 등과 관련하여 적절한 협의가 가능하고 (3) 유엔총회에 보고하고 또는 본 결의문이 규정하는 업무에 관하여 유엔총회 또는 상황에 따라 필요하다고 총회가 판단할 경우 총회의 여하한 주무기관에 대해서도 보고하며, 한국 독립의 유지를 위한 유엔의 추가조치에 관하여 필요하다고 인정하는 모든 권고를 행하는 유엔한국임시위원단(United Nations Temporary Commission on Korea, 이하 UNTCOK)의 설치를 권고함.

(b) 제1위원회의(the First Committee) 심의

- 제1위원회에서는 (1) 선출된 남북한 국민대표가 토의과정에 참가하는 문제 (2) 미국과 소련 군대의 철수문제 등 두 가지가 주요 안건으로 제기됨.

이에 대해 소련은 (1) 선출된 남북한 국민대표를 토의에 참여하도록 초청하며 (2) 1948년 초에 미국과 소련이 동시에 남북한에서 군대를 철수하고 그 후 한국정부의 수립문제를 한국인 스스로 해결할 수 있도록 맡겨둘 것을 권고하는 내용의 결의안을 제출함.

- 제1위원회는 선출된 한국대표를 한국문제에 관한 토의에 참가하도록 초청하자는 소련 측 제안은 절차에 관한 제안이므로 이를 우선적으로 다루기로 결정함. 미국대표는 한국대표가 단순히 점령당국에 의해 지명되는 것이 아니라, 실제로 한국 국민에 의해 정당하게 선출되는 것을 보장하기 위해 한국임시위원단을 설치하자는 수정안을 제출함. 이에 대해 중국대표는 남한과 북한 각각의 대표가 아닌 한국전체의 대표가 출석하도록 하자고 제의하였고 이 제안

을 미국이 수락함.

- 미국 수정안의 채택

미국 수정안은 총회에 상정 중에 있는 한국문제는 한국의 자유 및 독립에 관한 문제이므로 당사국인 한국대표의 참가 없이는 공정하게 해결될 수 없다는 사실을 인정하고 (1) 선출된 한국 국민대표를 한국문제 토의에 참가하도록 초청하며 (2) 한국대표가 단순히 점령당국에 의해 지명되는 것이 아니라 '실제로 한국 국민에 의해 정당하게 선출되는지 감시하기 위해 한국에 체류하면서 한반도 전 지역을 순회, 시찰, 협의할 권한을 갖는' 한국임시위원단을 설치할 것을 결의한다는 내용으로, 46 대 0, 기권 4표로 채택됨.

(c) UN총회에서의 토의

- 유엔총회는 1947년 11월 13-14일, 제111차 및 제112차 본회의에서 '한국독립문제' 토의에 들어감. 소련, 미국, 필리핀, 중국, 체코슬로바키아, 유고슬라비아, 백러시아, 파나마, 폴란드, 노르웨이, 우크라이나가 토론에 참가하였고 제1위원회의 회의들에서 오간 토론 및 반대 토론들의 재판(restatement)이 주된 내용으로 전개됨.

- 보고서 채택

제1위원회가 권고한 결의안이 43 대 0, 기권 6표로 수정 없이 채택되었으며, 결의안의 주요내용은 다음과 같음.

(1) 선거에 의하여 선출된 한국 국민대표가 한국 독립문제에 대한 토의에 참여하도록 초청할 것을 결의함. (2) 주둔 중인 군 점령당국에 의해 지명 받은 자가 아니라 한국국민에 의해 정당하게 선출된 자가 한국 국민대표가 될 수 있도

록 하루빨리 유엔한국임시위원단(UNTCOK)을 한국에 파견하여 전국을 자유롭게 순회하면서 선거과정을 감시하고 협의할 수 있는 권한을 부여할 것을 결의함 (3) 한국 국민이 자유와 독립을 신속하게 달성할 수 있도록 유엔한국임시위원단과 협의할 대표자들을 선출하기 위해, 1948년 3월 31일 이전에 성년 선거권 원칙과 비밀투표에 의한 선거를 실시하며 선출된 대표자들로 국회를 구성하고 한국 정부를 수립할 것을 권고함 (4) 중앙정부 수립 직후 한국임시위원단과 협의하여 국방경비대를 조직하고 그 외 모든 군사단체와 유사단체를 해산하며, 남북한의 점령 당국과 민정당국으로부터 모든 정부 기능을 이양 받을 것 (5) 점령국과 그들의 군대를 가급적 신속하게 한국에서 완전히 철수시키며 가능하다면 90일 이내에 완료할 것을 권고함 (6) 한국의 독립 달성을 위한 준비기간 중에는 총회의 결정을 이행하기 위한 경우를 제외하고는 한국 국민의 제반 문제에 대한 간섭을 삼가고, 그 이후로는 한국의 독립과 주권을 침해하는 모든 행위를 완전히 삼가 할 것을 유엔의 모든 회원국들에게 요청함.

- 군대 철수 문제와 관련하여 1948년 초에 미국 및 소련이 각각 남북한으로부터 동시에 군대를 철수시킴으로써 '한국 국민정부의 수립문제를 한국 국민 스스로에게 맡겨둘 것'을 권고하는 내용의 소련 측 제안은 부결됨.

(d) 사무총장 서한

총회에서 결의안이 채택된 후 1947년 11월 24일, 사무총장은 모든 유엔회원국 정부에 2개의 결의안을 송부하고 제2결의안 제7항에 유의할 것을 촉구하였으며, 유엔한국임시위원단(UNTCOK) 9개 회원국 정부에 대하여 한국임시위원단에 참여하는 각국 대표 명단을 최대한 신속하게 사무총장 앞으로 제출할 것을 요청함.

(e) 위원단 조직

총회의 결의에 따라 유엔한국임시위원단은 오스트레일리아, 캐나다, 중국, 엘살바도르, 프랑스, 인도, 필리핀, 시리아, 우크라이나 사회주의공화국 대표들로 구성되었으며, 1948년 1월 12일, 서울에서 개최된 제1차 한국임시위원단 회의에 다음과 같이 위원단 구성 국가의 대표들이 참석함. 잭슨(S. H. Jackson, 호주 대표), 패터슨(G. S. Patterson, 캐나다 대표), 리우위안(Liu Yu-Wan, 중국 대표), 봉꾸르(Jean-Louis Paul-Boncour, 프랑스 대표), 메논(K. P. S. Menon, 인도 대표), 아란즈(Melecio Arranz, 필리핀 대표), 자비(Zeki Djabi, 시리아 대표). 우크라이나 소비에트사회주의공화국 대표는 참석하지 않았으며, 엘살바도르 대표단은 1948년 1월 29일에 도착함.

(f) 사무국

유엔한국임시위원단 사무국은 총 27명의 인원으로 구성되었으며, 유엔 사무차장(Assistant Secretary-General) 후(Victor Chi-Tasi Hoo), 사무국장(Principal Secretary) 슈미트(Petrus J. Schmidt), 사무부국장(Deputy Principal Secretary), 법률 고문(Legal Counsellor), 비서(Assistant Secretaries), 공보관(Information Officer), 행정관(Administrative Officer), 재무관(Finance Officer), 문서담당관(Documents Officer), 번역관(Ttranslator), 통역관(Interpreters), 요약보고관(Verbatim Reporters), 개요기록관(Precis-Writers), 타이피스트(Secretary-Typists) 등으로 구성됨.[1]

---

1 이 보고서의 대상이 되는 기간의 유엔한국임시위원단 대표 및 사무국 직원의 상세한 명단은 제2권 부속문서(Annex) Ⅱ에 수록.

제2장

위원단 조직
: 의장, 조사위원, 분과위원회 및 선거감시반

- 위원단은 1948년 1월 12일부터 1948년 6월 4일까지 2회의 공식회의와 56회의 비공식회의를 개최하였음. 위원단 회의 총 횟수 중 41회는 한국의 서울에서, 17회는 중국의 상하이에서 개최됨. 위원단은 의장, 위원, 분과위원회, 선거감시반 등으로 구성됨.

(a) 의장

- 제1차 본회의(Plenary meeting)에서 위원단은 메논(K. P. S. Menon, 인도 대표)을 만장일치로 의장으로 선출함. 의장 부재시에는 위원단 각국 대표가 돌아가며 15일씩 의장직을 대행하기로 결정함.

- 2월 15일~3월 5일까지 상임의장 부재중에 봉꾸르(Jean-Louis Paul-Boncour, 프랑스 대표)와 리우위안(Liu Yu-Wan, 중국 대표)이 연달아 의장 직무대행으로 근무함.

- 제26차 회의에서 상임의장 메논이 갑작스럽게 서울을 떠나게 되자, 의장 대행 순서를 대표자들이 정하고 영어 알파벳순으로 15일 임기의 의장 대행을 아래와 같이 각국 대표들이 번갈아 수행함.

씽(I. J. Bahadur Singh, 인도 대표)… 1948년 4월1일~15일

루나(R. Luna, 필리핀 대표)…1948년 4월 16일~30일

무기르(Y. Mughir, 시리아 대표)…1948년 5월 1일~15일

잭슨(S. H. Jackson, 호주 대표)…1948년 5월 16일~30일

패터슨(G. S. Patterson, 캐나다 대표)…1948년 5월 31일~6월 14일

리우위안(Liu Yu-Wan, 중국 대표)…1948년 6월 15일~29일

발레(M. A. P. Valle, 엘살바도르 대표)…1948년 6월 30일~7월 14일

봉꾸르(Jean-Louis Paul-Boncour, 프랑스 대표)…1948년 7월 15일~29일

(b) 조사위원

- 위원단 제8차 본회의에서 리우위안(Liu Yu Wan, 중국 대표)이 만장일치로 조사위원(Rapporteur)으로 선출됨.

(c) 분과위원회 및 선거감시반

- 위원단은 서울에서 활동하는 동안 다음과 같이 분과위원회(Sub-Committee)와 선거감시반(Observation Groups)을 조직함.

• 제1분과위원회

- 위원단은 한국에서 자유로운 선거 분위기를 확보하기 위한 수단을 강구하기 위하여 캐나다, 프랑스, 시리아, 중국 대표로 구성되는 제1분과위원회를 설치함.

• 제2분과위원회

- 제2분과위원회는 사무국이 한국 측으로부터 접수하는 모든 문서를 검토하며, 위원단이 그 직책을 수행함에 있어서 도움이 될 한국측 인사의 진술을 청취하는 임무를 수행함. 오스트레일리아, 중국, 프랑스, 필리핀, 엘살바도르 대표로 구성됨.

• 제3분과위원회

- 제3분과위원회는 남북한의 선거법 및 선거규정을 검토하며, 위원단의 기능을 수행함에 있어서 한국, 소련 및 미국 측 관리 및 전문가들의 견해를 충분히 이해하기 위해 설치됨. 초기에는 캐나다, 프랑스, 필리핀 및 시리아 대표로 구성되었으며 이후에 프랑스가 엘살바도르로 대체되고 중국대표가 추가로 지명됨.

• 특별분과위원회(Ad hoc Sub-Committee)

- 선거기간 중 선거 감시 방법을 강구하기 위해 설치됨.

• 본 위원회(Main Committee)

- 위원단은 1948년 3월 29일부터 3개 분과위원회의 기존 직능을 인수하고, 위원단이 채택한 선거감시안에서 파생되는 부가적 임무를 맡기 위하여 위원단 각국 대표가 참가자격을 갖는 본 위원회(Main Committee)를 설치함. 위원단 의장이 본 위원회 의장직을 겸직함.

• 선거감시반(Observation Groups)

- 선거기간 중 각 도의 선거를 시찰하기 위해 현지 감시반을 설치함. 위원단 대표 및 사무국 직원으로 구성하되 인원수가 4명을 초과하지 않는 감시반을 단위로 서울시를 비롯한 남한의 각 도별로 선거진행상황을 감시함. 1948년 4월 10일까지 3개 반이, 1948년 4월 24일까지 4개 반이, 선거 종반에는 9개 반이 활

동함(각 시찰반의 조직 및 여행일정표는 Document A/AC. 19/W. 42/추가1호, 3호 및 5호에 수록되어 있음).

제3장

한국의 정치상황 : 개관

- 1910년부터 1945년까지 한국은 일본제국의 일부였으며 정치, 경제, 사회적 생활은 일본에 의해 엄격하게 통제됨. 연합국의 일본에 대한 선전포고 이후 한국의 장래는 연합국의 관심사가 됨.

(a) 한국에 관한 연합국 간의 합의사항

- 독립문제

• 1943년 12월 1일 미국, 영국, 중국 3국에 의해 개최된 '카이로 회담'에서 3국은 한국 국민의 노예상태에 유의하여 적당한 시기에 한국을 자유독립국으로 만들기로 하였음을 선언함.

• 1945년 7월 6일, 일본의 항복조건을 제시하는 '포츠담선언'에서 한국독립에 관한 '카이로선언'을 재확인하였으며 1945년 8월 8일, 소련은 포츠담선언에 대한 지지를 표명함.

• 1945년 12월 모스크바 삼상회의에서 미국, 소련, 영국 대표 간에 한국에 관한 더욱 구체화된 합의 사항이 도출되었고 중국 정부가 이에 대하여 지지를

표명함. 한국에 대한 결정사항에 관한 코뮤니케(communique)가 만들어짐.

※코뮤니케의 내용: 한국을 독립국가로 재건하고, 한국임시민주주의정부를 수립하며, 이를 위해 남한에 주둔하는 미군사령부와 북한에 주둔하는 소련군사령부의 대표로 구성되는 공동위원회를 설치함. 공동위원회는 한국임시정부와 협의하여 최장 5년 기간의 4개국 신탁통치에 관한 합의안을 마련하기 위한 건의안을 제출하여 미국, 소련, 영국 및 중국 공동의 검토를 받는다는 것이 주요 내용임.

- 군사작전: 포츠담회담 중 독일패전 후 3개월 이내에 대일전쟁에 참가하려는 소련정부의 준비와 관련하여 각국 참모장들은 한국에서 미국 및 소련의 군사작전 경계선은 38도선이 되어야 한다는 점에 동의함.

(b) 군사점령 및 통치

- 일본 패전 후 38도선 이북과 이남에 각각 진주한 소련 및 미군 사령부에 의해 한반도 내 일본군의 항복이 접수되었으며 이것이 미국과 소련의 군사점령 경계선이 되었음.

- 38도선 이북에서는 1946년 2월, 중앙행정기관인 '북조선임시인민위원회'(Provisional People's Committee for North Korea)가 수립되었고, 김일성이 위원장이 되었음.

- 1946년 11월 3일에 실시된 도·시·군 인민위원회 위원 선거에서 선거인 총수의 99.6%에 해당하는 4,501,813명이 선거에 참여하였고 민주주의민족통일전선(the United National Democratic Front)이 추천한 후보자들이 총투표의 약 97%에 달하는 찬성표를 획득함. 사전선거협의의 결과, 단일입후보자명단만

으로 선거가 실시되었음.

- 각급 인민위원회 대표 237명으로 구성된 회의가 1947년 2월 17일~20일에 개최되어 북조선인민회의의 수립을 의결하고 그 자체를 의회로 구성함.

- 38선 이남에서는 미군의 한국 진주 이전인 1945년 9월 6일, 조선인민공화국(People's Republic)이 수립되었음. 여운형이 이끄는 인민공화국이 통치권을 요구하였으나 미군은 인민공화국 수립 사실을 부인하고 대신 군사정부(미군정)를 설치함.

- 1946년 11월, 남조선과도입법의원의 절반은 미군정 당국이 지명하고 나머지 반을 선출하기 위해 간접선거방식으로 실시된 선거에서 신탁통치와 모스크바 삼상협정을 반대하고 독립을 요구하는 우익정당이 거의 모든 의석을 차지함.

- 김성수가 이끄는 보수적 지주 정당인 한국민주당(한민당, Korean Democratic Party), 이승만이 조직한 대한독립촉성국민회(독촉, National Association for the Rapid Realization of Korean Independence), 김구가 강한 지도력을 발휘한 한국독립당(한독당, Korean Independence Party)이 우익 진영의 주요 정당이 됨. 좌익 진영에도 다수의 정당 및 단체가 있으며 그 중에서 가장 중요한 당은 뒷날 남조선로동당(남로당, South Korea Labour Party)으로 개칭하여 재조직된 조선공산당임.

- 남한의 다수 여론을 대변하는 광범위한 정당, 단체 대표의 의견을 수집하기 위한 많은 노력이 실시되었으며 그 과정에 좌익진영의 의견도 포함됨. 한편 미군사령부는 이승만의 유연하지 못한 극우적 태도로는 더 이상 안정적인 정치연합을 위한 기반이 마련될 수 없다는 판단이 내려지기 전까지 이승만을 중

심으로 하는 연합을 모색함.

(c) 1946년도의 미소공동위원회 활동

- 1945년 12월의 모스크바삼상협정에 따라 1946년 3월 20일 미국과 소련이 구성한 공동위원회가 처음으로 개최됨. 모스크바삼상협정에 규정된 한국의 민주주의정당 및 사회단체와의 협의를 위해 따라야 할 절차와 방법에 관한 논의 과정에서 협의대상의 범위를 둘러싼 미국과 소련의 대립으로 말미암아 1946년 5월 8일, 미소공동위원회가 무기한으로 연기됨.

(d) 1947년 5월, 미소공동위원회 활동 재개

- 1947년 5월 21일 서울에서 재개된 미소공동위원회에서는 (1) '민주주의정당 및 사회단체'에 대한 협의 (2) 언론 및 의사표현의 자유에 대한 제한 (3) 한국 임시정부 조직 등의 주요 문제를 둘러싸고 논의가 전개되었으나 미국과 소련 양국 간의 입장차이로 인해 합의에 도달하지 못함.

(e) 모스크바 3상회담 합의사항 이행 문제를 4개국에 위임하려는 미국의 제안

- 미국은 소련에 대해 모스크바 3상회담 합의사항 이행문제를 동 협정 당사국인 4개국 회담을 개최하여 검토하자고 제안하였고, 소련이 이를 거부하자 미국은 한국독립문제를 유엔에 상정함.

(f) 1947년 후반기 남한의 정치활동

- 1947년 6월말 남한에서는 반탁시위가 개최되고 남북한 총선거에 의한 한국임시정부 수립의 요구가 커졌으며, 공동위원회의 협상 실패에 대해 우익진영은 이를 환영하였으나 좌익진영은 공위에 반대하는 우익을 친일파, 민족반역자로 규정하고 미국을 비난하는 등 혼란스러운 상황이 계속됨.

- 9월에는 홍명희와 안재홍의 주도로 민주독립당이 결성되었고 10월에는 중앙에 있는 온건 단체의 통합이 가속화되어 민족자주연맹(National Independence Federation)이 결성됨. 사회민주당, 한국독립당 민주파, 신진당 및 민중동맹 등이 여기에 참여함.

- 민족자주연맹은 (1) 남북한정치지도자연석회의 (2) 총선거 (3) 미국 및 소련 군대의 철수 (4) 남한 정계 온건세력의 통합 등을 목표로 함.

- 좌익활동은 1947년 8월 15일을 기한 폭동계획에 관한 경무국장 성명이 발표된 이후로 크게 위축됨. 10월 9일 경찰에 의해 폭동용의자 검거가 시작되었으며 결국 폭동은 일어나지 않음.

(g) 1947년 말의 상황

- 1947년 후반기 내내 UN감시 하의 선거실시를 둘러싸고 극좌 극우 진영 간의 대립이 지속됨. 온건좌파의 13개 정당협의회는 남북한에서 동시에 선거가 실시되는 것을 전제로 선거에 찬성함. 12월 12일 유엔한국임시위원단을 위한 전국환영위원회가 조직되었을 때 김규식, 김구는 이승만 및 기타 우익인사들과

함께 조병옥 경무부장의 의장 선출에 동의함.

(h) 남한

1948년 초반의 정치조직

- 남한의 정당 및 운동 조직은 비교적 최근에 생겨난 것으로, 그 수가 많고 대부분 규모가 작으며 설립 요인도 이념적 요소보다는 오히려 인적 요소에 치중된 특징을 나타냄. 우익의 주요정당들은 남한의 행정부에 영향력을 미칠 수도 있으며, 전국적으로 효과적인 조직망을 구축할 수 있다는 점에서 그렇지 못한 좌익정당과 구별됨. 우익에 속하는 주요단체로 한국민주당(당수 김성수), 대한독립촉성국민회(의장 이승만), 한국독립당(당수 김구), 조선민주당을 들 수 있으며, 좌익계열의 주요정치단체로는 남조선노동당(전 조선공산당), 민주주의민족전선, 인민공화당, 천도교청우당 및 근로인민당 등이 있음.

통치구조

- 점령 초기 미군정 당국은 일본인의 행정조직을 미국인으로 대체하는 한편, 통치와 행정을 원활히 하기 위해 '한국화'를 도모하는 방침을 천명함. 이러한 정책은 군정의 구성원인 미국인을 모두 한국인으로 교체하고 남조선과도입법의원이 한국의 입법기관으로서의 기능을 수행하도록 하고 나아가 모두 한국인으로 구성되는 사법제도를 수립하는 단계를 거쳐 달성될 수 있게 하는 방침을 수립함.

- 군정장관(Military Governor)이 입법, 사법, 행정 각 분야에서 여전히 최고의 관리권을 장악하고 있었으므로 관리직의 집행 행위나 남조선과도입법의원이 통과시킨 법안은 군정장관의 승인을 받아야 함.

- 남조선과도정부의 권한을 제약하는 또 다른 환경은 중앙 각 부처나 지방 행정기관에 파견되어 있는 미국고문관들의 존재로, 이들이 단순히 자문 역할 이상으로 관여하며 정부수립에 상당한 영향력을 행사하는 경우가 있음. 지방자치단체의 경우 민주적 원칙에 입각한 선거에 의해 구성되도록 1946년 11월 15일 군정포고령 126호에 규정하고 있으나 여전히 깊이 뿌리박힌 관행으로 인해 계속 임명제로 실시되고 있음.

경찰 및 경비대

- 남조선과도정부에서 경무부장의 지위는 특별한 중요성을 가지는 요소인데, 과도정부의 책임자인 안재홍 민정장관은 '임시위원단 제2분과위원회가 청취한 진술에서 경무부장이 민정장관의 지시에 따라야 하는데 그렇지 않다'고 지적하였고, 이에 대해 경무부장은 자신은 군정장관에 의해 지명되었으므로 업무를 수행하는 과정에서 군정장관에 대해서만 직접 책임을 진다고 반박하는 등 논란이 야기됨.

- 1948년 3월 현재, 총 30,185명의 경찰이 경무부장의 지휘 하에 있으며 그 중 1,936명이 간부급이고 경비대의 경우 1948년 1월 기준으로 약 23,000명의 인원으로 구성되어 있으며 이들은 경찰업무에 투입되지 않고 주요시설 보호 등의 임무를 수행하다가 긴급 시에 증원부대로 투입됨.

유엔한국임시위원단에 대한 태도

- 1948년 1월초, 유엔한국임시위원단(UNTCOK)의 방한에 대해 극좌 진영 및 관련 정당을 제외하고는 환영을 표했으나, 총회 소총회의 결의 이후에 38선 이북의 선거감시가 불가능해지자, 한국독립당과 민족자주연맹 산하 대부분의 정당은 임시위원단에 대한 태도를 바꿔 한반도 일부지역에서만의 선거실시에 대해 반대를 표시하였으며, 한국문제는 한국인 자신이 해결하도록 위원단이 개

입하지 말고 떠나라고 주장함.

선거 문제

- 1월까지는 선거문제가 모든 정치문제의 중심이었으며, 한반도 전역에 걸쳐 선거를 실시하기가 불가능하다는 사실이 확실해지기 전까지는 극좌진영을 제외한 모든 정치 단체들이 임시위원단 감시 하의 선거 실시에 대해 우호적이었으나 2월초까지 임시위원단의 방북이 불가능해지자 남한 단독선거에 대한 찬반양론이 뜨겁게 가열됨.

통일 문제

- 통일문제와 관련, 우익정당인 한국민주당과 이승만 추종자들은 남북한 전역에서의 선거실시가 비현실적임을 내세우며 남한만의 단독선거 실시를 강력하게 주장함. 이러한 선거를 통해 정부를 수립하고 미국으로부터 약간의 병력만 지원받으면 자체적으로 국가를 방위할 수 있으며 적당한 때에 유엔과 국제사회의 지원을 받아 통일을 이룰 수 있을 것이라고 주장함. 김구가 이끄는 한국독립당과 온건파 정당 및 민족자주연맹 산하의 모든 정치단체는 이와 같은 선거를 통한 정부구성은 통일이 아니라 분단을 영구화할 것이라고 주장함.

선거에 관한 남조선과도입법의원의 결의

- 1948년 2월 19일, 우익계 의원 40명, 온건파 의원 2명, 좌익계 의원 1명의 공동명의로 '긴급제안'을 하고 유엔한국임시위원단이 현재 현실적으로 가능한 지역에서만이라도 총선거를 감시하고 공식적인 주권을 가진 독립 정부를 수립할 수 있도록 도와줄 것을 요청하는 결의안을 채택함. 이러한 요청에 반대하여 김규식 부의장 등을 포함한 20여 명의 의원들이 의원직을 사퇴함. 원안은 제206차 회의에서 40 대 0, 기권 2표로 가결됨.

시민의 자유에 관한 문제

- 시민의 자유와 관련, 선기에서 상당한 논쟁을 초래한 측면은 남한의 정치 경제적 환경에서 자유롭고 민주적인 분위기의 선거를 실시할 수 있느냐는 점이었고, 제2분과위원회에서는 인신보호영장(habeas corpus)의 미비, 집회의 자유에 대한 제한과 사실상 문민 통제 하에 있지 않고 독립적으로 운영되는 것으로 알려진 국립경찰 문제가 관심 있게 논의됨. 정치범 문제와 친일파 및 민족반역자 처리 문제를 둘러싸고 좌익과 우익 진영의 입장 차이가 확연히 드러남.

시민의 자유에 대한 미군정 당국의 태도

- 시민의 자유에 대한 미국의 입장은 1945년 8월 29일 공표된 야전명령 제55호(Governing Instrument of Occupation, Field Order No. 55)에서 종교의 자유, 출판의 자유, 언론의 자유, 집회의 자유는 군사점령의 안전과 목적 달성에 해를 끼치지 않는 범위 내에서 보장된다는 것으로 표명되었으며, 1948년 3월 3일 남조선과도정부 포고령 제176호에 의해 불법적인 체포와 구류로부터 국민의 권리가 더욱 보장될 수 있게 하였으며, 1948년 4월 5일, 주한미군사령관 하지(John R. Hodge) 중장의 "한국국민의 권리에 관한 선언'을 권리장전 형식으로 발표하여 한국 국민의 자유로운 선거참여를 독려함.

- 1948년 1월 29일, 남조선과도정부는 경무부장 휘하 각 서장들에게 선거기간 중 경찰의 역할과 관련하여 언론·출판 및 집회의 자유에 대한 민주적 권리가 인정되고 존중되어야 한다는 정부방침에 위배됨이 없도록 특별히 지시하였다고 발표함.

점령군에 대한 태도

- 남한에 주둔중인 점령군과 관련, 모든 정치단체가 한국 독립의 조속한 실현을 원하고 있으나 한국 내 점령군의 계속 유지와 관련하여서는 미군의 지속

적인 주둔이 필요하다는 입장과 한반도에서 외국군대가 철수해야 한다는 의견 등 좌·우익 진영 간의 의견이 대립됨.

선거에 대한 미군정 당국의 태도

- 선거실시와 관련하여, 1948년 2월 7일, 주한미군사령관은 한반도 전체에 걸친 총선거 실시에 찬성하지만 북한 당국자들의 비타협적 태도로 인해 남한 지역에서만이라도 가능한 한 조속한 시일 내에 대표자를 선출하여 정부를 수립할 필요가 있다는 견해를 밝힘.

(i) 남북조선정치지도자협의회

- 1948년 4월 19일 부터 4월 26일까지, 남북한의 16개 정당과 40개의 사회단체로부터 총 695명의 대표자가 참석한 남북조선정치지도자협의회(정식명칭: 남북조선 제정당·사회단체대표자 연석회의)가 개최되었고, 회의 결과에 대해 남북한지도자 김일성, 김두봉, 김구, 김규식 이상 4인의 검토 후, 1948년 4월 30일, 33개의 남북한정당 및 사회단체가 참석한 회의에서 성명서가 채택됨. 성명서의 내용은 한반도에서 외국군대의 즉각적인 동시 철수, 민주적 임시정부를 수립하기 위한 전조선지도자회의를 소집하고 직접·평등·비밀선거를 실시하여 통일 조선 입법기관을 구성하고 나아가 영구적인 헌법을 제정하고 통일된 정부를 수립한다는 것.

(j) 북한

- 1948년 1월부터 5월에 걸친 북한사회의 정치적 동향과 관련, 위원단은 북

한의 거부로 정치상황을 직접 접할 수 없었으며, 따라서 정보수집이 상당히 제한적이었고 주로 공식적인 보도와 해설방송, 정부와 정치인이 발표한 연설문 그리고 북한신문에서 발췌한 내용을 전하는 평양(북한) 라디오 방송에 의존하였다고 함.

- 1947년 2월, 행정 기능은 북조선인민회의에서 수립된 북조선인민위원회가 담당하고 있으며 김일성이 위원장을 맡고 있음. 위원회가 휴회 중일 때에는 11인 상임위원회가 이를 대신하며, 북조선 최고재판소가 사법기능을 수행함. 1948년 2월 10일 '민주주의인민공화국' 헌법초안이 작성되어 공표되었고, 1948년 4월 6일 북조선인민회의 특별회의에서 정식으로 채택됨. 이 헌법안에 따르면 입법기능은 '주권의 최고기관'으로 지정된 최고인민회의에 부여됨.

- 북한은 유엔한국임시위원단이 서울에 도착한 날부터 이들을 '미제국주의의 첩자'라고 비난하며 강한 반감을 나타냄.

- 선거실시와 관련하여 남한에서 실시되는 '단독선거'는 나라를 영구히 분단시키는 것으로, 미국에 경제적으로 종속될 뿐만 아니라 미국의 군사기지화 의도 하에서 식민지로 전락하게 될 것이며 결국 통일과 독립의 달성을 불가능하게 할 것이라고 비난함. 남한 단독선거에 대한 반대를 강화하기 위해 1948년 4월 19일 평양에서 남북조선 제정당·사회단체대표자 연석회의를 개최함.

(k) 한국의 경제적 상황

- 1945년 8월 이래로 전개된 남북한의 정치적 상황은 많은 경제적 문제를 야기하였고 이러한 문제들은 국내의 정치상황 뿐만 아니라 강대국에게도 책임

이 있다고 생각하는 다수의 한국인들의 태도에 영향을 미침.

- 1910년부터 1945년 8월까지 일본의 식민지 지배 기간 동안 일본제국과 불가분의 관계로 연결된 결과, 한국은 자기 스스로 경제를 발전시킬 기회를 박탈당하였으며, 일본이 항복하기 전 10년 동안 한국의 모든 물자는 일본이 수행하는 전쟁에 차출되어 희생당했으며 국가의 경제구조는 심각하게 악화됨.

제4장

임시위원단 및 산하기관의 주요활동상황 개요 : 1948년 1월 12일부터 5월 24일까지

A. 소련과 우크라이나 사회주의공화국 및 북한 군사당국자에 대한 대책

- 한국에서 업무를 시작하면서 임시위원단은 자신들의 활동이 한반도 전체를 위한 것이며 한반도의 일부 지역에 국한된 것이 아님을 분명히 하기 위해 노력하겠다고 결의하였으며, 남북한 각 지역에 주둔중인 미국 및 소련군 사령관에 대해 위원단의 업무에 협조해 줄 것을 요청하였으나 미군사령관의 적극적 협조 약속과는 달리 소련 측은 부정적인 반응을 나타냄.

- 위원단 구성 국가의 일원인 우크라이나 대표의 불참에 대해 위원단은 유감의 뜻을 표하고 참여를 요청하였으나 우크라이나 측의 부정적인 회답을 받았으며, 북한 및 소련당국과의 연락 및 협의 요청이 진전을 보지 못함에 따라

더 이상 협력이 불가능하다는 것을 내용으로 하는 성명서를 채택함.

B. 유엔총회 소총회와의 토의

- 소총회와의 토의는 1947년 11월 14일 총회에서 채택된 결의안에 의해 임시위원단이 부여받은 권한을 북한지역에서 수행할 수 없게 됨에 따라 이루어지게 된 것으로, 제 8, 9, 10, 11차 회담을 통해 앞으로 위원단이 어떤 단계를 밟아 임무를 수행해야 할지에 대해 토의한 끝에 다음 내용의 2개 결의안을 채택함.

- 11월 14일의 유엔총회 결의를 적용하는 문제에 관해 사태의 추이에 따라서 위원단은 임시위원회와 토의하며, 소총회에서 이 문제가 논의되는 동안 의장은 사무총장보(Assistant Secretary-General)와 함께 위원단을 대표하는 한편 소총회에서 토의가 이루어지는 기간 동안 의장만이 제2분과위원회가 수집한 정보를 활용할 수 있게 한다고 결의함.

(a) 유엔총회 소총회 결의문

- 유엔총회 소총회는 1948년 2월 26일 제9차 회의에서 채택한 결의문에서, 미군이 점령하고 있는 남한 지역에서만의 유엔결의안에 따른 임무 수행은 위원단의 자의적 처사에 맡겨진 것인지, 아니면 의무로 되어 있는지의 여부, 만약 그렇지 않다면 1947년 11월 14일의 유엔 결정에 따라 남한에서 선거가 자유로운 분위기에서 제대로 실시될 수 있도록 하기 위해 선거감시를 할 것인지, 아니면 건의할 만한 가능한 다른 방안이 있는지 등과 관련하여 위원단의 계획을 촉구함.

(b) 유엔총회 소총회 결의문의 이행에 관한 본 위원단의 결정

- 1948년 2월 26일 소총회의 결의 이후, 위원단은 더 이상 선거 일자에 대한 최종 결정을 연기하지 않기로 하였으며, 1948년 2월 26일, 유엔총회 소총회가 표명한 견해와 일치되게 위원단의 업무를 수행할 수 있으니 1948년 5월 19일 이전에 위원단이 접근 가능한 지역 내에서, 비밀투표에 의한 성인 참정권을 기초로 하여 언론, 출판 및 집회의 민주적 권리와 자유가 인정되고 존중되는 분위기에서 선거가 이루어질 수 있도록 감시한다는 것을 만장일치로 결정함. 이후 위원단 구성국인 호주, 캐나다, 중국, 엘살바도르, 프랑스, 인도, 필리핀, 시리아가 선거감시와 관련한 각 국의 견해를 발표함.

제5장

임시위원단 및 산하기관의 주요활동상황 개요(계속) : 1948년 1월 12일부터 5월 24일까지

위원단은 유엔총회의 결의와 소총회와의 토의 결과를 이행하기 위해 선거감시에 필요한 준비에 착수하였으며, 그 대부분이 분과위원회와 기타 위원단에서 조직한 보조기구에 의해서 수행됨.

C. 분과위원회의 업무활동

- 제1분과위원회는 자비(Zeki Djabi, 시리아 대표)를 위원장으로 선출하고

활동을 개시함. 유엔헌장과 헌장 규정을 이행하는 데에 관련된 특수사정 및 기타 관계문서에 의거하여 '자유로운 선거 분위기'에 대하여 정의하는 한편, 한국에서 자유로운 선거를 규정하고 있는 법률, 규칙 및 포고령에 대하여 검토하고 이와 관련하여 공청회를 진행하며, 자유선거와 관련하여 한국인들의 의견을 청취하기 위해 제2분과위원회와 업무상 협조를 긴밀히 하는 것을 주된 업무계획으로 밝힘. 자유로운 선거 분위기를 보장하기 위한 수단과 방법과 관련하여, 법률문제, 시행상의 문제, 정훈교육 문제, 정치범 석방의 네 가지 문제로 구분하여 검토, 권고안을 제출함.

- 제2분과위원회는 잭슨(S. H. Jackson, 호주 대표)을 위원장으로 선출하고 활동을 개시함. 제1 및 제3분과위원회와의 협조를 통해 분과위원회가 수집한 정보를 검토하고 그 결과를 의장에게 제공하여 유엔총회 소총회와의 토의에 참고자료로 활용할 수 있도록 함.

- 제2분과위원회는 선거실시 및 위원단의 역할과 관련하여 한국의 개인 및 정치·종교·문화 단체로부터 다양한 의견을 청취함. 1948년 5월 10일까지 개인으로부터 278통, 각 기관으로부터 498통, 총 776통의 서신을 접수하였으며, 지역 기준으로는 서울에 있는 기관 및 개인으로부터 478통, 그 외에 남한의 전 지역으로부터 298통을 접수하였음. 균형 있는 여론을 수렴할 목적으로 공청회의 개최를 계획하는 한편, 우익, 온건 및 좌익 인사 대표 및 정치와 무관한 주요 기관의 인사나 대표들을 대상으로 임시 명부를 작성하고 공청회 참가 희망자들까지 포함하여 대상자를 결정함.

- 조만식, 허헌, 김두봉, 김구, 김규식, 김일성, 김성수, 박헌영, 이승만 등 남북한 정치지도자들의 견해를 듣고자 하였으나 북한 측 지도자들의 견해는 청취하지 못하였고, 김구, 김규식, 이승만으로부터 견해를 청취함. 따라서 이를 보

완하고 균형 잡힌 의견 청취를 위해 허성택(조선노동조합전국평의회 위원장), 허헌(남조선노동당 당수), 김원봉(인민공화당 당수), 백용희(전국농민조합총연맹 위원장), 유영준(조선부녀총동맹 위원장) 등의 좌익단체 지도자들에게 입장 표명을 요청하였으나, 위원단 활동에 대한 반대, 그리고 인터뷰에 참여할 경우 경찰당국이 구속하지 못하도록 신변보장을 요청하는 등의 문제로 인터뷰는 성사되지 못함. 정치단체 대표뿐만 아니라 종교계, 교육계, 문화계, 실업금융계 및 기타 민간단체들로부터도 의견을 청취함.

- 제3분과위원회는 아란즈(Melecio Arranz, 필리핀 대표)를 위원장으로 선출함. 남조선과도입법의원을 선출하기 위한 남조선과도입법의원 공법 제5호, 입법의원 구성원의 선출을 위한 임시시행규칙 초안, 북한 선거규칙원문 등, 남북한의 선거법 관련 규정 및 보고서를 중심으로 선거법규정에 대한 검토를 실시함. 이와 관련하여 남북한의 전문가의 의견을 청취하고 협의를 실시하려 하였으나 북한 및 소련 측 전문가와는 일체의 연락이 불가능함. 연구 및 검토 결과를 토대로 참정권(선거권 여부), 입후보 자격, 선거구 및 대표, 선거기구(행정구획 및 선거기관), 투표자 등록, 선거운동 및 투표절차, 개표 및 선거결과 선언, 소송 및 벌칙조항 등의 문제에 대해 검토함.

D. 선거일자

- 선거일자와 관령하여 1948년 3월 1일, 5월 10일 이전에 선거를 실시하게 될 것이라고 공표한 후 3월 12일, 5월 9일에 선거를 실시하고 이를 감시할 것이라는 내용의 결의안을 채택하였으나, 1948년 4월 2일, 주한미군사령관으로부터 5월 9일은 개기월식(total eclipse)이 있으므로 하루 연기하여 5월 10일에 선거를 실시하는 것이 바람직할 것이라는 연락을 받고, 이를 받아들여 5월 10일

에 선거를 실시하기로 결정함.

E. 선거감시

- 남한 각 지역에 걸쳐 광범위하게 시찰한 결과, 언론, 출판 및 결사의 민주적 권리와 자유가 인정되는 자유로운 분위기가 조성되어 있음을 확인하고 1948년 5월 10일의 선거실시를 감시하기로 결의함.

- 1948년 3월 16일, 위원단은 중국, 프랑스, 필리핀, 시리아의 대표로 구성된 특별분과위원회(Ad hoc. Sub-Committee)를 설치하고 선거기간 중의 감시 방법을 검토하고 위원단에 보고서를 제출하는 임무를 맡게 함. 5월 20일, 특별분과위원회의 보고서를 검토한 후 이를 선거감시에 관한 위원단의 결정으로 채택함(Document A/AC.19/56).

- 1948년 3월 29일, 본위원회(Main Committee)가 설치되어 기존 분과위원회가 이에 병합되었으며, 위원단의 모든 구성국이 본위원회 구성원으로 참여하였으며, 현지감시반(field observation groups)의 정기적인 업무수행과 참여의사에 따라 번갈아 회원자격을 부여함.

- 위원단은 선택된 지역에서의 선거실시를 위하여 2 내지 3개의 현지 감시반을 조직하였으며, 시찰 기간을 ①선거등록기간 ②입후보자 등록기간 ③선거당일과 그 전후(前後)의 3단계로 구분하고 4월 5일부터 10일까지의 제1차 기간에 3개 감시반을 9개 도(道)와 서울에 파견하였으며, 4월 19일부터 4월 24일까지의 제2차 기간에는 4개반을 제주도를 제외한 각 도 및 서울로 파견하였으며, 5월 7일부터 5월 11일까지의 제3차 기간 동안에는 9개 감시반을 운용함.

F. 총회에 대한 보고서 제1부의 작성

- 총회에 대한 보고서는 제1부 제1장 및 제2장은 각각 위원단의 설치, 권한 및 구성, 조직 등에 관해 제3, 4장 및 5장은 각각, 한국의 정치정세, 위원단과 산하기구의 주요활동 및 위원단 활동의 결론 등으로 구성됨.

- 보고서 제1부의 제 1, 2, 3, 4, 5장의 부속문서일람표(제2권)는 1948년 5월 5일~6일 서울에서 개최된 위원단 제37차 및 제38차 회의의 제1독회를 시작으로 하여 위원단에 의하여 채택되고 의장 및 위원의 서명을 거쳐 1948년 6월 5일 유엔사무총장에게 전달되기까지의 수차례에 걸친 토의와 채택 과정에 의해 작성됨. 서문과 6장은 의장 봉꾸르(Jean-Louis Paul-Boncour, 프랑스 대표)와 조사위원 리우위안(Liu Yu-Wan, 중국 대표)이 서명하고 1948년 7월 21일, 유엔사무총장에게 제출됨.

제6장

보고서 제1부의 개요 및 결론(선거의 기술적 측면)

(a) 예비적 고찰

- 1945년 12월의 모스크바 3상협정에 의거하여 '미소공동위원회'를 설치하였으나 파행을 거듭하다 결국 1947년 9월, 미국이 한국 독립문제를 유엔으로 이관시켰으며, 1947년 11월 14일 유엔총회는 한국국민의 독립에 대한 긴급하

고도 정당한 요구를 인정하고 이 문제의 심의과정에 한국대표를 참가시키는 원칙을 결정하는 2개의 결의안을 채택함. 이러한 목적을 달성하기 위해 한반도 전국을 순회, 시찰하고 협의하는 권한을 가진 유엔한국임시위원단을 설치함.

결의안에 규정된 위원단의 권한

- 한국문제의 심의를 위한 한국대표의 참가문제를 용이하게 하고 촉진시키기 위한 대표들이 정당하게 선출되도록 감시한다고 규정함.

- 한국의 독립 달성과 점령군의 철수를 위해 수립된 계획의 달성을 용이하게 하고 촉진시키기 위해 선출되는 한국대표는 국회를 구성하고 정부를 구성하여 위원단과 협의를 시작함.

- 위원단 활동은 한반도 전체를 대상으로 하고 있었으나 1948년 1월 서울에 도착한 이후, 남한 지역에서의 미국의 협조와는 달리 북한 지역은 소련의 반대와 비협조적 태도로 접근할 수가 없어서 감시가 불가능하다는 결론을 내리고 남한에서 실시되는 선거에 대해서만 감시활동을 실시하기로 함.

한국상황의 배경

- 한국인은 남북한이 모두 같은 민족에 속하고 동일 언어를 사용하고 동일한 관습 및 전통을 가지고 있으며 40여 년간의 일본의 통치에도 불구하고 역사적, 인종적, 경제적 및 문화적 단일성은 약화되지 않았고 가족제도에 있어서도 가장의 영향력과 권위가 유지되었으며, 지방의 경우 마을의 촌장이 그 지역의 중요한 문제에 대해 결정하고 대변하는 등, 해방 후에 와서도 한국의 행정조직은 종적인 관료지배체제의 영향이 유지되고 있음.

- 일상생활에서는 한국인들에게 정확한 정보가 제대로 전달되지 못했으므

로 일본지배 하에서는 아무것도 알 수 없었고 특히 국제정세에 어두운 상태로 수년 간을 지내 온 상황이었음. 따라서 현대적 민주주의를 즉각적으로 적용할 준비가 되어 있지 않음.

- 38선으로 인한 남북한의 인위적 분할로 인해 남한과 북한의 정치가 정반대 방향으로 흘러가게 되었으며, 이러한 분단 상황이 한국의 정치·경제생활에 매우 충격적인 영향을 미침.

- 장기간의 봉건적 정치지배와 40여 년간의 일본 통치기간 동안 지속되어온 정치활동의 탄압으로 인해 한국인들은 적당한 정치적 경험을 얻을 기회를 박탈당하게 되었으며, 조직에 의해 정당을 운영하기보다는 사람 중심의 정당 운영이 이루어지는 정치구조를 갖게 됨.

(b) 선거와 관련한 문제

- 한국의 정치상황 속에서 위원단은 선거운동에 좀 더 광범위하고 자유로운 분위기를 조성하고, 남한의 민주화 과정을 가능한 한 촉진시키기 위해 노력하였으며, 한국 인사들에 대한 견해청취와 주무 미국당국자들과의 면담을 통해서 시민의 자유, 형사소송법의 개정, 경찰 및 청년단체 활동의 측면, 정치범, 공보방법 및 선거절차와 같은 문제에 대해 주목함.

(c) 1948년 5월 10일의 선거 감시

임시위원단은 선거준비 기간 및 선거 당일, 가장 중요한 지역들에서 진행되는 선거상황을 광범위한 현지시찰을 통해 실제로 확인함.

- 선거인 등록(제1차 선거감시반): 7,837,504명의 투표자가 실제로 등록을 완료함. 모든 감시반은 각 기관에서 만족할만한 효율성과 조직성을 발견하였으며, 해방 이래로 한국인들이 독립에 대한 욕구를 표시하는 최초의 공적인 계기를 제공할 것으로 평가함. 선거 미등록자에 대한 어떠한 협박 또는 폭행의 증거를 발견할 수 없었으며, 제1차 감시기간이 끝난 후 광범한 의견교환을 거쳐, 등록절차 및 등록과정과 관련하여 보완할 점을 군정장관에게 상세히 설명하고 군정장관으로부터 이를 최대한 시정하겠다는 약속을 받음.

- 입후보자 등록(제2차 선거감시반): 총 200개의 의석 정수에 대한 최초의 입후보등록자 수는 942명으로, 3석 정원에 11명이 입후보한 제주도의 경우에서부터 29석 정원에 145명이 입후보한 경기도에 이르기까지 다양하였으며, 대부분의 입후보자들이 한국독립을 달성하기 위해 선거에서 지지해줄 것을 요청하는 등, 국내 문제 및 정당의 정강에 대한 토론은 거의 도외시되었으나 입후보자들은 대체로 외부의 간섭을 받지 않고 선거운동을 할 수 있었다고 의견을 표명하는 등 자유로운 분위기에서 선거운동이 이루어짐.

- 선거(제3차 선거감시반): 위원단은 9개의 감시반을 편성하고 선거진행상황을 감시하기 위하여 남한 전역를 시찰하였음. 등록을 마친 7,837,504명 중 7,036,750명이, 혹은 총 등록인수의 92.2%가 실제로 투표에 참여하였으며, 이는 유권자 총수의 75%에 해당하는 수치임. 선거는 대체적으로 투표의 비밀이 보장되는 상태에서 질서정연하게 치러짐. 유권자의 75%가 실제로 투표장으로 갔다는 사실은 대부분의 나라들의 경우에서도 국민의 반응이 훌륭한 것이라고 간주될 만 한 것이며, 이와 같은 반응은 국민들이 선거를 한국의 독립을 달성할 수 있는 방법으로 널리 평가했다는 것, 그리고 선거를 위해서 투쟁한 정당 및

개인을 인정했다는 사실로 평가할 수 있음.

(d) 1948년 5월 10일의 선거에 대한 결론

- 언론, 출판 및 집회의 민주적 절차가 인정되고 존중되는 상당한 정도의 자유로운 분위기가 선거준비 기간 및 선거 당일에 존재하였고, 주한미군 및 남조선과도정부는 선거절차에 대한 위원단의 모든 건의를 준수하였으며, 선거관리는 대체적으로 선거법 및 관련 규칙에 의거하여 이루어짐.

- 선거는 한국독립 및 통일의 달성을 위한 단계로 간주되었고 이러한 이유로 인해 선거 등록 및 투표 참여율이 높은 것으로 나타남.

- 본 위원단의 현지감시반에 의한 제반 보고와 위의 결론, 한국의 전통적, 역사적 배경을 고려해 볼 때, 1948년 5월 10일의 선거결과는 위원단이 접근가능한 지역, 한국인 전체 인구의 약 3분의 2를 차지하는 지역에 거주하는 유권자의 자유의사를 정당하게 반영한 것이라고 간주할 수 있음.

UNITED NATIONS

FIRST PART OF THE REPORT OF THE UNITED NATIONS TEMPORARY COMMISSION ON KOREA

Volume I

GENERAL ASSEMBLY

OFFICIAL RECORDS: THIRD SESSION

SUPPLEMENT No. 9 (A/575)

This document constitutes Volume I of the First Part of the Report of the United Nations Temporary Commission on Korea. The other two volumes will be published as rapidly as possible and will consist of:

Volume II: Annexes I to VIII, containing the texts of basic documents referred to in the Report.

Volume III: Annexes IX to XII, containing the records of oral statements made before sub-committees of the Commission and records of the observation of the elections of 10 May 1948.

Some of the documents issued by the United Nations Temporary Commission on Korea (series A/AC. 19/1 et seq.*), to which reference is made in the footnotes to the present report, have not been included in the annexes published in Volumes II and III. They are, however, available for consultation in the Archives Section of the Secretariat.*

The Second Part of the Report, which deals with supplementary data arising from the Commission's terms of reference and contains fresh conclusions reached in the light of events in Korea since the elections, will be transmitted later, and will be ready for the Third Regular Session of the General Assembly to be held in Paris.

UNITED NATIONS

FIRST PART OF THE REPORT

OF

THE UNITED NATIONS TEMPORARY COMMISSION ON KOREA

VOLUME I

GENERAL ASSEMBLY

OFFICIAL RECORDS : THIRD SESSION

SUPPLEMENT No. 9 (A/575)

A/575

August 1948

TABLE OF CONTENTS

INTRODUCTION

The United Nations Temporary Commission on Korea, established by resolution 112 (II) adopted by the General Assembly on 14 November 1947, has the honour to present herewith in two volumes the first part of its report to the General Assembly, covering the period 12 January-24 May 1948.

Volume I consists of the following six chapters :

Chapter I deals with the creation of the United Nations Temporary Commission on Korea, its terms of reference and composition.

Chapter II describes the organization of the Commission—i.e., Chairmen and Rapporteur of the Commission, Chairmen of the Sub-Committees, establishment of field observation groups.

Chapter III gives a brief review of the political situation in Korea.

Chapters IV and V deal with the main activities of the Commission and its subsidiary bodies during the period 12 January-24 May 1948 :

Chapter IV
- A. Approaches to the Union of Soviet Socialist Republics, the Ukrainian Soviet Socialist Republic and the military authorities in North Korea ;
- B. Consultation with the Interim Committee of the General Assembly.

Chapter V
- C. Work of the Sub-Committees ;
- D. Date of the elections ;
- E. Observation of the elections ;
- F. Preparation of the first part of the report to the General Assembly.

Chapters I-V present a chronological and historical survey of the activities of the Commission during the period 12 January-24 May 1948, together with a review of the basic factors of the situation in Korea.

Chapter VI, containing the Summary and Conclusions on the first part of the report, deals mainly with the technical aspects of the elections observed by the Commission in South Korea on 10 May 1948.

Volume II of the first part of the report comprises a number of annexes containing the texts of basic documents referred to in the report.

The second part of the report will deal with additional aspects relevant to the Commission's terms of reference and other conclusions in the light of post-election developments in Korea. This part of the report will be submitted in time for the third regular session of the General Assembly in Paris.

Seoul, Korea,
21 July 1948.

CHAPTER I

CREATION OF THE UNITED NATIONS TEMPORARY COMMISSION ON KOREA; ITS TERMS OF REFERENCE AND COMPOSITION

(a) SUBMISSION OF THE KOREAN PROBLEM TO THE UNITED NATIONS

1. The Minister of Foreign Affairs of the Union of Soviet Socialist Republics, in a letter to the Secretary of State of the United States of America, dated 4 September 1947,[1] rejected a United States proposal to submit the problem of the independence of Korea to a four-Power conversation of the Powers adhering to the Moscow Agreement, namely: China, the Union of Soviet Socialist Republics, the United Kingdom and the United States of America.

2. On 17 September 1947, the Acting Secretary of State of the United States, in a letter to the Soviet Minister of Foreign Affairs, replied that his Government, in view of the rejection, had decided "to refer the problem of Korean independence to the forthcoming session of the General Assembly of the United Nations."[2] On the same day the representative of the United States to the General Assembly, Secretary of State George C. Marshall, stated, during the eighty-second plenary meeting, that it was the intention of the United States Government to present the problem of Korean independence to the current session of the General Assembly.[3]

3. Again, that same day the following communication was received by the Secretary-General:

> "The Senior Representative of the United States to the General Assembly of the United Nations presents his compliments to the Secretary-General of the United Nations and has the honour to submit the following items for inclusion on the agenda of the second regular session of the General Assembly of the United Nations:
>
> "1. . . .
>
> "2. The problem of the independence of Korea.

4. During the general debate in the General Assembly, this proposal was opposed by the representative of the Union of Soviet Socialist Republics,[5] but won the support of the representative of the United Kingdom[6] on 18 and 22 September respectively.

5. On 21 September, the General Committee at its thirty-eighth meeting decided, by twelve votes to two, with no abstentions, to recommend the inclusion of the item proposed by the United States in the agenda. During the discussion, the representatives of the United States, China, Syria, India and the United Kingdom spoke in favour of inclusion, while the representatives of the Union of Soviet Socialist Republics and Poland objected to the inclusion.[7]

6. The General Assembly discussed the inclusion of the item in the agenda on 23 September 1947 during its ninetieth and ninety-first meetings. The proposal was supported by the representatives of Australia, the United States of America, China and the United Kingdom and was opposed by the representative of the Union of Soviet Socialist Republics. The General Assembly, by forty-one votes to six, with seven abstentions, one delegation being absent, decided to include the item in the agenda, and referred it to the First Committee for consideration and report. The opposing countries were the Byelorussian Soviet Socialist Republic, Czechoslovakia, Poland, the Ukrainian Soviet Socialist Republic, the Union of Soviet Socialist Republics and Yugoslavia, while the abstaining members were mainly from the Near East and Africa.[8]

7. The First Committee discussed the question of Korea at its eighty-seventh through ninety-fourth meetings, held between 28 October and 5 November 1947.

Proposals of the United States of America

8. Meanwhile, on 17 October 1947, the United States representative had addressed a letter to the Secretary-General outlining the suggestions which the United States representative proposed to submit for the consideration of the First Committee when the problem of Korean independence came before that body. Enclosed was a draft resolution[9] which recommended that the occupying Powers should hold elections in their respective zones not later than 31 March 1948 under the observation of the United Nations "as the initial step leading to the creation of a National Assembly and the establishment of a National Government of Korea in conformity with the procedure set out in the Annex[10] to this resolution."

---

[1] Document A/AC.19/W.6, pages 64-66.
[2] *Ibid.*, pages 66-67.
[3] Document A/PV.82, pages 52-55.
[4] Document A/BUR.85.
[5] Document A/PV.84, page 96.
[6] Document A/PV.88, page 67.

[7] Document A/BUR/SR.38.
[8] Documents A/PV.90 and A/PV.91.
[9] Document A/C.1/218.
[10] *Annex: Recommended procedure for the holding of elections and the establishment of a National Government of Korea.*

(1) The elections to be held by the occupying Powers in their respective zones not later than 31 March 1948 shall be for the purpose of choosing representatives to a National Assembly. The number of representatives elected to the National Assembly from each zone shall bear the same proportion to the total membership of the National Assembly as the population of that zone bears to the total population of Korea. Subject to this principle, the number of representatives to be elected from each zone shall be determined by the United Nations Temporary Commission on Korea in consultation with the occupying Powers.

9. The draft resolution further recommended "that immediately upon the establishment of the National Government of Korea referred to above, that Government will constitute its own national security forces and will arrange with the occupying Powers for the early and complete withdrawal from Korea of the armed forces of the Union of Soviet Socialist Republics and the United States."[11]

10. In addition, a United Nations Temporary Commission on Korea would be established which would " (1) be present in Korea during the elections in each zone with the right of freedom of travel and observation throughout all of Korea, (2) be available for such consultation as may be appropriate in connexion with the elections, the organization of the National Assembly, the formation of the National Government and the conclusion of agreements for the withdrawal of the occupying forces, (3) report to the General Assembly or, if in its judgment developments so require, to any competent agency of the Assembly with respect to its activities under the terms of this resolution, and make any recommendations that it may wish concerning further United Nations action in maintaining the independence of Korea."[11]

(b) Discussions in the First Committee

11. After a general discussion in the First Committee during the eighty-seventh and eighty-eighth meetings, on 28 October 1947, in which the representatives of the United States of America, the Union of Soviet Socialist Republics, Australia, Poland, China, the Ukrainian Soviet Socialist Republic, Yugoslavia and the United Kingdom participated, two main problems emerged : (1) the participation of elected representatives of the Korean people in the discussion ; and (2) the withdrawal of the United States and Soviet Union troops from Korea.

Resolutions proposed by the Union of Soviet Socialist Republics

12. On 28 October, the Union of Soviet Socialist Republics submitted the two following draft resolutions :

"1. Inasmuch as the Korean question, which is before the General Assembly, is primarily a matter for the Korean people itself and concerns its freedom and independence, and recognizing that this question cannot be correctly and fairly resolved without the participation in the discussion of representatives of the indigenous population :

"*The First Committee resolves*

"To invite elected representatives of the Korean people from Northern and Southern Korea to take part in the discussion of the question."[12]

"2. *The General Assembly,*

"*Having considered* the resolution of the delegation of the Union of Soviet Socialist Republics on the simultaneous withdrawal of American and Soviet troops from Korea at the beginning of 1948 ;

"*Bearing in mind* that the aim of that resolution is to accelerate the transformation of Korea into an independent democratic State and to afford the Korean people the possibility of establishing its own National Government of Korea :

"*Recommends* to the Government of the United States of America and to the Government of the Union of Soviet Socialist Republics the simultaneous withdrawal of their troops from Southern and Northern Korea respectively at the beginning of 1948, thereby leaving to the Korean people itself the establishment of a National Government of Korea."[13]

13. The Committee decided to give priority to the discussion of the Soviet draft resolution concerning the invitation to elected Korean representatives to participate in the discussion, since this was a proposal of procedure. The United States representative thereupon submitted an amendment to the Soviet Union draft resolution in which he proposed to establish forthwith a United Nations Temporary Commission on Korea in order to facilitate and expedite such participation and to ensure that the Korean representatives would in fact be duly elected by the Korean people and not mere appointees from military authorities in Korea.[14] An amendment was proposed by China[15] to indicate that the presence of representatives from Korea as a whole, not from Northern and Southern Korea, would be desirable and to substitute the word "observe" for the word "ensure" in the United States text, since the latter implied some kind of guarantee of the election process. This amendment was accepted by the representative of the United States.

Amendment by the Byelorussian Soviet Socialist Republic

14. At the ninetieth meeting, the representative of the Byelorussian Soviet Socialist Republic submitted an amendment[16] to the amendment of the United States to the effect that the elected representatives of the Korean people be invited to

(2) As soon as possible after the elections the National Assembly of Korea shall meet and form a Government and shall notify the United Nations Temporary Commission on Korea of the formation of this Government.

(3) Upon notification to the United Nations Temporary Commission on Korea of the formation of a National Government of Korea, that Government shall take over the functions of government from the military commands and civilian authorities of North and South Korea, respectively, in accordance with arrangements to be agreed upon under the auspices of the United Nations Temporary Commission on Korea between the Government of Korea and the respective occupying authorities.

(4) The United Nations Temporary Commission on Korea shall be available for such consultations and assistance as may be requested and appropriate in connexion with the decisions and actions contemplated in paragraphs (1), (2) and (3) above.

[11] Document A/C.1/218.

[12] Document A/C.1/229.
[13] Document A/C.1/232.
[14] Document A/C.1/230.
[15] Document A/C.1/231.
[16] Document A/C.1/234.

take part in the consideration of the question in the First Committee and at the plenary meetings of the General Assembly. At the same meeting, the representative of the Ukrainian Soviet Socialist Republic introduced a draft resolution proposing that the First Committee should discuss the proposal and amendment of the United States at the time when the substance of the Korean question was discussed.[17]

15. The general debate was concluded at the ninetieth meeting on 30 October. As some of the representatives were of the opinion that the United States amendment should be regarded as a draft resolution, the Chairman put this question to the vote. The Committee decided, by forty-three votes to six, with four abstentions, that the United States proposal should be regarded as an amendment.

16. The resolution of the representative of the Ukrainian Soviet Socialist Republic was rejected by forty votes to six, with five abstentions.

17. The amendment of the Byelorussian Soviet Socialist Republic to the United States amendment was rejected by thirty-six votes to six, with nine abstentions.

18. After the rejection of the amendment of the Byelorussian Soviet Socialist Republic, the representatives of the Soviet Union, Ukrainian Soviet Socialist Republic, Czechoslovakia, Byelorussian Soviet Socialist Republic, Yugoslavia and Poland stated that, as in their view the Korean question could not be discussed in the First Committee and the General Assembly without the participation of Korean representatives, they were unable to take part in the voting on the United States amendment or on amendments thereto.

Adoption of the United States amendment

19. The amendment of the United States, as amended by the representative of China (see paragraph 13), read as follows:

"*Inasmuch as* the Korean question which is before the General Assembly is primarily a matter for the Korean people itself and concerns its freedom and independence, and

"*Recognizing* that this question cannot be correctly and fairly resolved without the participation of representatives of the indigenous population,

"*The First Committee*

"1. *Recommends* that elected representatives of the Korean people be invited to take part in the consideration of the question ;

"2. *Further resolves* that in order to facilitate and expedite such participation and to observe that the Korean representatives are in fact duly elected by the Korean people and not mere appointees by military authorities in Korea there be forthwith established a United Nations Temporary Commission on Korea, to be present in Korea, with right to travel, observe and consult throughout Korea."

[17] Document A/C.1/233.

The amendment was voted upon in parts with the following results:

Paragraph 1: Adopted by forty-one votes to none, with six abstentions ;

Paragraph 2: Adopted by forty-one votes to none, with four abstentions ;

Paragraph 3: Adopted by thirty-nine votes to none, with seven abstentions.

20. The whole amendment was adopted by forty-one votes to none, with seven abstentions.

21. The draft resolution of the Soviet Union[18] was also put to the vote and was rejected by thirty-five votes to six, with ten abstentions.

Position of the Union of Soviet Socialist Republics

22. After the rejection of the Soviet draft resolution, the representative of the Soviet Union stated that if a United Nations Temporary Commission on Korea were to be set up after the General Assembly had considered the question without the participation in that body's discussion of representatives of the Korean people, the Soviet Union would not be able to take part in the work of the Commission.

23. He then submitted a draft resolution proposing to defer the discussion of the substance of the Korean question.[19] This draft resolution was rejected by the Committee by thirty-three votes to six, with twelve abstentions.[20]

Resumption of the general debate

24. The Committee resumed, at its ninety-first meeting, the general debate on the substantive draft resolutions of the United States and the Soviet Union as contained in documents A/C.1/218 and A/C.1/232. The general debate continued until the ninety-third meeting inclusive, with the following countries participating in the discussion: Australia, Byelorussian Soviet Socialist Republic, Canada, China, Czechoslovakia, Egypt, El Salvador, France, India, Mexico, Netherlands, Philippines, Poland, Ukrainian Soviet Socialist Republic, Union of Soviet Socialist Republics, United Kingdom, United States of America, and Yugoslavia.

United States proposals and amendments

25. At the ninety-second meeting the representative of the United States presented a revised text of its original draft resolution of 17 October 1947.[21] Some of the provisions in this revised draft resolution included parts of the resolution adopted by the First Committee at its ninetieth meeting on 30 October 1947 (see paragraph 19), while others incorporated suggestions made by several delegations during the previous debate. Three amendments to the revised United States draft resolution were introduced:

(1) An amendment proposed by the Philippines stressed the necessity of avoiding unilateral action and intervention in Korea.[22]

[18] Document A/C.1/229.
[19] Document A/C.1/235.
[20] Document A/C.1/SR.91, pages 4 and 5.
[21] Document A/C.1/218/Rev. 1.
[22] Document A/C.1/236.

(2) An amendment proposed by India to delete the provision that the elections should be held by the occupying Powers.[23]

(3) An amendment proposed by China stressed China's special interest in Korea and its desire to discharge its obligations under the Moscow Agreement.[24] This amendment was later withdrawn.

26. At the ninety-fourth meeting, held on 5 November 1947, the Committee proceeded to vote on the Soviet draft resolution and the revised United States draft resolution, together with the amendments.

27. The draft resolution of the Soviet Union was rejected by twenty votes to six, with seven abstentions.

28. As a consequence of the rejection of the Soviet draft resolution, the representatives of the Soviet Union, the Ukrainian Soviet Socialist Republic, Poland, Yugoslavia, Byelorussian Soviet Socialist Republic and Czechoslovakia declared that, since the Korean question could not be discussed without the participation of Korean representatives, they would be unable to take part in the voting on the United States draft resolution or amendments thereto.

29. The amendment submitted by the representative of the Philippines was adopted by thirty-four votes to none, with three abstentions.

30. The amendment submitted by the representative of India was adopted by thirty-four votes to none, with four abstentions.

Adoption of the United States draft resolution

31. The United States draft resolution, as amended,[25] was adopted by forty-six votes to none, with four abstentions.

Position of the Ukrainian Soviet Socialist Republic

32. When the United States draft resolution was put to the vote, the representative of the Ukrainian Soviet Socialist Republic declared that his country could not take part in the United Nations Temporary Commission on Korea as proposed in the resolution, because no representatives of Korea had been invited to attend the debate. He also said[26] that it would have been better if the Temporary Commission had consisted of neutral persons and not of representatives "obeying Government instructions in most cases favourable to United States policy."[27]

(*c*) DISCUSSION IN THE GENERAL ASSEMBLY

33. The General Assembly discussed the problem of the independence of Korea on 13 and 14 November 1947 during its hundred-and-eleventh and hundred-and-twelfth plenary meetings. The representatives of the Union of Soviet Socialist Republics, the United States of America, the Philippines, China, Czechoslovakia, Yugoslavia, Byelorussian Soviet Socialist Republic, Panama, Poland, Norway and the Ukrainian Soviet Socialist Republic participated in the debate, which consisted mainly of a restatement of arguments and counter-arguments made during the meetings of the First Committee.

Adoption of the report

34. The resolutions recommended by the First Committee were adopted without amendment by forty-three votes to none, with six abstentions. The following countries did not take part in the voting: Byelorussian Soviet Socialist Republic, Czechoslovakia, Poland, Ukrainian Soviet Socialist Republic, Union of Soviet Socialist Republics, Yugoslavia. The resolutions read as follows:

"*Inasmuch as* the Korean question which is before the General Assembly is primarily a matter for the Korean people itself and concerns its freedom and independence, and

"*Recognizing* that this question cannot be correctly and fairly resolved without the participation of representatives of the indigenous population,

"*The General Assembly*

"1. *Resolves* that elected representatives of the Korean people be invited to take part in the consideration of the question;

"2. *Further resolves* that in order to facilitate and expedite such participation and to observe that the Korean representatives are in fact duly elected by the Korean people and not mere appointees by military authorities in Korea, there be forthwith established a United Nations Temporary Commission on Korea, to be present in Korea, with right to travel, observe and consult throughout Korea."

II

"*The General Assembly*,

"*Recognizing* the urgent and rightful claims to independence of the people of Korea;

"*Believing* that the national independence of Korea should be re-established and all occupying forces then withdrawn at the earliest practicable date;

"*Recalling* its previous conclusion that the freedom and independence of the Korean people cannot be correctly or fairly resolved without the participation of representatives of the Korean people, and its decision to establish a United Nations Temporary Commission on Korea (hereinafter called the 'Commission') for the purpose of facilitating and expediting such participation by elected representatives of the Korean people:

"1. *Decides* that the Commission shall consist of representatives of Australia, Canada, China,

[23] Document A/C.1/237.

[24] Document A/C.1/238.

[25] Including Chinese and French drafting amendments and sub-amendments adopted during the ninety-fourth meeting.

[26] Document A/AC.1/SR.94, page 3.

[27] Report of the First Committee, containing the text of the adopted resolutions (document A/447) has been used as the principal source of the preceding.

El Salvador, France, India, Philippines, Syria, Ukrainian Soviet Socialist Republic ;

"2. *Recommends* that the elections be held not later than 31 March 1948 on the basis of adult suffrage and by secret ballot to choose representatives with whom the Commission may consult regarding the prompt attainment of the freedom and independence of the Korean people and which representatives, constituting a National Assembly, may establish a National Government of Korea. The number of representatives from each voting area or zone should be proportionate to the population, and the elections should be under the observation of the Commission ;

"3. *Further recommends* that, as soon as possible after the elections, the National Assembly should convene and form a National Government and notify the Commission of its formation ;

"4. *Further recommends* that immediately upon the establishment of a National Government, that Government should, in consultation with the Commission : *(a)* constitute its own national security forces and dissolve all military or semi-military formations not included therein ; *(b)* take over the functions of government from the military commands and civilian authorities of north and south Korea, and *(c)* arrange with the occupying Powers for the complete withdrawal from Korea of their armed forces as early as practicable and if possible within ninety days ;

"5. *Resolves* that the Commission shall facilitate and expedite the fulfilment of the foregoing programme for the attainment of the national independence of Korea and withdrawal of occupying forces, taking into account its observations and consultations in Korea. The Commission shall report, with its conclusions, to the General Assembly and may consult with the Interim Committee (if one be established) with respect to the application of this resolution in the light of developments ;

"6. *Calls upon* the Member States concerned to afford every assistance and facility to the Commission in the fulfilment of its responsibilities ;

"7. *Calls upon* all Members of the United Nations to refrain from interfering in the affairs of the Korean people during the interim period preparatory to the establishment of Korean independence, except in pursuance of the decisions of the General Assembly ; and thereafter, to refrain completely from any and all acts derogatory to the independence and sovereignty of Korea."[28]

Rejection of the Soviet proposal concerning the withdrawal of troops

35. The proposal of the Union of Soviet Socialist Republics recommending that the United States of America and the Soviet Union simultaneously withdraw their troops from Southern and Northern Korea respectively at the beginning of 1948 "thereby leaving to the Korean people itself the establishment of a National Government of Korea,"[29] was rejected by thirty-four votes to seven, with sixteen abstentions.

(d) Letters from the Secretary-General

36. After the resolutions were adopted by the General Assembly, the Secretary-General, by a letter dated 24 November 1947, transmitted to the Governments of all Members of the United Nations the text of the two resolutions and drew attention to paragraph 7 of resolution II.

37. A letter dated 24 November 1947 was sent to the Governments of the nine Members composing the United Nations Temporary Commission on Korea, requesting that the names of their representatives on the Commission be communicated to the Secretary-General as soon as possible.

38. A letter dated 24 November 1947, signed by the Secretary-General, was sent to the Governments of the United States of America and the Soviet Union enclosing the texts of the two resolutions and drawing attention to paragraph 6 of resolution II. To this letter, the acting United States representative to the United Nations replied in a letter dated 11 December 1947, as follows :

> "I have to acknowledge the receipt of your note of 24 November 1947 enclosing the text of the two resolutions concerning the problem of the independence of Korea which were adopted by the General Assembly at its hundred-and-twelfth plenary meeting on 14 November 1947. My Government has noted your emphasis on paragraph 6 of the substantive part of the second resolution and has instructed me to state that, as you are no doubt aware, the United States Government has been very happy to afford the fullest assistance and facilities to members of the Secretariat who are now preparing for the work of the Korean Commission. It is a pleasure to add that the United States authorities, both here and in South Korea, will continue to give the fullest assistance to the Korean Commission in an endeavour to assist in the fulfilment of the terms of the Assembly's resolution."

39. At the time of the first meeting of the Commission in Seoul, Korea, no reply had yet been received from the Government of the Union of Soviet Socialist Republics or from the Government of the Ukrainian Soviet Socialist Republic.[30]

(e) Composition of the Commission

40. According to the resolutions of the General Assembly, the Commission was to consist of representatives of Australia, Canada, China, El

[28] Discussion of the financial implications of the adoption of the resolution establishing the United Nations Temporary Commission on Korea is contained in the following documents : A/C.5/208 ; A/C.5/W.52 ; A/C.5/216 ; A/C.5/SR.95 and SR.96 ; A/461.

[29] Document A/477.

[30] Further reference to this correspondence is made in chapter IV of this report.

Salvador, France, India, Philippines, Syria, Ukrainian Soviet Socialist Republic. On 5 December 1947, the first appointments of representatives were announced, followed on 10 and 15 December by others.

41. At the first meeting of the Commission, in Seoul, Korea, on 12 January 1948, the following representatives were present: Mr. S. H. Jackson (Australia), Mr. G. S. Patterson (Canada), Mr. Liu Yu-Wan (China), Mr. Jean Paul-Boncour (France), Mr. K. P. S. Menon (India), Mr. Arranz (Philippines), Mr. Z. Djabi (Syria). No representative of the Ukrainian Soviet Socialist Republic was present. The delegation of El Salvador arrived on 29 January 1948.[31]

(f) Secretariat

42. The secretariat of the Commission, totalling twenty-seven persons, was headed by Mr. Victor Chi-Tsai Hoo, Assistant Secretary-General, and by Mr. Petrus J. Schmidt, Principal Secretary. In addition, the secretariat consisted of a Deputy Principal Secretary, a Legal Counsellor and four Assistant Secretaries, an Information Officer in charge of Press relations, and an Administrative Officer in charge of all administrative affairs. The secretariat included also a finance officer, a documents officer, a translator, interpreters, verbatim reporters, précis-writers and secretary-typists. Korean interpreters and translators were recruited locally.[31]

[31] Complete lists of delegations and secretariat staff during the period covered by this report are given in Volume II, Annex II.

Opinion on the work of the secretariat

43. On the proposal of the representative of France, the Commission unanimously decided at its thirty-eighth meeting, on 6 May 1948, to add at the end of chapter I of its report the following paragraph expressing appreciation of the work of the secretariat:

> "The Commission wishes to pay tribute to the untiring work and devotion to duty shown by the members of this relatively small secretariat under the able guidance and leadership of Mr. Petrus J. Schmidt, under difficult material conditions and without benefiting by such financial advantages as would have provided adequate compensation for the often strenuous effort that was physically and mentally required of them."

CHAPTER II

ORGANIZATION OF THE COMMISSION

(Chairmen and Rapporteur of the Commission; Chairmen of the Sub-Committees; establishment of field observation groups)[32]

1. During the period 12 January–4 June 1948, the Commission held two public meetings and fifty-six private meetings; forty-one meetings of the Commission were held in Seoul, Korea, and seventeen in Shanghai, China.

(a) Office of Chairman[33]

2. The first meeting of the Commission was held in Seoul, on 12 January 1948. Since all the representatives of the Commission were not present at that time, it was decided to elect a temporary Chairman until such time as the Commission decided to elect a permanent Chairman.

3. Mr. K. P. S. Menon (India) was unanimously elected temporary Chairman at the first plenary meeting.

4. At the eighth plenary meeting, held on 4 February 1948, the Commission unanimously elected Mr. K. P. S. Menon (India) permanent Chairman. It was also decided at the eighth meeting that, in the absence of the Chairman, the acting chairmanship should be assumed by members of the Commission for a period of fifteen days, and that the order of rotation should be left to the decision of the representatives themselves.

[32] A summary of the main activities of the Commission, the Sub-Committees, and the field observation groups is contained in chapter IV.

[33] See rules of procedure, rules 9 and 11 (document A/AC.19/38).

5. During the absence of the permanent Chairman from Seoul between 15 February and 5 March inclusive, Mr. Jean Paul-Boncour (France) and Mr. Liu Yu-Wan (China) served successively as Acting Chairmen.

6. In view of the imminent departure from Seoul of Mr. Menon, the permanent Chairman, the Commission decided, at its twenty-sixth meeting, to have a rotating chairmanship for periods of fifteen days in the English alphabetical order of the States members of the Commission, beginning with the name of the country drawn by lot. The name of France was drawn and Mr. Paul-Boncour assumed the Chair on 17 March 1948.[34]

7. Provision was made for the following representatives to assume the chairmanship for periods of fifteen days each:

	1948
Mr. I. J. Bahadur Singh (India) .	1–15 April
Mr. R. Luna (Philippines) . . .	16–30 April
Mr. Y. Mughir (Syria)	1–15 May
Mr. S. H. Jackson (Australia) . .	16–30 May
Mr. G. S. Patterson (Canada) . .	31 May-14 June
Mr. Liu Yu-Wan (China). . . .	15–29 June
Mr. M. A. P. Valle (El Salvador).	30 June-14 July
Mr. Jean Paul-Boncour (France)	15–29 July

[34] Document A/Ac.19/51.

(b) OFFICE OF RAPPORTEUR[35]

8. At the eighth plenary meeting of the Commission, the office of Rapporteur was created and Mr. Liu Yu-Wan (China) was unanimously elected thereto.

(e) Sub-Committees and observation groups

9. The following sub-committees and observation groups were established by the Commission in the course of its work at Seoul :

Sub-Committee 1

10. Sub-Committee 1, comprising representatives of Canada, France, Syria and later China,[36] was established by a resolution[37] adopted at the fifth plenary meeting, on 17 January 1948, to consider ways and means of ensuring a free atmosphere for elections in Korea.

11. Mr. Z. Djabi (Syria) was elected Chairman at the first meeting. After the departure of Mr. Djabi, a rotation acting-chairmanship rule was adopted which placed Mr. Manet (France) in the chair at the fourth, sixth and fifteenth meetings ; Mr. Patterson (Canada) at the fifth meeting, and Mr. Mughir (Syria) at the seventh to fourteenth meetings.

Sub-Committee 2

12. Sub-Committee 2, comprising representatives of Australia, China, France, the Philippines and later El Salvador,[38] was established by a resolution[39] adopted at the fifth plenary meeting on 17 January 1948 to *(a)* examine any documents already received or which may be received from Korean sources by the Secretariat and *(b)* secure statements from Korean personalities whose views may be helpful to the Commission in the discharge of its duties.

13. Mr. S. H. Jackson (Australia) was elected Chairman at the first meeting. In the absence of Mr. Jackson in Tokyo, Mr. R. Luna (Philippines) was elected acting Chairman for the twentieth meeting on 17 February 1948, and Mr. Jean Paul-Boncour (France) of the twenty-eighth meeting on 27 March 1948.

Sub-Committee 3

14. Sub-Committee 3 was established by a resolution[40] adopted at the sixth meeting of the Commission on 19 January 1948 to examine the electoral laws and regulations of North and South Korea, and in the performance of this function, to acquaint itself with the views of Korean, Soviet and United States officials and experts.

15. At the outset the Sub-Committee consisted of the representatives of Canada, France, the Philippines and Syria. The Commission decided, at its seventh meeting, that the representative of El Salvador would take the place of the representative of France. At the fourteenth meeting of the Commission, the representative of China was appointed to the Sub-Committee.

16. At its first meeting, Mr. M. Arranz (Philippines) was elected Chairman and Mr. G. S. Patterson (Canada) was elected Rapporteur. At the third meeting, Mr. R. Luna (Philippines) was elected acting Chairman for the period of the absence of Mr. Arranz.

Ad hoc Sub-Committee

17. At the twenty-fifth plenary meeting of the Commission, on 16 March 1948, an *ad hoc* Sub-Committee, consisting of the representatives of China, France, the Philippines and Syria, was established to consider methods of observation during the election period.[41]

18. The Sub-Committee held two meetings under the chairmanship of Mr. Paul-Boncour (France), and submitted its report to the Commission,[42] which adopted it with amendments at the twenty-seventh plenary meeting on 20 March 1948.[43]

Main Committee

19. At the twenty-seventh plenary meeting, on 20 March 1948, the Commission established a Main Committee to take over the existing functions of the three Sub-Committees as from 29 March 1948 and to assume additional functions growing out of the plan for observing elections, as adopted by the Commission.[43]

20. A representative of each member would be entitled to sit on the Main Committee, but the membership of the Committee would rotate in accordance with the willingness of members to undertake periodic duties with the field observation groups. It was decided at the outset to follow the procedure of the Commission as regards chairmanship and that the Chairman of the Commission would also be the Chairman of the Main Committee.[44]

21. The procedure referred to in paragraphs 19 and 20 was adopted because of the limited personnel of the delegations.

Observation groups

22. At the twenty-seventh plenary meeting, on 20 March 1948, the Commission decided to establish field observation groups to observe the election programme in each of the provinces and during the most significant stages of the election period.[43]

23. During the pre-election period, observation groups, not exceeding four in number, and composed of representatives on the Commission

---

[35] See rules of procedure, rules 9 and 11 (document A/AC.19/38).
[36] The representative of China was appointed to the Sub-Committee at the fourteenth meeting of the Commission on 13 February 1948.
[37] Document A/AC.19/9/Corr.1.
[38] The representative of El Salvador was appointed to the Sub-Committee at the seventh meeting of the Commission on 31 January 1948.
[39] Document A/AC.19/11 (Annex VI).
[40] Document A/AC.19/13.
[41] Document A/AC.19/W.36.
[42] Document A/AC.19/54.
[43] Document A/AC.19/56 (see document A/529, Annex 7).
[44] Document A/AC.19/51.

and members of the secretariat, carried out observations in all the provinces of South Korea, as well as in the city of Seoul. Three groups observed the election programme during the week ending 10 April 1948,[45] and four groups during the week ending 24 April 1948.[46] The organization and travel itinerary of these groups are reproduced in documents A/AC.19/W.42/Add.1, Add.3 and Add.5.

24. On 7 May 1948, nine groups were organized to observe the elections during the period preceding and including election day.[47]

[45] Document A/AC.19/SC.4/SR.4 (Volume III).

[46] Documents A/AC.19/SC.5/SR.7 ; SC.6/SR.6 ; SC.7/SR.6 and SC.8/SR.1 (Volume III).

[47] Document A/AC.19/W.42/Add.6/Rev.1.

CHAPTER III

THE POLITICAL SITUATION IN KOREA — A BRIEF REVIEW

1. From 1910 until 1945 Korea formed part of the Japanese Empire. Her political, economic and social life was rigidly controlled by Japan. Following the declaration of war against Japan by the Allied Powers, the future status of Korea became a matter of inter-Allied concern.

(a) Inter-Allied Agreements regarding Korea

2. *Independence :* At the Cairo Conference between the Governments of the United States of America, the United Kingdom and China, the following declaration was issued on 1 December 1943 :

> "The aforesaid three Great Powers, mindful of the enslavement of the people of Korea, are determined that in due course Korea shall become free and independent."

In the Potsdam declaration of 26 July 1945, setting out the terms for Japan's surrender, the representatives of the Governments of the United States, the United Kingdom and China reaffirmed the Cairo declaration regarding Korean independence.[48] In its declaration of war against Japan on 8 August 1945, the Soviet Government expressed its adherence to the Potsdam declaration.[49] Finally, at the meeting of the Council of Foreign Ministers at Moscow in December 1945, a more detailed agreement was entered into between the representatives of the Governments of the United States, the Soviet Union and the United Kingdom, to which the Chinese Government subsequently adhered. The text of the *communiqué* regarding the decision on Korea is as follows :

> "1. With a view to the re-establishment of Korea as an independent State, the creation of conditions for developing the country on democratic principles and the earliest possible liquidation of the disastrous results of the protracted Japanese domination in Korea, there shall be set up a provisional Korean democratic government which shall take all the necessary steps for developing the industry, transport and agriculture of Korea and the national culture of the Korean people.
>
> "2. In order to assist the formation of a provisional Korean government and with a view to the preliminary elaboration of the appropriate measures, there shall be established a joint commission consisting of representatives of the United States command in Southern Korea and the Soviet command in Northern Korea. In preparing their proposals, the commission shall consult with the Korean democratic parties and social organizations. The recommendations worked out by the commission shall be presented for the consideration of the Governments of the Union of Soviet Socialist Republics, China, the United Kingdom and the United States prior to final decision by the two Governments represented on the joint commission.
>
> "3. It shall be the task of the joint commission, with the participation of the provisional Korean democratic government and of the Korean democratic organizations, to work out measures also for helping and assisting (trusteeship) the political, economic and social progress of the Korean people, the development of democratic self-government and the establishment of the national independence of Korea.
>
> "The proposals of the joint commission shall be submitted, following consultation with the provisional Korean government, for the joint consideration of the Governments of the United States, the Union of Soviet Socialist Republics, the United Kingdom and China for the working out of an agreement concerning a four-Power trusteeship of Korea for a period of up to five years.
>
> "4. For the consideration of urgent problems affecting both Southern and Northern Korea and for the elaboration of measures establishing permanent co-ordination in administrative-economic matters between the United States command in Southern Korea and the Soviet command in Northern Korea, a conference of the representatives of the United States and Soviet commands in Korea shall be convened within a period of two weeks."

[48] "8. The terms of the Cairo declaration shall be carried out and Japanese sovereignty shall be limited to the islands of Honshu, Hokkaido, Kyushu, Shikoku and such minor islands as we determine."

[49] "True to its duty to the Allies, the Soviet Government has accepted the proposals and has associated itself with the Allied declaration of 26 July" (document A/AC.19/W.6, page 2).

Military operations : During the Potsdam Conference, in connexion with the Soviet Government's undertaking to enter the war against Japan within three months following the defeat of Germany, it was understood that the respective Chiefs of Staff agreed that the dividing line for military operations by United States and Soviet forces in Korea should be the 38th degree parallel.[50]

(b) MILITARY OCCUPATION AND GOVERNMENT

3. Following the defeat of Japan in the war, the surrender of the Japanese forces in Korea was accepted by Soviet and United States commanders north and south of the 38th degree parallel, respectively, and this remained the line of demarcation of the United States and Soviet zones of military occupation.

4. In the north, the Soviet authorities promptly ousted the Japanese administration and, in its stead, established an administration based on a network of "People's Committees". A central government organ, the "Provisional People's Committee for North Korea", was established in February 1946. Mr. Kim Il Sung, a veteran Korean Communist and anti-Japanese partisan leader in Manchuria, became president of the Provisional People's Committee. Various political parties, of which the chief were the Labour (formerly the Communist), the Democratic, and Independence parties, were united into a single "New People's Party".

5. During the summer of 1946, the groundwork was laid for an elective form of government based upon local, provincial and national People's Committees. The New People's Front was now transformed into the United National Democratic Front, which contained the Labour Party (formerly the Communist Party), the Democratic Party, the Chondo-Kyo Party, and some smaller parties.

6. Elections for membership in the municipal, county and provincial People's Committees were held on 3 November 1946 ; 4,501,813 persons, being 99.6 per cent of the electorate, participated, and the United National Democratic Front polled approximately 97 per cent of the votes cast. As a result of pre-electoral discussion, there was only one list of candidates.[51]

7. A convention of 237 representatives from the People's Committees assembled from 17-20 February 1947. It approved all legislation enacted by the Provisional People's Committee, adopted a national economic plan proposed by Chairman Kim Il Sung, and decided to establish the National Assembly of Northern Korea. It did so, apparently by constituting itself as the Assembly on 21 and 22 February. Its 237 members were divided as follows among the parties :

Labour Party	89
Democratic Party	29
Chondo-Kyo Party	29
Independents	90
	237[52]

8. Prior to the entry of United States military forces into Korea, a "People's Republic" had been set up on 6 September 1945, following a national congress in Seoul attended by local representatives from all parts of Korea. This "People's Republic", under the leadership of the well-known Korean political leader Lyuh Woon Hyung, claimed governmental authority. The United States military authorities did not recognize this organization and established in its place a military government administration in which Japanese officials were initially retained.[53]

After the replacement of most of these Japanese officials by the beginning of 1946 had eliminated that source of contention, the interpretation of the Moscow declaration came to serve as a new symbol of disunity and controversy. The opinion became widespread, and was greatly supported by right-wing anti-Russian politicians, that the Moscow declaration meant, and that its adherents supported, the principle of trusteeship for Korea instead of independence. Originally, all parties in South Korea had been opposed to trusteeship. Then suddenly, late in December 1945, the South Korean Communists changed their position in line with the attitude of the Soviet Union, and from then on advocated strict adherence to the terms of the Moscow agreement, including the issue of trusteeship. When, in November 1946, elections were held in South Korea by means of a system of indirect election to select one-half of the membership (ninety in all) of an interim legislative assembly, of which the other half was appointed by the United States military government, the rightist parties campaigned against trusteeship and the Moscow declaration, and for independence, and won nearly all available seats.

9. The election was reported to have been accompanied by coercion and other questionable means.[54] Mr. Kim Kiusic, a prominent politician of the moderate Right, who later was appointed a member of the Legislature by General Hodge and became its first speaker, even sent a letter to the Commanding General, requesting that the results of the election be invalidated since leftist candidates had been "handicapped by current police investigations".[55]

10. The United States Command did, indeed, annul elections in Seoul and in one province, but at the re-election candidates of similar right-wing political faith won the seats vacated.

[50] See *Department of State Bulletin*, 30 December 1945, page 1035, for statement of Secretary of State Byrnes in this regard and G. M. McCune : "Korea : the First Year of Liberation", *Pacific Affairs*, March 1947, page 8. Documentary evidence of the proceedings at Yalta and Potsdam is not yet available.

[51] As quoted from *Pravda* and *Izvestia* by G. M. McCune, *Korea's Post-War Political Problems*, Institute of Pacific Relations, 1947, page 25.

[52] *Ibid.*

[53] *Ibid.*, page 12.

[54] G. M. McCune : *Pacific Affairs*, March 1947, page 7.

[55] *Summation of United States Army Military Government : Activities in Korea.* No. 14, November 1946, page 18.

11. In view of the markedly unrepresentative nature of the election returns, the United States Command appointed a considerable number of moderates and non-Communist leftists, as well as rightist party members and non-party professional persons, to the forty-five appointive seats of the Legislature.

12. Meanwhile, the following political trends had developed. At the right, there were the Korean Democratic Party (Hankook Min Choo Dang), the National Association for the Rapid Realization of Korean Independence and the Korean Independence Party. The first was the party of conservative landowners, headed by Mr. Kim Sung Soo. The National Association for the Rapid Realization of Korean Independence was the creation of the important rightist leader, Mr. Rhee Syngman. Mr. Kim Koo, leader of the provisional government created in 1919 in Shanghai, was most influential in the Independence Party, but wielded also some power in Mr. Rhee's association. Mr. Kim Koo's provisional government had come over from Chungking late in 1945 and on several occasions sought to proclaim itself as the government of Korea. The United States authorities, however, rejected such claims.

13. More moderate elements of the right were concentrated in the Nationalist Party with leaders such as Mr. Ahn Chae Hong, later appointed first Civil Administrator in the South Korean administration established under United States military government.

14. The moderate left concentrated around the late Mr. Lyuh Woon Hyung, who for some time worked in coalition with extreme leftists. Originally, their organization was the Korean People's Republic, later the People's Party, and the Social Democratic Party. Finally, in the spring of 1946, Mr. Lyuh established the Labouring People's Party, following the apparent failure of all attempts to effect a coalition of left-wing groups. Mr. Lyuh was assassinated on 19 July 1947 in Seoul, leaving this important group without any outstanding leader.

15. The extreme left contained a number of parties and groups, of which the Communist Party, later renamed and reorganized as the South Korea Labour Party, was the most important. Its leader, Mr. Pak Heun Young, a forty-five-year-old underground leader, had spent ten years in Japanese jails and was reported to have been in Moscow for two years. In September 1946, the United States Command ordered his arrest on grounds of "activities prejudicial to law and order", but he was not apprehended.

16. A number of attempts, meanwhile, were made to form a broad coalition of parties, representative of majority opinion in South Korea. Since the liberation, and throughout 1946, these attempts were in the direction of including the extreme left in such a grouping. The United States Command, on the other hand, for a while inclined toward a coalition around Mr. Rhee, until it was felt that his inflexible extreme rightist position provided no basis for any stable and representative political combination.

17. Coalition attempts at the centre resulted in the formation of a "Coalition Committee" in October 1946, in which Mr. Kim Kiusic, Mr. Ahn Chae Hong and Mr. Lyuh Woon Hyung co-operated and discussed current political affairs with the United States Command. It also nominated members for appointment by the Commanding General to the Interim Legislative Assembly.

(c) Work of the Joint Commission in 1946

18. In conformity with the Moscow agreement of December 1945, a meeting of the United States-Soviet Joint Commission was inaugurated on 20 March 1946. After considerable discussion as to the procedure to be followed in consulting with Korean "democratic parties and social organizations", referred to in the Moscow agreement, a deadlock was reached, and the Commission adjourned *sine die* on 8 May 1946. The United States interpretation of the failure to reach agreement has been stated as follows:

> ". . . The United States assumed the position that representatives of *all* political parties should be consulted. The Soviets contended that all Koreans who had opposed in any way the terms of the Moscow agreement should be excluded. Inasmuch as most of the vocal sections of the Korean population, with the exception of members of the Communist Party, had been active in expressing disagreement with one aspect or another of the agreement, the Soviet criterion would have effectively limited the Commission to consultation with one minority group."[56]

The Soviet explanation claimed that the United States delegation to the Joint Commission had proposed the inclusion for consultation of "seventeen political parties and social groups of Southern Korea which opposed the Moscow agreement and only three democratic parties which supported the agreement", and further claimed that certain important democratic parties and social organizations had been debarred for purposes of consultation by the United States proposals.[57] In the months following the breakdown of the Commission's initial proceedings there was an exchange of views between the United States and Soviet commanders with a view to narrowing the area of disagreement.

19. In a letter dated 8 April 1947, the United States Secretary of State, Mr. Marshall, proposed that the United States and Soviet Governments "agree to instruct our respective commanders in Korea to reconvene the Joint Commission as soon as possible and charge it with expediting its work under the terms of the Moscow agreement on the

[56] Assistant Secretary of State Hilldring, *Department of State Bulletin*, 23 March 1947, page 545.

[57] Letter from Soviet Foreign Minister V. Molotov to the United States Secretary of State, 19 April 1947 (document A/AC.19/W.6, pages 19-22).

basis of respect for the democratic rights of freedom of opinion."

20. In his letters dated 19 April and 7 May 1947, the Soviet Foreign Minister, Mr. Molotov, agreed that the work of the Joint Commission should be resumed on the basis of certain amendments proposed by the United States commander in Korea on 24 December 1946, in replying to proposals made by the Soviet commander in his letter of 26 November 1946. These proposals[58] were accepted by both Governments as the basis for reconvening the Joint Commission.

(d) Resumption of work of the Joint Commission, May 1947

21. In conformity with the Molotov-Marshall correspondence referred to, the Joint Commission was reconvened at Seoul on 21 May 1947. After lengthy discussions, the Commission failed to reach agreement, in particular, regarding the following major issues :

(i) *Consultation of "democratic parties and social organizations" :* The United States view was that all parties and organizations must be consulted which were prepared to sign the declaration set out in the Joint Commission's *communiqué 5*,[59] in accordance with the Molotov-Marshall letters, excepting those which "foment or instigate active demonstrations against the work of the Joint Commission or against one of the Allied Powers, or against the fulfilment of the Moscow decision."[60] The Soviet view was that representatives of parties or organizations belonging to the so-called "anti-trusteeship committee" formed in South Korea under the leadership of Mr. Kim Koo should not be eligible for consultation unless they had officially and publicly announced withdrawal from the anti-trusteeship committee.[61]

(ii) *Restrictions on freedom of speech and opinion :* The United States representative objected to the alleged exclusion from the Soviet list of consultees of twenty-four political parties claiming a total membership of over fifteen million. The Soviet Government claimed, in reply, that democratic parties and organizations in South Korea which supported the Moscow agreement were being subjected by the United States authorities to the "severest restrictions", including seizure of their premises, arrest of leaders and suppression of Press organs. The Soviet Government considered the situation as "excluding the possibility of the correct fulfilment of the decision of the Moscow Conference", if "these persecutions . . . do not immediately and completely cease."[62]

(iii) *Formation of Korean provisional government :* The United States Government proposed that representative provisional legislatures should be elected by universal suffrage in each zone as a means of constituting a national provisional legislature, to be made up of representatives selected from the legislature of each zone in proportion to its population.[63] The national provisional legislature would then establish "a provisional government for a united Korea".[64] The Soviet Government's view was that a provisional all-Korean People's Assembly should be constituted of representatives of democratic parties and organizations having 10,000 or more members, and which were known to "sincerely support the Moscow decisions and not be opposed to the Joint Commission or to the Allied Powers". Representation of the northern and southern zones in the Assembly was to be equal.

(e) United States proposal to refer the question to the four Powers

22. On 26 August 1947, the United States Government proposed in a letter to the Soviet Foreign Minister that the question of implementing the Moscow agreement should be referred forthwith to the four Powers adhering to that agreement.[65] The letter appended certain proposals for consideration by the projected four-Power meeting.

23. The Chinese and United Kingdom Governments accepted the proposal for the four-Power meeting. In a letter to the United States Secretary of State, dated 4 September 1947, the Soviet Foreign Minister announced the refusal of the Soviet Government to participate in the proposed four-Power discussions, and rejected the United States proposals regarding the establishment of a provisional Korean government. The United States proposal was deemed "inexpedient" inasmuch as "the Joint Commission is still far from exhausting all its possibilities for working out agreed recommendations, which is entirely possible."[66] Emphasis was placed on the alleged suppression by United States authorities of democratic organizations in South Korea, and on the view that the necessary condition for giving effect to the Soviet proposal regarding formation of a provisional all-Korean People's Assembly was "free and unfettered activity of democratic parties and organizations". It was considered that the United States proposals would "entail further separation in Korea since they provided for the

---

58 Document A/AC.19/W.6, pages 23-24.

59 A general declaration of willingness to uphold the Moscow agreement and abide by the decisions of the Joint Commission. For text of the declaration included in the *communiqué* of 18 April 1946, see document A/AC.19/W.6, page 6.

60 Letter from Acting Secretary of State Lovett to Soviet Foreign Minister, 26 August 1947, document A/AC.19/W.6, pages 62-64. The quotation is from the letter of the Soviet Foreign Minister to the United States Secretary of State, 7 May 1947, document A/AC.19/W.6, page 24.

61 Letter from Foreign Minister Molotov to the United States Secretary of State, 23 August 1947, document A/AC.19/W.6, pages 61-62.

62 *Ibid.*

63 Population of southern (United States) zone : approximately 19 million ; northern (Soviet) zone : approximately 9 million.

64 Letter from Acting Secretary of State Lovett to Foreign Minister Molotov, 26 August 1947, document A/AC.19/W.6, page 62.

65 *Ibid.*

66 Document A/AC.19/W.6, pages 64-67.

creation of separate provisional legislative assemblies in Southern and Northern Korea", and thus that the "abnormal situation" whereby the country was divided into two zones would be consolidated. The United States Government then brought the question of Korean independence before the United Nations (see chapter I).

(f) Political activity in South Korea during the second half of 1947

24. Meanwhile the sessions of the Joint Commission had been accompanied by increased activity of the Korean political parties. Anti-trusteeship demonstrations were held in Seoul at the end of June and when the United States Chief Commissioner censured the instigators for their actions, a vigorous protest was made on 4 July by 150 representatives of 70 rightist organizations. The petitions demanded the establishment of a Korean provisional government by a general election in North and South Korea, the resignation of the Civil Administrator and the suspension of the official newspaper of the South Korea Labour Party.

25. The leftist parties, on the other hand, tried to discredit their opponents, branding them as pro-Japanese and "national traitors" and contrasting their own support of the Joint Commission to this rightist opposition. The collapse of the Joint Commission's negotiations was welcomed by the rightists, who had hoped for and advocated such a result. The leftists were disheartened and blamed the United States for it.

26. After the Korean question had been referred to the General Assembly of the United Nations, the attitude of the political parties and leaders was mainly reflected in their reaction to the several proposals under discussion at United Nations headquarters.

27. The rightist parties and some moderate groups favoured immediate elections. The rightist National Association for the Rapid Realization of Korean Independence at this time proposed that Mr. Rhee should be sent to Lake Success as representative of the Korean people.

28. Moderate leaders meanwhile were engaged in a number of attempts at organization and consolidation. In September, the Democratic Independence Party came into being, largely as a result of the work of Mr. Kim Kiusic and Mr. Ahn Chae Hong.

29. A further consolidation of the moderate parties of the centre was effected in October with the formation of the National Independence Federation. Again Mr. Kim Kiusic and Mr. Ahn Chae Hong were the prime movers of this Federation, which included among others the Social Democratic Party, the Democratic Korean Independence Party, the New Progressive Party and the Popular Alliance.

30. The objectives of the Federation were (1) a joint conference of North and South Korean political leaders; (2) a general election; (3) withdrawal of United States and Soviet troops; (4) the unification of the moderate elements in South Korean politics. On 20 December, the National Independence Federation, now including fifteen participating political groups ranging from moderate right to moderate left, held its first meeting in Seoul. Its policies included a meeting of North and South Korean political party representatives to expedite the establishment of a unified government and the immediate recall of United States and Soviet troops.

31. Leftist activities were highlighted by a statement of the Chief of Police concerning planned riots for 15 August 1947. It was alleged that the South Korea Labour Party had developed an elaborate plan to discredit the Korean police and the United States in Korea. In this atmosphere of excitement, accompanied by all sorts of rumours and reports, the rightist parties felt justified in demanding that all parties and social organizations connected with the South Korea Labour Party be disbanded. On 9 August, the police began to arrest suspects. It should be noted that eventually no riots developed.[67]

32. In the rightist camp throughout the second half of 1947, there were rumours of attempts to merge the rightist forces of Mr. Kim Koo and Mr. Rhee Syngman, but while these seemed often near fruition, they never really materialized.

(g) Situation at the end of 1947

33. Meanwhile, during November, the attitudes of the Korean political parties towards an election under the auspices of the United Nations became clearer. An attempt was made to form a group advocating a joint meeting of North and South Korean political leaders known as the Council of Twelve Parties, but before the month was over, the extreme rightists had withdrawn and the whole movement foundered upon the question whether, in case of a Soviet boycott, there should be elections in South Korea alone.

34. Towards the end of the year 1947, the attitudes towards the United Nations Commission appeared to be as follows: the extreme rightists were favourable, while the extreme leftist group continued to oppose the Commission; Mr. Kim Koo and his Korean Independence Party were wavering in giving a decision regarding support of an election in South Korea. The moribund Council of Twelve Parties (of the moderate left) was clearly in favour of an election, but only if held in both North and South Korea. Mr. Kim Kiusic gave no indication of his attitude. It is worthy of note, however, that when, on 12 December, the official National Reception Committee was organized to receive the United Nations Commission, both Mr. Kim Kiusic and Mr. Kim Koo joined with Mr. Rhee and other extreme rightists and consented to have Mr. Chough Pyong Ok, Director of the Department of Police, as Chairman. Mr. Rhee meanwhile continued his propaganda for immediate elections.

[67] See *South Korea Government Activities*, No. 25, October 1947, page 134.

(h) South Korea

Political organizations at the beginning of 1948 [68]

35. The organization of political parties and movements in South Korea is a relatively recent development and in consequence they tend to be for the most part of a fluctuating character. New parties and combinations emerge and political alignments change, often at short notice. A characteristic feature of South Korean political life is the large number of political groups, many of them small in size and whose origins are to be found in personal rather than ideological factors. The officially claimed membership frequently bears little relation to their actual political significance. A related characteristic is that "social organizations", in the terminology of the United States-Soviet Union Joint Commission, frequently have a decided political orientation and programme. Examples may be found not only amongst the trade unions but in cultural, civic and professional organizations.[69] In January 1948, the total number of political parties and social organizations registered at the national level in accordance with United States Army Military Government in Korea Ordinance No. 55 was 354.[70]

36. While, therefore, it would be unreal to set down any rigid classification, certain major parties and organizations which have maintained some consistency of political attitude and organizational form may be distinguished. It is to be noted that the major parties of the right, since they appear to have the advantage of some influence in the South Korean administration, have been able to develop an effective network of organization covering the whole country. The leftist parties, on the other hand, in present circumstances do not enjoy the same favourable position and thus have not been able to maintain an effective and comprehensive framework of organization.

37. On the right, the major organizations were the Hankook (Korean) Democratic Party (Chairman : Mr. Kim Sung Soo), the National Association for the Rapid Realization of Korean Independence (Chairman : Mr. Rhee Syngman), the Korean Independence Party (Chairman : Mr. Kim Koo), the Chosen Democratic Party, representing refugees from North Korea, of which the Chairman *in absentia* was Mr. Cho Man Sik,[71] and the various youth organizations, including the Dai Dong Youth Group, the North West Youth Association, the General Alliance of Korean Young Men, and the Great Korean Independent Young Men's Group. The influential National Youth, Inc., sponsored officially by the United States military government, should also be mentioned, though its constitution declares it to be "non-political . . . as a movement".[72]

38. The Hankook Democratic Party is probably the most effectively organized of the rightist groups. It has the support of some of the largest landowners in Korea and through its connexions in the rural areas has been able to build up a relatively wide-spread network of local organization. It has been suggested that the party had the goodwill of the whole Korean administration and, more particularly, of the members of the National Police. These claims were repudiated both by the Chairman of the party and the Director of National Police.

39. The National Association for the Rapid Realization of Korean Independence was in its origin less a political party than a combination of various societies and individuals pledged to the general objective of the early attainment of Korean independence. In the period of preparation for the elections, however, and in presenting candidates, the Association served as the organizational means for extending Mr. Rhee Syngman's political influence throughout South Korea. To a considerable extent his influence derives also from the support accorded by certain of the rightist youth organizations.

40. The Korean Independence Party, which does not appear to have the same efficient organization as the above-mentioned parties, has gained a large measure of its support from the personal prestige of its leader, Mr. Kim Koo, who embodies the traditions of the struggle for independence centred in the Provisional Government established after the Declaration of Independence of 1 March 1919. Mr. Kim's influence is further strengthened by his following among certain sections of the youth organizations.

41. The youth organizations of the right, several of them having a large membership, are undoubtedly important political factors in South Korea. Though not organized as political parties, some of them, in particular the Dai Dong Youth Group and the National Youth, Inc., sponsored their own candidates in the elections of 10 May. In the main they have served as an important auxiliary for the political leaders to whom they attach their allegiance.

42. The moderate political groups established as a loosely-knit coalition the National Independence Federation which, early in 1948, embraced fourteen political parties of moderate and moderate left persuasion and some fifty social organizations.[73] Being of very recent origin, the Federation has had little time in which to develop an effective organization outside Seoul, though branches exist in some of the provinces.

43. A grouping of moderate and leftist parties, together with the rightist Korean Independence Party (subject to reservations concerning action by the Council), was established at the end of 1947 as

[68] Concerning political organizations in North Korea, see paragraphs 4-7 above. Additional reliable information has not been available.

[69] Volume II, Annex VI : document A/AC.19/60/Rev.1.

[70] *Memorandum*, 22 January 1948, Headquarters United States Army Military Government in Korea : Department of Public Information, Bureau of Public Opinion.

[71] Reported to be under house detention in North Korea.

[72] Document A/AC.19/W.39/Add.3.

[73] Paragraphs 29-30 above and document A/AC.19/NC.4 (Annex).

the South Korean Political Parties Council. Its more important original members, in addition to the Korean Independence Party, included the following: Labouring People's Party, Democratic Korean Independence Party, Democratic Independence Party, New Progressive Party, Social Democratic Party and People's League (Alliance). The Council continued as a political entity though with some internal dissensions over policy, reflected in the withdrawal of some of the more moderate groups. For the most part its component parties are members also of the National Independence Federation and on major issues, such as those of the elections in South Korea and the proposal for a joint conference of North and South political leaders, the views of the two organizations have been similar, though leftist views were more evident in the Council.

44. The major political organizations of the left were the South Korea Labour Party (former Communist Party), the Democratic National (People's) Front, the People's Republican Party, the Chundo-Kyo Young Friends' Party and the Labouring People's Party (the latter's leadership has reflected both moderate and leftist influences within the party). If any distinction is to be made amongst the parties and organizations of the left, it would be in terms of the extent to which any groups adheres to the clearly defined communist line of policy expressed in the programme of the South Korea Labour Party. A distinctive organization of the left is the Democratic National Front, which is a broad federation of political parties, trade unions, farmers', women's, cultural and other associations. It has maintained a consistent South Korea Labour Party ideology in its leadership, though variations of political programme may occur in some of the constituent bodies.

45. Following the disturbances of August 1947, many of the extreme leftist leaders were arrested for alleged violation of existing laws and ordinances and, by the beginning of 1948, the major organizations of the extreme left continued their activities underground. How far the changed circumstances had weakened their political influence, it would be difficult to estimate, but the attempt to initiate a "general strike" on 7 February 1948 met with little apparent response beyond localized attacks on police stations and communications (see paragraphs 63-65).

Structure of government

46. The framework of governmental authority within which the above political groups operated was that of the South Korean Interim Government. While, in the first stages of the occupation, the United States authorities replaced the outgoing Japanese administrative personnel almost completely with Americans, the officially declared policy was that of "Koreanization" for purposes of government and administration. In the words of the United States Military Governor:

> "I want more and more responsibility placed on the Koreans and more and more I desire that the Americans withdraw to positions that are purely advisory and inspectoral . . . It has been our objective from the beginning to get the Korean government organized so that it could run itself in exactly the same manner, subject only to limited controls to be exercised by the Americans."[74]

47. The major steps taken in carrying out this policy were:

(a) The entire replacement of the American elements in the executive branch of the Military Government (the Directorate) by Koreans in August 1946 and the vesting of responsibility in the Directorate, consisting of twenty-two departments and bureaux headed by a Korean Civil Administrator, for the executive functions of military government. All members of the Directorate were appointed by the Military Governor and acted under his authority, while in each department and bureau, both centrally and in the provinces, United States officials participated in an advisory capacity.

(b) The establishment of the Korean Interim Legislative Assembly under United States Army Military Government in Korean Ordinance No. 118, of 24 August, as "a Korean legislative body".[75] The Assembly was declared competent to "enact ordinances on matters affecting general welfare and interest and on such matters as may be referred to it by the Military Governor", but such ordinances had effect as law only when concurred in by the Military Governor. In the event that the Military Governor did not concur in any ordinance, he "will return it to the legislature with a written statement of reasons for non-concurrence". The Military Governor also had power to dissolve the Assembly, approve new members, and require new elections to be held. Section XI of the ordinance further indicated that "all duties and powers of the Korean Interim Legislative Assembly under this ordinance shall be exercised under the authority of the military government in Korea, until the establishment of a provisional Korean democratic government."

(c) The establishment of an all-Korean judicial system.

48. The changes leading to the establishment of the South Korean Interim Government were formally recognized in Ordinance No. 141 of 7 May 1947, which states *inter alia* that:

> "The Korean elements of the United States Army military government in Korea concerned with governing Korea south of 38 degrees north latitude, including the legislative, executive and judiciary branches, are hereby designated as the South Korean Interim Government."

The situation at the beginning of 1948 thus appeared to be that a self-contained unit, composed solely of Koreans and operating in the legislative, executive and judicial spheres, had been developed

---

[74] *Summation of United States Army Military Government Activities in Korea*, No. 19, April 1947, page 11.

[75] See paragraphs 8-11 above.

within the framework of the United States military government to assume responsibilities analogous to those of the normal governmental process.

49. However, in each sphere, legislative, executive and judicial, the supreme authority of the Military Governor prevailed. Executive acts of the Directorate and the bills passed by the Korean Interim Legislative Assembly required his approval. In two important cases — namely, those of the Special Law dealing with National Traitors, Collaborators and Profiteers and of the Temporary Constitution of Korea (Chosen), both passed by the Legislative Assembly — the non-concurrence of the Military Governor, in the face of considerable pressure from members of the Assembly, prevented the measures from taking effect of law.[76]

50. A further limiting condition on the authority of the South Korean Interim Government has been the presence of United States advisers in the central departments and in the provincial administrations (chief civil affairs officers). It has been stated that such advisers, in practice, assumed more than a purely advisory role and, for some time, exerted a considerable influence in the shaping of policy.[77] Commenting on the relation between the United States advisers and their respective Korean directors (heads of departments) the Military Governor, Major General William F. Dean, stated at a Press conference on 12 February 1948 :

> "As long as the United States is holding representatives of the United States responsible for funds appropriated by the United States, the United States is going to look to the Adviser to see that those funds are distributed to the ultimate recipient according to the dictates of the Congress which appropriated those funds. The Adviser is going to be held responsible to me. For Korean funds the Korean Director is responsible. For the Police Department, as far as the protection of the Korean people and the Korean Government is concerned, the Director of Police is concerned. I feel that I am responsible if things get so out of hand that the whole economy of South Korea is damaged to such an extent that we fail in our mission in establishing a democratic stable government. In the over-all analysis, if action is taken by any Director as long as I am here that I feel is going to wreck our efforts in establishing a stable government for the Koreans, then I feel I am responsible."[78]

51. As far as local government is concerned, on 15 November 1946 Military Government Ordinance No. 126 provided for the election under democratic principles of local officials from village councillors and headmen up to mayor and provincial governor. However, in view of deeply rooted traditions, the ordinance could not be put into effect and such officials continued to be appointive. From the viewpoint of Korean social development the proposed change was significant. The local unit of government assumes great importance in a predominantly rural community where communications are poor and illiteracy widespread. In the absence of elected officials, the formal machinery developed by the Japanese remained the basis of local administration. Thus one observes a graded system of authority from the provincial governor or mayor downwards to the village headman and the Pan[79] leader. In the village, township or ward of a city, the influence of the latter, in their respective fields, is all-pervasive. Their significance in political life as well as in matters of day-to-day local administration can scarcely be over-estimated.

Police and security forces

52. A factor of special significance in the South Korean Interim Government is the position held by the Director of National Police. The Civil Administrator, Mr. Ahn Chae Hong, chief official of the Directorate of the Interim Government, indicated in a hearing before Sub-Committee 2 of the Temporary Commission that the Director of National Police was nominally responsible to the Civil Administrator as far as the routine aspects of his governmental functions were concerned. The Civil Administrator stated further, however, that "in the technical part, it is not quite well understood by the Department of National Police that whatever the Civil Administrator says must be obeyed. This is not well performed yet".[80] The Director of National Police himself stated to Sub-Committee 2 that, while he was appointed by and was responsible to the Military Governor, in the exercise of his functions "personal power has been given to me direct by the Military Governor".[81]

53. The Director of National Police in March 1948 had at his disposal a total strength of 30,185 officers and men, of whom 1,936 were officers.[82] It was emphasized by the Commanding General, United States Army Forces in Korea, in a statement before Sub-Committee 2 on 7 February 1948, that :

> "The police force strength of South Korea is at the rate of less than 1.5 men per thousand people. The over-all for the United States is almost two per thousand, and in the cities of the United States (I say the United States because it is my own country and I know it best) it runs well over two per thousand people. By those standards in numbers, I can establish that we are under-policed in South Korea. The constabulary and our soldiers do not perform police duty. Neither of them is engaged at present, nor have they been engaged to a great extent, in law enforcement."[83]

54. As indicated by the Commanding General, United States Army Forces in Korea, the South Korean constabulary, which, in the first months of

---

[76] *South Korean Interim Government Activities*, No. 27, December 1947, page 201.
[77] G. M. McCune : *Korea's Postwar Political Problems*, pages 15-16.
[78] *Press Release*, 12 February 1948 : South Korean Interim Government, Department of Public Information.

[79] "Block association" of 10 to 20 households.
[80] Document A/AC.19/SC.2/PV.13, page 5 (Volume III).
[81] Document A/AC.19/SC.2/PV.14 (Volume III).
[82] Document A/AC.19/W.32.
[83] Document A/AC.19/SC.2/PV.16 (Volume III).

1948, had a strength of approximately 23,000, has not normally engaged in police duties of law enforcement, but has had the duties of guarding important establishments, including docks, warehouses, railroad bridges and tunnels, ships in port, etc.[84] However, in emergency situations, such as that which arose in April and May on Cheju Island, where guerrilla attacks on police stations and registration places were frequent,[85] the services of the constabulary were utilized to reinforce the police.

Attitudes towards the United Nations Temporary Commission on Korea

55. Various attitudes were assumed by the major political groups towards the Commission after its arrival in Seoul early in January 1948. At first all parties, with the exception of those of the extreme left and certain closely allied leftist parties, announced with varying emphasis their appreciation and support. Once it became clear, however, by the beginning of February, that it would be impossible for the Commission to observe elections north of the 38th parallel, and particularly after the decision of the Interim Committee of the General Assembly,[86] the Korean Independence Party and most parties of the National Independence Federation modified their attitude towards the Commission and expressed opposition to the holding of elections under the observation of the Commission in part of Korea only. The major leftist parties and organizations, with some variation of emphasis, urged from the time of the Commission's arrival that it should cease its activities and leave the Koreans to settle their problems themselves. A characteristic charge levelled at the Commission by these groups was that it acted only as the servant of United States "imperialism".

The elections issue

56. By the end of January, the question of elections had become the issue upon which all political interests and attitudes were concentrated. Before it was made certain that elections could not be held throughout Korea, the major political organizations, except those of the extreme left and its affiliates, were in principle in favour of an election under the observation of the Commission in all Korea. The moderate groups and the Korean Independence Party however attached certain conditions regarding the freedom of atmosphere considered essential for such a general election. By the beginning of February, in view of the Commission's inability to enter North Korea,[87] the political situation was dominated by support for and opposition to the holding of elections in the southern part of Korea only.

57. The major aspects around which controversy developed were : (i) the problem of re-establishing the unity of Korea, (ii) the conditions considered essential for the holding of a free and democratic election, and (iii) the attitude towards the occupying Powers and their military forces.

The problem of unification

58. Of the rightist parties, the Hankook Democratic Party and the political followers of Mr. Rhee Syngman, given the impracticability of an all-Korean election, were strongly in favour of an election in South Korea only. It was the view of these parties that such an election should lead to the establishment of a National Government, since two-thirds of Korea's population were in South Korea and special electoral districts were to be provided to give representation to refugees from North Korea. Such a National Government established in South Korea, with the temporary assistance of what Mr. Rhee termed a "small token force" from the United States, would be able to organize its own national defence and in time, given the support of world opinion and of the United Nations, would be able to unify Korea.

59. The Korean Independence Party of Mr. Kim Koo, however, considered that such an election would perpetuate the division of Korea rather than lead to its eventual unification. This view was shared by the moderate parties and organizations of the National Independence Federation.

60. As an alternative to the holding of elections in South Korea, Mr. Kim Koo and Mr. Kim Kiusic initiated, in early February, a proposal for a joint conference of political leaders from North and South Korea.[88] At one stage, early in February, it appeared that Mr. Kim Koo, Mr. Kim Kiusic and Mr. Rhee Syngman had reached some measure of agreement whereby the two former leaders, in the event that the joint conference proposed proved unsuccessful, would be prepared to waive their objections to the holding of elections in South Korea, while Mr. Rhee was apparently willing at least not to oppose the attempt to convene the joint conference.[89] Following the announcement of the terms of the resolution of the Interim Committee, however, Mr. Kim Koo and Mr. Kim Kiusic and their respective adherents reiterated their intention of proceeding with the project for a North-South political conference and reaffirmed their opposition to the holding of elections in South Korea only.

61. A significant aspect of the elections controversy was the rift in political relations between Mr. Kim Koo and the other rightist political leaders and the former's alignment with the moderate groups led by Mr. Kim Kiusic. Early in January 1948, a measure of unity had apparently been established in the reported merger[90] of the National Congress, under Mr. Kim Koo's influence, and an organization developed by Mr. Rhee Syngman, the National Representative Assembly of the Korean

[84] Document A/AC.19/W.32.
[85] Documents A/AC.19/SC.5/SR.6 and A/AC.19/SC.12/SR/1 (Volume III).
[86] See chapter IV, B.
[87] See chapter IV, A.
[88] See paragraphs 82-92 below.
[89] Document A/AC.18/28, pages 14 and 19 : statement of Mr. K. P. S. Menon, Chairman of the United Nations Temporary Commission on Korea, at the Interim Committee meeting on 19 February 1948.
[90] *South Korean Interim Government Activities*, No. 28, January 1948, pages 176-177.

be able to secure through their efforts the full co-operation in the government of all Koreans. The Interim Committee was confident that all peaceful methods of persuasion would thus be used to the greatest possible extent for the attainment of Korean unity.

"3. The Interim Committee recognized that the United Nations Temporary Commission on Korea itself has the authority and discretion to discharge its duties in Korea wherever and to the extent that circumstances permit."

In conclusion, the Chairman of the Interim Committee stated that it was his duty "to inform you and, through your good offices, all the members of the United Nations Temporary Commission on Korea, that the advice of the Interim Committee contained in the resolution has been given with a view to securing the fullest possible compliance with the General Assembly resolutions and to acting wholly within the intent and spirit of the resolutions".[152]

(b) *Decisions of the Commission concerning the implementation of the resolution of the Interim Committee of the General Assembly*

23. In the absence of the Chairman and the representative of Canada, an informal meeting of the representatives present in Seoul was held on 28 February, following adoption by the Interim Committee of its resolution of 26 February. The representatives felt that it was desirable to avoid further delay in considering a final date for the elections, and also, that a public announcement of some sort would be expected in connexion with the celebration of the Korean Independence Day on 1 March. It was hoped that a public announcement from the Commission might have a quieting effect in view of threatening riots.

24. Consequently, it was unanimously decided by the representatives present at this informal meeting to issue the following public statement:

"In conformity with the views expressed by the Interim Committee of the General Assembly in its resolution adopted on 26 February 1948, the United Nations Temporary Commission on Korea will discharge its duties — that is to say, observe elections in such parts of Korea as are accessible to the Commission, not later than 10 May 1948, according to the terms of reference of the resolutions of the General Assembly, and taking into account the recommendations made by the Interim Committee as to the conditions to be fulfilled for such elections, namely, 'that the elections be held on the basis of adult suffrage and by secret ballot', and in 'a free atmosphere wherein democratic rights of freedom of speech, Press and assembly would be recognized and respected'."

25. In a telephone conversation on 29 February between the Chairman of the Commission, who was at that time still in New York, and the Principal Secretary of the Commission in Seoul, the Chairman agreed with the statement drafted by the representatives present at the informal meeting of 28 February.[153]

26. On 1 March 1948, in conformity with the decision of the informal meeting of 28 February, the representative of China, Mr. Liu Yu-Wan, as acting Chairman of the Commission, delivered a speech at Seoul Stadium, in which he read the text of the statement referred to above, concerning observation of elections.[154]

27. The Chairman and the Assistant Secretary-General returned to Seoul from Lake Success on 6 March, and on 8 March, at the sixteenth meeting of the Commission, the Chairman submitted an account of the consultations with the Interim Committee at Lake Success and made reference to the Interim Committee's resolution of 26 February and the considerations on which that resolution was based.[155]

28. At the seventeenth and eighteenth meetings, the representative of Canada requested the Commission to clarify its position with respect to certain public statements made by the Commanding General, United States Army Forces in Korea, regarding the elections to be held on 9 May 1948.[156] The representative of Canada considered that the Commission had not yet officially reached a decision concerning the observation of elections and had therefore taken no action which substantiated the statements of the Commanding General.

29. The representative of Canada considered that the decision reached at the informal meeting of the representatives on 28 February (see paragraph 24 above) could not be regarded as an official decision of the Commission. He stated that unless a clarifying statement were issued, he would be compelled to abstain from participation in the activities of the Commission pending receipt of further instructions from his Government.

30. After detailed discussions, a proposal by the representative of Syria to adopt the following revised text of a Press release submitted by the Chairman, was adopted by four votes to none, with three abstentions:

"The United Nations Temporary Commission on Korea held its seventeenth and eighteenth meetings on 9 March 1948 and discussed questions arising out of the resolution adopted on 26 February 1948 by the Interim Committee of the General Assembly.

"On the initiative of the representative of Canada, the Commission has taken note of certain statements made by General Hodge while announcing the date of the elections on 9 May; these statements were to the effect that the Commission would observe the elections. They were made on the basis of conclusions unanimously reached by the members of the Commission present at an informal meeting on

[152] Document A/AC.19/45.

[153] Document A/AC.19/W.29.
[154] Document A/AC.19/41.
[155] Document A/AC.19/45.
[156] Documents A/AC.19/41 and A/AC. 19/41/Add.1.

which it was claimed that the National Police operated as an independent organization not in fact responsible to the civil administration. Criticism from moderate and leftist circles was also directed at the allegedly high proportion of Japanese-trained officers in the National Police[99] and at the alleged connexions of the police with certain rightist political parties. In relation to the elections, the conclusion drawn by the moderates and left was that such alleged conditions prejudiced any free atmosphere in favour of certain political groups.

69. These claims were disputed or dismissed as mere partisan propaganda by the rightist organizations favouring the holding of elections in South Korea. They, in turn, pointed to the dangers of Communist abuse and contended that there was such freedom of atmosphere as might endanger the public peace. As regards the alleged political sympathies of the Korean police, they also disclaimed any monopoly of political connexions with members of the National Police.

70. A further source of controversy was the question of political prisoners. The rightist parties, with the exception of Mr. Kim Koo's party, denied that political prisoners existed in South Korea, while most moderate and all left and extreme left organizations claimed that many persons were either in jail or under investigation for offences purely political in character.

71. Political differences also arose during the pre-election period in regard to the alleged influence of so-called "pro-Japanese" and "national traitors" in South Korean politics. On 2 July 1947, after considerable controversy, the Korean Interim Legislative Assembly had passed the Special Law dealing with National Traitors, Collaborators and Profiteers,[100] which provided stringent measures against persons who might be designated as coming within broadly defined categories of "pro-Japanese" elements. The feeling of certain groups against persons closely associated in positions of authority with the Japanese régime was also reflected in provisions of Public Act No. 5 [101] of the South Korean Interim Government prohibiting or limiting the electoral rights of certain classes of such persons. Moderate and leftist political groups continued to press their criticism of persons considered as "pro-Japanese", while the major rightist organizations denied the validity of such criticism.

Attitude of United States authorities towards civil liberties

72. The attitude of the United States authorities concerning civil liberties had been defined on 29 August 1945 in the governing instrument of occupation (Field Order No. 55) as follows :

"Freedom of religion shall be proclaimed. The freedom of Press, freedom of speech, freedom of assembly, and representative government will be encouraged to the extent that the security of the military occupation and the attainment of its objects are not prejudiced."

73. Following the announcement on 3 March 1948 by the Commanding General, United States Army Forces in Korea, that elections would be held in the territory under his command on 9 May,[102] certain special measures were taken by the United States authorities to broaden the scope of civil liberties in South Korea. By Ordinance No. 176 [103] of the South Korean Interim Government, effective 1 April 1948, changes in criminal procedure were introduced "so that the rights of the people to freedom from unlawful arrest and detention may be more adequately secured". On 5 April 1948 the Commanding General United States Army Forces in Korea, Lieutenant General John R. Hodge, issued a "Proclamation on the Rights of the Korean People"[104] which "in order to assure a free atmosphere" enumerated "the inherent liberties of the Korean people" who were to take part in the elections. The proclamation took the form of a "Bill of Rights" which formulated the fundamental liberties available to all citizens. Relevant provisions, as far as the elctions were concerned, included the following :

"2. Personal liberty is inviolable, and any limitations upon it are not permissible, except by virtue of law duly enacted and promulgated.

"3. Dwellings are inviolable, and the right of the people to be secure in their persons, houses, papers and effects against unreasonable search and seizure shall not be violated, and such seizures and search may take place only by virtue of provisions of the law.

. . . .

"8. Freedom of assembly and association, as well as speech, Press and all other forms of expression are recognized, including the use of all types of campaign handbills and wall posters; provided they are not inflammatory to the extent of inciting disorders or overthrow of government.

"9. The rights of meeting and forming associations shall be regulated by law. All citizens and groups of citizens have the right to petition the government and all organs thereof for a redress of grievances."

74. In regard to the role of the National Police in the elections, the South Korean Interim Government, on 27 January 1948, announced that the Director of the Department of National Police had issued special instructions to all police chiefs to ensure compliance with the Government's policy "that the democratic rights of freedom of speech, Press and assembly should be recognized, respected and safeguarded". On 2 March, the Director of National Police publicly stated the duties of the

[99] Document A/AC.19/SC.2/PV.7 (Volume III).
[100] Introduced as the Anti-collaborators Bill: see paragraph 49.
[101] Section 2, Law for the election of members of the Korean Interim Legislative Assembly, 3 September 1947.
[102] On 5 April the Commanding General announced that the elections would be held on 10 May 1948 (document A/AC.19/58/Add.6).
[103] Volume II, Annex V; document A/AC.19/W.40.
[104] Volume II, Annex V; document A/AC.19/62.

police in connexion with the elections :

"Firstly, inasmuch as the general election is decided upon as national policy, all acts that interfere with it will be disposed of as unlawful, whether carried out by rightists or leftists. Secondly, in the process of holding the election, national police are prepared to enforce with fairness and severity all the laws and orders governing the election in order that a free environment may be created, in which every adult Korean will be able to cast his free and intelligent vote. A member of the national police may exercise his right to vote, but he is prohibited from engaging in political activities, not to mention promotion of the interests of a political party or parties."[105]

75. Concerning the question of political prisoners, it was the view of the United States authorities, during discussions with Sub-Committees 1 and 2 of the Commission, that persons alleged to be political prisoners had, in fact, been arrested because they had committed specific criminal acts such as murder, arson, counterfeiting, etc., and with the possible exception of some 700 in special categories, could not be regarded as political prisoners.[106] However, following the Commission's recommendations for the attainment of a free atmosphere for elections,[107] the Commanding General, United States Army Forces in Korea, advised the Commission on 8 April that a pardon had been granted by the Military Governor to over three thousand prisoners with a view to restoring to them their full civil rights, entitling them to register for voting and to become candidates in the elections.[108]

Attitude towards the occupying Powers

76. While all political organizations favoured the earliest possible attainment of Korean independence, their views differed in regard to the continued presence of occupation forces in Korea. The rightist parties, with the exception of Mr. Kim Koo's Korean Independence Party, considered the presence of United States military forces essential for the preservation of law and order until elections were held and an independent Korean Government established. It was Mr. Rhee Syngman's opinion[109] that the preparation of an adequate security force for South Korea required the temporary assistance of a "small token force" from the United States. On the other hand, the attitude of Mr. Kim Koo was that all foreign troops should be withdrawn from Korea in order to permit the holding of a general election throughout Korea in a free atmosphere.[110]

77. Moderate opinion tended to be divided on the question. Mr. Kim Kiusic at first expressed the view that the United States forces should remain until an effective defence force had been established in South Korea.[111]

Other moderate leftist parties associated themselves with the persistent demand of the leftist organizations for the simultaneous and immediate withdrawal of all foreign troops from Korea.

Attitude of the United States authorities towards the elections

78. On 7 February, the Commanding General United States Army Forces in Korea indicated that the United States authorities had favoured a general election throughout Korea but that, in view of the non-co-operation of the North Korean authorities, he considered it essential that the people of South Korea should have the earliest possible opportunity of electing representatives and forming a government.[112]

79. On 3 March, the Commanding General, in a public statement in which he stressed the significance of the election for the Korean people, urged that voting was "the civic duty of every adult citizen. Anyone abstaining from voting forfeits his right to complain of actions or policies of a government resulting from an election in which he did not participate".[113]

80. Concerning the election law and regulations, the Commanding General declared :

"The elections will be carried out under laws and regulations drafted by representative Koreans after full and free discussion in the tradition of democratic procedure, and incorporating certain provisions to meet the requirements of the United Nations Temporary Commission on Korea to ensure democratic and free elections."[114]

He further assured the Korean people that, to assist in familiarizing them with election procedures, there would be "a systematic dissemination of information to the public concerning the elections, involving the maximum use of radio, Press, dropping of leaflets by plane, etc."[115]

81. Concerning the conditions in which elections were to be held the following quotation from a statement made by the Commanding General to a combined meeting of provincial governors and police chiefs at Seoul on 12 March 1948 indicates the attitude of the United States authorities :

"The principal item I wish to impress upon you is the absolute necessity for a free atmosphere for elections. This one feature is of more concern to the United Nations General Assembly and to the United Nations Temporary Commission on Korea than any other. Unless there are free elections we have gained nothing, because without free voting we will not have the will of the people expressed."

[105] Document A/AC.19/W.33.
[106] Volume II, Annex V: Document A/AC.19/52, paragraph 20.
[107] Document A/AC.19/53.
[108] Volume II, Annex V: Documents A/AC.19/61 and A/AC.19/61/Add.1.
[109] Hearing of Mr. Rhee Syngman, 26 January 1948 (document A/AC.19/SC.2/PV.5, Volume III).
[110] Document A/AC.19/SC.2/PV.6 (Volume III).
[111] Hearing of Mr. Kim Kiusic, 27 January 1948 (document A/AC.19/SC.2/PV.8, Volume III).
[112] Document A/AC.19/SC.2/PV.16 (Volume III).
[113] Document A/AC.19/41/Add.1.
[114] *Ibid.*
[115] *Ibid.*

(i) Conference of political leaders of North and South Korea

82. The idea of a conference of political leaders of North and South Korea, according to Mr. Kim Kiusic,[116] had its origins in the meeting of twelve parties in December 1947, when it was sponsored by Mr. Cho So Ang, President of the National Congress and a close associate of Mr. Kim Koo.

83. On 5 February 1948, the terms of a project for such a conference, later concurred in by Mr. Kim Koo, were brought to the attention of the Commission in a letter from Mr. Kim Kiusic which specified a precedure for selecting South Korean representatives to the proposed conference, for fixing its date and place and setting out certain prerequisites for the conference. The stated conditions were that "it will be necessary for the occupation forces to carry out the following:

> "*(a)* Restore freedom to political offenders in the North and South;
>
> "*(b)* Cancel or suspend warrants (orders) for arrest of political leaders;
>
> "*(c)* Freedom of speech, Press, assembly, and association shall be effected;
>
> "*(d)* The conditions and time of evacuation of both occupation forces shall be agreed upon."[117]

84. The proposal received the support of the moderate political groups associated with the National Independence Federation, while it was criticized as impracticable and undesirable by the rightist organizations, other than the Korean Independence Party. The left continued to characterize Mr. Kim Koo and Mr. Kim Kiusic as "reactionaries" and to press for the withdrawal of the occupation forces.

85. On 25 March a broadcast [118] over Pyongyang (North Korea) radio, in the name of the Central Committee of the Democratic People's Coalition Front, invited the Korean Independence Party, certain moderate and leftist parties and the parties or organizations of the extreme left, together with "all other South Korean parties, associations, organizations opposing separate elections in South Korea" to meet in conference on 14 April 1948 in Pyongyang with representatives of North Korean political parties and social organizations.

86. On 31 March, according to reports in the Korean Press,[119] Mr. Kim Koo and Mr. Kim Kiusic indicated that they had received a joint letter from Mr. Kim Il Sung and Mr. Kim Doo Bong, inviting them and thirteen other leaders of moderate and left political organizations to the conference in Pyongyang proposed for 14 April. It was at first reported that Mr. Kim Koo and Mr. Kim Kiusic had drawn the attention of the Northern leaders to the fact that the leaders and prominent members of certain political parties had not been included in the list of invitees and suggested that there should be preliminary conferences amongst interested individuals and organizations in the South as to the basis of representation at the conference. However, Mr. Kim Koo and Mr. Kim Kiusic decided to accept the invitation, together with the representatives of moderate and leftist parties and organizations who had been invited.

87. Prior to their departure, Mr. Kim Koo and Mr. Kim Kiusic reached agreement on the following principles, which were accepted [120] by the Northern leaders as a basis for discussion :

> "*(a)* Any form of dictatorship shall be rejected and a truly democratic government should be established.
>
> "*(b)* Monopolistic capitalism should be rejected and private property ownership should be recognized.
>
> "*(c)* A unified central government shall be established through a general election of the entire nation.
>
> "*(d)* No military bases shall be allowed to any foreign Power.
>
> "*(e)* Regarding the early withdrawal of the two (United States-Soviet) occupation forces, the two Powers concerned should immediately open negotiations for reaching an agreement as to the time and conditions (re prerequisites and provisions for the aftermath) of withdrawal and make a definite pronouncement to the world." [121]

88. The attitude of the United States military authorities in South Korea towards the conference is indicated in the following comment made by the Commanding General, United States Army Forces in Korea :

> "It is interesting to note that the Korean heads of the Communist government of North Korea themselves are naming the South Korean representatives to be invited. They did not give to South Koreans any choice as to whom the South Koreans should name to represent them. . . . In their invitations, the North Koreans have failed to invite the well-known leaders of several major parties of South Korea. They invited only those who opposed democratic elections, which will provide the only way of determining whom the Korean people wish to represent them. . . . There can be no doubt but that these same North Korean individuals are laying down all the conditions for the conference. . . ." [122]

89. The conference, known formally as the Joint Conference of South and North Korean Political and Social Representatives, opened on 19 April 1948 and, according to the report of its credentials committee, consisted of 695 representatives from sixteen political parties and forty social organizations of North and South Korea.[123]

---

[116] Document A/AC.19/SC.2/PV.8, page 26 (Volume III).
[117] Document A/AC.19/NC.5.
[118] Document A/AC.19/W.43.
[119] *Seoul Shin Mun*, 1 April 1948.

[120] Document A/AC.19/SC.4/SR.8, page 2 (Volume III).
[121] Document A/AC.19/W.43/Add.3.
[122] Document A/AC.19/43/Add.1.
[123] Twenty-four South Korean parties and organizations signed the message of the conference to the Korean people (document A/AC.19/W.43/Add.4, pages 3-6).

90. The results of the conference found expression in three documents [124]:

(a) The decision of the conference on the Korean political situation, 25 April;

(b) A message to the Korean people, 25 April;

(c) A message to the Governments of the United States of America and the Union of Soviet Socialist Republics, 26 April.

In each of these documents, strongly worded views were expressed opposing the elections in South Korea and condemning United States policy in Korea.

91. The message, dated 26 April 1948, to the United States and Soviet Governments urged "the immediate interruption" of the work of the United Nations Temporary Commission and its "prompt withdrawal" from Korea and requested that the two Governments "simultaneously withdraw their troops, that we may establish our own government by our free democratic election under national unity". In South Korea, the Commanding General United States Army Forces in Korea announced on 5 May that a copy of the message had been received and forwarded to Washington for his Government's information. In the same statement, Lieutenant General John R. Hodge remarked: "I can state categorically that my nation does not want to keep troops in liberated Korea one day longer than necessary to keep our promises to the Koreans to establish an independent Korean nation, as made in international conferences and agreements."[125] In North Korea, the Soviet Commanding General delivered to the Chairman of the conference, Mr. Kim Doo Bong, on 7 May 1948, a reply in the name of the Government of the Soviet Union. The reply concurred in the view that the simultaneous withdrawal of Soviet and United States troops was "an essential condition for the expression of the free will of the Korean people" and it further announced that "the Government of the Union of Soviet Socialist Republics has had the necessary arrangements made for the immediate withdrawal of its troops from Korea in order to make the United States troops withdraw from Korea simultaneously." [126]

92. Following the sessions of the main conference, which ended on 26 April and in which Mr. Kim Koo and Mr. Kim Kiusic participated little or not at all, discussions were held by the four North and South leaders, namely Mr. Kim Il Sung, Mr. Kim Doo Bong, Mr. Kim Koo and Mr. Kim Kiusic. On 30 April 1948, a statement was assented to by the representatives of thirty-three North and South political parties and social organizations present at a later conference.[127] The political programme proposed was:

(a) That foreign troops should immediately and simultaneously withdraw from Korea; and that thereupon no internal strife would be permitted;

(b) That following such withdrawal an all-Korea convention was to be called by the signatory parties for the purpose of forming a "democratic provisional government". The provisional government would then "elect, on the principles of universal, direct and equal elections and on the basis of a secret ballot, a united Korean Legislative Organ, which, in turn, shall adopt a constitution which shall be the permanent constitution according to which the unified national government shall be formulated."[128]

(j) NORTH KOREA

Political trends during the period January to May 1948

93. The opportunity of direct acquaintance with political conditions in North Korea was denied to the Commission.[129] Consequently its sources of information were limited primarily to Pyongyang (North Korea) radio broadcasts,[130] which have included official news items, commentaries and speeches by governmental and political personalities and excerpts from the North Korean Press.

Structure of government

94. In North Korea, formal executive authority has been vested in the North Korea People's Committee since its establishment by the National Assembly of North Korea (also termed the North Korean People's Council) at its session of 21–22 February 1947.[131] The North Korean People's Committee consists of the heads of the various administrative bureaux and has as its chairman Mr. Kim Il Sung. At its February 1947 session, the North Korean People's Council also established a presidium of eleven members to act while the Council was not in session, and a Supreme Court of North Korea.

95. At its third session, on 18 November 1947, the North Korean People's Council set up a "provisional Korean constitution drafting committee" to prepare a draft constitution for Korea. On 10 February 1948, the text of a draft constitution [132] for a "Democratic People's Republic of Korea" was published and submitted to the "general public for popular discussion". On 29 April 1948, at an extraordinary session of the North Korean People's Council, the draft constitution was formally adopted "subject to the approval of an all-Korean legislative assembly in the future".[133]

96. The constitution provides for the establishment of a Democratic People's Republic of Korea, of which the capital is to be Seoul. However, Pyongyang is declared the capital, "pending the formation of a united Government" (article 101). Legislative authority is vested in the Supreme

[124] Document A/AC.19/W.43/Add.4.
[125] Document A/AC.19/W.43/Add.5.
[126] *Ibid.*
[127] Document A/AC.19/W.43/Add.4, section D.

[128] Text cited by Mr. Kim Kiusic: document A/AC.19/SC.4/SR.8, page 7 (Volume III).
[129] See chapter IV.
[130] *Radio Intercepts*, issued in English by Headquarters XXIV Corps, Office of the Assistant Chief of Staff, G-2, Seoul.
[131] See paragraph 7 above and G. M. McCune: *Korea's Postwar Political Problems*, page 26.
[132] Document A/AC.19/W.25.
[133] Document A/AC.19/W.25/Add.1.

People's Council, designated as "the supreme organ of sovereignty" (articles 32 and 33). While the Council is in recess, its authority is to be exercised by a presidium of fifteen elected by and responsible to it. Members of the Supreme Council are to be "chosen on the basis of universal, equal, direct elections by secret ballot" (article 34). Executive power is vested in a cabinet of ministers, to be formed by the Supreme People's Council, and headed by a Prime Minister (articles 52, 58, 36, IV). Local government is based upon a series of elective people's committees to be established in the provinces, cities, counties, sub-counties and villages (article 66).

97. In the economic sphere, the constitution provides that natural resources, transport and communications, electric power, banks, "important enterprises" and "all properties formerly owned by the Government and people of Japan or national traitors" are "the property of the State" (article 5). Article 6 declares that "land shall only be held by those who till the land" and that "the ownership of land formerly held by the Government and people of Japan or Korean landlords, as well as the tenancy system, are repudiated permanently". Private ownership of medium and small industrial and commercial enterprises, private ownership of land "under provision of law", and of personal possessions "shall be guaranteed legally" (article 8).

98. The North Korean authorities have denied reports that adoption of the constitution by the North Korean People's Council would mean inauguration of a new form of government.[134] The North Korean People's Committee has continued to perform the functions of government in North Korea.[135] Commenting on the implications of the constitution's adoption, Mr. Kim Kiusic, in an interview with the Main Committee of the Temporary Commission on 13 May 1948, stated :

> "The constitution adopted at the People's Assembly was a draft constitution to be used as one of many possible drafts when considering the actual constitution for the government of united Korea."[136]

99. Simultaneously with the promulgation of the text of the draft constitution, the North Korean People's Council announced, on 8 February 1948, the official establishment of the People's Army in North Korea. No precise information is available to the Commission concerning the North Korean armed forces. As to their strength, estimates vary "from 50,000, which was the figure mentioned by General MacArthur, to 800,000 (including 300,000 Korean Communist troops in Manchuria), mentioned by Mr. Kim Kiusic. General Hodge himself thinks that the number is round about 200,000."[137]

[134] Statement by Mr. Kim Doo Bong, Chairman of the Standing Committee of the North Korean People's Council, 27 February 1948 : *Radio Intercepts*, Pyongyang, 28 February 1948.

[135] Document A/AC.19/SC.4/SR.7, page 3 (Volume III).

[136] Document A/AC.19/SC.4/SR.8, pages 8-9 (Volume III).

[137] Document A/AC.18/28, page 12 : statement by Mr. K. P. S. Menon, Chairman of the United Nations Temporary Commission on Korea, at the Interim Committee meeting, 19 February 1948.

Attitude towards the United Nations Temporary Commission on Korea

100. From the time of its arrival in Seoul, the Commission was condemned in Pyongyang radio broadcasts as the agent of "American imperialism". In the words of the Chairman of the Commission, Mr. K. P. S. Menon, in his statement to the Interim Committee of the General Assembly on 19 February 1948 :

> "Day after day, the Pyongyang radio denounced the members of the Commission as 'hirelings of the American dollar', 'puppets consisting of henchmen of American imperialists, bent on converting Korea into an American colony', and 'brokers who want to fatten the pocket of the United States of America as well as their own, by selling under false pretences the small nations of the world, including Korea'."

On 9 March 1948, in an address to the Central Committee of the North Korean Democratic People's Coalition Front, Mr. Kim Il Sung, after criticizing the rejection by the United Nations General Assembly of the Soviet Union's proposals concerning the Korean problem, stated :

> "The real mission of the Commission established was aimed at concealing the American colonization policy in Korea. . . . Creation of such a commission is unlawful, unacceptable, and is contrary to the principles of racial self-determination."[138]

Attitude towards the elections

101. A constant stream of criticism was directed from the Pyongyang radio against the "separate election" to be held in South Korea. A major claim was that such an election would permanently divide the country and so render impossible the attainment of Korean unity and independence.

102. It was further claimed that support for the election in South Korea came from the United States of America in furtherance of that country's alleged design to transform Korea into a "colony", not only subject to its economic control, but capable of serving as a United States military base. Such alleged designs were said to have the support of only a small minority of the Korean people designated as "pro-Japanese collaborators" and "national traitors", of whom the leaders were declared to be Mr. Rhee Syngman and Mr. Kim Sung Soo, and, until the eve of the North-South political conference, Mr. Kim Koo, Mr. Kim Kiusic and Mr. Ahn Chae Hong.

103. Furthermore, the North Korean radio commentaries and statements of political leaders continually asserted that South Korea was a police-controlled state in which "reactionaries" had assisted the police and the United States authorities in suppressing civil liberties, particularly those of the leftist parties and organizations, and that under such conditions no free or democratic election could be held.

[138] Radio intercept, Pyongyang, 11 March 1948.

104. In opposing an election in South Korea only, Pyongyang radio spokesmen urged that a general election throughout the country, based on universal adult suffrage and a secret ballot, should be held with a view to establishing a unified and independent Korean government, but that such an election should only take place following the withdrawal of all foreign troops from Korea and under the auspices of the Korean people themselves.

105. In furtherance of their objections to an election in South Korea only, the North Korean political leaders sponsored the joint conference of South and North Korean representatives of political parties and social organizations which was convened in Pyongyang on 19 April 1948.[139]

(k) ECONOMIC ASPECTS OF THE SITUATION IN KOREA

106. The political situation in North and South Korea which has developed since August 1945 has given rise to a number of economic problems. These problems, in turn, have had a marked effect on the political situation, as well as on the attitude of many Koreans who felt that the great Powers have been responsible for Korea's present economic plight.

107. During the period of Japanese domination from 1910 until August 1945, the Korean economy was considerably expanded by the Japanese and closely integrated with that of the Japanese Empire. As a result, Korea was deprived of the opportunity of developing an economy to serve its own needs.

108. During the decade prior to Japan's surrender, Korea's resources were geared completely to the Japanese war machine, and civilian production and requirements were consequently sacrificed. The economic structure of the country, including roads, buildings, machinery, transportation and communication systems, mines, irrigation canals, bridges and other facilities had badly deteriorated.

109. Since August 1945, the economic recovery of Korea has been retarded largely because of the following conditions:

(a) The severance of Korea as an integral part of the Japanese Empire has left the country in economic isolation. The small amount of trade carried on with other countries since the war has been insufficient to meet the critical shortage of material resources which both zones require for an economic recovery.

(b) The division of the country into two zones at the outset of occupation, and the subsequent restriction of economic and commercial intercourse between the zones, have further hindered economic recovery. The hydro-electric power, iron ore, coal and other resources and the chemical and metal industries of the North are a necessary complement to the agricultural resources and light industries of the South. This separation has left South Korea seriously short of coal and fertilizers and dependent on the authorities in North Korea for electric power.[140] At the same time, it has deprived the North of essential foodstuffs, textiles and other consumer goods from the South.

(c) The scarcity of skilled Koreans to fill professional and technical positions previously held by the Japanese.

(d) The dilapidated condition of factories, mines and transport systems, for which replacement parts, repair facilities, raw materials and highly skilled labour and management have been unavailable. The level of industrial production in South Korea during the first part of 1948 was estimated to be about 20 per cent of its pre-war level.

(e) Currency inflation, characterized by a very large increase in note circulation, has been due in part to continuing shortages of almost all commodities. Bank of Chosen note circulation in the whole of Korea increased from 4,377,000,000 yen in June 1945 to more than 32,420,280,000 yen in January 1948. These notes were legal tender in North Korea until 6 December 1947, when the North Korean authorities issued a new currency in exchange for Bank of Chosen notes, part of which seem to have found their way into South Korea since that date.

110. During this period, prices and wages spiralled upward, but wage increases did not keep pace with the rapid rise in prices. Bank of Chosen index figures for South Korea in December 1945 and January 1948 were reported as follows:

	Prices	Wages
	(1936 = 100)	
December 1945	6,964	2,564
January 1948	149,381	18,715

111. Additional factors which have continued to disrupt the economy in South Korea include a steady influx of repatriates from outside the country and of refugees from the North,[141] and insufficient production of foodstuffs to cope with this abnormal situation.

[139] See paragraphs 82–92 above.

[140] In a radio intercept dated 6 May 1948 from Pyongyang, North Korea, the North Korean authorities announced that they would be obliged to suspend the power supply to South Korea because of the unwillingness of the United States authorities to come to an agreement with respect to payment. Electric power from North Korea was in fact cut off on 14 May 1948. The United States authorities, in protesting against this action, stated that they had made repeated efforts to arrange for equitable payments.

[141] The estimated number of Koreans repatriated from Japan, China and other Pacific areas to South Korea since the end of the war totalled 1,264,530 on January 1948 (*South Korean Interim Government Activities*, No. 28, January 1948, page 4). The estimated number of refugees in South Korea having their *Bonjuk* (family register) in North Korea on 31 December 1947, according to figures furnished by the United States authorities on 8 January 1948, was 1,116,600 (document A/AC.19/W.30).

CHAPTER IV

SUMMARY OF THE MAIN ACTIVITIES OF THE COMMISSION AND ITS SUBSIDIARY BODIES DURING THE PERIOD 12 JANUARY TO 24 MAY 1948

A. APPROACHES TO THE UNION OF SOVIET SOCIALIST REPUBLICS, THE UKRAINIAN SOVIET SOCIALIST REPUBLIC AND THE MILITARY AUTHORITIES IN NORTH KOREA

B. CONSULTATION WITH THE INTERIM COMMITTEE OF THE GENERAL ASSEMBLY

A. Approaches to the Union of Soviet Socialist Republics, the Ukrainian Soviet Socialist Republic and the Military Authorities in North Korea

1. At the first meeting of the Commission, the representative of the Philippines proposed that, the composition of the Commission having been altered by the fact that one Member nation had declined to designate a representative, the Commission should immediately consult with the Interim Committee as to whether it should be composed of eight or nine members. It was agreed that the proposal of the representative of the Philippines should be discussed after the election of the Chairman and the adoption of the rules of procedure.

2. At the fourth meeting, the Commission reopened the discussion on the Philippine proposal. It was pointed out that the United Nations had several precedents of its subsidiary bodies proceeding with their work even though not all the Governments concerned had appointed representatives to them. The representative of the Philippines did not insist on his proposal.[142]

3. The Commission adopted at its second meeting a resolution proposed by the representative of Australia, stating that steps should be taken "to guard against any misconstruction which might be placed upon the initial presence of the Commission in South Korea or upon the acceptance by its members of the courtesies extended to them in Seoul". The resolution also stated "that every opportunity be taken to make it clear that the sphere of this Commission is the whole of Korea and not merely a section of Korea".[143]

4. At the third meeting, consideration was given to paragraph 6 of resolution II adopted by the General Assembly on 14 November 1947, calling on all Member States concerned to afford every assistance and facility to the Commission in the fulfilment of its responsibilities. A resolution proposed by the representative of Australia concerning the exchange of appropriate courtesies with the General Officers commanding the forces in North and South Korea, was adopted unanimously.[144]

5. At the fourth meeting, the Commission decided to adopt the text of a letter to be addressed to the military commanders of the armed forces in North and South Korea, stating that the Chairman, accompanied by one member of the Secretariat of the Commission, wished to pay immediate courtesy calls upon the commanders.[145]

6. The Commanding General in South Korea replied to this communication on 19 January, and a courtesy call was made on the following day. No reply was received from the Commanding General in North Korea.

7. At the same time, the Secretary-General was asked by cable to request the permanent representative of the Union of Soviet Socialist Republics to the United Nations, Mr. Gromyko, to transmit to Moscow the communication of the Commission concerning the exchange of courtesies with the General Officers commanding the forces in North and South Korea.

8. Mr. Gromyko replied to this cable to the Secretary-General on 22 January that he found it necessary to refer to the "negative attitude" taken by the Soviet Government during the second session of the General Assembly towards the establishment of the United Nations Temporary Commission on Korea.

9. It was also decided to send a cable to the Secretary-General, asking him to remind the Government of the Soviet Union of the letter of the Secretary-General dated 24 November 1947, drawing attention to paragraph 6 of resolution II of the General Assembly, calling on all Member States concerned to afford every assistance and facility to the Commission in the fulfilment of its responsibilities. No reply was received from the Soviet Government.

10. Further, at the fourth meeting a resolution, proposed by the representative of Syria, was adopted, recording the Commission's regret at the absence of the representative of the Ukrainian Soviet Socialist Republic and stressing the importance of the participation of the Ukraine in the work of the Commission.[146]

11. On 25 January 1948, a reply was received by the Secretary-General from the Ukrainian Government stating that the attitude of the Government of the Ukrainian Soviet Socialist Republic remained the same as presented by the Ukrainian delegation at the second session of the General Assembly.

[142] Document A/AC.19/SR.4.
[143] Document A/AC.19/1.
[147] Document A/AC.19/2.

[145] Document A/AC.19/12.
[146] Document A/AC.19/6.

12. At the seventh meeting, the secretariat of the Commission reported that the letter addressed to the Commanding General of the Soviet Forces in North Korea, requesting exchange of courtesies, together with other United Nations Commission documents, had arrived at Pyongyang, North Korea, but had not been accepted by the Soviet authorities.

13. At the tenth meeting, the Commission adopted a statement concerning the non-co-operation of the military authorities in North Korea.[147]

[147] Document A/AC.19/29. Volume II, Annex III, contains the texts of statements and exchange of communications concerning the efforts to obtain co-operation with the Union of Soviet Socialist Republics, the Ukrainian Soviet Socialist Republic, and the military authorities in North Korea.

B. Consultation with the Interim Committee of the General Assembly

14. The question of consultation with the Interim Committee arose out of the inability of the Commission to enter North Korea for the purpose of implementing the terms of reference of the resolution adopted by the General Assembly on 14 November 1947. The question was discussed in detail during the course of the eighth, ninth, tenth and eleventh meetings in order to determine what further steps the Commission could take in carrying out its mission.[148]

15. At the eleventh meeting, the Commission adopted the following two resolutions concerning consultation with the Interim Committee of the General Assembly (document A/AC.19/30) :

I

"*The United Nations Temporary Commission on Korea,*

"*Having considered* that the Commission may consult with the Interim Committee with respect to the application of the resolutions of the General Assembly of 14 November 1947 in the light of developments,

"*Resolves* that the Commission shall consult with the Interim Committee of the General Assembly, in the light of developments."

II

"*The United Nations Temporary Commission on Korea,*

"*Having considered* that the negative attitude of the Soviet authorities with regard to the work of the Commission has made it clear that it will not be possible for the Commission to exercise, for the time being, the functions conferred upon it by the General Assembly under the resolutions of 14 November 1947 in the part of Korea occupied by the armed forces of the Union of Soviet Socialist Republics ;

"*Having considered* that the General Assembly, in resolution II of 14 November 1947, paragraph 5, authorized the Commission to consult with the Interim Committee with respect to the application of this resolution in the light of developments ;

"*Having considered* the preliminary results of the work of its Sub-Committees and in particular the consultations held to date by Sub-Committee 2,

"*Resolves*

"1. That the Commission shall consult with the Interim Committee with respect to the application of the resolutions of 14 November, in the light of developments ;

"2. That the Chairman, accompanied by the Assistant Secretary-General, shall represent the Commission during the consideration of this question by the Interim Committee ;

"3. That in the accomplishment of this mission the Chairman shall be guided by such directives as the Commission may formulate."

Resolution I was adopted by five votes to three, with one abstention. Resolution II was adopted by five votes to none, with three abstentions.

16. At the same meeting, the representative of Australia introduced a resolution that a survey be made of information collected by Sub-Committee 2 for the guidance of the Chairman during the discussions with the Interim Committee.[149] This resolution was adopted by five votes to none, with three abstentions.

17. At the twelfth meeting, discussions took place concerning the questions on which the Interim Committee would be consulted. The result of these discussions was that the Commission adopted the following resolution :[150]

"*The United Nations Temporary Commission on Korea,*

"*Having resolved* to consult with the Interim Committee of the General Assembly,

"*Resolves* that this consultation should take place on the following questions :

"1. Is it open to or incumbent upon the Commission, under the terms of the General Assembly resolutions of 14 November 1947, and in the light of developments in the situation with respect to Korea since that date, to implement the programme as outlined in resolution II in that part of Korea which is occupied by the armed forces of the United States of America ?

"2. If not,

"*(a)* Should the Commission observe the election of Korean representatives to take part in the consideration of the Korean question, as outlined in resolution I of 14 November 1947, provided that it has determined that elections can be held in a free atmosphere ? and

[148] Documents A/AC.19/SR.8 and A/AC.19/PV.9, A/AC.19/PV.10 and A/AC.19/PV.11.

[149] Document A/AC.19/31.
[150] Document A/AC.19/34.

"*(b)* Should the Commission consider such other measures as may be possible and advisable with a view to the attainment of its objectives?"

The representative of Australia had proposed that the words "or incumbent upon" should be inserted in question 1 of the above resolution. The resolution, as amended, was adopted by four votes to none, with four abstentions.

18. It was also decided at the twelfth meeting that the survey of information collected by Sub-Committee 2, as provided for in the resolution adopted in the eleventh meeting,[149] "be designated as a paper for the use of the Chairman alone and that it be withheld from all circulation".[151]

19. It was agreed that the Commission would leave it to the Chairman to express the views of the members concerning the question of consultation by the Temporary Commission with the Interim Committee. A summary of these views expressed by the members of the Commission at the eighth, ninth, tenth, and eleventh meetings is contained in documents A/AC.19/33 and A/AC. 19/33/Corr.1.

20. The Chairman, Mr. K. P. S. Menon, and the Assistant Secretary-General, Mr. Victor Hoo, departed by air for Lake Success on 14 February 1948.

(a) *Resolution of the Interim Committee of the General Assembly*

21. The Commission was informed by cable that the Interim Committee of the General Assembly, at the close of its ninth meeting on 26 February 1948, had adopted the following resolution :

"*Whereas* the Chairman of the United Nations Temporary Commission on Korea, accompanied by the Assistant Secretary-General, consulted the Interim Committee on the following questions :

"'1. Is it open to or incumbent upon the Commission, under the terms of the General Assembly resolutions of 14 November 1947, and in the light of developments in the situation with respect to Korea since that date, to implement the programme as outlined in resolution II in that part of Korea which is occupied by the armed forces of the United States of America?

"'2. If not,

"'*(a)* Should the Commission observe the election of Korean representatives to take part in the consideration of the Korean question, as outlined in resolution I of 14 November 1947, provided that it has determined that elections can be held in a free atmosphere? and

"'*(b)* Should the Commission consider such other measures as may be possible and advisable with a view to the attainment of its objectives?'

"*The Interim Committee,*

"*Bearing in mind* the views expressed by the Chairman of the United Nations Temporary Commission on Korea;

"*Deeming* it necessary that the programme set forth in the General Assembly resolutions of 14 November 1947 be carried out and as a necessary step therein that the United Nations Temporary Commission on Korea proceed with the observance of elections in all Korea, and if that is impossible, in as much of Korea as is accessible to it; and

"*Considering* it important that the elections be held to choose representatives of the Korean people with whom the United Nations Temporary Commission on Korea may consult regarding the prompt attainment of freedom and independence of the Korean people, which representatives, constituting a National Assembly, may establish a National Government of Korea,

"*Resolves* that in its view it is incumbent upon the United Nations Temporary Commission on Korea, under the terms of the General Assembly resolution of 14 November 1947, and in the light of developments in the situation with respect to Korea since that date, to implement the programme as outlined in resolution II, in such parts of Korea as are accessible to the Commission."

22. In a letter dated 1 March 1948 from the Chairman of the Interim Committee, Dr. Luis Padilla Nervo, addressed to the Chairman of the Temporary Commission, Mr. K. P. S. Menon, the Chairman of the Interim Committee stated that, in deciding to answer in the affirmative the first question asked by the Commission, the Interim Committee had in mind the following principal considerations, in addition to those stated in the resolution :

"1. The elections to be observed by the United Nations Temporary Commission on Korea should be held in a free atmosphere wherein the democratic rights of freedom of speech, Press, and assembly would be recognized and respected. In this connexion the Interim Committee took note of the assurance given by the representative of the United States that authorities of the United States in Korea would co-operate to the fullest extent to that end.

"2. The National Assembly to which representatives are to be elected would be a stage in the formation of a Korean Government, the form of which is to be determined by the Korean people themselves. In reaching this conclusion, the Interim Committee noted that the representatives constituting the National Assembly would be entirely free to consult with the United Nations Temporary Commission on Korea and to carry on such negotiations as they wished with any other Korean groups which might not have participated in the elections, regarding the form of government to be established and the participation of those groups therein. The Interim Committee entertained the hope that, in these consultations and negotiations, the Korean representatives in the National Assembly would

[151] Documents A/AC.19/PV.12 and A/AC.19/32. See also chapter V, paragraph 25 and footnote.

be able to secure through their efforts the full co-operation in the government of all Koreans. The Interim Committee was confident that all peaceful methods of persuasion would thus be used to the greatest possible extent for the attainment of Korean unity.

"3. The Interim Committee recognized that the United Nations Temporary Commission on Korea itself has the authority and discretion to discharge its duties in Korea wherever and to the extent that circumstances permit."

In conclusion, the Chairman of the Interim Committee stated that it was his duty "to inform you and, through your good offices, all the members of the United Nations Temporary Commission on Korea, that the advice of the Interim Committee contained in the resolution has been given with a view to securing the fullest possible compliance with the General Assembly resolutions and to acting wholly within the intent and spirit of the resolutions".[152]

(b) *Decisions of the Commission concerning the implementation of the resolution of the Interim Committee of the General Assembly*

23. In the absence of the Chairman and the representative of Canada, an informal meeting of the representatives present in Seoul was held on 28 February, following adoption by the Interim Committee of its resolution of 26 February. The representatives felt that it was desirable to avoid further delay in considering a final date for the elections, and also, that a public announcement of some sort would be expected in connexion with the celebration of the Korean Independence Day on 1 March. It was hoped that a public announcement from the Commission might have a quieting effect in view of threatening riots.

24. Consequently, it was unanimously decided by the representatives present at this informal meeting to issue the following public statement :

"In conformity with the views expressed by the Interim Committee of the General Assembly in its resolution adopted on 26 February 1948, the United Nations Temporary Commission on Korea will discharge its duties — that is to say, observe elections in such parts of Korea as are accessible to the Commission, not later than 10 May 1948, according to the terms of reference of the resolutions of the General Assembly, and taking into account the recommendations made by the Interim Committee as to the conditions to be fulfilled for such elections, namely, 'that the elections be held on the basis of adult suffrage and by secret ballot', and in 'a free atmosphere wherein democratic rights of freedom of speech, Press and assembly would be recognized and respected'."

25. In a telephone conversation on 29 February between the Chairman of the Commission, who was at that time still in New York, and the Principal Secretary of the Commission in Seoul, the Chairman agreed with the statement drafted by the representatives present at the informal meeting of 28 February.[153]

26. On 1 March 1948, in conformity with the decision of the informal meeting of 28 February, the representative of China, Mr. Liu Yu-Wan, as acting Chairman of the Commission, delivered a speech at Seoul Stadium, in which he read the text of the statement referred to above, concerning observation of elections.[154]

27. The Chairman and the Assistant Secretary-General returned to Seoul from Lake Success on 6 March, and on 8 March, at the sixteenth meeting of the Commission, the Chairman submitted an account of the consultations with the Interim Committee at Lake Success and made reference to the Interim Committee's resolution of 26 February and the considerations on which that resolution was based.[155]

28. At the seventeenth and eighteenth meetings, the representative of Canada requested the Commission to clarify its position with respect to certain public statements made by the Commanding General, United States Army Forces in Korea, regarding the elections to be held on 9 May 1948.[156] The representative of Canada considered that the Commission had not yet officially reached a decision concerning the observation of elections and had therefore taken no action which substantiated the statements of the Commanding General.

29. The representative of Canada considered that the decision reached at the informal meeting of the representatives on 28 February (see paragraph 24 above) could not be regarded as an official decision of the Commission. He stated that unless a clarifying statement were issued, he would be compelled to abstain from participation in the activities of the Commission pending receipt of further instructions from his Government.

30. After detailed discussions, a proposal by the representative of Syria to adopt the following revised text of a Press release submitted by the Chairman, was adopted by four votes to none, with three abstentions :

"The United Nations Temporary Commission on Korea held its seventeenth and eighteenth meetings on 9 March 1948 and discussed questions arising out of the resolution adopted on 26 February 1948 by the Interim Committee of the General Assembly.

"On the initiative of the representative of Canada, the Commission has taken note of certain statements made by General Hodge while announcing the date of the elections on 9 May; these statements were to the effect that the Commission would observe the elections. They were made on the basis of conclusions unanimously reached by the members of the Commission present at an informal meeting on

[152] Document A/AC.19/45.

[153] Document A/AC.19/W.29.

[154] Document A/AC.19/41.

[155] Document A/AC.19/45.

[156] Documents A/AC.19/41 and A/AC. 19/41/Add.1.

28 February. The whole question of observing elections and implementing the resolution of the Interim Committee is now under consideration by the Commission."

31. During a three-day debate, at the nineteenth, twenty-first and twenty-second meetings, the members of the Commission stated their views, which were summarized in a public statement on 12 March 1948, as follows:

"*Australia*

Not only did Australia adhere to the stand which she took in the Interim Committee in opposition to the holding of elections in South Korea, but she opposed the resolution on the additional grounds that a vital development has occurred which might have altered the views of the Interim Committee had it appeared earlier.

Mr. Jackson stated: 'It appears that the elections will be boycotted by all parties in Korea except the extreme right group. Latest information is that Mr. Kim Koo and Mr. Kim Kiusic will not take part in the election.'

He pointed out that the Interim Committee had realized that there might be developments which would alter the situation as they knew it and that very wisely they had provided for such a contingency by emphasizing that the Commission itself 'has the authority and discretion to discharge its duties in Korea wherever and to the extent that circumstances permit'.

The Australian delegate recommended an alternate plan. The basis of this was that the Commission withdraw at an early date after first having made recommendations to the military authorities and that it return at a later date to re-examine the situation and if advisable to carry on with its task.

"*Canada*

The Canadian representative voted against the resolution because it is believed that the advice from the Interim Committee is unwise and unconstitutional. It is not believed that observation of the proposed elections can be brought within the terms of the resolution of the General Assembly of 14 November 1947 which are binding on the Commission. This vote should not be interpreted to suggest that the Canadian Government are not anxious to see a free, united and democratic Korea brought into being at the earliest possible date. They still strongly support that objective.

"*China*

China views the Commission's resolution as a concrete step forward in the direction of realizing Korean independence and unity. Implemented by the concerted efforts of all parties concerned, it should help to bring about a better prospect for the fulfilment of Korean aspirations.

"*El Salvador*

The Salvadorian delegation thinks that the advice and recommendations made by the Interim Committee are effective steps towards the attainment of liberty and independence for the Korean people.

The resolution adopted by the said Interim Committee was based on a clear interpretation of the resolution adopted by the General Assembly on 14 November 1947, and if necessary, to say it more clearly, the Korean problem has not only a legal aspect, but also aspects in the political, social, and above all in the human fields.

In consequence, in order to solve the problem, it is necessary to interpret the living spirit of the resolution itself and its human bearings.

"*France*

The French delegation having stressed that, in its view, since a majority in the Commission had considered that a consultation with the Interim Committee of the General Assembly was advisable and since the Committee had given its advice, the Commission could but follow it, presented the following draft resolution:

> *The United Nations Temporary Commission on Korea,*
>
> *Considering* the resolution of the General Assembly of the United Nations of 14 November 1947;
>
> *Considering* that, in view of the difficulties encountered in implementing its mission north of the thirty-eighth parallel, it has requested from the Interim Committee of the General Assembly the advice provided for in resolution II, paragraph 5, of 14 November 1947;
>
> *Considering* both the resolution of the Interim Committee of the General Assembly dated 26 February 1948 and the annexed note adopted under the same conditions;
>
> *Having recorded* that under the terms of this resolution it is incumbent upon the United Nations Temporary Commission on Korea to implement in such parts of Korea as are accessible to the Commission, the programme outlined in resolution II,
>
> *Decides* to observe the elections announced by the Commanding General of the American forces, to be held on 9 May 1948;
>
> *Expresses* its firm hope that, taking into account the recommendations it has formulated or will formulate to that effect, these elections will be held 'in a free atmosphere wherein democratic rights of freedom of speech, Press, and assembly would be recognized and respected'.

"*India*

Mr. Menon, speaking as delegate for India, observed that all the members of the Commission had genuine doubts whether it was legally open to them to implement the resolution of the General Assembly in one part of Korea only. Now that the Interim Committee had expressed the view that it was open to the Commission to do so, Mr. Menon felt that the Commission should abide by that decision. Members of the

Commission were also concerned about the possibility of having free elections and establishing a truly national government. Mr. Menon stated that his view was that the Commission should try to implement the resolution of the General Assembly on the understanding that the Commission has the authority and discretion to discharge its duties wherever and to the extent that circumstances permit.

"*Philippines*

The Philippine delegation stands unreservedly for the immediate unification of Korea and the speedy realization of her independence. The holding of elections in parts of Korea accessible to the Commission to choose Korean representatives to the National Assembly is an urgent step in this direction. This National Assembly, the members of which are to be elected on the 'basis of adult suffrage and by secret ballot from each voting area or zone proportionate to the population', 'would be a stage in the formation of a Korean Government, the form of which is to be determined by the Korean people themselves', and has the full power to 'carry on such negotiations as they wish with any other Korean groups which might not have participated in the elections regarding the form of Government to be established and the participation of those groups therein'. No nation, not even the Commission, should interfere in their exercise of these prerogatives.

"*Syria*

Syria abstained from voting to avoid any possible interpretation that she endorses implementing the General Assembly's resolutions or rejecting them. As there is no third alternative, Syria is going to co-operate with the Commission on the condition that conditions in the South will be corrected so as to guarantee a free election. The Syrian representative is glad that this provision, originally his proposal, was accepted and embodied in the text of the resolution of the United Nations Temporary Commission on Korea. The Syrian delegation will reject any elections if and when it deems that a free atmosphere is not secured or that elections are fettered and unfree."

32. The draft resolution proposed by the representative of France[157] and subsequently amended by the proposal of the representative of Syria,[158] concerning the implementation of the resolution of the Interim Committee, was adopted in its revised form by four votes to two, with two abstentions.[159] The text of the resolution is as follows :

"*The United Nations Temporary Commission on Korea,*

"1. *Having resolved* at its eleventh meeting, on 6 February 1948, to consult with the Interim Committee of the General Assembly with respect to the application of the resolutions of 14 November 1947 in the light of developments;[160]

"2. *Having considered*, in view of the difficulties encountered in implementing its mission north of the thirty-eighth parallel, that it had decided at its twelfth meeting on 11 February 1948 to request from the Interim Committee of the General Assembly the advice provided for in paragraph 5 of resolution II of the General Assembly of 14 November 1947;

"3. *Having considered* both the resolution of the Interim Committee of the General Assembly dated 26 February 1948, and the letter of the Chairman of the Interim Committee of the General Assembly to the Chairman of the United Nations Temporary Commission on Korea;[161]

"4. *Having recorded* that, under the terms of this resolution, the Interim Committee states, 'that in its view it is incumbent upon the United Nations Temporary Commission on Korea under the terms of the General Assembly resolution of 14 November 1947, and in the light of developments in the situation with respect to Korea since that date, to implement the programme as outlined in resolution II in such parts of Korea as are accessible to the Commission';

"5. *Having taken special note* of the view expressed by the Chairman of the Interim Committee in his letter to the Chairman of the United Nations Temporary Commission on Korea, dated 1 March 1948 'that the Commission itself has the authority and discretion to discharge its duties wherever and to the extent that circumstances permit',

"*Resolves :*

"*To observe* the elections announced by the Commanding General of the United States Army Forces in Korea, to be held on 9 May 1948,

"*Provided* the Commission has ascertained that the elections will be held in a free atmosphere wherein the democratic rights of freedom of speech, Press and assembly would be recognized and respected."

The result of the vote taken by roll-call on the Syrian amendment was as follows :

In favour : Australia, China, El Salvador, India, Philippines, Syria,

Against : Canada, France.

The result of the vote taken by roll-call on the French draft resolution, as amended, was as follows:

In favour : China, El Salvador, India, Philippines,

Against : Australia, Canada,

Abstained : France, Syria.

33. The Canadian representative stated at the twenty-second meeting (12 March 1948), after the final text of the resolution was adopted, that in view of the action taken by the Commission, he would have to abstain from participation in the activities of the Commission until he had received further instructions from his Government. On

[157] Document A/AC.19/46.
[158] Document A/AC.19/48.
[159] Document A/AC.19/49.

[160] See paragraph 17.
[161] See paragraph 22.

23 March 1948, the representative of Canada addressed a letter to the Principal Secretary of the Commission, stating that he had received instructions from his Government by which he was authorized to participate again in the activities of the Commission.

34. At the twenty-seventh meeting, the representative of Australia proposed a resolution stating that the Commission would "announce its final decision to observe or not to observe the elections at a date which shall not be later than 25 April 1948".[162] Other representatives felt that the resolution was premature, and it was finally agreed that the Australian draft resolution should be discussed at a future plenary meeting of the Commission.[163]

[162] Document A/AC.19/55.

[163] The decision on the Australian resolution and the resolution confirming that the Commission would observe the elections on 10 May 1948, will be found in chapter V, paragraphs 67–69.

CHAPTER V

SUMMARY OF THE MAIN ACTIVITIES OF THE COMMISSION AND ITS SUBSIDIARY BODIES DURING THE PERIOD 12 JANUARY TO 24 MAY 1948 *(continued)*

C. WORK OF THE SUB-COMMITTEES
D. DATE OF THE ELECTIONS
E. OBSERVATION OF THE ELECTIONS
F. PREPARATION OF THE FIRST PART OF THE REPORT TO THE GENERAL ASSEMBLY

1. The Commission, while considering the implementation of the resolutions of the General Assembly and the question of consultation with the Interim Committee, initiated all the necessary preparatory work connected with the observation of the elections. The greater part of this work was done by sub-committees and other subsidiary bodies created by the Commission.

C. Work of the Sub-Committees

2. At the fifth meeting, a note to the Chairman from the representative of Syria was discussed concerning alleged suppression of newspapers, and making suggestions for a general amnesty for political crimes.[164] The discussion centred on a consideration of means of ensuring a free atmosphere for elections, and it was decided that a Sub-Committee (1), consisting of the representatives of Canada, France and Syria, should be established to consider ways and means of ensuring a free atmosphere for elections in Korea.[165] At the fourteenth meeting, the Commission decided to include the representative of China in the Sub-Committee.[166]

3. At the fifth meeting, a general discussion ensued concerning the programme of work of the Commission and the representative of France introduced a resolution,[167] providing for the examination of documents received from Korean sources and the collection of statements of Korean individuals who might express the wish to be heard, or might happen to be heard in the course of the Commission's work. It was decided to establish a Sub-Committee (2) consisting of the representatives of Australia, China, France and the Philippines, to *(a)* examine any documents already received or which might be received from Korean sources by the secretariat, and *(b)* secure statements from Korean personalities whose views might be helpful to the Commission in the discharge of its duties.[168] The representative of El Salvador was elected to the Sub-Committee at the seventh meeting of the Commission.

4. At the sixth meeting of the Commission, following a resolution introduced by the representative of the Philippines,[169] a general and detailed discussion took place concerning the question of elections in Korea. The Commission decided, on the basis of the Philippine resolution, as amended,[170] that a Sub-Committee (3) consisting of the representatives of Canada, France, the Philippines, and Syria be established to examine the electoral laws and regulations at present in force in North and South Korea, and in the performance of this function, to acquaint itself with the views of Korean, Soviet and United States officials and experts. The Commission, at its seventh meeting, decided that the representative of El Salvador would take the place of the representative of France on the Sub-Committee. At the thirteenth meeting of the Commission, the representative of China was appointed to the Sub-Committee.

(a) *Summary of the work of Sub-Committee 1*

Composition

5. Sub-Committee 1 held its first meeting on 21 January and elected Mr. Zeki Djabi (Syria) as Chairman.

6. The Sub-Committee held a total of fifteen meetings, namely, on 21, 23 and 28 January; 18, 19,

[164] Document A/AC.19/8.

[165] Document A/AC.19/9/Corr.1.

[166] Document A/AC.19/SR.14, page 8.

[167] Document A/AC.19/5.

[168] Document A/AC.19/11.

[169] Document A/AC.19/10.

[170] Document A/AC.19/13.

24 and 26 (two sessions) February; and 1, 3 (two sessions), 5, 6, 7 and 15 March 1948.

7. During the absence of Mr. Djabi, a rotation acting-chairmanship rule was adopted which placed Mr. Olivier Manet (France) in the chair at the fourth, sixth, and fifteenth meetings, Mr. George S. Patterson (Canada) at the fifth meeting, and Mr. Yasin Mughir (Syria) at the seventh to fourteenth meetings.

Programme of work

8. During its early meetings, Sub-Committee 1 adopted the following programme of work :

(a) Definition of the term "a free atmosphere for elections" in the light of the United Nations Charter, of existing particular cases of implementation of the Charter and other relevant documents;

(b) Examination of laws, regulations, and ordinances in force in Korea bearing on the question of freedom of elections;

(c) Co-ordination of the work of the Sub-Committee with that of Sub-Committee 2 in the interest of securing from Korean personalities their opinion with respect to the present conditions in Korea which bear on freedom of elections ;

(d) Hearing of responsible authorities on the interpretation and application of laws and regulations referred to in (b).

Definition of the minimum requirements for a free atmosphere

9. At its second meeting, the Sub-Committee defined the "minimum requirements" for a free atmosphere for elections as follows :

> "Freedom of expression, freedom of the Press and information, freedom of assembly and association, freedom of movement, protection against arbitrary arrests and detention and protection against violence or threats of violence."

Questionnaire for Sub-Committee 2

10. At the request of Sub-Committee 2, the Sub-Committee prepared the following question which the former was to put to Korean personalities it would hear :

> "Are there any laws, regulations and ordinances now in force, or any conditions now prevailing in Korea which, in your opinion, are incompatible with this free atmosphere and, if so, what are they and what provisions, legal or practical, are required, in your opinion, to improve the situation?"

The question was prefaced by a statement embodying the definition quoted in paragraph 9.

Hearings

11. The meetings of the Sub-Committee during February and March were divided into regular business meetings and hearings of officials and experts. The following persons were heard: Lieutenant General John R. Hodge, Commanding General, United States Army Forces in Korea, on 3 March 1948; Major General William F. Dean, Military Governor, on 24 February and 5 March 1948 ; Brigadier General John Weckerling on 19 February 1948; Dean Charles Pergler, special adviser of the Military Governor, and Dr. Ernest Fraenkel, adviser to the Department of Justice, on 25 February 1948.[171]

12. The Sub-Committee had also decided to hear a number of Korean officials, among them the Director of the Department of Justice and a justice of the Korean Supreme Court, but because of lack of time, had to forgo their hearings.

Recommendations for a free atmosphere

13. The main work of the Sub-Committee consisted of drafting recommendations for a free atmosphere for elections. The Interim Committee of the General Assembly, on 26 February 1948, in addition to the resolution adopted, authorized its Chairman to transmit a letter to the Chairman which embodied "the relevant consideration it had in mind when reaching its conclusions". This letter read in part as follows :

> "The elections to be observed by the United Nations Temporary Commission on Korea should be held in a free atmosphere wherein democratic rights of freedom of speech, Press and assembly would be recognized and respected."[172]

14. It therefore devolved upon Sub-Committee 1, charged "to devise ways and means to ensure a free atmosphere for elections", to formulate the requirements to be recommended by the Temporary Commission to the United States authorities in South Korea, on the understanding that these recommendations were to be acted upon by the authorities in a way and to an extent satisfactory to the Commission.

15. With this object in view, the Secretariat was charged with preparing a first draft of recommendations which, on 7 March, was approved by the Sub-Committee and submitted for the consideration of the Commission.[173] This report covered four main points essential for the attainment of a free atmosphere, namely :

(a) The question of law;

(b) The question of enforcement;

(c) The question of information and education;

(d) The question of political prisoners.

16. Before the report came up for discussion, the Commission had adopted, on 12 March 1948, at its twenty-second meeting, a resolution concerning the implementation of the resolution of the Interim Committee, by which it resolved to observe the elections in South Korea, "provided the Commission has ascertained that the elections will be held in a free atmosphere wherein the democratic rights of freedom of speech, Press and assembly

---

171 Documents A/AC.19/SC.1/PV.11, A/AC.19/SC.1/PV.6, A/AC.19/SC.1/PV.12, A/AC.19/PV.5, and A/AC.19/SC.1/PV.8, respectively (Volume III).

172 See chapter IV, paragraph 22.

173 Document A/AC.19/42.

would be recognized and respected".[174] This increased the importance of the report and the recommendations submitted by the Sub-Committee.

17. As a result of suggestions made in the Commission, the Sub-Committee on 16 March submitted a revised draft of recommendations[175] which, at the twenty-sixth meeting on 17 March was adopted by the Commission with minor changes.[176]

18. In addition the Sub-Committee, at its fifteenth meeting on 15 March, heard Dean Charles Pergler. From his statement, it appeared that the United States military authorities at that time were considering the possibility of enacting some sort of general ordinance or proclamation, which would cover the main freedoms guaranteed to the Korean people on the basis of existing legislation, with such clarifications or amendments as they deemed necessary for the fulfilment of the requirements set forth by the Interim Committee and formally adopted by the Commission itself at its twenty-second meeting.

19. On 24 March 1948, one week after the recommendations of the Sub-Committee had been adopted and had been transmitted to the Commanding General, United States Army Forces in Korea, in a letter from the Chairman,[177] an eighteen-page memorandum was received, signed by Brigadier General John Weckerling, entitled, "Compilation of Proclamations, Official Statements, Policies, Ordinances, etc., affecting Civil Liberties in South Korea."[178] This memorandum has been reproduced as document A/AC.19/W.41.

20. Finally, on 8 April, the Commanding General, United States Army Forces in Korea, transmitted to the Commission a "Proclamation on the Rights of the Korean People", which he had issued on 5 April. This proclamation, while embodying previous proclamations, official statements, policies, ordinances, etc., was in fact a new declaration concerning civil liberties in South Korea.[179] The substance of these documents had been submitted by Brigadier General John Weckerling (see paragraph 19).

Release of political prisoners

21. In relation to the recommendation of the Commission for a pardon of political prisoners,[180] a letter from the Commanding General, United States Army Forces in Korea, was received on 8 April, informing the Commission that, on 31 March 1948, the Military Governor had issued 3,140 pardons. The letter further stated that these pardons were issued after a "detailed study of 6,260 carefully selected cases regardless of political belief".

22. The pardons issued affected (1) 1,253 persons who were serving prison sentences, (2) 1,797 persons who were under investigation or awaiting trial, and (3) 90 persons on parole. The second category included "many who were arrested in connexion with anti-United Nations demonstrations and sabotage efforts in February and March 1948". The letter went on to state that the release orders and pardons for all persons affected were despatched by courier to the various provinces for distribution to prisoners and police jails in ample time for the prisoners to proceed to their respective place of residence and register as voters or as candidates "if they are otherwise eligible to register for these purposes".[181] The names of the persons affected and the text of the pardon orders were transmitted to the Commission on the previous day, 7 April 1948.[182]

(b) *Summary of the work of Sub-Committee 2*

23. At the first meeting of Sub-Committee 2, held on 20 January, Mr. S. H. Jackson (Australia) was elected Chairman.

24. Between 20 January and 29 March 1948, Sub-Committee 2 held twenty-nine meetings. The main documents relating to the discharge of the terms of reference of the Sub-Committee are set out in Volume II, Annex VI, of this report.

Survey of information collected by the Sub-Committee

25. At its eleventh meeting, the Commission adopted the following resolution:

"*(a)* That Sub-Committee 2, with the assistance of representatives of Sub-Committees 1 and 3, make a survey of the information collected by the Sub-Committee to date;

"*(b)* That this survey, together with the important conclusions approved by the Commission at a session called for the purpose of examining it, be handed to the Chairman for his guidance during discussions with the Interim Committee."[183]

In accordance with this resolution a survey was prepared by the Sub-Committee. At its twelfth meeting on 11 February 1948, the Commission considered the survey and resolved:

"That the survey submitted by Sub-Committee 2, as required by the resolution concerning the survey of information collected by Sub-Committee 2 passed at the eleventh meeting of the United Nations Temporary Commission on Korea, be received; and that it be designated as a paper for the use of the Chairman alone and that it be withheld from all circulation."[184]

The survey prepared by the Sub-Committee was accordingly handed to the Chairman, Mr. K. P. S. Menon, for his use during discussions with the Interim Committee of the General Assembly.[185]

[174] See chapter IV, paragraph 32.
[175] Document A/AC.19/42/Rev.1.
[176] Document A/AC.19/52 (Volume II, Annex V).
[177] Document A/AC.19/53.
[178] Volume II, Annex V.
[179] Document A/AC.19/62 (Volume II, Annex V).
[180] Documents A/AC.19/52, paragraphs 23 and 24; A/AC.19/53, paragraphs 18 and 19.
[181] Document A/AC.19/61/Add.1.
[182] Document A/AC.19/61 (Volume II, Annex V). For documents mentioned, see Volume II, Annex V.
[183] See chapter IV, paragraph 16.
[184] See chapter IV, paragraph 18.
[185] This survey was later substantially reproduced as Annex I of the Final Report of Sub-Committee 2, document A/AC.19/60/Rev. 1 (see Volume II, Annex VI).

26. At its twenty-fifth meeting, when considering the progress report of the Sub-Committee,[186] the Commission agreed "that Sub-Committee 2 should continue its consultations and ascertain the views concerning the conduct of elections, of those who supported and of those who opposed the holding of elections". At its twenty-seventh meeting, however, in determining its organization for observing the elections, the Commission decided "that on 29 March 1948 the existing Sub-Committees will be merged into one Committee".[187]

27. In accordance with this decision, Sub-Committee 2, on 29 March 1948, submitted a final report[188] to the Commission which was adopted with certain amendments by the Commission at its thirtieth meeting, on 31 March.[189] In its report, the Sub-Committee expressed the view that "the work of ascertaining Korean opinion concerning the question of elections should continue" and it noted that the functions of the Main Committee of the Commission included "the obtaining and analysing of information concerning attitudes of Koreans towards participation in the elections".

Documents received from Korean sources

28. On 21 January 1948, the Sub-Committee invited "individuals and organizations, religious, cultural and political, to express their views in writing" before 28 January.[190] On 28 January the Sub-Committee announced its wish "to continue to receive written statements".[191]

29. In examining communications received, the Sub-Committee agreed on the following procedure.[192]

(a) Communications received from representatives of organizations or from individuals who had been heard by the Sub-Committee were issued as Commission documents, together with communications received from representatives of organizations or individuals whom the Sub-Committee had wished but found it impracticable to hear.[193]

(b) Communications other than the above were referred by the secretariat for the Sub-Committee's consideration when deemed appropriate.

(c) A list of all communications received from individuals or from organizations, indicating the author, language of origin and a brief summary of the subject matter, was issued in the document series A/AC.19/NC.1, A/AC.19/NC.2 and A/AC.19/NC.3.

30. At its twenty-seventh meeting on 6 March 1948, the Sub-Committee took note of two incidents involving the arrest of Koreans and confiscation by the police of communications which were being conveyed to the Commission's offices.[194] At the request of the Sub-Committee, the acting Chairman of the Commission addressed a letter to the Commanding General, United States Army Forces in Korea, expressing the concern of the Sub-Committee "that there should be no unnecessary restrictions on freedom of communication with the Commission".[195]

31. Up to 10 May 1948, inclusive, a total of 776 communications had been received: 498 from organizations and 278 from individuals, of which 478 were from individuals and organizations within Seoul City and 298 from individuals and organizations in the provinces of South Korea. A considerable number of communications were in the form of signed petitions which related mainly to the holding of elections and the role of the Commission.

Hearings of Korean personalities [196]

32. In selecting Korean personalities for a hearing, the Sub-Committee decided that its selection should be based upon:

(a) A tentative list drawn up by the Sub-Committee "composed of individuals and representatives of right, moderate, and left parties and of important organizations not directly political in character";

(b) Requests by Koreans for hearings in response to the public announcements of the Sub-Committee inviting such requests.

At the fourth meeting, on 23 January, the Sub-Committee agreed that the purpose of the hearings should be "to secure a balanced representation of the main trends of public opinion".[197]

33. In commencing its hearings, the Sub-Committee announced that it wished to hear the views of the following prominent political leaders from both South and North Korea:

Cho Man Sik, Huh Hun, Kim Doo Bong, Kim Koo, Kim Kiusic, Kim Il Sung, Kim Sung Soo, Pak Heun Young, Rhee Syngman.

Of these, the Sub-Committee heard Mr. Kim Koo, Mr. Kim Kiusic, Mr. Kim Sung Soo, and Mr. Rhee Syngman. Of the remainder, three were residing in North Korea and it was not found possible to make contact with them.[198] Two others (Huh Hun and Pak Heun Young) were extreme leftist leaders in South Korea, who were under order of arrest by the South Korean authorities and whom the Sub-Committee attempted, but found it impracticable, to interview. At the tenth meeting, on 28 January, the Sub-Committee adopted a resolution requesting the Chairman of the Commission to approach the competent authorities with a view to securing freedom of access to its hearings for persons under arrest or police restraint.[199]

[186] Document A/AC.19/21/Add.2.
[187] Document A/AC.19/56, page 4.
[188] Document A/AC.19/60.
[189] Volume II, Annex VI: document A/AC.19/60/Rev.1.
[190] *Ibid.*, document A/AC.19/SC.2/1.
[191] Press release No. 19.
[192] Document A/AC.19/SC.2/SR.20.
[193] Documents A/AC.19/NC.4/1 *et seq.*
[194] Documents A/AC.19/SC.2/SR.27; A/AC.19/SC.2/10 and Add.1.
[195] Volume II, Annex VI: document A/AC.19/26/Add.2.
[196] The verbatim or summary records of the hearings of Korean personalities are reproduced as documents A/AC.19/SC.2/PV.5 to 9, 11 to 15, 23 to 25 and A/AC.19/SC.2/SR.26 (Volume III).
[197] Document A/AC.19/SC.2/SR.4.
[198] Documents A/AC. 19/17 and A/AC. 19/17/Add.1.
[199] Volume II, Annex VI: documents A/AC.19/SC.2/5 and A/AC.19/26.

34. Having in mind its decision to secure a balanced representation of Korean opinion, the Sub-Committee, at its twentieth meeting, decided to invite to a hearing the following representatives of leftist groups:

Haw Sawng Taik (Chairman, Federation of Korean Trade Unions)

Huh Hun (Chairman, South Korea Labour Party)

Kim Won Bong (Chairman, People's Republic Party)

Paik Yong Hi (Chairman, All Korea Farmers' Union)

Yoo Yawng Choon (Chairman, Women's Democratic Alliance)

35. Taking account of the fact that the above persons were either in prison, under order of arrest, or under some form of police surveillance, the Sub-Committee approached the United States authorities [200] with a view to securing an appropriate grant of immunity which would enable them, if they so desired, to accept its invitation to a hearing. A public announcement by the Commanding General, United States Army Forces in Korea, to this end was made on 18 February.[201]

36. None of the persons concerned accepted such invitations to a hearing before the Sub-Committee. From written statements received from some of them, the reasons for the declining of the Sub-Committee's invitations appeared to be objections on political grounds to the Commission's activities and lack of confidence in the assurances given by the authorities at the request of the Commission regarding their immunity from arrest or police surveillance.

37. As far as the representatives of political parties were concerned, the Sub-Committee heard the views of representatives of three rightist, three moderate, and three leftist (other than extreme leftist) political parties.

38. The Sub-Committee's hearings were not confined to representatives of political organizations. The Sub-Committee considered it desirable to ascertain the opinion of religious, educational, and cultural, business, financial and civic organizations. In this regard those heard included certain important Korean officials (the Chief Administrator of the South Korean Interim Government, the Chief Justice of the Supreme Court, and the Director of the National Police), the Catholic Bishop of Seoul, a Christian pastor formerly resident in North Korea, the President of the Federation of Women's Clubs, the President of Seoul National University, the President and Vice-President of the Chamber of Commerce and Industry of Korea, the Director of the Bank of Chosen, the President of the *Seoul Times*, the Secretary-General of the Civil Liberties Union, the Chairman of the Industry, Labour and Agriculture Committee of the South Korean Interim Legislative Assembly, and a headman of a village in the neighbourhood of Seoul.

[200] Document A/AC.19/SC.2/8.
[201] Document A/AC.19/SC.2/7.

39. In all, between 26 January and 6 March 1948, the Sub-Committee heard the views of twenty-four Korean personalities,[202] interviewed the Chairman of the Federation of Korean Trade Unions [203] and held a consultation [204] with the Commanding General, United States Army Forces in Korea.

(c) *Summary of the work of Sub-Committee 3*

40. Sub-Committee 3 held nine meetings. At its first meeting, Mr. Melecio Arranz (Philippines) was elected Chairman and Mr. George S. Patterson (Canada) was elected Rapporteur. At the third meeting, Mr. Rufino Luna (Philippines) was appointed acting Chairman for the period of the absence of Mr. Arranz.

41. At its first meeting, Sub-Committee 3 requested the secretariat to present reports and other technical and documentary studies on the electoral laws and regulations of North and South Korea, with observations as to:

"*(a)* Their compatibility with the General Assembly's recommendations;

"*(b)* Their consistency with democratic practices generally accepted in elections held in territories of Members of the United Nations."

The secretariat was also authorized to consult with United States and Korean experts, including some of the authors of the electoral laws and regulations in force in South Korea and to obtain from them such information as was necessary for the preparation of its reports.

42. At the request of Sub-Committee 2, Sub-Committee 3 adopted, at its second meeting, a list of questions to be used by Sub-Committee 2 in the hearings of Korean personalities. These questions are reproduced in document A/AC.19/43, Annex I.

43. Sub-Committee 3 based its study of the electoral provisions on the following texts:

(a) Public Act No. 5 of the South Korean Interim Government, being the Law for the Election of Members of the Korean Interim Legislative Assembly, enacted by the Korean Interim Legislative Assembly on 12 August 1947 and approved by the United States Military Governor on 3 September 1947.[205]

(b) The Draft Temporary Regulations for Implementing the Law for the Election of Members of the Legislative Assembly.[206]

The English translation of both these texts was transmitted to the Commission by the United States authorities.

(c) A text of the Electoral Regulations for North Korea (for the election of the members of the Myun, County, City and Provincial People's Committees), which was transmitted in an English translation to the secretariat, at its

[202] For list, see Volume II, Annex VI: document A/AC.19/60/Rev.1, Annex II.
[203] Document A/AC.19/SC.2/9.
[204] Document A/AC.19/SC.2/PV.16 (Volume III).
[205] Document A/AC.19/W.11 (Volume II, Annex IV).
[206] Document A/AC.19/W.12.

request, by the United States authorities in Washington.[207]

44. The Sub-Committee was unable to consult with North Korean or Soviet experts or receive information as to the application of the electoral regulations in force in North Korea. Members of the Sub-Committee, however, had cognizance of the transcripts of broadcasts from the North Korean radio, which were circulated by the secretariat. The text of a broadcast from Pyongyang, which summarizes the main points of criticism made by North Korean authorities of the election law in force in South Korea, was circulated to the members of the Sub-Committee in document A/AC.19/W.26.

45. As a result of the decision of the Sub-Committee mentioned in paragraph 43 above, informal conversations were held by the secretariat with a group of representatives of the Korean Legislative Assembly who had been designated by the President of the Assembly, Mr. Kim Kiusic:

Mr. Yun Ki Sup, Vice-Chairman of the Interim Legislative Assembly
Mr. Pak Kim Oong, Chairman of the Legal Committee
Mr. Kim Poong Choong, Chairman of the Electoral Committee
Mr. Chung Hong Kyu, Secretary of the Interim Legislative Assembly

as well as with:

Mr. Ro Chin Sul (Justice of the Supreme Court)
Mr. Kim Do Sung (Chairman of the Korean Press Association),

both of whom had been designated by the Military Governor from among the authors of the Draft Resolutions, which were drafted to implement the Electoral Law for South Korea, and with

Brigadier General John Weckerling
Dean Charles Pergler
Dr. Ernest Fraenkel

who had been designated by the Military Governor as United States experts.

46. At its third meeting, on 24 February 1948, Sub-Committee 3 began a thorough and detailed consideration of the reports and studies which had been prepared by the secretariat. These documents deal with the following questions:

I. The franchise: qualifications and disqualifications.
II. Candidature.
III. Electoral districts and representation.
IV. Election organization: administrative divisions and election agencies.
V. Registration of voters.
VI. Electoral campaign and voting procedure.
VII. Counting of ballots and declaration of election results.
VIII. Incompatibilities, litigation and penal provisions.[208]

47. On 1 March 1948, the United States Liaison Officer to the Commission drew attention to certain provisions of the election law, the application of which involved technical preparations which were to be started immediately, in view of the fixing of the election date on 9 May 1948.

48. Since the United States Liaison Officer requested an expression of views as early as possible, Sub-Committee 3 considered these questions at its fifth meeting, on 2 March, and the Chairman of the Sub-Committee authorized the secretariat to transmit the substance of the decisions of the Sub-Committee as to the recommendations it would make to the Commission on the points mentioned in the United States Liaison Officer's memorandum. Accordingly, on 3 March, the Secretariat transmitted the recommendations of Sub-Committee 3 to the United States Liaison Officer.

49. The United States Liaison Officer replied to the Secretariat's memorandum on 4 March, pointing out that the United States authorities, while accepting most of the recommendations of the Sub-Committee, requested the reconsideration of three of its recommendations, namely, (1) the elimination of provincial election committees; (2) the appointment by the National Election Committee of the members of lower echelon election committees on the basis of lists of personalities recommended by the administrative head of the district concerned and the president of the highest tribunal located in or having jurisdiction over the district; and (3) the establishment of voting districts of not more than two thousand inhabitants.

50. The Sub-Committee, at its ninth meeting, on 7 March, agreed with the first two points presented by the United States authorities, but felt unable to change its recommendation on the last point. This information was communicated to the United States Liaison Officer on 8 March.

51. At its eighth and ninth meetings, the Sub-Committee approved with amendments the draft report of its recommendations to the Commission. These recommendations concerning the modifications of provisions in the electoral law and regulations are reproduced in documents A/AC.19/43 and A/AC.19/43/Add.1.

52. In its report to the Commission, the Sub-Committee stated that its understanding of the mission which was entrusted to it by the Commission was not so much that it should make a theoretical study of the electoral laws and regulations as that it should prepare draft recommendations, which the Commission, after consideration, would transmit to the authorities in Korea. The purpose of the recommendations would be to bring the electoral provisions which would govern the election to be held under the observation of the Commission into greater conformity with the General Assembly's resolution concerning adult suffrage, the secrecy of the ballot and a representation of the Korean people from each voting area or zone proportionate with the population and, in general, to promote as complete and as free expression of popular will as possible.

[207] Document A/AC.19/W.13 (Volume II, Annex IV).
[208] Documents A/AC.19/W.28 and Addenda 1 to 7.

53. The Sub-Committee stated that it was quite aware that even the best legal provisions were not sufficient to achieve these aims. An honest and sincere application of the texts in the spirit in which they were conceived and a free atmosphere during the election period were regarded as essential. The Sub-Committee was, however, of the opinion that, if its recommendations were implemented, the electoral texts would constitute a sufficient basis for fulfilling the General Assembly's resolution on this subject.

54. The Sub-Committee made a comparative study of the electoral laws of South and North Korea.[209] The recommendations resulting therefrom were based on generally accepted democratic practices and the terms of reference of the Commission itself.

55. The Commission considered the report of Sub-Committee 3, as well as its supplementary report, at its twentieth and twenty-first meetings.[210]

56. With respect to the eligibility for office of persons who were serving or who had served prison sentences, the Commission decided to limit its recommendations to political offenders only. The Commission also rejected a proposal for a second ballot if in the first ballot no candidate had received fifty per cent of the votes. It further decided to change the recommendation of Sub-Committee 3 and to recommend that the voting age should be twenty-one years.[211]

57. With respect to disqualification from voting, the Commission, on the proposal of the representative of France, decided to recommend the deletion of the reference to persons who were alleged to have acted as spies (section 2 *(b)* (4) of Public Act No. 5) in order not to open the way to an indefinite number of accusations, many of which might be groundless.

58. On 12 March 1948, the Chairman of the Commission transmitted officially to the United States authorities these recommendations of the Commission.[212] On the same day, the Commission's recommendations were communicated to the Press.

59. On 19 March 1948, the United States Liaison Officer to the Commission sent a reply to the Chairman's communication of 12 March 1948 in which he stated that, with one exception,[213] all the recommendations made by the Commission were embodied in the revised electoral law, annexed thereto.

60. In a memorandum to the secretariat dated 24 March 1948, the United States Liaison Officer to the Commission stated that the election regulations, a copy of which was annexed thereto, had been redrafted by the authorities on the basis of recommendations submitted by the Commission.[214]

[209] A comparative chart of the Law for Election of Members of the Korean Interim Legislative Assembly (Public Act No. 5 of the South Korean Interim Government) and the election regulations for North Korea (document A/AC.19/W.15) is reproduced in Volume II, Annex IV.

[210] Documents A/AC.19/SR.20 and A/AC.19/SR.21.

[211] Directive No. 6, issued by the National Election Committee on 29 March 1948, states in part as follows: "Any citizen twenty-one or more years of age, as defined in section I of the Election Law, means . . . any person who was born on or before 9 May 1927 . . ."

[212] Document A/AC.19/47/Rev.1 (Volume II, Annex IV).

[213] The Commission recommended that certain categories of persons (e.g., former officials in the Japanese regime) should not be eligible to vote. The authorities considered, among other things, that it would be physically impossible to check the records of voters for this purpose (document A/AC.19/47/Rev.1/Add.1, Volume II, Annex IV).

[214] Document A/AC.19/47/Rev.1/Add.2 (Volume II, Annex IV).

D. Date of the elections

61. On 1 March 1948, the acting Chairman of the Commission, in a public statement, had declared that the Commission would observe the elections not later than 10 May 1948 (chapter IV, paragraph 26). At the twenty-second meeting, on 12 March, the Commission had adopted a resolution to observe the elections proclaimed for 9 May (chapter IV, paragraph 32).

Request for postponement of the election date

62. On 25 March 1948, the National Election Committee requested the assistance of the Commission to change the election date from 9 May to 24 May 1948.[215] The Chairman of the Commission, Mr. Jean Paul-Boncour, drew the attention of the Commanding General to this request on 27 March 1948.[216]

63. At its twenty-eighth and twenty-ninth meetings, the Commission considered a communication from the Commanding General, United States Army Forces in Korea, to the Chairman, in which he stated that it was found necessary to change the election date because of certain technical difficulties, and requested the advice of the Commission as to its attitude towards postponement of the Election Day.[217]

64. At the twenty-ninth meeting, the Chairman presented the text of a draft letter to the Commanding General. The Commission adopted this letter, as amended, stating that it was the wish of the Commission that the elections should still be held on 9 May and that a Main Committee (see paragraph 72 below) was authorized to make recommendations to the Commission concerning such new decisions as existing circumstances would warrant. It was further decided to annex to the letter a statement of facts prepared by the Chairman and the Principal Secretary concerning the contents of the communication from the Commanding General.[218]

[215] Document A/AC.19/58.

[216] Document A/AC.19/58/Add.1.

[217] Document A/AC.19/58/Add.2.

[218] Document A/AC.19/58/Add.3.

65. On 2 April 1948, a letter was received from the Commanding General, in which he noted the wish of the Commission that the elections should be held on 9 May 1948. He felt, however, that a one-day postponement of the election, i.e., to 10 May, would not contravene the wish of the Commission, and he explained that this one-day postponement was advisable because of the fact that on 9 May a total eclipse of the sun would occur.[219]

66. At its thirty-first meeting, the Commission decided to concur in the proposal of the Commanding General for a one-day postponement of the election, i.e. from 9 to 10 May 1948, and the Commanding General was informed accordingly.[220]

[219] Document A/AC.19/58/Add.4.
[220] Document A/AC.19/58/Add.5.

E. Observation of the elections

(a) *Resolution concerning the observation of the elections on 10 May 1948*

67. As indicated in paragraph 34 of chapter IV, the representative of Australia at the twenty-seventh meeting proposed a resolution stating that the Commission would "announce its final decision to observe or not to observe the elections at a date which shall not be later than 25 April 1948." At that time other representatives felt that the resolution was premature, and it was finally agreed that the Australian draft resolution should be discussed at a future plenary meeting of the Commission.

68. The Australian resolution was taken up again when, at the thirty-third meeting on 28 April, the Commission considered the last paragraph of the resolution of the Commission concerning the implementation of the Interim Committee resolution.[221]

69. After discussing the question as to whether there were sufficient grounds to state that a free atmosphere for elections existed in South Korea, the Commission adopted, at its thirty-third meeting, with five votes in favour and three abstentions, the following resolution proposed by the representative of China: [222]

"*The United Nations Temporary Commission on Korea,*

"*In order to comply* with the provisions of the resolution passed at its twenty-second meeting on 12 March 1948,

"*Having satisfied* itself, as a result of its extensive field observations in various key districts in South Korea, that there exists in South Korea a reasonable degree of free atmosphere wherein the democratic rights of freedom of speech, Press and assembly are recognized and respected,

"*Resolves :*

"*To confirm* that it will observe the elections announced by the Commanding General of the United States Army Forces in Korea to be held on 10 May 1948."

(b) *Establishment of a Main Committee and field observation groups*

70. Following a discussion on a working paper prepared by the secretariat on the possible methods of observation of elections in Korea,[223] the Commission decided, at its twenty-fifth meeting on 16 March 1948, to establish an *ad hoc* Sub-Committee, composed of the representatives of China, France, the Philippines and Syria, to consider methods of observation during the election period and to submit a report thereon to the Commission.

71. At the twenty-seventh meeting, on 20 March 1948, the report of the *ad hoc* Sub-Committee[224] was examined and adopted, and the decisions of the Commission concerning methods of observation were embodied in document A/AC.19/56.

72. According to this decision, a Main Committee was established, into which, on 29 March 1948, the existing Sub-Committees would be merged, and on which a representative of each member on the Commission would be entitled to sit. It was further decided that the membership of the Main Committee would rotate in accordance with the willingness of members to undertake periodic duties with the field observation groups (see paragraph 74 below).

73. The functions of the Main Committee would include :

(a) Maintenance of permanent liaison with the National Election Committee in Seoul;[225]

(b) General observation of the work of the election committees;

(c) The receiving and examination of complaints and general information concerning the conduct of the elections;

(d) The analysis of reports received from the Commission's observation groups;

(e) The obtaining and analysing of information concerning attitudes of Koreans towards participation in the elections;

(f) The examining of and reporting to the Commission on conditions relating to a free atmosphere for the holding of elections;

(g) The planning and co-ordination of the activities of the field observation groups in accordance with the general directions of the Commission.

74. The Commission decided further to establish in the first instance two or three field observation groups to observe the conduct of the elections in

[221] See chapter IV, paragraph 32.
[222] Document A/AC.19/68.

[223] Document A/AC.19/W.36.
[224] Document A/AC.19/54.
[225] See documents A/AC.19/W.35, A/AC.19/W.35/Add.1, A/AC.19/W.35/Add.2, A/AC.19/W.35/Add.3, and A/AC.19/W.35/Add.4.

selected areas, in accordance with a co-ordinated plan. The functions of the field observation groups would include:

(a) Observation on the spot of the activities of selected provincial and local election committees;

(b) Examination of the extent to which provisions of the electoral law and regulations have been complied with in the areas observed;

(c) Hearing and examination of complaints received in the areas observed or as directed by the Main Committee;

(d) Observation of the political aspects of the election campaign in selected areas from the viewpoint of determining whether a free atmosphere for the election exists, with special regard to the conduct of the police and youth organizations;

(e) Observation, as circumstances permit, of the work of observation groups or agencies established by the United States authorities, by the attaching, where practicable, of a Commission observer to United States observation groups.[226]

75. At the thirtieth meeting, the Commission adopted a report of the *ad hoc* Sub-Committee on items of observation proposed for the guidance of observation groups, but to be complied with only in so far as circumstances would permit.[227]

76. Three periods for observation were agreed to: (1) the registration period; (2) the period following the registration of candidates; and (3) the Election Day and the days immediately preceding and following that day.

77. At the thirtieth meeting, a time-table for three observation groups for the week ending 10 April 1948 was agreed to by the Commission.[228]

78. During the first period, 5 to 10 April inclusive, three teams were sent out, covering all nine provinces and the City of Seoul, by train and motor transportation. The island and province of Cheju-Do were reached by aircraft. During this period, members of the groups interviewed United States military and civil authorities, and also governors, mayors and other Korean civil authorities, the National Election Committee, as well as all the provincial and several district election committees, police officers, local authorities and a few candidates who, at that time, had announced their intention to run.

79. The observation groups checked the progress of the registration at that stage, and visited a number of registration places to observe the procedure at first hand. In general, the registration numbers for male and female voters were about the same, but with regard to the percentage of illiterates, the groups received highly varying answers even at the same or similar voting places.

80. In accordance with the resolutions passed by the Temporary Commission and the Interim Committee, the groups made detailed inquiries into the existence of a free atmosphere for elections.

81. While the observation groups were unable to establish contact with the extreme leftists, other prominent persons interviewed by the groups freely expressed their opposition to the elections. Their main argument was that they could not co-operate in a separate election in South Korea alone, since that would, in their opinion, tend to solidify the North-South cleavage.

82. At the fourth meeting, the Main Committee had an extensive exchange of views with the Military Governor, Major General William F. Dean. Members of the Commission gave a detailed account of their impressions during the first observation period and of deficiencies encountered, and received assurances from the Military Governor that he would do everything within his power to remedy the situation according to the wishes of the members of the Commission.[229]

83. At the third meeting of the Main Committee, a schedule for four observation groups during the week ending 24 April 1948 was adopted.[230]

84. The second period of observation took place from 19 to 24 April 1948, beginning three days after the registration of candidates had closed. The Commission and the secretariat were this time divided into four groups, and all provinces (with the exception of Cheju-Do) and the City of Seoul were visited.

85. The groups now received detailed and final information about the results of the registration, which normally ran over ninety per cent and quite often close to one hundred per cent.

86. At the sixth meeting of the Main Committee, the organization and travel itinerary of nine observation groups for the period 7–11 May 1948 was approved.[231]

87. The third period of observation, devoted exclusively to the conduct of the elections, took place in the period from 7 to 11 May 1948. The Commission divided into nine observation groups, which visited all provinces and the City of Seoul.

88. The observation can be divided into three phases; namely: *(a)* the pre-election days, when most groups witnessed the erecting of polling places, and were able to observe the extent to which attempts had been made to sabotage the elections; *(b)* Election Day itself, Monday, 10 May, when several hundreds of polling places were visited and the actual voting was observed; and finally, *(c)* that same night and the following day, when, at a number of places, the opening of the poll boxes and the counting of votes were witnessed.

---

[226] While the Commission received information from United States authorities concerning the elections, it conducted its observations independently, and no observers of the Commission were attached to the United States observation groups.

[227] Document A/AC.19/59.

[228] Documents A/AC.19/W.42 and Addenda 1 to 3.

[229] Document A/AC.19/SC.4/SR.4 (Volume III).

[230] Document A/AC.19/W.42/Add.5.

[231] Document A/AC.19/W.42/Rev.1.

89. At its fifth and sixth meetings, the Main Committee considered various complaints received concerning the free atmosphere for the elections, and instructed the secretariat to bring them to the attention of the United States military authorities.[232] At its ninth meeting, on 14 May 1948, it considered certain replies by the United States Liaison Officer to the Commission to complaints submitted concerning the free atmosphere for elections.[233] It was decided that further complaints received should continue to be submitted to the United States authorities for their observations.

90. The Main Committee decided at its sixth meeting that the secretariat should invite Mr. Kim Koo, Mr. Kim Kiusic, and Mr. Lyuh Woon Hong to be heard by the Committee between 12 and 14 May on the subject of the conference of North and South political leaders held at Pyongyang. The interview with Mr. Kim Koo took place at the seventh meeting on 13 May 1948 and that with Mr. Kim Kiusic and Mr. Lyuh Woon Hong at the eighth meeting on 13 May 1948.[234]

91. At its seventh meeting, on 13 May 1948, the Main Committee decided that it would also interview political personalities who had favoured participation in the election held on 10 May 1948 and who had not been invited to the Pyongyang conference. In accordance with this decision, the Main Committee at its tenth meeting, on 14 May 1948, held interviews with Mr. Rhee Syngman and Mr. Kim Sung Soo concerning this conference.[235]

[232] Documents A/AC.19/SC.4/23 and Addenda 1 to 3; A/AC.19/24.

[233] Documents A/AC.19/SC.4/24, A/AC.19/SC.4/25 and Addendum 1.

[234] Documents A/AC.19/SC.4/SR.7 and A/AC.19/SC.4/SR.8 (Volume III).

[235] Document A/AC.19/SC.4/SR.10 (Volume III).

F. Preparation of the first part of the report to the General Assembly

92. At the thirty-fourth, thirty-fifth and thirty-sixth meetings, the Commission considered the desirability of temporarily leaving Seoul for Tokyo for the purpose of preparing the first part of its report to the General Assembly, to cover the period up to and including the elections.

93. The representative of Syria introduced a resolution[236] proposing that the Commission should leave for Tokyo on 15 May 1948 for the above purpose. After detailed discussions, the Commission, at its thirty-sixth meeting, adopted the resolution of the representative of Syria, as amended, with five votes in favour and three abstentions. The text of the resolution is as follows:[237]

"*The United Nations Temporary Commission on Korea,*

"*Having resolved* to observe the elections on 10 May 1948;

"*Having recalled* the responsibility placed upon it by the General Assembly not only to observe elections of representatives of the Korean people, but to facilitate the participation of such representatives in the consideration of the question of Korean freedom and independence and, in particular, its responsibility to be available for consultation with such representatives;

"*Having decided* that it would be advisable at this time to reach certain preliminary conclusions, and to prepare the first part of its report to the General Assembly to cover the period up to and including the elections;

"*Having taken into account* the advantages to be gained through concentration on this phase of its task in some centre removed from Seoul,

"*Resolves*:

"*That* it proceed from Seoul to Tokyo on 15 May 1948 for the purpose of preparing its report on the work covered so far;

"*That* it return to Seoul during the first week of June, and that during the period of its absence, a liaison group of its representatives remain in Seoul to receive all necessary information."[238]

94. At the thirty-ninth meeting of the Commission, on 12 May 1948, the Commission reconsidered its decision to proceed to Tokyo, and a resolution proposed by the representatives of El Salvador and the Philippines was adopted by seven votes in favour and one abstention, concerning the departure of the Commission for Shanghai not later than 18 May 1948, and its return to Seoul during the first week of June.[239]

95. The first group of representatives and officers of the secretariat left for Shanghai on 16 May

[236] Document A/AC.19/67.

[237] Document A/AC.19/69.

[238] Following a cable received from the Secretary-General of the United Nations stating that the United States Department of State had cabled its Political Affairs Officer in Tokyo to make the arrangements required, a member of the secretariat of the Commission left for Tokyo on 4 May to make the necessary preparations. He returned to Seoul on 9 May with the information that General MacArthur considered it impracticable for the Commission to come to Japan, owing to lack of accommodation and for other reasons connected with the decision of the Commission to leave Korea.

For the exchange of communications on the decision of the Commission to proceed to Tokyo, see document A/AC.19/W.48.

[239] Document A/AC.19/71. The Commission was informed on 13 May by the United States Liaison Officer that a message from General MacArthur had been received to the effect that in view of the urgency attributed to the matter, arrangements were being made to provide it with facilities in Tokyo. In the meantime, the secretariat had received a cable from the Secretary-General, stating that the Department of State had renewed the invitation to the Commission to come to Tokyo. As arrangements for accommodation in Shanghai were far advanced, the offer was declined by the Secretary-General. The Commission decided, at its forty-second meeting, on 24 May, to regard the incident as closed.

1948, and the other groups followed in the course of that week.

96. Chapters I and II of the first part of the report to the General Assembly, dealing respectively with the creation of the Commission, its terms of reference and composition, and the organization of the Commission, were adopted in their first reading, at the thirty-seventh and thirty-eighth meetings of the Commission held on 5 and 6 May in Seoul, and in their second and final reading, at the fifty-third meeting held on 1 June in Shanghai.

97. Chapters III, IV and V,[240] dealing respectively with *(a)* the political situation in Korea, *(b)* the main activities of the Commission and its subsidiary bodies, and *(c)* the conclusions of the Commission, were discussed at the forty-second to the fifty-eighth meetings, held in Shanghai between 24 May and 4 June 1948.

98. At the forty-fifth meeting on 27 May, the Commission established a drafting Sub-Committee, composed of representatives of China, France, and India, to re-draft portions of the report submitted to it by the Commission.

99. Chapter III was adopted in its first reading at the forty-seventh meeting on 24 May, and in its second and final reading at the fifty-third meeting on 1 June 1948.

100. Chapter IV was adopted in its first reading at the fifty-second meeting on 31 May, with the proviso that it be separated into two chapters.

101. Chapter IV, as separated into two new chapters, IV and V, was adopted in its final reading at the fifty-seventh meeting, on 4 June 1948.

102. The composition of Volume II (Annexes) was approved by the Commission at the fifty-third meeting.

103. The contents of chapter VI (Conclusions) were introduced by the drafting Sub-Committee at the fifty-seventh meeting. After discussing this chapter at the fifty-seventh and fifty-eighth meetings, the Commission decided that this chapter would be further considered following the return of the Commission to Seoul on 7 June 1948.

104. Chapters I, II, III, IV, V, together with the List of Annexes (Volume II), as adopted by the Commission, were signed by the Chairman and the Rapporteur and transmitted to the Secretary-General of the United Nations on 5 June 1948.

105. The discussions on chapter VI were continued in Seoul at the sixty-first to sixty-fourth, sixty-sixth, sixty-seventh, sixty-ninth, seventieth to eighty-second, and eighty-fourth to eighty-sixth meetings. The chapter was adopted in its first reading at the seventy-seventh meeting, in its second reading at the eighty-second meeting, and in its final reading at the eighty-sixth meeting.

106. The introduction was discussed at the eighty-third to eighty-sixth meetings and adopted in its final reading at the eighty-sixth meeting.

107. The introduction, together with chapter VI as adopted by the Commission, was transmitted to the Secretary-General of the United Nations by a letter dated 21 July 1948, signed by Mr. Jean Paul-Boncour, Chairman, and Mr. Liu Yu-Wan, Rapporteur.

[240] Chapter IV was later separated into two chapters, IV and V ; the original chapter V became chapter VI.

CHAPTER VI

SUMMARY AND CONCLUSIONS ON THE FIRST PART OF THE REPORT
(Technical aspects of the elections)

(a) Preliminary considerations

1. Before going into the subject matter of the present chapter, it may be useful to recall that the problem of the re-establishment of Korean independence had its genesis in the Cairo Declaration of 1 December 1943, the Potsdam Conference of July 1945 and the Moscow Agreement of December 1945.[241] The latter agreement established the United States-Soviet Joint Commission on Korea,[242] which, after a series of inconclusive meetings, finally reached a deadlock in September 1947. Subsequently the United States Government submitted the problem to the General Assembly of the United Nations in September 1947.[243]

2. Following considerable debate, the General Assembly, on 14 November 1947, adopted two resolutions [244] which recognized "the urgent and rightful claims to independence of the people of Korea" and laid down the principle of the participation of Korean representatives in the discussion of the problem. For that purpose a temporary commission on Korea was established with the right to travel, observe and consult throughout the country.

3. The terms o[illegible]nce of the Commission, as st[illegible]ted in the resolutions, may be summarized as follows :

(a) To facilitate and expedite the participation of Korean representatives in the consideration of the problem, the Commission shall observe that these representatives be duly elected;

(b) To facilitate and expedite the fulfilment of the programme laid down for the attainment of the independence of Korea and the withdrawal of the occupying forces, the elected representatives, constituting a National Assembly, may establish a National Government and enter into consultations with the Commission.

[241] See chapter III, paragraph 2.
[242] See chapter III, paragraphs 18–21.
[243] See chapter I, paragraphs 1–6.
[244] See chapter I, paragraph 34.

1948, and the other groups followed in the course of that week.

96. Chapters I and II of the first part of the report to the General Assembly, dealing respectively with the creation of the Commission, its terms of reference and composition, and the organization of the Commission, were adopted in their first reading, at the thirty-seventh and thirty-eighth meetings of the Commission held on 5 and 6 May in Seoul, and in their second and final reading, at the fifty-third meeting held on 1 June in Shanghai.

97. Chapters III, IV and V,[240] dealing respectively with *(a)* the political situation in Korea, *(b)* the main activities of the Commission and its subsidiary bodies, and *(c)* the conclusions of the Commission, were discussed at the forty-second to the fifty-eighth meetings, held in Shanghai between 24 May and 4 June 1948.

98. At the forty-fifth meeting on 27 May, the Commission established a drafting Sub-Committee, composed of representatives of China, France, and India, to re-draft portions of the report submitted to it by the Commission.

99. Chapter III was adopted in its first reading at the forty-seventh meeting on 24 May, and in its second and final reading at the fifty-third meeting on 1 June 1948.

100. Chapter IV was adopted in its first reading at the fifty-second meeting on 31 May, with the proviso that it be separated into two chapters.

101. Chapter IV, as separated into two new chapters, IV and V, was adopted in its final reading at the fifty-seventh meeting, on 4 June 1948.

102. The composition of Volume II (Annexes) was approved by the Commission at the fifty-third meeting.

103. The contents of chapter VI (Conclusions) were introduced by the drafting Sub-Committee at the fifty-seventh meeting. After discussing this chapter at the fifty-seventh and fifty-eighth meetings, the Commission decided that this chapter would be further considered following the return of the Commission to Seoul on 7 June 1948.

104. Chapters I, II, III, IV, V, together with the List of Annexes (Volume II), as adopted by the Commission, were signed by the Chairman and the Rapporteur and transmitted to the Secretary-General of the United Nations on 5 June 1948.

105. The discussions on chapter VI were continued in Seoul at the sixty-first to sixty-fourth, sixty-sixth, sixty-seventh, sixty-ninth, seventieth to eighty-second, and eighty-fourth to eighty-sixth meetings. The chapter was adopted in its first reading at the seventy-seventh meeting, in its second reading at the eighty-second meeting, and in its final reading at the eighty-sixth meeting.

106. The introduction was discussed at the eighty-third to eighty-sixth meetings and adopted in its final reading at the eighty-sixth meeting.

107. The introduction, together with chapter VI as adopted by the Commission, was transmitted to the Secretary-General of the United Nations by a letter dated 21 July 1948, signed by Mr. Jean Paul-Boncour, Chairman, and Mr. Liu Yu-Wan, Rapporteur.

[240] Chapter IV was later separated into two chapters, IV and V ; the original chapter V became chapter VI.

CHAPTER VI

SUMMARY AND CONCLUSIONS ON THE FIRST PART OF THE REPORT
(Technical aspects of the elections)

(a) PRELIMINARY CONSIDERATIONS

1. Before going into the subject matter of the present chapter, it may be useful to recall that the problem of the re-establishment of Korean independence had its genesis in the Cairo Declaration of 1 December 1943, the Potsdam Conference of July 1945 and the Moscow Agreement of December 1945.[241] The latter agreement established the United States-Soviet Joint Commission on Korea,[242] which, after a series of inconclusive meetings, finally reached a deadlock in September 1947. Subsequently the United States Government submitted the problem to the General Assembly of the United Nations in September 1947.[243]

2. Following considerable debate, the General Assembly, on 14 November 1947, adopted two resolutions [244] which recognized "the urgent and rightful claims to independence of the people of Korea" and laid down the principle of the participation of Korean representatives in the discussion of the problem. For that purpose a temporary commission on Korea was established with the right to travel, observe and consult throughout the country.

3. The terms of reference of the Commission, as stated in the resolutions, may be summarized as follows :

(a) To facilitate and expedite the participation of Korean representatives in the consideration of the problem, the Commission shall observe that these representatives be duly elected;

(b) To facilitate and expedite the fulfilment of the programme laid down for the attainment of the independence of Korea and the withdrawal of the occupying forces, the elected representatives, constituting a National Assembly, may establish a National Government and enter into consultations with the Commission.

[241] See chapter III, paragraph 2.
[242] See chapter III, paragraphs 18–21.
[243] See chapter I, paragraphs 1–6.
[244] See chapter I, paragraph 34.

4. Since the resolutions referred clearly to Korea as a whole, and since the United States Government had formally made known its intention to co-operate, the Commission felt it to be its first duty, following its arrival in Seoul in January 1948, to make special efforts to ascertain the degree of co-operation that would be accorded to it by the interested Powers through their occupying forces.

5. The United States military authorities in the South declared themselves ready to extend facilities and assistance. On the other hand, no answer was received to that effect from the Soviet Military Commander in North Korea, but the negative attitude of the Government of the Union of Socialist Soviet Republics was reaffirmed by the Soviet representative to the United Nations.[245]

6. The Commission therefore regretfully drew the conclusion that it would not be possible, for the time being, to implement its terms of reference in that part of Korea occupied by the forces of the Union of Soviet Socialist Republics.

7. In these circumstances, the Commission decided to consult the Interim Committee for the purpose of obtaining its views on the course to be followed in the light of developments.[246]

8. The Interim Committee, on 26 February 1948, expressed the view that "it is incumbent upon the United Nations Temporary Commission on Korea" to implement the programme as outlined in resolution II of the General Assembly, "in such parts of Korea as are accessible to the Commission". The Commission thereupon decided to observe the elections in South Korea announced by the United States Commanding Officer to be held on 10 May 1948,[247] taking into account the recommendations contained in the letter of the Chairman of the Interim Committee to the Chairman of the Commission.

9. This decision did not imply any essential change in the opinion of the members of the Commission that they were primarily concerned with Korea as a whole.

The background of the situation in Korea

10. In the course of acquainting itself with the background of the situation in Korea since its arrival in January 1948, the Commission had noted certain salient features, bearing upon the political developments, which might be enumerated as follows.

11. The Koreans from both North and South Korea belong to the same race, speak the same language, cherish the same customs and traditions, and have the same fervent love of country. Forty years of Japanese occupation and traditions of feudalistic rule have neither dampened the fervour and political passion of the Korean people nor weakened their historical, ethnic, economic and cultural unity as a people. Both this passion and this unity have periodically manifested themselves in patriotic outbursts.

[245] See chapter IV, paragraphs 1-12.
[246] See chapter IV, paragraphs 15-17.
[247] See chapter IV, paragraphs 23-34.

12. Having discarded certain aspects of their past, they nevertheless continued to conform to old patterns in so far as their cultural and family life was concerned. Language, national dress and way of life outlived the Japanese occupation. The modern tendency to accord equality of rights to women has not lessened the influence and authority of the paterfamilias.

13. In addition to this concept, in rural areas, the village headman continues to speak and decide for his community on important matters relating to agricultural, social and political life.

14. In this context, the Japanese occupation did not find it too difficult to establish an administrative and police network which had so entrenched itself that even after the liberation of the country, the administrative organization of Korea continued to be influenced by deeply rooted systems of vertical authoritarian rule.

15. Moreover, denied access to accurate sources of information and deprived of the freedom usually associated with the Press, the Korean people, under Japanese rule, had spent a number of years in a state of unawareness particularly with reference to international affairs.

16. On the eve of liberation, therefore, the Korean people, in spite of certain traces of indigenous democratic practices, were not prepared for an immediate and general application of modern systems of democracy.

17. Following the disappearance of Japanese rule, the development of the political situation in the part of Korea occupied by the Soviet military forces and in the part occupied by the United States military forces took divergent courses. Thus, this artificial division of the country into two parts by the thirty-eighth parallel,[248] which the Korean people considered as disquieting from the very beginning, was sharpened by the drifting of North and South Korean politics in opposite directions. This unfortunate situation could not but have the most disturbing effects on the political and economic life of the country.

The situation in the Northern zone, on the basis of such fragmentary information as the Commission was able to gather, is described in chapter III, paragraphs 4-7. As for South Korea, the American occupation authorities were faced in the initial stages either with the prospect of a complete breakdown of government or with a continued use of Japanese-trained personnel. This embarrassment was heightened by the fact that Korea was a liberated and not a conquered country. The Military Government, while being compelled to leave a broad measure of authority to such elements as were necessary for the maintenance of law and order, gradually introduced, whenever possible, reforms directly inspired by the American conception of democracy.[249]

18. In addition to a long history of feudalistic rule, the suppression of political activities during

[248] See chapter III, paragraphs 2 and 3.
[249] See chapter III, paragraphs 46, 47 and 48.

forty years of Japanese occupation had deprived the Koreans of opportunities to acquire adequate political experience. This helps to explain the existing weakness in organization of political parties in South Korea, their multiplicity and — possibly — the tendency of such parties and organizations to gravitate more towards personalities than towards issues, resulting in constant shifting of political alignments.

19. Certain rightist parties, having the support of some elements in the Korean administration, had been able to build up an extensive network of provincial and local party organizations.[250] The moderate groups, being of recent origin, were not as successful as the rightists in extending their party organizations in the provinces, in spite of the fact that some of their outstanding members had, until recently, occupied high positions in the Korean Interim Government.[251] The extreme left, whose political machinery was brought to the foreground by the establishment of a "People's Republic" at the time of liberation, had already lost their advantages since the establishment of a military government. Subsequently, they were forced to operate underground and to confine their activities to sporadic attempts at sabotage and violence.[252]

(b) Problems of the election

20. In this political atmosphere, the Commission sought to bring about a greater measure of freedom before the election and to expedite as much as possible the democratization process in South Korea. Through its hearings of Korean personalities and interviews with competent American authorities, such issues as civil liberties, reform of criminal procedure, certain phases of the activities of the police and youth organizations, political prisoners, means of public information, and electoral procedures, came to the attention of the Commission.

21. In due time, extensive recommendations towards obtaining a freedom of atmosphere were transmitted by the Commission to the Commanding General, United States Army Forces in Korea. These recommendations were made in conformity with recognition of the responsibility of the United States authorities for the maintenance of law and order in the country. The United States Command in Korea subsequently took a number of steps in the direction the Commission had advocated as desirable.

22. The following changes regarded as an important step in ensuring civil liberties were effected by the American authorities :

(a) A Korean Bill of Rights, issued by the Commanding General, United States Army Forces in Korea, enumerated the inherent liberties of the Korean people. The proclamation contained the ordinary constitutional rights and freedoms such as generally prevail in democratic countries;[253]

(b) On 20 March, the Military Governor approved an ordinance on criminal procedures,[254] which had been under consideration for some time by the United States Command. Among other things, the new ordinance provided that there would be no arrests without warrant, or in certain specified cases, where arrests without warrant were permitted, no detention would be for longer than forty-eight hours without subsequent warrant. It also contained provisions for bail, counsel, and punitive measures for abuse of power, all new features for Korea.

23. Realizing that neither laws, ordinances nor proclamations in themselves would provide sufficient guarantees for a free atmosphere for elections, the Commission directed its attention to the national police and the youth organizations which had been described, in a number of complaints, as often resorting to abusive practices (arbitrary arrests, threats or pressure, etc.).

24. Though concrete evidence of such abuses was not actually presented by the complainants, the Commission nevertheless recognized that the national police might play an important role in the application and execution of laws and ordinances relating to elections. For this reason, it took the decision to observe the attitude of the police very closely during the pre-election and the election periods.[255]

25. With respect to "youth organizations",[256] it appeared that with the exception of the National Youth Organization — a group supported by the United States Military Government — they were dependent on private initiative only, and most of them were affiliated to political parties. Almost all of them were markedly prone to organize bellicose demonstrations against their political opponents, thus giving frequent indications of a dangerous lack of tolerance towards the ideas they did not share. The Commission noted, moreover, that the membership of these youth organizations included a large number of adults.

26. A number of recommendations were made in this connexion and the respective youth organizations were informed that their behaviour would constitute an important element in the decision of the Commission as to the free atmosphere for elections.

27. From the outset, the Commission had been concerned with the problem of political prisoners.[257] In its recommendations to the Commanding General, United States Army Forces in Korea, the Commission, recognizing the ambiguity of the term "political prisoners", indicated its attitude by specifying those categories of prisoners on whose behalf it did not feel itself justified in interceding. On the other hand, it advocated the release of all those who had been imprisoned for crimes of a political nature and "had not been guilty of any

[250] See chapter III, paragraph 36.
[251] See chapter III, paragraph 42.
[252] See chapter III, paragraphs 8, 15, 25, 31, 45.
[253] Document A/AC.19/62; see chapter V, paragraph 20.

[254] Ordinance 176, effective 1 April 1948, document A/AC.19/W.40.
[255] See chapter III, paragraph 74.
[256] The proper translation of "Chong Yon Dan" is "Young Men's Organization".
[257] The question was first raised by the Syrian representative at the opening meeting on 12 January 1948.

act of violence or fraud". Furthermore, the Commission recommended that prisoners of the latter category, provided their release did not endanger public order, should benefit by a special pardon.

28. As result of those recommendations, the Military Governor, on 31 March 1948, signed 3,140 pardons restoring to those released full civil rights and allowing them to register as voters and stand as candidates if they so desired.[258] In this regard, the Commission, on 15 April 1948, expressed its gratification to the Commanding General, United States Army Forces in Korea.[259]

29. Although some efforts had been made since the liberation to improve means of public information, the Commission felt it necessary to stress the importance of recognizing and respecting the freedom of the Press. Furthermore, in view of the elections, it made a number of recommendations concerning the dissemination of information, distribution of newsprint and radio time.

30. The Commission undertook a detailed examination as well as a comparative study of the electoral laws of North and South Korea.[260] It was, however, unable to consult the North Korean and Soviet authorities on the matter. Such hearings and interviews as conducted by the Commission were thus confined to competent American authorities and a group of representatives of the Legislative Assembly of South Korea.[261] Subsequent recommendations with respect to the revision of the electoral law and regulations were transmitted to the United States authorities; their purpose was to bring the electoral provisions into greater conformity with the General Assembly's resolutions concerning adult suffrage and secret ballot and, in general, to promote as complete and as free an expression of popular will as possible.[262] With minor exceptions, these recommendations were embodied in the revised electoral law.

31. The Commission, in observing the election programme in South Korea, sought to determine whether these recommendations had been complied with at all levels of authority.

(c) Observation of the elections of 10 May 1948

32. By extensive field observations, the Commission witnessed the election programme in the most important areas during the period of pre-election preparations and on the date of election itself.

Registration of the electorate (first observation tour)

33. The observation groups found a fair standard of efficiency and organization at all levels of authority. The members of the various election committees were reasonably well informed of the procedures they had to implement and their work in this respect was carried out in orderly fashion.

34. This was the first formal occasion since the liberation when the Korean people had the opportunity of demonstrating their desire for independence through the medium of elections. The whole administrative machinery was mobilized to acquaint qualified voters with the procedure of registration and with the significance of the elections. At the end of the registration period, 7,837,504 voters had actually registered.[263]

35. The observation groups were not able to collect any concrete evidence of threats or violence against non-registrants. However, the following complaints about malpractices in the conduct of the registration were received :

(a) In some cases registration was taking place in local administrative offices which, among other functions, issued rice ration cards;

(b) Threatened confiscation of rice ration cards resulted, in some instances, in compulsory registration;

(c) Against the background of Japanese rule, the advice given by the police and youth organizations to register was regarded as a form of coercion.

36. Regarding the complaints noted in paragraph 35, sub-paragraphs *(a)* and *(b)*, the Commission did not find any evidence of actual confiscation of rice ration cards as a means to compel registration. As to the so-called compulsion through the police or youth groups, the election committees repudiated any suggestion of unlawful pressure being exerted on the people. It would appear, however, that a number of those who were opposed to the elections registered because they did not wish their friends and neighbours to doubt their patriotism at a time when the election was being widely publicized as a decisive step towards national independence. Such minor infractions as were noted by the observation groups were remedied by the election committees.

37. Following the first observation period, the Military Governor was invited to appear before the Main Committee for an extensive exchange of views. Members of the Commission gave a detailed account of their impressions of registrations and of deficiencies observed and received assurances from the Military Governor that he would do everything within his power to remedy the situation.[264] The effect of his intervention in the direction desired by the Commission was noted by the field groups in their subsequent observations.

[258] Document A/AC.19/61/Add.1.
[259] Document A/AC.19/61/Add.2.
[260] See chapter V, paragraphs 41 and 54.
[261] See chapter V, paragraphs 42 and 45.
[262] See chapter V, paragraphs 41 and 52.

[263] From the figures compiled by the Office of Administration (Census Division), South Korean Interim Government, the estimated population in South Korea on 1 April 1948 was 19,947,000. The total possible registrants, based on the percentage of 49.3 as derived from the 1947 National Registration (7½ million sample) were 9,834,000. On this basis, the number of registrants would appear as representing some 79.7 per cent of the potential electorate. See also document A/AC.19/66/Add.3 (Volume II, Annex VII).

[264] Documents A/AC.19/SC.4/SR.4, A/AC.19/SC.4/SR.5, A/AC.19/SC.5/SR.9, paragraph 13, A/AC.19/SC.8/SR.1 see Volume III).

38. The extreme left seemed to have confined itself mostly to conducting a vigorous campaign of anti-election activities, many of which were of a violent nature. In addition to threats to members of the election committees, registration officials, and voters, there were scattered instances of poll registers being stolen or burnt, registration offices being set on fire and persons associated with registration being wounded or murdered. These activities, exaggerated in some instances by the law-enforcement officers in their reports, were continued throughout the election period. From 7 February to 9 May 1948 inclusive, acts of violence resulted in 245 persons being killed and 559 wounded.[265] Similarly, on Election Day itself, 44 persons were killed and 62 wounded.[266] Means of transportation and communication were disrupted in a number of places.

These threats and acts of violence, however, were not as a whole supported by the people. With the exception of North Cheju Gun,[267] where the situation was rather confused, registration was duly completed in accordance with the electoral provisions.

Registration of candidates (second observation tour)

39. There were 942 candidates[268] originally registered for 200 available seats, ranging from eleven candidates in Cheju-Do for three available seats, to 145 in Kyonggi-Do for twenty-nine available seats.[269] In an electoral district, it was not unusual for four or five candidates, in some instances as many as ten or more, to contest one available seat. There were also instances where two or more candidates from the same party contested the election in the same district.

40. The nomination of the great number of "independent" candidates may be attributed to several factors :

(a) Candidates affiliated with a political party, but not standing as the official nominee of the party in a given district, tended to try their luck by campaigning as independents notwithstanding orders from their party headquarters in Seoul;

(b) It is possible that certain rightist parties, fearing that their nominees would be prejudiced by the local prevailing political situation, put forward some of their candidates as independents ;

(c) Members of certain parties opposing the elections might have attempted to seek election by standing as independent candidates;

(d) It seemed that a certain number of independents entered the contest relying on their appeal to certain sections of the Korean electorate dissatisfied with the existing parties.

41. The Commission's observation groups made every effort to acquaint themselves with the political views of the candidates. In addition to voicing their opposition to communism and the artificial division of their country, most of these declared themselves in favour of the elections as the method of effecting the unity and independence of Korea. During those interviews it also appeared that many candidates favoured the establishment of a National Government following the elections.

In actual campaigning before the electorate, all candidates pleaded for the support of the elections as a step towards achieving the independence of Korea. This aspect of the campaign was of such overriding importance that discussions on domestic issues and party platforms were noticeably absent. Beyond this question of supporting the elections, the electorate was rarely faced by the candidates with other views as to how unity and independence were to be attained. However, most of the people were fully aware of the meaning of the campaign led by the opposition against the elections.

42. Organized campaigning was local in nature, rather than nationally co-ordinated. It was frequently restricted to local rivalry between competing candidates whose personalities seemed to play a major part. Because of this, certain elected candidates spent only insignificant sums, whereas defeated candidates had devoted sizable funds to their campaigns.

43. During the second observation tour, the candidates, on the whole, declared that they were able to campaign freely and without interference. However, many complaints did later reach the Commission. Specific ones were duly transmitted to the National Election Committee, whose subsequent decisions were regarded as conforming generally to the electoral procedures.

The elections (third observation tour)

44. The Commission divided itself into nine observation groups which visited the City of Seoul and all the provinces in South Korea for the purpose of observing the conduct of the elections.

45. The preparations made for the actual mechanics of voting were generally satisfactory. Although the arrangements in some cases appeared to be makeshift and might be described as rudimentary, the secrecy of the balloting was, on the whole, ensured. Such minor defections as were noted by the observation groups were immediately rectified by the election committees.

46. Of the 7,837,504 who had registered, 7,036,750, or 95.2 per cent of the total registrants,[270] actually took part in the voting. This represents 75 per cent[271] of the total potential electorate. The Commission observed that a large percentage

[265] Documents A/AC.19/W.39/Add.4, Add.6 and Add.8.
[266] Documents A/AC.19/W.39/Add.7 and Add.8.
[267] Documents A/AC.19/SC.5/SR.5 and 6 (see Volume III), A/AC.19/SC.4/6/Add.3 (not reproduced) and A/AC.19/66/Add.3 (volume II, Annex VII).
[268] Of 942 candidates originally registered for 200 seats, 57 did not stand for election. Of this figure, 50 withdrew their candidacy, 2 were assassinated, 1 died of natural causes, 4 were disqualified.
[269] For detailed classifications of registered candidates and subsequent elections, see paragraph 51.

[270] The figures mentioned are based on statistics compiled by the Census Division, South Korea Interim Government (document A/AC.19/66/Add.3) (Volume II, Annex VII). Computation of percentage is exclusive of 445,622 registrants in non-contested areas. See also footnote to paragraph 34.
[271] It should be kept in mind that registration was neither automatic nor compulsory. Thus, 25 per cent represents the total abstention.

of the registered voters, often as much as 90 per cent, had cast their ballots during the first four hours, so that in many cases voting was practically completed hours before closing time.

47. These features seemed to indicate a real enthusiasm on the part of the people, as well as of the election officials. There can be little doubt that the Korean electorate responded willingly to the appeal that had been made to them by those interested in the success of the elections, and that the election officials, in spite of the threats made — and often carried out — by the opposition, performed their duties with a zeal and a degree of efficiency that the Commission could hardly expect to find in a country recently opened to modern forms of democracy. This might be explained to a large extent by patriotic motives, although an undeniable curiosity for an entirely new experience in a general election on the part of the electorate and of the election officials themselves might have been a contributing factor. The observation groups also found a general display of goodwill and eagerness to perform electoral duties.

48. As to the administrative and electoral authorities, complaints were again received that they had interfered with the normal course of the elections. These complaints were, however, even more vague in character than those received during the period of registration. Concrete facts were rarely reported. Such words as "threats" and "violence" were again freely used to describe irresponsible acts which constitute, even in the most advanced democracies, the quasi-ritual accompaniment of individual or even party propaganda. It should be noted that, while these complaints were still numerous on the eve of the elections, their number decreased substantially after the results had been made known. As a whole, the evidence produced was not such as to impress the Commission that the outcome of the elections had been appreciably affected, the more so when the extreme left parties — which the police and the youth organizations were accused of trying to suppress — were abstaining. Those cases which appeared to be serious enough to deserve careful consideration were, however, referred to the United States military authorities, who gave to the Commission a detailed account of the results of the enquiries conducted at their request.

49. As regards the national police as a whole, it might be pointed out that, had they ever thought of interfering with the course of the elections, in spite of the Military Governor's specific instructions not to do so, they would have had neither the time nor the means to exert their influence on the days preceding the elections and on Election Day itself. The active campaign of violence conducted by the extreme leftists created among the police a feeling of apprehension and watchfulness. They had thus practically no respite during that period. Being primarily occupied with the maintenance of order, they gave no grounds for criticism to the Commission. Few among the complaints received were connected with their activities on Election Day.

50. As to the youth organizations, which belonged mostly to the extreme right, they appeared to have refrained from active interference in the course of the elections. Their activities were directed towards assisting the authorities in the protection of polling places and the protection of voters or even of candidates. A good number of their members had volunteered in the "Community Protection Groups" created in view of the elections to assist the police in maintaining order. These groups were not allowed to carry arms and were placed under the supervision of the police. It would thus appear that, having been warned by the authorities of the concern of the Commission regarding their activities, the youth organizations adroitly refrained from any unlawful interference, leaving to the extreme left the monopoly of violence.

51. The party affiliations of registered candidates and elected representatives were officially listed as follows :[272]

Candidates' affiliations	Number of candidates	Number of elected representatives
Independents	366	85
National Association for the Rapid Realization of Korean Independence (NARRKI)	247	55
Hankook Democratic Party	100	28
Tae Dong Youth Group	90	12
National Youth Corps	22	6
Dae Han Labour League	22	2
Christian Organization	13	1
Korean Independence Party	8	1
Buddhist Organization	5	—
Patriotic Women's Association	3	—
Farmer's Party	1	1
Chungyou Youth Group	1	—
Former Members of Korean Interim Legislative Assembly	6	—
Military Government Officials	6	—
Confucian Organization	5	—
Liberals	4	—

[272] Documents A/AC.19/66/Add.5 (Volume II, Annex VII), A/AC.19/75 (Volume II, Annex VII) and A/AC.19/W.54.

of the registered voters, often as much as 90 per cent, had cast their ballots during the first four hours, so that in many cases voting was practically completed hours before closing time.

47. These features seemed to indicate a real enthusiasm on the part of the people, as well as of the election officials. There can be little doubt that the Korean electorate responded willingly to the appeal that had been made to them by those interested in the success of the elections, and that the election officials, in spite of the threats made — and often carried out — by the opposition, performed their duties with a zeal and a degree of efficiency that the Commission could hardly expect to find in a country recently opened to modern forms of democracy. This might be explained to a large extent by patriotic motives, although an undeniable curiosity for an entirely new experience in a general election on the part of the electorate and of the election officials themselves might have been a contributing factor. The observation groups also found a general display of goodwill and eagerness to perform electoral duties.

48. As to the administrative and electoral authorities, complaints were again received that they had interfered with the normal course of the elections. These complaints were, however, even more vague in character than those received during the period of registration. Concrete facts were rarely reported. Such words as "threats" and "violence" were again freely used to describe irresponsible acts which constitute, even in the most advanced democracies, the quasi-ritual accompaniment of individual or even party propaganda. It should be noted that, while these complaints were still numerous on the eve of the elections, their number decreased substantially after the results had been made known. As a whole, the evidence produced was not such as to impress the Commission that the outcome of the elections had been appreciably affected, the more so when the extreme left parties — which the police and the youth organizations were accused of trying to suppress — were abstaining. Those cases which appeared to be serious enough to deserve careful consideration were, however, referred to the United States military authorities, who gave to the Commission a detailed account of the results of the enquiries conducted at their request.

49. As regards the national police as a whole, it might be pointed out that, had they ever thought of interfering with the course of the elections, in spite of the Military Governor's specific instructions not to do so, they would have had neither the time nor the means to exert their influence on the days preceding the elections and on Election Day itself. The active campaign of violence conducted by the extreme leftists created among the police a feeling of apprehension and watchfulness. They had thus practically no respite during that period. Being primarily occupied with the maintenance of order, they gave no grounds for criticism to the Commission. Few among the complaints received were connected with their activities on Election Day.

50. As to the youth organizations, which belonged mostly to the extreme right, they appeared to have refrained from active interference in the course of the elections. Their activities were directed towards assisting the authorities in the protection of polling places and the protection of voters or even of candidates. A good number of their members had volunteered in the "Community Protection Groups" created in view of the elections to assist the police in maintaining order. These groups were not allowed to carry arms and were placed under the supervision of the police. It would thus appear that, having been warned by the authorities of the concern of the Commission regarding their activities, the youth organizations adroitly refrained from any unlawful interference, leaving to the extreme left the monopoly of violence.

51. The party affiliations of registered candidates and elected representatives were officially listed as follows:[272]

Candidates' affiliations	Number of candidates	Number of elected representatives
Independents	366	85
National Association for the Rapid Realization of Korean Independence (NARRKI)	247	55
Hankook Democratic Party	100	28
Tae Dong Youth Group	90	12
National Youth Corps	22	6
Dae Han Labour League	22	2
Christian Organization	13	1
Korean Independence Party	8	1
Buddhist Organization	5	—
Patriotic Women's Association	3	—
Farmer's Party	1	1
Chungyou Youth Group	1	—
Former Members of Korean Interim Legislative Assembly	6	—
Military Government Officials	6	—
Confucian Organization	5	—
Liberals	4	—

[272] Documents A/AC.19/66/Add.5 (Volume II, Annex VII), A/AC.19/75 (Volume II, Annex VII) and A/AC.19/W.54.

Candidates' affiliations	Number of candidates	Number of elected representatives
People's Independence Party	2	—
Young Men's Christian Association	1	—
Catholic	1	—
Korean Youth Association	1	—
Gold Miners' Association	1	—
Chundo Religion	1	—
Korean Agriculture	1	—
Chosen Democratic Party		1
Tan Min Party		1
General Headquarters for Korean National Unification		1
Education Association	31	1
Korea Republic Party		1
No. 15 Club, Pusan		1
Tai Sun Association		1
Others		—

52. In attempting to interpret the significance of party affiliations of elected representatives, the following factors should be given careful consideration :

(a) Party discipline in Korea seemed relatively loose. The candidates had at their disposal a certain amount of leeway to act independently of the parties to which they were affiliated.

(b) Personalities played an important role in Korean politics. Constant shiftings in party affiliations were not uncommon. It is difficult, therefore, to determine to what extent the people, in electing a candidate to the Assembly, were influenced by his personality and to what extent by his party.

In view of the above, just how and how far the elected representatives may conform to party lines cannot now be foreseen.

53. Of 85 independents elected, allowance should be made for the fact that an indefinite number belonged to either the rightist or opposition parties. The actual alignments of independents can be ascertained only by analysing their forthcoming votes in the Assembly on specific issues.

54. As long as the party affiliations of the independents remain uncertain, the two major political parties in South Korea — the National Association for the Rapid Realization of Korean Independence and the Hankook Democratic Party — would not appear, either alone or together, to have polled a clear majority of the seats.

55. With regard to the boycott of the elections by various parties and organizations,[273] three different methods of protest were available under the conditions in which the elections were held :[274]

(a) Abstaining from registering;
(b) Registering but abstaining from voting;
(c) Registering and casting a blank or a void ballot.

56. No doubt a certain number of South Koreans, for political reasons, followed one or other of the above-mentioned courses. However having regard to the inexperience of voters, the relatively high degree of illiteracy, and normal disabilities of old age and sickness, not all who did so acted for political reasons.

57. The fact that 75 per cent[275] of the potential voters actually went to the polls would be regarded in most countries as an impressive popular response. Even after making full allowance for the possible effects of social pressure on some of the voters and for the habits of subordination to authority in producing a large vote, this response still signified on the part of the people a widespread endorsement of the elections as a means of achieving Korean independence, and an acceptance of those parties and individuals that campaigned for the elections. Of the 25 per cent who abstained from voting, how many did so for political reasons and how many for non-political reasons could not be ascertained. However, such an abstention, whatever the percentage for political reasons may be, might serve as a basis for those who opposed the elections to claim that their views were shared by large numbers of their fellow countrymen. At the same time, it might be pointed out that this abstention constituted a refutation of the charges made by certain circles that the free will of the electorate could not be exercised at all.

(d) Conclusions on the elections of 10 May 1948

58. The Commission, having taken into account the facts noted above, is of the opinion that :

(a) There existed in South Korea during the period of preparation for the elections and on Election Day itself, a reasonable degree of free atmosphere wherein democratic rights of freedom of speech, Press and assembly were recognized and respected;

[273] See chapter III, paragraphs 56, 57, 59 and 60–64.

[274] From the data compiled by the Census Division of the South Korean Interim Government about 20.3 per cent of the potential electorate failed to register, 4.8 per cent of those who registered failed to vote, and 3.8 per cent of those who voted cast blank or void ballots.

[275] See footnotes to paragraph 46.

(b) The United States Army Forces in Korea and the South Korean Interim Government complied with the recommendations of the Commission on electoral procedures and the conduct of the elections conformed generally to the electoral laws and regulations;

(c) The elections were regarded as a step in the re-establishment of the independence of Korea and, as such, were the only substantial issue placed before the electorate, resulting in the large percentage both of registration and balloting; the candidates who stood for election were in favour of this method of effecting the unity and independence of Korea and therefore did not place any fundamentally conflicting issues before the electorate; and opposition to the issues involved in the elections took the form of a boycott of the elections themselves;

(d) Having taken into account the reports of its observation groups, and the conclusions noted above, and bearing in mind the traditional and historical background of the people of Korea, the results of the ballot of 10 May 1948 are a valid expression of the free will of the electorate in those parts of Korea which were accessible to the Commission and in which the inhabitants constitute approximately two-thirds of the people of all Korea.

SALES AGENTS FOR UNITED NATIONS PUBLICATIONS

The following is a list of sales agents for United Nations publications in various countries. Names of agents in other countries will be announced as the appointments are made.

ARGENTINA
Editorial Sudamericana S.A.
Calle Alsina 500
BUENOS AIRES

AUSTRALIA
H. A. Goddard Pty. Ltd.
255a-George Street
SYDNEY

BELGIUM
Agence et Messageries de la Presse S.A.
14-22 rue du Persil
BRUSSELS

BOLIVIA
Librería Cientifica y Literaria
Avenida 16 de Julio 216
Casilla 972
LA PAZ

CANADA
The Ryerson Press
299 Queen Street West
TORONTO, Ontario

CHILE
Edmundo Pizarro
Merced 846
SANTIAGO

CHINA
The Commercial Press Ltd.
211 Honan Road
SHANGHAI

COLOMBIA
Librería Latina, Ltda.
Apartado Aero 4011
BOGOTÁ

COSTA RICA
Trejos Hermanos
Apartado 1313
SAN JOSÉ

CUBA
La Casa Belga
René de Smedt
O'Reilly 455
HAVANA

CZECHOSLOVAKIA
Librairie F. Topič
Národní Třída 9
PRAGUE I

DENMARK
Librairie internationale
Einar Munksgaard
Norregade 6
COPENHAGEN

DOMINICAN REPUBLIC
Librería Dominicana
Calle Mercedes 49, Apartado 656
CIUDAD TRUJILLO

ECUADOR
Muñoz Hermanos y Cía.
Nueve de Octubre 703
Casilla 10-24
GUAYAQUIL

EGYPT
Librairie La Renaissance d'Egypte
9 Sharia Adly Pasha
CAIRO

FINLAND
Akateeminen Kirjakauppa
Keskuskatu 2
HELSINKI

FRANCE
Editions A. Pedone
13 rue Soufflot
PARIS, 5e

GREECE
Librairie internationale « Eleftheroudakis »
Place de la Constitution
ATHENS

GUATEMALA
Goubaud & Cía., Ltd., Sucesor
5a Ave Sur, No. 6 Y 9a, C.P.
GUATEMALA CITY

HAITI
Max Bouchereau
Librairie à la Caravelle
Boîte Postale III-B
PORT-AU-PRINCE

INDIA
Oxford Book & Stationery Co.
Scindia House
NEW DELHI

IRAN
Bongahe Piaderow
731 Shah Avenue
TEHERAN

IRAQ
Mackenzie & Mackenzie
The Bookshop
BAGHDAD

LEBANON
Librairie Universelle
BEIRUT

LUXEMBURG (Grand-Duchy of)
Librairie J. Schummer
Place Guillaume
LUXEMBURG

NETHERLANDS
N.V. Martinus Nijhoff's Boekhandel en Uitgevers Maatschappij
Lange Voorhout 9
THE HAGUE

NEW ZEALAND
Mr. A. D. McKinlay
United Nations Association of New Zealand
P.O. Box 5027
Lambton Quay
WELLINGTON

NICARAGUA
Dr. Ramiro Ramirez
Agencia de Publicaciones
MANAGUA, D.N.

NORWAY
Johan Grundt Tanum Forlag
Kr. Augustgt. 7a
OSLO

PHILIPPINES
D. P. Perez Co.
132 Riverside
SAN-JUAN

SWEDEN
Aktiebolaget C. E. Fritzes Kungl. Hofbokhandel
Fredsgatan 2
STOCKHOLM 16

SWITZERLAND
Librairie Payot
LAUSANNE, BALE, BERNE, GENEVA, MONTREUX, NEUCHATEL, VEVEY, ZURICH
Librairie Hans Raunhardt
Kirchgasse 17
ZURICH

SYRIA
Librairie Universelle
DAMASCUS

TURKEY
Librairie Hachette
469 Ave. de l'Indépendance
ISTANBUL

UNION OF SOUTH AFRICA
The Central News Agency, Ltd.
Cor. Commissioner & Rissik Sts.
JOHANNESBURG and at CAPETOWN and DURBAN

UNITED KINGDOM
H.M. Stationery Office
P. O. Box 569
LONDON S.E.1

UNITED STATES OF AMERICA
Columbia University Press
International Documents Service
2960 Broadway
NEW YORK 27, N.Y.

URUGUAY
Héctor D'Elía
Oficina de Representación de Editoriales
Av. 18 de Julio 1333 — Esc. 1
MONTEVIDEO

VENEZUELA
Escritorio Perez Machado
Conde a Piñango 11
CARACAS

YUGOSLAVIA
Drzavno Preduzece
Jugoslovenska Knjiga
Marsala Tita 23/II
BELGRADE

Orders from countries where sales agents have not yet been appointed may be sent to:

Sales Section, United Nations Office at Geneva, Palais des Nations, GENEVA, Switzerland

or

Sales Section, United Nations, LAKE SUCCESS, New York, U.S.A.

Printed in Switzerland.

Price in the United States: $ 0.60

2. 유엔한국임시위원단 보고서 제1부 제2권 : 부속문서 1-8

해제문서 2 : A/575. Add.1 (First Part of the Report of the United Nations Temporary Commission on Korea, Volume Ⅱ, Annexes Ⅰ-Ⅷ)

문서명	First Part of the Report of the United Nations Temporary Commission on Korea, Volume Ⅱ, Annexes Ⅰ-Ⅷ.		
	유엔한국임시위원단 보고서 제1부 제2권 부속문서 1-8		
발신	유엔한국임시위원단	생성일시	
		발신일시	1948년 6월 5일
수신	유엔총회 (General Assembly)	수신일시	1948년 8월
		문서번호	Official Records: Third Session Supplement No.9(A/575. Add.1)
문서형태	보고서	문서분량	100쪽
주제명	1. 예약과 시찰 2. 유엔한국임시위원단에 파견된 각국 대표단 명단 3. 소련, 우크라이나, 북한 당국의 협조를 얻기 위한 성명문 및 서신 교환 4. 선거법과 규칙에 관한 문서 5. 자유로운 선거분위기에 관한 문서 6. 한국측 인사들의 증언과 한국의 정보원들과 주고받은 연락사항에 관한 문서 7. 1948년 5월 10일 선거 결과에 관한 주요 문서 8. 문서목록		
주요내용	본 문서는 1947년 11월 14일 유엔총회에서 채택된 결의문 112(II)에 의거하여 설치된 유엔한국임시위원단이 1948년 1월 12일부터 5월 24일까지 활동한 내용을 유엔총회에 제출한 보고서 제1부(총 3권)의 제2권에 해당하는 것임. 부속문서 1번에서 8번까지의 문서는 제1권에서 언급된 기본 문서들의 내용을 담고 있으며, 각 부속문서 별로 주요 내용은 본문 참조.		
검색어	유엔한국임시위원단(UNTCOK), 선거법, 선거규칙, 선거구, 남조선과도정부, 남조선과도입법의원, 공법, 군정장관, 야전명령 55호(Field Order No. 55), 북한, 북한 선거규정, 북조선인민위원회, 북조선인민회의, 제1분과위원회, 제2분과위원회, 제3분과위원회, 정치범, 형사소송법, 중앙위원회, 포고, 재소자 석방, 김일성, 김구, 이승만, 샤닌(G. I. Shanin), 코로코프(G. P. Korotkov), 씽(I. J. Bahadur Singh), 하지(John R. Hodge), 웨커링(John Weckerling), 잭슨(S. H. Jackson), 패터슨(G. S. Patterson), 리우위안(Liu Yu-Wan), 봉꾸르(Jean-Louis Paul-Boncour), 메논(K. P. S. Menon), 아란즈(Melecio Arranz), 자비(Zeki. Djabi), 후(Victor Chi-Tasi Hoo), 슈미트(Petrus J. Schmidt), 딘(W. F. Dean)		

부속문서 I

예약과 시찰

제출된 내용 없음.

부속문서 Ⅱ

유엔한국임시위원단

〈표 1: 각국 대표단 명단〉

번호	국가	인원수	성 명	직 위
1	오스트레일리아 (Australia)	1명	잭슨(Samuel. H. Jackson)	대표
2	캐나다 (Canada)	2명	패터슨(George S. Patterson)	대표
			맥팔레인(Mabel McFarlane)	비서 겸 타이피스트
3	중국 (China)	3명	리우위안(Yu-Wan Liu)	대표
			슈투(T. Ssutu)	제1 교체대표
			왕궁싱(Gung-Hsing Wang)	제2 교체대표
4	엘살바도로 (El Salvador)	2명	발레(Miguel Angel Pena Valle)	대표
			린도(Hugo Lindo)	교체대표
5	프랑스 (France)	6명	봉꾸르(Jean-Louis Paul-Boncour)	대표
			마네(Olivier Manet)	교체대표
			코스티유(Henri Costilhes)	고문
			바르텔레미(Marcel Barthelemy)	비서
			미쇼(Irene Michaux)	비서
			마르텔(Charles Martel)	비서
6	인도 (India)	3명	메논(K. P. S. Menon)	대표
			나이르(K. G. Nair)	교체대표
			씽(I. J. Bahadur Singh)	대표
7	필리핀 (Philippines)	8명	아란즈(Melecio Arranz),	대표
			루나(Rufino Luna)	교체대표
			빌랄비(Custodio A. Villalva)	비서
			리베로(Salvador Rivero)	군사 보좌관
			바랑코(Vincente Barranco)	공보관
			아란즈(Abelardo Arranz)	대표 개인비서
			온도이(Generoso S. Ondoy)	행정관
			루나(Nieves T. Luna)	속기사
8	시리아 (Syria)	2명	자비(Zeki Djabi)	대표
			무기르(Yasin Mughir)	대표

〈표 2: 유엔한국임시위원단 사무국〉

번호	직위[2]	성명	국가	인원수
1	사무차장보	후(Victor Chi-Tsae Hoo)[3]	중국	1명
2	사무국장	슈미트(Petrus J. Schmidt)	네덜란드	1명
3	부 사무국장	밀너(Ian F. G. Milner)	호주	1명
4	법률고문관	슈라이버(Marc Schreiber)	벨기에	1명
5	행정관	하우스너(Robert S. Hausner)	미국	1명
6	정보관	그랑(Albert C. Grand)	프랑스	1명
7	사무보좌관	엔저스(J. F. Engers) 유조민(Tso-Min Yu) 루카스(Graham Lucas) 주홍티(朱鴻題, (Hung-Ti Chu)	네덜란드 중국 미국 중국	4명
8	재무관	카츠(Alfred F. Katz)	미국	1명
9	문서관	곳테스맨(Arthur M. Gottesman)	폴란드	1명
10	통역관	블로크(Alexandre Blokh) 류(Harry C. Liao) 와이로우보프(Nicholas Wyrouboff)	프랑스 중국 프랑스	3명
11	번역관	글로바(Georges Globa)	프랑스	1명
12	요약 보고관	헐(Ronald Hall) 로즈(David Rose)	미국 폴란드	2명
13	개요 기록관	캠벨(Colin M. Campbell) 발린스키(Anthony E. Balinski) 몬타규(Marion. M. Montague)	영국 폴란드 미국	3명
14	비서 겸 타이피스트	앨라드(Magdeleine Allard) 코피(Colette Coppee) 파우레(Christiane Faure) 글랜스(Ita F. Glance) 라이릿세(Emilienne Lagalisse) 스미스(Alice Van R. Smith) 스티렌(Josephine R. Stieren)	캐나다 벨기에 프랑스 미국 프랑스 미국 미국	7명
계				28명

2 대표단 및 사무국의 직위는 동아일보(1948.1.8, 1면, "유엔朝鮮委員團 今夕入京豫定")와 경향신문(1948.1.7, "獨立朝鮮誕生의 前夜") 기사에 소개된 위원단 일행의 명칭을 참고했다.

3 1948년 1월 8일자 〈동아일보〉 1면 "유엔朝鮮委員團 今夕入京豫定" 이라는 제목의 기사에 1월 8일 내한하는 유엔한국임시위원단 위원 및 수행원 명단이 소개되어 있다. 이에 따르면 후의 한자 이름은 胡世澤이다.

〈표 3: 현지 채용 직원〉

번호	직위	성명[4]	인원수
1	번역 및 통역	허현(Hurh Hyun) 김재근(Kim Chai Keun) 신부연(Shin Boo Yun) 정인섭(Zong in Sob)	4명
2	통역 보조	한도삼(Hahn Dosam) 배ㅁㅁ(Pai Inez)	2명
3	통신담당 비서	이은자(Lee Unja)	1명
4	전령	이종대(Lee Chong Dea)	1명
계			8명

4 현지채용 직원의 경우는 영문으로만 표기되어 있고 현재로서는 정확한 이름을 확인하기 어려우나 발음으로 추정하고 괄호 안에 원문표기를 적어두었다.

부속문서 Ⅲ

소련, 우크라이나, 북한 당국의 협조를 얻기 위한 성명문 및 서신 교환

▶ 1947년 11월 24일, 유엔한국임시위원단의 임무수행에 협조를 요청하는 유엔총회 결의안을 동봉하고 유엔 사무총장이 서명한 서한이 미국과 소련 정부에 발송되었으나 소련은 이에 대해 아무런 대응도 하지 않음.

▶ 1948년 1월 16일 제4차 회의에서 임시위원단은 의장 명의로 주한미군 사령관 하지(John R. Hodge) 중장과 소련군의 코로코프(G. P. Korotkov) 중장에게 서한을 발송하기로 의결함. 임시위원단의 메논(K. P. S. Menon, 인도대표) 의장 명의로 임시위원단 업무가 개시되기 전에 미국 및 소련 양측과 접견할 것을 요청하였으나 소련이 이를 거부함.

▶ 임시위원단은 제4차 회의에서 우크라이나의 참여를 촉구하는 결의안(Document A/AC.19/6)을 채택하였으나, 우크라이나 대표부는 1948년 1월 25일, 유엔한국임시위원단에 대한 우크라이나 정부의 입장은 제2차 유엔총회에서 밝힌 바와 동일하다는 회신을 보내 옴.

▶ 1948년 1월 31일, 임시위원단 제7차 회의에서 사무국장(Principal Secretary) 슈미트(Petrus J. Schmidt)는 북한지역에 주둔 중인 소련군과 접촉한 후 그 결과에 대해 개요를 보고함. 소련측에 보낸 서한에 대해 회신을 받지 못했다고 함.

▶ 제7차 회의 후에 1948년 1월 31일자로, 미군정 연락장교 웨커링(John

Weckerling) 준장에게서 사무국장(Principal Secretary) 앞으로 보내는 각서가 도착함. 소련측이 문서에 사인을 하지도, 아예 문서를 수령하지도 않았음을 밝히고 평양에 있는 미군 연락장교 코스텔로(Major Costello) 소령과 평양에 주둔한 소련군 참모본부의 샤닌(G. I. Shanin) 소장과 나눈 대화를 포함한 메모를 전달함. 소련측은 문서를 수령하지 않을 것이며 공동위원회 구성 등 한국에서의 임시위원단 활동과 관련해서 미국과 소련 양국의 고위급 레벨의 결정이나 논의가 필요하다는 내용임.

▶ 1948년 2월 10일, 임시위원단 앞으로 하지 중장의 서한이 도착함. 평양에 주둔 중인 미군 연락장교가 수차례에 걸쳐 소련군 측에 서한을 전달하려 하였으나 소련측의 수령 거부로 전달하지 못했다는 보고를 받았으며, 1948년 2월 3일자로 소련군의 코로코프(G. P. Korotkov) 중장에게 임시위원단이 발송한 서한의 수령을 촉구하는 내용의 서신을 보냈음을 밝히는 내용임.

▶ 1948년 2월 6일, 제10차 회의에서 북한지역의 소련군 당국자의 협조를 요청하는 성명을 채택하고 소련측의 비협조적 태도를 주목하고 있다고 함.

부속문서 Ⅳ

선거법과 선거규칙에 관한 주요 문서

〈표 4: 서신 및 부속문서 일람〉

번호	건명	비고
1	Letter from the Chairman to the United States Liaison Officer Transmitting the Recommendations of the Commission with Respect to the Election Law, Adopted at the Twenty Second Meeting	1948.3.12
	Recommendations Presented by the United Nations Temporary Commission on Korea on the Electoral Laws and Regulations	Annex I
2	Letter to the Chairman from the United States Liaison Officer Concerning the Recommendations of the Commission with Respect to the Election Law	1948.3.19
	Law for the Election of Representatives of the Korean People	Inclosure
3	Memorandum from the United States Liaison Officer to the Principal Secretary	1948.3.24
	Regulations for Implementing the Law for the Election of Representatives of the Korean People	Attachment
4	Law concerning Elections in South Korea	1947.9.3
	Law for the election of Members of the Korean Interim Legislative Assembly	1947.8.12
5	Election Regulations for North Korea	

1. Letter from the Chairman to the United States Liaison Officer Transmitting the Recommendations of the Commission with Respect to the Election Law, Adopted at the Twenty Second Meeting, 12 March 1948[5]

5 Document A/AC.19/47/Rev. 1.

- 유엔한국임시위원단 의장(메논)이 미군정 연락장교 웨커링(John Weckerling)에게 보내는 서한.

1948년 3월 12일 제22차 회의에서 채택된, 선거법에 관한 임시위원단의 '권고' 문서(Annex Ⅰ)가 첨부되어 있음.

Annex Ⅰ

Recommendations
Presented by the United Nations Temporary Commission on Korea on the Electoral Laws and Regulations

- 선거법과 선거규칙에 관하여 유엔한국임시위원단이 제시한 권고 내용과 선거권자 및 피선거권자(입후보자) 자격 요건, 선거구 획정 문제, 선거 실시에 관련된 절차 등의 광범위한 내용을 다루고 있음.

2. Letter to the Chairman from the United States Liaison Officer Concerning the Recommendations of the Commission with Respect to the Election Law[6]

- 1948년 3월 19일, 선거법에 관한 임시위원단의 권고에 대해 미군 연락장교 웨커링 준장이 폴 봉꾸르(Jean-Louis Paul-Boncour) 임시위원단 의장에게 보낸 서신

- 1948년 5월 9일 실시될(예정) 선거에 적용할 '한국 대표 선거법' 전문을 동봉함.

6 Document A/AC.19/47/Rev.l/Add.1.

Inclosure

Law for the Election of Representatives
of the Korean People

- 선거법은 총 9개 장, 57개 절로 구성되어 있으며 각 장의 내용은 제1장 총칙, 제2장 선거구 및 대표성, 제3장 선거등록, 제4장 선거위원회, 제5장 입후보 및 선거운동, 제6장 선거절차 및 당선자, 제7장 임기 및 보궐선거, 제8장 선거관련 소송, 제9장 벌칙 규정, 기타 부칙의 순으로 구성되어 있음.

3. Memorandum from the United States Liaison Officer to the Principal Secretary[7]

- 1948년 3월 24일, 미국연락장교 웨커링 준장이 임시위원단 사무국장(Principal Secretary)에게 보낸 각서

- 선거에 적용할 '국회의원 선거법 시행을 위한 선거규정'을 전달함.

선거법 시행을 위한 선거규칙은 총 9개 장, 76개절의 조문으로 구성되어 있으며 각 장별로 다음의 내용을 규정하고 있음. 제1장 총칙, 제2장 선거구, 제3장 선거등록, 제4장 선거위원회, 제5장 입후보 및 선거운동, 제6장 공공건물 이용, 제7장 우편 요금의 무료, 제8장 선거절차 및 당선자, 제9장 선거규정 위반 시의 절차.

Appendix I: 국회의원 선거등록 양식

Appendix Ⅱ: 국회의원 선거등록 명부 양식(표)

Appendix Ⅲ: 투표용지(표)

7 Document A/AC.19/47/Rev.l/Add.2.

4. Law Concerning Elections in South Korea[8]

- 남한 선거법
- 1947년 8월 12일, 남조선과도입법의원(Korean Interim Legislative Assembly)에서 제정된 '남조선과도입법의원 선거법'을 포함한 남조선과도정부 공법 제5호(Public Act No.5). 1947년 8월 12일 미군정 장관(Military Governor)의 승인으로 효력이 발생함.
- 남조선과도입법의원 의원선거법의 주요 내용은 다음과 같음.

선거법은 총 10개 장, 62개 절로 구성되어 있으며, 각 장별 내용은 제1장 총칙, 제2장 선거구 및 대표성, 제3장 선거등록, 제4장 선거위원회, 제5장 입후보 및 선거운동, 제6장 선거절차 및 당선자, 제7장 특별선거구, 제8장 임기 및 보궐선거, 제9장 선거관련소송, 제10장 벌칙, 기타 부칙 등으로 구성됨.

5. Election Regulations for North Korea[9]

- 북한의 선거규정
- 북한 선거규정은 총 6개 절, 56개 항으로 이루어져 있으며, 내용은 제1절 선거 기본원칙, 제2절 선거인 명부, 제3절 선거구 및 소선거구, 제4절 후보자 추천, 제5절 선거의 순서로 구성되어 있음.

---

8 Document A/AC.19/W.ll.

9 Document A/AC.19/W.13.

〈표 5: 남조선과도정부 공법 제5호(남조선과도입법의원 선거법)와 북한의 선거규칙 비교〉

번호	남조선과도정부 공법 제5호	북한 선거규칙	비고
1	제1장 총칙 제1절-제6절	제1절 선거 기본원칙 제1조-제8조	
2	제2장 선거구 및 대표성 제7절-제9절	제3절 선거구 및 소선거구 제16조-제20조, 제37조	
3	제3장 선거등록 제11절-제12절	제2절 선거인명부 제9조-제15조	
4	제4장 선거위원회 제13절-제17절	제3절 선거구 및 소선거구 제21조-제28조 제5절 선거 제46조	
5	제5장 후보자 및 선거유세 제18절-제21절	제1절 선거기본원칙 제6조 제4절 후보자추천 제29조-제36조	
6	제6장 선거절차 및 당선자 제22절-제47절	제1절 선거기본원칙 제3조,제5조 제5절 선거 제38조-제54조	
7	제8장 임기 및 보궐선거 제48절-제57절	제5절 선거 제55조	
8	제9장 선거관련 소송 제51절-제57절		
9	제10장 벌칙 제58절-제60절	제5절 선거 제56조	
10	부칙 제61절, 제62절		
11	-1947년 8월 12일, 남조선과도입법의원 제정 -1947년 9월 3일 승인		제정 및 효력의 승인, 서명
	미 육군 헬믹(C. G. Helmick) 준장 군정장관 직무대행 윤기섭 남조선과도입법의원 의장 직무대행	김일성 북조선 인민위원회 위원장	

부속문서 V

자유로운 선거 분위기와 관련된 주요 문서

▶ 1948년 1월 17일 임시위원단 제5차 회의에서 분과위원회 설치 결정[10]을 채택함.

▶ 1948년 3월 17일, 제26차 회의에서 자유로운 선거 분위기를 위한 권고[11]를 채택함.

- 임시위원단은 자유로운 분위기에서 선거가 실시될 수 있도록 남한의 미군정 당국에 대해 A. 법적인 문제 B. 법집행의 문제 C. 정보의 자유 D. '정치범' 문제에 관한 위원단의 권고사항을 전달함.

▶ 1948년 3월 24일, 자유로운 분위기에서의 선거 실시를 위한 권고와 관련하여 하지(John R. Hodge) 주한미군사령관이 폴 봉꾸르(Jean-Louis Paul-Boncour) 임시위원단 의장에게 보낸 서한.[12]

- 1948년 3월 17일자 임시위원단의 권고 서한과 관련하여 회신하는 내용으로, 임시위원단의 권고를 수용하기 위해 최선의 협조를 하겠다는 내용.

▶ 1948년 3월 20일, 남조선과도정부는 '형사소송법'[13]에 관한 법령 176호를 제정함.

- 총 25개조에 걸쳐서 형사소송법을 규정하고 있으며, 주한 미 군정장관 딘(W. F. Dean)의 승인을 거쳐 1948년 4월 1일 발효됨. 수사 절차에 있어서 영장

---

10 Document A/AC.19/9/Corr.1.

11 Document A/AC.19/52.

12 Document A/AC.19/53/Add.1.

13 document A/AC.19/W.40 문서로 위원단 대표들 사이에서 회람됨.

제도를 도입하였고 변호인의 접견 교통권 보장, 보석제도, 구속적부심사제도, 구속감찰제도 등을 도입함.

▶ 남한 시민의 자유에 영향을 미치는 포고, 공식연설, 정책, 명령 모음[14]

- 1948년 3월 24일, 주한미군 웨커링 준장이 임시위원단의 슈미트(Petrus J. Schmidt) 사무국장에게 보낸 서한에서 제공한 문서들.

- 임시위원단에 제공된 기존의 문서에 다음 문서들을 추가로 첨부함.

첨부문서 1: 1945년 9월 7일, 연합국총사령부(GHQ)가 포고한 일반명령 제1호

첨부문서 2: 1945년 8월 29일, 군정 야전명령 55호(Field Order No.55) 발췌문

첨부문서 3: 1945년 9월 9일, 하지장군이 남한 주민들에게 보낸 메시지

- 남한 시민의 자유에 영향을 미치는 포고, 공식연설, 정책, 법령 모음

정책선언, 미국과 소련 간 회의에서의 미국정책 선언, 선거에 관한 사령관의 성명, 잔인하고 폭력적인 일본법의 폐지, 시민의 자유에 영향을 미치는 법령, 경제적인 자유, 법해석 문제와 관련된 내용을 다룬 9개의 장으로 구성됨.

▶재소자 석방: 미군 연락장교의 서한[15]

- 1948년 4월 7일, 웨커링(John Weckerling) 준장이 슈미트(Petrus J. Schmidt) 임시위원단 사무국장에게 보낸 서한으로, 곧 있을 선거등록을 위해 수감 중인 재소자들을 3월 31일자로 석방한다는 주한미군 군정장관 딘(W. F. Dean)의 사면명령이 시달되었음을 알림.

▶ 1948년 4월 8일, 주한미군사령관인 하지 중장이 씽(I. J. Bahadur Singh)

---

14 Document A/AC.19/W.41 문서로 회람됨.

15 Document A/AC.19/61.

유엔한국임시위원단 의장에게 보낸 서한[16]

- 1948년 3월 17일 임시위원단이 특정 종류의 범죄자들에 대해 석방을 요청함에 따라, 이러한 조치가 공공의 안전에 위해가 되는지의 여부를 검토하였고 3,140건의 사면을 단행하였음을 알림.

▶ 한국 국민의 권리에 관한 포고

- 1948년 4월 8일자로 주한미군사령관 하지(John. R. Hodge) 중장이 유엔한국임시위원단 의장에게 보낸 서한[17]

- 하지 장군이 1948년 4월 5일에 발표한 "한국 국민의 권리에 관한 포고"를 전달함. 본 포고는 1948년 3월 24일, 연락장교인 웨커링 준장에 의해 임시위원단에 전달된 '남한 시민의 자유에 영향을 미치는 포고, 공식연설, 정책, 명령 등 편철'의 내용을 수록함.

16 Document A/AC.19/61.Add.1.

17 Document A/AC.19/62.

부속문서 Ⅵ

한국측 인사들의 증언 및 한국의 정보원들과 주고받은 연락 사항에 관한 주요 문서

▶ 제2분과위원회 설치

- 1948년 1월 17일, 임시위원단 제5차 회의에서 제2분과위원회 설치를 결정함.[18]

- 1948년 3월 31일, 임시위원단 제30차 회의에서 채택된 제2분과위원회에 관한 최종보고서.[19]

호주, 중국, 프랑스, 필리핀, 엘살바도르로 구성된 제2분과위원회는 사무국으로 접수된 한국측 문서들을 검토하고, 한국측 인사들로부터의 의견 청취, 다양한 단체로부터 사무국에 접수된 편지의 의견 수렴, 선거실시와 관련된 우익, 온건파, 좌익 인사들에 대한 폭넓은 의견 청취를 통해 이를 반영한 최종보고서를 작성함.

▶ 부록 1: 선거에 관한 한국인의 여론 조사

- 5·10 선거와 관련, 한국의 여론을 조사하였으며, 조사는 다음과 같은 내용을 중심으로 이루어짐. 1. 한국의 현재 정치동향(우익, 중도파, 좌익으로 구분) 2. 남한의 정당 및 사회단체들의 견해 3. 한반도 전 지역에서의 선거실시와 남한에서만의 선거 실시에 대한 태도(우익, 중도파, 좌익으로 구분) 4. 자유로운 분위기에서 실시되는 선거를 보장하기 위해 필요한 조건 5. 자유선거 실시 전

---

18 Document A/AC.19/11.

19 Document A/AC.19/60/Rev.I.

망에 대한 견해(우익, 중도파, 좌익으로 구분) 6. 정치범에 관한 의견(우익, 중도파, 좌익으로 구분) 7. 한국의 국가독립 달성을 위한 방안(우익, 중도파, 좌익으로 구분) 8. 한국 (고위)관료의 견해 9. 자유로운 선거 분위기에 관한 견해 10. 국립경찰의 역할 11. 종교, 교육, 문화, 경제 및 여성 단체 지도자들의 견해 12. 마을 이장 및 동장의 견해 13. 주한미군사령관의 견해

▶ 부록 2: 1948년 1월 26일부터 3월 6일까지 제2분과위원회에서 증언한 한국 요인 명단

이름	단체 및 직위
이승만	대한독립촉성국민회 의장
김구	한국독립당(한독당) 당수
김규식	남조선 과도입법의원 의장
한경직	기독교 목사
여운홍	사회민주당 당수
김성수	한국민주당(한민당) 당수
조병재	시민자유연합 사무국장
박 에스더	대한애국부인회 회장
안재홍	남조선과도정부 민정장관
김영모	남조선과도정부 대법원장
조병옥	남조선과도정부 경무부장
장건상	근로인민당 당수
이동선	조선 상공회의소 의장
전용순	조선 상공회의소 부의장
채순주	조선은행장 겸 조선상공회의소 부의장
이춘호	국립 서울대학교 총장
민원식	서울타임즈지 회장 겸 편집장
김병순	천도교청우당 총무부장
이은진	천도교청우당 고문
권태석	조선민주독립당 당수
백근웅	남조선 과도입법의원 산업 노동농민위원회 의장
함운동	양평군 옥천동장

- 1948년 1월 21일, 제2분과위원회 2차 회의에서 채택된 신문 발표(press communique)

- 1948년 1월 23일, 제2분과위원회 4차 회의에서 채택된 한국 인사들에 대한 인터뷰 설문지

- 1948년 1월 28일, 제2분과위원회 10차 회의에서 채택된 결의안

- 임시위원단 의장의 서신 초안

- 수감 중의, 혹은 체포될 가능성이 있거나 경찰의 감시를 받을 수 있는 한국인사 청문에 관한 서신 교환

- 1948년 2월 2일, 임시위원단의 메논(K. P. S. Menon) 의장이 하지(John. R. Hodge) 중장에게 보낸 서한

- 1948년 2월 5일, 하지 중장이 임시위원단의 메논 의장에게 보낸 서한

- 1948년 3월 6일, 서한을 제출할 수 있는 자유와 관련하여 임시위원단의 리우위안(Liu Yu-Wan) 의장 직무대행이 주한 미군 사령관에게 보낸 서한

- 1948년 3월 11일, 서한을 제출할 수 있는 자유와 관련하여 주한미군사령관이 임시위원단 리우위안 의장 직무대행에게 보낸 회신

부속문서 Ⅶ

1948년 5월 10일 선거 결과에 관한 문서들

▶ 공식 등록통계와 선거통계[20]

- 1948년 6월 5일, 미국연락장교의 각서

▶ 후보자 등록 철회[21]

-1948년 5월 18일, 미국연락장교의 각서

▶ 후보자의 정당소속[22]

- 1948년 6월 25일, 미국연락장교의 각서

▶ 공식 선거결과[23]

- 1948년 5월 25일, 미군정 연락장교의 각서

1948년 5월 21일, 주한미군 군정장관 딘(W. F. Dean) 소장에게 온 국가선거위원회의 공식보고서로 1948년 5월 10일 198개 선거구에서 실시된 최근 선거에서 당선자의 성명, 선거구, 나이, 총투표, 직업, 정당소속 등의 정보를 수록함(첨부문서 1). 1948년 5월 19일, 국가선거위원회가 군정장관 딘 소장에게 보낸 서한으로, 총 등록선거권자의 절반 미만이 선거에 참여하였고, 더욱이 각 선거구 투표에서 어떤 후보도 압도적으로 우세한 표를 얻지 못했음을 이유로 북제

20 Document A/AC.19/66/Add.3.
21 Document A/AC.19/66/Add.4.
22 Document A/AC.19/66/Add.5.
23 Document A/AC.19/75.

주도 A 및 B 선거구에서의 선거를 무효화시킬 것을 권고하는 내용이 담겨 있음(별첨 2). 1948년 5월 24일, 군정장관 딘 소장이 국가선거위원회의 권고에 근거해서 북제주도 선거를 무효화하고 새로운 선거를 1948년 6월 23일 실시할 것을 명령하는 내용임(별첨 3).

첨부문서 1: 1948년 5월 21일, 남한 국가선거위원회 노진설(Ro Shin Sul) 위원장이 주한미군 군정장관 딘 소장에게 보낸 서한(선거구별 당선자 성명, 나이, 득표수, 직업 정당 소속 등이 기입된 국회의원 당선자 명단 첨부)

첨부문서 2: 1948년 5월 19일, 남한의 국가선거위원회 노진설 위원장이 주한미군 군정장관 딘 소장에게 보낸 서한(제주도 일부 선거구에서의 선거 무효화 관련)

첨부문서 3: 1948년 5월 24일, 군정장관 딘 소장이 국가선거위원회에 보내는 선거무효화 공문

1948년 6월 11일, 미국 연락장교가 보낸 제주도 선거구 A와 B에서의 보궐선거 연기 각서[24]

1948년 6월 10일, 제주도 보궐선거의 무기한 연기를 알리는 남조선과도임시정부 행정명령 22호

▶ 무효투표[25]

- 1948년 6월 22일, 미국연락장교 웨커링 준장이 보낸 메모로, 5월 10일 선거에서 총 265,761표(투표의 3.8%)가 무효처리 되었으며, 각 지역별 무효표 현황을 나타냄.

24 Document A/AC.19/75/Add.1.

25 Document A/AC.19/75/Add.2.

부속문서 Ⅷ

문서 목록

Ⅰ. 한국 독립 문제에 관한 유엔문서

- 아래의 몇 가지 자료군으로 구분해서 각 자료군에 해당하는 문서목록을 수록함.

A. 유엔총회의 어젠다로 한국 독립 문제를 항목에 포함시킬 것을 요청하는 내용

B. 유엔총회의 전체 토론(General Discussion)

C. 총회 어젠다에 한국독립문제 항목을 포함시킬 것인가에 관한 총회 및 운영위원회(General Committee)의 토론

D. 제1위원회(First Committee) 관계

1) 회의 문건 2) 회의 요록

E. 제5위원회(Fifth Committee) 관계

F. 제1위원회 및 제5위원회 보고서에 관한 총회 회의 관련

1) 회의 문건 2) 총회의 개요보고서

Ⅱ. 유엔한국임시위원단 관계 전체 문서 목록

(* 1948년 6월 5일까지)

A. 위원단의 어젠다

B. 위원단 회의요록

C. 일반 문서(general document)

D. 조사보고서(working papers)

E. 정당, 사회단체 및 개인들과의 연락 문서

F. 정보보고서

G. 분과위원회 회의 어젠다, 회의요록

H. 분과위원회 문서

I. 신문 발표

UNITED NATIONS

FIRST PART OF THE REPORT OF THE UNITED NATIONS TEMPORARY COMMISSION ON KOREA

Volume II – Annexes I-VIII

GENERAL ASSEMBLY

OFFICIAL RECORDS: THIRD SESSION

SUPPLEMENT No. 9 (A/575 Add. 1)

LAKE SUCCESS
New York
1948

UNITED NATIONS

FIRST PART OF THE REPORT OF THE UNITED NATIONS TEMPORARY COMMISSION ON KOREA

VOLUME II — ANNEXES I-VIII

GENERAL ASSEMBLY

OFFICIAL RECORDS: THIRD SESSION

SUPPLEMENT No. 9 (A/575, Add. 1)

Lake Success

New York

1948

A/575, Add. 1
August 1948

TABLE OF CONTENTS

ANNEXES

ANNEX I

RESERVATIONS AND OBSERVATIONS

No reservations or observations were submitted.

ANNEX II

LIST OF DELEGATIONS TO THE COMMISSION

Australia: S. H. JACKSON, Representative.[1]

Canada: George S. PATTERSON, Representative;[2] Mabel MCFARLANE, Secretary-typist.

China: Yu-Wan LIU, Representative; T. SSUTU, First Alternate: Gung-Hsing WANG, Second Alternate.

El Salvador: Miguel Angel Pena VALLE, Representative;[3] Hugo LINDO, Alternate.[3,4]

France: Jean PAUL-BONCOUR, Representative;[5] Olivier MANET, Alternate;[6] Henry COSTILHES, Adviser; Marcel BARTHELEMY, Secretary; Irene MICHAUX, Secretary; Charles MARTEL, Secretary.

India: K. P. S. MENON, Representative;[7] K. G. NAIR, Alternate;[8] I. J. Bahadur SINGH, Representative.[9]

Philippines: Melecio ARRANZ, Representative;[10] Rufino LUNA, Alternate; Custodio A. VILLALVA, Secretary; Salvador RIVERO, Military Aide;[10] Vincente BARRANCO, Press Officer;[10] Abelardo ARRANZ, Personal Secretary to Representative;[10] Generoso S. ONDOY, Admin. Officer; Nieves T. LUNA, Stenographer.

Syria: Zeki DJABI, Representative;[11] Yasin MUGHIR. Representative.[12]

Secretariat of the Commission

Assistant Secretary-General: Victor Chi-Tsae Hoo.[13]

Principal Secretary: Petrus J. Schmidt.

Deputy Principal-Secretary: Ian F. G. Milner.

Legal Counsellor: Marc Schreiber.[14]

Administrative Officer: Robert S. Hausner.

Information Officer: Albert C. Grand.

Assistant Secretaries: J. F. Engers, Tso-Min Yu,[15] Graham Lucas, Hung-Ti Chu.[16]

Finance Officer: Alfred F. Katz.

Documents Officer: Arthur M. Gottesman.

Interpreters: Alexandre Blokh,[17] Harry C. Liao, Nicholas Wyrouboff.[18]

Translator: Georges Globa.

Verbatim Reporters: Ronald Hall,[19] David Rose.[19]

Précis-writers: Colin M. Campbell, Anthony E. Balinski, Marion M. Montague.

Secretary-typists: Magdeleine Allard, Colette Coppee, Christiane Faure, Ita F. Glance, Emilienne Lagalisse, Alice Van R. Smith, Josephine R. Stieren.

Locally recruited staff

Interpreters-translators: Hurh Hyun, Kim Chai Keun,[20] Shin Boo Yun,[20] Zong in Sob.[20]

Translator-secretaries: Hahn Dosam,[20] Pai Inez.[20]

Correspondent-secretary: Lee Unja.

Messenger: Lee Chong Dea.

---

[1] Went to Tokyo on official visits: *(a)* 14–23 February 1948; *(b)* 21–27 March 1948.

[2] Went to Tokyo on official visit: 27 February–6 March 1948.

[3] Arrived in Seoul 29 January 1948.

[4] Returned to San Salvador, 14 May 1948.

[5] Went to Shanghai on official visits: *(a)* 24 January–3 February 1948; *(b)* 20 February–8 March 1948.

[6] Went to Tokyo on official visit 19 March–1 April 1948.

[7] *(a)* Went to Lake Success to consult with Interim Committee, 14 February–6 March 1948; *(b)* Returned to Nanking, China, 19 March 1948.

[8] Returned to Nanking, China, 19 March 1948.

[9] Arrived in Seoul 18 March 1948 to replace Mr. K. P. S. Menon as respresentative to the Commission.

[10] Returned to Manila 3 February 1948.

[11] Returned to New York 14 February 1948.

[12] Appointed representative of Syria to Commission, 12 March 1948.

[13] *(a)* Accompanied the Chairman to Lake Success 14 February–6 March 1948; *(b)* Left Seoul 19 March 1948.

[14] Returned to Lake Success 19 March 1948.

[15] Left Seoul 19 March 1948.

[16] Left on home leave 19 March 1948 and returned to Seoul 8 May 1948.

[17] Arrived in Seoul 29 January 1948 to replace Mr. Nicholas Wyrouboff.

[18] Returned to Lake Success 8 February 1948.

[19] Returned to Lake Success 21 March 1948.

[20] Terminated 17 May 1948 (reduction in force).

ANNEX III

TEXT OF STATEMENTS AND EXCHANGE OF COMMUNICATIONS CONCERNING THE EFFORTS TO OBTAIN CO-OPERATION WITH THE UNION OF SOVIET SOCIALIST REPUBLICS, THE UKRAINIAN SOVIET SOCIALIST REPUBLIC, AND THE MILITARY AUTHORITIES IN NORTH KOREA

1. A letter dated 24 November 1947, signed by the Secretary-General, was sent to the Governments of the United States of America and the Soviet Union, enclosing texts of the resolutions of the General Assembly and drawing attention to paragraph 6 of resolution II, which calls upon the Member States concerned "to afford every assistance and facility to the Commission in the fulfilment of its responsibilities".

2. To this letter, the acting United States representative to the United Nations replied, in a letter dated 11 December 1947, that the United States Government would give "the fullest assistance to the Korean Commission" (see Volume I, chapter I, of this report, page 14).

3. At the time of the first meeting of the Commission in Seoul, no reply to the above letter of the Secretary-General had yet been received from the Government of the Union of Soviet Socialist Republics.

4. At the third meeting of the Commission, on 15 January 1948, the following resolution, proposed by the Australian representative, was adopted (document A/AC.19/2):

"*The United Nations Temporary Commission on Korea*, being duly constituted,

"*Resolves* to exchange the appropriate courtesies with the General Officers commanding the forces in North and South Korea, and to this end authorizes its temporary Chairman, accompanied by one member of the Secretariat, to immediately pay courtesy calls upon these Commanders."

5. At the fourth meeting, on 16 January 1948, the Commission decided that the following letter should be addressed by the Chairman to Lieutenant General John R. Hodge, Commanding General, United States Army Forces in Korea, and Guard Lieutenant General G. P. Korotkov, Commanding General, Soviet Forces in Korea (document A/AC.19/12):

16 January 1948

"Sir,

"As you are aware, the United Nations has appointed a Temporary Commission on Korea for the purpose of expediting the attainment of the national independence of Korea and the withdrawal of the occupying forces.

"The members of the Commission, who travelled to Korea by way of the Pacific air route, have now assembled in Seoul, with the exception of the representative of El Salvador, who is expected at any moment, and the representative of the Ukrainian Soviet Socialist Republic, concerning whose appointment no advice has yet been received. The Commission has convened under the temporary Chairmanship of myself as the representative of India, and exchanged preliminary views regarding its work.

"Before entering into the substance of its work, the Commission has authorized me as Chairman, accompanied by one member of the secretariat of the Commission, to exchange the appropriate courtesies with the officers commanding the armed forces in North and South Korea and, to this end, to pay immediate courtesy calls upon these Commanders.

"I should therefore be grateful if you would advise me of a date and time when it would be convenient for you to receive me.

"I have the honour to remain, Sir,

Yours respectfully,

(Signed) K. P. S. MENON"

It was agreed that this decision should be cabled to United Nations Headquarters asking Mr. Gromyko to transmit the text of the letter to Moscow.

6. In reply to this cable to the United Nations Headquarters, the following cable was received on 23 January 1948:

"For Commission's information reply dated 22 January received from Mr. Gromyko follows 'In connexion with your letter of 18 January 1948 transmitting the text of a letter from the acting Chairman of the Commission on Korea, in which he expresses desire to visit the Commander of Soviet troops in Northern Korea we find it necessary to remind you of the negative attitude taken by the Soviet Government towards the establishment of the United Nations Commission on Korea as already stated by the Soviet delegation during the second session of the General Assembly of the United Nations'."

7. At the fourth meeting, on 16 January 1948, it was also decided to send a telegram to the Secretary-General, asking him to urge the Government of the Soviet Union to reply to his request that assistance and facilities should be provided to the Commission:

"At fourth meeting private 16 January Commission adopted following resolutions one asking you remind Government Soviet Union of your letter 24 November 1947 drawing attention to paragraph six substantive part of General Assembly's resolution calling on Member States concerned to afford every assistance and facility to Commission in fulfilment its responsibilities and further to request an early reply..."

8. At the fourth meeting, on 16 January 1948, it was further agreed that the Chairman should make an early broadcast to the whole of Korea, followed by a Korean translation, and that the text of his broadcast, and of his speech of 14 January, should be communicated to the military commands in North and South Korea.

9. Accordingly, the Secretariat, on 22 January 1948, sent the following note to Lieutenant General John R. Hodge, Commanding General, United States Army Forces in Korea, and Guard Lieutenant General G. P. Korotkov, Commanding General, Soviet Forces in Korea:

"With the compliments of the secretariat of the United Nations Temporary Commission on Korea, the following documents are herewith submitted to you for your information:

"1. Speech of Mr. K. P. S. Menon at a mass meeting held in honour of the United Nations Temporary Commission on Korea under the auspices of the National Reception Committee, at Seoul Stadium, 14 January 1948.

"2. Broadcast by Mr. K. P. S. Menon, Chairman of the United Nations Temporary Commission on Korea, at Seoul, on 21 January 1948."

10. Finally, at this fourth meeting of the Commission, the following resolution, proposed by the representative of Syria, was adopted (document A/AC.19/6):

"*The United Nations Temporary Commission on Korea*

"*Records* its regret that up to date no representative has been appointed by the Ukrainian SSR to the Commission;

"*Stresses* the importance of the participation of the Ukrainian SSR in the work of the Commission as contemplated in the Assembly's resolutions establishing the Commission;

"*Forwards* this resolution to the Secretary-General for such use of it as he may desire to make in further efforts to secure the appointment of a representative from the Government of the Ukrainian SSR to the Commission."

11. To that request, the following reply from the Ukrainian representative to the United Nations to the Secretary-General was received by the secretariat of the Commission on 25 January 1948 (document A/AC.19/14):

"In reply to your telegram of 16 January 1948, I have the honour to inform you on behalf of the Government of the Ukrainian SSR that the attitude of the Government of the Ukrainian SSR in the matter of appointing a representative to the Temporary Commission on Korea remains the same as presented by the Ukrainian delegation at the second session of the General Assembly."

12. In the seventh meeting of the Commission, on 31 January 1948, the Principal Secretary gave a summary of the action taken by the secretariat with respect to contacting the Soviet authorities in North Korea, as follows (document A/AC.19/SR.7, pages 6 and 7):

"Mr. Schmidt, Principal Secretary, stated that with regard to the letter addressed to General Korotkov, the Secretariat had been informed by General Weckerling that the Russian train had left on 20 January 1948 at 3 p.m. and that the letter would reach General Korotkov next day. That message had been confirmed by Colonel Kornyshev[1] the same day in a telephone conversation with the interpreter of the secretariat. General Weckerling had further informed the secretariat that Colonel Kornyshev had informed one of General Weckerling's colleagues that the letter would be delivered to General Korotkov by a Mr. Rudin, caretaker of the Soviet Consulate-General, who had boarded this train especially for that purpose. The Chairman had been informed of those proceedings and had authorized the secretariat not to send a duplicate copy of the letter via the United States military authorities, as that might be interpreted as an act of non-confidence in the action of the Soviet Liaison Officer. A train which had left Pyongyang at 11 a.m. on 30 January and which had arrived in the late evening of the same day, did not carry any message from the Soviet authorities.

"On 22 January copies of Mr. Menon's speech and broadcast were sent to General Hodge and to General Korotkov.

"The secretariat had requested Colonel Kornyshev to indicate a convenient place, date and hour for handing over to him those copies for transmission to General Korotkov. Colonel Kornyshev had recalled the previous conversation relating to the first letter addressed to General Korotkov. Consequently, those documents had been handed by the Secretariat to General Weckerling for transmission to North Korea. At the same time, the Press announcements made by Sub-Committee 2 concerning the hearing of all sections of Korean opinion, addressed to General Korotkov and General Kim Il Sung, had been handed to General Weckerling for despatch to North Korea. The train had left on 29 January and had arrived in Pyongyang the same evening. The Soviet authorities had been contacted and asked whether they wanted United Nations mail delivered. They had replied in the negative and stated that they would have the mail picked up the following morning. The train had left for Seoul on 30 January, at which time no messenger had arrived to fetch the United Nations mail."

13. After the seventh meeting, the following memorandum was received by the Principal Secretary from the United States Liaison Officer, Brigadier General John Weckerling (document A/AC.19/17):

31 January 1948

"*Memorandum for Mr. Schmidt:*

"I have been informed by the Headquarters of the United States Army Forces in Korea that the envelopes marked serially No. 2 to No. 6 inclusive, which you entrusted to me for delivery to the Soviet Commander, were presented by our liaison in Pyongyang. The liaison officer informed us that the Russians would neither sign for nor accept the letters transmitted by you.

(Signed) John WECKERLING
Brigadier General, U. S. A."

The above-mentioned envelopes marked 2 to 6 inclusive, contained the following documents:

No. 2. Speech and broadcast by Mr. Menon, with covering note addressed to Guard Lieutenant General G. P. Korotkov, handed in on 23 January 1948.

No. 3. Press announcements *Communiqué* issued by Sub-Committee 2 and Press Release No. 16) concerning hearings of Korean personalities, with covering note addressed as above, handed in on 23 January 1948.

No. 4. Same, addressed to General Kim Il Sung, Chairman of the People's Committee of North Korea, handed in on 23 January 1948.

No. 5. Press Release No. 17, concerning holding of discussions with political personalities of North and South Korea, and giving nine names of figures to be called, addressed to General Korotkov and handed in on 23 January 1948.

No. 6. Same, addressed to General Kim Il Sung.

14. In addition, the Principal Secretary received a note on the same day from Brigadier General Weckerling enclosing a memorandum of a conversation which took place between the American Liaison Officer, Major Costello, in Pyongyang, and Major General G. I. Shanin, Chief of Staff, Soviet Headquarters, Pyongyang. The text of this memorandum follows:

"Following is a résumé of discussion held with Major General G. I. Shanin at 1630 hours, 30 January 1948 (wordage is not exact). Questions by liaison officers; answers by Major General Shanin.

"*Question:* The liaison train is bringing a letter from the United Nations Commission in Seoul to the Commanding General, Soviet Forces. Do you want us to deliver the letter to you tonight?

[1] Soviet Liaison Officer to the United States Army Forces in Korea.

"*Answer :* There is no hurry in delivering the letters. You already know the Soviet Union's attitude toward the Commission which has already been given by Mr. Gromyko in his statement to the United Nations General Assembly and to the Chairman of the United Nations Commission on Korea.

"*Question :* Do you see any possibility of unifying Korea?

"*Answer :* In my opinion, it is possible.

"*Question :* Do you think the Joint Commission is the agency which can provide such unification?

"*Answer :* No, I do not feel that to be the proper agency, but feel it should be handled on a higher level.

"*Question :* By that do you mean Marshall and Molotov?

"*Answer :* Yes, that is the best way.

"NOTE : The impression given by Major General Shanin was that the Soviet Government, and particularly Soviet Forces in Korea, will have no dealings with the United Nations Commission on Korea. Any decision or discussion on Korea will have to be at a very high level and by the United States and the Soviet Union.

"(Report by Major Costello, American Liaison Officer, just returned from Pyongyang.)"

15. A letter dated 10 February 1948 was received from Lieutenant General John R. Hodge, as follows :

"UNITED STATES ARMY FORCES IN KOREA,
SEOUL, KOREA

10 February 1948

"Chairman
United Nations Delegation
United Nations Temporary Commission on Korea
Seoul, Korea

"Dear Sir :

"My liaison officer stationed with the Soviet Army in North Korea at Pyongyang has submitted a report on his attempts to deliver the five letters which the United Nations delegation presented this command for delivery to Mr. Kim Il Sung and Lieutenant General Korotkov.

"The liaison officer attempted to deliver the letters on 30 January at 1445 hours, on 31 January at 0900, 1300 and 2015 hours, on 1 February at 1400 hours, on 2 February at 0930, 1500 and 2025 hours, on 3 February at 0900 and 1130 hours.

"At 1400 hours 3 February the Soviet liaison officer called at the billet of my liaison officer and stated substantially as follows :

" 'Our headquarters is not authorized to accept any mail from the United Nations Commission. The Commission has its own headquarters (Security Council) to deal with the Russian representatives, Messrs. Gromyko and Molotov, and our headquarters is not authorized to deal with subordinate agencies. As for letters to Kim Il Sung, we have no dealings with him as a civilian and we deal only with military personnel. Any letters for him must go through regular military channels. We can accept mail only from General Hodge's American headquarters and not from the United Nations.'

"On 3 February, my liaison officer sent to General Korotkov a letter attached herewith.

Respectfully,
(Signed) John R. HODGE
Lieutenant General, U. S. Army
Commanding"

"XXIV CORPS LIAISON SECTION
PYONGYANG, KOREA

3 February 1948

"Guard Lieutenant General G. P. Korotkov
Commanding General
Soviet Forces in North Korea
Pyongyang, Korea

"Dear General Korotkov :

"I wish to state to you in written form the following information which I have given verbally to the Liaison Officers from your Headquarters to this Section.

"There are at present at the American Liaison House five (5) letters from the United Nations Temporary Commission on Korea, three (3) of which are addressed to the Commanding General, Soviet Forces in North Korea, and two (2) of which are addressed to the Chairman of the People's Committee of North Korea.

"Inasmuch as these letters were to be dispatched to your Headquarters on the regular mail exchange train of 24 January 1948 and could not because heavy snows in the American Zone made trains inoperable on that date, the Chairman of the United Nations Temporary Commission on Korea requested the American Command to deliver these letters in some other manner if possible.

"Since your command desired no special mail exchange in lieu of the regular one which was not made, and since the next regular mail exchange was not scheduled until 7 February 1948, the Commanding General, XXIV Corps, despatched the letters on the American train which came to Pyongyang on 29 January 1948 with supplies, for delivery by this Section.

"This Section was informed by the American Command that a signed receipt for these letters must be obtained from a staff officer of your Headquarters to indicate to the Chairman of the United Nations Temporary Commission on Korea that the letters had been properly delivered.

"I so informed your Liaison Officers to this Section on 30 January 1948, but to date repeated requests for information have given no indication that anyone in your headquarters has been designated to receive these letters.

"Request early consideration of this situation so that I may inform my command of the completion of the letter delivery requested by the United Nations Temporary Commission on Korea.

CERTIFIED A TRUE COPY

HAROLD A. CASSELL
Lt. Col. GSC
Exec. O. G-2

Respectfully,
[s] Richard C. Biggs
[t] RICHARD C. BIGGS
Major TC
Liaison Officer

(Delivered to
Capt. Ivanov
1400, 3 Feb. 48)
[i] RCB"

16. At the tenth meeting of the Commission, on 6 February 1948, the following statement concerning co-operation from the military authorities in North Korea was adopted (document A/AC.19/29):

"*The United Nations Temporary Commission on Korea has taken note of the following facts:*

"That the Commission was informed by the Secretary-General of the United Nations on 25 January 1948 that the attitude of the Government of the Ukrainian SSR in the matter of appointing a representative to the Temporary Commission on Korea remains the same as presented by the Ukrainian delegation at the second session of the General Assembly (document A/AC.19/14);

"That a cable was received by the secretariat of the Commission from the United Nations Headquarters on 23 January 1948 quoting the permanent representative of the USSR to the United Nations, Mr. Gromyko, as follows:

"'In connexion with your letter of 18 January 1948 transmitting the text of a letter from the acting Chairman of the Commission on Korea, in which he expresses desire to visit the Commander of Soviet troops in Northern Korea, we find it necessary to remind you of the negative attitude taken by the Soviet Government towards the establishment of the United Nations Commission on Korea as already stated by the Soviet delegation during the second session of the General Assembly of the United Nations' (document A/AC.19/15);

"That the Commission requested the Secretary-General of the United Nations on 16 January 1948 to remind the Government of the Soviet Union of the Secretary-General's letter of 24 November 1947 drawing attention to paragraph 6 of the substantive part of the General Assembly resolution calling on Member States concerned to afford every assistance and facility to the Commission in the fulfilment of its responsibilities, and that no reply has been received from the Soviet Government either to the letter of 24 November 1947 or to the reminder;

"That up to date the Commission has received no reply to the letter addressed to General Korotkov expressing the desire of the acting Chairman of the Commission to exchange the appropriate courtesies with the officers commanding the armed forces in North and South Korea, which letter was despatched to North Korea by train on 20 January 1948, while the train which left Pyongyang on 30 January 1948 did not carry any message from the Soviet authorities in North Korea;

"That efforts were made to deliver other communications from the United Nations Commission on Korea to North Korea, but that the Soviet officials would neither sign for nor accept the communications transmitted by the Commission."

ANNEX IV

TEXTS OF MAIN DOCUMENTS CONCERNING ELECTION LAWS AND REGULATIONS

LETTER FROM THE CHAIRMAN TO THE UNITED STATES LIAISON OFFICER TRANSMITTING THE RECOMMENDATIONS OF THE COMMISSION WITH RESPECT TO THE ELECTION LAW, ADOPTED AT THE TWENTY-SECOND MEETING, 12 MARCH 1948.[1]

Sir,

As you are aware, the United Nations Commission on Korea is at present considering the views expressed by the Interim Committee in its resolution of 26 February 1948 on the implementation by the Commission of the General Assembly's resolutions of 13 November 1947.

At its twentieth meeting the Commission, acting on the report of Sub-Committee 3, has approved the recommendations it wishes to present to the authorities in Korea with respect to changes which, in its opinion, should be made in the existing legislation in order to bring the electoral provisions into greater conformity with the resolutions of the General Assembly of the United Nations and in general promote as complete and free an expression of the popular will as possible. Particular attention has been paid by the Commission to the requirements mentioned expressly by the General Assembly: the extension of the suffrage to all adults, the secrecy of the ballot and the representation of the Korean people in each area or zone proportionate to the population.

As you know, before presenting these recommendations, the Commission took great care within the time at its disposal to ascertain the views of Korean and American personalities and experts, as well as the practical possibilities of the implementation of its recommendations.

The Commission is of the opinion that where no changes are proposed, the provisions of the existing legislation could be maintained.

I would be very much obliged to you if you could transmit the annexed recommendations to the competent authorities.

I have the honour to remain, Sir,

Yours very sincerely,

K. P. S. MENON
Chairman,
United Nations Temporary
Commission on Korea.

Brigadier General John Weckerling,
United States Liaison Officer to the
United Nations Temporary Commission on Korea.

Annex I

RECOMMENDATIONS PRESENTED BY THE UNITED NATIONS TEMPORARY COMMISSION ON KOREA ON THE ELECTORAL LAWS AND REGULATIONS

1. The Commission is of the opinion that:

(a) The provisions concerning citizenship in Public Act No. 5 and section 2 of the Draft Regulations can be considered as satisfactory for the purpose of elections.

[1] Document A/AC.19/47/Rev.1.

(b) The right to vote should be granted to Korean citizens, regardless of sex, property, education or religion, at the age of 21.

(c) The requirement of 60 days residence (Public Act No. 5, section 11) should be maintained.

(d) Persons unable to read or to write should be permitted to vote and changes are therefore recommended in the existing provisions of Public Act No. 5 in order to permit the registration of such voters and their participation in the voting, while ensuring the secrecy of the ballot (see paragraphs 11 and 19).

(e) With respect to categories of persons disqualified from voting by section 2 *(a)* of Public Act No. 5, it is recommended that exclusion should be limited:

(1) To persons who have been declared "incompetent" by decision of a court of justice or declared "quasi-incompetent" by decision of a court of justice because they are "weakminded". Persons declared "quasi-incompetent" because they are "deaf", "dumb", "blind" or "spendthrift" should be permitted to vote.

(2) To persons who are sentenced and serving prison sentence or who are under suspended sentence or under a sentence not yet executed.

(3) The Commission recommends the deletion of sub-paragraph (3) of section 2 *(a)*, relating to persons who have served a prison sentence.

(4) With respect to pro-Japanese "collaborators", in the absence of a law classifying certain persons as "traitors", "collaborators" or "profiteers", the Commission recommends that those categories of persons who under section 2 *(b)* are declared not eligible for election should also be deprived of the right to vote. The reference to persons who acted as spies in section 2 *(b)* (4) should however be deleted. Two additional categories should be included:

(i) Persons who accepted peerages from the Japanese,

(ii) Persons who were members of the Japanese Imperial Diet.

2. With respect to conditions to be filled by candidates, the Commission is of the opinion that:

(a) The age of candidature should be maintained at 25.

(b) With respect to persons declared incompetent or quasi-incompetent by the judgment of a court, the Commission recommends the same exclusion as in paragraph 1 *(e)* (1), above.

(c) Persons who are serving or who have served prison sentences for political offences should be eligible for election.

(d) The categories of pro-Japanese "collaborators" listed in section 2 *(b)* of the South Korean Law should be declared not eligible for election as representatives. Two categories of persons should be added to this list, namely:

(1) Persons who accepted peerages from the Japanese;

(2) Persons who were members of the Japanese Imperial Diet.

(e) Section 5 excluding from candidature in the district concerned officials participating in election procedures and members of the election committees, should be maintained.

(f) The minimum number of voters necessary to sponsor a candidate should be raised to 200.

(g) The Commission agrees that a candidate should not be required to be a registered voter in the district in which he stands for election. It also is of the opinion that section 18 of Public Act No. 5, which declares invalid the candidacy of a person who registers as a candidate or who is registered with his consent in two or more electoral districts should be maintained.

3. The Commission recommends that any contestation as to the eligibility of a candidate arising before the election date should be referred by the election committee to which such claim is made to the National Election Committee for decision.

4. The Commission recommends the following changes in the system of allocation of representatives to each of the electoral districts, as outlined in sections 9 and 36 of Public Act No. 5:

(a) The division into electoral districts should be made in such a manner as to provide for only one representative from each electoral district.

(b) Therefore, each *Gun* and each *Pu* which have less than 150,000 inhabitants will constitute one electoral district; the island of Wool Lyong will constitute one electoral district.

(c) Each *Gun*, each *Pu* and each *Ku* of the City of Seoul having over 150,000 inhabitants should be divided into 2, 3, or 4 electoral districts, if its population is over 150,000, 250,000 or 350,000 inhabitants respectively. This division should be made as fairly as possible in a manner to constitute electoral districts of comparable population, while avoiding so far as possible the division of communities of inhabitants.

A list of electoral districts thus constituted should be included as an annex to the electoral law.

5. The Commission recommends the deletion of the provisions in the South Korean Law relating to the special electoral district.

6. Section 6 of the Draft Regulations provides certain standards as to the number of voting sub-districts to be established. The Commission is of the opinion that separate voting sub-districts should be established for groups of inhabitants of not more than 2,000.

7. The Commission considers that the name of the Central Election Committee should be changed to "National Election Committee". The Chairman of the National Election Committee should be designated by the Chief Executive from among the highest judges of the country.

8. The Commission recommends the following method of appointment of members of the election committees:

(a) The eleven members of provincial election committees should be appointed by the National Election Committee on the basis of two lists, one presented by the Governor of the province, the second by the president of the highest tribunal having jurisdiction over the province. The chairman of each provincial election committee should be appointed on the recommendation of the president of the tribunal.

(b) Four members of the electoral district election committees should be appointed by the head of the administrative district concerned and five, including the chairman, by the president of

the tribunal having jurisdiction for the administrative district. A detailed report on the appointment, including data as to qualifications of the appointees, should be sent without delay by the head of the administrative district concerned to the provincial election committee and by the provincial election committee to the National Election Committee, which would have the right to revoke any member of the electoral district election committee thus appointed.

(c) The voting district and voting sub-district election committees should be appointed by the head of the administrative district concerned. These appointments, with a detailed report as to the qualifications of the appointees, should be reported immediately to the electoral district committee, the provincial election committee and the National Election Committee, which would have the right to revoke any member of a committee thus appointed.

9. The Commission recommends that for each election committee there should be provided in the same manner as for full members as many alternate members as possible, sufficient to take the place of such full members as may be unable to perform their functions.

10. The Commission recommends that the second paragraph of section 17 of Public Act No. 5 should be deleted.

11. The Commission is of the opinion that registration of illiterates should be permitted by making possible the filling of the registration paper by a member of their family, or by another person. However, two literate persons should initial the registration paper to certify that it is in conformity with the declaration of the person registering.

12. *(a)* Section 13 of the Draft Regulations should be redrafted in a manner which would provide that unless the election committee possesses satisfactory evidence, preferably of a documentary nature (such as records of judicial findings) to the effect that a person who has filed his registration paper does not qualify as a voter, his name should be included in the poll register.

(b) It is recommended that the word "immediately" be added in section 14 of the Draft Regulations after the words "shall be informed".

(c) It is also recommended that in section 15 of the Draft Regulations dealing with the appeal of any voter against an incorrect listing or omission from the poll register by the voting district or sub-district election committee, the words "whenever necessary" should be changed to read "whenever possible".

13. *(a)* The Commission recommends that the words "but they may not give or promise to give money, goods or other property (in connexion with their campaigns)" be deleted in section 21 of Public Act No. 5, as they do not appear necessary in view of the provisions of section 58 (2).

(b) The Commission expresses its agreement with the principles contained in the text of Draft Regulation 94. It considers, however, that this provision should be subject to such texts as may result from recommendations which the Commission may adopt with respect to the free atmosphere of elections.

(c) The Commission is of the opinion that the interdiction preventing public officials and in particular public officials connected with the election procedure from taking part in the electoral campaign within the districts in which they perform their official duties, should be extended to the whole country.

(d) The Commission is of the opinion that sections 41 and 42 of the Draft Regulations should be deleted.

(e) The Commission marks its approval of the provisions of chapter VI of the Draft Regulations dealing with the use of public buildings for election campaign purposes. It also marks its approval of chapter VII of the Draft Regulations which permits each candidate to mail free of charge a limited amount of letters or postcards to the registered voters of his electoral district. It recommends, however, that if possible more extensive facilities of this type be extended to candidates on the basis of equality.

(f) The Commission has been informed that the Korean National Economic Board has constituted paper reserves for the period of elections. It recommends that a supply of paper be put at the disposal of each candidate in equal quantities and at a reasonable price.

(g) The Commission suggests that during the electoral campaign a special place should be reserved for the posters and bulletins of each candidate on the basis of equality at suitable locations determined by the election committees concerned.

14. The Commission is of the opinion that elections should take place on the same day throughout the whole country.

15. With respect to section 21 of the Draft Regulations, the Commission is of the opinion that polling and registration should take place in schools, public halls, or such buildings of a similar type as may be selected by the electoral committee concerned.

16. The Commission is of the opinion that more detailed regulations are necessary to provide that the official announcement of the date, time and place of voting is adequately brought to the attention of the voters.

17. The Commission is in agreement with section 57 of the Draft Regulations, which provides that the time necessary for the registration of voters and voting should not be deemed to be absence from the usual duties of public officials and persons employed by others.

18. The Commission is of the opinion that the hours of polling should be extended from 7.00 a.m. to 7.00 p.m. and that a provision should be added to the effect that those voters who have entered the polling place after closing time would be allowed to cast their vote and that if at 7.00 p.m. voters are still waiting outside the polling place, they should be permitted to enter the polling place until 8.00 p.m.

19. The Commission recommends that each ballot paper should substantially consist of the printed names of the duly nominated candidates of the electoral district concerned with a suitable place after the name of the candidate in which the voter could indicate by a mark the candidate of his choice. The order of names of the candidates on each ballot paper should be determined by lot at

a public drawing held by the electoral district committee, at which the candidates or their representatives should be allowed to be present.

With a view to making the voting by illiterates possible, it is recommended that immediately before the name of the candidate on the ballot paper there should be a symbol easily recognizable: I, II, III, etc., strokes, corresponding to the order in which the names of the candidates have been printed on the ballot paper.

Photographs provided by each candidate, marked with the symbol identifying the candidate, should be placed in the same order as the candidates are placed on the ballot at the entrance of the polling place and in the polling place itself. No other symbols or indications, no titles or honorific appelations should appear on the ballot paper. Ballots should not be numbered and should all conform to a standard form to be prepared by the National Election Committee.

Each electoral district committee and sub-district election committee should give suitable publicity to the official ballot for the general information of the voters, by reproducing it on posters and in newspapers generally. Sample ballot papers for each electoral district, with the names of the candidates, and plainly marked "Sample Ballot", should be printed and given suitable publicity.

20. It is recommended that officially stamped envelopes made of opaque paper of a size and form determined by the National Election Committee should be used. The voter would present his ballot paper in the envelope and seal it before dropping it in the ballot box.

21. It is recommended that in each polling place there should be several isolated booths or separate rooms so arranged as to make observation of the filling of the ballot paper by election officers or other voters impossible.

22. It is recommended that the National Election Committee should attach to the regulations a sketch of a standard polling place on which would clearly be indicated the place where voters would wait for their turn, the position of the seats to be occupied by the Chairman, the members of the sub-district election committee, the secretary and clerks and the watchers designated by the candidates, the location of the ballot box and the voting booths.

23. It is recommended that the successive steps to be followed by the voter in casting his ballot should be described in the regulations. A voter after having awaited his turn, would in the presence of the members of the sub-district election committee seal or thumbprint the poll register opposite his name. He would then receive from the chairman the official ballot paper bearing the chairman's seal, together with the officially stamped envelope. He would proceed to one of the isolated voting booths where he would fill out the ballot and put it in the envelope. He would then, in front of the chairman and members of the election committee, put the closed envelope in the ballot box. If by accident the voter spoils the ballot, he may ask the chairman for only one other ballot by returning to the chairman the one he had received, which would immediately be cancelled by the chairman.

24. A regulation should be added which would provide for a sufficient number of copies of the election law and electoral regulations to be at the disposal of such voters as may wish to consult them at each polling place.

25. With respect to voting by blind persons, the Commission recommends that the chairman of each voting sub-district committee should be permitted to authorize a member of their family or another person to accompany them into the polling booth. The chairman may request one of the members of the electoral committee to be present during the filling of the ballot for the blind person.

26. The Commission recommends that:

(a) A provision should be added in the electoral law stating that no person may be placed under the obligation to disclose the identity of the candidate for whom he has voted during the election, even before courts or before the National Assembly.

(b) A penal clause should be added to punish the head of a *Dong* (division of a village) or *Pan* (division of a town) or any other person who knowingly gives false information to the election committee by application of section 24 of Public Act No. 5.

(c) It is recommended that section 29 of Public Act No. 5 and Section 61 of the Draft Regulations should be redrafted in a manner which would clearly state that police officials should enter the polling place only at the invitation of the chairman and leave at his request.

(d) A provision should be added to the effect that the voter should be admitted in the polling place only during such time as is necessary to fill out and to cast his ballot.

(e) A provision should be added to the effect that voters shall not be allowed to enter the polling place with weapons.

(f) The power of the chairman of the electoral committee acting under the authority of the committee, with respect to taking the necessary steps to ensure order and tranquillity in the polling place, waiting hall and neighbouring area, should be more explicitly stated.

27. It is recommended that each candidate should be entitled to nominate a representative who would act as watcher during the voting. The watcher should be allowed to observe all the election operations, but be forbidden to interfere with the conduct of the voting.

In case the number of proposed watchers should exceed five, only five of them should be selected as official watchers by lot by the chairman of the election committee at a public meeting.

28. It is recommended that the provisions concerning the counting of votes be amended in the following manner: that election committees of voting sub-districts should be instructed to convey the ballot boxes and the records to the electoral district election committees, without delay, after the voting has been closed. The counting of votes should begin as soon as the electoral district committees have received all the ballot boxes and the result of the vote announced as soon as the counting is finished.

29. Section 35 of Public Act No. 5, dealing with ballots which shall be declared null and void, will have to be redrafted in order to enforce the recommendations made above. In particular any two or more ballots which have been put in the same envelope should also be declared null and void.

30. It is recommended that the law should contain a provision authorizing the Military Governor, in consultation with the National Election Committee, to decide that the results of the voting in any of the electoral districts should be declared null and void and that another balloting shall take place at such date as they may determine.

Any group of voters should be given expressly the right to bring to the attention of the Military Governor or the National Election Committee all cases of irregularity, fraud, or improper action of election officers.

31. Section 39 of Public Act No. 5 should be amended in the following manner: *(a)* Sub-paragraphs 1 and 3 should be deleted. *(b)* With respect to sub-paragraphs 2 and 4, it should be provided that a second election will take place.

Section 84 of the Draft Regulations should be deleted.

32. Section 88 of the Draft Regulations should be deleted.

33. Section 48 of Public Act No. 5, dealing with the term of office of the members of the National Assembly, should be altered to limit the term of office to two years, unless a general dissolution of the National Assembly is decided upon before that date by the competent authority.

34. With respect to chapter IX of Public Act No. 5, it is recommended that without prejudice to the powers of the Military Governor, acting in consultation with the National Election Committee (see paragraph 30 above), questions relating to the validity of elections should be submitted to a special commission composed of five members: two judges of the Supreme Court and two members elected by the National Assembly, with a chairman designated by the President of the Supreme Court.

35. With respect to section 58 of Public Act No. 5, dealing with penal regulations, it is recommended:

(a) that sub-paragraph 3 should be deleted;

(b) that the words "or being a candidate" should be added after the words "to prevent any one from voting";

(c) that sub-paragraph 7 should be deleted.

36. It is recommended that, in conformity with the terminology used by the General Assembly and the Interim Committee in their resolutions, the words "Legislative Assembly" should be replaced throughout the text of the law by the words "National Assembly" and the words "members of the Legislative Assembly" by the words "representatives to the National Assembly".

LETTER TO THE CHAIRMAN FROM THE UNITED STATES LIAISON OFFICER CONCERNING THE RECOMMENDATIONS OF THE COMMISSION WITH RESPECT TO THE ELECTION LAW [2]

19 March 1948

Mr. Jean-Louis Paul-Boncour
Chairman, United Nations
Temporary Commission on Korea
Duk Soo Palace, Seoul, Korea

My dear Mr. Paul-Boncour:

I have the honour to transmit herewith, and through you to the United Nations Temporary Commission on Korea, a complete text of the law for the election of representatives of Korean people to be held under the observation of the United Nations Temporary Commission on Korea within the territory of this command on May 9, 1948.

On 12 March Mr. K. P. S. Menon, chairman of the United Nations Commission, transmitted to me a paper entitled Annex I: "Recommendations presented by the United Nations Temporary Commission on Korea on the Electoral Laws and Regulations".

With one exception, all the recommendations made by the Commission have been adopted and embodied in the accompanying law. It was and is the policy of this command to follow the Commission's recommendations in every respect in the absence of compelling reasons to the contrary. The sole exception relates to the ineligibility of certain categories to vote.

The Commission was of the opinion that certain categories not eligible to be elected should also be denied the franchise. These classes now appear in section 3 (3), (4), (5) and (6), and summarized include persons who under the Japanese regime held the rank of "Hanninkan" or higher in the Japanese police force; served in certain functions in the Japanese military police forces; persons who held positions in the police in charge of "thought control"; persons who functioned in various capacities in connexion with the Central Advisory Council under the Japanese regime; persons who were members of an Advisory Council of a province, and persons who held positions of the third class or higher of "Kotokan" or who received a medal of the second class or higher.

That these persons should be disqualified from holding office, political or otherwise, and therefore prevented from exercising any influence in matters of government, will be generally agreed, and under the law that is the case. But depriving them of the franchise by blanket provision presents a series of problems: political, moral and practical.

Perhaps first of all it should be pointed out that on the problem involved, we have an expression of influential Korean opinion which I am sure the Commission does not wish to disregard. Under the law passed last September by the Korean Interim Legislative Assembly, the various groups of alleged collaborators concerned were excluded *only* from the right to be elected as they are under the present law. Also, the National Election Committee vigorously protested against the contemplated exclusion from the franchise, and it almost appeared that the committeemen would refuse to serve if this particular recommendation were adopted.

As a practical consideration, it is a comparatively simple matter to check the records of approximately 1,000 candidates; it is an extremely difficult if not impossible task to check the records of 10,000,000 voters. Questions concerning the eligibility of candidates are decided by the electoral district election committees (*Gun* level); questions concerning the eligibility of voters are decided primarily by the wholly untrained voting district election committees (village level). In most cases the voting district election committees would be unable to ascertain whether a registrant is included if the recommendation were adopted; the voting district

[2] Document A/AC.19/47/Rev.1/Add.1.

election committee would, therefore, hardly comply with the suggested provision. Another question would be whether the validity of the election in more than one district might not be challenged on the ground that the participation of ineligible voters affected the election results. It is my view that the provision as suggested by the United Nations Temporary Commission on Korea would tend to provoke violent controversies in the form of denunciations and defamations. The result might be poisoning the atmosphere of the election, thus affecting the free atmosphere so much desired by all concerned. A peaceful election is as much a part of freedom of atmosphere as almost any other consideration.

From the democratic point of view, limitations upon the right of franchise are always a very serious matter and should not be imposed in the absence of conclusive reasons. The matter of collaboration is largely one of individual guilt as well as motive, and blanket provision involving virtually all types of office-holders under the Japanese regime does not solve the problem. While the presumptions are all against former office-holders, it does not follow that all office-holders were actuated by unpatriotic motives. These and other reasons have impelled the United States command to deviate slightly from this particular recommendation and make the categories concerned ineligible to be candidates, but without depriving them by blanket provision of the right to vote.

I feel confident that, upon reconsideration, you will agree with me, and beg to remain,

Very sincerely yours

John WECKERLING

Brigadier General, U. S. A.

Inclosure :

"Law for the Election of Representatives of the Korean People"

Note by the Principal Secretary :

The recommendation of the Commission referred to above, and to which the United States authorities object, is contained in document A/AC.19/47/Rev.1, Annex 1, paragraph 1 *(e)* (4).

LAW FOR THE ELECTION OF REPRESENTATIVES OF THE KOREAN PEOPLE

Chapter I. General rules

Section 1. Any citizen twenty-one years of age has the right to vote for representative to the National Assembly regardless of sex, property, education or religion.

Any citizen twenty-five or more years of age has the right to be elected as a representative to the National Assembly regardless of sex, property, education or religion.

Age shall be counted as of the date the election is held.

Section 2. Persons to whom any of the following categories are applicable are not eligible to vote :

(1) Persons who have been declared incompetent by a decision of a court of justice;

(2) Weakminded persons who have been placed as quasi-incompetent under guardianship by a decision of a court of justice;

(3) Persons who are serving prison sentences, or who are under suspended sentence or under a sentence not yet executed;

(4) Persons who accepted peerages from the Japanese Government;

(5) Persons who were members of the Japanese Imperial Diet.

Section 3. A person is not eligible to be elected :

(1) If he is ineligible to vote in accordance with section 2 of this law; provided, however, section 2 (3) does not apply if the sentence was imposed for a political offence;

(2) Persons who have received a sentence of one or more years penal servitude or imprisonment; provided, however, that if three or more years have elapsed since the completion of sentence, or since the time when final decision was made not to execute the sentence or if the sentence was imposed for a political offence, the person concerned will not be included in this category.

(3) Persons who under the Japanese regime held ranks of *Hanninkan* or higher in the Civilian Police Force, or who served as *Kempei* or *Kempei-ho* in the Japanese Military Police Force, or persons who held positions in the police in charge of "thought control", or those who acted as a spy for the police in charge of "thought control" under the Japanese regime.

(4) Persons who were advisers, members, or vice-chairman of the Central Advisory Council under the Japanese regime.

(5) Persons who were members of an advisory or deciding council of *Pu* or *Do* (province) under the Japanese regime.

(6) Persons who held positions of the third class or higher of the *Kotokan* or who received a medal *(Kun)* of the seventh class or higher; provided, however, that educators and technical officials are not included in this category.

Section 4. Government officials shall not, while in office, hold membership in the National Assembly in addition to such position, except *Jungmukwan.*

Section 5. The members of local self-governing bodies shall not, while in office, hold membership in the National Assembly in addition to such position.

Section 6. The members of election committees shall not be eligible to be elected representatives to the National Assembly within the districts concerned.

Section 7. Expenses incurred in the election of National Assembly members shall be defrayed by the national treasury.

Chapter II. Electoral districts and representation

Section 8. Each electoral district shall be represented by one delegate.

Section 9. Electoral districts in the meaning of this law are :

(1) *Gun*, *Pu* and *Ku* of the City of Seoul, provided that their population does not exceed 150,000.

(2) Those sectors of *Gun*, *Pu* and *Ku* of the City of Seoul with a population exceeding 150,000 which for the purpose of this election have been established by the Chief Executive as electoral districts in accordance with section 10 of this law.

(3) *Do* (island) which form administrative units on the level of *Gun* and *Pu*. NOTE: Wherever the term *Gun* is used in the following sections of this law, it shall include *Do* (island) in the meaning of section 9 (3) of this law.

Section 10. *Gun*, *Pu* and *Ku* of the City of Seoul with a population between 150,000 and 250,000 will be divided into two sectors of approximately equal population: *Pu* with a population between 250,000 and 350,000 will be divided into three sectors of approximately equal population; *Pu* with a population between 350,000 and 450,000 will be divided into four sectors of approximately equal population.

Section 11. Names, boundaries, and population of the electoral districts established by the Chief Executive in accordance with section 10 of this law are set forth in Appendix I which forms a part of this law.

Section 12. Each electoral district shall be divided into voting districts; each voting district shall have a population of not more than 2,000. Each voting district shall form a part of one *Eup*, *Nyun* or *Dong* respectively.

Voting districts shall be established by the electoral district election committee on the basis of detailed recommendations to be prepared by the chiefs of the administrative units (*Gun*, *Pu* and *Ku* of the City of Seoul) concerned.

The establishment of voting districts shall be published before the beginning of voters' registration.

Section 13. The National Election Committee is authorized to order the establishment of election committees on the *Eup*, *Myun* and *Dong* level wherever such election committees are deemed necessary to assist, instruct, and supervise the election committees of the voting districts.

Section 14. Electoral districts and voting districts will be established on the basis of the census of 24 August 1946.

Chapter III. Poll registers

Section 15. Registration shall be accomplished by signing the registration paper, or by making thumbprint upon the registration paper before two witnesses who are literate, in the registration place designated by the chairman of the electoral district election committee, some time during a period of 10 days beginning 40 days before the date of election.

Each voter shall register at only one registration place.

Section 16. The election committee of the voting district shall prepare poll registers indicating the name, address, date of birth, sex, date of registration, and other pertinent data with respect to all voters who have been in residence in that district since the date sixty days prior to the date of the election concerned. The registers shall be open to the public at the registration places for a period of 7 days beginning 25 days prior to the date of the election. The poll registers shall become final on the second day before the date of election.

Section 17. When there are incorrect recordings or omissions, or when a person who has no right to vote is registered in the poll register, each voter may object to the election committee concerned during the period of public notification.

Examination and decision in regard to these objections shall be made within three days by the election committee concerned.

In case objections to the foregoing decision be raised, the voters may request, within five days, the electoral district election committee to review this decision.

The election committee of the electoral district shall on a request for review in accordance with the preceding paragraph review and decide each case within three days and shall notify in writing the person who asked for review and other persons concerned.

Chapter IV. Election committees

Section 18. The National Election Committee organized by the Chief Executive in accordance with Public Act No. 5, section 13, shall be constituted as the National Election Committee.

The National Election Committee consists of 15 members and is under the chairmanship of a Justice of the Supreme Court.

Section 19. The National Election Committee shall organize election committees in each province and in the City of Seoul and appoint its members. Each provincial election committee and the City of Seoul election committee shall consist of one chairman, ten members and an alternate chairman and ten alternate members. The chairman and the alternate chairman shall be judges of an appellate or district court located in the province (City of Seoul) concerned.

The Chief Judge of the District Court in each province and the City of Seoul shall recommend to the National Election Committee the names of three judges who are residents of such provinces (City of Seoul). The National Election Committee shall select and appoint from among the judges recommended the chairman of each provincial election committee and his alternate (City of Seoul Committee).

The Chief Judge of the District Court in each province (City of Seoul) and the governor of each province (mayor, City of Seoul) — each acting independently — shall submit to the National Election Committee a list of twenty respectable citizens who are residents of such province (City of Seoul) and indicate the party and affiliation — if any — of each of them. Not more than one-third of the persons recommended on each list shall belong to the same political party. The National Election Committee shall select from the persons recommended 20 persons and appoint 10 persons members of the provincial (City of Seoul) election committee and 10 persons their alternates; provided, however, that not more than one-third of the members and not more than one-third of the alternates of each provincial (City of Seoul) election committee shall belong to the same political party.

Section 20. There shall be established in each electoral district an electoral district election committee. Each electoral district election committee shall consist of one chairman, 8 members, one alternate chairman and 8 alternate members. The chairman and the alternate chairman of each electoral district election committee shall be appointed by the Chief Judge of the District Court in the province (City of Seoul) to which the electoral district belongs.

The highest ranking judge of the District Court or the Branch Court which has jurisdiction over, and the highest administrative official of, the administrative district (*Gun, Pu, Ku* of the City of Seoul) to which such electoral district belongs shall each appoint four residents of such a district members, and four residents of such a district alternates, of the electoral district election committee concerned. Not more than one-third of the members and one-third of the alternates of each electoral district election committee shall belong to the same political party.

Section 21. The administrative head of each *Gun, Pu* and *Ku* of the City of Seoul shall without delay submit to the provincial (City of Seoul) election committee concerned and the National Election Committee the names of all persons within his district who have been appointed chairman, alternate chairman, member and alternate member of an electoral district election committee and indicate their party affiliation if any and also give a brief personal history of each.

The provincial (City of Seoul) election committee concerned shall without delay review such appointments and within ten days from the day of appointment may at its own discretion decide to recall the chairman, alternate chairman, members and alternate members of such electoral district election committees and to replace them by appointees of its own choice. All appointments not recalled within ten days shall be final.

Section 22. There shall be established in each voting district a voting district election committee.

Each voting district election committee shall consist of one chairman, one alternate chairman, eight members and eight alternates. The chairman, alternate chairman, the members and the alternate members of each voting district election committee shall be appointed by the head of the administrative district *(Eup, Myun, Dong)* to which the voting district belongs. Not more than one-third of the members and not more than one-third of the alternates shall belong to the same political party.

The administrative head of each *Eup, Myun* and *Dong* shall without delay submit to the electoral district election committee concerned, to the provincial (City of Seoul) election committee concerned and to the National Election Committee the names of all persons within his district who have been appointed chairman, alternate chairman, member or alternate member of a voting district election committee and indicate their party affiliation, if any, and also give a brief personal history of each.

The electoral district election committee concerned shall without delay review such appointments and within ten days from the day of appointment may, at its own discretion, decide to recall the chairman, alternate chairman, members and alternate members of such voting district election committees and to replace them by appointees of their own choice. All appointments not recalled within ten days shall become final.

In case the head of a *Myun, Eup,* or *Dong* fails to appoint within reasonable time one or several election officials (chairman, alternate chairman, member or alternate member) of a voting district election committee, the election committee of the electoral district to which the voting district belongs shall appoint without delay such election officials.

Section 23. Section 22 applies *mutatis mutandis* to the establishment of election committees on the *Myun, Eup* and *Dong* level wherever such election committees have been organized in accordance with section 13 of this law.

Section 24. A candidate for election is not eligible for appointment to the election committee in the electoral district in which he is a candidate.

Each type of election committee may employ several secretaries and/or clerks.

Section 25. Each election committee shall act in accordance with laws and regulations and in accordance with the orders and instructions of *higher* election committees and shall render various reports on its activities to the higher election committees and shall supervise the activities of the lower election committees.

Upon request, each election committee shall show its various records and documents to a court.

Any chairman, alternate chairman, member or alternate member of any election committee, other than the National Election Committee, who fails to act in accordance with laws and regulations and in accordance with the orders and instructions of higher election committees may be removed by the next higher election committee, which shall replace any person so removed with a person of its own choice. Any chairman or member of the National Election Committee who fails to act in accordance with the laws and regulations may be removed and replaced by the Chief Executive.

Section 26. The quorum of each election committee shall be a majority of its members, and all the actions of the committee shall be determined by majority vote of the members present. In case of a tie in voting, the chairman of the committee shall decide.

Chapter V. Candidates and election campaigns

Section 27. A person who wishes to stand for election to the National Assembly shall register with the election committee of the electoral district sometime between the date of the beginning of voters' registration and a date to be determined by the National Election Committee and submit, at the same time, a recommendation signed by two hundred or more registered voters.

In case of recommendation of one person by another to be a candidate, the person making the recommendation must secure the signature of two hundred or more registered voters and the written consent of the person being recommended and register with the election committee of the electoral district.

In case an electoral district election committee reaches the conclusion that a person who applied for registration as a candidate is ineligible to be elected for one of the reasons set forth in section 3 of this law, it shall without delay refer the case to the National Election Committee with a report stating the reasons. Simultaneously the electoral district election committee shall transmit to the applicant a copy of this report.

The National Election Committee shall decide the case referred to above as a matter of first priority. The National Election Committee shall hear the applicant on his request at a public meeting. The applicant may introduce documentary evidence and summon witnesses.

The chairman of the National Election Committee shall notify the Chief Executive, the chairman of the electoral district election committee and the applicant of its decision.

The registration of a candidate who is registered in two or more electoral districts shall be invalid.

Section 28. Election committees of electoral districts shall give public notice of the name, address, age, occupation and party or organization affiliation, if any, of every candidate within three days after each candidate's registration by publishing his name in newspapers, announcing it over the radio, if possible, and by message to all voting district election committees which form part of the electoral district concerned.

Election committees of electoral districts shall give public notice immediately of the withdrawal or death of any candidate in the same manner.

Section 29. Registered candidates may freely conduct campaigns for election.

Members of each election committee, public officials connected with election matters and any other public official may not take part in campaigns.

Chapter VI. Election procedure and successful candidates

Section 30. The election of representatives to the National Assembly shall take place on the same day throughout the area in which this law is applicable.

The election committees of the electoral districts shall make official announcements of the date, time of the election and the location of the polling places forty days before election by publishing such facts in newspapers, posters in each voting district, and announcement, if possible, over the radio.

Polling places shall be the same places in which the voters register; however, when any polling place must be changed on account of a calamity or other unavoidable emergency, the electoral district election committee concerned shall immediately give public notice in the same manner as prescribed in the preceding paragraph.

Section 31. Balloting shall begin at 7.00 a.m. The polling places shall be closed at 7.00 p.m., provided, however, that voters waiting for admission to the polling place at that time shall be admitted to the polling place until 8.00 p.m.

Voters who were present at the voting place at 7.00 p.m. and voters admitted to the polling place until 8.00 p.m., in accordance with the preceding paragraph, shall be entitled to vote.

The ballot boxes shall be closed after the last voter entitled to vote has cast his ballot. No ballots shall be cast after the boxes are closed.

Section 32. The voting shall be accomplished by the casting of secret, unsigned ballots each of which shall designate one candidate only.

Section 33. Only uniform ballots to be prepared by each electoral district election committee and to be printed under the supervision of the National Election Committee, and uniform envelopes to be prepared by and to be printed and officially stamped under the supervision of the National Election Committee, shall be used at each polling place.

The ballots to be used at each polling place must conform to a standard form to be prepared by the National Election Committee. Each ballot shall consist of the printed names of the duly nominated candidates of the electoral district for which the ballot is prepared, a symbol before the name of each candidate and a suitable space after the name of each candidate in which the voter may indicate by a mark the candidate of his choice. The names of the candidates shall be printed in Korean, as well as in Chinese letters. The ballots and envelopes shall not be numbered or otherwise marked.

The electoral district election committee shall determine by lot in a meeting to be held not later than two days after the time registration of candidates has elapsed at which the candidates and their representatives may be present, the order of the names of the candidates on the ballot and shall determine in the same meeting the symbols assigned to each candidate. Such symbols shall be, for instance, one stroke, two strokes, three strokes, etc.

Section 34. Upon presenting himself at the polling place and upon identification as a registered voter, the voter shall sign or thumb print the poll register in the presence of at least one member of the voting district election committee.

In case of doubt as to the identity of any voter, the election committee of the voting district shall decide the question. In such case, the head of the *Dong* or *Pan* in which the voter resides may be called upon as a witness. Persons whose names are not registered on the poll register cannot vote, provided, however, that a person may vote who brings with him the notification of a decision rendered by the election committee of the electoral district or voting district certifying that the person shall be registered on the poll register.

The chairman of the voting district election committee shall hand to each voter one envelope and one ballot after the chairman has put his seal on the ballot form in the presence of the voter.

In a separate room provided for this purpose, in which the voter shall be alone, he shall mark the ballot and put the marked ballot into the envelope. The voter shall then, in front of the chairman and members of the election committee, place the envelope containing the marked ballot in the ballot box. In the case of a voter who spoiled a ballot form, the chairman shall hand to such voter only one other ballot form, provided that the spoiled ballot form is returned to the chairman.

A blind voter may be accompanied to the ballot room by a member of his family or another person of his choice who may assist him in marking the ballot and putting the ballot into the envelope. The chairman may invite one of the members of the election committee to be present during the marking of the ballot.

In the absence of the chairman, his alternate or a member of the election committee specifically designated by the chairman for this purpose, shall perform the functions as assigned to the chairman of the voting district election committee in this section.

Section 35. Each electoral district election committee and each voting district election committee shall give suitable publicity to the official ballot to be used in such electoral district for the general information of the voters, by reproducing it on posters and in newspapers generally.

At the entrance of each polling place and in each room where the marking of the ballot takes place, photographs of the candidates, to be furnished by such candidates, shall be placed in the same order as the candidates are placed on the official ballot. The photograph of each candidate shall bear in Korean, as well as in Chinese letters, the candidate's name and the symbol assigned to him.

The secrecy of voting is guaranteed. The voter shall be under no obligation to disclose the identity of the candidate for whom he has voted.

No legislative, executive or administrative agency and no court shall ever question a voter as to the candidate for whom he has voted.

Section 36. One representative of each candidate duly nominated in the electoral district to which such voting district belongs shall be authorized to stay in the polling place during the whole time of voting, provided that the candidate submitted, three days before the date of voting, the name of such representative to the chairman of the voting election committee concerned. Not more than five representatives of duly nominated candidates shall be admitted to each polling place. In case that more than five duly nominated candidates submitted the names of representatives to the chairman of a voting district election committee, such chairman shall, in a special meeting, determine by lot the names of the five representatives who are admitted to the polling place. Duly admitted representatives of candidates may watch the election procedure at the place designated by the voting district election committee; they are not authorized to interfere in any way with the election procedure, render speeches or otherwise take any steps which may influence the voters.

Section 37. Voters shall stay in the polling place no longer than is required to perform the acts prescribed in section 34 of this law. They shall leave the polling place immediately after they cast the envelope in the ballot box. No voter and no duly admitted representative of a candidate shall carry a weapon while on the premises of the polling place.

Section 38. Except when entering the polling premises as voters, members of the police force shall not be authorized to enter the polling place unless they are called by the chairman of the voting district election committee to preserve the order of the polling place. When preserving the order of the polling place, the police shall act under the direction of the chairman of the voting district election committee concerned and shall leave the polling place immediately after being dismissed by the chairman.

Section 39. The chairman of the voting district election committee concerned may restrain speech, discussion, electioneering, clamour at the polling place, the waiting hall, and the area immediately adjacent to the polling place. He may expel from the polling place any person who disobeys such restraining orders.

A voter who has been expelled from the voting place in accordance with the preceding paragraph, may vote at the end of the voting day. However, when the chairman of the voting district election committee concerned finds that there is no longer any danger of disturbance of the polling place, he may, at his discretion, admit such person to the polling place.

Section 40. The ballot boxes shall be locked after the last voter who is entitled to vote has cast his vote.

The voting district election committees shall convey the ballot boxes and the records to the election committee of the electoral district to which such voting district belongs. The voting district election committee shall proceed with conveying the ballot boxes and records immediately after the voting has been closed.

Section 41. Immediately after the election committee of a voting district has conveyed its ballot box to the headquarters of the election committee of the electoral district, the chairman of the election committee of the electoral district shall take the ballot box in his custody. The chairman of the election committee of the electoral district shall order that the ballot boxes shall be opened and shall ascertain whether the number of ballots counted corresponds with the number of registered voters who received ballots according to the poll records.

The candidates or their representatives may be present at the opening of the ballot boxes. Applications for presence at the opening of the ballot boxes shall be made at least two days before the date of opening.

At the time of the opening of ballot boxes, the chairman of the election committee of the electoral district shall announce the opening. In the presence of more than half of the members of the election committee of the electoral district, the chairman of the election committee of the electoral district shall clearly show that the ballot boxes are closed and sealed; then he shall open the boxes and examine the ballots.

Section 42. The following types of ballots shall be null and void :

(1) Ballot other than the regular official ballot;

(2) Ballot on which the name of no candidate is marked;

(3) Ballot on which the names of more than one candidate are marked;

(4) Ballot on which it cannot be told which name is marked;

(5) Ballot on which the voter records other matters than a mark behind the name of the candidate of his choice;

(6) If any envelope shall be found containing two (or more) ballots, both of them shall be null and void;

(7) Ballot not placed in an official envelope.

Section 43. The candidate who receives the greatest number of valid votes shall be elected. In case of tie, the chairman of the electoral district election committee concerned shall decide the winner by lot, at a public meeting at which the candidates or their representatives may be present.

In case only one person was duly registered as a candidate in an electoral district, such candidate will be elected automatically, without election vote.

After the winner has been determined, the election committee of the electoral district shall, without delay, inform the successful candidate of his election, and give public notice of the results of the election.

Section 44. Within a period of two weeks after the date of the election the Military Governor may, after consultation with the National Election Committee, declare the election in any of the electoral districts null and void if:

(1) The election could not be held in all voting districts of such an electoral district on account of a calamity or violence; or

(2) If the ballot boxes of one or more voting districts of such an electoral district were opened illegally or were lost; or

(3) If there is clear evidence that the election results within such electoral district have been substantially affected by irregularities, fraud or improper actions of election officials.

Any group of voters has the right to bring to the attention of the National Election Committee and the Military Governor all facts prescribed in paragraph 1 of this section.

If the Military Governor, after consultation with the National Election Committee, decides to nullify the elections in any electoral district for one of the reasons set forth in this section or in the event any election in any electoral district becomes null and void, he shall order that a new election take place within a period of not more than thirty days.

Section 45. After the voting has been closed, the election committees of the voting districts shall deliver the poll register and other documents pertaining to the election to the heads of *Myun*, *Eup*, *Pu* and *Ku* of the City of Seoul to which such voting districts belong. The heads of *Myun*, *Eup*, *Pu* and *Ku* of the City of Seoul shall have those records in their safekeeping during the term of the elected representatives of the National Assembly.

Section 46. After completion of the ballot tabulation, the election committees of the electoral districts shall deliver their election records without delay to the appropriate provincial or Seoul City election committee.

The election committees of the electoral districts shall separate and identify valid and invalid ballots after the completion of the election, and shall deliver them, together with all pertinent documents, to the heads of *Pu*, *Gun* or *Ku* of the City of Seoul who shall keep them during the term of the elected representative of the National Assembly.

As soon as the provincial and Seoul City election committees receive all the election records from their respective electoral districts, they shall submit the reports on the election without delay to the National Election Committee.

Chapter VII. Term of office and by-elections

Section 47. The term of office of members of the National Assembly is hereby limited to two years from its opening session, unless a general dissolution of the National Assembly is decided upon before such time by a competent authority.

Section 48. When a vacancy occurs, a by-election shall be held to fill it.

The Chief Executive shall hold the by-election within seventy days after receipt of notification from the chairman of the Assembly that the vacancy exists.

The date of the by-election shall be announced at least fifty days before it is to be held.

If the by-election is held within six months after general election day, the poll registers which were used for the general election shall be used for the by-election also.

Section 49. Besides the regulations stated in this chapter, all provisions of this law are applicable to by-elections.

Chapter VIII. Litigation concerning elections

Section 50. Without the prejudice of the powers of the Military Governor, acting in consultation with the National Election Committee to invalidate an election in accordance with section 44 of this law, questions relating to the validity of election shall be submitted to an Election Review Board of five members: two justices of the Supreme Court, appointed by the Chief Executive; two members elected by the National Assembly; with a chairman designated by the Chief Justice of the Supreme Court.

Section 51. Any defeated candidate may raise the question of the validity of an election before the Election Review Board within fourteen days after the Election Review Board has been established.

The Election Review Board shall declare the election void if such election is found by the Election Review Board to involve violation of the provisions of this law and the provisions of the regulations promulgated in pursuance thereof and if such violations may have caused a change in the result of the election.

In addition to the regulations contained in this chapter, pertinent provisions of ordinary civil procedure shall be applicable to election cases.

Section 52. The chairman of the Election Review Board shall inform the Chief Executive, National Election Committee, and the electoral district election committees concerned of the election cases filed with it. The chairman of the Election Review Board shall send copies of its decisions to the Chief Executive, the National Election Committee, the electoral district election committees concerned and the chairman of the National Assembly.

Chapter IX. Penal regulations

Section 53. Any of the following violators of the law shall be punished by penal servitude for not more than five years, or a fine of not more than 100,000 *won*, provided that both penal servitude and fine may be imposed in case special circumstances require it:

(1) Any person who either registers on the poll register or votes by fraudulent means.

(2) Any person who gives or receives or promises to give or receive money, goods, entertainment, or any other property gain, or gives or promises to give positions of honour or favourable terms for the promise of votes or the abandonment of right to vote as a condition.

(3) Any person who tries to prevent anyone from voting or being a candidate, or force anyone not to vote by the use of violence, threats, arrest or confinement, or any other method.

(4) Any head of a *Dong* or *Pan* or any other person who deliberately makes false statements when heard as witness in accordance with section 34 of this law.

(5) Any person who, for the purpose of hindering the election, uses violence or threats against the election committee members or public officials or captures or destroys the ballot boxes or the election records.

(6) Any person who interferes with the free exercise of the right to vote or with the election process in general, by mass disturbances or demonstrations at or near the polling place.

(7) Any person who forces entrance into the polling place carrying firearms, a sword, cudgel, or any other weapon.

(8) Any member of an election committee or public official who violates any laws or regulations pertaining to the election.

Section 54. Any person who has been punished for the crimes described in this chapter shall be deprived of the rights to vote and to be elected for a period of three years from the date on which he completes the serving of his sentence.

Section 55. The statute of limitations for public prosecution with respect to the offences described in this chapter shall be one year.

Supplementary Rules

Section 56. The Chief Executive may enact such detailed regulations as may be necessary to carry out this law.

Section 57. This law shall be effective on and after the 17th day of March 1948.

[s]
[t] William F. DEAN
Major General, U. S. A.
Military Governor in Korea

Appendix I

FORM OF VOTER'S REGISTRATION PAPER FOR THE ELECTION OF MEMBERS OF THE NATIONAL ASSEMBLY

Permanent Domicile:
Present Address:
Name of Householder and Relation between Householder and Registrant: *Householder* *Relation*
Occupation, Sex, Name: *Occupation* .... Male *Name*
.... Female
Date of Birth:
Age: Full years
Period of Residence in the Electoral District
I register as indicated above
Date:
Name of Registrant:
Seal:
Qualification for Voting:
(Entries in this column shall be signed and sealed by the chairman of the election committee.)

Remarks:

1. Each registrant shall be prepared to certify by his family register or temporary residence register as to his residence, present address, name, date of birth, and period of residence.

2. Age and period of residence shall be counted as of the date of election.

3. The name of the registrant shall be signed or thumbprinted. In case a registrant is illiterate, a clerk may sign the name of the registrant in the presence of a witness, the registrant shall thumbprint the registration paper and both the clerk and the witness shall sign and seal it.

4. When there are reasons for the disqualification of a voter, the chairman of the voting district shall state briefly the reasons for the disqualification and check them in the column "qualification for voting". The chairman shall seal entry in the column "qualification for voting".

5. Each registrant on paper shall indicate by a number the *Dong* in which the registrant resides.

MEMORANDUM FROM THE UNITED STATES LIAISON OFFICER TO THE PRINCIPAL SECRETARY [3]

24 March 1948

Memorandum for Mr. Petrus J. Schmidt
Principal Secretary
United Nations Temporary Commission on Korea

Subject: Election Regulations for implementing the Law for the Election of Representatives of the Korean People

1. I herewith enclose an English copy of the Election Regulations ("Regulations for implementing the Law for the Election of Representatives of the Korean People").

2. The Election Regulations were originally drafted by an informal election committee which later became the National Election Committee. They were the subject of numerous discussions between Mr. Schreiber, on the one hand, and the United States Liaison Committee and the informal election committee on the other hand. By letter on 12 March, Mr. Menon submitted the Commission's recommendations for certain changes in the Election Law including several recommendations affecting the Election Regulations. On the basis of these recommendations the (original) Election Regulations were redrafted and co-ordinated with the National Election Committee.

The enclosed copy of the Election Regulations in its final form takes cognizance of the various recommendations of the United Nations Temporary Commission on Korea. The question of paper supply will be dealt with in a letter of General Hodge to the Chairman of the United Nations Temporary Commission on Korea.

I regret that at this moment it is impossible to include Appendix IV (sketch of the ballot box) with the enclosed copy of the Election Regulations. As soon as Appendix IV has been completed, it will be submitted to you for your information.

The Korean copy of the Election Regulations is being printed now. I shall not fail to submit to you a Korean copy of the Election Regulations (including Appendix IV) as soon as it is available.

It has been recommended that the National Election Committee should attach to the Election Regulations a sketch of a standard polling place (par. 22 of Annex I to Mr. Menon's letter). The National Election Committee prefers to send the sketch of a standard polling place to the various voting district election committees as a special instruction, together with additional instructions concerning the preparation of the balloting places (booths). Such detailed instructions are, in the opinion of the National Election Committee, necessary because local conditions may require slight deviations from the "standard polling place". The National Election Committee intends to emphasize that even in case that local conditions make it impossible to comply in all respects with the "standard polling place" the provisions of the Election Law concerning secrecy of voting must be observed under all conditions. I shall inform you when the instructions concerning voting places have been prepared by the National Election Committee.

When comparing the Election Regulations to the Recommendations of the United Nations Temporary Commission on Korea you will note that (except the paper problem and the sketch of a

[3] Document A/AC.19/47/Rev.1/Add.2.

standard polling place) the Election Regulations contain all recommendations of your Commission. Before he left Korea, Mr. Schreiber checked and approved the draft of the Election Regulations in its final form.

John WECKERLING
Brigadier General, U. S. A.

Attachment:
Election Regulations

REGULATIONS FOR IMPLEMENTING THE LAW FOR THE ELECTION OF REPRESENTATIVES OF THE KOREAN PEOPLE

Chapter I. General rules

Section 1. These regulations have been formulated in accordance with section 56 of the Law for the Election of Representatives of the Korean people (which shall be called "Election Law" hereinafter).

Section 2. A citizen in the meaning of section 1, Election Law, is any person who meets any of the following requirements:

(1) Any person who is registered in a Korean *Hojuk* (family register);

(2) Any person born of Korean parents;

(3) Any person born of a Korean father and not possessing a foreign citizenship.

Section 3. The status of persons to whom any of the categories set forth in section 2, Election Law, is applicable shall be determined as of the date of registration as provided in section 15, Election Law.

Section 4. "Expenses incurred in the election of assembly members", as defined in section 7, Election Law, means the following:

(1) Office expenses of election committees and other expenses necessary in the conduct of elections;

(2) Expenses covering postage as provided in section 44.

Chapter II. Election districts

Section 5. After the official announcement of the date of election, any change in administrative districts shall have no effect on election districts.

Section 6. The election committees of each voting district shall establish a registration place (polling place) in each voting district and publicly announce them by posters and newspapers prior to the date of registration. Whenever possible, such registration places (polling places) shall be established in a school, a building of the Korean Agricultural Association, etc.

Section 7. The election committees of the electoral districts shall publicly announce the place at which the ballot boxes shall be opened not later than five days prior to the date of election.

Chapter III. Poll register

Section 8. Registration papers prescribed in section 15, Election Law, shall be prepared in accordance with the form attached in Appendix I. Except for signature (or thumbprint if substituted for signature) the registration papers may be filled by people other than the voter.

The National Election Committee shall provide the election committees on all levels with copies of the Election Law and the Regulations. At the special request of a voter, each voting district election committee shall give an opportunity to such voter to check during office and voting hours, a copy of the Election Law and Election Regulations.

Section 9. When signing the registration paper, the voter shall exclusively use either Chinese or Korean characters or a mixture of both. If registration is accomplished by a thumbprint, this fact must be recorded on the registration paper in the column "remark" and two witnesses have to sign this entry.

Section 10. A voter "who has been in residence in a district", as defined in section 16, Election Law, means a person who has his *Hojuk* in such district of who registered in *Kiru-pu* of such district and made his home there.

Section 11. Poll registers shall be prepared in accordance with the form attached in Appendix II.

Section 12. At the time at which the poll register is established the qualification of each registered voter shall be examined and decided on the basis of clear and definite evidence, wherever possible on the basis of official documents. Unless clear and definite evidence has been received that a registrant is ineligible to vote, he shall be recorded in the poll register.

Section 13. If anyone is denied the right to vote on the basis of the examination provided in the preceding section, he shall not be recorded in the poll register and shall be informed immediately of the reason in writing.

If the person affected objects to the decision, he may present an objection in accordance with section 17, Election Law.

Section 14. An objection or request for review made in accordance with section 17, Election Law, must state in writing the reasons for it, and wherever possible documentary evidence should be attached.

Request for review shall be presented through the election committee which decided on the objection. The latter shall forward without delay all pertinent documents to the election committee of the electoral district.

Section 15. When the objection or request for review is decided in favour of the objector, the committee shall without delay revise the poll register or shall direct its revision and shall announce such decision publicly. When the objection or request for review is decided against the objector, he must be notified without delay in writing.

The notification must be served either directly to the objector or to a person living with him.

Section 16. Poll registers shall be open for public inspection from 9 a.m. to 4 p.m. daily, including public holidays during the period of such inspection.

Section 17. A person who moved from the place where he has been registered shall return to vote to the polling place of the voting district where he is registered.

Section 18. If any documentary evidence concerning election is required of a public office, it must be prepared and presented without delay.

Chapter IV. Election committees

Section 19. The names of the members of election committees of all levels shall be publicly announced.

Section 20. Without prejudice to section 6, the headquarters of election committees of all levels may be located at the office of the corresponding administrative agency otherwise determined by the election committee concerned.

If a special location is determined, the superior committee must be notified without delay and the change must be duly publicized.

Section 21. Election committees of all levels shall be summoned by the respective chairmen. When more than one third of the members requests a conference, the committee must be convened.

Section 22. The chairman of the election committees of all levels shall represent their respective committees and perform necessary administrative functions.

Section 23. The chairman or a member of an election committee of all levels shall not participate in the discussion of election matters which affect himself, his grandparents, parents, spouse, children and grandchildren, brothers and sisters, nephews, nieces, paternal uncles and aunts and their respective spouses. He may, however, have a voice in such matters if permission is given by the committee.

Section 24. Membership of election committees of all levels is honorary with appropriate allowances and travel expenses only.

The provisions concerning allowances and travel expenses shall be issued by the National Election Committee with the approval of the Chief Executive.

Section 25. The provisions concerning number, pay and travel expenses of secretaries and clerks of election committees of all levels shall be determined by the National Election Committee with the approval of the Chief Executive.

Section 26. Secretaries and clerks of election committees of all levels shall be appointed and removed by the respective chairmen in accordance with the resolution of the election committee concerned. However, officials and employees of the corresponding administrative agency may be appointed to such positions while in their regular offices.

Section 27. The duties of the National Election Committee are as follows:

(1) To appoint the election officials (chairman, alternate chairman, members, and alternate members) of the provincial election committees and to recall and replace them for violation of their duties;

(2) To instruct and supervise the subordinate election committees in all matters relating to the election;

(3) To inspect in general the election;

(4) To prepare and distribute registration papers and poll registers and to supervise the printing of ballots and envelopes;

(5) To issue and enforce rules and regulations necessary to put the Election Law and this regulation into effect;

(6) To prepare and carry out a budget for the election;

(7) To take such additional steps as are necessary to carry out the Election Law and this regulation.

Section 28. The duties of *Do* (province) and Seoul City election committees are as follows:

(1) To review the appointment of the election officials (chairman, alternate chairman, members and alternate members) of electoral districts concerned and to recall and replace them for violation of their duties;

(2) To instruct and supervise the subordinate election committees in all matters relating to the elections and to inspect the election;

(3) To prepare and present various reports concerning the election to the National Election Committee;

(4) To perform such additional functions as are necessary to conduct the elections within their jurisdiction.

Section 29. The duties of the election committees of the electoral districts are as follows:

(1) To review the appointment of the election officials (chairman, alternate chairman, members and alternate members) of the voting district election committees concerned and the election committees on the *Myun*, *Eup* and *Dong* level, wherever established, and to recall and replace them for violation of their duties;

(2) To divide the electoral districts into voting districts;

(3) To decide on the request for review concerning registration in the poll register;

(4) To register candidates for representatives of the National Assembly;

(5) To open ballot boxes and to determine those elected and to prepare records of the election;

(6) To instruct and supervise the subordinate election committees in all matters relating to the election and to inspect the election;

(7) To prepare and present various reports concerning the election to the higher election committees;

(8) To issue public announcement and notices concerning the election;

(9) To perform such additional functions as are necessary to conduct the election within their jurisdiction.

Section 30. The duties of the election committees of voting districts are as follows:

(1) To administer all matters relating to the registration of voters and voting;

(2) To prepare the poll register and to decide on the objections to the poll register;

(3) To prepare ballot boxes and polling places and publicize their location;

(4) To prepare voting records and to safeguard ballot boxes and deliver them to the election committees of the electoral district;

(5) To prepare and present various reports concerning the election to the higher election committees;

(6) To perform such additional functions as are necessary to conduct the election within their jurisdiction.

Section 31. The duties of the election committees on the *Myun*, *Eup* and *Dong* level, when established by the National Election Committee, are as follows:

(1) To assist, instruct and supervise the subordinate voting district election committees;

(2) To prepare and present various reports concerning election to the higher election committees;

(3) To perform such additional functions as are assigned to them by the National Election Committee.

Section 32. When no newspaper is published in an electoral district, the electoral district election committee shall publish the items prescribed in sections 28, 30, 35, Election Law, in the newspaper or newspapers which, in its opinion, are most widely circulated in the district.

Section 33. Election committees of all levels may request all governmental agencies for necessary assistance in matters relating to the election.

Chapter V. Candidates and election campaigning

Section 34. A person who registers as a candidate need not be a resident of that particular district nor have his *Bonjuk* in that particular district.

Section 35. The application for registration of a candidate for the National Assembly shall be in writing and include the following: the name and signature of the candidate and those who recommend him (in case of a recommended registration, the consent of the candidate), their occupation, address, date of birth and party or organization affiliation, if any.

Those who recommend a candidate must have registered on the poll register in the electoral district concerned and must attach a certificate of registration of the election committee concerned.

Section 36. A candidate who desires to withdraw his candidacy shall submit in person to the election committee of the electoral district where he is registered a written statement of his withdrawal and the reasons therefor.

Section 37. When a candidate registers or withdraws, the election committee of the electoral district concerned shall immediately notify the head of the City of Seoul, *Pu*, *Eup* or *Myun* where such candidate resides.

When a candidate dies, the head of the city of Seoul, *Pu*, *Eup* or *Myun* where such candidate resides shall immediately inform the election committee of the electoral district where such person is registered as a candidate.

Section 38. When the election committee of the electoral district concerned learns of the withdrawal or death of a candidate, it shall immediately cancel his registration.

Section 39. After registration, each candidate shall without delay report in writing to the election committee of the electoral district concerned the location of his election office, and name, address, occupation, party or organization affiliation of a person who will represent him in all matters relating to the election.

Section 40. The term "public official" as used in section 29, Election Law, shall not include members of the Korean Interim Legislative Assembly.

Chapter VI. Use of public buildings

Section 41. Unless special circumstances make it impossible, public buildings such as public halls and similar buildings dedicated to public use shall be at the disposal of any candidate upon his application at the regular rental rate.

Such application shall be presented to the manager of the building through the election committee of the voting district where the building is located.

Section 42. Unless schooling or other regular functions would be specially interfered with, the principal of every non-private school must permit the use of the school building as a place of public election addresses of candidates.

The application for the use of a school building shall be presented to the principal of the school through the election committee of the voting district where the school is located.

Section 43. Permission for the use of buildings prescribed in the preceding two sections shall be granted in accordance with the following standards:

(1) When in several applications the use of the building is desired for the same time of the same day, the application first received shall have priority; when such applications are received at the same time, use shall be awarded to the candidate who has used public buildings less frequently provided that the joint use of a building may be permitted;

(2) Not more than one permission for use of a public building shall be granted at each time.

Chapter VII. Mails free of charge

Section 44. For the purpose of his election campaign, each candidate may mail free of charge one of the following types of mail to the registered voters of his electoral district, but not more than once:

(1) Letters of the same content in open or half-open envelopes, weighing not more than 10 grammes;

(2) Private postcards.

Section 45. A candidate who wants to mail one of the types of mail mentioned in the preceding section shall apply to a post office in the electoral district concerned with a certificate of the election committee of the electoral district giving the following information:

(1) The post office the candidate desires to use;

(2) The date on which the mail will be delivered to the post office;

(3) Number and type of mail;

(4) Name and address of the candidate.

Section 46. Franked election mail must be marked "election" on the upper left hand corner.

Chapter VIII. Election procedure and successful candidates

Section 47. Ballots shall be prepared in accordance with the form attached in Appendix III.

When the electoral district election committee determines the symbols before the name of each candidate in accordance with section 33, Election Law, it shall assign one stroke to the candidate whose name has been placed first on the ballot, two strokes to the candidate whose name has been placed second on the ballot, etc.

Section 48. The election committee of each voting district shall keep the ballots under its seal until the voting begins.

Section 49. The ballot box shall be made in accordance with instructions set forth in Appendix IV. Each ballot box must have double lids and be under lock and key.

Section 50. Each voting district shall establish one or several signboards and allocate to each candidate running in the electoral district, adequate and equal space on each signboard. The National Election Committee shall publish detailed regulations concerning the size and material of the signboards.

Each electoral district election committee and each voting district election committee shall print the word "sample" on handbills, posters, and other publications which reproduce the ballot for purposes of the information of the voter in accordance with section 35, Election Law.

Section 51. On the day of the election no posters and signboards for the purpose of campaigning will be permitted within 100 metres distance from the entrance of each polling place, nor shall any pamphlets or handbills be distributed within that distance.

Section 52. The chairman of each voting district election committee shall during the whole time of voting post at least one member of the election committee at the entrance of the separate room (booth) in which the ballots are marked. Each voting district election committee is responsible that the place where the voter marks the ballot is so arranged that no election official and no voter or other person may observe the marking of the ballot. The place where the ballots are marked will be provided only with tables, chairs and writing materials.

When a candidate fails, two days prior to the election, to furnish the voting district election committee with photographs as prescribed in section 35, Election Law, the voting district election committee shall display only the name and the symbol assigned to such candidate at the entrance of the polling place and in the balloting room. The photograph to be furnished by each candidate for display at the entrance of each polling place shall not exceed 12 × 16.5 cm., the photograph for display in the balloting room shall not exceed 4 × 6.5 cm.

The mark to be used by a voter to indicate the candidate of his choice shall be a cross, a circle, a stroke or similar symbol. Ballots filled by a voter with pictures or words are invalid.

Section 53. Time necessary for registration of voters and voting shall not be deemed to be absence from the usual duties of public officials and persons employed by others.

Section 54. Immediately before balloting commences, in the presence of more than half of the members of the committee and of voters who are present in the polling place, the chairman of the election committee of the voting district shall open the ballot box and show it to be empty and then lock the inner lid.

The chairman of each voting district election committee shall designate a member of the committee to observe during the whole time of voting the ballot box, to see that each voter properly casts the envelope into the ballot box.

Section 55. The notification of decision, provided for in section 34, Election Law, means the notification made in accordance with section 17, Election Law.

Section 56. More than half of the members of the election committee of the voting district shall be present at the polling place during the period of voting.

Section 57. Decisions concerning questions dealt with in section 34, paragraph 2, Election Law, shall be noted in the voting record.

Section 58. When a voter who has received a ballot is ordered to leave the polling place in accordance with section 39, paragraph 1, Election Law, he shall return the ballot to the chairman of the voting district election committee and such fact shall be noted in the voting record.

Section 59. When the balloting is over, the chairman of the election committee of the voting district shall without delay lock the lids of the ballot box and place his seals on both in the presence of voters.

Section 60. After the balloting is over, the unused ballots shall be counted and forwarded in closed envelopes to the election committee of the electoral district.

Section 61. The election committee of the voting district shall prepare a voting record describing the procedure of the voting with signatures and seals of the chairman and the members of the committee who have been present at the polling place.

Section 62. The following shall be recorded in the voting record :

(1) Outline of the procedure of voting;

(2) Total number of voters recorded in the poll register;

(3) Number of the ballots distributed;

(4) Number of unused ballots.

Section 63. When the ballots are being counted, the chairman of the election committee of the electoral district shall examine each ballot and have two persons engaged in the work of opening the ballots separately, compute the ballots each candidate has received. Voters may observe the opening of the ballot boxes at a designated place.

Section 64. After the computation prescribed in the preceding section has been completed, the chairman of the election committee of the electoral district shall announce the votes each candidate has received in each voting district and thereafter he shall announce the total number of votes received by each candidate.

Section 65. When the validity of a ballot is in question, the decision shall be made by the chairman of the election committee of the electoral district with the concurrence of the majority of the members of such committee present.

Section 66. The invalidation of each vote shall be announced at such time as it is decided.

Section 67. The drawing of a lot as prescribed in section 43, paragraph 1, Election Law, shall be recorded in detail in the election record.

Section 68. After the counting of the ballots has been completed, the election committee of the electoral district shall without delay prepare in three copies a record of the election, with the signatures and seals of the chairman and the members present of the election committee.

Section 69. The records of election shall contain the following :

(1) Outline of the procedure of the ballot box opening;

(2) Total number of voters recorded in the poll register;

(3) Total number of ballots distributed;

(4) Total number of ballots cast;

(5) Number of invalid ballots;

(6) Number of votes each candidate received;

(7) Determination of the candidate elected.

Section 70. In case actual voting is not necessary in accordance with section 43, Election Law, the election committee of the electoral district concerned shall immediately make announcement to this effect.

Section 71. The candidate elected without actual voting in accordance with section 43, Election Law, shall be determined by the election committee of the electoral district concerned at 9 a.m. of the day of the election and such fact shall be announced publicly. When a second election takes place, the poll register prepared at the general election shall be used for such election.

Chapter IX. Procedure in case of violation of election provisions

Section 72. The police authorities and public prosecutors shall immediately report to the National Election Committee when they have started investigations concerning violations of section 53, Election Law.

Section 73. Except in case of a clear and present danger to the public peace, no person shall be arrested, confined or otherwise detained prior to commencement of prosecution by the police or public prosecutor for violation of section 53, Election Law, without a writ of a court; but even if a person is arrested in case of clear and present danger, a writ of a court must immediately be secured.

Section 74. Criminal cases against candidates and their accomplices for violation of section 53, Election Law, shall be tried in the first instance before a collegiate court of the district court.

Section 75. When a judgment is rendered in accordance with section 53, Election Law, the chief judge of the court concerned shall without delay forward a copy of such judgment to the Chief Executive, the National Election Committee, and the election committee of the electoral district concerned.

Supplementary rules

Section 76. These regulations shall be effective as of 22 March 1948.

Appendix I

FORM OF VOTER'S REGISTRATION PAPER FOR THE ELECTION OF MEMBERS OF THE NATIONAL ASSEMBLY

Permanent Domicile :
Present Address :
Name of Householder and Relation
between Householder and Registrant : *Householder* *Relation*
Occupation, Sex, Name : .... Male *Name*
.... Female
Date of Birth :
Age : Full years
Period of Residence in the Electoral District
I register as indicated above
Date :
Name of Registrant :
Seal :

Qualification for Voting :
(Entries in this column shall be signed and sealed by the chairman of the election committee.)

Remarks :

1. Each registrant shall be prepared to certify by his family register or temporary residence register as to his residence, present address, name, date of birth, and period of residence.
2. Age and period of residence shall be counted as of the date of election.
3. The name of the registrant shall be signed or thumbprinted. In case a registrant is illiterate, a clerk may sign the name of the registrant in the presence of a witness, the registrant shall thumbprint the registration paper and both the clerk and the witness shall sign and seal it.
4. When there are reasons for the disqualification of a voter, the chairman of the voting district shall state briefly the reasons for the disqualification and check them in the column "qualification for voting". The chairman shall seal entry in the column "qualification for voting".
5. Each registrant on paper shall indicate by a number the *Dong* in which the registrant resides.

Appendix II

FORM OF POLL REGISTER FOR THE ELECTION OF MEMBERS OF THE NATIONAL ASSEMBLY

No. 1	Permanent domicile	Present address	Relation between householder and voter	Date of birth	Sex	Name	Remarks	Date of Registration

No. 1	Permanent domicile	Present address	Relation between householder and voter	Date of birth	Sex	Name	Remarks	Date of Registration

Appendix III

FORM OF BALLOT

/	//	///	////	/////
Name of Candidate	Name of Candidate	Name of Candidate	Name of Candidate	Name of Candidate

LAW CONCERNING ELECTIONS IN SOUTH KOREA[4]

Public Act No. 5 of the South Korean Interim Government containing the "Law for the Election of Members of the Korean Interim Legislative Assembly" was enacted by the Korean Interim Legislative Assembly on 12 August 1947. It was approved by the United States Military Governor on 3 September 1947 and brought into effect on the same date.

South Korean Interim Government
Seoul, Korea

PUBLIC ACT
NUMBER 5 — 3 September 1947

LAW FOR THE ELECTION OF MEMBERS OF THE KOREAN INTERIM LEGISLATIVE ASSEMBLY

Chapter I. General rules

Section 1. Any citizen twenty-three or more years of age has the right to vote for members of the Legislative Assembly (who shall be called "Assembly members" hereafter) regardless of sex, property, education or religion.

Any citizen twenty-five or more years of age has the right to be elected as an Assembly member regardless of sex, property, education or religion.

Age shall be counted as of the date the election is held.

Section 2. *(a)* Persons to whom any of the following categories are applicable are not eligible to vote or to be elected :

(1) Incompetents, quasi-incompetents, mentally deranged persons, and drug addicts.

(2) Persons who are sentenced and serving prison terms, or who are under suspended sentence, or under a sentence not yet executed.

(3) Persons who have received a sentence of one or more years penal servitude or imprisonment; provided, however, that if three or more years have elapsed since the completion of sentence, or since the time when final decision was made not to execute the sentence, or if the sentence was imposed for a political offence, the person concerned will not be included in this category.

(4) Persons who by law have been permanently or temporarily deprived of the right to vote and persons who have been classified by law as "traitors", "collaborators", or "profiteers".

(b) Persons to whom any of the following categories are applicable are not eligible to be elected :

(1) Persons who were advisors, members or vice-chairmen of the Central Advisory Council under the Japanese regime.

(2) Persons who were members of an advisory or deciding council of *Pu* or *Do* (province) under the Japanese regime.

(3) Persons who held positions of the third class or higher of the *Kotokan* or who received a medal *(Kun)* of the seventh class or higher. However, educators and technical officials are not included in this category.

(4) Persons who under the Japanese regime held rank of *Hanninkan* or higher in the civilian police force or who served as *Kempei* or *Kempei-Ho* in the Japanese military police force, or persons who held positions in the police in charge of "thought control" or those who acted as spies for the latter.

Section 3. Government officials shall not, while in office, hold membership in the Assembly in addition to such position, except *Jungmukwan*.

Section 4. The members of local self-governing bodies shall not, while in office, hold membership in the Assembly in addition to such position.

Section 5. The officials participating in election procedures and the members of election committees shall not be eligible to be elected members in the Assembly within the districts concerned.

Section 6. Expenses incurred in the election of Assembly members shall be defrayed by the national treasury.

Chapter II. Electoral districts and representation

Section 7. Each administrative district (*i.e., Pu, Gun, Do* (Island) and *Ku* of the city of Seoul, hereinafter refered to as district) shall constitute one electoral district for the purpose of electing members of the Assembly.

[4] Document A/AC.19/W.11.

Section 8. Each *Pu*, *Eup*, *Myun* and *Ku* (administrative districts) shall constitute one voting district, respectively. The election committee of each electoral district may divide the voting district into voting sub-districts and establish polling places for the sake of convenience in carrying out the voting procedure.

The establishment of voting sub-districts should be publicized before the beginning of voters' registration.

Section 9. Each electoral district shall be represented in the Assembly by one member. In case the population of an electoral district is over 100,000, members shall be elected in the ratio of one member for each 100,000, and one additional member shall be elected for the fraction of 50,000 or more thereof.

Numbers of members to be elected from each electoral district shall be determined and publicized by the Central Election Committee in accordance with population statistics nearest to the election date.

Chapter III. Poll registers

Section 10. The voters shall register by signing and sealing (or by thumbprint for a seal) on registration paper at the registration place designated by the chairman of the electoral district election committee, some time during a period of ten days beginning sixty days before the date of election.

Each voter shall register at only one registration place.

Section 11. The election committee of the voting district (or in case of a voting sub-district, the election committee of that sub-district) shall prepare poll registers indicating the name, address, date of birth, sex, date of registration, and other pertinent data with respect to all voters who have been in residence in that district since the date sixty days prior to the date of the election concerned. The registers shall be open to the public at the registration places for a period of fourteen days beginning forty days prior to the date of the election. The poll registers shall become final on the tenth day before the date of election.

Section 12. When there are incorrect recordings or omissions or when a person who has no right to vote is registered in the poll register, each voter may object to the election committee concerned during the period of public notification.

Examination and decision in regard to these objections shall be made within three days by the election committee concerned.

In case objections to the foregoing decision be raised, the voters may request, within five days, the electoral district election committee to review this decision.

The election committee of the electoral district shall on a request for review in accordance with the preceding paragraph review and decide each case within three days and shall notify in writing the person who asked for review and other persons concerned.

Chapter IV. Election committees

Section 13. The Chief Executive shall organize a central election committee eighty days before the date of election and shall order the organization of provincial election committees, election committees of the electoral districts, and election committees of the voting districts and voting sub-districts.

Section 14. The central election committee shall consist of fifteen committee members, and its chairman shall be elected by and from among the members of the committee.

The provincial and Seoul City election committees shall consist of nine committee members each, and their chairman shall be elected by and from among the members of the individual committees.

The election committees of the electoral districts shall consist of nine committee members each, and their chairmen shall be elected by and from among the members of the individual committees. The election committees of the voting districts shall consist of seven committee members each, and their chairmen shall be elected by and from among the members of the individual committees.

The election committees of the voting sub-districts shall consist of seven members each, and their chairmen shall be elected by and from among the members of the individual committees.

Section 15. The heads of the administrative districts concerned will organize the election committee for their respective districts, appointing the members from among those persons eligible to vote. One-third or more of the members of any committee may not be chosen from the same party or organization.

A candidate for election is not eligible for appointment to the election committee in the electoral district in which he is a candidate.

Each type of election committee may employ several secretaries and/or clerks.

Section 16. Each election committee shall act in accordance with laws and regulations and in accordance with the orders and instructions of higher election committees and shall render various reports on its activities to the higher election committee and shall supervise the activities of the lower election committee.

Upon request, each election committee shall show its various records and documents to a court.

Section 17. The quorum of each election committee shall be a majority of its members, and all the actions of the committee shall be determined by majority vote of the members present. In case of a tie in voting, the chairman of the committee shall decide. The chairman may take necessary measures when the members do not respond to calling, or in case of emergency.

Chapter V. Candidates and election campaigns

Section 18. A person who wishes to stand for election to the Assembly shall register with the election committee of the electoral district some time between the date of the beginning of voters' registration and a date twenty-five days before election day, and submit, at the same time, a recommendation signed by one hundred or more registered voters.

In case of recommendation of one person by another to be a candidate, the person making the recommendation must secure the signature of one hundred or more registered voters and the written consent of the person being recommended and register with the election committee of the electoral district.

The registration of a candidate who is registered in two or more electoral districts shall be invalid.

Section 19. In case the number of registered candidates falls short of the number of Assembly members specified for the electoral district concerned, or in case of the death or withdrawal of any candidate, the registration of other candidates may take place until a date ten da‚'s before election day.

Section 20. Election committees of electoral districts shall give public notice of the name, address, age, occupation, and party or organization affiliation of every candidate within three days after each candidate's registration.

Election committees of electoral districts shall also give public notice immediately of the withdrawal or death of any candidate.

Section 21. Registered candidates may freely conduct campaigns for election, but they may not give, or promise to give, money, goods, or other property benefits.

Members of each election committee, public officials connected with election matters and any other public official may not take part in campaigns within the districts concerned.

Chapter VI. Election procedure and successful candidates

Section 22. The election of Assembly members shall take place on the same day throughout the area in which this law is applicable.

The Chief Executive shall announce the date eighty days before the election day.

The election committees of the electoral districts shall make official announcements of the date, time, polling places and number of Assembly members to be elected sixty days before election day.

Polling places shall be the same places in which the voters register; however, when any polling place must be changed on account of a calamity or other unavoidable emergency, the electoral district election committee concerned shall immediately give public notice.

Section 23. The voting shall be accomplished by (the casting of) secret (unsigned) ballots, each of which shall designate one candidate only.

Every voter shall cast one ballot.

Section 24. Voters shall present themselves in person at the polls, and each voter shall cast his own ballot.

In case of doubt as to the identity of any voter, the election committee of the voting district (in case voting sub-districts are established, the election committee of the voting sub-district) shall decide the question.

In such case, the head of the *Dong* or *Pan* in which the voter resides may be called upon as a witness.

Section 25. Balloting shall begin at 8.00 a.m. and close at 6.00 p.m. on election day.

Section 26. When the voting time begins, the election committee of the voting district (in case sub-districts have been established, the election committees of voting sub-districts) shall give each voter one ballot after he has sealed (or thumb-printed) on the poll register.

Section 27. Persons whose names are not registered on the poll register cannot vote; provided, however, that a person may vote who brings with him the notification of a decision rendered by the election committee of the electoral district or voting certifying that the person shall be registered on the poll register.

Section 28. Each voter shall himself write the name of the candidate on the ballot at a place established at the polling place and shall himself cast his ballot into the ballot box.

Section 29. Besides voters, no one except police or election officials whom the appropriate election committee has recognized, may enter the polling place. The chairman of the election committee concerned may restrain speech, discussion, clamour, negotiations concerning the election, electioneering or any other disturbance at the polling place or in its neighbourhood. He may expel from the polling place any person who disobeys such restraining orders.

Voters who have been expelled from the polling place in accordance with the preceding paragraph may vote at the last. However, when the chairman of the election committee concerned finds that there is no longer an‚ danger of disturbance of the polling place, he may let such person cast his vote.

Section 30. The polling places shall be closed when the polling hours are ended and the ballot boxes shall be locked after the last voter in the polling place has cast his vote. No votes shall be cast after the ballot boxes are locked.

Section 31. The election committees of voting districts shall deliver the ballot boxes and records to their respective election committees of electoral districts within six hours after the voting has been closed.

In the case of a voting sub-district, the election records and poll registers shall be delivered to the appropriate election committee of the voting district without delay after the voting has been closed.

The election committees of the voting districts shall deliver the poll registers and all other documents pertaining to the election to the appropriate heads of *Pu*, heads of *Eup*, heads of *Myun*, or heads of *Ku* after the voting has been closed. The officials concerned shall have those records in their safekeeping during the terms of the elected Assembly members.

Section 32. In case there is difficulty in meeting the time requirements specified in the foregoing section, on account of the distance between islands or the lack of means for rapid communication in some areas, the election committees of the voting districts shall deliver them according to a schedule fixed by the election committee of the electoral district.

Section 33. In case the voting cannot be held on account of some calamity or unavoidable accident or in case of loss or destruction of ballot boxes, which makes a partial re-election necessary, the election committee of the electoral district concerned shall secure permission from the appropriate provincial or Seoul City election committee and hold a second balloting. The date of this second balloting shall be announced at least five days before it is to take place.

Section 34. When the election committee of the electoral district has received all the ballot boxes in its district, each box shall be opened and the number of ballots counted to see whether the number of ballots corresponds with the number of registered voters who received ballots, according to the poll records. The ballots shall then be opened and the number of votes for each candidate counted.

In case ballot boxes are lost or destroyed the counting of ballots cannot be accomplished properly for other reasons, the election committee of the electoral district concerned by permission of the appropriate provincial Seoul City election committee may open only those boxes which it received in proper conditions.

Section 35. The following types of ballots shall be null and void :

(1) Ballot other than the regular, official ballot.

(2) Blank ballot, or ballot which records the name of a candidate other than one of those officially registered in the electoral district concerned.

(3) Ballot which records names of two or more candidates.

(4) Ballot by which it cannot be told which name is written.

(5) Ballot which records matter other than the name of a candidate ; provided, however, that designation of occupation, rank, the address or honorific title of the candidate concerned may be included.

Section 36. The candidate who receives the greatest number of valid votes shall be elected.

In an electoral district to which more than one Assembly seat is allocated, the winners shall correspond in number to the available seats, and shall be those who receive the highest number of votes.

In case of a tie, the chairman of the electoral district election committee concerned shall decide the winner by lot.

Section 37. If the number of registered candidates in an electoral district does not exceed the number of Assembly seats specified for that district, the candidates will be elected automatically, without an actual vote.

Section 38. After the winners have been determined, the election committees of the electoral districts shall, without delay, inform the successful candidates of their election, and give public notice of the results of the election.

Section 39. In the following cases, the candidates running next in the number of votes shall be elected :

(1) In the event the elected person refuses to assume his post.

(2) In the event the elected person dies.

(3) In the event the elected person loses the right to be elected after the date of election.

(4) In the event the election of the winner becomes void.

Section 40. In the following cases the provincial or Seoul City election committee shall decide the date for a second election and announce it publicly at least twenty days before such date, and shall order the electoral district concerned to hold a second election :

(1) In case the number of elected candidates is less than the number of Assembly seats specified for the electoral district concerned.

(2) In case all or part of the election becomes void.

Section 41. After completion of the ballot tabulation, the election committees of the electoral districts shall deliver their election records without delay to the appropriate provincial or Seoul City election committee.

The election committees of the electoral districts shall separate and identify valid and invalid ballots after the completion of the election, and shall deliver them, together with all pertinent documents, to the heads of *Pu*, *Gun*, Islands or *Ku*, who shall keep them during the term of the elected Assembly members.

Section 42. As soon as the provincial and Seoul City election committees receive all the election records from their respective electoral districts, they shall submit the reports on the election without delay to the central election committee.

Chapter VII. Special electoral district

Section 43. A special electoral district covering all of South Korea shall be established for the benefit of voters who have their family register *(Bonjuk)* in North Korea and residence in South Korea and who wish a *Bonjuk* district election.

Voting district, sub-districts, and registration places of the special electoral district shall be the same of the general electoral districts.

Section 44. Persons who wish to vote in the special electoral district must register at their appropriate registration places.

Poll register for the special electoral district shall be prepared separately.

Section 45. The election committee of the special electoral district shall consist of nine members and its chairman shall be elected by and from among its members. Provincial, Seoul City, and all lower election committees shall handle election matters for the special electoral district as well as for general electoral districts.

Section 46. The special electoral district voters shall vote only in the special electoral district election, and shall not vote in any general electoral district election.

Polling places for the special electoral district shall be attached to those established for general electoral districts, but the ballot boxes shall be separate.

Voting records and ballot tabulations of the special electoral district shall be prepared separately from those for general districts.

Provincial and Seoul City election committees shall receive the ballot count for the special electoral district from each lower election committee and shall submit the combined figures to the election committee of the special electoral district.

Section 47. Besides the special regulations stated in this chapter, all provisions of this law for the election in the general electoral district are applicable *mutatis mutandis* to the election in the special electoral district.

Chapter VIII. Term of office and by-elections

Section 48. The term of office for Assembly members shall continue until such time as the Provisional Government of United Korea is established.

Section 49. When a vacancy occurs, a by-election shall be held to fill it.

The Chief Executive shall hold the by-election within seventy days after receipt of notification from the chairman of the Assembly that the vacancy exists.

The date of the by-election shall be announced at least fifty days before it is to be held.

If the by-election is held within six months after general election day, the poll registers which were used for the general election shall be used for the by-election also.

Section 50. Besides the regulations stated in this chapter, all provisions of this law are applicable to by-elections.

Chapter IX. Litigation concerning elections

Section 51. Contests of the validity of elections against the chairman of the electoral district election committee as defendant may be filed with the Supreme Court by candidates or voters concerned within twenty days after the election day.

Section 52. Any defeated candidate may bring actions concerning the validity of the election of the winner in the Supreme Court against the chairman of the electoral district election committee and the successful candidate concerned as defendant within 10 days after the successful candidate has been officially designated.

Section 53. The Supreme Court shall declare all or part of the election void if such election is found by the Court to involve violations of the provisions of law and such violations may have caused a change in the result of the election.

In litigations in accordance with the preceding section, the Supreme Court shall declare all or part of the election void if such election involves violations of the provisions of law and such violations may have caused a change in the result of the election.

Section 54. Prosecutors shall be present at the Supreme Court when it holds trials concerning the election.

Section 55. The Supreme Court shall give priority to election cases.

Section 56. In addition to the regulations contained in this chapter, pertinent provisions of ordinary civil procedure shall be applicable to election cases.

Section 57. The Chief Justice of the Supreme Court shall inform the Chief Executive, the central election committee, and the local election committees concerned of the election cases filed with it. The Chief Justice of the Supreme Court shall send copies of the judgments, when it renders judgments on cases concerning the election, to the Chief Executive, the central election committee, the election committees concerned and the chairman of the Legislative Assembly.

Chapter X. Penal regulations

Section 58. Any of the following violators of the law shall be punished by penal servitude for not more than five years, or a fine of not more than 100,000 *won*, provided that both penal servitude and fine may be imposed in case special circumstances require it :

(1) Any person who either registers on the poll register or votes by fraudulent means.

(2) Any person who gives or receives or promises to give or receive money, goods, entertainment, or any other property gain, or gives or promises to give positions of honour on favourable terms, for the promise of votes or the abandonment of right to vote as a condition.

(3) Any person who makes false statements concerning candidates in speeches or publications in order to be elected, or to promote or prevent the election of another candidate.

(4) Any person who tries to prevent anyone from voting or forces anyone not to vote by the use of violence, threats, arrest or confinement, or any other method.

(5) Any person who, for the purpose of hindering the election, uses violence or threats against the election committee members or public officials, or captures or destroys the ballot boxes or the election records.

(6) Any person who interferes with the free exercise of the right to vote or with the election process in general, by mass disturbances or demonstrations at or near the polling place.

(7) Any person who interferes with the voting of a voter in the polling place without proper reasons.

(8) Any person who forces entrance into the polling place carrying firearms, a sword, cudgel, or any other weapon.

(9) Any member of an election committee or public official who violates any laws or regulations pertaining to the election.

Section 59. Any person who has been punished for the crimes described in this chapter shall be deprived of the rights to vote and to be elected for a period of three years from the date on which he completes the serving of his sentence. In case he is the person elected, his election shall become void.

Section 60. The statute of limitations for public prosecution with respect to the offences described in this chapter shall be one year.

Supplementary rules

Section 61. The Chief Executive may enact such detailed regulations as may be necessary to carry out this law.

Section 62. This law shall be effective on and after the date of its promulgation.

APPROVED 3 September 1947	Duly enacted by the Korean Interim Legislative Assembly 12 August 1947
C. G. HELMICK Brigadier General, United States Army Acting Military Governor	YUN KI SOP Acting Chairman, Korean Interim Legislative Assembly

ELECTION REGULATIONS FOR NORTH KOREA[5]

Section I. Basic principles of election

1. Exclusive of mental patients and men who have been stripped of their franchise by the verdict of the Court of Justice, all twenty-year-old citizens of North Korea shall have the franchise and be qualified for election regardless of their financial status, education, residentiary zone and their religion.

[5] Document A/AC.19/W.13.

The pro-Japanese shall be excluded from the franchise and eligibility for election.

The pro-Japanese shall come under the following classification :

(a) All of the councillors and advisors of the Privy Council of the Government-General of Korea.

(b) All of the Korean provincial and city councillors.

(c) All of the Korean conspicuous officials (responsible officials) of the Government-General of Korea and the Provincial offices during the Japanese domination.

(d) All of the Korean conspicuous policemen and public procurators and judges during the Japanese domination.

(e) The men who spontaneously produced military supplies and offered economic resources to Japanese sovereignty with the purpose of aiding it.

(f) The men who, as the leaders of the pro-Japanese organizations, took enthusiastic actions in supporting Japanese imperialism.

2. Twenty-year-old women shall have the franchise and eligibility for election equally with men.

3. The election of people's committee members shall be based on equality — that is, each citizen shall be allowed only one vote and all the citizens are authorized to participate in the election on equal basis.

4. The election of the members of the *Myun*, County, City and Provincial People's Committee shall be conducted directly by the voters of towns and villages.

5. The election of the members of the *Myun*, County, City and Provincial People's Committees shall be held by secret vote.

6. All democratic political parties and social organizations and the other groups which are in North Korea and were registered with the North Korean People's Committee are authorized to recommend the candidates for members of provincial and local People's Committees.

7. A man who holds foreign nationality living in North Korea shall not be allowed to participate in the election and shall not be eligible for the election of the members of the People's Committees.

8. All appropriations for the election shall be raised out of the provincial and local budget.

Section II. List of voters

9. All citizens who are to be fully twenty years old at the time of the making of the list of voters, and who have permanent or temporary residence in the zone of the *Myun* or town shall be registered. Voters shall not be allowed to register themselves more than once in the same residence zone.

10. Pro-Japanese shall be excluded from registration. Men stripped of their franchise by the verdict of the Court of Justice shall not be allowed to be registered in the list until the time appointed by the court of justice and according to the regulations mental patients shall be treated in the same way.

Note : The depriving of the franchise of Pro-Japanese shall be made by the special decision of the Provincial People's Committees.

11. The list of voters shall be made according to the sub-constituencies established by the *Myun* or City People's Committees.

12. The list shall be made according to the form ratified by the Central Election Guidance Committee and the names, ages and addresses of the voters shall be recorded in alphabetical order and then the list shall be signed by the chairman and the chief secretary of the *Myun* or City People's Committee.

13. The election committee of a sub-constituency shall make public the list of voters 20 days prior to the election.

14. The petition for the correction of the mistakes (in case of non-registration of the voters in the list or of the mis-recording of the voters names or the registration of the men stripped of their franchise) found in the list of the voters shall be submitted to the People's Committees who have made the list. People's Committees shall accept or reject the petition after careful investigation within five days. In case of rejection the answer shall be made in writing to the petitioner attaching the reason for rejecting it. In case the petitioner acknowledges the rejection to be improper, he will be able to submit another petition to a higher People's Committee and the higher People's Committee is authorized to ratify or reject the petition after the careful investigation of it within three days. The decision of the People's Committee shall be the final decision.

15. In case that during the period of compilation of the list of voters or during the election, the voter changes his address or residence temporarily in another place, the *Myun* or City People's Committee shall serve him with a "franchise certificate", according to the form set up by the Central Election Guidance Committee and shall write down "removal" in the list of voters. In his new address (permanent or temporary) he shall be registered in the list of voters according to the "franchise certificate" brought by him.

Section III. Electoral district and sub-districts

16. The election of the members of the *Myun*, County, City and Provincial People's Committee shall be conducted according to the electoral district previously set up.

17. In the election of County People's Committee members, one electoral district shall be formed with 3,000 inhabitants.

In the election of City People's Committee members, one electoral district shall be formed with 2,000 inhabitants in a city with a population of 10,000 to 50,000 inhabitants; with 3,000 inhabitants in a city with a population of 50,000 to 100,000 inhabitants; with 5,000 inhabitants in a city with a population of 100,000 to 200,000 inhabitants, and with 8,000 inhabitants in a city with a population of more than 200,000 inhabitants.

In the election of Provincial People's Committee members, one electoral district shall be formed with 30,000 inhabitants.

18. The *Myun*, County, City and Provincial People's Committees shall form their own electoral districts respectively.

19. To receive the votes, in all the residence districts with 500 to 1,000 inhabitants, one electoral

sub-district shall be formed. The electoral sub-district shall be formed by the *Myun* (village) and City (town or city) People's Committees. In accordance with the decision of the People's Committee with only 50 inhabitants one electoral sub-district will be able to be formed.

20. Hospitals which have more than 25 voters shall have their own special electoral sub-district.

21. To conduct the election at the appointed time and to prepare the ground in advance for the election, an election committee shall be formed according to the following items :

(a) To lead the provincial and local election committees the Central Election Guidance Committee shall be formed in the North Korean People's Committee. The Central Election Guidance Committee shall be composed of eleven members. The provincial election committee shall be composed of eleven members, city election committee of seven members, county election committees of seven members, and *Myun* election committees of five members. The members of the election committee shall be selected from the representatives of all the democratic political parties and social organizations.

22. Following is the task of the Central Election Guidance Committee in the North Korean People's Committee :

(a) To set up the form of the ballot box and the forms of the polling ticket and the election minutes concerning the colour, election of the district and sub-district and the form of signature and the franchise certificate and the election certificate.

(b) To supervise the strict observation and enforcement of the regulations concerning elections in North Korea.

(c) To lead and inspect the tasks of the provincial election committees.

23. Following is the task of the provincial election committee :

(a) To lead and inspect the tasks of the city or county election committees.

(b) To supervise the strict observation and enforcement of the election regulations in the province.

(c) To deliver polling tickets and the other materials to the district and sub-district election committees which are entrusted with the task of preparing in advance for the election of the members of the Provincial, City and County People's Committees and to establish the results of the election in the province based on the election minutes of the district election committee.

24. Following is the task of the City, County and *Myun* Election Committees :

(a) To instruct the district and sub-district election committees in their tasks.

(b) To supervise the strict observation and enforcement of the election regulations in the city, county and *Myun*.

(c) To supply the district and sub-district election committees with election documents and forms.

(d) To supervise the realization of the organizing of the electoral districts and sub-districts.

(e) To establish the results of the election based on the minutes of the sub-district election committee.

25. In the above stated provincial, city, county and *Myun* election committees, the committees of the respective electoral district and sub-district shall be formed. The district election committee, to prepare in advance for the election of the members of the Provincial People's Committee, shall be composed of seven members by the Provincial People's Committee 40 days prior to the election. The district election committee, to prepare in advance for the election of the members of the City, County and *Myun* People's Committees, shall be composed of five members by the People's Committees concerned 30 days prior to the election. The sub-district election committee shall be composed of five members by the City, County and *Myun* People's Committees 20 days prior to the election. The aforesaid district and sub-district election committees shall be composed of the representatives of all the democratic political parties and social organizations.

26. Following is the task of the district election committee :

(a) To register the candidates recommended in its own electoral district according to the regulations of the election.

(b) To count the votes within its own electoral district and to establish the results of the election.

(c) To serve the successful candidate elected to the People's Committee with the election certificate.

27. Following is the task of the sub-district election committee :

(a) To investigate the accuracy of the voters' list of each electoral sub-district.

(b) To explain to the voters the order and method of secret voting.

(c) To decorate the polling booths of the electoral sub-district.

(d) To receive the ballots and count them.

28. Differences occurring between the election commissioners shall be determined by a majority of the signed votes, but in case of a tie, the chairman of the committee shall have the decisive vote.

Section IV. Recommendation of candidates

29. All the democratic political parties, social organizations and groups registered in the North Korean People's Provisional Committee shall be authorized to recommend the candidates for the members of the Provincial, City, County and *Myun* People's Committees.

30. According to the regulations of the election, all the candidates recommended shall be registered in the district election committee concerned.

31. The democratic political parties, social organizations and groups which have recommended the candidates shall serve the following documents on the electoral districts :

(a) The minutes of the meeting in which the candidates have been recommended, the signature of the chairman and the chief secretary of the meeting, the record of the names and addresses of the recommending organizations and the place and time and the number of participants of the meeting and the names, addresses and ages of the candidates and the names of the parties and social organizations with which they are affiliated and their occupations.

(b) The written consent of the candidate that he will stand for election upon the recommendation of a certain organization.

32. According to the regulations of the election, the candidates recommended by all the democratic political parties and social organizations shall be registered in the electoral districts of the Provincial, City, County and *Myun* People's Committees.

33. For fifteen days prior to the election the electoral districts shall publicize to the voters the names, ages and occupations of the candidates registered in the electoral districts and the name of their respective party and social organization in newspapers or over the radio or by other means.

34. All the democratic political parties and social organizations shall be authorized to publicize freely and propagandize their own candidates in newspapers, over radio or by speeches.

35. In the election of the commissioners of the *Myun*, County, City and Provincial People's Committees the candidates shall be allowed to stand for election in only one electoral district.

36. All democratic political parties and social organizations are authorized to recommend their common candidates.

37. Only one candidate shall be elected in each electoral district.

Section V. The election

38. The election committees of the *Myun*, County, City and Provincial People's Committees shall be bound to advertise the date and place of election to all the voters twenty days prior to the election.

39. The election committee shall prepare the polling places in advance and the electoral commissioners of all the sub-districts shall take night duty by turns from twenty days prior to the election.

The election shall be conducted by casting ballots into the fixed boxes and each voter shall use one of the ballots received in voting for a provincial member and the other in voting for a city or county member.

Two boxes shall be prepared ; a white box for "yeas" and a black one for "nays".

40. The election proceeds as follows : After entering into the room of the electoral commissioners of an electoral sub-district and showing the chairman or commissioners his identity card and after the checking of the card on the voters' list by the chairman or commissioners, the voter, in the first place, shall vote for a provincial member with the ballot received there.

The voter shall cast his vote into the white box when he is for the candidate and cast it into the black box when he is against him, after approaching these boxes with the ballot in his hand in secrecy. After voting for a provincial member, the voter shall approach the chairman or electoral commissioners, from whom he shall receive a ballot for the election of a city or county member, and after the chairman or an electoral commissioner marks on the voters' list, the voter shall cast the ballot for the election of a city or county member. This second ballot shall be also cast in the same way as aforesaid.

41. Each voter shall be allowed to vote for only one candidate in one government and shall be permitted to cast only one ballot.

42. The advertising of a candidate at the polling booth shall be prohibited.

43. Voting shall be closed at midnight. At 7 o'clock in the morning the electoral committee shall enter upon opening the ballot box.

44. The sub-district electoral committee shall check the number of votes cast by voters with that of voters who received ballots upon the list after having opened the ballot box, and shall record the results on the minutes.

45. The polling ticket and form different from those fixed in advance shall be void.

46. In case that there are some doubts about the accuracy of the ballots, the sub-district electoral committee shall determine the questions by their signed votes and record them on the minutes.

47. The number of the ballots given to each candidate and the results of voting in the election of the members of the *Myun*, County, City and Provincial People's Committees shall be recorded separately.

48. The sub-district electoral committee shall prepare three copies of the minutes on the results of the counting of the votes and all the commissioners of the committee shall affix their seals and signatures to the copies.

49. While the computation of the votes is going on, only the district electoral commissioners, newspapermen and representatives of all the democratic political parties and social organizations, with special permission from the provincial electoral committee, are authorized to attend the computing place.

50. After preparing the minutes and affixing their seals and signatures to it, two copies of the minutes on the election of the members of the *Myun*, County, City and Provincial People's Committees shall be sent to the district electoral committee concerned by a special messenger within forty-eight hours, and the other one copy shall be kept in the city or *Myun* sub-district electoral committee.

51. All the vote regardless of the accuracy or inaccuracy of them and the last copy of the minutes on the voting shall be kept in the city or *Myun* electoral committee.

52. The district electoral committee shall compute the votes according to the voting minutes prepared by the sub-district electoral committee and the district electoral committee shall prepare the minutes according to the form fixed in advance after having determined the number of votes cast for each candidate. Two copies of the minutes shall be prepared and within forty-eight hours the copy of the minutes on the *Myun* election shall be sent by a special messenger to the *Myun* electoral committee. The county minutes go to the county electoral committee and the city minutes go to the city electoral committee and the province minutes to the provincial electoral committees. The minutes shall be sealed and signed by all the commissioners of the district electoral committee.

53. The candidate who polls the largest number of votes shall be recognized as the successful one, but only in case the number of votes exceeds half of the total number.

54. In case that there is no one who has polled the number of votes requested by the provisions of article 53, the district electoral committee shall point out this fact in the minutes and notify the higher

electoral committee of it. In this case, the new election shall take place within three weeks after the first election and only the two candidates who have polled the largest number of votes shall stand for election. In case that at the first election there was only one candidate, this time a new candidate shall be recommended exclusive of the ex-candidate according to the regulations.

55. In case that a commissioner of the *Myun*, County, City or Provincial People's Committee quits his post, the People's Committee concerned shall call for a new election and conduct it in the electoral district where the ex-commissioner was elected within two months after his resignation.

56. Any one who falsified the ballot paper or who intended to vote twice shall be sent for trial and be sentenced to imprisonment for not less than three years.

Any commissioners of an electoral committee and executive members of a People's Committee who falsify the documents for election or who wilfully miscalculate the number of votes shall be sent for trial and shall be sentenced to imprisonment for not less than five years.

KIM IL SUNG

Chairman of the North
Korean People's Committee

COMPARATIVE CHART OF THE LAW FOR ELECTION OF MEMBERS OF THE KOREAN INTERIM LEGISLATIVE ASSEMBLY, PUBLIC ACT NO. 5 OF THE SOUTH KOREAN INTERIM GOVERNMENT AND OF THE ELECTION REGULATIONS FOR NORTH KOREA [6]

(Prepared by the secretariat)

The present chart has been prepared by the secretariat by placing opposite each of the sections of Public Act No. 5 (document A/AC.19/W.11) the corresponding sections of the election regulations for North Korea (document A/AC.19/W.13). The number of sections of the draft electoral temporary regulations for South Korea (document A/AC.19/W.12) have been indicated under the text of each section of Public Act No. 5 which they implement.

PUBLIC ACT NO. 5 OF THE SOUTH KOREAN INTERIM GOVERNMENT

Chapter I. General rules

Section 1. Any citizen twenty-three or more years of age has the right to vote for members of the legislative Assembly (who shall be called "Assembly members" hereafter) regardless of sex, property, education or religion.

Any citizen twenty-five or more years of age has the right to be elected as an Assembly member regardless of sex, property, education or religion.

Age shall be counted as of the date the election is held.

(See section 2 of the Temporary Regulations)

Section 2 (a). Persons to whom any of the following categories are applicable are not eligible to vote or to be elected :

(1) Incompetents, quasi-incompetents, mentally deranged persons, and drug addicts.

(2) Persons who are sentenced and serving prison sentences, or who are under suspended sentence, or are fugitives from justice.

(3) Persons who have received a sentence of one or more years penal servitude or imprisonment; provided, however, that if three or more years have elapsed since the completion of sentence or since the time when final decision was made not to execute the sentence, or if the sentence was imposed for a political offence, the person concerned will not be included in this category.

(4) Persons who have been forbidden to vote by law and persons who have been classified by law as "traitors", "collaborators" or "profiteers".

(See section 3 of the Temporary Regulations)

ELECTION REGULATIONS OF NORTH KOREA

Section I. Basic principles of election

1. Exclusive of mental patients and men who have been stripped of their franchise by the verdict of the Court of Justice, all twenty-year-old citizens of North Korea shall have the franchise and be qualified for election regardless of their financial status, education, residentiary zone and their religion.

The pro-Japanese shall be excluded from the franchise and eligibility for election.

The pro-Japanese shall come under the following classification :

(a) All of the councillors and advisers of the Privy Council of the Government-General of Korea.

(b) All of the Korean provincial and city councillors.

(c) All of the Korean conspicuous officials (responsible officials) of the Government-General of Korea and the Provincial offices during the Japanese domination.

(d) All of the Korean conspicuous policemen and public procurators and judges during the Japanese domination.

(e) The men who spontaneously produced military supplies and offered economic resources to Japanese sovereignty with the purpose of aiding it.

(f) The men who, as the leaders of the pro-Japanese organizations, took enthusiastic actions in supporting Japanese Imperialism.

Note to Article 10. The depriving of the franchise of pro-Japanese shall be made by the special decision of the Provincial People's Committees.

---

[6] Document A/AC.19/W.15.

(b) Persons to whom any of the following categories are applicable are not eligible to be elected :

(1) Persons who were advisers, members or vice-chairmen of the Central Advisory Council under the Japanese government.

(2) Persons who were advisers or members of the councils of *Pu* or *To* (Province) under the Japanese government.

(3) Persons who held positions of the third class or higher of the *Kotokan* or who received a medal *(Kun)* of the seventh class or higher. However, educators and technical engineers are not included in this category.

(4) Persons who held rank in the civilian police force of the grade of *Hanninkan* or higher or who served as *Kempei* or *Kempei-Ho* in the Japanese military police force. Persons who were police in charge of "thought-control" or those who acted as spies for them.

Section 3. Government officials shall not, while in office, hold membership in the Assembly in addition to such position, except *Jungmukwan.*

Section 4. The members of local self-governing bodies shall not, while in office, hold membership in the Assembly in addition to such position.

Section 5. The officials participating in election procedures and the members of election committees shall not be eligible to be elected members in the Assembly within the districts concerned.

Section 6. Expenses incurred in the election of Assembly members shall be defrayed by the national treasury.

(See section 4 of the Temporary Regulations)

Chapter II. Electoral districts and representation

Section 7. Each administrative district (*i.e., Pu, Gun, To,* and *Ku* of the City of Seoul, hereinafter referred to as district) shall constitute one electoral district for the purpose of electing members of the Assembly.

Section 8. Each *Pu, Eup, Myun* and *Ku* (administrative districts) shall constitute one voting district respectively. The election committee of each voting district may divide that district into sub-districts and establish polling places for the sake of convenience in carrying out the voting procedure. The establishment of voting sub-districts should be publicized before the beginning of voters' registration.

(See sections 5, 6, 8, 30 (1) and 53 of the Temporary Regulations)

2. Twenty-year-old women shall have the franchise and eligibility for election equally with men.

4. The election of the members of the *Myun*, County, City and Provincial People's Committees shall be conducted directly by the voters of towns and villages.

7. A man who holds foreign nationality living in North Korea shall not be allowed to participate in the election and shall not be eligible for the election of the members of the People's Committees.

8. All appropriations for the election shall be raised out of the provincial and local budget.

Section III. Electoral district and sub-districts

16. The election of the members of the *Myun*, County, City and Provincial People's Committee shall be conducted according to the electoral district previously set up.

17. In the election of County People's Committee members, one electoral district shall be formed with 3,000 inhabitants.

In the election of City People's Committee members, one electoral district shall be formed with 2,000 inhabitants in a city with a population of 10,000 to 50,000 inhabitants; with 3,000 inhabitants in a city with a population of 50,000 to 100,000 inhabitants; with 5,000 inhabitants in a city with a population of 100,000 to 200,000 inhabitants, and with 8,000 inhabitants in a city with a population of more than 200,000 inhabitants.

In the election of Provincial People's Committee members, one electoral district shall be formed with 30,000 inhabitants.

18. The *Myun*, County, City and Provincial People's Committees shall form their own electoral districts respectively.

19. To receive the votes, in all the residence districts with 500 to 1,000 inhabitants one electoral sub-district shall be formed. The electoral sub-district shall be formed by the *Myun* (village)

and City (town or city) People's Committees. In accordance with the decision of the People's Committee, with only 50 inhabitants one electoral sub-district will be able to be formed.

20. Hospitals which have more than 25 voters shall have their own special electoral sub-district.

Section 9. Each electoral district shall be represented in the Assembly by one member. In case the population of an electoral district is over 100,000, members shall be elected in the ratio of one member for each 100,000 and one additional member shall be elected for the fraction of 50,000 or more thereof. Numbers of members to be elected from each electoral district shall be determined and publicized by the Central Election Committee in accordance with population statistics nearest to the election date.

(See section 28(1) of the Temporary Regulations)

37. Only one candidate shall be elected in each electoral district.

Chapter III. Poll registers

Section 10. The voters shall register by signing and sealing (or by thumbprint for a seal) on registration paper at the polling place designated by the chairman of the electoral district election committee, some time during a period of ten days beginning sixty days before the date of election. Each voter shall register at only one polling place.

(See sections 9 and 31(1) of the Temporary Regulations)

Section II. List of voters

9. All citizens who are to be fully twenty-years old at the time of the making of the list of voters, and who have permanent or temporary residence in the zone of the *Myun* or town shall be registered. Voters shall not be allowed to register themselves more than once in the same residence zone.

10. Pro-Japanese shall be excluded from registration. Men stripped of their franchise by the verdict of the Court of Justice shall not be allowed to be registered in the list until the time appointed by the Court of Justice, and according to the regulations mental patients shall be treated in the same way.

Note. The depriving of the franchise of pro-Japanese shall be made by the special decision of the Provincial People's Committees.

Section 11. The election committee of the voting district (or in the case of a voting sub-district, the election committee of that sub-district) shall prepare official registers showing the name, address, date of birth, sex, date of registration, and other pertinent data, with respect to all persons qualified to vote, who have been in residence in that district since the date sixty days prior to the date of the election concerned. The registers shall be open to the public at the polling places for a period of at least fourteen days, beginning not later than forty days prior to the date of the election. The poll registers shall become final on the tenth day before the day of election.

(See sections 10, 11, 12, 13, 14, 17, 19, 31(2) of the Temporary Regulations)

11. The list of voters shall be made according to the sub-constituencies established by the *Myun* or City People's Committees.

12. The list shall be made according to the form ratified by the Central Election Guidance Committee and the names, ages and addresses of the voters shall be recorded in alphabetical order and then the list shall be signed by the chairman and the chief secretary of the *Myun* or City People's Committee.

13. The election committee of a sub-constituency shall make public the list of voters twenty days prior to the election.

Section 12. When there are incorrect listings or omissions, or when a person who has no right to vote is registered in the poll register, the voters may object to the election committee concerned during the period of public notification. Examination and decision in regard to these objections shall be made within three days by the election committee concerned. In case objections to the foregoing decision be raised, the voters may request, within five days, the electoral district election committee to review this decision; review shall be accomplished within three days and the final decision shall be communicated by letter to the petitioners and other persons concerned.

(See sections 14, 15, 16, 19, 30(2) of the Temporary Regulations)

(See section 18 of the Temporary Regulations)

14. The petition for the correction of the mistakes (in case of non-registration of the voters in the list or of the misrecording of the voters' names or of the registration of the men stripped of their franchise) found in the list of the voters shall be submitted to the People's Committees which have made the list. People's Committees shall accept or reject the petition, after careful investigation, within five days. In case of rejection, the answer shall be made in writing to the petitioner attaching the reason for rejecting it. In case the petitioner acknowledges the rejection to be improper, he will be able to submit another petition to a higher People's Committee and the higher People's Committee is authorized to ratify or reject the petition after the careful investigation of it within three days. The decision of the People's Committee shall be the final decision.

15. In case that, during the period of compilation of the list of voters or during the election, the voter changes his address or residence temporarily in another place, the *Myun* or City People's Committee shall serve him with a "franchise certificate", according to the form set up the Central Election Guidance Committee, and shall write down "removal" in the list of voters. In the new address (permanent or temporary) he shall be registered in the list of voters according to the "franchise certificate" brought by him.

Chapter IV. Election committee

Section 13. The Chief Executive shall organize a central election committee at least eighty days before election day and shall order the organization of provincial election committees, electoral district election committees, and election committees of voting districts and voting sub-districts. (See sections 20, 28(2) and (3) of the Temporary Regulations)

21. To conduct the election at the appointed time and to prepare the ground in advance for the election an election committee shall be formed according to the following items :

(a) To lead the Provincial and local election committees the Central Election Guidance Committee shall be formed in the North Korean People's Committee. The Central Election Guidance Committee shall be composed of eleven members. The provincial election committee shall be composed of eleven members, city election committee of seven members, county election committes of seven members and *Myun* election committees of five members. The members of the election committee shall be selected from the representatives of all the democratic political parties and social organizations.

Section 14. The central election committee shall consist of fifteen committee members, and its chairman shall be elected by and from the membership of the committee. The provincial and Seoul City election committees shall consist of nine committee members each, and their chairmen shall be elected by and from the membership of the individual committees. The electoral district election committee shall consist of nine committee members and the chairman shall be elected by and from the committee membership. The election committees of voting districts and sub-districts shall consist of seven committee members and their chairmen shall be elected by and from the membership of the individual committees.

Section 15. The heads of the administrative districts concerned will organize the election committees for their respective districts, appointing the members from among those persons eligible to vote. One-third or more of the members of any committee may not be chosen from the same party or organization. A candidate for election is not eligible for appointment to the election committee in the electoral district in which he is a candidate. Each type of election committee may employ several secretaries and/or clerks.

(See sections 20, 21, 25, 26, 27 of the Temporary Regulations)

Section 16. Every election committee shall handle the election procedure in accordance with laws and regulations and in accordance with the orders and instructions of higher election committees. Each election committee shall render various reports on the election procedure in its district to the next higher election committee, and shall supervise the procedure of lower election committees. Each election committee shall show all records and documents to a court upon request.

(See sections 21, 28, 29, 30, 31, 32, 33, 34, 67, 68, 78, 79, 90 and 91 of the Temporary Regulations)

22. Following is the task of the Central Election Guidance Committee in the North Korean People's Committee :

(a) To set up the form of the ballot box and the forms of the polling ticket and the election minutes concerning the colour, election of the district and sub-district and the form of signature and the franchise certificate and the election certificate.

(b) To supervise the strict observation and enforcement of the regulations concerning elections in North Korea.

(c) To lead and inspect the tasks of the Provincial election committees.

(See section 29 of the Temporary Regulations)

23. Following is the task of the Provincial election committee :

(a) To lead and inspect the tasks of the City or County election committees.

(b) To supervise the strict observation and enforcement of the election regulations in the province.

(c) To deliver polling tickets and the other materials to the district and sub-district election committees which are entrusted with the task of preparing in advance for the election of the members of the Provincial, City and County People's Committees and to establish the results of the election in the province based on the election minutes of the district election committee.

24. Following is the task of the City, County and *Myun* Election Committees :

(a) To instruct the district and sub-district election committees in their tasks.

(b) To supervise the strict observation and enforcement of the election regulations in the City, County and *Myun*.

(c) To supply the district and sub-district election committees with election documents and forms.

(d) To supervise the realization of the organizing of the electoral districts and sub-districts.

(e) To establish the results of the election based on the minutes of the sub-district election committee.

25. In the above stated Provincial, City, County and *Myun* election committees the committees of the respective electoral district and sub-district shall be formed. The district election committee to prepare in advance for the election of the members of the Provincial People's Committee shall be composed of seven members by the Provincial People's Committee forty days prior to the election. The district election committee to prepare in advance for the election of the members of the City, County and *Myun* People's Committee shall be composed of five members by the People's Committees concerned thirty days prior to the election. The subdistrict election committee shall be composed of five members by the City, County and *Myun* People's Committees twenty days prior to the election. The aforesaid district and sub-district election committees shall be composed of the representatives of all the democratic political parties and social organizations.

26. Following is the task of the district election committee :

(See section 30 of the Temporary Regulations)

(a) To register the candidates recommended in its own electoral district according to the regulations of the election.

(b) To count the votes within its own electoral district and to establish the results of the election.

(c) To serve the successful candidate elected to the People's Committee with the election certificate.

27. Following is the task of the sub-district election committee :

(See section 31 of the Temporary Regulations)

(a) To investigate the accuracy of the voter's list of each electoral sub-district.

(b) To explain to the voters the order and method of secret voting.

(c) To decorate the polling booths of the electoral sub-district.

(d) To receive the ballots and count them.

Section 17. The quorum of each election committee shall be a majority of its members, and all the actions of the committee shall be determined by majority vote of the members present. In case of a tie in voting, the chairman of the committee shall decide.

The chairman may take necessary measures when the members do not respond to calling, or in case of emergency.

(See sections 22, 23, 24 and 60 of the Temporary Regulations)

Chapter V. Candidates and election canvassing

Section 18. A person who wishes to stand for election to the Assembly shall register with the election committee of his electoral district sometime between the date of the beginning of voters' registration and a date twenty-five days before election day, and submit, at the same time, a recommendation signed by one hundred or more registered voters.

In case of recommendation of one person by another to be a candidate, the person making the recommendation must secure the signatures of one hundred or more persons and the written consent of the person being recommended and register with the election district election committee. Candidacy of a person who registers or is registered in two or more electoral districts shall be invalid.

(See sections 30(3), 35, 36, 37, 38, 39, 40 and 43 of the Temporary Regulations)

Section 19. Even after the expiration of the term during which candidates may register, in case the number of registered candidates falls short of the number of Assembly members specified for the electoral district concerned, or in case of the withdrawal or death of any candidate, the registration of other candidates may take place until a date ten days before election day.

(See section 37 of the Temporary Regulations)

28. Differences occurring between the election commissioners shall be determined by a majority of the signed votes, but in case of a tie the chairman of the committee shall have the decisive vote.

46. In case that there are some doubts about the accuracy of the ballots, the sub-district electoral committee shall determine the questions by their signed votes and record them on the minutes.

6. All democratic political parties and social organizations and the other groups which are in North Korea and were registered with the North Korean People's Committee are authorized to recommend the candidates for members of Provincial and local People's Committees.

Section IV. Recommendation of candidates

29. All the democratic political parties, social organizations and groups registered in the North Korean People's Provisional Committee shall be authorized to recommend the candidates for the members of the Provincial, City, County and *Myun* People's Committees.

30. According to the regulations of the election all the candidates recommended shall be registered in the district election committee concerned.

31. The democratic political parties, social organizations and groups which have recommended the candidates shall serve the following documents on the electoral districts :

(a) The minutes of the meeting in which the candidates have been recommended, the signature of the chairman and the chief secretary of the meeting, the record of the names and addresses of the recommending organizations and the place and time and the number of participants of the meeting and the names, addresses and ages of the candidates and the names of the parties and social organizations with which they are affiliated and their occupations.

(b) The written consent of the candidate that he will stand for election upon the recommendation of a certain organization.

32. According to the regulations of the election, the candidates recommended by all the democratic political parties and social organizations shall be registered in the electoral districts of the Provincial, City, County and *Myun* People's Committees.

36. All the democratic political parties and social organizations are authorized to recommend their common candidates.

35. In the election of the commissioners of the *Myun*, County, City and Provincial People's Committees the candidates shall be allowed to stand for election in only one electoral district.

Section 20. Electoral district election committees shall give public notice of the name, address, age, occupation, and party or organization affiliation of every candidate in their respective districts, within three days after each candidate's registration.

Electoral district election committees shall also give public notice immediately of the withdrawal or death of any candidate.

(See sections 38, 39 and 40 of the Temporary Regulations)

33. For fifteen days prior to the election, the electoral districts shall publicize to the voters the names, ages and occupations of the candidates registered in the electoral districts and the name of their respective party and social organization in newspapers or over radio or by other means.

Section 21. Registered candidates may freely conduct campaigns for elections, but they may not give or promise to give money, goods or other property (in connexion with their campaigns). Members of each election committee, public officials connected with election procedure and any other public officials may not take part in campaigns within the districts in which they perform their official duties.

(See sections 41, 42, 44, 45, 46, 47, 48 and 49 of the Temporary Regulations)

34. All the democratic political parties and social organizations shall be authorized to publicize freely and propagandize their own candidates in newspapers, over radio or by speeches.

Chapter VI. Election procedure and successful candidates

Section 22. The election of Assembly members shall take place on the same day throughout the area in which this law is applicable.

The Chief Executive shall announce the date eighty days before the election day.

Electoral district election committees shall make official announcements of the date, time, place of voting, and numbers of Assembly members to be elected in their respective districts sixty days before election day.

Voting places shall be the same places in which the voters register; however, when any voting place must be changed on account of a calamity or another unavoidable emergency, the electoral district election committee concerned shall immediately give public notice.

38. The election committees of the *Myun*, County, City and Provincial People's Committees shall be bound to advertise the date and place of election to all the voters twenty days prior to the election.

39. The election committee shall prepare the polling places in advance and the electoral commissioners of all the sub-districts shall take night duty by turns from twenty days prior to the election.

Section 23. The voting shall be accomplished by (the casting of) secret (unsigned) ballots, each of which shall designate one candidate only.

Every voter shall cast one ballot.

(See sections 50, 51, 55, 56, 57, 58 of the Temporary Regulations)

3. The election of people's committee members shall be based on equality — that is, each citizen shall be allowed only one vote and all the citizens are authorized to participate in the election on equal basis.

5. The election of the members of the *Myun*, County, City and Provincial People's Committees shall be held by secret vote.

39. The election shall be conducted by casting ballots into the fixed boxes and each voter shall use one of the ballots received in voting for a provincial member and the other in voting for a city or county member.

Two boxes shall be prepared: a white box for "yeas" and a black for "nays".

Section 24. Voters shall present themselves in person at the polls, and each voter shall cast his own ballot.

In case of doubt as to the identity of any voter, the election committee of the voting district (or sub-district) concerned shall decide the question; in such case, the head of the *Dong* or *Pan* in which the voter resides may be called upon as a witness.

(See section 63 of the Temporary Regulations)

Section 25. Balloting shall begin at 8.00 a.m. and close at 6.00 p.m. on election day.

43. Voting shall be closed at midnight. At 7 o'clock in the morning the electoral committee shall enter upon opening the ballot box.

Section 26. The election committees of voting districts (or sub-districts) shall give each voter one ballot after he has sealed (or thumbprinted) on the poll register at the beginning time of voting.

Section 27. Persons whose names were not registered previously on the poll register may not vote; provided, however, that any person may vote who brings with him the letter of resolution from the election committee of the electoral district or voting district certifying that the person shall be registered on the poll register.

(See section 59 of the Temporary Regulations)

Section 28. Each voter shall, without assistance, write the name of the preferred candidate at a designated place at the poll and shall cast his ballot into the poll box.

(See sections 52, 55, 62 of the Temporary Regulations)

Section 29. No one except voters, police and election officials whom the appropriate election committee has recognized may enter the polling place. The chairman of the election committee concerned may restrain speech, discussion, clamour, negotiations, or electioneering at the polling place or in its neighbourhood. He may expel from the poll or its neighbourhood any person who disobeys such restraining orders or causes any disturbance. Voters who have been expelled from the polls for those reasons may vote at the end of the day. However, when the chairman of the election committee concerned finds that there is no longer any danger of disorder, he may readmit the previously expelled persons to the polls at his discretion.

(See sections 61, 64 of the Temporary Regulations)

(See section 54 of the Temporary Regulations)

Section 30. The polls shall be closed when the polling hours are ended, and the ballot boxes shall be locked after the last votes have been cast. No votes shall be cast after the ballot boxes are locked.

(See section 30 of the Temporary Regulations)

Section 31. The election committees of voting districts shall deliver the ballot boxes and records to their respective election committees within six hours after the close of polling hours.

In the case of a voting sub-district, the election records and poll registers shall be delivered to the appropriate voting district election committee without delay after the close of polling hours.

The voting district election committees shall deliver the poll registers and all other documents pertaining to the election to the appropriate mayors, heads of *Eup*, heads of *Myun*, or heads of *Ku* after the voting has been closed. The officials concerned shall have those records in their safekeeping during the terms of the elected Assembly members.

(See sections 66, 67, 68 of the Temporary Regulations)

Section 32. In case there is difficulty in meeting the time requirements specified in the foregoing section, on account of the distance between islands or the lack of means for rapid communication in some areas, the voting district election committees shall deliver them according to a schedule fixed by the electoral district election committee.

40. The election proceeds as follows: After entering into the room of the electoral commissioners of an electoral sub-district and showing the chairman or commissioners his identity card and after the checking of the card on the voter's list by the chairman or commissioners, the voter, in the first place, shall vote for a provincial member with the ballot received there.

The voter shall cast his vote into the white box when he is for the candidate and cast it into the black box when he is against him after approaching those boxes with the ballot in his hand in secrecy. After voting for a provincial member, the voter shall approach the commissioners, from whom he shall receive a ballot for the election of a city or county member and after the chairman or an electoral commissioner marks on the voter's list the voter shall cast the ballot for the election of a city or county member. This second ballot shall be also cast in the same way as aforesaid.

41. Each voter shall be allowed to vote for only one candidate in one government and shall be permitted to cast only one ballot.

42. The advertising of a candidate at the polling booth shall be prohibited.

43. Voting shall be closed at midnight. At 7 o'clock in the morning the electoral committee shall enter upon opening the ballot box.

51. All the votes regardless of the accuracy or inaccuracy of them and the last copy of the minutes on the voting shall be kept in the city or *Myun* electoral committee.

Section 33. In case the voting cannot be held on account of some calamity or unavoidable accident or in case of loss or destruction of ballot boxes, which makes a partial re-election necessary, the electoral district election committee concerned shall secure permission from the appropriate provincial or Seoul City election committee and hold a second balloting. The date of this second balloting shall be announced at least five days before it is to take place.

Section 34. When each electoral district election committee has received all the ballot boxes in its district, each box shall be opened and the number of ballots counted to see if the number of ballots corresponds with the number of registered voters who received ballots, according to the poll records. The ballots shall then be opened and the number of votes for each candidate counted.

If any ballot boxes are lost or destroyed, or not to be counted as proper votes for other reasons, the electoral district election committee concerned shall open the remaining boxes only by permission of the proper provincial or Seoul City election committee.

(See sections 69, 71, 72, 73 of the Temporary Regulations)

(See section 70 of the Temporary Regulations)

Section 35. The following types of ballots shall be null and void :

(1) Ballot other than the regular, offiicial ballot;

(2) Blank ballot, or ballot which records the name of a candidate other than one of those officially registered in the electoral district concerned;

(3) Ballot which records names of two or more candidates;

(4) Illegible ballot by which it cannot be told which name is written;

(5) Ballot which records matter other than the name of the chosen candidate; provided, however that designation of occupation, rank, the address

44. The sub-district electoral committee shall check the number of votes cast by voters with that of voters who received ballots upon the list after having opened the ballot box, and shall record the results on the minutes.

47. The number of the ballots given to each candidate and the results of voting in the election of the members of the *Myun*, County, City and Provincial People's Committees shall be recorded separately.

48 The sub-district electoral committee shall prepare three copies of the minutes on the results of the counting of the votes and all the commissioners of the committee shall affix their seals and signatures to the copies.

49. While the computation of the votes is going on, only the district electoral commissioners, newspapermen and representatives of all the democratic political parties and social organizations, with special permission from the provincial electoral committee, are authorized to attend the computing place.

50. After preparing the minutes and affixing their seals and signatures to it, two copies of the minutes on the election of the members of the *Myun*, County, City and Provincial People's Committees shall be sent to the district electoral committee concerned by a special messenger within forty-eight hours, and the other one copy shall be kept in the City or *Myun* sub-district electoral committee.

52. The district electoral committee shall compute the votes according to the voting minutes prepared by the sub-district electoral committee and the district electoral committee shall prepare the minutes according to the form fixed in advance after having determined the number of votes cast for each candidate. Two copies of the minutes shall be prepared and within forty-eight hours the copy of the minutes on the *Myun* election shall be sent by a special messenger to the *Myun* electoral committee. The county minutes go to the county electoral committee and the province minutes to the provincial electoral committees. The minutes shall be sealed and signed by all the commissioners of the district electoral committee.

45. The polling ticket and form different from those fixed in advance shall be void.

or honorific title of the candidate concerned may be included.

(See sections 75, 76 of the Temporary Regulations)

Section 36. The candidate who receives the greatest number of valid votes in his electoral district shall be elected. In an electoral district to which more than one Assembly seat is allocated, the winners shall correspond in number to the available seats, and shall be those who receive the highest number of votes. In case of a tie, the chairman of the electoral district election committee concerned shall decide the winner by lot.

(See sections 77, 81 of the Temporary Regulations)

Section 37. If the number of registered candidates in an electoral district does not exceed the number of Assembly seats specified for that district, the candidates will be elected automatically, without an actual vote.

(See sections 82, 83 of the Temporary Regulations)

Section 38. After the winners have been determined; the electoral district election committees shall, without delay, inform the successful candidates of their election, and give public notice of the results of the election.

(See sections 74, 84 of the Temporary Regulations)

Section 39. In the following cases, the candidates running next in the number of votes shall be elected :

(1) In the event that the elected person refuses to assume his post;

(2) In the event that the elected person dies;

(3) In the event that the elected person loses the right to be elected after the date of election;

(4) In the event that the election of the winner becomes void.

See section 85 of the Temporary Regulations)

Section 40. In the following cases, the provincial or Seoul City election committee shall order the electoral district concerned to hold a second election. The date of this second election shall be announced publicly at least twenty days before the election is to be held :

(1) In case the number of elected candidates is less than the number of Assembly seats specified;

(2) In case all or part of the election becomes void.

(See sections 86, 87 of the Temporary Regulations)

Section 41. After completion of the ballot tabulation, the electoral district election committees shall deliver their election records without delay to the appropriate provincial or Seoul City election committee.

The electoral district election committees shall separate and identify valid and invalid ballots after the completion of the election, and shall deliver them, together with all pertinent documents, to the mayors, heads of *Gun*, Islands, or *Ku*, who shall keep them during the term of the elected Assembly members.

(See sections 78, 79 of the Temporary Regulations)

Section 42. As soon as the provincial and Seoul City election committees receive all the election records from their respective electoral districts, they shall submit the reports on the election without delay to the central election committee.

53. The candidate who polls the largest number of votes shall be recognized as the successful one, but only in case the number of votes exceeds half of the total number.

54. In case that there is no one who has polled the number of votes requested by the provisions of article 53, the district electoral committee shall point out this fact in the minutes and notify the higher electoral committee of it. In this case, the new election shall take place within three weeks after the first election and only the two candidates who have polled the largest number of votes shall stand for election. In case that at the first election there was only one candidate, this time a new candidate shall be recommended exclusive of the ex-candidate according to the regulations.

Chapter VII. Special electoral district

Section 43. A special electoral district covering all of South Korea shall be established for the benefit of persons who have their family register in North Korea and residence in South Korea and who wish a *Bonjuk* (family register) district election. Voting districts, sub-districts and poll registers of the special electoral district shall coincide with those of the regular electoral districts.

(See section 89 of the Temporary Regulations)

Section 44. Persons who wish to vote in the special electoral district must register at the poll register for that district. Poll registers for the special electoral district shall be prepared separately.

Section 45. The special electoral district election committee shall consist of nine members and the chairman of this committee shall be elected by and from its membership. Provincial, Seoul City, and all lower election committees shall handle election procedure for the special electoral district as well as for regular districts.

Section 46. The special electoral district voters shall vote only in the special electoral district election, and shall not vote in any regular electoral district election.

Polling places for the special electoral district shall be attached to those established for regular districts, but the ballot boxes shall be separate.

Voting records and ballot tabulations of the special electoral district shall be prepared separately from those for regular districts. Provincial and Seoul City election committees shall receive the ballot count for the special electoral district from each lower election committee and shall submit the combined figures to the special electoral district election committee.

(See section 80 of the Temporary Regulations)

Section 47. Besides the special regulations stated in this chapter, all provisions of this law for regular election procedure are applicable to the special electoral district election procedure.

(See sections 81, 90, 91, 92 of the Temporary Regulations)

Chapter VIII. Term of office and by-elections

Section 48. The term of office for Assembly members shall continue until such time as the Provincial Government of united Korea is established.

Section 49. When a vacancy occurs, a by-election shall be held to fill it.

The Chief Executive shall hold the by-election within seventy days after receipt of notification from the chairman of the Assembly that the vacancy exists.

The date of the by-election shall be announced at least fifty days before it is to be held.

If the by-election is held within six months after general election day, the poll registers which were used for the general election shall be used for the by-election also.

(See section 88 of the Temporary Regulations)

Section 50. Besides the regulations stated in this chapter, all provisions of this law are applicable to by-elections.

55. In case that a commissioner of the *Myun*, County, City or Provincial People's Committee quits his post, the People's Committee concerned shall call for a new election and conduct it in the electoral district where the ex-commissioner was elected within two months after his resignation.

Chapter IX. Litigation concerning elections

Section 51. Contests of the validity of elections against the chairman of the electoral district election committee as defendant may be filed with the Supreme Court by candidates or voters concerned within twenty days after the election day.

(See section 88 of the Temporary Regulations)

Section 52. Any defeated candidate may bring actions concerning the validity of the election of the winner in the Supreme Court against the chairmen of the electoral district election committee and the successful candidate concerned as defendants within ten days after the successful candidate has been officially designated.

Section 53. The Supreme Court shall declare the election of one or all of the successful candidates invalid if such election is found by the Court to involve illegality and such illegality may have caused a change in the result of the election.

In the litigation, in accordance with the provisions of the preceding section, the Supreme Court shall declare the election of one or all of the winners void when such election was as described in the preceding paragraph.

Section 54. Prosecutors shall be present at the Supreme Court when it holds trials concerning the election.

Section 55. The Supreme Court shall give priority to election cases.

Section 56. In addition to the regulations contained in this chapter, pertinent provisions of ordinary civil procedure shall be applicable to election cases.

Section 57. The Chief Justice of the Supreme Court shall inform the Chief Executive, the central election committee, and the local election committees concerned of the election cases filed with it. The Chief Justice of the Supreme Court shall send copies of the judgments, when it renders judgments on cases concerning the election, to the Chief Executive, the central election committee, the election committees concerned and the chairman of the Legislative Assembly.

Chapter X. Penal regulations

Section 58. Any of the following violators of this law shall be punished by imprisonment for not more than five years, or a fine of not more than one hundred thousand yen, or both:

(1) Any person who either registers on the poll register or votes by fraudulent means;

(2) Any person who gives or receives or promises to give or receive money, goods, entertainment, or any other property gain, or gives or promises to give positions or honour on favourable terms, for the promise of votes or the abandonment of right to vote as a condition;

(3) Any person who makes false statements in speeches or publications in order to be elected, or to promote or prevent the election of another candidate;

(4) Any person who tries to prevent anyone from voting or forces anyone to vote by the use of violence, threats, arrest or confinement, or any other methods;

(5) Any person who, for the purpose of hindering the election, uses violence or threats against

56. Any one who falsifies the ballot-paper or who intends to vote twice shall be sent for trial and be sentenced to imprisonment for not less than three years.

Any commissioners of an electoral committee and of the executive members of a People's Committee who falsify the documents for election or who wilfully miscalculate the number of votes shall be sent for trial and shall be sentenced to imprisonment for not less than five years.

the election committee members or public officials, or captures or destroys the ballot boxes or the election records;

(6) Any person who interferes with free exercise of the right to vote or with the election procedure in general, by mass disturbances or demonstrations at the polls or near the polls;

(7) Any person who interferes with the voting of a voter in the polls, without proper reasons;

(8) Any person who forces entrance into the polls carrying firearms, a sword, cudgel, or any other weapon;

(9) Any member of an election committee or public official who violates any laws or regulations pertaining to the election.

(See sections 93, 94, 95, 96, 97 of the Temporary Regulations)

Section 59. Any person, who has been punished for the crimes described in this chapter, shall be deprived of the rights to vote and to be elected for a period of three years from the date on which he completes the serving of his sentence.

Section 60. The statute of limitations for public prosecution with respect to the offences described in this chapter shall be one year.

Supplementary rules

Section 61. The Chief Executive may enact such detailed regulations as may be necessary to carry out this law.

Section 62. This law shall be effective on and after the date of its promulgation.

Approved 3 September 1947.

C. G. HELMICK,
Brigadier General United States Army,
Acting Military Governor.

Duly enacted by the Korean Interim Legislative Assembly 12 August 1947:

YUN KI SOP,
Acting Chairman,
Korean Interim Legislative Assembly.

KIM IL SUNG,
Chairman of the North Korean People's Committee.

ANNEX V

TEXTS OF MAIN DOCUMENTS CONCERNING A FREE ATMOSPHERE FOR ELECTIONS

RESOLUTION ESTABLISHING SUB-COMMITTEE 1 ADOPTED AT THE FIFTH MEETING, 17 JANUARY 1948[1]

The United Nations Temporary Commission on Korea resolves:

That a Sub-Committee be established forthwith (Sub-Committee 1) to consider ways and means of ensuring a free atmosphere for elections in Korea.

RECOMMENDATIONS FOR A FREE ATMOSPHERE FOR ELECTIONS, ADOPTED AT THE TWENTY-SIXTH MEETING, 17 MARCH 1948[2]

1. The Interim Committee of the United Nations on 26 February 1948 adopted in addition to the resolution an "explanatory note", reading in part as follows:

[1] Document A/AC.19/9/Corr.1.
[2] Document A/AC.19/52.

"The elections to be observed by the United Nations Temporary Commission on Korea should be held in a free atmosphere wherein the democratic rights of freedom of speech, Press and assembly would be recognized and respected".

2. It is now incumbent on the United Nations Temporary Commission on Korea, having heard the report of Sub-Committee 1, charged "to devise ways and means to ensure a free atmosphere for elections" (document A/AC.19/42/Rev.1) to formulate certain requirements to be recommended by the Commission to the United States authorities in South Korea, on the understanding that these recommendations are acted upon by the authorities, in a way and to an extent satisfactory to the Commission.

A. *The question of law*

3. The Commission, having taken note of the views of Korean personalities and competent experts,

has arrived at the conclusion that it is difficult to determine to what extent the free atmosphere required for the elections is ensured by the existing laws and regulations.

4. Meanwhile, the Commission has been informed by the Military Governor that he has prepared a draft ordinance entitled "Changes in criminal procedure" which will greatly increase the civil liberties of the people of South Korea. The new ordinance provides that there shall be no arrests without warrant, or in certain specified cases, where arrests without warrant are permitted, no detention for longer than forty-eight hours without subsequent warrant; provisions for bail and counsel and punitive measures for abuse of power. The Commission recognizes that this ordinance is an important step forward in the direction of guaranteeing civil liberties.

5. The Commission recommends to the United States authorities to submit to it a compilation of the existing laws and regulations which, in their opinion, provide that "democratic rights of freedom of speech, Press and assembly would be recognized and respected". This compilation might, at a later stage, form the basis for a proclamation of the United States authorities on this subject.

6. Pending the receipt of such a compilation, the Commission is unable to pronounce itself on the adequacy of the existing laws and regulations governing this subject.

7. In the meantime, the Commission goes on record that in its opinion the above-mentioned freedoms do include the right to vote or not to vote and to advocate either point of view by peaceful and legal means, and has taken note of the relevant testimony of Lieutenant General John R. Hodge, Commanding General USAFIK, on 3 March 1948 (document A/AC.19/SC.1/PV.11) which endorses this point of view.

B. *The question of enforcement*

8. The Commission is fully aware of the fact that neither laws, ordinances or proclamations in themselves provide sufficient guarantees for a free atmosphere for elections. The Commission has been impressed by the evidence submitted that the Police Department plays an important role in the application and execution of these laws and ordinances. It has come to the conclusion that there are divergent views among the Koreans about the manner in which the Police Department executes its duty, which might indicate that changes in the Department might be desirable. On the other hand, the military authorities taking into consideration the present circumstances, appear to be satisfied with the performance of the Police Department.

9. The Commission therefore wishes to advise the appropriate authorities that it is genuinely concerned about the possible role the police might play during the elections; that it will make it its task to watch the attitude of the police very closely and that the results of its observations will be an important factor in determining whether it is able to report to the General Assembly that the elections were held in a free atmosphere.

10. In addition, it recommends to the appropriate authorities to take such action as may bring about a re-orientation of the police force as to their attitude towards a free atmosphere for elections.

11. The Commission has been informed by the highest authority that among the factors that might adversely affect free elections are the activities of some of the youth organizations.

12. The Commission recommends to the competent authorities that they make it known to the leaders of youth organizations that the activities of their members are under the scrutiny of the United Nations Commission and that their attitude will be an important factor in the report the Commission will have to make to the General Assembly.

13. In order to ensure that members of youth organizations do not interfere with the normal course of the elections, it is recommended, firstly that the competent authorities, and particularly the police, remind the leaders of such groups that unlawful activities on their part will not be tolerated any more than those of any other citizens; secondly that they should strictly control the behaviour of the youth organizations.

14. Furthermore, it is recommended that registration of youth organizations with the competent authorities be made compulsory and that those organizations declare whether they are of a non-political or political character. In the latter case, they should clearly indicate of which political party they are members or supporters, or whether they constitute by themselves a political party.

15. The Commission further recommends that no members of youth organizations be allowed to congregate in the vicinity of polling places, and that no uniformed members of these organizations be allowed in the vicinity of polling places except for the purpose of voting themselves.

C. *Freedom of information*

16. The Commission recommends to the United States authorities a strenuous and active campaign of impartial dissemination of information about the elections. The Commission is aware of the fact that this is the first election to be held in Korea, and an educational campaign on a non-partisan basis would be extremely desirable.

17. The Commission also recommends measures to ensure that the available newsprint, which it knows to be limited, be distributed on an equitable basis by the competent authorities and not on the basis of first come, first served, or of the ability of certain groups to buy out the market.

18. The Commission further recommends that if the radio stations are being put at the disposal of political candidates and parties, this be done on an equitable basis and not on the basis of ability to buy radio time.

D. *The question of "political prisoners"*

19. The Commission has noted that during the hearings of Sub-Committee 2 none of the personalities was able to provide that Sub-Committee, although requested to do so, with lists of names of the political prisoners they had mentioned in the course of their hearings.

20. On the other hand, the Commission has also taken note of a memorandum submitted to it by Brigadier General Weckerling, dated 29 January 1948, which stated, among other things, that of the total number of persons tried in Korean Courts, only "those in three categories : namely, 'participating in riot', 'participating in illegal meeting', and

'distributing handbills' totalling 710 persons, could possibly be considered to be within the meaning of 'political offences' ".

21. It is the opinion of the Commission that participating in illegal meetings, distributing handbills, unless accompanied by a criminal act or incitement to criminal acts, are to be considered as political offences.

22. On the other hand, political activities accompanied by crime such as, for instance, arson, counterfeiting, etc., cannot be considered as purely political offences.

23. The Commission recommends to the authorities that those who were imprisoned for political offences, without committing any acts of violence or fraud, should be released without any reservation.

24. In the case of those mentioned in paragraph 22 the Commission recommends that the authorities should extend a pardon to them, provided their release will not be a danger to public security.

RECOMMENDATIONS FOR THE ATTAINMENT OF A FREE ATMOSPHERE FOR ELECTIONS: LETTER FROM THE COMMANDING GENERAL, UNITED STATES ARMY FORCES IN KOREA, TO THE CHAIRMAN OF THE UNITED NATIONS TEMPORARY COMMISSION ON KOREA[3]

Headquarters United States Army Forces in Korea, Office of the Commanding General, Seoul, Korea

24 March 1948

M. Jean-Louis Paul-Boncour,
Chairman, United Nations Temporary Commission on Korea
Seoul, Korea

Dear M. Paul-Boncour:

I acknowledge receipt of letter 17 March 1948 from the United Nations Temporary Commission on Korea, signed by Mr. Menon as Chairman, containing recommendations from the United Nations Temporary Commission on Korea in connexion with the conduct of the elections in South Korea with particular reference to the questions of law, enforcement, freedom of information and political prisoners.

Permit me to make appropriate comments on the recommendations by paragraph to inform you of steps that have been taken, are being taken or will be taken to carry out the recommendations of the Commission. References are to numbered paragraphs of the Chairman's letter.

With reference to paragraphs 1 and 3, tabulations are being made and will shortly be furnished to the Commission covering laws, regulations and operation of government pertaining to democratic rights. In this connexion, however, allow me to emphasize again that the regime in South Korea has been that of a Military Government under an occupation temporarily replacing Japanese government in Korea until a Korean government can be established and not that of a constitutional and sovereign government of Koreans. Because of the international agreements predicated on an early establishment of Korean independence this government was operated on a month-to-month basis, in order to allow for ready amalgamation of Korea under rule of its own choice. Of necessity such an occupational government is in effect a government of application to meet existing transitional conditions rather than government based on constitutional law.

In the application and operation of Military Government in South Korea, the United States Command has made every effort to apply democratic freedoms as generally understood, and to educate the Korean people as to their own responsibility thereunder. It is my opinion that when the Commission studies the compilations of directives, regulations and public policy statements having the effect of regulations, you will see that considerable freedom has been allowed the Korean people even in face of the continuing warfare waged against law and order by the powerful Communist elements in South Korea, with strong aid and direction from outside the United States zone.

In connexion with paragraph 2, the Military Governor has already signed and promulgated a codifying ordinance that has been under preparation for more than one year entitled "Changes in criminal procedure" which defines specific regulations covering the assurance of civil liberties. This ordinance is in effect the activating instrument for a general summarizing and publicizing proclamation by the U. S. Command on this subject which is now being drafted and will soon be issued. Copies will be furnished to the Commission.

With reference to paragraph 4 on the subject of the right to vote or not to vote and to advocate either point of view by peaceful and legal means, I discussed this matter with members of the Commission to some extent on 3 March. However, in facing realities and actualities in this respect I feel that for clear and mutual understanding as to what the members of the Commission expect as to the extent such action shall be allowed to sabotage the elections, and for recognition by the Commission of the actual rather than theoretical problems surrounding this matter, there is need for an additional conference between the Commander and the Commissioners on the subject. With current local developments as a result of publicized divided opinions among members of the Commission I can foresee a definite possibility or even probability that the freedom to oppose any and all elections, if carried to the point of licence by organized pressure and terrorism now developing, may act to nullify completely the effort to hold any effective elections, free or otherwise.

With reference to paragraphs 5, 6 and 7, every effort is being made and will be made to exercise proper control over and direct the activities of the police toward free elections. I have already met with the police heads, provincial governors and key American personnel on this subject and instructed them as per my statement on 12 March. Under the present circumstances of realistic operation I see no other course than to continue the police force as a strong centralized element of government and use it under careful guidance without disrupting it, since it is the one effective agency I have for law enforcement and for maintenance of law and order that are so essential to keep any vestige of a free atmosphere for elections.

With reference to paragraphs 8, 9 and 10, I am fully cognizant of the importance of the attitude and actions of youth organizations in the election picture. Current regulations require that all groups of this kind be registered. A follow-up

---

[3] Document A/AC.19/53/Add.1.

is being made to insure that this has been carried out, particularly in the case of some of the newer groups. The Military Governor and the head of the Police Department have already held meetings with various youth group leaders and have received pledges from them concerning their activities during this critical period. These have also been informed that they will be under scrutiny of the United Nations Commission and that their attitude will be an important factor in the report the Commission will make to the General Assembly concerning Korean elections. The police will be required to prevent youth organizations from congregating in the vicinity of the polling places.

With reference to paragraph 13, I have directed the Chief of the Office of Civil Information to present to the Commission through my liaison officer the latest revised plans for the dissemination of information about the elections. It is planned that all possible aids for dissemination of information will be used to the fullest. I shall welcome any assistance or suggestions from members of the Commission in this line.

With reference to paragraph 14, every effort will be made to insure that any newsprint that may become available will be distributed on an equitable basis. In this connexion, however, it must be recognized that at present, newsprint under control of the governmental authorities is no more than that needed for the official dissemination of information and official uses in connexion with the elections. It is pointed out that under the current economic system there is some newsprint in the free market over which I have no control since we have not destroyed a free market in South Korea. In view of past performance and the fact that they have vast sums of money available following the North Korean currency conversion, it may be expected that much if not most of this will be purchased and used by the Communists in their campaign to oppose the elections and discredit the United Nations Commission.

With reference to paragraph 15, I have directed that any time on the radio that is to be made available to political candidates and parties will be equitably divided among various political groups.

With reference to paragraphs 16, 17, 18 and 19 there is a survey under way now in the Department of Justice, taking up by individual case the cases of all prisoners who might by any stretch of the imagination be considered as political prisoners. The approach under which this survey is being made is with a view to release of the maximum number of prisoners that can be made without endangering public safety. In this connexion I will be only too happy to discuss further with the Commission the entire matter of political prisoners in an effort to arrive at a mutual definition of such prisoners that is so clearly stated that no misunderstandings will arise.

I note with regret that the United Nations Temporary Commission on Korea in subject letter has chosen completely to ignore any recognition of or make recommendations pertaining to the most dangerous element to the holding of free elections in South Korea. This element is the Kremlin-directed Communist effort to force the United Nations Commission out of Korea and to destroy all chance of holding elections or maintaining any other democratic processes in South Korea. In view of the fact that the degree of success of the already announced Communist intent will be in direct proportion to the extent to which abuses of civil liberties are allowed, I feel it essential that the Commission recognize the true situation in connexion with Communist effort in South Korea and take this into consideration in their expectations, their observation of elections and their recommendations to the General Assembly. I feel it incumbent upon me as the responsible commander in this zone to suggest to the Commission now and for the record that in their private and public statements it is essential that they recognize the grave danger of Communist activity, the aims of which have already been clearly outlined and announced by the Communist Press, radio, wall posters and handbills and to avoid giving this subversive group and their fellow travellers any additional ammunition with which to sabotage the minds of an already badly confused Korean electorate.

In closing, I wish to reiterate my often stated attitude that I stand ready to do everything in my power to meet the required standards of the United Nations Temporary Commission on Korea for the conduct of the elections, as well as to assist further in acquainting them with local conditions.

Sincerely yours,

(Signed) John R. HODGE
Lieutenant General U. S. Army
Commanding

ORDINANCE NO. 176 ON "CRIMINAL PROCEDURE"[4]

South Korean Interim Government, Seoul, Korea
20 March 1948

Changes in criminal procedures

Pending action on the subject-matters hereof by the Korean Interim Legislative Assembly and the enactment of legislation pursuant thereto the following shall govern :

Section I. The purpose of this ordinance is to provide for changes in the Criminal Procedure so that rights of the people to freedom from unlawful arrest and detention may be more adequately secured.

Section II. As used herein, the following terms shall be interpreted as indicated :

(a) All words used in this ordinance to refer to restraint, restraint of body or restrained person, shall be deemed to include all forms of restraint such as *koo in*, *koo ryu*, *oochi*, *chepo*, *kum sok*, etc.

(b) The competent court for hearing applications under section XVII hereof shall be the District Court or the Branch Court having jurisdiction over the place where the person named in the application is actually restrained. Any judge of such court may receive and make decision on such application. Special Judicial Officers shall not have the power to receive or make decision on such application.

(c) The competent court for the issuance of warrants of arrest *(koo sok yung jang)* shall be the District Court or Branch Court. Special Judicial Officers shall not have the power to issue warrants of arrest.

---

[4] Circulated by the Secretariat as document A/AC.19/W.40

(d) In any case which is lawful before a court the question of what were reasonable fear, reasonable ground or necessary measures shall be determined by the court from all the evidence.

Section III. No person shall suffer restraint of body except pursuant to a warrant of arrest *(koo sok yung jang)* issued by a court, stating the name of the person to be arrested and the offence with which he is charged; *provided*, however, that no warrant of arrest shall be required in the following cases where prompt action is necessary:

(a) When the suspect has no fixed residence.

(b) In case of *flagrante delicto* as defined in article 130 of the Code of Criminal Procedure, whether the suspect is on the scene of the offence or not, except that such arrest without warrant must be made within forty-eight (48) hours of the time the offence was committed.

(c) In the case of an accomplice who has been discovered in the course of investigation of a flagrant offence, except that such arrest without warrant must be made within forty-eight (48) hours of the time the offence was committed.

(d) When a convicted prisoner or a lawfully restrained person awaiting trial has escaped.

(e) When an offender has been discovered as a result of examination of a dead body.

(f) When there is reasonable fear of destruction of evidence by the suspect.

(g) When there is reasonable fear that the suspect will flee.

(h) When there is reasonable ground to believe that the suspect has committed an offence punishable by imprisonment for one (1) year or more or by graver penalty.

Section IV. In addition to other powers given by law, prosecutors or police shall have the power to enter any building at any time, day or night, without a warrant where there is reasonable ground to believe that an offence punishable by imprisonment for one (1) year or a graver penalty has been or is being or is about to be committed therein, to take all necessary measures for the effectual prevention or detection of such offence and may then and there restrain all persons suspected of being concerned in such crime, and also may seize all property which there is reasonable ground to suspect has been stolen or used in the commission of such offence.

Section V. No prosecutor, judicial police or other constituted authority shall make search or seizure without a search warrant *(soo sak yung jang)* issued by a court, except as provided in section IV hereof; and *provided*, further, that property owned by, held by, or in custody of, persons subject to arrest without warrant, in accordance with the provisions of section III, hereof, shall be subject to search or seizure without warrant within the time allowed by section VI hereof, for obtaining a warrant of arrest. The warrant of search *(soo sak yung jang)* herein provided for shall describe the place to be searched and the thing to be seized, in accordance with the provisions of the Code of Criminal Procedure.

Section VI. In case a prosecutor, a judicial police or other constituted authority has restrained the body of a person without a warrant of arrest, under provisions of sections III and IV hereof, he shall obtain from a court a warrant of arrest *(koo sok yung jang)* for such person within forty-eight (48) hours of such restraint in the city of Seoul and in a city, county or island where a court is located, or within five (5) days in a city, county or island where a court is not located. If he fails to obtain such a warrant of arrest within the prescribed time, the person restrained shall be immediately released. In such case, articles seized without a warrant of search *(soo sak yung jang)* shall be returned to the persons from whom they were seized. No person released under provisions of this section shall be subject to restraint of body on the same facts except pursuant to a warrant issued by a court.

Section VII. The provisions pertaining to warrants of arrest *(koo in jang)* and warrants of detention *(koo ryoo jang)* in the Code of Criminal Procedure shall apply *mutatis mutandis* to the warrant of arrest *(koo sok yung jang)* hereof, and the provisions pertaining to arrest *(koo in)* and detention *(koo ryoo)* in the Code of Criminal Procedure shall apply *mutatis mutandis* to arrest *(koo sok)* under warrant of arrest *(koo sok yung jang)* hereof. The provisions pertaining to warrant of search *(soo sak yung jang)* and warrant of seizure *(ap soo yung jang)* shall apply *mutatis mutandis* to the warrant of search *(soo sak yung jang)* hereof, and the provisions pertaining to search *(soo sak)* or seizure *(ap soo)* in the Code of Criminal Procedure shall apply *mutatis mutandis* to the search *(soo sak)* or seizure *(ap soo)* under warrant of search *(soo sak yung jang)* hereof.

Section VIII. When the body of a person has been restrained by the police, the judicial police officer shall complete his investigation and deliver the suspect to the prosecutor within ten (10) days from the date of actual restraint or release him, unless prior to the expiration of such period of ten (10) days an order of extension has been obtained from a competent court. But if the completion of the investigation shall require more than ten (10) days, the judicial police officer may apply to the competent court, through the prosecutor, for an extension of the period of detention, giving reasons therefor. The court, if convinced of the necessity therefor, may order an extension of not more than ten (10) days. Not more than one extension may be granted. At the expiration of the time fixed by the court, the suspect must be delivered to the prosecutor or be released.

Section IX. The prosecutor shall institute public action against the suspect or release him within ten (10) days from the date he actually restrains the suspect or receives the suspect from the police, unless within that time he shall obtain an order from a competent court for an extension. On application by the prosecutor, giving reasons therefor, the court, if convinced of the necessity, may order an extension of the detention for a period not exceeding ten (10) days. Not more than one extension shall be granted. At the expiration of the extension, the prosecutor shall institute public action against the suspect or release him.

Section X. An order of extension under sections VIII and IX hereof, shall state the date of expiration of the extension granted and shall be effective from the time the judge signs the same.

Section XI. When a suspect or an accused is arrested, he shall immediately be informed of the charge against him and the particulars thereof and shall be informed that he may provide legal counsel for himself, subject to the provisions of section XIV hereof. If the arrest is made in the presence of a member of his family; or if a member of his family makes inquiry, such member of his family shall likewise be notified of the charge and the particulars thereof and of the right of the suspect or the accused to have legal counsel.

Section XII. When a person is under restraint of body, he may provide legal counsel for himself, or his legal representative, supervisor, lineal ascendants or descendants, spouse or family head may provide legal counsel for him independently. The designation of legal counsel shall be effective from the date of designation and shall continue to be effective through the first instance.

Section XIII. Upon inquiry, the legal counsel for the suspect or the accused shall be informed of the charges against the suspect or the accused and the particulars thereof. He shall have the right to present evidence on behalf of the suspect or the accused to the judicial police officer, the prosecutor or the court.

Section XIV. Prior to institution of public action, interviews and written communications between the suspect and his legal counsel shall be permitted; *provided*, however, that the judicial police or the prosecutor, if there should be reasonable ground to fear that interviews and communications between the suspect and his legal counsel would result in destruction or fabrication of evidence or the escape of the suspect, may prohibit such interviews or communications. In the event such a prohibition is made, report thereof shall be made to the competent court, together with the ground of the prohibition. Legal counsel may object to the prohibition and apply to the court for an order of rescission of the prohibition. When the court receives such application, it shall decide upon the application within a period of two (2) days.

Section XV. After the case has been committed for public trial, legal counsel and the accused in detention shall not be forbidden to correspond with or see each other.

Section XVI. Should legal counsel not appear, or should no legal counsel have been appointed, legal counsel may be designated by the presiding judge after hearing the opinion of the public prosecutor in the following cases:

(a) If the accused is under 20 or is at least 70 years of age;

(b) If the accused is female;

(c) If the accused is a deaf or dumb person;

(d) If the accused is suspected of being a person of unsound or weak mind;

(e) If such course is otherwise deemed necessary.

Section XVII. *(a)* When a person is restrained in his body by constituted authority or otherwise, he, his legal counsel or persons specified in section XII hereof, may apply to the competent court for inquiry into the legality of the restraint. The application shall state all the pertinent facts and shall set out the following:

(1) The grounds on which it is claimed that the restraint is illegal,

(2) Whether or not a prior application has been made for release from the same restraint,

(3) If a prior application has been made, in what court the prior application was made and the action of the court thereon,

(4) If a prior application has been made, the reasons for the new application,

(5) If known, whether or not the person named in the application is restrained pursuant to a warrant issued by a court.

(6) If the person is restrained pursuant to a warrant issued by a court, the name of the court which issued the warrant and the alleged defects in the warrant.

(b) The court which receives the application shall examine it at once. If the application shows on its face that the restraint is legal, the application shall be denied. If the application shows on its face that the restraint is *prima facie* illegal, the court shall fix a day for the hearing thereof, not more than seven (7) days from the date the application is received, and shall order the person who is restraining the person named in the application to bring such person before the court and show cause for continuance of the restraint. If before the day set for the hearing, the person who is restraining the person named in the application shall exhibit to the court a valid warrant issued by a competent court within the time limits provided in sections VIII and IX hereof, the court may deny the application before the day set. If, after hearing the reasons for the restraint and the objections of the restrained person thereto and such evidence bearing on the legality of the restraint as the court deems necessary, the court determines the restraint to be unlawful, it shall order the release of the restrained person. No person released under provisions of this section shall thereafter be restrained in his body on the same facts except pursuant to a warrant issued by a court.

Section XVIII. If either party to a hearing under section XVII hereof is dissatisfied with the decision of the court, he may within three (3) days make application to the next higher court, which court shall proceed as provided in section XVII hereof; *provided*, however, that if the lower court has ordered the release of the restrained person, he shall be released immediately.

Section XIX. *(a)* Courts shall be liberal in releasing persons against whom warrants of arrest or detention have been executed on their giving reasonable bail, either before or after institution of public action. In fixing the amount of bail, the court shall take into consideration the circumstances of the case and shall fix an amount high enough to give the reasonable assurance that the suspect or accused will not attempt to escape.

(b) Persons accused of offences punishable by fine or by penal servitude or imprisonment for not more than six (6) months shall be released on giving reasonable bail to be fixed by the court.

(c) When a person has been detained for thirty (30) days after institution of public action without trial, the court, on application by or for him, must fix reasonable bail for his release unless the prosecutor shall show to the court good reason for denying bail. When the accused has been detained without trial for sixty (60) days after institution of

public action, the court, on application by or for him, must fix reasonable bail for his release.

(d) The provisions of paragraph *c* of this section will not apply to cases where the offence charged is punishable by death or by penal servitude or imprisonment for a term of fifteen (15) years or more.

(e) Except as provided in this section, the provisions of the Code of Criminal Procedure as to release on bail shall apply.

(f) In cases in which the accused has been declared innocent *(moo chai)*, has been acquitted *(myun so)*, or the prosecution has been dismissed *(kong so ee Kak)* in the lower court, and the prosecutor has appealed to a higher court, liberation on bail previously granted shall not be revoked except for causes provided in the Code of Criminal Procedure, and, if the liberation has not been previously granted, the court shall fix reasonable bail for release of the accused.

(g) In cases in which the accused has appealed to a higher court from a conviction by a lower court, liberation on bail or revocation of bail previously granted shall be governed by the following:

(1) If the punishment fixed by the sentence is a minor fine, fine, detention or penal servitude or imprisonment for not more than six (6) months, liberation on bail shall not be revoked except for causes provided in the Code of Criminal Procedure, and, if liberation on bail has not been previously granted, the court shall fix reasonable bail for release of the accused.

(2) In cases where the punishment fixed by the sentence is penal servitude or imprisonment for more than six (6) months but less than fifteen (15) years, revocation of previous liberation on bail or approval of application for liberation on bail shall be discretionary with the court.

(3) In cases where the punishment fixed by the sentence is for death, penal servitude or imprisonment for life or for fifteen (15) years or more, liberation on bail shall be at once revoked and not thereafter allowed unless the higher court changes the sentence.

(4) If the prosecutor, suspect or accused is dissatisfied with the order of the court fixing or denying bail, he may appeal to the next higher court within three (3) days.

Section XX. The second paragraph of article 471 of the Code of Criminal Procedure is amended so as to read as follows:

"Any person dissatisfied with a measure adopted by a judicial police officer concerning detention, seizure or restoration of articles under seizure may demand from the court having jurisdiction over the district in which such judicial police officer exercices his functions the cancellation or alteration of such measure."

The provisions of article 471 of the Code of Criminal Procedure shall apply not only to cases already covered thereby but also to cases of illegal seizure or illegal detention of articles and to cases of articles legally seized but not required as evidence in the trial of a case.

Section XXI. The Chief Prosecutor of each District Court shall assign one or more of the prosecutors attached to his office under his supervision to inspect the police jails and police stations and police sub-stations in his province for the purpose of determining whether persons are illegally restrained therein. It is his responsibility that each police jail or police station or sub-station be inspected at least once each month. The prosecutor making the inspection shall question each prisoner who is restrained and inspect the records of restraint. If he shall find that any person has been restrained otherwise than as provided by law, he shall at once take jurisdiction of the case in the same manner as any other case which is turned over to him by the police. If he shall find that any law has been violated with respect to the restraint or treatment of persons, he shall investigate and prosecute in accordance with law. Any person who hinders the prosecutor in the performance of the duties imposed on him by this section, shall be punished with penal servitude for not less than six (6) months nor more than seven (7) years.

Section XXII. (a) Every person who shall unlawfully restrain a person's body shall be liable civilly to the person unlawfully restrained, in damages computed at one thousand *won* (W 1,000) for each day of illegal restraint. Any person who does not obey an order of a court made under this ordinance and does not comply with provisions of sections III, V, VI, VIII, and IX hereof, shall be punished with penal servitude for not less than six (6) months nor more than seven (7) years.

(b) If any chief prosecutor of a district court, senior prosecutor of a branch court, chief of a police division, or chief of a police station fails to take appropriate action against subordinates directly under his control for violation of the provisions of this ordinance, he shall be discharged immediately and shall not be eligible to any of the positions in the Department of Justice or in the Police Department for a period of two (2) years thereafter.

Section XXIII. The period of restraint referred to in article 113 of the Code of Criminal Procedure shall run from the date of the warrant of arrest *(koo sok yung jang)* provided in this ordinance. The provisions of article 113 of the Code of Criminal Procedure shall not authorize the restraint of a person beyond the periods specified in sections VIII and IX hereof, unless public action has been instituted.

Section XXIV. The following laws and provisions of law are hereby repealed:

(a) The Administrative Execution Act of July, 1914 (Governor General Act No. 23, July 1914).

(b) Articles 3, 12, 13, 14, 15, 16, 27, 38-2 and paragraph 10-2 of article 1 of the Korean Criminal Act (Governor General Act No. 11, 18 March 1912) as amended.

(c) All provisions of laws and regulations inconsistent with this Ordinance to the extent that they are so inconsistent.

Section XXV. This ordinance shall be effective on 1 April 1948.

APPROVED:	RECOMMENDED:
[s] William F. DEAN	[s] AHN CHAI HONG
Major General, U. S. A.	Civil Administrator.
Army Military Governor in Korea	

COMPILATION OF PROCLAMATIONS, OFFICIAL STATEMENTS, POLICIES, ORDINANCES, ETC., AFFECTING CIVIL LIBERTIES IN SOUTH KOREA [5]

Letter of transmittal 24 March 1948

TO: Mr. Petrus J. Schmidt
Principal Secretary
United Nations Temporary Commission on Korea.

I attach for your information a compilation of proclamations, official statements, policies, ordinances, etc., affecting civil liberties in South Korea.

Copies of most of these documents have already been furnished to the Commission. However, the following documents are added in order to complete your records in that respect.

Inclosure No. 1: Proclamation No. 1, GHQ, 7 September 1945.

Inclosure No. 2: Extract from Annex No. 7 to Field Order 55 (Military Government), 29 August 1945.

Inclosure No. 3: Message to the People of South Korea by Lt. Gen. J. R. Hodge, 9 September 1945.

John WECKERLING
Brigadier General, U. S. A.

COMPILATION OF PROCLAMATIONS, OFFICIAL STATEMENTS, POLICIES, ORDINANCES, ETC., AFFECTING CIVIL LIBERTIES IN SOUTH KOREA

I. Declaration of policies

The declaration of civil liberties in liberated Korea has a longer history than is generally appreciated. As a matter of fact, this history begins with the Cairo Declaration of December 1943, when the United States, the United Kingdom and China joined in declaring that "mindful of the enslavement of the people of Korea", they were determined that "in due course Korea would become free and independent". This multilateral pledge was reaffirmed in the Potsdam Declaration of July 1945. The USSR subscribed to the Potsdam Declaration upon entering the war against Japan. Abolishing consequences of enslavement and establishing independence means much more than formal independence. The Moscow Declaration of December 1945 speaks of "creation of conditions for developing the country on democratic principles". Democratic principles include civil liberties. The United States-Union of Soviet Socialist Republics Joint Commission was to make recommendations prepared in consultation with democratic parties and social organizations. The United States did its utmost to establish a free, independent, democratic, united Korea, but was prevented in accomplishing this objective by the Soviet delegation which insisted on a Communist-controlled government by the elimination from consultation of important rightist groups.

An occupational government necessarily must consider questions of military security, but its powers are subject to the directives of its own government and the principles of international law. From the very beginning the government of the United States was mindful of the necessity of observing modern democratic principles including civil liberties consistent with military security. Early in the beginning of the occupation directives were issued to abrogate all Japanese orders and regulations which established and maintained discrimination against civil liberties on grounds of race, nationality, creed and political opinion. The formation and activation of democratic political parties with rights of assembly and public discussion was insured. This included encouragement of development of democratic organization of labour, industry and agriculture. Freedom of religious worship was to be proclaimed. In brief, everything was to be done to insure freedom of opinion, speech, Press and assembly. All persons unjustly held in custody were to be released. The Korean people were to be encouraged to develop all media of information and to enjoy freedom of speech and the Press, subject only to such minimum controls and censorship as may be necessary for military security.

Immediate steps were taken to implement the policies so declared. Proclamation No. 1 (General Headquarters, United States Army Forces, Pacific, Office of the Commanding General, Yokohama, Japan, 7 September 1945) (Inclosure No. 1) assured the people of Korea "that the purpose of the occupation is to enforce the instrument of the surrender and to protect them and their personal and religious rights" and "... that their property rights will be respected".

Policies of this Command are illustrated by directives and statements, having in fact force of law, made by Lieutenant General John R. Hodge, Commanding General, U. S. Army Forces in Korea, at the very beginning of the occupation. Only a few illustrations will suffice to indicate the care taken by this Command for the protection of civil liberties.

Field Order No. 55, 29 August 1945 (Inclosure No. 2), which was the governing instrument for the occupation of South Korea directed that:

> "Freedom of religion shall be proclaimed. The freedom of the Press, freedom of speech, freedom of assembly, and representative government will be encouraged to the extent that the security of the military occupation and the attainment of its objects are not prejudiced. The dissemination of Japanese militaristic, national Shintoistic and ultra-nationalistic ideology and propaganda in any form will be prohibited."

On 9 September 1945, in a message to the people of South Korea (Inclosure No. 3), the Commanding General published a widely circulated and printed message to the people of South Korea (in both English and Korean) which said:

> "Policies of the government will be changed for your benefit just as rapidly as necessary arrangements can be made. Racial discrimination before the law, in trade, industry, and in schools will be ended. Freedom of religion, in speech and in thought will be yours. The Press and radio will henceforth operate for the interests of the Korean people."

In his first speech to the Korean people, at the civil auditorium, 12 September 1945, the Commanding General reminded the Korean people that:

> "General MacArthur had announced that the Korean people would have freedom of speech, Press and religion."

[5] Circulated by the secretariat as document A/AC.19/W.41.

The following excerpt from the statement of the Commanding General, 11 October 1946, is pertinent :

"Despite statements made by certain misguided persons or by those who are willing to make false statements for their own personal ends, there has been no censorship of Korean newspapers by the American Command in Korea, and it is not intended that censorship of the Press be established. However, there had been and will continue to be official efforts to help and give guidance to the Korean Press in establishing such a degree of responsibility on the part of the Press that must be inherent in any workable system of a free Press."

And again from the same statement :

"I wish to make it clear to all that the varying shades of political beliefs, ideologies, etc., in no way affect my official attitude toward any newspaper. The Americans do not fear any presentation of facts. Honest and constructive criticism of governmental policies based on actual facts are considered helpful and are welcome. In fact, this is one of the functions of a free Press. However, slander and libel, publishing falsities or wild rumours as fact, publication of articles inciting the people to disorders or inflaming them to take direct action against the security of American personnel and property and the publication of articles advocating overthrow of the government by violence, do not come within the field allowed in freedom of the Press in any country in the world and these things cannot be tolerated in South Korea."

In a statement by the Military Governor, 16 October 1945, the following appeared :

"In all its operations, the Military Government is guided by democratic principles and not by the politics of pressure groups. All people in Southern Korea are guaranteed freedom of speech, freedom of thought, freedom of the Press, freedom of worship and freedom from official discrimination because of race, colour or creed."

In defining the functions of the Military Government, the statement by the Military Governor on 15 November 1945, says that one of these functions is declared to be :

"To maintain freedom of religion, freedom of speech and property rights."

In another statement of 15 November 1945, the Military Governor declared that :

"The Military Government does not presume to stifle nor to favour one newspaper over another. Such action would be grossly contrary to a free Press, which all Korea wants and needs."

Upon the opening of the Interim Legislative Assembly, 12 December 1946, the Commanding General, among other things reminded that Assembly that :

"With the opening of this great Assembly, the people have for the first time a law-making body, a body free to discuss and study the many Korean problems and devise ways and means according to the wishes and psychology of the people to make for better social and economic life. In addition to its legislative status, this body will be an open forum for free discussion of Korean affairs through which the Korean people can make known their wishes. As elected and selected representatives of the people, this Assembly takes on great responsibilities which I have full confidence that it will faithfully discharge."

II. Declaration of United States policy during meetings of US–USSR

The 1946 and 1947 meetings of the US-USSR Joint Commission and the records of the Hodge-Chistiakov (1946-1947) as well as the Marshall-Molotov (1947) correspondence are replete with instances of the insistence upon the part of the United States of guaranteeing to the Koreans the full exercise of the basic freedoms before, during and after the sessions of that Commission. The Soviet delegation insisted on barring from consultation all political parties and organizations which opposed at any time the trusteeship contemplated by the Moscow Declaration. There were political reasons behind this attitude, but it cannot be denied that the Soviet position was an attempted suppression of and infringement upon the freedoms of speech, Press, assembly and expression. The right of all Koreans to be heard on the issue of the establishment and formation of their government was staunchly defended by the American delegation and on such fundamental principles, the American representatives could not and would not yield.

III. Statements of Commanding General on elections

As for direct bearing on the forthcoming election, the Commanding General on 3 March 1947 issued a special Press release in which he declared that :

"There will be a systematic dissemination of information to the public concerning the election, involving the maximum of radio, Press, dropping of leaflets by plane, etc. Citizens are urged to inform themselves on all phases of the election and keep abreast of developments through the official informational releases which will be issued regularly. I particularly advise caution against listening to false prophets and against credulous acceptance of rumours. Plenty of both may be expected from elements seeking to destroy democratic processes in your country."

On 12 March 1948, the Commanding General addressed a combined meeting of provincial governors and police chiefs at Seoul. An extensive quotation from this address is particularly pertinent.

"Responsibilities accruing to you gentlemen in this phase of your nation's progress may be listed briefly as follows :

"1. Give all assistance to the election-educational programme to see that all the people throughout your area are informed of the details concerning general election and the regulations that govern it.

"2. Insure by every possible means that a free atmosphere exists for holding the general election, both before and during the election.

"3. Insure that all physical arrangements for the election that come within your scope are completed on time.

"4. Encourage and lead all Koreans to vote in the election.

"The principal item I wish to impress upon you is the absolute necessity for a free atmosphere for elections. This one feature is of more concern to the United Nations General Assembly and to the United Nations Temporary Commission on Korea than any other. Unless there are free elections we have gained nothing, because without free voting we will not have the will of the people expressed. Democratic processes depend entirely upon the full and free expression by the people at the polls to gain their representation in government. The primary duty of the United Nations Commission here is to observe the elections for the expressed purpose of determining if the representatives elected do in fact represent the will of the people. The United Nations resolutions make this clear, and the spokesmen of the Commission have reiterated that feature. We cannot expect the United Nations Commission to approve any elections that do not produce true representatives of the Korean people.

"To insure our mutual understanding, let me briefly enumerate the principal factors involved in free elections. There will soon be published some regulations designed to insure these freedoms. The free atmosphere we speak of must include :

"1. Freedom of speech. This means individuals must be free to discuss in an orderly manner issues at stake and discuss the qualifications of candidates both publicly and privately without interference or pressure from officials or groups. This freedom includes the use of all types of campaign handbills and wall posters, providing they are not inflammatory to the extent of inciting disorders or overthrow of government.

"2. Freedom of the Press in the same manner as free speech.

"3. Freedom of assembly. Orderly assemblies and meetings indoors and outdoors must be encouraged, regardless of the political beliefs or following of the participants. Leaders calling such meetings must of course be responsible that they are orderly.

"4. Freedom for candidates to campaign for election, regardless of their political beliefs. This means that candidates must be allowed free movement to campaign without any direct or indirect interference or pressure from officials, and must be given the same protection given to all other political or non-political citizens.

"5. Law and order must be maintained, but in so doing, all measures smacking of oppression or suppression because of political beliefs must be avoided. No Korean man or woman can be arrested merely for a political belief. On the other hand, political hoodlumism and terrorism cannot and will not be condoned if we are to keep a free atmosphere. Good judgment in maintaining this balance must be exercised."

IV. Repeal of vicious and tyrannical Japanese laws

Ordinance No. 11, 9 October 1945, repealed a whole series of oppressive Japanese laws (see inclosure Nos. 4 to 10, both inclusive). These acts are :

(1) Act of punishing political offenders;

(2) The preliminary imprisonment Act;

(3) Act of preserving public order;

(4) Publication Act;

(5) Decree for the protection of political offenders;

(6) Shinto Shrine Act;

(7) Judicial powers of police. (This ordinance also abolished the judicial power of police chiefs and it repealed all laws "the judicial or administrative enforcement of which would cause discrimination on account of race, nationality, creed or political opinions".)

V. Ordinances affecting civil liberties

At various times during the occupation it became advisable to point up and emphasize some of the rights and liberties enjoyed by the people of South Korea. Although the basic rights were guaranteed by United States national policy, military proclamation and official statements and in actual practice, it was desirable that specific rights be restated and amplified. This was done in the form of ordinances, some of which were issued after the establishment and with the concurrence of the South Korea Interim Legislative Assembly.

Ordinance No. 6, 29 September 1945, declared there will be no racial or religious discrimination in the schools of Korea.

Ordinance No. 11, hereinbefore referred to, further provided that "no charge shall be proferred or sentence imposed or punishment inflicted against any person for an act unless such act is expressly made punishable by law in force at the time of its commission".

Ordinance No. 28, 13 November 1945, established that "no person or group of persons will engage in any form of recruiting, training, organizing or equipping of any persons or any form of police, military or naval activities, or engage in any activities which are within the jurisdiction of police or armed forces except under the written authorization of the director of national defence or any agency delegated by him to grant such authorization."

Ordinance No. 34, 8 December 1945, established Labour Mediation Boards in order to effectuate the policy of protection of labour and mediation of labour disputes.

Ordinance No. 55, 23 February 1946, required registration of political parties and regulated such matters as accounting for party funds. It expressly provides : "No person shall be permitted to be a member of any political party who is disqualified by law from holding public office. No person of alien nationality shall be permitted membership. Secret membership affiliation is unlawful. No contributions or direct or indirect financial assistance may be lawfully accepted from any source other than from members of the party." This last provision was particularly designed to prevent corruption and contributions from corporations interested in influencing policies for their economic benefit. As a matter of fact, an amendment permitting contributions by corporations was asked for during the tenure of the late General Lerch and the request was rejected. The ordinance is clearly designed to give the Government desirable if not necessary information and really requires no more.

Ordinance No. 88, 29 May 1945, provided for licensing of newspapers and other periodicals. It contains no censorship provisions and is almost entirely designed to furnish the Government desirable or necessary information. Licences may be revoked only for the making of any false or misleading statement or omissions in the application for licence; for failure to report any change in the information furnished in the application and for violation of law.

Ordinance No. 97, 23 July 1946, declares public policy in labour matters, this policy being the development of democratic labour organizations and providing that "workers shall have the right through self-organization to perform and join labour unions, to be of aid to and receive assistance from other labour organizations, and to designate representatives of their own choosing for the purpose of negotiating terms and conditions of their employment contract without interference from employers and their agents."

Ordinance No. 115, 8 October 1946, established rules for licensing of films, and the purposes were stated to be "to eliminate the former Japanese Government control of motion picture production and exhibition which restricted the scope of artistic entertainment in order to serve the aims of Japanese nationalistic propaganda and to achieve orderly administration of the motion picture industry in Korea under minimum controls, to assure the basic propriety and content of films exhibited". A series of former Japanese laws regulating motion pictures was repealed. There is a general provision "that all other laws, orders, ordinances, regulations, directives and instructions or parts thereof relating to the production, distribution or exhibition of motion pictures or censorship or licensing thereof are repealed." The licensing authority is the Department of Public Information.

Ordinance No. 157, 25 November 1947, established a national police board with the power "to initiate major matters of police policy and pass upon matters of policy and practice referred to it by the Director of the National Police" and "to compel the attendance of police officials for questioning with reference to police action". Under the ordinance the Police Board consists of six members appointed by the Military Governor, two of whom shall be appointed on recommendation of the Civil Administrator from among the directors of departments and two upon recommendation of the director of the Department of Justice from among the judiciary or prosecutors. The director of the Department of Police shall be an additional member of the Board but shall have no vote."

Ordinance No. 176, 20 March 1948, changes criminal procedures so that rights of persons to freedom from arrest and detention, may be more adequately safeguarded. It is very comprehensive legislation and provides that no person shall suffer restraint of body without warrant except when prompt action is necessary, and the exceptions are well defined. Where arrests without a warrant are permitted, the arresting authority must obtain from a court a warrant of arrest within 48 hours in the city of Seoul, and in a city, county or island where a court is located, or within five (5) days in place where there is no court. Prompt institution of prosecution after arrest is required. There are provisions for bail and counsel and for determination by court whether restraint is legal, or otherwise, and punitive measures for abuse of powers. Prosecutors are required to inspect jails and police stations each month for the purpose of determining whether persons are illegally restrained therein.

The election regulations limit substantially the powers of police to arrest in all cases covered by the election law. Except in cases of clear and present danger, the police authorities are not authorized to arrest a person for the violation of the criminal provisions of the election law unless authorized to do so by warrant of arrest issued by a court. Violators of the election law arrested by the police on the grounds of a clear and present danger can be held in police custody only if the court legalizes the detention by warrant of arrest.

VI. Economic

Within the area of what is sometimes called "economic liberties" there also has been legislation. The establishment of labour mediation boards and an ordinance declaring public policy in labour matters have already been mentioned. However, Ordinance No. 107, 14 September 1946, established a Women's Bureau which is entrusted chiefly with formulation of standards and policies pertaining to the promotion and welfare in the interest of Korean women and especially in improvement of conditions of working women.

Ordinance No. 121, 7 November 1946, regulates and limits maximum working hours in industry, commerce and governmental work so as to maintain and protect the health, efficiency and general well-being of workers. Public Act No. 4, 16 May 1947, prohibited and regulates child labour.

At the very beginning of the occupation, by Ordinance No. 9, 5 October 1945, tenants were freed from oppressive exactions of landlords by fixing maximum farm rents which now cannot exceed one-third of the total of the natural crops, produce and fruits of lands cultivated and tended by tenants. New contracts for farm rents exceeding a fixed maximum rent are declared unlawful and unenforceable in any court or other tribunal. Any attempt to circumvent this ordinance is declared a violation of the ordinance.

VII. Interpretation of laws

An integral part of the legal structure of any country are opinions interpreting laws. This has been a function of the Opinion Bureau of the Department of Justice; that bureau has always interpreted the laws liberally in favour of civil liberties even in the absence of positive statutes or regulations covering the given case. This was done on the general principle that the policy of this government is to safeguard the various fundamental freedoms. Thus, we have the application of democratic principles in practice. Copies of opinions are available to the Commission.

VIII. Summary

Government by military occupation represents, of course, special problems. From the foregoing, it is apparent that, even before the present situation arose, all the fundamental freedoms were proclaimed. This was done in a series of documents and announcements and not in a single document in the nature of a bill of rights; but, that, of course, is a matter of form and not of substance. These freedoms are usually, though not always, embodied in a constitution; and it was always felt that a constitution is a task for the future Korean government. A military government can meet only the needs of the moment while it lasts; particularly in a liberated country a temporary government must leave permanent solutions to the people when they have established their independence. Nevertheless, that the United States Military Government and the succeeding South Korea Interim Government from the very beginning was solicitous of fundamental freedoms cannot be denied.

10 incls.

1. Proclamation No. 1 dtd 7 September 1945
2. Field Order No. 55 dtd 29 August 1945
3. CG. USAFIK message, dtd 9 september 1945
4 to 10 inclusive: Acts in Ordinance No. 11, 9 October 1945

John WECKERLING
Brigadier General,
U. S. Army

Inclosure No. 1

Proclamation No. 1

G.H.Q. U.S. Army Forces Pacific
Office of the Commanding General
Yokohama, Japan
7 September 1945

TO THE PEOPLE OF KOREA:

As Commander-in-chief, United States Army Forces, Pacific, I do hereby proclaim as follows:

By the terms of the Instrument of Surrender, signed by command and in behalf of the Emperor of Japan and the Japanese Government and by command and in behalf of the Japanese Imperial General Headquarters, the victorious military forces of my command will today occupy the territory of Korea south of 38 degrees north latitude.

Having in mind the long enslavement of the people of Korea and the determination that in due course Korea shall become free and independent, the Korean people are assured that the purpose of the occupation is to enforce the Instrument of Surrender and to protect them in their personal and religious rights. In giving effect to these purposes, your active aid and compliance are required.

By virtue of the authority vested in me as Commander-in-Chief, United States Army Forces, Pacific, I hereby establish military control over Korea south of 38 degrees north latitude and the inhabitants thereof, and announce the following conditions of the occupation:

Article I

All powers of government over the territory of Korea south of 38 degrees north latitude and the people thereof will be for the present exercised under my authority.

Article II

Until further orders, all governmental, public and honorary functionaries and employees, as well as all officials and employees, paid or voluntary, of all public utilities and services, including public welfare and public health, and all other persons engaged in essential services, shall continue to perform their usual functions and duties, and shall preserve and safeguard all records and property.

Article III

Persons will obey promptly all my orders and orders issued under my authority. Acts of resistance to the occupying forces or any acts which may disturb public peace and safety will be punished severely.

Article IV

Your property rights will be respected. You will pursue your normal occupations, except as I shall otherwise order.

Article V

For all purposes during the military control, English will be the official language. In event of any ambiguity or diversity of interpretation or definition between any English and Korean or Japanese text, the English text shall prevail.

Article VI

Further proclamations, ordinances, regulations, notices, directives and enactments will be issued by me or under my authority, and will specify what is required of you.

Given under my hand at YOKOHAMA
THIS SEVENTH DAY OF SEPTEMBER 1945

Douglas MACARTHUR
General of the Army of the United States

Commander-in-Chief, United States Army Forces, Pacific

Inclosure No. 2

EXTRACT FROM ANNEX 7 TO FIELD ORDER 55, MILITARY GOVERNMENT, 29 AUGUST 1945

Par. 3 *(d)* Freedom of religion shall be proclaimed. The freedom of the Press, freedom of speech, freedom of assembly and representative government will be encouraged to the extent that the security of the military occupation and the attainment of its objectives are not prejudiced. The dissemination of Japanese militaristic, national Shintoistic, and ultra-nationalistic ideology and propaganda in any form will be prohibited.

* * *

The above is an extract from the official orders which guided the United States Forces in the establishment of the Military Government in South Korea and the governing of the people of South Korea since 8 September 1945.

Inclosure No. 3

A MESSAGE TO THE PEOPLE OF SOUTHERN KOREA FROM THE COMMANDING GENERAL, UNITED STATES ARMY FORCES IN KOREA

On behalf of General MacArthur, Commander in Chief of Army Forces in the Pacific and Supreme Commander for the Allied Powers, I have accepted the surrender of Japanese Armed Forces in the southern province of Korea.

As Commanding General of United States Army in Korea I am here to enforce the terms of that surrender.

I am here likewise to maintain law and order, to enhance your economy, to protect your persons and property, and to perform all the other obligations imposed on an occupying force under international law. You, the inhabitants of areas under my control likewise have obligations. You must strictly obey the directives of the Supreme Commander for the Allied Powers and all ordinances and orders I shall issue under his direction. You must preserve the peace, and otherwise conduct yourselves as honest and upright men. Do this and you need not fear. Violate my orders, harm my soldiers, or create disurbance and I shall be impelled to take appropriate action.

In order to apply the terms of surrender which have been signed, it will be necessary for me at first to operate through the machinery of the present government. I shall expect you to obey its officials who henceforth are under my orders.

Policies of the government will be changed for your benefit just as rapidly as necessary arrangements can be made. Racial discrimination before the law, in trade, industry, and in the schools will be ended. Freedom of religion, in speech and in thought will be yours. The Press and radio will henceforth operate for the interests of the Korean people.

I know that you, the Korean people, have an ancient and honourable history. I know too, of the oppressions under which you have laboured in past years. I know something of your aspirations, your longings and your desire for early improvement in your living conditions.

As to these, I counsel you to have patience. You have endured difficult years, but the problems those years created cannot all be solved in a few days. By your conduct in the months ahead, you can demonstrate to the democratic nations of the world, and to me as their representative, your capacities and abilities as a people and your readiness to accept an honoured place in the family of nations.

John R. HODGE
Lieutenant General
Commanding U. S. Forces in Korea

Inclosure No. 4

The "Act for Punishment of Political Offenders" of the General Code of Korea made it a criminal offence punishable by penal servitude, or imprisonment not exceeding 10 years, "to agitate, if such agitation was in the opinion of the law enforcing agencies motivated by the intent to induce others to disturb the public peace with a view to changing the Government." This act gave the Japanese authorities a free hand to suppress all kinds of political activities.

Inclosure No. 5

"The Preliminary Imprisonment Act" also concerned public order and applied to persons who organized any association with a view to changing the existing form of Government, or any person or any officer of such an association. This Act provided for "preventive detention".

Inclosure No. 6

"The Act of Preserving Public Order" of the General Code of Korea provided that "any person who organized any association with a view to changing the existing form of Government, or any person who was an officer of such an association, shall be punished by death or by penal servitude for life or for not less than seven years."

The law provided for precautionary confinement and fixed such confinement at two years, but this could be renewed by a decision of the court when deemed necessary. A person who had committed a crime provided for in the law could be placed under protective observation by a decision of an examination committee after the execution of a sentence rendered against him had been suspended, or if public action had not been instituted against him because its prosecution was deemed unnecessary. Here again the term for protective observation was two years, but it could be renewed.

Inclosure No. 7

"The Publication Act" contained various severe restrictions upon freedom of the Press.

Inclosure No. 8

A decree for "Protection of Political Offenders" provides that the person who was supposed to have committed crimes against the "Act of Protective Observation of 'Thought' Criminals", even when the Public Prosecutor believed that a prosecution against him was not necessary, could be put under observation for his "thoughts" and could be handed over to a special association or to a temple, or to an officer, who had to control his "thoughts" and who had to prescribe, as provided in the law, with whom he was permitted to have personal contact and where he was allowed to go. (Sometimes the provisions of these various laws overlapped.)

Inclosure No. 9

"The Shinto Shrine Act" has not been translated but its purport is well known. Shintoism was a State religion and State supported. In Korea Christians were required to attend Shinto ceremonies if they desired to avoid persecution by the police.

The Public Order Act declared that any person who profaned not only the Imperial House, but also great Shinto Shrines, could be sentenced to life imprisonment.

Inclosure No. 10

Prior to the abolition of the judicial power of police chiefs the police had jurisdiction to punish violators both of administrative regulations in general and of certain specific crimes by hard labour and imprisonment not exceeding three months; in addition, the police authorities could inflict prison sentences not exceeding one month for the commission of all kinds of misdemeanours. Prison sentences could be inflicted in the absence of the accused. The law did not provide for public prosecutor nor for a defence counsel in this type of procedure. All the defendents could ask for was the review of sentence of the police by a regular court but such request had no suspensive effect. The judicial power of police has been transferred to special judicial officers appointed by the director of the Department of Justice, on recommendation of the chief judge of the district court, with the proviso that such judicial officers are bound to hear evidence on behalf of the public prosecutor, of the accused and with the further proviso that the maximum punishment to be meted out in summary proceedings is restricted to thirty days (see Ordinance No. 41 issued on 10 January 1946).

RELEASE OF PRISONERS : COMMUNICATION FROM THE UNITED STATES LIAISON OFFICER[6]

Letter of transmittal 7 April 1948

MEMORANDUM FOR Mr. Petrus J. Schmidt
Principal Secretary
UNTCOK

SUBJECT : Release of Prisoners.

1. I am forwarding to you informally advance copies of orders and pardons, dated 31 March 1948, issued by the Military Governor covering 3,140 cases of persons who have been in prison or jail.

2. These persons have been released as of 31 March, in time to register for the coming elections either as electors or as candidates for election.

3. The Commanding General will reply to the letter of the United Nations Temporary Commission on Korea dated 17 March 1948, and signed by Mr. K. P. S. Menon as Chairman, in the near future, particularly concerning section D of that letter.

John WECKERLING
Brigadier General, U. S. A.

South Korean Interim Government Office of the military Governor
Seoul, Korea

PARDON BY MILITARY GOVERNOR[7]

To all law enforcement officials, police, prosecutors, prison officials and election officials :

By virtue of the power and authority delegated to me by the Commanding General, United States Army Forces in Korea, and vested in me as Military Governor in Korea :

I do hereby grant full pardon to the persons named hereon for the offences for which they are now serving sentence or are under suspended sentence or for which they have been conditionally released or for which they are now detained awaiting trial, under investigation or awaiting investigation. I do hereby remit any unpaid fine and any unexecuted portion of any sentence imposed upon them, including suspended sentence. I do hereby order their immediate and unconditional release and the dismissal of any charges under which they are now being held.

I do further order that the pardon herein granted shall restore to them their full civil rights and entitle them to register for voting, and to become candidates in the forthcoming elections to be held under the Law for the Election of Representatives of the Korean People, regardless of their conviction, and regardless of any delay in their application to register occasioned only by their present detention or suspended sentence, but subject to other provisions of Law.

Issued this 31st day of March 1948.

W. F. DEAN
Major General, United States Army
Military Governor in Korea

[6] Document A/AC.19/61.

[7] *Note by the Secretariat :* Only the text of the pardon order is reproduced herewith. The names of the persons affected are on file with the Secretariat and available for delegates.

RELEASE OF PRISONERS

Letter from the Commanding General United States Army Forces in Korea to the Chairman of the United Nations Temporary Commission on Korea[8]

Headquarters
United States Army Forces in Korea
Office of the Commanding General
Seoul, Korea
8 April 1948

Mr. I. J. Bahadur Singh
Chairman, United Nations
Temporary Commission on Korea
Seoul, Korea

Dear Mr. Singh :

In section D of its communication to me of 17 March 1948 the United Nations Temporary Commission on Korea recommended that certain types of prisoners be released without reservation, provided their release would not be a danger to public security. In my letter of 24 March 1948 I informed the Commission that there was a survey under way in the Department of Justice of the South Korean Interim Government of all prisoners who might be released without endangering public safety. The consideration of safety is of significance in view of the fact that certain elements are endeavouring to sabotage the election by violence and force.

The survey referred to has recently been completed, covering a detailed study of 6,260 carefully selected cases regardless of political belief. My liaison officer has already made available to the Commission copies of pardons issued by the Military Governor on 31 March 1948, affecting the release of a total of 3,140 persons. Copy is also attached to this letter.[9]

The 3,140 pardons issued affect: (1) 1,253 persons who were serving prison sentences; (2) 1,797 persons who were under investigation or awaiting trial; (3) 90 persons on parole. The second category includes many who were arrested in connexion with anti-United Nations demonstrations and sabotage efforts in February and March 1948. In the three categories covered there are not only those pardoned for offences prejudicial to or endangering public order and security but also for such cases as involved disorderly conduct, incitement to disobedience of the Rice Collection Law, libel and slander and obstruction of public business.

All cases were reviewed in which there was a possibility of exercising clemency under the conditions stated. Obviously a large number of these 3,140 cases are marginal ones and may result in strengthening elements inclined to violence. However, I decided to pardon every possible case in the interest of assuring that every possible citizen of South Korea may have the opportunity of casting his ballot for the candidate of his choice in a fair and honest election.

Release orders and pardons for all of these 3,140 prisoners were despatched by courier to the various provinces for distribution to prisons and police jails in ample time for the prisoners to proceed to their respective places of residence and register as

[8] Document A/AC.19/61/Add.1.

[9] Document A/AC.19/61.

voters or as candidates if they are otherwise eligible to register for these purposes.

Sincerely,
(Signed) John R. HODGE
Lieutenant General, U. S. Army
Commanding

PROCLAMATION OF THE RIGHTS OF THE KOREAN PEOPLE

Letter from the Commanding General United States Army Forces in Korea to the Chairman of the United Nations Temporary Commission on Korea [10]

Headquarters
United States Army Forces in Korea
Office of the Commanding General
Seoul, Korea

8 April 1948

Mr. I. J. Bahadur Singh
Chairman, United Nations
Temporary Commission on Korea
Duk Soo Palace
Seoul, Korea.

Dear Mr. Singh:

Reference is made to paragraph 3, section A of the letter of the United Nations Temporary Commission on Korea dated 17 March signed by Mr. K. P. S. Menon as Chairman, and my reply thereto addressed to Mr. Jean-Louis Paul-Boncour dated 24 March 1948.

I forward to you a "Proclamation of the Rights of the Korean People" which was issued by me on 5 April 1948. This proclamation is, in general, the publication of a summary or compilation of proclamations, official statements, policies, ordinances, etc., affecting civil liberties in South Korea. the substance of which was submitted to the Commission by my Liaison Officer, Brigadier General John Weckerling, on 24 March 1948.

Sincerely yours,
(Signed) John R. HODGE
Lieutenant General, U. S. Army
Commanding

Headquarters United States Army Forces in Korea
Seoul, Korea

PROCLAMATION OF THE RIGHTS OF THE KOREAN PEOPLE

To the People of Korea:

In view of the forthcoming historic elections to be held under observance of the United Nations Temporary Commission on Korea to choose representatives of the Korean people with whom the United Nations Temporary Commission on Korea may consult regarding the prompt attainment of freedom and independence of the Korean people, which representatives, constituting a national assembly, may establish a national government of Korea, it is deemed appropriate, in order to assure a free atmosphere, to enumerate the inherent liberties of the Korean people who will take part in such elections.

1. All persons are equal before the law and entitled to equal protection under the law, and no privileges of sex, birth, occupation or creed are recognized, the only exceptions admissible being those recognized by international law.

2. Personal liberty is inviolable, and any limitations upon it are not permissible, except by virtue of law duly enacted and promulgated.

3. Dwellings are inviolable, and the right of the people to be secure in their persons, houses, papers and effects against unreasonable search and seizure shall not be violated, and such seizures and search may take place only by virtue of provisions of the law.

4. No person shall be deprived of life, liberty, or property without due process of law and without procedure prescribed by law.

5. No punishment may be imposed, except by virtue of the law in force at the time the act in question was committed.

6. Persons who had been arrested for the commission of any offence or otherwise deprived of their liberty, have the legal right to be promptly informed on what grounds such deprivation has been committed and by what authority, and they are entitled to the services of counsel.

7. All persons accused of crime shall be placed on trial without unreasonable delay and entitled to bail as provided by law. Cruel and unusual punishment may not be inflicted and confessions induced by torture and duress of any kind are inadmissible in trial of offenders or legal proceedings of any kind.

8. Freedom of assembly and association, as well as speech, Press and all other forms of expression are recognized, including the use of all types of campaign handbills and wall posters; provided they are not inflammatory to the extent of inciting disorders or overthrow of government.

9. The rights of meeting and forming associations shall be regulated by law. All citizens and groups of citizens have the right to petition the government and all organs thereof for a redress of grievances.

10. All religions are equal before the law and there is freedom of religious practice not contrary to public order or morality. There is no State church, and the principle of separation of church and State is established.

11. Property rights are recognized, and any restrictions placed upon them may result only from law; expropriation for public use may take place only on payment of reasonable compensation adjudicated by an appropriate tribunal determined by law.

12. The rights hereinbefore enumerated may be suspended, but only temporarily and if necessary, only for reasons of grave national emergency or public safety.

Given under my hand at Seoul, Korea, on 5 April 1948.

(Signed) John R. HODGE
Lieutenant General, U. S. Army
Commanding

[10] Document A/AC.19/62.

ANNEX VI

TEXTS OF MAIN DOCUMENTS CONCERNING THE HEARINGS OF KOREAN PERSONALITIES AND COMMUNICATIONS FROM KOREAN SOURCES

ESTABLISHMENT OF SUB-COMMITTEE 2

RESOLUTION ADOPTED AT THE FIFTH MEETING, 17 JANUARY 1948[1]

The United Nations Temporary Commission on Korea

Resolves :

That a sub-committee be established forthwith (Sub-Committee 2) :

(a) To examine any documents already received or which may be received from Korean sources by the secretariat;

(b) To secure the statements from Korean personalities whose views may be helpful to the Commission in the discharge of its duties.

FINAL REPORT OF SUB-COMMITTEE 2 AS ADOPTED BY THE COMMISSION AT THE THIRTIETH MEETING, 31 MARCH 1948 [2]

1. Sub-Committee 2, consisting of the representatives of Australia, China, France and the Philippines, was established by resolution of the United Nations Temporary Commission on Korea at the fifth meeting on 17 January 1948. The representative of El Salvador was elected to the Sub-Committee at the seventh meeting of the Commission on 31 January. At the first meeting of the Sub-Committee, Mr. S. H. Jackson (Australia) was elected Chairman.

2. The terms of reference of the Sub-Committee were defined by the Commission at its fifth meeting as follows :

(a) To examine any documents already received or which may be received from Korean sources by the Secretariat;

(b) To secure statements from Korean personalities whose views may be helpful to the Commission in the discharge of its duties.

3. The Sub-Committee has held twenty-nine meetings. As a result of its deliberations, selected communications and verbatim or summary records of all interviews have been distributed to members of the Commission. These have provided basic material for discussions in the Commission and in its Sub-Committees. The activities and major decisions of the Sub-Committee in regard to its terms of reference are set out in detail in documents A/AC.19/21, A/AC.19/21/Add.1 and A/AC.19/21/Add.2.[3]

4. At its eleventh meeting, the Commission adopted the following resolution concerning the Sub-Committee :

(a) That Sub-Committee 2, with the assistance of representatives of Sub-Committees 1 and 3, make a survey of the information collected by this Sub-Committee to date;

(b) That this survey, together with important conclusions approved by the Commission at a session called for the purpose of examining it, be handed to the Chairman for his guidance during discussions with the Interim Committee.

In accordance with this resolution a survey of information collected was prepared by the Sub-Committee. At the twelfth meeting of the Commission it was decided that the survey should be "designated as a paper for the use of the Chairman alone" during his discussions with the Interim Committee of the General Assembly.

5. At its twenty-seventh meeting, in considering methods of observation of the elections, the Commission decided "that on 29 March 1948 the existing Sub-Committees will be merged into one committee".[4] The Sub-Committee considers it important that the work of ascertaining Korean opinion concerning the question of elections should continue, in order that the information obtained from oral and written statements may be as comprehensive as possible. In this regard, the Sub-Committee notes that the Commission has authorized functions for the above-mentioned committee which include "the obtaining and analysing of information concerning attitudes of Koreans towards participation in the elections".

Hearings of Korean personalities

6. The Sub-Committee gave considerable attention to the selection for hearings of Korean personalities such as would "secure a balanced representation of the main trends of public opinion" and which would include "individuals and representatives of right, moderate and left political parties and of important organizations not directly political in character".[5] The Sub-Committee has heard the views of twenty-four Korean personalities,[6] and held a special interview with the Chairman of the Federation of Korean Trade Unions.[7] In addition, a consultation was arranged with the Commanding General, United States Army Forces in Korea.[8]

7. In commencing its hearings of Korean opinion, the Sub-Committee announced that it wished to learn the views of the following prominent political leaders :

Cho Man Sik	Kim Kiusic
Huh Hun	Kim Il Sung
Kim Doo Bong	Kim Sung Soo
Kim Koo	Pak Heun Young
	Rhee Syngman

The Sub-Committee heard the views of Kim Koo, Kim Kiusic, Kim Sung Soo and Rhee Syngman. Of the others, two were residents of North Korea (Kim Doo Bong and Kim Il Sung) one (Cho Man Sik) was under detention in North Korea, and two

[1] Document A/AC.19/11.
[2] Document A/AC.19/60/Rev.1.
[3] Documents A/525, Annex 2; A/527, Annex 5; A/528, Annex 5.
[4] Document A/529, Annex 7, paragraph 13.
[5] Document A/525, Annex 2, paragraphs 4 and 5.
[6] Document A/528, Appendix to Annex 5.
[7] Document A/527, paragraph 21 and Annex 3, Sections 3 and 4.
[8] Document A/AC.19/SC.2/P.V.16, see Vol. III, Annex X.

others (Huh Hun and Pak Heun Young) were leftist leaders who were under order of arrest by the South Korean authorities. Despite repeated efforts, the Sub-Committee has not found it possible to make contact with these persons.[9] In all the Sub-Committee has been able to hear the views of representatives of three rightist, three moderate and three leftist political parties. Extreme leftist political parties and organizations declined invitations to a hearing before the Sub-Committee on the stated grounds of political objections to the Commission's activities in Korea and lack of confidence in the assurances given by the authorities regarding their immunity from police surveillance.[10]

8. The Sub-Committee's examination of Korean opinion was not limited to the representatives of political organisations. In making its selection of personalities to be invited to hearings, the Sub-Committee had in mind the desirability of securing the opinion of religious, educational and cultural, business and financial and civic organizations, and the views of certain leading representatives of such organizations have been heard (see Appendix).

Communications received

9. On 21 January 1948, the Sub-Committee invited "individuals and organizations, religious, cultural and political, to express their views in writing . . ." [11] and, on 28 January, indicated that it wished "to continue to receive written statements".[12] The Sub-Committee has determined a procedure whereby a selection is made of relevant communications in accordance with principles agreed on by the Sub-Committee,[13] and the selected communications issued as documents of the Commission.[14]

10. Up to 15 March inclusive, 613 communications have been received : 404 from organizations and 209 from individuals. Of these, 388 were from individuals and organizations in Seoul, and 225 from individuals and organizations in the provinces. Of the communications received from organizations, 134 were from political parties, 202 from social organizations, thirty from youth organizations, sixteen from women's organizations, nineteen from the national mass meeting, and three from the South Korean Interim Legislative Assembly. A considerable number of communications received were in the form of signed petitions, sponsored both by organizations and individuals. The subjects mostly dealt with in the signed petitions include statements of support for or opposition to the holding of elections and expressions of opinion concerning the functions of the United Nations Temporary Commission on Korea. A list of all communications received, indicating the nature and subject-matter in each case, has been issued to the members of the Commission in documents A/AC.19/NC.1, A/AC.19/NC.2, A/AC.19/NC.2/Add.1 *et seq.*, A/AC.19/NC.3 and A/AC.19/NC.3/Add.1 *et seq.*

11. The Sub-Committee has taken note of a communication referred to it by the Commission at its twenty-sixth meeting from Mr. Rhee Syngman as Chairman of the Executive Committee of the Representative Delegation of the Korean People.[15] In view of the fact that it would not be practicable after 29 March 1948 for the Sub-Committee to take action concerning this communication, the Sub-Committee decided to refer it to the Main Committee of the Commission for appropriate action.

Opinion concerning the holding of elections

12. In discharging its terms of reference, the Sub-Committee considered as a major task the examining of Korean opinion regarding the question of elections.

13. In seeking information concerning the attitude of Koreans towards the holding of elections the Sub-Committee recognizes that political trends in Korea under present circumstances are liable to fluctuate and change.

14. In these circumstances, the Sub-Committee has not formulated any final estimate of the attitudes of the various political groups and organizations, but rather sought to classify the information at its disposal with a view to indicating the main trends of opinion concerning the elections.

15. A survey of the opinions expressed during the hearings of Korean personalities and in written communications examined by the Sub-Committee is set out in the Appendix to this report.

Appendix I

SURVEY OF KOREAN OPINION CONCERNING THE ELECTIONS

Source material

1. The survey which follows is based upon the following documentary material :

(a) Hearings of Korean personalities, including certain officials, by Sub-Committee 2 (documents A/AC.19/SC.2/PV.5-9, PV.11-15, PV.21, PV.23-25; A/AC.19/SC.2/SR.26).[16]

(b) Communications received by the Commission (selected communications are to be found in the document series A/AC.19/NC.1 *et seq.*).

(c) Special consultations or interviews with certain Korean personalities (documents A/AC.19/28 and A/AC.19/SC.2/9) and with the Commanding General, United States Army Forces in Korea (document A/AC.19/SC.2/PV.16).[16]

2. For purposes of background information only, note has been taken of the intercepts from Pyongyang (North Korea) radio broadcasts [17] and of statements and comment translated from the Korean Press.[18]

Method of analysis

3. In examining the main trends of Korean opinion concerning the question of elections, a selection has been made of five major aspects based

[9] Document A/AC.19/21/Add.1 and Add. 2.
[10] Document A/528, Annex 5, paragraphs 4 to 8.
[11] Document A/AC.19/SC.2/1. See Vol. II, Annex VI.
[12] Document A/525, Annex 2, paragraph 2.
[13] Document A/AC.19/21/Add.1.
[14] Documents A/AC.19/NC.1 *et seq.*
[15] Document A/540, p. 44–51.
[16] See Volume III, Annex X.
[17] Issued by Headquarters XXIV Corps (Office of the Assistant Chief of Staff G-2), Seoul.
[18] Issued by Headquarters, U. S. Army Forces in Korea (Office of the Assistant Chief of Staff, G-2 : Language and Document Section); Public Information Office, Headquarters XXIV Corps, Seoul; Headquarters USAMGIK (Bureau of Public Opinion).

upon the questionnaire used during the hearings of Korean personalities by Sub-Committee 2, as follows:

(i) Attitude toward the holding of elections *(a)* throughout Korea and *(b)* in South Korea only;

(ii) Opinion regarding the conditions necessary for ensuring a free atmosphere for elections;

(iii) Opinion as to the prospects of holding free elections;

(iv) Opinion concerning political prisoners.

4. Alternative proposals suggested for the attainment of the national independence of Korea are examined in a separate section.

5. A summary of the available information in regard to the above aspects will be made as follows:

(i) The views of representatives of political parties and organizations of South Korea, considered in terms of right, moderate and left political orientation (see paragraphs 6-10 below);

(ii) The views of certain officials of the South Korean Interim Government — namely, the Civil Administrator (Mr. Ahn Chai Hong), the Chief Justice (Mr. Kim Yung Moo) and the Director of National Police (Mr. Chough Pyung Ok);

(iii) The views of representatives of religious, educational and cultural, economic and women's organizations;

(iv) The views of a village headman;

(v) The views of the Commanding General, United States Army Forces in Korea, Lieutenant General John R. Hodge.

Present political trends in Korea

6. In view of the fact that it was not possible to hear the views of North Korean political leaders[19] nor to visit North Korea, the Sub-Committee can give no information from its own sources on the current political situation in the North. Examination of the intercepts of Pyongyang radio broadcasts, however, indicates clearly enough the negative attitude of the North Korea authorities and major political organizations towards the holding of elections under the observation of the United Nations Temporary Commission on Korea.

7. In South Korea, a feature of political life is its shifting character: new political parties and movements emerge, and re-alignments of political forces occur, frequently and at times abruptly. In such circumstances, it would be unreal to prescribe any rigid classification of political movements. With this qualification in mind, however, there may be distinguished at present the following major political groupings which for convenience, sake will be adopted in classifying trends of opinion in South Korea.

Right

8. *(a) Hankook Democratic Party* (Chairman, Mr. Kim Sung Soo): This party is probably the most effectively organized and influentially supported of the right organizations. It has the support of some of the largest landowners in Korea and, through its connexions in the rural areas, has been able to develop, particularly in recent months, a relatively widespread network of organization. Although denied by the party leadership, facts have been produced to support the claim that in the provinces especially the Party's activities are directly or indirectly aided by the members of the Korean police.[20]

(b) National Association for the Rapid Realization of Korean Independence (Chairman, Dr. Rhee Syngman): This organization is not a political party, but a combination of various societies and individuals pledged to the general objective of early attainment of Korean independence. The Association serves, however, as the mechanism for extending Dr. Rhee's political influence throughout South Korea.

(c) Korean Independence Party (Chairman, Mr. Kim Koo): The Independence Party derives its strength in considerable degree from the fact that Mr. Kim Koo personally expresses the traditions of the struggle for independence centred in the Provisional Government, which was established after the Declaration of Independence of 1 March 1919. Mr. Kim's political influence is reinforced also by his connexions with certain youth organizations of the right, such as the Dai Dong Youth Association.

Moderate

9. *(a) National Independence Federation:* The so-called "middle of the road" political groups have made repeated efforts to establish some kind of coalition with a view to meeting the impasse created by the conflict of interests between the Soviet Union and the United States, as reflected in the Korean situation and by the uncompromising attitude of the extreme right and left. In May 1946, the Coalition Committee had been organized under the joint chairmanship of Mr. Kim Kiusic and the late Lyuh Wooh Hyung, representing both moderate and some leftist groups. Seeking a broader basis of coalition, Mr. Kim Kiusic and others, on 20 December 1947, inaugurated the National Independence Federation, with the basic objective of "bringing together all the patriotic parties, organizations and individuals in order to obtain democratic national unity both in name and reality".[21] The Federation, which is now composed of fourteen distinct political parties and fifty-one social organizations[20] has as its main objective the unification of North and South Korea.

(b) Political Parties Council: Another coalition of political parties of the centre and moderate left was established at the end of 1947 and is now known as the South Korean Political Parties Council.[22] The Council embraces certain moderate and leftist parties and one important rightist party, the Korean Independence Party of Mr. Kim Koo (subject to a reservation in regard to action undertaken by the Council). Other component parties

[19] Document A/527, Annex 5, paragraph 2 *(b)*.

[20] Remarks of Mr. Kim Kiusic: Documents A/AC.19/SC.2/P.V.8 (see Vol. III, Annex X) and A/AC.19/28, page 4.

[21] Manifesto of the National Independence Federation: see document A/AC.19/NC.4, Annex 1.

[22] See documents A/AC.19/NC.20 and A/AC.19/NC.20/Add.1. During February-March 1948, the Council experienced some dissensions over policy and certain of the more moderate parties withdrew support

have included the Labouring People's Party, Independent Labour and Farmers' Party, Social-Democratic Party, New Progressive Party, Democratic Korean Independence Party, People's League, Democratic Independence Party. With one or two exceptions, the member parties also belong to the National Independence Federation and on major immediate issues, such as those of a separate election in South Korea and the proposed joint conference of political leaders of North and South Korea, the views of the two bodies are similar.

Left

10. The major parties of the left are the South Korea Labour Party (former Communist party), the Democratic National (People's) Front, the People's Republican Party, the Young Friends' Party and Labouring People's Party (the latter's present leadership reflects both moderate and leftist influences within the Party). If any distinction is to be made amongst the parties and organizations of the left, it would be in terms of the extent to which any group adheres to the clearly defined Communist line of policy as expressed in the programme of the South Korea Labour Party.

11. A distinctive organization of the left is the Democratic National Front, which is a broad federation of political parties, trade unions, farmers', women's, cultural and other associations. It maintains a consistent South Korea Labour Party ideology in its leadership, though variations of political programme may occur in some of the constituent bodies.

VIEWS OF POLITICAL PARTIES AND ORGANIZATIONS OF SOUTH KOREA

Attitude toward the holding of elections (a) *throughout Korea and* (b) *in South Korea only*

Right

12. The rightists are insistent that given the fact of non-co-operation by the North Korea authorities, elections should be held in South Korea alone. The one exception is the Korean Independence Party of Mr. Kim Koo, who is opposed to a separate election which he considers would perpetuate the unnatural cleavage of North and South Korea. In a series of public statements made during March 1948, Mr. Kim Koo has re-emphasized his opposition to the holding of elections in South Korea. Commenting on the resolution of the Interim Committee of the General Assembly he stated, in a message to the National Association for the Rapid Realization of Korean Independence, on 18 March:

"The resolution of the Interim Committee was made (1) to settle trusteeship by one nation in Korea with the co-operation of the United Nations; (2) to justify internationally the 38th parallel line which was set up by the United States and the Soviet Union; and (3) to encourage the split of the Korean people instead of encouraging their harmony. Those are, by no means, in accord with the spirit of the resolutions of the United Nations General Assembly on Korea".[23]

13. Mr. Rhee and the Hankook Democratic Party, on the other hand, have expressed their desire for an election in South Korea as early as possible with a view to the establishment of a National Assembly and a National Government. On 26 January 1948, Mr. Rhee told the Sub-Committee:

"It is possible, highly possible, to complete an election within four weeks. We have done all the preliminary work, so if the United Nations Commission declares that the election shall be held on such and such a date, we will get it through".[24]

This view was endorsed by a group of twenty-one rightist parties and social organizations (other than the Korean Independence Party).[25]

14. Regarding the National Assembly, the view expressed by Mr. Kim Sung Soo[26] (Hankook Democratic Party) was that no seat should be reserved for North Korea constituencies, but that North Korea refugees in South Korea should elect representatives to the Assembly from special constituencies on the basis of one representative for each 100,000. Since the elimination from the revised law for the elections of the provision in Public Act. No. 5 for a special electoral district for North Koreans resident in North Korea, a number of rightist organizations have urged reconsideration of the matter.[27] It was the view of Mr. Rhee that a national government established in South Korea would require assistance from a United States "small token force" in order that it might have time in which to organize a national defence force.

Moderate

15. The moderate groups would, in general, favour a general election throughout Korea, provided it were held in a genuinely free atmosphere and would lead to the unification of Korea. During the period of the Sub-Committee's enquiries, from the end of January to the end of March 1948, all representatives of moderate groups heard by or in communication with the Sub-Committee voiced opposition to the holding of elections in South Korea. While differences of view and emphasis occur, the reasons most frequently given for the moderate attitude are:

(a) That under present conditions of civil liberties and police power in South Korea no free atmosphere for elections exists;

(b) That, in these circumstances, an election would result in an unrepresentative government;

(c) That an election in South Korea, leading to the establishment of a separate government, would perpetuate the division of North and South Korea and inflame existing political differences.

16. The moderate attitude concerning *(a)* above is discussed below (paragraphs 23-25). Regarding *(c)* the view was stated to the Sub-Committee by Mr. Kim Kiusic in the following terms:

"However, any Korean who talks about a South Korean unilateral government will go down in history as a 'bad egg' because once that term is used, the Communists in the North under the direction of the Soviet Union will establish what is called the 'People's Republic', or the 'People's Committee'. Then you will have two unilateral governments in this little space of something over 85,000 square miles. Not only that, but once such a thing occurs in history, it will go down for ever,

[23] *Seoul Times*, 20 March 1948.

[24] Document A/AC.19/SC.2/PV.5. See Vol. III, Annex X.

[25] Document A/AC.19/NC.7.

[26] Document A/AC.19/SC.2/PV.11. See Vol. III Annex X, also document A/AC.19/NC.6.

[27] Documents A/AC.19/NC.24 *et add.*

and it will be perpetuated; and then you are responsible, and we are responsible for perpetuating the division of Korea into a northern half and into a southern half".[28]

Left

17. Certain moderate left organizations have not opposed in principle the holding of a general election throughout Korea, subject to the following conditions : *(a)* That the election would follow the withdrawal of United States and Soviet forces and *(b)* the reorganization of the South Korean police "in order to create an atmosphere for a fair election".[29] The major parties and organizations of the left, however, are opposed to any election proposed prior to the withdrawal of foreign troops or held under the observation of the United Nations Commission.

18. Regarding a separate election in South Korea, the South Korea Labour Party[30] and the Democratic National Front[31] express unqualified opposition on the grounds that *(a)* such an election would lead to the establishment of a separate government composed of "reactionary and pro-Japanese elements" which, since it will be set up under the observation of the United Nations Temporary Commission, will claim "international legality"; *(b)* the General Assembly's decision to establish the United Nations Commission was made without the participation of Koreans and without agreement between the United States and the Soviet Union; *(c)* no free election is possible in South Korea under present circumstances; *(d)* the provision for withdrawal of foreign troops in the General Assembly's resolution of 14 November 1947 is "uncertain" in operation and would facilitate United States domination of South Korea and its conversion into an American "colony" and "military base"; *(e)* the United Nations Commission is composed of nations under the control of United States imperialism and is consequently the agent of American policy. Other leftist organizations affiliated with the Democratic National Front, such as the Federation of Korean Trade Unions[32] and the All Korea Farmers' Union[33] have expressed, with varying emphasis, substantially the same views.

Opinions regarding the conditions needed to ensure a free atmosphere for elections

19. The preamble to one of the questions of the questionnaire used by Sub-Committee 2 during the hearings of Korean personalities stated :

"It is the opinion of the Sub-Committee dealing with the question of ensuring a free atmosphere for elections (Sub-Committee 1) that there must be the following minimum requirements : freedom of expression, freedom of Press and information, freedom of assembly and association, freedom of movement, protection against arbitrary arrest and detention, and protection against threats of violence or violence".

These minimum requirements have been assented to at least in principle, by spokesmen for the right, moderate and left parties and organizations. Important differences arose, however, when the question of the extent to which those principles are in fact operative was under consideration (see paragraphs 21-29, 39-44 below).

20. One qualification should be made regarding the attitude of the major left organizations toward so-called "pro-Japanese elements, national traitors and pro-Fascists". An affiliated organization of the Democratic National Front makes it a prerequisite of a free election that such elements be "swept away from political, economic and cultural spheres in South Korea".[34]

Opinion as to the prospects of holding free elections

Right

21. The view expressed by Mr. Rhee and Mr. Kim Sung Soo (Hankook Democratic Party) was that a free atmosphere for elections existed. Mr. Kim suggested that there was in fact too much freedom, which permitted Communist activities, such as strikes, riots and assaults.[35] Mr. Rhee claimed that as the result of the issuing of new currency in North Korea, millions of yen in the form of reclaimed bills were being sent down to aid South Korea Communists for the election campaign. He also suggested that support given by officers of the Military Government to the so-called "middle-roaders party" (National Independence Federation of Mr. Kum Kiusic) might encourage the moderates in what he implied was a working liaison with local government officials and Communists.[36]

22. Mr. Kim Koo[37] (Korean Independence Party), on the other hand, claimed that no fair elections were possible in South Korea. He believed that the elections would be manipulated in the interests of a certain party and that in effect there would prevail in South Korea a one-party situation similar to that in the North. A first prerequisite for a free election was the withdrawal of occupation troops and the disarming and disbanding of all military and semi-military organizations in North and South Korea.

Moderate

23. The moderates maintain that both in South and North Korea there is, in practice, no genuine freedom of expression, freedom of Press and information, freedom of assembly and association, freedom of movement, protection against arbitrary arrest and detention or protection against threats of violence and violence. They draw attention to the non-existence of *habeas corpus* in South Korea and to restrictions upon the right of assembly which, in practice, are said to prevent meetings of more than three persons without a permit, for which application must be made several days in advance. Under the present police system, which makes the national police an independent organization and not in fact responsible to the civil administration and which permits, it is claimed, a certain rightist party (Hankook Democratic Party) to use the police

[28] Document A/AC.19/SC.2/PV.8, see Vol. III, Annex X.
[29] Document A/AC.19/SC.2/PV.7, see Volume III, Annex X.
[30] Document A/AC.19/NC.13.
[31] Document A/AC.19/NC.10.
[32] Document A/AC.19/NC.9.
[33] Document A/AC.19/NC.17.
[34] Communication from the Federation of Korean Trade Unions, 21 January 1948 (document A/AC.19/NC.9).
[35] Document A/AC.19/SC.2/PV.11, see Volume III, Annex X.
[36] Document A/AC.19/SC.2/PV.5, see Vol. III, Annex X.
[37] Documents A/AC.19/SC.2/PV.6 (see Volume III, Annex X), A/AC.19/28 and A/AC.19/NC.8.

for its own ends, a fair and free election in South Korea is not considered possible. In support of this view Mr. Kim Kiusic has stated :

"The course of the elections had already been arranged in the provinces; names had already been decided upon and certain people had been made to deposit their seals. As far as certain parties and groups were concerned, the elections were already arranged. People were being forced to buy photos, calendars, etc., and to contribute money for the maintenance of police billets, youth corps and other organizations. A certain youth corps was canvassing from door to door, and when a householder refused to comply with its desires, it was branded as leftist. Even if the elections were free on the surface, what would happen to persons who did not carry out previous instructions after the Commission had departed? A government would be established, but the situation might be worse than at present".[38]

24. With a view to improving present conditions which might obstruct free elections, Mr. Kim Kiusic proposed *(a)* that the national police and government officials be re-orientated; *(b)* changes of personnel should be made; and *(c)* a checking committee consisting of three or five persons of integrity should be appointed to find out the conditions prevailing in various localities during the election.[39]

25. The composition and role of the police force are frequently criticized in terms similar to the following :

"So long as we have so many of the police officers who worked under Japan — I understand about eighty-five per cent — and so long as we have this pro-Japanese element in the police force, even if the Director of the Police Department and the Chief of the Metropolitan Police tried to be fair, it is impossible to have a free and fair election".[40]

Left

26. All the left parties and organizations are strongly of the opinion that, in South Korea, conditions do not permit a free expression of the people's will. The major factors obstructing a free and democratic atmosphere in South Korea are said to be *(a)* the denial of the basic democratic rights — such as freedom of speech, Press, assembly, organization — to the people; *(b)* the composition, organization and political affiliations of the Korean police and *(c)* the presence of foreign occupation forces.

27. In regard to *(a)* above, the Democratic National Front submitted that, during the period of strikes and disorder in August 1947, 13,769 persons were arrested and 8,030 suffered terrorism.[41] The Federation of Korean Trade Union and the All Korea Farmers' Union submitted similar information concerning alleged police discrimination and acts of terrorism practised against their members.[42]

28. In regard to *(b)* above, the lefts parties and organizations share the view already outlined as that of moderate opinion. A representative[43] of a moderate left organization, after analysing the composition and organization of the Korean police force, alleged that it had direct political affiliations with the right and, in particular, with the Hankook Democratic Party and Mr. Rhee.

29. So far as North Korea is concerned, the South Korea Labour Party and the Democratic National Front contrast what they allege is the democratically elected government (People's Committee of North Korea) with the political conditions prevailing in South Korea, under which, it is claimed, no freely elected representative government could be established.

Opinion concerning political prisoners

Right

30. The view of Mr. Rhee and of the Hankook Democratic Party is that there are no political prisoners in South Korea. Mr. Kim Koo considered that there are tens of thousands of political prisoners in both South and North Korea. He expressed the opinion that political prisoners and those under arrest or warrant of arrest for political reasons should be released. The question whether they should be permitted to vote in an election would have to be decided under the conditions prevailing at that time.[44] Mr. Rhee's view was that, in general, persons in prison were not entitled to vote.

Moderate

31. The moderate groups contend that there are political prisoners in South and North Korea. They take the view that all political prisoners should be released for the purpose of voting in an election and some of them advocate the cancellation of arrest warrants in addition to the release of political prisoners. Mr. Kim Kiusic considered that since "people in the North had been clamouring for two years for the release of political prisoners; they might be induced to co-operate if an amnesty were declared in the South".[45]

Left

32. Left opinion insists that political prisoners are being held in South Korea in very considerable numbers. The view is expressed that Military Government ordinances limiting the right of assembly or prohibiting strikes, if violated, are necessarily violated for political reasons and those in prison must, in consequence, be considered political prisoners.

33. The above opinion was stated to the Sub-Committee during an interview with the Chairman of the Federation of Korean Trade Unions followin his release from Seoul Prison on 19 February 1948 after serving a year's sentence for unlawful assembly. Mr. Haw Sawng Taik claimed that he, and the vice-chairman of h. Federation, had been arrested solely as "a political criminal" and that "more than 600 political criminals who were jailed by such false accusation are in Sodaimun Jail now".[46]

34. All the left groups demand the immedi... release of political prisoners and restoration of

[38] Document A/AC.19/28, page 4.
[39] Document A/AC.19/SC.2/PV.8, see Vol. III, Annex X.
[40] Document A/AC.19/SC.2/PV.9, see Vol. III, Annex X.
[41] Document A/AC.19/NC.10.
[42] Documents A/AC.19/NC.9 and 17.
[43] Document A/AC.19/SC.2/PV.7, see Vol. III, Annex X.

[44] Document A/AC.19/SC.2/PV.6, see Vol. III, Annex X.
[45] Document A/AC.19/28, page 3.
[46] Documents A/AC.19/SC.2/9 (see Volume III, Annex X) and A/AC.19/SC.2/9/Add.1.

their full civil rights. Regarding the position in North Korea, no mention is made of political prisoners, though it is acknowledged that "pro-Japanese and reactionary groups" are denied freedom of expression,[47] or have been "purged".[48]

Alternative proposals for the attainment of the national independence of Korea

Right

35. One rightist leader, Mr. Kim Koo, has strongly advocated, in place of an election, the convening of a joint conference of political leaders from North and South Korea and the withdrawal of all foreign troops. When he first stated his views before the Sub-Committee, he made the withdrawal of troops a prerequisite for the convening of the conference.[49] Later he aligned himself with Mr. Kim Kiusic's view that consultation might precede the withdrawal of troops.[50]

Moderate

36. The alternative plan to a separate election in South Korea, sponsored by Mr. Kim Kiusic and the National Independence Federation, and concurred in by Mr. Kim Koo, proposed:

(a) A political conference of selected representatives of North and South political parties;

(b) Restoration of civil rights for political offenders in North and South Korea;

(c) Cancellation or suspension of arrest warrants for political leaders;

(d) Freedom of speech, Press, assembly and association to be made effective;

(e) Agreement to be reached by the two occupying Powers concerning the conditions and time of evacuation of troops.[51]

Left

37. The left parties and organizations, with some differences of emphasis, reject unconditionally the programme of the Commission and urge the Commission to cease its activities in Korea. The South Korean Labour Party and the Democratic National Front propose:

(a) Joint withdrawal of occupation forces by agreement between the United States and the Union of Soviet Socialist Republics;

(b) Establishment of the Koreans themselves of a unified democratic government in accordance with the principle of self-determination.

One leftist party associated itself in principle with the proposal for a joint North-South political leaders' conference, subject to *(a)* agreement by the United States and the Soviet Union that their forces would withdraw by 31 March 1948; and *(b)* that an amnesty for political prisoners and effective guarantees of civil rights be provided to "enable a free exchange of opinion" at the conference.[52]

[47] Document A/AC.19/SC.2/PV.7, see Vol. III, Annex X.

[48] Communication from the Democratic People's Front, 28 January 1948 (document A/AC.19/NC.10).

[49] Document A/AC.19/SC.2/PV.6. See Vol. III, Annex X.

[50] Document A/AC.19/28, page 5.

[51] Document A/AC.19/NC.5.

[52] Communication from Mr. Kim Won Bong, Chairman, Central Executive Committee, People's Republic Party.

Views of Korean officials

38. During the hearings of the Sub-Committee, the Civil Administrator (Mr. Ahn Chai Hong), the Chief Justice (Mr. Kim Yung Moo) and the Director of National Police (Dr. Chough Pyung Ok) expressed their views on questions related to the holding of free elections and in particular on the organization and role of the national police.

Views concerning a free atmosphere for elections

39. The Chief Justice drew attention to the non-existence of *habeas corpus* in South Korea and the retention of Japanese laws permitting arrest without warrant in the following terms:

"If you want to see a free election in Korea, this system should be corrected. If you leave this system as it is, a free election may be hindered. For instance, the police may want to interfere with a certain political party and they may not violate the election rules, but they may make charges, for their own purposes, of suspicion of fraud, embezzlement or larceny. They may arrest or detain a person three to five months, and it may not be only one person but a thousand people. They may even arrest ten thousand or fifty thousand people, and this may interfere with a free election. Since the Korean people are aware of this kind of system, it should be corrected and a court writ should be required."[53]

The Chief Justice stated that such a provision could easily be furnished by means of a Military Government ordinance. He described as "exactly right" the following interpretation of the existing state of civil liberties:

"... Any individual Korean is at the mercy of the police. He may be arrested at any time without a warrant of arrest, kept in jail for indefinite periods of time and without any law providing for his imprisonment to be reviewed by the court."[54]

40. The Director of National Police considered that there were no conditions which would interfere with the holding of free elections other than the possibility of a movement directed from North Korea intended to "stir up trouble in South Korea so that an election may not be held".[55]

Role of the national police

41. The Civil Administrator dealt at some length with the question of the status of the Director of National Police. He indicated that, in relation to the routine aspects of his governmental function, the Director of Police was nominally responsible to the Civil Administrator but that "the inside power of the Department of Police ... is more or less controlled by the occupation forces".[56] He further stated that "in the technical part, it is not quite well understood by the department head of the national police that whatever the Civil Administrator says must be obeyed. This is not well performed yet".[57]

42. The Director of National Police indicated that he had been appointed by and was responsible

[53] Document A/AC.19/SC.2/PV.14, see Vol. III, Annex X.

[54] *Ibid.*

[55] *Ibid.*

[56] Document A/AC.19/SC.2/PV.13, see Vol. III, Annex X.

[57] *Ibid.*

sible to the United States Military Governor but that in the exercise of his functions, "personal power has been given to me direct by the Military Governor".[58] The following question and response indicate the Director of National Police's conception of his position:

"*Chairman:* Actually, apart from interference or directives from the Military Government, which come, I assume, very seldom, you are really a law unto yourself in handling the police?

"*Mr. Chough:* I think that is somewhere near the truth. I am conscious of that fact, the fact that I hold tremendous power in my hands, and I feel that I have to be loyal to Korea and to the Government existing there."

43. In reply to questions, the Director stated that 53 per cent of all posts above that of lieutenant in the Korean Police Force were held by officers trained under the Japanese, including nine out of the ten Commanders of the Seoul Metropolitan Police. He justified retention of such persons on the grounds that *(a)* they had served under the Japanese because of economic necessity and *(b)* "we are weeding out the undesirable elements". He acknowledged that many such persons had had a lengthy period of training under the Japanese and now objected to changes being introduced in police methods.

Concerning alleged political activities by the police, the Director declared that there was no prohibition on members of the police force joining political parties. He indicated that he was a "plain member" of the Hankook Democratic Party though he had refused to take any prominent position.[59] The police were instructed, however, not to participate in political activities. The general policy of the national police was that all political parties should be treated on a basis of impartiality. He expressed doubt, however, as to whether this principle could be applied reasonably to Communist organizations carrying out "a destructive movement directed by external sources". Regarding youth organizations in South Korea, the Director considered that they were really "political parties", mainly led at the present time by rightists, since leftist youth leaders had mostly been arrested during 1947. He opposed the attempt by some political leaders "to utilize youth movements as pawns" and acknowledged that certain youth organizations had tried "to exercise the police power without rightful authorization".

Views of representatives of religious, educational and cultural, economic and women's organizations

44. Owing to lack of time, the Sub-Committee was able to hear only a few representatives of religious, educational and cultural, economic and women's organizations. Nor have all such organizations submitted views in written form to the Commission. The following summary of views held cannot, therefore, be regarded as complete but serves to indicate the general trend of opinion of theseorganizations regarding the question of elections.

Educational and cultural organizations

45. Only one educator has appeared before Sub-Committee 2, but educational and cultural organizations with leftist and rightist views have sent written statements to the Commission. Their views regarding elections are divided for the most part along the same lines as the political groups. The National Education Federation would support a separate election and government in South Korea if it were impossible to hold elections throughout North and South Korea. The educational and cultural organizations with leftist leanings such as the Korean Educators' Association, Korean Writers' Union, Korean Dramatists' Union, Korean Movie Union and Korean Language Research Association, as well as the Federation of Korean Cultural Associations, expressed opposition to the holding of elections and establishing of a separate government in South Korea. They maintain that the people in South Korea have been deprived of the fundamental freedoms of speech, Press, assembly and belief, and cite detailed instances of police action against their members, allegedly for political reasons.[60] It is their belief that Koreans can and should solve their own problems and they urge that the occupation forces and the Commission withdraw from Korea.

46. Mr. Lee Choon Ho, President of Seoul National University, expressed no definite view for or against a separate election in South Korea. He emphasized that a free atmosphere for elections in the villages, where the people were more or less under the control of the headman, would be difficult to ensure unless a firm supervision were exercised.[61] Most of the families in the villages belonged to no political party but, in his view, it was likely that the police would support the rightist party in the election and that, without supervision by the Commission, either the left or the right elements might try to influence and intimidate the headmen and voters of villages, with a view to ensuring that people would vote for their candidates. If they were thus threatened or blackmailed, he considered that the village people would be afraid either to report to the police or take any other action.

Religious leaders and organizations

47. Both the Most Rev. Paul M. Ro, Bishop of Seoul, and Rev. Han Kyung Chik, formerly in North Korea, stated before the Sub-Committee that there is no freedom of speech and religion in North Korea and that it will be difficult, if not impossible, to have free elections in North Korea. They both believed that it is important to hold elections as soon as possible in South Korea, leading to the establishment of a national government in Korea. Bishop Ro pointed out that, because of national pride and prestige, the Korean people could not ask the Commission to hold an election in part of Korea alone. While Rev. Han pointed out the importance of creating a special electoral district for electing representatives for North Korea, Bishop Ro thought that, with supervision and control of the Communists or the

[58] See document A/AC.19/SC.2/PV.14 (Vol. III, Annex X) for this and following citations in paragraphs 42–44.

[59] The Chairman of the Hankook Democratic Party informed the Sub-Committee that Dr. Chough had resigned from his position as a member of the central executive committee of the party on becoming Director of National Police. (Document A/AC.19/SC.2/PV.11, see Volume III, Annex X.)

[60] Communication from the Federation of Korean Cultural Associations, 28 January 1948.

[61] In this regard, see also the section below dealing with the views of a village headman (paragraph 53).

extreme leftists who might oppose a general election in South Korea under United Nations supervision, there would be no problem in carrying out such an election. Neither of them thought that the character of the police force would prevent the holding of free elections. Rev. Han considered that there were political prisoners in North Korea and that in South Korea there was no persecution on the basis of political beliefs.

48. In general, these views were shared by such religious organizations as Christian Leaders from the North, North Korea Christian Friends' Society, Religious Bodies Association of Korea for the Promotion of National Independence, Korea National Christian Council and Christian People's League of Korea.

Women's organizations

49. Mrs. Esther Whang Park, president of the Federation of Women's Clubs, and Mrs. Yoo Yawng Choon, chairman of the South Korea Democratic Women's Federation (affiliated with the Democratic National Front) both received an invitation to appear before the Sub-Committee. Mrs. Park considered that the majority of the Korean people wanted a general election in South Korea, that the Communists would obstruct such an election in South Korea, but that, under the protection of the police and supervision of the Commission, free elections would be possible. Mrs. Yoo declined the Sub-Committee's invitation, but, in communications[62] to the Commission, the South Korea Democratic Women's Federation stated that there can be no free election in South Korea, where the police exercise repressive control of civil rights and where oppression and terrorism are said to be prevalent. It is considered that the Korean people will not participate in any election unless it is held freely by the Koreans themselves after the withdrawal of foreign troops. The Federation further urged that the Commission should cease its activities in Korea on the ground that it was merely an instrument of United States "imperialism".

Economic organizations

50. Mr. Lee Dong Sun and Mr. Chun Yong Soon, president and vice-president respectively of the Chamber of Commerce and Industry of Korea, and Mr. Chey Soon Ju, director of the Bank of Chosen, warned that the Communists, whom they considered had spent a great deal of money on propaganda in South Korea, might obstruct the holding of free elections. However, they maintained that present conditions in South Korea permitted free elections. According to Mr. Chey, the rightist youth organizations in South Korea have spent about 200,000,000 *won* on political activities, while the leftist organizations may have spent 2 billion *won* in South Korea for similar purposes. However, it was held that the rightist youth organizations would not interfere with elections. Generally speaking, most other business associations and certain rightist farmers' organizations held similar views.

51. Mr. Pak Keun-Oong, chairman of the Industry, Labour and Agriculture Committee of the South Korea Interim Legislative Assembly and a representative of the Industrial Reconstruction Association of Korea, feared that a separate election in South Korea, leading to the establishment of a separate government, would divide Korea permanently. Such an election would divide Koreans into three groups: "The positive right wing parties will take part in the general election; and the positive left wing will oppose it. The neutral party will stand by."[63] The result of such an election might cause confusion and serious friction between the Koreans themselves and discredit the United Nations. Mr. Pak warned that "even though an election is held in South Korea, the establishment of a government should be gravely considered".[64]

52. The leftist trade and agricultural organizations such as the Federation of Korean Trade Unions and All Korean Farmers' Union expressed in communications to the Commission the same views as the Democratic National Front, of which they are affiliates, concerning a separate election, the occupation forces and the activities of the Commission in Korea (see section on the views of political parties and organizations above).

Views of a village headman, Mr. Ham Undong, headman of the village of Yokchon, Yang P'Yong-Gun

53. According to Mr. Ham,[65] the people in his village had been told by the Dai Dong Youth Organization (rightist) that an election was to be held in the South. Consequently, at the request of that organization, they had signed their names on a voting list indicating that they wished to take part in the election. The Chairman of the Dai Dong Youth Organization and the Chief Officer of the *Myun* would nominate a candidate. Mr. Ham stated that the village and the *Myun* people usually agreed with the choice of the candidates made by this youth organization and that he regarded one candidate as all that was necessary. In his view, it was on the whole undesirable that the village should be divided into different parties and he stated that in fact no other organization than the Dai Dong Youth, which he considered "affiliated with the Hankook Democratic Party", had existed in his *Myun*. During the election, the voting would be observed by a number of the Dai Dong Youth Organization and the village headman.

Views of the Commanding General, United States Armed Forces in Korea

54. At the invitation of the Sub-Committee, the Commanding General, United States Armed Forces in Korea, Lieutenant General J. R. Hodge, on 7 February 1948, expressed his views concerning questions related to the holding of elections.[66]

55. General Hodge indicated that when the Election Law (Public Act No. 5) had been passed by the Interim Legislative Assembly in June 1947, and promulgated in September, it had been realized that the Soviet-American Joint Commission

[62] Document A/AC.19/NC.19.

[63] Document A/AC.19/SC.2/PV.25, see Vol. III, Annex X.
[64] *Ibid.*,
[65] Document A/AC.19/SC.2/SR.26, see Vol. III, Annex X.
[66] Document A/AC.19/SC.2/PV.16, see Vol. III, Annex X.

was destined to fail. It had been intended to hold elections in South Korea in accordance with the Election Law. However, since the question of Korean independence was then placed before the General Assembly of the United Nations, the elections had been postponed. General Hodge considered that the Commission should now go ahead with the elections since further delay would make the Koreans impatient. The United States had wished to see the establishment of a united government in Korea, but in the circumstances he considered that the only remedy for present troubles was to hold elections, with or without the Northern zone, and to give to Koreans the responsibility of government. It was his view that whether or not an election in the South could be free at present was a question of education. He indicated that the feudalistic tradition in Korea was the worst obstacle to a free election.

56. In regard to criticism of the Korean police, he considered that, with the exception of some individuals, the Koreans as a whole had not collaborated with the Japanese. Since only those Koreans who had served under the Japanese had any knowledge of police organization, it was necessary to retain them in the police force. However, new men had been trained for the police since the arrival of the American occupation forces in Korea. The police as a whole had proved loyal to the Military Government and had served to the best of its ability. The chief concern of the Military Government was to maintain peace and order in South Korea, and it was making efforts to improve the police system. A year previously, a joint conference of Koreans and Americans had examined charges against the police force, and found that 99 per cent of them could not be sustained.

57. Referring to suggestions that South Korea was a "police state", General Hodge stated:

"I would like to point out that South Korea is an occupied area. It is at present operated under the direction of the military. The police force is charged with maintenance of law and order and, in addition, the observation of subversive activity aimed at upsetting the peace and security of the area. The police force strength of South Korea is at the rate of less than 1.5 men per thousand people. The over-all for the United States is almost two per thousand, and in the cities of the United States (I say the United States because it is my own country and I know it best) it runs well over two per thousand people. By those standards in numbers, I can establish that we are under-policed in South Korea. The constabulary and our soldiers do not perform police duty. Neither of them is engaged at present, nor have they been engaged to a great extent, in law enforcement."[67]

58. In relation to the question of civil liberties, General Hodge stated that it was because of their loss of prestige and because of their subversive activities that the Communists had gone underground. There had been arrests of Communist members but it was not considered expedient to publish the number of such arrests. He expressed the view that the Communists had not been suppressed for political reasons but as a precaution against violence.

[67] Document A/AC.19/SC.2/PV.16, see Vol. III, Annex X.

Appendix II

LIST OF KOREAN PERSONALITIES HEARD BY SUBCOMMITTEE 2, 26 JANUARY TO 6 MARCH 1948

Name — Organization and Status

Dr. Rhee Syngman : Chairman, National Association for the Rapid Realization of Korean Independence.

Mr. Kim Koo : Chairman, Korean Independence Party.

A Representative[68] of a moderate left organization.

Dr. Kim Kiusic : Chairman, South Korean Interim Legislative Assembly, and Chairman, National Independence Federation.

Rev. Han Kyung-Chik : Christian Pastor, formerly in North Korea.

Mr. Lyuh Woon Hong : Chairman, Social-Democratic Party.

Mr. Kim Sung Soo : Chairman, Hankook Democratic Party.

Mr. Cho Fyung Chai : Secretary-General, Civil Liberties Union.

Mrs. Esther Whang Park : President, Federation of Women's Clubs.

Mr. Ahn Chai Hong : Civil Administrator, South Korean Interim Government.

Mr. Kim Yung Mo : Chief Justice of the Supreme Court, South Korean Interim Government.

Dr. Chough Pyung Ok : Director of National Police, South Korean Interim Government.

Mr. Chang Kun Sang : Chairman, Labouring People's Party.

Most Rev. Paul M. Ro, D. D. : Bishop of Seoul.

Mr. Lee Dong Sun : President, Chamber of Commerce and Industry of Korea.

Mr. Chun Yong Soon : Vice-President, Chamber of Commerce and Industry of Korea.

Mr. Chey Soon Ju : Director of the Bank of Chosen and Vice-President, Chamber of Commerce and Industry of Korea.

Mr. Lee Choon Ho : President, Seoul National University.

Mr. Min Won Sik : President and Publisher, Seoul Times.

Mr. Kim Pyung Soon : Secretary-General, Young Friends' Party of Chundo-Kyo.

Mr. Yi Eung Chin : Adviser, Young Friends' Party of Chundo-Kyo.

Mr. Kwon Tai Suok : Chairman, Democratic Korean Independence Party.

Mr. Pak Keun Oong : Chairman, Industry Labour and Agriculture Committee of the South Korean Legislative Assembly.

Mr. Ham Undong : Headman of Yokchon village, Yang P'Yong-Gun.

PRESS COMMUNIQUÉ ADOPTED AT THE SECOND MEETING OF SUB-COMMITTEE 2, 21 JANUARY 1948 [69]

In accordance with the resolution of the United Nations Temporary Commission on Korea, Sub-Committee 2 proposes to consult with Koreans whose views will help towards a clear understanding of the situation in Korea and will assist in the preparation of the Commission's immediate work

[68] See Document A/AC.19/SC.2/PV.7, see Volume III, Annex X.

[69] Document A/AC.19/SC.2/1.

— namely, the observation of elections in Korea whereby Korean representatives are to be "in fact duly elected by the Korean people and not mere appointees by military authorities in Korea".

The Sub-Committee desires to hear all sections of Korean opinion but the urgency of completing its work will not permit personal discussion with every Korean who may wish to present his or her views.

It therefore invites individuals and organizations, religious, cultural and political, to express their views in writing and if they so desire to recommend a representative for personal interview. This should be done before 28 January.

In the meantime, the Sub-Committee proposes to proceed with its discussions, without delay, and to request the attendance of Korean personalities selected by the Sub-Committee.

QUESTIONNAIRE FOR HEARINGS OF KOREAN PERSONALITIES ADOPTED AT THE FOURTH MEETING OF SUB-COMMITTEE 2, 23 JANUARY 1948 [70]

The following questionnaire was approved for use during the hearings of Korean personalities. It includes the questions submitted on request by Sub-Committee 1 (question No. 8) and Sub-Committee 3 (questions Nos. 9–13) :

1. What are the conditions which you consider necessary in order that free and democratic elections may be held in Korea?
2. Do you consider that there are any conditions existing in Korea today which would interfere with the holding of free elections?
3. Do you consider that all parties and organizations, without discrimination, should have equal freedom of speech, of meeting, and of publishing their views now and during the elections?
4. Do you consider that elections should be held before 31 March 1948?
5. Have you any knowledge as to the number of persons imprisoned for political reasons in South and North Korea?
6. Do you think such persons should be entitled to vote in Korean elections?
7. What changes would you propose, if any, in the present franchise laws of South Korea (Public Act No. 5 of the South Korean Interim Legislative Assembly)? And of North Korea?
8. It is the opinion of the Sub-Committee dealing with the question of ensuring a free atmosphere for elections (Sub-Committee 1) that there must be the following minimum requirements; freedom of expression, freedom of Press and information, freedom of assembly and association, freedom of movements, protection against arbitrary arrest and detention, and protection against threats of violence or violence.

   Question : Are there any laws, regulations and ordinances now in force or any conditions now prevailing in Korea which, in your opinion, are incompatible with this free atmosphere and, if so, what are they, and what provisions, legal or practical, are required, in your opinion, to improve this situation?
9. Sub-Committee 3 requests that the opinion of Korean personalities be sought by Sub-Committee 2 on the voting age and the age of candidature best suitable for all of Korea in the light of the Assembly's recommendation for elections to be held "on the basis of *adult* suffrage".
10. Section 2, paragraph *(a)*, of Public Act No. 5 for South Korea reads :

    "Persons to whom any of the following categories are applicable are not eligible to vote or to be elected :

    "(1) Incompetents, quasi-competents, mentally deranged persons and drug addicts.

    "(2) Persons who are sentenced and serving prison sentences, or who are under suspended sentence, or are fugitives from justice.

    "(3) Persons who have received a sentence of one or more years, penal servitude or imprisonment ; provided, however, that if three or more years have elapsed since the completion of sentence, or since the time when final decision was made not to execute the sentence, or if the sentence was imposed for a political offence, the person concerned will not be included in this category.

    "(4) Persons who have been forbidden to vote by law and persons who have been classified by law as 'traitors', 'collaborators' or 'profiteers'."

    Section 1, paragraph (1), of the Election Regulations of North Korea reads :

    "1. Exclusive of mental patients and men who have been stripped of their franchise by the verdict of the Court of Justice, all twenty-year old citizens of North Korea shall have the franchise and be qualified for election regardless of their financial status, education, residentiary zone and their religion.

    Do you consider these provisions as adequate?
11. *(a)* Should persons who have held official positions during the period of Japanese domination be deprived of their right to vote and/or to be elected. If so, to what official positions should this apply and by what authority is the decision to be taken in individual cases?

    (b) Should persons who were guilty of pro-Japanese acts during the period of Japanese domination be deprived of the right to vote and/or to be elected? If so, to what types of acts should this apply and by what authority is this decision to be taken in individual cases?
12. In your opinion, should persons who cannot read and/or write be given the right to vote?
13. Of approximately how many members should, in your opinion, the National Assembly of Korea be composed?

RESOLUTION ADOPTED AT THE TENTH MEETING OF SUB-COMMITTEE 2, 28 JANUARY 1948 [71]

Sub-committee 2, in view of the fact that a number of the personalities whom it wishes to consult are

[70] Document A/AC.19/SC.2/4.

[71] Document A/AC.19/SC.2/5.

in prison or otherwise debarred from being heard by the Sub-Committee,

Resolves :

(1) To report to the Commission that it is unable to carry on with its hearing of the persons concerned;

(2) To request that the Commission take appropriate steps to remedy the position ;

(3) Further, to submit to the Commission the following draft letter which might be sent to the competent authorities for that purpose :

Text of Draft Letter from the Chairman of the Commission

The Sub-Committee engaged in interviewing Korean personalities (Sub-Committee 2) is using every endeavour to arrange free discussions with individuals of all shades of political opinion.

Amongst those listed for hearing are persons who, according to the Sub-Committee's best information, are imprisoned, are under arrest or surveillance or are subject to arrest.

The United Nations Temporary Commission on Korea would like its Sub-Committee to have an early opportunity of interviewing these persons under conditions which would encourage them to give freer expression to their views.

The Commission has it in mind that such persons should have absolute freedom from restraint or surveillance for a period sufficient to enable them first to contact their organizations and then to interview the Sub-Committee.

In the case of those now in custody, the Sub-Committee would wish to have invitations delivered by its own representative and, if accepted, to arrange for a hearing.

Those under surveillance or proscribed by the police might be granted immunity from police attention until further notice.

While the Commission has no intention of intervening in the administration of Korea, it is concerned to acquaint itself with the freely expressed views of all sections of Korean opinion.

Your co-operation in assisting the Commission in this regard would be greatly appreciated. Should you so desire, I would be glad to discuss with you any aspect of the above request.

EXCHANGE OF LETTERS CONCERNING THE HEARING OF KOREAN PERSONALITIES WHO ARE IN PRISON OR ARE SUBJECT TO ARREST OR POLICE SURVEILLANCE[72]

Mr. K. P. S. Menon to Lieutenant General John R. Hodge

Seoul, 2 February 1948

Dear General Hodge :

The Sub-Committee engaged in interviewing Korean personalities (Sub-Committee 2) is using every endeavour to arrange free discussions with individuals of all shades of political opinion.

Amongst those listed for hearing are persons who, according to the Sub-Committee's best information, are imprisoned, are under arrest or surveillance or are subject to arrest.

The United Nations Temporary Commission on Korea would like its Sub-Committee to have an early opportunity of interviewing these persons under conditions which would encourage them to give freer expression to their views.

The Commission has it in mind that such persons should have absolute freedom from restraint or surveillance for a period sufficient to enable them first to contact their organizations and then to interview the Sub-Committee.

In the case of those now in custody the Sub-Committee would wish to have invitations delivered by its own representative and, if accepted, to arrange for a hearing.

Those under surveillance or proscribed by the police might be granted immunity from police attention until further notice.

While the Commission has not intention of intervening in the administration of Korea, it is concerned to acquaint itself with the freely expressed views of all sections of Korean opinion.

Your co-operation in assisting the Commission in this regard would be greatly appreciated. I or the Chairman of the Sub-Committee concerned would be glad to discuss with you any aspect of the above request.

Yours sincerely,
(Signed) K. P. S. MENON

Lieutenant General John R. Hodge,
Seoul.

Lieutenant General John R. Hodge to Mr. K. P. S. Menon

5 February 1948

Honorable K. P. S. Menon,
Chairman,
United Nations Temporary
Commission on Korea.

Dear Dr. Menon :

I received your letter of 2 February late yesterday in which you discussed the matter of interviewing Korean personalities.

I am in full agreement with the desire of the Commission to interview all shades of political beliefs in Korea and record my willingness to do everything I can to assist in this effort in so far as consistent with the necessity for maintenance of peace and order in the United States zone.

I shall be delighted to confer with you and or with the Sub-Committee chairman, with the full Sub-Committee or even the entire Commission, at any convenient time, on steps we can take to carry out our mutual aims in this respect.

Sincerely yours,
(Signed) John R. HODGE,
Lieutenant General, U. S. Army Commanding

LETTER FROM THE ACTING CHAIRMAN TO THE COMMANDING GENERAL UNITED STATES ARMY FORCES IN KOREA, CONCERNING FREEDOM TO SUBMIT COMMUNICATIONS[73]

Duk Soo Palace, Seoul,
6 March 1948

Dear General Hodge :

According to information received from the officer in charge of the United States Guard at the Duk Soo Palace, on or about 27 February a Korean named Chung Wo Ik was arrested within the Palace grounds while conveying a number of communications, including signed petitions, to the United Nations Temporary Commission on Korea. The communications were confiscated by the police and I am informed that the person concerned

[72] Document A/AC.19/26.

[73] Document A/AC.19/26/Add.2.

has been sentenced to twenty-nine days' imprisonment. On 4 March, the communications were delivered to the United Nations Temporary Commission's Secretariat after recovery from the police authorities by a United States Army officer who happened by chance to learn of their existence.

I feel obliged to bring the matter to your attention inasmuch as an earlier incident of the same kind had occurred on 24 February. With the co-operation of the United States Liaison Officer to the Commission, the communication then taken by the police was subsequently delivered to the Commission's Secretariat.

You will, of course, share my concern, in view of public invitations made by Sub-Committee 2 of the Commission to Koreans of every shade of opinion to present their views in writing, that there should be no unnecessary restrictions on freedom of communication with the Commission.

I am advised by the Commission's Secretariat that certain administrative measures have now been taken, in consultation with the United States Officer in charge of the Duk Soo Palace Guard, to prevent any recurrence of the abovementioned incidents.

The Commission would, however, appreciate any further action which you may see fit to take with a view to ensuring that any Korean whose legitimate purpose is to present written or oral statements for the Commission's consideration will be free to do so.

Yours sincerely,
(Signed) LIU Yu-Wan,
Acting Chairman

REPLY FROM THE COMMANDING GENERAL, UNITED STATES ARMY FORCES IN KOREA, TO THE LETTER OF THE ACTING CHAIRMAN CONCERNING FREEDOM TO SUBMIT COMMUNICATIONS[74]

11 March 1948

Mr. K. P. S. Menon, Chairman,
United Nations Temporary Commission on Korea,
Duk Soo Palace, Seoul, Korea.

Dear Mr. Menon:

Reference is made to letter from the Acting Chairman of the United Nations Temporary Commission on Korea concerning the arrest of Chung Wo Ik on 27 February at Duk Soo Palace.

Investigation of the case brings out the following information:

Chung Wo Ik was detained at Duk Soo Palace because of the possession of some 1,500 handbills deemed by the police to be subversive. He was released the same day after examination of handbills by responsible authority. After release, he was later arrested by police from another precinct who had been hunting him for subversive offences since January. He was tried and sentenced to thirty days' confinement for the January offence. Although investigation indicates that the entire action of the police was in good faith, I have directed that Chung Wo Ik be released under suspended sentence.

In compliance with the wishes of the United Nations Temporary Commission on Korea as indicated and implied, I have taken steps that I believe will assure that no Korean will be arrested in the vicinity of the Duk Soo Palace, unless dissident elements are apprehended in the act of throwing bombs, openly bearing arms or leading riots. Although it is becoming more difficult in the face of increasing attacks on police boxes and mounting toll of police deaths at the hands of Communist-inspired mobs to covince police patrolmen that the Communist agitators have legal right to stir up trouble we are doing all we can to prevent the police from being baited into action that can be misunderstood by the Commission.

I greatly appreciate your informing me of this incident, and again take this opportunity to restate my desire to assist in every way possible to advance the work of the United Nations Commission under the United Nations Resolutions and to develop fully real and responsible liberties and freedom and their acceptance by the Korean people.

Sincerely yours,
(Signed) John R. HODGE,
Lieutenant General
United States Army
Commanding

[74] Document A/AC.19/26/Add.3.

ANNEX VII

TEXTS OF MAIN DOCUMENTS CONCERNING THE RESULTS OF THE ELECTIONS OF 10 MAY 1948

OFFICIAL REGISTRATION AND ELECTION STATISTICS[1]

Memorandum from the United States Liaison Officer, 5 June 1948

I am attaching for your information the official registration and voting data of the recent election in South Korea held on 10 May 1948, as compiled by the Office of Administration (Census Division), South Korea Interim Government.

You will note that these statistics are based on the estimated population of South Korea as of 1 April 1948, and that the number of possible registrants is based on an arbitrary percentage of 49.3 derived from a partial sampling of population data. Furthermore, the data for *Che Ju Do* is that for *Nam Che Ju Gun* (South *Che Ju Do* only).

(Signed) John WECKERLING,
Brigadier General, U.S.A.

[1] Document A/AC.19/66/Add.3.

Office of Administration, Census Division

REGISTRATION AND VOTING DATA ON NATIONAL ELECTION IN SOUTH KOREA

	Est. Pop. 1 Apr. 1948 (thousands)	Total possible registrants (thousands)	Total actual registrants	Per cent registered	Total voters	Per cent of actual registrants who voted
Seoul City	1,247	616	568,291 [a]	92.2	488,304	92.8 [b]
Kyonggi-Do	2,575	1,269	1,084,470 [c]	85.4	981,637	96.6 [b]
Chungchong Pukto	1,147	565	461,885	81.8	444,632	96.3
Chungchong Namdo	1,992	982	794,392	80.9	760,694	95.8
Cholla Pukto	2,093	1,032	801,988 [d]	77.7	727,718	96.7 [b]
Cholla Namdo	3,058	1,508	1,106,397 [e]	73.3	908,879	93.6 [b]
Kyongsang Pukto	3,260	1,607	1,227,597 [f]	76.4	992,036	92.1 [b]
Kyongsang Namdo	3,300	1,627	1,287,890	79.2	1,242,750	96.5
Kang Won Do	1,167	575	467,554	81.3	458,038	98.0
Che Ju Do [g]	108	53	37,040	69.8	32,062	86.6
TOTAL, *South Korea*	19,947 [h]	9,834	7,837,504	79.7	7,036,750	95.2 [b]

[a] Includes 1 electoral district which had 42,021 registrants and "no contest".
[b] Percentage derived exclusive of "no contest" data.
[c] Includes 2 electoral districts which had 68,755 registrants and "no contest".
[d] Includes 1 electoral district which had 49,149 registrants and "no contest".
[e] Includes 3 electoral districts which had 135,292 registrants and "no contest".
[f] Includes 5 electoral districts which had 150,405 registrants and "no contest".
[g] Data are for *Nam Che Ju Gun* only.
[h] Based on the percentage of 49.3 as derived from 1947 National Registration (7½ million sample), who are 21 years of age and over.

WITHDRAWAL OF CANDIDATES REGISTERED [2]

Memorandum from the United States Liaison Officer, 18 May 1948

Attached for your information is a tabulation of the number of candidates, originally registered and those who withdrew for any cause, according to the National Election Committee.

(Signed) John WECKERLING,
Brigadier General, U. S. A.

Province	Candidates originally registered	Withdrew, died, disqualified, etc. [a]
Seoul	72	11
Kyonggi	155	5
Chung Puk	47	7
Chung Nam	117	5
Cholla Puk	95	5
Cholla Nam	86	6
Kyongsang Puk	117	11
Kyongsang Nam	142	5
Kang Won	43	
Che Ju	11	2
	885	57
	57	
	942	

[a] Of these 50 withdrew; 2 were assassinated; 1 died; 3 were disqualified (PAK, Dong Nai, Chungchong Namdo, Susan B.; PAK, Han Soo, Kyongsang Namdo, Kosung; and PAK, Jae Hong, Kyongsang Namdo, Kimhae); and 1 cancelled (CHOI, Neung Chin, Seoul).

POLITICAL PARTY AFFILIATION OF CANDIDATES [3]

Memorandum from the United States Liaison Officer, 25 June 1948

With reference to our conversation of the other day, the best information available to this command on the political affiliations of candidates for election as representatives of the Korean people was compiled by the National Election Committee.

The attached inclosure shows this breakdown on the basis of a total of 938 candidates, which is four less than the grand total of 942 candidates (two had resigned, one was assassinated and the other died).

This is a later breakdown than the one originally furnished after the completion of registration, which showed that there were 413 Independent candidates.

(Signed) John WECKERLING,
Brigadier General, U. S. A.

BREAKDOWN OF LIST OF CANDIDATES ACCORDING TO POLITICAL PARTY AFFILIATION

1. Independents	366
2. National Association for the Rapid Realization of Korean Independence (NARRKI)	247
3. Hankook Democratic Party	100
4. Tae Dong Youth Group	90
5. Miscellaneous	31
6. Minjak [a]	22
7. Dae Han Labour League	22
8. Christian Organization	13
9. Hankook Independence Party	8
10. Former Members of Korean Interim Legislative Assembly	6
11. Military Government Officials	6
12. Confucian Organization	5
13. Buddhist Organization	5
14. Liberals	4
15. Patriotic Women's Association	3
16. Mindok [b]	2
17. YMCA	1
18. Catholic	1
19. Dai Chung [c]	1
20. Nong Min [d]	1
21. Kumkang Association [e]	1
22. Chundo Religion	1
23. Korean Agriculture	1
24. Chungyou Youth group	1
TOTAL	938

[a] National Youth Corps.
[b] People's Independence Party.
[c] Korean Youth Association.
[d] Farmers' Party.
[e] Gold Miners' Association.

[2] Document A/AC.19/66/Add.4.
[3] Document A/AC.19/66/Add.5.

OFFICIAL RESULTS OF THE ELECTION [4]

Memorandum from the United States Liaison Officer, 25 May 1948

I attach hereto three copies of an official report of the National Election Committee dated 21 May 1948, addressed to the Military Governor, Major General William F. Dean, United States Army, showing the names, electoral district, age, total vote, profession and party affiliation (if any) of the successful candidates in the recent election held in South Korea on 10 May 1948 in 198 electoral districts. (Inclosure No. 1.)

There are also attached three copies of a letter from the National Election Committee to General Dean, dated 19 May 1948, in which it is recommended that the elections in Electoral Districts A and B of North *(Pukto)* Cheju-do *(Che Choodo)* be invalidated. Less than half the total number of registered voters participated in the elections and furthermore, no one candidate received an overwhelming majority of the votes in each of these districts. (Inclosure No. 2.)

The Military Governor, Major General W. F. Dean, on 24 May 1948, on the recommendation of the National Election Committee, took action to invalidate the North Cheju-do *(Pukto Che Choo-Do)* elections and ordered new elections to be held on 23 June 1948. (See Inclosure No. 3.)

(Signed) John WECKERLING,
Brigadier General, U. S. A.

Inclosure I

NATIONAL ELECTION COMMITTEE SEOUL, KOREA
21 May 1948

Maj. Gen. William F. Dean, United States Army
Military Governor, USAMGIK
Capitol Building
Seoul, Korea

Dear General Dean:

Re Reports on the Return of the Gen. Election

I report to you the new members of the National Assembly, elected on 10 May 1948 as per attached herewith. Also the resolution passed by the Committee on the North Che Ju Electoral District, A. B.

I trust this will receive your due consideration and appropriate action.

Sincerely yours,
Ro Chin Sul,
Chairman
National Election Committee
Seoul, Korea

LIST OF THE ELECTED MEMBERS OF THE NATIONAL ASSEMBLY [5]

Electoral District	Name	Age	Number of votes	Occupation	Party affiliation
1. SEOUL CITY					
Choong Ku	Yoon Chi-yung	51	28,496	Chief Secretary, Korean Democratic Council	H.K.D.P.
Chongno A	Rhee Yun-yung	59	20,497	Vice-Chairman, Chosen Democratic Party	C.D.P.
Chongno B	Chang Myun	50	23,188	Member of KILA	none
Tong Dai Moon A	Rhee Sung-man	74		none	I.R.R.P.
Tong Dai Moon B	Rhee Yung-chun	53	14,659	Doctor	H.K.D.P.
Sung Dong Ku	Rhee Chung-chun	61	41,532		T.D.Y.G.
Sub Dai Moon Ku	Kim Do-youn	55	31,182	Member of KILA	H.K.D.P.
Ma Po Ku	Kim Sang-don	48	20,056	Farmer	none
Yong San Ku	Kim Dong-won	65	19,183	Merchant	H.K.D.P.
Yong Dong Po Ku	Yoon Jai-wook	39	14,296	Doctor	T.D.Y.G.
2. KYONGGI DO					
In Chun Pu A	Kwak Sang-hoon	53	26,907	Chief, Branch of the Press	none
In Chun Pu B	Cho Bong-am	50	17,620	Author	none
Kai Sung Pu	Rhee Sung-dook	49	14,328	Ginseng dealer	none
Ko Yang Gun A	Suh Sung-dal	57	8,762	none	I.R.R.P.
Ko Yang Gun B	Choi Kook-hyun	50	9,022	Chief Assistant, Business Dept., Kyung Hyang Press	none

[4] Document A/AC.19/75.
[5] Abbreviations of Political Parties and Organisations:

H.K.D.P.	Hankook Democratic Party
I.R.R.P.	National Assembly for the Rapid Realization of Korean Independence
C.D.P.	Chosen Democratic Party
T.D.Y.G.	Tai Dong Youth Corps
H.K.I.P.	Hankook Independence Party
T.H.F.L.	Tai Han Farmers' League
T.H.L.L.	Tai Han Labour's League
M.Z.Y.G.	National Youth Corps
Tan Min P.	Tan Min Party
Dai Sun Hoi	Tai Sung Association
Chun Do Hoi	Christian Mission Work Association
Min Tong	General Headquarters for Korean National Unification

Electoral District	Name	Age	Number of votes	Occupation	Party affiliation
Kwang Choo Gun	Sin Ik-hee	57		Chairman of KILA, Director of Cha Yoo Press	I.R.R.P.
Yang Choo Gun A	Kim Duk-yul	39	11,215	Farmer	none
Yang Choo Gun B	Rhee Chin-soo	49	7,800	Chairman, Directors' Board, Seoul Pharmaceutical University	none
Po Chun Gun	Suh Chung-hee	72	8,270	Farmer	H.K.D.P.
Ka Pyung Gun	Hong Ik-pyo	32		Farmer	none
Yang Pyung Gun	Yoo Rai-wan	60	6,658	Member of KILA	none
Lyuh Choo Gun	Won Yong-han	71	21,967	Clergyman	T.D.Y.G.
Ree Chun Gun	Song Chang-sic	49	10,383	Farmer	I.R.R.P.
Yong In Gun	Min Kyung-sic	29	22,468	Farmer	I.R.R.P.
Ahn Sung Gun	Kim Yung-ki	44	23,467	Businessman	I.R.R.P.
Pyung Taik Gun	Choi Suk-wha	37	10,979	Farmer	none
Soo Won Gun A	Hong Kil-sun	43	22,520	Salaryman	T.D.Y.G.
Soo Won Gun B	Kim Woong-chin	42	17,848	Salaryman	none
Shi Hung Gun	Rhee Jai-yung	35	13,528	Businessman	none
Boo Chun Gun	Rhee Yoo-sun	46	14,238	Merchant	I.R.R.P.
Kim Po Gun	Chung Choon	34	14,002	Y.M.C.A.	none
Kang Wha Gun	Yoon Jai-koon	39	15,761	Farmer	none
Pa Choo Gun	Kim Woong-kwon	51	15,059	Employee of the Press	none
Chang Dan Gun	Cho Choong-hyun	54	2,792	Farmer	none
Kai Poong Gun	Shin Kwang-keun	52	15,106	Farmer	I.R.R.P.
Youn Baik Gun A	Kim Kyung-bai	53	8,540	Farmer	none
Youn Baik Gun B	Shin Hyun-jin	55	17,111	Publisher	H.K.D.P.
Ong Chin Gun A	Oh Taik-kwan	60	33,011	Clergyman	H.K.I.P.
Ong Chin Gun B	Kim In-jae	35	32,358	Relief Service	T.D.Y.G.

3. CHOONG CHUNG PUKTO

Chung Choo Pu	Park Ki-woon	37	7,693	none	none
Chung Won Gun A	Hong Soon-ok	54	14,455	Official Doctor	none
Chung Won Gun B	Rhee Man-kun	56	14,926	Farmer	none
Bo Un Gun	Kim Kyo-hyun	60	13,384	Educator	none
Ok Chun Gun	Chung Koo-cham	56	12,561	Farmer	I.R.R.P.
Young Dong Gun	Park Uoo-kyung	54	10,419	Farmer	none
Chin Chun Gun	Song Pil-man	58	17,676	Farmer	H.K.D.P.
Koi San Gun	Youn Byung-ho	54	40,319	Farmer	none
Un Sung Gun	Rhee Eui-sang	58	29,966	Farmer	I.R.R.P.
Choong Choo Gun	Kim Ki-chul	30	29,457	Publisher	T.D.Y.G.
Jai Chun Gun	Yoo Hong-yul	42	30,519	Farmer	none
Tan Yang Gun	Cho Chong-sung	46	9,347	Farmer	none

4. CHOONG CHUNG NAM DO

Dai Chun Pu	Sung Rak-su	44	17,203	none	I.R.R.P.
Dai Duk Gun	Song Chin-baik	44	7,609	Farmer	I.R.R.P.
Youn Ki Gun	Chin Hun-sic	47	7,986	Secretary I.R.R.P.	I.R.R.P.
Kong Choo Gun A	Kim Myung-dong	46	10,676	Farmer	none
Kong Choo Gun B	Shin Bang-hyun	57	8,415	Farmer	none
Ron San Gun A	Yoo Chin-hong	59	10,729	Farmer	I.R.R.P.
Ron San Gun B	Choi Woon-kyo	49	11,895	Director, Agricultural Association	none
Boo Yuh Gun A	Nam Goong-hyun	37	13,718	Farmer	I.R.R.P.
Boo Yuh Gun B	Kim Ih-soo	43	11,438	Farmer	I.R.R.P.

Electoral District	Name	Age	Number of votes	Occupation	Party affiliation
Jae Chun Gun	Rhee Hoon-koo	33	17,535	Chairman, Korean-American Association	none
Bo Yung Gun	Rim Suk-lyu	42	12,226	Farmer	T.D.Y.G.
Chung Yang Gun	Rhee Chong-kun	41	13,111	Public Scribe	I.R.R.P.
Hong Song Gun	Son Chae-hak	48	18,260	Farmer	I.R.R.P.
Yae San Gun	Yoon Byung-koo	38	14,270	Farmer	none
Suh San Gun A	Rhee Chong-rin	66	12,335	Presbyterian	none
Suh San Gun B	Kim Dong-choon	44	13,452	Farmer	none
Tang Chin Gun	Kim Yong-jai	37	13,006	Farmer	I.R.R.P.
Ah San Gun	Suh Yong-kil	37	13,453	Professor	none
Chun Ahn Gun	Rhee Byung-kook	67	19,590	none	I.R.R.P.
5. CHOLLA PUKTO					
Chun Choo Pu	Shin Sung-keun	42	17,037	Merchant	none
Koon San Pu	Yoon Suk-koo	57	18,728	Member of KILA	none
Ree Ree Pu	Bai Hun	53	6,578	Salaryman	none
Wan Choo Gun A	Yoo Choon-sang	39	6,684	Farmer	I.R.R.P.
Wan Choo Gun B	Rhee Suk-choo	45	7,607	Farmer	Dai Han Independence Agricultural League
Chin Ahn Gun	Oh Ki-yul	60	10,218	Farmer	none
Kum San Gun	Chung Hai-chon	46	17,735	Chief, Education Dept. I.R.R.P.	I.R.R.P.
Moo Choo Gun	Shin Hyun-don	45	15,691	Doctor	I.R.R.P.
Chang Soo Gun	Kim Bong-doo	43	10,850	Businessman	none
Im Sil Gun	Jin Jik-hyun	48	10,636	Lawyer	I.R.R.P.
Nam Won Gun	Rhee Chung-ki	34	24,918	Salaryman	M.Z.Y.G.
Soon Chang Gun	Ro Ik-whan	35	23,703	Pressman	H.K.D.P.
Chung Up Gun A	Rah Yong-keun	50		Sec'y. General H.K.D.P.	H.K.D.P
Chung Up Gun B	Kim Chong-moon	42	16,815	Farmer	H.K.D.P.
Ko Chang Gun A	Kim Young-dong	42	8,317	Businessman	none
Ko Chang Gun B	Baik Kwan-soo	60	19,161	Member of KILA	H.K.D.P.
Boo Ahn Gun	Cho Jai-myun	49	19,098	Farmer	I.R.R.P.
Kim Jai Gun A	Cho Han-paik	41	13,752	Salaryman	none
Kim Jai Gun B	Hong Hi-chong	55	13,239	Farmer	M.Z.Y.G.
Oh Kang Gun	Rhee Yo-han	51	20,453	Farmer	I.R.R.P.
Ik San Gun A	Baik Hyung-nam	34	12,569	Farmer	T.D.Y.G.
Ik San Gun B	Rhee Moon-won	42	11,539	Salaryman	none
6. CHOLLA NAMDO					
Kwang Choo Pu	Chung Kwang-ho	52		Farmer	H.K.D.P.
Mok Po Pu	Rhee Nam-kyun	40	10,361	Member of KILA	I.R.R.P.
Kwang Choo Gun	Park Chong-nam	33	20,817	none	none
Dan Yang Gun	Chang Keun-sic	45	11,839	Farmer	M.Z.Y.G.
Kok Sung Gun	Suh U-suk	60	18,679	Member of KILA	H.K.D.P.
Koo Ye Gun	Kim Chong-sun	50	14,799	Farmer	H.K.D.P.
Kwang Yang Gun	Kim Ok-choo	33	13,978	Farmer	none
Yuh Soo Gun A	Kim Moon-pyung	43	13,932	Chief, Branch of Press	I.R.R.P.
Yuh Soo Gun B	Whang Pyung-kyu	41	11,818	Fisherman	none
Soon Chun Gun A	Whang Doo-yun	44	14,677	Farmer	Tai Han Labour League
Soon Chun Gun B	Cho Ok-kyun	46	14,911	Farmer	I.R.R.P.
Ko Hoong Gun A	Oh Suk-choo	61	15,829	Clergyman	I.R.R.P.
Ko Hoong Gun B	Yoo Sung-kap	39	14,919	Educator	Tan Min Party

Electoral District	Name	Age	Number of votes	Occupation	Party affiliation
Bo Sung Gun	Rhee Chang-rai	50	17,581	Publisher	H.K.D.P.
Wha Soon Gun	Cho Kook-hyun	33	18,368	Farmer	Dai Sung Hai
Chang Hoong Gun	Kim Choong-ki	47	32,979	Farmer	none
Tang Chin Gun	Cha Kyung-mo	59	15,106	Farmer	none
Hai Nam Gun A	Song Bong-hai	61	17,192	Doctor	I.R.R.P.
Hai Nam Gun B	Rhee Sung-hak	43	11,925	Farmer	T.D.Y.G.
Yung Am Gun	Kim Choon-yun	53		Pressman	H.K.D.P.
Moo Ahn Gun A	Kim Yong-hyun	35	17,873	Farmer	H.K.D.P.
Moo Ahn Gun B	Chang Hong-dan	39	24,325	Salaryman	H.K.D.P.
Rah Choo Gun A	Rhee Hang-bal	58	21,322	Pressman	none
Rah Choo Gun B	Kim Sang-ho	47	11,343	Plantation	H.K.D.P.
Ham Pyung Gun	Rhee Sung-u	52	10,870	Farmer	none
Yung Kwang Gun	Jo Yung-kyu	36		Doctor	H.K.D.P
Chang Sung Gun	Kim Sang-soon	48	26,680	Salaryman	I.R.R.P.
Wan Do Gun	Kim Shang-yul	51	10,764	none	none
Chin Do Gun	Kim Byung-Hai	32	13,032	Pressman	none
7. KYUNG SANG PUK DO					
Dai Koo Pu A	Choi Yoon-dong	52	8,577	none	H.K.D.P.
Dai Koo Pu B	Shu Sang-il	63	11,777	Member of KILA	H.K.D.P.
Dai Koo Pu C	Bai Nam-chai	63	9,480	Member of KILA	H.K.D.P.
Dail Sung Gun	Kim U-sic	59	11,804	Farmer	Chun Do Hai
Koon Ui Gun	Park Choon	44	6,952	Chief Director, Seoul Consumers' Corporation	none
Eui Sung Gun A	Chung U-il	50	9,304	Farmer	none
Eui Sung Gun B	Kwon Byung-ro	46	9,158	Doctor	I.R.R.P.
Ahn Dong Gun A	Kim Ik-ki	33	14,088	Businessman	I.R.R.P.
Ahn Dong Gun B	Chung Hyun-mo	55	19,787	Salaryman	none
Chung Song Gun	Kim Bong-cho	44	13,284	Government official	Educational Association
Young Yang Gun	Cho Hoon-young	47		Salaryman	H.K.D.P.
Young Duk Gun	Oh Taik-yul	45		Mine owner	I.R.R.P.
Young Il Gun A	Park Soon-suk	45	10,485	Clergyman	none
Young Il Gun B	Kim Ik-ro	44	13,545	Chief, Branch of the Press	none
Kyung Choo Gun A	Kim Chul	53	15,533	none	I.R.R.P.
Kyung Choo Gun B	Rhee Suk	42	15,765	Farmer	I.R.R.P.
Young Chun Gun A	Chung Do-young	46		Farmer	I.R.R.P.
Young Chun Gun B	Rhee Bum-kyo	61		Doctor	I.R.R.P.
Kyung San Gun	Park Hai-chung	33	17,599	none	none
Chung Do Gun	Park Chong-whan	40	20,565	Farmer	I.R.R.P.
Ko Yung Gun	Kim Sang-duk	56	13,049	Member of KILA	Min Tong
Sung Choo Gun	Rhee Ho-suk	34	24,400	Farmer	none
Kae Kok Gun	Chang Byung-man	49	10,779	Farmer	I.R.R.P.
Kim Chun Gun A	Kwon Tai-sui	42	14,703	none	none
Kim Chun Gun B	Rhee Byung-kwon	41		Farmer	none
Sun San Gun	Yook Hong-keun	49	15,903	Farmer	I.R.R.P.
Sang Choo Gun A	Han Aum-hoi	49	15,384	Farmer	I.R.R.P.
Sang Choo Gun B	Chun Chin-han	48	32,518	Chairman, Tai Han Labour League	T.H.L.L.
Moon Kyung Gun	Cho Byung-man	47	12,203	Farmer	none
Roong Chun Gun	Park Sang-yung	31	17,773	none	H.K.D.P.
Yung Shoo Gun	Choi Suk-hong	40	10,782	Farmer	T.D.Y.G.
Bong Wha Gun	Bai Choong-hyuk	28	11,741	Farmer	T.D.Y.G.
Wool Nung Do	Suh Ih-whah	54	3,538	none	none

Electoral District	Name	Age	Number of votes	Occupation	Party affiliation
8. KYUNG SANG NAM DO					
Poo San Pu A	Moon Si-whan	50	26,472	none	M.Z.Y.G.
Poo San Pu B	Huh Chung	53	21,390	none	H.K.D.P.
Poo San Pu C	Han Suk-bum	51	11,012	Technician	H.K.D.P.
Poo San Pu D	Park Chan-hyun	32	12,023	none	none
Ma San Pu	Kwon Tai-wook	29	13,160	none	none
Chin Choo Pu	Rhee Kang-woo	59	7,313	Farmer	none
Chin Yang Gun	Whang Yoon-ho	35	18,027	Farmer	none
Eui Yung Gun	Ahn Choon-sang	50	9,939	Farmer	M.Z.Y.G.
Ham Ahn Gun	Kang Wook-choong	40	10,807	Social Service	M.Z.Y.G.
Chang Won Gun	Koo Choong-hai	51	19,430	Farmer	none
Mil Yang Gun A	Rhee Choo-myung	43	12,436	Educator	I.R.R.P.
Mil Yang Gun B	Park Hai-kol	65	16,295	Lawyer	none
Yang San Gun	Chung Chin-kun	40	12,311	Farmer	none
Wool San Gun A	Choi Bong-sic	56	13,311	Farmer	none
Wool San Gun B	Kim Soo-sun	38	18,753	Publisher	none
Dong Rai Gun	Kim Yak-soo	59	17,971	none	Korea Republic Party
Kim Hai Gun A	Shin Sang-hak	35	10,399	none	none
Kim Hai Gun B	Jo Bong-kap	45	10,305	Farmer	none
Chang Won Gun A	Kim Tai-soo	44	9,596	Farmer	I.R.R.P.
Chang Won Gun B	Choo Ki-bai	51	15,684	Director, Educational Association	none
Tong Yung Gun A	Kim Jai-hak	51	17,407	Businessman	H.K.D.P.
Tong Yung Gun B	Suh Soon-yung	49	16,188	Judge	none
Ko Sung Gun	Rhee Koo-soo	36	11,321	Salaryman	none
Sah Chun Gun	Choi Bum-sool	44	16,688	Chairman, Directors' Board of the University	none
Nam Hai Gun	Park Yoon-won	40	16,260	Farmer	none
Ha Dong Gun	Kang Dal-soo	44	17,014	Farmer	Member of No. 15 Club, Pusan
San Chung Gun	Kang Ki-moon	39	17,766	Salaryman	none
Ham Yang Gun	Kim Kyung-do	45	18,533	Farmer	I.R.R.P.
Euh Chang Gun	Pyo Hyun-dai	45	17,143	Farmer	I.R.R.P.
Hyup Chun Gun A	Rhee Won-hong	46	14,861	Lawyer	I.R.R.P.
Hyup Chun Gun B	Kim Hyo-suk	54	9,589	Farmer	I.R.R.P.
9. KANG WON DO					
Choon Chun Pu	Choi Kyu-ok	48	13,628	Doctor	I.R.R.P.
Choon Shung Gun	Rhee Chong-soon	58	26,404	Farmer	I.R.R.P.
Hong Chun Gun	Rhee Jai-hak	45	35,130	Farmer	none
Hoing Sung Gun	Won Yong-keun	57	24,543	Farmer	I.R.R.P.
Won Choo Gun	Hong Bum-hee	32	24,001	Social Service	none
Yung Wol Gun	Chang Ki-yung	46	12,375	none	none
Pyung Chang Gun	Whang Ho-hyun	38	20,934	Farmer	I.R.R.P.
Sang Sun Gun	Choi Tai-kyu	29	7,757	Pressman	none
Kang Nung Gun A	Won Chang-kil	37	13,441	Shipping industry	T.D.Y.G.
Kang Nung Gun B	Choi Hun-kil	48	19,196	Farmer	I.R.R.P.
Sam Chuh Gun	Kim Chin-koo	43	19,024	Farmer	I.R.R.P.
Wool Chin Gun	Kim Myung-in	33	11,224	Lawyer	none
10. CHE JOO DO					
Puk Che Joo Gun A					
Puk Che Joo Gun B					
Nam Che Joo Gun	Oh Yong-kook	44	12,888	Member of KILA	none

Inclosure 2

National Election Committee
Seoul, Korea

19 May 1948

Maj. Gen. William F. Dean, U. S. Army
Military Governor, USAMGIK
Capitol Building
Seoul, Korea.

Dear General Dean :

Re the Invalidation of the Elections made in some Electoral Districts of Che Choo Do

I take pleasure in recommending you that the elections made in the Electoral District A and the Electoral District B of Puk Che Choo shall be invalid in accordance with section 44 of the Election Law for the following conditions :

I. Electoral District A : 73 Voting Districts
1. Number of the voting district which the voting was made 31
Number of the voting district which the voting could not be made 42
2. Number of the registered voters 27,560
Number of the voters which participated in the voting 11,912
3. Elected Members
First : Mr. Yang Ki-chin 3,647 votes
Second : Mr. Kim Si-hak 3,479 „
Third :
Mr. Kim Choong-hee 2,147 „
Fourth : Mr. Moon Dai-u 1,693 „

II. Electoral District B. . . . 61 Voting Districts
1. Number of the voting districts which the voting was made 32
Number of the voting districts which the voting could not be made . . . 29
2. Number of the registered voters 20,917
Number of the voters who participated in the voting. 9,724
3. Elected Members
First : Mr. Yang Byung-jik 3,774 votes
Second :
Mr. Park Jang-hee . . . . 3,190 „
Third :
Mr. Kim Duk-joon . . . 691 „
Fourth : Mr. Kim In-sun

I trust this will receive your due consideration and appropriate decision.

Sincerely yours,
Ro Chin Sul
Chairman
National Election Committee
Seoul, Korea

Inclosure 3

Headquarters
United States Army Military Government in Korea
APO 235 Unit 2

24 May 1948

SUBJECT : *Invalidations of the Elections*
TO : The National Election Committee
Seoul, Korea

1. The elections in Electoral District "A" and Electoral District "B" of North Cheju Do held on May 10, 1948, under the Law for the Election of Representatives for the Korean people issued March 17, 1948, are hereby declared null and void and of no effect.

2. It is hereby ordered that a new election take place in these two districts on 20 June 1948, in accordance with section 44, of the aforesaid Law, under the provisions of said Law and under the supervision and control of the National Election Committee.

3. This decision to nullify these elections was arrived at after consultation with the National Election Committee which took into consideration the fact that voting was held in less than fifty per cent of the voting districts of Electoral District "A" and Electoral District "B" of North Cheju Do on 10 May 1948, due to activities and violence of subversive elements. Under these circumstances the election in Electoral District "A" and Electoral District "B" of North Cheju Do on 10 May 1948, cannot be considered a true expression of the will of the people.

(Signed) W. F. DEAN
Major General, United States Army
Military Governor

POSTPONEMENT OF BY-ELECTION IN ELECTORAL DISTRICTS A AND B OF CHEJU DO [5]

Memorandum from the United States Liaison Officer, 11 June 1948

For your information I enclose ten (10) copies of Executive Order No. 22, South Korean Interim Government, dated 10 June 1948, declaring that the by-election in Electoral District A and Electoral District B of North Cheju Do will be postponed for an indefinite period.

(Signed) John WECKERLING
Brigadier General, U. S. A.

South Korean Interim Government
Seoul, Korea

EXECUTIVE ORDER
NUMBER 22 10 June 1948

BY-ELECTION ON ISLAND OF CHEJU DO
INDEFINITELY POSTPONED

Section I. By virtue of the power vested in me by section 44, Law for the Election of Representatives of the Korean People, of 17 March 1948, acting on recommendation of the National Election Committee, I declared on 24 May 1948 the election held on 10 May 1948 in Electoral District A and Electoral District B of North CHEJU DO null and void because voting was held in less than 50 per cent of the voting districts of these two electoral districts due to activities and violence of subversive elements. Simultaneously I ordered that a new election take place in these two electoral districts on 23 June 1948.

In view of the continuing efforts of subversive elements to disturb public peace and order on CHEJU DO Island, motivated by the desire to guarantee to the voting population of Electoral District A and Electoral District B of North CHEJU DO a peaceful and undisturbed election which truly represents the will of the people of these districts, I herewith order that the by-election

[5] Document A/AC.19/75/Add.1.

in these two electoral districts is postponed for an indefinite period.

Section II. This Executive Order shall be effective on the date appearing hereon.

(Signed) W. F. DEAN
Major General, United States Army
Military Governor in Korea

INVALID BALLOTS [6]

Memorandum from the United States Liaison Officer, 22 June 1948

The following is a tabulation of ballots invalidated during the recent elections, by provinces.

[6] Document A/AC.19/75/Add.2.

A total of 265,761, or 3.8 % of the ballots cast, were voided.

Province	Void ballots	Per cent of ballots cast
Seoul	28,414	5.6
Kyonggi Do	20,916	2.1
Chungchong Pukto . .	12,043	2.8
Chungchong Namdo . .	22,846	2.8
Cholla Pukto	22,262	3.8
Cholla Namdo	46,217	5.1
Kyongsang Pukto . . .	59,096	5.7
Kyongsang Namdo . .	44,625	4.0
Kangwon Do	7,843	1.7
Cheju Do	1,499	4.6
TOTAL	265,761	3.8

(Signed) John WECKERLING
Brigadier General, U. S. A.

ANNEX VIII

LIST OF DOCUMENTS

I. UNITED NATIONS DOCUMENTS CONCERNING THE PROBLEM OF THE INDEPENDENCE OF KOREA

A. *Request for inclusion of the item of the problem of the independence of Korea in the agenda of the General Assembly*

A/BUR/85 — Request for the inclusion of two additional items in the agenda of the second regular session, 17 September 1947. (Item 2: The problem of the independence of Korea.)

B. *General discussion in the General Assembly*

A/PV./82 — Verbatim Record of the 82nd meeting of the General Assembly, 17 September 1947; addresses by the representative of the United States of America (pages 51–55).

A/PV./84 — Idem, 84th meeting, 18 September 1947; address by the representative of the Union of Soviet Socialist Republics (page 96).

A/PV./88 — Idem, 88th meeting, 22 September 1947; address by the representative of the United Kingdom (page 67).

C. *Discussion in the General Committee and in the General Assembly of the inclusion of the item in the agenda*

A/BUR/SR.38 — Summary Record of the 38th meeting of the General Committee, 22 September 1947 (pages 4–5).

A/PV./90 — Verbatim Record of the 90th meeting, 23 September 1947; addresses by the representatives of the Soviet Union (pages 56–61), Australia (pages 65 A–Z–67), United States of America (pages 77–80).

A/PV./91 — Idem, 91st meeting, 23 September; addresses by the representatives of China (pages 27–31) and the United Kingdom (pages 37–40).

D. *Proceedings in the First Committee*

1. *Documents*

A/C.1/195 — Letter from the delegation of the United States of America addressed to the Secretary-General (dated 22 September 1947), 26 September 1947.

A/C.1/218 — Letter from the United States representative addressed to the Secretary-General and enclosed draft resolution, 17 October 1947.

A/C.1/218/Rev.1 — United States of America: Revised draft resolution, 4 November 1947.

A/C.1/229 — Union of Soviet Socialist Republics: Draft resolution, 28 October.

A/C.1/230 — United States of America: Amendment to draft resolution of the Union of Soviet Socialist Republics (A/C.1/229), 29 October 1947.

A/C.1/231 — China: Amendment to United States amendment (A/C.1/230) to the Union of Soviet Socialist Republics proposal on Korea (A/C.1/229), 29 October 1947.

A/C.1/232 — Union of Soviet Socialist Republics: Draft resolution, 29 October 1947.

A/C.1/233 — Ukrainian Soviet Socialist Republic: Draft resolution, 30 October 1947.

A/C.1/234 — Byelorussian Soviet Socialist Republic: Amendment to the amendment of the United States of America (A/C.1/230) to the proposal of the Union of Soviet Socialist Republics (A/C.1/229), 30 October 1947.

A/C.1/235 — Union of Soviet Socialist Republics: Draft resolution, 30 October 1947.

A/C.1/236 — Philippines: Amendment to the United States draft resolution (A/C.1/218/Rev.1), 4 November 1947.

A/C.1/237 — India: Amendment to the United States draft resolution (A/C.1/218/Rev.1), 4 November 1947.

A/C.1/238 — China: Amendment to the United States draft resolution (A/C.1/218/Rev.1), 4 November 1947.

2. *Summary Records*

A/C.1/SR.87 to 94 inclusive — Summary Records of the 87th to 94th meetings of the First Committee, 28 October to 5 November 1947.

E. *Proceedings in the Fifth Committee*

A/C.5/208 — United Nations Temporary Commission on Korea; report by the Secretary-General, 8 November 1947.

A/C.5/W.52 — Financial implications of the establishment of a United Nations Temporary Commission on Korea; report of the Fifth Committee, 11 November 1947.

A/C.5/216 — Advisory Committee on Administrative and Budgetary Questions; sixteenth report of 1947, Estimates for Temporary Commission on Korea (A/C.5/208) . . ., 13 November 1947.

A/C.5/SR.95 and 96 — Summary Records of the 95th and 96th meetings of the Fifth Committee, 10 November 1947 (pages 1–2), and 11 November 1947 (page 10).

F. *Proceedings in the General Assembly on the reports of the First and Fifth Committees*

1. *Documents*

A/447 — Report of the First Committee, 6 November 1947.

A/461 — Financial implications of the establishment of a United Nations Temporary Commission on Korea; report of the Fifth Committee, 11 November 1947.

A/477 — Report of the First Committee (A/447), Union of Soviet Socialist Republics draft resolution, 13 November 1947.

2. *Verbatim Records of the General Assembly*

A/PV./111 — Verbatim Record of the 111th meeting of the General Assembly, 13 November 1947; addresses by the representatives of the Soviet Union, the United States of America and the Philippines (pages 101–166).

A/PV./112 — Verbatim Record of the 112th meeting of the General Assembly, 14 November 1947; addresses by the representatives of China, Czechoslovakia, Yugoslavia, Byelorussian Soviet Socialist Republic, Panama, Poland, Norway and the Ukrainian Soviet Socialist Republic (pages 2–101).

II. COMPLETE LIST OF DOCUMENTS OF THE UNITED NATIONS TEMPORARY COMMISSION ON KOREA[1]

A. Agendas of the Commission

A/AC.19/Agenda 1	Provisional Agenda for the 1st meeting	9 January 1948
A/AC.19/Agenda 2	Provisional Agenda for the 2nd meeting	13 January 1948
A/AC.19/Agenda 3	Provisional Agenda for the 3rd meeting	14 January 1948
A/AC.19/Agenda 4	Provisional Agenda for the 4th meeting	15 January 1948
A/AC.19/Agenda 5	Provisional Agenda for the 5th meeting	15 January 1948
A/AC.19/Agenda 6	Provisional Agenda for the 6th meeting	17 January 1948
A/AC.19/Agenda 7	Provisional Agenda for the 7th meeting	30 January 1948
A/AC.19/Agenda 8	Provisional Agenda for the 8th meeting	2 February 1948
A/AC.19/Agenda 9	Provisional Agenda for the 9th meeting	4 February 1948
A/AC.19/Agenda 10	Provisional Agenda for the 10th meeting	5 February 1948
A/AC.19/Agenda 11	Provisional Agenda for the 11th meeting	6 February 1948
A/AC.19/Agenda 12	Provisional Agenda for the 12th meeting	10 February 1948
A/AC.19/Agenda 13	Provisional Agenda for the 13th meeting	11 February 1948
A/AC.19/Agenda 14	Provisional Agenda for the 14th meeting	12 February 1948
A/AC.19/Agenda 15	Provisional Agenda for the 15th meeting	13 February 1948
A/AC.19/Agenda 16	Provisional Agenda for the 16th meeting	6 March 1948
A/AC.19/Agenda 17	Provisional Agenda for the 17th meeting	7 March 1948
A/AC.19/Agenda 17/Add.1	Provisional Agenda for the 17th meeting	8 March 1948
A/AC.19/Agenda 18	Provisional Agenda for the 18th meeting	9 March 1948
A/AC.19/Agenda 19	Provisional Agenda for the 19th meeting	9 March 1948
A/AC.19/Agenda 20	Provisional Agenda for the 20th meeting	10 March 1948
A/AC.19/Agenda 21	Provisional Agenda for the 21st meeting	11 March 1948
A/AC.19/Agenda 22	Provisional Agenda for the 22nd meeting	11 March 1948
A/AC.19/Agenda 23	Provisional Agenda for the 23rd meeting	12 March 1948
A/AC.19/Agenda 24	Provisional Agenda for the 24th meeting	12 March 1948
A/AC.19/Agenda 25	Provisional Agenda for the 25th meeting	15 March 1948
A/AC.19/Agenda 26	Provisional Agenda for the 26th meeting	16 March 1948
A/AC.19/Agenda 27	Provisional Agenda for the 27th meeting	19 March 1948
A/AC.19/Agenda 28	Provisional Agenda for the 28th meeting	29 March 1948
A/AC.19/Agenda 29	Provisional Agenda for the 29th meeting	30 March 1948
A/AC.19/Agenda 30	Provisional Agenda for the 30th meeting	30 March 1948
A/AC.19/Agenda 32	Provisional Agenda for the 32nd meeting	16 April 1948
A/AC.19/Agenda 33	Provisional Agenda for the 33rd meeting	24 April 1948
A/AC.19/Agenda 34	Provisional Agenda for the 34th meeting	28 April 1948
A/AC.19/Agenda 35	Provisional Agenda for the 35th meeting	28 April 1948
A/AC.19/Agenda 36	Provisional Agenda for the 36th meeting	30 April 1948
A/AC.19/Agenda 37	Provisional Agenda for the 37th meeting	3 May 1948
A/AC.19/Agenda 38	Provisional Agenda for the 38th meeting	5 May 1948
A/AC.19/Agenda 39	Provisional Agenda for the 39th meeting	11 May 1948
A/AC.19/Agenda 40	Provisional Agenda for the 40th meeting	13 May 1948

[1] Covering the period up to 5 June 1948.

A/AC.19/Agenda 42	Provisional Agenda for the 42nd meeting	21 May 1948
A/AC.19/Agenda 43–44	Provisional Agenda for the 43rd–44th meetings	25 May 1948
A/AC.19/Agenda 45–46	Provisional Agenda for the 45th–46th meetings	26 May 1948
A/AC.19/Agenda 47–48	Provisional Agenda for the 47th–48th meetings	27 May 1948
A/AC.19/Agenda 49–50	Provisional Agenda for the 49th–50th meetings	28 May 1948
A/AC.19/Agenda 51–52	Provisional Agenda for the 51st–52nd meetings	29 May 1948
A/AC.19/Agenda 51–52/Rev.1	Provisional Agenda for the 51st–52nd meetings	29 May 1948
A/AC.19/Agenda 53	Provisional Agenda for the 53rd meeting	30 May 1948
A/AC.19/Agenda 54–55	Provisional Agenda for the 54th–55th meetings	1 June 1948
A/AC.19/Agenda 56	Provisional Agenda for the 56th meeting	2 June 1948
A/AC.19/Agenda 57–58	Provisional Agenda for the 57th–58th meetings	3 June 1948

B. Summary Records and Verbatim Records of the Meetings of the Commission

A/AC.19/PV.1	Verbatim Record of the 1st meeting	12 January 1948
A/AC.19/SR.2	Summary Record of the 2nd meeting	13 January 1948
A/AC.19/SR.2/Corr.1	Corrigendum to the Summary Record of the 2nd meeting	20 January 1948
A/AC.19/SR.3	Summary Record of the 3rd meeting	15 January 1948
A/AC.19/SR.4	Summary Record of the 4th meeting	16 January 1948
A/AC.19/SR.4/Corr.1	Corrigendum to the Summary Record of the 4th meeting	19 January 1948
A/AC.19/SR.5	Summary Record of the 5th meeting	17 January 1948
A/AC.19/SR.5/Corr.1	Corrigendum to the Summary Record of the 5th meeting	19 January 1948
A/AC.19/SR.6	Summary Record of the 6th meeting	19 January 1948
A/AC.19/SR.7	Summary Record of the 7th meeting	31 January 1948
A/AC.19/SR.7/Corr.1	Corrigendum to the Summary Record of the 7th meeting	3 February 1948
A/AC.19/SR.7/Corr.2	Corrigendum to the Summary Record of the 7th meeting	10 February 1948
A/AC.19/SR.8	Summary Record of the 8th meeting	4 February 1948
A/AC.19/PV.9	Verbatim Record of the 9th meeting	4 February 1948
A/AC.19/PV.9/Corr.1	Corrigendum to the Verbatim Record of the 9th meeting	11 February 1948
A/AC.19/PV.9/Corr.2	Corrigendum to the Verbatim Record of the 9th meeting	13 February 1948
A/AC.19/PV.10	Verbatim Record of the 10th meeting	6 February 1948
A/AC.19/PV.10/Corr.1	Corrigendum to the Verbatim Record of the 10th meeting	5 March 1948
A/AC.19/PV.11	Verbatim Record of the 11th meeting	6 February 1948
A/AC.19/PV.12	Verbatim Record of the 12th meeting	11 February 1948
A/AC.19/SR.13	Summary Record of the 13th meeting	13 February 1948
A/AC.19/SR.14	Summary Record of the 14th meeting	16 February 1948
A/AC.19/SR.15	Summary Record of the 15th meeting	16 February 1948
A/AC.19/PV.16	Verbatim Record of the 16th meeting	8 March 1948
A/AC.19/SR.17	Summary Record of the 17th meeting	9 March 1948
A/AC.19/SR.17/Corr.1	Corrigendum to the Summary Record of the 17th meeting	11 March 1948
A/AC.19/SR.17/Corr.2	Corrigendum to the Summary Record of the 17th meeting	12 March 1948
A/AC.19/SR.18	Summary Record of the 18th meeting	9 March 1948
A/AC.19/SR.18/Corr.1	Corrigendum to the Summary Record of the 18th meeting	12 March 1948
A/AC.19/SR.19	Summary Record of the 19th meeting	11 March 1948
A/AC.19/SR.19/Corr.1	Corrigendum to the Summary Record of the 19th meeting	15 March 1948
A/AC.19/SR.20	Summary Record of the 20th meeting	10 March 1948
A/AC.19/SR.21	Summary Record of the 21st meeting	11 March 1948
A/AC.19/SR.21/Corr.1	Corrigendum to the Summary Record of the 21st meeting	24 March 1948
A/AC.19/SR.22	Summary Record of the 22nd meeting	12 March 1948
A/AC.19/SR.23	Summary Record of the 23rd meeting	14 March 1948
A/AC.19/SR.24	Summary Record of the 24th meeting	18 March 1948
A/AC.19/SR.25	Summary Record of the 25th meeting	16 March 1948
A/AC.19/SR.26	Summary Record of the 26th meeting	17 March 1948
A/AC.19/SR.27	Summary Record of the 27th meeting	20 March 1948
A/AC.19/SR.28	Summary Record of the 28th meeting	30 March 1948
A/AC.19/SR.29	Summary Record of the 29th meeting	30 March 1948
A/AC.19/SR.30	Summary Record of the 30th meeting	31 March 1948
A/AC.19/SR.31	Summary Record of the 31st meeting	3 April 1948

A/AC.19/SR.32	Summary Record of the 32nd meeting	17 April 1948
A/AC.19/SR.33	Summary Record of the 33rd meeting	29 April 1948
A/AC.19/SR.34	Summary Record of the 34th meeting	29 April 1948
A/AC.19/SR.34/Corr.1	Corrigendum to the Summary Record of the 34th meeting	7 May 1948
A/AC.19/SR.35	Summary Record of the 35th meeting	29 April 1948
A/AC.19/SR.36	Summary Record of the 36th meeting	1 May 1948
A/AC.19/SR.37	Summary Record of the 37th meeting	5 May 1948
A/AC.19/SR.38	Summary Record of the 38th meeting	6 May 1948
A/AC.19/SR.39	Summary Record of the 39th meeting	13 May 1948
A/AC.19/SR.40	Summary Record of the 40th meeting	14 May 1948
A/AC.19/SR.41	Summary Record of the 41st meeting	15 May 1948
A/AC.19/SR.42	Summary Record of the 42nd meeting	25 May 1948
A/AC.19/SR.42/Corr.1	Corrigendum to the Summary Record of the 42nd meeting	28 May 1948
A/AC.19/SR.43	Summary Record of the 43rd meeting	26 May 1948
A/AC.19/SR.43/Corr.1	Corrigendum to A/AC.19/SR.43	2 June 1948
A/AC.19/SR.44	Summary Record of the 44th meeting	27 May 1948
A/AC.19/SR.45	Summary Record of the 45th meeting	27 May 1948
A/AC.19/SR.46	Summary Record of the 46th meeting	28 May 1948
A/AC.19/SR.47	Summary Record of the 47th meeting	28 May 1948
A/AC.19/SR.48	Summary Record of the 48th meeting	29 May 1948
A/AC.19/SR.49	Summary Record of the 49th meeting	29 May 1948
A/AC.19/SR.50	Summary Record of the 50th meeting	31 May 1948
A/AC.19/SR.50/Corr.1	Corrigendum to the Summary Record of the 50th meeting	3 June 1948
A/AC.19/SR.51	Summary Record of the 51st meeting	31 May 1948
A/AC.19/SR.51/Corr.1	Corrigendum to the Summary Record of the 51st meeting	4 June 1948
A/AC.19/SR.52	Summary Record of the 52nd meeting	5 June 1948
A/AC.19/SR.53	Summary Record of the 53rd meeting	2 June 1948
A/AC.19/SR.54	Summary Record of the 54th meeting	2 June 1948
A/AC.19/SR.55	Summary Record of the 55th meeting	5 June 1948
A/AC.19/SR.56	Summary Record of the 56th meeting	5 June 1948
A/AC.19/SR.57	Summary Record of the 57th meeting	5 June 1948
A/AC.19/SR.58	Summary Record of the 58th meeting	5 June 1948

C. General Documents

A/AC.19/1[2]	Resolution concerning the sphere of work of the Commission and social engagements, adopted at the second meeting	13 January 1948
A/AC.19/2[2]	Resolution concerning exchange of courtesies with General Officers of North and South Korea, adopted at the third meeting	15 January 1948
A/AC.19/3	Philippine Republic: Draft resolution concerning legality of Commission	15 January 1948
A/AC.19/4	Syria: Draft resolution concerning election of temporary Chairman and new approach to Ukrainian SSR	15 January 1948
A/AC.19/5[2]	France: Draft resolution concerning the establishment of sub-committees	15 January 1948
A/AC.19/6[2]	Resolution concerning the attitude of the Ukrainian SSR, adopted at the fourth meeting	16 January 1948
A/AC.19/7[2]	Press *communiqué* adopted by the Commission at its third meeting	18 January 1948
A/AC.19/8[2]	Syria: Communication to the Chairman concerning suppression of newspapers and general amnesty for political crimes	16 January 1948
A/AC.19/9	Resolution establishing Sub-Committee 1, adopted at the fifth meeting	17 January 1948
A/AC.19/9/Corr.1	Corrigendum to A/AC.19/9	21 January 1948
A/AC.19/10[2]	Philippine Republic: Draft resolution concerning establishment of Sub-Committee 3	17 January 1948
A/AC.19/11	Resolution establishing Sub-Committee 2, adopted at the fifth meeting	17 January 1948
A/AC.19/12[2]	Letter to the Military Commanders, Armed Forces in North and South Korea, adopted at the fourth meeting	16 January 1948
A/AC.19/13[2]	Resolution establishing Sub-Committee 3, adopted at the sixth meeting	19 January 1948

[2] Also reproduced at Lake Success.

A/AC.19/14	Correspondence on the participation of the Ukrainian SSR in the work of the Commission	28 January 1948
A/AC.19/15	Exchange of communications with the USSR	28 January 1948
A/AC.19/16[2]	First Information Report on the work of the Commission (period 12-26 January 1948).	27 January 1948
A/AC.19/17[2]	Communications with Soviet authorities in Nort' Korea	31 January 1948
A/AC.19/17/Add.1	Communications with Soviet authorities in North Korea	16 February 1948
A/AC.19/18	Resolution concerning the death of Mahatma Gandhi, adopted at the seventh meeting	31 January 1948
A/AC.19/19	Communication concerning periodic Information Reports	2 February 1948
A/AC.19/20[2]	Summary of the work of Sub-Committee 1 during the period 21 January to 2 February 1948	2 February 1948
A/AC.19/20/Add.1[2]	Summary of the work of Sub-Committee 1 during the period 2 February to 7 March 1948	7 March 1948
A/AC.19/21[2]	Summary of the work of Sub-Committee 2 during the period 20 January to 2 February 1948	2 February 1948
A/AC.19/21/Add.1[2]	Summary of the work of Sub-Committee 2 during the period 2 to 14 February 1948	25 February 1948
A/AC.19/21/Add.2[2]	Progress report on the work of Sub-Committee 2	6 March 1948
A/AC.19/22[2]	Summary of the work of Sub-Committee 3 during the period 20 January to 2 February 1948	2 February 1948
A/AC.19/23	Telegram from the Prime Minister of India in reply to message of condolence of the death of Mahatma Gandhi	4 February 1948
A/AC.19/24[2]	Draft resolution concerning consultation with the Interim Committee of the General Assembly	5 February 1948
A/AC.19/25	Telegram from the Acting Secretary-General of the United Nations concerning consultation with the Interim Committee	5 February 1948
A/AC.19/26[2]	Exchange of letters concerning the hearing of Korean personalities who are in prison or are subject to arrest or police surveillance	5 February 1948
A/AC.19/26/Add.1[2]	Hearing of Korean personalities: Statement by the Commanding General, United States Army Forces in Korea	9 February 1948
A/AC.19/27	Co-operation from the military authorities in North Korea: Draft resolution	5 February 1948
A/AC.19/28	Summary record of a special consultation with Korean personalities	6 February 1948
A/AC.19/28/Corr.1	Corrigendum to summary record of a special consultation with Korean personalities	7 February 1948
A/AC.19/29[2]	Statement of the Commission concerning co-operation from the military authorities in North Korea, adopted at the tenth meeting	6 February 1948
A/AC.19/29/Corr.1	Corrigendum to A/AC.19/29 (French only)	11 February 1948
A/AC.19/30[2]	Resolutions concerning consultation with the Interim Committee of the General Assembly, adopted at the eleventh meeting	6 February 1948
A/AC.19/31	Resolution concerning survey of information collected by Sub-Committee 2, adopted at the eleventh meeting	6 February 1948
A/AC.19/32	Resolution concerning the survey of information submitted by Committee 2, adopted at the twelfth meeting	11 February 1948
A/AC.19/33	Summary of views expressed by members of the Commission at the eighth, ninth, tenth and eleventh meetings (4, 5 and 6 February 1948), during the debate on the question of consultation by the Commission with the Interim Committee	10 February 1948
A/AC.19/33/Corr.1	Corrigendum to A/AC.19/33	12 February 1948
A/AC.19/34[2]	Questions on which the Interim Committee of the General Assembly is to be consulted, adopted at the twelfth meeting	11 February 1948
A/AC.19/35	Canada: Draft resolution concerning the work of the Sub-Com nittees	12 February 1948
A/AC.19/36	Canada: Draft resolution concerning further proceedings of the Commission	12 February 1948

[2] Also reproduced at Lake Success

A/AC.19/36/Rev.1	Canada: Revised draft resolution A/AC.19/36	13 February 1948
A/AC.19/37[2]	Second Information Report on the work of the Commission (period 27 January to 7 February 1948)	12 February 1948
A/AC.19/38	Rules of Procedure, adopted at the sixth meeting and amended at the tenth meeting	18 February 1948
A/AC.19/39	List of documents issued by United Nations Temporary Commission on Korea	25 February 1948
A/AC.19/39/Add.1	Second list of documents issued by United Nations Temporary Commission on Korea	8 April 1948
A/AC.19/39/Add.2	Third list of documents issued by United Nations Temporary Commission on Korea	4 May 1948
A/AC.19/39/Add.3	Fourth list of documents issued by United Nations Temporary Commission on Korea	5 June 1948
A/AC.19/40[2]	Third Information Report on the work of the Commission (period 8–21 February 1948)	1 March 1948
A/AC.19/41	Statements concerning the election date by the Acting Chairman and by the Commanding General, United States Army Forces in Korea	2 March 1948
A/AC.19/41/Add.1[2]	Statements concerning the election date, by Lieutenant General John R. Hodge	3 March 1948
A/AC.19/41/Add.2	Petition of the North-Western Young People's Christian Endeavour Union concerning the election date	8 March 1948
A/AC.19/41/Add.3	Petition from the National Christian Council of Korea concerning the election date	8 March 1948
A/AC.19/41/Add.4	Statement by Lieutenant General John R. Hodge concerning the elections before a combined meeting of provincial governors and police chiefs at Seoul	13 March 1948
A/AC.19/41/Add.5	Petition from the North Korea Christian Endeavour Society concerning the election date	24 March 1948
A/AC.19/41/Add.6	Statement by Lieutenant General Hodge concerning the elections	24 March 1948
A/AC.19/42[2]	Recommendations for a free atmosphere for elections, by Sub-Committee 1	7 March 1948
A/AC.19/42/Add.1[2]	Supplementary report on the recommendations for a free atmosphere for elections	15 March 1948
A/AC.19/42/Add.2	Amendment to the recommendations to the Commission	16 March 1948
A/AC.19/42/Rev.1	Recommendations for a free atmosphere for elections by Sub-Committee 1, Revised Report.	16 March 1948
A/AC.19/42/Corr.1	Corrigendum to the recommendations for a free atmosphere for elections	15 March 1948
A/AC.19/43[2]	Report of Sub-Committee 3 to the Commission.	4 March 1948
A/AC.19/43/Add.1[2]	Supplementary report of Sub-Committee 3 to the Commission	8 March 1948
A/AC.19/44	Implementation of the resolution of the Interim Committee: Resolution proposed by the representative of Australia	6 March 1948
A/AC.19/45[2]	Letter from the Chairman of the Interim Committee of the General Assembly to the Chairman of the United Nations Temporary Commission on Korea	8 March 1948
A/AC.19/46[2]	Implementation of the resolution of the Interim Committee of the General Assembly: Draft resolution proposed by the representative of France	12 March 1948
A/AC.19/47	Draft letter from the Chairman to the United States Liaison Officer transmitting the recommendations of the Commission with respect to the election law, adopted at the twenty-second meeting	12 March 1948
A/AC.19/47/Rev.1[2]	Letter from the Chairman to the United States Liaison Officer transmitting the recommendations of the Commission with respect to the election law, adopted at the twenty-second meeting	12 March 1948
A/AC.19/47/Rev.1/Add.1[2]	Letter to the Chairman from the United States Liaison Officer, concerning the recommendations of the Commission with respect to the election law	19 March 1948

[2] Also reproduced at Lake Success.

A/AC.19/47/Rev.1/Add.2	Regulations for implementing the election law	24 March 1948
A/AC.19/48[2]	Implementation of the resolution of the Interim Committee of the General Assembly; Syria: Amendment to the draft resolution of France	12 March 1948
A/AC.19/49[2]	Resolution adopted at the twenty-second meeting concerning the implementation of the resolution of the Interim Committee of the General Assembly	12 March 1948
A/AC.19/50[2]	Fourth Information Report on the work of the Commission (period 22 February–6 March 1948).	11 March 1948
A/AC.19/51	Terms of office for the Chairman of the United Nations Temporary Commission on Korea	17 March 1948
A/AC.19/52	Recommendations for a free atmosphere for elections, adopted at the twenty-sixth meeting	18 March 1948
A/AC.19/53[2]	Recommendations for the attainment of a free atmosphere for elections: Letter from the Chairman of the United Nations Temporary Commission on Korea to the Commanding General, United States Army Forces in Korea	18 March 1948
A/AC.19/53/Add.1	Recommendations for the attainment of a free atmosphere for elections: Letter from the Commanding General, United States Army Forces in Korea, to the Chairman of the Commission	24 March [illegible]
A/AC.19/54	Report of the Sub-Committee on methods of observation of the elections	19 March 1948
A/AC.19/55	Observation of elections; Australia: Draft resolution	20 March 1948
A/AC.19/56[2]	Decisions on the report of the *ad hoc* Sub-Committee on methods of observation of elections, adopted at the twenty-seventh meeting	20 March 1948
A/AC.19/57[2]	Fifth Information Report on the work of the Commission (period 7–20 March 1948)	27 March 1948
A/AC.19/58[2]	Letter from the National Election Committee to the Chairman	25 March 1948
A/AC.19/58/Add.1[2]	Request for the postponement of the election date by the National Election Committee: Letter from the Chairman to the Commanding General, United States Army Forces in Korea	27 March 1948
A/AC.19/58/Add.2[2]	Change of the election date: Communication from the Commanding General, United States Army Forces in Korea, to the Chairman	29 March 1948
A/AC.19/58/Add.3[2]	Postponement of the election date: Letter from the Chairman to the Commanding General, United States Army Forces in Korea	31 March 1948
A/AC.19/58/Add.4 [2]	Postponement of the election date: Letter from the Commanding General, United States Army Forces in Korea to the Chairman	5 April 1948
A/AC.19/58/Add.5[2]	Postponement of the election date: Letter from the Chairman to the Commanding General, United States Army Forces in Korea	5 April 1948
A/AC.19/58/Add.6	Postponement of the election date: Statement by the Commanding General, United States Army Forces in Korea	6 April 1948
A/AC.19/58/Add.7	Postponement of the election date: Executive Order No. 20, issued by the Military Governor	7 April 1948
A/AC.19/58/Add.8	Postponement of the election date: Letter from the United Christian Endeavour Society from North-Western Korea	14 April 1948
A/AC.19/59[2]	Methods of observation of elections: Suggested items of observation	27 March 1948
A/AC.19/60	Final report of Sub-Committee 2 to the Commission	29 March 1948
A/AC.19/60/Corr.1	Corrigendum to A/AC.19/60 (French only)	24 April 1948
A/AC.19/60/Rev.1[2]	Final report of Sub-Committee 2, adopted at the thirtieth meeting	31 March 1948
A/AC.19/61[2]	Release of prisoners: Communication from the United States Liaison Officer	8 April 1948
A/AC.19/61/Add.1[2]	Release of prisoners: Letter from the Commanding General, United States Army Forces in Korea to the Chairman	9 April 1948

[2] Also reproduced at Lake Success

A/AC.19/61/Add.2[2]	Release of prisoners: Letter from the Chairman of the Main Committee to the Commanding General, United States Army Forces in Korea	16 April 1948
A/AC.19/62[2]	Proclamation of the rights of the Korean people: Letter from the Commanding General, United States Army Forces in Korea, to the Chairman	9 April 1948
A/AC.19/62/Add.1	Proclamation of the rights of the Korean people: Letter from the Chairman of the Main Committee to the Commanding General, United States Army Forces in Korea	10 April 1948
A/AC.19/63[2]	Sixth Information Report on the work of the Commission (period 21 March-3 April 1948)	12 April 1948
A/AC.19/64[2]	Resolution concerning the death of the President of the Philippine Republic, adopted at the thirty-second meeting	17 April 1948
A/AC.19/65[2]	Seventh Information Report on the work of the Commission (period 4–7 April 1948)	26 April 1948
A/AC.19/66[2]	Official registration statistics	27 April 1948
A/AC.19/66/Add.1	Official registration statistics, list of election canditates	6 May 1948
A/AC.19/66/Add.2	Offficial registration statistics	7 May 1948
A/AC.19/67	Syria: Draft resolution	28 April 1948
A/AC.19/67/Rev.1	Syria: Revised draft resolution	30 April 1948
A/AC.19/68	Observation of elections: Resolution adopted at the thirty-third meeting	29 April 1948
A/AC.19/69[2]	Preparation of the first part of the report to the General Assembly: Resolution adopted at the thirty-sixth meeting	30 April 1948
A/AC.19/70[2]	Eighth Information Report on the work of the Commission	3 May 1948
A/AC.19/70/Corr.1	Corrigendum to Eighth Information Report on the work of the Commission	14 May 1948
A/AC.19/71[2]	Preparation of the first part of the report to the General Assembly: Resolution adopted at the thirty-ninth meeting	13 May 1948
A/AC.19/72	Outline of the contents of the first part of the report to the General Assembly	4 June 1948
A/AC.19/73[2]	Ninth Information Report on the work of the Commission	17 May 1948

D. Working-Papers

A/AC.19/W.1	Provisional list of items to be considered during the first meeting of the Commission	5 January 1948
A/AC.19/W.2	Draft Rules of Procedure (prepared by the Secretariat)	19 December 1947
A/AC.19/W.2/Add.1	Amendments to Rules of Procedure, adopted at the sixth meeting	19 January 1948
A/AC.19/W.2/Add.2	Amendment to the Rules of Procedure of the Commission (prepared by the Secretariat)	5 February 1948
A/AC.19/W.2/Add.3[2]	Amendment to the Rules of Procedure of the Commission, adopted at the tenth meeting	7 February 1948
A/AC.19/W.3	Purpose and duties of the Commission (prepared by the Secretariat)	16 December 1947
A/AC.19/W.4[2]	United Nations documents	16 December 1947
A/AC.19/W.5	Selected bibliography	16 December 1947
A/AC.19/W.6	Working documentation prepared by the Secretariat	16 December 1947
A/AC.19/W.7[2]	Some basic facts concerning the problem of the independence of Korea (prepared by the Secretariat)	10 January 1948
A/AC.19/W.8	Basic facts on the economic and social situation in Korea	10 January 1948
A/AC.19/W.8/Corr.1	Corrigendum to A/AC.19/W.8	15 January 1948
A/AC.19/W.9	Considerations on the methods and the order in which the functions of the United Nations Temporary Commission on Korea could be performed	14 January 1948
A/AC.19/W.9/Corr.1	Corrigendum to A/AC.19/W.9	15 January 1948

[2] Also reproduced at Lake Success.

A/AC.19/W.10	Press and radio in Southern Korea (prepared by the Secretariat)	18 December 1947
A/AC.19/W.11	Law concerning elections in South Korea (prepared by the Secretariat)	16 January 1948
A/AC.19/W.12	Temporary regulations for implementing the law for the election of members of the Legislative Assembly, as prepared by an informal committee appointed by the United States Military Governor of South Korea	15 January 1948
A/AC.19/W.13	Election regulations for North Korea	15 January 1948
A/AC.19/W.14	Time schedule of elections	22 January 1948
A/AC.19/W.14/Add.1	Memorandum concerning the date of the election	4 March 1948
A/AC.19/W.14/Add.2	Provisional time schedule for the elections	18 March 1948
A/AC.19/W.14/Add.3	Time schedule of elections	15 April 1948
A/AC.19/W.15	Comparative chart of the law for election of members of the Korean Interim Legislative Assembly, Public Act No. 5 of the South Korean Interim Government and of the election regulations for North Korea (prepared by the Secretariat)	23 January 1948
A/AC.19/W.16	Explanation of terms contained in Public Act No. 5, entitled "Law for the Election of Members of the Korean Interim Legislative Assembly" (3 September 1947)	23 February 1948
A/AC.19/W.17	Instructions by the South Korean Interim Government to Provincial Governors and the Mayor of the City of Seoul concerning freedom of speech, Press and assembly	30 January 1948
A/AC.19/W.18	Establishment of an Interim Committee of the General Assembly, Resolutions adopted by the General Assembly at its 111th plenary meeting	13 February 1948
A/AC.19/W.19[2]	Distribution of leaflets by aeroplane (prepared by the Secretariat)	2 February 1948
A/AC.19/W.20	The Korean spring agricultural calendar and its bearing on the election date	2 February 1948
A/AC.19/W.21	Attitude of leftist groups to a general election	7 February 1948
A/AC.19/W.21/Add.1	Attitude of the leftist groups towards the United Nations Temporary Commission on Korea	24 February 1948
A/AC.19/W.21/Add.2	Attitude of the leftist groups towards the United Nations Temporary Commission on Korea	3 March 1948
A/AC.19/W.21/Add.3	Attitude of the leftist groups towards the United Nations Temporary Commission on Korea	11 March 1948
A/AC.19/W.22	Memorandum concerning general strike in South Korea	7 February 1948
A/AC.19/W.22/Add.1	Incidents in connexion with the general strike	8 February 1948
A/AC.19/W.22/Add.2	Statement to the Korean people concerning the strike situation by Lieutenant General John R. Hodge	10 February 1948
A/AC.19/W.22/Add.3	Memoranda concerning the general strike situation	11 February 1948
A/AC.19/W.22/Add.4	Letter from the Commanding General, United United States Army Forces in Korea, to the Chairman of United Nations Temporary Commission on Korea concerning the general strike situation	27 February 1948
A/AC.19/W.22/Add.5	Statement by the Director of the Police, South Korea Interim Government, concerning the February 7 riots	1 March 1948
A/AC.19/W.22/Add.6	Riot and sabotage incidents during 1948	25 March 1948
A/AC.19/W.23	Dissemination of election information to South Korean public	7 February 1948
A/AC.19/W.24	Amnesty Law of the Republic of Poland of 22 February 1947	16 February 1948
A/AC.19/W.25	Draft Provisional Constitution of the Democratic People's Republic of Korea	18 February 1948
A/AC.19/W.25/Add.1	Draft Provisional Constitution of the Democratic People's Republic of Korea; Decision of the extraordinary session of the North Korea People's Council	8 May 1948

---

[2] Also reproduced at Lake Success.

A/AC.19/W.25/Corr.1	Corrigendum to A/AC.19/W.25	24 February 1948
A/AC.19/W.26	Text of broadcast from Pyongyang containing criticism of South Korean election law	18 February 1948
A/AC.19/W.27	Sub-Committee 3 : Opinions expressed by Korean personalities on questions relating to elections	18 February 1948
A/AC.19/W.28[2]	Sub-Committee 3 : Study of the electoral provisions of South and North Korea	19 February 1948
A/AC.19/W.28/Add.1	Study of electoral provisions of South and North Korea : II, Candidature	24 February 1948
A/AC.19/W.28/Add.2[2]	Study of the electoral provisions of South and North Korea : III, Electoral Districts and representation	25 February 1948
A/AC.19/W.28/Add.2/Corr.1	Corrigendum to A/AC.19/W.28/Add.2	1 March 1948
A/AC.19/W.28/Add.3	Study of the electoral provisions of South and North Korea : IV, Election organization, administrative divisions and election agencies	2 March 1948
A/AC.19/W.28/Add.4	Study of the electoral provisions of South and North Korea : V, Registration of voters	3 March 1948
A/AC.19/W.28/Add.5[2]	Study of the electoral provisions of South and North Korea : VI, Electoral propaganda and voting procedure	4 March 1948
A/AC.19/W.28/Add.6	Study of the electoral provisions of South and North Korea : VII, Counting of ballots and election results	6 March 1948
A/AC.19/W.28/Add.7	Study of the electoral provisions of South and North Korea : VIII, Incompatibilities — litigation concerning elections. Penal regulations	6 March 1948
A/AC.19/W.29	Verbatim record of the telephone conversation between Mr. Menon and Mr. Schmidt	1 March 1948
A/AC.19/W.30	Refugees from North to South Korea	1 March 1948
A/AC.19/W.31	Memorandum from the United States Liaison Officer concerning Korean political unification	2 March 1948
A/AC.19/W.32	Data on the police forces in South Korea	3 March 1948
A/AC.19/W.33	Statement concerning the attitude of the police during the elections, by the Director of the Department of National Police	4 March 1948
A/AC.19/W.33/Add.1	Statement by the Director of National Police to youth groups concerning the elections	10 March 1948
A/AC.19/W.33/Add.2	Instructions issued by the Director of National Police to youth leaders	2 April 1948
A/AC.19/W.34	Main issues arising from the resolution of the Interim Committee of the General Assembly concerning the Korean question (prepared by the Secretariat)	5 March 1948
A/AC.19/W.35[2]	Establishment of the National Election Committee	5 March 1948
A/AC.19/W.35/Add.1[2]	Membership of the National Election Committee	11 March 1948
A/AC.19/W.35/Add.2	Appointment of members to the National Election Committee : Draft memorandum by the Principal Secretary	12 March 1948
A/AC.19/W.35/Add.3[2]	Vacancies on National Election Committee : Memorandum from the United States Liaison Officer	19 March 1948
A/A.19/W.35/Add.4[2]	Appointment of members of the National Election Committee	20 March 1948
A/AC.19/W.35/Add.5	Nominations for the National Election Committee	23 March 1948
A/AC.19/W.35/Add.6	Liaison with National Election Committee	24 March 1948
A/AC.19/W.35/Add.7	Provincial Election Committees	24 March 1948
A/AC.19/W.35/Add.8	Composition of National Election Committee	29 March 1948
A/AC.19/W.35/Add.9	National Election Committee (changes in composition)	16 April 1948
A/AC.19/W.36	Possible methods of observation of elections in Korea	9 March 1948
A/AC.19/W.37	Information on the observation of elections in Greece (March 1946) and in Japan (April 1947)	9 March 1948
A/AC.19/W.38	Security measures applicable to accredited members of the Korean Press entering and/or leaving the Duk Soo Palace Building	13 March 1948

[2] Also reproduced at Lake Success.

A/AC.19/W.39	Joint statement issued by youth organizations concerning the elections	16 March 1948
A/AC.19/W.39/Add.1	Attitudes towards the elections; Election instructions of: A. The Korean Democratic Party in Pusan; B. South Korea Labour Party.	16 March 1948
A/AC.19/W.39/Add.2	Attitudes towards the elections : Korean National Youth Group	24 March 1948
A/AC.19/W.39/Add.3	Attitudes towards the elections : Korean National Youth, Inc.	31 March 1948
A/AC.19/W.39/Add.4	Attitudes towards the elections (election interference by Communists and leftist elements)	1 April 1948
A/AC.19/W.39/Add.5	Attitudes towards the elections (handbill opposing the elections)	9 April 1948
A/AC.19/W.40	Ordinance No. 176 on "Criminal Procedure"	24 March 1948
A/AC.19/W.41	Compilation of proclamations, official statements, policies, ordinances, etc., affecting civil liberties in South Korea	27 March 1948
A/AC.19/W.41/Add.1	Proclamation of the rights of the Korean people	8 April 1948
A/AC.19/W.42	Time-table and facilities for Observation Groups	27 March 1948
A/AC.19/W.42/Add.1	Travel itinerary for United Nations Observation Groups	30 March 1948
A/AC.19/W.42/Add.2	Documents and supplies for Observation Groups	31 March 1948
A/AC.19/W.42/Add.3[2]	Organization of Observation Groups	1 April 1948
A/AC.19/W.42/Add.3/Rev.1	Revision to organization of Observation Groups	29 April 1948
A/AC.19/W.42/Add.4	Organization and travel itinerary of Observation Groups (week ending 24 April 1948)	14 April 1948
A/AC.19/W.42/Add.5	Revised organization and travel itinerary of Observation Groups (week ending 24 April 1948)	16 April 1948
A/AC.19/W.42/Add.6	Organization and travel itinerary of Observation Groups (period 7–11 May 1948)	1 May 1948
A/AC.19/W.42/Add.6/Rev.1[2]	Organization and travel itinerary of Observation Groups (period 7–11 May 1948)	3 May 1948
A/AC.19/W.43	Conference of leaders of North and South Korea	1 April 1948
A/AC.19/W.43/Add.1	Conference of leaders of North and South Korea: Statement of the Commanding General, United States Army Forces in Korea	9 April 1948
A/AC.19/W.43/Add.2	Conference of leaders of North and South Korea: Statement by the Political Adviser to the Commanding General, United States Army Forces in Korea	9 April 1948
A/AC.19/W.43/Add.3	Conference of leaders of North and South Korea: Letter from the Chairman of the Central Executive Committee, National Independence Federation	20 April 1948
A/AC.19/W.43/Add.4	Conference of leaders of North and South Korea: Selected documents	7 May 1948
A/AC.19/W.43/Add.5	Conference of leaders of North and South Korea: Reply to the message to the Soviet and United States Governments	26 May 1948
A/AC.19/W.44	Main Committee: Memorandum on Communications received from Korean sources	2 April 1948
A/AC.19/W.45	Programme and activities of United States officers concerning the elections	3 April 1948
A/AC.19/W.46	Election procedure observation by American personnel	3 April 1948
A/AC.19/W.46/Add.1	Instructions of Commanding General, United States Army Forces in Korea, to subordinate commanders concerning the elections	5 April 1948
A/AC.19/W.47	Comments on the law of military occupation	10 April 1948
A/AC.19/W.48[2]	Exchange of communications on the implementation of the resolution of the Commission concerning the preparation of the first part of the report to the General Assembly (document A/AC.19/69)	11 May 1948
A/AC.19/W.49[2]	Accommodations in Tokyo	13 May 1948
A/AC.19/W.49/Add.1[2]	Accommodations in Tokyo: Memorandum to the United States Liaison Officers from the Principal Secretary	14 May 1948
A/AC.19/W.49/Add.2[2]	Accommodations in Tokyo: Cablegram from the Secretary-General to the Principal Secretary	14 May 1948

[2] Also reproduced at Lake Success.

E. Communications received from parties, organizations and individuals

A/AC.19/NC.1	List of communications received from parties, organizations, and individuals concerning Korea, 22 September to 31 December 1947 (prepared by the Secretariat)	12 January 1948
A/AC.19/NC.2	List of communications from organizations (received 1–24 January 1948)	27 January 1948
A/AC.19/NC.2/Add.1	List of communications from organizations (received 25 January–16 February 1948)	3 March 1948
A/AC.19/NC.2/Add.2	List of communications from organizations (received 17 February–20 March 1948)	30 March 1948
A/AC.19/NC.3	List of communications from individuals (received 1–24 January 1948)	27 January 1948
A/AC.19/NC.3/Add.1	List of communications from individuals (received 25 January–17 February 1948)	5 March 1948
A/AC.19/NC.3/Add.2	List of communications from individuals (received 17 February–20 March 1948)	30 March 1948
A/AC.19/NC.4	Statement submitted by the President of the National Independence Federation	13 February 1948
A/AC.19/NC.4/Add.1	Communication from Mr. Kim Koo and Mr. Kim Kiusic concerning a conference of North and South political leaders	2 March 1948
A/AC.19/NC.4/Add.1/Corr. 1	Corrigendum to A/AC.19/NC.4/Add.1.	4 March 1948
A/AC.19/NC.5	Communication from the President of the National Independence Federation	7 February 1948
A/AC.19/NC.6	Communications from the Democratic Party of Korea (Hankook Democratic Party)	18 February 1948
A/AC.19/NC.7	Communication from 21 rightist political parties and social organizations	19 February 1948
A/AC.19/NC.8	Communication from Mr. Kim Koo, Chairman of the Korean Independence Party, 28 January 1948	18 February 1948
A/AC.19/NC.9	Communication from the Federation of Korean Trade Unions (Chinpyung), Seoul	25 February 1948
A/AC.19/NC.10	Communication from Democratic People's Front	25 February 1948
A/AC.19/NC.11	Communication from the Kyongnam Committee of the Southern Korea General Strike Committee protesting against United Nations Temporary Commission on Korea	26 February 1948
A/AC.19/NC.12	Resolution of the South Korean Interim Legislative Assembly	27 February 1948
A/AC.19/NC.12/Add.1	Resolution of the South Korean Interim Legislative Assembly concerning elections	5 March 1948
A/AC.19/NC.13	Communication from the Central Committee, South Korea Labour Party	27 February 1948
A/AC.19/NC.13/Add.1	South Korea Labour Party: Instructions to members	3 March 1948
A/AC.19/NC.14	Communication from the Directorate of the South Korea Interim Government, 6 February 1948	28 February 1948
A/AC.19/NC.15	Communication from the Chairman of the People's Republic Party	28 February 1948
A/AC.19/NC.15/Add.1	Communication from the Korean People's Republic Party	15 March 1948
A/AC.19/NC.16	Communication from the General Secretary of the Social Democratic Party	1 March 1948
A/AC.19/NC.17	Communication from the Central Committee, All Korea Farmers' Union	2 March 1948
A/AC.19/NC.17/Corr.1	Corrigendum to A/AC.19/NC.17	15 March 1948
A/AC.19/NC.18	Communication from the Chairman, Labouring People's Party	10 March 1948
A/AC.19/NC.19	Communication from the Central Committee, South Korea Democratic Women's Federation (Alliance)	6 March 1948
A/AC.19/NC.20	Communication from the South Korea Political Parties Council	4 March 1948
A/AC.19/NC.20/Add.1	Communication from the South Korea Political Parties Council concerning the resolution of the Interim Committee	13 March 1948
A/AC.19/NC.21	Communication from the Central Committee, Toiling Masses Party.	11 March 1948

A/AC.19/NC.21/Corr.1	Corrigendum to A/AC.19/NC.21	13 March 1948
A/AC.19/NC.22[2]	Communication from Mr. Rhee Syngman, Chairman, Executive Committee of the Representative Delegation of the Korean People	14 March 1948
A/AC.19/NC.23	Communication from the President of the Chamber of Commerce and Industry of Korea	17 March 1948
A/AC.19/NC.24	Communication from the Korea United Patriotic Society concerning representation of North Koreans resident in South Korea	20 March 1948
A/AC.19/NC.24/Add.1	Communication from Rhee Syngman, Oh Se Chang, Kim Sung Soo, Park Soon Chun, Lee Yun Yong, and Han Kying Jik concerning a special electoral district	20 March 1948
A/AC.19/NC.24/Add.2	Communication from the Chairman, General Assembly of Koreans for North Korea concerning a special electoral district	20 March 1948
A/AC.19/NC.24/Add.3	Communication from North-West Young Men's Society and other organizations concerning a special electoral district	23 March 1948
A/AC.19/NC.24/Add.4	Communication from the National Delegation of the National Association for the Rapid Realization of Korean Independence, concerning the special electoral district	23 March 1948
A/AC.19/NC.24/Add.5	Communication from the Chairman, General Assembly of Koreans from North Korea, concerning a special electoral district	30 March 1948
A/AC.19/NC.25	Communication from the President, Chosen Democratic Party	23 March 1948
A/AC.19/NC.26	Communication from the Chairman of the Industrial Reconstruction Association of Korea	23 March 1948
A/AC.19/NC.27	Communication from the United Council for the Establishment of Independent Korean Government	29 March 1948
A/AC.19/NC.28	Communication from the Chairman, North Korea Christian Friends Society	10 February 1948
A/AC.19/NC.29	Communication from the President, Chamber of Commerce and Industry of Korea	26 March 1948
A/AC.19/NC.30	Communication from the Acting Chairman of the Korean National Assembly	1 April 1948
A/AC.19/NC.31	Communication from the Seoul City Committee of the Korean Education Association	1 April 1948
A/AC.19/NC.32	Communication from the South Korea Democratic Women's Federation concerning the resolution of the Interim Committee	1 April 1948
A/AC.19/NC.33	Communication from the Chairman of the Democratic Party of Korea (Hankook Democratic Party)	3 April 1948
A/AC.19/NC.34	Communication from the President of the Politics and Economics Institute	7 April 1948
A/AC.19/NC.34/Add.1	Communication from the President of the Politics and Economics Institute	7 April 1948
A/AC.19/NC.35	Communication from the Association for Liberty in Democratic Elections	16 April 1948
A/AC.19/NC.36	Communication from the representative of South Kyong-Song Province, branch of the Democratic Independence Party and South Kyong-Song branch of the National Self-Governing League	21 April 1948
A/AC.19/NC.37	Communication from the Chairman of the General Election Propulsion Committee, Union of All Korea Patriotic Bodies	28 April 1948
A/AC.19/NC.38	Communication from the Central Committee of the Democratic National Front (South Korea), March 1948 (received 31 March 1948)	14 May 1948
A/AC.19/NC.39	Communication from the South Korea Political Parties Council concerning the elections	1 May 1948
A/AC.19/NC.40	Communication from the General Election Propelling Committee of the Nationwide Patriotic Party Federation	17 May 1948

[2] Also reproduced at Lake Success.

A/AC.19/NC.41	Communication from the Chairman of the Democratic Party of Korea (Hankook Democratic Party)	27 May 1948

F. Information Papers

A/AC.19/INF.1	Secretariat of the Commission	18 December 1947
A/AC.19/INF.1/Rev.1	Secretariat of the Commission	22 March 1948
A/AC.19/INF.1/Rev.2	Secretariat of the Commission	7 June 1948
A/AC.19/INF.2	List of Delegations	27 January 1948
A/AC.19/INF.2/Corr.1	List of Representatives	13 February 1948
A/AC.19/INF.2/Corr.2	List of Representatives	17 February 1948
A/AC.19/INF.2/Rev.1	List of Delegations	20 March 1948
A/AC.19/INF.2/Rev.2	List of Delegations	7 June 1948
A/AC.19/INF.3	Principal Secretariat Staff	27 January 1948

G. Agendas, Summary Records and Verbatim Records of the Meetings of the Sub-Committees

(a) *Sub-Committee 1*

A/AC.19/SC.1/SR.1	Summary Record of the 1st Meeting	21 January 1948
A/AC.19/SC.1/SR.2	Summary Record of the 2nd Meeting	23 January 1948
A/AC.19/SC.1/SR.3	Summary Record of the 3rd Meeting	28 January 1948
A/AC.19/SC.1/SR.3/Corr.1	Corrigendum to A/AC.19/SC.1/SR.3	5 February 1948
A/AC.19/SC.1/SR.4	Summary Record of the 4th Meeting	18 February 1948
A/AC.19/SC.1/PV.5	Verbatim Record of the 5th Meeting (General Weckerling)	19 February 1948
A/AC.19/SC.1/PV.6	Verbatim Record of the 6th Meeting (General Dean)	24 February 1948
A/AC.19/SC.1/SR.7	Summary Record of the 7th Meeting	26 February 1948
A/AC.19/SC.1/PV.8	Verbatim Record of the 8th Meeting (Dr. Fraenkel — Dean Pergler)	25 February 1948
A/AC.19/SC.1/PV.8/Corr.1	Corrigendum to A/AC.19/SC.1/PV.8	5 March 1948
A/AC.19/SC.1/SR.9	Summary Record of the 9th Meeting	2 March 1948
A/AC.19/SC.1/SR.10	Summary Record of the 10th Meeting	3 March 1948
A/AC.19/SC.1/PV.11	Verbatim Record of the 11th Meeting (General Hodge)	3 March 1948
A/AC.19/SC.1/PV.12	Verbatim Record of the 12th Meeting (General Dean)	23 March 1948
A/AC.19/SC.1/SR.13	Summary Record of the 13th Meeting	6 March 1948
A/AC.19/SC.1/SR.14	Summary Record of the 14th Meeting	7 March 1948
A/AC.19/SC.1/SR.15	Summary Record of the 15th Meeting	15 March 1948

(b) *Sub-Committee 2*

A/AC.19/SC.2/SR.1	Summary Record of the 1st Meeting	21 January 1948
A/AC.19/SC.2/SR.2	Summary Record of the 2nd Meeting	21 January 1948
A/AC.19/SC.2/SR.3	Summary Record of the 3rd Meeting	23 January 1948
A/AC.19/SC.2/SR.4	Summary Record of the 4th Meeting	24 January 1948
A/AC.19/SC.2/PV.5	Verbatim Record of the 5th Meeting (Syngman Rhee)	26 January 1948
A/AC.19/SC.2/PV.5/Corr.1	Corrigendum to A/AC.19/SC.2/PV.5	13 February 1948
A/AC.19/SC.2/PV.6	Verbatim Record of the 6th Meeting (Kim Koo)	26 January 1948
A/AC.19/SC.2/PV.7	Verbatim Record of the 7th Meeting (Mr. X)	3 February 1948
A/AC.19/SC.2/PV.7/Corr.1	Corrigendum to A/AC.19/SC.2/PV.7	17 February 1948
A/AC.19/SC.2/PV.8	Verbatim Record of the 8th Meeting (Kim Kiusic)	27 January 1948
A/AC.19/SC.2/PV.8/Corr.1	Corrigendum to A/AC.19/SC.2/PV.8	12 February 1948
A/AC.19/SC.2/PV.9	Verbatim Record of the 9th Meeting (Rev. Han Kyung Chik and Lyun Woon Hong)	27 January 1948
A/AC.19/SC.2/PV.9/Corr.1	Corrigendum to A/AC.19/SC.2/PV.9	11 February 1948
A/AC.19/SC.2/PV.9/Corr.2	Corrigendum to A/AC.19/SC.2/PV.9	17 February 1948
A/AC.19/SC.2/SR.10	Summary Record of the 10th Meeting	29 January 1948
A/AC.19/SC.2/SR.9/Corr.1	Corrigendum to A/AC.19/SC.2/SR.9	2 February 1948
A/AC.19/SC.2/SR.10/Corr.1	Corrigendum to the Summary Record of the 10th Meeting	13 February 1948
A/AC.19/SC.2/PV.11	Verbatim Record of the 11th Meeting (Kim Sung Soo)	29 January 1948
A/AC.19/SC.2/PV.11/Corr.1	Corrigendum to A/AC.19/SC.2/PV.11	17 February 1948
A/AC.19/SC.2/PV.12	Verbatim Record of the 12th Meeting (Mr. Cho Pyung Chait, Mrs. Esther Park)	29 January 1948
A/AC.19/SC.2/PV.12/Corr.1	Corrigendum to A/AC.19/SC.2/PV.12	17 February 1948

A/AC.19/SC.2/PV.13	Verbatim Record of the 13th Meeting (Ahn Chai-Hong)	2 February 1948
A/AC.19/SC.2/PV.13/Corr.1	Corrigendum to A/AC.19/SC.2/PV.13	27 February 1948
A/AC.19/SC.2/PV.14	Verbatim Record of the 14th Meeting (Kim Yung Mo and Chough Pyung Ok)	2 February 1948
A/AC.19/SC.2/PV.14/Corr.1	Corrigendum to A/AC.19/SC.2/PV.14	12 February 1948
A/AC.19/SC.2/PV.15	Verbatim Record of the 15 Meeting (Chang Kun Song)	3 February 1948
A/AC.19/SC.2/PV.15/Corr.1	Corrigendum to A/AC.19/SC.2/PV.15	11 February 1948
A/AC.19/SC.2/PV.16	Verbatim Record of the 16th Meeting (General Hodge).	10 February 1948
A/AC.19/SC.2/SR.17	Summary Record of the 17th Meeting	10 February 1948
A/AC.19/SC.2/SR.17/Corr.1	Corrigendum to A/AC.19/SC.2/SR.17	2 April 1948
A/AC.19/SC.2/SR.18	Summary Record of the 18th Meeting	10 February 1948
A/AC.19/SC.2/SR.18/Corr.1	Corrigendum to A/AC.19/SC.2/SR.18	11 February 1948
A/AC.19/SC.2/SR.19	Summary Record of the 19th Meeting	11 February 1948
A/AC.19/SC.2/SR.20	Summary Record of the 20th Meeting	24 February 1948
A/AC.19/SC.2/PV.21	Verbatim Record of the 21st Meeting (Rev. Paul M. Ro)	19 February 1948
A/AC.19/SC.2/SR.22	Summary Record of the 22nd Meeting	26 February 1948
A/AC.19/SC.2/PV.23	Verbatim Record of the 23rd Meeting (Lee Dong Sun and Lee Chon-Ho)	3 March 1948
A/AC.19/SC.2/PV.24	Verbatim Record of the 24th Meeting (Min Won Sik and Kim Dyung-Soon)	27 February 1948
A/AC.19/SC.2/PV.24/Corr.1	Corrigendum to A/AC.19/SC.2/PV.24	17 March 1948
A/AC.19/SC.2/PV.25	Verbatim Record of the 25th Meeting (Kwon Tai Suok, Pak Kam, and Pak Kenn Oong)	29 February 1948
A/AC.19/SC.2/PV.25/Corr.1	Corrigendum to A/AC.19/SC.2/PV.25	23 March 1948
A/AC.19/SC.2/SR.26	Summary Record of the 26th Meeting	3 March 1948
A/AC.19/SC.2/SR.27	Summary Record of the 27th Meeting	8 March 1948
A/AC.19/SC.2/SR.28	Summary Record of the 28th Meeting	29 March 1948
A/AC.19/SC.2/SR.29	Summary Record of the 29th Meeting	30 March 1948
A/AC.19/SC.2/SR.29/Add.1	Addendum to A/AC.19/SC.2/SR.29	31 March 1948

(c) *Sub-Committee 3*

A/AC.19/SC.3/SR.1	Summary Record of the 1st Meeting	22 January 1948
A/AC.19/SC.3/SR.2	Summary Record of the 2nd Meeting	26 January 1948
A/AC.19/SC.3/SR.3	Summary Record of the 3rd Meeting	24 February 1948
A/AC.19/SC.3/SR.4	Summary Record of the 4th Meeting	2 March 1948
A/AC.19/SC.3/SR.5	Summary Record of the 5th Meeting	2 March 1948
A/AC.19/SC.3/SR.6	Summary Record of the 6th Meeting	3 March 1948
A/AC.19/SC.3/SR.7	Summary Record of the 7th Meeting	5 March 1948
A/AC.19/SC.3/SR.8	Summary Record of the 8th Meeting	10 March 1948
A/AC.19/SC.3/SR.9	Summary Record of the 9th Meeting	10 March 1948

(d) *Main Committee*

(1) Agendas

A/AC.19/SC.4/Agenda 1	Provisional Agenda for the 1st Meeting	2 April 1948
A/AC.19/SC.4/Agenda 2	Provisional Agenda for the 2nd Meeting	14 April 1948
A/AC.19/SC.4/Agenda 3	Provisional Agenda for the 3rd Meeting	15 April 1948
A/AC.19/SC.4/Agenda 4	Provisional Agenda for the 4th Meeting	16 April 1948
A/AC.19/SC.4/Agenda 5	Provisional Agenda for the 5th Meeting	24 April 1948
A/AC.19/SC.4/Agenda 6	Provisional Agenda for the 6th Meeting	1 May 1948
A/AC.19/SC.4/Agenda 7	Provisional Agenda for the 7th Meeting	11 May 1948
A/AC.19/SC.4/Agenda 8	Provisional Agenda for the 8th Meeting	11 May 1948
A/AC.19/SC.4/Agenda 9	Provisional Agenda for the 9th Meeting	13 May 1948
A/AC.19/SC.4/Agenda 10	Provisional Agenda for the 10th Meeting	13 May 1948
A/AC.19/SC.4/Agenda 11	Provisional Agenda for the 11th Meeting	20 May 1948
A/AC.19/SC.4/Agenda 12	Provisional Agenda for the 12th Meeting	2 June 1948

(2) Summary Records

A/AC.19/SC.4/SR.1	Summary Record of the 1st Meeting	5 April 1948
A/AC.19/SC.4/SR.2	Summary Record of the 2nd Meeting	15 April 1948
A/AC.19/SC.4/SR.3	Summary Record of the 3rd Meeting	16 April 1948
A/AC.19/SC.4/SR.4[2]	Summary Record of the 4th Meeting	17 April 1948
A/AC.19/SC.4/SR.4/Corr.1	Corrigendum to A/AC.19/SC.4/SR.4	4 May 1948
A/AC.19/SC.4/SR.5	Summary Record of the 5th Meeting	28 April 1948
A/AC.19/SC.4/SR.6	Summary Record of the 6th Meeting	4 May 1948
A/AC.19/SC.4/SR.7	Summary Record of the 7th Meeting	14 May 1948

[2] Also reproduced at Lake Success.

A/AC.19/SC.4/SR.8	Summary Record of the 8th Meeting	14 May 1948
A/AC.19/SC.4/SR.9	Summary Record of the 9th Meeting	14 May 1948
A/AC.19/SC.4/SR.10	Summary Record of the 10th Meeting	15 May 1948
A/AC.19/SC.4/SR.11	Summary Record of the 11th Meeting	22 May 1948
A/AC.19/SC.4/SR.12	Summary Record of the 12th Meeting	4 June 1948

(e) *Sub-Committee 5 (Observation Group I)*

A/AC.19/SC.5/SR.1	Summary Record of 1st day of observation	7 April 1948
A/AC.19/SC.5/SR.2	Summary Record of 2nd day of observation	6 April 1948
A/AC.19/SC.5/SR.3	Summary Record of 3rd day of observation	8 April 1948
A/AC.19/SC.5/SR.4	Summary Record of 4th day of observation	8 April 1948
A/AC.19/SC.5/SR.5	Summary Record of 5th day of observation	9 April 1948
A/AC.19/SC.5/SR.6	Summary Record of 6th day of observation	11 April 1948
A/AC.19/SC.5/SR.7 [2]	Summary Record of week of observation (20-24 April 1948)	23 April 1948
A/AC.19/SC.5/SR.8	Summary Record of observation of election, 10 May 1948	22 May 1948

(f) *Sub-Committee 6 (Observation Group II)*

A/AC.19/SC.6/SR.1	Summary Record of 1st day of observation	6 April 1948
A/AC.19/SC.6/SR.2	Summary Record of 2nd day of observation	7 April 1948
A/AC.19/SC.6/SR.3	Summary Record of 3rd day of observation	7 April 1948
A/AC.19/SC.6/SR.4	Summary Record of 4th day of observation	9 April 1948
A/AC.19/SC.6/SR.5	Summary Record of 5th day of observation	10 April 1948
A/AC.19/SC.6/SR.6	Summary Record of the week of observation (19-23 April 1948)	27 April 1948
A/AC.19/SC.6/SR.7 [2]	Summary Record of observation of election (8-12 May 1948)	22 May 1948

(g) *Sub-Committee 7 (Observation Group III)*

A/AC.19/SC.7/SR.1	Summary Record of 1st day of observation	5 April 1948
A/AC.19/SC.7/SR.1/Corr.1	Corrigendum to A/AC.19/SC.7/SR.1	12 April 1948
A/AC.19/SC.7/SR.2	Summary Record of 2nd of day observation	6 April 1948
A/AC.19/SC.7/SR.3	Summary Record of 3rd day of observation	7 April 1948
A/AC.19/SC.7/SR.4	Summary Record of 4th day of observation	8 April 1948
A/AC.19/SC.7/SR.5	Summary Record of 5th day of observation	9 April 1948
A/AC.19/SC.7/SR.6	Summary Record of the week of observation (19-23 April 1948)	27 April 1948
A/AC.19/SC.7/SR.7 [2]	Summary Record of observation of election (10-11 May 1948)	22 May 1948
A/AC.19/SC.7/SR.7/Corr.1	Corrigendum to A/AC.19/SC.7/SR.7	31 May 1948

(h) *Sub-Committee 8 (Observation Group IV)*

A/AC.19/SC.8/SR.1	Summary Record of week of observation (20-24 April 1948)	27 April 1948
A/AC.19/SC.8/SR.2	Summary Record of observation of election (7-10 May 1948)	22 May 1948

(i) *Sub-Committee 9 (Observation Group V)*

A/AC.19/SC.9/SR.1 [2]	Summary Record of observation of election (7-11 May 1948)	22 May 1948

(j) *Sub-Committee 10 (Observation Group VI)*

A/AC.19/SC.10/SR.1 [2]	Summary Record of observation of election (7-11 May 1948)	26 May 1948

(k) *Sub-Committee 11 (Observation Group VII)*

A/AC.19/SC.11/SR.1 [2]	Summary Record of observation of election (8-11 May 1948)	22 May 1948

(l) *Sub-Committee 12 (Observation Group VIII)*

A/AC.19/SC.12/SR.1	Summary Record of observation of election (7-10 May 1948)	3 June 1948

(m) *Sub-Committee 13 (Observation Group IX)*

A/AC.19/SC.13/SR.1	Summary Record of observation of election (7-12 May 1948)	3 June 1948

---

[2] Also reproduced at Lake Success.

H. *Sub-Committee Documents*

(a) *Sub-Committee 2*

A/AC.19/SC.2/1	Press *communiqué* adopted at the second meeting of Sub-Committee 2	25 January 1948
A/AC.19/SC.2/2	Press *communiqué* adopted at the third meeting of Sub-Committee 2	25 January 1948
A/AC.19/SC.2/3	Text of letter of invitation to hearings of Korean personalities adopted at the fourth meeting of Sub-Committee 2	26 January 1948
A/AC.19/SC.2/4	Questionnaire for hearings of Korean personalities adopted at the fourth meeting of Sub-Committee 2	26 January 1948
A/AC.19/SC.2/5	Resolution adopted at the ninth meeting of Sub-Committee 2	29 January 1948
A/AC.19/SC.2/5/Corr.1	Corrigendum to A/AC.19/SC.2/5	2 February 1948
A/AC.19/SC.2/6	Press *communiqué* issued concerning submission of written statements and requests for hearings	30 January 1948
A/AC.19/SC.2/7	Announcement by the Commanding General, United States Army Forces in Korea, concerning freedom of access to hearings of Korean personalities	25 February 1948
A/AC.19/SC.2/7/Add.1	Press *communiqué* concerning freedom of access to hearings of Korean personalities	25 February 1948
A/AC.19/SC.2/8[2]	Communication approved at the twentieth meeting to the United States Liaison Officer to the United Nations Temporary Commission on Korea, concerning freedom of access to hearings of Korean personalities	25 February 1948
A/AC.19/SC.2/8/Add.1[2]	Communication from the United States Liaison Officer to the United Nations Temporary Commission on Korea concerning a hearing of Mr. Haw Sawng Taik, Chairman, Federation of Korean Trade Unions	25 February 1948
A/AC.19/SC.2/8/Add.2	Statement of the Democratic Women's Federation Alliance concerning the invitation to a hearing before the Sub-Committee	1 March 1948
A/AC.19/SC.2/8/Add.3	Reply from Mr. Paik Yong-Hi, Chairman, Central Committee, All Korea Farmers' Alliance (Federation), to the invitation to a hearing by the Sub-Committee	15 March 1948
A/AC.19/SC.2/9	Summary Record of an Interview with Mr. Haw Sawng Taik, Chairman of the Federation of Korean Trade Unions	24 February 1948
A/AC.19/SC.2/9/Add.1	Reply from Haw Sawng Taik, Chairman of the Federation of Korean Trade Unions, to the invitation to a hearing by the Sub-Committee	10 March 1948
A/AC.19/SC.2/9/Corr.1	Corrigendum to A/AC.19/SC.2/9	2 March 1948
A/AC.19/SC.2/10	Communications concerning freedom to submit written statements	6 March 1948
A/AC.19/SC.2/10/Add.1	Press *communiqué* issued concerning freedom to submit written statements	7 March 1948
A/AC.19/SC.2/10/Add.2	Communication from the Central Committee, Korean Democratic Patriotic Youth Union (Alliance), concerning freedom to submit written statements	17 March 1948
A/AC.19/SC.2/10/Add.3	Exchange of Communications with the Central Committee, Korean Democratic Patriotic Youth Union (Alliance), concerning freedom to submit written statements	13 April 1948

(b) *Main Committee*

A/AC.19/SC.4/1	Provincial Election Committees	29 March 1948
A/AC.19/SC.4/2	Periodic Report of National Election Committee	29 March 1948
A/AC.19/SC.4/3[2]	Interpretation of Section 16 of the Election Law	29 March 1948
A/AC.19/SC.4/4	Directive No. 2 (office hours of registration)	29 March 1948
A/AC.19/SC.4/5	Interpretation of Section 16 of the Election Law: Memorandum to the United States Liaison Officer from the Main Committee	6 April 1948
A/AC.19/SC.4/6	Registration of Voters in South Korea	6 April 1948

[2] Also reproduced at Lake Success.

A/AC.19/SC.4/6/Add.1	Registration of Voters in South Korea	9 April 1948
A/AC.19/SC.4/6/Add.2	Registration of Voters in South Korea	10 April 1948
A/AC.19/SC.4/6/Add.3	Registration of Voters in Cheju Do	10 April 1948
A/AC.19/SC.4/Add.4	Registration of Voters in South Korea	14 April 1948
A/AC.19/SC.4/7	Registration of candidates : Memorandum from the United States Liaison Officer	14 April 1948
A/AC.19/SC.4/7/Add.1	Registration of candidates : Memorandum from the United States Liaison Officer	17 April 1948
A/AC.19/SC.4/7/Add.2	Registration of candidates	19 April 1948
A/AC.19/SC.4/7/Add.3	Unopposed candidates	3 May 1948
A/AC.19/SC.4/7/Add.4	Resignation and decease of candidates	4 May 1948
A/AC.19/SC.4/8	Electoral and voting districts	16 April 1948
A/AC.19/SC.4/9	Directive No. 3 : Preparation of the Poll Registers and the Certificate of Registration thereon: National Election Committee	16 April 1948
A/AC.19/SC.4/10	Directive No. 4 : Names of voting districts : National Election Committee	16 April 1948
A/AC.19/SC.4/11	Directive No. 5 : Official Seal in Election Procedures : National Election Committee	16 April 1948
A/AC.19/SC.4/12	Directive No. 6 : Count of voters' ages : National Election Committee	16 April 1948
A/AC.19/SC.4/13	Directive No. 7 : Interpretation of Section 16 of the Election Law : National Election Committee.	16 April 1948
A/AC.19/SC.4/14	Letter from the Chairman of the Korean Public Opinion Association concerning interference with the work of the association	23 April 1948
A/AC.19/SC.4/15	Election in Tong-Dai-Mun A District, Seoul City	24 April 1948
A/AC.19/SC.4/15/Add.1	Election in Tong-Dai-Mun A District, Seoul City : Letter from the Korean Reporters' Association	27 April 1948
A/AC.19/SC.4/15/Add.2	Election in Tong-Dai-Mun A District, Seoul City : Memorandum from the United States Liaison Officer	1 May 1948
A/AC.19/SC.4/15/Add.3	Election in Tong-Dai-Mun A District, Seoul City.	29 April 1948
A/AC.19/SC.4/15/Add.4	Election in Tong-Dai-Mun A District : Letter from Mr. Jo Kyu Chung	4 May 1948
A/AC.19/SC.4/15/Add.5[2]	Election in Tong-Dai-Mun A District : Letter from the National Association for the Rapid Realization of Korean Independence and other political parties and social organizations	4 May 1948
A/AC.19/SC.4/15/Add.6[2]	Election in Tong-Dai-Mun A District : Second interview with Mr. Choi Neung-Chin, Independent	10 May 1948
A/AC.19/SC.4/15/Add.7[2]	Election in Tong-Dai-Mun A District : Cancellation of the registration of the candidacy of Mr. Choi Neung-Chin	10 May 1948
A/AC.19/SC.4/15/Add.8[2]	Election in Tong-Dai-Mun A District : Third interview with Mr. Choi Neung-Chin	10 May 1948
A/AC.19/SC.4/15/Add.9	Election in Tong-Dai-Mun A District : Statement by Mr. Choi Daniel (Neung-Chin)	13 May 1948
A/AC.19/SC.4/16	Letter from the Chairman of the Civil Liberties Union concerning the free atmosphere for elections	24 April 1948
A/AC.19/SC.4/17	Election in Kum Hae Up District, Kyongsang Namdo Province	24 April 1948
A/AC.19/SC.4/17/Add.1	Election in Kum Hae Up District, Kyongsang Namdo Province : Letter from 268 constituents	1 May 1948
A/AC.19/SC.4/17/Add.2[2]	Election in Kum Hae Up District, Kyongsang Namdo Province : Exchange of letters between the Principal Secretary and the United States Liaison Officer	3 May 1948
A/AC.19/SC.4/17/Add.3	Election in Kum Hae Up District, Kyongsang Namdo Province : Interview with Mr. Pak Jai Hong	3 May 1948
A/AC.19/SC.4/17/Add.4	Election in Kum Hae Up District, Kyongsang Namdo Province : Communications from the United States Liaison Officer	4 May 1948

[2] Also reproduced at Lake Success.

A/AC.19/SC.4/18	Report by the Supporting Society for the Establishment of Anti-Japanese Movements concerning the free atmosphere for elections	26 April 1948
A/AC.19/SC.4/19	Complaints received from individuals concerning a free atmosphere for elections, 21-26 April 1948	27 April 1948
A/AC.19/SC.4/20	Anti-registration activities.	28 April 1948
A/AC.19/SC.4/21	Letter from the Korean Educators' Association concerning the free atmosphere for elections	30 April 1948
A/AC.19/SC.4/22	Report by the Investigation Bureau of the Democratic National Front concerning the free atmosphere for elections	30 April 1948
A/AC.19/SC.4/23[2]	Complaints concerning the free atmosphere for elections : Submission to the United States authorities	5 May 1948
A/AC.19/SC.4/23/Add.1[2]	Complaints concerning the free atmosphere for elections : Submission to the United States authorities	6 May 1948
A/AC.19/SC.4/23/Add.2[2]	Complaints concerning the free atmosphere for elections: Submission to the United States authorities	7 May 1948
A/AC.19/SC.4/24[2]	Incidents concerning freedom of the Press during the elections : Exchange of communications with the United States Liaison Officer to the Commission	5 May 1948
A/AC.19/SC.4/24/Add.1[2]	Incidents concerning freedom of the Press during the elections : Letter from the Korean Press Association	11 May 1948
A/AC.19/SC.4/25[2]	Complaints concerning the free atmosphere for elections : Comment by the United States authorities	11 May 1948
A/AC.19/SC.4/25/Add.1	Complaints concerning the free atmosphere for elections : Comment by the United States authorities	11 May 1948
A/AC.19/SC.4/26	Unofficial election results.	14 May 1948

I. Press Releases

Nos. 3–66, covering the period 9 January 1948 to 7 June 1948.

SALES AGENTS FOR UNITED NATIONS PUBLICATIONS

The following is a list of sales agents for United Nations publications in various countries.
Names of agents in other countries will be announced as the appointments are made.

ARGENTINA
Editorial Sudamericana S.A.
Calle Alsina 500
BUENOS AIRES

AUSTRALIA
H. A. Goddard Pty. Ltd.
255a-George Street
SYDNEY

BELGIUM
Agence et Messageries de la Presse S.A.
14-22 rue du Persil
BRUSSELS

BOLIVIA
Librería Científica y Literaria
Avenida 16 de Julio 216
Casilla 972
LA PAZ

CANADA
The Ryerson Press
299 Queen Street West
TORONTO, Ontario

CHILE
Edmundo Pizarro
Merced 846
SANTIAGO

CHINA
The Commercial Press Ltd.
211 Honan Road
SHANGHAI

COLOMBIA
Librería Latina, Ltda.
Apartado Aero 4011
BOGOTÁ

COSTA RICA
Trejos Hermanos
Apartado 1313
SAN JOSÉ

CUBA
La Casa Belga
René de Smedt
O'Reilly 455
HAVANA

CZECHOSLOVAKIA
Librairie F. Topič
Národní Trída 9
PRAGUE I

DENMARK
Librairie internationale
Einar Munksgaard
Nørregade 6
COPENHAGEN

DOMINICAN REPUBLIC
Librería Dominicana
Calle Mercedes 49, Apartado 656
CIUDAD TRUJILLO

ECUADOR
Muñoz Hermanos y Cía.
Nueve de Octubre 703
Casilla 10-24
GUAYAQUIL

EGYPT
Librairie La Renaissance d'Egypte
9 Sharia Adly Pasha
CAIRO

FINLAND
Akateeminen Kirjakauppa
Keskuskatu 2
HELSINKI

FRANCE
Editions A. Pedone
13 rue Soufflot
PARIS, 5e

GREECE
Librairie internationale
« Eleftheroudakis »
Place de la Constitution
ATHENS

GUATEMALA
Goubaud & Cía., Ltd., Sucesor
5a Ave Sur, No. 6 Y 9a, C.P.
GUATEMALA CITY

HAITI
Max Bouchereau
Librairie à la Caravelle
Boîte Postale III-B
PORT-AU-PRINCE

INDIA
Oxford Book & Stationery Co.
Scindia House
NEW DELHI

IRAN
Bongahe Piaderow
731 Shah Avenue
TEHERAN

IRAQ
Mackenzie & Mackenzie
The Bookshop
BAGHDAD

LEBANON
Librairie Universelle
BEIRUT

LUXEMBURG (Grand-Duchy of)
Librairie J. Schummer
Place Guillaume
LUXEMBURG

NETHERLANDS
N.V. Martinus Nijhoff's Boekhandel en Uitgevers Maatschappij
Lange Voorhout 9
THE HAGUE

NEW ZEALAND
Mr. A. D. McKinlay
United Nations Association of New Zealand
P.O. Box 5027
Lambton Quay
WELLINGTON

NICARAGUA
Dr. Ramiro Ramirez
Agencia de Publicaciones
MANAGUA, D.N.

NORWAY
Johan Grundt Tanum Forlag
Kr. Augustgt. 7a
OSLO

PHILIPPINES
D. P. Perez Co.
132 Riverside
SAN-JUAN

SWEDEN
Aktiebolaget C. E. Fritzes Kungl. Hofbokhandel
Fredsgatan 2
STOCKHOLM 16

SWITZERLAND
Librairie Payot
LAUSANNE, BALE, BERNE, GENEVA, MONTREUX, NEUCHATEL VEVEY, ZURICH
Librairie Hans Raunhardt
Kirchgasse 17
ZURICH

SYRIA
Librairie Universelle
DAMASCUS

TURKEY
Librairie Hachette
469 Ave. de l'Indépendance
ISTANBUL

UNION OF SOUTH AFRICA
The Central News Agency, Ltd.
Cor. Commissioner & Rissik Sts.
JOHANNESBURG and at CAPETOWN and DURBAN

UNITED KINGDOM
H.M. Stationery Office
P. O. Box 569
LONDON S.E.1

UNITED STATES OF AMERICA
Columbia University Press
International Documents Service
2960 Broadway
NEW YORK 27, N.Y.

URUGUAY
Héctor D'Eliá
Oficina de Representación de Editoriales
Av. 18 de Julio 1333 — Esc. 1
MONTEVIDEO

VENEZUELA
Escritorio Perez Machado
Conde a Piñango 11
CARACAS

YUGOSLAVIA
Drzavno Preduzece
Jugoslovenska Knjiga
Marsala Tita 23/II
BELGRADE

Orders from countries where sales agents have not yet been appointed may be sent to:

Sales Section,
United Nations Office at Geneva,
Palais des Nations, GENEVA, Switzerland

or

Sales Section,
United Nations, LAKE SUCCESS,
New York, U.S.A.

Printed in Switzerland.

Price in the United States: $ 1.50

3. 유엔한국임시위원단 보고서 제1부 제3권 : 부속문서 9-12

해제문서 3 : A/575. Add.2 (First Part of the Report of the United Nations Temporary Commission on Korea. Volume Ⅲ, Annexes Ⅸ-Ⅻ)

문서명	First Part of the Report of the United Nations Temporary Commission on Korea. Volume Ⅲ - Annexes Ⅸ-Ⅻ 유엔한국임시위원단 보고서 제1부 제3권 부속문서 9-12		
발신	유엔한국임시위원단	생성일시	1948년
		발신일시	
수신	유엔총회	수신일시	
		문서번호	Third Session Supplement No.9 (A/575.Add.2)
문서형태	보고서	문서분량	306쪽
주제명	부속문서 Ⅸ. 자유로운 선거분위기에 관한 청취 및 구술 기록 부속문서 Ⅹ. 한국인 요인들에 대한 청취 및 구술 기록 부속문서 Ⅺ. 선거법 및 선거규칙에 대한 한국인 요인들의 견해 요약 부속문서 Ⅻ. 유엔한국임시위원단 선거감시반의 1948년 5·10 선거 관찰 기록		
주요내용	본 문서는 1947년 11월 14일 유엔총회에서 채택된 결의문 112조 (Ⅱ)항에 의거하여 설치된 유엔한국임시위원단(UNTCOK)의 1948년 5월 10일 이후의 활동을 기록한 유엔한국임시위원단 보고서 제1부 제3권에 해당하는 것으로 모두 4개의 부속문서로 구성됨. 상세 내용은 본문 참조		
검색어	유엔한국임시위원단(UNTCOK), 남조선과도정부, 근로인민당, 대한독립촉성국민회, 대한상공회의소(Chamber of Commerce and Industry of Korea), 민족자주연맹 (National Independence Federation), 사회민주당 (Socialist Democratic Party), 국립서울대학교, 애국부인회, 유엔한국임시위원단 연락반(UNTCOK Liaison Group in Seoul), 국회연락위원회 (National Assembly Liaison Committee), 자유인권협회 (Civil Liberties Union), 천도교청우당, 국방경비대, 조선노동조합전국평의회, 한국독립당(한독당), 한국민주당(한민당), 남조선과도입법의원, 서울타임즈지, 민주독립당 퍼글러(Dearn Charles Pergler), 프랑켈(Ernest Frankel), 하지(John R. Hodge), 웨커링(John Weckerling), 노기남(Paul M. Ro), 딘(William F. Dean), 권태석, 김구, 김규식, 김성수, 김영모, 김병순, 민원식, 백근옹, 안재홍, 박에스더, 여운홍, 이동선, 이승만 , 이응진, 이춘호, 장건상, 전용순, 조병재, 채순주, 조병옥, 허성택, 한경직, 함운동		

〈목차〉

부속문서 IX

자유로운 선거분위기에 관한 청취 및 구술기록

-제1분과위원회-

■ 제5차 회의 요록[26]

장소 및 일시: 서울 덕수궁, 1948.2.19 오후 3시

의장: 패터슨(George S. Patterson, 캐나다 대표)

내용: 유엔한국임시위원단과 연락을 맡은 주한 미군 연락장교 웨커링(John Weckerling) 준장 인터뷰

원문: 5~16쪽

□ 웨커링 준장은 청문회 시작에 앞서 자신의 의견이 지극히 기본적인 내용 밖에 전달하지 못할 것이라는 사실을 전제로 밝힘. 이어서 한국 사회에 만연한 가부장적인 정서와 그러한 정서가 선거에 미칠 영향에 대해 언급함. 한국인들을 대상으로 한 선거 관련 교육들이 전혀 실시되지 못했으며 따라서 선거를 치르기 위해서는 더 많은 시간이 필요하다는 의견을 밝힘. 또한 하지(John R. Hodge) 중장이 자신들이 가지고 있는 권한 내에서 선거위원회를 만드는 등의 노력을 통해 공정한 선거의 실시를 위해 노력하고 있다고 말함. 위원회의 선거법이나 선거교육, 그리고 선거진행절차와 같은 선거에 관련된 세부적 질문에

26 Document A/AC.19/SC.1/PV.5.

대해 답함. 또한 대한민국의 경찰 조직이나 법규에 관련된 질문에 대답함. 끝으로 공정한 선거가 1948년 5월 이전에 진행될 수 있도록 준비가 갖추어져 있다고 말함.

■ 제6차 회의 요록[27]

장소 및 일시: 서울 덕수궁, 1948.2.24 오후 3시

의장: 마네(Olivier Manet, 프랑스 대표)

내용: 주한 미 군정장관 윌리엄 딘(William F. Dean) 소장 인터뷰

원문: 16~23쪽

□ 딘 소장은 이번 선거가 주어진 시간에 비해 충분히 자유가 반영된 선거라고 자신의 견해를 밝히는 한편, 최초로 실시되는 투표인만큼 비밀투표에 의해 선거가 진행된다는 사실 자체만으로도 한국인들에게는 획기적인 계기가 될 것이라고 말함. 또한 선거를 추진하는 데에 가장 중요한 것은 선거 실시에 관해 사전에 일찌감치 발표하는 일이라며, 이번 선거가 짧은 선거준비기간으로 인해 대중의 혼란을 초래한 것에 대해 유감을 표함. 또 이번 선거가 한반도 전역이 아닌 오직 남한에서만의 선거가 되어야 한다는 의견을 밝힘. 선거 실시를 공지하는 데에 60일 정도의 시간이 필요하다는 것, 자유로운 선거 분위기를 조성하는 것과 관련해서 청년단체의 위험성에 관한 질문에 답함. 김구와 김규식의 정치적 협력에 대해 언급하는 한편, 김규식은 흔히 미국의 앞잡이로 비쳐지기도 하지만 김규식만큼 미국인을 싫어하는 사람도 없다고 주장함. 선거 실시에 관한 조기 발표의 중요성에 대해 거듭 강조함.

---

27 Document A/AC.19/SC.1/PV.6.

■ 제8차 회의 요록[28]

장소 및 일시: 서울 덕수궁, 1948.2.26 오후 4시

의장: 무기르(Yasin Mughir, 시리아 대표)

내용: 미군정 특별고문 퍼글러(Dean Charles Pergler)와 프랑켈(Ernest Fraenkel) 박사 인터뷰

원문: 23~33쪽

□ 퍼글러(Dean Charles Pergler) 특별고문은 자유로운 선거 분위기에 관한 문제는 비교 역사적 연구에 해당하는 부분이라고 주장하면서 흔히들 동양적 특징이라고 부르는 이 특수한 상황이 그것만으로 설명될 수는 없다는 사실을 강조함. 또한 미군정의 권한과 임무, 그리고 소작료에 관한 제9호 법령이나 노동중재위원회 설립에 관한 제34호 법령과 같이, 미군정이 발포한 법령에 대해 자신의 견해를 밝힘. 한국에서 거론되고 있는 인신보호 영장에 대한 의견도 피력함. 마지막으로 미군정하에서 실시되고 있는 법적 통치에 대해 놀라움을 표하며 이를 미군정의 업적으로 평가함. 퍼글러 특별고문에 이어 프랑켈(Ernest Fraenkel) 박사는 미군정하에서 폐지되었거나 아직 시행되고 있는 법규에 대해 구체적 사실을 설명함. 이어서 미군 사령관의 법률적 권한에 대해 설명하고 미군 사령관의 특별 권한 이외의 사안들에 관해서는 기존의 한국 사회의 법규에 따라야 한다는 의견을 밝힘. 퍼글러 특별고문과 프랑켈 박사의 발언이 끝난 후 위원회는 이들과 함께 기존의 한국 법률과 미군정하에서 발의된 법령에 대한 세부적인 문제에 대해 토의함.

28 Document A/AC.19/SC.1/PV.8.

■ 제11차 회의 요록[29]

장소 및 일시: 서울 덕수궁, 1948.3.3 오후 3시 30분

의장: 무기르(Yasin Mughir, 시리아 대표)

내용: 주한 미군 사령관 하지(John R. Hodge) 중장 인터뷰

원문: 34~44쪽

□ 하지 중장은 남한 내 법과 질서를 책임지는 위치에 있는 사람의 입장에서 한반도 내의 자유로운 선거 분위기라는 문제에 대한 자신의 접근방식이 임시위원단과는 달리 현실적인 방안이라고 밝혔으며, 한반도의 정치상황 및 교육의 부족 등을 예로 들어 선거 실시 자체가 어려운 일이라고 지적함. 김구의 선거 반대 운동과 김규식의 선거 반대 의사에 대해 소개하는 한편, 유엔의 영향으로 급부상한 이승만의 영향력을 경계해야 할 것이라고 지적함. 또 남한의 경찰 권력에 대한 간략한 소개에 이어 이들이 가지고 있는 권한과 문제점에 대해 지적하고 이 문제는 세심한 방식으로 풀어나가야 한다고 주장함. 미군이 가지고 있는 정보 및 미군과 임시위원단의 협조 방안에 대해 논의함.

■ 제12차 회의 요록[30]

장소 및 일시: 서울 덕수궁, 1948.3.5 오후 3시 30분

의장: 무기르(Yasin Mughir, 시리아 대표)

내용: 주한 미 군정장관 딘(William F. Dean) 소장 인터뷰

원문: 45~54쪽

29 Document A/AC.19/SC.l/PV.11.

30 Document A/AC.19/SC.l/PV.12.

□ '형사소송법의 개정'을 주제로 한 새로운 법령 문제에 대해 논의함. 딘 소장은 한국이 당면한 문제들에 대해 임시위원단이 고집하는 바와 같은 학문적인 접근이 아닌 현실적인 접근이 필요하다는 사실을 강조하는 한편, 이 법령은 한반도 내의 자유선거만이 아니라 남한에 사는 시민들의 평등권을 보장하기 위한 것이라고 주장함. 이 법령의 세부사항에 대해 임시위원단과 논의했으며 이 법령은 미군정의 행정명령으로 시행될 것이라고 말함.

부속문서 X

한국인 요인들에 대한 청취 및 구술기록

-제2분과위원회-

■ 제5차 회의 요록[31]

일시: 1948년 1월 26일 오전 10시 30분

장소: 서울 덕수궁

의장: 잭슨(Samuel H. Jackson, 호주 대표)

내용: 대한독립촉성국민회 대표(이승만)의 인터뷰 기록

원문: 55~66쪽

□ 이승만은 먼저 유엔한국임시위원단이 한국 문제에 개입하는 데에 반대한 사람들 중의 하나로 자신을 지목한 미국의 언론보도 내용을 전면 부인하고 자신은 오히려 한국 문제를 유엔총회에 이관하자고 주장한 사람이라고 해명함. 또한 공산주의자들을 제외한 모든 한국인들은 유엔의 한국에 대한 활동을 지지한다고 말하고 유엔한국임시위원단의 한국 내 활동에 최대한 협조할 것을 약속함. 한국인들은 평화를 애호하는 민족임을 강조하고 독립운동과 대한민국 임시정부의 활동에 대해 소개함.

한반도에서 자유롭고 민주적인 선거가 이루어지기 위한 조건이 무엇인가라

31 Document A/AC.19/SC.2/PV.5.

는 질문에 대해 소련과 미국의 영향권으로부터 벗어나야 한다고 하면서 한편으로 선거법과 조속한 선거실시의 필요성에 대해 역설함. 자유선거를 방해할 만한 국내의 요인에 관한 질문에 대해서는 하지 중장의 외압, 그리고 공산주의자들에게서 온 '붉은 돈'과 중도파의 관계가 한반도 내 자유선거를 방해할 것이라고 주장함.

민주적인 선거가 실시될 경우 모든 사회단체와 정당들이 차별 없이 표현, 집회, 출판의 자유를 가질 수 있을 것인가의 질문에 대해 모든 자유가 모두에게 공평하게 부여될 것이라고 자신 있게 말함. 한국에서 정치적 이유로 수감된 사람들에 관해 이야기를 나눔. 한국의 법률문제에 대해 간단하게 의견을 교환함.

소련의 한반도 개입 문제에 관해서는 소련을 견제하기 위해 미군의 주둔은 필요하지만 주둔 병력의 규모는 작아야 하며 조속한 선거실시를 통해 한국 정부를 수립하고 자주국방을 달성하고 때가 되면 미군 철수 및 북한 지역의 공산주의자 문제를 스스로 해결하겠다는 포부를 밝힘.

■ 제6차 회의 요록[32]

일시: 1948년 1월 26일 오후 3시
장소: 서울 덕수궁
의장: 잭슨(Samuel H. Jackson, 호주 대표)
내용: 김구 한국독립당 당수의 인터뷰 기록
원문: 66~70쪽

□ 한반도에서 자유롭고 민주적인 선거가 실시되기 위한 조건이 무엇이며

32 Document A/AC.19/SC.2/PV.6.

또 조건이 충족되면 민주적인 선거가 한반도 전체에서 치러질 수 있을 것인가 하는 위원회의 질문에 대해 김구는 점령군이 철수를 하는 것이 민주적인 선거를 위한 가장 중요한 조건이라고 말함. 자신은 남한만의 단독 선거는 용납할 수 없다고 말하고 한반도 전 지역에서 선거가 이루어지려면 소련과 미국의 영향권에서 벗어나야 한다고 말함. 이들 국가의 영향력에서 벗어날 수 있다면 한반도 전체에서 선거가 이루어질 수 있으며 유엔이 선거를 감독할 권한을 가지고 선거의 실시를 진행해야 한다고 주장함.

민주적인 선거를 진행할 경우 모든 단체와 정당들이 차별 없이 표현, 집회, 출판의 자유 모두를 가질 수 있어야 한다는 생각을 갖고 있느냐는 질문에 대해 이는 반드시 필요한 것이라고 대답함. 한반도 내에서 정치적 이유로 수감된 사람들에 대해 간단하게 논의하고 조만식 등을 언급함. 유엔과 유엔 산하 위원회의 한반도 내에서의 활동에 대해 최선을 다해 협조할 것이라고 약속함.

■ 제7차 회의 요록[33]

일시: 1948년 1월 26일 오후 6시 30분

장소: 서울 덕수궁

의장: 잭슨(Samuel H. Jackson, 호주 대표)

내용: 중도좌익단체 대표의 인터뷰 기록

원문: 70~75쪽

□ 한반도에서 자유롭고 민주적인 선거가 이루어지기 위한 조건이 무엇인가라는 질문에 대해 중도좌익단체 대표는 표현, 집회, 출판의 자유와 같은 기본적

33 Document A/AC.19/SC.2/PV.7.

자유와 권리가 보장되어야 한다고 말하고 현재의 법률에는 이들 기본적 자유와 권리를 침해하는 내용들이 많으므로 그러한 권리가 보장되지 않는 한 자유롭고 민주적인 선거가 이루어질 수 없을 것이라고 말함.

북한의 정치적 자유에 대한 질문에 해서는 북한의 상황을 정확하게 파악할 수는 없지만 표현의 자유는 보장되지 않고 있다고 말함. 한국의 정치범들에 대한 질문에 대해 자신은 일반적인 것만을 알 뿐이며 정확한 사실은 모른다고 말함. 친일파 한국인들에 대한 견해를 묻자 그들이 미군정 통치를 틈타 정부 요직을 차지하는 등과 같은 방식으로 제대로 처벌을 받지 않은 점을 지적하고 한반도 전체에서 선거가 이루어지고 한국이 진정한 민주주의 국가로 탄생하기 위해서는 과거 친일경력을 지닌 한국인들의 투표권을 빼앗고 이들을 처벌해야 한다고 주장함. 경찰조직 재편에 대한 필요성에 대해서도 의견을 개진함. 청년단체와 그 지도자들에 대해 언급함.

■ 제8차 회의 요록[34]

일시: 1948년 1월 27일 오전 10시 30분

장소: 서울 덕수궁

의장: 잭슨(Samuel H. Jackson, 호주 대표)

내용: 김규식 과도입법의원 의장 겸 민족자주연맹 위원장 인터뷰 기록

원문: 75~86쪽

□ 한반도에서 자유롭고 민주적인 선거가 이루어지기 위한 조건이 무엇이냐는 위원회의 질문에 김규식은 표현, 집회, 출판의 자유 같은 기본적 자유와 권

34 Document A/AC.19/SC.2/PV.8.

리가 보장되어야 한다고 말하고 자유와 권리가 절대적으로 보장되는 유엔위원회에서 다루기에는 어려운 문제라고 지적함. 이들 권리를 침해하는 법의 존재에 관한 질문에 대해서는 감시 관련 법안이 부족하다고 지적함. 한국의 경찰 관련 문제에 대한 질문에 대해서는 한국 경찰은 독립된 기관으로 잘못 설립되었으며 개선이 필요하다고 지적함. 한반도 전체의 선거 실시와 관련된 질문에 대해서는 역사상 '남한'과 '북한'이라는 용어는 사용된 적도 없다는 점을 지적하며 남한만의 선거가 아닌 한반도 전체에 걸친 선거가 필요하며 충분한 시간과 노력을 기울여야 한다고 주장함. 몇몇 급진적인 선거 운동양상에 대해 우려를 표명함.

■ 제9차 회의 요록[35]

일시: 1948년 1월 27일 오후 3시
장소: 서울 덕수궁
의장: 리우위안(Liu Yu-Wan, 중국 대표)
내용: 한경직 목사와 여운홍 사회민주당 대표 인터뷰 기록
원문: 86~96쪽

□ 한경직 목사는 북한에서 월남한 사람들의 문제를 알리기 위해 인터뷰에 참여함. 한경직 목사에 따르면 1945년 8월 이후부터 약 35만 명의 북한 주민이 남한으로 내려 옴. 이들의 월남 배경으로 크게 세 가지 즉 정치적 이유, 경제적 이유, 사회적 이유를 들고 첫째 정치적 이유는 북한 공산주의 체제를 벗어나 민주주의 체제인 남한으로 정치적 자유를 위해 망명하는 것이라고 함. 둘째 경제

35 Document A/AC.19/SC.2/PV.9.

적 이유는 북한의 산업 붕괴를 들고 있으며 그 배경에 북한 정권에 의한 공장의 독점관리와 소련에 의한 기계의 탈취, 그리고 상업의 몰락이 있다고 말함. 마지막으로 사회적 이유는 주로 종교적인 요인이라고 함.

남한에서 북한 쪽으로 넘어가는 주민은 없느냐는 질문에 대해, 그런 경우는 거의 없고 그나마 월북자의 대부분은 공산주의자라고 함. 마지막으로 위원단은 정치범들의 명단과 월남민들의 연령과 직업에 대한 조사를 부탁함. 이어서 한국에서 자유롭고 민주적인 선거가 이루어지기 위한 조건이 무엇인지를 물었고 이에 대해 여운홍은 미국과 소련의 지원, 그리고 남북한의 정치 지도자가 함께 모여 회담을 개최하는 것이라고 대답함.

다음으로 자유로운 선거를 방해하는 요인으로 북한 지역에서 결여되어 있는 표현의 자유와 남한에서 전개되고 테러 행위에 대해 언급함. 민주적인 선거를 진행할 때에 모든 단체와 정당들이 차별 없이 표현, 집회, 출판의 자유를 갖는 문제에 대해서는 반드시 필요하다고 대답함.

1948년 3월 31일 이전에 선거를 실시하는 방안과 관련해서, 선거를 준비할 시간이 충분하지 않으며 경찰의 개입으로 인해 민주적인 선거가 진행될 수 없다는 이유로 반대의사를 표명함. 민주적인 선거를 위해서는 앞으로 6개월 정도의 시간이 더 필요하다고 주장함. 정치범 현황을 파악하고 있는지에 대한 질문에 대해 자세히는 알지 못한다고 말하고 박헌영, 허헌, 김원봉 등을 언급함. 친일파에게서 투표권을 몰수하는 등, 처벌이 필요한가라는 질문에 대해서는 장래의 본보기를 위해 처벌이 필요하다고 주장함. 월북 및 월남 문제에 대해 남한에서 북한으로 넘어가는 수민의 경우는 극소수일 것이라고 대답함.

■ 제11차 회의 요록[36]

일시: 1948년 1월 29일 오전 10시 30분

장소: 서울 덕수궁

의장: 잭슨(Samuel H. Jackson, 호주 대표)

내용: 김성수 한민당 당수 인터뷰 기록

원문: 96~102쪽

□ 현재 한국에 존재하는 법률이나 규칙 가운데 자유선거를 방해하는 법이나 규칙이 있는가, 만약 그렇다고 한다면 그러한 상황을 해결할 수 있는 법률이나 현실적인 방안이 있는가 하는 위원회의 질문에 대해 김성수는 남한에는 어떠한 규제도 표현의 자유를 비롯한 여타의 기본적 자유와 권리를 침해하지 않는다고 주장함. 또 정확히 알지는 못하지만 북한에는 정치적 견해의 차이로 말미암아 대략 2만명 정도의 사람들이 수감되어 있는 것으로 봐서, 자유를 규제하는 규칙이나 법률이 있는 것 같다고 말함.

김성수는 자유선거를 실시하기 위해서는 법률상의 자유로운 분위기 조성뿐만 아니라, 공공의 평화유지에도 신경을 써야 한다고 주장함. 선거 실시 날짜에 관한 질문에 대해서는 최대한 빨리 선거가 치러져야 한다고 주장함. 친일파 처리에 관한 질문에 대해서는 물론 악질적인 친일파들이 있고 이들의 경우는 처벌을 받아야 마땅하지만 그 숫자가 매우 적은 만큼 이 문제는 무시해도 된다고 주장함. 이는 나중에 한국정부가 수립된 후에 다뤄야 할 문제라고 말함. 문맹에게 투표권을 주어야 하느냐는 질문에 대해서는 주지 말아야 한다고 대답함. 만에 하나, 남한에서만 선거가 치러진다고 하더라도 이는 한반도 전체의 선거인 것으로 간주해야 한다고 말함.

---

36 Document A/AC.19/SC.2/PV.11.

■ 제12차 회의 요록[37]

일시: 1948년 1월 29일 오후 3시 30분

장소: 서울 덕수궁

의장: 마네(Olivier Manet, 프랑스 대표)

내용: 조병재 자유인권협회 사무총장과 박에스더 애국부인회 대표 인터뷰 기록

원문: 102~107쪽

□ 인터뷰 시작 전에 조병재는 위원단에 대한 짧은 성명문 발표를 통해 대한민국은 단일 민족과 동질적인 문화, 동일한 언어를 사용하는 통일된 국가로서 소련의 외압으로 인해 분단 정부가 수립되어서는 안 된다고 주장함. 남한에서 실시되는 선거가 자유로운 분위기에서 진행되기 위해서는 첫째 대다수의 무고한 정치범들이 전원 석방되어야 하며, 둘째 한국경찰이 정치적 신념에 좌우되어 타락하는 것을 방지해야 한다고 말함. 기본적 자유권과 관련된 질문에 대해서, 모든 정당과 단체는 차별 없이 동등하게 표현과 집회의 자유를 누려야 한다고 주장함. 선거 날짜에 대해서는 1948년 3월 31일은 너무 이르며 유엔한국임시위원단의 노력이 중요하다고 말함. 정치범에 대한 질문에 조만식과 허성택을 언급하였으며 공법 5조에 대해 논함.

자유선거를 실시하기 위해 전제되어야 할 조건에 관한 질문에 대해 박 에스더는 지금 현재로서는 어려운 상황이지만 국민들이 유엔 산하 위원회가 관리하는 선거를 지지하고 있고 많은 단체들이 선거 참여 의사를 밝혔으며 경찰의 지원이 있다면 진행하기가 수월할 것이라고 말함. 유권자의 최저 연령에 대한 질문에 대해 스무 살은 다른 사람으로부터 영향을 많이 받는 나이이기 때문에

37 Document A/AC.19/SC.2/PV.12.

스물 셋이 적당하다는 의견을 제시함. 부인회의 목표에 대한 질문에 한국의 독립과 여권신장을 목표로 하는 것이라고 대답함.

■ 제13차 회의 요록[38]

일시: 1948년 2월 2일 오전 10시 30분

장소: 서울 덕수궁

의장: 잭슨(Samuel H. Jackson, 호주 대표)

내용: 남조선과도정부 민정장관 안재홍 인터뷰 기록

원문: 108~112쪽

□ 한독당 출신으로 미군정의 하지 장군으로부터 민정장관에 임명된 안재홍은 남조선과도정부와 남조선과도입법의원 양쪽 모두에 소속되어 있으며 남조선 과도정부의 행정에 대해 논의함.

■ 제14차 회의 요록[39]

일시: 1948년 2월 2일 오후 3시

장소: 서울 덕수궁

의장: 잭슨(Samuel H. Jackson, 호주 대표)

내용: 남조선과도정부 대법원장 김영모와 조병옥 경무부장 인터뷰 기록

원문: 112~125쪽

38 Document A/AC.19/SC.2/PV.13.

39 Document A/AC.19/SC.2/PV.14.

□ 김영모 남조선과도정부 대법원장과 한국의 사법제도의 조직과 운영 현황에 대해 논의함. 한국의 사법제도는 프랑스, 독일, 그리고 일본의 영향을 받았다고 함. 그 가운데 경찰 재량에 맡기는 체포권을 주는 현행법을 계속 유지한다면 자유선거에 방해가 될 것이라고 주장함.

한국의 사법제도는 수정되어야 하며 중국과 같이 여타 선진국들의 사법제도를 도입해야 한다고 주장함. 특히 영미의 사법제도와 기존의 사법제도의 장점을 적절히 잘 혼합하면 좋을 것 같다는 의견을 밝힘. 조병옥 경무부장과 함께 한국의 경찰 조직과 운영방식에 대해 논의함. 하지 장군에 의해 경무부장에 임명된 조병옥은 딘 군정장관 밑에서 일하고 있으며, 한국경찰은 군대와 같이 중앙집권적인 기관으로 한국 국민을 보호하기 위하여 조직되었다고 주장함. 공산주의자들과의 대립 등 경찰의 임무에 대해서 설명함. 자유선거를 위해서는 외부의 위협으로부터 유권자들을 보호해야 하며 한국경찰은 그러한 임무를 잘 수행할 수 있을 것이라고 자신 있게 말함.

■ 제15차 회의 요록[40]

일시: 1948년 2월 3일 오후 3시
장소: 서울 덕수궁
의장: 잭슨(Samuel H. Jackson, 호주 대표)
내용: 장건상 근로인민당 대표 인터뷰 기록
원문: 125~134쪽

□ 한국에 존재하는 법률이나 규칙 가운데 자유선거를 방해하는 법규가 있

40 Document A/AC.19/SC.2/PV.15.

다고 생각하는가, 만약 그렇다고 한다면 그러한 상황을 해결할 만한 법률이나 실용적인 방안이 있는가라는 질문에 대해 장건상은 표현의 자유와 같은 기본적인 자유가 보장된다면 좋겠지만 현재의 미군정 통치 하에서는 그러한 자유가 보장되어 있지 않으며 공법과 같은 규정들이 우리의 자유의지를 가로막고 있기 때문에 그와 같은 공법들은 개정되어야 한다고 주장함. 특별히 어떠한 군정 규정이 그런 것인지를 묻자 군정명령 제2호와 법령 제55호에 대한 불만을 토로함. 현재의 상황으로 봐서 자유선거가 가능할 것 같은가라는 질문에 대해서는 지금은 불가능하다고 하면서 경찰과 군대의 간섭을 배제한 완전한 표현의 자유, 언론의 자유 등이 보장되는 상태로 바뀌어야 자유선거가 가능하다고 주장함. 경찰의 권력 남용 행위에 대해 비판함.

■ 제16차 회의 요록[41]

일시: 1948년 2월 7일 오전 11시
장소: 서울 덕수궁
의장: 잭슨(Samuel H. Jackson, 호주 대표)
내용: 주한미군 사령관 하지(John R. Hodge) 중장 인터뷰 기록
원문: 134~142쪽

□ 미군정의 하지 장군은 질의응답에 앞서 현재의 당면과제는 한국 사회에 법과 질서를 수립하고 유지시키는 것, 일본을 무장해제하고 최대한 빨리 한국 실정에 맞는 민주적 정부를 수립하는 일이라고 말함. 미국과 같은 민주주의를 도입할 수는 없지만 한국인들의 정서에 적합한 민주주의 체제를 수립하고 현

41 Document A/AC.19/SC.2/PV.16.

상황에 맞게 최선을 다하는 것이 필요하다고 함.

한 번도 정부 고위직에서 일해 본 경험이 없는 한국인들을 행정 업무에 투입시키는 일이 쉽지는 않지만 최대한의 노력을 기울이고 있다고 말함. 한국 공산당의 역사에 대해 설명함. 한국인들을 가장 민족주의적인 사람들이라고 평가하는 그는 정치에 대한 한국인들의 무지가 이들을 정치적 선동의 대상으로 전락시켰다고 함. 그럼에도 불구하고 희망은 있으며 발전가능성이 무궁무진하다고 평가함. 선거날짜에 관한 질문에 대해서는 최대한 빨리 선거가 이루어져야 선거 실시 그 자체가 가능하다고 주장함. 자유로운 선거 분위기와 관련해서는 우선 한국인들이 교육을 받아서 한국 사회에 오랫동안 지속되고 있는 계급사회의 잔재를 청산해야 그 가능성이 열릴 것이라고 주장함. 또한 한국인들은 인내심이 없으므로 3월 1일 전까지는 선거실시에 대한 결정이 끝나야 할 것이라고 말함.

■ 제21차 회의 요록[42]

일시: 1948년 2월 19일 오후 3시

장소: 서울 덕수궁

의장: 루나(Rufino Luna, 필리핀 대표)

내용: 노기남(Paul M. Ro) 주교 인터뷰 기록

원문: 142~145쪽

□ 해방된 지 2년 반이 지난 지금까지 한국은 아직 완전 독립을 달성하지 못하고 있다고 말한 뒤, 한국이 공산주의에 잠식되어 종교적 자유를 박탈당하게

---

42 Document A/AC.19/SC.2/PV.21.

될까 두렵다고 말함. 한국에는 약 30만 명의 기독교 교인들이 있다고 말함. 선거날짜와 관련해서는 3월말에 선거를 실시하는 것이 너무 이르다는 견해를 밝힘. 공산주의의 존재가 자유선거의 실시에 걸림돌이 된다고 말함. 마지막으로 만주에서 벌어지고 있는 기독교에 대한 만행을 국제사법재판소에 제소하겠다는 의사를 표명함.

■ 제23차 회의 요록[43]

일시: 1948년 2월 25일 오후 3시

장소: 서울 덕수궁

의장: 잭슨(Samuel H. Jackson, 호주 대표)

내용: 대한상공회의소 이동선 소장과 전용순 부소장, 채순주 조선은행장, 이춘호 서울대학교 총장 인터뷰 기록

원문: 145~156쪽

□ 세 명의 재계 관련 인사를 초청하여 한국 경제를 주제로 대화를 나눔. 자유선거를 위한 전제 조건이 무엇이라고 생각하느냐는 질문에 이동선은 표현의 자유와 집회의 자유라고 말했고 현재의 상황이 나쁘지 않으므로 두 가지 조건만 지켜진다면 자유선거가 가능하다고 말함.

전용순은 자유선거를 방해하는 요인은 북한측에 있다고 주장함. 이들이 선거방해를 위해 보유한 자금은 대략 40억 엔 정도로 추정되며 작년 12월에 북한 정권이 전부 모아서 다양한 경로를 통해 은밀하게 남쪽으로 반입시키고 있다고 주장함. 채순주는 그 자금을 다양한 종류의 지폐로 파악할 수 있으며 일반적

43 Document A/AC.19/SC.2/PV.23.

인 구권(舊券)의 순환증가율을 보면 이들의 자금 이동을 예측할 수 있다고 설명함. 또한 이들의 자금줄을 막기 위해 통화를 교체할 수 있지만 한국정부가 수립되어야만 이를 승인을 할 수 있다고 설명함. 한국의 산업에 대해 논의함.

이춘호 서울대학교 총장과 교육문제에 대해 논의함. 그는 학생들의 정치성향과 관련하여 약 40% 가량의 학생들이 좌파 성향을 지니고 있다고 추정한다고 말함.

■ 제24차 회의 요록[44]

일시: 1948년 2월 27일 오전 10시
장소: 서울 덕수궁
의장: 잭슨(Samuel H. Jackson, 호주 대표)
내용: 민원식 서울타임즈 사장, 천도교청우당 김병순 간사와 이은진 고문 인터뷰 기록
원문: 156~165쪽

□ 민원식 서울타임즈 사장은 한국의 전반적인 정치 정세를 소개함. 크게 우파, 좌파로 분류하고 우파의 대표적인 정치세력으로는 한국민주당이 있으며 좌파에는 남조선로동당(남로당)이 있다고 설명하고 현재 남한에서는 우파 세력이 더 큰 영향력을 가지고 있다고 설명함. 또한 색깔론(이념)에 치우친 나머지 진보성향을 갖고 있다는 것만으로 무조건 공산당원으로 몰아가는 현재의 정치 상황을 비판함. 현재의 경찰의 강권력에 대해 설명하고 무분별한 체포권 남용에 대해 지적함. 한국 경찰은 정당에 의해 움직이고 있다고 주장하며 자유선거는

44 Document A/AC.19/SC.2/PV.24.

사실상 불가능하다고 주장함. 그러므로 자유선거의 실시를 추진하려면 경찰의 분권화가 필요하다고 지적함. 김병순 천도교청우당 간사와 이은진 고문은 천도교의 목표는 한국의 독립 및 통일된 한국정부의 수립이라고 말하는 한편, 한국의 통일과 한반도에서의 자유로운 선거에 대한 한국 청년의 견해를 표명함.

■ 제25차 회의 요록[45]

일시: 1948년 2월 27일 오후 3시

장소: 서울 덕수궁

의장: 잭슨(Samuel H. Jackson, 호주 대표)

내용: 권태석 한국민주독립당 대표와 백근웅 남조선과도정부 산업노동농업위원회 위원장 인터뷰 기록

원문: 165~172쪽

□ 미국의 제안이 유엔한국임시위원단에서 통과된 것에 대해 유감을 표하며 발언을 시작한 권태석은 한반도가 남북으로 분단된 가장 중요한 이유는 한국인들 자신 때문이 아니라 두 점령군 때문이라고 지적함. 일본 제국주의 지배 하에서도 두 가지 정치이념이 존재했지만 단합된 모습으로 제국주의에 저항했던 한국이 지금 이렇게 나누어지게 된 것이 유감스럽다고 말함.

유엔한국임시위원단의 역할이 한반도를 둘로 분할되지 않게 하는 것이고 만약 분단이 현실로 고착된다면 내전이 벌어질 것이라고 함. 권태석은 진정한 민주주의에 대한 강한 신념을 나타내면서 한반도에 진정한 민주주의를 정착시키기 위해서는 오랜 시간과 노력이 필요하다고 말함. 예컨대 경찰 권력의 민주화

45 Document A/AC.19/SC.2/PV.25.

가 필요하다고 함. 만약 미국이 진정으로 한국을 도와주려면 점령군을 철수시키는 것이 먼저라고 주장함. 지금 한국인 전체 인구의 3분의 2정도가 남한에 살고 있지만 3분의 2의 국민으로 분리된 정부를 수립해서는 안 된다고 주장하고 지금 유엔이 하는 일은 오히려 한국에 피해를 주는 것이라고 주장함.

백근옹 남조선과도정부 산업노동농업위원회 위원장은 한국의 농촌 실정에 대해 설명함. 한반도에 평화를 가져오기 위해서는 첫째 미국과 소련이 타협점을 찾아야 하고 둘째 남한에서 선거를 하더라도 정부 수립문제는 진지하게 고려해야 하며, 유엔한국임시위원단은 미국과 소련이 합의점을 찾을 수 있도록 노력해야 한다는 견해를 밝힘. 아직 선거를 실시하기 위한 자유로운 분위기는 조성되어 있지 않다고 판단함.

■ 제26차 회의 요록[46]

일시: 1948년 3월 2일 오후 4시
장소: 서울 덕수궁
의장: 잭슨(Samuel H. Jackson, 호주 대표)
내용: 경기도 양평군 역촌동장 함운동 인터뷰 기록
원문: 172~173쪽

□ 한국 농촌의 현상과 선거 추진 상황을 파악하기 위해 양평군 역촌동장 함운동으로부터 진술을 청취함.

46 Document A/AC.19/SC.2/PV.26.

■ 조선노동조합전국평의회 의장 허성택 인터뷰 기록 요약[47]

일시: 1948년 2월 20일 오후 3시 15분

장소: 서울 수도호텔

의장: 루나(Rufino Luna)

내용: 허성택 조선노동조합전국평의회 의장 인터뷰 기록

원문: 173~175쪽

□ 허성택 조선노동조합전국평의회 의장은 전평의 임무와 존재 의의에 대해 설명하고 경찰의 공권력에 의해 부당하게 검거되고 처벌당한 경험을 진술함.

47 Document A/AC.19/SC.2/9.

부속문서 XI

선거법 및 선거규칙에 대한 한국인 요인들의 견해 요약[48]

-제3분과위원회-

1. 1948년 1월 23일에 개최된 제3분과위원회 제2차 회의에서 제2분과위원회에서 실시할 한국 요인들과의 인터뷰 내용에 아래의 문항을 포함시킬 것을 결정하고 이를 전달함.

(1) 유권자와 후보자의 연령 제한의 남북한 차이에 관한 의견
(2) 유권자와 후보자의 자격 부적합 조건에 대한 남북한 법률 조항에 관한 질문
(3) 일제에 협력한 사람들(친일파)의 총선거 참여 여부에 대한 질문
(4) 문맹자에게 투표할 권리를 주어야 하는지의 문제
(5) 한국 국회의 의원 정족수는 몇 명 정도가 적당한지에 관한 질문

2. 1948년 1월 26일부터 2월 3일까지 제2분과위원회는 총 13명의 한국인들을 인터뷰했고 그 중 7명이 위의 사항들에 답변함.

3. 질문에 대답한 7명의 정치 성향은 우익 4명 (이승만, 김구, 김성수) 중도 1명(여운홍), 초당파 2명(조평제, 박 에스더)이며, 정치 성향별로 위의 5개 사항에 대한 의견은 다음과 같이 파악됨.

48 Document A/AC.19/W.27.

(1) 1번 문항에 대해 우익은 유권자의 연령 제한은 20세에서 23세 사이가 적당하나고 말함. 또한 후보자 연령 제한에 대힌 의견은 오직 한 사람만 25세라는 정확한 연령을 제안함. 중도는 유권자 의 연령 제한으로 20세가 적당하다고 말했고 후보자 나이에 대해서는 언급하지 않음. 초당파에서는 오직 한사람만이 명확한 답을 했으며 그는 유권자의 연령 제한은 23세로 하고 후보자 연령 제한은 25세보다 약간 위가 적당하다는 의견을 밝힘.

(2) 2번 문항에 대해 우익에서는 사소한 의견 차이는 있었지만 대체로 탐탁지 않은 의견을 보였고 그 중 두 명은 남한의 법조항에 몇몇 조항들은 타당하다고 평가했음. 그리고 한 명은 북한의 법조항이 유권자의 나이를 제외하고는 남한의 조항들 보다 더 적절하다고 평가함. 중도에서는 일제에 협력한 사람들과 민족반역자들을 가려내는 특별 법정이 구성되어야 한다는 의견을 밝힘. 초당파는 제3조항을 제외한 다른 남한의 법조항들이 타당하다는 의견을 밝힘.

(3) 3번 문항에 우익은 대체적으로 친일파의 숫자가 적기 때문에 선거에 미치는 영향은 미미할 것이고 또한 민족반역자와 부역자를 정확히 색출해 내는 데에는 어려움이 따르기 때문에 일제 치하에서 공직에 있었다는 이유 하나만으로 투표권과 피선거권을 박탈하는 일은 없어야 한다고 말함. 중도에서는 일제 치하에 고위 관료로 일한 자들의 투표권만이라도 박탈해야한다고 말함. 초당파의 한 사람은 친일파들은 먼저 민족반역자를 가리는 특별위원회에 회부되어야 한다고 함.

(4) 4번 문항에 대해 우익은 한 명이 긍정, 두 명이 부정적인 의견을 표시함. 중도는 부정적인 의견을 밝힘, 초당파는 한 사람만 의견을 밝혔으며 긍정적 견해를 밝힘.

(5) 5번 문항에 우익에서는 각각 250명, 300명, 400명 정도로 구성되어야한다고 했으며 중도는 300명 정도가 적당할 것이라고 말함. 초당파는 이 질문에 답하지 않음.

부속문서 XII

유엔한국임시위원단 선거감시반의 1948년 5·10 선거 관찰 기록

제1단계(1948.4.5-10): 유권자 등록

-제1선거감시반-

■ **1일째 활동 기록 요약**[49]

참석자: 잭슨(S. H. Jackson, 호주 대표), 슈튜(T. Ssutu, 중국 대표), 발레(Miguel Angel Pena Valle, 엘살바도르 대표), 마네(Olivier Manet, 프랑스 대표), 씽(I. J. Bahadur Singh, 인도 대표), 루나(Rufino Luna, 필리핀 대표), 밀너(Ian F. G. Milner, 호주대표, 사무부국장)

일시 및 장소: 서울 덕수궁, 1948.4.5 오전 10시 30분

내용:

1) 서울시 선거위원회 위원 인터뷰

2) 분반 활동

- 가급적 많은 선거구를 방문하기 위해 제1 선거감시반은 두 개의 반으로 나뉘어 각각 활동

-첫 번째 그룹: 종로, 중구, 성동구 등에 위치한 선거등록사무소 방문 및 감찰

- 두 번째 그룹: 마포구 아현동에 위치한 선거등록사무소와 동사무소 그리

49 Document A/AC.19/SC.5/SR.1.

고 중구 무교동에 위치한 선거등록사무소 방문 및 감찰

원문: 179~183쪽

■ 2일째 활동 기록 요약[50]

참석자: 잭슨(S. H. Jackson, 호주 대표), 슈튜(T. Ssutu, 중국 대표), 마네(Olivier Manet, 프랑스 대표), 씽(I. J. Bahadur Singh, 인도 대표), 빌랄바(Custodio A. Villalva, 필리핀 대표), 밀너(Ian F. G. Milner, 사무부국장)

일시 및 장소: 경기도 개성 시청, 1948.4.6 오전 10시

내용: 개성시 선거구 선거위원회

-개성시내와 북안동 선거등록사무소 방문 및 감찰

-시민 인터뷰

원문: 183~186쪽

■ 3일째 활동 기록 요약[51]

참석자: 슈튜(T. Ssutu, 중국 대표), 발레(Miguel Angel Pena Valle, 엘살바도르 대표), 마네(Olivier Manet, 프랑스 대표), 씽(I. J. Bahadur Singh, 인도 대표), 빌랄바(Custodio A. Villalva, 필리핀 대표), 엔저스(J. F. Engers, 사무보좌관)

일시 및 장소: 경기도 인천 시청, 1948.4.7 오전 10시 30분

50 Document A/AC.19/SC.5/SR.2.

51 Document A/AC.19/SC.5/SR.3.

내용: 인천시내 선거구 선거등록지 5개소 시찰

원문: 186~187쪽

■ 4일째 활동 기록 요약[52]

참석자: 슈튜(T. Ssutu, 중국 대표), 발레(Miguel Angel Pena Valle, 엘살바도르 대표), 씽(I. J. Bahadur Singh, 인도 대표), 엔저스(J. F. Engers, 사무보좌관)

일시 및 장소: 강원도 도청소재지 춘천, 1948.4.8 오전 10시 30분

내용: 강원도 내 춘천 시청, 춘성군청, 서부동, 사가동 소양로 등 4개소의 유권자 선거등록 상황 시찰

원문: 186~189쪽

■ 5일째 활동 기록 요약[53]

참석자: 마네(Olivier Manet, 프랑스 대표), 씽(I. J. Bahadur Singh, 인도 대표), 빌랄바(Custodio A. Villalva, 필리핀 대표), 밀너(Ian F. G. Milner, 사무부국장)

일시 및 장소: 제주도 제주시, 1948.4.9 오후 2시 25분

내용: 제주도 선거관리위원회(류해진 제주도지사, 채원선 제주도선거관리위원회 위원장) 인터뷰

제주도 관내 선거구 유권자 선거등록사무소 3개소 시찰

52 Document A/AC.19/SC.5/SR.4.

53 Document A/AC.19/SC.5/SR.5.

Appendix: 제주도 내 선거구 유권자 등록 상황(제주도 선거위원회 제공)
원문: 190~192쪽

■ 6일째 활동 기록 요약[54]

참석자: 마네(Olivier Manet, 프랑스 대표), 씽(I. J. Bahadur Singh, 인도 대표), 빌랄바(Custodio A. Villalva, 필리핀 대표), 밀너(Ian F. G. Milner, 사무부국장)
일시 및 장소: 제주도, 1948.4.10 오전 9시 55분~오후 2시 25분
내용: 제주도 한림읍 선거사무소 및 선거등록사무소 방문 시찰
제주도 지방 경찰관들 인터뷰
제주도경 미국인 경찰 고문 인터뷰
원문: 192~195쪽

-제2선거감시반-

■ 1일째 활동 기록 요약[55]

참석자: 패터슨(G. S. Patterson, 캐나다 대표), 무기르(Yasin Mughir, 시리아 대표), 루카스(Graham Lucas, 사무보좌관)

54 Document A/AC.19/SC.5/SR.6.
55 Document A/AC.19/SC.6/SR.1.

일시 및 장소: 충청북도 청주, 1948.4.5 오후 1시 45분

내용: 충청북도 선거관리위원회 위원장 인터뷰

충청북도 선거관리위원회와의 인터뷰

충청북도 도지사와 충청북도 경무국장의 인터뷰

진정인 신흥복씨 인터뷰

진정인 이정옥씨 인터뷰

청주시 선거등록사무소 방문 및 감찰

청주 교외의 영운동 동장 및 선거사무소 위원장 인터뷰

대동청년단 단장 인터뷰

민족청년단 단장 인터뷰

Appendix A: 1948년 4월 5일 현재 충청북도 유권자 등록 상황 통계

Appendix B: 1948년 4월 5일 충청북도 청주로 가는 중도의 역에서의 인터뷰 충청남도 천안의 군수 및 민족청년단장, 조치원 군수(정보제공)

원문: 195~197쪽

■ 2일째 활동 기록 요약[56]

참석자: 패터슨(G. S. Patterson, 캐나다 대표), 무기르(Yasin Mughir, 시리아 대표), 루카스(Graham Lucas, 사무보좌관)

일시 및 장소: 충청남도 대전, 1948.4.6 오후 1시 30분

내용: 충청남도 도지사 인터뷰

충청남도 선거관리위원회 인터뷰

대전시 선거관리위원회 위원장 인터뷰

56 Document A/AC.19/SC.6/SR.2.

충청남도 경무국장 인터뷰

Appendix: 1948년 4월 4일의 충청남도 내 선거등록상황 통계

원문: 197~199쪽

■ 3일째 활동 기록 요약[57]

참석자: 패터슨(G. S. Patterson, 캐나다 대표), 무기르(Yasin Mughir, 시리아 대표), 루카스(Graham Lucas, 사무보좌관)

일시 및 장소: 충청남도 대전, 1948.4.7 오전 9시~

내용: 정운영 민족주의 민족전선 충청남도 위원장 인터뷰

김노원 한국독립당 충청남도 지부장 인터뷰

남기원 대동청년단 충청남도 지부장 인터뷰

성낙수 대한독립촉성국민회 대전시 지부장 인터뷰

김기인 민족청년단 충청남도 부지부장 인터뷰

대전시 지역 선거등록사무소 방문 및 감찰

전라북도 지역 선거등록사무소 방문 및 감찰

원문: 199~200쪽

■ 4일째 활동 기록 요약[58]

참석자: 패터슨(G. S. Patterson, 캐나다 대표), 무기르(Yasin Mughir, 시리아 대표), 루카스(Graham Lucas, 사무보좌관)

57 Document A/AC.19/SC.6/SR.3.

58 Document A/AC.19/SC.6/SR.4.

일시 및 장소: 전라북도 전주, 1948.4.8 오전 9시~

내용: 송병섭 시경부국장 및 황옥 전라북도 경무총감 인터뷰

전주선거관리위원회 위원장 인터뷰

전라북도 선거관리위원회 위원장 인터뷰

전주 언론사 대표들과의 인터뷰

한국독립당 도지부장 인터뷰

인민독립당 도지부장 인터뷰

대한독립촉성국민회 전라북도지부 지부장 인터뷰

민족청년단 전주지부장 인터뷰

대동청년단 전주지부 부지부장 인터뷰

전라북도 도지사 비공식인터뷰

Appendix:1948년 4월 6일의 전라북도 내 선거등록상황 통계

원문: 201~203쪽

■ 5일째 활동 기록 요약[59]

참석자: 패터슨(G. S. Patterson, 캐나다 대표), 무기르(Yasin Mughir, 시리아 대표), 루카스(Graham Lucas, 사무보좌관)

일시 및 장소: 전라남도 광주, 1948.4.9 오전 9시~

내용: 전라남도 도지사 인터뷰

전라남도 경무총감 인터뷰

전라남도 선거관리위원회 위원장 인터뷰

광주시 선거관리위원회 위원장 인터뷰

59 Document A/AC.19/SC.6/SR.5.

광주시 언론사 대표들과의 인터뷰

한국민주당 전남지부 지부장 인터뷰

민족청년단 전남지부장 인터뷰

서북청년단 전남지부장 인터뷰

대동청년단 전남지부장 인터뷰

Appendix: 전라남도 선거 등록 상황 통계

원문: 203~205쪽

-제3선거감시반-

■ 1일째 활동 기록 요약[60]

참석자: 왕궁싱(Gung-Hsing Wang, 중국 대표), 린도(Hugo Lindo, 엘살바도르 대표), 봉꾸르(Jean-Louis Paul-Boncour, 프랑스 대표), 슈미트(Petrus J. Schmidt, 사무국장)

일시 및 장소: 경상북도 대구, 1948.4.5

내용: 대구지역 미군 당국자들과의 인터뷰(Munger 대령, Anderson 대령, Poole 소령)

경상북도선거관리위원회 위원들 및 경북도지사 인터뷰

원문: 206~207쪽

60 Document A/AC.19/SC.7/SR.1.

■ 2일째 활동 기록 요약[61]

참석자: 왕궁싱(Gung-Hsing Wang, 중국 대표), 린도(Hugo Lindo, 엘살바도르 대표), 봉꾸르(Jean-Louis Paul-Boncour, 프랑스 대표), 슈미트(Petrus J. Schmidt, 사무국장)

일시 및 장소: 경상북도 대구, 1948.4.6

내용: 경상북도 선거관리위원회 위원장 인터뷰
대구 상동 동장 인터뷰
대구 중동 선거등록사무소 직원 인터뷰
경북 도내 지역 선거등록사무소 직원들 인터뷰
경북 도내 동장 인터뷰
경북 달성군 월배면 신천동 선거등록사무소 소장 인터뷰

원문: 207~209쪽

■ 3일째 활동 기록 요약[62]

참석자: 린도(Hugo Lindo, 엘살바도르 대표), 슈미트(Petrus J. Schmidt, 사무국장)

일시 및 장소: 경상북도 대구, 1948.4.7

내용: 경상북도 선거관리위원회 위원장 인터뷰
경상북도 선거관리위원회 위원 인터뷰
선거등록사무소 직원 인터뷰
성서국민학교 교장 인터뷰

61 Document A/AC.19/SC.7/SR.2.
62 Document A/AC.19/SC.7/SR.3.

원문: 210~212쪽

■ 4일째 활동 기록 요약[63]

참석자: 왕궁싱(Gung-Hsing Wang, 중국 대표), 린도(Hugo Lindo, 엘살바도르 대표), 봉꾸르(Jean-Louis Paul-Boncour, 프랑스 대표), 슈미트(Petrus J. Schmidt, 사무국장)

일시 및 장소: 경상남도 부산, 1948.4.8

내용: 경상남도 도지사, 경상남도 선거관리위원회 위원장, 민사장교 Gillette 대령 인터뷰

D 제14선거구 선거관리위원회 위원장 인터뷰

제5선거구 선거관리위원회 위원장 인터뷰

제1선거구 선거관리위원회 위원장 인터뷰

B 제8선거구 선거관리위원회 위원장 인터뷰

B 제14선거구 선거관리위원회 위원장 인터뷰

민간인 골동품상인들과의 인터뷰(부산역, 열차)

A 제38선거구 선거등록사무소 소장 인터뷰

부산시내 동장 인터뷰

원문: 212~216쪽

63 Document A/AC.19/SC.7/SR.4.

■ 5일째 활동 기록 요약[64]

참석자: 왕궁싱(Gung-Hsing Wang, 중국 대표), 린도(Hugo Lindo, 엘살바도르 대표), 봉꾸르(Jean-Louis Paul-Boncour, 프랑스 대표), 슈미트(Petrus J. Schmidt, 사무국장)

일시 및 장소: 경상남도 김해, 1948.4.9

내용: 중도성향의 사업가 인터뷰

민족자주연맹 경남지부 지부장과 인민공화당 경남대표 인터뷰

민족자주연맹 경남지역 도지부 홍보부장 및 조직부장 인터뷰

Appendix: 유엔한국임시위원단에게 제출된 1948년 5월10일에 시행될 선거의 자유로운 분위기 보장을 위해 미군정이 실시한 조치들에 대한 보고서

Appendix: 부산시내 선거관련 홍보에 관한 특별보고서

원문: 216~222쪽

■ 본위원회 제4차 회의록 요약[65]

일시 및 장소: 서울 덕수궁, 1948.4.17

의장: 루나(Rufino Luna, 필리핀 대표)

참석자: 잭슨(S. H. Jackson, 호주 대표), 패터슨(G. S. Patterson, 캐나다 대표), 슈튜(T. Ssutu, 중국 대표), 발레(Miguel Angel Pena Valle, 엘살바도르 대표), 봉꾸르(Jean-Louis Paul-Boncour, 프랑스 대표), 마네(Olivier Manet, 프랑스 대표), 씽(I. J. Bahadur Singh, 인도 대표),

64 Document A/AC.19/SC.7/SR.5.

65 Document A/AC.19/SC.4/SR.4(excerpt).

무기르(Yasin Mughir, 시리아 대표)

내용: 미 군정장관 딘(William F. Dean) 소장과의 인터뷰

위원단이 선거와 관련해서 미군에 제안한 조치들이 미군정에 의해 적절히 수행된 것에 대해 만족을 표함.

원문: 222~225쪽

제2단계(1948. 4. 19~24) : 후보자 등록

-제1선거감시반-

■ 제1선거감시반 활동 요약(1948.4.19~23)[66]

□ 서울지역

참석자: 슈튜(T. Ssutu, 중국 대표), 빌랄바(Custodio A. Villalva, 필리핀 대표), 엔저스(J. F. Engers, 사무보좌관)

내용: 중구 선거관리위원회 위원 인터뷰(1948.4.20)

종로구 구청장 인터뷰(1948.4.20)

종로구 후보자 인터뷰(1948.4.20)

용산구 선거관리위원회 인터뷰(1948.4.21)

용산구 애국부인회 소속 후보 인터뷰(1948.4.21)

용산구 무소속 후보 인터뷰(1948.4.21)

66 Document A/AC.19/SC.5/SR.7.

용산구 대동청년단 소속 후보 인터뷰(1948.4.21)

종로구 B 선거구 선거관리위원회 위원장 인터뷰(1948.4.21)

원문: 225~227쪽

□ 인천지역

참석자: 리우위안(Yu-Wan Liu, 중국대표), 슈튜(T. Ssutu, 중국 대표), 마르텔(Charles Martel, 프랑스 대표), 빌랄바(Custodio A. Villalva, 필리핀 대표), 엔저스(J. F. Engers, 사무보좌관)

내용: 미군정 민정장교 및 선거진행위원과의 인터뷰(1948.4.22)

인천지역 두 명의 무소속 농민 후보 인터뷰(1948.4.22)

대동청년단 부천 지역 후보와 대한독립촉성국민회 인천 B 선거구 후보 인터뷰(1948.4.22)

부천 지역 무소속 후보와 인천 B 선거구 무소속 후보 인터뷰(1948.4.22)

한국민주당 인천 A 선거구 후보와 인천 B 선거구 후보 인터뷰(1948.4.22)

무소속 조봉암 인천 B 선거구 후보(2명) 인터뷰(1948.4.22)

인천 A 선거구 후보 인터뷰(1948.4.22)

무소속 곽상훈 인천 A 선거구 후보와 조선민족청년단 인천 B 선거구 후보 인터뷰(1948.4.22)

인천 A 선거구 후보(2명) 인터뷰(1948.4.22)

원문: 227~230쪽

□ 황해도

참석자: 리우위안(Yu-Wan Liu, 중국대표), 발레(Miguel Angel Pena Valle, 엘살바도르 대표), 코스티유(Henri Costilhes, 프랑스 대표), 빌랄바(Custodio A. Villalva, 필리핀 대표), 블로크(Alexandre Blokh, 통역관)

내용: 도 선거관리위원회 인터뷰

6명의 무소속 후보 중 첫 번째 그룹과의 인터뷰(1948.4.23)

6명의 무소속 후보 중 두 번째 그룹과의 인터뷰(1948.4.23)

6명의 무소속 후보 중 세 번째 그룹과의 인터뷰(1948.4.23)

한민당 후보 인터뷰(1948.4.23)

대동청년단 후보와의 인터뷰(1948.4.23)

한국민주당 후보들과의 인터뷰(1948.4.23)

Appendix: 무소속 김경배 후보가 선거감시반에 제출한 문서로 경찰이 배부한 삐라 내용을 번역한 것.

원문: 230~234쪽

-제2선거감시반-

■ 제2선거감시반 활동 요약(1948.4.19~23)[67]

□ 충청남도

참석자: 패터슨(G. S. Patterson, 캐나다 대표), 왕궁싱(Gung-Hsing Wang, 중국 대표), 린도(Hugo Lindo, 엘살바도르 대표), 하우스너(Robert S. Hausner, 사무보좌관)

내용: 천안군 선거관리위원회 인터뷰(1948.4.19)

무소속 한양수 후보 인터뷰(1948.4.19)

67 Document A/AC.19/SC.6/SR.6.

무소속 김웅각 후보 인터뷰(1948.4.19)
김종철 대동청년단 단원 인터뷰(1948.4.19)
무소속 김민웅 후보 인터뷰(1948.4.19)
무소속 김용화 후보 인터뷰(1948.4.19)
대한독립촉성국민회 이병국 후보 인터뷰(1948.4.19)
박정훈 애국부인회 천안 지부장 인터뷰(1948.4.19)

아산군 선거관리위원회 위원장 인터뷰(1948.4.19)
권웅호 인민당 당원 인터뷰(1948.4.19)
무소속 이용진 후보 인터뷰(1948.4.19)
공공기관 대표들과의 인터뷰(1948.4.19)

예산군 선거관리위원회 위원장 인터뷰(1948.4.19)
대동청년단 백운용 후보 인터뷰(1948.4.19)
대동청년단 송일성 후보 인터뷰(1948.4.19)
대한독립촉성국민회 박재영 후보 인터뷰(1948.4.19)
대동청년단 박병기 후보 인터뷰(1948.4.19)
무소속 윤병구 후보 인터뷰(1948.4.19)
한국민주당 이신돈 후보 인터뷰(1948.4.20)
무소속 이범후 후보 인터뷰(1948.4.20)
무소속 이용규 후보 인터뷰(1948.4.20.)

원문: 234~241쪽

ㅁ 충청북도

참석자: 왕궁싱(Gung-Hsing Wang, 중국 대표), 린도(Hugo Lindo, 엘살바도르 대표), 패터슨(G. S. Patterson, 캐나다 대표)과 사무국 직원들

내용: 충청북도 선거관리위원회 인터뷰(1948.4.20)
대한독립촉성국민회 채병덕 후보 인터뷰(1948.4.20)
한국민주당 민용복 후보 인터뷰(1948.4.20)
무소속 서병돈 후보 인터뷰(1948.4.20)
무소속 박기운 후보 인터뷰(1948.4.20)

진천군 선거관리위원회 위원장 인터뷰(1948.4.20)
한국민주당 박찬희 후보 인터뷰(1948.4.20)
무소속 박노열 후보 인터뷰(1948.4.20)
한독당 김봉식 후보 인터뷰(1948.4.20)

충주 선거관리위원회 위원장 인터뷰(1948.4.21)
윤갑 충주군 부군수 인터뷰(1948.4.21)
이춘야 애국부인회 충주지부장 후보 인터뷰(1948.4.21)
대동청년단 김기철 후보 인터뷰(1948.4.21)
무소속 이희성 후보 인터뷰(1948.4.21)
무소속 윤길섭 후보 인터뷰(1948.4.21)
충북 충주 옥천 동 선거등록 감찰(1948.4.21)
대동청년단 정성화 후보 인너뷰(1948.4.21)
괴산군 선거관리위원회 위원장 인터뷰(1948.4.21)
음성군 선거관리위원회 위원장 인터뷰(1948.4.21)
대한독립촉성국민회 이의상 후보 인터뷰(1948.4.21)
민주주의 민족전선 대표 5인과의 인터뷰(1948.4.21)

원문: 241~244쪽

□ 충청남도

참석자: 왕궁싱(Gung-Hsing Wang, 중국 대표), 린도(Hugo Lindo, 엘살바도르 대표)와 사무국 직원들

내용: 이석기 대전시장 인터뷰(1948.4.22)

무소속 진현하 후보 인터뷰(1948.4.22)

대한독립촉성국민회 남춘도 후보 인터뷰(1948.4.22)

대한독립촉성국민회 선낙수 후보 인터뷰(1948.4.22)

대덕군 선거관리위원회 위원장 인터뷰(1948.4.22)

무소속 송을룡 후보 인터뷰(1948.4.22)

대한독립촉성국민회 송진백 후보 인터뷰(1948.4.22)

대한독립촉성국민회 송원용 후보 인터뷰(1948.4.22)

전국농민조합 홍기학 후보 인터뷰(1948.4.22)

논산군 선거관리위원회 인터뷰(1948.4.22)

대한독립촉성국민회 유진홍 후보 인터뷰(1948.4.22)

인민공화당 송봉우 후보 인터뷰(1948.4.22)

원문: 244~246쪽

□ 전라북도

참석자: 패터슨(G. S. Patterson, 캐나다 대표), 왕궁싱(Gung-Hsing Wang, 중국 대표), 린도(Hugo Lindo, 엘살바도르 대표), 사무국 직원들

내용: 전라북도 선거관리위원회 위원장 인터뷰(1948.4.23)

완주 B 선거구 후보들 인터뷰(1948.4.23)

전주 선거구 후보들 인터뷰(1948.4.23)

한민당 박남용 후보 인터뷰(1948.4.23)

무소속 윤석용 후보 인터뷰(1948.4.23)

대동청년단 손용배 후보 인터뷰(1948.4.23)

얀시(Yancey) 대령 인터뷰(1948.4.23)

대한독립촉성국민회 유춘상 후보(1948.4.23) 인터뷰

한민당 박기욱 후보 인터뷰(1948.4.23)

원문: 246~249쪽

-제3선거감시반-

■ 제3선거감시반 활동 요약(1948.4.19~23)[68]

□ 경상북도

참석자: 마네(Olivier Manet, 프랑스 대표), 무기르(Yasin Mughir, 시리아 대표), 루카스(Graham Lucas, 사무보좌관)

내용: 경상북도지사 대리 내무국장 인터뷰(1948.4.19)

수석 민사장교 Adair 대령 인터뷰(1948.4.19)

도 선거위원회 대표들과의 인디뷰(1948.4.19)

한민당 후보들 인터뷰(1948.4.20)

대한독립촉성국민회 후보 인터뷰(1948.4.20)

불교연합회 후보 인터뷰(1948.4.20)

무소속 후보 인터뷰(1948.4.20)

사범대학교 국문과 교수 인터뷰(1948.4.20)

68 Document A/AC.19/SC.7/SR.6.

무소속 후보 인터뷰(1948.4.20)

한민당 서상일 후보 인터뷰(1948.4.20)

무소속 후보 2인 인터뷰(1948.4.20)

한독당 대구지부 부지부장 인터뷰(1948.4.20)

대구시 선거관리위원회 위원장 3인 인터뷰(1948.4.20)

김재관 한민당 경북지부장과 박인세 한민당 대구시지부장 인터뷰(1948.4.20)

대한독립촉성국민회 조윤기 경북지부장 인터뷰(1948.4.20)

선거등록사무소와 선거구 방문 및 주인호 선거관리위원회 대표 인터뷰(1948.4.20)

경북지방 좌익계 신문사 대표 2인 인터뷰(1948.4.20)

원문: 250~253쪽

□ 경상남도와 경주

참석자: 마네(Olivier Manet, 프랑스 대표), 씽(I. J. Bahadur Singh, 인도 대표), 무기르(Yasin Mughir, 시리아 대표), 루카스(Graham Lucas, 사무보좌관)

내용: 마산시장 인터뷰(1948.4.21)

선거관리위원회 부위원장 인터뷰(1948.4.21)

한독당 마산시당 대표 인터뷰(1948.4.21)

마산시 무소속 후보 2인 인터뷰(1948.4.21)

제1선거등록사무소 방문(1948.4.21)

일본 귀환동포 거류지 방문(1948.4.21)

진해 부시장 인터뷰(1948.4.21)

진해 선거관리위원회 위원장 인터뷰(1948.4.21)

한민당 김태수 후보 인터뷰(1948.4.21)

무소속 후보 인터뷰(1948.4.21)

마산 지역 언론인 인터뷰(1948.4.21)

부산시 수석 민정장교 질레트(Gillette) 대령 인터뷰(1948.4.22)

경남도지사 인터뷰(1948.4.22)

경상남도 도선거관리위원장, 부산시 선거관리위원회 위원장 및 부위원장 인터뷰(1948.4.22)

조선민주당 후보 인터뷰(1948.4.22)

대한노총 후보 인터뷰(1948.4.22)

부산시 무소속 후보 2인 인터뷰(1948.4.22)

전직 도청직원 김병기 등 인터뷰(1948.4.22)

선거 반대 정당 대표 8인 인터뷰(1948.4.22)

경주시 선거관리위원회 위원장 인터뷰(1948.4.22)

경주시 경찰청장 인터뷰(1948.4.22)

경주시장 인터뷰(1948.4.22)

원문: 253~258쪽

–제4선거감시반–

■ 제4선거감시반의 활동 요약(1948.4.20~24)[69]

□ 전라남도

참석자: 잭슨(S. H. Jackson, 호주 대표), 봉꾸르(Jean-Louis Paul-Boncour,

69 Document A/AC.19/SC.8/SR.1.

프랑스 대표), 밀너(Ian F. G. Milner, 사무부국장)

내용: 전라남도 도 경찰 미군 고문 R. M. Cooley 인터뷰(1948.4.20)

전라남도 선거관리위원회 인터뷰(1948.4.20)

(제1팀)

목포 선거관리위원회 인터뷰(1948.4.21)

목포시 선거구 후보자 6인 인터뷰(1948.4.21)

무안군 A, B 선거구 선거관리위원회 인터뷰(1948.4.22)

여수군 A, B 선거구 후보의 인터뷰(1948.4.22)

무안군수 인터뷰(1948.4.22)

나주군 A, B 선거구 선거관리위원회 위원장 인터뷰(1948.4.22)

나주군수 인터뷰(1948.4.22)

광주시 후보 조아라, 광주기독교여자청년회 회장 이인성 등 인터뷰(1948.4.23)

(제2팀)

화순군수(겸 후보자) 인터뷰(1948.4.21)

화순군 부군수 인터뷰(1948.4.21)

김종두 화순탄광 소장 인터뷰(1948.4.21)

김정기 순천군수 및 순천 선거관리위원회 인터뷰(1948.4.21)

순천군 A, B 선거구 후보자들 인터뷰(1948.4.21)

여수군 A, B 선거구 후보자들 인터뷰(1948.4.21)

황병희 광양군 선거관리위원회 위원장 및 후보자 인터뷰(1948.4.22)

김홍일 구례군 선거관리위원회 위원장 대리, 후보자, 후보자 선거사무장 인터뷰(1948.4.22)

곡성군 선거관리위원회 위원장 인터뷰(1948.4.22)

서양봉 장성군 선거관리위원회 부위원장, 김병수 인터뷰(1948.4.23)

장성군수 인터뷰(1948.4.23)

Appendix I: 전라남도 선거등록 현황 통계

Appendix II: 전라남도 후보자들의 정치 성향(정당 및 단체 소속 현황)

Appendix III: 향보단

A. 1948년 4월 8일 국립경찰예비대가 전라남도 경찰청에 시달한 지시문

B. 1948년 4월 20일 미군정의 딘 소장이 발표한 특별성명

원문: 258~267쪽

제3단계(1948.5.7~11) : 선거당일 투표

–제1선거감시반(5월 10일)[70]

■ 무기르(Yasin Mughir, 시리아 대표), 슈미트(Petrus J. Schmidt, 사무국장)의 감찰 기록

내용: 중구(서울시) 제1투표소에서 선거관리위원회위원장 인터뷰(오전 9시 5분)

종로 A 선거구에서 선거관리위원회 위원 인터뷰(오전 9시 25분)

종로 B 선거구에서 선거관리위원회 위원들 인터뷰(오전 9시 50분)

동대문 A 선거구 방문 및 감찰(오전 10시 10분)

동대문 B 선거구에서 선거관리위원회 위원장 인터뷰(오전 10시 20분)

동대문 B 선거구 제2투표소에서 선거관리위원회 위원장 인터뷰(오전

70 Document A/AC.19/SC.5/SR.8.

10시 35분)

동대문 B 선거구 제4투표소에서 선거관리위원회 위원장 인터뷰(오전 10시 50분)

중구 제1선거구 제1투표소 방문 및 감찰(오전 11시 50분)

중구 제1선거구 제3투표소에서 선거관리위원회 위원장 인터뷰(오후 12시)

제1선거구 제2투표소에서 선거관리위원회 위원 인터뷰(오후 12시 7분)

서대문 선거구 제1투표소에서 선거관리위원회 위원장 인터뷰(오후 12시 20분)

자원 경비요원 인터뷰

원문: 267~268쪽

■ 발레(Miguel Angel Pena Valle, 엘살바도르 대표), 빌랄바(Custodio A. Villalva, 필리핀 대표), 글랜스(Ita F. Glance, 기록원)의 감찰 기록

내용: 영등포 선거구 제3투표소에서 선거관리위원회 위원장 인터뷰(오전 10시 50분)

용산 선거구 제2투표소에서 선거관리위원회 위원장 인터뷰(오전 11시 20분)

마포 선거구 제8투표소 방문 및 감찰(오전 11시 40분)

마포 선거구 제2투표소 방문 및 감찰(오전 11시 55분)

중구 A-4투표소 방문 및 감찰(오후 12시 15분)

원문: 268~269쪽

■ 무기르(Yasin Mughir, 시리아 대표), 포레(Christiane Faure, 기록원)의 감찰 기록(오후 2시~)

내용: 영등포 선거구 제1투표소 방문 및 감찰
영등포 선거구 도림동 제7투표소 방문 및 감찰
영등포 선거구 도림동 제8투표소 방문 및 감찰
원문: 269~270쪽

■ 발레(Miguel Angel Pena Valle, 엘살바도르 대표), 빌랄바(Custodio A. Villalva, 필리핀 대표), 엔저스(J. F. Engers, 사무보좌관)의 감찰 기록(오후 3시~)

내용: 마포 선거구 제9투표소에서 선거관리위원회 위원장 인터뷰
마포 선거구 제14투표소 방문 및 감찰
성동 선거구 B구 제33투표소 방문 및 감찰
성동 선거구 B구 제4투표소 방문 및 감찰
용산 선거구 청파동 제1투표소 방문 및 감찰
용산 제2선거구 제1투표소 방문 및 감찰
영등포 선거구 흑석동 제3투표소 방문 및 감찰
원문: 270쪽

■ 무기르(Yasin Mughir, 시리아 대표), 밀너(Ian F. G. Milner, 사무부국장)의 감찰 기록

내용: 중구 선거사무소 방문 및 감찰(오후 9시30분)
종로 A 선거사무소 방문 및 감찰(오후 10시45분)

원문: 270~271쪽

■ **바르텔레미(Marcel Barthelemy, 프랑스 대표), 주홍티(朱鴻題, Hung-Ti Chu, 사무보좌관)의 감찰 기록(오전 9시 45분~)**

내용: 양문표 인천시장, 김무영 인천 A지구 선거관리위원회 위원장, 김태용 인천 B지구 선거관리위원회 위원장, 김시구 인천 B지구 선거관리위원회 부위원장, 강해성 부천군수, 미군정의 에반스(Evans)중위, 세칸(Sekan)대위 인터뷰
인천시 동안동 제4선거구 제1투표소 방문 및 감찰
인천시 내동 A선거구 제1투표소 방문 및 감찰
인천시 금곡동 B선거구 제1투표소 방문 및 감찰
인천시 금곡동 B선거구 제2투표소 방문 및 감찰
부평군 부평동 제1투표소 방문 및 감찰
부천군 소사읍 제11투표소 방문 및 감찰
영등포 제1투표소 방문, 서울시장 및 선거감시반과 동시에 투표소에 도착한 윌슨(Wilson) 수석민정장교 인터뷰

원문: 271~272쪽

■ **리우위안(Yu-Wan Liu, 중국 대표), 밀너(Ian F. G. Milner, 사무부국장)의 감찰 기록**

내용: 강원도 춘천시 소양로 제4투표소 선거관리위원회 위원장 인터뷰(오전 10시 50분~)
중앙로 투표소 방문 및 감찰
춘천시 소양동 제1투표소에서 선거관리위원회 위원장 인터뷰(오전 11

시15분~)

춘천시 소양동 제2투표소 방문 및 감찰

춘천시 소양동 제3투표소 방문 및 감찰

강원도 선거관리위원회 인터뷰(오후 1시 45분)

춘천시 선거관리위원회 방문 및 감찰

춘천시 소양로 제3투표소 방문 및 감찰

춘천시 낙원동 투표소 방문 및 감찰

강원도 주둔 미군정 장교들 인터뷰

원문: 272~273쪽

−제2선거감시반(1948.5.8~12)[71]

■ 패터슨(G. S. Patterson, 캐나다 대표), 캠벨(Colin M. Campbell, 기록원)의 감찰 기록

내용:

□ 선거 반대 단체들과의 인터뷰

강제등록 문제

등록 후의 외압

선거당일의 외압

불만사항들

71 Document A/AC.19/SC.6/SR.7.

□ 5월 10일 선거과정

신속한 투표

질서유지

투표소까지의 진입로

투표소 입구

투표소

경찰의 태도

대동청년단

향보단

소방수들의 경계 순찰

투표함 밀봉

투표함 수거

개표

선거반대 관련 사건들

후보자들의 정치성향(소속정당 및 단체) 분석

충청북도 도지사 인터뷰: 12명의 유력 후보 분석 정보

원문: 274~279쪽

–제3선거감시반(1948.5.10~11)[72]

■ 씽(I. J. Bahadur Singh, 인도 대표), 루카스(Graham Lucas, 사무보좌관)의 감찰 기록

내용: 충청남도 대전시 선거 감찰(5월 10일~11일)
선거당일의 감찰: 대전시 9개 투표소, 대덕군 3개 투표소, 공주군(A 선거구) 4개 투표소를 방문하고 선거관리위원회 위원들, 입후보자들, 주민들 인터뷰
개표 감시: 5월 11일, 대덕군과 대전시 개표 상황 감찰
원문: 279~280쪽

–제4선거감시반(1948.5.7~11)[73]

■ 슈투(T. Ssutu, 중국대표), 왕궁싱(Gung-Hsing Wang, 중국 대표), 발린스키(Anthony E. Balinski, 기록원)의 감찰 기록

내용: 전라북도 전주시 민정장교 얀시(Yancy) 대령과 로스(Ross) 대령 인터뷰(5월 7일)
남원군, 임실군 내 투표소 방문 및 감찰(5월 8일)

72 Document A/AC.19/SC.7/SR.7.
73 Document A/AC.19/SC.8/SR.2.

진안군 투표소 방문 및 감찰(5월 9일)

전주시, 완주군, 김제군 B지구 소재 투표소들 방문 및 감찰(5월 9일)

군산시, 옥구군, 이리시 소재 투표소 방문 및 감찰(5월 10일)

김제군 A 지구, 부안군, 정읍군 소재 투표소 방문 및 감찰

완주군 선거관리본부를 방문, 첫 번째 투표함의 개표를 감찰

원문: 281~282쪽

-제5선거감시반(1948.5.7~11)[74]

■ 린도(Hugo Lindo, 엘살바도르 대표), 류(Harry C. Liao, 통역관)의 감찰 기록

내용: 광주 전남선거관리위원회 위원장 오필선 판사 인터뷰(5월 7일 오후 1시 30분)

전라남도 광산군 효지면 광산선거구 제5투표소 선거관리위원회 위원장 인터뷰(오후 2시30분)

광산군 효지면 광산선거구 제3투표소 선거관리위원회 위원 인터뷰(5월 9일 오후 12시 30분)

전남 나주군 군수 인터뷰(5월 9일 오후 1시 35분)

무안군 면성 선거구 방문 및 선거관리위원회 위원 인터뷰(5월 9일 오후3시)

74 Document A/AC.19/SC.9/SR.1.

선거당일 전라남도 목포시 각 투표소 방문 및 감찰(5월 10일)

광성군청 방문 및 개표상황 감찰(5월 11일)

원문: 282~284쪽

–제6선거감시반(1948.5.7~11)[75]

■ 마네(Olivier Manet, 프랑스 대표), 블로크(Alexandre Blokh, 통역관)의 감찰 기록(경상북도 대구)

내용: I. 선거 전날의 전반적인 동향

II. 미군정 당국의 선거 감찰

경주 지방의 상황

5·10 선거 당일의 대구와 인근지역의 상황

대구시, 달성군 각 투표소 방문 및 감찰

5월 11일의 개표진행 상황

위원단 이동

Appendix: 1948년 5·10 선거에 대한 미국의 관찰

(남한 과도정부 경상북도 수석민정장교, 1948.5.1)

원문: 285~289쪽

75 Document A/AC.19/SC.10/SR.1.

-제7선거감시반(1948.5.8~11)[76]

■ 잭슨(S. H. Jackson, 호주 대표), 곳테스맨(Arthur M. Gottesman, 문서관)의 감찰 기록

내용: 경상남도 부산에서 경남도지사, 경남 선거관리위원회 위원장, 미군정 민정장교 인터뷰(5월 8일 오전 9시 30분)

부산시장과 경상남도 제2, 3, 4 선거관리위원회 위원장 인터뷰(5월 8일 오전 10시40분)

부산 제4선거구 제34투표소 방문 및 감찰(5월 10일 오전 6시 45분)

경남 양산 제3투표소 방문 및 감찰(5월 10일 오전 10시 15분)

경남 양산 제4투표소 방문 및 감찰(5월 10일 오전 10시 45분)

경남 동래 제3선거구 정관면 제3투표소 방문 및 감찰(5월 10일 오전 11시)

울산시 제1선거구 선거관리위원회 위원장 및 위원, 군청직원 신연식 인터뷰(5월 10일 오후 12시 20분)

울산시 제1선거구 애국부인회 채정선 후보 인터뷰(5월 10일 오후 1시 27분)

울산시 제2선거구 선거관리위원회 위원장 대행 및 위원 인터뷰(5월 10일 오후 3시 30분)

경남 양산군 방문 및 감찰(5월 10일 오후 4시 50분)

미국 측 수석 민정장교와 미군정 선거감시반 소속 위원들 인터뷰(5월 11일 오후 2시 50분)

76 Document A/AC.19/SC.11/SR.1.

미국 측 수석 민정장교와 미군정 선거감시반 소속 위원들 인터뷰(5월 11일 오후 8시 30분)

김철수 경상남도지사 인터뷰(5월 11일 오후 9시 5분)

원문: 289~293쪽

−제8선거감시반(1948.5.7~10)[77]

■ 코스티유(Henri Costilhes, 프랑스 대표), 글로바(Georges Globa, 번역관) 감찰 기록

내용: 제주도 현지상황

제주 선거관리위원회 위원장 인터뷰(5월 7일 오후 4시)

북 제주 B 선거구(5월 8일~10일)

북 제주 A 선거구(5월 10일)

북 제주 B 한림 선거구(5월 10일)

대정, 서귀포, 표선, 성산포, 남 제주 선거구(5월 8일~9일)

원문: 294~295쪽

77 Document A/AC.19/SC.12/SR.1.

–제9선거감시반(1948.5.7~12)[78]

■ **봉꾸르(Jean-Louis Paul-Boncour, 프랑스 대표), 그랑(Albert C. Grand, 공보관) 감찰 기록**

내용: 1. 감찰대상 지역: 남한지역 동해안 일대(Appendix I)

2. 선거의 분위기

3. 선거 과정

Appendix I : 선거감시반 시찰 경로(지도)

Appendix II : 남북한 정당 사회단체 공동선언문(1948.4.30)

Appendix III: 개표시스템 그림(1948.5.11, 삼척)

원문: 296~304쪽

78 Document A/AC.19/SC.13/SR.1.

UNITED NATIONS

FIRST PART OF THE REPORT OF THE UNITED NATIONS TEMPORARY COMMISSION ON KOREA

Volume III – Annexes IX-XII

CENERAL ASSEMBLY

OFFICIAL RECORDS: THIRD SESSION

SUPPLEMENT No. 9 (A/575, Add. 2)

LAKE SUCCESS
New York
1948

(306 p.)

UNITED NATIONS

FIRST PART OF THE REPORT

OF

THE UNITED NATIONS TEMPORARY COMMISSION ON KOREA

VOLUME III — ANNEXES IX-XII

GENERAL ASSEMBLY

OFFICIAL RECORDS : THIRD SESSION

SUPPLEMENT No. 9 (A/575, Add. 2)

Lake Success

New York

1948

A/575, Add. 2
August 1948

In order to make the contents of this volume immediately available, the documents have been reproduced without normal editorial revision.

TABLE OF CONTENTS

Annex IX. — RECORDS OF HEARINGS AND ORAL STATEMENTS BEFORE SUB-COMMITTEE 1 (FREE ATMOSPHERE FOR ELECTIONS)

Annex X. — RECORDS OF HEARINGS AND ORAL STATEMENTS BEFORE SUB-COMMITTEE 2 (HEARINGS OF KOREANS)

ANNEX IX

RECORDS OF HEARINGS AND ORAL STATEMENTS BEFORE SUB-COMMITTEE 1 (FREE ATMOSPHERE FOR ELECTIONS)

SUB-COMMITTEE 1

VERBATIM RECORD OF THE FIFTH MEETING[1]

Duk Soo Palace, Seoul, Korea, Thursday, 19 February 1948, at 3 p.m.

Chairman : Mr. PATTERSON (Canada)

CHAIRMAN : I declare the fifth meeting of Sub-Committee 1 of the United Nations Temporary Commission on Korea open.

Adoption of the agenda

The agenda was adopted without discussion.

Hearings of officials and experts : John Weckerling, Brigadier General, U.S. Army

(General Weckerling assumed his seat in the Committee room.)

CHAIRMAN : I think the General knows something of the work of this Sub-Committee. It is the Sub-Committee appointed to consider the question of ways and means of ensuring a free atmosphere for elections in Korea. We did some preliminary work as a Committee working out a number of criteria which are quite obvious and which would indicate what a free atmosphere of elections requires, and the secretariat made a study of laws and ordinances which might bear on the question. We have also been asking, through Sub-Committee 2, a number of Korean personalities their opinions as to what laws or ordinances affect this question and what changes they thought might be desirable. We have now arrived at the point where, as a Committee, we thought we ought to ask you if you would be good enough, first of all, to give us your views on the laws and ordinances that exist on this question and, secondly, to give us any suggestions you have as to what changes might be made. I think the best method would be for General Weckerling to make an extended statement, and we could ask questions later.

General WECKERLING : I must confess that I am caught somewhat unprepared to discuss the laws and ordinances except in a very general way.

In the first place, I would like to describe my status. Of course, I am not the Commanding General, and I am not a member of the military government, so I have no way, by my own powers, of ensuring a free and honest atmosphere in any elections held. Any statements that I make will be purely in my capacity here as a member of the now defunct Joint Commission and as General Hodge's representative on the Election Committee. I should like also to state, for the information of the Committee in its general discussion, that General Hodge himself and General Dean would very cheerfully and willingly appear before your Committee on the broader aspects of your problem. If you will let me know at any time, I can get their appearance or the appearance of any other members of the South Korean Interim Government or any other member of the Command whose responsibilities bear on your problem. They would be very happy to appear before your Committee.

CHAIRMAN : We appreciate that.

General WECKERLING : General Hodge will do anything he can so far as it does not endanger the security of the United States forces here or the safety of the United States people here, as well as the safety of the United Nations Commission itself.

I want to apologize for seeming to take upon myself the position of adviser to this Commission, which I certainly do not presume to do at all. It would be for your Committee here to study the laws and regulations applicable to an election and to know yourselves, in a general way, what these election laws are, so that you can make up your own minds as to whether, as a basic proposition, the election laws are in themselves sufficient to ensure a fair election, and I am sure that will be done through your Sub-Committee 3 when it reports to you.

The next thing is to know the psychology of the people of Korea, the system of government that obtains and the customs that prevail here in Korea ; for instance, on one thing alone : the head-man system. The old man of the family arrogates to himself a tremendous degree of importance and he himself may conceivably, in some cases, influence the members of his family in their voting. I do not think very many people here in Korea know the extent to which the head-man system would influence, in case we had an election, the votes of the people who are members of his little family.

CHAIRMAN : You assume he would have some influence ?

General WECKERLING : I assume he would, and that brings in the point which I wanted to make later, the matter of education. We have been preparing for an election and shaping up and formulating plans for the education of the Korean people in elections. I have furnished your Committees with this plan for the education of the Korean people in the procedures of democratic elections. Nothing has been done, to any great extent, to carry that plan out ; the whole matter was postponed when the United Nations took over the problem of elections. We feel that the more time is spent in educating these people in the procedures of the ballot box, registration, and so on, the better it is for the conduct of elections in

[1] Document A/AC.19/SC.1/PV.5.

Korea. At one time my recommendations included a preparatory period of six months before holding elections here. That, of course, is obviously impossible, but I certainly would recommend to this Committee as a bare minimum that the steps involved in Public Act No. 5, which was passed by the Korean Interim Assembly, here be carried out substantially as written. We have furnished you with copies of this act. We have given you a time table showing that it would require eighty days to conduct elections as provided by Public Act No. 5. More time would be advisable. It is highly advisable to announce the decision to hold elections to the people as far in advance as possible and then to commence your intensified educational programme.

Another thing is the matter of occupational-zone law, and the responsibilities of the Commander in this zone. Perhaps some people might think of this as a restraining and repressive factor in holding elections here. I do not know whether that is so or not, but I think it would be well for you to know what factors are present in the responsibilities of the Commander and the power he exercises in his function as the executive representative of the United States here in this United States zone. I should be very happy to send Dr. Fraenkel, one of your experts and author of quite a tome on that particular subject, down here, and I feel sure it would be helpful for the Committee to hear him for a very short session.

I should like to make available to the Committee the three pronouncements that have been made by General Hodge as a breaking of the ground for a free atmosphere here ; I think most of us here have seen these announcements. These proclamations by General Hodge are not mere lip-service to the conduct of fair elections ; they will be carried out to their fullest extent.

Another item in the conduct of elections is the matter of observers on the United States side. I think General Hodge would very sympathetically receive any request for the assignment of United States observers.

Mr. PAUL-BONCOUR (France) : You mean United Nations observers.

General WECKERLING : It could be done in two ways.

The Commanding General would not have control over purely United Nations observers. You would have to make that request on your own level, assuming that neutral observers come here. I was thinking of the details of United States observers clearly as part of General Hodge's function to ensure fair elections in this zone. I presume he will carry out this policy whether you ask for it or not. But if you indicated a desire for United Nations observers in the holding of elections, I think it would make the matter firmer.

In that connexion, I have made a very considerable study of the Saar plebiscite and the Nicaraguan plebiscite. I very much regret that I do not have the details of the Greek elections of 1946. I shall give some pertinent statistics here. In the Saar plebiscite of 1935, in a country where there were very adequate transportation facilities and the people were trained in the basic democratic procedures and other advantages, about one thousand neutral officials were required to conduct a plebiscite in a country with a population of 500,000 voters. That is in the ratio of one observer to each 500 voters. In the Nicaraguan elections in 1930, the United States sent about 775 observers to a country with a population of roughly about a million ; that is, approximately the same ratio as the Saar : one observer to each 500 voters.

In South Korea — speaking of South Korea alone — with a population of approximately 20,000,000 people, that same ratio would equal (assuming that the United States furnishes 500 observers or if the United Nations manages to secure 500 observers) one observer to every 10,000 people ; that would involve a more extended coverage in a country that is, as you know, fairly short on comforts. I give you these figures to be used on a comparative basis. I would be very happy to turn this over to you ; it comes from the official reports which were made as a result of the two elections mentioned.

I do not know if you want my opinion on the police or not. I will give it to you for what it is worth. I have been here for nearly two years. Again may I emphasize that I am not the Commander nor am I a representative of the South Korean Interim Assembly. In my opinion, the police force here has done a magnificent job, not only in thwarting the leftist organizations and the leftist uprisings about which you hear now, but also in controlling the rightists. In my opinion, they have functioned very objectively and are improving progressively.

The Korean people are very independent-minded. I was talking to Mr. Mughir about it the other day, and I quoted as one example the dirty streets in Seoul. The Japanese had a man who ran the block, a citizen who was supervised by the police ; this citizen ordered the streets cleaned periodically. You cannot get the police here to enforce orders on cleaning the streets ; they won't be obeyed. In my opinion, this is not a police State, and I shall cite another example along this line. I went to the theatre the other day to see the performance of *La Traviata*. I went there representing General Hodge. I had a reserved seat and was supposed to be ushered to my seat in great style and ceremony. When I got there, I found my place was occupied by two Koreans who refused to get up, and apparently did not care about General Hodge or anybody else. They said, "This is an independent country, and I got here first". The theatre manager could not get the theatre policeman to come down and oust them from my seat. We took two other seats in the back and just sat it out. When I hear this called a police State, I am not inclined to believe it very much.

Coming to my opinion as to the law, I would recommend that you listen to Dean Pergler, who is one of the advisers to the Justice Department. He is familiar with all the laws here. He is a former secretary of Masaryk, the Czechoslovak President, and later became a United States citizen. Prior to that time, he was the Czechoslovak Minister to Japan, I believe. Then there is Dr. Fraenkel, a man who got out of Germany immediately ahead of Hitler's Gestapo. He is a graduate of one of our American universities, the author of several books on international law and military occupation law. I heartily recommend that you listen to those people on the detailed matter of the law. I am familiar with the laws in a very general way. With their assistance I have written drafts of laws, while

I was a member of the Joint Commission, which envisaged possible elections under the ægis of the Joint Commission, with the Joint Commission supervising elections all over Korea. In general, I am familiar with Public Act No. 5, which was promulgated by the South Korean Interim Legislature. I think that law is a fairly good law. We could make some changes. I have spoken about those changes in great detail to Sub-Committee 3. I have given them my opinion in writing, and in general I think it would be a very wise move if your Sub-Committee sees its way, as does Sub-Committee 3, to adopt this law for the conduct of any elections held in South Korea. That would be politically astute. I think acceptance by the Koreans of any election conducted here would be far greater if you were to stick by Public Law No. 5 with the changes that you want. I feel sure that we can get those changes adopted without any great delay in case you have an election here. I do not think that would be one of the delaying factors at all.

In anticipating the elections here, General Hodge appointed an informal committee, of which I was Chairman, and we got together with an informal committee appointed by General Dean, the Military Governor. This Committee of Fifteen wrote the regulations for the election in South Korea which would be applied to carry out that law in case the United Nations conducted elections. Those regulations have also been considered by your Committees, and I think they find them fairly satisfactory, with some changes. There again I have the same recommendation: if you care to adopt that law and those regulations, we can make your desired changes in very short order, and again, you would have acceptance by the Koreans far greater than if you imposed a law of your own on them, written by yourselves or by Sub-Committee 3; you would have very real and live ammunition for its greater acceptance by Koreans if you presented a law on election regulations to them saying, "These are the regulations promulgated by you. We will conduct our elections with these regulations and this law, and ask you to make the following changes." I again repeat that I do not think you should anticipate any great delay.

I do not think that there is very great danger of your having an election conducted here in a non-free atmosphere; I am very sincere when I make that statement; I sincerely believe that, considering the developments of this country and considering the developments and the carrying out of the elections in other countries. You must remember that this projected election would be the first general election of representatives to a wholly elected Assembly that would be held in Korea. We do not claim that the one we held here was an entirely democratic election as that term is understood in the United States. It was the best we could get in order to assure leftist and moderate opinions being represented. We had to appoint forty-five members of that present body: there are forty-five elected and forty-five appointed members, and all those forty-five appointed members were either non-partisan, moderate or leftist. The extreme rightists boycotted the legislature. That is the end of my general statement. If you have any questions, I shall be glad to answer them.

CHAIRMAN: We are very grateful to you, General Weckerling, for this statement. I am sure there will be questions. May I make a comment or two first?

I think we appreciate the comments you made on the willingness of General Hodge and the officers of his Command to assist us, and we also appreciate the remarks indicating that their desire would be the same as ours in seeing that a free atmosphere would be secured. You do not have to persuade us on that; we realize that it is in the interests of the United States to have that kind of an atmosphere. But I think it would help us to discuss, for a few moments, the broader question as to responsibility. We are not competent as a Sub-Committee to consider that question and pass on it, but some of your remarks made me think that probably your approach to this question is a little different from what ours would be. For instance, you spoke of an intensified educational programme as "your programme" and mentioned that "you might adopt a law". Then, in connexion with the appointment of observers, you made some remarks which made me think that you are thinking of this election in terms somewhat different from those we envisage. When the resolution was passed in the first instance, the draft proposed by the United States representatives recommended that the occupation powers hold elections. That was changed, as you know. It is now recommended that elections be held, but I think I am speaking for the members of the Commission when I say that we do not regard our functions in any sense as holding or supervising the elections and setting up the machinery for that purpose, but purely and simply that of observing elections and reporting to the General Assembly. That does not mean that we are not more than willing to assume the responsibility we should, but it does mean that we must have a clear understanding as to the line of division with regard to the responsibility.

General WECKERLING: I do not believe that the United States Command envisages that it has the power to proceed to adopt an election law, and to declare any election date, without knowing what the United Nations and the Interim Committee will decide to do. Under your thesis, could the United States go right ahead now and held elections without consulting your Commission?

CHAIRMAN: We are sloughing off responsibility, but we want to be clear as to where the division line is. Technically, you could do that. There is no reason whatever why you should not announce an election tomorrow, but practically you would want to confer with us and wait until we have cleared the ground with the Interim Committee. When the ground is cleared, then surely there will be some form of communication from this Commission to your Command indicating that "now the way is clear and we hope you will hold elections at the earliest possible date". I must not put in all the *ifs* and *ands*. First of all, you would have liked us to say that last week or two weeks ago, rather than have to wait another twenty-four hours.

General WECKERLING: From the matter of making preparations alone, the technical preparations.

CHAIRMAN: All we can do is to say "The Commission is going to observe or is not going to observe the elections, and we want to co-operate with you".

That is the first thing, but surely the responsibility of declaring elections is yours.

General WECKERLING : On my level, I may not be quite clear as to what our power is, but at least we have done this : we have conferred with Sub-Committee 3, and we have presented the laws and regulations which were applicable to elections because there is no law or any regulations written that would conform entirely to a United Nations observed election. Therefore, in carrying out those preparatory steps, we have been very careful to co-ordinate every bit of preparatory work we have done with Sub-Committee 3. Now, that may not be an established principle, but it is certainly one that we have adhered to scrupulously. We want the United Nations to be satisfied with the law and the regulations under which we conduct elections.

CHAIRMAN : Nothing I have said would indicate any different point of view because it would obviously be a wise policy to have a common understanding, and it is our responsibility to suggest any improvements or changes in the law, but it is yours to receive them or reject them. Then, it is our responsibility, having had that period for conferring together on recommendations, to observe elections and to make the report.

General WECKERLING : I think we see eye to eye.

Mr. PAUL-BONCOUR (France) : You remember, General, when you said "the United States observers", and then I picked up that word and I asked you, "You mean United Nations observers"? It seems that there is this point : you are here as a Military Government and you have a Korean administration under you. Of course, you say now that this Korean administration is going to have the responsibility of the elections, and we are going to observe it with the United States Military Government. This has nothing to do with the United Nations; I mean in regard to the resolution of the General Assembly. As Mr. Patterson pointed out, there are Military Governments in power in North and South Korea, and they are holding elections and having the responsibility for those elections. Now, of course, in order to assume your responsibility, you say that we are going to observe whether this Korean responsibility is real — and I understand perfectly well that you intend to do so and that it is absolutely necessary that you should do so — but the fact that you will observe the elections with five hundred people and five hundred jeeps does not mean that your responsibilities towards Lake Success are discharged. Do you understand my point?

General WECKERLING : General Hodge represents the executive power in the occupation zone and, as the representative of the United States Government, clearly has the responsibility here to hold fair and just elections. To do that he must use every means in his power, train observers, provide for everything else necessary including the application of appropriate laws and regulations to ensure that a free election is carried out because the United States would want no other kind held here.

CHAIRMAN : If we have cleared up that question of the approach, perhaps we can go on now to the consideration of some of the points that General Weckerling has mentioned. May I make this one added comment? We appreciate your attitude very much, and at times I sense almost an element of deference in it, and I wish that it were not there. You are so anxious to wait to give us every chance as a Commission to do our work well, that you do not even like to suggest that at a certain time this is your responsibility. I hope you will not feel that you have to take that attitude, because we recognize quite clearly the United States' responsibility, and our responsibility, as that of observers of an election and reporters to the General Assembly, as to the conditions under which that election was held. Therefore, before the election is held, it is our responsibility to propose to you that in our opinion it would be wise and helpful if certain conditions were established for the holding of elections. It is at that point that we come to this question of what is required for a free election. As I said before, I think we must assume that we see eye to eye as to the necessity for it. We are certainly going to take the attitude that you are quite as anxious as we are to see that.

General WECKERLING : That I presume would come at the end of your deliberations here. You would then arrive at certain conclusions and you would suggest them to the Commanding General and they would be carried out.

CHAIRMAN : Both with respect to the laws and the implementation of them.

If we agree on this general approach to the problem, we can come to the questions regarding any other point that General Weckerling has raised. General Weckerling is the representative of General Hodge on the Election Committee. How was that Election Committee appointed ?

General WECKERLING : General Hodge appointed an Election Committee to work up the preparatory phases of any elections to be held in Korea, which meant studying the law and the possible changes thereto, the promulgation of regulations to enforce that law or rather the preparation of regulations to carry out that law and a general survey of the technical difficulties of holding an election here, such as the supply of paper, for one thing, the preparation of ballots, the preparation of registration, poll forms, preparation of ballot boxes, the educational programme, the radio facilities available for that educational programme and numerous questions of a technical nature. We have gone into many of those questions.

CHAIRMAN : Is it a United States Committee?

General WECKERLING : Yes, strictly American, as General Hodge's representatives.

Mr. SCHMIDT (Principal Secretary) : May I put one question on these technical arrangements, which are rather important to the secretariat also? General Weckerling said that at least eighty days would be necessary for carrying out the minimum educational programme, election machinery, and so on. We have had a paper sent to us by the United States Liaison Officer, saying that the agriculture calendar would not permit us to hold elections later than the first week of May, and that that would be the very latest date, so if we would be able to say on the first of March that the Interim Committee or the Commission would like to observe elections, then we would not even have those eighty days. We would have considerably less, not more than sixty days, I suppose. Does General Weckerling see how we could carry out that educational programme in less time than he has stated to be a minimum period?

General WECKERLING: That minimum period was stated to be the ideal minimum for educational purposes. The paper to which you refer had the views of the agricultural experts in it. I think you possibly could run your term back until 10 May, say, which would give seventy days as a possible good compromise between the two.

CHAIRMAN: That period of seventy-five or eighty days was determined by administrative necessities?

General WECKERLING: That was taken directly from the law; those are the steps envisaged by Public Act No. 5, but it was also the opinion of those of us who have worked with this problem and who know the Koreans to a limited degree. To stage a good and fair election, we should have at least that much time to get your educational and technical forces to work effectively. We feel that education plays a tremendous part in the ensuring of fair elections. The fact that the United Nations is on the ground and that a great many articles have been written on this point has to my mind changed the atmosphere here considerably. The Koreans want to acquit themselves creditably in the eyes of the world in holding an election here.

Mr. SCHMIDT (Principal Secretary): There are two things: the educational programme and the administrative arrangements. I understood from General Weckerling's statement that the educational programme is very important. He suggested that it might take six months to do it properly. If we only consider the administrative arrangements, would that practically mean that we give up the educational programme? Would that not interfere with the intention of carrying out the elections as properly as possible?

General WECKERLING: If I understand your question correctly, if all these ideals were insisted upon, both administratively and in matters of education and other factors, you might never have an election, so some compromise might have to be worked out. If it were possible to announce elections by March first, it would not be too harmful to advance your date of elections to, say, the tenth of May or the fifteenth of May, eliminating part of your ideal time schedule.

Mr. PAUL-BONCOUR (France): You said that delays for education would take about seventy-five or eighty days. At Lake Success, they would agree to have elections only for purposes of consultation; I mean that would have to be issued by the General Assembly. Don't you think the question about the complication of the procedure of these elections also enters into the picture? Am I right in thinking that the delays for education are longer if the procedure is complicated and shorter if it is somewhat simplified? I do not know how it could be done. It depends on the decisions taken at Lake Success as to whether we are going to apply resolution I or resolution II, but suppose that some matters could be simplified, such as the matter of having votes taken; perhaps the period of education might be shortened from six months to this short period of seventy days. I do not know. It is just a question that I put to you. When you mentioned educating people, did you mean that you want to inculcate them with democratic ideas or do you want to make them acquainted with the occidental way? What exactly, do you mean by education? That is what I am interested in.

General WECKERLING: Obviously, we cannot devote six months to what I call general "educational" processes. It would be desirable to spend even more time, and I emphasize the word "desirable". It is not advisable to do that. Things move slowly here in Korea. For example, to get registration forms printed would take from ten to twenty days. Then all this matter must be distributed to the provinces. The Election Committees must be organized. Nothing has been done in a preparatory way except the very few technical details that I have given you, and that bears upon the problem of the clearcut line of demarcation of responsibility to which Mr. Patterson referred. General Hodge would welcome a statement from the United Nations Commission giving us authority to proced along some general lines. I should not say authority, but a suggestion that we proceed with certain preparatory work. We could proceed under the assumption that Korean Election Committees, as envisaged by Public Act No. 5, are acceptable or some other similar steps could be taken. That would cut short considerably what I call your educational period. No, I do not propose a long period where we must educate the Koreans in the basic democratic procedures. I merely recommend that we give them an adequate period of time so that they know what the simple election steps are; for instance, you have in one of your laws the matter of a voter signing his name to the ballot. Now, there is some opinion in your Sub-Committee as to whether that should be eliminated in view of the great illiteracy here.

CHAIRMAN: That is in the present election law?

General WECKERLING: Yes, if you eliminate it, you must make provision for the voter to acquire the ability to read the name of his candidate. Almost the same time would be required as would be required to have him acquire the ability to sign his name. All those instructions must be gotten out with the limited facilities that we have here. It is a tremendous organizational problem.

CHAIRMAN: We tend to cross over the line from educational considerations to administrative and perhaps to legal considerations. There are three of these: The legal, administrative and educational. To confine ourselves to the educational side of the question for a moment longer, could you sharpen that up a bit more and tell us what the points are on which people — this does not refer to education — should be informed?

General WECKERLING: If you have that list of steps to be taken in carrying out the election plan, I think that tells the whole story: telling the voters, in the first place, that there is going to be a free and democratic election; telling them the processes involved, the registration of candidates, registration, time, place, and so on; and telling the voters the regulations under which the elective process must be carried out. The voters must be told their privileges in case, for example, their names are eliminated from that poll register. Also, there are certain qualifications of residence which will have to be decided. As I said before, the very act of casting his ballot and the place and the time may have to be learned. Those may seem to be simple matters to us here in this Committee room, but I assure you that they are matters of great moment in the provinces. Unless you inform the Korean and give him a thorough education, he is going to be thoroughly confused as to what an election is. Starting from scratch with the announcement of an election and the general purposes of an election would take nearly a month for that to sink into the consciousness of the general public.

CHAIRMAN : That clears it up. There are certain questions that bear on the matter of making the election free so that the elector would be able to cast his vote for the candidate he wants to vote for: questions of registration, voting privileges, residence qualifications, and how he must cast his ballot. It is really getting the information to them on these points that is important.

General WECKERLING : I should say that information is a much better word.

CHAIRMAN : I think that is enough for today. These are rather suggestive. Now, who is going to do it and how should it be done?

General WECKERLING : We are going to do it, and I have prepared a very comprehensive programme in a somewhat summarized form. We propose to do it by newspapers, by dropping leaflets from airplanes and by radio talks. We have gone ahead now on the preparation of a moving picture which will show the various steps. We propose to place five copies of that moving picture in every province, and if it is within our limited facilities and abilities, we shall have these moving pictures shown in every town and village sometime before the election, giving the basic elements of casting a vote and the basic procedures involved; that is in preparation now. If we have to make any changes as a result of recommendations from your Committee, we are prepared to re-shoot some of the scenes. The Koreans are shooting the film themselves under our supervision.

CHAIRMAN : I am very encouraged to hear that.

Mr. PAUL-BONCOUR (France) : What about these head-men in villages? You told us that in each family there is a head-man. Of course, I was told — I think it was by General Brown — that in a small village all the people are practically of the same family and that the head-man of the family is the head-man, practically, of the village, and I understood that you already had experiences in elections here on a small scale. I have been told that these head-men assume that they have a mandate from all the family to vote. They collect their seals and use them for the election. Do we have to conform to this tradition in the name of the United Nations or do we have to educate the people so that they should not continue it? That is quite an important point.

CHAIRMAN : Perhaps they have to educate us as to the difficulties so that we will not put up too high a standard.

General WECKERLING : As regards the head-man system, as General Brown pointed out to you, I think that may have penetrated the consciousness of quite a few people; I am unable to estimate how many. That may be called respect for age, which is not incompatible with democratic election procedures, but I still feel that we must bring them to understand completely the basic idea of what a national election is and its purpose. That would be one of the basic facts that we will have to get over to the Korean people. The Korean has a great respect for old age as well as for the head of the family. Mr. Wang can tell you about the same system in China.

Mr. WANG (China) : Yes.

General WECKERLING : And the prerogatives held by the old man are not likely to be cast aside at the whim of foreigners who come to Korea to change things that have been holy and traditional for hundreds and even thousands of years. In that way, I should go back to the educational part of this programme rather than the informational.

Mr. PAUL-BONCOUR (France) : When these regulations and Public Act No. 5, were drafted, did they take into account the practical situation as it existed in the provinces?

General WECKERLING : As I recall it, there was a great deal of debate on that measure in the legislature. It was passed by a great majority. However, I think that most of these Korean politicians are like our own politicians of the West. They do not appreciate the difficulties of the countryside, and that is why nothing was mentioned there about formal processes, as far as I know. But we believe it is an essential, as an accompanying step, to tell the people what they are going to do under this law.

Mr. MUGHIR (Syria) : In General Hodge's proclamation, he plainly stated that any arrested person must be released immediately if there is no evidence of a criminal act. Does this imply that this procedure was not followed prior to this proclamation? In other words, are there persons under arrest about whom it has not been found out whether they are criminals or not?

General WECKERLING : That is General Dean's proclamation.

Mr. MUGHIR (Syria) : I am sorry. Does this imply it was not followed?

General WECKERLING : I do not know what General Dean had in his mind. I want to remind you that I am not an official of the Government. I know nothing about what brought this about except that I think it followed General Hodge's proclamation by some days, and it was desired to have this as a companion piece to the general proclamation that went out to all Korea.

Mr. MUGHIR (Syria) : This is the sentence: "If arrests appear necessary at any time, and no evidence of a criminal act is forthcoming, the arrested persons are to be released imm diately."

General WECKERLING : I have no idea as to what prompted that particular sentence.

Mr. MUGHIR (Syria) : To the best of your knowledge, do you think there are many people who are now under police detention and who have not yet been sent to trial to find out if they are guilty or not?

General WECKERLING : I cannot answer your question.

CHAIRMAN : General Weckerling has stated that it was General Dean's responsibility; he would prefer that General Dean answer it.

General WECKERLING : General Dean woulp give you a complete and detailed answer on that whole matter and on the proclamation which he has issued, if you would like to call him, and I suggest that you do.

Mr. SCHMIDT (Principal Secretary) : May I put the question in a slightly different form ? I think that General Weckerling could reply to my question because it belongs to the terms of reference of Sub-Committee 1. Would it be possible for the Sub-Committee or members of the Commission to come to arrangements with the military authorities to visit prisons, interview political prisoners, find out why they are there, how they are treated, what is their opinion on the creation of a free atmosphere for elections, and that sort of thing ? Would it be possible to make such an arrangement ?

General WECKERLING : General Hodge and General Dean will make arrangements for any of you to visit any prison, any place in South Korea at any time you want.

Mr. SCHMIDT (Principal Secretary) : Perhaps that would satisfy Mr. Mughir, because I think that is the essence of his question.

CHAIRMAN : I think the question is very important. I was just noting that General Weckerling said it was not within his sphere of competence.

Mr. SCHMIDT (Principal Secretary) : You are sure, General, that such arrangements could be made ?

General WECKERLING : I am positive that such arrangements can be made.

CHAIRMAN : To go back again to the question which Mr. Paul-Boncour raised on the influence of the head-man : What should be done and what could be done to ensure freedom for the individuals who come under the rule of these head-men ?

General WECKERLING : These people are not under the rule of the head-man.

CHAIRMAN : Is there anything required, and if so, what is required and how can it be secured ?

General WECKERLING : I think these are the same conditions that prevail in the United States or any other enlightened countries where you have the husband who influences the wife's vote.

Mr. SCHMIDT (Principal Secretary) : And vice-versa.

General WECKERLING : The considerations that apply in places in the United States like Kansas City, Jersey City, Chicago, and many other places where the influence of city jobs and so on play a great part. I hope I have not emphasized this head-man factor too much, because I think there is a new era which has dawned in Korea with regard to parental authority. I do not think it is perhaps as serious as I may have given you the impression here, but it is a factor. I think it is not too serious a factor by any means.

CHAIRMAN : You do not think it should give us too much concern ?

General WECKERLING : No, I do not think so.

CHAIRMAN : What about the relations of the police to the head-man in the villages ?

General WECKERLING : I am sorry, but I cannot tell you that; it is a rather detailed and intimate question, and I have not been out in the provinces long enough really to state the case, as I would like to have the case brought out for you. I can get people to appear before you who have been to the provinces and who lived alongside of the Koreans, for instance, some of our Civil Affairs Officers.

CHAIRMAN : Who would be a good person or persons for us to consult on this specific question of the influence of the police on the smaller centres ?

General WECKERLING : I would consult with the Military Governor himself and with what we call the Civil Affairs Officers in the provinces, who know the daily lives of the Koreans, and you could also consult the Korean officials who occupy the responsible positions.

CHAIRMAN : Can you think of the names of two or three persons here in Seoul whom we might talk to ?

General WECKERLING : No, I cannot tell you offhand. I can give the Committee a list later, to Mr. Engers, after thinking about it.

Mr. WANG (China) : In that connexion, I would like the General to supplement that proposed list with some Korean experts or officials who are acquainted with the electoral laws so that we may also hear their points of view concerning the elections, free atmosphere and the legal and technical aspects thereof; in other words, you have mentioned Dean Pergler and Dr. Fraenkel; now, we would like to balance their views with some corresponding Korean experts who would give us their points of view.

General WECKERLING : That is an excellent suggestion, and I would recommend that you get Koreans from the informal committee that drafted the election regulations, as well as representatives from the Korean Interim Assembly, the members of the Legislature who also were influential in passing the law. Some of these people whom I have mentioned to you now have already appeared before Sub-Committee 3.

CHAIRMAN : It seems to me, unless there are other questions on this phase of the problem, that we have covered pretty well the factors relating to the educational and social aspects of the question. What about the administrative factors ? I am thinking of what happens when a man approaches the polls and he gets his ballot. What kind of set-up prevails ? What is required ? Now, having escaped from the head-man and having gotten to the polls to cast his ballot as he wishes, what about the ballots themselves ? I have heard a suggestion that, in view of the fairly high degree of illiteracy in Korea, the only way it would be possible for illiterates to vote would be to have photographs of the candidates on the ballot; that is a problem. Have you any suggestions as to what we should do ?

General WECKERLING : The law provides for the standard election set-up as written at present. I do not think it needs any special comment except to say that the police are excluded from the area and only the Election Committee may call them in to the polling place at their discretion, to the room where the ballot boxes are located. There is a standard procedure for ballot boxes, and there is a man in charge of the registration forms who interviews the voters, identifies the voter, and checks his name off the registration form when he appears. It is an extremely simple arrangement.

CHAIRMAN: What happens when illiterates have to vote?

General WECKERLING: The present law, as I recall it, reads that he may be assisted in casting his vote and writing in the name of his candidate.

CHAIRMAN: That would be by the Returning Officer.

General WECKERLING: I would like to amend that. The present law states that he would cast his vote without assistance. He will write the name of the candidate in the space provided on the ballot box without assistance. The assistance part, I think, applies in the case of incompetents, unless I am very much mistaken. However, I would like to be better prepared, in a detailed way, before I discuss any of the elements of the law.

CHAIRMAN: Are you envisaging a ballot with the names printed?

General WECKERLING: We can provide that. The present law provides for writing in the name of the candidate, but we were thinking of changing this provision to one of a recognition of a candidate's name or even the photograph procedure.

CHAIRMAN: Do you think that would be feasible?

General WECKERLING: I am not prepared to say right now.

Mr. PAUL-BONCOUR (France): It depends on the number of candidates.

General WECKERLING: I have not given that a great deal of thought.

Mr. WANG (China): I wonder if my suggestion would be a little too premature? If so, please say so. I would like to express myself a little on the working procedure for our Sub-Committee here.

The General Assembly resolution provides among other things for the observation of an election. If we should go into all the details, it would probably take us too much time; yet this Sub-Committee has certain terms of reference which we must carry out to the best of our ability. Now, in order to implement our terms of reference, in a practical and effective way, I wonder if it will be feasible for the occupational authorities to supply us with a very detailed working plan as to how the election is to be conducted, such as in the way you interpreted, with reference to the polls, registration, and the corresponding roles which the police or the prosecuting attorneys are to play or even the head-man. If we have a very definite working plan before us, then we could study these items one by one, and come to some concrete and practical suggestions which, in our opinion, would implement our terms of reference. By this method we will have a concrete, effective and practical procedure to approach this question. I wonder if my suggestion is premature, but I thought it might be useful in implementing our terms of reference.

General WECKERLING: Sub-Committee 3 is doing exactly that now.

Mr. SCHMIDT (Principal Secretary): It does not belong to Sub-Committee 1.

CHAIRMAN: Sub-Committee 3 so far is considering it largely on the secretariat level and would be able to furnish this Committee with a statement on the point Mr. Wang has mentioned that would give us a basis for our opinion as to whether it seems to fulfil the requirement of a free election.

Mr. SCHMIDT (Principal Secretary): That is the real point in this Sub-Committee, that they should judge the terms that Mr. Wang has just mentioned in terms of a free atmosphere of elections, but the election plan itself would have to go through Sub-Committee 3.

Mr. PAUL-BONCOUR (France): Anyhow, I think the suggestion of the Chinese representative is quite an interesting one, because, as I have told the Commission many times already, I am much more concerned about practical ways of application of the legislation than about the legislation itself. And if it is the business of Sub-Committee 3 to see about that drafting first, it should certainly be its concern. It is our concern, anyhow, in the first Committee to see about that free atmosphere and about the law being applied in such a way as not to forbid the free expression of the will of the people through their head-men directly, if we cannot avoid the head-men. I do not know; I have an open mind in that respect. I do not want to interfere with the traditions of the country. If we can find some procedure which may reflect the will of the people of Korea and which will meet the requirements of at least one of the resolutions of the General Assembly, I think we will have done our job.

At the same time, may I come back to that point of responsibility, because in that idea which General Weckerling had of the responsibilities of the Korean administration and the responsibilities of controlling, surveying, and watching by observers of the United States Military Command, of course, something is disappearing completely, and it is our own business. We are here to survey and to report about your elections to the General Assembly; if we consider your elections to be okay and if we make a report in that sense we have to have such steps taken from your side as may allow us to take that responsibility of saying that your elections were okay. Of course it is okay that General Hodge makes statements like those which were quoted by the Syrian representative, but I am very much afraid that when we come to Lake Success and say, "Here are the warranties of freedom which were given to the Korean people, as set forth in General Hodge's declaration of promises of the authority which, under the resolution of the General Assembly, is directly responsible for the holding of these free elections", I am afraid that will not be enough. There will be a lot of criticism coming from various quarters saying, "After all, what do you give us as a guarantee of freedom in Korea, just a statement by the Military Authorities that they have made such and such promises that the police would not keep somebody for so many days; what is the sanction of that?" They will say that.

My own opinion is that you should go further. You should take some legislation or some regulations expressing what the freedoms are which are warranted by your Military Government in respect of these elections, so much the more as I understand from the various documents that you already have submitted to the Commission that there is a very complicated set of laws and regulations of the Japanese still in force. Nobody knows the exact status of the law in Korea in these respects, so I suppose it would be advisable that at some time you have definite legislation enforced with regard to general public liberties in Korea, sometime before the elections start here. You should also have in that legislation a means of recourse stated against any illegal treatment by the police. It is not enough to say that General Hodge or General Dean ordered the police to do such and such a thing and to respect such rules. It is necessary that you provide some procedure by which a private Korean citizen who is being detained illegally might have a means of getting out of the hands of the police by referring to such and such an authority. It would be very necessary, because, if you do not take such guarantees, the only thing that we could say in our report would be that your elections, from our point of view, were okay, and that will not be sufficient for the General Assembly. A lot of criticism may be levelled at us, to the effect that "After all, what do you know about it and what are the guarantees?"

I do not know if I express myself clearly, but this is a very important point.

Mr. WANG (China): With the permission of Mr. Paul-Boncour may I reiterate what I have just said?

Mr. PAUL-BONCOUR (France): Surely.

Mr. WANG (China): I am afraid I have not made myself clear. Your statement has made my point a little clearer. To my understanding, Sub-Committee 3 is to examine and study the electoral law, and one of our jobs is to see how the application of that electoral law bears on the establishment of a free atmosphere. That is one way to look at it. If that is the case, then I still am inclined to think that a practical and effective way for us to carry out our terms of reference will be to study a working plan outlining to us the steps which the occupation authorities here have in mind in the application of the electoral law in question, in the holding of elections, so that we may judge for ourselves whether that application, in our view, is such that a free atmosphere could be ensured. For example, I might say that some legal implementation with reference to the application of the electoral laws is desirable. Well, are there any laws or ordinances which would guarantee certain fundamental human rights such as freedom from arrest without warrant, or some kind of *habeas corpus* act? Then we would also like to know what roles the police or the prosecuting attorneys would be asked to play in carrying out that election. All these points could be covered by a concrete working plan and placed before us for our reference. Then perhaps it will clarify our procedure in the carrying out of our terms of reference.

CHAIRMAN: There are two suggestions, as I understand it. One is Mr. Paul-Boncour's suggestion that perhaps more than specific orders from the Commanding General or the Military Governor are necessary; there is required a statement on the laws on which the freedom of the individual rests, so that an individual may know what recourse he has and so that it may be made clear eventually to the General Assembly in our report that there were such laws and that they were available.

The second point is that Mr. Wang feels that if there were a statement from the United States authorities to us indicating what those laws are and pointing out particularly what parts of them bear on this question of freedom of elections, it would enable us to make a positive suggestion as to changes or to make a statement to you that we feel it is inadequate.

Mr. WANG (China): What are the procedures to be followed in the holding of an election?

CHAIRMAN: That would come from the United States authorities.

General WECKERLING: That is another way of approaching it. We have given the Commission the election laws and regulations applicable, and we have asked you to suggest what changes should be made in them. We have done that informally to Sub-Committee 3. That is in the matter of directives. Now, if you want to add certain guarantees that the police will ensure certain freedoms and certain personal liberties, General Hodge is very amenable to considering those suggestions.

Mr. PAUL-BONCOUR (France) *(interpretation from French)*: I am very ready to trust you and General Hodge and all the United States Commanders here about that matter, but it is not entirely up to us. This matter will be taken up in Paris next October, and there will be people in Paris who will not trust you at all; as a matter of fact, they will be of a contrary mind, so we will just have to explain why we consider the elections were all right. It is the question of the general freedom of atmosphere, which was raised in our Commission by, I think, the Syrian representative, that has been the special business of Sub-Committee 1. Of course, this question will be debated a lot, and it is necessary that we should have legal evidence of the liberties which we will maintain and eventually affirm have been respected. I think that should be necessary.

Mr. WANG (China): Of course, it is not our intention to review the plans of the United States authorities. Our point of view is merely to study them and to fulfil our terms of reference. I should like to make this point very clear.

CHAIRMAN: I see General Weckerling's difficulty. He has been working through Sub-Committee 3 to produce, as he thought, just the sort of thing we are talking about here.

General WECKERLING: Exactly.

CHAIRMAN: One difficulty arises because of the large number of laws that were passed by the Japanese. It is difficult for us, I am sure; I cannot speak for Sub-Committee 3 because that report has not come in yet from the secretariat, but I should suspect that in view of that situation it may be difficult for us to say in a definitive way, as Mr. Paul-Boncour suggested would be desirable: "Here are the laws; they provide for the freedoms, one, two, three, four; here they are". I think his suggestion was that a positive statement of that sort could be made. Am I right?

Mr. PAUL-BONCOUR (France): Yes.

CHAIRMAN: We would thus be able to make such a judgment on them as would be more pertinent in our report to the General Assembly.

General WECKERLING: Informally I have already done exactly what you have suggested. I have taken every law that relates to personal liberties from which Dr. Fraenkel has extracted the portions applicable to personal liberties and has presented, I am fairly certain, these things to Sub-Committee 3 some time ago. It has not come from the Command formally. It has not come from the Command in exactly the form you envisage, but the spirit of your suggestion has been embodied in our informal approach to Sub-Committee 3.

Mr. WANG (China): Perhaps we could propose a joint meeting between Sub-Committees 1 and 3?

CHAIRMAN: I am not quite sure that I have the real intent and meaning of your suggestion, Mr. Paul-Boncour. As I took it, you thought it would be — it was not because of your English, not at all, but rather because...

Mr. PAUL-BONCOUR (France) *(interpretation from French)*: Perhaps I had better express myself in French.

The main idea that I wish to express here has the purpose (1) of simplification and (2) of clarity. The first is simplification. If we are presented with a code or compilation of texts, a great number of which are of Japanese origin applicable generally to the field of public freedom, such a collection might be of great interest to Sub-Committee 3, but it will be of no help to us in our problem of defending our statement concerning the freedom of elections in Korea, next autumn at the General Assembly in Paris. This will not be enough to enable us to do that; it also will be exposed to severe criticism, the more since most of the texts — at least a great number of the texts that will thus have been collected — will be of Japanese origin. Therefore, it seems to us of the greatest importance that a text simplifying all these regulations that apply to public freedom and coming from the United States Military Government be handed to us. In this text a clear statement will be made of all the public liberties which a citizen of Korea does enjoy and also the judicial means by which he is guaranteed these freedoms, by which he can appeal against a decision of the police that would tend to violate the rights given to him by these texts. There is also another purpose, the purpose of clarity. If all these regulations made by the United States authorities do figure in one text, giving both rights that can be guaranteed and appeals that can be made to courts superior in authority to the police, this will appear to us, and will be used by us, as a ready answer to the criticisms that we will have to sustain from certain members of the United Nations who will very obviously ask us: On what ground do we state that the elections that were staged and organized here by the United States Military Government were in accordance with democratic principles and what guarantees can we furnish that such was the case?

CHAIRMAN: Thank you very much. That fortifies me in my thinking.

Mr. PAUL-BONCOUR (France): I should also like to say that it is not for me to make such a recommendation. It is the Commission itself which would have to make a recommendation to the United States Military Government, but my purpose was just to clarify the matter for General Weckerling, as he was kind enough to give us so many explanations from his personal point of view about the matter. The only thing which I may ask him is whether he thinks it would be practicable.

General WECKERLING: In reply, I should like to request Mr. Patterson to put that in the form of a little memorandum for me. It is a very fine statement.

CHAIRMAN: A memorandum of the statement that has been made today.

General WECKERLING: In reply to Mr. Paul-Boncour, I think perhaps he is working on a premise with which we do not agree. In the first place, I do not think — I may be wrong now in making this statement — that most of these texts are Japanese. I think it is quite the contrary; the overwhelming majority of the pronouncements on personal liberty here are of the making of the present South Korean Interim Government. In the second place, I think — if I may be permitted to say this — you are investigating in a way the occupation zone of one country which has declared full co-operation with the United Nations Commission and defending your course of action before another party who has refused to let your Commission come into North Korea and who refuses in any way to bear the same discerning eye upon its area. Now, that will not stop us from furnishing you to the limit with the co-operation that you need and will require here. General Hodge will, I am sure, be the first one to support that statement. That is a purely informal comment from me. He will do his utmost, his very best to assist you in any way he can to further the objectives of your Sub-Committee. If you will let me know what you want, as the Sub-Committee decides later, in the way of documents and in the way of a compilation of the various laws that apply to personal liberties here, I am quite sure that we can give you that without any great delay. It is a matter of compiling public law. It is a practical working matter alone. I feel sure we can give it to you easily with the greatest speed.

Mr. PAUL-BONCOUR (France): You must realize that when I make such suggestions it is because I understand that you have your responsibility in the elections and because we have ours in reporting to Lake Success; our job may not be an easy one.

General WECKERLING: One other thing I should like to add: that is the responsibility of the Commander here as the Commander of the occupation forces. That necessarily limits to some extent the freedom of people living in an occupation zone, but it does not limit it to the extent where we can say that there is no free atmosphere in South Korea today.

CHAIRMAN: As a point of information, you suggested, I think, that most of the laws that bear on freedom of the individual are those that have been enacted since the liberation?

General WECKERLING: To my recollection.

CHAIRMAN: It is true, is it not, that all the Japanese laws that have not been abrogated still prevail? Therefore, if there are laws that limit the liberty of individuals, an appeal could be made to them unless they have been abrogated?

General WECKERLING : I am not a legal expert, but I do not believe that your statement is correct. There is a general law, I believe, a general saving clause, a sort of law which provides that the personal liberties of Koreans shall not be impinged upon as a result of Japanese regulations.

Mr. ENGERS (Secretary) : While there is such a saving clause, the general opinion seems to be that the saving clause is not enough. There should rather be, if possible, some positive action — not a negative action, which the saving clause is — a law or ordinance which would clearly say : "This and that are the liberties which we allow, notwithstanding anything that might have been enacted before." In the opinion of some members that is much too weak. It is a question of approach.

General WECKERLING : I should much rather you would question the legal experts on that. I am afraid I am in a rather weak position because I do not have a very sound knowledge of the technical points which were brought up.

CHAIRMAN : I think you have met the suggestion of Mr. Paul-Boncour; at least you have indicated how it might be met. What about Mr. Wang's suggestion ?

Dr. WANG (China) : Does General Weckerling see my point ?

General WECKERLING : I think I see your point exactly, but it would mean that we would then have to stop our work with Sub-Committee 3 and proceed from the other direction.

Mr. WANG (China) : That is not my point. I have seen an election schedule and also a copy of the electoral laws, but what I have in mind is the concrete steps required in the application of the electoral laws, such as the measures to be taken in connexion with the holding of elections, the registration of voters, the dissemination of information on voting, the setting up of the poll, the distribution of ballots, the counting of ballots, etc. After having studied them and given our suggestions, we will say, "To our mind we are satisfied that in accordance with this working plan the representatives will be duly elected as provided in the General Assembly Resolution".

General WECKERLING : We have done that informally in this way : We have presented Sub-Committee 3 with the laws which we think should be applied and the regulations which we think should be applied, with our informal suggestions as to changes. That is changes in the laws and regulations. These laws and regulations contain punitive measures against the police or anybody else for that matter. We have given you through the secretariat our plan for an educational or informational campaign. I think we have in most respects met your wishes, but we have not yet put it in one paper as a concerted plan.

Mr. WANG (China) : This Committee will not be concerned with study of the electoral laws, but what I have in mind are the practical steps with reference to the holding of the elections such as Mr. Paul-Boncour has expressed.

CHAIRMAN : We will also be concerned with study of the laws themselves at points where they impinge on the holding of free elections.

Mr. WANG (China) : I did preface my statement by saying that it would be a bit premature.

General WECKERLING : The regulations contain regulatory provisions on the detailed conduct of elections in interpreting the law.

CHAIRMAN : That would not be an expansion but a setting forth in concrete terms of what you have said today.

General WECKERLING : Yes.

Mr. ENGERS (Secretary) : There is this distinction between Sub-Committees 1 and 3. Sub-Committee 3 will stop working at an early date after the election law has been cleared to the satisfaction of both parties, Sub-Committees 1 and 3.

The work of Sub-Committee 1 will go on until the end of our mission. Some of the work of the Sub-Committees might be overlapping, but one thing is certain : the work of Sub-Committee 3 will, of course, also be reviewed in this Sub-Committee in the light of our terms of reference, but long after they have ended their work.

General WECKERLING : Would you not hear from the experts whom you are going to call and the members of the Command whether or not the application of this law, the various factors involved in Mr. Wang's suggestion, will, in effect, have created a free atmosphere together with the consultations you hold in Sub-Committee 2 ?

Mr. ENGERS (Secretary) : Yes, that is one factor.

General WECKERLING : I think your Sub-Committee is coming to the point where you may have to decide that you have got to put together the work of Sub-Committees 1 and 3 and review them.

Mr. WANG (China) : Also the plan of the observers you just mentioned. All this sort of thing will help us a great deal if there is a concrete plan so that we can study it.

General WECKERLING : We have it in mind. We could put it all together in one paper. Actually it has been presented, as I say, piecemeal to the various committees and to the secretariat.

CHAIRMAN : We do not want to start you off on a line of work and then two or three days, or a week or two weeks, later say, "We have not thought that thing through". My only concern is : Have we thought it through to the point where we are ready to make that suggestion ? We ought to have one more meeting on that.

Mr. ENGERS (Secretary) : If we sent to you, General, a number of copies of the verbatim record of this meeting, then, I think, you would have the sense of this meeting, and neither this Committee nor the Commission would have to go on formal record as to their desires. Yet you would in a general way be acquainted with our thoughts. I have a hunch that if General Hodge would do anything in this direction, he would rather do it on his own account than at the specific request of the Commission.

General WECKERLING : I cannot speak for General Hodge. I should be very happy if you sent me a copy of the record of this meeting.

I should be very happy at any time to come back before the Sub-Committee and to offer the assistance of our legal experts here or anybody else that you see fit to call.

CHAIRMAN : Thank you.

The meeting rose at 5 p.m.

[General Weckerling wished to add the following addendum to the transcript of the record of his testimony before Sub-Committee 1 on 19 February:

"In conclusion, it was my opinion that, from the viewpoint of all factors involved, including the domestic political situation in South Korea, elections could and should be held prior to May 1948 in the event that the Interim Committee at Lake Success decides to proceed with such elections. With the preparations that have been made, a good informational programme and adequate technical arrangements can be made to ensure fair and honest elections."]

VERBATIM RECORD OF THE SIXTH MEETING [1]

Duk Soo Palace, Seoul, Korea, Tuesday, 24 February 1948, at 3 p.m.

Chairman: Mr. MANET (France)

CHAIRMAN: I declare the sixth meeting of Sub-Committee 1 of the United Nations Temporary Commission on Korea open.

Adoption of the agenda

The agenda was adopted without discussion.

Hearings of officials and experts: William F. Dean, Major General, U.S. Army, Military Governor

(General Dean assumed his seat in the Committee Room.)

CHAIRMAN: This Sub-Committee mainly deals with freedom for elections, and we are not concerned so much with the legal provisions made under the laws, ordinances and regulations as with the way in which they are applied. I make this explanation in order to circumscribe the statement we should like you to make to this Sub-Committee, so that we may become better acquainted with the situation.

Perhaps you can give us a general picture of the situation here as regards the — I will not say free atmosphere for elections — freedom for elections, supposing that such an election were to be held, taking into account your experience of the election which was held some time ago.

General DEAN: I was not actually present during that election, but from the experience I have gained since I have been here in the carrying out of the provisions of existing ordinances, either executive decree or legislative enactment, I feel that, given time to prepare for the election and to inform the people, we could carry out an election with all the freedom desired.

I want to amplify that further. We all realize that this will be the first election held in Korea under conditions of universal suffrage, and this is the Orient, where, no doubt for many years to come, the head-man of the family will have a great influence on the votes of everyone in his family. I think that the same conditions obtain in other parts of the world, but when I see these allegations that the police force is going to control the election, I feel that these statements are not based on fact. The Director of the Police has put out a definite requirement to the police force that they will not participate in the election, and that they will only enter the polling booths to cast their own individual votes.

I have heard it said — in fact, Mr. Menon mentioned it in his speech — that ten to fifty thousand people could be arrested to prevent them from voting. There is section 94 of the election regulations, which were drawn up by a committee of Koreans who were drawing up the election regulations based on the law passed by the Interim Assembly, a law which was for one provision only, that was to have an election for another interim assembly in South Korea, and not a national government for all Korea. In that section it is definitely provided there should be no arrests; in fact, it really puts in the right of *habeas corpus* so far as the holding of elections are concerned.

I am not at all disturbed over the elections not being held in a good atmosphere. I do not feel that the first elections that they hold will be as well conducted as subsequent elections will be. I feel that the holding of an election by secret ballot is an evolutionary process. I only know by reading, but I understand that in the election held in China two months ago only ten per cent of the population turned out, and that even Madame Chiang Kai-shek voided her ballot. So there will be a great many inaccuracies of individual votes, and there may be chicanery of sorts, but we have that in my own country. I feel that if we are going to have an election of any sort, the most important thing of all is that we must have an early announcement of the election, so we can prepare the voting public for it.

I have resisted an active educational campaign in the Press on the election law as passed by the Interim Legislative Assembly because I felt it would confuse the public. With the United Nations Commission coming here, we felt that you would devise your own election laws. These laws might not be in consonance with those passed by SKIG — the South Korean Interim Government — and any differences put out through the Press or over the radio might confuse the people. I feel that if any election is held under United Nations supervision, the Commission might well, and I should recommend that they do, direct that certain changes be made in the law passed by SKIG. These suggested changes were all enumerated by the then Acting Military Governor, General Helmick, when he returned the law to SKIG before signature. One of these changes referred to the age limit. He suggested that this be lowered from 23 years to 21.

Another item was the literacy test; another referred to people who had been convicted of any crime and another referred to the collaborators. I feel it is very difficult to determine who is a collaborator in a country which has been occupied for forty-five years. Another item was the provi-

[1] Document A/AC.19/SC.1/PV.6.

sion for a special electoral district for people from North Korea. I feel that the refugees should be permitted to vote, but as residents for the time being of South Korea. In other words, the minute we say that an election here is an election for all Korea, I think we are missing the point. Any election we have here in South Korea should be an election for an interim government for South Korea alone.

CHAIRMAN : In other words, there would not be a special constituency. The refugees would just vote because they live here now?

General DEAN : Because they live here now.

Mr. PATTERSON (Canada) : Would there be any requirements about term of residence in South Korea? I think that sixty days has been mentioned.

General DEAN : It would be a relatively short period, but the refugees are not coming in the numbers they were, so I do not think it would have any great effect. I think the sixty-day term would be reasonable, but I think there should be some period so that there would not be a last-minute rush of people getting over for the purpose of voting only. I think that a person who has lived here for an appreciable length of time and has, we hope, been contributing his taxes, should be permitted to vote here.

CHAIRMAN : We have prepared a questionnaire, and, if you do not mind, I will read the questions to you.

General DEAN : I prefer that.

CHAIRMAN : The first question is : It has been suggested to us that it is difficult to determine at present what laws and regulations now in force restrict free elections. Do you believe this to be true? We were told that many Japanese laws and regulations were still in force or, rather, had not been abrogated, so that it was almost impossible to determine, at the present time, whether these will restrict free elections, since nobody knows whether they are still in force.

General DEAN : I think that an assertion such as that has undoubtedly been made by the minority party or parties which do not desire an election. I know that Dean Pergler or Dr. Fraenkel could give you, in great detail, the status of our laws. I know you have gathered from previous speakers that the law today is, *in toto*, the Japanese codified law, but, as you know, that is not true; the laws under which we are operating today are the old Korean civil laws. There are certain Japanese laws which we have not repealed, but we have repealed a great number, and ordinances have been promulgated by the Military Government and laws passed by SKIG and signed by the Military Governor. I know of no laws existing that would prohibit the holding of free elections, but I do know that before an election is held we will have a new ordinance on the books that will give greater civil liberties than the people enjoy today.

They have been working on this new ordinance in the Department of Justice, and preparing for my signature an ordinance increasing the civil liberties of the people. That ordinance will ensure that a person can only be arrested on the issuance of a warrant, except, of course, when a man is caught in the actual committing of a crime. The new ordinance will also entail an indictment within a certain short period of time. It will ensure early trial, it will ensure bail, and include provisions against illegal arrest. If the date of the election were announced today, that ordinance would be in effect long before an election could be held because, regardless of what some of the political parties suggest, you cannot announce an election today and hold it next week. A period of time is necessary between the announcement of an election and the holding of that election. I do not know whether you realize the transportation difficulties. You have gone from here to Pusan, but you travelled on a good railroad. When one gets off the highways on to some of these ox-cart roads, one sees what it does to a jeep. You have never taken a beating until you have travelled on some of the roads in the province, and these are thickly inhabited centres. The means of transportation are really backward.

I feel that under SKIG laws and the regulations set up by the committee that was formed, we could hold a free election. With the there added safeguards, the recent directives of the Director of Police as to the rights of assembly, free speech, freedom of the Press, in addition to the ordinances that are in the making right now, we will have the regulations under which such an election can be held.

CHAIRMAN : You have also given us the answer to the second question : If so, do you agree to the suggestion that new ordinances should be enacted to ensure complete freedom of elections?

Mr. PATTERSON (Canada) : I think we ought to explain to General Dean that this question with regard to the Japanese laws still applying was not made with specific reference to this problem, but was made in connexion with a survey of the whole legal system.

General DEAN : That has been a mis-statement all the way through. One cannot go into a country and say "We will abolish all laws". They were the laws of the land, and they were the laws that people knew.

Mr. PATTERSON (Canada) : That was what I was going to say. We are not critical of the fact that Japanese laws still apply. It would be impossible to abrogate these laws before you were ready for a new system.

General DEAN : A great many of these laws are splendid. Our Ordinance 9 of 1945, which was made before I came here, repealed several of these laws, and the civil liberties of the people have been immeasurably improved in comparison to what they were under the Japanese laws before they were repealed. I do not feel there is anything for which we have to apologize.

Mr. PATTERSON (Canada) : I want to make that clear. The first point I wanted to make was that it was not a critical statement; it was simply a statement of fact. The next step was this. We saw as quite an easy task the taking of the laws and ordinances which have been passed since the occupation, and seeing how they impinge upon this question of civil liberties. But it is quite a job to be able to say what laws there may be which may have a bearing on this freedom of election. What we were trying to avoid was having critics say afterwards that the elections could not have been free because there was this or that law which made a free election impossible. Therefore, we thought a survey ought to be made, and General Weckerling said he would have a survey made of the laws in order to indicate which particular laws there might be which could be quoted as impinging on a person's freedom.

General DEAN : Every ordinance which has been issued subsequent to our occupation states that if there is any conflict with existing codified laws, this law takes precedence and the other is rescinded.

Mr. PATTERSON (Canada) : We are aware of that. We thought that the laws which had not been repealed should be reviewed so that those which might be quoted as making a free election impossible could be spotted.

CHAIRMAN : At the same time, General Dean has given us a very precise answer to the second question, which I was about to ask, that is : If so, do you agree to the suggestion that new ordinances should be enacted to ensure complete freedom of elections? If I understand you correctly, that is precisely what you are trying to do.

General DEAN : That work was initiated not with this election in mind : it was initiated before my arrival here. General Hodge and General Lerch initiated this almost a year ago, and there have been many conferences to try to get all the Departments in agreement ; that is, such departments as the Department of Justice and the Department of Police. The volume of minutes from these conferences already makes a large pile. I tell them what I want, but I find it takes legal talent, if there is more than one, some time to come to an agreement. But they tell me we shall have the draft this week. It is absolutely certain we will have such an addition before any election is held.

Mr. WANG (China) : We have come across a problem which will bear upon the subject we are studying. That is, on the one hand we have the resolution which states that the representatives must be duly elected representatives of the people, and, on the other hand, we are met with a body of oriental customs and traditions. I am not speaking merely of the larger cities, I am speaking of those provincial towns and villages to which General Dean has referred. Probably for decades, at least for many years, they have had recognized elements who have been looked up to as the natural leaders. But these elders will not have any political opinions, though they will have the votes of their people. Suppose we announce an election. According to the Western conception, every individual must make up his or her own mind as to the one he wants elected. On the other hand, there is this oriental custom or tradition which makes the people look to the leaders for advice and directives. We should very much like to have your views on this, based on your experience here.

General DEAN : I have already stated that I feel that the head-man or the leader will have a great influence in the voting in his particular village. I feel that that is a condition which must prevail for many years. But, so long as the individual casts his own vote, and the leader does not cast it for him, I see nothing wrong with that. In the United States, and I would not be surprised if it happened in Canada, we see automobiles on which it is stated "Vote for So and So" in which people are taken to the polls to vote. At the last general election in Great Britain I saw a great effort made to influence people how to vote, and I am certain that certain families were using a great deal of family influence, but I see nothing wrong with that, so long as every particular member of that family casts his own vote independently. I still consider that a free election. I feel that we must have campaigning and attempts to influence people to vote for one candidate or another, so long as there is no coercion or physical violence or threat of violence employed.

CHAIRMAN : Do you think it possible to avoid these head-men taking all the seals of the others and voting for them? That, of course, could not be considered a free election.

General DEAN : I feel that the Election Committees will carry out their duties to the extent that only those registered can come up and vote. I do not believe that we can give any absolute guarantee that every election booth will be conducted one hundred per cent honestly. When we achieve that at home we shall be very fortunate. I am certain there is going to be chicanery at certain times, but I feel sure that the Sub-Committee is interested only in the organized stifling of the voting of all parties except one, or that it is going to be a machine-run election. That is what you are interested in.

Mr. PATTERSON (Canada) : That is one phase in which we are interested. We have been impressed — we cannot but be impressed — by the reports that have come out of Korea that indicate that the police have inordinate power, and when one puts alongside these reports the fact that the Department of the National Police is an independent department, one cannot easily get rid of the doubts one has, or the fears that men, in such large numbers as that, will exert pressure which is very difficult for a person at the top, however well-meaning he might be, to control. That, linked together with the very fact, which is well-known, that the police are meshed in with one political party — these factors come to us from various angles — creates a general feeling of uncertainty as to how far one can control the whole police organization in the interests of allowing individuals to vote as we expect in the West.

General DEAN : I do not feel this to be so. If you will look at the records of the past few months you will see that rightist terrorists have been arrested on the same scale as the leftist terrorists. There have been arrests by the police down in Cholla Putko of some of the most influential rightist leaders for having directed terrorism. When there is any indication by the American officers that the rightists are behind any terrorism and that arrests must be made, then the police will go out and make those arrests.

Mr. PATTERSON (Canada) : To what do you attribute the fact that there has been a change in orientation?

General DEAN : I attribute it to the fact that the Police Department is thinking about South Korea before it thinks about any political party.

Mr. PATTERSON (Canada) : Why has this come about within the past few months?

General DEAN : I do not know that it has come about within the past few months. I have been here for only four months. I was not making any comparison of the past four months. I was only trying to indicate what I had seen. I was trying to differentiate between hearsay and actual physical experience, and I do know that early in November Dr. Syngman Rhee said he was going to have an election notwithstanding, and held an unlawful assembly in front of the Capitol. There were banners and shouting, but the police were resolute in arresting the ringleaders and dispersing the mob. There were policemen and others hurt. Dr. Syngman Rhee said he was going to have an election, General Hodge notwithstanding, but the police sided with constituted authority although everyone said that was their party.

Mr. PATTERSON (Canada) : That, presumably, was because the American Military Government took a firm stand on it?

General DEAN : Yes. The American officers would take a firm stand in any election.

Mr. PATTERSON (Canada) : That is what we are trying to get straight. To what degree would that be necessary, and at what points will it be necessary for the Military Government to say that this or that course should be taken? I am speaking in general terms, because the questions that come to us cannot be tabulated.

CHAIRMAN : We were told that General Hodge himself recommended or suggested to the Korean Interim Assembly that the National Police should be put under the supervision of, or attached to, a special Department for the Interior, and that that suggestion was either disregarded or discarded by the Legislative Assembly. Can you tell us whether this is true, and if so, why the Koreans themselves rejected the idea of putting the National Police under the supervision of the Department of the Interior?

General DEAN : I do not known that that happened. There is a complete reorganization plan for the Interim Government of Korea, and that has been referred to the Assembly and that, I think, is one of the provisions of the recommended reorganization.

CHAIRMAN : It may not be that this specific provision has been disregarded, but the whole plan for other reasons. Is that so?

General DEAN : That may have occurred : I do not know.

Mr. WANG (China) : It has come to our minds that one way to promote a free election is through the dissemination of information to the voters. That is, information to show how they can vote, that they do not have to be influenced by the police, and that they can vote whichever way they please. The more such information goes to the voter the better it will be in the light of our terms of reference. What is your opinion regarding the length of time required for the dissemination of such information? How long will it take to sufficiently satisfy us that the average voter will know his rights and know how to vote?

General DEAN : Any answer on that would be relative because, naturally, the more time you have the better education you can give. I feel that sixty days would be the time, and when I say sixty days I take into account the fact that that education started before the United Nations Commission came over here.

This dissemination was stopped because it was based on the SKIG law entirely, and I felt that it would be very confusing if the United Nations Commission came in with a document and said "This is the electoral law we will have at this time".

CHAIRMAN : As a matter of fact, I do not think this will ever be done by the United Nations, because the terms of reference of the United Nations Temporary Commission on Korea are to observe the elections and to make recommendations, so that whatever the Commission does would only amount to the formulation of some recommendations regarding the laws you are going to apply, or that the Koreans envisage applying.

General DEAN : I agree with that thoroughly. I was under the impression that the United Nations had come over to observe an election for North Korea and South Korea, and I could not see how the law passed by the Interim Assembly of South Korea could be applicable to North Korea. That is why I stopped the dissemination of that information.

Mr. WANG (China) : In the light of the present circumstances, would you prefer to hear from this Commission specific recommendations we would like to make with regard to the electoral laws, so that you might embody them in the dissemination of your views.

General DEAN : My view is that if we were going to have an election here in South Korea, I should welcome suggestions from the United Nations covering these particular points I have mentioned. The reason I should want these suggestions is because the law, as it has now been passed, was signed by the Military Governor, General Lerch, before he died, and I feel that in the eyes of the Koreans it would be more fitting, and they would accept it more gracefully and with less ill-feeling, if these changes came as suggestions from the United Nations Commission rather than, as Military Governor, I should put out an executive order and say "I am changing your law".

Mr. PATTERSON (Canada) : Another of our Sub-Committees — Sub-Committee 3 — is dealing with that very problem, and this morning they were dealing with various suggestions that General Helmick had made.

General DEAN : These are the same ones, and they still stand. I have a couple of others.

Mr. PATTERSON (Canada) : We went a little further, and such recommendations will come from the Commission if this plan goes through for participation in elections in South Korea alone.

General DEAN : I should welcome them, and I do feel they would add immeasurably to the democracy of the vehicle.

Mr. PATTERSON (Canada) : You have not met with the secretariat in connexion with the study of the laws themselves. They have been meeting with your experts and also with the Government, and they reported to the Sub-Committee this morning for the first time.

Mr. MUGHIR (Syria) : You are well aware of the fact that there are certain youth organizations in the South of a more or less military character. Do you think that such organizations might upset, to a little extent, the free atmosphere for electors?

General DEAN: I feel that these youth organizations will have to be watched; decidedly so. They may have the same effect as the Young Tammanyites or the Young Republicans have in my own country, where they have used strong-arm methods to keep people from going to the polls. That is a danger.

Mr. MUGHIR (Syria): Do you propose that such organizations should be dissolved?

General DEAN: I have considered the matter of the dissolution of these youth organizations, and I feel that, with the conditions such as they are here, it is better to attempt to control them through their leaders rather than dissolve them. They have improved. The number of acts of violence on their part has been decreasing month by month. I do not think that their dissolution by decree is the answer.

CHAIRMAN: If an election is held, do you think that it could be properly controlled and supervised if it were held in the whole territory at the same time; or do you think that it might be possible to divide the territory up and hold successive elections in different parts of the country? Of course, I am fully aware of the difficulty of not announcing the results and of keeping the results secret for some time, but I should like to have your opinion on this particular point. Such an election would be only for practical reasons, and, of course, there are no theoretical reasons in favour of it.

General DEAN: That is a question to which I have given a great deal of thought. When we speak of the observation and conduct of an election, the question arises as to how far down we are to have observers. The question also arises as to what would be the reaction throughout the world — especially in the Soviet Union, whom everyone seems to be attempting to appease — if American occupational troops acted as observers at each polling booth.

CHAIRMAN: That is not what I had in mind; the observation is for us to carry out. I wanted your opinion in general: Do you think it advisable or possible to hold successive elections on exactly the same terms, during a period of time of, say, ten days? To my knowledge, it has not been done in any country, but perhaps I am not fully aware of the position in other countries. If we are to observe the election it might not be too easy for us.

General DEAN: It is going to be difficult.

CHAIRMAN: Considering that transportation is so very difficult — I have had some experience of this on hunting trips — I just wanted your opinion.

General DEAN: As I say, that is a question to which I have given a great deal of attention, and the advantages and disadvantages are several for each line of action. If the elections could be held simultaneously all over South Korea, there is less opportunity for dishonesty and more chance for fair elections in every place. If elections were not held simultaneously, word might get down from one province to another how things were going, and there would be the desire to put on the pressure that we are trying to circumvent. The news might be wrong, but that would not make any difference. It would be much better if we could have the elections simultaneously throughout South Korea. On the other hand, it might be necessary, if it is desired to give a complete coverage to your observation, to have elections in one or two provinces at a time, but, even then, I think you are sanguine if you contemplate having elections every ten days, because just moving about from one place to another is going to take time.

Mr. WANG (China): My next question is based upon the hypothesis that the authorities here will hold an election and leave the problem of observation to the United Nations. Do you think that the facilities are sufficient to hold an election simultaneously in South Korea?

General DEAN: We feel that we could do that. I think that the making of the ballot boxes is pretty well completed now; the contract was put out some time ago. Our difficulties will really begin with the counting of the votes, when we shall have to see that the ballot boxes are not trifled with. I have been stationed in a great many parts of my own country, and it seems to me someone is always stealing an election box at the wrong time.

CHAIRMAN: What sort of provisions have you in mind for the casting of the ballots, so that it is done in secrecy?

General DEAN: We have voting booths.

CHAIRMAN: And the ballots themselves would be picked up by the voters.

General DEAN: They would be handed to the voter by the registrar.

CHAIRMAN: He would put in the name of each candidate himself, as it is not printed in advance and they do not have several ballots each bearing the name of the candidate?

General DEAN: That is getting down to details: I do not know.

Mr. PATTERSON (Canada): I think actually that they are considering several methods, one being the printing of the names, so the man can put a cross opposite the man he votes for. Another method is a blank ballot on which the voter writes the name of the candidate he wishes to vote for. A third variation has been suggested and that is that they put the pictures of the candidates or some kind of identification on the ballot and, then, opposite the name of that same dentification, mark it so that illiterate people can identify quickly the candidates they want to vote for. It has been suggested — and General Weckerling seems to think it would be feasible — to put the photographs of the candidates on the ballots. He said that he thought it might be done. The first plan that has been discussed refers to a blank ballot on which the voter writes in the name he desires.

General DEAN: Under the present law, without any modification, that would not work because of the literacy test. I would recommend that attention be paid to that because I feel that we should not disenfranchise all the people that cannot write. Not only that, I do not feel that you will get as free an expression of the will of the people because I know that certain political parties have collected money, and, when they collect money, in return they teach the person how to write their candidate's name. That is the consideration for giving one hundred yen or more; they teach the man how to write the leader's name.

CHAIRMAN : I want to tell you from my own experience in France that when the ballots are printed in advance, that is to say, each candidate has a special ballot with his name on it, those ballots — whatever you call them — are on a table; then the voter enters the polling place and just picks up one.

General DEAN : You are voting a straight ticket then ?

CHAIRMAN : Yes, so that those who do not want others to know for whom they are voting usually take one of each. However, in small villages and in other small places, it may happen, just by mere coincidence of course, that there is only one place on the ballot with the name of the candidate they want the people to vote for. If the people are too shy, they do not dare to ask for other ballots; that is, of course, very general.

Mr. PATTERSON (Canada) : How do you control it so that one voter uses just one vote ? In our country, the returning officer hands the man the ballot.

CHAIRMAN : In secrecy the voter himself puts the ballot in a blank envelope without adding anything, without making any mark on it, and when he comes out of the booth, he passes in front of the ballot box and behind that ballot box there is the Electoral Committee which is composed of a representative of each party so that the name is checked on the electoral lists. He gives his name and shows his identity card. They check his name on the list, put a mark on it, and the voter puts his ballot in the box in front of everybody. Then they close the box.

Mr. PATTERSON (Canada) : The envelope is the control. If there is more than one ballot in the envelope, then it is spoiled ?

CHAIRMAN : Yes.

General DEAN : The great difficulty we have found in our own country of having two or three names on a ballot is that the first position on the ballot is the one most highly prized. Some countries do it alphabetically; others do it by giving the incumbent the first choice. I think that in most of the states in the United States the incumbent has the first choice. However, that is another problem that is introduced when you have several names on the ballot.

Mr. PATTERSON (Canada) : We use the alphabetical system.

General DEAN : I think they do in Australia, too. There are a great many technical difficulties that are going to be encountered in the actual mechanics of the voting, and I am certain that there are going to be a great many ballots that will be invalidated just by improper marking. That occurs in a great many countries even when they have been voting for years.

Mr. PATTERSON (Canada) : Mr. Ssuto just went through an election in China; he was elected to the Assembly in China just recently. Mr. Ssuto, have you any suggestions on the kind of ballots which should be used so that people who are not familiar with the system will make the smallest possible number of errors ?

Mr. SSUTO (China) : As I told Sub-Committee 3 this morning, we have the names of the candidates printed in advance.

General DEAN : All on one ballot ?

Mr. SSUTO (China) : Yes, on one ballot, and the voter just puts a mark on it. If the constituency should put up four members, then the voter can only mark one name from the four names on the ballot. Those who are illiterate, and do not know what the names stand for, can be helped in the polling booth by someone else.

Mr. PATTERSON (Canada) : They can read the names off to them ?

Mr. SSUTO (China) : Yes. Of course, there are mistakes.

Mr. PATTERSON (Canada) : You cannot have very many names then ?

Mr. SSUTO (China) : This time the political parties nominated their candidates so there was a rather limited number of names.

General DEAN : My suggestion on this point is that rather than let anyone in the polling booth or the Electoral Committee assist the voter, you permit a voter to take a member of his immediate family with him to assist him and then have a definition of what "immediate family" means because you will find that although these elders control the votes in a village, that elder may not be able to read or write, yet his son or grandson is literate. I feel that his son or his grandson should be able to go with him, and we should permit him to vote as long as there is just one ballot in the booth with him and as long as the other person is always an immediate member of the family. You would always have the possibility, perhaps, of one person belonging to too many families.

CHAIRMAN : I think it is quite a common procedure to allow anybody to accompany the voter as long as it is not at that moment when he puts his ballot in the box, but up to that very moment, that is to say, in the booth, it is quite normal for anybody to go with the voter and assist him.

Mr. PATTERSON (Canada) : That point was discussed by Sub-Committee 3 also, and the representative of El Salvador said that while this kind of safeguard might be considered, the voter himself wanted somebody to come in and help him. When you have millions of people involved, it is a practice that lends itself to a great deal of exploitation. They rather favour some other system by which a person can identify the name on the ballot so that he can mark it for himself. There were quite a large number of people involved before the liberation, 80% of whom were illiterate. Of that number, 50% have been made literate in the meantime, so that 40% are still illiterate.

General DEAN : The adult education programme has been making rapid strides in the last year, especially, and I think two of the most important things in the educational programme here are primary schools and adult education; much depends on those two phases of education.

CHAIRMAN : Mr. Engers, a member of the secretariat, has done a great deal of work for this Sub-Committee, and he would like to ask you some technical questions.

Mr. ENGERS (Secretary) : I have a few general questions to ask. I think that most of the members of this Sub-Committee are very much pleased and relieved by your earlier statement that you have an ordinance under consideration which has a number of provisions bearing on the freedom of elections.

General DEAN : I want to make that clear; that was not devised for the elections.

Mr. ENGERS (Secretary) : That will be in force before and during the elections and will have a bearing on the atmosphere?

General DEAN : Yes, indeed.

Mr. ENGERS (Secretary) : That ordinance of course, looks towards the future, but I also know that a number of members of the Sub-Committee are interested in the past, and they have, on an earlier occasion, expressed a desire to visit prisons and to talk to so-called political prisoners. At our last meeting, General Weckerling, in a general way, said that that could be done, but yours was the final decision.

CHAIRMAN : May I interrupt to point out that it was not our purpose to visit prisons or to interview so-called political prisoners. The idea was that anybody, even people in jail, could make statements before this Sub-Committee; that is slightly different.

Mr. ENGERS (Secretary) : Of course, that would be done without the person being taken from the jail. One member of the Sub-Committee, or members of the Sub-Committee, would go to the jail.

CHAIRMAN : If it was not possible to bring him here or if we chose to go to the jail, but it is not an investigation of the prisons.

Mr. ENGERS (Secretary) : No, it is not an investigation of the prison system and also it is not, in general, a desire to get a number of people out of jail for a few days; it is for the purpose of hearing them. Of course, we will indicate those people to you and, of course, you will decide. In a general way, would that be possible for the Commission to do?

General DEAN : Surely, there is no prisoner in any of the jails of South Korea that is not available to come here.

I am trying to find out the definition of what a political prisoner is. I have been making a survey of all the prisoners we have, and a great many of them have not been properly catalogued; they have been convicted for illegal assembly, but in reading the full particulars of those cases, we find that that illegal assembly consisted of plotting to actually assassinate someone. It is the plotting they should be charged with rather than illegal assembly. In other cases, it would be called illegal assembly when the accused threw brickbats, and they sometimes threw them at a police station without any prior provocation; there have also been attacks on post offices and food stores, and these offences may have been called illegal assembly. It is a very unfortunate nomenclature. Another case of unfortunate nomenclature, in regard to political prisoners, was calling someone a political prisoner who created disorders or riots. He was a prisoner under Ordinance 2; that is the ordinance regarding danger to the safety of the American occupation forces. I have yet to find a man in jail because his ideology is different from anyone else's. His ideology may be what it is as long as he does not take an active part in trying to overthrow constituted authority. Your question was, can you see any prisoner in our prisons. You can see all of them or any of them that are under guard at any time, and the guard will step outside if you will take the responsibility for the custody of the prisoner while he is conferring with you. Their being called by you will not be used against them in any way.

Mr. ENGERS (Secretary) : I will go back now to the elections themselves. Do you think that the candidates will campaign under a party label or under their own names only?

General DEAN : It would be only my own idea, and I don't know, but I think it would vary with the individual. If the individual has a great following because of his name, I think that individual would be campaigning under his own name. When he is a man of smaller stature and does not have a personal following, I believe that you will find him under the party's name, so that he may receive the added prestige, to a greater degree, of that party. That is what I think, but I don't have anything to base it on.

Mr. ENGERS (Secretary) : The situation is such that there are a number of voters who will not vote because they think there is no freedom of elections or because they have other reasons for not participating in the voting. That, of course, we all know. Taking that for granted, what is your guess as to how many parties will participate in the voting, and how many of those participating parties will be able to elect at least one representative?

General DEAN : Anything I would say would be the wildest guess in the world, and I would not have a thing to base it on because these parties are coalescing and splitting apart from day to day. I find that one group which I think belongs to this party belongs, the next day, to the other side. My guess would not even be an educated guess. I think your guess would be as good as mine. I do not like to give you an answer like that, but I just do not have any idea on it.

Mr. ENGERS (Secretary) : The reason I asked that question is because world opinion will judge the elections by the results and not by the free atmosphere.

General DEAN : When you say "world opinion", do you mean "world opinion" or do you mean Soviet Union opinion? Are we just appeasing the Soviet Union in the General Assembly of the United Nations? The reason I say that is because I feel certain that the extreme leftists will not participate under orders from Moscow. The so-called election they had before — I think it was done on the head-man count — as I understand it, was not universal suffrage. Those instructions were sent down at that time, but they did not get their instructions at Chejudo Island, and they elected two representatives there. When these two representatives got to Seoul, one of them was kidnapped by party members who had received their instructions from above. The other one resigned, and his resignation was not forced upon him by the rightists or by the Military Government, because the Military Government, as you know, appointed a great many members to give a better balance to the Legislature. General Hodge was called a communist in all the papers of Korea because, to give a better balance to the Interim Assembly, he appointed members who were extreme leftists in several cases. Many middle-of-the-roaders and extreme rightists will tell you that anybody is a communist except an extreme rightist. The extreme leftists will not participate in the election, I am convinced, and so no matter how you hold the elections down here and what care is taken, we are going to be subjected to the criticism that here we have an Assembly with no communists in it.

Mr. ENGERS (Secretary): That is not what I meant. I prefaced my statement by saying that there is one group that would not participate whatever you do.

General DEAN: That is right.

Mr. ENGERS (Secretary): Having said that, I was wondering whether there were at least three groups.

General DEAN: I think you will get groups, yes, indeed. I think you will get other groups; you will get a showing in all groups. That is my belief. I may be made a terrific liar by the results, but my belief is that you will get representatives of these groups except those that do not participate and about which we are both thinking, the extreme leftists.

In view of the recent amalgamation of the forces of Kim Koo and Kim Kiusic, I think that would have a great bearing on the case, because Kim Kiusic has been called everything from a communist to a middle-of-the-roader, and he is constantly being charged with being a tool of the United States. I do not suppose that there is any Korean who, in his heart, has greater dislike for Americans. That is just my own observation; it is just the way I feel.

There is one point that I would like to re-emphasize, and that is the importance of announcing the election immediately, if there is going to be an election, so that we can start those educational processes that you have all indicated are so necessary, so that the people can be informed and so that we can start to work with the Press, the radio, air-drops, and speakers going out to the provinces.

Mr. PATTERSON (Canada): That does suggest one point to me. It does not have too direct a bearing on this problem of freedom, but it is a matter of general interest. Is it a matter of some advantage to have the announcement before the first of March?

General DEAN: Yes. I had not thought of the first of March in that light. It would be a great advantage to have it before the first of March.

CHAIRMAN: That is beyond our province for the time being.

Thank you, General, very much.

The meeting rose at 4.40 p.m.

VERBATIM RECORD OF THE EIGHTH MEETING [1]

Duk Soo Palace, Seoul, Korea, Thursday, 26 February 1948, at 4 p.m.

Chairman: Mr. MUGHIR (Syria)

CHAIRMAN: I declare the eighth meeting of Sub-Committee 1 of the United Nations Temporary Commission on Korea open.

Adoption of the agenda

The agenda was adopted without discussion.

Hearings of officials and experts: Dean Charles Pergler and Dr. Ernest Fraenkel, officials of the United States Military Government.

CHAIRMAN: We are very glad to have Dean Charles Pergler and Dr. Ernest Fraenkel with us. They are two eminent experts in that field. Will you please introduce yourselves?

Dean PERGLER: I am a special adviser to the Military Governor.

Dr. FRAENKEL: I was an adviser to the Department of Justice and a member of the National Labor Advisory Board.

CHAIRMAN: I will ask Dean Pergler to make a general statement.

Dean PERGLER: I want to call attention to something that undoubtedly all of you know, but I say it merely for purposes of the record in order to have a complete statement. I think this whole problem — particularly the freedom of elections and free air, as we call it — is a matter of rather comparative and historical study. I think we should have in our minds constantly the situation which was met by the United States Forces when they came to Korea. I should also like to call attention to something which most of you undoubtedly are familiar with, that, contrary to general opinion, this is not an entirely novel situation. It has its special aspects; some say oriental aspects. But I am not so sure that they are purely oriental. This problem of unification and abolition of old existing laws was met by the Succession States following the break-up of Austria-Hungary. There was first the matter of unification of the legislation of Austria and Hungary. When I left Europe seventeen years ago, the Ministry of Unification in Czechoslovakia still existed, and the old laws had not been abolished, not because of any unwillingness but because of the necessarily slow process of certain traditions which cannot be abolished anyway. Thus, it is not an entirely new problem.

When we came here — I am speaking from observation as a civilian — the necessity was to provide some kind of government to maintain law and order. That has been done. On the whole, I consider it a rather remarkable achievement. The Military Government was the only possible

[1] Document A/AC.19/SC.1/PV.8.

government; there just was not any other government. However, its functions were much more important and broader than the average military government because this is liberated territory. There had to be much more regard paid to local customs, local traditions, and even local laws.

Of course, the first task that was undertaken — and it was undertaken — was to undo, as far as we could and as far as we knew of them, because of the language difficulties, the effects of Japanese rule. The first step taken — it is important to emphasize it — was the repeal of certain oppressive laws. That was done even before I came to Korea. I have been here now for almost two years, and a good many of these laws, a number of them at any rate, were repealed prior to my coming here. That was as early as September 1945. There was an enactment prohibiting racial and religious discrimination in the schools in Korea. Later on, in October, there was a whole series of discriminatory laws fixing limits of punishment, and so on, that were repealed, so that the activity began then and there. Later on, there came the Ordinance Retaining Laws, really following the principles of international law and again also repeating the prohibition against discriminatory laws.

It is rather interesting to note that on 13 November 1945 there was an Ordinance, No. 28, prohibiting — it is poorly worded by the way; its title was Prohibition of Other Police and Military Organizations — organizations such as possibly the Nazis may have had and did have, particularly uniformed bodies. That came quite later, of course, and it caused some of the complaints about the police. There was a National Police Board established with advisory functions which would, to some extent at any rate, as I read it, control the activities of the police by way of advice.

Mr. PATTERSON (Canada) : Is that Korean?

Dean PERGLER : That is our ordinance.

Mr. PATTERSON (Canada) : I mean the composition of the Board.

Dean PERGLER : There are some American officers.

Ordinance 157 says that it is directly responsible to the Military Government. "*Organization of Board.* The National Police Board shall consist of six members appointed by the Military Governor, two of whom shall be appointed on recommendation of the Civil Administrator from among Directors of Departments and two upon recommendation of the Director of the Department of Justice from among the judiciary or prosecutors. The Director of the Department of Police shall be an additional member of the Board but shall have no vote. Paid officials of the Government serving on or for the National Police Board shall receive no additional compensation for such service."

It shows the trend and spirit of the Military Government. Now, that is merely by way of illustration. There have been other laws, but I am not willing to limit myself to what might be purely negative features. There have been certain positive measures, and they are not merely within the political or police fields or whatever one may wish to call it. I think it is of some importance when you consider the question of free air for elections to consider the other types of legislation, for instance, legislation in the economic and social fields, because that does make for a certain amount of freedom. One of the first things that was done — that was in October 1945 — was an enactment of Ordinance No. 9 fixing maximum farm rents. This was to relieve the farmers who had been unmercifully exploited by the Japanese. As a matter of fact, that is of some importance because one of the points of attack from the North lately has been that we have increased these rents. They alleged that the farmers were paying fifty per cent and more of their yield from the farm. As a matter of fact, their rents have been reduced to one-third. That is, by the way, a very vigorously enforced law. I myself have written some opinions on the meaning of that ordinance, so I happen to know about it. I consider these things to be important.

In the labour field, which is always indicative of the type of government, Ordinance 34, on 8 December 1945, established a labour mediation board, and there was a declaration of public policy by Ordinance 97, a public policy on labour matters encouraging and recognizing labour unions.

There is also the establishment of a Women's Bureau. There is an ordinance fixing maximum working hours, and these are not merely printed documents. We have had some elections under these laws. It was a rather remarkable exhibition of the working of the vote. I think that about ninety per cent — or more than ninety per cent — of the voters cast their vote. The legislature which we have established passed a Child Labour Law, a law relating to the collection of summer grains. Collection of rice laws were enacted to prevent exploitation of farmers as much as possible and to prevent starvation, so there has been legislation of a positive type. There is one thing, however, that I would like to call to your attention. Of course, you cannot change institutions overnight, particularly the traditions of the people. The test is, what is the type of legislation, what has been the spirit of the Government, and what has been repealed. There is another test, and it is an extremely important one. That is exactly the type of legislation that exists. It is not only the legislation but the interpretation of the laws.

I can say, especially in the field of civil liberties without any fear of contradiction, that when a matter came before the Opinions Bureau, whenever possible, allowing for the military situation, we have always interpreted the law, shall I say, in a biased way in favour of civil rights. I have here a very brief opinion; I shall not give the names, but in this case one official thought he was attacked. Actually, he had been asked to resign at a public meeting, and the matter was presented later on in the newspapers. He thought an offence had been committed, and he sought prosecution. We handed down an opinion in no uncertain terms that a demand for resignation of a public official is never an offence under democratic conditions. There are other illustrations.

One of our ordinances requires registration of political parties, and the question arose as to whether labour unions are political parties. The ordinance was broad enough to permit an interpretation of that kind, whether active unions can seek to influence legislation. We held in no uncertain terms that labour unions are not political parties *per se*. They may become political parties by certain types of political activities. In Europe government; there just was not any other government. However, its functions were much more important and broader than the average military government because this is liberated territory. There had to be much more regard paid to local customs, local traditions, and even local laws.

Of course, the first task that was undertaken — and it was undertaken — was to undo, as far as we could and as far as we knew of them, because of the language difficulties, the effects of Japanese rule. The first step taken — it is important to emphasize it — was the repeal of certain oppressive laws. That was done even before I came to Korea. I have been here now for almost two years, and a good many of these laws, a number of them at any rate, were repealed prior to my coming here. That was as early as September 1945. There was an enactment prohibiting racial and religious discrimination in the schools in Korea. Later on, in October, there was a whole series of discriminatory laws fixing limits of punishment, and so on, that were repealed, so that the activity began then and there. Later on, there came the Ordinance Retaining Laws, really following the principles of international law and again also repeating the prohibition against discriminatory laws.

It is rather interesting to note that on 13 November 1945 there was an Ordinance, No. 28, prohibiting — it is poorly worded by the way; its title was Prohibition of Other Police and Military Organizations — organizations such as possibly the Nazis may have had and did have, particularly uniformed bodies. That came quite later, of course, and it caused some of the complaints about the police. There was a National Police Board established with advisory functions which would, to some extent at any rate, as I read it, control the activities of the police by way of advice.

Mr. PATTERSON (Canada): Is that Korean?

Dean PERGLER: That is our ordinance.

Mr. PATTERSON (Canada): I mean the composition of the Board.

Dean PERGLER: There are some American officers.

Ordinance 157 says that it is directly responsible to the Military Government. "*Organization of Board.* The National Police Board shall consist of six members appointed by the Military Governor, two of whom shall be appointed on recommendation of the Civil Administrator from among Directors of Departments and two upon recommendation of the Director of the Department of Justice from among the judiciary or prosecutors. The Director of the Department of Police shall be an additional member of the Board but shall have no vote. Paid officials of the Government serving on or for the National Police Board shall receive no additional compensation for such service."

It shows the trend and spirit of the Military Government. Now, that is merely by way of illustration. There have been other laws, but I am not willing to limit myself to what might be purely negative features. There have been certain positive measures, and they are not merely within the political or police fields or whatever one may wish to call it. I think it is of some importance when you consider the question of free air for elections to consider the other types of legislation, for instance, legislation in the economic and social fields, because that does make for a certain amount of freedom. One of the first things that was done — that was in October 1945 — was an enactment of Ordinance No. 9 fixing maximum farm rents. This was to relieve the farmers who had been unmercifully exploited by the Japanese. As a matter of fact, that is of some importance because one of the points of attack from the North lately has been that we have increased these rents. They alleged that the farmers were paying fifty per cent and more of their yield from the farm. As a matter of fact, their rents have been reduced to one-third. That is, by the way, a very vigorously enforced law. I myself have written some opinions on the meaning of that ordinance, so I happen to know about it. I consider these things to be important.

In the labour field, which is always indicative of the type of government, Ordinance 34, on 8 December 1945, established a labour mediation board, and there was a declaration of public policy by Ordinance 97, a public policy on labour matters encouraging and recognizing labour unions.

There is also the establishment of a Women's Bureau. There is an ordinance fixing maximum working hours, and these are not merely printed documents. We have had some elections under these laws. It was a rather remarkable exhibition of the working of the vote. I think that about ninety per cent — or more than ninety per cent — of the voters cast their vote. The legislature which we have established passed a Child Labour Law, a law relating to the collection of summer grains. Collection of rice laws were enacted to prevent exploitation of farmers as much as possible and to prevent starvation, so there has been legislation of a positive type. There is one thing, however, that I would like to call to your attention. Of course, you cannot change institutions overnight, particularly the traditions of the people. The test is, what is the type of legislation, what has been the spirit of the Government, and what has been repealed. There is another test, and it is an extremely important one. That is exactly the type of legislation that exists. It is not only the legislation but the interpretation of the laws.

I can say, especially in the field of civil liberties without any fear of contradiction, that when a matter came before the Opinions Bureau, whenever possible, allowing for the military situation, we have always interpreted the law, shall I say, in a biased way in favour of civil rights. I have here a very brief opinion; I shall not give the names, but in this case one official thought he was attacked. Actually, he had been asked to resign at a public meeting, and the matter was presented later on in the newspapers. He thought an offence had been committed, and he sought prosecution. We handed down an opinion in no uncertain terms that a demand for resignation of a public official is never an offence under democratic conditions. There are other illustrations.

One of our ordinances requires registration of political parties, and the question arose as to whether labour unions are political parties. The ordinance was broad enough to permit an interpretation of that kind, whether active unions can seek to influence legislation. We held in no uncertain terms that labour unions are not political parties *per se*. They may become political parties by certain types of political activities. In Europe all the parties were like that, but that was eliminated by the Nazis. They used to have their own trade unions. The Social Democrats would have one, and the other parties would have their own, too. They were really politically active. Possibly, they may be said to have been adjuncts to the political parties, but as such — particularly the American type — they are not political parties, and we so held. You would not have the time to look into it, but we could throw open to you the files of the Opinions Bureau, and you would see consistent holdings in favour of civil liberties. Of course, everything cannot be detected. There are still questions arising which require repeal of laws. I have one instance in mind, what I call the Buddhists' laws, calling for organizations of the Buddhists. There are four Japanese laws which have not been repealed; they were discovered only lately. They actually invaded the religious field. There were Japanese regulations governing religious organizations that existed. They are going to be repealed. It has been held up only because it is too broad and covered other questions. Lately, of course, these matters have come before the legislature. I think you are familiar with some of the vetoes of the Military Government. As a matter of fact, one of the criticisms of the Military Government is that we have been vetoing too many things. I think we have. We approved one just recently. I had to pass on what is called an Entertainment Law that was passed by the legislature. I do not think it will be approved, because it confers too much autocratic power on the Director of the Department of Education. From our standpoint, it cannot be approved, but you have a somewhat different situation in the old tradition, an assumption of power by individuals and a quest for power. We have been contending with that all the time; in other words, as I sometimes say, you cannot transplant institutions, and traditions cannot be overthrown in a day, but I think the spirit of the Military Government has been in favour of civil liberties. That has a distinct bearing on the question of free air for elections.

I might say this : there are certain types of terror which we are familiar with that cannot be regulated or prevented by law. I can cite you chapter and verse of terror by political parties and even by certain economic groups that cannot be prevented by law. Now there is freedom of the Press. There is no question about that. They go pretty far sometimes, in their criticisms; they criticize General Hodge in a way which, in some republics, would not be permitted in criticizing the Chief of State. I could quote you from elsewhere certain provisions of a law, which I have in mind, that are pretty thoroughly engraved in my memory. Yet there has never been any prosecution, and there is no preventive censorship of the Press, so from that standpoint I think the conditions for free elections have been established.

The matter of terror by political parties is another question. Just how far that may be prevented by law is a problem, but even now the Kila Law provides — they call it the Kill Law — against that. For instance, take a provision in the regulations. The police — if that law should go into effect — are not permitted to enter the polling places except when called by the Chairman of the Election Committee to maintain peace and order. There is another provision in the regulations : that is, arrests under the election law may not take place without a writ of the court except in cases of emergency, so that question of *habeas corpus*, let us say, under the election law has been very largely met.

That brings up another subject. There has been a good deal of discussion of *habeas corpus* for Korea. There are certain provisions which regulate matters of arrests. There is no *habeas corpus* act in the Anglo-American sense, but neither are there any such provisions in any of the Continental States that I know of. There may be one or two; there are certain regulations, but *habeas corpus* as such is unknown. I think General Dean told you yesterday that he is going to put into effect this matter of regulation. So far as arrests are concerned, as far as is humanly possible, the provisions are there. It is only a question of enforcement, and sometimes there is the impossibility of governing everything by law.

I wanted to make that general statement except I may add this somewhat out of order. To illustrate the situation we met when we came here — and I have that from a man who was here, the Chief of Korean Civil Service, Colonel Bledsoe — we came here with fifty officers trained, at least partially, in matters of civil government, and this is not a small country; it has over twenty million people. With that staff, we had to take charge of the government, so I think that on the whole the record is very creditable. As a matter of fact, personally, I think it was something of a revolution to think that under a military government there can be and there was rule of law. I know of no case where the Legal Opinions Bureau has been disregarded. Sometimes, the departments did not like the rulings any too well, but they have never been disregarded. I recall a remark of General Lerch, who was then the Military Governor. I forget now what the question was, but it was done on what we call "buck slips". This is the law — let us follow it along — and there has been a rule of law and that, in itself, is something of an accomplishment.

I just wanted to make this general statement. The details and the comparative study will be made largely by Dr. Fraenkel as to the way the Japanese laws were administered and what we have undone.

Dr. FRAENKEL : I have prepared for you, gentlemen, a collection of laws, partly those laws which were repealed by Military Government and partly those laws in the field of arrest by the police which are still in force, and I will distribute some copies of them.

I should like to start with the problem of the repeal of the Japanese laws. Dean Pergler pointed out that, on 9 October 1945, we enacted Ordinance 11, which provided in general, in section 2 — you can find it on page two of the material which I handed over to you : "*General Repealing Clause.* (1) All other laws, decrees or orders having the force of law are hereby repealed, the judicial or administrative enforcement of which would cause discrimination on grounds of race, nationality, creed or political opinions." In other words, in the field of the administration of the laws, the principle of equality before the law was especially laid down in that order. In addition, we repealed those ordinances and those laws enacted by the Japanese which, in the eyes of our Korean friends, were particularly oppressive. You will find, on page one of the material which I gave you, several laws which we repealed. I did not translate 1 *(f)*, the Act of Shrine. The Act of Publication, 1 *(d)*, contains various restrictions on the freedom of the Press, and that was repealed, too. But there are in the papers which I submitted to you *(a)*, *(b)*, *(c)*, *(e)*, and *(g)* of the laws which were repealed, and I should like to say a few words about those laws.

Let me start with 1 *(g)*, the Judicial Power of Police Chiefs, which you will find under my paper as VII on page 18, "Regulations concerning summary detention in criminal cases". The Japs had, so to speak, a dual judicial system. Criminal procedures could be carried out under the Japanese first by courts and secondly by the police proper. These criminal procedures by the police were by no means matters which existed only on paper. In that book by Mr. Grajdanzeu on modern Korea, which you, gentlemen, have in your library, you can find that in the year 1921 there were 73,802 cases decided by summary police jurisdiction. Of these, 70,802 ended in the conviction of the defendant. Against these decisions there were only 54 appeals, of which 42 resulted in confirmation of sentence, and 12 of 73,802 ended in reversals. Before 1919, the customary means employed by the police were floggings and warnings; now, it is arrest or fine. In 1937, 82 persons received imprisonment with hard labour; 32 imprisonment; 19,102 detentions and 85,569 fines. I think one must know that to understand present-day Korean politics.

One must take into consideration that less than three years ago this police force was not a police force in the true sense of the word, but it was a substitute for a court in criminal proceedings authorized to inflict punishments up to three months' hard labour and imprisonment. That was abolished. It does not exist. We substituted for the judicial power of the police so-called special judicial officers; that means judges who take care of the so-called summary proceedings. This was the first step taken by us in order to curb the power of the police in an extremely important field. The other laws which we abolished a few days after we had come to Korea are concerned both with substantive criminal law and with certain procedural aspects which again gave the police extremely strong powers. I should like to draw your attention to that famous or infamous law concerning "Public Order" which originally was enacted in 1925 and finally was redrafted on 10 March 1941. You will find that on page nine of the material which I handed to you. As a matter of fact, these laws are interesting not only for our special purpose, but to anybody who is interested in studying totalitarian regimes and the police state, who will probably read these laws with considerable interest.

May I draw your attention, only at random, to certain of these provisions? We have in the law concerning "Public Order" section 7 on page ten of the material I gave you: "Any person who organized an association with a view to circulating information which denies the existing form of government or profanes the dignity of the great Shinto Shrines or the Imperial House or any person who was an officer or leader of such an association shall be punished by penal servitude for life or for not less than four years."

To speak of freedom of speech or freedom of expression or freedom of association under a regime which provides that a person who profanes not only the Imperial House but also the great Shinto Shrines is punished for life is slightly ironic. In addition, read section 10 of the same law; that is on page eleven : "Any person who organized, or knowing its character joined, an association which aims at the denial of the existir system of private property, or any person who executed the aims of such an association shall be punished by penal servitude or imprisonment for not more than ten years." The Japanese were great bureaucrats. That law applied not only to persons who organized such an association, but also to persons who organized the group which had some contact or who collected money or who received money from organizations aiming at profaning the Imperial House or the great Shinto Shrines or questioned the system of private property. All those people were, as you can find in the law concerning Public Order, punished by ten years hard labour, or life imprisonment and so on.

Dean PERGLER : Even death.

Dr. FRAENKEL : This law, of course, was abolished on 9 October 1945. This law is the nucleus of the totalitarian police regime which existed in Korea prior to 9 October 1945, but it was supplemented by certain provisions which are, as I said before, more procedural in character. You will find on page five of my material "Preliminary Imprisonment Act", which authorizes the public prosecutor in Japan — or the police in Korea — to imprison and detain a person up to two years if he was under suspicion of having committed such a crime, and you will find that that is a law which is really, as far as I know, unique in its character. On page fifteen of my material there is under VI a law called "Act of Protective Observation of Thought Criminals" and that law provides that the person who is supposed to have committed one of the crimes against that basic law, even in case the Public Prosecutor believes that a prosecution against him is not necessary, can be put under observation of his thoughts and can be handed over to a special association or to a temple or to an officer who has to control his thoughts and who has to prescribe, as it is said in the law, with whom he is permitted to have personal contact and where he is allowed to go.

Mr. PATTERSON (Canada) : Do you know how this compares with the thought-control laws of Japan itself?

Dr. FRAENKEL : These are the thought-control laws of Japan, which in procedural matters are changed in so far as it is not the Public Prosecutor but the police which have the decisive influence.

Mr. PATTERSON (Canada) : There is no difference in its application and in its enactment for Korea?

Dr. FRAENKEL : No, I hate to bother you with too many details, but these are among the most important laws.

Mr. PATTERSON (Canada) : That does raise a question in my mind. These laws are laws with specific reference to Korea, and they are not laws of Japan?

Dr. FRAENKEL : They were also in force in Japan, but there was in the laws, as far as Korea is concerned, the provision for the police and not the Public Prosecutor.

Mr. PATTERSON (Canada): So we might assume that all of these laws had their counterpart in Japan?

Dr. FRAENKEL: Yes, you will find in that material time and again that it is the police who enforced these laws and were authorized to detain the person involved and to put him in custody. I think it is important to know how the picture was in 1945. When I had these laws translated and when I studied them, I came to the conclusion that this was really a perfect police state. I happen to be familiar with the laws which the Nazis enacted after 1933 in Germany, and I think these laws were worse than the Nazi laws. They are abolished now; they no longer exist, but in 1945 the police had all that power, and they took it for granted that the police force should have such power, and ours was the task of teaching them that what the police were authorized to do under Japanese law should not be the law of the land under the United States Military Occupation. Let me add a few words about the present power of the police to detain and to arrest a person. Let me try to explain the situation of a person who has been detained. I do not talk about the Civil Liberties Act, which General Dean envisaged to you, but about the law as it is at present enforced. I said before that the power of the police to punish has been repealed. The police at present have two legal sources for arresting a person. One is the so-called protective custody, and the second is the regular writ of the police to arrest a person who is found in *flagrante delicto*. Protective custody is laid down in the "Administrative Execution Act, July 1914" which you will find on page 23 under X of my material. The law speaks at first of the "detention of drunkards, choleric persons, persons attempting suicide, and other persons who the office considers need protection". In the following sentence, it is said that: "The same shall be the case when such action is necessary as a preventive measure toward persons who indicate danger of violence, fighting or any other dangerous act to the injury of the public peace."

This is a very dangerous law from the point of view of the freedom of the individual, but it should be pointed out that the original Japanese Act provided for a detention for only twenty-four hours and that the Korean Act changed the original Japanese law and replaced the twenty-four-hour period by three days. The maximum period the Korean police can arrest or detain a person under the "Administrative Execution Act" is three days. When we came to Korea, we were informed that the police frequently violated the three-day period of the Administrative Execution Act by having a person arrested, taking him out of the back door of the prison and putting him back into prison by the front door, or by merely recording on the books that the person, after three days, was released and was rearrested under this law. On 9 March 1946, we published an opinion of the General Council of the Military Government in which we branded this method as an abuse. In addition, the material which General Dean gave you, his recent decree of 1948 and the decree of the Chief of Police, indicates that whenever it becomes apparent that suspicion against the arrested person is unjustified, he must be released at once. As General Dean put it, the arrested person must be released by the police and handed over to the Public Prosecutor whenever it is clear that no evidence against him exists, so whatever one may think about this protective custody provision, the law and the regulations, enacted by the persons in charge of it, provide that a person can be held under these provisions no longer than three days.

Now comes the second and more important legal basis for arrest of a person — namely, the arrest of a person who is under suspicion of having committed a criminal act. The legal basis for that is a little complicated. The Japanese had a code of criminal procedure, a very detailed code which I have here, and, as you all know, the Japanese laws are based primarily on French and German law. The Japanese code of criminal procedure deviates in some respects from the French and German law, and it does not give to an arrested person the legal remedies and protection which the French, German and Austrian law grants to such a person. The Japanese code of criminal procedure was, however, as far as Korea is concerned, changed, and the position of the defendant in criminal procedure is worse under Korean law than under Japanese law. I have in my material on page 21 excerpts from the Korean Criminal Act of 18 March 1912. I should like to draw your attention particularly to article 13 and article 15 of the Korean Criminal Act. Let me try to give you a very brief picture of what is supposed to happen, according to the law, if a person is found by a police officer to have committed a crime. The police are authorized to arrest him, of course. In addition, the police are authorized to detain him for a period of investigation. The law says that that period of investigation is ten days; after ten days, the arrested person and the files of the case must be handed over to the Public Prosecutor. The Public Prosecutor has, in addition, ten days to investigate the case. After the additional ten days — that means twenty days after the person has been arrested — charges must be filed against the person by the Public Prosecutor. If the Public Prosecutor does not file charges ten days after the person has been submitted to him, he has to be released. Otherwise — and this is a peculiarity of Japanese and Korean law — the Public Prosecutor has to issue a warrant of arrest against him. After the twenty days are over, the person under arrest has a right to ask the court for a review of his arrest. The code of criminal procedure, Article 471, in my material on page 24, provides that "Any person dissatisfied with a measure adopted by a Public Prosecutor concerning detention, seizure or restoration of articles under seizure, may demand from the court to which such Prosecutor belongs the cancellation or alteration of such measures".

You probably have the following questions: "What happens if the police do not comply with the obligations which are imposed upon the police in case of arrest — namely, a person is taken into protective custody and is held longer than three days; if the police do what the police did under the Japanese regime, let the prisoner out of prison from the back door and let him come in by the front door; what happens if the police do not comply with the rule of the Korean Criminal Act that, after ten days, the detained person has to be handed over to the Public Prosecutor? What happens if the police violate the three-day provision were particularly oppressive. You will find, on page one of the material which I gave you, several laws which we repealed. I did not translate 1 *(f)*, the Act of Shrine. The Act of Publication, 1 *(d)*, contains various restrictions on the freedom of the Press, and that was repealed, too. But there are in the papers which I submitted to you *(a)*, *(b)*, *(c)*, *(e)*, and *(g)* of the laws which were repealed, and I should like to say a few words about those laws.

Let me start with 1 *(g)*, the Judicial Power of Police Chiefs, which you will find under my paper as VII on page 18, "Regulations concerning summary detention in criminal cases". The Japs had, so to speak, a dual judicial system. Criminal procedures could be carried out under the Japanese first by courts and secondly by the police proper. These criminal procedures by the police were by no means matters which existed only on paper. In that book by Mr. Grajdanzeu on modern Korea, which you, gentlemen, have in your library, you can find that in the year 1921 there were 73,802 cases decided by summary police jurisdiction. Of these, 70,802 ended in the conviction of the defendant. Against these decisions there were only 54 appeals, of which 42 resulted in confirmation of sentence, and 12 of 73,802 ended in reversals. Before 1919, the customary means employed by the police were floggings and warnings; now, it is arrest or fine. In 1937, 82 persons received imprisonment with hard labour; 32 imprisonment; 19,102 detentions and 85,569 fines. I think one must know that to understand present-day Korean politics.

One must take into consideration that less than three years ago this police force was not a police force in the true sense of the word, but it was a substitute for a court in criminal proceedings authorized to inflict punishments up to three months' hard labour and imprisonment. That was abolished. It does not exist. We substituted for the judicial power of the police so-called special judicial officers; that means judges who take care of the so-called summary proceedings. This was the first step taken by us in order to curb the power of the police in an extremely important field. The other laws which we abolished a few days after we had come to Korea are concerned both with substantive criminal law and with certain procedural aspects which again gave the police extremely strong powers. I should like to draw your attention to that famous or infamous law concerning "Public Order" which originally was enacted in 1925 and finally was redrafted on 10 March 1941. You will find that on page nine of the material which I handed to you. As a matter of fact, these laws are interesting not only for our special purpose, but to anybody who is interested in studying totalitarian regimes and the police state, who will probably read these laws with considerable interest.

May I draw your attention, only at random, to certain of these provisions? We have in the law concerning "Public Order" section 7 on page ten of the material I gave you: "Any person who organized an association with a view to circulating information which denies the existing form of government or profanes the dignity of the great Shinto Shrines or the Imperial House or any person who was an officer or leader of such an association shall be punished by penal servitude for life or for not less than four years."

To speak of freedom of speech or freedom of expression or freedom of association under a regime which provides that a person who profanes not only the Imperial House but also the great Shinto Shrines is punished for life is slightly ironic. In addition, read section 10 of the same law; that is on page eleven : "Any person who organized, or knowing its character joined, an association which aims at the denial of the existir system of private property, or any person who executed the aims of such an association shall be punished by penal servitude or imprisonment for not more than ten years." The Japanese were great bureaucrats. That law applied not only to persons who organized such an association, but also to persons who organized the group which had some contact or who collected money or who received money from organizations aiming at profaning the Imperial House or the great Shinto Shrines or questioned the system of private property. All those people were, as you can find in the law concerning Public Order, punished by ten years hard labour, or life imprisonment and so on.

Dean PERGLER : Even death.

Dr. FRAENKEL : This law, of course, was abolished on 9 October 1945. This law is the nucleus of the totalitarian police regime which existed in Korea prior to 9 October 1945, but it was supplemented by certain provisions which are, as I said before, more procedural in character. You will find on page five of my material "Preliminary Imprisonment Act", which authorizes the public prosecutor in Japan — or the police in Korea — to imprison and detain a person up to two years if he was under suspicion of having committed such a crime, and you will find that that is a law which is really, as far as I know, unique in its character. On page fifteen of my material there is under VI a law called "Act of Protective Observation of Thought Criminals" and that law provides that the person who is supposed to have committed one of the crimes against that basic law, even in case the Public Prosecutor believes that a prosecution against him is not necessary, can be put under observation of his thoughts and can be handed over to a special association or to a temple or to an officer who has to control his thoughts and who has to prescribe, as it is said in the law, with whom he is permitted to have personal contact and where he is allowed to go.

Mr. PATTERSON (Canada) : Do you know how this compares with the thought-control laws of Japan itself?

Dr. FRAENKEL : These are the thought-control laws of Japan, which in procedural matters are changed in so far as it is not the Public Prosecutor but the police which have the decisive influence.

Mr. PATTERSON (Canada) : There is no difference in its application and in its enactment for Korea?

Dr. FRAENKEL : No, I hate to bother you with too many details, but these are among the most important laws.

Mr. PATTERSON (Canada) : That does raise a question in my mind. These laws are laws with specific reference to Korea, and they are not laws of Japan?

Dr. FRAENKEL : They were also in force in Japan, but there was in the laws, as far as Korea is con-

Dean PERGLER : It is not yet in complete form; there is a rough draft.

Mr. MANET (France) : May I ask whether you think it will be possible for this Sub-Committee to have the contents of this ordinance communicated to it before it is issued?

Dean PERGLER : I see no reason why you should not. As a matter of fact that is frequently done, when ordinances are conveyed to the departments before they are issued. I see no reason why you should not have a copy.

Mr. MANET (France) : We of the French delegation thought it would be a very good thing to have a clear picture and to have everything put together in one ordinance before an election takes place.

Dean PERGLER : I see not the slightest reason why you should not have a copy.

Mr. MANET (France) : So that the Commission might eventually suggest some amendments.

CHAIRMAN : Before it is passed as a law.

Dean PERGLER : I will convey that to General Dean. I see no reason why it should not be done.

Mr. MANET (France) : I do not know whether this will be the opinion of the Commission, but the point is that it is not for this Sub-Committee to suggest any amendment; but, so far as we are concerned with the freedom of election, we might ask Dean Pergler to raise the question with General Dean, and let him know that it seems to us that the Commission might be interested in examining this ordinance before it is passed.

Dean PERGLER : That does not require much time, because we do not have to deal with the legislature. This will be an ordinance of the Military Governor. I will convey that to General Dean and to General Weckerling.

Mr. MANET (France) : I think it would be a good thing if some sort of agreement were reached between the Commission and the authors of the ordinance.

Dean PERGLER : I will convey that to General Dean the first thing tomorrow.

Mr. MANET (France) : If there are no objections from the members of the Sub-Committee . . .

CHAIRMAN : I take it we are all agreed on that.

Mr. PATTERSON (Canada) : I am sure we are all greatly impressed with the spirit of the presentation as well as with the content, and it is refreshing to hear a presentation that goes sufficiently into the development of the problem and indicates the difficulties, and, at the same time, stresses the gains that have been made.

What I am going to ask does not imply in any sense any detraction from the force of the presentation; this is really a question for information on a question in which I am very much interested. The Japanese laws not only supported the police in what are regarded by us as undesirable practices, but imposed on them the very necessity for carrying them out, and Dr. Fraenkel particularly stressed the fact that some practices have been kept that might perhaps not be up to standard. At least, I think that was implied in his statement. Forty years is quite a time, and one gets a tradition established in that time. On the other hand — now I am speaking from personal experience — up to twenty years ago there seemed to be a universal resistance against the rule of the Japanese. It was very difficult to find in Korea at that time any people who might be called collaborators. I presume there must have been some, otherwise the Japanese could not have carried on at all. But one thing I have been seized of, on coming back after an absence of sixteen years, is the extent to which, apparently, a generation of collaborators grew up.

It seems to me there must have been pretty general or universal resistance against the Japanese rule. If that is true, when a new regime was established here, the laws might have been abolished, as, indeed, many of them were, and advantage could have been taken of the situation so that with a new spirit, with the support of the people, there would have been a regime in which all these evils would have been eliminated. What is your observation to that? Do you feel that, in any sense, the tradition of the people and the lack of universal resistance against the Japanese regime have made it necessary to move a little more slowly than you would have liked to move, or, on the other hand, do you feel that because of the attitude of the people you were able to accomplish all that was ideally necessary?

Dean PERGLER : Of course we have been contending with a number of things, even such a matter as lack of personnel. In the matter of investigating the old laws, I personally feel that a fair progress has been made. We discover even now, once in a while, a law of which we did not know. For instance, we discovered a rather oppressive newspaper law which was passed prior to the annexation, and its repeal was recommended in the message of General Helmick. We did not know about it.

Mr. PATTERSON (Canada) : You are not inhibited by any lack of public support?

Dr. FRAENKEL : On the other hand, what impressed us here was the fact that certain basic ideas which we consider self-evident do not exist in this country, which has never had, in its four thousand years of history, a free government. About three or four months ago I was working on a co-operative law which is supposed to implement our land reform plans, which are very close to my heart. We had a conference of Koreans and Americans, and we discussed the question of how to establish co-operatives which might perform the functions which in the past had been performed by the individual landowners and by the New Korea Company. There was a discussion of about an hour, and I did not say a word, and when the discussion was almost over I told them I should like to make one remark. I explained that what had come to the fore during the discussion was that the Americans always said the co-operatives should be established in the villages, and representatives of these co-operatives would be sent to the *Myun*, and representatives of the *Myun* co-operatives would be sent to the *Gun* co-operatives. Then there would be information by the representatives of the local co-operatives. The Koreans always said "the Government". It was always "the Government" that had to create the National Board, instruct the provincial governors to establish provincial boards, and order the *Gun* head to establish a *Gun* board, and that *Gun* board would be responsible that the orders of the national chief would be carried out on the local level. The idea that the co-operative organization could be built up from the bottom was absolutely foreign to them. It was not possible to make that clear to them; they wanted direction from above, and this is because of the bureaucratic thinking that was imposed upon this country by the Japanese. Also, as I understand it, it corresponds to the tradition of the Koreans under the Lee dynasty.

There is another illustration of how things happen, without even the shadow of a law, because of customary tradition. We had information a while ago from one of our departments that the police have the legal right to determine the price of meals in places of entertainment. The police were doing that as a matter of long practice under the Japanese. We looked into the matter, and found there was no law authorizing them to do that.

I have worked for almost two years on the National Labour Advisory Board, and I have been told that in some parts of the country, time and again, the so-called unions and the employers go to the police and ask them to settle their labour conflicts, although we have a National Arbitration Board. Colonel Shaw is always wanting to get something to do for his Arbitration Board, but the people take it for granted that the police are the ones to settle their conflicts.

Dean PERGLER : The reason for that is that in the old days they had no labour laws, and they were even worse off under the Japanese. Labour controversies were settled by the police, so the people still go to the police.

Mr. PATTERSON (Canada) : This is a very important point, and we cannot talk about it in too explicit terms. But the problem is always before us. On the one hand we have the need for these reforms; after forty years of domination the liberation came, yet we realize that there are certain practices operating in Korea which are just as bad as those under the Japanese occupation. We hear, on the one hand, that Japanese-trained police are being retained in considerable numbers because one cannot change too quickly. I do not need to develop that argument. On the other hand, there are those who say it represents certain reactionary forces in Korea which are the counterpart of the Japanese Conservative reactionary forces, and that you can go much further in removing these policemen because that would be supported by such a wave of public opinion that such a reform might be a symbol.

Dr. FRAENKEL : May I add one word? When this country was taken over by us a unique situation existed in administration, since the whole managerial group was Japanese. I once called it, as a joke, a "managerial counter-revolution" which occurred here in 1945. I can give one illustration. The highest Korean railway official in Korea was a station master, so we appointed a station master as the head of the Korean railway system. There was the same situation all over Korea. We had to rely upon a few Koreans who had a minimum of training in managerial functions. The Department of Commerce has told us, time and again, of the difficulties with which they have met because the Japanese did not permit the Koreans to study matters which had some practical significance.

If you speak to a Korean who went abroad to study you will find that he studied such things as philosophy, music and poetry I have a friend here who studied for ten years in Germany, and he studied Kant, Nietzsche and Hegel. He had instructions from the Japanese not to take classes in economics or sociology.

Mr. PATTERSON (Canada) : It is but a short step down from Hegel to Marx.

Dr. FRAENKEL : We just did not have the people here, and in that managerial vacuum we had to take the people we could get.

Mr. PATTERSON (Canada) : May I follow that to one further point? I think you have pretty well convinced us today that, so far as the laws themselves go, you have a situation which cannot be greatly criticized. Have you any comments to make? Of course, you realize that this is confidential.

Dean PERGLER : Of course, there is one aspect of police activity which must not be overlooked. This matter is not merely in the field of politics; there is the matter of training police in matters of ordinary crime, and that, of course, requires a certain experience, and a certain knowledge. It is not a reflection on the Koreans when I say there is an extraordinary amount of thieving going on because I had a letter from Europe the other day stating that American packages are rifled when they are going through. Hunger and economic stress always bring that about. But the police are needed for the prevention of crime. I do not know whether they are efficient, but they are needed.

Mr. PATTERSON (Canada) : Have you any positive practical suggestion to make as to reforms in practice and in administration which might be introduced and which would bring about the same ends for which you have been working?

Dean PERGLER : There is the recent order of General Dean, and Dr. Chough himself has issued an order forbidding membership in political organizations.

Dr. FRAENKEL : Colonel Murphy, who is governor of Cholla Namdo, frequently goes to the prisons and has the prisoners lined up. He asks every one of the prisoners how long he has been there. One man might reply, "Eight days", and that is all right. Another might answer "Seventeen days", and he is released. By this control of the prisons, he tries to counteract any violations of these provisions, and, as far as I know, he is not the only one.

Dean PERGLER : He is not the only one. Some of the other governors are doing that.

Mr. PATTERSON (Canada) : I am sure this feeling of mine is shared by my colleagues, but we have been looking around to see if there is not something dramatic which can be done to promote a feeling of confidence in the people. After all, the United Nations Commission has come to study the situation, and the members have seen certain evils they would like changed. Certainly this dismissal of the Japanese-trained police is one of the things that has occurred to us. We have not gone into it very far, but something like that. Have you anything in mind, such as the reform of the administration, that would free the atmosphere?

Dean PERGLER : General Dean issued an order the other day that the police, except in matters of organization and routine police matters, are responsible to the provincial governors.

Mr. PATTERSON (Canada) : That is right.

Mr. MANET (France) : We were told that General Hodge had recommended to the Korean Interim Legislative Assembly that the police be put under the supervision of a special Department of the Interior, and that this recommendation was either disregarded, discarded or rejected by the Legislative Assembly. Could you give us any information on that?

Dean PERGLER : I do not know whether that recommendation was made directly. If it was, I do not know about it, although I usually know about these legislative matters. In a talk with one of the directors I pointed out that it might be better to have the police bureau in some department.

CHAIRMAN : Which department?

Dean PERGLER : Of course, it is ordinarily the Department of the Interior, but look what is happening in Czechoslovakia, where it is in the Department of the Interior.

Mr. MANET (France) : Could we be told for sure what happened on that occasion?

Dr. FRAENKEL : I do not know, but I will find out, and I will pass on that information.

Dean PERGLER : Let me call your attention to one thing which has perhaps delayed some reform. Ever since the organization of the Legislative Assembly, the policy has been to submit everything possible to them. There used to be complaints that we were interfering with Korean matters. It may be that there would have been quicker action in a good many matters had this not been done. But we are on the horns of a dilemma. If we do these things without the Legislative Assembly, we are told we are interfering in Korean matters; if we do not we are held responsible because things are not done.

Mr. MANET (France) : I quite understand. I wanted to know how it had been rejected, not where the proposal came from.

Mr. WANG (China) : I should like to raise a question concerning the terms of reference on this Commission in respect to a free atmosphere for elections. It has been suggested to us that the police could be re-oriented quite easily in connexion with the forthcoming election for the observation of civil liberties and rights of voters and so forth. We are under the impression that the police here have a respect for discipline. Do you think that any re-orientation courses, or talks to tell the police exactly what are their rights and their powers, could take place? Of course, you have these laws, but sometimes the police tend to outstep their limits, and do it as a matter of course. If these re-orientation talks could be carried on so as to re-orient them with reference to voting and a free atmosphere, that might ease the situation. I am curious to know whether there have been such re-orientation courses.

Dean PERGLER : They have the police academy' which, presumably, should teach them their powers and the limits of their powers, and there have been these various directives lately which go pretty far in that respect. I do not know just how these re-orientation courses could be conducted. They would have to be done by Koreans, and possibly some of us might speak. We have done a good deal among the lawyers, and we have the Korean Legal Academy where they speak of Korean laws and on various aspects of Continental or American laws. A lot might be done in this way, because I know that when I spoke of the civil guarantees of the Anglo-Saxon laws there was a good deal of interest raised in the due processes of the law. One of the judges asked me what they should do when they had some of those extorted confessions, and I just told him "Why, throw the things out!"

Dr. FRAENKEL : I have two points I should like to add. The first is that we sent several lawyers to the United States for several months and tried to show them how, under Anglo-American law the freedom of the individual is protected. The second point is that Mr. Roger Baldwin, head of the Civil Liberties Union, gave a lecture in Korea to which the police officers were invited. We had about one hundred police officers, and they were given a lecture by Mr. Roger Baldwin on civil liberties. I think more cannot be done.

Dean PERGLER : It does bring up a point, but we are handicapped by lack of personnel. In the Department of Justice there are just a few of us, whereas in the Department of Justice at home there would be about fifty of us. One day we handle international law, the next day our ordinances, the next day Korean customary law, and the next day Japanese law. It is an almost impossible assignment.

Dr. FRAENKEL : Do not forget this terrible language difficulty. I have a class, and every word has to be interpreted, so that a real contact with the students is extremely difficult.

Mr. PATTERSON (Canada) : Is there anything in the area of amnesty that could be considered? I talked long enough with you last night to realize a little of the difficulty of really defining a political prisoner.

Dean PERGLER : That matter was dealt with, and, as a result, I understand that an amnesty for purely political convictions might be considered. But there you have the eternal problem of what is a political conviction. There is really no authority upon it; the only guide one has are the extradition cases, which began pretty late in Belgium. The ideally based law on that point is the Swiss law, but it is a very nebulous concept.

Dr. FRAENKEL : There was the case of the Labour Party, some of whose members were counterfeiting. Many of them were arraigned and punished, and that punishment was considered to be a political punishment, because the money was supposed to be used for political purposes. I doubt whether it is legally correct to consider these people political prisoners.

Dean PERGLER : Well, they are not.

Mr. PATTERSON (Canada) : There is no single offence, such as attendance at political meetings illegally held, which would take in a group of prisoners of a considerable size?

Dean PERGLER : I went into that today because we cannot find a law prohibiting meetings. I was told there was no such law. There is, however, some difference of legal opinion.

Mr. WANG (China): I read that just recently a teacher in Pusan was committed to two years, imprisonment because that teacher tried to influence school-children towards some kind of ideology. Would that person be deemed a political prisoner?

Dean PERGLER: If it were a purely political indictment, then, of course, it would be a political offence, but there might be another question there. There might be the question of the use of the school platform. You see, we have to have the facts, and many of these facts do not reach us. A good many of the facts arise in the Korean courts We had a case that was a notorious case, the murder of a leftist by a rightist, and the Korean court was charged with favouring the rightist. I was present when the matter came up before General Hodge, and he used pretty sharp language. He said, "I am not going to let these people get away with murder." He took it out of the hands of the Korean court and entrusted it to the Military Commission. Then the charge was made that we were interfering with the Korean court, and some of the judges threatened to resign. It was a perfectly clear case of brutal murder, but they gave him a small fine and a few months in jail.

Mr. PATTERSON (Canada): Was that done after sentence was given?

Dean PERGLER: It was after sentence had been given, but there was an appeal by the prosecutor, so sentence was not complete.

Dr. FRAENKEL: Originally we had provost courts here, but they were abolished because we wanted the Korean courts to take cognizance of the Korean cases. In a few instances, what was done was to transfer cases to the military courts, but exclusively cases where the Korean courts punished right-wing people too leniently.

Dean PERGLER: The ordinance on the revision of the law and declaring the Korean courts to be military occupation courts is also an express provision of the law.

Mr. ENGERS (Secretary): I want to emphasize what Mr. Patterson said, that it might be a good idea to have something spectacular happen. I know that many people do not think that all those proclamations and ordinances, which might be issued, are very spectacular. People are not impressed any more by words or laws; they want to see something that appeals to their imagination. Psychology is important, and it may be very unfortunate, but the psychology of the Korean people is such that they were not very much affected by General Dean's proclamation, and I am afraid they will not be very much affected by General Dean's new ordinance. That is why I think Mr. Patterson's suggestion should be taken into consideration by those in power in this country. I know that other members of the Commission share Mr. Patterson's opinion on this subject.

CHAIRMAN: I think you mentioned a law which was passed by the Military Government on 13 November 1945, prohibiting military organization by youths. Was that law meant to cover the organizations which are now in being?

Dean PERGLER: I do not think the law is broad enough for that.

Dr. FRAENKEL: Ordinance 28, dated 13 November 1945, states:

Section I. In order to prepare for the eventual independence of Korea, to progressively provide the necessary forces to defend, protect and safeguard its sovereign rights and prerogatives among the nations of the world, to assist civilian police agencies in the maintenance of civil peace and security and the defence of the rights of the people against civil disorder and to maintain freedom of religion, freedom of speech and property rights, to inaugurate the recruiting, organization, training and equipping of the requisite armed forces on land and sea, and to guarantee the evolution of administration of nationhood, the Office of the Director of National Defence of the Military Government of Korea is hereby established.

Section II. The Bureau of Armed Forces of the Government of Korea is hereby created as a bureau of the Government. Within the Bureau of Armed Forces the Army Department and Navy Department are hereby established. The existing Bureau of Police and the Bureau of Armed Forces are hereby placed under the supervision and direction of the Office of the Director of National Defence.

Section III. No persons or group of persons will engage in any form of recruiting, training, organizing or equipping of any persons for any form of police, military or naval activities or engage in any activities which are within the jurisdiction of police or armed forces except under the written authorization of the Director of National Defence, or any agency delegated by him to grant such authority.

Section IV. Any person violating the provisions of this order, shall, upon conviction by a Military Occupation Court, suffer such punishment as the court shall determine.

Section V. This ordinance is effective at midnight 13 November 1945.

CHAIRMAN: What was the reason for the provision, in section III "except under the written authorization"?

Dean PERGLER: We were not here at the time.

Dr. FRAENKEL: It was before my time; I do not know.

Mr. PATTERSON (Canada): Has there been any suppression of newspapers?

Dean PERGLER: Very rarely. There have been some suspensions of newspapers, and recently there was the radio matter, where there was a re-broadcast from Pyongyang.

Mr. JACKSON (Australia): I am pleased to find a day when I am not doing some of the questioning. I am enjoying myself thoroughly listening to the cross-questioning and the answers. There is one point on which I propose to spend a little time, and that is the question of the training of the police. The police we have here are, for the most part, Japanese-trained. They have been operating under Japanese regulations, and their best material is Japanese-trained material. At the Academy they have four or five chief officers who are Japanese-trained officers. It has been suggested they are trying to train their police along more democratic lines, but today they have to use these Japanese-trained officers who are steeped in the tradition of Japanese military law. It has entered my mind that it might be advisable to bring in from abroad four or five police officers, possibly from the training academies of the police forces in America or on the Continent or elsewhere, and use them to introduce a new system of training, or, rather, to train the people who will be used in the future in these police academies here to train the police.

It also might be advisable to bring in, as an adviser to the Military Governor, an outstanding police chief from abroad, who would remain here for perhaps a year and advise on the complete reorganization of the Korean Police Force. The necessity for this is emphasized in my mind by some questions we asked yesterday of a leading citizen here. The answers showed that even with the background of such an extremely well-educated person, the actual use of words and terms by him was different from ours. It is amazing. This particular incident came when we asked him if there would be any intimidation in the villages by the head of a family to force the members of the families to vote in a certain direction. This gentleman pointed out that there might be a village head who was the grandfather of five families and the effective head of perhaps five hundred people. He said that he would expect that man to bring influence to bear to get the whole of the five hundred members of his family to vote in the direction he was going to vote himself. The question was asked: "Would you suggest that was intimidation?" The man replied that he would call that intimidation. That was seriously said; it was not accidental, since he definitely had it in his mind as intimidation. When it was explained to him that in other countries it was not only allowed, but it was entirely to be expected and encouraged that people would try to influence their families, he did not seem quite to grasp the idea.

Mr. MANET (France): I agree; the attempt to influence he called intimidation. The truth was that he knew nothing about elections at all. He really did not have the right background, and something was completely missing. For us to get on to the level of a person like that is extremely difficult — and he was a very high authority.

Dean PERGLER: That is one of the problems we constantly have to deal with. Frequently we are thinking in entirely different terms, and that, again, can only be overcome by more contact with the West. That is one of the reasons for sending the delegation of lawyers to the United States. They were very much impressed, and they came back with very good impressions of our institution of *habeas corpus*, which they gained from their own observations.

Of course, coming back to the question of an adviser to the police, as I have said, we are not policy makers, but my personal judgment would be that this would not be too easy. An adequately trained high police officer coming from the United States or continental Europe would find the same difficulty. He would not be talking the same language. As a matter of fact, that was tried in Japan, when they had Valentine, of the New York police, but I do not think that his mission was a success.

Mr. PATTERSON (Canada): That was because he could not be bothered with it.

Mr. MANET (France): We cannot forget that the Chief of the National Police is a graduate of Columbia University.

Mr. PATTERSON (Canada): The alternative would be to send the police chiefs here abroad.

Dean PERGLER: I think that would be the best thing, to send as many people as possible to other countries, especially Continental countries, because the laws are largely based on civil laws. But that is a long procedure.

Dr. FRAENKEL: We regularly send students to the United States.

Dean PERGLER: I have watched the matter of students going abroad, and very few of them studied practical subjects. They either studied the classics or subjects which are very useful for cultural purposes, but which do not help them in the running of a factory.

Dr. FRAENKEL: Engineering is considered second class.

Mr. WANG (China): Do you believe that it is possible to re-orient the police force in the light of the question of free elections, and to tell them just what they can do and what they cannot do? In other words, to inculcate into them very definitely what they can and cannot do. Very often what the law says they cannot do, they do as a matter of habit.

Dean PERGLER: Well, the police are the police, the world over. There is not one report of the United States Supreme Court where there is not some question of extorted confessions. It is not a general practice, of course, and there is a guard against it. But something could be done, or, at least, an attempt made to do something. There have been the instructions of General Dean and the directive of the Chief of Police, and that might be followed up by lectures and so on.

Mr. WANG (China): Some re-orientation talks?

Dean PERGLER: It might be attempted, but there is the tradition of a powerful police, and it is a matter of long-term education. We have not been here long enough, and I do not think we will be here long enough, to accomplish everything that might be accomplished. I remember the shock that went over them when I described what the Supreme Court of the United States did in questions of extorted confessions. They considered that it was an implied criticism of them and they were quite hurt, although I did not make that criticism.

CHAIRMAN: You say there is a tradition of individualism in Korea. How can that tradition be reconciled with a powerful police?

Dean PERGLER: It is stronger than elsewhere. The Koreans are fairly individualistic, but it is a matter of authority from the top. They have not been doing things for themselves, and their individualism expresses itself in an undisciplined way. I do not mean to say they are not intelligent; they are. I have a great deal of faith in them, but it will be a long procedure.

CHAIRMAN: Thank you very much, Dean Pergler and Dr. Fraenkel, for your assistance this afternoon.

The meeting rose at 6 p.m.

VERBATIM RECORD OF THE ELEVENTH MEETING [1]

Duk Soo Palace, Seoul, Korea, Wednesday, 3 March 1948, at 3.30 p.m.

Chairman: Mr. MUGHIR (Syria)

CHAIRMAN: I declare the eleventh meeting of Sub-Committee 1 of the United Nations Temporary Commission on Korea open.

Adoption of the Agenda

The agenda was adopted without discussion.

Hearing of officials and experts: Lieutenant General John R. Hodge, Commanding General, United States Army Forces in Korea.

CHAIRMAN: The second item on our agenda is the hearing of officials and experts, and we have with us Lieutenant General John R. Hodge, the Commanding General of the United States Army Forces in Korea. General Hodge, who has shown a good spirit of co-operation with this Commission on every occasion, and who was kind enough to come and address Sub-Committee 2 on a previous occasion, asked this Sub-Committee to hear him. On behalf of the members of this Sub-Committee, I thank General Hodge for his kindness, and I am sure he has many interesting matters to submit to it. General Hodge, do you wish to make a short statement?

General HODGE: I should like, if I may, to make a statement first of all, and then questions may bring out any further matters that the members of the Commission may wish to know.

This Sub-Committee is interested in a free atmosphere for elections, and I am sure that no member of the Sub-Committee can be more interested in this than I am. I think, however, that probably our approach to this subject may be a little different. My approach, since I have entire responsibility for law and order in this area, has to be a practical approach. It is the approach of one who has had that responsibility for two and a half years, of one who knows the Korean people, and of one who knows the background of many things here that are not now apparent and who has been engaged during much of those two and a half years in an effort to develop democracy in this area, and with the necessity to control violent subversive activities that many times verged on a shooting war similar to the Greek activities. The only thing that has kept it from going to that is the lack of weapons.

Certain factors grew out of this situation that have results today that are not desirable from my standpoint, or from the standpoint of the best operation of the Commission, but they are facts we cannot avoid. Korea has no sovereign government yet. We have, however, operating through the Military Government, pushed more and more responsibility on the Koreans as time has gone on. We have pushed that responsibility on the Koreans as rapidly as it could be accepted, in some cases too rapidly; and we have had to ease up at times, and there is a limit to what we can do without full Korean participation and assistance.

The problem of law and order in this area has been a great one. You have seen some small activities of a subversive character since you have been here which might look big, but we have had many worse periods. Through these activities there have been built up here certain pressures — political pressures and personality clashes among the Koreans — and reactions have come about through external influence as well as through the ambitions of individual groups of Korean people. You ask me to guarantee a free election. I can guarantee, and will guarantee, that the United States Command here will do everything it can to carry out free elections, and to foster and build it up, but for me blandly to guarantee a free election is impossible.

I cannot even guarantee to have an election. The reason for that is because of outside influences which I cannot predict. My desire for a free election, and freedom to go with it, I repeat, is as great as or greater than that of any member of this Commission. I feel I am closer to the situation, and have more interest in it than any of you possibly could have.

I should like to mention some of the points that will affect whether or not we can have a free election in South Korea, and these are practical problems. The first and biggest problem is the lack of education and the lack of understanding of democracy on the part of the people. That, I think, is patent to most of you. In the time you have been here you have seen the Korean's negative attitude, and you have heard very little from Koreans of constructive suggestions that can be carried out. I will go more into that a little later.

Another factor is the activities of directed communist effort in the American zone. That factor has steadily diminished since the time we came in and found the communists actually ruling and controlling South Korea. Today, that factor is not too great unless it is built up again and fostered by some influences either in or outside South Korea. Their activities in infiltration have recently bobbed up in some of the groups outside of the definitely admitted communist groups, and that in itself may bring up influences that will affect the election. The communists definitely say they do not want any election, they do not want the United Nations operating in this zone, and they want both the United States forces and the Soviet forces to withdraw and allow the Koreans to settle their own problem. This last demand, to those of us close to it, means only one thing: that is establishment of a satellite State.

In Korea we find the old head-man system operating, where the head-man of the village or the head-man of the family is a small dictator in his realm. There are many villages which the members of the Commission can never visit because you cannot get to them easily; it takes days of time. I have visited some of the outlying villages up in the

[1] Document A/AC.19/SC.1/PV.11.

little mountain valleys, with perhaps nine hundred or a thousand people in the village. These people do the bidding of the old head-man; he is their own selected chief, and they will vote as he wishes. They know right now for whom they are going to vote, and there will be little chance of changing some of these villages for generations.

We have the recent development — a development that has come about since the arrival of the United Nations Commission — of one prominent Korean leader who has announced himself, and has directed his followers, in all-out opposition to the election — namely, Mr. Kim Koo. His followers are now active in the provinces; defiant handbills are going out and posters are being put up, and there is unusual activity against the election. That, if it continues, will have an effect. Their activities, if they choose terroristic activities, can bother considerably the atmosphere for free elections. They can be an agent for good if they behave themselves and if we can lead them along the lines that they should go. There is one large youth group, probably the largest, that may or may not follow Kim Koo. If they do follow him, I predict trouble; if they do not, that part may go more smoothly.

We have Rhee Syngman, a powerful leader. He will, no doubt, make efforts to direct the voting in certain areas by high-powered campaigning, and possibly by means of which we do not approve. I might point out, without any thought of criticism, that the things that have transpired since the United Nations Commission arrived have built Rhee Syngman into a greater figure than he has been for many months. Some of you may have seen some of the banners the other day at the demonstration. There were many to the effect that "the election is no longer delayed; Rhee Syngman has taken care of that". These are psychological factors we cannot avoid or get away from. They exist, and they will make Rhee Syngman probably more dictatorial than ever. He announced the date of the election the other day following the meeting that you gentlemen attended, as a date that he "had arranged with the authorities". He announced a date a week earlier than the Commission here had selected, which between the Commission and the Command we had agreed was O.K. That is an example of the things he will attempt to do in many cases to mislead; if we do not watch, he will attempt to mislead Koreans in the interpretation of the election law and confuse the country people. Although it is not as well organized as the communist organization, in this connexion I should like to point out that if the activities of the youth groups who follow him stay on their present track, it will be hard to tell them from the communist activities. These things we have to keep in mind.

On the list of what the members of the Commission have considered, they appear to feel that the most important element against free elections is the police force. I consider that to be the least of the things to worry about. I will give you the reasons for this as I go along. We came in here with only a small force. Early in the occupation, General MacArthur wisely elected in the Far East Command to reduce troops to the minimum for occupation. After the initial entry and the cutting down to the recommended force, my strength has never been above 50,000. I will not tell you what it is today, but it is much less than 50,000. We have developed, since we came in, a native police force actually to handle law and order, the strength of which is today not as great per thousand as is police strength in the United States. The strength here is about 1.5 per thousand, and in the United States it is nearer 2 per thousand for the whole country and about 2.4 per thousand in our cities.

That force, however, had to be developed rapidly into an effective force to replace the Japanese police force and the Japanese Army, of which there were about 180,000 in this zone. The police force had to replace the existing law-enforcement agencies, and it had to handle the Koreans. My soldiers, in their early days of police activities, did not know how to handle the Koreans, nor do they know now. They did not understand the language or understand the psychology, and after the first three or four months here my soldiers have seldom intervened, and then only under the most extreme conditions, in the handling of matters of law and order.

The chief of the police, whom I have heard criticized publicly and privately, was selected because he was a strong man. He is not a strong man solely because he is the chief of police; he has his faults, as many of us have, but I think that from a democratic standpoint he is probably the most sound Korean that I know. He has been loyal to the efforts we have made here. He makes mistakes — he makes dumb mistakes sometimes — but it is his native environment and his background as a Korean that cause them. He has a very patriotic and strong nationalist spirit. He does not like communists, but neither do I. He has stood loyal to the efforts of the controlling power here, which has been the Military Government and the Interim Government which we have developed, stemming from the Military Government. He has been loyal all the way through against subversive activities of any faction. He and his force have stood fast against several communist attacks. They have stood fast against two efforts by Kim Koo and his old "Provisional Government" to take over the government in South Korea. They have stood fast against one effort of Syngman Rhee to do the same thing last summer, and against subsequent demonstrations of Syngman Rhee's followers on two or three occasions.

They have stood fast against, and stopped, terrorist activities by both right and left. Leftist terrorist activities were extremely high till the middle of last summer, when they began to go down because the Korean people themselves were tired of them and tired of the communists. The reaction to this high development of violent leftist activity was the development of the rightist youth groups; the development of rightist organizations throughout the provinces in opposition to this ideology and terrorism that the people were getting fed up with. Rightist terrorism in retaliation rose for a while. Terrorism of all types sank to its lowest ebb in January. It got to a low ebb last fall, and January was the lowest month, when there were about twenty-five incidents which can be classed as terroristic, most of which it was difficult to determine whether they were rightist or leftist instigated. Probably, most of them were "political family" fights and routine brawls.

The police had to be given considerable power. They operated to supplement and replace the occupation forces in the sense of maintaining law and order. Because they have been called on to do many unpopular tasks in the performance of the duties required of them they came in for heavy criticism, and there have been many factions which have made efforts to get control of the police. There has been a lot of pressure put on, and a lot of slander, and their detractors have utilized every incident possible to show that the police are not democratic, and that this is a police state which has been announced by this Commission. I have listened to hundreds of these detractors of the police, and I have run down thousands of incidents that have been reported, and found that most of them have been without foundation. Some of them have had some basis in fact; usually a young recruit or some misguided police officer using bad judgment; occasionally a case of malfeasance. In some cases, individual policemen have given vent to the Korean instinct for beating or maltreating someone.

The police have had wide powers. They have to, in war or in an occupation under conditions we face here. As I explained to you, we have had continuously to wage what might be called a war against subversion, and the active forces need wide powers or they could not function. We have developed and had in preparation from early in the occupation, many regulations to clip police power and adjust the balances. Some of these we have put into effect; others are to be made effective at a time when I feel we can make them effective and still control the situation.

I get indications that some members of the Commission demand drastic action for a big show on changes in the police. I should like to discuss it. I can take drastic action; it would be easy, but I cannot guarantee the results. Already rumours leaking out from the Commission are demoralizing the police and demoralizing many Koreans; they fear, as stated by some Koreans, that there is an effort by the Commission to build up the communists; that the Commission is afraid the communists will not get a lot of people elected. Many Koreans fear that then communism will rise up here again and interfere more with their country. They have had a lot of violent communistic activity, and I can speak for most Koreans when I say they are fed up with it.

Many of you gentlemen here think that I am cracked on the subject of communism. All I can say is: if you had lived here during the two and a half years that I have, and faced this raw situation, this cold war, as I have, you would not believe in Santa Claus either. I do not believe in Santa Claus where that ideology is concerned.

To be perfectly frank about it, we have made every effort to allow communists to operate on a *legal* basis. We have given them every opportunity, and all the stories they come and tell you that we suppressed them and closed their headquarters are flat lies. We have closed no headquarters. We have raided their headquarters on two or three occasions when there were subversive activities going on which we wanted to know about, or when it was necessary for intelligence purposes, such as discovering the counterfeit activities or when we had information of subversive criminal action by some of the people there. True, some of their party groups do not operate now from their headquarters: they have abandoned them voluntarily. But the headquarters facilities are still there for their use.

Their activities habitually have been subversive and destructive; never constructive. I think you have heard me refer before to the efforts I made to get leftist representation in the legislature so that all ideologies would be represented. Among the appointed members, after much combing of the field, I appointed a group to attempt to get a broad base for the legislature to match the solid rightist group elected in the Korean-style election, with the family head-man doing the voting. Most of the ones I wanted to get to represent the so-called left, which we have always accepted officially as legal, refused to serve. That followed many efforts previously made by me personally to get these people to participate in the government. Of those whom I finally appointed after verbal agreement that they would serve in the legislature, about six still refused to serve. We have tried repeatedly to get them in the government and to get co-operation, but in every case we have been rebuffed. In some cases, they have infiltrated, or certain members in the government have sold out for the purpose, not of co-operation, not of changing anything to make better any alleged conditions, but purely for subversive activity in an effort to destroy stable government and democracy. That situation I bring out because I feel it is essential to the understanding of Korea to know the background and why some of the bitterness may have grown up.

The verbal attacks on the police come from every politician who does not control the police. That is pretty universal. You can get anybody to attack the police; that is the most favoured pastime I know. The best answer as to why they do so is that they do not control the police. I do not know whether all the Koreans appearing before you have attacked the police, but all Koreans have at some time or other attacked the police because the police have interfered with some of their activities which were extra-legal; that is, outside the legal field. Because of this constant slander of the police here, I have kept my finger very closely on them. I know their weaknesses. They have weaknesses, but most of their weaknesses are the weaknesses of Koreans who have had no experience in self-government, of Koreans who are trying to operate in an atmosphere that is foreign to anything they have ever seen. Of the Koreans alive today, only a few, and none of these in the useful bracket of age, have any background or any knowledge of how to do things other than the way the Japanese did it. The Japanese have controlled this country, up till we came in, for about forty years. With that background, it is easy to make accusations that, since that is the way the Japanese did it, it should be changed. But you cannot change the psychology of these people overnight. Koreans have improved tremendously. In the police force alone, I think I can say flatly that they have improved 100 per cent in the last sixteen months.

I still have to admit that they do not like the communists. The communists have murdered about one hundred policemen in violent activities. They have murdered policemen's families — their daughters, their wives, their children — in the last few days. That activity, the communists would like to have the world believe, is because the police are cruel, and that they are merely retaliating. That is not correct. These raids on police boxes are led by agitators (many of them imported) in carefully planned agitation. They know what they are doing. They know what they are fighting for. They want to scare the police, and they want to get the world to believe that the police here are cruel and are suppressing them, and that there must be a change in the control.

I do not know whether you have had the most recent returns. There were forty-two police boxes attacked between 25 February and 2 March. That is a total of 77 during the month of February. Eighteen policemen were killed in that period and thirty-four were injured. But the police have carried on, and these attacks are about stopped now. The wave of police-box attacks across South Korea followed the wave of the instigators who moved across. The pattern is well fixed; it has happened before; we know it. They are the same leaders who do it.

By the standards of a stable country, where the sovereign government has been functioning for many years, civil liberties here could be improved. There is no doubt about it. We are going to issue an ordinance in the next few days, which I have told General Dean to present to this Commission, which will be as liberal as I dare go at the present moment. I think it covers almost everything to meet the needs of the situation for free elections. The adverse effects of it on law and order, I do not know. Yet I hope they will not be too great. I hope they will be what we want them to be.

The matter of political prisoners has come up. You, gentlemen, saw the small riots started by our boy friends at the stadium the other day. These men were not arrested; they were extricated from the situation by the police, taken over and treated, and turned loose. These people, if they had been arrested and tried, might be called political prisoners. I do not know for sure what you mean when you refer to "political prisoners". If, when you talk about political prisoners, you mean subversive criminals, I disagree. However, if the matter of political prisoners is insisted upon, and if I can get a clear-cut definition, I will do what I can to meet your demand.

Last spring, we released about 700 prisoners. We reviewed their sentences, and I thought that possibly they would reform. They were rioters and agitators. I released a selected 700, which I still would not call political prisoners because of the activities for which convicted, but I hoped that they might reform. However, about half of then have turned up again leading riots and leading the parade in subversive activities. They caused quite a stir shortly after they were released and were a factor in causing the rightist build-up in terrorism last summer.

If you call communists political prisoners; we have communists in jail; we have rightists in jail and we have others. We have tried very hard not to allow any arrests for purely legal political activities or subversive activities aimed at destroying the government simply because they might be politically inspired. That applies to all religions of politics. I have intervened personally in many cases where somebody tried to show that a man had been imprisoned wrongfully. In most cases, I found the claim was not sustained. In some cases, it was, and I ordered the man's release immediately. I have had many delegations call on me and demand the release of political prisoners. I have asked them for a list of the people whom they want released, but I have yet to get a comprehensive list, beyond two or three of their personal boy friends. On investigation, I have found that most of them were put in for rioting or murder or arson. It all depends upon who does the talking.

This Sub-Committee is interested in what we can do to develop a free atmosphere for elections. I know I am. We can do many things working together through our facilities and complementing each other's efforts, the members of the United Nations Commission on one side and the members of the American Command on the other, to build up the morale, to build up what you might call the spirit of responsible freedom, and to get them conscious of civil liberties and conscious of what we want done. We can get these youth-group leaders behind these things, get them to announce it and give instructions to their youth groups. I can pass instructions to their official representatives.

I fear that many of you do not realize the prestige that can be yours in this operation. The Korean people will respond to leadership, there is no question about that. You, gentlemen, have the opportunity of a lifetime to lead these people, and to gain their complete confidence. The last time I was here, I stated that they had lost some confidence in the United Nations because the Commission here had shown hesitation. The mandate from the Little Assembly is here — I think Koreans have all accepted the fact now that the problem had to go back to the Little Assembly — and I think they are all glad that it did go back and that a vote was received to go ahead with elections in South Korea. Now they look to the United Nations Commission for leadership. I hope that the United Nations Commission can work on Mr. Kim Koo. I have talked to him twice, and he tells me he will only follow what he says some members of the United Nations told him before Mr. Menon left. He was disappointed that the Little Assembly vote did not go his way, but I am convinced that he will listen to members of the United Nations delegation in whom he has confidence, and they can explain to him what we are trying to do, and that his dream of uniting North and South Korea need not die because we are going to go ahead here and try to get an election. This is something to which he can tie.

Kim Kiusic has already announced that he will not support the election. His federation made a strong statement which has appeared in today's newspapers. Both these groups, in my opinion, can be led back if they have a leader. They are out on a limb, but they can get down if the United Nations Commission helps them down. I have talked to Kim Kiusic on a couple of occasions, but have made no impression.

Of course, there is another factor in their attitude which may override any points we can make, and that is the realization on the part of these political leaders that they can get very few, if any, representatives elected. They have actually little popular following, and that, I might add, is the basis of the thinking of many of these political leaders to whom you have talked. Most of them are small fry — there are only about four Korean politicians of any stature — and the small-fry politicians are not interested in an election because they cannot get control. That is a factor of the psychology of these people which you must remember. When you are talking to a Korean politician, you must remember that he thinks only in one term, and that is "I want full control. If I cannot get control, I do not want any part of it". You have that to overcome, that the Korean politician will do anything he can to get control. When he finds that he cannot, he will quit in many cases. I think that the United Nations Commission can do a lot towards developing unity among the people in the effort to carry out and to determine their own future. They talk a lot about self-determination, and that they are going to fight for their independence. They love to talk about it. Kim Koo is now talking about making a trip to North Korea so that he can die for independence. It may be that he has been approached by the communists to go up there as a figurehead; I do not kno v, but that has been done before in many areas, in Poland and Czechoslovakia and other areas that have fallen under the iron curtain, use has been made of such men. These are things that we must face, as I see it.

Dr. Chough, without any prompting from anybody, issued a statement yesterday to his police chiefs and to the people on free elections. He is holding a meeting of the provincial chiefs on 12 and 13 March. I think, if the Commission would agree to it, that it would be a tremendous factor if some prominent member of the Commission would attend that meeting. If the Commission will let me know informally that they are willing to do that, I will plant the idea with Dr. Chough, so that he will invite some members to go and talk to the provincial chiefs about a free atmosphere for elections. My experience has been that they will try to do the things that they feel are for the national good.

I have no fear of the police. There are many people who feel about a policeman like they feel about a soldier or an army officer. They feel that they are the trash of the earth, and they would like to wipe them out. Any uniform is poison to some people; I know that. But I have watched the police, and I know what they do and what they are thinking about. They try, and a lot of their effort here that you have seen and criticized has been an effort to safeguard the United Nations Commission, to protect it and further its mission. Some of their activities have embarrassed me, like going over and grabbing a newspaper edition because the newspaper has strongly attacked the United Nations Commission, and they want an election. That sort of thing occurs, but it only gets them criticism, because nobody understands what is in the minds of these simple Koreans. They are trying to maintain law and order in the best tradition they know.

There are some other factors which I should like to bring up. As a matter of judgment, what is freedom of the Press? I should like to ask, does freedom of the Press include permission to make scurrilous attacks on governmental activities and on the United Nations, inciting inflammatory action against them to the extent of rioting, murder, sabotage and attacking police boxes? Does it include the free distribution of a propaganda newspaper as a handbill to incite riots? We have had all these things occurring in the past few days, and I want to ask you to think about it. What does freedom of the Press include? Does it include attacks on law-enforcement agencies in the incitements to kill officers and members of the family? We have had this happen.

What does freedom of speech include? Does freedom of speech include inciting to riot, or agitation to sabotage? Does it include fiery demands that they destroy the existing government? To my mind, it does not. Nevertheless, many of the charges made against the regime here that there is no freedom of the Press and no freedom of speech are based exactly on the stopping of such activities. The freedoms about which we talk so much must, to my mind, include some responsibilities with them. We have tried hard to teach the Koreans these responsibilities. They do not appreciate this, and they gripe about it. Freedom must include civil liberties. But, if it is enforced, it must include a responsibility on the part of the citizens.

Freedom of assembly is very much the same. The communists usually assemble to march on some objective for an attack. That has been their pattern. They have had some orderly assemblies, and we have in the past given them free assembly the same as the others. Some of these assemblies have been fairly orderly, and we have let them talk it out and say what they want. But when they assemble in small mobs for the purpose of attack, in my opinion, that oversteps the bounds of freedom of assembly. The stopping of these assemblies which overstep the bounds of freedom has been used for propaganda purposes against the police, and frequently the occasion is a built-up case for propaganda purposes to make it look as though their liberty has been curtailed. Those of you who know of the activities of the communists can certainly agree with me that they attempt to destroy liberty under the banner of liberty. There is no question about that. They have to have liberty to thrive, and they are the first to howl about any curtailment of liberty when they themselves bring about that curtailment by their activities.

I should like to conclude this dissertation by going back a little to the thought of the constructive manner and the constructive effort that I think we have an opportunity to carry out and to build up by working together. I have talked about this informally to Mr. Jackson at dinner. We can work together to lead the Koreans to a crescendo on this thing, and build up what we mean by civil liberties, and what we mean by freedom of the Press, freedom of assembly, freedom of speech and freedom of campaign. I believe we can make a lot of progress. If the United Nations Commission elects merely to criticize or to attempt to tear down or bring in radical changes, you will find a violent destruction of morale among these people. I say that advisedly. I know them better than you know them. If we attempt to make any sweeping changes in the police, for example, we will lose their potential power for doing good.

I feel now, by the weakness that the communists have shown in the past few days in what we know is an all-out effort in this zone, that we can safely issue the new ordinance that is coming up. It will hurt the police morale a little, but I think I can straighten them out.

I might say this for your information; I do not have here the troops to maintain law and order. You might as well know it; flatly, I do not. I had only a few troops available on 1 March to handle any wild up-ising that might have occured. You probably saw a little liaison aeroplane flying over the stadium the other day. It was observing and in constant communication so that our few people could be put where they were most needed in case of emergency. I did not know what was going to happen. The orders were for all-out attacks from the communists on 1 March. We did not have much activity here. The mass meetings were well attended throughout South Korea, and were orderly. The most disorderly of the mass meetings was the little affray we had here which amounted to almost nothing compared to what I have seen. The only other disorders were patently planned and agitated disorders. There were not many of these — about half-a-dozen.

CHAIRMAN : Thank you very much for your very interesting statement. I suppose that you are aware that the power of this Sub-Committee is limited. It has the power only of passing its suggestions on to the Commission, which in turn may make recommendations to the military authorities. The enquiries which this Sub-Committee has conducted indicate that there have been some people who think that if elections are to be held freely, conditions must be corrected to some extent. I know there was a suggestion made some time ago that some drastic changes be made, but probably the terms were very vague and the author probably intended something else, but the biggest questions which this Sub-Committee have faced so far are the police, political prisoners, and the question of the law. We are not going to deal with the question of the law, because the laws are the ones existing in South Korea. The biggest question is the question of the police, and we have been impressed by your statement that we do not have to worry at all about the police and the complaints about the police.

General HODGE : I have gone through two years of it, and I have investigated it far more than this whole Commission can investigate it between now and the elections. I know the pattern very well. Mistakes are made by the police. The police need improvement, but it is the improvement of time, training and their own government.

CHAIRMAN : How far are the military authorities ready to improve these mistakes before elections? That is the concern of this Sub-Committee regarding the police and regarding the other questions.

General HODGE : We will improve the police to the furthest extent possible. I will not improve them to the extent of disorganizing and destroying the police force unless the United Nations Commission will take the full responsibility for law and order in South Korea and my government will relieve me and let me out. I will do all that I can, but if we destroy the police force I cannot guarantee that we will have any election, free or otherwise. I think we can control them. I do not think there is any question but what we can control them.

CHAIRMAN : Is there any possibility of re-orienting the police force?

General HODGE : We can orient them. I have suggested the United Nations help to orient them.

CHAIRMAN : We would like you to outline some positive steps as regards re-orientation of the police force.

General HODGE : I mentioned the meeting that will be held by the police chiefs on the 12th and 13th. I think that if one or two members of the United Nations Commission could attend that meeting and listen to what is told them, and assist by short talks on what the United Nations expects of the police, it will have a tremendous effect.

CHAIRMAN : It is clear that the police cannot do anything unless the military authorities make the recommendation.

General HODGE : We are orienting them on elections now. Dr. Chough has already put out a statement to them, and I make statements to them frequently. I will do anything in the way of making statements to them and directing them to enforce the law, and in official follow-up, but what I thought I had pointed out was that the police are not the devils with horns and tails that some of the people here seem to think. Some people seem to think that they cannot be controlled; they are not the big factor for fear in the matter of freedom of elections. The big factors are other things that I mentioned; they are much bigger factors than the police. We can use the police to enforce a free election.

CHAIRMAN : Do you have in mind the youth organizations?

General HODGE : I have in mind the police.

CHAIRMAN : What are the other factors?

General HODGE : Another factor that figures in the picture is the youth organizations, and we can help to orient them.

CHAIRMAN : What steps do you propose?

General HODGE : The same type of steps : the United Nations Commission could get together with the leaders and tell them what you want to do, what you want to accomplish in the way of freedom of elections, and they can pass the laws down to the youth organizations through their headquarters. We can do that, but I say that the United Nations should team up with us, if you understand me. Perhaps I did not make myself clear in my initial talk as to what I think we can do : the military authorities and the United Nations can work together and not be at "odds-ends" but together on this thing. We can make co-ordinated complementing statements. The members of the United Nations Commission can meet with these people and help to orient the leaders and get them to pass down the re-orientation. I would not call it re-orientation; I would call it orientation. We are trying to do something; we are trying to hold an election, and we want it without interference from pressure groups here and there. I pointed out who some of those pressure groups are. We have certain groups that we can use in the way we want them : youth organizations, the police and political leaders.

You could try to get the help of Kim Koo. If he opposes the elections, he can make a lot of trouble. He has a lot of youth organization followers. I do not know what the largest youth groups may do; if they follow Kim Koo, that is a factor that might cause trouble. There is one youth group which is more or less fostered by us. It was started to give the youth something besides politics to think about and to develop citizenship, in opposition to the wildcat youth groups that were springing up all over — something to guide them for good. That is called the National Youth Corps, and they still have their first political activity to engage in; their first act of terrorism is still to come. They have been attacked on three or four occasions by some of the others who were jealous of them, but they have never engaged in terrorism. They have done a lot in passing out information and in helping the farmers. They can be used; I know they can be used. I think with leadership from the United Nations delegates we can use the others, and I think that with the leadership of the United Nations delegates we can improve the attitude of the police.

These people respond wonderfully to a little expression of confidence. They will respond in the reverse to any expression of criticism; they are very sensitive to criticism. I think we can use them if we operate properly and use some leadership.

Mr. MANET (France) *(interpretation from French)* : I would first like to associate myself with the gratitude that was expressed to General Hodge for having taken the trouble to come over to this Sub-Committee meeting in order to explain personally the different points on which we are not quite clear before we are in a position to make a report to the full Commission. Without in any way intending to associate either the other members of this Sub-Committee or the other members of the full Commission with my statement, concerning the suggestions that General Hodge has made on the co-operation that the United Nations could give to the re-orientation of different organizations, I believe that this, unfortunately — and I would like to stress the word "unfortunately" — appears at first sight to go beyond our mandate and terms of reference. I do not think that we could go as far as participating in the re-orientation of the police, for instance, although our desire to co-operate is as great as that which the Military Government has now expressed. I believe that our job is still to observe the general changes that the Military Governor will take into account or not as he deems fit; we also have to make reports, but what we really wanted to get at in this conversation, that has an almost friendly character, was some kind of concrete information on certain measures that could be taken and that would have a good effect and good influence on public opinion, without endangering the position of the Military Government. For instance, concerning the police, does General Hodge consider it possible that this organization could be placed under or attached to some kind of more comprehensive and large organization such as a Home Office Bureau or Bureau of Internal Affairs where other personalities and also representatives, perhaps of the Military Government, besides the chief of police, could participate? It is the same as regards the subject of youth organizations. There also I believe, unfortunately, that it would be going beyond our mandate to have conferences with these youth organizations to re-orient their spirit, but we would like to know what concrete steps could be taken in order to attach these organizations to some kind of parent organization that might discipline them and see that their influence is not used for violence, be it one side or the other. These are the questions I desire to have answered.

General HODGE : If the United Nations Commission does not feel that it can participate in these talks, I feel that my suggestion could be carried out in effect by well-timed and well-spaced public statements from the United Nations, and by broadcasts, that were timed and co-ordinated. Do you see what I mean on that? Not necessarily actually to participate or go with these people, but public broadcasts by various members; not just one, but different spokesmen.

Mr. MANET (France) : We can always recommend that to the full Commission.

General HODGE : I would have to study the other matter that you raised. I would not want to give you a snap answer. It comes under some of the matters that have to be studied in the light of the complete destruction of morale and loss of face with these people. I think that the Chinese representative can well understand what "face" is to the Koreans — probably better than some others.

Of the youth organizations there is only one over which we have any control, beyond the general control of political parties, and that organization is the National Youth Corps. It is not a political party. We can operate that. Off-hand, I would not want to give a final answer on the other point of combining forces. I would say, however, that it would be dangerous to the very thing that you are trying to get to combine too many of these organizations under one head. You are worried about the power of one man, and if you combine all these under one head you are going to build up a power that you do not want; that is one thing to think about. Power is what all these political leaders want. It will take thought to make a decision along the lines that you mentioned. Most of the youth groups that we have here are in the nature of political parties, except the one that I mentioned, the National Youth Corps. If you want to dictate to them and force them into line, to tell them that they should follow this or that leader, an effort might be made, but I doubt if they would accept it. That is an alignment that will still be a political alignment. I think a better idea is to educate them, working through their current leaders with the idea that the world is watching Korea, watching to see whether or not they can prove that they can operate in an atmosphere which will develop a free election.

I think that if too many artificial things, purely for show, are tried, it may defeat our aim. I am much more concerned about practical results than I am about anything else. Have I covered those points?

CHAIRMAN : Re-orientation, participation of the Commission and the activities of the military authorities and the other.

Mr. MANET (France): You will understand, General, that after all the founded or unfounded stories that we have heard about the police, we, too, in a way, have to "save face". It is not enough to say that the police will be re-oriented during the coming two months. I mean that we have to think together as to what can really be done, not only in the practical field, but also in the psychological field, to show willingness on every side.

General HODGE : As regards the practical side: if we try to do something for a tremendous show, in my opinion we will destroy the police and embitter them to the point where they will be no good to us and to where I cannot guarantee the safety of this area. For example, you may not know that the police man the boundary (38° parallel). I have few troops on the boundary. I simply do not have them. I do not wish to make that public, but I do not have them. The police, in that sense, are my force for the maintenance of law and order, and they are about all I have. I think that we can make a show for the people here by many public statements of police officers on what the directives to their men mean and statements that they pledge themselves to do this and that and the other, and then remove any of them who do not do it. We will remove any man for cause any time. If you show me cause to remove one of these people — a real cause and not just propaganda — I will remove him any time. I think something along that line would work. They will understand that, because we have removed some. As I pointed out the other day, in one province in one year six hundred and thirty-four had been tried and about half of them were removed. As I also pointed out, we do not publicize that very much. You say we have to have publicity for morale purposes. I say publicity of that nature will destroy the value of these people; they will be no good to anyone, and they will not do the things we want them to do. It is a matter of leadership which, I think, we can apply and get results with the sympathetic support of the United Nations Commission. If you do not elect to talk to them, you can make public statements, the necessity of what must be done, followed by responsive statements from the police leaders, from me, and from the people in authority and then the Command can follow through to see that these things are carried out.

CHAIRMAN : One of the charges that we have heard against the police is that many of its officers were Japanese-trained and that these people were used to oppressive measures. I wonder if you would be good enough to comment on that?

General HODGE : I would be glad to comment on that. The only Koreans for police service who knew anything when we came in, were Japanese trained. That is true. You cannot pick up a farmer boy and make a policeman out of him unless you have somebody who knows police procedures and the administrative work. We used Koreans who were not considered offensive to Koreans. We selected and screened out the Koreans who had served the Japanese police to get men acceptable to Koreans and who were trained in police methods. You cannot train a police officer in a few days, a few weeks, or a few months. There are certain activities in crime detection and in the administration and the manoeuvring of police here and there, the knowledge of which is necessary, and there are things which, to do, you have to have the "know-how". We have made constant efforts to replace these men by police officers whom we have trained ourselves. We have trained many; we have many more in training. Few of the short-time trained police officers that we put out have done fairly well; most of them have failed flatly even to control their own police. We have now gone to the long-term training of police officers, whereby we hope we can eventually remove all of those whom anybody can call Japanese-trained police, but I will make this statement : the ones that we have had the least trouble with and the ones who have been the least offensive are the Japanese-trained policemen. They have been the ones who have been mixed up in fewer bad incidents. The reason for that is because they are disciplined, and they want to do what we tell them to do. Of the others, many are not disciplined, and they want to do what they would like to do. Sometimes, that is not what we want them to do. Of course, these so-called "pro-Japanese" and "ex-Japanese" policemen are a point that the communists howl about a lot, and it is popular — no question about it — to do it. On the practical side, they are much less offensive than the propagandists are.

CHAIRMAN : What matters is the impression the people get about the police force.

General HODGE : The impression people get that want to attack the police force, I agree, but we still have to have a police force that will carry out its functions.

CHAIRMAN : Is it possible that some of these officers might be removed?

General HODGE : We have removed many of them. I will not remove any of them purely for show, but will for cause, if there is a cause. Perhaps you did not know that some of the highest ones were just recently removed for cause, and we will continue to do it. That has been our policy right along. We have removed hundreds of them for cause : not merely because they were "Japanese-trained" policemen, but because of their personal activities such as crookedness and engaging in activities outside of their field.

Mr. WANG (China) : I would like to divert my question to another field which you have indicated in your general statement, and that is that inasmuch as participation by all parties which command a substantial following of the Korean people in the forthcoming elections will implement the recent position of the Interim Committee in considering further that the explanatory note attached to the Interim Committee's resolution provides for consultation among political groups, as well as other peaceful measures of persuasion leading towards eventual Korean independence and unity, what are your views concerning the recent movements which have come to your attention to initiate a conference for consultation between the leaders in the North and South?

General HODGE : My view with respect to that movement is that it is fine. Go ahead, but it should not hold up the wagon while this goes on. My personal opinion is that since it has been going on for two years, we do not have any more opportunities now than we have had at any time in the past. I am for it, if it can be worked. A consultation to get unity on the North and South is ideal; but that effort has been constantly made. Messengers have been sent back and forth, but there has never been any agreement. I do not think we are justified in holding up everything while this nebulous effort goes on.

CHAIRMAN : This question does not really fit in with the work of this Sub-Committee.

Mr. WANG (China): In a way it does, on account of free elections. We want to have as full participation as possible by as many people as possible.

General HODGE : What I would like to suggest, if I may at this time, in answer to your question, is that I am doing all that I can to get unity as part of the addenda to the Interim Committee Resolution before these people. This whole business started in the talks of Korean personalities in the Commission, and, as I said, I have faith that we can make a dent on that mentality. I think that the Koreans whom the delegates have talked with may be dented by this addenda and may get behind the elections. I would like to see every eligible voter go to the polls, but if we get this negative movement, we may have considerable difficulty, as I say, in just carrying out an election, to say nothing of the free atmosphere. These people get violent at times.

Mr. SCHMIDT (Principal Secretary) : If you will permit me, I have two questions that I think are directly concerned with the question of a free atmosphere for elections and the difficult problem of getting a definition of what a political prisoner is. If General Hodge feels like replying to these questions, I would very much like him to do so. It is almost sure that certain groups will boycott these elections. In connexion with what is called subversive action, the first question is : Would a boycott of the elections be included in subversive action? The next point, which was very clearly explained by General Hodge, would be in connexion with the position of the head-men in the villages, who control the votes and who issue the orders. Would the boycott of the elections be regarded by the head-man of the village as a sort of crime against the village, and would he set his rightist supporters on the people advocating the boycott of an election? And would resistance by the leftists be included in subversive action?

General HODGE : Certainly not. That is the action and the will of the people.

Mr. SCHMIDT (Principal Secretary) : Let us go one step farther. Supposing the rightists start fighting the leftists who are opposing the elections, and supposing the leftists fight back, would they be arrested for rioting, murder or any other crime?

General HODGE : If they commit crime in connexion with it, yes. When you said "boycott the elections", I assumed that you meant merely that they just would not go to vote — that is, as far as their own vote was concerned.

Mr. SCHMIDT (Principal Secretary) : I do not mean merely that. I think they will claim the right to explain why they boycott the elections. I think they will wish to have the right to explain the reasons why they do not want to vote. That may cause clashes between those who wish to vote and those who do not wish to vote. In those clashes all sorts of things may happen. Are those things regarded as subversive actions? Are those people arrested and sentenced for common crimes, or are they political prisoners? This is connected with the experience we had in European countries during the German occupation. This may easily happen here. People are arrested for certain common crimes while, in fact, they are really being arrested for political agitation.

General HODGE : I think I have answered that question.

Mr. SCHMIDT (Principal Secretary) : In order to come to a definition of what is a political prisoner, we have to consider all these possibilities in connexion with a free atmosphere for elections. I think that if General Hodge would like to consider this question it would be for Sub-Committee 1 a number one question to see that in these elections there was really a clear understanding of the question as to how far the agitation of opponents of the elections could go before they would be accused of subversive action.

General HODGE : I think I have answered that in other words. The answer is that a crime is a crime. That is our attitude. We have taken it right along. If a man riots, destroys property, commits murder, mayhem or injury, we handle him for that. We do not try him for anything but his crime. I do not know how anybody can call that man who commits such a crime a political prisoner. He goes out and murders somebody because he does not want an election. I call him a criminal in any country. His motives may be political motivation, but he commits a crime.

Mr. SCHMIDT (Principal Secretary) : Supposing that — which has actually happened often elsewhere — something happens in the village, where the head-man is in control, and some houses burn down : that is arson, and about fifty or sixty people are arrested because the head-man takes the opportunity to arrest them for that crime, while in fact he wants to arrest them because they are opposed to the election.

General HODGE : If they are accused of the crime, they have to be tried for the crime and not anything else. If they cannot be tried and convicted, then they should not be prisoners. If they were just held because he wanted to arrest them, then they should be released. We do not wish to arrest people for that : we do not condone it. We have had that happen occasionally in the past. I think we have most of that washed out now. They have to be convicted of a crime before we let them be sentenced. Our checks get them released; they can be held ten days by the police for investigation, and the prosecutor can hold them ten days before they go to the court.

Mr. MANET (France) *(Interpretation from French)* : For my part, I believe that in certain fields we have to take into consideration and accept the customs of this country rather than try to modify them and substitute in their stead the practices of advanced democratic countries. In the field that has been discussed in the questions that have been raised by the Principal Secretary, Mr. Schmidt, I think that we can very well stick to the principles that are followed and accepted in our democratic countries; that is to say, opposition is legal as far as it does not do acts of violence which may result in rioting, burning of houses, and so on. Therefore the question that I would like to ask General Hodge is this : are people who oppose the election free in the period before the election to distribute handbills, for instance, to state their reasons why they oppose the principle of the election itself, if it is held only, for instance, in a limited part of Korea? That is, in my view, the only point at issue.

General HODGE : Unless the United Nations Commission directs otherwise, we will follow the same practice on handbills that we have always followed. So long as these people are not inciting to riots and disorder, they are free to distribute handbills anywhere. If they do incite to disorders, destroy, and incite destruction of government by direct statements, then they are considered as conducting subversive activities, not because they are against the election, but because they incite riots. That is the only basis on which we judge. If they say "Kill Kim Koo, kill this, kill that, kill the Americans" — as we have had many of them say — that comes under the heading of inciting disorders. If they say we do not want elections and give their reasons without inciting violence, it is perfectly all right unless the United Nations Commission decides that that is agitating against the peace of the country and will affect freedom of elections. I do not know. I would appreciate the attitude of the United Nations Commission.

Mr. MANET (France): May I say that that is the practice of my own country?

General HODGE: We have adopted here the general practice in the United States.

Mr. JACKSON (Australia): I would like to ask General Hodge two questions; they may help to clear up the situation. First of all, what youth party did you suggest Kim Koo might have behind him?

General HODGE: I think it is the Greater Youth Alliance. He has had that group; he has had the United Korean Youth; that is under the leadership of Lee Chung Chun. That is the largest youth group in Korea. I am not sure; I think we have Lee Chung Chun's pledge to support the election. They may switch at any moment.

There is one factor that I would like to mention here. It is not exactly *à propos* of this, but in connexion with the whole question. When the Soviet regime in North Korea made a change in currency in December, we estimated that it left about two billion yen floating loose. We know that a lot of that currency has come to South Korea; we know that a lot of it is being used by the communists for political purposes. There have been some new activities and switches of allegiance where the evidence shows that money was used. This money may purchase some additional activities which will interfere with the conduct of the election. There is always the chance that some of these groups or their leaders may sell out purely for money; I do not mean necessarily the entire groups. Their leaders may sell out, and with the heavy infiltration of this money we may get some very unexpected reactions. I am hoping, and I am doing what I can, to get Lee Chung Chun's group lined up for the elections so that they will support it. I feel that most of these groups which support the elections will support our efforts to get freedom for voting, freedom of the Press, freedom of speech, and freedom of assembly.

Mr. JACKSON (Australia): The other thing was the question of the police. I think perhaps that there is some misapprehension on the part of the Commission as a whole concerning the statements that were made that this is a "police-controlled State". I think, if I understood you correctly, that you said that this Commission had made a statement to the effect that this was a "police-controlled State". Could you say where you got that, because I personally have no knowledge of such a statement ever having been made.

General HODGE: I should have said "attributed to the Commission". I did not mean to accuse anybody, but that statement has appeared in the Press and was attributed to the Commission, and the statement made by Mr. Menon at Lake Success made some mention of that. The Koreans all say that it is attributed to the Commission; they say it right now, and that has been said generally. The word is out; and all the leftist-minded people are going to "make hay" of it all they can. They will swamp you with added propaganda before you get through, and the ones who would like to control things will also "make hay" of it.

Mr. JACKSON (Australia): Actually, the only official statement that was ever used outside would be Mr. Menon's statement.

General HODGE: That is right.

Mr. JACKSON (Australia): None of the Sub-Committees have any right at all to express an opinion, and we have said that at practically every meeting.

General HODGE: It got into the Press as "attributed". I should have said "attributed". I would like to make that clear; I think I worded it a little carelessly.

Mr. JACKSON (Australia): I do not think that any unnecessary emphasis should be placed on the fact that this Commission generally — I am not speaking as a member of this Sub-Committee, as I am not a member of this Sub-Committee — is thoroughly examining the police situation. I think it is a question of safety whether it should do so, and it is most unlikely that the Commission would attack the police now. It would have been likely, had it not so closely examined the situation and had it not heard, for instance, your statement now on what your attitude is towards the police. I only want to emphasize the fact that, as far as the Commission is concerned, it has made a fair criticism of the police with a view to getting a basis for discussion with you and your military government and, if necessary, rectifying it; I say if it is necessary.

General HODGE: I would like to repeat my opinion that the police, properly handled, can be a factor for free elections; improperly handled and defamed, I fear they will not handle some of the situations, and some of the subversive youth groups may definitely interfere with freedom and interfere with the elections. Any idea that the police are going to arrest many thousands of people for influencing the elections is "hooey", just plain "hooey". I have heard that idea expressed. You may find some individual members of the police getting into politics. They do that all over the world. That is the thing I fear most — some little local officials getting into politics and trying to dictate how the people should vote. I do not think the rest of it amounts to much. I hope and believe we can stop that.

CHAIRMAN: Thank you very much, General Hodge.

The meeting rose at 5.13 p.m.

*

[General Hodge requested that the following be added as addenda to his statements concerning the subjects of police and "political" prisoners.]

In considering the testimony offered so freely by Koreans to discredit the police, the following factors should be considered :

1. The communists wish to destroy or take over the police, because the police stand in the way of completion of the communist revolution and taking over of power. This is not merely a deduction; it is amply borne out by authentic documentary evidence obtained by our intelligence agencies. Communists, and their fellow-travellers and stooges masking as liberals, never lose an opportunity to make a strong case against the police to any new arrivals in Korea, who they feel may lend a sympathetic ear.

2. Korean politicians of all shades have constantly striven to gain control of the police. The legitimate and accepted alternative has been to attack and attempt to discredit the police. Koreans are never backward or reticent when they have any opportunity to complain. It is one of the freedoms they have accepted most universally.

3. The politicians with the smallest following and least hope of electing representatives will put up the most magnificent stories of lack of free atmosphere, because they must prepare the United Nations Commission for the terrible blow of learning after elections that this or that "liberal" political party has not elected a strong representation in the constituent assembly.

4. The bitter "pro-Jap", "Jap collaborator", "Jap, etc., etc." charge is freely tossed around by all Koreans, with the communist elements using it most freely. It is always applied by any Korean to every other Korean whom he doesn't like or whom he wishes to discredit. As one sage and philosophical old Korean patriot, regrettably now dead, expressed it, the attitude of each Korean is that : "Everyone who lived in Korea during the Japanese rule is a pro-Jap — except for me; I am a patriot". There is no doubt but that there were Koreans who collaborated with the Japanese and were friendly with them. However, in judging their "crime" it must be remembered that the world — your nation and mine — accepted Korea as a part of Japan for 35 years and condoned the Japanese protectorate of Korea for another five years before that. Koreans had only the following choices : *(a)* leave Korea, *(b)* obey the law and get along with the Japanese, *(c)* spend their days in jail or, *(d)* die. Most elected to get along the best they could. All of these can be charged by extremists as pro-Japs or Jap-collaborators. The only Simon-pure are the *émigrés* — who couldn't "take it". A sad fact is that the Koreans of useful age, who were allowed to advance in education and "know-how" under the Japanese control, were those who were amenable to some degree of obedience to the law of the land. A still sadder fact is that most of those who make the loudest squeals against the "pros" and "collaborators" are themselves the individuals who were deepest dyed in Japanese collaboration and make these constant attacks to hide their own "sins". They include thousands of former Japanese spies, opium-runners, "stool-pigeons" and voluntary residents of Japan.

5. Koreans are among the world's greatest individualists. They universally resent any control. Police, to Koreans, have from time immemorial represented control they did not like. The police of the old Korean monarchy were hated. The police of the Japanese were hated. The American soldiers who had to perform police duty for a few weeks early in the occupation — even though Americans had great prestige as liberators — were hated, simply because in performance of duties they had to exercise control that was resented. One of the urgent reasons for the rapid establishment of a Korean police force was to stem the Korean antagonism against American soldiers. The Korean police of today are not generally loved and will not be for two or three generations to come — regardless of how perfectly they conduct themselves, because of this resentment of control and because of the ingrained dislike for the police developed in past generations. The Korean has the small-boy attitude of resentment against any authority, and will continue to have it until the nation reaches some degree of maturity.

6. As to the so-called Japanese police methods. Any tortures and beatings that are in the present day attributed to Japanese methods are as much, if not more so, the native Korean methods as they are Japanese. The Korean police methods, long before the Japanese influence was felt, left nothing undone in the way of exquisite torture and sadism. In addition to this, there is no nationality or race that exceeds the Korean in his effort to ensure that he is "Mr. Big" when he is placed in any position of authority. We have made great progress in curbing these tendencies, and my estimate is that undesirable acts are now at lower ebb than ever before or than they will be when Koreans gain sovereignty.

As to accusations made by Koreans relative to "political prisoners", it is my guess that most of the Korean politicians the Commission has consulted or may consult will break down and "admit" that there are political prisoners in the South Korean jails — that is, if there is any considerable number of his party in jail for law violations. For example, Kim Koo said political prisoners must be released. He makes open and vociferous claims that the ten thugs among his close associates that we are now trying by Military Commission for the murder of Chang Duk Soo or complicity therein, are political prisoners, thrown in jail through machinations of his political opponents. There are other cases of extreme rightists in jail for equally heinous crimes. The same is true of most so-called political parties, since terrorism and assassination for political motives have in the past been considered heroic acts in Korea. Even by local standards and liberal communist interpretations, there are so few "political prisoners" in South Korean jails that any possible effect on free atmosphere for elections is infinitesimal in a population of 20,000,000 people.

7. To add fuel to the flames of the foregoing factors in the general attitude of complaining against the police is the unfortunate circumstance that among the tasks assigned to the police, through the very fact that they are police, are many highly unpopular jobs, a few of which are :

Enforcing grain collection so that the non-producers may be fed through equitable and controlled distribution.

Preventing the expansion of freedom into licence on the part of a people who do not understand that freedom carries with it certain responsibilities. Most Koreans apparently think that freedom includes no law enforcement.

Enforcing necessary laws, regulations and edicts of a government not sovereign of the Korean people for two and a half years after they believe they should have been given their independence under the Cairo promise of the Great Powers.

Examination of ration cards and getting fingerprints on cards to prevent the extensive practice of getting rations on "ghost cards" (Koreans feel it is a great personal insult to demand fingerprints).

VERBATIM RECORD OF THE TWELFTH MEETING [1]

Duk Soo Palace, Seoul, Korea, Friday, 5 March 1948, at 3.30 p.m.

Chairman: Mr. MUGHIR (Syria)

CHAIRMAN: I declare the twelfth meeting of Sub-Committee 1 of the United Nations Temporary Commission on Korea open.

Adoption of the agenda

The agenda was adopted without discussion.

Hearings of officials and experts: Major General W. F. Dean

General Dean and Major Connelly entered the room.

CHAIRMAN: On behalf of members of Sub-Committee 1, I welcome General Dean to this meeting and thank him for his co-operation and his consenting to be heard by this Sub-Committee. You are well aware, General, that this Sub-Committee is interested in the question of free elections, and one of the main conditions of free elections, in the opinion of this Sub-Committee, is the question of laws and ordinances. This Sub-Committee has finished a preliminary study of existing laws and ordinances in South Korea; and was about to make the suggestion that the Commission should recommend that the military authorities enact new ordinances that would guarantee freedom of elections, when the news came that the Military Government was examining and drafting new ordinances.

Do you want to make a short statement before the members of the Sub-Committee?

General DEAN: Anything I might say would be superfluous. I understand that this Sub-Committee has had an opportunity to go over the latest draft of the proposed ordinance. It came out yesterday.

CHAIRMAN: Do the members of the Sub-Committee have observations to make or questions to ask of General Dean?

Mr. MANET (France): I have read this new draft ordinance called "Changes in Criminal Procedure" and have very little time for scrutinizing it or going through it very carefully, because it is detailed and complicated. I think that our legal adviser was asked by this Sub-Committee to study it and give his advice to us. At the same time, I would like to make it clear that while this ordinance is very important and covers a lot of points that we are interested in — may I say that this is not exactly what we had in mind when General Weckerling appeared before this Sub-Committee? You will remember that Mr. Paul-Boncour suggested — and the other members seemed to agree to it — that it might be advisable to enact before the elections a general ordinance clearly defining the freedoms that would be guaranteed to the people of Korea: in other words, that could clearly define whatever existing laws and regulations there are, freedom of speech, expression, and the Press. This ordinance, important as it is — and I think it is very important — is only part of it. It is not the general laws we had in mind; it is a detailed ordinance covering some of the points that we would like to have as a general ordinance. Do the members of the Sub-Committee agree with this view?

CHAIRMAN: I think we had the impression that the ordinance which we wanted drafted by the Military Governor was going to cover the whole juridical situation.

General DEAN: I feel that the Sub-Committee is approaching this from a purely academic viewpoint, and not a practical viewpoint, and I must deal practically with this problem because there must be an implementation of any bill of rights you specify. In my own country, the bill of rights is the first ten amendments to our Constitution. They outline the scope of the laws that will implement the bill of rights. Anything that I would put out as a generality, or a glorified bill of rights, would be beautiful, but would have no effect. This is the implementation of the law that will have an effect and do some good. If we want pretty words and a beautiful bill in high-sounding words, I could write it, but it would have no effect on a free election. I feel that the points that are in this document are not for a free election alone; it is to ensure that the people of South Korea do have civil rights that are respected and carried out by the authorities. I think your legal counsel will agree with me. Any law that supplants other laws in existence must be detailed, or there will be confusion. You cannot make a general statement and say such and such will be defined. If you are speaking of civil liberties that are not included in this law, I should like to know what they are.

Freedom of religion is not mentioned here, but that has already been given to the Korean people by a previous military ordinance which rescinded the Japanese ordinance, and so on, with the others. If you want to have the same civil liberties that we have in the United States, there will be the right to bear arms; but we could not permit these people to have arms. If they had arms, controlled minorities would disrupt the elections, and you would not have free elections. No one wants free elections more than I do, but we must be practical.

Mr. MANET (France): I think there is some misunderstanding. I did not say that this ordinance was no good at all; on the contrary, it is a very detailed and complete ordinance. I said that we were concerned with several things. If General Dean had read the verbatim records of the discussion with General Weckerling, he would have seen that what Mr. Paul-Boncour said (to summarize his views) was approximately this: whatever the existing regulations are, they appear to us to be very complicated. Few people know what laws are in force and what laws were repealed. Even the legal experts, from what we heard from Dr. Fraenkel and Dean Pergler, do not know. Even the Japanese laws that are supposed to be enforced

[1] Document A/AC.19/SC.1/PV.12.

are found not to be enforced actually, or there are Japanese laws that still appear to be in force. In other words, Mr. Paul-Boncour suggested that when we come back to Lake Success or Paris for the General Assembly and when we are asked what the freedoms guaranteed to the Korean people for the elections were, we might be at a loss to say exactly what they were because we would not know, or even if we knew, we would have to present the people who would discuss it — that is to say, the General Assembly — with such a heavy load of regulations and laws that nobody could understand it. At the same time, some people would say, "Half of those laws and regulations are Japanese." Maybe it makes no difference, but for propaganda purposes it makes a lot of difference. General Dean will certainly understand my point and know what I mean in saying that unless we have something comprehensive, simple and easy to understand — and that covers all the civil liberties that are granted to the Korean people before the election is held — it would make our position rather difficult. If General Dean thinks that it is impossible — and there may be reasons for the impossibility of issuing such an ordinance — well and good; we will take note of it. I don't know. This is the position : it has nothing to do with this ordinance. This ordinance would, in any case, have to be enacted and it would supplement any general ordinance covering civil liberties and would — until a bill of rights is issued by the Korean Government — cover the whole question in the meantime.

General DEAN : The bill of rights guarantees certain rights. What rights do you think are not covered in this draft ordinance? This has freedom from arrest without a warrant, except under certain circumstances. This provides for bail; this provides for punishment for illegal arrest. We do have freedom of religion. We do have an ordinance on freedom of the Press. What other freedoms do you have in mind?

Mr. MANET (France) : May I say that we have no other ordinances in mind.

General DEAN : What other freedoms?

Mr. MANET (France) : I do not even say that we have other freedoms in mind; may be all freedoms are covered by existing ordinances, but when we inquired about existing laws, regulations, and ordinances, we were told that the situation was rather confused, that it was not quite clear; so we thought it would be a good thing to cover the main points by a new ordinance that would be clear, simple and comprehensive, some sort of provision in the bill of rights in the form of an ordinance before elections.

Mr. WANG (China) : My belief is that prior to the establishment of a legally-constituted government in Korea, a constitution cannot be promulgated. As a usual rule we have the bill of rights in the constitution, so I doubt if the military authorities here can give or bestow upon the Korean people a bill of rights that will be legal and tenable. Therefore, to me, it seems that the only practical approach is through certain criminal procedures whereby those rights could be guaranteed and protected sufficiently to satisfy us in observing a free election. I would suggest that we proceed to discuss this topic with this draft as a basis.

Mr. MANET (France) : I understand the point of the Chinese representative; we can always do that. At the same time, if we are satisfied that the existing regulations are sufficient to cover the main freedoms we have in mind, it is perfectly all right; that is to say, if it is simple enough. If General Dean tells us freedom of expression is covered by Ordinance 2, and freedom of assembly is covered by another specific ordinance, that will be clear enough. If we have five or six ordinances in all, that is what I would call a clear picture. What we were told was rather different, that there were laws which nobody knew were in force or not. If I am wrong, then I would confess it very gladly, but until now, we all appeared to think that the legal position was rather complicated and that it would make it difficult for us in reporting to the General Assembly.

Mr. SCHREIBER (Legal Counsellor) : May I say a few words in order to clarify the issues? I think there are different points to take into account. If I understand Mr. Manet's point of view, he thinks it would be useful for us, from a general point of view, to report to the General Assembly as to what the situation was in Korea, as we found it, and what changes we brought about in the situation during our stay here with respect to those individual freedoms which are generally recognized in democratic countries.

Mr. MANET (France) : May I interrupt you? It is not so much the changes that might be brought about by us. I do not care about that. What was the situation before the elections were held?

Mr. SCHREIBER (Legal Counsellor) : That is right, because that would constitute an interesting and useful part of our report to the General Assembly of the United Nations. I suppose this could be done by a study which one of the United States experts could write on the subject. He would take into account the provisions of the different laws which may be in force whether they be of Japanese origin or laws which have been enacted since the United States took over the responsibility for the administration of the southern part of this country. It is a factual report, I suppose, that Mr. Manet has in mind. That would be the first point.

The second point is the recommendation which the General Assembly has made with respect to Korea and the views that the Interim Committee has recently expressed with respect to the implementation of the resolution of the General Assembly. The Interim Committee has, in a memorandum accompanying the resolution, stated "that the elections to be observed by the United Nations should be held in a atmosphere wherein democratic rights or freedom of speech, Press and assembly, should be insured", and there we definitely have to report to the General Assembly as to how far the free expression of the will of the Koreans has been possible in the light of circumstances. This is a more limited object, and there we could, I suppose, make certain recommendations as to what special steps should be taken in order that the freedoms of speech, Press and assembly could be fully ensured during this limited period.

The third point is that this ordinance, and I for one am entirely for agreement with the opinion expressed by General Dean, is a basic thing; it is an extremely important ordinance. Mr. Manet has mentioned that the Sub-Committee requested me to examine this text. I was not entirely aware of the fact that I had to report on it at this meeting; as a matter of fact, I only got the text this morning, and I had to attend a meeting of another sub-committee, so I could not undertake any detailed study, which I would, however, be extremely willing to do during the next few days. I would like to say, after a quick examination of this ordinance, that a very important piece of legislative work has been done when you take into account the situation as it is under existing legislation or the situation that existed before the United States troops arrived here. This is a piece of work which must have taken a considerable length of time. Much legal talent was expended on it. General Dean has already drawn the attention of the Sub-Committee to a number of innovations which, perhaps, for some of our democratic countries seem very natural and normal, but as far as I know the situation, they constitute here an innovation of extremely great scope. I think one point should be added to the points General Dean has mentioned, and that is the provision concerning prisons being searched once a month to see whether any person was imprisoned there without provisions of this law having been observed. So I think this is an essential step forward, and I would recommend that the Sub-Committee examine this text with great care and also with much sympathy. I think that the implementation of this ordinance would be an essential step forward in ensuring the implementation of the recommendations of the Interim Committee.

I should like to ask General Dean or Major Connelly two or three general questions, but I should think that some more time would be needed for the examination of this text by the Sub-Committee.

CHAIRMAN : In the absence of these ordinances during the period since the liberation of Korea by the United States, where and how were the general freedoms guaranteed? I understand that this ordinance would guarantee freedom from arrest and some other freedoms also. How were such freedoms as the ones mentioned in this ordinance met and guaranteed since the period of the liberation of Korea?

General DEAN : Before we came here, and since liberation of Korea, there was no such thing as bail. There was no provision for a man arrested (the lack of this provision is common in the Orient) for an accused in prison to see his attorney or counsel before indictment. The accused could be imprisoned for ten days before indictment. I would prefer that Major Connelly take this up in detail. He is my chief legal adviser, the Chief Adviser of the Department of Justice of the Military Government.

CHAIRMAN : Do you understand my point?

General DEAN : Yes.

CHAIRMAN : How was freedom of the Press guaranteed before the passing of this law?

General DEAN : This has not been passed yet. The freedoms that the Chairman is speaking of are the freedoms we have in this ordinance. Those are the only ones you are referring to?

CHAIRMAN : Yes.

General DEAN : You are not referring to freedom of the Press, which is not covered by this ordinance; you are not referring to freedom of religion or freedom of assembly?

CHAIRMAN : I understand that this ordinance will complete the rest of the freedoms and will guarantee freedom of elections?

General DEAN : It does not complete all the freedoms. In the United States we have the freedom to have arms. We are not giving them the freedom to have arms in their possession, so that is one freedom they do not have.

Mr. MANET (France) : We are not asking for that sort of freedom.

Major CONNELLY : You would like to know about bail, legal counsel, warrants of arrest and things of that sort that are mentioned in the draft ordinance. Is that correct?

CHAIRMAN : Yes.

Major CONNELLY : Up to the present time the system of bail before indictment has not been observed and is not provided for in the Japanese Code of Criminal Procedure. Bail after indictment was permitted but was discretionary with the court. Making bail after indictment discretionary with the court is the procedure in all countries. The court must exercise its discretion in granting or refusing release on bail. Under this ordinance, it is provided that under certain circumstances, which are described in the draft ordinance, there may be release on bail before indictment.

With respect to legal counsel, I might point out that section 39 of the Code of Criminal Procedure provides that the accused may appoint legal counsel after public action has been instituted, that is, after indictment. That seems to be a gracious concession. Actually, it denies the right, by implication, to have legal counsel before indictment. This ordinance provides that legal counsel may be appointed at any time after arrest, not only by the person arrested but by members of his family or his guardians or persons acting for him. That designation of legal counsel shall be effective from the time he is appointed up through the first instance. I think perhaps Mr. Schreiber may see a similarity in this civil law system to other civil law systems. There should be specific designation of counsel for each instance. In a court of first instance, a trial court, one appointment is made. If an appeal is taken there is a new designation of counsel. I need hardly mention it here, but the point is that the accused person may obtain counsel from the very beginning. There are some restrictions imposed upon communications between counsel and the accused in the early stages of the investigation.

General DEAN : You are talking about this ordinance. What the Chairman is more interested in is the situation before this ordinance was drafted. In other words, he does not want a discussion of this ordinance; he wants to know, if, since we have been here, a person can be arrested without a warrant. How long can a man be arrested before he is permitted counsel? How long can he be arrested and kept in jail under existing ordinances before he is indicted? Not what actually happens, but what is permitted under the law. Naturally, there are exceptions made in every country. The law is not observed as well as it should be, but what do the existing ordinances provide in the way of a man's security from arrest? Is that what the Chairman wants?

CHAIRMAN: Yes. Prior to the promulgation of this.

Major CONNELLY: On the question of arrest without warrant, the Korean Criminal Act, which was promulgated by the Governor General here in 1912, is still in force. Some provisions are good and are not related to the subject we are discussing. Other provisions relieve the prosecutor or the police of issuing warrants so that under certain circumstances, specified in the Korean Criminal Act, arrests are permitted without a warrant. Also, the period of detention is not subject to judicial scrutiny, and that condition is further aggravated by the Administrative Execution Act of 1914, which permitted arrest without warrant and which permitted protective custody. I might say that on those two points this draft has attempted to cure those conditions specifically. I might also say that there is a general provision for judicial review of detention at any stage of the proceedings, which is in the nature of *habeas corpus*. That has not existed before; neither has there been the periodical examination of police jails which is now provided for in the Act.

CHAIRMAN: In this ordinance?

Major CONNELLY: In the proposed ordinance.

CHAIRMAN: But at present there is no law regarding this question?

Major CONNELLY: No, there is no requirement that a prosecutor must make examination periodically.

General DEAN: Although there is no law, the United States Civil Affairs Officers have been making examinations of jails in the provinces and finding out how long people have been in jail. In a number of cases, they have released people who have been in jail for an inordinately long time where no charges had been filed. It varies with the individual. The Chief Civil Affairs Officer in the Province of Cholla Namdo is very punctilious about that. He goes through these jails, and if he finds anybody who has been there thirty days without charges being filed and without having been tried, he turns them loose. The procedure varies. Although there is no law except a United States directive, we watch and see that people are not locked up without cause. We did that while this ordinance was in the making. Prior to this, there was no regulation that prevented arrest without warrant.

Major CONNELLY: The powers given under the Korean Criminal Act were very broad and permitted such arrest without a warrant.

General DEAN: Is there a penalty for false arrest at the present time?

Major CONNELLY: There is a general penalty in the Criminal Code, but it is not customary to apply it to arrest by government officials. It has been applied more to false arrest by private individuals not connected with the government. There is a specific provision in here to cure that condition.

CHAIRMAN: I have one more question regarding section 4 of the draft ordinance. It says that "prosecutors or police shall have the power to enter any building at any time, day or night, without a warrant where there is reasonable ground to believe that an offence punishable by imprisonment for one year or a graver penalty has been or is being or is about to be committed therein" and so on. Is there any provision protecting against abuse of this on the part of the police or the prosecutors?

Major CONNELLY: Do you mean in the laws that exist now?

CHAIRMAN: In the laws, or in this ordinance.

Major CONNELLY: The ordinance provides that persons who are arrested without a warrant may not be detained beyond forty-eight hours.

General DEAN: The Chairman is asking if there is any provision against unreasonable entering of houses.

CHAIRMAN: Suppose they enter a house day and night, and they continue to search the house. Is there any provision against such abuse of power?

Major CONNELLY: There are in force general provisions regarding malfeasance in office. The provision proposed — I am not asked what is being proposed?

General DEAN: No.

Major CONNELLY: At the moment I can think of only the general prohibition against malfeasance in office.

General DEAN: These provisions that you are speaking of do seem to have a loophole; however, they are the same provisions that we have in my own country and in almost every State as regards the police. A police officer can enter a house if he believes there is a felon present or there is a felony taking place therein. That law exists in my country, and I consider that I come from a very free country.

Major CONNELLY: I might say that section IV is practically a quotation from an American law with the Anglo-Saxon concept of felony defined in terms of civil law, which is only a minor change. It is practically a quotation of a provision which is in force in Washington, D.C. There is only the problem of regulating the administration of it. There are safeguards of a general nature here to prevent abuse of authority by the police or by prosecutors. There are several of those. The question of lack of reasonable grounds for arrest, of course, might be the subject of disciplinary action taken by a responsible police official or a responsible prosecutor for poor judgment of the police in entering without reasonable cause or making a seizure without reasonable cause. Also, there is a provision for obtaining a warrant after a certain length of time, either a warrant to detain property or a warrant to detain a person. Thus, in this draft ordinance those safeguards against abuse of authority are proposed. If I had the time, I might be able to find something already in the law which relates directly to the point of what curbs may already exist against abuse of administrative power.

Mr. SCHREIBER (Legal Counsellor): Provisions like that can, indeed, be found in most of the codes of criminal procedure in most countries. What is slightly different is that in democratic countries, the police, in general, work closer with the judicial authorities, the judges or with public prosecutors, than they do here in Korea. Perhaps an improvement could be made by requesting the police, when they take action on the decision, to report this action to the judicial authorities, to the public prosecutor or to the court, so that there should be a certain control of their activities. This is, of course, indispensable. When the police know that a crime is being committed inside a private house, it is indispensable that the police should be allowed to enter the house. If some further degree of supervision by the judiciary of the police could be achieved, I think it would probably be all right, but I have not studied it in detail. There may be something already there.

Major CONNELLY: Would you suggest something further than the requirement that after forty-eight hours they do not have the right to hold the person without a warrant issued by the court? They must apply to the court before the end of forty-eight hours.

Mr. SCHREIBER (Legal Counsellor): This is an extremely constructive provision. It is here, the right to enter a building where there are reasonable grounds to believe that an offence is being committed.

General DEAN: Mr. Schreiber is suggesting that on all occasions, such as that, it will be necessary that a report be made to the nearest judicial official of the action taken, and that requirement of reporting would be a deterrent to just willy-nilly breaking into anybody's house day or night. That should not interfere, if it is necessary to enter, but it should be a deterrent, and I feel that it is a very reasonable suggestion.

Major CONNELLY: I think, without committing myself, that we should study that more for this reason: there might be other means of deterring abuse of judgment, and, in the press of business, it might be necessary to take this action under eminently proper circumstances fairly often over a short period of time which would create an administrative burden to keep the court notified of what the police were doing in cases of social unrest, for instance. There might be that possibility. I, of course, am heartily in favour of any kind of deterrent to arbitrary action, but before saying that this is the best deterrent, I think that we should study it a little bit.

Mr. SCHREIBER (Legal Counsellor): When this ordinance comes into effect, it will sooner or later be dealt with by the judiciary, as a writ will have to be issued within the forty-eight hours, so at first sight my objection would be that there is no objection to immediate notification of the judiciary that the suggestion has been taken, so the writ can be presented.

General DEAN: I would like to make the statement to the Sub-Committee at this time that this proposed ordinance is a great stride forward in the progress of civil liberties here in South Korea. I think it is one of the biggest strides that has been made. I do not feel that it is as restrictive on the powers of the police as it might be later on. My only fear is that it is too liberal, that it is so liberal that we may be going too far, if we are going to maintain law and order sufficient to permit you to have any kind of an election. I know that the people that are charged with keeping law and order — that is, the police themselves — are going to feel handicapped with this ordinance, and you who have lived here in the security of Seoul, and who haven't seen a single riotous mob attacking defenceless women and children, instigated by minority groups, have little idea of the veneer that is present here in South Korea. You have to get out and see these things and see the mangled corpses of policemen who were doing their duty, of women and children who had the misfortune to have been married to a policeman or to have had a father who was a policeman, to realize that there is a naked reality that means that we must be able to maintain law and order. No one wants to ensure every freedom and liberty more than I do, but you know and I know that there are certain ideologies that use the mask of liberty and freedom to overthrow freedom. I speak feelingly; I am speaking of the communists. I have seen them work, and I have seen the results of their work. It must be remembered that I have a responsibility for law and order here, and I feel it strongly. I want to ensure freedom of elections, a free atmosphere, far more earnestly than any one of you can — and that is a large statement — but you can't want it any more than I do. I have been a police officer myself on a police force that is known the world over for being the most democratic police force in the world, and that is a big statement. That is the Berkeley, California, police force under August Vollmer, internationally known before he retired. He taught us that a policeman never punishes, that a police officer never reprimands. A poor police officer makes an arrest; a good police officer prevents crime, deters people from crime. I have spoken to the Police College here time after time, trying to re-orient them along those lines. I do not believe in an autocratic, despotic police force, and I am making every effort daily to get a police force that the people in the street will go up to and say, "There is my friend; he is my servant; he is the servant of the people." I would like to see a police force that does not have to carry guns or clubs.

That's our objective, but we must face facts. These people were used to a police force where the policemen's word was law and where the policeman was armed. These police not only made arrests but tried cases and inflicted punishments for minor offences. They were judge and jury, too. It is not just the police that we have to educate; it is the whole population and, as I say, this ordinance is not as liberal as I hope it will be when the people become accustomed to this new freedom. Freedom is a strange word and a strange experience. Every man likes to use a razor to shave with, but you cannot give a child a razor to play with. You cannot throw the gates open to people who have just recently been freed after forty years of oppression and remove all restraints. I think this draft ordinance represents a great stride forward. There are imperfections, and there will be suggestions to improve the ordinance. I know there will be constructive suggestions from this Committee, but I want to state that I am not presenting this as the acme of perfection. I do feel that it is a great step forward, and I think Mr. Schreiber will agree.

Mr. SCHREIBER (Legal Counsellor): Yes.

CHAIRMAN: I think it is a great stride forward, and every one agrees with it. The suggestion that linking the police department with a certain organ of the State, either the Department of the Interior . . .

General DEAN: There is no Department of the Interior.

CHAIRMAN: Well, the Department of Justice. The suggestion has been put forward in this Committee that linking the police department with a Department of the Interior would eliminate the abuse of power by the police.

General DEAN: I feel that, if the police department were put under the Department of Justice at this time, it would undo all the good this law will do, because it would make the Department of Justice a police department. If a department of the interior, which we do not now have, were established, it would be just one more echelon before it came to me. I am responsible if we have a police state, as all my Korean friends tell me that the United Nations Temporary Commission is alleging. All my Korean friends ask me where the United Nations get their information. I have not heard any of the members of the Commission say this is a police state, but all the Koreans in the Government feel very badly because they state that you are convinced that we have a police state. If we have a police state, you are looking at the chief policeman, because Dr. Chough is directly responsible to me.

CHAIRMAN: That condition will not continue forever, for when the American troops withdraw from the country, then the police department must be linked with someone.

General DEAN: You are absolutely right, and when this election is held, under the terms of the resolution, they are to form a government in consultation with the United Nations Temporary Commission on Korea. The form of that government will be shaped by your advice, and undoubtedly there will be a Department of the Interior or a Department of Home Affairs, and it will be very fitting to put the Police Department under it. If you want to have a National Police Department, you might even have a National Police Department under that government. But at this time, I think it would be highly inadvisable, because the one agency that I feel can do more than any other to ensure, under your direction and under my direction and under the direction of the Military Government, a freedom of atmosphere is the national police. Right now, I can issue any communication on the election through the police faster than any other agency. Dr. Chough is going to hold a meeting with all his police chiefs and talk to them so that they will understand that they are not to get into politics and they are not to allow their police officers to get into politics. He will tell them they are to ensure freedom of elections. I feel that if anything is done to throw out Dr. Chough, or to put anyone above him, we should lose a great deal of the efficacy of a force which we should share and use to our ends. First of all, I do not know a single individual whom we could get at this time who could step in and command the respect and the loyalty that is essential to run a unit such as Dr. Chough possesses. Dr. Chough is not a police officer by profession; he is a professor, a teacher. I have not known him for long, and a great many leftists, some of whom had been kicked out of the Military Government for disloyalty, came to see me before I came over and told me that the first thing I should do was to get rid of Dr. Chough. I came over here, not with my mind made up, but to see things on the spot. I have learned to respect Dr. Chough because he is sincere in his desire to do what he thinks is best for Korea. He may have faults, but who of us has not? I admire him, and I feel that at this time we would suffer if we did anything to make him lose face.

CHAIRMAN: The complaints were not against Dr. Chough in person, but were rather against the application of the law by minor officers or policemen. Dr. Chough was never charged . . .

General DEAN: I have heard him charged.

CHAIRMAN: . . . so far as this Commission is concerned.

General DEAN: I have never heard it officially at a Committee meeting, but at social engagements more than one member of this Commission has asked me questions that give me the implication that they thought we should do better to get someone else as director of the police. That is how it struck me. I may be a bit obtuse, but that is my understanding.

Mr. ENGERS (Secretary): On a point of information, section III, especially paragraphs 6 and 7 and section XIV, are they taken from a United States federal or state law? How did they originate?

Major CONNELLY: They originated in a draft prepared last May by the Chief Justice and the Director of the Department of Justice, who are Korean officials. They are reasonable requirements in the enforcement of the law. I could not say definitely that there is an exact counterpart, word for word, in the American legal system, but there is a provision which, I feel sure, recognizes the necessity for preventing any suspect from destroying evidence and the necessity for arresting a suspect who was on the point of trying to escape. That is a generally recognized principle of administration. Of course, there has to be some probable cause for arresting such a person.

Mr. SCHREIBER (Legal Counsellor): With regard to section III, would you not think that paragraph 8, which states that this arrest could be effected when there is reasonable ground to believe that the suspect has committed an offence punishable by imprisonment of one year or more, would be sufficient, as later offences are covered by paragraph 8?

Major CONNELLY: This is a counterpart of a provision observed in the United States when persons are arrested without a warrant, if there is cause to believe they have committed a felony. We have substituted for "felony" the expression "offences punishable by one year or more or by a graver penalty". This is common throughout the United States.

Mr. SCHREIBER (Legal Counsellor): In view of sub-paragraph 8, I imagine that 6 and 7 are still necessary. My opinion is not made up at all.

Major CONNELLY : Sometimes it may be difficult for an arresting officer to know exactly whether an offence is what we call a felony. Paragraphs 6 and 7 cover felonies, but they also cover minor offences.

Mr. ENGERS (Secretary) : The limitation put in certain instances on the use of legal counsel, namely, "if there should be reasonable ground to fear that interviews and communications between suspects and legal counsel would result in the destruction or fabrication of evidence, or the escape of the suspect, may prohibit such interviews or communications", is that taken from the Western legal system ?

Major CONNELLY : No, it is not, but it can work out to a result similar to that of the Western system. You will notice that the counsel for the accused can apply to the court for a rescission of the prohibition made by the police or the prosecutor, and the court must hear the application within two days. Actually, in the United States it frequently happens that police or administrative obstacles make it extremely difficult, if not impossible, for a person who has been arrested to communicate with counsel. That is a subject which must constantly be reviewed by the courts or must be regulated in some other way, but the remedy for that is the right of *habeas corpus*. Something similar to that, as you will see, has been included in this draft ordinance. I might say, in further comment on this particular restriction, that this is one which the Americans did not want at all. We discussed this at great length in March and April of last year, when this subject first came under study. The Chief Prosecutor of the Supreme Court, the Director of the Department of Justice and the Director of the Police Department were all strenuously opposed to permitting a suspect to have counsel before indictment. They felt that the members of the Bar in the Orient were not trained to the standards which have been observed in some of the western countries. That was the explanation which they gave to us, and they felt that some counsel might connive with the accused person in order to help him to escape or help him to fabricate evidence. That sort of thing can happen anywhere, so far as that is concerned, but they felt so very strongly on that subject that they did not want to provide for counsel at this time. They liked the idea, but thought it premature. However, we insisted, and this was the compromise which was finally adopted.

General DEAN : I feel that the last sentences remove the stigma to a great extent; that is, the sentences which state : "In the event such a prohibition is made, report thereof shall be made to the competent court together with the ground of the prohibition. Legal counsel may object to the prohibition and apply to the court for an order of rescission of the prohibition. When the court receives such application, it shall decide upon the application within two days." In other words, they cannot arbitrarily make such a prohibition.

Mr. ENGERS (Secretary) : I did not say it was a stigma, I just wanted to know how it originated.

General DEAN : This is one of the things which we did not feel was as liberal as we should have liked.

Mr. SCHREIBER (Legal Counsellor) : Under present conditions, would not professional or disciplinary sanctions be taken against legal counsel who assisted in such action as the destruction or fabrication of evidence or the escape of the suspect ? Is there Bar discipline among the members of the Bar ? This would normally be punishable by law.

Major CONNELLY : There is a Standing Disciplinary Committee which has authority to discipline a lawyer who violates the provisions of the law or the ethics of his profession. Such an attorney could be brought before the Disciplinary Committee, but it is quite often difficult to prove a case of this sort, since the suspect is certainly not going to tell that the lawyer helped him to fabricate evidence, and the lawyer is not going to tell. There is, however, a provision for punishment of such a violation of professional ethics.

Mr. ENGERS (Secretary) : My next question is more of a practical nature. We all recognize that this new ordinance will provide much more legal work than there ever has been in this country before. Is there some kind of "pro deo" provision by which people can get lawyers through the court without fee ? My second question is : In general, are there enough lawyers in this country to make this law as effective as it is desirable to make it ?

Major CONNELLY : The first question is whether counsel can be appointed for indigent persons. There is a provision now in force under the Code of Criminal Procedure, but it has been restated here with some modification for the appointment of legal counsel under certain circumstances. That is in section XVI. It does not provide specifically that counsel shall be appointed for people who have not the money to pay, but it is put within the discretion of the court to appoint counsel. The Americans, in one of their many drafts of this, proposed that the court should be required to appoint counsel for certain types of cases, but the Koreans resisted a specific provision of that sort, saying that a provision similar to that in section XVI (5) had been interpreted by the court as applying to cases of serious offences in which defendants appeared without counsel. In answer to the second question regarding the number of lawyers, there is a relatively very small number of lawyers in Korea. A year or so ago, in addition to the trained members of the Bar who were either prosecutors or judges, there were only about 250 lawyers in Korea. Since that time, other lawyers have qualified. There is a very strict requirement here for qualification as attorney, and we cannot make lawyers overnight. But the graduates from the Law School, after serving an apprenticeship, are becoming eligible for admission to the Bar, and the classes grow larger and larger as time goes on, so there is a prospect of a substantial increase.

Mr. ENGERS (Secretary) : Is it not also a fact that many trained lawyers are not practising, but are working in an administrative capacity for the Government ? Is that the reason why there are so few practising lawyers ?

Major CONNELLY : Perhaps that is so, but I was referring to the number admitted to the Bar and practising. A year ago it was about 250, but since that time it has been growing slowly.

Mr. ENGERS (Secretary) : Would you not foresee a flow from the Government because the practice of law becomes more profitable and attractive under these new regulations ?

Major CONNELLY : I cannot express an opinion on that. I do not know what would motivate the persons now in governmental employ to leave their jobs and start practising law. I cannot see how this proposed ordinance would have any particular bearing on what their decision might be.

General DEAN : There is one matter in Mr. Manet's question which has been bothering me. Since the United Nations Temporary Commission on Korea has been here, I have issued a directive to all the Governors and the Chief Civil Affairs Officers stating that they would ensure freedom of assembly and freedom of the Press. I have been accused by at least two of these governors (Korean) of being responsible for some of the disturbance on 7 February, due to the fact, they stated, that the people did not understand what was meant by freedom of assembly, and in that way riots started. It was published as a Press release so that all the people could read it, and I have been accused of being the real instigator of the disorders by giving too much freedom. That is a fact. Two Korean governors have called on me and told me that was ill-advised. I do not agree it was ill-advised. I put out an executive order restating the freedom of the Press, freedom of speech, and freedom of assembly, and I felt it would be observed. These freedoms of which you have spoken must have been in reference to a free atmosphere for elections. Is that right?

Mr. MANET (France) : As General Dean has raised the point again, may I say that what I have in mind is that when we report to Lake Success we will be able to say that a directive of the Military Government ensured and guaranteed freedom of the Press, freedom of association, and all the other freedoms. In reporting to an international body, it is much better to be able to refer to a general ordinance, something on a higher level than a directive. I do not doubt that General Dean's directive will have some good effects, but, from our point of view, it is only a directive.

General DEAN : But a bill of rights . . .

Mr. MANET (France) : I am not asking for a bill of rights.

General DEAN : A general ordinance would have to be as detailed as this ordinance. I feel that this ordinance, with the existing ordinances, covers all these things, and I feel that attention could be called to the other ordinances in an executive order.

Mr. MANET (France) : That I understand very well. In other words, when we report to the General Assembly, we will have to give the numbers of the existing laws or ordinances in force that have a bearing on the question of these freedoms. But among these regulations and laws there might well be some Japanese laws. I agree with you that Japanese laws are not necessarily bad, but, all the same, they are Japanese laws. That is all I can say about it; you see the point?

CHAIRMAN : What Mr. Manet has in mind is a general ordinance covering this one and the other ordinances, covering all the freedoms and compiled into one body of rules, and promulgated and published to the people of Korea saying : "These are the rules which we are going to enforce, and all other existing rules, whether Japanese or not, will be repealed."

Mr. MANET (France) : So far as these specific freedoms are concerned, so that we have a clear picture of the situation. My remarks were not meant as a criticism of this ordinance, which I think is very good, but I was speaking of an ordinance on a higher level. On the one hand, we have the Japanese laws ; on the other hand, we have your directives. In between the two, we have this detailed ordinance covering criminal procedure, but only criminal procedure. Of course, it affects these freedoms, but these freedoms have never been enumerated anywhere except in the existing Japanese laws and regulations still in force or in the military government regulations. I do not press the point, I just wish to draw attention to it.

General DEAN : The purpose of this ordinance is to provide for changes in criminal procedure, so that the rights of the people against unlawful arrest and detention may be more adequately secured. That is the whole purpose of this particular ordinance. Then, as I understand it, you would like an ordinance to be issued on freedom of the Press. That is an ordinance which I would not know how to write. Maybe my legal advisers could say how far we can go on freedom of the Press.

Mr. MANET (France) : I agree with you that it is fairly difficult, and I am not making a recommendation. I was just discussing the matter with you, and I was desirous of knowing your views. If you think this ordinance is enough, I do not argue with you because I have not read it thoroughly. If you think it enough, well and good, and this Sub-Committee will see whether it can recommend any other provision to the Commission. Personally, at first sight, it seems to me that something better could be done, but I am not sure.

CHAIRMAN : Something more, not something better.

Mr. MANET (France) : It seems to me that to be able to report that such freedoms are guaranteed, or at least guaranteed on paper, would be something to start with. This is a detailed ordinance on criminal procedure.

General DEAN : This is a detailed ordinance to assure freedom from unlawful arrest and detention.

Mr. MANET (France) : It has a direct bearing on the freedom of assembly, freedom of the Press, and freedom of expression; I do not deny that. But it cannot be said that this ordinance is specifically aimed at granting these freedoms.

General DEAN : This has nothing to do with freedom of assembly; it is only to ensure freedom from unlawful arrest and detention.

Mr. MANET (France) : The Interim Committee insists upon a free atmosphere, so if we have to report that this free atmosphere exists, we have, for the time being, no other solution than to quote the multifarious laws and regulations in force, some of which I understand are of Japanese origin. They may be good, they may be bad, but they are of Japanese origin.

General DEAN : The point I tried to make earlier was that the mere passage of a law or an ordinance assuring freedoms does not ensure the freedoms. It is our job to observe whether these freedoms are present and are promoted. In other words, the passage of this ordinance is not going to implement it. If we are going to have these freedoms, it will be a question of how well it is carried out.

Mr. MANET (France): I agree with you, but before any commission gives its impression of the ways the laws and regulations are carried out, it is only normal that the commission start by enumerating the laws and regulations.

Mr. SCHREIBER (Legal Counsellor): If I may just try to take up these three points which I raised before, I think there is unanimous agreement that this ordinance is an immense stride forward. I would say even more, without an ordinance of this type protecting individuals against arbitrary arrest, there cannot be freedom of speech, freedom of Press, or freedom of assembly, because any one could be prevented from enjoying these freedoms by being put into prison.

Mr. MANET (France): I entirely agree.

Mr. SCHREIBER (Legal Counsellor): So this is the basis upon which it is essential to work, but it is a negative aspect. Mr. Manet wonders whether it would not be a good thing at this stage, when we are starting the election period, to have an ordinance of a general character which would confirm these legal provisions to which you have referred. You say that there exists freedom of assembly and freedom of speech, so I suppose there would be no difficulty in drafting an ordinance, and your legal experts would see how far in detail it is possible to go. This ordinance would be of a positive character, and could probably follow the text of the directive you sent out to the governors and the police officers which has been quoted in the Interim Committee, and which created a great impression there. Probably that could be used, but it could be put in the form of an ordinance. It is important, I suppose, for the United States authorities to take such a step because this recommendation on freedom of atmosphere has been made to them, the task of the Commission being simply that of observing how the recommendation is implemented. The text of such an ordinance would certainly be included by the Commission in the report they are going to present to the General Assembly.

Mr. MANET (France): The object is not to put another piece into the report, it is to make things easier for us to report. At the same time, it would be useful to the Korean people themselves, because, considering the great number of Japanese and Korean laws and regulations, the half Japanese, half Korean laws and regulations, and the Military Government laws and regulations that are in force, the situation is pretty confused. It is not your fault, it is not anybody's fault, but it is a fact, so it would not be a bad thing to tell the Koreans: "These are your freedoms before you have your own government, and then you can have your own bill of rights."

Mr. SCHREIBER (Legal Counsellor): This would supersede any existing legislation.

Mr. MANET (France): I do not see any advantage of having a confused picture, even if from a legal point of view only. The application of the law is another thing.

Mr. SCHREIBER (Legal Counsellor): Another practical advantage would be the creation of an atmosphere of confidence among the people.

Mr. MANET (France): And the confidence of the Korean people is very shaken now, as you know, for many reasons. I do not think the Koreans trust anybody.

General DEAN: There is a practical aspect which we must consider: the reaction of the Korean people, especially those who have made up their minds to boycott the elections. There is a great probability that any generalities I put out in the way of a general ordinance will be seized upon as a vehicle for those parties — and they have increased lately — who do not want the election, and who are going to oppose an election not only by boycotting but possibly by a show of force at the polls. This will be especially so if one of the leading Koreans carries out his threats that he will not stop at violence at the polls to oppose the election. I am sure these people are in a minority, but it is an organized minority, and you know that organized minorities often cause a great deal of bloodshed. I feel that these organized minorities will seize on any generalities, if they are not pinned down with all the exact legal specifications.

Mr. MANET (France): I am sure they will misinterpret these regulations, and I am sure they will use any means of opposing the election, even by force in some cases. But, at the same time, this ordinance will not necessarily take the form of a bill of rights. Specific reservations could be made; the ordinance could say that freedom of expression was granted, but that this does not go as far as encitement to murder.

General DEAN: We really run into difficulties when we get down to stipulations. I wonder whether there are enough days left for the people with legal talent to come to a decision on exactly how to word such an ordinance, and to say exactly how far freedom of the Press should go.

Mr. MANET (France): That is almost impossible to decide.

General DEAN: Not a day goes by during which I am not presented with a bunch of newspapers, and my Korean advisers say: "Let us put this person in jail; he is inciting revolution." In many cases, I think they are, but we have fallen over backwards to teach the meaning of freedom of the Press. They have not used the term "kill", they just say "eliminate". I should like to think over your proposal for a general ordinance. I should like to think about the implications, because there are many.

Mr. SCHREIBER (Legal Counsellor): The third point Mr. Manet put forward was whether it would be possible to have a compilation of the present legal provisions relating to freedom of speech, freedom of Press, and freedom of assembly.

General DEAN: And have them disseminated to the people?

Mr. SCHREIBER (Legal Counsellor): No, to members of the Commission.

General DEAN: That is possible. There is another point about which I am greatly concerned: Is the dissemination of too many ordinances going to confuse the public? We are going to find difficulty in getting out our election procedure and disseminating it so that it can be carried out. If I put out too many ordinances, it is going to be confusing. I found that out during the rice collection programme last year. Just before I came over, the Military Governor put out an ordinance, then KILA[2] passed a Public Act No. 6 which was supposed to be right in line. The translation, however, was a little different, and it confused the people and almost jeopardized the success of the rice-collecting programme.

Mr. ENGERS (Secretary) : You said earlier that there is a Press law. I personally only know of your very admirable veto of the Press law.

Major CONNELLY : There is an ordinance — Ordinance 88, I think — which covers the Press. I forget the exact provisions, but in that law there may be some specific provisions regarding the freedom of the Press. But the practice here is so well known that it seems to me that an ordinance would hardly be necessary as secondary proof of a fact of freedom which it is desired to observe.

General DEAN : We can certainly review that, and if it requires polishing up, we can rescind it and issue an ordinance that ensures freedom of the Press.

Mr. ENGERS (Secretary) : I understand KILA passed an ordinance, and you vetoed it, so this ordinance or law is inoperative at the moment.

General DEAN : The KILA law is inoperative, but this ordinance was not passed by KILA, it was issued as an executive order. The great majority of our ordinances have been put out by executive order, and only a limited number, unfortunately, have been passed by KILA. Although KILA has been in existence for a year and a half, the members evidently have not felt a great urge for these freedoms, because they have not presented any bill for the civil liberties that we feel are so necessary. This ordinance would not be issued through KILA, but as an executive order of the Military Government.

CHAIRMAN : Thank you very much; we appreciate your co-operation.

The meeting rose at 5.30 p.m.

[2] Korean Interim Legislative Assembly.

ANNEX X

RECORDS OF HEARINGS AND ORAL STATEMENTS BEFORE SUB-COMMITTEE 2 (HEARINGS OF KOREAN PERSONALITIES)

SUB-COMMITTEE 2: VERBATIM RECORD OF THE FIFTH MEETING [1]

Duk Soo Palace, Seoul, Korea, Monday, 26 January 1948, at 10.30 a.m.

Chairman : Mr. JACKSON (Australia)

Hearings of Koreans : Dr. Rhee Syngman

CHAIRMAN : The members of the Commission, I know, have all met Dr. Rhee. Before we start, may I outline the procedure proposed? It is proposed that Dr. Rhee shall make a very brief statement to us, and then Sub-Committee 2 will more or less take the floor. I will ask the questions that Sub-Committee wishes answered, and then I will ask whether any member of that Sub-Committee wishes to ask Dr. Rhee any questions. Then I will ask the questions put forward by Sub-Committee 1, and when these are completed ask any member of Sub-Committee 1 whether he would like to ask any questions. The same procedure will then be applied to the questions put forward by Sub-Committee 3.

We are glad to have Dr. Rhee with us this morning, and, without saying anything further, will ask him if he has anything to say.

Dr. RHEE Syngman : I have not prepared a statement; I am here to answer whatever I can and to do whatever I can to co-operate with this Commission. The only thing I wish to say is this : that before your arrival here it was reported in the American Press that I was one of the Koreans here who was opposed to the United Nations Commission coming to Korea. That is entirely untrue; as a matter of fact I am the one who, after the failure of the first United States-Union of Soviet Socialist Republics Joint Commission, proposed that we lay the Korean problem before the United Nations General Assembly.

Of course, we had no government of our own, and no representative party chosen by the Korean people. We were more or less handicapped. We realized the necessity of an interim election, even if only in South Korea, to set up some kind of representative party to speak for the Korean people. The United States State Department had at that time, December 1946, agreed that this South Korean interim election was in order, and that as soon as we had adopted an election law we would have a general election. Since that time we have been trying to do it, but somehow or other we have not been able to do it.

We Koreans all welcome the United Nations Commission, as you have seen by the spontaneous demonstrations of welcome. Perhaps we have built a little too much hope in the United Nations Commission. We think the United Nations Commission may be able to accomplish something beyond its power, and that the Commission may be able to achieve miracles. But, as a matter of fact, all the Korean people, except the communist element, are all hoping and expecting that you will achieve your great mission to see to it that justice is done to the Korean people. In that connexion, I wish to say that I will do anything I can to help you and to co-operate with you, because the failure of your mission would be unthinkable. It would be disaster to the Korean people.

Let me know in whatever way we can, in our small way, help you and co-operate with you. I am glad to meet you all, and want you to feel you are in the midst of friendly people you have come to help, and we want to help you to succeed.

CHAIRMAN : Dr. Rhee, this Sub-Committee proposes to ask you a lot of questions, and they will go through all sorts of directions and they will have all sorts of intentions, but I hope you you will not hesitate to realize that you, too, are amongst friends, and tell us exactly what you think, whether it hurts us or not. It will not hurt us. Since you have been so brief in your opening talk, some of us would like you to give us a little more background on the demonstration of 1919.

Dr. RHEE : When Korea came under Japan in 1905, the Koreans looked to the United States, being the first nation to open Korean intercourse with western nations and having, by the Treaty of 1882, gone as far as to say that if a third Power interfered unjustly in Korea, it would, on being informed of the fact, exert its friendly offices to help solve the problem of the Korean people. But the Korean people, being a peace-loving people, counted a little bit too much on international treaties — which one nation described as "scraps of paper" — and, as a result, Korea was occupied forcibly by Japan, and the world powers turned away.

That was the situation. Japanese oppression and suppression went deep into the bone and flesh of the Korean people, and finally, in 1919, at the conclusion of the First World War, inspired the famous declaration on self-determination.

CHAIRMAN : Mr. Woodrow Wilson was a friend of yours?

Dr. RHEE : I knew him intimately. The Korean people again took this too seriously, and they started what they called the "peaceful non-resistance revolution". The whole nation rose up as one man and declared the independence of Korea. Thirty-three men signed the declaration, and while the Japanese were suppressing it at the

[1] Document A/AC.19/SC.2/PV5.

point of the bayonet, and by swords and spears, a group of people, representing perhaps thirteen provinces, gathered in Seoul and declared the so-called "National Assembly" — the names are all publicly printed — and they organized the so-called "Korean Provisional Government".

CHAIRMAN : Were they actually people who held public administrative posts?

Dr. RHEE : Yes.

CHAIRMAN : While the Japanese were there?

Dr. RHEE : Yes. They organized so thoroughly that the Japanese were taken by surprise, even though their spy system was so thorough that even two or three people could not talk together without its being reported. But the Korean people carried out their underground preparation in such a way that it was effected almost under the noses of the Japanese spies, police and soldiers. Almost simultaneously, in three hundred centres all over the country, they rose and held their meetings, read the declaration of independence, and demanded that the Japanese withdraw, saying that the Koreans were the proper owners of the country. Almost simultaneously, there were the same demonstrations in about three hundred cities, where the same declaration was read and people waved the Korean flag, though the possession of that flag was a crime. They had all prepared their flags and their demands for Korean independence, and marched. Some of these stories are thrilling stories in our records. Of course, Japan finally succeeded in suppressing them, and . . .

CHAIRMAN : Did that apply to all Korea, in the far north and the far south, or was it concentrated in Seoul?

Dr. RHEE : In the market places and public places of over three hundred cities. The atrocities and crimes committed by the Japanese gendarmes, the civilians, and the policemen were really amazing, yet they called Japan a civilization. World sentiment was high about it at the time, and there were piles of news reports and statements made by the mission posts; it would be a long story to tell it completely. The Korean people maintained what they called their "Independent Provisional Government" in China, since they could not hold it in Korea, and the Koreans were disappointed that the democratic nations once again turned their faces away. They maintained this provisional government in China until 1945, when they were allowed to return.

CHAIRMAN : When the leaders from Korea went away, some of them went to Shanghai and some to Chungking. Can you give us any idea as to who went in the various directions?

Dr. RHEE : Mr. Kim Koo went from here to China, and at that time I was in Washington. They chose me as their President while I was away. Some of them went to China and the rest were in Korea. Some of them were caught, and one of them lost both his legs completely.

CHAIRMAN : Who was that?

Dr. RHEE : His name is Kim. He is a very well-known man, a member of the Representative Democratic Council. He attends their meetings.

CHAIRMAN : If you will agree, we will now come to the questions of Sub-Committee 2. The first question is : "What are the conditions which you consider necessary in order that free and democratic elections may be held in Korea?"

Dr. RHEE : In the first place, the elections should be free from foreign influence. If our friends in the North are holding an election, it should be free from Soviet military influence. In the South, in a similar way, the American military authorities should keep their hands off.

At the present time the situation is very precarious because of the fact that General Hodge has so far failed to set up any Korean government by holding a general election of any kind in South Korea. Yet practically all the occupied nations and territories have held their elections and elected their own governments. The Koreans in South Korea are the only people who have had no chance to hold a general election, therefore we have no government of our own. The reason is this, as I told the State Department officials when I went there in the winter of 1946 : General Hodge felt that under the Moscow Agreement we should secure the co-operation of the Soviet Union before we were able to set up any government or hold an interim election of any kind, and in order to get this co-operation of the Soviet Union he felt that we should secure the co-operation of the communist leaders.

General Hodge, since October 1945, has started practically five programmes, one after another. Each one was called the forerunner of independent government. This Representative Democratic Council is one of them. Then there was the Coalition Committee, and so on. They all failed, one after another, since, as I told General Hodge at the time, he would never succeed in this efforts because, in the first place, the Soviet Union would never allow the communists in the South to co-operate with any plans set up either by the United States or the Koreans, or both. In the second place, Korean communists will not co-operate with any government or organization unless they are in a position to control it, and the Koreans in the South will not willingly agree to communist control of their government.

So one thing after another failed and, of course, General Hodge believed that the Moscow Decision was an immutable law, and that trusteeship is the only channel through which Koreans can gain their independence, and insisted that we co-operate with them. But the Koreans refused to support either the Moscow Decision or the trusteeship plan. General Hodge succeeded in getting the two Joint Commission meetings held in the South. All failed, of course.

Since then General Hodge has organized with me what is known as the Coalition Committee. In the summer of 1946 I was touring the South, telling the Korean people that the communists should be persuaded to change their ideas and to co-operate with the whole nation in working for the independence of Korea. It was an educational process. While I was doing that General Hodge telephoned and told me he had something important to talk to me about. He wanted me to come back. That was the time I was giving General Hodge complete co-operation and support. I believe that at that time General Hodge was under General MacArthur's command. I believe that he was sincerely working for the speedy achievement of Korean independence. But later on, as most of you will remember, General MacArthur was by-passed, and no longer has anything to do with the Korean question. I was giving General Hodge complete co-operation, however, with my opinion, expressed to him, that none of these plans based on securing the co-operation of the communist leaders would ever be successful. He was still working on that. General Hodge told me we had to invite the Soviet Union to come down for the resumption of the Joint Commission; that was the only way to achieve our objective, and in order to do so we must set up a Coalition Committee. He asked that Kim Kiusic and Lyuh Woon Hung be alternate chairmen, but Dr. Kim would not agree to do it unless I gave him my support.

It was necessary that we should try this thing, so I told General Hodge, in the first place, I did not believe the Coalition Committee would get anywhere. In the second place, I was touring the country at that time, talking to the Korean people — an educational process in a way — to persuade them to turn away from the communist terrorism. If I turned round and told the Korean people to support the Coalition Committee, which was part communist and part nationalist, I would be just contradicting myself, and would be in a very difficult position. General Hodge said that we had to do it for the sake of the Koreans, and finally I was persuaded to announce to the people "Let us try the Coalition Committee, whether it is successful or not". Dr. Kim Kiusic, with the support of the nationalist leaders, was trying all he could to get communist support of Lyuh Woon Hung, and his followers, but they never supported finally the Coalition Committee, so it was a rightist effort.

Time and again the Korean people expressed the desire, and made the request, officially, in writing and orally, to General Hodge to dissolve the Coalition Committee because the Korean people were fighting the communist agitators who came from the North. If you remember, we have no communist population in Korea. Due to the fact that the Japanese would not allow any communist to have any foothold either in Japan or in Korea, we have practically no communist problem, so our communist problem is much more simple than the communist problem in other countries. When the Japanese were moving out they turned millions of yen and all the public utilities and the government departments over to the communist leaders, and they told them they must do all they could to protect the safety, the security and the lives of the Japanese residents until they could leave. The communists started what they called the "People's Republic", and when I returned from Washington in October 1945 I was quite surprised to know that my name was mentioned as President of the "People's Republic". According to this official title, I am head of the communist organization.

CHAIRMAN : The "People's Republic" was originally a communist organization, at a time when there were few communists in Korea.

Dr. RHEE : The Russians occupied the northern half by that time, and started communist organizations, and sent a lot of these trained communists from Siberia and Manchuria. They came south, and Lyuh Woon Hung, Pak Heun Young and Huh Hun set up what they called the "People's Republic", with my name appearing as president. So I declared I did not know anything about the "People's Republic". I had no desire to associate myself with any group of people who called any other nation their fatherland. They finally declared that the affiliation of Korea would be the salvation of the Korean people, and so on.

Of course, the general mass of the Korean people did not know what it all meant, and thought it was an independent Korean government. I declared that I had no connexion with them, and the whole nation, as a matter of fact, turned away almost overnight. That was the time General Hodge called me back from my tour of the South, and asked me to support the Coalition Committee to bring the communists and nationalists together. It was an impossible thing, and the people demanded that this Coalition Committee be dissolved by General Hodge, because it was General Hodge who created this Coalition Committee. General Hodge refused to do so, and later on, some time ago, that Coalition Committee dissolved. But, with the assistance and encouragement given by the Military Government, the Coalition of the Middle Roaders was started. That is what caused great apprehension in the country and fear on the part of the Korean people, because of the fact that since 1946 we have three major terroristic activities in the South of Korea. At one time at Taegu there were fifty policemen and their families murdered. These Koreans have been fighting, and there have been many lives lost and houses burned. Therefore, the Korean people are in a very bad situation, because in recent days, since the failure of the second Joint Commission Conference, the communists have changed their names and nameplates, and they are flocking into this Coalition Committee now.

CHAIRMAN : Getting back to this question. You have given us a second consideration there, that you consider foreign influence should be removed.

Dr. RHEE : Removed from political party politics, which is strictly an internal affair.

CHAIRMAN : What would you say was principle number three?

Dr. RHEE : Principle number three would be, since the United Nations Commission is here, to give the Korean people a free hand. There is some kind of election law adopted by the Interim Legislature. The Koreans have said that they will use this interim election law because something is better than nothing. So let us use this and go ahead with the general election. Sometimes it has been announced that the election law has been signed and promulgated officially, and sometimes they say that it has not been signed and approved. Recently it was declared that the election law was at fault, and that certain points should not be in, so we really do not know whether we have an election law adopted by the military or not. That is a complicated question in the minds of the Korean people.

CHAIRMAN : May we leave that now, because it is contained in another question?

Dr. RHEE : One other consideration is that the Korean people, as a whole, want to see an election carried out immediately, and they are hoping it will be carried out before 1 March. March 1 is a very significant date for the Korean people, because of the revolution on 1 March 1919. Many people consider it was the 4 July of Korea, and if they could have elections before 1 March it would be of tremendous advantage to the Korean people, and they would be very happy.

CHAIRMAN: Is there any other condition you could mention?

Dr. RHEE: Yes, but I should have to have a chance to think it over a little while.

CHAIRMAN: That is fair. Then we will come back to it later.

The next question is: Do you consider that there are any conditions existing in Korea today which would interfere with the holding of free elections? Apart from these conditions, this is a question of free elections. Do you think that free elections could be held tomorrow, or are there any conditions obtaining at the present time which would militate against this?

Dr. RHEE: I am constantly in touch with the local leaders. Some three or four months ago we had elections, partly secret because the Military Government ordered that there should be no elections of any kind unless approved by the Military Government. So we managed to hold a general election, and later on it was openly held. In about two weeks'time we had about 230 representatives carried here. If General Hodge had recognized this as an elected representative body, it would be functioning. But, of course, he did not. We had this group gathered together, and formed what we called an Election Committee, and the Committee has been established since that time in every province, district, *Myun* and hamlet. They are all waiting for the general election, and if General Hodge had permitted us to hold this interim South Korean election — that was almost a year ago — we would complete the election and have the report within four weeks.

CHAIRMAN: We are thinking of an election rather for the whole of Korea, of course, and that is an election which this Sub-Committee would have to consider for the United Nations Commission. If an election for the whole of Korea, in any form on the basis of adult suffrage as suggested, were to be held on 1 March, are there any conditions which would stop the holding of such a free election for the whole of Korea?

Dr. RHEE: There is one big thing that the Korean people are worrying about at the present time, and not only the Korean people but the Korean police. At the inauguration of the Middle-Roaders Party, General Hodge sent very encouraging messages, and the other generals were there and made, according to the Press reports, encouraging addresses. Since then these communists, in different districts and country places, have gone underground, and the district government officials in some places are working in co-operation with the middle-roaders.

CHAIRMAN: Do you really consider that the presence of the middle-roaders would stop a free election?

Dr. RHEE: This is a point. According to the report, the Russians in the North issued new "red" money, and ordered the people to exchange their old bills for this, and they are sending millions of yen down to the South for the election campaign.

CHAIRMAN: That is, the yen which is being replaced by "red" yen in the North is being sent to communists here for the campaign.

Dr. RHEE: That is the report, and this we know is true, and they are campaigning in that way, and the local officials and Military Government are co-operating and aiding these communists in some places.

CHAIRMAN: It is not the middle-of-the-road people who are getting the advantage, it is the communist people?

Dr. RHEE: That is what it is, and the communists have certain methods.

CHAIRMAN: You actually say that this flood of money, which has come from the North to the communists in the South owing to the release of "red" money, is a menace to free elections?

Dr. RHEE: That will be a menace to free elections.

CHAIRMAN: You say, in the first case, middle-of-the-roaders are, with their co-operation with outside forces. That is one?

Dr. RHEE: With this money they make too much for the people; there is another danger there. Within that, I think we are in a position to carry out really democratic elections.

CHAIRMAN: If we hold democratic elections, do you consider that all parties and organizations, without discrimination, should have equal freedom of speech, of meeting, and of publishing their views now and during the elections?

Dr. RHEE: Yes. There I want to suggest one point. Under democratic forms of government, free speech and free assembly and all that, under certain circumstances, have to be guided and controlled. When the majority of the people elect to have certain institutions, the minority should follow the majority rule. That is the democratic principle, is it not? In South Korea the Koreans have solidly stood against unpatriotic and undemocratic groups, because they believe that in Korea, as in every other country, unless the communists are kept under control, they may damage and destroy almost any institution in existence. That is their belief, therefore they want to safeguard their institutions, their societies and their organizations and parties, on the principle that unless the communists change their destructive methods and their anti-Korean and anti-independent ideas, then the Koreans would wish to see that they are kept under control.

This is the general feeling, and the real Korean people are very sensitive in that connexion, and that idea should be kept in mind. General Hodge, under the Moscow Decision, has been advocating a completely neutral attitude. That means they treat both communists and nationalists alike, but the communists in the South are a very destructive party. Being treated on a completely neutral basis gives the communists encouragement and an opportunity to get themselves into the political parties, and so on. So, as I say, this party political problem should be left with the Korean people themselves. No other foreign power can come in and solve the internal party political problem. Neither General Hodge, nor anyone else, can solve Korea's political party question. Let that be in the hands of the Korean people.

It was reported once or twice in the American Press that the rightists were terrorizing the communists or leftists. That is not true. We propose to hold a general election that is completely democratic. Any party and every party has an equal right to vote according to its wish. But so long as the rightists conduct the general election on a strictly democratic basis, let them carry it out according to the majority will of the people. That is our plea.

CHAIRMAN : Who would you say should be prevented from having freedom to meet and freedom of speech ?

Dr. RHEE : No one will prevent anyone from speaking.

CHAIRMAN : Even one of the communists, one of these people who have this money and are trying to break this country ? You consider they should be allowed to speak and to hold their meetings ?

Dr. RHEE : Yes, surely; but if the Koreans gather and try to say Korean communists have no right to speak, communists have no right to say anything, no right to cast votes or to be elected, then the United Nations Commission can step in and say, "You are violating a democratic principle."

CHAIRMAN : That will apply only when you have an elected body to say it. It cannot be said now, because you have no elected body. Therefore, it is your view that at the present time there should be no discrimination against the communists or anybody else ?

Dr. RHEE : No discrimination. Only let the Korean people carry out their will by giving the whole people a universal right of suffrage and letting them carry out their election on strictly democratic lines. That is our position and I want to correct the report that the rightists — There is no such thing as an extreme rightist. I am supposed to be an extreme rightist, but I should like to know who are the mild rightists, who are the conciliatory rightists. There is no such thing as being extremely rightist. When we start work for the independence of Korea, and these Koreans are working for the independence of their country, they are all extreme rightists. There is a report that the extreme rightists are terrorizing the leftists and middle-roaders. There is no such thing as a terrorist rightist. The only terrorizing element is the destructive anti-American communist element. That is the only element that is terroristic.

CHAIRMAN : There are no members amongst the communist group who you would say would set Korea ahead of their allegiance to Russia ? In other words, there are no leftists who might possibly be termed communists, but who would not follow Russia ? Would there be such a thing here ?

Dr. RHEE : The Koreans have come to know that there are no communists who do not follow Russia, who do not uphold the view that Korean affiliation with the Soviet Union Republic is the freedom and independence of Korea. There is no communist who does not believe that. So long as they believe that, it is not a political party question, it is a question of life or death for the Korean nation. Therefore, in other countries communists are under government control, and there are laws and regulations. We have no laws of our own, therefore the Korean people, in their own self-protection and defence of their lives and homes and property, are trying to keep the communists under control.

CHAIRMAN : You feel there are no people whom we might call weak communists or leftists who, in the event of a free election, would support the rightist programme ?

Dr. RHEE : We have declared time and time again that, as a matter of fact, most of these parties and group leaders today are those who, in 1945, were loyal supporters of the "People's Republic". We have told the Korean people, in writing all over the country, that if they have any communists in their home, their neighbourhood, or in their institutions : "Convince them that they are wrong, and turn them away from that". That is what we have been trying to do all along, to say that any communist who can get up and say that from now on he will work for the independence of Korea, and not for affiliation with any foreign country, we will accept him. We have accepted hundreds of thousands.

CHAIRMAN : The next question you have already practically answered. Do you consider that elections should be held before 31 March 1948 ?

Dr. RHEE : If not sooner.

CHAIRMAN : You think they could be held before 31 March ?

Dr. RHEE : Yes.

CHAIRMAN : If, for instance, we decided in a fortnight's time to go ahead with it, would it be possible to get the elections through by 31 March ?

Dr. RHEE : If General Hodge orders, or if the United Nations Commission declares, the election should be held on a certain date, under certain simple rules for universal suffrage. The United Nations has two points to insist upon, the age limit . . .

CHAIRMAN : Is it feasible to have the elections carried out in that period of time, or would it require eighty days to do it ?

Dr. RHEE : I have stated before, I believe it is possible, highly possible, to complete an election within four weeks. We have done all the preliminary work, so if the United Nations Commission declares that the election shall be held on such and such a date, we will get it through.

CHAIRMAN : Have you any knowledge as to the number of persons imprisoned for political reasons in South and North Korea ?

Dr. RHEE : I have not definite information regarding the number of political prisoners, but, as a matter of fact, there is nothing of the kind called political prisoners.

CHAIRMAN : You are speaking now of South Korea ?

Dr. RHEE : There is no way to ascertain these things. Of course we have private reports and information from time to time, but we do not know at the present time how many there are. Some time ago General Hodge ordered an amnesty, and 669 prisoners were released.

CHAIRMAN : From the South ?

Dr. RHEE : Yes, from the South.

CHAIRMAN : Have you even a rough estimate of how many there might be in the North ?

Dr. RHEE : Dr. Pyun, can you give me any idea of how many so-called political prisoners there are in the North ?

Dr. Y. T. PYUN : I have no set idea of that.

CHAIRMAN : They would not run to many thousands ?

Dr. PYUN : I should say yes, in the North. The number may run into thousands. For instance, Cho Man Sik, the well-known nationalist leader, is under house detention there.

CHAIRMAN : You would say, probably ten thousand ?

Dr. PYUN : I can say nothing definitely.

CHAIRMAN : Do you think that persons who are imprisoned for political reasons should be entitled to take part in elections or be entitled to vote ?

Dr. RHEE : That will be too much a detail matter, and it will create a lot of confusion and a lot of difficult questions if we go into the political prisoners in prison to give them equal opportunity. I do not think that this is an established precedent in other countries. I do not think that would be any serious question.

CHAIRMAN : I think we can drop that question now, because it is brought up later in one of the questions of another Sub-Committee.

Dr. RHEE : That will create quite a commotion among the Korean people. It is really putting the whole Korean Commission in a difficult situation.

CHAIRMAN : What changes would you propose, if any, in the present franchise laws of South Korea (Public Act No. 5 of the South Korean Interim Legislative Assembly) and of North Korea ?

Dr. RHEE : As a matter of fact, I am one of the leaders who insist on making use of this franchise law, good or bad. There are some people who are opposed to using it, because of the fact that the Interim Legislature is not a representative body. They believe that the interim election law should by set up by the Korean people themselves. But, as I have said before, my position was, and is still, that we utilize anything we have. I have not studied the election law carefully enough, but there was something about the pro-Japanese element. It was proposed and included in the election law.

CHAIRMAN : I think we will leave that now, because I have a more detailed question put by one of the Sub-Committees which may help us to get to the point. After you have had a few minutes' breathing space, perhaps some of the other members of the Sub-Committee would like to fill in.

Dr. RHEE : You are through with me ?

CHAIRMAN : No, we have questions of two Sub-Committees yet, if you do not mind.

Dr. RHEE : My time is at your disposal. This is our Korean problem, and you people are here to help us to solve it. We must do anything we can. I hope Dr. Hoo will stay here and see it through, but Lake Success needs him, and we need him here.

Dr. HOO (Assistant Secretary-General) : I cannot stay until the end of the mission, but perhaps until the first stage, the question of elections, is ended.

Dr. RHEE : If necessary, we will wire for you to stay here a little longer, and they will grant our request or not.

Dr. HOO (Assistant Secretary-General) : I hope to be able to stay until the end of the first stage, the question of the elections.

CHAIRMAN : The next question has been submitted by Sub-Committee 1, and they have put the question very carefully. It is the opinion of the Sub-Committee dealing with the question of ensuring a free atmosphere for elections (Sub-Committee 1) that there must be the following minimum requirements : freedom of expression, freedom of Press and information, freedom of assembly and association, freedom of movement, protection against arbitrary arrest and detention, and protection against threats of violence or violence. Their question is : Are there any laws, regulations and ordinances now in force or any conditions now prevailing in Korea which, in your opinion, are incompatible with this free atmosphere, and, if so, what are they, and what provisions, legal or practical, are required, in your opinion, to improve this situation ?

Dr. RHEE : Well, the laws and ordinances are under the Military Government, and the Korean people regard this as a temporary measure and have not studied it very much. Of course, certain things might be considered as arbitrary, but the two departments, police and judiciary, have been doing pretty well. Of course they are handicapped. For instance, the Provost Court was dissolved when General Lerch was Governor-General. He proposed to turn the government over to the Koreans themselves, and the American personnel moved to a separate building. At that time it was announced that the American military Provost Court was dissolved and withdrawn. Recently it was announced that it was revived, and the Korean judiciary and the Provost Court have rather been duplicating the enforcement of the law.

Then again, this freedom of speech and freedom of the Press. I think we are carrying that out in the South. In certain cases some people have complained that certain newspapers were suppressed and all that, but I have not gone into it thoroughly. I have no personal conviction in that connexion, but I think we are tolerant : at least, in comparison with the laws in the North, we are enjoying a large measure of freedom in the South.

CHAIRMAN : Is the position, then, that the military Provost Court and your Korean Supreme Court are carrying out the same duties ?

Dr. RHEE : I fail to see the need of duplicating the judiciary practice. If it were war-time it would be different, but it is not. We are in peace-time. There have been nearly three years of peace, and it is not very helpful, to say the least.

CHAIRMAN : Is the Provost Court trying political offenders, or is that a matter for the Korean court ?

Dr. RHEE : There was a report in the Press some time ago that the judges of the Supreme Court were talking about tendering their resignations wholesale, and, if I am not mistaken, two or three of them did resign. How that was settled, I do not know. But there is constantly the report that some cases tried and settled by the Korean Supreme Court are retried by the Provost Court.

CHAIRMAN : Are there any military laws produced by that Provost Court which, in your opinion, would interfere with free elections?

Dr. RHEE : I do not know how many local Provost Courts are established in the country, but certainly these things have some influence in the minds of the Korean people.

CHAIRMAN : Do you know of any of their laws which restrict gatherings, and so on?

Dr. RHEE : Well, we believe the Korean people have the right to demonstrate in a peaceful orderly manner.

CHAIRMAN : Is there a military law which says they shall not do that?

Dr. RHEE : I do not think there is any law, but I think that from time to time the Military Government has ordered certain times in which meetings can be held, and not larger than a certain number.

CHAIRMAN : Do you know what that number is?

Dr. RHEE : That number varies. Sometimes it is one hundred, and it is rather arbitrary.

CHAIRMAN : Arbitrary in that the Commander may order that it is so, or the Provost Court?

Dr. RHEE : We are strictly under a dictatorial government.

CHAIRMAN : The military court would be guarding against civil commotion or riot, and it would be normal to have laws guarding against this?

Dr. RHEE : Well, riots, strikes and things of that sort are well taken care by the Korean police.

CHAIRMAN : You think these courts are unnecessary?

Dr. RHEE : I do not see how they are necessary. In 1946 terroristic activities were widespread, but since then, with the exception of Taegu, where the Military Government declared martial law, the Korean police have taken care of them without the aid of the military police.

CHAIRMAN : There are no laws, regulations or ordinances which would not be overruled, if necessary, by the military Provost Courts?

Dr. RHEE : I hear, once in a while, some complaints that in some provinces the provincial and military governments give aid to certain groups and encourage certain meetings, and so on.

CHAIRMAN : Do your Korean police or law courts, or both, place any restrictions on freedom of assembly, association or movement of your people or groups of your people that would militate against a free election?

Dr. RHEE : Yes. I think that attention should be paid to that point. Some time ago the Koreans held a demonstration in connexion with the elections. The people thought that since the Assistant Secretary of the State Department promised, General Hodge declared, and General MacArthur publicly advocated, and since they had been preparing for it for over a year, the Korean people must have an election. General Hodge said he would not allow any election, and meetings and demonstrations were held in the streets. The police came into conflict with them, and a large number of them were placed under arrest, although they were released in the next day or two. The people questioned the police officers, and they were told it was done under orders they had to carry out.

CHAIRMAN : You have the feeling that if the military Provost Courts were not here, that your Interim Legislative Assembly or Supreme Court would produce laws and regulations which could make the carrying-out of elections a simple matter?

Dr. RHEE : I think so.

CHAIRMAN : Are there any of the regulations already put forward by your Interim Assembly that you would object to, or that in themselves would interfere with free elections?

Dr. RHEE : In that connexion, that reminds me of the fact that the Interim Legislature should be dissolved. You have the fact that the general election will replace them, and they should be dissolved and the Military Government officials should keep their hands off the coalitionists, communists, and the rightist groups and parties, and leave them alone and let the people handle that question themselves. There will be no party riots or anything of that kind, and the police will strictly enforce the law, so that there will be nothing unlawful taking place.

CHAIRMAN : Would any member of Sub-Committee 1 care to ask any further questions? I take it that Dr. Rhee would be available if Sub-Committee 1 had any technical questions to ask at a later time.

Dr. RHEE : Any time at all. Just call me and I will be at your service. We have been hoping and waiting for this opportunity.

CHAIRMAN : I will now go on with the questions of Sub-Committee 3. There are four or five of them. Sub-Committee 3 requests that the opinion of Korean personalities be sought on the voting age and the age of candidature best suitable for all of Korea in the light of the General Assembly's recommendation for elections to be held "on the basis of *adult* suffrage". In the North, at the present time, the age is twenty years, and in the South it is twenty-three. What is your opinion?

Dr. RHEE : I have already expressed the view that it would be immaterial so far as age limit is concerned. Some people think that the younger age limit will give a lot of these hot-headed young people with communist "red" ideas a chance to get votes, and some people think otherwise. But I think that is a small matter; either twenty-three years or twenty years — I would not insist on either.

CHAIRMAN : What would be your selection in the case of candidature?

Dr. RHEE : I understand that originally it was suggested the age should be twenty-five, then it came down to twenty-three, but the Korean calendar is almost one year behind in certain cases, so whether it is twenty-one, twenty-two, or twenty-three, I think that will not become a serious problem. Of course, the communists who raised the problem would make a problem at any time anyway, either twenty-three or eighteen, for that matter. But we are not here just to satisfy the destructive element who want to obstruct and let everybody fail except the communists themselves. Knowing this, as the world does, we just go right ahead with what we have that is the best and most suitable for the circumstances and for the situation.

CHAIRMAN: There is another question bearing on that. Section 2, paragraph *(a)* of Public Act No. 5 for South Korea reads:

"Persons to whom any of the following categories are applicable are not eligible to vote or to be elected:

"(1) Incompetents, quasi-incompetents, mentally deranged persons, and drug addicts.

"(2) Persons who are sentenced and serving prison sentences, or who are under suspended sentence, or are fugitives from justice.

"(3) Persons who have received a sentence of one or more years' penal servitude or imprisonment; provided, however, that if three or more years have elapsed since the completion of sentence, or since the time when final decision was made not to execute the sentence, or if the sentence was imposed for a political offence, the person concerned will not be included in this category.

"(4) Persons who have been forbidden to vote by law and persons who have been classified by law as 'traitors', 'collaborators' or 'profiteers'."

Section 1, paragraph (1) of the Election Regulations of North Korea reads:

"1. Exclusive of mental patients and men who have been stripped of their franchise by the verdict of the Court of Justice, all twenty-year-old citizens of North Korea shall have the franchise and be qualified for election regardless of their financial status, education, residentiary zone and their religion."

The question is: Do you consider these provisions as adequate?

Dr. RHEE: These provisions are made of small detailed matters more or less artificially created as a barrier against certain groups of people, and will, in the main, restrict the freedom of the people. Now, political prisoners and all that, it is just a temporary measure to suit the circumstances, and hardly anything is sufficiently important to make any specific mention in this law.

CHAIRMAN: For instance, paragraph 4 in the South Korea Public Act No. 5, section 1, mentions persons who have been forbidden to vote by law and persons who have been classified by law as "traitors", "collaborators" or "profiteers". This is contentious matter and very difficult to handle. "Collaborators" cannot be collaborators in the legal sense until your law says they are collaborators.

Dr. RHEE: I made a public statement when this was adopted. With regard to pro-Japanese traitors and collaborators, and profiteers, who is to decide where the line is to be drawn? I told them that these are questions to be settled when the Government is set up, and that the Government will adopt a special court and draw up general principles and laws, and then judge accordingly. In the meantime, this whole question will create a lot of dispute, and it will give the communists a lot of questions to raise.

CHAIRMAN: Sub-Committee 3 has gone into this a little further. They ask, in their next question: Should persons who have held official positions during the period of Japanese domination be deprived of their right to vote and/or be elected? If so, to what official positions should this apply and by what authority is this decision to be taken in individual cases?

Dr. RHEE: I do not think any authority can go very far in trying to discriminate against these people. It is a very difficult question, because even among the people who held official positions under the Japanese regime there are certain Koreans who enjoyed the confidence of the people. They did everything they could to help their fellow men, and so on. I know quite a few of such people.

CHAIRMAN: If it is a question of vote, there will not be so very many of them, and if harm be done in a few cases, realizing it is only a vote, this might even be offset by those cases that are talked about as possible traitors and persons who have received sentences. These numbers, as I say, are very small. Should regulations be brought in to say that people who held positions under the Japanese, for the purpose of voting in this connexion alone, should be excluded? Would there be very much harm in that?

Dr. RHEE: My answer to that is this: Even if we do not mention anything about these traitors, the people who are going to vote know the prominent leaders in their district. They are the ones who know who really are the traitors and who were really pro-Japanese, and when they vote they will not vote for any of their public enemies. So that is all settled; let the voters decide.

CHAIRMAN: Do you consider that the votes of the collaborators who ultimately will be proved to be collaborators, if they are allowed absolute freedom with these votes, will not have any real effect?

Dr. RHEE: That is the way I feel about it. If there are any real collaborators, the Korean people will hate them as traitors, and even if there are a number of people like that, they will have no influence over the general public and will not cut much of a figure in the balloting.

CHAIRMAN: Provided that the general public have ample opportunity to vote?

Dr. RHEE: Yes.

CHAIRMAN: That is going to be a great difficulty, to enable them to vote freely and not as a bloc?

Dr. RHEE: Let everyone cast his or her vote according to his or her wish, without any restriction or any interference. In other words, these are small matters which will be settled by the ballot of the people. Let them speak.

CHAIRMAN: The point is, of course, that Sub-Committee 3 has in mind that if some action is not taken against these people who can reasonably be considered to be collaborators, the influence they have, not in their vote alone, but in persuading other people how to vote, may alter the position in some sections of the country. Is that likely?

Dr. RHEE: Dr. Pyun, have you any idea? Do you think the collaborators and those who were regarded as traitors will exert their influence over the voting public and persuade them, one way or the other?

Dr. PYUN: As I understand it, as Dr. Rhee has said, these questions can only be settled satisfactorily by the Government, and in these pre-Government days there is no authority that can do it, even if we agree in principle. So we had better leave it as it is. Anyway, suppose there are some collaborators or traitors, they will not have very much effect on the elections.

CHAIRMAN : There are two other minor questions. In your opinion should persons who cannot read and/or write be given the right to vote?

Dr. RHEE : Unless I am misinformed, the United Nations decision is to let them all have a vote, whether they are able to read or write or not.

CHAIRMAN : Do you agree that this is a good point? You are free to express your opinion.

Dr. RHEE : I think so. You say freedom without any sort of restriction is all the better, so let the illiteracy restrictions be removed, and people will have complete freedom and no complaint to make.

CHAIRMAN : Of approximately how many members should, in your opinion, the National Assembly of Korea be composed? For the whole of Korea.

Dr. RHEE : One in 100,000 will mean about 250 representatives. If the population of the North is represented here, that will mean about 230 to 250 members.

CHAIRMAN : I think at this point we may ease up a little. Does any member of Sub-Committee 3 wish to ask any questions?

Mr. LUNA (Philippine Republic) : In connexion with the phrase "adult suffrage" may we be informed as to the legal age at which a Korean reaches majority?

Dr. PYUN : A full twenty years.

CHAIRMAN : That means practically twenty-one in many cases?

Dr. RHEE : Yes.

CHAIRMAN : If the birthday comes at the beginning of the year, they will be twenty-one by our standards.

Mr. MANET (France) : When Dr. Rhee said they had all the machinery for holding the election, and that they were ready to hold that election, what did he mean exactly? Did he mean that the electoral law passed by the Interim Legislative Assembly was, in his opinion, sufficiently free from foreign interference to be applied for a general election right away?

Dr. RHEE : I think I have explained already that the election law adopted by the Interim Legislature was in question. Some of these things already discussed were included in the election law, and some people raised questions. Finally, the Military Government again raised the question that some of these items were at fault, so I do not say that the election law is perfectly ready. The law, according to the statement of the Military Government, should be adopted and approved by the Military Government, so it is beyond the power of the Korean people to do anything at the present time. But we have an election committee organized and ready to function in every district and *Myun*, and the registration and all that is now in the local governments.

CHAIRMAN : Is that with the approval of the Military Government?

Dr. RHEE : That is in the hands of the Military Government, and therefore in that respect we are ready.

Mr. MENON (India) : The question I am going to ask is not a question we would put to everybody who will come before us, but when we have a leader of the eminence and experience of Dr. Rhee we should like to ask this question. How does he envisage the future? He has made it quite clear that any sort of co-operation from the communists or with the communists is out of the question, but the present position means that we have not only got the Communist Party, but in the North we have the communist government which is backed by Russia. In these circumstances, how does Dr. Rhee expect to achieve the objective he has always said he wished to achieve — namely, a united independent country?

Dr. RHEE : I am glad Dr. Menon raised this question, because it gives me an opportunity to explain what we had in mind. From the very beginning we believed, and we still believe, that the Russians will not withdraw control voluntarily. We believe that some kind of force is necessary. We have no military force to resort to, nor do we expect any other nation to go to war with the Soviet Union in order to save Korea. But still we believe there is a certain kind of force besides military, physical force. That is moral force. Of course, in these days moral force has very little to do with a realistic view of things, but still I think that mankind has a certain conscience and opinion, and I think that public opinion has a good deal to do with governing relations between man and man, and nation and nation. Therefore, what I proposed to do after the failure of the first Joint Commission Conference was to ask General Hodge to let the Koreans go to the United Nations General Assembly. The reply was: "What can the United Nations do, with no big armed force or police force or anything to enforce its decisions?" I said this, that the United Nations General Assembly is the high tribunal in international disputes. That was the proposition when they were organizing the League of Nations, but the idea was not carried out, so the League of Nations failed. Out of two world wars the men and women of the world began to realize that international justice is the basis of international peace, just as justice between men is the basis of peace in human society.

Our case was a fair case. We had not committed any crime, international or otherwise. All the crime we committed was to fight against the Japanese, and we did not think that was too much of a crime. We knew that the United Nations verdict would be based on justice; we were quite sure of that. This will have a tremendous effect in influencing and forming world opinion, and if world opinion is sufficiently formed, I said at that time, and I still say it, even a powerful nation like Russia cannot afford always to ignore world opinion and go right ahead with an unlawful mission. As a matter of fact, we believed that unless the two world wars had done away with the idea that might makes right, the world cannot avoid another world war. In order to avoid another world war we should stick to the principle that the strong fellow and the weak fellow, the little boy and the big boy, should enjoy his own right of protection. Otherwise there will be no nation under the sun which could enjoy peace and security and avoid another world conflagration.

Knowing and believing this as we do, we feel this way. When the Soviet Union proposed in the United Nations General Assembly the simultaneous withdrawal of occupation forces in Korea,

I stated that the United States could not follow this now, because, in the first place, the United States is at least partly responsible for the division of Korea, and the United States is in honour bound to see to it that the division of Korea be eliminated.

Another thing is this. While the Soviet Union was allowed to form and organize a large Red Korean army in the North, and forced the Korean boys to take weapons under the Red banner, we asked General Hodge to allow us to form a national defence force. General Hodge was in the position to say: "We have to deal with the Soviet Union in the hope of eliminating the division of Korea, and if we form a defence army here it will offend the Soviet Union." I said that I did not see why the United States should not do in the South what the Soviet Union was doing in the North. So we are absolutely helpless and defenceless now. If the United States occupation forces pull out now it means practically turning over the whole of South and North Korea to the mercy of the communists. Therefore, the United States should not do it.

So, what is the solution? The solution is this. If the United States maintains a small token force here in the South, it does not require a large sum of money from the taxpayers in the United States. Just a token force will be enough, because we believe the Soviet Union is not ready to come into open clash with the United States at the present time. That force will remain until such time as the United States and the United Nations realize that it will make no changes to the safety and security of South Korea if we hold a general election and select a government. That government will organize the national defence. We have several groups. We have young people who have been trained. One of these groups is known as the Constabulary, and has been trained. General Hodge has been helping them, and a large number of them are in a position to take up weapons and will be ready for defence purposes. Then we have the Coast Guard, which we hope to make into the Korean Navy some day. It is quite ready for service. There are some other groups, and we will just pick them and form a national defence force.

We can complete that organization within six weeks if we have weapons, rifles and munitions. What we propose to do is this. We have sufficient members of these forces, then we will make the 38th degree parallel doubly guarded. At the present time an iron curtain keeps foreign correspondents in the South from going to the North, but, so far as the South is concerned, it is wide open to the people from the North. These people come down with Korean money and with orders and instructions and weapons, and terrorize the South from time to time. They do this whenever they think fit to do so, and we want to keep them out.

Then what we are going to do is to issue an order to all the Korean boys in the armies in the North to turn round and join the forces in the South in defence of their country. They have been demanding that I should, through a radio broadcast, state a date and hour when all the Koreans in the North should rise and fight, and they have complained that I did not do it. But I asked them: "How could I tell our people, without giving them weapons, or even sticks of dynamite, to go out and be butchered by this Soviet army?" That being the situation, we know that at least a large number of Korean boys in the Soviet Army will join with us, and as soon as the Soviet Army withdraws from the North I think we can avoid a civil war of a serious nature. There is no reason why they should fight for the communists against their own brothers and their parents. We believe in the loyal sentiment and spirit of the Korean people in the North. We are in constant touch with them. That is why we believe that this government of some kind, after an election, is the first step towards the solution.

Of course, Koreans believe that the clash between the capitalist democracy and communism is inevitable, and, for illustration, I tell this story. The Soviet authorities issued "red" money, and told the Koreans who held the old Japanese money to go and exchange it. The Koreans rushed to change the Japanese money into Russian paper money. Someone asked: "What are you going to do with this "red" money; it is not worth anything?" They said this: "It is not worth anything now, but when the Russians are defeated we will take this money and go to Moscow, and tell them to pay for these things." That is the sentiment of the Korean people. It may be visionary, but that is the sentiment.

Mr. Menon (India): I hope things pan out in the way that Dr. Rhee wants, but the Soviet Union is near and the United States is far away. The Soviet Union has a very definite policy, while that of the United States is subject to change of opinion. And Soviet Russia is, of course, more interested in Korea than the United States.

Dr. Rhee: That is a very realistic view. As a matter of fact we are not unmindful of that fact, and we feel this way. Affiliation with the Soviet Union means enslavement and destruction of our nation as an independent state. Well, if that is the case, what can we do in South Korea? If we voluntarily surrender and go and unite with the Soviet Union, that is the end of it so far as the independence of Korea is concerned, which we do not want. We have to put up some resistance and we have to fight. We do not say that we will succeed, but we cannot surrender our nation peacefully and accept the death of a nation without resistance.

Dr. Menon has said that the Soviet Union is nearer and the United States is far away. There must be some realistic and wise solution. I like to consider what we should do; accept and go and join one of those satellite States? Would that be better for us? What should we do? That is the question, and the Korean people decided long ago that we cannot give up our nation. We fought our hereditary enemies, the Japanese, for forty years. We kept on fighting, and now we are turned over to another master. We cannot peacefully and quietly accept it, and let our country go to pieces. We cannot do that.

The Korean people have definitely decided that if they cannot have their independence either in the South or in the North, there will be some bloodshed. I do not say that bloodshed will bring Korean independence, and it will also cause some disturbance to the peace or the Far East. That is a point, too, and whether it is wise for the

United Nations and the United States to accept the theory that might is right — let the strong nation gobble up the weak and small nation — then the United Nations would be in danger, and the United States, one of the two powerful nations, some day will have to fight for its own existence.

If a neighbour enters your house by force, and you have to give him your house and get out because you have no pistols, and he has more than one, and if other neighbours say, "Well, he is a dangerous fellow; let him take what he wants", then it must naturally be expected that he will not be satisfied and he will turn his weapons one day on every one of you. That is not a peace proposition.

Mr. PATTERSON (Canada): May I ask one question in the direction of asking Dr. Rhee to carry on the statement he has just made towards this particular point? The solution he has suggested is that there should be a token force from the United States in South Korea which will enable a government to be formed here. With the formation of a government and with the training and equipping of a force here, an appeal would be made to the Koreans in Northern Korea, and, because of the unwillingness of the Soviet Union to enter into conflict with the United States, these two forces would not be involved. The struggle would be between the Koreans of the South and the communist-controlled groups in the North. Dr. Rhee's hope rests, I take it, entirely on the possibility that that struggle would be brief, because if it were protracted the position would be almost as bad, if not equally as bad, as the position he envisaged if Korea were under the control of the Soviet Union.

Dr. RHEE: Yes. As I said before, I am quite optimistic. As soon as the Koreans in the South have a government representing the entire nation, they will be in a position to speak for themselves. The civil war question is not quite so serious as some people think. We can influence a large number of this communist army to join us. That, of course, does not mean the communist hirelings and the hot-heads. We Koreans would be responsible for the internal matters which can be settled by ourselves, but so far as the Soviet Union is concerned, we entirely count on the United States and the United Nations to see to it that the Soviet Union is not left with a free hand entirely to gobble up any territory or any land they want. It is collective security which protects the large and the small nations. That principle should be carried out by the United Nations Commission and by the United Nations General Assembly. I think that to a certain extent the Soviet command might be restrained and forced to accept a certain situation.

The Soviet Union is not a problem to Korea alone; it is a problem to the entire world, and outside nations should not leave the Koreans to combat the Soviet Union alone; at least a moral force will be applied, and Russia will not be left with a free hand to remain in the North indefinitely or to come down to the South and take us. Does that answer you?

Mr. PATTERSON (Canada): Not quite. I should like you to go a step further, and assume that the condition prevails which you have just outlined, and Korea would have some form of collective security. In that event you feel quite sure that the groups you represent would be able to form a government rather quickly, and that the struggle would be left entirely as an internal struggle?

Dr. RHEE: That is all we can do. We cannot raise an army big enough to fight the Russians and keep them out. As far as the communist problem is concerned, the Koreans can take care of that because of the fact that the anti-communist spirit in the North is 100 per cent stronger than here in the South. They are determined not to remain communist indefinitely.

Mr. MANET (France): Has Dr. Rhee serious ground for believing that the United States Government would be prepared to put a token force at the disposal of the government formed in South Korea in such a case?

Dr. RHEE: I want to correct that. We do not say that the United States token force will be controlled by the Korean Government.

Mr. MANET (France): Right, then; but in such a case, does Dr. Rhee not think that this would give grounds to the Soviet Union to leave a token force in North Korea? What would be the result then? Does Dr. Rhee not think it would mean the same thing as full occupation if token forces were left in North Korea and in South Korea?

Dr. RHEE: If the Soviet Union and the United States accept my proposition, we say that the Soviet Union should withdraw because the Soviet Union has no right, to start with, to occupy half of Korea, while the United States has a reason to be here. They have fought our enemy, Japan, and driven them out. They are here temporarily to see to it that the Koreans get on their own feet, until they have some government of their own and can manage their own affairs. And so, so far as the Soviet Army is concerned, they have no reason to be there. As I have said, the Soviet Union should withdraw immediately. Still, there is some danger of untoward force by some strong power, and there will be complications. Therefore, the United States should maintain a small force here, and let us go ahead with the election and the setting up of a government, and we will hurry and prepare our national defence. Then the United States, when it sees fit to withdraw, will withdraw and we will try to take care of ourselves regarding the communist element in the North. But if the Soviet Union comes down to occupy us by force, that is not only a Korean question — it is a question for the entire world. If the world submits and accepts that, forgetting why the democracies fought two world wars, and says, "All right, let the Soviet Union take anything she pleases, because she has the power. We do not want to fight, let her go ahead and do it", then peace is only a matter of a short time. The nations will have to take a stand or meet the same fate or have to fight for their existence. That is the way we feel about it.

CHAIRMAN: I think, Dr. Rhee, we can thank you for coming. We do appreciate the care you have taken to inform us about your views. You can imagine we feel they are extremely valuable views, and they will assist us very much. If you will agree that if any of the Sub-Committees wish to get further information from you from time to time, you will give it, we shall appreciate it very much.

Dr. RHEE: As I have said before, I am at your service; and if any of the sub-committees need any information, I shall be glad to do anything I can. Thank you for this privilege of meeting you all together to discuss this matter that is so much in our hearts.

The meeting rose at 1.15 p.m.

VERBATIM RECORD OF THE SIXTH MEETING [1]

Duk Soo Palace, Seoul, Monday, 26 January 1948, at 3 p.m.

Chairman: Mr. JACKSON (Australia)

CHAIRMAN: I declare the sixth meeting of Sub-Committee 2 of the United Nations Temporary Commission on Korea open.

Hearings of Koreans: Mr. Kim Koo

Mr. Kim Koo assumed his seat in the Committee Room. All questions by members of the Commission were asked in English of Mr. Kim Koo, who replied in Korean, which was then interpreted into English.

CHAIRMAN: Would Mr. Kim like to make a statement?

Mr. KIM: I prefer to have you gentlemen ask me questions before I make a statement.

CHAIRMAN: There are questions to be posed from three sub-committees of the Commission.

We are interested in free and democratic elections. What are the conditions which you consider necessary in order that free and democratic elections may be held in Korea?

Mr. KIM: I prefer to speak on the basis of a general election to be held throughout North and South Korea, so I think your question implies a general election through North and South Korea. I do not consider that the elections held in North Korea were free elections, because they were held in the presence of intimidation by the Russians. The people there did not have any choice in casting their votes.

I do not think there will be any free or fair elections held in South Korea, because, as far as I know, there is a certain political party in South Korea which manipulates almost everything in the political field in order to control all the votes in the coming election. As far as I understand, almost everything is prepared for the control of the entire election.

I believe that unless the occupation forces are withdrawn from Korea and all military and semi-military organizations disarmed or disbanded altogether, the Korean people would not have freedom of elections. Concretely speaking, unless the Commission could lift up the 38th parallel, its mission might fail altogether. The reason the people of Korea welcomed the Commission was because they believe that the Commission would somehow solve this difficult problem for them. In the case of withdrawal of the occupation forces from either North or South Korea, the maintenance of order in Korea after the withdrawal must be taken over by the Commission; in other words, by the United Nations.

In short, I think that under the present circumstances there is no possibility of having a free and fair election.

CHAIRMAN: You consider that in order to obtain the conditions necessary for a free election you would have to do something in relation to a certain party who you say would control the elections, and if this one party were placed in such a position that it could not control the elections in the South of Korea, and if the occupation forces were removed and if these organizations that you specify were put under control, then you would consider it possible to hold free elections in the whole of Korea.

Mr. KIM: My thinking concerns all of Korea; under no conditions could I support an election separately held in South Korea.

CHAIRMAN: We are not suggesting South Korea in our talks: it is for the whole of Korea that we are speaking. If the conditions you spoke of were complied with, could a free and fair election be held throughout the whole of Korea?

Mr. KIM: I think such an election can be held.

CHAIRMAN: Since the occupation forces in the North and South would have been removed, under what authority could such an election be put into effect?

Mr. KIM: After removal of those occupation forces?

CHAIRMAN: Yes.

Mr. KIM: I think that the United Nations Temporary Commission on Korea has a certain responsibility for the elections because the Commission came to Korea to supervise the elections, and I believe that the United Nations has the authority to supervise the election, as well as the maintenance of order.

CHAIRMAN: You will have removed the military authorities from North and South Korea, and an election could be organized; you have an Interim Assembly in the South, but not in the North, which could organize an election. Where are you going to get the authority to organize an election for the whole of Korea?

Mr. KIM: After removal of the occupation forces, if the United Nations could maintain order in Korea, I think there will be a conference between the political leaders in North and South Korea, and from that conference will emerge certain measures in regard to the election.

[1] Document A/AC.19/SC.2/PV.6

CHAIRMAN : You have no definite idea as to any particular organization ?

Mr. KIM : No, I have not. In order to facilitate the eventual election, I consider it pre-requisite to release all the political prisoners in North and South Korea; for example, Mr. Cho Mansik, one of the Nationalist leaders, is still being detained in North Korea by the Russians. Even in South Korea there are a lot of political prisoners who should be released before any definite steps for the general elections are taken.

CHAIRMAN : In any elections that are held, following what you have said, do you also consider that all parties and organizations, without discrimination, should have equal freedom of speech, of meeting, and of publishing their views now and during the elections ?

Mr. KIM : I think that is absolutely necessary.

CHAIRMAN : I think we can omit question 4.

Have you any knowledge as to the number of persons imprisoned for political reasons in South and North Korea ?

Mr. KIM : As far as I understand, there are many people in prison for political reasons; for instance, in North Korea there are a lot of students, as well as religious leaders, who are in prison; those who are against the communists are arrested also. I cannot give you a definite figure here. If the Commission worked hard to get those figures, it could obtain them.

CHAIRMAN : You mean that if we let them out, we will find out for ourselves ?

Mr. KIM : Yes.

CHAIRMAN : Would you hazard a guess as to the number of prisoners ? Would you say that there are ten thousand prisoners in the North and ten thousand prisoners in the South, or anything like that ?

Mr. KIM : I think it is rather futile to present any figure that is merely a guess. I have general knowledge that there are a lot of political prisoners being held in both North and South Korea. There are a lot of prisoners sent from North Korea to a place where they get more harsh treatment.

CHAIRMAN : There are prisoners sent away from North Korea for more harsh treatment ?

Mr. KIM : That is right.

CHAIRMAN : Would Mr. Kim say that the number of prisoners in North and South Korea ran into hundreds, or thousands ?

Mr. KIM : I would rather estimate by tens of thousands than by hundreds or thousands.

CHAIRMAN : Tens of thousands both in North and South Korea ?

Mr. KIM : Yes.

CHAIRMAN : Do you consider that these people, when released, should be entitled to vote in any election ?

Mr. KIM : I think there are some who might not be allowed to vote and others who might be allowed to vote; that might differ under the conditions prevailing at that time.

CHAIRMAN : I think we shall leave that question and come back to it later on.

Question 7 is : What changes would you propose, if any, in the present franchise laws of South Korea (Public Act No. 5 of the South Korean Interim Legislative Assembly) ? And of North Korea ?

I think we shall pass that question, too, because it comes in a little later on. Those are the questions that Sub-Committee 2 wanted to ask. Are there any further questions from members of Sub-Committee 2 ?

Mr. MANET (France) : Could Mr. Kim give us the names of some prominent people who are in jail now in either North or South Korea, because up to now we have no definite data on that — that is, of course, from the political point of view ?

Mr. KIM : As I was out of the country for a long time and returned to Korea only two years ago, I am rather uninformed of past conditions in Korea. Since my return, although I was eager to educate myself as to the situation up to now, I am still not fully equipped to tell who the people were who were working prominently in the political field in Korea; thus, I am unable to point out which person is prominent, but there are many people who are being detained or arrested for political reasons. I think that those people who have been arrested are rather important — more or less prominent in the political field.

Mr. MANET (France) : I did not quite get that answer. Does that mean that no so-called political leaders are now in jail ?

Mr. KIM : That means I cannot present you with any big names, although I understand there are many who have been arrested.

CHAIRMAN : Do you know any people — they need not be big names — whom it might be interesting for us to know ?

Mr. KIM : I can give you two names : Cho Man Sik and Kim Pyong Cha (who used to fight against the Japanese during all his life). Now they are detained by the communists in North Korea. I know these two people very well.

In South Korea there are, of course, many people who belong to the leftist groups; they are either communists or sympathizers. Anyhow, they belong to the leftist groups. Many of them are arrested for their differing political views, and even in the right-wing there are some people who might have been arrested for political views.

CHAIRMAN : Can you give us any other names, with the understanding, of course, that they will be kept confidential ?

Mr. KIM : I am not in a position to investigate such things for any definite purpose. Up to now, I have been explaining the general situation.

CHAIRMAN : It is all right if you wish to stick to the general situation. Question 8 is being asked on behalf of Sub-Committee 1 :

It is the opinion of the Sub-Committee dealing with the question of ensuring a free atmosphere for elections (Sub-Committee 1) that there must be the following minimum requirements : freedom of expression, freedom of Press and information, freedom of assembly and association, freedom of movement, protection against arbitrary arrest and detention, and protection against threats of violence or violence. Are there any laws, regulations and ordinances now in force or any conditions now prevailing in Korea which, in your opinion, are incompatible with this free atmosphere and, if so, what are they, and what provisions, legal or practical, are required, in your opinion, to improve this situation?

Mr. KIM: I am not in a position to point out which law and which regulations and which ordinances are incompatible with a free atmosphere for the elections, but I can supply you with this information if you gentlemen will give me time to reply because there are so many ordinances issued; therefore, I can not point out exactly what they are.

Mr. MANET (France): Perhaps, for the purpose of Mr. Kim's answer, he could submit a written statement or statements keeping in mind not only the ordinances, but the way in which they are applied.

CHAIRMAN: Does Mr. Kim propose to send a written statement in to the Commission or would he like to give this information at another time?

Mr. KIM: When I am ready to look over the ordinances and laws that I think incompatible with a free atmosphere, I will send you that information, if you think it necessary.

CHAIRMAN: That would be very helpful. In making out this statement, would you keep in mind the fact that we are not only interested in the laws alone, but in their method of application?

Mr. KIM: I will take up this matter for consideration and give you some data and the necessary information.

Mr. LIU (China): Would the Chairman point out in this connexion that we are interested not only in laws and regulations, but also in any conditions now prevailing in Korea; that also is important. The statement should contain the laws, regulations, their application and any conditions prevailing. There is no need to interpret that, but you can include it.

Mr. KIM: I will give you information as to what conditions have to be improved in order to ensure a free atmosphere.

CHAIRMAN: Could you give us some idea as to when we will receive that statement, as we are anxious to read it?

Mr. KIM: Within one week.

CHAIRMAN: Would it be right if we gave Mr. Kim a copy of that question in writing?

Dr. DJABI (Syria): Yes.

CHAIRMAN: Sub-Committee 3 requests that the opinion of Korean personalities be sought by Sub-Committee 2 on the voting-age and the age of candidature best suitable for all of Korea in the light of the Assembly's recommendation for elections to be held "on the basis of *adult* suffrage".

That, of course, will apply to any elections here.

Mr. KIM: In my opinion, twenty is most suitable for the voting-age, and twenty-five as the age of candidature.

CHAIRMAN: Section 2, paragraph *(a)* of Public Act No. 5 for South Korea reads:

"Persons to whom any of the following categories are applicable are not eligible to vote or to be elected:

"(1) Incompetents, quasi-incompetents, mentally deranged persons, and drug addicts.

"(2) Persons who are sentenced and serving prison sentences, or who are under suspended sentence, or are fugitives from justice.

"(3) Persons who have received a sentence of one or more years' penal servitude or imprisonment; provided, however, that if three or more years have elapsed since the completion of sentence, or since the time when final decision was made not to execute the sentence, or if the sentence was imposed for a political offence, the person concerned will not be included in this category.

"(4) Persons who have been forbidden to vote by law and persons who have been classified by law as 'traitors', 'collaborators' or 'profiteers'."

Section 1, paragraph (1) of the Election Regulations of North Korea reads:

"1. Exclusive of mental patients and men who have been stripped of their franchise by the verdict of the Court of Justice, all twenty-year-old citizens of North Korea shall have the franchise and be qualified for election regardless of their financial status, education, residentiary zone and their religion."

What does Mr. Kim think of those provisions in relation to mental patients, profiteers, collaborators. and the whole general set-up? Does he think these provisions adequate?

Mr. KIM: I think there might be some points which I consider inadequate; on the other hand, some provisions might be adequate. I do not wish to show my approval or disapproval of these provisions as read out, because I do not think that these laws are applicable for the general elections throughout all Korea. That is why I suggest that there must be a conference between the political leaders from North and South Korea in order to discuss all these problems concerning the eventual election.

CHAIRMAN: Should persons who have held official positions during the period of Japanese domination be deprived of their right to vote and/or to be elected? If so, to what official positions should this apply and by what authority is this decision to be taken in individual cases?

Mr. KIM: I would not like to point out which official positions this should apply to; in other words, I do not think it is necessary to punish any former officials because they were in high positions. As far as I understand the problem, there are a lot of Koreans who served the Japanese in the past, and their services were not exactly harmful because they were in high positions; for instance, a former Japanese detective might have committed acts that were more harmful to Koreans, so any discrimination according to position is not adequate. I would rather suggest that the question be left to the discretion of the conference that I mentioned, that is to gather all these political leaders together from North and South Korea.

CHAIRMAN: Should persons who were guilty of pro-Japanese acts during the period of Japanese domination be deprived of the right to vote and/or to be elected?

Mr. KIM : The answer to this question is more or less similar to the above one; it is rather advisable to leave it to the conference. If necessary, a special court could be set up for handling these cases.

CHAIRMAN : In your opinion should persons who cannot read and/or write be given the right to vote ?

Mr. KIM : My standard of giving the right to vote is to give it to those who can read and write. Illiterate people do not know much about politics. That is why I advocate the elimination of illiteracy in Korea, as far as possible.

CHAIRMAN : Of approximately how many members should, in your opinion, the National Assembly of all Korea be composed ?

Mr. KIM : I think four hundred would be right.

CHAIRMAN : On what basis ?

Mr. KIM : I think four hundred would be enough to represent the entire population of Korea; of course, they must be elected according to the proportion of the population in Korea.

Mr. MANET (France) : When Mr. Kim said that he did not find the electoral laws and regulations in South Korea applicable to North Korea, was that his opinion because the political and social changes which have occurred in North Korea would make it impossible or too difficult to apply these laws to South Korea ? Is that what he has in mind, or is it that the electoral law, as it now stands in South Korea, is not, in any case, compatible, in his opinion, with the principles laid down in our question ?

Mr. KIM : The present election law is not applicable to North Korea, because, as you mentioned, there are a lot of changes that have taken place during the past few years; these laws cannot be considered fully adequate even in South Korea, although, generally speaking, I cannot find any great weak points in this law. It is not perfect. Because of conditions in North Korea and because of the law itself, I do not think it is applicable for the general elections.

Mr. MANET (France) : Does Mr. Kim believe that the conference he suggests between the Northern and Southern political leaders would succeed in reconciling the views of each side, considering the great political and social changes which have occurred in the north ? How does Mr. Kim envisage, in a practical manner, holding this conference ?

Mr. KIM : In principle, I think there is only one point : Korea is homogeneous; both North Koreans and South Koreans are from the same pattern. That is why I think reconciliation is rather feasible.

Mr. LIU (China) : I see that Mr. Kim is for the immediate withdrawal of foreign troops. Does he anticipate or expect, immediately upon the withdrawal of foreign troops, a state of anarchy or even civil war in Korea ?

Mr. KIM : I, of course, anticipate anarchy and disorder in Korea after the withdrawal of the occupation forces from Korea, unless the United Nations take up the responsibility for the entire problem of Korea. Soviet Russia and the United States have been taking up this question by themselves. I think that the United Nations Commission has the duty to find the right method of keeping peace and order in Korea after the eventual withdrawal of Soviet Union and United States troops from Korea. As to the method, I do not care if you make use of the present police force or constabulary or coast guard. I do not care about that, but I think you will find an adequate method at that time that will be applicable to the prevailing conditions. The most difficult problem might be how to lift the 38th parallel. Korea was bisected for military reasons and not in accordance with the wishes of the Korean people, so this question must be taken up internationally. The Koreans themselves cannot help.

Korea suffered much under Japanese domination in the past forty years. Korea did not commit any crime on the Allied nations, but now the conditions prevailing in Korea are worse than those that prevailed under Japanese domination. The Japanese have been defeated by the Allies. That is why I hope the United Nations Commission will try its utmost to solve this problem once and for all, even though you face many difficulties with this problem.

Dr. DJABI (Syria) : If the political leaders in North and South Korea agreed to meet in a conference, would it be practicable to hold such a conference ?

Mr. KIM : At present, the difficulty lies in the fact that Korea is divided, and there is no free movement between North and South Korea. That is why the conference might not be practicable now, but in case the occupation troops are withdrawn from both South and North Korea, then there will be freedom of movement; then, under the auspices of a United Nations Commission, Koreans will be enabled to get together freely.

CHAIRMAN : If all foreign troops were removed from Korea, to give the condition that Mr. Kim wants in order that a conference may be arranged, what do you think would result from the removal of troops at the same time ?

Mr. KIM : You mean the conditions which might result from their withdrawal ?

CHAIRMAN : Supposing the troops were evacuated from the North and South at the same time, what would be the immediate result in Korea of this troop removal ?

Mr. KIM : As Mr. Liu mentioned before, he anticipates chaos and disorder unless a certain body could take over the responsibility of keeping order by ways or means applicable at the time. For instance, there is a strong army in North Korea, and, also, in South Korea there are military or semi-military organizations. The two nations might stand against each other, or they could compromise. That is another question.

CHAIRMAN : Who would produce the force, under the conditions you spoke of, to prevent trouble, since both armies have to be removed ?

Mr. KIM : I am mindful of the United Nations Commission or the United Nations, generally speaking.

CHAIRMAN : Do you suggest that the United Nations would supply the necessary force ?

Mr. KIM : Yes. I do not suggest any force, but I think the United Nations is equipped to handle this matter adequately.

CHAIRMAN : That is in general terms; we are asking for something specific, if we can get it.

Mr. MANET (France) : Mr. Kim is certainly aware that, for the time being, the United Nations has no military force at its disposal. I just want to know his opinion about the practical realization of our task in such an event.

Mr. Kim : I thought that if the United Nations sent a United Nations Commission to Korea to supervise the election, in supervising the election the Commission might be well equipped with certain powers or methods by which the Commission could cope with the situation in case some sort of difficulty arises in the procedure of the election or in the preparation of the election.

CHAIRMAN : In other words, the United Nations would provide the necessary security force in the meantime.

Mr. KIM : I am not in a position to suggest anything to you, because it is up to you who have come here to realize the election. I think you will get through the obstacles to reach your ultimate goal.

CHAIRMAN : You will realize, I think, that we have come here to get the advice and assistance, first, of our friends, the Koreans, those who have been studying the problem, and we would like to get from them any plan which they think might operate. Apparently, you yourself have no such plan in mind.

Mr. KIM : I cannot show a definite plan to the Commission, because I have no idea about the functions of the Commission, as to whether the elections can be held without difficulty, and the ways in which the election can be held and so on. I have no definite idea about the Commission itself.

CHAIRMAN : We shall report to the Commission; we are a Sub-Committee. We hoped to get a plan from the most important and influential Koreans, so that we can pass it on to the Koreans as one of a number of plans : we feel it will be helpful later on, when we get down to our real work. Mr. Kim is going to let us have his ideas in writing on the electoral laws. That will be of great assistance to us. If Mr. Kim could send us his ideas within the next week, we would be very glad to receive them.

Mr. KIM : I will do that.

CHAIRMAN : Perhaps Mr. Kim would like to say a few words.

Mr. KIM : I heard the radio speech of Mr. Menon and also his speech at the welcome gathering. As far as I understand it, the majority of Koreans fully accept the idea inherent in those speeches delivered by Mr. Menon. That is why I hope that the United Nations Commission, although they may encounter many difficulties in their assigned task, will try hard to get through their difficulties, and the Korean people will stand behind this Commission and behind the United Nations. If you require any co-operation or assistance from me, I will be glad to offer my services as much as is needed.

CHAIRMAN : Thank you very much. If Mr. Kim can submit something in the nature of a plan that will support what he has said, it will be of great assistance to us, because so far he has only shown us the impossibility of carrying out what we have come here for and wished us luck. We are here to ask help from the Koreans, and I think Mr. Kim should go a little beyond that and say what he thinks we should do.

Mr. KIM : I will try my utmost to furnish you with any constructive information I have as you may wish to know, if my mind is good enough to formulate such a plan.

CHAIRMAN : Thank you.

The meeting rose at 5.25 p.m.

VERBATIM RECORD OF THE SEVENTH MEETING [1]

Seoul, Korea, Monday, 26 January 1948, at 6.30 p.m.

Chairman : Mr. JACKSON (Australia)

Hearings of Koreans : Representative of a Moderate Left Organization

CHAIRMAN : This is really a meeting of Sub-Committee 2. Sub-Committee 2 is the committee which has been set up by the United Nations Temporary Commission on Korea to ask questions in order to get a background for their work that is ahead. It must be understood that we are not acting on our own authority : we are here to get information for the Commission itself.

The first question is : What are the conditions which you consider necessary in order that free and democratic elections may be held in Korea?

Mr. ——[2] (representative of a moderate left organization) : In order to obtain a free atmosphere for a free and fair election, I believe that there are some freedoms which should be attained which are the basic principles of human rights. They are : freedom of speech, freedom of the Press, freedom of assembly, freedom of demonstration, and freedom to strike. There are now actually in existence laws and regulations limiting those freedoms, and in order to be able to have a free election, certain guarantees must be made that these freedoms will not be violated. The conditions and situations here in the past have demonstrated that certain freedoms were limited and were not attained by the people.

[1] Document A/AC.19/SC.2/PV.7). This meeting was held in accordance with a decision of the Sub-Committee at the first meeting (document A/AC.19/SC.2/SR.1, page 3) that, when considerations of security for the person to be heard prevented a hearing by the Sub-Committee at the Duk Soo Palace, the Chairman and Secretary were authorized to make other appropriate arrangements.

[2] For reasons of personal security and at his own request the name of the person interviewed, and of his organization, were omitted from the record.

As an example of certain limitations of freedoms, I would point out that, according to the actual regulations here, a congregation of three persons or over must have the previous authority of the police, and the police appoint an inspector or some other man to be present at such a meeting. Here is another example of the limitation of the freedom of speech. Criticisms made of the local authorities, whether constructive or not, are subject to laws and regulations. There are laws and regulations restricting these criticisms and consequently criticisms, whether of good will and constructive or otherwise, cannot be judged objectively as being of good will or otherwise. Because of this, many newspapers have been closed and their editors imprisoned. When these editors are imprisoned, they have to give information on all the articles they have written criticising the local authorities, and the source of the information they have obtained.

Mr. MENON (India): In prison they are forced to discuss their sources of information?

Mr. ——: They are forced to give the source of their information.

CHAIRMAN: How are they forced — by torture?

Mr. ——: Yes. I can cite the example of a person who wrote an article, and they forced him to give the source of his information by means of torture or beatings in the prison itself. This is one of the most important of the freedoms, the freedom of speech: whether one can criticise one's own government. Whether that criticism is constructive or not, one should have the freedom to give one's ideas and to criticise any acts of the local government. Without that, there is no freedom.

There is a law — Law 19[3] — which is a law preventing strikes. A strike is a violation of that law. There is a set of laws, but the applications of the law are made very definitely so as to express personal grudges against a certain party. For example, with regard to the freedom of assembly. Under that law, not more than three persons can assemble together, and sometimes even two persons grouped together and having a private conversation have been said to form an assembly, and have been imprisoned. Another instance is that when certain friends have been grouped together for an invitation to dinner, the police have come and said that it was a conference, and the parties to the dinner have been imprisoned. Last year, in the Meuk Po area, when a certain number of political prisoners were released, a group of persons went there to welcome them. Of course, it was not an organized party; they were there to welcome the prisoners. Yet the persons were imprisoned because it was considered to be an assembly or conference, and that they were leftists.

Mr. MENON (India): Is it possible to obtain a copy of this law? Is it a police law or one of any other authority?

Mr. ——: It is a Military Government ordinance.

Mr. MENON (India): We can get a copy of it?

Mr. ——: It is a set of laws promulgated by General MacArthur. Proclamation 2 is from the general regulations promulgated by General MacArthur, and Proclamation 19 was issued by the local military authorities. Although the laws are very simple, their application has been very exaggerated or stretched.

[3] Ordinance Number 19 (30 October 1945) issued by United States Army Military Government in Korea.

Mr. MENON (India): Proclamation 2 contains a specific prohibition of any assembly of more than three persons?

Mr. ——: Certain limitations of freedom. The proclamation itself does not fix a limit on numbers, but the police take it and apply it as a limitation on certain numbers. It is the application of the law that I am stressing.

Further, one of the basic principles of a human being is the right to a livelihood, to strike, and to protection of his property. Another example to which I wish to call attention in regard to the right to protection of property is that our party headquarters in Seoul, for which we have a contract with the owner, was occupied on 24 March by a youth organization of the rightist group. They occupied it by force, and, after certain negotiations, the house was given back to us. On 13 August another youth organization occupied the house and did damage to the extent of 300,000 to 400,000 *won*. Although the military authorities have been petitioned about this illegal occupation by this rightist organization, up to now no reply has been received in satisfaction.

One of the basic principles I wish to bring out is that in the past two or three years terrorism has reigned in Korea because there are no guarantees for the life and the property of the people, and there is constant fear among the people. So the first thing one must do is to obtain this freedom from fear.

I will not talk any more about the basic principles, because I believe you are acquainted with them, but I wish to raise the very important point of the release of political prisoners. The rightists here contend that under the present conditions there are no political prisoners. But I have good reasons for my belief that there are political prisoners. Regulations 2 and 19 limit and prohibit certain assemblies and strikes and so forth, and consider that any violations of these regulations occur because of political reasons. Since there are people imprisoned for violation of regulations 2 and 19, they are imprisoned for political reasons, and since they are in prison for political reasons, they are political prisoners. These present political prisoners were imprisoned even during the Japanese regime, and it was because they fought for basic human rights that they were imprisoned by the Japanese. They were imprisoned not for a short time, but for more than ten years, and I consider that those who fight for the basic principles of human rights are political prisoners and must be released.

I will now give a few points on the pro-Japanese. In order that an atmosphere for free and fair elections can be obtained in South Korea, measures must be taken before the election to eliminate the pro-Japanese Koreans and those who co-operated with the Japanese.

Mr. MENON (India): You speak about the various political freedoms which are very necessary. Have you any idea how far these freedoms exist in North Korea?

Mr. ——: I am not very clear about the actual details in North Korea, but the freedom of expression there is also limited. I wish to make the stipulation that that limitation is made against the pro-Japanese and the reactionary groups. Other people are not limited in freedom of speech.

They can speak and criticize and express whatever they wish.

Mr. MENON (India) : Have you any idea how many prisoners whom you would call political prisoners there are in South Korea and North Korea?

Mr. ——: I am not sure about the number, and cannot give any figures at all.

CHAIRMAN : Have you the names of any particularly interesting people who are in prison in the North or the South?

Mr. ——: I am merely making a general statement of the situation now. If you should wish to have the names and the figures I will be glad to give them to you at the next opportunity.

I wish to say a word about the pro-Japanese Koreans. Let me take some examples. In the Philippines, for instance, the people were not so very much against these pro-Japanese because all of them were working for their independence, so they did not think the pro-Japanese were greater or less nationalists. As another example, in Calcutta I met some friends who told me the pro-Japanese Indians and the Indians themselves were working for the same goal; that was, ultimate independence. Therefore, they all admired Dr. Bose. In China, the question of the pro-Japanese is very similar to the question of the pro-Japanese in Korea, because in Korea the Japanese had dominated us for many years. There were certain Koreans who were co-operating with and aiding the Japanese to further their domination of Korea. Those pro-Japanese have killed many Koreans and have oppressed them. In the war, these pro-Japanese Koreans were helping Japan against the Allies and in the last thirty or forty years have sacrificed thousands who have voiced opposition to Japan.

Mr. MENON (India) : I think that the distinction he has drawn is a very real distinction. Men like Subhas Chandra Bose are regarded as misguided but genuine patriots.

Mr. ——: After the liberation of South Korea, upon the surrender of the Japanese army, these pro-Japanese fled from their posts and at that time there was an organization called *Gunchung*, and that maintained law and order. However, these are all patriots who love their country, and no one can say that they were either leftists or rightists. But the American military force at that time distributed leaflets from an aeroplane asking all those persons to remain at their posts and positions. When these leaflets were distributed by the American military forces these pro-Japanese Koreans, who were at their posts under the Japanese government, all returned. The pro-Japanese in the police force returned to their posts and so, after three years of liberation in South Korea, no pro-Japanese Korean was ever condemned. These pro-Japanese Koreans now hold power in the administrative, financial and educational departments, and in industry. All these are in the hands of the pro-Japanese at the actual moment.

I want to give another example. For instance, in the police department here in Southern Korea, there are 28,000 policemen. Of this number, 5,000 were policemen under the Japanese regime. For instance, in the police department there are ten chiefs and, of these, six held positions under the Japanese regime. Of the vice-chiefs, eight held positions under the Japanese and two are new. Of the police inspectors, 39 were formerly policemen under the Japanese regime, and 19 are new, so that a higher percentage of the top personnel were all formerly employed by the Japanese.

Last year when General Helmick (Acting Military Governor) was asked by the Press to give the number of policemen who worked under the Japanese, he disclosed that 5,000 persons were formerly employed by the Japanese. They asked him why he did not dismiss these former policemen, and he replied that if they were dismissed they would all become anti-American.

For your information, in the whole of Korea during the Japanese regime, there were only 7,000 policemen, so the number of 5,000 policemen who were employed by the Japanese is almost the total number. These figures can be found in the year book which was not released. These conditions prevail in the administrative, educational and justice departments of South Korea.

I now want to give a word on the Korean constabulary. Those who are in the higher commands also worked under the Japanese. I can instance Colonel Lee Un Chung, commander of the 3rd Brigade, who worked under the Japanese and who is still in power. Another example is that of Colonel Kim Sek Won, who worked with the Japanese, and who is now organizing the Naval, Army and Airforce Club for political reasons and to help him in political matters. All those pro-Japanese Koreans received a Japanese education and have been immersed in Japanese political ideas, and their only objective now is to retain their position and their political power.

Korea was under Japanese domination for forty years, but, of course, we cannot say that all who worked under the Japanese are pro-Japanese. Some of them worked under the Japanese because of their livelihood, so we have to distinguish between those Koreans who worked under the Japanese under pressure and those who worked voluntarily. These pro-Japanese Koreans are now against the unification of North and South Korea and a *rapprochement* between the United States and the Soviet Union, because once unification becomes a fact, and the United States and the Soviet Union co-operate in the establishment of a republic here, they are afraid they will have to give up their power.

In order to have a unified North and South Korea and the establishment of a real democratic republic in Korea, and in order to satisfy the wishes of the people for a free election, measures must be taken so that these pro-Japanese who are against such unification will be prevented from voting or from having a candidate in the elections. Many times these pro-Japanese take up a very small incident and they want to build it up and create a bigger incident out of it. They will say that a small incident is anti-American or anti-United Nations because they will do anything to fit in with their ideas, so as to retain their position and prominence here. They will try to do their utmost to break up unification and to create an antagonistic atmosphere between the Soviet Union and the United States and the United Nations.

I should like now to talk about the re-organization of the police here on democratic principles so as to re-organize the police into a democratic force. Since the American forces arrived here, they have tried to create a democratic police, and those responsible for this have always wished to be able to form such a police force. However, the police they have now were educated under the Japanese, and assumed the attitude of colonizers. Thus, the attitude of the police towards Koreans is that of colonizers, and they treat the Koreans as though they were subject people.

As a concrete example, let me explain that I have been imprisoned myself. I was put into prison without any questioning whatsoever, and it was only after several weeks that I was brought up for questioning. I was then made to stay for another ten days, and during this time in prison four persons beat me and tortured me for three and a half hours with sticks and so forth. While I was in prison they asked me to make a statement, but when I presented it, it was not taken into consideration. Instead, there was a statement for me to sign, and I was not willing to do this. Of course, this is my own case, but I know of cases where people have been put into prison and kept there for one hundred days and not brought to trial. I believe that any person put into prison must be given a reason for being a suspect, and, being a suspect, must be able to present his reasons and be brought to trial to see whether he has to stay in prison longer or not. After I had been in prison all this time I was brought to court and after proofs had been presented, I was pronounced not guilty. Therefore, I was in prison for more than a month without any reason whatsoever, since the court found me not guilty.

The Korean court pronounced me not guilty; therefore, I maintain that illegally and without reason I had had to sacrifice my freedom. My experience is that, in South Korea, persons who are in prison do not have the right of asking any questions.

The Japanese police were most oppressive towards the Koreans during the domination of Korea and their methods are well known. Now, with 28,000 policemen in Korea, 5,000 of which were policemen during the Japanese regime, we can guess the methods that they apply now in South Korea.

I maintain that the police should be an aid to the courts of justice. But under the Japanese regime the administrative and the police powers were separated and the police power was retained by the Japanese although some Koreans were given positions in their administration. However, the administration had no power whatsoever, because the force lies with the police. This is the same method that is adopted here in South Korea.

Mr. MENON (India): I think we all realize that the police force is not up to the mark in a moral sense of the word: that it is full of Japanese collaborators. But is it possible to effect a complete reorganization of the police or a democratization of the police, as he suggests, before the election? I am merely putting it as a matter of practical politics. I am not questioning the need for it or the desirability of it, but such a piece of reorganization as the democratization of the police and the separation of the administration — that is something to be done by a national government. It has not to be done in this interim period, so, as a practical means, would it not be better to remove, say, half a dozen or a dozen notorious Japanese collaborators, people who are extremely highly connected, from their positions of power and put in a dozen honest men, instead of attempting this overhaul of the whole police force? That is to say, we replace the notorious pro-Japanese with honest men.

Mr. ——: The police should be just and have no political affiliations whatsoever. However, in the present police force they have meetings and conferences and assemblies, and the people who are responsible, the men in command, will say they should back so and so and should agree to such and such an expression of opinion. Indeed, Dr. Syngman Rhee's picture is most prominently hung in their offices. Therefore, the police are actually a political group, and they back a certain political personage or party and are not without political affiliations, as they should be. In order to have a free election we must reorganize the police force, and the prerequisite for reforming the police force is that they should have no political affiliations, and that they should be neither right nor left.

Mr. MENON (India): I understand that you also want a decentralized system organized on a provincial basis, under which the police would be controlled by the local authorities.

CHAIRMAN: As they have done in Japan.

Mr. MENON (India): In the United States there are federal police and state police.

Mr. ——: I wish to say a few words on the youth organization of the rightists, and the terror which has been practised by this youth organization. These youth organizations in South Korea have forced people to go to their meetings and they have asked people to oppose so-and-so and to vote for so-and-so. They have also exerted pressure and force to obtain contributions to their funds. Those who oppose them are often robbed and have suffered beatings. These youth organizations are not only found in Seoul, but also in the villages. They have always had the help of the police force, and the police force and these youth organizations have combined with each other to exert pressure and force upon the public. These youth organizations, although they work illegally, are not afraid, because they have the co-operation and the help of the police.

In order to create a free atmosphere for the elections, I wish to say a word on the administrative side. In the Interim Government of South Korea, the Hankook Democratic Party predominates because most of the chief Ministers belong to this party. Therefore, we can say it is a one-party domination. In order to have a free election, this one-party domination must be eliminated, because under a one-party domination no free election can be obtained. The conditions are in that sense similar to those in North Korea, where there is the domination of the Labour Party. These are the consequences I have arrived at after three or four years of liberation.

CHAIRMAN: You have been extremely interesting. There is one question I wish to ask. You were speaking of the youth organization. Who is the leader of that youth organization?

Mr. ——: Mr. Lee Chung Chun and so on. I hope the Commission will appoint a committee to investigate all this. Members will be found not only in Seoul, but also in the outskirts of Seoul.

CHAIRMAN : They are practically irresponsible parties ?

Mr. —— : They are not irresponsible; most of these youth organizations are rightists.

CHAIRMAN : Are they under one central control, or do they have local administration ?

M. —— : It is from a central organization. This organization now is making propaganda against the welfare of Korea. They are in favour of a separate government, and they have spread this propaganda to all parts, especially to the countryside. They have advised people to become members of their party and to agree to the creation of a separate government in South Korea. They have also said that if the people do not vote for them they will have revenge on them after the creation of the government. By these methods they are creating fear among the people.

Mr. HOO (Assistant Secretary-General): So far as I understand, they are not advocating a separate government. They say "a unified government is not possible; therefore we must have a separate government". Are they also speaking against unified government ?

Mr. —— : First they say unification is impossible, therefore they will create a separate government, and some advocate a separate government in any case, but the latter are leading in this movement.

The conditions that now exist are very unfortunate. The causes may be international or otherwise, but it is a very unfortunate situation, and these are the conclusions at which I have arrived. In order to have a real free election for the creation of a democratic government in Korea, the occupation troops must be withdrawn, and, after the withdrawal, a free election can be held. However, I hope that this Commission will adopt measures in order to create a free atmosphere in South Korea, and that even before the withdrawal of the foreign troops, I hope measures will be taken for the creation of such an atmosphere. I will do everything I can to help and to co-operate with the Commission.

CHAIRMAN : There is one further question. Is it a fact that the police regulations in force here now are the same as the police regulations that were in force during the Japanese occupation ? Have they been altered, or are they the same ?

Mr. —— : Besides the American military regulations and laws, most of the regulations now actually in force are from the Japanese.

Mr. MENON (India) : Of course, we know which party he is speaking for.

Mr. MILNER (Deputy Principal Secretary) : For the record, may it be said the views which you have expressed are those of your organization ?

Mr. —— : The views and opinions that I have expressed are not only my own personal views, but also the views of my organization. I have seen the list of nine persons which the Commission wished to hear, and my one regret is that in that list there are not many who have really democratic ideas. Unless the Commission hear genuine patriots and people with democratic views, it will not be able to form a complete picture of what is the actual situation. Most of the democratic persons are are now either under order of arrest or in prison, or else their freedom of movement has been limited. Therefore, I hope that the Commission will attempt to interview these patriots who have not freedom of movement. In order to establish a country on a democratic basis, the Commission should have the views of the democrats and patriots and of those who favour unification of the country. If the Commission only hears those who are opposed to unification, or those who agree to a separatist government in Southern Korea, it will be hearing only one side of the question.

CHAIRMAN : Could you give us any idea who these patriots are and perhaps some assistance later for us to approach them ? We have no wish to try to see them under conditions where military surveillance or any other surveillance is likely.

Mr. —— : I cannot make a list of certain persons because I am not free to do so. Certain persons have not freedom of movement, and unless the Commission adopts certain measures for creating a free atmosphere, it will be very inconvenient, if not impossible, to interview them.

CHAIRMAN : I would be quite willing to go anywhere alone at any time to meet one or two of these people with whom I could talk and bring back information to the Sub-Committee. I do realize the danger of it, and we have not the time at the present moment, even if we attempted it, to do anything to demand freedom of action and freedom of movement for any person with whom we wish to speak. It would only have the effect of marking them.

Mr. —— : It is not a question of time, it is a question of the life of Korea : the life of my own country. Perhaps other nations believe that the time element is of importance, but my point of view is that we should not hurry, and that certain time should be given so as to create a free atmosphere and so that these people could be interviewed and have a hearing. Without such a hearing, it is impossible to create a really democratic republic.

CHAIRMAN : Do you think it is inadvisable for us to attempt to get in touch with a number of these people ? I am speaking entirely of informal meetings.

Mr. —— : I realize the importance of having secret or private or semi-official meetings with certain persons. However, it should be understood that difficult conditions are now prevailing. Although there is no order of arrest against me, I do not live in one place and have to move from time to time. I have received terrorists warnings and policemen ask me where I live, what I am doing, or where I am going. If the Commission should interview certain persons I could name, they would only receive the ideas and expressions of these certain persons. My idea is that the Commission should hear the voice and opinions of the masses of the people.

CHAIRMAN : Unfortunately, it is only too easy for us to hear the rightist views under these conditions, and for the reasons you have already given us. We are trying during the next few weeks to get as thoroughly balanced a background as we can in order that we can report to the Commission and possibly recommend action. We are in the stage now when we are informing ourselves, so we are not quite sure of our subject. The point is this: I feel inclined to take your advice as to whether we should now be satisfied with what we have heard in the discussion with you here, and not attempt to get any further discussion with other people along these same lines. We are quite dissatisfied that the people we will be interviewing will probably be mostly rightists.

But how would we get the opinion of the masses of the people at the present stage?

Mr. —— : The measures to be taken would be up to the Commission and arrangements could be made with the military authorities.

CHAIRMAN : For the release and for the security of the persons with whom we want to talk? In other words, it rather suggests we should not go on trying to see persons who cannot come before us. We should be satisfied with the information and background which we have, and now try to formulate regulations which would permit us to get the information we are after.

Mr. —— : Not only should you create a free atmosphere for elections, but also for having the interviews.

INTERPRETER : I asked Mr. —— in what way the Commission could reach any person who had not freedom of movement.

Mr. —— : I will give you the example of Mr. Huh Hun.[4] He is under order of arrest, and almost everybody knows him by sight, even the children in the street. Any movement that he makes will be known, and not only will there be fear of arrest — that would be a small thing indeed — but his life would be in constant danger.

CHAIRMAN : I appreciate that.

Mr. —— : That is why I cannot give a list of names. Unless a free atmosphere is created, these names cannot be given.

CHAIRMAN : That is the difficulty which we appreciated right from the beginning. We knew that was so. Supposing we were able to arrange with the police and the military authorities for a freedom from surveillance of these people, and guarantee they would not be interfered with, could they come and talk with us? Suppose we actually got that from the military authorities and, if necessary, from the Korean police, to what extent would the people about whom you are talking be able to rely upon that?

Mr. —— : Of course a free atmosphere may be created. For instance, an order of arrest may be rescinded temporarily or for the moment, and freedom of movement of certain persons could be granted. But because there are such laws and regulations, which would prevent their action from being really free, I do not think it could be very easily done. I have not only expressed my own views here, but the views of my organization. I hope the Commission will consider the views I have expressed.

Mr. HOO (Assistant Secretary-General) : If it is impossible to have an election in the whole of Korea, could a free election be held in Southern Korea if a free atmosphere is created?

Mr. —— : Mr. Hoo has just asked me whether, if it is impossible to have an election in North Korea, a free atmosphere could be created in South Korea, and whether I would be in agreement with this. I think it is futile to participate in any election in South Korea, because it means a unilateral election which implies ultimate partition of Korea. It would be very unfortunate indeed if Korea were divided into two separate countries, because North Korea would be under the control of the Soviet Union and South Korea under the American Government. Because of the political relations between the Soviet Union and the United States of America, the unification of Korea would not, and never could be attained, and that would be against the wishes of the Korean people.

If North and South Korea are not unified, the financial administrative, educational and other elements that tend to create a nation could not be unified and could not be created as one. Those are the difficulties which we should encounter.

CHAIRMAN : You have certainly given us a lot of your time.

Mr. —— : I thank the Sub-Committee for receiving me.

CHAIRMAN : We are very grateful to you for coming along to give us your side of the question. So far as I can see, it is the only one of its kind we shall be able to have until certain matters are settled.

The meeting rose at 8.30 p.m.

[4] Chairman, South Korea Labour Party: included in the list of nine political personalities whom Sub-Committee 2 wished to consult (document A/AC.19/SC.2/2).

VERBATIM RECORD OF THE EIGHTH MEETING[1]

Duk Soo Palace, Seoul, Korea, Tuesday, 27 January 1948, at 10.30 a.m.

Chairman : Mr. JACKSON (Australia)

CHAIRMAN : I declare the eighth meeting of Sub-Committee 2 of the United Nations Temporary Commission on Korea open.

Hearings of Koreans : Dr. Kim Kiusic

Dr. Kim Kiusic assumed his seat in the Committee room.

CHAIRMAN : Dr. Kim wishes me to ask him these questions not in the order in which we have them here, and he will elaborate on them in the way he wishes. The first question is: What are the conditions which you consider necessary in order that free and democratic elections may be held in Korea?

Dr. KIM Kiusic : Generally speaking, I suppose the same conditions must prevail as prevail in other lands; those would be the general standards. However, in Korea, we have to consider the special conditions prevailing; that is, previous methods of coercion, direct and indirect intimidation, and what

[1] Document A/AC.19/SC.2/PV.8.

you might say is unjustified or improper canvassing. However, I suppose there must be absolute freedom of speech, freedom of the Press, freedom of assembly, and freedom of movement, and so on, as is generally understood in democratic society. However, I am afraid it will be very difficult, particularly for the United Nations Commission members, always to be sure that such absolute freedoms are really being exercised. That is perhaps the most difficult point the Commission may have to deal with.

You may think a certain newspaper has freedom of expression; you may think a certain party or certain people have freedom of expression, but you will have distorted reports. You will receive pictures which may be drawn just to suit the occasion, and you may be misled by these one-sided or distorted reports and these particularly framed and particularly drawn pictures.

I think those will be some of the pitfalls that the Commission will have to contend with. I do not know whether I am making myself clear. I might just elaborate one more point; for example, at election time we may say, "The police must be neutral; all the Government officials — Governors and magistrates — must be neutral. They must not intimidate or coerce the people, or urge or threaten them." While the Commission supervisors are at the election polls, perhaps everything, on the surface, will be orderly; perhaps everything will be according to regulations, but my question is : how can the Commission members know that certain party leaders, certain terroristic youth groups and certain officials, or even police officials — perhaps not always in their official uniforms or in their official capacities — have not been going around in that particular village or district and advising the people to vote for Mr. A, B, C, or D and X, Y and Z for the Assembly members, and it must be so done? Intimidation may be threatened : "If you do not carry out orders, there will be trouble for you afterwards." That "afterwards" may mean for ever afterwards; it may be six months after, a year after or even six years after the election. Then, of course, people in the country will say, "Well, I have to obey orders; that is all." If you have such conditions, the Commission members have no way of knowing what has been going on before and what will be going on after the elections. You are here only to supervise the elections; you are not here even to prepare the elections, and, of course, you are not here the see what the aftermath of the elections will be.

CHAIRMAN : There is a question here that I would like to ask you. It is the opinion of the sub-committee dealing with the question of ensuring a free atmosphere for elections (Sub-Committee 1) that there must be the following minimum requirements : freedom of expression, freedom of Press and information, freedom of assembly and association, freedom of movement, protection against arbitrary arrest and detention, and protection against threats of violence or violence. Are there any laws, regulations and ordinances now in force, or any conditions now prevailing in Korea which, in your opinion, are incompatible with this free atmosphere; and, if so, what are they, and what provisions, legal or practical, are required, in your opinion, to improve this situation?

DR. KIM : I do not know whether I am capable of answering that definitely, because I must admit that I have not looked into the statutes of the Japanese law. With the exception of some of the special laws which the Japanese passed during their regime here, most of the legal statutes in the law courts here are based on old Japanese law. I suppose it was the same in the North. In the South, the United States could not say, "We will go by the United States statutes or law codes," because this is not America. As Korea was not a colony, there could be no special colonial laws, and even then such special laws would have to be drawn up. When the United States armed forces came here, they called in the Korean legalists and asked them to draw up a code of laws which could be used at that time. I think they got together and drew up something. There was something like one-party influence; one particular party could wield a lot of influence, and the elections did not go through. It was decided to do away with some of the unnecessary laws which the Japanese have instituted, such as Laws on Particular Thought, the Peace Preservation Law, and so on. Generally speaking, the law courts were to be governed and based on the existing Japanese laws. On that point, I have made no study. Concerning existing laws that would be particularly detrimental or unfavourable in holding a general election, I would rather say what provisions are lacking, because when you have a general election, rather than try to avoid laws which may be detrimental or harmful in carrying out the election, I think we should look at the situation in a more positive way; that is, certain laws may be enacted to carry on the elections more easily and more freely. This would help to make the election a fair one. I think we have not yet had time to give it sufficient thought because the best the Military Government could do was to set up this Interim Legislature, and the best the Interim Legislature could do was to pass some sort of election law for the reorganization of the Interim Legislature or the succeeding body of this Interim Legislature which would be an all-elected body, instead of a half-elected and half-appointed body. For that reason, I must say that even the present election law, as passed by the South Korean Interim Legislature, cannot be considered a very good and well-drafted law, much less a perfect one. It has many defects which could be pointed out, but the conditions prevailing at that time made it the best we could produce. I do not know whether I am making my points clearly. If anyone wishes to question me, I shall be glad to clarify my statement.

CHAIRMAN : Could you deal with the question of freedom of expression and freedom of the Press and information, as they stand at the present time in their relation to a possible election?

DR. KIM : I will say that there is freedom of expression in the sense of abuse. You will perhaps wonder what I am driving at, but we have instances like this : sometime last summer — I think it was last July — there were lectures being held from the top of the Whasin Building through a microphone. The Whasin Building is the department store at Chong-No in the centre of the town. Those microphone lectures went on for three days, from morning to night. The subject of those lectures was that Kim Kiusic, the Coalition Committee members, and the Civil Administration were traitors to their country, and that they were trying to sell out to the Soviet Union. I do not know the exact words, but they said that people such as An Chae Hong were to be done away with. Whether that meant they were to be shot or killed, I do not know. There were posters put up: the police looked at the posters and did nothing. Posters were put up in different parts of the town, and these microphone lectures went on for three days. I myself am not very much concerned about these things, because in the first place I do not have the time to bother about them. My time is occupied with other things; I only hear the reports that are brought to me, but somebody went to Mr. An Chae Hong and, I think, at that time to General Lerch and to the Director of the National Police, Dr. Chough. Dr. Chough's answer was, "Bring me the posters, and I will see that this thing is stopped." It rained at that time and, of course, we had to go around and pick out the remains of the posters and piece them together. We brought them to Dr. Chough, but nothing more was heard about it. I think the lecture continued for part of the next day. That was one instance.

Very recently, one of the extreme rightist papers — I do not think it is worthy of being called a newspaper; but to speak very bluntly and in a straightforward manner, I do not think that the man who is the editor should be the editor or publisher of this paper, and the person who is responsible for this paper is a man by the name of Lee Chong Hyung. He was a very notorious pro-Japanese during the days of the Japanese regime. How true this report is, I do not know; but the general report is that he used to run in and out of the Japanese gendarmerie and do all kinds of things detrimental to his fellow countrymen. He is running this newspaper and reviles such people as An Chae Hong and me, who, in his opinion, are not in agreement or not absolutely blind followers of certain political leaders. He has been publishing editorials calling me names in Chinese, such as Kim Chien, which means "Kim the traitor"; Loo Chien, which means "old traitor"; and Han Chien, which means "traitor to Koreans". An Chae Hong is reviled in the same way I am practically immune to such attacks because I have other matters to think of, and I do not worry about what other people say about me. I am not very much concerned as to whether there are good or bad things said about me; it is up to God and me. I do not think human beings can always fathom the minds of other people. This matter, however, was brought to the attention of General Dean, and General Dean's reply the first time was "If such a thing appears once more, I will have the paper closed." I understand that is what General Dean said. Two days after that, another editorial came out, and the matter was again called to General Dean's attention. He said, "I will have to turn this over to the Director of Public Information." The Director of Public Information said, "We have no law or statute on these Press matters, and that is the reason we have been asking the legislature to pass some sort of statute". The matter is still up in the air.

Thus, you can see in what way Korea has freedom of the Press and freedom of expression. Such freedom will be greatly exercised, I am afraid, during the elections, too.

CHAIRMAN: You are familiar with American newspapers and other newspapers as well. How would that freedom of expression apply in the United States, for instance? Would these terms be used in America? Would such a text be allowed in referring to public men in the United States?

Dr. KIM: I think in the United States that those cases would come up as libel cases. Furthermore, An Chae Hong is Civil Administrator, and I am chairman of the Interim Legislature. I am not speaking personally for the two of us, but being of the Interim Legislature and servants of the Government, we are heads of two of the three branches of the Government. And even though it is a military government, a military government must uphold its own prestige. It does not speak well for the prestige of that military government to have two of the three heads of the government being so freely and indiscriminately reviled. That is the point I wished to bring out to General Dean and General Hodge; that is not freedom of expression.

CHAIRMAN: Unwarranted licence?

Dr. KIM: Yes.

CHAIRMAN: Would you discuss freedom of assembly, freedom of association and freedom of movement now prevailing in Korea. There are military regulations, I understand, which provide for a maximum of three people who can meet for discussion.

Dr. KIM: That is also a difficult question, because there are times when certain political parties or social organizations want to hold a gathering, and they have to get permission, in the case of Seoul, from the chief of the Metropolitan Police and also from the Mayor's office. Usually, they have to make the application three or four days in advance. It is left to the absolute discretion of the person who gives the permit, whether he gives it or not, so you are liable to have cases where a person well known to the authorities will easily receive a permit; in other cases, it may be impossible to obtain a permit. I had a case in Inchon several weeks ago when our National Independent Federation, Inchon branch, wanted to hold its inauguration meeting. The police would not give them a permit, so I had to send a man to the Chief of Police and ask him for a permit. The chief telephoned to Inchon, and we were allowed to have the gathering. Such cases happen; there is no guarantee that things will be done equitably, justly, and fairly.

CHAIRMAN: We heard a statement — whether it is true or not we do not know — that a man was released from prison and was being met by several of his friends. The police descended upon them and arrested the three or more men as an unlawful assembly. The police were assured it was not a party meeting or anything like that. Is such a thing possible, in a general sort of way — that the police can take advantage of military regulations on the spot to arrest people or to use it in some way to secure their own ends?

Dr. KIM: Yes. There is no such thing as *habeas corpus* exercised here at the present time. The police, when they wish, just go out and take any man and ask him to come along to the police station or anywhere the police may be inclined to take that person. I am about to address a letter to

General Dean on behalf of the Interim Legislature because a week or two ago one of the members of the Legislature had been arrested or requested to come down to the CIC (Counter-Intelligence Corps) headquarters to be interrogated on a certain matter, which matter turned out to be the carrying of a small firearm. They asked him whether he had a permit, and he did have one from the Metropolitan Police. He was questioned, and after about two hours' time he was released. In the meantime I indirectly informed the Military Government of this man's arrest and his being taken to CIC Headquarters or the police station. To have a man in his position taken to the CIC for any such reason, without previous notification to the Chairman of the Assembly, is illegal according to the 118th ordinance and a subsequent ordinance published by General Lerch. When I gave that information, this man was immediately released. I have been withholding that letter of protest to General Dean, because as soon as the man was released, he took a trip to Pusan. He had been absent several days in Pusan, and I wanted to wait until he came back in order to have the true facts of the case. That was the case with the CIC.

Last August, there was a case similar to this concerning Mr. Woun Sai Whun, another member of the Assembly. He was arrested outside the Assembly door by the Korean National Police. I think the Metropolitan Police came and said to him, "Please, sir, come with us to the police station; we should like to ask you some questions," or something of this sort. They took him to the police station, and he was more or less abused, and sometimes he was reviled to his face. He was taken upstairs and downstairs to the cellar and then up again for about eight or nine times. He was kept there about ten hours for questioning. He was questioned mainly by a very notorious pro-Japanese police chief during the Japanese regime. This man is still very active. Of course, at that time, although the police wanted him back the next morning at nine, General Helmick put a stop to it. At that time I made no formal protest. This is the first case of this sort; but when this thing happens a second or third time, I must make a report.

CHAIRMAN: To what extent do the military authorities exercise control of the police force? Is there any limit within which the police force may operate without direction from the authorities?

DR. KIM: I would not like to be quoted on that matter, because, perhaps, I am not fully informed as to what exactly the relationships are between the military command and the Korean National Police. The Korean national police force is an independent organization. Formerly in Japan and usually in other countries, the national police force was attached to the department or ministry of the interior which includes the bureau of national police. There was a similar set-up during the regime of the Japanese Governor-General. After the occupation forces came in, at first the police were somewhat vaguely under some authority, but there being no internal bureau or internal department of interior in the Military Government, they plan to establish a Department of the Interior in the plan of reorganization. They have that on their programme, but up to now they have no Department of the Interior, and they have made the national police an independent organization and a separate department. Dr. Chough is the director of the Department of National Police as Gen. Liu Tong-Yuh is the director of the Department of Internal Security. For that reason, in the provinces, for example, the governor of a province has no control over the police; the district magistrate has no control over the police. The two are working as separate units; one simply governs without any force behind him, and the other has force and wields power greater practically than that of the governor. The same thing happens before our eyes in Seoul. The mayor of the city of Seoul has no control over the police, and there is difficulty in the cleaning up of refuse and the cleaning of the streets, although the Mayor's office should take care of this matter in co-operation with the police. The Mayor, Mr. Kim, and his United States adviser, Mr. Wilson, both came into my office and complained that they had no way of cleaning the streets because they did not have the police behind them; the police did not co-operate with them. The Mayor and his adviser also said they did not have sufficient funds to get garbage cans made, and so on. On the other hand, the police have said it is the business of the mayor's office, but when people carry their garbage out and dump it in the middle of the street, the police simply stand by and look on. That is the complaint. I heard that right in my own office, directly from Mayor Kim and his American adviser.

CHAIRMAN: Who would be responsible for influencing the police in that direction? Is there any individual or group of individuals who are controlling the police to keep them working independently and who are refusing to co-operate with the Assembly and with the Mayor's office?

DR. KIM: In the first place, they adopted the wrong system in making the national police force an absolutely independent organization. It has a sovereignty of its own. It is subservient to no one, unless it be to the Military Governor or to the Commanding General of the occupying forces. Of course, you cannot say that is an absolutely illegal arrangement. General Hodge may call Dr. Chough in and say, "You can't do this or you shouldn't do that", or he may just give him verbal orders.

CHAIRMAN: Why should a police organization such as this one refuse to co-operate with the mayor of the city of Seoul in cleaning the streets? If it were left to the Chief of Police, his duty surely would be to see that his backing is given to the ordinary operations of the municipality. Is it Dr. Chough himself who is refusing that support, or do you feel there is some other influence controlling Dr. Chough for the purpose of defeating the administration?

DR. KIM: I am not too familiar with the case beyond what the mayor and his American adviser told me; but I presume that it must be just a matter of "passing the buck", throwing off the responsibility on to another party. I think such matters could easily be adjusted if the parties were brought together even by the Military Government, so that a clear understanding is had as to who is responsible for cleaning the streets in Seoul. That is one example of inefficiency — not caring what is going on in Korea, and not caring whether or not it is for or against the Korean people.

CHAIRMAN : Would the Chief of Police, of his own volition, have individuals held for long periods without trial in different parts of the country? We have had several reports of cases of this sort which we have not been able to check. In the absence of a Habeas Corpus Act, there is nothing to prevent it : but would the Chief of Police have any reason to do that over an extended area unless there was some political significance attached to the holding of individuals?

Dr. KIM : Yes. I could not very well make definite statements to be quoted, but I will say that I have been told that in most of the provinces, most of the important posts are held by members of a certain party. Most of the governors and magistrates in the provinces and districts are members of that party. I am further told that most of the police chiefs in the provinces are either actual members or agents of that particular party; they are members of that particular party or another political organization of a similar nature, and they are the ones who are causing a good deal of uneasiness among the people.

CHAIRMAN : The suggestion is that that party is the one that really has control of the Press, apart from the control exercised by the military authorities?

Dr. KIM : Yes, many people think so. Whether it is justified or not, I cannot say.

CHAIRMAN : I mentioned the question about arrest and detention. At the time of the election, in your view, what will be the possibility of protection against threats of violence or of actual violence under the conditions we have just discussed with relation to the police?

Dr. KIM : I am afraid I have no answer for that, because in order to ensure an absolutely fair election without coercion, violence and unfair means being exercised, not only must provisions be made, but reforms must be effected. As you know, reforms are a very slow evolutionary process when it comes to the national police. The year before last, during the months of November and December, after the riot case in North Kyungsang province, at my suggestion General Hodge ordered a Korean-American joint conference. It was held right in this room. There were many notables of the Military Government and occupation forces present. General Brown represented General Hodge. General Lerch was there in person along with General Helmick and Dr. Johnson. Mr. Langdon, Dr. Bunce, and a few others were there. General Hodge made the ruling that the members of the Coalition Committee should be on the Korean side, so I, being Chairman of the Coalition Committee, was one of the Korean representatives. The Coalition Committee was not started on my own initiative. Anyway, when we went into the causes and the effects of this riot in Kyungsang province, much of the blame was put on the national police, and then, of course, on the Military Government. We did do a lot of airing of troubles at this conference, but nothing finally came of it because, after all, the recommendations of the Americans and the recommendations of the Koreans were different. The recommendations could not be agreed upon by the two sides, so the Americans made their recommendations and the Koreans made theirs : General Hodge did nothing about it. It was only an airing of the problems and nothing more; but the result of it was that the Coalition Committee and I became the objects of animosity and hatred by the Korean national police and their sympathizers. I am citing this because it shows the futility of using one's own mentality in governing another people, and the ineptitude of some people in refusing to recognize the mentality of the people they are governing.

I am reminded that there was another case in the middle of August 1947, when terrorism was quite rampant. A leftist member of our Legislature was arrested and taken to the Chongho police station and released only when the matter was brought to the attention of the military governor. The case I was citing of the CIC was probably the third case. I am now about to make a formal protest on that matter.

Mr. MANET (France) : I think that everything that Dr. Kim has said is very interesting; as a matter of fact, up to now we have never had such an opportunity to gather concrete facts. From a practical point of view, are there any suggestions Dr. Kim would like to make that would help us in our task as regards ensuring as much freedom as possible in the pre-election period?

Dr. KIM : I think there may be — I would underscore the word *may* — because none of the remedies are absolute, but there may be a few ways of even partly removing some of the difficulties. For example, when the Commission actually goes out to supervise the elections and prepares the programme for the conducting of the elections, as you are doing now, the Commission will have to be fully and thoroughly informed as to the exact conditions; and that is, perhaps, where you will find your greatest difficulty. It might be suggested, if it were humanly possible, that you have with you a small checking committee. It need not be an advisory committee, but a checking committee, so that when you have a case in a certain province or district, you can, in a thorough manner, go out and ask what is behind this and what is behind that. However, this small checking committee should be composed of three or, at the most, five persons, on whose absolute integrity you can depend; perhaps they should be recommended by certain people; and this committee should also be non-partisan; this committee should have no self-interest whatsoever. If it were possible to have such a checking committee, then you could probably, in many of these cases, refer to that committee and get the exact status of the case in hand. That is one way.

Another way would be to try to reorientate the national police and the government officials; I would not say the word "reform", because it may take years and years to reform them, but you could reorientate them, I think, with the help of the Commanding General and the Military Government. Of course, I am sure General Hodge is absolutely willing and ready to co-operate. If he just says "You will have to do this" or "You cannot do that", and so on, I think that orders will go down to the bottom, and I think that will have some effect. In the meantime, either through the checking committee or an investigation committee, the conditions that I say exist should be investigated. The committee may recommend certain changes; perhaps certain changes in personnel when you come to the worst cases, and that would improve matters among the officials as well as among the police. Thus, in a general way and along that line, there may be some clearing of the way and clearing of the bramble bushes. You may not be able to go through; however, some clearing of the road must be made.

I think it is the general belief of the Korean people that the Commission has an almost impossible task in attempting to supervise an election. If the election takes place in South Korea alone, with conditions as they are now, and if you are just willing to hold an election, and you do not care whether it is one-sided or a one-man affair or a one-party affair, then we have nothing more to say. But if the United Nations intends to ensure fair elections and intends justly and fairly to carry out such elections, then some clearing of the way must be made. To take up that point, suppose you have a unilateral election in Southern Korea; the question arises whether the rightists will vote and the leftists will boycott the elections, or whether the leftists will be underground and not be able to come out and vote. Then, of course, it will be a unilateral election. For example, one man is now very much against the middle-of-the-roaders. I am usually reviled as a communist by some of my extreme rightist friends. When I was sent out to work on the Coalition Committee, I was nominally representing the rightist side and now, recently, I am supposed to be a middle-of-the-roader, so I don't know myself what I am. I only know that I am Kim Kiusic. I think that is about the safest thing I can say; of course, I may not be sure of even that.

I know one gentleman who is saying that even the middle-of-the-roaders must be squashed, because they are in cahoots with the communists and leftists. I will not go into how true or how false that is, but it is evident that if an election is held in South Korea within three or four weeks, as things are now, it will be a one-sided election; that you can be sure of. In order to have a fair election, you will have to have everybody participate who should participate in the election. Whether that is possible or not is the question. Of course, much of that may depend on whether the United Nations Commission will refer the matter to the Little Assembly. What decision the Little Assembly will make I cannot say; perhaps you yourselves cannot say, but I think you gentlemen will agree that you should try to carry out the resolution of the General Assembly of the United Nations to the strict letter — that is, there should be a unified Korean government embracing North and South Korea. The General Assembly may later decide "Since we cannot get into the North, we must do the best we can with the South and let the United Nations Assembly recognize that as a unified government." Of course, that would be a false statement, but you could say it was a central government. That may change the aspect of the problem for you gentlemen, but I think up to that stage — I may sound a little bit advisory, but I do not mean it that way; I am speaking because of my interest in my own people — even if the United Nations Commission is barred from crossing the 38th parallel, and they simply have the general election in South Korea alone, then that would be a half-election, and if the United Nations General Assembly or Little Assembly decides that that election would cause a central government of Korea to be constituted — I think no such recommendation should come from this Commission. As fas as the Korean people themselves are concerned, we hope you will not do such a thing, because in spite of the fact that there are people advocating a unilateral South Korean government, I say that there is no such thing as a unilateral government. As far as Korea is concerned, it is only a little speck of a peninsula attached to one corner of Manchuria and one corner of China. Even on the map it looks rather small.

As far as Korean history or tradition is concerned, we have never spoken of North Korea or South Korea; it was never even used in our ordinary conversations; we might specify that a man comes from Kyungsang Do or Pyung An Do; we have never said he is a northerner. You might say in England that a man is a Scotsman, but you do not say he is a Northern Englishman. It is the same way in Korea; we might say he comes from Kyungsang province, but we never say he is a northerner or southerner. The very term "unilateral government of South Korea" is, internationally speaking, not a correct term; you never recognize a unilateral government. You recognize a central government, although that central government may be over in one corner of the country. During the late war, there were many central governments in London; they were exile governments, but nevertheless they claimed to exercise central authority. If you will pardon me for the reference, even the Chinese Government, although they have had Outer Mongolia chopped off by Soviet intrigue, Sinkiang almost ready to be chopped off, and Manchuria's position looking rather confusing in the picture, yet the national army that is fighting the Eighth Route Army and the Korean volunteers in Manchuria, is the Central Government Army, the Nationalist Army. Of course, if some such title should be given to the government and it was recognized by the General Assembly, that is up to them; but it would be with the assumption that such a government will ultimately unify all of Korea and be the real central government in name and in fact. However, any Korean who talks about a South Korean unilateral government will go down history as a "bad egg", because once that term is used, the communists in the North under the direction of the Soviet Union will establish what is called the "People's Republic", or the "People's Committee". Then you will have two unilateral governments in this little space of something over 85,000 square miles. Not only that, but once such a thing occurs in history, it will go down for ever, and it will be perpetuated; then you are responsible, and we are responsible for perpetuating the division of Korean into a Northern half and Southern half. What may be worse than that is that ultimately it will help the Soviet Union to obtain its goal of actually occupying the whole of South Korea. This may not take very long. Even though some gentlemen want to be the President of South Korea with a unilateral government, the fact is that South Korea has no defence. South Korea has 25,000 police. I do not know the exact figures, but South Korea has a total defence force, including the police, the internal security force, the constabulary, and the coast guard, of 50,000 or thereabouts. North Korea is supposed to have 500,000 men who are well trained and well armed. I had a definite report from Manchuria last fall that the Korea Volunteers fighting alongside the Eighth Route Army against the Chinese Nationalist Army numbered some 250,000 at that time, and I dare say they must have increased to at least 300,000, so you must have 300,000 and 500,000; thus, you have 800,000 in the armed forces in North Korea. That is why, to my mind, the Soviet Union is proposing to the United States that both the Soviet Union and the United States forces should simultaneously withdraw from Korea.

In the General Assembly of the United Nations the Soviet Union said, "Let the Koreans form their own government by themselves." That sounds very sweet, natural and reasonable in the ears of Koreans as well as in the ears of any third party. However, when Korea is left to herself and when the allied forces withdraw, we must still remember that there are these 800,000 trained men who are seasoned fighters, part of which number may sweep down at any moment and organize a soviet government in South Korea for the whole of Korea. Then the Soviet Union will have completed her programme; her programme will have succeeded. For that reason, I would rather advocate that this Commission do not try to accomplish things too quickly; as we say, Rome was not built in a day; I do not think you can accomplish much in a day.

I think that these preparations should be thoroughly made and thoroughly looked into. I was having an argument with General Dean, and General Dean does not seem quite to agree with my viewpoint, but by whatever means, by hook or by crook, just as the Soviet Union has done, I think that while the United States Army is in occupation here, in the coming three or four months, we might be able to recruit, muster and train at least 200,000 or 300,000 men. If we have something to start with, such as a nucleus army of 200,000 or 300,000 men, then I personally will have no fear, even if all the half-million men come down from the North and try to sweep up all of South Korea, because those half-million men are not all communists. Some of them will be turning their guns on their own task-masters, although they may be ordered to come down here. But we must have some capital in the South to start with. If the trained men up North are ordered down here, and there is no defence force here and they have their own way, of course they cannot come over to our side, but if we have some sort of defence force to start with, we can do something. We can expect some of them to come over to our side; we did that in China with the Japanese; we did that in India; thus, we can carry on the campaign. Thus, I think it would be well not to try to accomplish things too quickly. It might be better to look into matters more thoroughly and to be slow but sure, if I may so suggest.

There is one more thing I would like to suggest, if you gentlemen will pardon me for being rather outspoken — one of the greatest faults I have is that I am too outspoken — I do not claim to be a politician; as a matter of fact, I do not like politics. I am in politics at the present time only because I have to be. I think you have already come to your stumbling-block. I understand from reports in the newspapers that you have sent a request to the authorities up North asking that the Commission be allowed to go North; I have also seen the latest report from Moscow saying that the Soviet Union refuses to allow the Commission to enter North Korea. If that is so, you have come up against your first stumbling-block — perhaps the biggest stumbling-block. My point is this: whatever the case may be, you can still say that this is a Korean problem, and you can play the same tune as the Soviet Union, saying, "Let the Koreans settle their own problems". This is what the Soviet Union has said at the General Assembly of the United Nations. It sounds very good and very reasonable. For that reason, whether the United Nations Commission is allowed or not allowed to enter North Korea, why not allow some of the Korean leaders in the North to come down here and meet in conference with the Korean leaders in the South? That conference can be an informal conference or a formal conference. It could be suggested that the Northern leaders come here to the South because the North has only a population of eight or nine million, while the South has a population of twenty-two million; thus, we have more than a third majority in the South. Furthermore, the North may be able to send down only a few leaders, while the South has many leaders of different parties. Such a conference could be held under the observation of the Commission. That would be one condition. Possibly, the Northern leaders might try to pick out, among the Southern leaders, some of the particularly odorous ones with whom they would not like to sit and talk matters over. That conference of the Northern and Southern leaders might be able to come to some compromise or understanding as to what sort of unified government we could have, or possibly there could be a coalition government. It may be another case of Albania, but I for one would be willing to take the risk. If we have a coalition government with the communists, they may enter that coalition government in a minority, and later on they will attain the majority and then they will turntable the whole thing, but even then that might be better than turning the whole thing over voluntarily. Of course, when we are defeated by force, we are defeated, but we do not have to take our defeat as granted from the beginning.

If we have such a conference, there is the possibility of having some sort of understanding, and I think that might help to open the path to clear away the stumbling-blocks that may be there. In part, it will be playing the same tune which the Soviet Union played at the General Assembly: "Why this Korean problem? Why not have the Korean leaders come together and talk over their problems and let them come to some sort of understanding or compromise? We have been making agreements for them without their consent. We made such an agreement at Yalta; we made such an agreement at Cairo and Moscow, and a trusteeship was created. Now let them have a conference by themselves and see what solutions they can suggest." At least, it would be worth while.

CHAIRMAN: Would you suggest representation in even numbers from the North and South, or proportionate numbers?

Dr. KIM: I suppose that would be left more or less to the desires of both sides. As far as the Northern leaders are concerned, I do not know how many they can put forth, but those we know of, for instance, are Kim Il Sang and Kim Doo Bong. Then, we could have a non-communist;

for instance, Cho Man Sik. Those three are about all we can think of, but they might want to bring a few more; we will let them do so. The people from the North may not want Rhee Syngman or Kim Koo on the Southern side because they have been reviling them continuously and openly, and they might be somewhat embarrassed if they sat together. In that case, they might be replaced by others from the South — perhaps someone of their own choosing.

Mr. MANET (France): It seems to me that the trouble in such a case would be that the people from the North have already been elected or are supposed to have been elected ; however, who would select the representatives of the South?

Dr. KIM : I suppose there are several ways to do it. There are some, what you might call, quasi-elected parties; there is also the Interim Legislature, which is a half-elected body; there is the Military Government. The Military Government might want to put forth a representative; we do not know; they may or they may not. Then, there are other organizations which claim to be representative bodies of the people, such as Kukmin I Hoi, which, I suppose, is translated as "National Assembly". That is under Kim Koo and Cho So Ang. There is a National Association for the Acceleration of Independence. There is also a body which has been dissolved, but existed until recently — the National Delegates, under Rhee Syngman. There are the different political parties. Of course, we might call together the different parties on the right side, the parties of the centre, and even the leftists, to name their joint representatives or respective representatives. Of course the number that South Korea can have may have to be limited.

CHAIRMAN : You are proposing a party representation in a general sort of way, not a representation of North Korea and South Korea to decide one problem?

Dr. KIM : You mean my suggestion?

CHAIRMAN : Yes.

Dr. KIM : In any way, although the number may not be even and not even proportionate, one side would represent the North and one side would represent the South; it must be with that understanding. Of course, the Southern representatives may not all be of one party.

CHAIRMAN : The difficulty is to get the agreement of the military governments in both the North and South. Would you expect the North to accept anything less than half of the representation, and would you expect the South to give half the representation?

Dr. KIM : I am just speculating, but I am afraid that the North would ask for an even number or half, and the South would probably not agree. I think a similar suggestion was made during the last Joint Committee meeting. I am sure, because I think I was the one who made the suggestion. I have heard that they were on the point of coming to an agreement on it, but then the Russians suddenly balked. I think the situation now is a little different. The Soviet Union has stated to the world in the General Assembly of the United Nations that the Korean problem should be left to the Koreans to be settled, so on this question it can be said, "We want to have Koreans from the North and South participate in the discussion of their own problems in order to find a way out." The Soviet Union, of course, can say, "No."

CHAIRMAN : Would you suggest that the Commission itself recommend that there shall be five leaders from the North and eight from the South, or five from the North and five from the South?

Dr. KIM : I think such suggestions were made before this. In that case, perhaps five from the North and eight from the South would be best, without making any suggestion about half-and-half representation.

CHAIRMAN : Who would make the selection?

Dr. KIM : Let the North make their suggestions and let the South make theirs.

CHAIRMAN : The Koreans of the North and the Koreans of the South?

Dr. KIM : Yes.

CHAIRMAN : How are you going to bring the Koreans of the South together so that they will agree on an elected body of five members?

Dr. KIM : The different factions have to be brought together somehow by this Committee or some such body ; I think it would be better if it was by the request or suggestion of this Committee, through whatever channel can be utilized.

Mr. MANET (France): Dr. Kim knows that radio broadcasts from North Korea systematically advocate boycotting this Commission, and they say that they do not want to hear about the United Nations Commission. Therefore, does Dr. Kim have it in mind to call this conference of the leaders of the North and South in some sort of neutralized territory or under the supervision of this Commission, because if it is supervised by this Commission, I suppose that the Northern authorities would object or could not even accept the invitation because of the stand they have taken up to now? Do you have in mind that some zone should be neutralized by the Northern and Southern authorities and that those leaders of the North and South would meet in that zone? Is that what you have in mind, or do you want them to come to Seoul?

Dr. KIM : I had it in mind that it would be better for them to come to Seoul; it would be more convenient as there is better accommodation. Of course, if they insist on meeting somewhere around the middle of the line, even near the 38th parallel, I personally would not have any objection. My point is this : no matter what the Soviet Union wants, we are not concerned here about her ulterior motives or her final aims. If we are really Koreans, whether we are Korean communists or Korean ragamuffins from the North, we cannot get away from the fact that we have Korean skin under which is flowing Korean blood, framed with Korean skeletons; whether they are communists following Russian directives or not, they cannot say that they do not want Korean independence or that they do not want their people to be free. For that reason, we could say, "Whatever the directives, whatever the desire may be of Moscow, you cannot boycott this Commission." Nevertheless, it must be perfectly clear that you desire Korean independence and the freedom of the Korean people. We should like to have the Korean leaders of the North come down to the South and meet the Korean leaders of the South of their own volition and just formally discuss how we can find a way to bring about Korean independence. Perhaps the Commission would like to have observers at such a conference. Of course, if they insist on Pyongyang, personally I am willing to go there. If I were to be a representative at this conference I would be willing to go there. I do not know about the others, but I suggest South Korea or Seoul for the conference because if the meeting is to be held in the North more people will have to travel there from the South. This way will require fewer people travelling.

Mr. PATTERSON (Canada) : I think Dr. Kim said that this conference was to be under the observation of the United Nations Commission; but, as Mr. Manet pointed out, such a plan as Mr. Kim suggests might be prejudiced by the participation of the United Nations Commission; it might also be prejudiced if the initiative regarding such a conference came from the United Nations Commission. It might be difficult for the Soviet Union military government to object to such a conference of Korean leaders from North and South if it were proposed on the initiative of the Korean leaders themselves; therefore, I wonder if you would care to comment on the possibility or not of the North Korean leaders and South Korean leaders getting together on their own initiative and the reason for their so doing or not so doing? If they should wish to make representations to the United Nations Commission, I feel sure that the Commission would be most happy to receive them; but you can see the difficulty and the dangers involved if the initiative came from the Commission or if the conference were announced to be held primarily for the purpose of making representation to the United Nations Commission. In those circumstances, the attitude of the Soviet authorities might differ.

Dr. KIM : I am not quite sure whether I understand your question.

Mr. PATTERSON (Canada) : Let me put it more specifically : why do not the Northern Korean leaders and the Southern Korean leaders get together on their own initiative on this situation?

Dr. KIM : Several weeks ago, only about a few weeks before the first group of Commission members arrived in Seoul, there was a move to that effect, and it was called the Meeting of Twelve Parties; later, it was called the Meeting of Thirteen Parties. The newspapers reported that I, Kim Kiusic, had participated in that meeting, which report was not true. I never went to the meeting, nor did I have anything to do with it. A man by the name of Chung An Rip, who has died in the meantime, went around soliciting the approval of a plan for his going to the North and interviewing the Northern leaders for the purpose of holding this joint conference of Northern and Southern Korean leaders, but he died in a motor accident. Concerning this Twelve or Thirteen Party conference, Mr. Cho So Ang, a member of Kim Koo's party and the Minister of Foreign Affairs in the Chungking Korean Provisional Government, was the chief advocate of this plan. He was the prime mover of that idea of having a conference between the North and South, but some people connected with Mr. Rhee Syngman began to brand him as being in cahoots with the communists and as communist, so he just thought it would be better to let the matter drop. That shows that if a plan such as a conference of Northern and Southern leaders should be suggested either by the Commission or by Koreans, the extreme rightists may try to oppose it; but if the suggestion should first come from the Commission, it may have greater weight. We should use all possible means to bring about such a conference. We might try sending a delegation to the North to get the ideas of the Northern leaders, and we can help them make a plea to the Russians to be allowed to come down here; then it might be possible to bring them down. Of course, I cannot say positively that we will succeed; we can at least make an attempt.

Mr. MANET (France) : Does Dr. Kim believe that delegates coming from the North, and duly authorized by the Russians to cross the 38th parallel line, would be able to speak freely, even in a secret meeting, to their fellow countrymen of the South unless they give definite guarantees beforehand as to their stand?

Mr. KIM : I think, undoubtedly, they will come down here with certain directives from Moscow or whatever it may be, but we need not be concerned about that. Whatever their directives may be, we shall just listen to their statements when they come down here.

Mr. MENON (India) : If such a conference were to take place, would you prefer to have the withdrawal of foreign troops take place before or after this conference?

Dr. KIM : You mean the joint conference?

Mr. MENON (India) : Do you think the holding of this joint conference should be preceded by the withdrawal of troops, or should the withdrawal of troops follow this conference?

Dr. KIM : I think I said a little while ago that whether the Commission members are allowed up North or not, such a plan could be carried out; but to make matters clearer, it may be more advantageous to wait until there is the certainty that the Commission is not allowed to enter North Korea; then, when matters have come to a definite deadlock, it might be suggested as another way for an opening. On the other hand, there is also an advantage in starting negotiations for this joint conference of Northern and Southern leaders even before we come to a final decision or final deadlock, because it might have the advantage of preventing that final deadlock. I do not know the situation; I do not know whether you have come to a final deadlock or not, but although Moscow has expressed its views, I understand that you are still waiting for a reply from the North; so even before the reply comes, if this suggestion is made, it might have some weight in causing that reply to be a little different.

Mr. MENON (India) : Should the United States and Soviet Union troops withdraw before such a conference place takes place or after?

Dr. KIM : I think the withdrawal of troops need not be considered in that light, because a conference of this sort may be an altogether informal conference. It could be made formal; it could be made informal; but the withdrawal of troops need not be prerequisite to the conference. Of course, in the conference itself the question of the withdrawal of the troops may come up, and then, perhaps, the Southern leaders would have to reply definitely to the Northern proposal. In that case, I suppose that the Southern leaders will have to make a definite reply as regards applying the General Assembly's resolution which states that semi-military or quasi-military organizations shall be dissolved or reorganized into a national defence force embracing the North and South. That can only be done when there is a unified Government, because when you have one governing body in the North and one in the South, there are two commands, whether it be Korean or foreign; thus the United Nations resolution is correct in that regard — that after the formation of a united government in Korea, that government shall undertake to organize a national defence force within ninety days, if possible. The answer to the Northern proposal or to the Soviet Union proposal would have to be drawn up with some such phrasing in mind; but I do want to emphasize that we must not neglect to recognize the necessity of taking advantage of this particular period. From now on, until the formation of the government, such a national defence force can be formed. As the North already has its trained force, the South should also get busy and try to have at least half the number of trained men that they have in the North, so that when the time comes the force is ready to be used. In other words, we do not want to be in the position described in the Chinese proverb — to dig a well when we are thirsty.

I want to emphasize one other point while I am with you this morning. I think I referred to it a little while ago, or perhaps somebody else did; I think that this Commission, even though it may not be able to enter the North, could recommend to the General Assembly that the 38th parallel line must be abolished and the iron curtain raised regardless of whether Korea is to become independent or not. Of course, when the Soviet Union suggested the withdrawal jointly of the United States and Soviet Union occupation forces, that meant that part of the line was to be lifted, but I think the United Nations could suggest that the iron curtain be raised first and that economic and social intercourse be effected before the actual withdrawal of the occupation forces. I think that could be one condition of reopening negotiations on that matter, because if you say "We will withdraw the armed forces and then raise the curtain", then you do not know what is going to happen. There may be a landslide, but you can say, "Raise the iron curtain while the forces are there and have free intercourse; then when things are fairly settled the matter of withdrawal can be settled in another way."

Dr. DJABI (Syria) : I understand that Dr. Kim envisages a civil war, because he said that South Korea is not as well prepared with trained soldiers as North Korea; thus, he envisages a civil war between the North and South.

CHAIRMAN : Do you visualize a civil war between the North and the South, since you recommend that the opportunity be given to develop security forces here in the South?

Dr KIM : Yes. I do not think the Soviet Union took the trouble of training and equipping half a million men — if that is the actual fact — for nothing. Having done so, I think the Soviet Union was bold enough to say in the General Assembly of the United Nations "We should evacuate our occupation forces simultaneously and let the Koreans form their own government as they like", because the Soviet Union knows that she has the whip-hand in the North. In that connexion, particularly when I speak of the 38th parallel line, we must make it absolutely clear to them and emphasize the fact that the 38th parallel line cannot be lifted by another hand or any other force than the hand and the force that made that 38th parallel line, whether it was made in Yalta — although there was no signed agreement — or whether it was made by the Soviet Union alone. Of course, that question will have to be looked into, but it was agreed upon at Yalta probably only as a military division for receiving the surrender, the Soviet Union taking the Japanese surrender north of the 38th parallel and the United States taking it in the South. So far as my information is concerned, of course, there are other phases to be added. Whatever it may be, it is not within the power of the Korean people to remove that 38th parallel; of that we are sure. That 38th parallel division was not put in there by the Koreans; it was not agreed upon by the Koreans, so the only party that can remove it is the party that put it there. The Chinese have a saying: "The person who tied the knot must untie it"; so if the Soviet Union and the United States tied that knot, let them untie it. If the Soviet Union tied the knot, then request the Soviet Union to untie it. That is, at least, one of the great responsibilities of the United Nations, because the United Nations has now taken over the responsibility of settling the Korean problem. It was different a year ago, when the United Nations was not concerned about Korea's fate; but since the United Nations, through the General Assembly, has undertaken the responsibility of settling the Korean problem, the United Nations should require either the Soviet Union or the United States and the Soviet Union together to untie that knot. That must be prerequisite to simultaneous withdrawal, because, I dare say, if you have a North-and-South conference they will come down from the North and probably advocate, as the communists are doing here in the South, joint withdrawal; even non-communists also advocate that. That is all right. It may sound patriotic; but, after all, we have to be a little realistic as to what the consequences will be, and I am talking from the realistic viewpoint.

Mr. MANET (France) : Supposing the 38th parallel line were simultaneously lifted with foreign troops remaining for a certain time in both South and North Korea; in that case, what do you think would happen? Supposing the Russians agreed and said, "All right, if the Americans are prepared to lift it, we will lift it", what do you think would happen?

Dr. KIM : If they say, "We will lift it", the Americans should say, "Hooray", and when it is lifted there may be difficulties and mishaps, but these are going on now even with the iron curtain down. When the iron curtain is taken up, it may make the situation more tense or it may ease the situation; that, of course, we cannot foresee — either situation is possible. We have a saying that we should not fail to prepare the year's sauce for fear that we shall have germs getting into it. Of course, there may be difficulties, but those difficulties will have to be overcome.

Mr. MANET (France): What I had in mind was this: if the Russians see that the United States agrees to it or conversely, would that not induce them to oppose it?

Dr. KIM: Yes, they may. They did refuse it in 1946 before the regular meeting of the Joint Commission when the United States proposed that the 38th parallel line be abolished; they refused to discuss that question. The point I am making here is that it will not be a proposal from the United States, but a request from the General Assembly of the United Nations, and it must be remembered that the Soviet Union is a member of the United Nations. That is what I mean.

Mr. LIU (China): What is the feasibility of holding this conference? I am pretty sure that apart from that the majority of the Korean people in the South would ask you, Dr. Kim, "Are you attempting to negotiate with the tiger for his skin?" That is exactly what you are trying to do. Suppose the conference is held: what will they talk about? The very first thing they will talk about is the withdrawal of foreign troops. North Korea is well prepared, while South Korea is not prepared. That is the first hurdle the representatives of South Korea will not be able to cope with. On patriotic grounds they could ask, "Why do you, as a Korean, like Americans to rule over you? We would like the Russians to leave tomorrow." The representatives of South Korea would not be able to jump over that hurdle. Besides, as you mentioned my country — which I am very proud of — I can tell you from experience in my country that that is what the Chinese Nationalists have been trying to do for years. These people will negotiate with you when you are not ready and when they are ready. The whole failure of General Marshall in China was based just on those reasons. I do not agree with the rightists in South Korea on everything, but on this point I say that you simply cannot negotiate with the tiger and ask him for his skin. That would be a very ready argument the South would put up to your recommendation; it would simply come to that.

Dr. KIM: If the conference of the Northern and Southern leaders actually takes place, I am quite sure that the question of joint withdrawal of the occupation forces will come up, and as you say, Mr. Liu, when we make certain demands it will be like negotiating with the tiger for his skin. In any case, it is the tiger who has made the suggestion; maybe the tiger has the intention of getting our blood. The suggestion comes from the tiger, who says that there should be simultaneous withdrawal. We could say, "We agree to the withdrawal, but the withdrawal cannot be accomplished overnight." We might say, "Let us have three or four months' time," and then let us make all the preparations. We might not necessarily exactly quote the resolution made by the General Assembly of the United Nations word for word, but we might say, "Look here, we can be outspoken with you; you have a defence force in the North and in the South the United States Military Government has not organized an adequate defence force and we have to have a defence force." We do not have to say, "You are going to fight us" or "We are going to fight you"; but "We do want an adequate defence force, and so give us three months or four months." In the meantime, perhaps our United States friends — without necessarily trying to have an Act of Congress passed; perhaps it might be done through the War Department — can supply us with some arms and a little assistance and could help us to organize. Of course, General Dean says that it is not possible, but I say nothing is impossible. There are ways and means that can be devised even though the situation seems impossible on the surface. We could even bring over some of the arms left in Japan or utilize some of those that are piled up elsewhere. However, some such concrete plan must be made before withdrawal is effected. That is my point.

I do not think I am divulging a secret when I speak of this, because the gentleman I am going to quote came to me yesterday and spoke to me before he came here for an interview. The gentleman I am speaking of is Mr. Kim Koo. I do not know whether he has presented a plan or not, but he thought he had a very bright idea when he suggested that an international police force or neutral police force should keep order in Korea after the withdrawal. I understand that Mr. Rhee Syngman objected to that very strongly. I also object to that very strongly; to speak very bluntly, I think it is an idiotic and crazy proposition, because the Koreans, who have a Korean mentality, will say, "this is international trusteeship." No matter what kind of police force you have, it is still a police force. Even when it is formed or your own brothers and relatives, a police force is still a police force; and a police force seldom gets along with the general population; a police force seldom wins the love of the people it is protecting. That is much truer when you have a foreign police force, whether they be neutral or whether they be angels. But when you have foreign police in a different land, among strange people, there are language barriers, barriers of custom, and so on. However neutral and however kind-hearted they may be, they would not be able to get along. Such a plan will never do. The Koreans must police themselves and not be policed by any neutral force whether the force be international, United Nations or otherwise.

Mr. LUNA (Philippine Republic): Would you consider an election unilateral simply because certain groups, parties or associations try to boycott or refuse to take part in the election even if they have been given the privilege of participating in the election?

Dr. KIM: Yes. It will be so in fact. Of course, as we all know, the leftists have gone underground and it is doubtful whether they will come out in a general election in the South; we are speaking of the South alone. The question is whether they themselves will boycott the election or whether, having gone underground, they will not be allowed to come out. The actuality might be that the leftists will not participate. That being so, the election in South Korea will be a unilateral election, so far as I can see.

Mr. LUNA (Philippines): Supposing provision is made in the election law that everybody can participate, regardless of their party or their belief;

would you still consider that unilateral simply because they decline to participate, even though the law itself permits their participation?

Dr. KIM: The election law may provide rules and regulations making it possible for them to participate. Yet we never know what the leftists will do, particularly the communists, because they are usually governed by directives from Moscow. Whether they be leftists in Roumania, Greece or Korea, I think they are governed more or less by their directives. The Communist International has come into being again, and so it may be that the communists will boycott the general election. In that case, whatever law you have enacted will have no effect unless you try to force them out and force them to participate. I do not see how you can easily do that. You may lead the horse to the water, but you cannot make him drink. Although the communists may come out if you force them to, they may just leave the ballot blank and not vote. I hope there will be some way of preventing that, but if such a state of affairs exists, I am afraid it will be almost impossible to avoid its being a unilateral election.

A certain party and another organization have already gone out into the provinces and made all preparations for this so-called general election. That is why a certain gentleman is crying out for this election to be carried out immediately, within the next two or three weeks. For a long time before the United Nations Commission came here, it was advocated that the election be held before the United Nations Commission came, so that the United Nations Commission would have a group of consultees. You have to take all these facts as facts, as it is these facts you are confronted with.

Dr. DJABI (Syria): How many people here in South Korea would not participate in the election, in your opinion?

Dr. KIM: The number is very large; in fact, I indirectly heard that some of them are bragging that if they should participate in a general election they would win the majority of the votes. I am speaking of the leftist group; however, that was before they went underground. Having gone underground, the first question is whether they will participate even though they are allowed to participate. Another question is whether they will be allowed to participate. The third question is, even if they do participate, whether they have the same force that they said they had or not. I do not know. Last year, before or during the riot, they were able to go around into the country and hoodwink and pull the wool over the eyes of the peasants, saying, "We are going to come into power, and as soon as we come into power, you peasants will have land to till and everything you want; it will be a Utopia for you." The peasants believed it; sometimes riots followed their directives. Since then, they have seen that some of this propaganda was false.

There is another outfit that the peasants are wondering about. This group comes around and terrorizes them and collects money from the peasants. They make exorbitant demands on the peasants, and the peasants are wondering what is what. The peasants are putting their hope on the United Nations Commission because they hear a lot about it and about a fair general election. Much will depend on what the Commission does.

CHAIRMAN: The outfit you are referring to was also the party you spoke about?

Dr. KIM: The party and organization; one is called the Party, and the other is what is called — I shall translate it — The National Association for the Acceleration of Independence. They sometimes take a different form or use another name.

CHAIRMAN: But it is the same party?

Dr. KIM: Yes.

CHAIRMAN Thank you.

The meeting rose at 1.15 p.m.

VERBATIM RECORD OF NINTH MEETING[1]

Duk Soo Palace, Seoul, Korea, Tuesday, 27 January 1948, at 3 p.m.

Chairman: Mr. LIU (China).

CHAIRMAN: I declare the ninth meeting of Sub-Committee 2 open.

Hearing of Koreans: Rev. Han Kyung Chik and Mr. Lyuh Woon Hong

CHAIRMAN: I have been asked by Mr. Jackson to take his place for a little while in order to give him a rest. Today's meeting is a special meeting, because our hearing will have an entirely different aspect from the others. I have pleasure in presenting to you the leader of the Christian religion in this country, the Rev. Han Kyung Chik. He was born and raised in North Korea, but he has been working for the whole of Korea. Since the surrender he has been in charge of what might be called the improvised Church. His Church is everywhere, and he has the distinction of preaching to 5,000 refugees from the North in an open-air church every Sunday. We might say that he has made a special study of the refugee situation, so we will ask him to make a statement on the refugees — where they come from, in what numbers, and why they are here, where they are going, and so forth.

The Rev. Han Kyung Chik then assumed his seat.

Rev. HAN: It is a great honour for me to be here and to present to you some of the facts regarding the refugees in South Korea. I cannot fully express my gratitude to you for coming on this wonderful mission and for your sincere efforts for our people in Korea.

I think you might be interested to know, first of all, why so many refugees are here from North Korea. It is estimated that about 350,000 have

[1] Document A/AC.19/SC.2/PV.9.

come south since August 1945, and this figure does not include the refugees who have come back from Japan or China. If we included them the number would be, generally speaking, more than three and a half million. Most of them live in Seoul and the vicinity, and, of course, they are scattered all round South Korea.

They are here because they wanted to come back to our liberated country. Those who come from North Korea, and I am one of them, come for three reasons. These reasons may be classified along three lines. The first is a political reason, the second an economic reason, and the third reason is what might be called a social reason, mostly a religious reason.

In regard to the political reason, of course when Korea was liberated, on 15 August 1945, almost every Korean thought that Korea would be an independent country and a true democratic country. But all the people in the North were very much disillusioned when they heard that the Soviet forces were coming to the 38th degree parallel. Right after the Japanese surrendered, the Japanese authorities asked our Korean leaders to maintain order. For instance, I am from North Pyongyang province, of which Sin Wi Ju is the capital. After the Japanese surrendered, the Japanese governor invited several North Koreans — I was one of them — to take over and maintain order in the city and also in the province. We organized what we called the City Council, with seventeen members, and I was the vice-chairman and acted in that capacity. We maintained order for two weeks, and after two weeks the Soviet forces came in to Pyongyang and, after three weeks, into Sin Wi Ju. The Soviet authorities took over the task of maintaining order, and reorganized the City Council and also the Provincial Council, according to their own pattern. There was a very small group which called themselves communists, and the Soviet authority gave all the power to that minority group. From that time on, that minority group had complete control in Northern Korea, and all who were not truly communists were eliminated from the regime. Through what they called the "purge process" they eliminated everyone who opposed communism. In that way, as you know very well, the real situation in North Korea is that it has become a completely communist country under the Soviet regime.

This is not only true in the political organizations, but the educational and economic systems, and everything else, are entirely under the control of the communists. If anyone does not join the Party, quite simply, he cannot live up there. The Communist Party is in complete control over the people. That is the political reason why so many refugees are here. Of course, a leader like Mr. Cho Man Sik cannot come, and many are in prison now.

The second reason is an economic one. When they tried to reorganize the economic system, in April 1946, they promulgated what they called the "farm land revolution". According to this plan, all farm land was taken away from the landowners and distributed among the farmers without charge. The farmers were glad at first, but this did not mean that the tenants owned the land. Only the owner was changed, and from that time the Government became the owner. The farmers do not have the slightest right to dispose of, inherit, or mortgage the land. They have to pay 25 per cent of all the crops as a tax to the Government. The amount of the crops is estimated arbitrarily in advance by the Government, and is usually far in excess of the actual amount. Consequently, in some regions the farmers have had to pay from 40 to 60 per cent of their harvest.

In addition, the farmers now have to pay all other taxes which the landowner formerly paid. The result is that most of the farmers have had nothing to eat since the spring of 1947. They have had to skin the pine trees and dig grass roots for food, so that most of the pine forests in North Korea are stripped white. That is why so many people come down here, before they starve to death.

North Korea used to be a self-sustaining country. It can produce, and did produce even last year, enough to feed the people there. Then why this starvation? The Government gathered as taxes in 1946 a total amount of about 60 million *suk*.

CHAIRMAN: The *suk* is the Chinese *tan*, about 140 pounds.

Rev. HAN: That amount is about 40 per cent of the entire crop in an ordinary year. It is said that about three and a half million *suk* was sent away to the USSR. The rest seems to have been distributed among communists and factory workers only. There is no rationing for the non-communists and the non-factory workers. That is why so many farmers and town dwellers come down to South Korea.

Then there is the collapse of industry. About four-fifths of all industries were in North Korea. It is mostly ruined now, for two reasons. Firstly, the Soviets carried away a great part of the machinery. The machines in the Pyongyang Mitsui aeroplane factory were taken to Russia in June 1946. All the large accumulations of minerals, including copper, zinc, lead sheets, tungsten and silver, valued at a great amount of money, have been taken away to Siberia or somewhere else.

The second reason is the communists' monopoly of the factories. Some factories are now running, but these are entirely in the hands of communists, who are very ignorant. They eliminate from the factories all those who are not in favour of communism, and, as a consequence, industry is in a chaotic condition, with not enough personnel to manage or materials to repair the machines.

Then there is a complete collapse of commerce. Production now is limited to rubber shoes, stockings, and the like. There are practically no private enterprises. Therefore, there are no private stores except restaurants, barbers' shops and the like. The black market was flourishing until the end of last year, but not now, for although there are many who want to sell their clothing, furniture, etc., there is no one to buy. Clothing and furniture are cheap; the price of rice is sky-high. Therefore, the people come south before they sell their last piece of clothing or furniture. That is all I wish to say regarding the economic reason.

The third reason is the social reason, and by that I mean mostly a religious reason. In Northern Korea there are 2,352 Protestant Churches and about 350,000 worshippers. The following incidents will give some idea of the plight of the churches in the North. I might say, first of all, that most of the prominent pastors in the North are now in prison. For instance, the Moderator of the Northern Presbyterian Church — that is, the General Assembly of all the Northern Presbyterian Churches — the Rev. Kim Chin Soo, was arrested over a year ago, and it is said that he was sentenced to 18 years. Of course, there are many nominal reasons for this, but the simple reason is that he would not co-operate with the communist regime. Then there is the Rev. Kim In Choon, the President of the Presbyterian Theological Seminary. He was arrested two years ago, and his whereabouts are unknown. Then there is the Rev. Kim Wha Sik, who is chairman of the board of directors of the Theological Seminary, who was also arrested about a year ago, and whose whereabouts are unknown. Many other prominent Christian pastors are in the penitentiary now. These facts alone will give you a picture of the general situation there.

Then, the Christian Church is not persecuted as a church, but Christians are persecuted indirectly. Christians are systematically eliminated from all kinds of jobs. For instance, if anyone who is working in the public offices is found to be a Christian, he is eliminated, and this also happens in factories and in shops and the like. Then a Christian child simply cannot enter a middle school or go to the higher institutions. They have rather strict entrance examinations, and they always insist on being told the religious affiliation. If the child is a Christian child, then he simply cannot enter into a middle school.

Even the children in the primary schools are discriminated against. Sunday is a labour day, and they insist on working on Sunday and having a holiday on some other day. So the children go to school on every Sunday. Not only that, but high-school students are not allowed to go outside on Sunday and Wednesday evenings, and in that way the Christian children are prevented from going to church.

Of course there are many instances when the communist masses rose and attacked Christian churches, and sometimes destroyed church buildings. In these uprisings, a good many Christians have been beaten to death or severely injured.

Some time ago, when the Joint Commission was planning to come to Pyongyang, some Christian leaders tried to organize what they called a "Christian Democratic Party". They did so because they felt that the only people who could honestly explain the real situation were the Christians. But as soon as it was found they were planning to organize this party, all the leaders were arrested.

It is estimated that some thirty to fifty thousand Christian refugees are now in Seoul and the vicinity.

So it will be seen that the reasons are political, economic and religious. These three reasons are the most important reasons why so many refugees are coming down from the North to the South. I might tell you the character of these refugees. Most of them are intelligentsia; that is, most of the refugees who are here are of the educated class. There are medical doctors, schoolteachers, Christian ministers, landowners, and people like that.

In Northern Korea, last year, they published a new note during what they called the "revolution of the monetary system". The authorities ordered the deposit of all the military yen that had been issued before and the deposit of all notes of the Bank of Korea. They then gave 700 yen to every family in the rural districts, and in the urban districts they gave 500 yen to the head of the family and 200 yen for each member of the family, but this was only for those who possessed what I might call the citizen's right. It was thought that after that the prices would go down, and it was so for two or three weeks. But right after that the prices went up again. It is not quite clear what happened to the communists, but it seems to be clear that the communists knew of the proposal before, and they seemed to have a lot of cash. The Russian soldiers, of course, had a lot of cash. To-day the price of rice is about 800 yen, while it is 400 yen in Southern Korea for one-tenth of a *suk*.

This made it even harder for the people to live up there, and a good many people tried to come to South Korea. But the guard along the line of the 38th parallel is very strict and very severe, and anyone who was found sneaking to South Korea was shot down. So it is very hard for people to come down here. That is why so few refugees are coming down these days, but I am sure that, with the weather getting warmer from now on, there will be more people coming down this spring, because of what they called the "revolution of the monetary system", which has made the situation even worse.

From a friend of mine who recently came down from Northern Korea I heard something of interest to you. This friend found that in every village association — block association — they prepared a document to present to the United Nations Temporary Commission on Korea, and they are getting the signatures of every member of these block associations. I do not know what they are going to do with the document, but there is such a plan in Northern Korea.

I must also tell you about the political ideology in Northern Korea. Of course the minority of people are communist, but the majority of our Northern brethren — I think about 90 per cent — are really democratic people. These people do not like communism, and they oppose communism because they just cannot help it. At first a good many people sympathized with communism, but now they are turning their faces against it. The reasons they are doing this are as follows; firstly, they are no longer fooled by false propaganda. Many who were theoretically communists are now completely disillusioned by Soviet democracy or communism. Secondly, the absolute totalitarianism banishes every form of freedom, and our people want freedom after their long enslavement by the Japanese. Thirdly, the total disregard for religion and morality is contrary to the best moral sense of our people, a moral sense which is the result of thousands of years of culture. Koreans are rather individualistic, and they revolt against any form of collectivism. Next, I might mention the vulgarity and the savagery of the Red soldiers, which makes even 100-per-cent Korean communists blush.

We all know of the ambition of Russia for world hegemony through communism. Our people still remember the Russian policy before the Russo-Japanese war. She is not a friend of small nations. A professor in the Kim Il Sung University, the only communist university in Pyongyang, took a straw vote in a class of fifty students on 4 June 1947. The result was that 46 were in favour of American democracy and only four were in favour of Soviet democracy.

So that is the general political idea in Northern Korea. I am quite sure, of course, that we cannot have a free election in the North now, but if we could, it would be an entirely rightist North Korea.

CHAIRMAN: The Rev. Han asked whether he could tell us what the refugees are thinking about the election. That is what we are most anxious to hear.

Rev. HAN: Since it is quite clear now that we cannot have an election in the North because of the boycott by the Soviet Union, it is our hope that we shall have a general election right here in South Korea, and through these representatives, organize our national government here. We think that the representatives for Northern Korea can be elected from the refugees from the North. In order to do that, I think we shall have to have a special electoral district on the basis of their former addresses in North Korea. I think that then we can select representatives who can represent all Northern Korea. This, I think, is reasonable and proper, because the refugees who are here are truly representative of the ideas of the people in North Korea. The refugees who have come from North Korea are mostly young men and adults. There are very few children and there are very few old people. Truly they are our leaders. There are three and a half million, but this number would represent a greater number. I do not know whether you get my point or not, but this is what I mean. All the grown-up people and the young men who were leaders in North Korea are here, and there are very few children and very few old people. So even if the number if small, these people can truly represent the Northern people.

Another reason is that it is estimated that there are between seven and eight million people in North Korea, so the population before the refugees came was between eleven and twelve million. Most of these seven or eight million are children or old people. You will be interested to know that it was usually the heads of the families who came here. They left their families and their homes, and one man of the family came down here alone. If a special electoral district is made on the basis of the former addresses of the refugees, I think this government can fairly represent the whole population of Korea, even if the government is elected in Seoul. Seoul is the former capital of the country, anyway. It is the hope of the refugees, and also of our brethren in the North, that we have a speedy election and organize a national government right here, and by-and-by reclaim Northern Korea.

Mr. JACKSON (Australia): To make your figures clear you said there were three and a half million refugees. Let us take three million. Twelve million was the original figure in the North. The voting strength of each family would be about one in three. That is to say, one person in three would be between the ages of 20 and 40. Therefore, the effective voting strength of the whole population would be approximately four million. The effective voting strength of the refugees in the South, under these conditions, would be three million out of that four million, suggesting that actually there are three million effectives in South Korea, leaving only a million in the North. That strikes me as quite a new light on the refugee question. It suggests that the majority of the real strength of Northern Korea, according to your figures . . .

Rev. HAN: Is right here, except those few people who are arrested. These refugees who are here are the real leaders. They were the leaders in North Korea.

CHAIRMAN: We will ask the Rev. Han to tell us what are the political leanings of the refugees.

Mr. JACKSON (Australia): If we could get some very accurate figures, and some proof, I think they would be very valuable.

Rev. HAN: There are three leanings in South Korea — rightists, middle-of-the-roaders and leftists — but the entire number of refugees are rightists. They do not like what we call the middle-of-the-roaders, because under that cover there are many communists. I might say that everyone of the refugees would back up the rightist leaders, Dr. Syngman Rhee and Kim Koo. I think that that is not only the true standing of the refugees, but of all in South Korea.

We are hoping to have an election speedily, if this is possible. I do not know whether it is true or not, but there is a rumour that the election is to be postponed. We refugees are very anxious that the election should not be postponed, and that the decision of the United Nations General Assembly should be carried out before the end of March. The Northern people will be quite satisfied with the national government thus elected.

Dr. DJABI (Syria): The Rev. Han has spoken of the large number of refugees from the North to the South, and has given the three reasons — political, economic and social. Does he not believe that there are also refugees from the South to the North, and for the same reasons?

Rev. HAN: That is not true. I do not know really whether there is anyone going from the South to the North except a few communists. Almost none, one might say, the reason being that even people who are communists can live down here, and if they want to propagate their political ideas they feel they ought to propagate them down here. So they do not have to leave here, and there are hardly any political fugitives.

Dr. DJABI (Syria): Even if they do not go for political reasons, can I understand there is no one here who has no work? Are there no unemployed in Southern Korea?

Rev. HAN: Of course, the unemployment is very actual in South Korea because so many refugees are here from the North. But if one goes to the North one simply does not have any chance of employment. Right here in South Korea, even if one cannot be employed one can do some other business. In the North there is no private enterprise at all — there are no shops even — so in the North there is no way of living. If one goes to North Korea it is very hard, first of all, to get citizen's rights. In fact, one would be arrested as soon as one crossed the border, and the first place in which one would land would be the penitentiary. So, except for a few political fugitives, no one tries to go through. Even communists prefer to stay here because it is better to live here than in the North.

Mr. MANET (France): The Rev. Han told us that the great majority of the refugees from the North are rightists so far as their political opinion is concerned. Does he mean that they were rightists at the beginning, and that they have always been rightists, or that a certain proportion were leftists and changed their minds because they could live no longer in the North? Has he any idea of what proportion did so?

Rev. HAN: The majority of them were rightists from the beginning. There were a few who were leftists at first, and who tried to co-operate with the communist regime. But they found they just could not stand it in the North, that they could not live under the totalitarian system, and, consequently, they changed their mind in the North and came down to South Korea. For instance, the Rev. Mr. Pek, who was governor of the Pyongyang Province under the Soviet regime, tried to co-operate with that regime as a governor. But however much he tried to co-operate, he simply could not stand the totalitarian regime, and he had to give up the governorship and come down here.

Mr. MANET (France): You said that a great deal of these refugees belong to the intelligentsia. Has there been a change in the composition of the refugees recently, or do they still belong to the same class? Are there any peasants or industrial workers among the people coming from the North?

Rev. HAN: At first the majority of the refugees were from among the intelligentsia, but from that time on many farmers and workers came down because they could not make a living up there. So, gradually, the number of workers and farmers is increasing, and the most recent comers are usually workers and farmers.

Mr. MANET (France): You say that the refugees who recently came to the South are mostly industrial workers and small farmers.

Rev. HAN: Yes.

CHAIRMAN: Can you tell us how many?

Mr. MANET (France): In your camp, for instance.

CHAIRMAN: Recent comers.

Rev. HAN: A minority. The workers and farmers are in very small numbers compared with the intelligentsia.

Dr. DJABI (Syria): I understand the Rev. Han believes there are political prisoners in the North. I do not know how many he thinks there are, but would he not like to have a general amnesty for these prisoners?

Rev. HAN: Why, of course, if we could.

Dr. DJABI (Syria): Do you believe there are political prisoners in the South, and if there are some, would you not like to have a general amnesty for them also?

Rev. HAN: In the South we have freedom in political ideas. That is, in South Korea one can be democratic or communist or a middle-of-the-roader. In the South, they do not persecute anyone for his political ideas. But there are some prisoners in the South, but I think they are in prison because they committed a certain crime. For instance, there was a great uprising in October 1946, and at that time a good many policemen and a good many citizens were killed. Those who participated in that uprising are in prison now. Then the communists made money in secret, and because of that, I think a certain number of communists are in prison. But here you will find rightist criminals as well as leftist, but they are not in prison because of their political ideas, but because they committed a certain crime against the law. I should say there are no political prisoners, as such, in South Korea.

Dr. DJABI (Syria): Supposing there were some, would you not like them to have a general amnesty?

Rev. HAN: Release? Of course, if there were some, we should release them. That would be the only democratic way to have a fair and free election.

Dr. DJABI (Syria): These Christian refugees who come from the North, did they come because they were persecuted as Christians or because in political opinion they were against the communists?

Rev. HAN: I might say both reasons, because the Christians at first tried to co-operate with the communist regime as much as they could, and they tried to keep to the principle of the separation of politics and religion. They tried to co-operate as best they could, but the communists are materialists and atheists, and they simply do not like Christian people. There are many occasions when Christians cannot participate in what they do, so it is religious as well as political.

Mr. MANET (France): Did some of these refugees coming from the North try to compile a list of the most prominent people who have been put in gaol in North Korea for political offences? These refugees in South Korea probably have some knowledge of people in jail for political reasons — some may be relatives or friends. Did anyone try to make a list of the most well-known people in jail, or of people who have just disappeared?

Rev. HAN: We have a list of the prominent people, but only of the prominent people, since there are so many who are imprisoned that we simply cannot count them.

Mr. MANET (France): Could you provide us with a list of well-known people who have either been put in jail or who have disappeared? As complete and as current as possible, with their profession, and where they were living?

Rev. HAN: I could do that. I have a list of pastors only, but I can consult with the political leaders here and I can make a fairly good list. I will furnish that.

CHAIRMAN: I think we shall be glad to have the list.

Mr. LUNA (Philippines): Supposing that your plan of giving representation to Northern Korea through the refugees here in the South were adopted, do you think that would lead to the gradual absorption of Northern Korea, and, finally, to the unification of Korea, or will it lead to the other alternative, the final division of Korea into North and South, the North to be populated by the Russians?

Rev. HAN: That is a very hard question to answer. Korea is divided not according to our will, but for international reasons. If we could remove this line with our own strength, that would be best, of course. But, so far as we know, we cannot remove this line with our own power and manpower. We want to have a unified national government, so the method which I have mentioned is the only possible way in the present situation. We are hoping that by and by we will absorb Northern Korea. That is what we want, and we are sure Korea will never be divided into two, so far as our people are concerned. We are a single people, and we have no differences at all so far as Northern and Southern Korea is concerned. We are a consolidated people, and we are only divided geographically. So we are hoping that in the meantime we will have a national government here, and that by and by the international situation will be so changed that we can be united again.

Mr. LUNA (Philippines): You feel very confident that electing representatives from the refugees will help in the unification of Korea?

Rev. HAN: That would gratify all Northern Korean people, because even though they cannot vote because of the iron curtain, they will be very glad to be represented through the refugees.

Mr. MANET (France): You have said that there are very few small farmers and industrial workers among the refugees in South Korea. Do you think that that class of population in North Korea would feel confident that they were truly represented by the others?

Rev. HAN: Yes, I think so. As a matter of fact, there were very few tenants in Northern Korea. Most of the farmers owned their own land, so really the land revolution did not help them very much at all. Their land was simply taken away from them by the communists, and they are anxious to have free democratic government again. For that reason they would be very glad to be represented by the refugees down here. It is my opinion that more business men and more workers will come down.

Mr. JACKSON (Australia): Has the Rev. Han any idea of the proportion of farmers as agricultural population, compared with the industrial population in North Korea before the Russians came?

Rev. HAN: It is very hard to say exactly, but probably there were 75 per cent farmers and 25 per cent of non-farmers, including city dwellers and workers. If the comparison is made only between farmers and factory workers, it would be about 70 per cent to 30 per cent.

Mr. JACKSON (Australia): Would the proportion of farmers coming down here be one in three?

Rev. HAN: I think that would be about right. The percentage would be about three to one; that is, one farmer to three others.

CHAIRMAN: Is it the understanding of our Sub-Committee that we ask the Rev. Han for two things? First, for a list of political prisoners. He has a list of Christian leaders arrested in the North, and we ask him to produce that list and make us a larger list of political prisoners arrested in the North. We also ask him to make a study of the refugees regarding their age, so as to help us in understanding the election procedure.

Mr. MANET (France): Age and profession.

Rev. HAN: Age and former profession. We shall be very glad to do this.

CHAIRMAN: I am sure the members of the Committee join with me in thanking the Rev. Mr. Han.

The Rev. Han then withdrew from the Sub-Committee.

CHAIRMAN: We are very fortunate in now having with us Mr. Lyuh Woon Hong, chairman of the Socialist Democratic Party. We have to apologize to Mr. Lyuh that circumstances will not allow us more time. We are forced to work to a schedule, and we have one hour allotted to him. We have a set of questions in connexion with the elections on which we should like Mr. Lyuh to give us his wise opinion, and after that we shall ask him to make a statement.

Mr. Lyuh Woon Hong assumed his seat.

CHAIRMAN: The first question is: What are the conditions which you consider necessary in order that free and democratic elections may be held in Korea?

Mr. LYUH Woon Hong: In the first place, I think you must have the assistance and help of both the American forces down here and the Soviet forces in the North. Do you not think that is the first necessity? In the second place, in order to have a really fair and free election in the whole of Korea, it is very necessary to have a conference or meeting with the political leaders both in the North and in the South?

We hear that many things have happened in the North, but we have not seen them with our own eyes. We have not had any discussions directly with our leaders in the North, so we do not know what is the exact situation. Therefore, it is very necessary for us to have a conference of the leaders of the North and the South.

CHAIRMAN: The next question is: Do you consider that there are any conditions existing in Korea to-day which would interfere with the holding of free elections?

Mr. LYUH: Yes. From what we hear about the North, they do not have freedom of Press, and of assembly. Speaking frankly, I understand they have no absolute freedom in the North, and the situation is almost the same in the South. The Commission has been here long enough to find out the existing conditions in South Korea. The police are more or less partial, and they are too much to one side. And you might have heard that terrorism is going on almost everywhere in the South. So, as long as the police are partial to one side and so long as there is terrorism, it is impossible to have a free, fair and just election.

CHAIRMAN: Do you consider that all parties and organizations, without discrimination, should have equal freedom of speech, of meeting, and of publishing their views now and during the elections?

Mr. LYUH: Yes, all parties and organizations should have equal freedom, not only during the election, but at any time and all times.

CHAIRMAN: You consider this freedom desirable?

Mr. LYUH: Yes. You have probably heard or read in the newspapers that some things cannot be published, and that some newspaper reporters were arrested for publishing some statement.

A statement issued by the People's Republican Party was published by some newspapers, and it was suppressed. The managing editor of the *Central Daily Press*, who happens to be a member of my party, was arrested and kept in jail for two days because he published this statement. What was in that statement, I do not know, but I know he was arrested because he published it. Therefore, it means that we have not absolute freedom of the Press.

Mr. PATTERSON (Canada) : Was any charge made against him?

Mr. LYUH : I think so.

Mr. PATTERSON (Canada) : Was he tried?

Mr. LYUH : I do not know what the charge was. They told him not to publish the statement, but somehow the paper did publish it, so probably he was accused of not obeying an order or instruction of the Police Bureau. That is the charge against him. They sent out a notice to the newspapers not to publish the statement.

Mr. MANET (France) : May we have just a rough idea of what was contained in the statement? Was it a political programme or a charge against other party leaders?

Mr. LYUH : I do not remember the statement definitely, but I understand the statement concerned the United Nations Commission, but I am not sure.

CHAIRMAN : Mr. Lyuh has just explained that the People's Republican Party issued a statement on the United Nations Commission and its arrival, and was told by the police not to publish it. The *Central Daily News* managing editor, who is a member of Mr. Lyuh's party, published that statement, and was arrested. Is the People's Republican Party a leftist party?

Mr. LYUH : Yes, it is leftist, and the Police Bureau consider that party is a sister party to the Labour Party of South Korea, which is headed by a man named Mr. Kim Won Bong, who is considered to be extremely leftist. Mr. Kim is hiding himself in some place, but we do not know where he is.

Mr. MANET (France) : Is it your opinion that in doing so the police acted in favour of some other political party, or under other instructions — from the military government, for instance? What is your impression?

Mr. LYUH : I do not know. It is very hard for me to say, and, of course, anything I say is confidential. As I say, the police are too much to one side, and we hear reports from the different districts all over the South, almost every day, saying that even the movement of the National Independence Union is closely watched and hindered by the police. Probably you have heard of the National Independence Federation, of which Mr. Kim Kiusic is head. This Federation takes all the moderate movements, so not only the Labour Party of South Korea and the People's Republican Party is hindered and closely watched by the police, but even my own party, and the National Independence Federation, is more or less watched by the police.

CHAIRMAN : Do you consider that elections should be held before 31 March 1948?

Mr. LYUH : No. In the first place, you have not enough time to do that. As you know, the Korean people have not had the experience of a general election. This is the first time, and to-day is 27 January. It we have the election before 31 March, then we have not enough time. Some kind of election laws have to be made and announced to the people, and there is not enough time for the people to prepare for these things. Therefore, I think it is impossible to have the election before 31 March.

In the second place, if the election is held before 31 March I should not call it a democratic general election. I have already mentioned the unfairness of the attitude the police are taking up and the horrible terrorist movement that is going on all over the country. Therefore, without any hesitation, I can say we have not enough time to educate the people before 31 March, and, in the second place, under the present prevailing conditions, it is impossible to have a fair, democratic and free election.

Mr. LUNA (Philippine Republic) : If 31 March is not a very propitious time, when do you think the election should be held?

Mr. LYUH : If we are going to have a really democratic and free general election, it will take some time yet.

Mr. LUNA (Philippine Republic) : April, May, June or one year from now?

Mr. LYUH : Frankly speaking, we have to take at least a year. Even if we start changing the attitude of the police force and stopping the terrorist movement, I think it will take some time. And so long as the police are too much to one side and the terrorist movement is going on, it is impossible to have a fair and free election.

Mr. PATTERSON (Canada) : If you leave out these general desiderata like the liberalisation of the police and so on, and consider only the technical questions, how soon do you think the election could be held?

Mr. LYUH : I take it that when you say a general election you mean an election for the whole of Korea?

Mr. PATTERSON (Canada) : Yes.

Mr. LYUH : Then I am afraid it will take a longer time. You must have some assistance from the North.

Mr. PATTERSON (Canada) : Assuming we have that, and assuming that we must take the conditions as they are so far as freedom is concerned, how long do you think it would take just for the organization and the holding of the election?

Mr. LYUH : About six months.

CHAIRMAN : Have you any knowledge as to the number of persons in prison for political reasons in the South and in the North, and do you think that such persons should be entitled to vote in the Korean elections?

Mr. LYUH : I really do not know how many in the North, and I have no idea how many in the South. If you ask the chief of the police down here — I mean the Director of the Department of Police — or the military government, they will say there is not a single political prisoner in South

Korea. But I think there are some, though I cannot tell you how many. One hundred or one thousand, I do not know. The members of the Labour Party of South Korea say there are thousands and thousands of political prisoners, but I do not think there are so many as they say. I am sure there are some.

The chief of the police will say there are no political prisoners, therefore the charge against them is not concerned with politics. Probably they are charged with murder or robbery. That is the reason the chief of the police will say there are no political prisoners in South Korea, but I am sure there are some.

Mr. MANET (France): Do you know any of them by name? Do you know personally any of these political prisoners, that is, people arrested for purely political offences?

Mr. LYUH: Mr. Pak Hun Young, Mr. Huh Hun, Mr. Kim Won Bong. They are not in prison, but they are under a warrant.

Mr. MANET (France): So they are not actually in jail?

Mr. LYUH: Besides them, I should say men like Mr. Kim Kwang Soo, Mr. Pak Moo Kyo. They are not only members, but they are members of the Executive Committee of the Labour Party of South Korea.

Mr. MANET (France): Is it your belief that the police would arrest them at once if they could find them?

Mr. LYUH: I should think so.

CHAIRMAN: Of course, you would like to have the political prisoners released for the election?

Mr. LYUH: Yes, I think so.

Mr. PATTERSON (Canada): Just to follow up that question. Apart from the question of giving them freedom to vote and freedom to become candidates would this freedom have any important bearing on the election because some of these political prisoners would be leaders upon whom the various political groups depend for leadership? In other words, would the release of such persons affect the elections?

Mr. LYUH: I should think so. They are prominent people, particularly in the countries or provinces or *Myuns* where they live.

Mr. MANET (France): Not only release, because they are not in jail, but making known that they are not to be arrested. Is that what you have in mind, Mr. Patterson?

Mr. PATTERSON (Canada): Yes, that would be an additional point.

Mr. LYUH: Can I ask you some questions? I read in the newspaper that you were going to invite Mr. Kim Doo Bong and Mr. Cho Man Sik for consultations. Is that true?

CHAIRMAN: We did make a Press release and we mentioned these names. There are nine on the list.

Mr. LYUH: Then do you really mean to invite them, or did you do it as a formality?

CHAIRMAN: We are sincere. We want to invite them and meet them to get their views.

Mr. LYUH: As long as they are under arrest, how do you expect them to come in and consult you?

CHAIRMAN: We shall try all the means at our disposal and do the best we can.

Mr. MANET (France): We are not necessarily inviting them to come here. It means we shall try to get in touch with them, and we will try each case on its merits and do everything possible.

Mr. LYUH: You will probably remember that General Wedermeyer was here. He tried in every possible way to meet them, but they refused to come. They would have come out if General Hodge had cancelled the warrants. Have you negotiated with General Hodge to cancel the warrants?

CHAIRMAN: We have not.

Mr. LYUH: I think they will come out if General Hodge cancels the warrants. But it is not safe for them to come here. Not only is it not safe for them to come here, but it is not safe for them to meet you in any place in South Korea. Therefore, so long as General Hodge does not cancel the warrants, I frankly think it is impossible for you to meet them.

The other thing is: Have you sent an invitation to Pyongyang inviting Kim Il Sung, Kim Doo Bong and Cho Man Sik to come down here?

CHAIRMAN: I think we are all grateful for Mr. Lyuh's suggestion that we should negotiate for the cancellation or suspension of the orders for arrest so that we can meet some of the men who, are mentioned in the Press release. As to the second question I think only our Commission as a whole can answer that.

Mr. LYUH: I just wanted to know whether you have sent invitations to Pyongyang or whether it is only your wish for them to come down.

CHAIRMAN: I am sure the Commission is taking all steps.

Mr. LYUH: It would be a great thing if you could invite them to come down here. We are insisting on a conference between the leaders of the South and the North.

CHAIRMAN: I understand that you are a member of the Interim Legislative Assembly. We have a question dealing with electoral regulations or franchise laws. What changes would you propose, if any, in the present franchise laws of South Korea (Public Act No. 5 of the South Korea Interim Legislative Assembly), and of North Korea? North Korea also has franchise laws.

Mr. LYUH: I do not know much about the law made in the North, but I am a member of the Interim Legislative Assembly and the general election law was passed by that Assembly. We spent two or three months discussing this law. The members of the Korean Democratic Party insisted on having the age limit at 25 years. We — by we, I mean myself and some of the members of the moderate group — insisted on making the age limit 20 years. We spent nearly a month on that, and finally we compromised on 23. But I still think this is not democratic, so I hope you can bring it down to 20 years. Another thing, though I am not quite clear on this, I believe there is some special election area for the people who are down here from the North.

CHAIRMAN : We can come a little later to some specific provisions of this law.

We have a question referred to us by Sub-Committee 1. It is the opinion of the Sub-Committee dealing with the question of ensuring a free atmosphere for elections that there must be the following minimum requirements : freedom of expression, freedom of Press and information, freedom of assembly and association, freedom of movement, protection against arbitrary arrest and detention, and protection against threats of violence or violence.

Mr. LYUH : I have already pointed out that. Frankly speaking, after we formed th National Independence Federation, we invited the director of the Police Department and the chief of the metropolitan police, both of whom are former pupils of Dr. Kim Kiusic, and they were all to swear to support him. Even if they are really sincere and help Dr. Kim to develop the National Independence Federation, many men under them, for instance, the chiefs of police in the different districts and countries, are not exactly taking the same attitude as they took. In the first place, we are really doubting that what they said they really meant.

I am trying to explain that it is impossible to have a fair and free election. My suggestion is that so long as we have so many of the police officers who worked under Japan — I understand about 85 per cent — and so long as we have this pro-Japanese element in the police force, even if the director of the Police Department and the chief of the Metropolitan Police tried to be fair, it is impossible to have a free and fair election.

When I say 85 per cent I am referring to the officers of the police. There is not so high a percentage among the policemen.

Mr. MANET (France) : Is it because these policemen were employed by the Japanese, or because while they were employed by the Japanese they contracted bad habits so far as the police are concerned.

Mr. LYUH : During the Japanese regime the Koreans who were employed as policemen treated the Koreans very roughly, even worse than the Japanese themselves. So the Koreans thought that as soon as Korea became independent and was liberated, these people must be punished. But, on the contrary, they remained at their posts; not only that, they were promoted to much higher positions and acted even worse than they did before.

Mr. MANET (France) : Is it, in your opinion, because the military government did not take any interest in the question because they had no time, and let others do what they wanted ?

Mr. LYUH : The military government say it is because they need skilled and experienced policemen, and the Korean policemen do their job perfectly.

CHAIRMAN : We were talking about the franchise laws. Now we come to more specific provisions. You are probably familiar with the franchise law promulgated by the Interim Assembly, and Sub-Committee 3 requests that the opinion of Korean personalities be sought by Sub-Committee 2 on the voting-age and the age of candidature best suitable for all of Korea in the light of the Assembly's recommendation for elections to be held "on the basis of adult suffrage". You have already answered that you prefer the age of 20 or 21 to the age of 23.

The second question is in connexion with Section 2, paragraph *(a)* of Public Act No. 5 for South Korea, which reads :

"Persons to whom any of the following categories are applicable are not eligible to vote or to be elected :

"(1) Incompetents, quasi-incompetents, mentally deranged persons, and drug addicts.

"(2) Persons who are sentenced and serving prison sentences, or who are under suspended sentence, or are fugitives from justice.

"(3) Persons who have received a sentence of one or more years' penal servitude or imprisonment; provided, however that if three or more years have elapsed since the completion of sentence, or since the time when final decision was made not to execute the sentence, or if the sentence was imposed for a political offence, the person concerned will not be included in this category.

"(4) Persons who have been forbidden to vote by law and persons who have been classified by law as 'traitors' 'collaborators', or 'profiteers'. "

Then Section 1, paragraph (1) of the Election Regulations of North Korea reads :

"1. Exclusive of mental patients and men who have been stripped of their franchise by the verdict of the Court of Justice, all twenty-year-old citizens of North Korea shall have the franchise and be qualified for election, regardless of their financial status, education, residentiary zone and their religion."

Do you consider these provisions as adequate? You might tell us your idea about these disqualified persons, especially collaborators, traitors or profiteers.

Mr. LYUH : We had a big fuss about this question at the Assembly meeting. It is very hard to classify pro-Japanese or collaborationists or traitors. Unless we have some kind of court, where we can have a thorough trial and sentences imposed, it is really a hard question. At the time it was passed by the Interim Assembly I thought that it was all right and a good thing to have, but, as I say, it is very hard to classify them.

CHAIRMAN : We have another question which comes under the same category.

Mr. LYUH : North or South ?

CHAIRMAN : For the whole country. The question is : Should persons who have held official positions during the period of the Japanese regime be deprived of their right to vote and/or be elected ? If so, to what official positions should this apply and by what authority is the decision to be taken in individual cases ?

Mr. LYUH : That is another hard question. Some of the Koreans who held high positions during the Japanese rule were not such bad characters compared to some others, and even some of the policemen and detectives were not such bad characters. Therefore, it is very hard to answer, I think it should include all those who held what I call the "ching-wang" positions — that is, the high ranks — no matter vhether there were willing to hold these positions or not. These men were in the higher and more responsible positions, and it is not only for the present time, but we must give some kind of education to the future generations. Therefore, it is quite necessary to have some kind of limitations upon whether to allow them to vote or not.

CHAIRMAN : Mr. Lyuh is referring to the selectees rather than the appointees. Appointees are lower officials.

Mr. MANET (France) : If I understand your position, you would not suggest that these policemen, whom you suggested should be dismissed because they were employed by the Japanese, should be deprived of their right to vote or be elected ? Or would you ?

Mr. LYUH : Some of the policemen were bad and some were not so bad. Therefore, as I have said, it is a very hard question. Some of the Korean policemen had to do it for a living, and some even went so far as to become policemen in order to further some Korean cause but, many of them were willing and patriotic to the Japanese, more so than some of the Japanese.

Mr. MANET (France) : In other words, do you consider the question of the classification of pro-Japanese is closed now, or that it should go as far as they went in North Korea. I understand they went a bit too far in North Korea disqualifying people for being pro-Japanese. Do you consider the question is closed now.

Mr. LYUH : We are absolutely ignorant of what they are doing in the North. This is really a difficult question to solve.

CHAIRMAN : The general impression is that they went very far in the North to disenfranchise a whole bunch of former Japanese employees. I think you have already covered the latter part of the question.

There is a further question : In your opinion, should persons who cannot read and/or write be given the right to vote ?

Mr. LYUH : I do not think so. They should not vote because when they went to vote they would have to ask somebody else to write for them. For instance, if such a man wanted to write down Kim Kiusic's name, since he could neither read nor write, the person writing for him might write another name.

Mr. MANET (France) : You are aware they have the right to vote in North Korea. There is no discrimination as regards education.

Mr. LYUH : If they have that system in North Korea, I do not know how they manage; probably they have some supervisor or policemen standing inside to see whether the name is written that the voter wants. But this is a secret ballot, and if it is, then you cannot ask somebody else to write the name.

Mr. MANET (France) : You are in favour of the secret ballot ?

Mr. LYUH : Surely. Yes, Sir.

CHAIRMAN : Of approximately how many members should, in your opinion, the National Assembly of Korea be composed.

Mr. LYUH : You mean all of Korea. I understand that we have *guns* in the thirteen provinces, and, according to the law passed by the Assembly today, each county has at least one man, so that will mean approximately 350 to 400.

CHAIRMAN : A *gun* is a county.

Mr. LYUH : Generally each county has a population of somewhere round 100,000. Some big counties have a population of 200,000, but most of the small counties have a population of 100,000. If we have a population of 30,000,000, and there is one representative for every 100,000, then there will be 300 representatives.

CHAIRMAN : We are working under pressure of time, but we still have a few minutes left. If any member of the Sub-Committee or any member of the Commission would like to ask a question, would he do so now ?

Mr. LYUH : May I ask some questions, please ?

CHAIRMAN : If we are in a position to answer them.

Mr. LYUH : The newspapers report that you have received a definite answer from the Government of the Soviet Union, and it is reported that they refuse to allow you to go up to the North. Have you received a definitive answer from them ?

CHAIRMAN : That is not a matter for our Sub-Committee. We have a Commission, and this Sub-Committee is only a part of that Commission.

Mr. LYUH : If the Soviet Union refuses to allow you to go to the North, what will you do ?

CHAIRMAN : Our Commission will meet very soon, and we will go into that.

Mr. LYUH : I do not know whether it is a rumour or not, but it is said that if you fail to go to the North, and if we cannot have an election for the whole of Korea — North and South — you may try to have an election in South Korea. I do not know whether that is true or not, but I should like to express my view on that.

As you know, Korea is now divided into two parts. It was divided not by ourselves, but by the United States of America and the Soviet Union. As you know, we are suffering very much politically and economically, morally and spiritually, and in every way. We are suffering because we have no power to ask the Russians and the Americans to move out and leave Korea to ourselves. But we do not intend to divide the country by ourselves, and if we are going to have a general election in South Korea alone, and form a separate government, it means that we Koreans are dividing the country by ourselves, and we cannot do that. It is not just a question of the present time; we are afraid it would be a big sin for our future generations. So we do not want to divide the country by ourselves.

If we establish a government in South Korea alone, I am sure the people of the North will establish a government for themselves. Then there will be two governments in the country and I have heard that there are more than 300,000 trained soldiers in the North. We have now over 20,000 policemen, besides constabulary and some others. If we established the two governments in the North and the South, then you know what will come next.

We Koreans are a homogeneous people. We think we belong to only one family. As you know, some two million people came down from the North after the liberation, and some of them left their sons and brothers and wives behind. They have half their family down here and half in the North. When we start fighting that would mean that brother would be killing brother, father killing son, and wife killing husband and husband killing wife. I hope you will consider that question.

Dr. DJABI (Syria) : These refugees from the North, do they come on account of the political regime?

Mr. LYUH : Yes.

Dr. DJABI (Syria) : Are there any refugees going to the North from the South?

Mr. LYUH : Very few. You might say there are political refugees and some members of the Labour Party of South Korea. But I think the number coming down from the North is far greater than those who go to the North.

Mr. PATTERSON (Canada) : How does Mr. Lyuh arrive at his figure of two million refugees?

Mr. LYUH : I have heard it from the people of the military government, and other sources.

Mr. PATTERSON (Canada) : Is that the estimate of the military government?

Mr. LYUH : I think so, I think the number is over one million, but not quite two million, but perhaps I am mistaken.

Mr. PATTERSON (Canada) : We hear a great many estimates. I wonder how people arrive at these figures.

Mr. MANET (France) : I understand that you are against a separate election, but, in that case, have you a plan in mind? Or have you any suggestion to make to us as to what, in your opinion, should be done, taking into account the present situation?

Mr. LYUH : I do not know whether or not it is possible to ask the United Nations Commission, the United States and Soviet Russia to come to some agreement, and, in the second place, if it is possible I hope you will help us to have a conference between the leaders of North and South Korea. At that conference we could discuss what is the best for the Korean people as a whole.

Mr. MANET (France) : Is it your belief that the representatives from the South will be able to discuss with the representatives from the North, considering the fact that the representatives of each side would have to be first authorized or selected in some way.

Mr. LYUH : I know that some people in the South would not want to have any conference or any meeting at all, and, in the same way, some extremists in the North have the same feeling and adopt the same attitude. But the majority of the Koreans, both in the North and in the South, are willing to go up or come down to have a meeting. As you know, there are some extremists in the South and some extremists in the North, and both want to have separate elections and separate governments. But the majority of the Korean people want to have Korea united. These extremists are quite sure that if we have a separate election and establish a separate government in the South of Korea, they will obtain power, and some extremists in the North are doing that now. If we have a united election and if we have a national government formed, they would have very little chance of obtaining power.

CHAIRMAN : I think we can thank Mr. Lyuh for his assistance.

Mr. LYUH : It is certainly a great honour for me.

The meeting rose at 6.10 p.m.

VERBATIM RECORD OF THE ELEVENTH MEETING [1]

Duk Soo Palace, Seoul, Korea, Thursday, 29 January 1948, at 10.30 a.m.

Chairman : Mr. JACKSON (Australia)

CHAIRMAN : I declare open the eleventh meeting of Sub-Committee 2.

Hearings of Koreans : Mr. Kim Sung Soo

CHAIRMAN : We have with us Mr. Kim Sung Soo, chairman of the Democratic Party of Korea. We are going to ask Mr. Kim some general questions first, and then ask him to make a general statement. Some of you will have read already the letter which he has sent us. Mr. Kim will probably quote from that letter, and, in any case, it is a good idea that he should cover the same ground and emphasize the points he raised in that letter.

[1] Document A/AC.19/SC.2/PV.11.

Mr. Kim then assumed his seat. His answers and remarks were interpreted from Korean.

CHAIRMAN : Mr. Kim, it is the opinion of the Sub-Committee dealing with the question of ensuring a free atmosphere for elections that there must be the following minimum requirements: freedom of expression, and with it freedom of the Press and of information; freedom of assembly and association, freedom of movement, protection against arbitrary arrest and detention, and protection against threats of violence and violence.

The question is this : Are there any laws, regulations or ordinances now in force, or any conditions now prevailing in Korea which, in your opinion, are incompatible with a free atmosphere for elections, and, if so, what provisions, legal or practical, are required to improve this situation.

Mr. KIM Sung Soo : In South Korea there are no such restrictions as to the freedom of speech or any other freedom. I am not familiar with the actual regulations or ordinances in North Korea which violate freedom, but I should like to submit an example, a rather well-known example. My intimate friend, Mr. Cho Man Sik, was elected chairman of the Chosen Democratic Party and also chairman of the People's Commission in North Korea. At that time, the People's Commission was a form of coalition of the leftist interests and the rightists. Just before the end of 1945, when the Moscow Conference was made known, he expressed his opinion at a conference that he could not accept trusteeship because it was against his principles of political belief. He only expressed his view at that conference, and there was no instigation or any other form of disturbance of the public peace. But immediately he was made to resign the chairmanship of the party and of the People's Commission, and he has been in custody for the last two or three years. This example is clear evidence to show that North Korea has no such freedom of speech or expression.

In South Korea there are no laws or ordinances which are incompatible with this free atmosphere. In North Korea all imprisonment is the result of differences in political opinion. In South Korea there is no such thing whatever. As a matter of fact, in order to hold the general election in a free atmosphere, the Commission should particularly pay attention to the fact that not only are there no laws incompatible with this free atmosphere, but the maintenance of public peace must have particular attention paid to it. As an instance, there was the riot and insurrection which took place in October 1946, in the two Kyongsang provinces and a little later, in the two Chola provinces. These riots were the doings of the communists. By a kind of mob psychology, they instructed the innocent farmers and peasants to attack the local magistrates and the police. Not only did they attack these people, but they attacked them in a most excruciating manner — a manner which is completely unknown in our history. For example, they poured gasoline on to a magistrate's skull, and burnt him alive. They would get hold of a pregnant woman and draw the child out violently and, in this way, murder her. In their own native land, three policemen one night were attacked and their noses were pierced with a piece of iron, and they were dragged along all night long. At the end they were drowned in the water dam near by.

The Korean people are a law-abiding and peace-loving people, and such violences have never been known before in our history. The communists resorted to such violent methods in order to show the people that if they did not become communists they would be treated in the same way. That is a clear evidence of the slackness in the maintenance of peace in South Korea.

I wish to emphasize that not only are there no laws or regulations, but the free atmosphere is carried to such an extent that even the public peace may sometimes be violated. So I stress the point that the Commission should pay much attention to the question of the maintenance of public peace if the general election is to be carried out in a free atmosphere.

As another instance, only two or three days ago the Metropolitan Police chief, Dr. Chang, was attacked while he was going to the office. Three hand-grenades were thrown, and one of them actually went into the car, but fortunately it did not explode. The assailants were soon arrested, and it was discovered that their action was taken upon the instructions of the supreme organization of the communists of North Korea. So, if public peace is to be so slack, the candidates who stand for the elections will probably be attacked in the same way.

All this evidence proves that North Korea is constantly attempting, with the communists in South Korea, to disturb our peace, and in this way make it impossible for the general election to take place in a free atmosphere.

CHAIRMAN : May I ask whether you have any information as to whether the same kind of atrocities are being committed now in North Korea against the democratic people?

Mr. KIM : I have heard of no such incidents in North Korea, or of such violent methods of murder and so forth, but I should like to add that there is no spirit of democracy in North Korea. As an instance, soon after the Moscow decision was made known, there was a mass meeting in Seoul Playground. This was in January 1946, and that mass meeting was organized by the communists. They persuaded the citizens of Seoul to attend the mass meeting on the spontaneous ground that it was going to be an anti-trusteeship mass meeting. In the meantime, there was an instruction from North Korea, and the citizens who had gathered in the Seoul Playground in order to demonstrate against trusteeship were deceived on the spot. The instruction from North Korea was that trusteeship must be welcomed by the Koreans. As a result, the sponsors of the meeting immediately changed their method; thereupon the meeting was to welcome trusteeship.

There is no democratic spirit in North Korea, because the people move by instruction or through superiors, and there is no free expression of the people's spontaneous feeling at all.

At that meeting the people were pretty antagonistic, because they had been deceived. The meeting was to have been anti-trusteeship, and it suddenly turned out to be pro-trusteeship. Even the communists themselves, who had expressed their anti-trusteeship feelings, suddenly discovered they had to welcome the Moscow decision.

In this way, I suggest, there is no freedom of speech or freedom of Press or information. Although they call themselves Progressive Democrats, there is actually no spirit of democracy in North Korea, because everything is run by instructions from Soviet Russia. Further, I should like to add that, on the question of political criminals, there has been some opinion that all political criminals should be released in South and North Korea. I submit there are no political prisoners in South Korea : they are in prison because of their acts of violence in the nature of murder, assassination and incendiarism and so forth; whereas in North Korea a mere difference of political opinion is sufficient reason for imprisonment. Therefore, in North Korea, they are, in the true sense, political prisoners. Supposing that political prisoners were to be released in both North and South Korea, it is very much to be doubted whether the one nation which boycotted the United Nations decision, which was adopted by 43 votes to none, would live up to our expectations. In South Korea, the United States occupation forces will do their best to release all so-called political prisoners, and the result would only create more acts of violence and atrocities.

There is a possibility — indeed, a great probability — that the Soviet Union would not release their prisoners, whereas in the South, those who are supposed to be political criminals but who, in actual fact, are murderers and assassins, would be released, and, therefore, peace would be greatly threatened.

CHAIRMAN : You say that there are no political prisoners in the South, and you suggest that murderers, assassins and so forth, might be released. Does it seem to be a central idea that such persons have any vote in any part of the world. It does not appear that they are likely to be released, such impossible people as that. On the other hand, there may be people who have committed offences against the Military Government in the South, and people who have been imprisoned for minor offences, but under these particular conditions they might be released so as to be enabled to cast their vote. Leaving aside the question of Northern Korea, do you think that the government in South Korea should release these persons ?

Mr. KIM : Even the minor offenders against the Military Government, offenders of such a nature that they may not have actually partaken in these terrible acts of violence, have been imprisoned because they have instructed or instigated these offences or have given money for the purpose of graft. There are many such instances, and the prevailing feeling among the Koreans is that the Military Government is too lenient. The Military Government has released many people who should have been imprisoned, and there are many cases of this leniency, so that in South Korea there are no political prisoners, whereas in the North all the prisoners are of the nature of political prisoners. In South Korea the Military Government permits the activities of the South Korean Labour Party, which is in direct kinship with the communists of North Korea. All this is evidence of the fact that the Military Government is almost too lenient so far as political freedom is concerned.

CHAIRMAN : Have you anything further to say in answer to the original question ? Is there any member of the Sub-Committee who would like to ask any questions on that ? I think we may go on to one or two other questions. In the event of an election, do you consider that all parties and organizations, without discrimination, should have complete freedom of speech, of meeting and of publishing their views, now and during the elections ?

Mr. KIM : There should be no discrimination as to the different organizations. They should have equal opportunity of expressing their views.

CHAIRMAN : Would you eliminate communists ?

Mr. KIM : They should have the right both to vote and to stand for election.

CHAIRMAN : Do you consider that the elections should now be held before 31 March ?

Mr. KIM : Not only should the election take place before the end of March, but, if possible, even before then. As a matter of fact, as early as 1946, when the first Joint Commission broke up, I personally made some proposals to the Commanding General down here to the effect that the procedure of the Conference clearly showed that the meeting could not possibly be held between two parties only; that is USA and USSR. From the very nature of the thing, no conference could be held between two people only, so I proposed to General Hodge that the four nations concerned in the Moscow Decision should partake in the Conference or our question should be raised before the United Nations. In September 1946, on the occasion of the anniversary of the Democratic Party of Korea, the Party took the selfsame decision and sent telegrams to the four nations and also to the United Nations. Some of the members of the Commission may be acquainted with the nature of those telegrams.

In regard to the election, one day's delay makes it so much the worse for Korea, so I definitely feel that the election should take place, at the latest, by the end of March, and, if possible, even before.

Furthermore, not only do the Koreans themselves ardently desire this election to be held as soon as possible, but the very dignity of the United Nations, which resolved on the Korean question by 43 votes to 0, is at stake. If the election is not held because one nation is boycotting the decision of the United Nations, it will eventually mean that the United Nations is under the control of one boycotting nation. So for two reasons, firstly for the internal reason and, secondly, for the external reason, the election should be held as decided by the decision.

CHAIRMAN : You have already said that in your opinion there are no political prisoners in Southern Korea. Have you any knowledge, in round figures, of the number in Northern Korea ?

Mr. KIM : I do not remember hearing any clear number, but I have heard that the rough number is about 20,000 in North Korea.

CHAIRMAN : Do you consider that reliable or reasonable information ?

Mr. KIM : I definitely feel that the source is reliable. I even feel that the actual number may be more than 20,000. Besides, there are many cases of deportation. The state of affairs in North Korea is almost unimaginable. On this question, the Chosen Democratic Party should be consulted. Important members of this party have escaped down to South Korea after the resignation of Mr. Cho Man Sik as chairman, and it is now established in Seoul. If the vice-chairman of that party, Mr. Lee Yoon Yung, were asked, he would certainly have the clear figures.

CHAIRMAN : The Sub-Committee that is dealing with election laws and general machinery for elections would be interested to know what is your opinion of the voting age. In the North it is 20 and in the South it is 23. Considering that the United Nations General Assembly's intention is that the election shall be held on the basis of adult suffrage, what do you consider should be the minimum voting age ?

Mr. KIM : The South Korean Interim Legislative Assembly debated for six months on the question of the age of electors, and eventually the age of 25 was proposed. Later 21 was proposed and eventually 23 was the age limit decided upon. I feel that this age limit is quite suited to our present condition for two reasons. First of all, even in the Western countries the age limit was high at first and gradually it descended. In comparatively advanced countries like Denmark and Holland, the age limit is still 25 years of age. We in Korea have so far had no discipline in general elections, and personally I feel that 23 years is a bit lower than might suit. In any case, the traditional family system gives very little discipline to the younger generation on social conscience and civic questions, and the younger generation is inclined to have rather hazy ideas because of this family system. So, because younger people probably are not able to give a clear judgment on such social issues, I feel that 23 years is the most advisable age-limit for the electorate.

CHAIRMAN : Did you take part in these discussions as a member of the Interim Legislative Assembly?

Mr. KIM : I did not partake in the debate, because I am not a member there of.

CHAIRMAN : On the question of people who are adults, but who are not eligible to vote, Section 2 of paragraph *(a)* of the Public Act No. 5 of South Korea reads :

"Persons to whom any of the following categories are applicable are not eligible to vote or to be elected :

"(1) Incompetents, quasi-incompetents, mentally deranged persons, and drug addicts.

"(2) Persons who are sentenced and serving prison sentences, or who are under suspended sentence, or are fugitives from justice.

"(3) Persons who have received a sentence of one or more years' penal servitude or imprisonment; provided, however, that if three or more years have elapsed since the completion of sentence, or since the time when final decision was made not to execute the sentence, or if the sentence was imposed for a political offence, the person concerned will not be included in this category.

"(4) Persons who have been forbidden to vote by law and persons who have been classified by law as 'traitors', 'collaborators', or 'profiteers'."

Section 1, paragraph (1) of the Election Regulations of North Korea reads :

"1. Exclusive of mental patients and men who have been stripped of their franchise by the verdict of the Court of Justice, all twenty-year-old citizens of North Korea shall have the franchise and be qualified for election regardless of their financial status, education, residentiary zone and their religion."

Mr. KIM : On the first provision dealing with incompetents or mentally deranged persons or drug addicts, and the second and third provisions, I feel that these are quite adequate. On the fourth provision, however, I feel that it is very difficult to investigate or to define who are the traitors, the collaborators or the profiteers. It will take many years to investigate and scrutinize these, so I feel that the fourth provision might be omitted for our immediate purpose, and later on, when we have more leisure and after our government has been established, we could take time in defining who are the traitors, the collaborators or the profiteers.

I feel like quoting General Chang's words to the effect : "Do not ask his profession, but only investigate his action." Generalissimo Chang expressed this view with regard to Manchukuo. So, with regard to the fourth provision regarding traitors and so on, I feel that this might be omitted for the time being.

Except for the age provision, I am more inclined to agree with the provisions made for North Korea, in particular in conjunction with this fourth provision of South Korea regarding the traitors and profiteers.

CHAIRMAN : The next question deals with persons holding positions under Japanese control and persons who commit pro-Japanese acts. Should persons who have held official positions during the period of the Japanese domination be deprived of their right to vote and/or be elected, and by what authority is this decision to be taken in individual cases?

Mr. KIM : It is very difficult now to discover the extent to which some of these notorious Koreans co-operated under the Japanese Government. Often those of high rank had patriotic motives, and often those of lower rank in the civil service acted in a very undesirable way, so that it is very difficult to distinguish by means of rank or position. I feel that the provision might be omitted provisionally, just as I expressed the view that the provision regarding traitors, collaborators and profiteers should be omitted.

Of course, from the question of Korean custom, the far bigger crime is to be found in the change of our names, which the Japanese Government forced upon us. Although ostensibly the Japanese Government did not force us to change our names, in actual fact, of course, they used every means of oppression to make the Koreans change their names to the Japanese way. Ninety per cent of the Koreans changed their names in this way; otherwise their children could not go to school, and so we have this kind of discrimination which the Japanese forced upon us. Purely from the ethical point of view, that is perhaps a bigger crime for the Koreans than the minority of civil servants under the Japanese Government. Of course, there are some notorious examples of men who went to excess in co-operating with the Japanese. Those few should be eliminated. However, the number is not great, so they can be ignored. This question also should be defined later on when our government is established, but it will surely take time, and for our immediate purpose this provision might be glossed over.

CHAIRMAN : You say the number is not great. Are there any of them in important positions now?

Mr. KIM : There are, so far as I know, only a few in the police, and even in the police they do not occupy high positions; they are merely what might be called the tools, especially in criminal investigation — those who, in the past, had discipline in this field. Some of them are at present working in the national police, but that, again, is a necessary evil because of their past experience.

I wish to stress the point that those who went beyond human decency in co-operation with the Japanese are such a small number that they can be counted. These few would have no effect on the general election, and supposing that one of them stood as candidate, the people who know best would not vote for him, so that, as far they are concerned they will have no impact on the general election at all.

CHAIRMAN: What is your feeling about people who are guilty of notorious pro-Japanese acts, presumably against your own people, during the domination? How should they be treated from the point of view of voting?

Mr. KIM: Those who are notoriously guilty of pro-Japanese acts during the Japanese rule are so small in number that they need not be discriminated against in our coming general election. First of all, it is difficult to discriminate, and secondly, those who went to excess are so notorious and very few in number that they would not affect the election in any way.

CHAIRMAN: What types of act would you have in mind?

Mr. KIM: I could give many examples — those who went beyond human decency in making the Koreans change their names, in actively co-operating with the Japanese in forcing our students to "volunteer" in the Army, private espionage, and so forth. Ostensibly in outward show a Korean had to express his willingness to co-operate with the Japanese; but inwardly nearly every Korean felt that his violent anti-Japanese feeling would burst out at any moment. So I feel that the question of the pro-Japanese and his kin is rather difficult to define.

CHAIRMAN: Should persons who are unable to read or write be given the right to vote?

Mr. KIM: Those who cannot read or write should not be given the right to vote. At least they should be able to write their name in their own hand. People who have not had even that education would have no judgment on the elections. So those who cannot read or write should be eliminated. The Korean alphabet is such an easy alphabet that anyone who pays attention to it for a month would be able to read and write it, so that such a provision would not exclude a large number.

CHAIRMAN: What percentage of Koreans, do you think, would be unable to read or write their own names?

Mr. KIM: Earlier, of course, the percentage was quite large, but since the Military Government came in the question of adult education has been very much taken up. I think that the percentage of illiteracy has gradually decreased. Of course, I am not sure on this point, but I feel that it would not be more than 20 per cent or so.

CHAIRMAN: Twenty per cent who cannot read or write their names.

Mr. KIM: That is purely my feeling; and in any case the statistics released by the Military Government are not very reliable, because they do not put too much emphasis on statistics, and, for another thing, in the statistics of the Military Government, I do not think they have made a clear investigation as to the percentage of illiteracy.

CHAIRMAN: Of approximately how many members, in your opinion, should the National Assembly be composed?

Mr. KIM: The approximate number of the Assembly should be 350, in any case, not more than 400. Of that number, perhaps about 250 or 240 would be from South Korea, including about 30 or 40 members elected by the refugees from the North, in accordance with the provisions of special constituencies.

Every *kun* should be a unity, and in a large city 100,000 would be the unit for each elected member. In local districts where the *kun* would be the unit, some may be a little over 100,000 and some a little under. In any case, each *kun* should be a unit. On that basis, about 350 members, or a maximum number of 400, should be the number for the whole of Korea.

CHAIRMAN: Has any member of the Sub-Committee any questions to ask?

Mr. LIU (China): Could I be frank with Mr. Kim, and ask him a question on a point which came out during the hearings more than once? It is in connexion with the police. It has been insinuated more than once at our meetings that the police force is on rather good terms with the great party which Mr. Kim represents, and it was insinuated that the police force gave the benefit of the doubt to his party whenever a doubt existed. So, to help us, I wonder if Mr. Kim would be good enough to tell us, firstly, whether according to the Korean laws the police officers and constabulary are allowed to join a political party, and if so, whether as head of his great party, he will tell us how many police officers and constabulary are members of his party?

Mr. KIM: On the first question, whether the police can join any political party, I am not acquainted with any regulations of the Military Government dealing with this, though there may be some. So far as I know, there may be some policemen, even among the officers, who may be members of my party, or they may not; but there is no way of finding out. I have never tried to find out the exact number of party members who are in the police.

The rumour that the Democratic Party of Korea is closely affiliated with the national police arises from only one cause — namely, that the Director of the National Police, Dr. Chough, was formerly an executive member of the Democratic Party. But when Dr. Chough entered the national police he resigned his position as our central executive member. People who intend to malign the party give that as evidence that Dr. Chough is a member of the Korean Democratic Party, but actually he has no affiliations now. So far as I know, Dr. Chough is the only reason why people insist on the fact that the Democratic Party is closely connected with the national police. Dr. Chang, of the metropolitan police, is not a member of the party; he is merely an old acquaintance of mine, and the public take that again as evidence that the metropolitan police is closely akin to the Democratic Party. For all I know, there may be policemen and officers who are members of some political party; but there is no reason whatever why my party should monopolize the political connexions of the police.

CHAIRMAN: Would a statement that no member of the police force is allowed to join any other party but the Korean Democratic Party be true or false.

Mr. KIM: Would that be from the standpoint of the national police or from the standpoint of the Party?

CHAIRMAN : If a statement is made to that effect from any quarter, no matter what the quarter is, would such a statement be true or false?

Mr. KIM : Of course such a statement would be completely false. There is no such evidence.

CHAIRMAN : Could it be true in relation to one area alone. Could it be true without your knowledge?

Mr. KIM : Such a statement would be completely false, even with regard to certain localities in the provinces. The national police is part of the Military Government, and the Military Government has nothing whatever to do with the Democratic Party.

CHAIRMAN : Would it be possible for the police themselves, the senior police officers, in any one area to issue such an instruction?

Mr. KIM : That is absolutely impossible.

CHAIRMAN : Then you are confident, from knowledge of the police force, that such a thing could not possibly happen?

Mr. KIM : Not only now, but later on, after the general election, I hold the principle that no such thing could possibly happen. Even supposing that one particular party had the absolutel majority in the coming election, it does not mean that that party could control the police by granting positions in the police.

CHAIRMAN : It is very important to us that we should know this thing clearly. Would your information, of which you are so certain, concerning the areas of the police, come from your close friendship with Dr. Chough, or would it come from your party organization throughout the whole of these areas?

Mr. KIM : This is the first time I have ever heard that the police, even in the local provinces, are absolutely controlled by my party. Such information has come neither from my branch officers nor from Dr. Chough himself. On hearing the question set by Mr. Liu, I supposed that such malignment is based on the fact that Dr. Chough used to be an executive member of my party. Otherwise he has no ground for thinking that my party is closely affiliated with the police, whether in Seoul or in the provinces.

Mr. PATTERSON (Canada) : I should like to add, for Mr. Kim's benefit, that whatever is the basis for such questions from the Committee, such a statement has been made in the foreign Press. I have read it.

Mr. KIM : Even if it has been reported in the foreign Press, it is not a reason for believing that such is the case or the truth.

Mr. PATTERSON (Canada) : No, quite so. The reason I said this was because you said this was the first intimation you had had, and therefore supposed it was because of Dr. Chough's previous relation with the party. I wanted to say it was a matter of some common suspicion because it has been given publicity.

Mr. KIM : I should like to add that from the purely political point of view, my party will always be prepared to stand against and fight the Communist Party, but my antagonists malign my party and myself to such an extent that it is almost impossible to believe the extent to which they are capable of false propaganda. As a simple example I should like to say this. One day I called upon General Hodge, and his Korean secretary, Dr. M. M. Lee, showed me a postcard supposedly signed by me. The card read that although Mr. Pak Hun Young, chief secretary of the Communist Party in Korea, was one of the communists to be on the list of those to be arrested, I asked General Hodge not to arrest Mr. Pak. I was informed that these letters signed by me, and some signed by the late Mr. Chang Duk Soo, who was assassinated two months ago, arrived almost every day. I was informed by General Hodge's secretary that there was a large file of letters presumably signed by me and other leaders. Of these, my name occurs most frequently, so this is clearly evidence that the opposing party will take any means to spread this false rumour or false propaganda. I am afraid that the members of the United Nations Commission will also receive letters. Of course, one man can write a hundred letters in a night, each with a different name. So I feel that the members should not entirely rely on such correspondence, because the opposing party will resort to any means of spreading false propaganda or false rumour.

Since the question has been raised — I wish to add that I do not feel particularly happy about mentioning this — but because there was so much false propaganda on the two police chiefs, Dr. Chough and Dr. Chang, high officers in the Military Government held an investigation, presumably in this very room, in the presence of General Lerch and General Brown. The accusation was actually made to General Hodge by Dr. Kim Kiusic and Mr. Ahn Chai Hong who are occupying important positions in the Military Government. Eventually the accusations turned out to be absolutely groundless. So even among high officials, for some personal reason or another they are quite open to such false rumour and they are inclined to make groundless accusations. So we can expect far more of that nature.

Therefore, I feel that the members of the Commission who have come a long way from all over the world should be fully acquainted with the extent of confusion to which you are now exposed. I should like to add that the members should not be persuaded to deal with such false rumours or false propaganda. Personally, I feel that if the consultations held by the present committee touch on such questions, the debate and conflict of opinion would be absolutely endless. I feel that if the consultations were limited to the questions of the method or the way of the coming general election, it would greatly expedite the election. If the consultations extend to other interests and other questions, questions which have no direct bearing on the election, the conflict of opinion would not only be futile, but would be endless.

CHAIRMAN : I should like at this stage to make it clear that this Sub-Committee has no opinion. Its purpose is merely to collect information. The statement was made in one of the papers that the United Nations Commission was in complete harmony with the views of a certain person who was here. As we have no views, that statement by the Press was not correct. We have no views at all, and although our members may, in asking questions, give the impression that they are following certain lines, this is merely to get certain information.

I think you can be assured that any letters received by our secretariat will receive the very greatest scrutiny, and will not be accepted merely because they appear to have the signature of an important person. I can assure you that great care is being taken to gather that class of information and that it is scrutinized to see whether it is valid or not.

Mr. KIM : Thank you.

Mr. PATTERSON (Canada) : As a member of the Sub-Committee which deals with a free atmosphere for elections, I should like to ask a question about the present political situation. As indicated by the Chairman, Sub-Committee 1 regards this free atmosphere as a very important question and quite relevant to our main task here. Mr. Kim spoke of the situation in North Korea, where, without exact knowledge, he thought that perhaps there might be 20,000 political prisoners. I wonder if he knows whether, in addition to that number, there are others who might be under some other form of restraint, such as house arrest or detention. Or does Mr. Kim include other forms of arrest in the 20,000?

Mr. KIM : Of course, as I have stated before, I am not certain about the exact number. I only suppose it is an all-round estimate of 20,000. That number probably would not include things like house arrest, because house detention would be applicable only to a few exceptional leaders such as Mr. Cho Man Sik. Probably there are only one or two imprisoned in such a way. As to more detailed information, I suggest that the Commission should consult with Mr. Lee Yoon Yung, the vice-chairman of the Chosen Democratic Party. Not only are there cases of imprisonment, but there are innumerable cases where the whereabouts of the arrested person are completely unknown, they might have been transported to Siberia or other places like that from whence no information can be obtained at all. I have heard many instances of that nature.

Mr. PATTERSON (Canada) : Then among the persons who are imprisoned here, who are said by some to be political prisoners, but who Mr. Kim says have been imprisoned for criminal offences like assassination or murder, would Mr. Kim have any idea of how many people there are who are claimed by some to be in the group of political prisoners, but who are really in prison for another offence?

Mr. KIM : In my opinion there are no political prisoners in South Korea, but as to an estimate of the number of prisoners who are claimed to be political prisoners, I have no idea at all. I certainly feel that in their claim they have an ulterior motive, because there is not even one political prisoner in South Korea.

CHAIRMAN : I should like to thank Mr. Kim.

Mr. KIM : I should like to ask whether I shall be permitted not only to state my views, but also to ask some questions.

CHAIRMAN : I am afraid it will have to be at some future date, because our next session is coming on, and we must now close. I think that at some future date we might possibly ask Mr. Kim if he would come again and talk over certain matters with us.

Mr. KIM : I am willing to postpone the questions, but I would just like to state one or two things.

CHAIRMAN : We have to get through and on to the next hearing. I have already gone past the time at which we intended to stop.

Mr. KIM : I should like to stress the point that the National Assembly which is to be constituted as a result of the coming general election must be considered a national one. Supposing that North Korea does not accept the general election because of the boycott of Soviet Russia. Such a result would be, as it were, an act of God and inevitable. I mean that the 38th parallel line was flung on to us from some mysterious quarter, and it is interfering with our election. As I stated in the letter I submitted to the Commission, I feel that as a matter of course even if the election takes place only in South Korea under United Nations supervision, that election must be considered as a national election. The reason is that the election is legitimized by the United Nations decision, and its character of national representation must not be lost by the accidental fact that the whole election is made impossible by unlawful interference of a foreign occupation army or some minority in North Korea who are now in absolute control of the northern half of Korea.

Even in North Korea the public ardently desires this election, but only the minority of communists, who are in control of the political power in North Korea, oppose the election, in conjunction with the Russian boycott. I wish to stress the point that even if, by some accident the election is to take place in South Korea only, that election should be legitimately considered as the national election.

CHAIRMAN : I am sorry that we must stop now. I think we should state that the letter received from Mr. Kim should be read in conjunction with this statement when the matter comes up again for consideration.

The meeting rose at 1.15 p.m.

VERBATIM REPORT OF THE TWELFTH MEETING [1]

Duk Soo Palace, Seoul, Korea, Thursday, 29 January 1948, at 3.30 p.m.

Chairman : Mr. MANET (France)

CHAIRMAN : I declare the twelfth meeting of Sub-Committee 2 of the United Nations Temporary Commission on Korea open.

Hearings of Koreans : Mr. Cho Pyung Chai, and Mrs. Esther Whang Park

CHAIRMAN : I wish to introduce Mr. Cho Pyung Chai, who would like to make a short statement to the Sub-Committee.

Mr. Cho spoke in Korean, and his remarks were interpreted into English. The Members of the Sub-Committee asked questions in English which were interpreted into Korean for Mr. Cho.

Mr. CHO : We request a unified government from the two zones in order to foster the national spirit. If the two occupation forces remain, then the

[1] Document A/AC.19/SC.2/PV.12.

Korean nation, which has been homogeneous, with one language, one tradition and a unified traditional background, might be split into two nations with different customs, different manners and different cultural backgrounds, and the result would be oppression and the suppression of civil liberties and the basic rights of national life.

While the United States-Soviet Joint Commission was in session in Korea, there was less persecution and suppression of civil liberties and the basic rights of the nation. After the Joint Commission was ended, the police made many arrests, and terrorism became more prevalent, with the result that more people were put into jail and illegally treated. Therefore, considering the problem in terms of disease, we prefer to have prevention instead of belated treatment; we prefer to have the basic rights of human beings protected rather than violated. The fundamental precept of the protection of human rights must be based upon a unified government founded on co-operation between the United States and the Soviet Union Governments. Therefore, if a separate government were to be established in South Korea as a result of the Soviet Union boycott, then we are afraid that there would not be a free atmosphere in the elections, even in South Korea.

I am going to state certain conditions which would be helpful in securing a free election in South Korea. In order for a free atmosphere to prevail and for free elections to be held in South Korea, there must be certain prerequisites previous to these elections. First, all political prisoners must be released. Certain sections of Korean public opinion insist that there are no political prisoners in South Korea, but I fear that that belief might be based on ignorance of the laws of the country. As a lawyer in practice and as the General Secretary of the Korean Civil Liberties Union, I am of the opinion that there is no freedom of speech, freedom of assembly and even freedom of organization. For example, a certain newspaper reported on a certain food policy of the Government, stating that if the food programme and the situation worsened, it might result in a so-called "march to Versailles", with the result that the operation of the newspaper was suspended and its circulation ended. The people responsible for putting out the newspaper were put into jail.

A great many people were put into jail for posting stickers that stated that the "People's Republic" must be supported or that certain political prisoners must be released or that certain warrants for arrest for certain people must be cancelled.

In South Korea, as you many know, an assembly of more than three people is regarded as illegal. There were many actual cases where so-called illegal assemblies took place and quite a number of people were arrested and put into jail. For instance, certain members of the trade unions held a central meeting. When they had finished the meeting and were having supper, the gathering comprising the dinner party was regarded as an illegal party, and those who attended were arrested and put into prison for one year.

There were a certain number of young men who claimed the right of freedom to study, and they were arrested and put into jail because some of them opposed the so-called "National University Plan". I regard those people as political prisoners. Besides those people, there were quite a number of people who were arrested and brought into court and charged with deception or fraudulent embezzlement or illegal possession of United States and Japanese commodities and other foreign goods.

I, the General Secretary of the Union, am not in a position to give the exact figures of arrested people and those who are in prison, but it may be possible for the Commission to make a complete investigation of the exact numbers and the exact figures of those who are in prison and under arrest. I fear that if these political prisoners are not released it might be impossible to hold free elections in South Korea.

A second condition for free election in South Korea is the so-called localization or decentralization of the police. At present, in the name of the national police, all police machinery is centralized and organized unilaterally under the national police, and all instructions and orders must be obeyed from top to bottom without any localization. Therefore, there is every danger of the police becoming infected with political beliefs; for instance, if a rightist is in the position of Director of the National Police Department, then the police might throw out people with leftist tendencies. If the national police are directed by people with leftist tendencies, then the instructions or orders of the police might lean towards or reflect left-wing political beliefs. It is no overstatement to say that, at present, all political activities in South Korea are under the control of the national police. Therefore, to ensure the protection of human rights and civil liberties of nationals, it is necessary to have the national police localized and decentralized and to override the national police force with the local force of the people. In that case, the difficult problem of the so-called Japanese collaborators and pro-Japanese elements in the police might be solved by the decentralization and localization of the too centralized police force in South Korea. A free atmosphere for a free election would be ensured, to a certain extent, by the decentralization of the national police. That is the end of my general statement.

CHAIRMAN : We thank Mr. Cho for his statement. I was about to ask Mr. Cho some of the questions that were prepared by the other Sub-Committees but it seems to me that at least some of those questions have already been answered by him. If the members of the Sub-Committee agree, we might ask only those questions which have not been clearly answered by Mr. Cho in his statement. Is there general agreement to that effect?

No response indicated.

CHAIRMAN : The first question is : What are the conditions which you consider necessary in order that free and democratic elections may be held in Korea? I think this question was answered already in the statement of Mr. Cho because his statement was directly connected with the question. However, it is for Mr. Cho to decide himself if he wants to add anything more to what he has already said.

Dr. DJABI (Syria) : I think that Mr. Cho's statement only concerned free atmosphere in the elections in South Korea. What does he know about a free atmosphere for elections in North Korea?

Mr. CHO : Of course, I presume that there are quite a number of political prisoners in North Korea, so my remarks about political prisoners must be applied to North Korea as well.

CHAIRMAN : The second question is : Do you consider that there are any conditions existing in Korea today which would interfere with the holding of free elections? Here again, I think that Mr. Cho's statement is directly connected with the question. Does Mr. Cho have anything else to say?

Mr. CHO : No.

CHAIRMAN : The third question is : Do you consider that all parties and organizations, without discrimination, should have equal freedom of speech, of meeting, and of publishing their views now and during the elections?

Mr. CHO : I think that all parties and organizations without discrimination should have equal freedom of speech, freedom of meeting, and so on.

CHAIRMAN : Question 4 : Do you consider that elections should be held before 31 March 1948?

Mr. CHO : I am doubtful that a free election could be held on 31 March 1948 because it will take some time to have all the political prisoners released and to create the necessary free atmosphere for a free election.

CHAIRMAN : We might ask Mr. Cho how long he thinks it would take to realize the conditions he has stated that are necessary for holding free elections. From the practical point of view, what is the minimum time it would take?

Mr. CHO : I think that everything depends on the efforts of the United Nations Commission. Therefore, if political prisoners are to be released overnight and if freedom of speech, freedom of organization and assembly, and so on, are realized, then the necessary conditions for free elections might not take as long a time as was supposed; even an election by 31 March is not entirely impossible because the election would depend on the efforts and accomplishments of the United Nations Commission.

CHAIRMAN : Question 5 is : Have you any knowledge as to the number of persons imprisoned for political reasons in South and North Korea? Here again, I think the statement made by Mr. Cho was clear enough. Pershaps, we might just ask Mr. Cho if he is in a position to give us names of people who are in jail at the present time for specifically political reasons in the whole of Korea?

Mr. CHO : I am afraid that I can give you only two names of political prisoners; one is Cho Man Sik who is in prison in North Korea; he is very prominent. There is also Mr. Huh Sungn Tik who was arrested for holding an illegal assembly; at the time a dinner party of the Central Trade Unions was being held. This happened in South Korea.

CHAIRMAN : I think we can omit question 6. Question 7 is : What changes would you propose, if any, in the present franchise laws of South Korea (Public Act No. 5 of the South Korean Interim Legislative Assembly) and of North Korea?

Mr. CHO : I am afraid that I am not well informed on that question.

CHAIRMAN : Number 8 begins with the statement : It is the opinion of the Sub-Committee dealing whit the question of ensuring a free atmosphere for elections (Sub-Committee 1) that there must be the following minimum requirements : Freedom of expression, freedom of Press and information, freedom of assembly and association, freedom of movement, protection against arbitrary arrest and detention, and protection against threats of violence or violence. Then this question is asked : Are there any laws, regulations and ordinances now in force or any conditions now prevailing in Korea which, in your opinion, are incompatible with this free atmosphere and, if so, what are they and what provisions, legal or practical, are required in your opinion, to improve this situation?

Mr. CHO : I am of the opinion that the laws of criminal procedure and the regulations on administrative execution and Korean criminal laws which have been handed down from the Japanese administration and which are now still in force, and the ordinances or regulations promulgated by the Military Government with regard to assembly, organizations or publications, might be improved or changed in order that a free atmosphere might be created previous to a free election. Before, I stressed the fact that regulations on administrative execution were in force under the Japanese administration under the pretence of giving protection to drunkards, drug addicts, or persons suspected of trying to commit suicide, but these regulations were introduced by the Japanese regime, and that practice has been handed down even to the police, with the result that people who are of doubtful character and who are suspected are detained in jail under the pretence of protecting them. Normally, the period of detention was three days, but in one way or another the period of three days is not adhered to. It is revised or renewed according to the intention of the police authorities.

CHAIRMAN : Question 9 : Sub-Committee 3 requests that the opinion of Korean personalities be sought by Sub-Committee 2 on the voting-age and the age of candidature best suitable for all of Korea in the light of the Assembly's recommendation for elections to be held "on the basis of *adult* suffrage". What is the legal voting-age in Korea at the present time?

Mr. CHO : Twenty years of age is considered as the age of discretion.

CHAIRMAN : Is there a special provision in the law at the present time?

Mr. CHO : Yes, it is in the law.

CHAIRMAN : Is the age of twenty computed in the Western way or according to some other system?

Mr. CHO : I do not know what you mean by "other system".

Mr. LIU (China) : Both Korea and China used to use the same lunar calendar; you calculate the age of a person by the year that has elapsed.

Mr. CHO : All legal ages are given on the basis of the solar calendar in Korea.

CHAIRMAN : Question 10 reads : Section 2, paragraph *(a)* of Public Act No. 5 for South Korea reads :

"Persons to whom any of the following categories are applicable are not eligible to vote or to be elected :

"(1) Incompetents, quasi-incompetents, mentally deranged persons, and drug addicts.

"(2) Persons who are sentenced and serving prison sentences, or who are under suspended sentence, or are fugitives from justice.

"(3) Persons who have received a sentence of one or more years' penal servitude or imprisonment; provided, however, that if three or more years have elapsed since the completion of sentence, or since the time when final decision was made not to execute the sentence, or if the sentence was imposed for a political offence, the person concerned will not be included in this category.

"(4) Persons who have been forbidden to vote by law and persons who have been classified by law as 'traitors', 'collaborators' or 'profiteers'."

Section 1, paragraph (1) of the Election Regulations of North Korea reads:

"1. Exclusive of mental patients and men who have been stripped of their franchise by the verdict of the Court of Justice, all twenty-year-old citizens of North Korea shall have the franchise and be qualified for election regardless of their financial status, education, residentiary zone and their religion."

Do you consider these provisions as adequate?

Mr. CHO: I think that if item (3) is enforced, then the release of political prisoners might have no effect on a free election. Except for this item (3), every other item would be quite adequate.

CHAIRMAN: I take it you are referring to section 2, paragraph *(a)* of Public Act No. 5, (3) for South Korea?

Mr. CHO: Yes.

CHAIRMAN: How about the other provisions?

Mr. CHO: I think everything else is adequate except that item (3).

CHAIRMAN: Mr. Cho objects to the above-mentioned paragraph and approves section 1, paragraph (1) of the Election Regulations of North Korea.

Question 11: Should persons who have held official position during the period of Japanese domination be deprived of their right to vote and/or to be elected? If so, to what official positions should this apply and by what authority is this decision to be taken in individual cases?

Mr. CHO: I myself was in the Japanese service and I sometimes occupied a so-called high civil service position in the Japanese Government, but those who once held high positions in the Japanese Government — especially those people who once occupied comparatively high positions in the Japanese police — should be tried by a special committee. Certain delegates should be judged as to whether they should be granted the right to vote or the right to be elected as a member of Congress.

CHAIRMAN: Paragraph *(b)* of this question is of slightly different: Should persons who were guilty of pro-Japanese acts during the period of Japanese domination be deprived of the right to vote and/or to be elected? If so, to what types of acts should this apply and by what authority is this decision to be taken in individual cases?

Mr. CHO: I think that those people who were in the intelligence service of the Japanese Army and those who supplied ammunition and other war materials to the Japanese people might be tried by a special commission that would be organized for that purpose.

CHAIRMAN: Question 12: In your opinion should persons who cannot read and/or write be given the right to vote?

Mr. CHO: Yes, I think even those people must be given voting rights.

CHAIRMAN: I will add something to that: Do you consider that the minimum requirement for having the right to vote would be for the voter to be able to affix his signature to the registration papers?

Mr. CHO: Yes, even though he cannot read or write.

CHAIRMAN: Should they just know how to sign their names, or should they be able to read the name of the candidate? How must this be shown?

Mr. CHO: Korean writing is very simple; it may be learned in a very short time. Even ignorant people may know who the real representatives are and who the real patriots of the country are, so I think that this item does not even apply to the general election.

CHAIRMAN: The last question: Of approximately how many members should, in your opinion, the National Assembly of Korea be composed?

Mr. CHO: I am afraid I have not given any thought to that question.

Dr. DJABI (Syria): Can Mr. Cho tell us if any newspapers have been suppressed since the United Nations Commission has arrived here?

Mr. CHO: A certain local newspaper called "The Independent Korean News" was confiscated, and the responsible people were questioned by the police because they once printed a statement published by a republican party headed by General Kim Won Bong, who is now supposed to be underground.

Dr. DJABI (Syria): Were any reporters forbidden to see the members of this Commission?

CHAIRMAN: Dr. Djabi heard that some reporters were not allowed to meet the representatives on the United Nations Commission. Did you also hear that?

Mr. CHO: I haven't heard anything at all about that case.

CHAIRMAN: I understand that Mr. Cho is the General Secretary of the Union for Civil Liberties. Could he give us some information as to the actual number of members that the Union represents?

Dr. CHO: At present, the approximate number of members in the Union is 500, and of that number about 300 belong to the Department of Justice; these include judges and prosecutors, and those people belonging to the Department of Justice are called associate members. They are not the regular members. The other two hundred are mainly lawyers in practice, business men, and prominent people.

CHAIRMAN: Are the members of the Union affiliated with any particular political party, or do they belong to different parties?

Mr. CHO: Broadly speaking, members are taken into the Union regardless of their political beliefs. The Union has nothing to do with political parties.

There are members who belong to the rightist parties, the leftist parties, and there are even some so-called middle-of-the-roaders. The Union has nothing to do with political beliefs or doctrines.

Dr. DJABI (Syria): How many refugees have come from the North to the South or from the South to the North?

CHAIRMAN: Dr. Djabi would like to know if Mr. Cho has any opinion as to the actual number of refugees who have come from the North to the South or vice versa.

Mr. CHO: I am sorry, but I cannot even give you an approximate figure.

Mr. LIU (China): I wonder if Mr. Cho could tell us whether his Union has on file statistics of all the cases of violation or trespass of law or encroachment on individual freedoms? If the Union has that file, I think that we would be very glad to have those statistics.

Mr. CHO: For a considerable period of time the activities of the Union have been suspended or greatly hampered because the officers of the Union themselves were sometimes terrorized or arrested in the streets, so I cannot give any correct figures of the actual cases which occur in Korea.

Mr. LIU (China): I trust you understand that I do not want names; it may be embarrassing, of course. I just want the number of cases.

Mr. CHO: I cannot give you any definite figures.

Mr. LUNA (Philippines): As General Secretary of the Civil Liberties Union, do you know, of your own knowledge, of any ordinances, laws or regulations of the Military Government here in the South or in the North which interfere with the civil liberties of the people of Korea?

Mr. CHO: I am afraid that I have no practical knowledge of the Military Government of North Korea so I cannot say anything about the ordinances or proclamations of North Korea but, as far as the proclamation published by SCAP or the Military Government, Proclamation 2, is concerned, I know of no regulation or ordinance in contradiction with civil liberties or the basic rights of the people. As regards Proclamation 2, which includes clauses pertaining to disturbing public peace and order, I think this proclamation also has good intentions as regards the people, but there might be danger in the possibility of this clause in Proclamation 2 being misused or sometimes abused by those who handle the proclamation. For instance, parades, demonstrations, or even strikes of labourers might be interfered with or people punished for them, or they might be regarded as being calculated to disturb public peace and order.

Mr. LUNA (Philippines): Do you mean to say that, to hold a parade here or to stage a demonstration, you have to ask permission from a governmental authority? In other words, if you are desirous of staging a demonstration or having a parade, you have to ask permission from a governmental authority before you could stage that parade or hold that demonstration?

Mr. CHO: Yes; you certainly must get permission.

Mr. LUNA (Philippines): Do you consider that idea of requesting permission to be an interference with the liberty of the people?

Mr. CHO: Yes; there is also an old law which prohibits labourers from striking. Labourers who participate in strikes are often punished under this Proclamation 2.

CHAIRMAN: Would any other member like to ask any questions of Mr. Cho?

No response indicated.

CHAIRMAN: I am sure I express the thanks of all the members of the Commission to Mr. Cho for his statement and his readiness in answering our numerous questions. Thank you, Mr. Cho.

Mr. Cho withdrew.

The meeting recessed at 4.45 p.m. until 5 p.m., at which time the members of the Commission resumed their seats in the Committee Room.

CHAIRMAN: I declare the meeting resumed.

Mrs. Esther Whang Park took a seat in the Committee Room. Mrs. Park spoke in Korean, which was interpreted into English. The members of the Commission spoke English, which was translated into Korean for Mrs. Park.

CHAIRMAN: Mrs. Park is going to make a short statement before answering questions.

MRS. PARK *(reading letter)*:

Mr. S. H. Jackson, Chairman,
Sub-Committee 2
United Nations Temporary
Commission on Korea
Seoul, Korea

Dear Mr. Jackson:

We are delighted at your invitation to meet with Sub-Committee 2 to discuss our views on the question of elections. The following views represent the thinking of the women of Korea, and we hope that you will give them due consideration. We feel that the general elections should be held in South Korea, as soon as possible if necessary, which will be duly recognized as a national government by the United Nations; accomplishing this one thing will mean the success of your mission in Korea.

Suggestions have been made that the two occupation Armies withdraw from Korea and have an international army under the United Nations supervise the setting up of the national government in Korea. The suggestion is good, but under the present circumstances, we know that this will not work. For one thing, this process will delay the establishment of the national government unnecessarily. Secondly, the opposition group will have time to do more damage to the successful establishment of the government for the people. More than two-thirds of the total population of Korea are here in the South; many outstanding leaders from the North are also here. For that reason, we feel that an election held for the South only will represent the views of the majority of the people. We suggest that space be left for the Korean leaders in setting up the government. Among the nine members in your consulting group, you have named four from the leftist group, which represents only 30 % of the population. This, we feel, is very unfair in view of the fact that we have only four from the rightist group.

Thanking you for your good work, we remain,

Very sincerely,
Esther Whang PARK
Federation of Women's Clubs.

CHAIRMAN : As regards the last point, I should like to make it clear that the persons who have been heard up to now by the Sub-Committee were selected from the prominent and leading political personalities. The hearings are far from being over. It is the intention of this Sub-Committee to hear all representative people of Korea, whether they be from the right, from the left, or from the middle-of-the-road, so that the hearings held up to now should not lead anyone to any definite conclusions.

I am going to ask you some definite questions which have been drawn up by the other Sub-Committees dealing with special matters. The first question is : What are the conditions which you consider necessary in order that free and democratic elections may be held in Korea? The second question : Do you consider that there are any conditions existing in Korea today which would interfere with the holding of free elections? In a more general way, what do you think necessary for the holding of a free election, an election that could be termed entirely free?

Mrs. PARK : We thought that the United Nations Commission should supervise our general elections. You may have your plans made, but as far as the situation existing now is concerned, it will be a little difficult to have a free election without having the hindrance of the opposition party, but I feel that the police might help out to some extent.

CHAIRMAN : I think the best thing would be to ask some questions arising out of the statement, instead of referring to the questionnaire.

Mrs. PARK : I do not think that there would be much interference with the general elections. The majority of the people who are supporting the United Nations Commission are willing that the general elections be held, but there is a minority group that does not want the elections held. As I see it, there would be no interference with the elections because all the groups want to have them The group that I spoke of is in the minority, and and we cannot do anything with them. The police might see that there is nothing to prevent the people from voting. People in the minority who object and who are opposed to the international plan want to hinder the elections in every way that they can. Naturally, those groups should be controlled because you cannot deal with them when they try to hinder the election. They act unlawfully, so we cannot do anything with them. As far as I see it, those people have to be taken care of and checked on by the police, so as not to do any harm or damage.

CHAIRMAN : What do you think the minimum age for voting should be?

Mrs. PARK : The general legislative body, not very long ago, specified that the voting age should be twenty-three. We feel that that is a little too old; it should be earlier than that, but under existing conditions we feel that twenty-three is the most proper age, at the present moment, but in the future we hope to reach the normal age. A majority of the people are for voting at twenty years, but we put it at twenty-three because, during the war, those people did not go to school and are not ready. We feel that twenty-three is the proper age because people at the age of twenty are easily influenced by others; that is, they do not have any opinions of their own, as they should.

CHAIRMAN : What should be the age for being elected to office? Do you think it should be the same age or more?

Mrs. PARK : We set twenty-five years as the age, but I feel it would be better if it were more than twenty-five.

CHAIRMAN : With the permission of the members, I should like to ask another question : Mrs. Park, as Chairman of the Federation of Women's Clubs of Korea, could you give us some information about the membership and number of women's clubs which are affiliated with your Federation?

Mrs. PARK : There are ten different organizations and we have 1,408,000 members.

CHAIRMAN : How long have you been Chairman of the Federation?

Mrs. PARK : Since it was organized, 18 months ago.

CHAIRMAN : Does the number you gave us apply only to South Korea or to all Korea?

Mrs. PARK : Members are included in all of Korea because the people from the northern part of Korea have come here.

CHAIRMAN : Do you mean that among those clubs there are women who came from North Korea and stay here permanently?

Mrs. PARK : Yes.

CHAIRMAN : And those are included?

Mrs. PARK : Yes, as refugees.

Dr. DJABI (Syria) : Is the women's movement here affiliated with any political parties?

Mrs. PARK : Yes, among the ten clubs, one is a political party.

CHAIRMAN : One of the ten clubs composing your Federation is a political party?

Mrs. PARK : Yes.

CHAIRMAN : What sort of party is it?

Mrs. PARK : The Women's National Party. Roughly, there are about 10,000 members.

CHAIRMAN : Is your Federation directly or indirectly affiliated, in some way or other, with a political party?

Mrs. PARK : No.

CHAIRMAN : Does it have a political colour?

Mrs. PARK : No, we have no political colour.

CHAIRMAN : What are your aims?

Mrs. PARK : Our general aim is to get independence; that is the aim of the different organizations in the Federation and of the Federation itself. The different clubs have different aims but as a whole the main aim of the Federation is to secure Korean independence. We also have the aim of getting rights for women.

CHAIRMAN : Mrs. Park, on behalf of the Sub-Committee I wish to thank you for your very interesting statements and your entire willingness to answer our questions.

The meeting rose at 5.25 p.m.

VERBATIM RECORD OF THE THIRTEENTH MEETING [1]

Duk Soo Palace, Seoul, Korea, Monday, 2 February 1948, at 10.30 a.m.

Chairman : Mr. JACKSON (Australia)

CHAIRMAN : I declare the thirteenth meeting of Sub-Committee 2 of the United Nations Temporary Commission on Korea open.

Hearings of Koreans : Mr. Ahn Chai Hong

CHAIRMAN : We have with us this morning Mr. Ahn Chai Hong, who is Civil Administrator for South Korea. We want Mr. Ahn to help us to an understanding of his own office and of civil administration in South Korea in a general sort of way. I am sorry that we have not been able to give Mr. Ahn an opportunity to write down a few points, so that he might give us a clear statement, perhaps with some figures, but our time is short, and we shall have to deal with it in the way of a friendly chat and ask questions as they come to our minds.

Mr. Ahn Chai Hong assumed his seat. His answers and remarks were interpreted from Korean.

Mr. AHN Chai Hong : Although I have not written anything down on paper, I will answer whatever I know, and later, if you wish, I shall be very glad to furnish you with any information you may wish to have.

CHAIRMAN : By whom were you appointed ?

Mr. AHN : In the early part of last year, at the time when I came in, there was no law prepared and no system for popular election. Therefore, my appointment was first recommended by General Hodge to the Interim Legislative Assembly, and thereupon the Interim Legislative Assembly appointed me Civil Administrator.

CHAIRMAN : At that time you were a member of a political party ? What party was that ?

Mr. AHN : It was known as the Hangkok Tok Nip Tang — the Korean Independent Party.

CHAIRMAN : Since you have held this official administrative appointment, are you still a member of a political party ?

Mr. AHN : Later on, when they formed another political party, the Min Joo Tok Nip Tang — the Democratic Independent Party — which is not the same as the Hankook Tok Nip Tang, asked me several times to take a high official position, but I refused and I am just a plain lay member of that party.

CHAIRMAN : That is your party now ?

Mr. AHN : Yes.

CHAIRMAN : To whom are you responsible ? Is it the Military Government or the Interim Legislative Assembly ?

Mr. AHN : There are two angles. In one way, I am responsible to the Military Governor, but, on the other hand, if the Interim Legislative Assembly dislikes me, then, of course, I am dismissed.

CHAIRMAN : Under what laws or regulations of the Military Government do you carry on ?

Mr. AHN : At the present time, in one way there is the Military Government, yet inside we have the Interim Government. Under the Civil Administrator there are different department directors and bureau chiefs and section chiefs and so on. Whatever I want to carry out, I give in a message to the directors, and they carry this out. However, this has to be approved by the Military Governor.

CHAIRMAN : What departments and bureaux have you under you, and to whom do you issue instructions ?

Mr. AHN : There are several departments under the Civil Administrator, such as agriculture, finance, justice, education, transport and communication and so on. At the same time, we have the national police department and the internal security department. These two departments are not directly responsible to me, but there is close co-operation with them so that they carry out what I wish to suggest to them.

All the "paper work" and the governmental work is carried out by the directors, and submitted to the Civil Administrator before messages or orders are sent out. However, there is this difficulty. My position of Civil Administrator is different from what it would be if there were an independent government where the cabinet chief has a collective responsibility.

CHAIRMAN : How is the administration of these departments effected in the provinces, in the cities, and in the towns, and so on ? What is the organization for cities, provinces, municipalities and towns ?

Mr. AHN : At the present time in South Korea we have nine provinces, with Seoul as a "special city". The Mayor of Seoul or the provincial governors are recommended to the board of directors meeting through the Civil Administrator, and if the directors agree, that recommendation is then sent to the Military Governor. Thereupon the Military Governor approves it and sends it to the Interim Legislative Assembly for final approval. The executive correspondence and executive work which the provincial governors and mayors carry out is under the Civil Administrator.

CHAIRMAN : So that under you in the provinces there will be the provincial governors, and under the provincial governors there will be mayors, and so on. Under these conditions, is Seoul looked upon as a "special city"; has it a governor or has it a mayor ?

Mr. AHN : Although the mayor of Seoul city is the mayor he is not completely elected by the people. He is appointed, in the same way as the provincial governors.

CHAIRMAN : He holds both positions — mayor and governor ?

Mr. AHN : The city of Seoul is different from an ordinary city in Western nations. In a Western

[1] Document A/AC.19/SC.2/PV.13.

nation the mayor has some power of controlling the police, but in Seoul the mayor has just about the same power as the provincial governor. But it was thought that when we put the police power under one man's control there would probably be some disturbance existing in Seoul, therefore, we have the national police department. At the same time, the provincial governors or the mayor of Seoul have no power of controlling the police. However, lately we have found it a good thing to have that very close co-operation between the police department and the provincial governors in order to carry out the work fully.

CHAIRMAN: That is going a little ahead, and answers what I was coming to next. In the provinces there is, then, no election for the appointment of governor; that is, no election by the people?

Mr. AHN: Of course, had we known in the beginning that this situation would exist so long as it has, then perhaps we would have made definite election laws. We should have finished these things. But we have been waiting, and waited even last year, for the Soviet and American Joint Conference to settle such a thing, but the Conference was almost a failure. There again we have been waiting for the United Nations Commission on Korea to settle this question. However, we have drafted and scheduled these laws.

CHAIRMAN: This Sub-Committee does not wish to criticize in any way. We are quite aware of the fact that you have been waiting, and that you have plans to go on with these things. We are merely asking questions so as to be informed about the position at the present time. In the provinces the position is that the governors receive their instructions from one or more of the bureaux operating under the Civil Administrator?

Mr. AHN: Yes.

CHAIRMAN: When the bureaux themselves decide what is required in any particular direction, they prepare and submit their plan to the Civil Administrator for his approval. The Civil Administrator then recommends it to a directors' meeting and, if it is agreed, then submits it to the Military Government for approval. The bureaux then issue it to the governors. Is that correct?

Mr. AHN: The regulations written for executive work already assign to each provincial governor or the mayors of the cities certain responsibilities which, within his own authority, he can carry out. He does not have to have everything approved every time by the Civil Administrator or the Military Government. However, there are several very important problems such as the changing of policy or matters regarding important changes of financial things. Anything which is important and beyond his authority will be submitted to the Civil Administrator, and thereupon the Civil Administrator, if he wishes, will decide for himself, if it can be so decided. If he wishes to get the consent of the Military Governor, then he will submit it to the Military Governor, whereupon final approval will be given.

CHAIRMAN: With regard to police and security, what do you call security?

Mr. AHN: With regard to the Department of Internal Security, we call that the Internal Security Department because right now this is not an independent government so we keep this department just for maintaining public safety and order. Therefore, so far as the name is concerned, it is one of the departments.

CHAIRMAN: The Police Department is responsible to the Civil Administrator. Who is the complete head of the Police Department?

Mr. AHN: Of course, all the police are responsible to the Director of the Police Department, but at the same time the department director is responsible to both the Civil Administrator and the Military Governor.

CHAIRMAN: Who is the department director?

Mr. AHN: Dr. Chough Pyung Ok. However, so far as his direct authority is concerned, he is directly responsible to the Military Governor. I should like to explain a little more clearly that, although we may call it a national police, it is just like any other department because we have a department director who is the top man of the national police, and he is responsible to the Civil Administrator and also responsible to the Military Governor.

CHAIRMAN: In what way is he responsible to the Civil Administrator?

Mr. AHN: So far as his governmental function is concerned; of course he is under the Civil Administrator for his routine work. However, at the present time, he is not directly responsible to the Civil Administrator.

CHAIRMAN: Not in any respect at all?

Mr. AHN: In some respects. In some cases the Civil Administrator makes proposals with regard to the general peace and order, and may have some authority to suggest to the department director of the national police. However, the inside power of the Department of Police — the changing of personnel and things like that — is not strictly controlled by the Civil Administrator, but is more or less controlled by the occupation forces.

CHAIRMAN: As Civil Administrator you issue instructions which you may have confirmed, or have approved after they have been confirmed, and regulations which affect the whole of Korea. Now, how do you obtain the co-operation of the police to see that these regulations are carried out?

Mr. AHN: At the present time, for the good will of the people, and for the maintenance of peace and order of South Korea, the Civil Administrator will suggest and tell the Director of the Police Department what to do. At the same time, in the technical part, it is not quite well understood by the department head of the national police that whatever the Civil Administrator says must be obeyed. This is not well performed yet.

CHAIRMAN: To whom are you able to refer in cases where you are not satisfied with the co-operation you receive from the police?

Mr. AHN: In that case, in the first place I would call the department director of the national police and suggest to him and try to tell him the importance of things, and so on. At the same time, if the department director does not carry out what I wish, then I propose my idea to the Military Governor and if the Military Governor sees fit to approve whatever I suggest or propose, then he will tell the police chief to carry it out.

CHAIRMAN : You are not satisfied at the present time with the extent of the co-operation that you receive from the police?

Mr. AHN : At the present time, whatever I propose is not always fully carried out, but maybe some part of it will be carried out. At the same time, the Director of the Police Department also has many wishes and many desires to carry out, yet sometimes he might not be fully satisfied with it himself.

CHAIRMAN : You understand we are not criticizing anything. We are very grateful for the information you are giving us, and it does not go past us. We are not attempting to criticize; we just want to get an accurate view.

Mr. AHN : At the same time, I feel that you are here to help the Koreans to establish a united government in this country for the will of the Korean people. Therefore, I will try to inform you as it is and what it is.

CHAIRMAN : We do appreciate that. In the provinces, does the same position obtain? In other words, does the governor of a province find difficulty in getting co-operation from the police?

Mr. AHN : From time to time some of these provincial governors report to me that there is a somewhat similar situation existing in the provinces. However, lately we have informed them there should be much more close co-operation, and not only close co-operation, but that the provincial police chief should co-operate with the provincial governor.

From our past experience, while Korea was in unrest and not quite peaceful, we have found that if we leave this police power to each provincial governor then probably there will be some danger involved by over-emphasizing or over-authorization. Therefore, we did not give too much power to the provincial governors. But during the past two years we have found there are some cases where the provincial governors should have certain powers on which to operate.

CHAIRMAN : In the city of Seoul, which is a very big area and is, as you have named it, a "special city", the police appear to be under what might be termed an almost independent chief. That is, if we can take some of the statements we have heard as reliable.

Mr. AHN : If we hold a general election the mayor will be elected by that general election, and then I feel he should have at least certain separate or independent police powers.

CHAIRMAN : Would that power give him an independent police force to work under his direction?

Mr. AHN : The reason I am speaking about that is that if the mayor of Seoul is elected by the population, then that means that he has the confidence of the people. Therefore, if we leave some police power with him, he could utilize that power for the good of everyone in Seoul.

CHAIRMAN : That would be independent of the chief of the national police?

Mr. AHN : The reason that I am suggesting that the police power should be under the mayor of Seoul and, in some cases, the provincial governors, is that whenever anything happened within that province or the city of Seoul, the mayor or the provincial governor should have a certain authority to mobilize this police force in order to stop these happenings and so on. However, on the other hand, it is also necessary to keep up the national police as when, for instance, last year we had some trouble in the Chai Joo To province, which is an isolated island in South Korea. If it had not been for the national police we could not have stopped these happenings, but immediately the governor informed the national police, some policemen were flown down by aeroplane, and those happenings were stopped. In that instance, if I may be allowed to speak freely, it was a happening of the leftist movement.

CHAIRMAN : At the present time, is the Seoul police force in an independent position, under which it is not entirely under the control of its national head and has no relation with the mayor of the city?

Mr. AHN : At the present time, the police of Seoul are somewhat independent from the national police, and, at the same time, are independent of the mayor of the city. Is that what you mean?

CHAIRMAN : Yes.

Mr. AHN : If you will allow me to say so, I must say that you are well informed. At the present time, in the city of Seoul we have a big area in which there are many people. Therefore we have so many happenings going on every day that the police within Seoul are exercising their own power within their own authority.

CHAIRMAN : You suggest, with a certain amount of confidence, a police force under the mayor of Seoul. Would you suggest a similar police force or a separate force, under the governor of each province, for the same reason?

Mr. AHN : Although there is some necessity for the existing national police in order to secure the co-operation and co-relation between the different provinces and so on whenever big things happen, nevertheless the provincial situation is just the same as in the city of Seoul, or in any other big city where things happen. I feel that the provincial governors also should have certain privileges to control the police in order to exercise this police power under the good will of the people of the provinces.

CHAIRMAN : From your administrative point of view, you feel it would be proper that there should be a national police, and that a portion of it be charged with the task of meeting national contingencies, such as the one in the South to which you referred a short time ago. But you feel there should be other detachments — one big detachment for the city of Seoul and other detachments answerable to the governors of the provinces? From an administrative point of view in general, would you consider that would be a good plan?

Mr. AHN : I fully agree with that plan. Not only do I agree with it, but since the time when I became Civil Administrator I have been studying it, and I heartily agree with that system. Although we have nothing official, we have already planned to suggest that each provincial governor should have a certain power to utilize police power in the provinces, and, at the same time, give some instruction to the police chief in each province to co-operate very closely with the provincial governors.

CHAIRMAN: Thank you, Mr. Ahn. At the moment I have nothing more to ask you, but I think the members of the Sub-Committee would like to ask some questions.

Mr. MANET (France) *(interpretation from French):* Since the main object of this Sub-Committee is to gather some information in order to clarify to the Commission the situation referring to the possibility of holding free elections, and since obviously the experience of Mr. Ahn has led him to a knowledge of that particular aspect of the problem, I should like to ask him if he could make us benefit from that experience by throwing light on that particular problem by any practical suggestions in that field.

Mr. AHN: I shall be very happy to co-operate with you. If there is time enough to permit it, I shall be very happy to talk for a long time. However, if time is limited, then I shall be very happy to inform you in writing later on, should you so request.

Mr. MANET (France) *(interpretation from French):* I should like to thank Mr. Ahn for his promise of co-operation. I fully realize that we have very little time this morning, and that the question that I have raised is of a very general nature. I want to express again my gratitude and say how very happy we are that Mr. Ahn is ready to be at our disposal and allow us to benefit by his experience by allowing any of the Sub-Committees to consult him on this particular problem, and to take into consideration his suggestions and authorized opinion.

Mr. AHN: If you request me, I shall be very happy to co-operate with you whenever you like. I know your Commission is very busy, and if the Sub-Committees would like to get in touch with me, I shall be very happy to co-operate.

CHAIRMAN: There are still some members who would like to ask questions. I will call on Dr. Luna, who is an expert in his own country on administrative affairs.

Dr. LUNA (Philippines): Do the provinces and cities maintain separate police organizations to maintain peace and order within their district? Is the district administration separate from the national police? Under the present existing organization, do the provinces, the cities and municipalities maintain a separate police organization to maintain peace and order in their respective jurisdictions, independent from the national police?

Mr. AHN: It is still operating in the direction of the national police in each province.

Mr. WANG (China): Under the present civil administration of South Korea, which government or agency or sub-division, if any, is charged with the administrative details of the registration of voters?

Mr. AHN: During the last period we appointed what is known as an Election Committee composed of fifteen persons. These are persons from every direction, some from leading political parties and, at the same time, even though they are members of a certain organization or party, we tried to make it so that they were fair-minded persons. However, at the same time we tried to push along some more detail work which would be helpful to the popular election. Nevertheless, when I submitted that plan to the Military Governor, the Military Governor felt that he would not wish to interfere in any sort of way with the United Nations Commission because it was their job to set up and direct and decide how the popular election should be held. Therefore, we did not fully carry out that programme; yet there is already a committee appointed. The detailed form of the law might be helpful for the general election. If the United Nations Commission wishes to see these things for its own reference, they may do so. At the same time, the Commission has a full chance to carry out whatever it wishes.

Mr. PATTERSON (Canada): May I interject a question on this last point. Was this plan to which Mr. Ahn has referred prepared after it was known that the United Nations Commission was to be appointed, or was it a plan for an election which was envisaged before the Commission was appointed?

Mr. AHN: It was really on the occasion when the Joint Commission — that is, America and the Soviet Union — met last year to set up an independant democratic government of Korea. At that time, the Interim Legislative Assembly members felt that the Joint Commission would decide to set up a certain form of government and they would probably need something to refer to. Therefore the Assembly members drafted this and, of course, submitted it to the Military Governor, but the Military Governor did not act upon that programme because it was the job of the United Nations Commission, and we might as well wait until they come, and whatever the United Nations Commission plans we will follow.

At the same time, although we appointed fifteen of the Election Committee in the central district, we have not yet established any branches of the local election committee.

Dr. DJABI (Syria): There has been an election in South Korea. Why cannot a government be formed from the Interim Legislative Assembly?

Mr. AHN: As you perhaps know, at the present time we have here what is known as the Interim Legislative Assembly of South Korea, but it is pretty hard to say it is fully representative of both North and South Korea. Last year, when we had the Soviet and American Joint Commission, we thought that soon a new government would be formed and there would be an election in both North and South Korea. We are still waiting and waiting for what we hope to see — a democratic united government in both North and South Korea. Some people think that we should hold an election and form a government for South Korea alone, but we hope to see both North and South hold a general election and form a national assembly.

Another thing I wish to add is that at the present time we have 90 members in the Interim Legislative Assembly, half of them elected members and half of them appointed by the Military Governor. Mostly, these appointed members are leaders who came from Manchuria or China or other places, where they were Korean patriots, and they are also mostly of the political parties and other groups.

Mr. MANET (France): *(interpretation from French)*: If I understand correctly the answer given by Mr. Ahn to the question put to him by the representative of Syria, the Interim Legislative Assembly did not form a government because that was not the purpose for which that body was created, the purpose for its creation being the drafting and implementation of a certain number of laws and of an administrative machine.

Mr. AHN: When we see the condition as it is now in the Interim Legislative Assembly, we know that what the French representative has just said is true. On the other hand, when the Interim Legislative Assembly was established, it was to carry out not only what the French representative has stated, but also to try to get both leftists and rightists together and try to carry out the programmes of the Joint Commission smoothly, and so on. However, the second Joint Commission last year did not bring any good result, therefore, at the present time, the only work left to the Interim Legislative Assembly is executive work and the drafting of ordinances and laws or other matters which are more concerned with executive orders.

CHAIRMAN: I think you were imprisoned by the Japanese for two years?

Mr. AHN: If all the dates are counted, I was in prison almost eight years. I was in jail altogether nine times, sometimes only for ten days and other times for months or years.

CHAIRMAN: I think that under these conditions you have quite a clear opinion of the Japanese domination.

Mr. AHN: I can say that I know a lot about these things. I feel I was one of the Korean patriots who tried to move on to a better government.

CHAIRMAN: I do not think we will ask any more questions. I must say that we are very hopeful that at least your patriotic self-sacrifice may be rewarded very soon, and that you will be able to get an independent government for Korea very soon.

Mr. AHN: I appreciate very much your co-operation towards the establishment of an independent government in Korea.

The meeting rose at 12.10 p.m.

VERBATIM RECORD OF THE FOURTEENTH MEETING[1]

Duk Soo Palace, Seoul, Korea, Monday, 2 February 1948, at 3 p.m.

Chairman: Mr. JACKSON (Australia)

CHAIRMAN: I declare the fourteenth meeting of Sub-Committee 2 of the United Nations Temporary Commission on Korea open.

Hearing of Koreans: Mr. Kim Yung Mo, Chief Justice of the Supreme Court of Korea, and Mr. Chough Pyung Ok.

Mr. Kim Yung Mo, Chief Justice of the Supreme Court of Korea, assumed his seat in the Committee room. Mr. Kim spoke Korean, which was interpreted into English. The statements of members of the Commission were interpreted into Korean for Mr. Kim.

CHAIRMAN: We would like Mr. Kim to tell us something about the organization and operation of justice in Korea, and we would like him to give us an outline of the court system.

Mr. KIM: As the members of this Committee know, the system and laws applied in Korea were similar to the system in other civil law countries.

Since the time of the annexation of Korea in 1910, the civil law legal system was applied in Korea. There were three instances in Korean courts. The first instance was the district court; the second was the Court of Appeal; the third was the Supreme Court. The less important cases were appealed to the Court of Appeal, especially in reference to the facts. The third instance was when the case was appealed for review by the Supreme Court. That was the system which had been applied until the present war broke out, but when the Japanese began the so-called Pacific War, they did not have enough personnel, so they temporarily suspended the system of three instances, and they used only the two-instance system. The less important cases, were appealed for review by the Court of Appeal and were decided there as the final instance. As for the more important cases of the Supreme Court, they were appealed to the Supreme Court directly as the second instance, and the case was decided there as the final instance.

Koreans were complaining very much during the last war about this two-instance system, and we felt great enmity, even on this point, towards the Japanese. As soon as Korea was liberated we wanted to recover the three-instance system, but since the ordinances or laws have to be changed, it is taking some time. It is my great regret that the three-instance system has not yet been recovered.

As regards civil law, even within the civil law, the general rule of property, obligations, commercial law, criminal law and procedure and civil procedure were adopted, following the example of French and German law, so there was not much difference or too serious an objection against these systems. However, in the field of family relations and inheritance in civil law, the Japanese tried to impose the Japanese system in Korea, although they took Korean customs into account to a certain degree; thus, it is much more urgent to enact a law in Korea on family relations and inheritance, following the Korean system.

The second complaint from the Koreans against the law imposed by the Japanese concerned criminal procedure. One main point should be mentioned with regard to writs from the court. As all you gentlemen know very well, in all civilized

[1] Document A/AC.19/SC.2/PV.14.

countries a court writ or warrant for arrest is necessary to arrest any person or to search any person's property. Even in Japan itself, it was necessary to acquire a court writ to arrest any person. The prosecutor, as well as the police, has to have this writ from the court. However, applying the colonial policy to Korea, the Japanese imposed this system so that the police could make arrests without a court writ. The police may detain a person for three to five months. Even the prosecutors did not have to have a writ. As regards political offenders, they could detain them up to one year; the Korean people complained about this very much. Since the liberation, however, the Military Government has attempted to amend this provision and correct this unjust law. Many amendments have been proposed and actually drafted, but to my regret, it has not yet been actually corrected by law.

If you want to see a free election in Korea, this system should be corrected. If you leave this system as it is, a free election may be hindered. For instance, the police may want to interfere with a certain political party and they may violate the election rules, but they make charges, for their own purposes, of suspicion of fraud, embezzlement or larceny. They may arrest or detain a person for three to five months; and it may not be only one person, but a thousand people. They may even arrest ten thousand or fifty thousand people, and this may interfere with a free election. Since the Korean people are aware of this kind of system, it should be corrected and a court writ should be required.

The civil law system does not necessarily ignore civil liberties; for instance, you remember that, in 1891, the Germans tried to amend the criminal procedure so that a greater degree of human liberty could be preserved. However, in Korea, the civil law system was degraded and the Japanese colonial policy was applied, so that this system could be corrected. Now, the police and prosecutor actually have their judgments directed by the court. On the surface, it is said that the Korean judicial system is based on public judgment, and the police wrote their own documents, as did the prosecutors, after a long investigation of three months to one year, and then the judges were merely reading the paper. The court could call upon the witnesses and experts, but it was little more than a formal request. So, at this time, we should amend these defects and in some cases adopt the good points of the Anglo-American system and make the police only an organ of arrest, and the prosecutor only an organ of prosecution. The courts should be real, central organs of judgment.

In the course of their colonial policy, the Japanese imposed a system whereby the executive could hinder the prosecution if they thought a certain person was pro-Japanese or a collaborator. They ordered the non-prosecution or suspension of prosecution of a certain person although he might have been an actual criminal, so, in this case, I think the present system could be amended so as to provide that the prosecutor does not prosecute a person when that person should be prosecuted, then the victim should be given the privilege of prosecuting. If I understand correctly, the Chinese have adopted this system more fully than any other nation, although in England there is a certain system as far as I know. The Chinese have adopted this system to the fullest extent, so that when the prosecutor does not prosecute a certain person who is a criminal, the victim may prosecute him and pursue the prosecution. I think that this kind of system, to a certain degree, should be adopted in Korea also.

I wish to say a few words about civil procedure. Under the Japanese system the court had to summarize all the facts together with the reasons, because they had to state the facts and the reasons. The court had to take three months or even three years for the bigger cases; sometimes it even took ten years to decide one civil case. As regards the Supreme Court, the system should be continued so that the facts, along with the reasons, would be mentioned in the judgment. However, in the first and second instances, certain points of the American judicial system should be applied and only the conclusion should be written by the court, and the judgment should be kept together with the records of the case, so that the court would proceed more rapidly in the case.

I shall make a general statement at this time. I think the Korean judiciary system could be amended, adopting the good points of all advanced nations, especially the Anglo-American judicial system. However, as to actual method, I wish to point out that China has adopted the good points of all civilized nations, and they have already tested the application of a more advanced system, and that nation is very close to us. We might learn all the systems of the advanced nations. Korea could adopt many good points from the Anglo-American system along with the good points of their own system.

There is another important reason why the Koreans may learn from the Chinese. Until the time of the annexation, and for more than two thousand years, Korea and the Koreans have learned from the Chinese, and the Koreans did not have any reason to complain in adopting the Chinese system in Korea at that time, so even at this time, after the Chinese have adopted the system of many civilized nations, Korea may very well learn from this experience of the Chinese.

This has been a very brief and general summary of the Korean judicial system. If anybody wants to ask any question on a particular system or a particular part of the Korean judicial system, I will be glad to answer it.

Mr. LUNA (Philippines): Some mention has been made here of the Court of Appeal and the Supreme Court, which, I suppose, are courts of appeal and jurisdiction. May we be informed as to the administration of justice in any of the provinces and in other small communities? How is the administration of justice handled in the smaller communities?

Mr. KIM: There are district courts in each province. As regards more important towns and the cities within the province, there are branch courts of district courts. Sometimes, these branch courts consist of collegiate courts, each of three judges; sometimes it is a branch with only one judge. If it is a collegiate court, it can deal with almost any case which even the district court itself may deal with. If the court has a single judge, it deals with less important cases. In any case, these branches belong to the district court and they administer justice in local cases.

Mr. LUNA (Philippines): Referring to another matter, I have here the statement that persons who have been arrested by the police may be kept in jail for one month, two months, or even five years. Is there any law here in Korea permitting these people to bring their case of imprisonment to the court? In other words, is there any equivalent of what we call *habeas corpus* in Anglo-Saxon jurisprudence?

Mr. KIM: Not at all. Moreover, when the accused was examined by the police or prosecutor, the suspect could not even employ a lawyer, so he did not have any place to complain to, even if he had been tortured. Only after he had been brought to the court could he select or appoint a lawyer.

Mr. LUNA (Philippines): That is my point precisely. Supposing a man has been arrested today, is kept in jail or tortured for one month or two months, under what legal processes could he be released under a writ of *habeas corpus*? But if there is no such thing as *habeas corpus* proceedings in Korea, how could he get out of jail?

Mr. KIM: There is no such thing. Probably the Japanese had no reason to apply such an advanced system of *habeas corpus* to protect civil liberties. If there had been such a system, probably the Koreans would not have suffered as much as they have until now. Since the liberation, we have attempted to correct this bad system. In fact, we have started to draft codes, and in our drafts we — especially the members of the Court Drafting Commission — have in mind the adoption of the system of *habeas corpus*, so that when the accused is kept too long by the police or prosecutor, he may be brought to trial or released.

Mr. LUNA (Philippines): In other words, any individual Korean is at the mercy of the police. He may be arrested at any time without a warrant of arrest, kept in jail for indefinite periods of time and without any law providing how his imprisonment can be reviewed by the Court?

Mr. KIM: That is exactly right.

Mr. PATTERSON (Canada): The Chief Justice has indicated or suggested some of the fundamental reforms that he considers necessary in the judicial system and has referred to the one specific need for providing for the issuance of a writ before an arrest is made, and he has stated that such a reform is necessary if free elections are to be held. Would he indicate the procedure that would be necessary to institute that specific reform, how long it would take and then, in the third place, how the other problems might be dealt with of providing that those who have been arrested without a writ being issued could be released before the election period?

Mr. KIM: As you know, if the police or the presecutor have to state the facts of the crime, and request a writ from the court, then there is less danger that they may abuse their right of arrest, and then after the court issues the writ, a person's civil liberties may be better protected.

As for the actual procedure in the provinces, as I have mentioned, there are district courts with their own branches, and the branches will be requested to issue a writ. As for the actual procedure of amendment, this system may easily be amended through Military Government ordinances. As a general rule, a public act or law which amends an existing code should be passed by the legislative body. However, this is an area of military occupation. As such, the Military Governor may amend the laws by the Military Governor's ordinance when it is urgently needed; for instance, for this election.

Mr. PATTERSON (Canada): The third part of the question had to do with what provision might be made for dealing with people who have already been put under arrest under those conditions.

Mr. KIM: Now, the third point we have to consider is that if actual criminals are released, it will cause confusion and threaten the peace of the district, so the only remedy in this case is to expedite the court process so that the courts would make quick judgments on those suspects. On paper, the police or prosecutor is not supposed to detain any suspects more than ten days, but after ten days what the police do is re-arrest these people on paper, so that they can continue their detention.

Mr. VALLE (El Salvador) *(interpretation from Spanish):* I wish to know whether in the penal code in Korea there exists any penalty for political crimes such as the stealing of votes, the altering of votes, or anything that goes against the election laws, especially during election time?

Mr. KIM: There is no provision against political criminals as such. Under the Japanese system, there were crimes of civil war or civil disturbance or treason. Under such a system of a Japanese colony, many Koreans who violently fought against the Japanese for Korea were charged with being traitors. If you wish, you may call such an action a political crime, but that was the system which was in the Japanese penal code. Now, as for the violations of elections in Korea, the so-called election system in Japan was not applied in Korea. There was no election system which was worth mentioning. There were some elections for the provincial council or city council, but it was only for the sake of convenience for the Japanese, and such election procedure was so imperfect that it is not worth mentioning as an election law.

Mr. WANG (China): My question follows the same trend of thought as that of Mr. Luna and Mr. Patterson, except that I would like to know not what happens following a person's arrest, but how to prevent a person from being arrested in pursuance of his civil liberties; in other words, in the matter of civil liberties, are there any provisions provided in the existing civil laws of Korea to restrain the police from taking certain actions against property and persons? If not, then in the opinion of the Chief Justice, what provisions could be adopted in order to ensure and guarantee free expression of views and other essential liberties connected with a free election?

Mr. KIM: I mentioned that the Japanese went far beyond their own criminal procedure, and through an act called the Korean Criminal Act they adopted this system, so that the police and the prosecutor could arrest any person they wanted. Now, if we amend this procedure and adopt the system so that the police or prosecutor could not arrest a person without a writ from the court, without a warrant of arrest from the court, then the police or prosecutor could not arrest a person even if they wanted until they presented a request, mentioning the facts of the crime to the court; and then the court would issue the court writ. In my opinion, this would ensure people from being arrested and deprived of their civil liberties.

I shall repeat my statement that the actual procedure to amend this system can easily be instituted although, as a general rule, certain laws should pass the legislative assembly by public act. The Military Governor, under the present system, may issue an ordinance first, repealing the so-called Korean Criminal Act; second, requiring a writ from the court for arrest by the police or prosecutor; that can be done within a week or even three days.

Dr. DJABI (Syria) : Is the judiciary independent from the actual executive power? Are judges transferred or removed if their sentences are in contradiction with the will of the executive?

Mr. KIM : Since the liberation, the Military Government has been trying to adopt the system of concrete separation of the three powers, and they have been dealing, as a general rule, with the Chairman of the Interim Assembly, the Civil Administrator, and the Chief Justice of the Supreme Court on the same level. However, in actual law, the system has not yet been completely adopted. The whole court system comes under the supervision of the Director of the Department of Justice, which department is within the executive, so the Americans, along with the Koreans, have been working on a code organization law which makes the judiciary completely independent of the executive; this code has been drafted. Yet, such a law has not been enacted, so technically the court still belongs to the executive.

As for the second question, I would like to mention that the so-called administrative tribunal was not applied in Korea. There was some such thing in Japan, where the illegal measures taken by the executive could not be corrected in such an administrative tribunal. Since the liberation in Korea, since we now follow democratic principles, I am of the opinion that illegal measures taken by administrative officials should be corrected by the courts under their general powers, without need of special legislation. As for the question as to whether a judge of the judiciary could be removed or transferred against his will when he makes decisions contrary to the opinion of the executive, even under the existing system, the judges cannot be removed by the executive.

Dr. DJABI (Syria) : By whom and when are the judges appointed?

Mr. KIM : A judge is appointed by the Military Government upon recommendation by the Supreme Court. A judge may be removed by a so-called disciplinary judgment exercised by the Disciplinary Committee. When a judge acts improperly or has some defects, he will be tried before the Disciplinary Committee. Even though he may not be punished, imprisoned or given penal servitude, he may be removed from office by this Disciplinary Committee.

Mr. COSTILHES (France) : I would like to ask if the Chief Justice had discussed this question of amending the Korean Criminal Act, of which he has just spoken, before the Interim Assembly?

Mr. KIM : Not yet.

CHAIRMAN : I think that we should thank the Chief Justice for his courtesy in coming here to talk to us and giving us the benefit of his knowledge. It would probably take many hours of discussion to get down to the details of it, but I think that we have a very good idea of the way things operate. It does occur to us that the system as applied by the Japanese is still applied here and that there is no such thing as an act equivalent to the Habeas Corpus Act. The intentions seem to have been to amend the law, but there does appear to have been no change in the law as applied by the Japanese during the occupation. Am I right in saying that?

Mr. KIM : That is so.

CHAIRMAN : Further, Korean citizens now would be at the mercy of an unscrupulous police system that might take the side of one political party or another?

Mr. KIM : Yes.

CHAIRMAN : I would like to mention that that is of particular interest to the Sub-Committee dealing with the question of ensuring a free atmosphere for election; it might be valuable to them. They say there must be the following requirements : freedom of expression, freedom of Press and information, freedom of assembly and association, freedom of movements, protection against arbitrary arrest and detention and protection against threats of violence or violence. In general terms, I take it that the Chief Justice does not believe that those conditions prevail at the present time.

Mr. KIM : Yes. These points should be very carefully observed, and such amendments should be adopted.

CHAIRMAN : The Chief Justice has covered a good deal of that in his statement, and has pointed out matters that he thinks should be altered; and we are very grateful to him for that. I do not think we will ask him to go any further into it, because to do so, I am afraid, would take up a great deal of his time as we are going into detail too much. I just wish to thank Mr. Kim for coming here and giving us such a very interesting account of the work of the Justice Department, the Supreme Court and the courts under his control, and for having given us so many very important pointers regarding weaknesses in the system and, more than weaknesses, the complete lack of any sort of safety in the system.

Mr. KIM : Up to this point, I have made statements on the Korean judiciary as such. I have read in the newspapers that the Commission is interested in Korean election laws and regulations. If you want to hear my opinion on the election law and regulations, or if elections can be held or not all throughout Korea, or whether the elections had better be held even in South Korea or not, I will be glad to give my views on those or any other points the Commission may wish to hear.

CHAIRMAN : We are very grateful to you for that suggestion. It is more than likely that we will take advantage of it. You must realize that had we been able to find more time, we would have liked to keept you for an hour or so more, but our programme is made up for some time in advance, and I take it that even if you have to come back after a week or ten days' time, you would still be available for consultation?

Mr. KIM : Yes.

CHAIRMAN : In any case, the Committee which was dealing especially with that, I am quite certain, is going to take advantage of your willingness to help us. In the meantime, if Mr. Kim thinks that it would help us if he would put some of the points he has in mind in writing to us, we would be very grateful and happy to get them. Thank you very much.

Mr. Kim withdrew.

The meeting recessed at 4.20 p.m. until 4.30 p.m. when the members of the Commission and the secretariat resumed their seats.

Mr. Chough Pyung Ok, Director of National Police, entered the room and assumed his seat.

CHAIRMAN : We shall ask Mr. Chough to give us some assistance, particularly in connexion with the police organization. It is the opinion of the Sub-Committee dealing with the question of ensuring a free atmosphere for elections that there must be the following minimum requirements : freedom of expression, freedom of Press and information, freedom of assembly and association, freedom of movements, protection against arbitrary arrest and detention and protection against threats of violence or violence. We realize that as Chief of the National Police your duty is the enforcement of the established laws, regulations and ordinances. We therefore do not now propose to ask you to comment upon these at the moment. However, we would like to understand your responsibilities and duties, and the organization and methods of operation of the police force and of any associated organization. To that end, I would like to ask you a few questions.

Does your appointment as Chief of the National Police place you in control of all police forces in South Korea, including the Seoul police?

Mr. CHOUGH : Yes.

CHAIRMAN : Does it give you any authority over the constabulary or the coast guard?

Mr. CHOUGH . I have no power over those.

CHAIRMAN : They are independent agencies?

Mr. CHOUGH : Yes.

CHAIRMAN : By whom were you appointed to your present post?

Mr. CHOUGH : I was appointed by General Hodge in the first Military Government of South Korea.

CHAIRMAN : Your appointment was in no sense the responsibility of the Interim Assembly?

Mr. CHOUGH : No, the Assembly was organized about a year and a half after that.

CHAIRMAN : To whom are you now responsible?

Mr. CHOUGH : I am responsible to General Dean, who is the Military Governor of South Korea.

CHAIRMAN : That is to the Military Government only, and not to anything or anybody as far as the Interim Assembly is concerned?

Mr. CHOUGH : No.

CHAIRMAN : You are quite independent of that?

Mr. CHOUGH : Police activities are carried on under the special direction of the Military Governor himself. For instance, personal power has been given to me direct by the Military Governor, so that personnel transfers, appointments and removals are made by the authority given by the Military Governor to the Director of the National Police. However, there is a so-called National Policy Board to which the Director of the National Police makes certain kinds of recommendation for personnel actions and for certain changes in policy-making procedures. That was organized about a month and a half ago.

CHAIRMAN : Will you please give us a brief survey of your police organization throughout Korea, giving numbers and so on?

Mr. CHOUGH : The Korean national police was organized after the pattern of an army, I should say. It is not a localized agency at all. It is a nationalized and centralized organization, not decentralized. That principle of organization was adopted at the foundation of the national police, and it was due to the fact that there was no independent defence force in South Korea set up to maintain the security of Korean citizens. It was set up to guarantee also the security of the United States Army in South Korea. That is one factor; there is no organization as such that could take care of security problems in South Korea.

The second fact was that the South of Korea was, even from the beginning, the target of subversive propaganda and the destructive activities instigated by the authorities in North Korea and carried out by their allies and agents in South Korea. Some authorities in South Korea, especially the Commanding General of the Army Forces in South Korea, had to maintain a centralized force sufficient to take care of the security problem. That is why the principle of centralization was adopted in order to mobilize certain required numbers of the police force from one point to another under the unified command and coming from one source; that source is the Director of the National Police. That is a tentative plan which, ideally speaking, I hope personally will be transformed into an appropriate system in pursuance of other policies. Korea's security problem is entirely solved, but at the present time, at least, the Commanding General and the citizens of Korea have not reached the stage where we can safety decentralize our police force. That is the reason why we are maintaining what we call the national police force, a centralized agency that looks after public safety problems in South Korea.

As for the organization itself, at the top level, we have the National Department of Police. That is directed by the Director, one of the members of the Cabinet, so-called, and under that we have the National Police Zone. Each zone has a director. Each zone has two provinces or three. Each zone has an assistant director, whose function is not to administer the police affairs of those restrictive zones, but to supervise and to have control of moral conduct and the procedure of officials in those respective zones. Zone 1 includes Kyonggi-Do and Kang Wan-Do; zone 2 includes Chungchong Namdo, Cholla Pukto, Cholla Namdo and Cheju-Do; zone 3 includes Chungchong Pukto, Kyongsang Pukto and Kyongsang Namdo. Below the zone, we have a police division that the Army calls an army division. The jurisdiction of each division coincides with the territory of those provinces concerned; for example, Kyonggi-Do is called a division. It coincides with Kyonggi-Do

Province, and so on. We have nine divisions, including Seoul. We call divisions by letter; all divisions are called A, B, C and D respectively. For Cheju Island — this island is very small, although it is one of the provinces — we have a command headed by an inspector, so we have a national police division.

Under the division, we have police districts which we call police stations. We have 154 police stations throughout South Korea. Under each police district, we have sub-stations, branches, according to the population or according to the strategic importance of those regions concerned. Each division is headed by the National Police Chief, and each police station is commanded by a commander. We call him the commander of the district. The sub-station is headed by the chief of the sub-station. Roughly, that is an outline of our organization.

As far as numbers are concerned, the maximum number of police authorized by the Military Governor is 29,500. Of these, 29,000 are men and 500 are women. There is also what they call small, minor inspection commands in every division. Their business is to supervise and to check on the police activities of the different stations. Each command may contain four or five stations.

CHAIRMAN: The strength of your complete force at the present time is 29,500?

Mr. CHOUGH: Yes.

CHAIRMAN: How many of those are in Seoul alone?

Mr. CHOUGH: We have about 6,000 in Seoul; out of those 6,000, 1,500 — they are not really the regular police force — are specially assigned to protect American people in houses in Seoul. We have to protect the lives and property of Americans, and so 1,500 out of that force are specially assigned to that particular job.

CHAIRMAN: That is the division or zone?

Mr. CHOUGH: That is the division.

CHAIRMAN: Is that a metropolitan division?

Mr. CHOUGH: Yes.

CHAIRMAN: Is a metropolitan division independent in any way?

Mr. CHOUGH: No.

CHAIRMAN: It works on directives and orders from you? As a unit of the police?

Mr. CHOUGH: It has the same rank and the same privileges as any other branch.

CHAIRMAN: Have you the power of appointment, promotion, and so on, in relation to the Seoul police and all others? Are those all in your hands?

Mr. CHOUGH: Lieutenants and below are appointed by the chiefs of the divisions concerned, and all over captains and inspectors are appointed through the Director.

CHAIRMAN: None of these appointments is made by the Military Government?

Mr. CHOUGH: No.

CHAIRMAN: They are made by you?

Mr. CHOUGH: They are appointed through the Director of the National Police.

CHAIRMAN: How do you recommend appointments? From what direction would it come to you?

Mr. CHOUGH: Recommendations for appointment come from the chief of the division. Sometimes the Director of the National Police may suggest such a position may be posted on a particular job. Then the chief of police will make the recommendation in accordance with the suggestion by the national police.

CHAIRMAN: Does the Civil Administrator affect the position in any way? Are you in any sense under his control?

Mr. CHOUGH: Not at the present time, because the functions of the national police are directly exercised by the Military Governor and personnel appointing power is given to the Director of the National Police; so whenever the Director of the National Police takes personnel action, he does not require the approval or recommendation of the Civil Administrator. However, as I explained before, we set up a National Police Board consisting of six members before which the Director of the National Police is required to lay his recommendations for appointments, transfers, and so on.

CHAIRMAN: That Board consists of senior members of your department under you?

Mr. CHOUGH: No, independent members. There are two Americans, two from the court and two from the Government. It is an independent agency appointed by the Military Governor himself.

CHAIRMAN: This may seem to be a side issue, but I want to bring it in now. At one time, I think you were imprisoned by the Japanese yourself?

Mr. CHOUGH: Yes, for five years?

CHAIRMAN: There are 29,000 approximately in your police force now? How many members of your present force were originally members of the Japanese police force or kindred organizations?

Mr. CHOUGH: In the lower ranks from patrolmen and above to lieutenants, I think 75 per cent of the posts are occupied by new men who had had no previous police experience whatsoever. It means that posts from patrolmen to lieutenants are filled by new hands, about 75 per cent.

CHAIRMAN: How many posts would you say were filled above those grades by this type of personnel?

Mr. CHOUGH: Fifty-three per cent of the posts are occupied by men who had experience under the Japanese regime or in other countries.

CHAIRMAN: We have heard statements made, of course, while we have been here, that there is considerable resentment against some of those people holding appointment in the police force. What is your feeling about that?

Mr. CHOUGH: I have thought the problem over carefully. When any foreign friend called me a police chief, I was very much embarrassed. Frankly, I am very much insulted, because it is my aim, ambition and idea to be a man of the classroom and lecture-room and to associate myself with young men in the intellectual field. That has been my past aspiration and idea. Now I am destined to be a policeman. I will stick to my job as long as the people hold me to it. When I accepted my post, they were complaining about pro-Japanese in the police force right up to the liberation. I felt that those so-called pro-Japanese traitors were a very serious problem that should be dealt with with wisdom, justice and realism. I felt that because, after all, the Korean people were victims of Japanese imperialism for forty years. It seems to me that forty years is a long time. It is a historical period. In history we think of twenty-five years as a long time; they call it a quarter of a century. Forty years is more than a quarter of a century. In that long period, the Korean people had to make one of two choices. They had to go to jail or they had to co-operate somewhat with the Japanese regime to maintain their individual existence and protect their families. All the common people had to place themselves anywhere. There were bank clerks, court clerks, and schoolteachers who worked for the Government. That was our lot for forty years. I do not see how those common people could have the same possibilities as people in European countries. I discussed that question very seriously in this very room last year, because there were complaints made to General Hodge that the national police had too many pro-Japanese elements in it. I defended myself and the members of the police in this very room; there were present American friends of mine and Korean men of distinction. I made the remarks that I am making to you now. I said that I could point out a Korean gentleman present who had made public speeches and radio broadcasts in which he said: "We have to win the war for the Japanese Empire. That is the only way to protect the future of Korea. That is the only way to protect the millions of people in Asia. We have to work for a greater Asia." I did not point him out directly, but everyone who heard my speech knew whom I meant. They could not defame me, although they tried. How could anyone expect a common man to fight for forty years? Our policemen served the Japanese, but they were composed of the common man. They had to earn their livelihood. But I am not going to use any man who, for the purpose of promoting his personal interest and gaining higher rank, did abuse his official power to such an extent that he won the enmity of the public, or if he persecuted the independence movement. I am not going to use them because they are pro-Japanese, but I am not going to punish them for their occupation. If there is something wrong with the man, I am not going to use him, but I am not going to kick any man out who served the Japanese police because of his occupation. I cannot: I told them so.

CHAIRMAN: You consider it a question of occupation?

Mr. CHOUGH: I told the Commission here last year that after the revolution in Russia in 1922, at a meeting of the Communist Party, they discussed the matter of organizing a police force. They also had to organize the Russian Army. They unanimously adopted that resolution to utilize all the police forces under the Russian Empire and all the Army elements under the Russian Imperial regime. Even the communists themselves decided that such a practical step was necessary. I quoted that to the meeting here last year. It is necessary to build a police force to detect crime. The detection of crime is a skill, and experience is needed in the building up of a national police force. I applied that principle very thoroughly and sincerely. I am not going to condemn my compatriots as pro-Japanese without foundation. I know the communists realize that when they break up the social order in Korea, they want to kill all the intellectuals and middle-class people to retard our civilization in Korea. I cannot stand for that. I was in prison myself. If I have a personal grudge, I am not going to persecute a Korean policeman. I cannot be swayed by personal bias.

CHAIRMAN: Are you, at the present time, quite satisfied that the original members of the Japanese force presently employed are correctly employed?

Mr. CHOUGH: I am not satisfied at all, because our organization is young and I know there are many defects in it. After the foundation of the national police, 5.666 men were removed in one year.

CHAIRMAN: Removal of whom?

Mr. CHOUGH: Police officers, including new men. There are many men among these who did wrong and who served the Japanese regime. We are weeding out the undesirable elements, whether old hands or new hands, from our service if we think they are not fit.

CHAIRMAN: We appreciate the fact that you are weeding out to bring your whole organization up to as efficient a body as you can possibly get, but are you treating the Japanese-trained elements in the same way as you are treating the other elements? By whom were the police regulations now in force drafted?

Mr. CHOUGH: A large part of the present police regulations are founded on the regulations adopted by the former Japanese regime, and some parts were newly attached by the successive military governors themselves, because from General Arnold down to General Lerch and General Dean, we have modified all the procedures and matters which are contrary to democratic practices in the world, so there are many changes; but our minor procedures were usually those used by the Japanese.

CHAIRMAN: If there was a statement made that the regulations, with few exceptions, were the same as those that were in force when the Japanese were in control, would that be correct?

Mr. CHOUGH: I think that in matters of routine and administrative procedure, they are almost the same as the Japanese. However, in guaranteeing human freedom, freedom of assembly, and so on, and promoting democratic practices, I think these are guaranteed by the new changes made by the Military Government.

CHAIRMAN: There have been effective changes by the Military Government?

Mr. CHOUGH: Yes.

CHAIRMAN: Would that be in the direction of preventing arrest without a warrant?

Mr. CHOUGH: We have not discussed this matter for some time, but we have not adopted it yet because even among the Americans themselves they found that one system is not as effective as is commonly thought. There are many localities where there are no courts, so it takes time to get a warrant from the judges. In the second place, communication facilities are bad. It requires much time to get word from one place to another, and there is a great possibility of losing the criminal in the meantime.

CHAIRMAN : No such alteration has taken place yet?

Mr. CHOUGH : No.

CHAIRMAN : So that arbitrary arrest and detention are still available?

Mr. CHOUGH : Yes, they are still available.

CHAIRMAN : Following that, these laws and regulations that are being put into force for the most part are Japanese in origin? Does it occur to you that there is another side to the retention of these Japanese-trained policemen, quite apart from the question of their losing their livelihood? You are using men who are trained in methods that you yourself say must be altered, trained in nothing else but to carry out those methods; and at a time when you are considering altering the methods for the better, you still have twenty-five per cent of your police force, plus fifty per cent of your officers, administering those same regulations and carrying out those same methods. Don't you think an outside person considering it would be fair in asking, "Why do you keep these special enemy-trained men to carry out enemy regulations which you yourself wish to amend as quickly as possible, particularly when arbitrary arrest and detention is available, so that there is no freedom for the people?" What I am trying to emphasize is the thing that is occurring to us. We are asking for enlightenment only, and that is why we want to know why these people should be retained and allowed to carry on with the very things that they have been trained in and yet which you yourself are trying to wash out as quickly as you can. Is that logical and right, or are we thinking on the wrong lines altogether?

Mr. CHOUGH : I agree on that point very clearly and concisely. I pointed out that there are many defects and many things that have to be improved. The only possibility of getting a good result is to carry out our educational policy and our educational programme. We have had that in mind; that is, build up the new backbone of the national police; to be concrete, to build up new members, new ideas and new hopes, and so we have established an academy, an education bureau. We have a system of cadets. We train them for four years in police science and also keep them academically educated. We have so far appointed ten of them, and we have recruited 120 young men in the last year to give them the course. We are going to recruit twenty more from 21 to 25 years of age. Two hundred of them will study a ten months' course beginning in March in order to train them to be new leaders and new policy officials to carry out new policies, new ideas and new plans. That is what we are doing now. However, I cannot publicly announce that I am going to clean out all these doubtful elements as soon as possible, because that would demoralize the entire force, so I have to be very careful.

CHAIRMAN : I take it that they are not being trained by any of these people who were originally trained in the Japanese police force? Are you using any of those people we were speaking about in the training of these young policemen?

Mr. CHOUGH : It was created without them.

CHAIRMAN : Are you using those men in the training of these new policemen as well?

Mr. CHOUGH : Yes. If you would read the occupational paper in our National Police Department, you would see that we are making many changes.

CHAIRMAN : Are there any considerable number of those Japanese-trained policemen who would have been working in the Japanese police force for a period of from five to thirty years?

Mr. CHOUGH : In my police force at the present time?

CHAIRMAN : Yes.

Mr. CHOUGH : I think there are many in that category.

CHAIRMAN : Does it not appear to you that as regards men who have been trained in a law enforcement agency such as the Army or the police force, it is going to be very difficult ever to knock out of them what has been trained into them? That has been said of the Japanese themselves, in a way. Don't you think that it is going to be, we might say, almost impossible to drive out those bad habits that have been trained into them? If that is so, are you not retaining in your force people who are not capable of carrying out your wishes as quickly as possible to put your police force on to a new basis? Do you see my point?

Mr. CHOUGH : I get your point, because those men who have been trained by the Japanese for from five to thirty years and who are accustomed to those police methods and practices have their own desire not to change, so there is present unwillingness to change. That is the reason so far as the national police is concerned. We want to weed them out as much as is practicable. In Korea today, there are many different police jobs. If I should appoint one man from one party or organization, then the people from another party will come to me and say, "You are one-sided" and so on. It is very difficult to fill a police post at the present time, and that is the reason I think your opinion is sound on conditions only. That is, we have to have time to build up a new police force based on new ideas and new practices.

CHAIRMAN : Would it be right to say that the number of those old Japanese-trained policemen that are in the Seoul Metropolitan Police Force is greater than that in any other portion of the force?

Mr. CHOUGH : Roughly speaking, that might be true; that is true, I think.

CHAIRMAN : Would the statement that it is very much greater be nearer to the mark?

Mr. CHOUGH : I think the present commanders, except one, are all former Japanese-trained men.

CHAIRMAN : How many would that be?

Mr. CHOUGH : Nine of them.

CHAIRMAN : That is probably where the information came from that we have been hearing about.

Mr. CHOUGH : I have been keeping them in their jobs through thick and thin in the last two and a half years. Their main defect is in themselves as individuals, as police officials. In the first place, no matter whether they serve in the Japanese regime or not, we are firmly resolved to discharge the police functions as Koreans. I think I can assure you of that. In the second place, in the storm of propaganda coming from South Korea, this group of men, especially in Division M, regards the Military Government of South Korea not as an alien institution for the purpose of colonizing or exploiting the Korean people. They believe it to be an agency and a means for completing and preparing for Korean independence.

CHAIRMAN : Who believes that?

Mr. CHOUGH : The police officials.

CHAIRMAN : You do not mean that those Japanese-trained men believe that more so than your own Korean officials who were not so trained?

Mr. CHOUGH : I think if I succeeded in anything at all in holding my job as Director of the National Police, I think I have settled two accounts. In the first place, I made them real Koreans. In the second place, I made them regard this Military Government in South Korea as not colonizing and as not being American imperialism. Of course, we are ashamed to have American personnel come here, but it is our fate. What can we do? I say, "As a member of the National Police Force, take this government as your own." That is why I train them so.

CHAIRMAN : That applies to all the police, or particularly your own? Do you think you can think one as well as the other?

Mr. CHOUGH : I think you could take one as well as the other. In fact I have. I have settled two accounts. These men are patriotic Koreans and they are loyal to this government. That is the reason. They have good jobs — that is one factor; and also they are useful.

CHAIRMAN : I think we have covered what we want.

Does the police organization assist the youth organizations, as is the case in many other countries? In many other countries, the police do assist them very greatly. Is that the case here?

Mr. CHOUGH : So far as the national police is concerned, we have never adopted any policy of organizing youth organizations in order to get help from them. We have not done so, but the youth organizations, it seems to me, are an expression of a social desire inside of Korea, so that they are spontaneous movements and not engineered or invented by any individual at all. After the youth organizations sprang up, in many places and at many times, they were found to be useful in suppressing riots and disorders in all parts of South Korea, especially in 1946, when there were riots in South Korea. These riots started in Kyongsang Namdo, and spread all over South Korea. Now, in a local sub-station where there are seven or eight men posted, a riot could occur, and the only protection that that police institution and other police institutions can get is the protection from the co-operation of the citizens of those communities concerned. These organizations always exist. They usually come to the aid of the police, so the members of the police and the police officials think of them as friends and helpers. While other people try to burn and kill their fellowmen, those men come out and help them, but it is far from a fact that we ever adopted any policy of setting up youth organizations to be an adjunct of the police. That is a false accusation.

CHAIRMAN : We are not looking at it in that way, as any adjunct. I can explain better, perhaps, if I say that in my own country the police themselves put up gymnasiums and clubs, and supply money; and they take in boys who have not got anything to their names and make them good citizens. They do not worry about their religion; they do not worry about politics or anything else; and although it is a small community, that youth organization has in the last ten years taken off the streets something like 15,000 young boys who would have been a nuisance, and made very fine citizens out of them. That is what I have had in the back of my mind.

Mr. CHOUGH : We are organizing police clubs now; they were set up about eighteen months ago. They are for boys and girls up to sixteen years of age. This police club is for the purpose of co-ordinating families and the police.

CHAIRMAN : The clubs I am speaking of have boys and girls who are much older—up to thirty-two years of age.

Mr. CHOUGH : Most of them are not young men's organizations at all. They are really political parties with people who are older than twenty-five, so we have a problem.

CHAIRMAN : They are political parties that would support your police in some places, but you could not rely on them for all places. Is that the position?

Mr. CHOUGH : There are many places where it is really embarrassing to us, because they were useful at one time, but now they are a nuisance, because they try to exercise the police power without rightful authorization from the police; so we have to throw them in jail, after having used them as our friends.

CHAIRMAN : Would they be some of the people who have been supplying those bogus detectives that you refer to in the Press?

Mr. CHOUGH : They pretend to be detectives to get money and so on.

CHAIRMAN : They would not be associated in any way with the youth movement?

Mr. CHOUGH : No, that is individual.

CHAIRMAN : Taking the youth organizations as a whole, what would you say is their main purpose in Korea?

Mr. CHOUGH : In the first place, there is no work in South Korea to be done by young people. Many of them are loafers, yet they want to do something. In the second place, Korea has just been liberated, and they have new hopes of achieving something. These young men are already too ambitious; they want a fast recovery; that is a common phenomenon of youth everywhere. The country is unsettled, I think. That is the second factor. Third, some political leaders in South Korea try to utilize these youth movements as pawns; that is very bad. Up north they have half a million trained men. Some policemen were killed on the borderline only two weeks ago; three civilians were killed only nine days ago. That is the situation inside of Korea. Some people say that we are defenceless; we are bare-handed. We cannot do anything about protecting ourselves against the future possible threat from the North as we have no army here, so let us organize the young people so that we may stand against the Northern forces with sticks and stones. That is the reason why the youth movement is what it is, so the Government can do something to rationalize the youth movement. In the first place, we have to limit the ages by law. In the second place, the Government should not allow any of the young men's associations to give military training. Third, they have no business to meddle in politics if they call themselves youth organizations. There must be some controlling, guiding and supervising of the youth movement in South Korea; otherwise, they will be a source of terror and illegal acts, in my judgment; so we should do something about them. At the same time, I think the South Korean Interim Committee should do something about solving the defence problem.

CHAIRMAN : Who are these people generally ? Do they belong to any political group, or are they just rightists or leftists ?

Mr. CHOUGH : We have no knowledge of what they are. I think at the present time the strongest youth movement is led by rightists.

CHAIRMAN : Why is the youth movement mostly rightists ?

Mr. CHOUGH : Because up to August of last year, the leftist youth groups were much stronger, and that is the reason they staged riots and terror, general strikes and so on. Most of the leaders were held because of their particular crimes, so they have lost those leaders.

CHAIRMAN : Originally, they were very leftist or communist in type ?

Mr. CHOUGH : I think most of them are indoctrinated with lies and propaganda from the communists. That is why a great many of them cannot be baptized to be Koreans.

CHAIRMAN : I think there is the National Youth Organization which is under General Lee Bum Suk.

Mr. CHOUGH : Yes, they are under General Lee Bum Suk.

CHAIRMAN : There is a second organization called the Dai Dong Young Men's Association working under the leadership of Lee Chung Chun. Are those organizations working on the same lines and are their ideals the same ?

Mr. CHOUGH : To be frank, I am seriously concerned with both organizations, because the Young Men's Association under Lee Bum Suk is subsidized by the Government. It is a quasi-governmental agency. However, I think General Lee went too fast, and his organization has a huge membership that he has no control over, and in that organization there are many communists who have infiltrated there; so he is not sound at all. To prove that fact, there was a conspiracy reported to me about five minutes ago. Eight of these people are in jail now. They were members of the National Youth Association. In connexion with the attempted assassination of Chief Chang, which happened a few days ago, five of them were members of a former leftist youth movement. The leftists infiltrate into that National Youth Organization, so it is not sound at all. I think something has got to be done to adjust the situation for a real national movement. Lee Chung Chun is a very fine man; but he tried to amalgamate all these young men's associations in the space of two or three months. They have been a cause of trouble to me and everybody in South Korea today, so I think you have to do something about them.

CHAIRMAN : Which of these would you call illegal bodies ? Are you in a position to tell us about all those except the ones sponsored by the Military Government ? Which of those are unlawful bodies ?

Mr. CHOUGH : I do not think I would call any of them illegal bodies; I should say they were ill-advised parties. However, as a whole, I would not condemn them as illegal parties. I would call them ill-advised and ill-guided organizations.

CHAIRMAN : How does that conflict with the normal military law in regard to assembly, limiting assembly to three people ?

Mr. CHOUGH : I do not think they have trespassed any governmental authority as yet. In some cases, they extorted money from private citizens and intimidated them and sometimes used terror, so I cannot answer that question in a straightforward manner for this reason.

At this point Mr. Chough produced a chart showing the division of North and South Korea by the 38th parallel line and showed it to members of the Commission.

Mr. CHOUGH : The communists set up this parallel line in North Korea. The People's Committee is a governmental agency of North Korea. There is a Labour Party in Korea and the Democratic National Front. Under that political association there are about nineteen of these organizations at the present time. In the South, they have that same pattern, the Labour Party of South Korea, and the Democratic National Front. Under that, they have twenty-four different political and social organizations, such as youth and farm associations, labour unions, art guilds, literary ass ociations, and so on. I gave an address on 14 April 1947 and analysed their activities in South Korea. I tried to prove my point by drawing this diagram of these so-called political and social organizations in South Korea for the last two years. They did not mean to carry out a legal, lawful and rational constitutional movement at all. Their only purpose was to overthrow the Military Government in South Korea and try to destroy what we have tried to build up. At that time, I said that we had been patient too long. I want to condemn all these twenty-four organizations and the National Democratic Front and the Labour Party of South Korea as illegal parties, because they were responsible for murder and arson. Those are the reasons we have not condemned in a wholesale way all these political associations, and I do not think we can condemn these young men's associations as illegal at the present time.

CHAIRMAN : Can you suggest a better plan for those organizations? At the present time, it is a bit too confused.

Mr. CHOUGH : I deeply regret that you have heard these stories after being here less than a month. I know that you must have heard all kinds of stories, so I am glad to lay a clear picture of Korea before you so that your mind may not be burdened too much with the usual complaints coming from all sources.

CHAIRMAN : At the present time, the position is that we are, fortunately, a sub-committee, and our job is merely to collect information and pass it on to the Commission, which has to take a decision. By doing that, we save them a lot of time.

Is there any particular thing in connexion with the youth movement as a whole that you would like to mention now?

Mr. CHOUGH : In connexion with the general policy of the national police, what I want to say is that the treatment of all political parties is on the basis of impartiality as the golden rule of a true democracy. That is the only possible way to protect the freedom of expression, because it guarantees the soundness of society as a living organism. However, the true application of this principle of impartiality is tenable only in societies where political activities are carried on in accordance with law and order and where they do not endanger the very life of the States. In countries like England and the United States, no different treatment need be given to the Conservative Party and the Labour Party or the Democratic and Republican Parties. These parties all make efforts to promote the permanent good of the nation according to their political ideas and platforms and through constitutional methods and procedures. However, let us examine the situation existing in Greece today. Can you safely apply there the principle of impartiality, without conditions, to divergently opposing groups, the nationalists and the communists, who exist there? The former aims at the promoting of the national interest, while the other carries out a destructive movement directed by external sources. The very same problem exists in South Korea today. Roughly speaking, we can say that there are in South Korea two opposing political groups — the nationalist group and the communist group and their allies. The nationalists collaborate with the Military Government, thinking of national reconstruction as the primary consideration, and the communists, on the contrary, destroy the Military Government. They are directed by an outside influence and are working for the realization of internationalism at the expense of national sacrifice. One is a patriotic and law-abiding group; the other is a national dissenter and a local entity. How can the principle of political originality and impartiality be applied under such conditions? We do not prosecute political parties at all. We have to analyse them according to the facts. If they are illegal and ultimately carry out illegal activities, we cannot treat them as lawful agencies. I want to emphasize this point very strongly. If the activities of a party are legal, I will protect it. We are not afraid of ideals at all. After all, human reason and human wisdom will solve the problem.

CHAIRMAN : Are members of the police force allowed to join political parties themselves?

Mr. CHOUGH : We have issued no directive forbidding them to joint political parties, but we have instructed them not to join in any political activities. In other words, as individuals they may be members of a political party, but they have no business to engage in political activities. There are only a small number who have joined any party at all in the police force.

CHAIRMAN : Are you yourself a member of a political party?

Mr. CHOUGH : I am a plain member of the Hankook Democratic Party. At one time, I was an organizer, and I was designated for an important position. I talked the matter over with General Arnold : "I am going to join the police force, but I am not going to engage in any political activities whatsoever." However, Korea has to be a democratic country. Now, I think there has to be some kind of political party that can inculcate principles in the public. If all the men who join the Military Government have to give up their membership in every political or social organization they belong to, how can you expect the development of a real democracy in Korea? On that principle, I am going to retain my membership, but I guarantee and assure you that I will not engage in political activities.

CHAIRMAN : If the statement were made that the members of the police force, in some areas, at least, are expected to join a certain political party, would that be true?

Mr. CHOUGH : That is not tenable. If it is so, I will remove that man right away.

CHAIRMAN : What would be the role of the police force in connexion with the elections, if an election were held now?

Mr. CHOUGH : I have appointed a committee to study detailed plans for enforcing the election law. If you would like to have it, I will give you a copy of it. However, I have given out general instructions to the police force. This is the directive I sent out ; it is dated 22 January 1948. I say:

"The members of the United Nations Commission on Korea are now here to supervise the elections. In order to express the true desires of the Korean people, there should be a free environment, so you are instructed to carry this out, especially during the election, and to protect individual rights, so that the wishes of the individuals may be truly expressed. Therefore, I, as Director of the National Police, instruct you to carry out these principles as long as public peace and order are in danger."

That is what I said. I also said :

"You are instructed to bear carefully in mind the following points : in general, all kinds of applications for meetings should be allowed, and wherever an arrest is made it should only be made on evidence. If no evidence is available, the person should be released immediately. In connexion with newspaper articles, posters and handbills, you will not interfere unless they actually incite riots or serious acts. There is no justification for arresting any person because he criticizes the members of the United Nations or simply because he criticizes the Military Government. Those are not sufficiently legal grounds for arresting anybody. Furthermore, all members of the national police have the right to vote, but they have no right to engage in any political activity."

That is what was sent out.

CHAIRMAN : That is a very clear directive. There is one other thing. Do you consider that there are any conditions existing in Korea today which would interfere with the holding of free elections?

Mr. CHOUGH : I do not think there are any conditions that would interfere with free elections today at all.

CHAIRMAN : There is nothing to prevent free elections at all at the present time?

Mr. CHOUGH : No. Of course, I have information coming into my office every day which states that people in North Korea are setting up some kind of movement to stir up trouble in South Korea, so that the election may not be held. If the people up north and their agents in South Korea do not make any trouble, I think we will have a free and happy election here.

CHAIRMAN : That election, in connexion with that free atmosphere, really would be under your control very largely, would it not, and under the control of your police force?

Mr. CHOUGH : To be frank, I have that responsibility.

CHAIRMAN : As Chief of the National Police, you are in a very strong position. Actually, apart from interference or directives from the Military Government, which come, I assume, very seldom, you are really a law unto yourself in handling the police?

Mr. CHOUGH : I think that is somewhere near the truth. I am conscious of that fact, the fact that I hold tremendous power in my hands, and I feel that I have to be loyal to Korea and to the Government existing there. I have to exercise this power with wisdom, justice and fairness. That is all I can say. There are many people who call themselves middle-of-the-road people: they are self-styled liberals. I think that there is nobody who is more desirous than myself of realizing liberalism in Korea. I myself studiedand attend ed two lectures every week when I was at Columbia University. Those lectures were on socialism and were given by Professor Simkhovich. I studied the material conception of history; I studied Hegel's philosophy and all that. I am not opposed to learning : I want to tell you about my experience and I want to protect my police power to promote the welfare of the great majority, and not for the landowners or a few monopoly capitalists at all, because with the aid of science, we are conquering nature every day. We are bettering our material life and condition. I think that the benefits should be shared, if not absolutely equally, relatively equally by all. That is what I believe in, and if there is a chance to apply political principles, that is the way I will do it. So, in exercising my police power, I will never exercise it for the sake of profiteers or capitalists. We are in a very critical situation today.

CHAIRMAN : There is one question I should have brought up earlier, perhaps — the question of general administration and police co-operation. We have heard statements of various kinds about it, and these statements suggest that there is not the close co-operation there could be, perhaps. It has been suggested that in some provinces the governors are more or less under the thumb of the police because the police have the power there that they have in some of the larger towns. It is difficult to carry on the administration of the city because the police, perhaps, do not get on with the civil administration, and therefore enforcement of their regulations is difficult. I am only mentioning a few things which came to us along those lines. What is your feeling about that co-operation? Are those more of the difficulties that still have to be cleaned up, or is that statement wrong?

Mr. CHOUGH : That kind of viewpoint receives some degree of sympathy from me because I have been conscious of that complaint for a long time from governors and mayors of different cities. They claim that I do not co-operate with them. I checked on the matter. We have directives sent out, and we also have procedures to bring about close co-operation between local governors and mayors and so on. My conclusion is that the complaints are not based on the facts when they state that the police do not co-operate. It seems to me it is rather the personal opinion of the different people concerned. If the matter is important, the governor or mayor may be able to obtain co-operation quite easily, as he will compel the police to co-operate, because, after all, he is the governor of that province. But, in some cases, where the governor is rather weak and does not know his business, then he makes a complaint to the top level. That is the reason we laid matters bare before the Joint Conference of the Directors and of the Governors last year in the month of July. I spoke to the Joint Conference; I told them, "It is the obligation of the national police to co-operate with you governors, and I instructed my police to do so. In case any police officials do not obey that order, just tell me, and I will rectify it." I also explained the importance of maintaining a central police force as we have no defence system; also, the condition of peace and order is so bad that we have come to the unanimous conclusion that we should maintain a central force, so the matter was settled in that way. Even after that, there was some complaint about it, not from the governors this time, but from the prosecutors who complained of the lack of co-operation between the prosecutors and the detectives. I think that was the main reason. In ordinary times, each government should have its own police force, and I hope that time will arrive soon. We have to be very careful to have close co-operation between governors, mayors and the national police.

CHAIRMAN : We are concerned about this, if co-operation between the administration and the police force is not in some way tied up, and since the police force is still operating on old Japanese regulations and with Japanese-trained personnel, there is a grave possibility that in Korea you have not departed from the old Japanese system which allowed the police such terrific power. The police have practically predominant power, as you know, and as it is applied in Japan, it is applied here in Korea. The police force was the dominant force, and they actually dominated the administration, so you can see the thought that is in our minds; that you have not departed very far. I do not say that we feel you have not departed very far. You have told us that you are doing your utmost to rectify those things, and with your background, knowledge, and so on, we certainly realize it would be so; but it does seem to me at the present moment that I can say that there is still not a great departure from the Japanese system which gave great power to the police and very little collateral power to administration of a different sort altogether. Would I be entirely wrong in saying that, or have you some plans which are being implemented now for destroying any possibility of that happening?

Mr. CHOUGH: Of course, as a law-enforcing agency, the national police has tremendous power. I do not see how the national police can interfere with the general amnesty in South Korea. We have a limited power. We have certain powers to enforce law and order. We cannot dictate political policies; we cannot dictate personnel changes in government.

CHAIRMAN: I am not thinking in a general way of the whole of Korea, but of Seoul. The Seoul police, in accordance with our feeling of a metropolitan police force, is considerably more independent. A metropolitan type of police force has a central type of role, and I know some of them very well. It is not a force unto itself, but it has a great deal of power. Now, a force like that, acting independently, might at some stage take over too much control in the South, where you say things are disorganized and not properly under control on account of transport and that sort of thing. The transport difficulty might be such that, at the time of the election, they just would ignore the administration for the simple reason that a great deal of the organization of the election will be done by police personnel. Also, apart from that, it is so remote from your centre where you have control, that it might take control of that area for the whole of the elections, and might influence the election in any direction it desires.

Mr. CHOUGH: No, I do not think so. So far as the national police are concerned, they have to abide by the directives sent out. They have no right to change any point in those directives. I do not think they will change any part of the plan or the directives sent out by me, because that is the way they have been trained.

CHAIRMAN: To obey you implicitly?

Mr. CHOUGH: Yes, there is no rule about that.

CHAIRMAN: Is there any plan in your mind, in the minds of the Interim Assembly, that you know of, to place the police force under something in the nature of an attorney-general's department, a separate department responsible for law and order completely, as is the case in the United States?

Mr. CHOUGH: In that respect, Japan is progressing very fast because they are better off. The country is not divided and they are politically fortunate enough to be controlled by one foreign Power.

CHAIRMAN: Would you say that the people of Korea would be amenable to such discipline that if such practice were adopted — if you vitally changed very rapidly your police tactics in the handling of the public — do you think that the Korean people, after their experience with the Japanese, would respond, or would they get out of control; or do you think the present method should be continued?

Mr. CHOUGH: In adopting police methods and procedures, we have to look at the social facts of that community. We are talking about democracy today in Korea, but I think that if you try to apply principles of democracy just measured by standards of the United States, Australia, Canada or England, which countries have learned the principles of democracy through the seven hundred years which have passed since King John signed the Magna Carta, where the people have taken pains and through success and failure have learned the principles of democracy, it is a different thing. I do not mean to minimize our national value. The Korean people have lived under a monarchical government for two thousand years and for forty years under Japanese domination. We do not know much about democracy; we have not read much about it and have not had much time to practise it. I think that the principles of democracy should be learned in the course of time through actual experience and actual living, so it seems to me now that we should not have to hurry the exact application of these principles of democracy to Korea today. We have to practise the principles. We also have to take into account the level of the people.

CHAIRMAN: It has been said that until you get a democratic government, you will not be able to introduce a democratic system, and that, in the meantime, we will use the system that is best suited for keeping our people under control. I take it that that is, generally speaking, what you have in mind?

Mr. CHOUGH: Yes, I think the Korean people should have a unified independent government. I think we can control the situation and learn democracy much faster than under the present system.

Mr. LUNA (Philippines): In view of the late hour and the interesting information that has been given to us by Mr. Chough, may I ask that Mr. Chough be invited tomorrow morning or tomorrow afternoon to appear here again, because if we continue I think the meeting may last until nine or ten o'clock, and that would be too late as the secretariat staff may be too tired right now. Thus, I would suggest, if the other members of the Sub-Committee do not have any objection, that we might invite Mr. Chough again any time it is convenient for him and the Sub-Committee.

CHAIRMAN: We have come to the end of our time. I think we should ask Mr. Chough if he would be prepared to come and talk to us again at a later date.

Mr. CHOUGH: I will be very happy to be present at any time you require me to be here.

CHAIRMAN: Does any member have any urgent question to ask?

Mr. PATTERSON (Canada): I have a question which relates so directly to your last two questions and the answers that Mr. Chough has given, that I would crave the indulgence of the group just to ask this question: I think we have been pleased with the statement that Mr. Chough made as to his intentions and ideas. I think he has rightfully confined himself to answering the questions as an agent and appointee of an administrative agency. But, of course, as a Commission of the United Nations, we are charged with the task of observing elections to see that they are conducted in a way that will be compatible with democratic ideals. Therefore, our problem is a very limited one in time and in scope. The outline Mr. Chough gave of the social situation in Korea is impressive, and

I think we would all agree that there is some implication of democracy that cannot be effected in a short time; but on the immediate problem of having elections which are conducted in a way that is compatible with democratic practices and ideas, we must face the fact that, as regards the principle of democracy, the control is in the hands of the people. In the long history of the development of that ideal, it has been found necessary to maintain a balance between the legislative, the executive and the judicial functions of government. Here, in the Military Government, that is not possible. There is something incongruous in the situation. It is hard to think of elections that can be conducted in a way that is compatible with democratic ideals. Now, I have tried to state the problem. We have the immediate problem, and we have the larger considerations. I wonder if Mr. Chough would step out of his role as an administrative officer for a moment and tell us if he has any concrete or practical suggestions as to any reform that might be made or any provisions that might be introduced for this period of the elections. That would give the assurance we require that the elections shall be conducted in this free atmosphere that is compatible with democratic ideals. It is not sufficient in that light to rest our confidence on your integrity, your intentions, or your purposes. There must be some other control more in keeping with the controls that have been developed in democratic society. Are such reforms or such provisions possible for this limited period?

Mr. CHOUGH: The only possible way to hold a free election, I think, with a free environment in Southern Korea, is to prevent intimidation and threat so that electees and their electors can exercise their rights without interference from legal sources. I think that should be done. I think the present police force will do that all right.

Mr. PATTERSON (Canada): We cannot depend on that.

Mr. CHOUGH: If you want to build up a safe and free environment, measured by the standards that exist in your own great countries, I have no alternative measures for you at all. That is why the United States-Soviet Union Joint Commission failed in the last two years. According to the decision of Moscow, the Commission is required to consult all political and social parties in South Korea to organize a government, but many of these political and social organizations sprang up like mushrooms, and in many cases they invented their parties. That is the reason the total membership is so unreasonably large. The so-called leaders of those political organizations, in many cases, are self-appointed, and their views, in many cases, do not make sense. In view of past experience and in view of the conditions which exist in South Korea today, I think that if you try to clear a way to building a free environment with the consultation of these many political leaders in South Korea, I think the future is very dark. If you want to solve that problem, I do not know how you can do it. If you want to have a real consultation, you can consult the Korean people for the purpose of holding an election. I do not know if I should suggest it, but there may be a possible way of holding some kind of preparatory election to find out what you want in South Korea. Then you can consult them formally and officially as the spokesmen of South Korea or of Korea. That is the only possible way, it seems to me. Of course, if you want to carry out the principles of checks and balances, we have no time to make all those changes, because in South Korea we are too late, as the Interim Assembly itself was only organized about thirteen months ago. Half the members of the Interim Assembly are government-appointed, and half of them are elected, so we cannot adjust the governmental machinery in such a way that is compatible with the practices of democracy. The Commission has no time. I do not know how much time you are authorized by the General Assembly, but you are supposed to carry out elections by 31 March, so I do not see how I can offer you any practical measure of reforming the government systems and machinery to hold a free election. You must face the facts today. We have such a governmental system, and we have such a social expression of all kinds and all shades. I think it is up to the wise judgment of the Commission to evaluate those social facts. It is up to you gentlemen to arrive at the best possible solution for the welfare of the Korean people. I do not think we have time, really, to talk about reforms and all that; there just is no time.

CHAIRMAN: We all thank Mr. Chough for his statement.

Mr. CHOUGH: Any time you wish to send for me, I shall be happy to come before you; just notify me an hour in advance.

CHAIRMAN: Thank you.

The meeting rose at 6.25 p.m.

VERBATIM RECORD OF THE FIFTEENTH MEETING[1]

Duk Soo Palace, Seoul, Korea, Tuesday, 3 February 1948, at 3 p.m.

Chairman: Mr. JACKSON (Australia)

CHAIRMAN: I declare the fifteenth meeting of Sub-Committee 2 of the United Nations Temporary Commission on Korea open.

Hearing of Koreans: Mr. Chang Kun Sang

CHAIRMAN: We have with us Mr. Chang Kun Sang, chairman of the Labouring People's Party. Mr. Chang will tell us what are the associations he has that may interest us.

Mr. Chang Kun Sang assumed his seat in the Committee room. He was accompanied by Mr. Whang Chin Nam, who also answered some of the questions.

CHAIRMAN: Mr. Chang does not wish to make a statement straight away, so we will ask him a general question on the free atmosphere for elec-

[1] Document A/AC.19/SC.2/PV.15.

tions. It is the opinion of the Sub-Committee dealing with the question of ensuring a free atmosphere for elections (Sub-Committee 1) that there must be the following minimum requirements: freedom of expression, freedom of Press and information, freedom of assembly and association, freedom of movements, protection against arbitrary arrest and detention, and protection against threats of violence or violence. The question that is asked is: Are there any laws, regulations and ordinances now in force or any conditions now prevailing in Korea which, in your opinion, are incompatible with this free atmosphere, and, if so, what are they, and what provisions, legal or practical, are required, in your opinion, to improve this situation?

Mr. CHANG Kun Sang: I will be very glad to have freedom of speech and Press and such things, but we require real practice for activity, I mean that we must have real free speech, real free Press, real free meetings, and so on. Sometimes under the Military Government we cannot have that happy freedom. These regulations, I should say the Public Act, on such a thing, is not so agreeable to us. This Public Act, or anything disturbing to our free action, should be amended.

CHAIRMAN: Have you any particular military regulation in mind?

Mr. CHANG: I think Mr. Wang will settle all these particulars, and we have prepared a statement. There is the Proclamation No. 2 which says that anybody who agitates against the Military Government may not only be imprisoned but, under certain circumstances, may be shot. There is also Ordinance 55 of the Military Government which says that any person who agitates against the Military Government is likely to be punished in some form. Anyway, it is not only a question of law; the atmosphere prevailing in South Korea is such that the police are in actual power. They can arrest any person and keep them indefinitely under any pretext they choose.

CHAIRMAN: There is a regulation which says that not more than three persons may assemble?

Mr. WHANG CHIN NAM: There is a regulation to the effect that not more than three persons can come together without having police permission. Of course, that is very arbitrary; the police say who can come together and who cannot come together. They are the official judges.

Mr. CHANG: This is not a central order, but only in the district south of Kyongsangdo under the law more than three persons can come together, but north of Kyongsangdo, five men. Of the regulations in the other districts, we do not know very much.

CHAIRMAN: Do you know of any examples where the police have gone beyond their powers when they have taken suppressive action under these military regulations? The military regulations presumably are to prevent riots, civil commotion and that sort of thing. That is normal.

Mr. WHANG: We can give you any number of instances. For instance, there is a friend of mine, Mr. Lee Song Pak, who is a professor of sociology at Seoul University. Yesterday he visited Tygun. His home is there, and naturally some friends came to see him. The police arrested him and kept him, and I had to make representations to the Military Government before he was released. The report was given to the Military Government that he went there to agitate, and that he was a communist. He is not communist; he is nationalist; but they can make any report they like and the Military Government seems to believe these reports.

CHAIRMAN: They just picked him up as a single individual?

Mr. WHANG: On the pretext made that he had no right to hold a meeting. they arrested him.

CHAIRMAN: He held a meeting?

Mr. WHANG: He went to visit his folks, and naturally friends came to see him. The police know about it somehow, and they arrested him the same day. They said he had come down to agitate, but that was not true. I had to speak to General Brown, and he was released. If he were a communist he would not be a professor of sociology at Seoul University. That will give you an understanding of how the police are so arbitrary. This question of police has been thoroughly thrashed out in the so-called American-Korean Conference held in this very room, and Dr. Kim Kiusic has referred to it. But no action has been taken, so what is the use of going over the same ground again?

CHAIRMAN: Our position is this. So the Commission can talk freely, we have got to go into these things and collect the information we can for them. It is a bit unfortunate you have to go over it again and again, but I am afraid it is really necessary. This is the sort of information we want. We have had two cases reported to us of men who have been let out of prison and when their friends have gone to meet them they have been arrested for illegal assembly.

Mr. WHANG: Under the present circumstances, the police are part of the big political machine. That you cannot deny.

CHAIRMAN: The question of the freedom of expression we have discussed, freedom of movement you have now dealt with, and arbitrary arrest and detention. Since we are dealing with the question of the Military Government organization, to what extent must the regulations that are issued by the Military Government be obeyed by the police? Does the police force regard itself as something independent of the Military Government and Military Government instructions?

Mr. CHANG: I would not say that the police are acting independently of the military regulations, but sometimes they act mistakenly and then the military afterwards make amends and make things turn out better.

CHAIRMAN: Is there any attempt on the part of the police to follow your organization deliberately?

Do you think there is any direction from the police that they shall follow your organization and do anything they can to interfere with it?

Mr. CHANG: There are many cases of interference. While they do not openly interfere, they make an effort to try to interfere. For instance, the Labouring People's Party has never done anything against the military law, and if the police come to arrest our members there should be some kind of reason. The police make a charge, and though this charge is not proved, our members are kept in the police station for a long time. If we were taken to the court we should be freed, but instead our members are kept in the police station for as long as the police wish. That is what we complain of.

CHAIRMAN : We have had quite a number of talks concerning the police regulations; we are told that these regulations are very much the regulations that were used by the Japanese police.

Mr. CHANG : That is the point of complaint. There are policemen who were employed in the Japanese regime who still remain as policemen in emancipated Korea. They exercise the power they did under the Japanese regulations. The Korean free people will never be satisfied with that; we want a real emancipation. But we are still under that kind of operation, with a number of pro-Japanese police officers still remaining in the police force.

CHAIRMAN : Do you think that under the present conditions it would be possible to carry out a free election, or anything approaching a free election, so that the leftists would get a fair chance?

Mr. CHANG : Not according to general conditions at present.

CHAIRMAN : What changes would you suggest should be made? What would make it possible?

Mr. CHANG : Changes must be made so that there is really free speech and freedom of Press, movements without interference from the police and military forces.

CHAIRMAN : Wow would you get that?

Mr. CHANG : If you leave us alone we can make out for ourselves. But if there is interference, we can hardly get it. If I might give you an example; right after the emancipation on 15 August 1945, before the American or Soviet forces came into Korea, the Korean people, being alone after the Japanese forces had gone out, managed themselves all right. They kept good order everywhere, both in the North and the South. We did not have the present spirit among our nationals. But after the Russian forces and the American forces came into Korea, then the Korean people were split. I should not say that the Korean people are split now, but the Russian forces occupy the North and the American forces the South, and the Korean people follow this idea, and are divided into two forces. That makes a very bad and a very sad situation for the Korean nationals.

If you leave the Korean people alone, then we will make out ourselves. That was why I gave you the example of what happened on the Japanese withdrawal on 15 August 1945. If the American and Russian armies had not stepped into Korea, then we should have maintained good order ourselves. But now the Korean people are divided by the two forces into the American side and the Soviet side. These are unfortunate conditions.

CHAIRMAN : Do you think the election should be held by 31 March under present conditions?

Mr. CHANG : No sir. I do not think so; it is impossible.

CHAIRMAN : When do you think an election will be possible, any sort of election? We are thinking of all Korea for a start?

Mr. CHANG : I should say, leave the Koreans alone. There cannot be any real freedom under military occupation.

CHAIRMAN : There will never be freedom under occupation?

Mr. CHANG : No sir.

CHAIRMAN : You want to get rid of the occupying forces as quickly as you can? I quite agree.

Mr. CHANG : Supposing the military powers did not interfere and left the Koreans alone. Then the United Nations might watch to see if we can do it or not.

CHAIRMAN : How would you bring that about at the present time? Would you say that control is in the hands of one party in Southern Korea?

Mr. CHANG : We do not want control by one party. There should be co-operation between right and left. We do not want to distinguish either right or left among our nationals.

CHAIRMAN : At the present time, if it were necessary to hold an election, it has been suggested to us, more than once, that these elections would be controlled by one party — by a rightist party — and that this party would not make it possible for the leftists to get a look-in. Is that so?

Mr. CHANG : The leftists will not have a chance if the rightists hold power all along. The leftists will be left out.

CHAIRMAN : How are you going to get over that position?

Mr. CHANG : As I tell you. Let the American military forces and the Russian military forces not interfere with the Korean nationals. Leave the Koreans alone and let them see what they can do.

CHAIRMAN : It was suggested that that should happen; that as soon as possible the military forces should leave. That is what we are interested in, but how do you think that should be done? Should they all go at the present time from the North and the South, and leave Korea as it is?

Mr. CHANG : We should welcome that, if they would do it.

CHAIRMAN : The position is now that you are suggesting that the forces should move out of North and South Korea, and leave at once. You are suggesting that Korea will get on well if left alone. But it needs more than that the forces should pack up and clear out. What would you suggest should be done in the meantime? Who would control?

Mr. CHANG : The suggestion is this : supposing the American forces and the Russian forces decide upon a definite time to withdraw, say about the end of April, and leave Korea alone. Then the Korean people from the North and South will meet together and discuss all matters without interference from foreign forces. The American and Russian forces would not touch Korean home affairs. If they did not wish to withdraw immediately, they could stay until a definite time and observe whether the Koreans could do it or not.

Then we could try our own way to make a unification of Korean nationals. We want to have a chance for ourselves for self-determination, but at present we do not have any chance to take any self-determination action. Since the American and Russian forces arrived we have had no chance to bring about our own unification by our own acts and that is what we are now paying for.

CHAIRMAN : Supposing that this Commission were trying to recommend that they should work exactly in that way. Then what would be the result if the forces moved out by 30 April? There would be a police force here, and we are told that a rightist organization is working very closely with them, and an interim government which together would take over the government of South Korea. There would be a communist government in North Korea which would take over the government there. Where would you be placed then? Would that position be satisfactory to you?

Mr. CHANG : If you please, the United Nations Commission can do us a favour. Disperse the American forces in the South, and disperse the Russian forces in the North. It is said there is a military organization in the North, but there is also a military organization in the South, or a national defence force. There is even a youth organization; they are not armed at the present time, but they are ready for the military organizations. But if the Korean people were left alone it would not be the military side but the civilian side that would manage things. It would not be the military way but the political way. If the Koreans are left alone the United Nations could observe whether they could manage or not. That is what we wish you to do for us.

CHAIRMAN : I am trying to think what sort of plan you have in mind. You want the forces dispersed, but if these forces were dispersed, who would then govern Korea until such time as Korea is settled? Korea would be in a confused state.

Mr. CHANG : On that point, I would explain that the military forces would withdraw by a definite date — say the end of April. From now until the end of April the United Nations Commission would stay here and observe us and give us help. If any disturbance or riots occur, then the United Nations authority can help us. The Korean people from the North and South will meet together as soon as possible, even immediately, and discuss how to organize the political affairs and how we should control and preserve order and peace. We have full confidence that if the American and Russian forces do not interfere either in the North or the South the Koreans can show you how we can do it. That is what I said a moment ago. We did it after the emancipation of Korea, and, if the troops withdraw, we can do it now. We have full confidence.

CHAIRMAN : Would you hold your conference before the troops left or would you hold it after they left, remembering that you are worrying about these youth organizations and others that are armed and could take control of the country or, in any case, be a nuisance?

Mr. CHANG : We would welcome it if they withdrew immediately, but if that is not convenient, then they could stay a definite time, say until the end of April. But they should not interfere, but just observe.

CHAIRMAN : To whom would they pass over control? Supposing that in the next week the American forces and the Russian forces move out, and that right from the end of the next week they will no longer be here. What do you see happening? Who is in control in South Korea and in North Korea?

Mr. CHANG : There is a point. If you give us time, say two weeks or one week, while people from the North and South meet together; if the Northern people can come to the South freely, and if the Southern people can go to the North freely, then we can meet very quickly. We could do it in one week, but two weeks would be sufficient time.

CHAIRMAN : In one week, when the only transport between here and North Korea is a train which goes up one week and comes back the next? I do not see how you could arrange a conference in one week.

Mr. CHANG : If you give us facilities for transportation.

CHAIRMAN : Your times are far too short. It is physically impossible even to get there and back.

Mr. CHANG : Supposing the train leaves for Pyonyang in the Japanese time, which was five hours.

CHAIRMAN : At the present time the best arrangement there is between the Russians and the Americans is that which I have mentioned. Since the Russians and the Americans are not talking together at the present time, we cannot arrange a train to get there and back in a hurry. That is not our difficulty only, that is, the Sub-Committee. One has to see these troubles, and that is why we want you to answer them. We see very plainly these difficulties are there. You are on the spot, you understand them, and we should like you to tell us what solution you suggest.

Mr. CHANG : That does not matter. If you give us time — two or three weeks, even, I say, one week — we can meet with the North and organize some kind of political organization. Then we can preserve the peace without interference by foreign powers. We have two or three weeks until we can make out, and we have to preserve peace and order. I should ask the United Nations Commission to help us to see there is no danger to the public peace. Then we could have a chance to try.

CHAIRMAN : How could we give you any help to preserve the peace? There is a military government here; if they drop control suddenly, then there is nobody to take over control at all. We cannot do anything; we have no forces here. We are only here to advise on the elections. This advice, I admit, has a lot of strength, but that does not help us to do anything in the way of taking over control of a country, or of assisting in that control of a country, or to keep the peace without any soldiers about, no military government or anything, and no interim assembly in the South, so far as that is concerned.

Mr. CHANG : On that point, I should say, the present police or present military could keep order and give us help until we make out peacefully without any interference. They could look after us until we make out; that is, under the supervision of the United Nations Commission. The United Nations Commission can watch the military forces in the South or the North and watch the police force, and see whether we are right or wrong and if there is a mistake or not. As long as the United Nations Commission is here it may do the things rightfully, and we shall have confidence.

CHAIRMAN: You understand this, that we have the power to advise only, and we cannot take any part in controlling the Russian forces or the American forces. We cannot even suggest it, unless you are going to take such action as you can in the way of a conference and being sure that the country is under control. While you are doing that you will not finish your conference. There will be so much confusion and so much opposition to your conference, and particularly to the leftists, that I cannot see how you can operate. You require a period in which you will have time to make your plans without interference.

Mr. CHANG: That is what I say. If the police force only interferes to keep order, then we can make out while there is no disturbance. After we have made out all right, then the question is different.

CHAIRMAN: If you had time. That is all right, but that does not help us to see how your plan can operate or how you can make any recommendations. Let us get back to the question of the conference. Who would attend from the North and who from the South?

Mr. CHANG: The political leaders, those whom the Korean people regard as their rightful men.

CHAIRMAN: How could you do that? It is an all-Korean conference. Would you have someone from every party?

Mr. CHANG: Not the small parties, but as you publish it in the paper. There would be three or four leaders from the North. Those parties could either send delegates down here, or we can go from South Korea. There would be the well-known leaders.

CHAIRMAN: Who would they be? Would they be rightists?

Mr. CHANG: No matter.

CHAIRMAN: No matter? You would be quite satisfied whatever they were? But who would select? Would this Commission nominate them or would you be satisfied if the Military Government nominated them?

Mr. CHANG: No, we nominate them ourselves. We know which parties are powerful in the North, and which parties are powerful in the South. We could send invitations to both sides, both North and South, and suggest meeting together at such and such a time on such and such a date.

CHAIRMAN: Would you say that in that party there might be Mr. Rhee Syngman, Mr. Huh Hun, Mr. Kim Kiusic, and yourself? Would that sort of party come from the South, and would they be able to talk to any party from the North?

Mr. CHANG: There would be people from each party in the North and from each party in the South.

CHAIRMAN: We want to know how you would decide which were suitable parties.

Mr. CHANG: A suitable party from the North would be, say, the North Labouring Party, and also the Korean Democratic Party. From the South, well there are quite a number of them.

CHAIRMAN: We look upon this as very important indeed.

Mr. CHANG: From the North there is the North Labouring Party and the Korean Democratic Party, and also there is what we call the Cho Dung. These are the principal parties. If we have representatives from these three parties from the North, it would be quite satisfactory. The small parties do not matter. From the South there would be Dr. Rhee, Mr. Kim Koo, Mr. Kim Kiusic. My friends say myself also. But any parties free from suspicion of being pro-Japanese or free of traitors could be represented together.

CHAIRMAN: Who is going to pick the parties, and who is going to say whether they are pro-Japanese or traitors?

Mr. CHANG: That is recognized by the public.

CHAIRMAN: Who is going to say that? Someone must say it. Have you power to say it? Have I got power to say it? I am afraid not. Who is going to say finally that these will be the parties that will meet? Somebody must say that, but whom can we get to say that very thing?

Mr. CHANG: At first we call each man from each party to discuss this.

CHAIRMAN: Who calls? You say "we", but you do not say who does.

Mr. CHANG: That does not matter.

CHAIRMAN: It does matter. Someone has to do this.

Mr. CHANG: We have experience of this. When we have a problem we go round each party asking for a meeting to discuss a certain problem, and they are willing to come together and discuss the problem and decide how we are going to proceed. It does not matter who goes round.

CHAIRMAN: Do you think that if you went round to the various parties and asked them to come together for a discussion, that they would come to that discussion?

Mr. CHANG: Yes, they always come.

CHAIRMAN: If you go round you are not going round to all parties; you are going to the parties you pick?

Mr. CHANG: No.

CHAIRMAN: You would not go round to the pro-Japanese parties?

Mr. CHANG: No, not the pro-Japanese.

CHAIRMAN: That would be your opinion. It may be right, but still you certainly would not go to such a party, and that party would say straight away "We are going to have nothing to do with this, and we are going to stop it."

Mr. CHANG: On that point, maybe you do not have a clear idea. The pro-Japanese and the traitors are already known to the Korean public. It is very well known who are the pro-Japanese and the traitors. We still practise this system; if we have a critical problem to resolve we go round to each party excepting the pro-Japanese traitors and we say "We have such and such a difficult problem to be solved. Would you come at such and such a time so that we can discuss this point?" They are always willing to come.

CHAIRMAN: It appears to me, from what I have heard in discussions in this Sub-Committee, that the party that is now in power and is said to control the police in South Korea, has a number of these very people whom you say are pro-Japanese and traitors because they have been collaborating with the Japanese. That is a powerful party at the present time, and it appears to us to have most control at the moment, whether we like it or not, yet you would not go near that party. You would not approach them, would you?

Mr. CHANG: I ask my friends, and they say that if any party agrees to the unification of Korea they should be invited. But if any party is against the unification of Korea, if they want a separate government, then we should exempt them. We do not want this kind of people.

CHAIRMAN: Now we are getting somewhere. You say that a party that wants a separate government for North and South Korea does not interest you. Then you would exclude anybody who said they wanted that. I still am not clear as to how you could get these parties together. Who would go round; who would start the movement? Who would say to your friends: "Go round to such and such a party?"

Mr. CHANG: It does not matter who goes round. If a question is right, then the people follow.

CHAIRMAN: How could this Commission recommend anything to help you? That is what is worrying me. What we are trying to find out is what we could do. Could we recommend that such and such a conference be held, and that members of all parties interested in the North and South meet at such and such a time and hold a conference? Do not forget that we are here from the United Nations General Assembly, which is supposed to be the supreme authority in the world. That General Assembly would have to give that conference its support. Now, where do we come into that picture? Where can we help?

Mr. CHANG: If we do wrong, you can give us your correction; if we do right, you can assist us in the development and watch how we do it. We can do it under your observation. That is the way you can help. If you stay here, the Korean people will be very careful; if you leave us alone, maybe they will be careless. If you stay here and watch us the Korean people will be very prudent on every question. That would be of great help to us.

CHAIRMAN: I do not see how you can expect to get two great nations to move out and just leave the country, when they have been trying to develop it and get it settled. You cannot expect them to leave you just like that, and leave it to you to start where you were starting in 1945. It is a different country now; it has been messed up quite a lot. If you had been allowed to go on in 1945, perhaps the story would have been very different. Perhaps some of us are inclined to think that, and you obviously do think it would. But it is not the same story now. You have two great countries here, and each country is wanting to put their part of the country on its feet. I do not think there is any doubt about that, and I do not think you are going to get them to move straight out and say: "Now have another go."

Mr. CHANG: I see your point.

CHAIRMAN: How are you going to advise us to get over that difficulty?

Mr. CHANG: If you really want to help the Koreans, the problem must be solved on that principal question. So long as the two forces stay in Korea, there will always be a sad question for the Koreans. This problem must be solved on that principal basis, and that is why I am stressing the difference between the period right after the emancipation and the present time. If it is left like this the Korean people will be most unfortunate and most sad. After the Soviet-American Commission broke up, we thought that maybe there would be international assistance for Korea, and we would have a chance. We earnestly hope that you will help us to Korean unification. So if you once give us real help for the unification of Korea, we have confidence that under your observation the North and South will make some effective organization as soon as possible.

CHAIRMAN: I can see that your wish and our wish are exactly the same, but I cannot see — though I want to see it — how we can arrange for anything like that, because I think the two nations will both stay here as long as is required, and I think they would both go if they were recommended and when they were urged to go. I think it is very likely they would both do that, but before they go they want to see that you have a chance to get your organization moving, whatever that organization is. But you will never get these two countries to leave until they are satisfied that Korea has a chance to get this organization. That is our difficulty. There is no question about the wish to let Korea get its own organization going, but there is our difficulty. You say that at the present time you would like a conference of all Korea; do you think that North Korea would join in with you?

Mr. CHANG: I think so.

CHAIRMAN: Would North Korea join with you in a conference? I think, for a start, that your only chance of getting a conference would be through the recommendation of this Commission. Would North Korea join in a request that this Commission suggest or recommend to the occupying forces that such a conference should take place? I do not see any other way in which you could possibly go. I am only putting that to you now as a proposition. If we are going to suggest that, if you want the Commission to suggest that, the Commission has get to deal with the forces that might say "Yes, provided we see these things happen, provided we see a security force for the whole of Korea set up under the Koreans. Provided we see the youth forces disarmed, if they have any arms, and provided that security forces are distributed for the whole of Korea, so that no portion of Korea will be in danger."

They might say that under these conditions they would remove their forces so that the Koreans could have the chance to work ahead. You are asking for them to go first, so you see the difficulty on which we are trying to get advice. It is not our idea; we are trying to get advice on how to get your plans into operation under these trying conditions. This Sub-Committee cannot make recommendations; that is for the Commission. This Sub-Committee is just told to get what information it can for the Commission to go into the matter itself. So that is what is troubling us now; can you offer some suggestions that will help us?

Mr. CHANG: That is a very difficult question. I am sorry to see that your authority does not include North Korea. If your authority included North Korea, this problem could be solved very easily.

CHAIRMAN: You say that if this conference were arranged the people from North Korea would take part in it. Would the people in North Korea be able to persuade the occupation forces there to allow them to take part in a purely Korean conference? Do you think they would?

Mr. CHANG: Yes. On that question I have full confidence that the Korean people from the North are willing to meet us.

CHAIRMAN: Why do you not meet? Why do you not have such a conference?

Mr. CHANG: It is impossible to have it at the present time. If we go to the North we shall be kept by the police and detained in custody.

Mr. PATTERSON (Canada): What is required?

Mr. CHANG: To have freedom of going and coming back. To cross the parallel, the deadline, is a crime at present.

Mr. WANG (China): Supposing we put the question this way. If the occupation powers did not interfere, and if the police in South Korea did not interfere, do you believe that a conference between the Korean leaders of the South and the North is possible?

Mr. CHANG: Yes, I should say it is possible. If you do not believe it, give us a chance.

Mr. PATTERSON (Canada): It seems to me that Mr. Chang made that very clear. He would like to have such a conference, but the problem is how to have such a conference. I hope, as a listener, that he will speak of that. How may such a conference be held?

Mr. CHANG: Give us that problem to do, and we can do it ourselves. We do not ask you to do us the favour of arranging our conference. We can arrange our conference ourselves.

Mr. PATTERSON (Canada): Why did you not arrange it? Why did you not have a conference then?

Mr. CHANG: We have had no chance to have a conference. Northern men cannot come to the South and the Southern men cannot go to the North. There is the difficulty.

Mr. PATTERSON (Canada): If you cannot have the conference, what is the use of discussing it? I am not critical, I am saying it fairly. You are talking about a conference, but it is no use talking about it unless we come down to conditions under which a conference can be held. We should like very much to hear from you why you do not set up a plan to hold a conference. If you set up a plan, and then find it cannot be held, then that is another question.

Mr. HOO (Assistant Secretary-General): So far as I understand Mr. Chang, he said that if the occupation forces would not prevent the Koreans from going to the North or coming to the South, then they would hold a conference.

Mr. PATTERSON (Canada): Yes, but he does not believe that to be possible.

Mr. HOO (Assistant Secretary-General): I think he believes it possible.

Mr. CHANG: I have full confidence we can have the conference if there is no interference from the North or South.

Mr. PATTERSON (Canada): Why does he not hold a conference then?

Mr. HOO (Assistant Secretary-General): Because now the occupying Powers do not allow the Koreans to move freely. That is why he wants them to allow the Koreans to move freely.

Dr. DJABI (Syria): Does he believe the occupying forces in the North would allow the leaders to come to the South?

Mr. CHANG: If their safety is assured, then they are ready to go.

Mr. LUNA (Philippines): I think that question has been sufficiently discussed. There are too many conditions being emphasized, and it is a useless waste of time to be indulging in the same question when we know for sure that we are not going to arrive anywhere. Here is the problem that is being discussed. These people are in favour of a conference, but before that conference could be held, there have to be some conditions. The first is freedom of movement; somebody to guarantee their security. Are we in a position to guarantee security or freedom of movement? That is the question. If we are not in such a position, then there is no use indulging in the question.

Mr. MANET (France): It is for our Commission to examine the situation and form recommendations later on. But for the time being, we are only listening to suggestions. I agree entirely with Mr. Luna that I would not call it a suggestion if there are so many conditions, so many "ifs". We are only waiting for concrete proposals.

Mr. LUNA (Philippines): Concrete proposals and actual facts.

Mr. PATTERSON (Canada): May I say, very kindly but very definitely, that we want help from you, and every suggestion that you have made so far has been preceded by an "if". If such and such a thing could be so, we could do it, but these "ifs" are impossible, unless you propose some way to remove these "ifs". What we should very much like, and what the Chairman has been trying to secure from you, is some statement as to how you could proceed with such a helpful conference as you have suggested. We do not see how you can, and we should like to know if you could indicate to us how it could be done. You may not know, but if you do not, then we are in the same box.

Mr. WHANG: Mr. Chang says that since there is no possibility of getting the Russians to agree to anything, then what can we do? Why are you here? What is the possibility of forming a North and South Korean government if there is no possibility of making the Russians come to such a little agreement for Koreans to travel between the North and South?

CHAIRMAN: You think, then, the situation is hopeless?

Mr. WHANG: I am just translating what Mr. Chang says.

Mr. PATTERSON (Canada): I am not evading the question, but this is not the time to answer questions. This is a meeting of the Sub-Committee which is getting information from Korean personalities. Of course, this is a fair question at a certain time, but not today. If we were having a conference, only, and you were asking us what we could do, then that would be a fair question. We have not yet arrived at the stage in our deliberations when it is proper for us to answer that question.

Mr. WHANG: I appreciate that.

CHAIRMAN: Is there any possibility now of your having a plan that would interest us at all, and would help us in reporting on such a proposal to the Commission? The information we have received today has not been of any assistance to us at all; it has merely told us that you are in the trouble we already knew you were in, and that you have not much to say about the way to get out.

Mr. WHANG: The only trouble with the question is that Russia has to say "yes" otherwise nothing will go.

CHAIRMAN: It has been suggested from other quarters that if such a conference could be arranged on a condition that after the people at the conference had reached a certain stage and certain things had been done, the forces would be removed on a date — that the forces would leave on 1 April. The conference would be held on 1 March, certain things happen in between then and 1 April. Now these suggestions had been made to us, and they have different times. Your conferences wish to take different responsibilities. If that were agreed to and the Powers decided to leave on 1 April, you would then be yourselves, with the whole thing to control on your own responsibility. But you cannot have it both ways: there has got to be a timetable of events.

Mr. WHANG: He did not make that point clear. When Mr. Chang said there should be a time element within which the two occupying Powers should leave, be meant simultaneously within that period of time the polls should take place, and a *modus vivendi* should be prepared, so that when the Powers leave, there would be a government in operation. That is what he was driving at.

CHAIRMAN: That is quite plain. The other thing that has been suggested to us is a suggestion that has come to us from other quarters. That is that if it is possible to arrange such a conference, that people in North Korea could bring pressure to bear on the Russians in the North to allow them to come down here to such a conference, provided it was a Korean people's conference only. Is there any possibility of that?

Mr. WHANG: I cannot answer that.

Mr. PATTERSON (Canada): I think we ought to say, although surely it is implicit in all our conferences here, that the problem you have presented now is exactly the same problem that was discussed for weeks at Lake Success. The Russian proposal was that both forces withdraw on 1 January. That was not acceptable to the United States. The United States then made another proposal: namely, that this Commission should be appointed and that an assembly should be set up and a national government formed, before which the forces would withdraw. So it does not help us in our discussion today to discuss that point. That has already been discussed and settled by the United Nations at the General Assembly. The proposal that you are suggesting was rejected.

CHAIRMAN: Just one question there. I think it should be made clear there was no question of a joint conference at Lake Success.

Mr. PATTERSON (Canada): No, but there were two proposals. The proposal that the forces withdraw before a government was set up was rejected by the United States. They definitely would not agree to that without a national government being set up.

Mr. WHANG: Personally, I knew before coming here that if we made that proposal America would never agree to it. The whole thing was thrashed out at the United Nations Assembly, and if you propose the simultaneous and immediate withdrawal of the occupying forces, America will never agree to it. The United Nations will not agree to it because it was passed by an overwhelming majority at Lake Success. But the parties here want this to be presented.

CHAIRMAN: It amounts to this; that we have no information or no information that you can make at the present time that will get us out of the present impasse.

Mr. WHANG: You know, without my explaining, that Korea is the most outstanding example of power politics. You agree to that; that it is a reflection of the whole world situation and the natural antagonism of Soviet Russia and America. We are occupied by two Powers. We had no leftists or rightists when the Japanese surrendered unconditionally. Now the Russians pull the wires behind the communists. I do not know, but yesterday, I was speaking with a very high American official, and he said that General Hodge's policy in South Korea is the policy of the American Government, because he has been here for almost three years, and has not been removed. What is his policy? His policy is to form an out-and-out extreme rightists' party. So America is pulling the wires behind the extreme rightists and Russia behind the extreme leftists, so that this antagonism gets deeper and deeper as days go by.

This is not a Korean question; it is the problem of two world Powers for prestige. You want concrete examples and suggestions; you are seeking something which is impossible. We are here because you call us, but personally, I am not very optimistic.

Mr. PATTERSON (Canada): These gentlemen have sharpened the problem for us, but we are aware of the nature of the problem, and if they have no constructive suggestion to make, even the smallest, in some direction in which we could move, because they see the problem as well as we do, I do not think it will help us to go on mutually emphasizing the difficulties.

Mr. LUNA (Phillipines) : Perhaps it is necessary to clarify the situation. We are discussing more than we are supposed to discuss. We are here on a fact-finding basis, and not to discuss the policy to be adopted in Korea. We are here to follow a certain set policy already enunciated by the United Nations. Therefore, whether this is power politics or the policy of General Hodge or the policy of the North, or whether General Hodge is supporting the rightists in the South and the North is supporting the leftists, is not a matter to be discussed here. I think it is incumbent upon us to make it very clear why we are here and what we are supposed to find. In other words, we are only supposed to find the facts and to see if there is anything which will be of help to the Commission.

If there is going to be any statement here as to policies, it might lead to misunderstanding and further complications, and I do not know what will happen. I think the best thing is to clarify why we are here.

CHAIRMAN : As Chairman, I am loath to stop any discussion which might lead to some suggestions, so we have gone on talking, but I think it is very clear to the gentlemen who are with us that we are here merely to get information. We have not got anything of the sort at the present time, only a general wish to hold a conference and for the removal of troops from the area. Is there in your minds anything that you think we should know that would help us to put something up to the Commission that we have not already got? I do want it to be understood that we appreciate the fact that you are generally right in your attitude, that you know what are talking about, that you are not wasting our time by suggesting there are things that should not be done.

Mr. PATTERSON (Canada) : It seems to me that if there is no concrete constructive suggestion that can be made, it is very valuable that these gentlemen believe that and have made it very clear.

CHAIRMAN : This is probably more valuable to us than others where we have talked about suggestions that are not possible. I do not want you to think that because you have taken this honest attitude that we have not got anything valuable; we have.

Mr. MANET (France) : May I ask Mr. Chang what he thinks is the greatest obstacle to holding a general election in the whole of Korea? Does he think it is the presence of foreign troops or rather, and above all, the existence of the 38° parallel barrier?

Mr. WHANG : Mr. Chang says it is the same question — the existence of the two occupying Powers.

Mr. MANET (France) : What I have in mind is this : Mr. Chang may think that the greatest obstacle is the presence of foreign troops in the North and foreign troops in the South. Is this a greater or smaller obstacle than the mere existence of the 38° parallel line, because it might be that that barrier could be removed while troops remained in the North and the South without interfering in any way in Korean life and activities before the elections?

Mr. WHANG : If I read Mr. Chang's mind right, the very fact that there are foreign troops in Korea means that there will be interference.

Mr. MANET (France) : You know there have been elections in other European countries in the presence of foreign troops, and at the time it was not considered impossible to hold these elections. I want you to tell us if you think the greatest obstacle is the 38° parallel barrier, because one can imagine a situation where there would be troops in the North and troops in the South and that that barrier would only exist for the troops, while the Koreans would be free to move from the North to the South and from the South to the North?

Mr. WHANG : I think these two things are the same.

Mr. MANET (France) : You may think they are the same.

Mr. WHANG : You mean to say we could move freely, backward and forward?

Mr. MANET (France) : Does he not believe it would be something of a solution, supposing it were accepted by both foreign Powers?

Mr. WHANG : I do not think so. If the foreign troops are there, they are surely marring Korean politics.

Mr. CHANG : The police always act under the influence of the military power. There is no question about that. Even if the troops did not interfere, I still fear that the police would act under their influence. In a formal way they say "no" but in fact it is "yes".

Mr. MANET (France) : I understand your point. I did not think it was practical, but I wanted to have your opinion.

Mr. CHANG : There is a potential question there.

CHAIRMAN : Do you think there is anything you have to give us that is constructive, or that you are likely to be able to give us?

Mr. CHANG : So far we have expressed ourselves in conversation, but we are preparing a statement which may be more clear. We have it prepared already in Korean, but we have to translate it into English. That will be presented to you tomorrow or the next day, since it is being translated now.

CHAIRMAN : We look forward to seeing it. I think we can say we are getting a pretty fair idea as to what the situation is, and if we ask questions that seem to suggest that that is not so, the point is that we have to get the conversation going so that we can really get a background.

Mr. PATTERSON (Canada) : May we ask Mr. Chang to indicate to us what would be the effect on Korea and on the unification of Korea if elections were held in South Korea alone? I do not suggest under the auspices of our Commission at all. That is not being discussed, but if elections for representatives to an assembly are held in South Korea before the total election for all Korea can be held, what would be the effect on unification?

Mr. CHANG: The effect would be dreadful, and it would be very bad for the Korean nation. It would be the means of splitting us into two nations.

Mr. PATTERSON (Canada): It would intensify that?

Mr. CHANG: Yes. We do not want it; the patriotic Koreans do not want it.

Mr. PATTERSON (Canada): What would happen if that were done?

Mr. CHANG: If the elections were to be held in South Korea, some people in North Korea would be against it. There would be a bitter feeling then. There would be a grave danger that we would break up our country. In history, Korea has never been separated for thousands and thousands of years. We are a simple nation; we have always been unified. If elections were held in the South alone, then we would be split into two nations.

Mr. MANET (France): For the same reasons Mr. Chang has just given to us, the Labouring People's Party take a public and definite stand against the elections which have been held in the North?

Mr. CHANG: On the same basis, if elections were held in North Korea we would be against it.

Mr. MANET (France): The elections that have been held, I suppose you opposed them?

Mr. CHANG: No. That is not for the central organization, that is only for their district over which they have control. That is a different question. Even if South Korea does the same thing as the North, that we do not agree to.

CHAIRMAN: We thank you very much, Mr. Chang, for having come along and talked to us, and for the information you have given us.

Mr. CHANG: We thank you very much.

The meeting rose at 6.10 p.m.

VERBATIM RECORD OF THE SIXTEENTH MEETING [1]

Duk Soo Palace, Seoul, Korea, Saturday, 7 February 1948, at 11 a.m.

Chairman: Mr. JACKSON (Australia)

CHAIRMAN: I declare the sixteenth meeting of Sub-Committee 2 of the United Nations Temporary Commission on Korea open.

Hearings of Officials and Experts: Lieutenant General John R. Hodge, Commanding General, United States Army Forces in Korea.

CHAIRMANN: General Hodge, the Commanding Officer of the American Forces in South Korea, has been good enough to come along at very short notice to talk to us. We greatly appreciate his willingness at all times to help, and we are looking forward very much, very anxiously, to hearing what he has to say to us now. We do not wish to ask any questions; we simply wish to hear his views.

General HODGE: I would like to add to that, if I may, Mr. Chairman, that I would be delighted to answer questions. This is not a prepared talk. If there is anything that is not very clear, I would be glad to be of help to clear it up.

Gentlemen, the situation in South Korea, in Korea as a whole, is more than a local situation, as I am sure you know. Following the end of the war, the United States moved in to occupy a portion of Korea, based on a military agreement for operations. We have to keep south of 38 — the Russians to keep north of 38. Their occupation began by invasion. Ours came about a month after the end of the war. When we came into South Korea, we found an existence here of poverty, plus disease, plus communist-led people's committees in full sway and fairly well in control. That last dates back to many years of preparedness for the situation in which the Soviets were active. The Communist Party was organized in Korea in 1925. It gave the Koreans a technique of organization, slogans, and methods of underground operation against the Japanese, and as such, had considerable popularity. If you go back to the record of the Comintern of 1928, you will find the aims for Korea set forth very clearly. You will find the aims for many countries set forth — India, the United States, and many other countries.

Our problem here, our aim, was to establish and maintain law and order, disarm the Japs, develop as rapidly as possible democratic government as adapted to this area. We cannot superimpose any American democracy, but we can try to develop a type of democracy here that these people understand and that suits their psychology. We were called upon to replace the Japanese government officials with competent Americans — but there were too few Americans — and Koreans. We have never had more than a few hundred Americans to replace the thousands of Japanese officials. Our aim was to use Koreans to the best that we could. Our selection of these Koreans was based upon their ability to carry on. The initial big problem was to establish and maintain order, and see that the Japanese get their armed forces out, and later to remove the Japs from this area.

The Koreans who are alive today have had no experience in government affairs. They had known nothing except Japanese rule, and prior to that, the despotic, caste-ridden rule which, so far as democracy is concerned, was no better than Japanese rule. Koreans were not allowed to participate in government affairs at any policy-making level. Most of them were in lower positions — clerical, physical labour, and in working positions. The same thing held true in industry. In industry the Japs had never allowed the Koreans to rise to the top. In merchandising they did, because working with Koreans in merchandising would help the Japanese economy in this area. This dearth of knowledge and know-how when we

[1] Document A/AC.19/SC.2/PV.16.

arrived was a tremendous handicap. To take over this country and keep it going, we had to use military personnel, not so much soldiers as civilians in uniform. We started with too few. Later we have been able to get a considerable number of experts, but not as many as we would like and not with the experience we would like. That factor has not operated too badly in my opinion, because it has forced the Koreans to take over more responsibilities than otherwise would have been the case.

We found here a decadent nation without the slightest concept of political life as the free nations of the world know it. These people had no concept of the responsibilities inherent in the basic freedoms — those of the Press, of assembly, of speech. Many of them thought that freedom included freedom from work, that they would have to work no longer, that somebody would support them. I bring this thing up to give you the elemental picture of the situation. The hatred for the Japs was genuine. The Koreans did not like the Japs. They did not collaborate with the Japs — they collaborated in a business way, sometimes for their own benefit — more "pro-self" than "pro-Jap". We were able to get Japs out. Our main early difficulty in keeping law and order was to keep the Koreans from killing the Japanese civilians — women, children and men — and to keep them from destroying very valuable Japanese property which they did not realize would be theirs. All this was part of the education that we were called upon to pass on to these people, while utilizing them to operate a military or interim government. We were called upon to handle hundreds of thousands of refugees — Koreans scattered throughout the world — in Japan, China and the South Pacific Islands. I do not know how many have come in from North Korea and Manchuria. We have recorded some, but many have not been recorded, many of whom came in before we got in. Our total net population increase in this area has been about three and a half million people.

The Japs had left this place run down — unbelievably so. There had been no repair or maintenance done, no fertilizing for farms, no maintenance on railways, roads, communications, and so forth. The road that you gentlemen came in on from the airfield took two and a half to three hours by jeep at that time, and the road from Inchon was even worse. They had drained out all surplus food. They had started to remove essential textile machinery. Some of it, in the interim, had rusted outside the factories beyond repair and prevented the utilizing of factories until replacement of parts could be obtained. Some parts we have not yet been able to obtain.

The people's committees, the "South Korean People's Republic" we did not recognize as a government. It became apparent very soon that it was the communist regime, set up before our arrival. Every word we said was turned against us by this organization, every subversive effort to discredit Americans was made, and against our endeavours toward democratic developments. They seized upon every opportunity for demonstrations and rioting — for example, against rice collection, which is necessary to feed the non-producers in cities and factories. This country is a food-deficient country. It is necessary to draw upon the world supply and our own to aid them. That drain on the world supply runs about four hundred thousand tons a year. Our first efforts at rice collection, in 1945-1946, showed subversive sabotage all the way through. It is easy to persuade farmers not to give up their rice. In the summer of 1946, we ran into considerable trouble; in the winter of 1946-1947 there was considerable improvement, but still a lot of communist opposition — directed, there is no doubt. This year it has gone very smoothly — except in one province. We collected about 36 per cent of the rice crop, while the rest is retained by the rice producers for their own use. Four hundred thousand tons a year is sufficient to give the minimum ration and by the normal trade channels, where other articles of food come in, we are able to feed the Korean people fairly well. I do not think you have seen too much malnutrition. It does not mean that people do not die. Some of them die from disease brought on by vitamin deficiency. Some of those who came down from the 38th parallel in the beginning died here from the effects of starvation before they crossed the line. I have never been able to isolate a case of true starvation among those actually living in our zone.

The Moscow decision, made in December 1945, was an unpopular decision with all Koreans. I say that without equivocation — with *all* Koreans — because it carried the word "trusteeship", which, translated to the Korean, was the same as the Japanese "protectorate" of 1905, when the Japanese were given the protectorate which developed into the colony of Korea. On 2 January 1946, by direct orders from their bosses, the communists were told that from now on they liked trusteeship. The rest of the people still objected to the word. It became almost fanatical with them. We made all efforts possible to explain to them that trusteeship was a matter of stabilization for the provisional government to be set up, in order to see that this government would live and develop along democratic lines. That did not explain the word to the average Korean, who, as I say, has very little concept of international affairs. They did not trust foreign nations nor themselves.

When the United States-Union of Soviet Socialist Republics Joint Commission first met in March 1946, this hatred of trusteeship was turned by the Soviet delegation against those people who did not follow the party line of the communists. Every effort was made and the stand definitely taken that anyone who opposed the Moscow decision would not be consulted by the Soviet delegation. That pattern followed through two sessions of the Joint Commission — 1946 and 1947. Although we did persuade many rightist groups to co-operate and sign a declaration of good faith, the word "trusteeship" still haunted them. "The Moscow decision was made by democratic nations: therefore it was a democratic decision. Anyone who objects to the Moscow decision is not democratic." That had been regarded as the basic Soviet concept and was used for barring from meeting with the joint Commission those Koreans who objected to the trusteeship terms of the Moscow decision. I bring that out because that provision (trusteeship) became the pinwheel of political activity in South Korea. In North Korea they did not dare to talk about it. In the minds of many of the Koreans, fostered and assisted by refugees, who came down from North Korea to escape a way of life they did not like, the term "trusteeship" became synonymous with communism and Soviet control, and in the minds of many of them it still is that.

The Joint Commission, which was working within the framework of the Moscow decision through approximately two years, had to try to cope with this situation. This impasse had a tremendous effect in blocking political thinking and development among the Koreans in the American zone. It was a great handicap, added to the fact that two years passed without any progress towards the independence of Korea, after they had been promised that in Cairo and after that. No matter how good or how poor the outside or occupation government in an area where the people have dreamed from their mother's breast to adult life of fulfilling the desire for independence; no matter how good or how poor, that government can never be popular with the people. The government that we have operated here I make no apologies for. I make no apologies for any of our efforts in this zone because we have gained considerable results, seeing it from the beginning and going through it. Mistakes have been made, but they were honest and in an effort to better the situation; sometimes actions taken at the time were essential to control the situation, though perhaps undesirable unless such a special situation did arise.

We worked through several channels in an attempt to get some political representation of the Korean people in the government. In the early days there was a great turmoil after the liberation and Koreans were not well enough acquainted among themselves to discuss things on a national basis. They had had no opportunity to get together. The Japs would never permit more than three or four to get together without a policeman standing by. They had had no opportunity to meet and discuss things. Therefore, as one Korean very aptly put it, "We have thirty million people in our country; we have thirty million presidents of Korea". That has severely handicapped political organizations. We tried in the early days to get representative leaders, to find out who they were, to advise them, to help them. We tried to get the leftists to come into the government. They had no intention of coming in. They still remain outside, by choice, where they can sabotage us. We asked them one by one, invited them — I myself did that — to take positions in the government and in various places where their capacities would help. They flatly refused, from the very beginning. We were working in the winter of 1945-1946 to get out of the Koreans a representative group, representing all political parties. That had to be by Korean effort, and we finally developed a group to meet as advisers. It had representatives from all except the Communist Party, by name. The leftists sent representatives initially from some of the people's parties and the revolutionary parties, as they were called. On orders from the communist leaders, however, they broke off — part of them before the initial meeting and part of them after. The group thus assumed a deep rightist complexion and therefore was never used by the military government as a real advisory body.

We made effort at coalition between the moderates to get political thinking along nationalist and patriotic lines beyond individual strong desires for power. In the summer and fall of 1946 it looked as though we might be making progress and we evolved from a coalition group a set-up for a legislature — half elected under the old Korean system and half appointed to balance it — the appointed to give a broad base of representation and to include smaller political groups, religious groups, educational groups, etc. That was established and held its first meeting 12 December 1946. The elected were mostly of rightist persuasion. There were some communists elected who came into Seoul and promptly disappeared — assisted by their local communist leaders, who told them to get out and stay out. These were replaced through new elections. In the group that I appointed, after consultation with the coalition group of Kim Kiusic and other moderates, and after screening over and getting many turndowns from the leftists, I got eight refusals from those actually appointed to serve. Even though pressure was put on them by me, the cloaked communists would not participate in any government functions.

The first thing that this legislature was charged with was the passage of an election law to succeed themselves by an all-elected legislature under universal suffrage. The final result of that law one of your Committees is studying now in connexion with election laws. It is representative of Korean thinking. It has flaws in it from our standpoint, but they have stood by their action. They will accept any law that the United Nations puts out, but this law shows their thoughts. Some change along the lines of more balanced representation is what it needs. That, however, is under study and a matter for the Commission in further discussion. This law was passed — the first version — in June 1947.

The idea of an elected legislature was not to set up a separate government in South Korea, but for interim purposes. The United States has fought that idea as being of first priority. It is the announced policy of the United States Government to have a united Korea. However, the United States realizes at last that this appears impossible and, as that is so, will go with South Korea primarily as a national government containing two-thirds of the people, to give something that the Korean people can look up to, those people of North Korea, who are ruled by the minority and by force. This election law was sent back to the legislature and came back and was finally approved by the Military Government. By that time, however, the United States had realized that there was no hope in the Joint Commission, and had already placed the matter with the United Nations Assembly, requesting universal elections in Korea, and our hand was stayed from holding elections in South Korea until the United Nations could supervise them.

I shall give a little history of the Communist Party effort because it is so tied in with this pattern and because it has had such a deep effect in South Korea. We came in when, as I said, the Communist Party was in control and had been in operation since 1925, because it was popular for the underground and gave the organization to work against the Japanese. It had considerable popular support from many nationalists also. That support soon began to wane because the Communist Party headquarters had such banners as "Russia the Fatherland" or "Our Loyalty is to Russia the

Fatherland". They would not carry the Korean or United States flag, even in the early days when the four great Powers' flags were carried by all others, and were treated with equal respect. This group, with open allegiance to Russia, made a rapid decrease in popularizing communism as such. They began to talk of "progressive democracy". They got caught in counterfeiting in Communist Party Headquarters. That further lowered their prestige, and their other activities made the Koreans suspicious; their defence of everything done by Russia. Then began the period of the building of communist fronts and the split of parties, with the same personnel on several central committees — the pattern so well known throughout the world — the cultural groups, labour unions, seamen's and farmers' unions — all developed under the Democratic People's Front. The Communist Party changed its name to South Korea Labour Party. They do not like to be known as the Communist Party today, but the leadership is the same and the "party line" and line of action is unchanged.

In September 1946, the Communist Party started a general strike. They tried to spread it throughout South Korea. They tied up the railways for a week. There were riots, attacks on police boxes, government buildings and houses in all-out disorders. Agitators were unknown to the local population in many cases. These were the most wanton attacks on government authority that have occurred in Korea during the occupation. Over fifty police were murdered deliberately. Those gathered in were members of the various communist splinter parties, and several individuals apprehended were unknown in the area — imported. Rioting spread throughout and was handled almost entirely by the Korean police. Our troops were involved in only about four or five instances where the Korean police were beaten down and needed support. That effort was no democratic uprising of the people. We have the documents reviewing it that were written by the parties who ran it. It was an effort of the Communist Party to take over. Further indication of that was a three-day celebration in October 1947 in North Korea of the first anniversary of the "revolution" in South Korea. Their plans were discussed in their documents, in their critiques, discussing their weakness and how they would correct it next time so that it would succeed when they tried again. That even further discredited the communist effort and broke them up somewhat. They lost face in the Orient — and you can understand what that means.

When the Joint Commission reconvened in May 1947, they (the communists) began to regain face through their support of the Joint Commission, as opposed to the extreme rightist opposition to the work of the Joint Commission. None of these parties has ever been made illegitimate — they can talk freely, express their opinions; their lack of being on the surface is due to their discrediting themselves with the Korean people. They began to regain their following and during the sessions of the Joint Commission, when it looked as though we might succeed along lines as insisted upon by the Americans, they began to act up in good style and again began their open terrorism and subversiveness. In July 1947, terroristic cases were the highest ever recorded — and almost entirely on leftist instigation. As the Russian delegation showed their hand in negotiations, the influence and prestige of the Communist Party began to decline rapidly. Plots to cause wide disturbances, and after they developed, to take over the local government, were discovered, as well as all-out planning to discredit the Americans. During the period of the Joint Commission we uncovered considerable spy work of some of those connected with the Soviet delegation. That August effort was nipped in the bud by obtaining documents going out to the provinces and finding names, times, and places, and picking up some of those who were plotting it. During this time there had been a constant growth of resistance and more and more organization on the part of the rightists against this subversive element. When the situation became clear, the communist prestige took a tremendous drop; the recalcitrance of Russia and its support by this group further lowered their prestige. There have been wholesale desertions from the South Korea Labour Party into the rightist ranks of people who say that they now realize what is going on and what the mass of these groups are.

In my opinion, the Korean is probably the most nationalist minded, as a whole, of all people. They have always been so on this isolated peninsula. However, their political ignorance has made them prey to propaganda. Many of those who followed the wild promises of political ideologists in the hope that they might lead to something, are beginning to understand better, and that has caused considerable loss in prestige to the communists. That loss of prestige and the hostility have more or less driven them underground today. The accusations coming from their mouthpieces say that they have been oppressed and mistreated. Punishment has only been administered in acts of crime, etc., which endanger the peace and security of the American forces.

To go back a little, we came into Korea while the Japs had about 180,000 armed forces in this area, most of whom were performing police duties. We had to take over from the Japs, protect them, and get them out with American forces and build up a Korean police force. We got the Japs out of all police work as rapidly as we could. We had no Koreans with any knowledge of police organization or administration except those who had worked under the Japanese in the police. We sifted out the least objectionable to get the administrative end going and, under our supervision, to instruct the policemen. We have been greatly criticized because of some of the police who have worked with the Japanese. We have taken out any individual who is objectionable to the mass of the Korean people. Our worst police offenders have been consistently the newest recruits, placed in the force after a few weeks' training, and their main trouble is that they want to be Mr. Big. It is a Korean attribute to want to be Mr. Big. — a big shot. The development of this group to take the place of American police has not been easy. The Americans lack a knowledge of Korean customs, language, etc., and soldiers would not do. We had to develop as rapidly as we could a Korean police force to take over. Since the early days of the occupation, our American soldiers have done no police work, except to back up the Korean police when it was necessary.

The police have been the target of many attacks. Four thousand years of culture of the Korean nation is probably its worst enemy towards development of good police. The caste system has been diametrically opposed to democracy as we know it. That four thousand years cannot be wiped out in two and a half years by anyone, unless there is a possibility of turning them loose, as some may think, to fight it out. But our instructions are to maintain law and order, which, generally speaking, we have been successful in doing. You have no doubt heard charges from some of the communists against police leadership. We had over a year ago a joint Korean-American session following the October riots. Before we uncovered some of the communist documents, we felt that there might be some justification to the communist charge that hatred for the police had brought on these riots. We sent our people to the areas of the people who made the charges. Ninety-nine per cent of the specific charges made could not be sustained. We could not make all hearings public because it would degrade the police in the eyes of the people and lower their rank. Occasionally they did beat people. They have done that for thousands of years and they will continue to do so for generations. We have told them to stop it and that it is not good practice. We have been told that a man is beaten half to death and find that he has only been pushed into a cell. In the Korean mind, if you touch a man, you beat him; if you knock him down, you kill him.

The charges against the police belonging to this or that political group cannot be sustained. The police are individuals — there is no question about that. We told them they are not in politics. Koreans are great joiners and turners-out for demonstrations and mass meetings. All they want is someone to suggest it. There is no doubt that individual policemen will announce that they stand for this or that. But on the whole they have been loyal to the interim government and have followed through in the maintenance of law and order to the best of their ability.

In January 1946, at the height of the anti-trusteeship demonstration, Kim Koo and his provisional government, which had been in exile, attempted to take over the government. If Kim Koo could have gotten the police, he could have taken over for the time being. They refused. They stood by the law and order directive that we gave. The same man made the same attempt last March. In this effort the police stopped him. They have stopped several communist efforts. Last summer, Rhee Syngman made efforts to start a wide-spread demonstration against the Joint Commission, which was promptly put down by the police. He had a group which was going to declare itself a government, which the police broke up, not by arrest, but by refusing to support it. The leftists, when they found that the police would stand fast after the October attempt at revolution, were all-out to discredit it and they did a good job at convincing a lot of people. In some documents we found that they had decided they could not carry out the revolution without gaining control of the police, and they gave their pattern of how they would gain their control of the police through the moderates with whom they were working in coalition efforts. I am not giving this as an alibi. The police have room for development, but that is a matter of education which can be speeded up by establishing an elected Korean government. I picked up a report this morning showing that we are making efforts to improve the situation.

At this point General Hodge read a list of misdemeanours of which the police in one particular province had been found guilty during this year.

These things we do not make public. It would damage law-enforcement prestige. They go on constantly, the efforts to get proper performance in office. If we make it public, it would place ammunition in the communists' hands against the people who are responsible for the maintenance of law and order.

I hear from some sources that South Korea is a police state. I should like to point out that South Korea is an occupied area. It is at present operated under the direction of the military. The police force is charged with maintenance of law and order and, in addition, the observation for subversive activity aimed at upsetting the peace and security of the area. The police force strength of South Korea is at the rate of less than 1.5 men per thousand people. The over-all for the United States is almost two per thousand, and in the cities of the United States (I say the United States because it is my own country and I know it best) it runs well over two per thousand people. By those standards in numbers, I can establish that we are under-policed in South Korea. The constabulary and our soldiers do not perform police duty. Neither of them is engaged at present, nor have they been engaged to a great extent, in law enforcement.

There is in Korea, before we have an election, a need for educational processes among Koreans. That can be done in connexion with the publicity on the election law as soon as it is established. When the United Nations group came in here, up until about three or four days before they arrived, I did not know how they were going to be accepted and how the United Nations proposal was going to be accepted. Naturally, we made considerable effort to popularize the United Nations Temporary Commission on Korea. The rightists had been crying for an election immediately. They did not want to wait. They wanted to carry on an election under the law that had been passed. Some of them have now committed themselves to waiting for an election supervised by the United Nations. The communists have had their orders and they will fight against and sabotage the United Nations effort. Their poster campaign has been quite active. Their plans have been made for activities that they will carry out to prove that they do not want anything to do with the United Nations. The fruition of some of their plans started last night. We have information this morning that locomotives and tracks were destroyed, that electric transformers and stations are under attack, and all the water mains and communications are subject to attack. I do not know what the progress is at the moment, but it is definitely well under way. This is aimed at the United Nations effort. It is directed in an effort to support the mutual withdrawal of Soviet and American forces, to create the vacuum that is desired by the violent ideology calling itself "democracy". It is my considered opinion that if this United Nations group would act aggressively and announce elections, a lot of this would stop. They have seen delays, the Russians turned down your entry into their zone, and they are wondering what is going to happen. I have considerable information that a large group of leftists are interested in participating in elections although their orders from North Korea are that they should discredit them and make them impossible. How far it will go I do not know.

There was an attack in one of the southern provinces against the rice collection. There are plans for riots in the rationing stations, to gather in the people who want more to eat. They can always get people who will follow slogans to carry out their widespread aim to sabotage what they want to sabotage. Their pattern is pretty well drawn. How far it will get I don't know. Back of it is the demand that the United Nations is here illegally, that the Russians have offered mutual withdrawal of forces and that that should be accepted. Naturally, I have been interested in the proceedings of the United Nations Commission and have followed closely the Press, public statements made, and statements quoting from the Koreans consulted. I know these Korean leaders — or rather politicians, since that is what they are — pretty well. I know how they operate. I have talked to them on many, many occasions. A lot of them have no following outside of Seoul. Many of them, by their very statements, are building up an alibi so that when they do not get elected in the election, their alibi is made — that they did not get a chance because of pressure. There are only a few Koreans who have any great following here. Too bad that some of these are split. It is too bad, the attitude and intolerance that some of these people have. In my opinion, the only cure for that intolerance is to go ahead and get an election in this area with or without the Russians, to give these people the responsibility of government under supervision to the extent that they are not allowed to exercise intolerance.

I have faith in a Korean legislature. If you get a hundred Koreans in a legislature, who have the backing of the voters, something will develop out of that. Democracy in the making — I have watched it — but I do not know what will be the final development of democracy in this country. It cannot be forced down their throat when they do not have their full sovereignty. Through their full sovereignty they will develop it. There may be disorders. Each group wants something for itself. That is what you run into with the Korean politician. If we could get rid of about a hundred of them, our job would be easy. But Koreans have to develop. They will develop under their own elected people much more rapidly than under a military government. We have developed and are still developing in the Military Government capable administrators under the guidance and training of American specialists. That work is not lost. But the interest and responsibility that comes with their own government is lacking in this phase of the development.

Our problems here, as I said in the beginning, are a small part of a world-wide picture. You are thoroughly aware of that. We are like an engineer in a fog. We cannot see far ahead because we do not know how the international situation will develop. But we do know that this engine that we are on will need maintenance, care, and I think, in the particular situation here, we need to set up as early as possible for the Koreans a means of turning over to them responsibility for them to operate their own machinery.

Koreans, after forty years of regimentation under the Japs, are resentful of control. They resent any and all forms of control, from the mildest up to the most rigid. They are a liberated people and they are highly conscious of it. They are disappointed, disillusioned by the great delay in gaining their independence, promised them by the great Powers. They accepted the United Nations Commission as having a solution for them and they still have a lot of faith that the Commission can solve their problem in South Korea. If they lose that faith, I do not know what the answer will be. They need, in my opinion, something they can tie to as the backing or the stamp of approval of most of the nations of the world, that the North Koreans can look to as a beacon in this area of most of the population — a beacon that can grow and may spread democracy for all Korea. It is a case, in my opinion, of the salvation of a nation in efforts to get them living under conditions where they may develop a democracy that suits their psychology and meets their national needs.

In two and a half years here, I have come to love the Korean people. They are one of the most attractive people I have seen. They are different from any people I have ever seen, even other oriental people, in their psychology. I frequently call them, as you may have heard, the Irish of the Orient — they like to fight, they love authority, love fun and parties, politics, to express themselves on every occasion on everything; they are very interesting people with a wonderful sense of humour. They have wonderful possibilities. This hope that I have for these people to help them comes from a personal feeling about them as much as from the official nature of my task. I may say that there is not enough money in the world to pay me for what I have gone through. I have no future in Korea, nothing that I can gain as an individual from any results, except a clean conscience. I have no ambitions beyond doing my best here. I came here as a soldier and have had to struggle with these problems and I have no apologies for the results we have accomplished under the conditions with which we have worked. I think that study and understanding of these conditions are essential for anyone to understand the background of the picture.

I might make a statement about terrorism. I told you how high it was last July, mostly leftist terrorism. In August it went down, and there was considerable action by the rightists. Last month terrorism reached a new low and it was almost non-political — twenty-five cases all told, and most of them were just plain gangsterism. As for the two killed, we do not know whether that had any political significance. The communists are all out in their effort to prove to the United Nations Commission that the Americans cannot keep order here. They will give you a lot of proof. That started last night and I do not know what will happen.

I shall be delighted to answer any questions. Anyone of my staff that you may want to talk to at any time will be at your service. If there are any questions, I should like to clear them up.

CHAIRMAN: Does any member wish to ask a question?

Mr. LUNA (Philippines): I have heard the General say that the best thing would be to hold an election as early as possible. If that is correct, do you have any idea — once these elections are completed — shall these representatives be able to form a national government of some kind?

General HODGE: An elected assembly would consult with the United Nations Commission and they could get from this great organization the necessary advice. That is one way to do it. Then you will have something around which the people can rally. There is no one that regrets any more that I the recalcitrance of the Russians in their refusal, but if you sit and let them bluff it out, this is just what they want you to do. They always aim at the things they fear. We have been sending you reproductions of what has been going out as their propaganda. We get handbills and intercepts — their focus of talk is United Nations elections. This is what they fear. They always attack the thing they are afraid of. I am speaking perfectly frankly of what the subversive-activity situation is, and it may become quite serious and affect all of us before we get through. No electricity, no water, the trains not running. Perhaps it is to see what their power is. We know that they have been training saboteurs for many months. We have picked some up and found that there are many more. We are getting quite a lot of desertions from the people's committee and North Korean constabulary. We are getting intercepted documents carried by the messengers. We know a lot of what is going on. The extent to which it can go is unknown. This may be the beginning of the all-out effort to take over control of all of Korea. We had, from a man high up in the North Korean army, about three months ago, a full account of the meetings they had in the defence council, planning how to take over South Korea. They have men trained for every job here to take over.

Mr. PATTERSON (Canada): I wonder if General Hodge would be willing to state what he considers would be the advantages of elections held under United Nations observation over those held by United Nations auspices alone.

General HODGE: In so far as the physical effect, it would be about the same, but the advantage of United Nations supervision is the prestige to the Koreans. The moral effect would be very great: here is an election observed by the United Nations, representing free nations of the world. It would be a tremendous advantage. It would help in their morale during the elections and would help in cutting the counter-propaganda against the elections. It is harder to apply propaganda to all U. N. nations than to one.

Dr. DJABI (Syria): If a government is established in the South and there is a withdrawal of military forces, can it support itself against any possibility of attack from an army of the North?

General HODGE: They do not have at the present time the means to support themselves. The resolution provides that the United Nations assist in setting up an army to protect itself. There would have to be an armed force set up. The police force is not strong, judging by military standards. The constabulary is very small. It is used to guard docks, piers and warehouses, etc. The force under the armed forces could not protect itself from what is in North Korea, but that could be built up. The United States could help start and maintain it. The United Nations resolution says that the occupying armed forces, if possible, get out ninety days after the government is established. It might not be possible to build up an army in that time. I do not know exactly how large an army they would need to build up.

CHAIRMAN: If the elections in South Korea are carried out, could they be considered as completely free?

General HODGE: Voters have to obtain an education. It is going to be the people themselves that give the freedom. The old patriarch in a town may want to control that town. You have that old Korean caste system to break down. That is your worst enemy. That is, education, and the United Nations themselves, through radio broadcasting, the movies, etc., can help to get over the idea of voter freedom.

Mr. PAUL-BONCOUR (France): As representative of France, Mr. Chairman, I should like to thank General Hodge for coming here this morning to make this most interesting and elaborate *exposé* of the situation that he has to face in his responsibility as Commanding General of the forces stationed here. I should not only like to thank him, but also as representative for France, state that our administration and Government and army, in times not far in the past, had to face similar difficulties, that we understand fully and sympathize fully with the difficulties in which he was placed and the responsibility he had to assume, in which he asks us to participate. There is one question I should like to ask. When he came in, he has told us, a moment ago, there were as many parties as there are inhabitants in South Korea. I should like to ask, therefore, in what measure he considers that the situation has been modified, and in what degree, apart from the communists, are the parties we have heard really representative of a considerable portion of the population of South Korea.

General HODGE: The diversion of opinion has constantly been marked. It has been growing as political education grows. At present the maximum estimate that I have of any important groupings is five, and I am not sure that these are not, some of them, combined. There is the party headed by Rhee Syngman, the most powerful group. There is the old Provisional Government group with the Korean Independence Party, which supports Kim Koo, but without the following, for some reason, of many other groups, and has almost no power in itself. What might be called a third group is the result of an amalgamation of parties, led by Kim Kiusic. Many of the parties in it are well penetrated by communists. Among this group is the party of Lyuh Woon Hong and Chang Kan Sun. There is no question about whom the older Lyuh was working for.

That group is a fringe group and includes some moderate rightist groups and some groups fairly well to the left. Then you have the South Korea Labour Party. Their strength is hard to determine. Their prestige, by their own action, is very low. The fifth group is the Democratic Party, led by Kim Seung See, which forms the nucleus of a large group. You might call it the Democratic Party, which is almost as powerful but more moderate than the Rhee Syngman group. They may band with the Rhee Syngman group, and the Kim Kiusic and Kim Koo groups may unite in action; then you would have two large rightist groups and the communist group. By political education and learning world affairs, the divergence is not as real as it is apparent. There are only a few important leaders: Rhee Syngman, Kim Koo, Kim Kiusic, Kim Song Soo. Some self-styled liberals such as Lyuh Woon Hong and Chang Kim Suc represent the voice of the communist group with a small following. The rest of them are small fry. They tell you a lot of hooey; they are playing up some alibi and getting back face by coming in to talk with you.

Mr. PAUL-BONCOUR (France): Can you tell us how many real followers there are of these five groups?

General HODGE: It is almost impossible. They have registered a total of 62 million but that does not mean a thing. They make false claims, overlap and duplicate membership to a point where no one knows.

Mr. MENON (India): I should also like to thank General Hodge for the very comprehensive, direct, and illuminating survey he has given us. I have only one question arising out of the question of the French delegate. The General has just mentioned that there are five major parties. A suggestion has come from three out of these five parties that we might try to seek a solution by attempting a joint meeting of the North and South leaders.

General HODGE: That is well intentioned. It is a gesture which will get exactly the same end as you met on your attempt to get into North Korea. However, if an election were announced, there is a possibility that that might be done. Some may come as individuals. I have information that some of the high ones would like to come down to stay. They need an incentive and hope to try to do anything valuable. We have made every effort to foster moderate, middle-of-the-road policy. The trusteeship has caused a big chasm. I have been terribly hated by right and left because I want Koreans to get into the middle. Once you have a government, everyone else will be against it. There is nothing to get excited about and no reflection on the Koreans at all, but there is a possibility of getting North and South together only if there is an incentive. It might be a reasonable thing to do and might be the first step of a rapprochement between North and South; until this is done, there will be failure. I do not think it should interfere with the forward movement of having an election, which I believe must get under way before any such move is made. They must have hope of results.

Mr. MENON (India): We fully appreciate the difficulties of even having such a meeting and getting the desired results, and we are glad to know it is a hopeful sign.

General HODGE: I do not put too much stock in it. Kim Kiusic and Kim Koo have always been in favour of it. We went into that over a year ago when we had the coalition effort going. We had some political communists rather than ideological communists, who went to the North, but they never made any headway. If it is done, it will have to be done outside the communist channel. It will have to be through you.

Mr. VALLE (El Salvador): I join in expressing my thanks to General Hodge for his coming here before Sub-Committee 2 to give us a clear picture of the situation in South Korea and the problems involved. I believe that in the near future there is a possibility that numerous political parties that are not now in existence will be formed, so that during the elections there will be parties that will get an influential number of votes. I should like to ask what has been done to prevent the participation of such political parties.

General HODGE: We have taken no measures to prevent the formation of political parties. Sometimes there are two or three groups formed that run into illegal activities that we have disbanded — youth group movements — not political parties. The prevention of the formation of a lot of bogus political parties will follow automatically from the election procedure. If you elect representatives by district, that in itself will stop it. I do not have that fear of bogus political parties being set up because the tendency is now the other way and has been progressively so. Your election law could prevent that.

Mr. WANG (China): General Hodge, I should like to continue where Mr. Menon has left off, that is, in the exploration of the possibility of the suggestion that has come from the three parties concerning summoning of leaders from North and South Korea. Is there a possibility that all the five parties, let us say, would subscribe to their suggestion? If so, what would you suggest as a procedure whereby this Commission could contribute?

General HODGE: First of all, I contend, if it is going to delay, other parties will not join. They will fight it.

Mr. WANG (China): Perhaps it came to your knowledge yesterday that this Commission has decided to consult the Interim Committee. While it is our hope that a decision will be forthcoming very soon, there is also the possibility of unavoidable delay. Should that happen, what do you think the result will be in Korea as a whole, and in South Korea in particular?

General HODGE: Very dangerous and disastrous. March first is a magic date for the Koreans. It is the day of their independence. If something is not announced before that time, there will be difficulties. These people are impatient. For two and a half years they have seen this and that, this and that, and to them this already seems like another failure. I am in touch with these people. I have contact with many of them. I have not had a full reaction to this resolution, but it is not going to help; no delay will. If the delay goes on and on, I do not know what will happen, as I say, because you may get new and completely violent political reaction: new alignments and a lot of violence and an increase in terrorism. As I pointed out, sabotage has already started. Those who are watching will take a hand in it. I am not talking about the police. I am talking about the citizens. Too much delay is dangerous. Every day delayed is a day lost. They watched the

Joint Commission. Now they are watching the United Nations Commission.

Mr. MENON (India) : I just want to say that we are conscious of the disadvantages of a delay and we called up the Secretary-General to make sure just how long it would take. It would take forty-eight hours to summon the Interim Assembly and we were told that the debate would take no more than three days.

CHAIRMAN : I wish to thank General Hodge very deeply for having informed us so completely on the situation. The world knows General Hodge as a Commanding General, but it does not know him as it should know him, as the potential father of the nation. We have been informing ourselves on information we have been trying to get from the Koreans and we appreciate what he has said today. Had we asked him earlier, the information would not have been so valuable as it has been today.

The meeting rose at 1.15 p.m.

VERBATIM REPORT OF THE TWENTY-FIRST MEETING [1]

Duk Soo Palace, Seoul, Korea, Thursday, 19 February 1948, at 3 p.m.

Chairman : Mr. LUNA (Philippines)

CHAIRMAN : I declare the twenty-first meeting of Sub-Committee 2 open.

Hearings of Koreans : Paul M. Ro, Bishop of Seoul

The Most Reverend Paul M. Ro, Bishop of Seoul, assumed his seat in the Committee Room. The questions put to him were interpreted into Korean, and his answers were interpreted from Korean.

CHAIRMAN : We are fortunate this afternoon in having with us the Most Reverend Paul M. Ro, Bishop of Seoul, whose opinions and statements I have no doubt will be very useful and helpful to the Commission. For the information of the Bishop, I will add that Sub-Committees 1, 2 and 3 of the Commission have prepared certain questions which we shall ask you, but, before we do so, if you would like to make a statement, this Sub-Committee would be very pleased to hear it.

The Most Reverend Ro : It has been two and a half years since the so-called liberation took place, yet up to this date we have not acquired our independence. During these two and a half years we have seen the USSR-USA Joint Commission do its best, but their attempts failed both times, despite the high expectations that were held. So our last hope was that the Korean question should be settled by world opinion. Fortunately, the United Nations took up our case, and the majority of the Member nations voted in favour of the establishment of the Temporary Commission on Korea to solve the problem as soon as possible. The entire Korean people were happy, and placed great expectations on the success of this Commission. We all hope that this time the Commission will solve the problem and not repeat the failure of the USSR-USA Joint Commission.

Since the appointment of this Commission on Korea, only a short period of time has elapsed, and we know that the Commission members are working strenuously in order to accomplish their mission. The primary aim of that Commission is, of course, to establish a united government through a general election in the zone occupied by the Soviet Union forces and in the zone occupied by the United States forces.

We have seen that, at the General Assembly of the United Nations at Lake Success, the Soviet Union strongly opposed the resolution which was adopted by the majority of the Member nations, and we have also seen that when the Commission arrived in Korea and asked to be allowed to enter the northern zone, the Soviet Union did not even answer the request. It is very obvious that the Soviet Union is not going to co-operate in the implementation of the United Nations resolution on Korea or in the work of the Commission. It was very obvious that during the work of the Joint Commission the Soviet Union attitude was very much against the American ideas and the wishes of the Korean people, and, as a natural conclusion, the Joint Commission ended in failure.

The present conditions are just the same. The Soviet Union, in spite of her pretentious declarations, does not seem to want to see Korea independent. At this time, the Korean people cannot stand these conditions any longer; the people have been very patient for two and a half years, but they now think it is about time they had their own government. Despite the great effort which is being made by the United Nations Commission, the Soviet Union very specifically expressed its intention not to co-operate with the Commission, so what is to be done? The Korean people are known as a patient people, but their patience has now been worn down, and they cannot stand the present conditions any longer. Some measures must be taken to develop a new stage of Korean independence; that is, through a general election to elect Assembly members and thereby give birth to a new government.

Since the Soviet Union would not let the Commission enter the northern zone, and since the Soviet Union is not going to co-operate, it is inevitable that elections must take place wherever it is possible for them to take place, that is, within the southern zone occupied by the United States troops. America has expressed her will to co-operate in the proposed general election. Of course, we all want to have a unified government, and, therefore, the general election should be held all over the country, and throughout the North and South. That is granted and understood, but, despite our desires and wishes, due to the attitude of the Soviet Union, that cannot be realized at

[1] Document A/AC.19/SC.2/PV.21.

the present stage. That is why I say that general elections should take place wherever it is possible for them to take place; whether it is in the South or in part of the South, it does not make any difference. It is the wish of the nations of the world, and also the wish of the Korean people, and if that is the case, the elections ought to take place as soon as possible, by all means, and despite all the difficulties that might be met on the way.

The form of government we want is a democratic government based in a real sense upon the words "democratic principles". We know that the attitude of the Soviet Union is not democratic in the proper sense of the word, because we have seen that wherever the Russians get hold of power, they more or less practise dictatorship and absolute despotism. Here in Korea the same thing is going to happen if we yield to the claims of the Russian Government or the communists. There will be no compromise between the communist system and the democratic system; the communists will not compromise on anything which is not within the grasp of their power. Therefore, it is almost an impossibility — I should say it is an absolute impossibility — to try to come to any compromise with the communists with the idea of establishing a democratic government. Communism is nothing but poison to the minds of the people; it will undermine the people's strength and do great harm, and it will result only in the ceding of the entire country to the Russians. That we do not want to see. Therefore, although we want a unified government, we do not want to have any partial control whatsoever by the communist element; we want rather to have a really true democratic government, eliminating all the destructive communistic elements. That is one point I wish to stress strongly.

The objective of the United Nations is to establish permanent world peace, but, as we have experienced in the sessions of the General Assembly of the United Nations and elsewhere, there can be no compromise or any peace wherever the communist element comes into the picture. We have seen that the Soviet Union members are opposed to whatever resolution may come before the General Assembly. Even when they know that they are not going to win the issue, yet they keep opposing to the last. That is the principle of the Soviet Union; to destroy the peace rather than to establish peace. Therefore, even in Korea we know just what they want, and to talk about co-operating with the communists is nothing but a fruitless dream. If really peaceful independence is to be obtained in Korea, the very first premise must be to eliminate completely the communistic element in whatever organization or government might come into existence.

It sounds like repeating the same thing, but so far we have never seen any specific case where the Russians have agreed on any one particular point in peace with other nations, and since that is their attitude, I hope that the United Nations Member countries, knowing what Russia has in mind and knowing what she has done so far to destroy the world peace, will see that no more room is left to give any further concession or any general consideration of her plans. If it can be hoped for, the United Nations should speak out now; it is about time to counteract any such stubbornness or unfair claims by the Soviet Union, and, if possible, to eliminate her from the United Nations itself because she is always destructive rather than constructive, and there can be no peace with Soviet Russia unless she changes her mind and her attitude from now on, and looks at matters from an entirely different angle.

As a Catholic bishop, looking at things from the religious point of view, I have a great fear that if communism should dominate over Korea there will be no freedom of religion; in fact, persecution will obviously follow. In Manchuria, a German Catholic bishop, and monks, priests and sisters have been persecuted for a long time, and, finally, they have been told to leave the country. In Peking at present there are seven bishops, six hundred priests and three hundred sisters who had been ordered to leave their posts in Manchuria, and so the Catholics are left without their pastors. Even in North Korea, although there is no direct persecution of the clergy and sisters, a considerable pressure is being placed upon them. For instance, the Catholic children are expelled from their schools just because they are Catholics; their gatherings have been hampered by the authorities; priests have been shadowed by detectives, and it may only be a matter of time before they are expelled from North Korea; and some priests are already getting ready for this. Recently one priest was seriously threatened, to make him give up his religion and co-operate with the communist government.

Should South Korea be controlled by the communistic element, there is no doubt that religious freedom would not be given to Christians; on the contrary, persecution would follow. That is very obvious. For this reason, I am strongly against the communist influence entering into Korea.

CHAIRMAN: Are there many Koreans who belong to the Catholic faith?

The Most Reverend RO: It is very difficult to obtain exact statistics because of conditions in the North. There are approximately three hundred thousand Catholics in the whole of Korea, of which about two hundred thousand are in the South.

CHAIRMAN: In the event of the consultation with the Interim Committee having this result, what would you consider to be the most convenient date for the holding of elections?

The Most Reverend RO: I am not very familiar with election laws, but I think that it would be impossible to hold the elections by the end of March, as suggested in the resolution of the General Assembly. I think that it will be at least two or three months before an election can take place. The announcement of the election date ought to give the people at least two or three months' notice, so as to give them time to prepare.

CHAIRMAN: I have here a question which has been framed by Sub-Committee 1. Are there any conditions existing in Korea today which would interfere with the holding of a free election?

The Most Reverend RO: In the northern zone, I do not think that any free conditions exist for the holding of an election, but in the South it is quite different and it is quite possible that the elections could be carried out quite freely, except that some of the communists or the extreme leftists are acting according to the directives given by the northern communists, and they are very strongly opposed to the idea of carrying out a general election under United Nations supervision. They have been given orders to upset the plans of this general election; nevertheless, if this movement is watched and there is a strong police control, I think that the rest of the people are very ready to carry out these elections. My point is that everybody else is very willing and expects to have a free election except the communists and their fellow-travellers, and there might be some uprisings, strikes, murders or arson, in order to prevent this election, of which they are not in favour. But if these people are kept under control, no doubt the elections can be held.

Mr. MANET (France) *(interpretation from French)*: The Bishop is probably aware that among the people who have expressed views against the principle of having the elections restricted to South Korea, there are not only communists or extreme leftists. Does he believe that those who oppose the holding of elections restricted to South Korea, and who are not communists or extreme leftists, do so for patriotic reasons, mainly because they are afraid their country would be more or less finally divided into two parts for ever, or does he believe there are other reasons for their opposition to the holding of an election in South Korea only?

The Most Reverend RO : I admit there are a few individuals, a very small minority, who might not want to have a general election at the present moment and who are not communists. But I cannot understand their motive for this. No Korean wants to have his country divided, but if these persons do not want to have a general election in the South, what is to be done? What is the alternative suggestion for carrying out and expediting the independence of Korea? These people have no answer at all that would result in anything but delaying the cause of independence. Therefore, I cannot agree with them and it would seem that they have some other motive, apart from their belief that this would divide Korea permanently into two parts. If unification means a compromise with the communists — if it means we have to accept their claims and yield to their wishes even if only to a certain extent — I would rather not have it.

I should like to quote a statement of a close friend of mine who is opposed to the idea of carrying out an election in the South alone. I asked him what was his real motive, and his answer was that it was not that he expected to have a real unification or united general election in the circumstances. He knew too well that that was impossible, but as a Korean he could not ask the United Nations Commission to hold an election in part of Korea alone. That is against our national pride and our prestige, and by asking for it, we should have to assume responsibility for the result, whereas if we wait and let the United Nations Commission carry on this election in South Korea, then the United Nations is responsible. That is the only reason, we have no alternative plan and we know that elections cannot be held in the whole of Korea. My friend knows that this is so, but theoretically and on principle he is against an election in South Korea only.

Furthermore, I have some more friends who claim the same thing and who give the same answer, yet in their hearts they want to have this election carried out. They cannot ask for this, however, since this hurts their pride as Koreans.

Mr. VALLE (El Salvador) *(interpretation from Spanish)*: I want to thank the Most Reverend Ro for the valuable information he has given us, and I should like to ask him to indicate what measures he recommends to prevent any disturbance from the negative elements he mentioned, in case we have elections.

The Most Reverend RO : I think that the only effective way to prevent any possible disturbances by the negative forces when we come to such an election is to rely upon the present police force. There has been a lot of talk about the present police system, especially by the leftist people, accusing them of misbehaviour and so on. I admit there may have been some individuals who have behaved wrongly, and that some injustices might have been done, but after the liberation there was great confusion and disorder. These things have been pretty well kept down, and at present order is well kept. If any criminal appears, he is promptly arrested, so we must give a lot of credit to the police for their past work. There is no other way but to rely on the police to prevent disorders beforehand.

Mr. SSUTU (China) : It has been suggested in some Korean quarters that the police force might exert some influence on the elections, and, secondly, some of the personnel who are in power might exert some influence.

The Most Reverend RO : I agree there might be some such possibility, and that some individuals who hold power at present may try to exert an influence, but it is the same the world over. These are human failings, and one cannot expect one hundred per cent disinterestedness. As I say, there may be such a possibility, but, if there is, it will be from a few individuals only, and will not affect the results of the elections to such an extent as to make the elections unfair, especially if the United Nations Commission supervises the elections. I do not think we need worry about this, and most likely this suggestion has come from certain leftist propaganda.

I do not think that the present police force is so bad as to prevent the holding of free elections by their interference. To be frank this will be the first general election in the history of Korea, and people are not used to such a thing. There are bound to be some mistakes and foolish conduct, but since the United Nations Commission has come here to supervise very strictly and closely the elections, there cannot be any such possibility of very serious misconduct or injustice being done by any individual or official. I realize that a certain element might try to exaggerate these possibilities, but I want to warn you not to pay too much attention to such suggestions.

The Catholic population is only a small number of the entire population, but, as a Catholic bishop, I shall instruct the people that they should be the ones to set an example to Korea in carrying on the elections freely and fairly without any personal antagonism or illegal means, but, according to the dictates of their conscience that they should cast their votes remembering that all mankind is watching. I shall do my utmost to tell my own people to set an example.

CHAIRMAN: We are very grateful and thankful to the Most Reverend Dr. Paul Ro for having consented to make his statement and answer the questions which the members of the Sub-Committee wished to put to him. I can assure him that his statements will be given due consideration by the Sub-Committee and by the Commission. Personally, I think they will be most useful and helpful to the Commission.

The Most Reverend Ro: I should like to know if there is any possibility of my sending a written statement describing the actual conditions and the persecution of the Catholics who are in Manchuria. Of course, this Commission is only dealing with Korea, but if there is any way of transmitting this statement to the General Assembly, I should like to do so.

CHAIRMAN: We shall be very glad to receive this statement, but as to whether it can be transmitted to the General Assembly or not is for the Commission to decide. In other words, we will receive your statement.

The Most Reverend Ro: What I had in mind is to appeal to the world court about the injustice being done to religion in Manchuria.

CHAIRMAN: We shall be glad to receive this statement, and we will submit it to the Commission, and the Commission will consider whether or not they will transmit it to the General Assembly.

Mr. MANET (France): We shall consider whether we have authority to do so.

The meeting rose at 4.20 p.m.

VERBATIM RECORD OF THE TWENTY-THIRD MEETING [1]

Duk Soo Palace, Seoul, Korea, Wednesday, 25 February 1948, at 3 p.m.

Chairman: Mr. JACKSON (Australia)

CHAIRMAN: I declare the twenty-third meeting of Sub-Committee 2 of the United Nations Temporary Commission on Korea open.

Mr. Lee Dong Sun, President of the Chamber of Commerce and Industry of Korea, Mr. Chun Yong Soon, Vice-President of the Chamber of Commerce and Industry of Korea, and Mr. Chey Soon Ju, Director of the Bank of Chosen and Vice-President, Chamber of Commerce and Industry of Korea, entered the Committee Room.

Adoption of the agenda

The agenda was adopted without discussion.

Hearings of Koreans: Mr. Lee Dong Sun, Mr. Chun Yong Soon, Mr. Chey Soon Ju

CHAIRMAN: I wish to express the appreciation of all of us to these three gentlemen for coming here today. We hope they will feel free to talk to us and to tell us a number of things that we do not know, or perhaps they will give us a fresh point of view on Korean problems.

The first question is: What are the conditions which you consider necessary in order that free and democratic elections may be held in Korea?

Mr. LEE *(interpretation from Korean)*: Freedom of speech and freedom of assembly should be maintained in order to have free elections. There should be no interference with the elections.

CHAIRMAN: Are there any other conditions?

Mr. LEE *(interpretation from Korean)*: Apart from those conditions, I do not think there is anything to interfere with a free election. Present conditions are quite adequate and fair enough to hold a free election with.

CHAIRMAN: Do you consider that there are any conditions existing now which would interfere with such free elections?

Mr. CHUN *(interpretation from Korean)*: At present, under the Military Government regime, the United States Command tries to uphold a democratic administration, so that most Koreans at present are enjoying freedom. However, we are afraid of the people from the North, especially the communistic elements, who come down here with funds and spread their ideas to the rural sections by spending a great deal of money on propaganda. That condition might interfere with free elections in Korea; for instance, recently, there were some so-called communistic riots which spread throughout South Korea and many police and civilians were killed. All those undesirable elements might interfere with free elections in the future.

CHAIRMAN: How are the disruptive elements getting their funds at the present time in order to carry on their work?

Mr. CHUN *(interpretation from Korean)*: A lot of money that comes from the North is concealed in packs and is brought down in Bank of Chosen notes, which are good in South Korea. As you know, in the North, they have changed their currency. Prior to the occupation, we had circulated a great deal of Bank of Chosen notes in North Korea. We estimate that about four billion yen were in circulation in North Korea. They stopped the circulation last December, and all the money was collected by the Government. Then they smuggled the money down here, through various channels, to the South for spreading these communistic activities.

CHAIRMAN: How would you discover that from your commercial or banking channels?

Mr. CHEY: We have different kinds of notes: those that have been printed prior to the occupation, and also we have printed notes that have been distributed since the occupation. In North Korea the old notes were good for use, but the new notes could not be used in North Korea.

[1] Document A/AC.19/SC.2/PV.23.

CHAIRMAN : But the old notes could still be used in South Korea?

Mr. CHEY : Yes, they could still be used in South Korea.

CHAIRMAN : If they come down to South Korea and use the old notes, how would you discover that?

Mr. CHEY : By the general increase in the circulation of old currency.

CHAIRMAN : There is no possibility of your checking up on serial numbers or anything like that?

Mr. CHEY : That is very difficult.

CHAIRMAN : I am just wondering to what extent this can be relied upon as accurate information?

Mr. CHEY : The police discovered and confiscated a good amount of money that came down from the North.

Mr. CHUN *(interpretation from Korean)* : As a matter of fact, the Chamber of Commerce had appealed to General Hodge and General Dean three times to discontinue the use of these old notes in South Korea, but the response has not been favourable up to this time. We could not get any favourable action.

CHAIRMAN : Would you recommend at the present time that the note issue in Southern Korea be changed immediately?

Mr. CHUN *(interpretation from Korean)* : I think that only the old ones could be changed with new ones. By doing that, we can prevent the so-called destructive movement in South Korea. Of course, they could not get any funds from the North, so it is quite desirable to change immediately the old notes.

CHAIRMAN : Are you sure of your information when you say that a large quantity of those notes did come down to the South? I should say that the banking organization would be the one to find out, but do you estimate that a very large number of notes came into your banking organization?

Mr. CHEY : Yes and no. Of course, if large quantities of old notes come in we just stop and record them as deposits and freeze the account and investigate it, so that most of the public do not bring in banknotes from the North to the bank for deposit. However, there are many instances where the police gethold of the old notes which were smuggled down from the North.

CHAIRMAN : That would be your only contact? You have no other way of checking up?

Mr. CHEY : No.

CHAIRMAN : We had heard from the police about that. I was wondering if the bank had any other way of checking; for instance they might know that a certain series of notes was in North Korea and that it was coming down to the South.

Mr. CHEY : This morning at our bank, we received half a million in deposits in just purely old notes, so we took them and froze the account. Of course, we had to report to the Finance Department for their action on the matter, but such things do happen. If there is a large quantity of old notes on deposit in any bank in Korea, the bank authorities are supposed to freeze them and then to report immediately for investigation. There is evidence that they were brought down from the North for a special purpose.

CHAIRMAN : You could not get any evidence that it was for any special purpose through your banking organization?

Mr. CHEY : That is not our business; that is reported by the police.

CHAIRMAN : That was for a special purpose?

Mr. CHEY : Yes.

CHAIRMAN : Would you say that the investigation that follows as a result of your freezing of these groups of notes shows that these notes came from the North?

Mr. CHEY : Yes, it is clear.

CHAIRMAN : Knowing the many millions of notes that would be used in the North, would it not be possible to identify a big block of notes that come in there as the notes that were used in your bank as previously coming from the North?

Mr. CHEY : It is very difficult.

CHAIRMAN : We are interested in tracing that money. It seems to me that when the Red notes were issued by the Russians a lot of these did come down.

There is another thing we are interested in that affects the elections, and that is the youth movement. We have a certain amount of information concerning that and it has been suggested that these youth organizations get the money they require — quite a lot of money — to be able to carry on their organization. Have you any idea where they get their money from for their organization?

Mr. CHUN *(interpretation from Korean)* : As for the total amount spent for political activity in the South by all parties, including rightists and leftists, we do not know the leftists' expenditures, but the rightist parties, for the last two and a half years, have spent about two hundred million *won*. I am quite sure that at least one to two billion *won* were collected by the northern Government, and they will use that for destructive purposes in the South.

CHAIRMAN : That would be for leftist purposes?

Mr. CHEY : Yes, for leftist purposes.

CHAIRMAN : Where does that come into the amount that you say has gone up to two billion *won* for election purposes? If I understand your first statement rightly, you said you did not know what the position was as far as the leftists were concerned, but as far as the rightists are concerned, their funds for political purposes have gone up to two billion *won*?

Mr. CHEY : Up to this point, they have spent two hundred million *won*. The Northern Korean people could use from one billion to two billion *won* for changing the result of the elections in the South because they have that much money on hand.

CHAIRMAN : I am sorry, but I do not know how you arrive at that amount of money on hand.

Mr. CHEY : They could use that much money if they could bring it down freely, but that is only an estimate or guess.

CHAIRMAN : I was wondering what it was based on.

Mr. CHEY : They have that much money on hand.

CHAIRMAN : Out of the withdrawal from the North?

Mr. CHEY : Yes.

CHAIRMAN : If they use the whole of it for election purposes, could they use that much money?

Mr. CHEY : They could use more than that amount.

CHAIRMAN : You say two billion *won* have been used on the rightist side?

Mr. CHEY : Two hundred million *won* have been used by the rightist parties.

CHAIRMAN : The point I raised has still not been answered : Have you any idea as to where the youth organizations get their funds?

Mr. CHEY : The youth organizations of the rightist or the leftist parties?

CHAIRMAN : Let us say the rightist parties to start with. Where do they get their funds?

Mr. CHUN *(interpretation from Korean)* : As far as the rightist youth associations are concerned, they get contributions from their own parties, and they also contribute themselves. As far as the leftist youth associations are concerned, I think that the materials and money come down from the North.

CHAIRMAN : If the statement were made that the youth parties are in the habit of visiting individual householders and demanding that they buy soap from them in order to provide funds for the youth parties, would you have any idea whether that statement would be correct or not?

Mr. CHUN *(interpretation from Korean)* : It can apply to both sides.

CHAIRMAN : This pertains to banking : Have you heard that those people of the youth organizations, in doing that, are going around and listing the members of the household to find out what party they belong to?

Mr. CHUN *(interpretation from Korean)* : Yes, they not only explain what organization they belong to, but they also have badges on their chests and some kind of band around their arm that shows they belong to the organization, so naturally they call on the people who are more or less sympathetic to the party.

CHAIRMAN : Would you say that the rightist members of the youth parties could have called on individuals and when these individuals refused to purchase from them told them that they would list them as communists? Have you heard of such a proposition?

Mr. CHUN *(interpretation from Korean)* : Of course, we might have such incidents, but, generally speaking, such things are not happening because they are supposed to report to the police. That is a very rare case; generally speaking, it does not exist.

CHAIRMAN : You would suggest that the youth organizations are not using their powers to insist that they get support for their own parties whether rightists or leftists? You think there would be nothing in the suggestion that they are using pressure on these people?

Mr. CHEY : Of course, such things might happen with some individuals, but as far these two gentlemen (Mr. Lee and Mr. Chun) are concerned, they sympathize with the party, so they contribute on their own initiative.

Mr. CHUN *(interpretation from Korean)* : We hear a great many rumours, but actually cases of that kind are very rare. Such things might happen.

CHAIRMAN : Then you think that the youth organizations are in no sense a danger?

Mr. CHUN *(interpretation from Korean)* : We all feel that they are not interfering with the elections.

CHAIRMAN : Even those that subscribe to the leftist doctrines?

Mr. CHUN *(interpretation from Korean)* : So far, we have not had any experience with the leftist youth associations at all.

CHAIRMAN : Have you had any information concerning quarrels and fights between sections of youth organizations of the left and right?

Mr. CHUN *(interpretation from Korean)* : Yes, we have heard of such incidents. We have heard that there are quarrels going on between these youth associations because it largely depends upon the elements in the associations; for instance, some of the leftist people disguise themselves as rightist party members and go to the association and steal the rightist followers and then start a fight with other rightist associations. Most of these youth association people are rather young elements that are easily led, so they act blindly and are more or less guided by some of the other elements so that they quarrel with each other although the association belongs to other parties.

CHAIRMAN : You would not think that perhaps those quarrels between the two youth organizations of the right would be very severe and that there would be some pretty dreadful fights and incidents? Would those bad fights and quarrels be between leftist group members and rightist group members?

Mr. CHUN *(interpretation from Korean)* : Of course, the severest fight or quarrel would be between the rightists and the leftists although there are instances where the rightist groups are quarreling and fighting with each other. The severest fights would be between the rightists and the leftists.

CHAIRMAN : Would you have the impression, then, coming back to the general picture, that the youth groups are being used for the purpose of ensuring the election of members of one party and that they are part of an organization for that purpose?

Mr. CHUN *(interpretation from Korean)* : As far as the youth associations themselves are concerned, they are more or less independent from the political parties. However, some of the politicians, in certain parties, try to use their strength by getting their funds, but as far as the youth associations themselves are concerned, they are patriotic associations, and they do not belong to any party at all. We feel that the youth associations would not be dangerous to a free election.

CHAIRMAN : Can you, as thinking senior members of the Korean people, suggest anything that should be done to improve the organization of those Korean youth organizations? Supposing an election were held in Korea, what would you suggest could be done to improve the organizations of Korean youth so as to support Korea in the move towards peace rather than have one part of Korea fight with another portion of Korea?

Mr. CHUN *(interpretation from Korean)* : As far as the leftist and rightist associations are concerned, we feel that there is no way to conciliate them because their ideologies cannot be conciliated, so there is no way to tie up the leftist and rightist youth associations at all. As far as the rightist groups are concerned, there are many fights between them, although not so many as between the rightists and leftists. The rightist parties shoud lead the way, as they are patriotic associations. The leader should be non-partisan himself and should be for the welfare and independence of Korea, and he should not belong to any party ; he should not be used as a political weapon against another party. Then, I think the youths will follow him and make an independent patriotic organization, but if the leader himself is committed to one political party and most of the younger people follow him, there would be trouble.

CHAIRMAN : I think you brought up regulations and articles of association for these groups. Would you introduce these by a declaration to the effect that the executive members of these groups declare that they belong to no party and that they have no political affiliations, and if you produce such articles for them, do you think that would be be sufficient to keep them safe from trouble?

Mr. CHEY : Yes.

CHAIRMAN : I thought that I might ask Mr. Lee to answer the question as to how he would deal with it. My question to Mr. Lee is : What should be done with regard to these youth groups when we get information that in banking circles it is believed that a great deal of the *won* withdrawn by the Russians in the North found its way here to the South, but that the banks actually have no proof of that, and they have frozen certain large amounts of *won* that have been deposited and reported that fact to the government, that the government and the police investigated on top of that, and from their investigations it is clear, according to police reports, that the bank is satisfied that these *won* came from the North in large quantities? Would you say that the bank is satisfied that that is so?

Mr. CHEY : Yes.

CHAIRMAN : That these notes could have been used by the leftists and that the leftist youth organizations would have received their money from the same note issue? As far as the organizations of the rightist youth organizations are concerned, they would be supported by their parties. They would claim funds from their own areas, and they would even go so far as to bring pressure to bear, and even threats, to get results. As far as the rightists are concerned, generally speaking, there is nothing to worry about in that. The leftists are not prepared to speak about it, as they do not have any evidence. I think that after an election, in order to bring the youth organizations into line, it would be advisable to have, through possible government regulations, some law passed that these youth organizations make a declaration that their executives, at least, do not have political affiliations. Do you consider that would bring the youth groups into proper alignment for peace conditions? Again, you are not able to say what the position is with regard to the left, but presumably if there was an amalgamated government, there could be a chance that it could apply to the leftist youth organizations as well. You did say one thing : that the troubles between the rightist group organizations are minor and that the trouble between the rightist and leftist organizations are more serious. You said that these organizations are composed of young people. Is it not true that the ages of members go up to thirty-two years of age and that a great percentage of them are over twenty-five?

Mr. CHUN *(interpretation from Korean)* : Generally speaking, most of the people who belong to the youth organizations are from the ages of twenty-three to thirty.

CHAIRMAN : You would hardly call those young people?

Mr. CHEY : In Korea, they call them young.

CHAIRMAN : Would a Korean of thirty years of age be the sort of young man who would fight at the drop of a hat?

Mr. CHEY : Most of them under thirty are called younger people ; that is the custom.

CHAIRMAN : We will leave the group organizations, then, for the moment because I should like to go back to Mr. Lee and ask him for some more information, if we may. Has any member of the Sub-Committee or the Commission any question he would like to ask?

Mr. MANET (France) : Could those two gentlemen, who are leading personalities in the business world of Korea, give us a brief summary of the conditions of business relations between North and South Korea that are now existing? Are they completely cut off? Do they go underground? Are there exchanges of goods?

CHAIRMAN : Do you mind if I interrupt because you forestalled me in my next question? If it does not fit, would you please make it fit? We will not take that up yet. That is what I wanted to ask Mr. Lee as my next question. Would Mr. Lee now give us a brief statement of the commercial position in South Korea and in the whole of Korea; that is to say, relating to perhaps the chance of South Korea being self-supporting to the extent to which it depends on Northern Korea and anything in that direction which he thinks would be of value to us? I suggest that he finish the question that Mr. Manet has put : what is the present position in regard to interchange of goods?

Mr. CHUN *(interpretation from Korean)* : Speaking of economic conditions in the South, of course you are aware of the fact that in the South we produce about sixty per cent of the food, and we have sufficient to support our population, although we have two-thirds of the entire population in Korea. As far as the textile industry is concerned, under the Japanese regime we had to produce seventy per cent, and the light industries too, but most of the heavy industries, the mineral industry, and the coal industry are located in the North so if we are cut off for the time being, I think as far as the light industries are concerned, we can develop and support South Korea. As far as heavy industry is concerned, I do not think we can do it, although we have about twenty per cent of the heavy industry here in South Korea. However, at present, in all the industries in South Korea, there is a shortage of raw material, and part of the machinery is worn out. We cannot change it, and we also do not have electric power and coal, so, as a matter of fact, only thirty per cent of the capacity of both the light and heavy industries altogether are running at present.

CHAIRMAN : It is up to thirty per cent?

Mr. CHEY : Yes. For instance, the Koreans use cotton, and our production for a year is only one yard per 1.8 persons. For instance, this match *(indicating)* is produced in Southern Korea alone, and you get 1.6 cases per person. Most of the Koreans are wearing rubber shoes; every twenty persons could get one pair of shoes. In order to have economic independence we must have Korea reunited.

CHAIRMAN : I am not quite clear on that. Is not that shortage in South Korea where light industries are developed, on textiles, for instance, due to a shortage of materials at the present time?

Mr. CHEY : Yes, the shortage of materials.

CHAIRMAN : If you had the materials here in the South, could you produce enough for South Korea?

Mr. CHEY : Yes.

CHAIRMAN : North Korea is not producing and never has produced any?

Mr. CHEY : No, I think, under the Japanese regime, the whole of Korea produced about seventy per cent of the necessities, especially industrial products which were produced in the North and also in South Korea, and the rest of it was imported.

CHAIRMAN : I do not see your point. You say, therefore, that North and South Korea must be reunited because even if you had these plants and materials, you would not have the electric power.

Mr. CHEY : We do not have coal; not only do we need it for industrial plants, but we also need it for transportation.

CHAIRMAN : Do I understand correctly that the number of calories in food actually produced in South Korea as against North Korea is practically in exactly the same proportion as the populations in North and South Korea?

Mr. CHEY : Yes.

CHAIRMAN : Therefore, North Korea should be self-supporting also at the present stage as far as foodstuffs are concerned because they produce enough for themselves?

Mr. CHUN *(interpretation from Korean)* : Yes, they could produce enough for themselves, but, as you know, some proportion of their products are exported, and there are about two hundred and fifty thousand men in the army who are eating it up, so there is a shortage of food.

CHAIRMAN : There is a maldistribution of heavy and light industries in the North, with coal, and so on; they also have light industries in the North. As far as the South is concerned with respect to light industries, textiles, and so on, you have sixty per cent of these down here. They could carry on if they had the materials, but at the present time your materials are only making it possible for you to do a thirty per cent turnover. Is that the situation?

Mr. CHEY : Yes.

CHAIRMAN : Are there any other points of interest you can give us in connexion with that question?

Mr. CHEY : As far as trade between the North and South is concerned, of course, most of it is done by smuggling. There are some exceptions, such as the regular trade that is done by the government itself, for instance. We had to supply a great deal of electrical equipment and machinery, and sometimes we paid with minerals and raw materials for the electric power from the North. Besides that, most of the trade is carried on in a non-official way in this smuggling. There are instances where some boats came down from the North at Pusan and loaded a crate of tungsten, and I understand it went to the North. We received a great deal of cement and some fertilizers from the North in exchange for rice. All these things are exchanged in smuggling.

Mr. MANET (France) : May I ask if it also takes the form of exchange of goods or food products sent to the North against *won*?

Mr. CHEY : There is bartering of goods also. The Bank of Chosen notes came down from the North in exchange for goods here.

Mr. MANET (France) : Do you mean to say that the Government of North Korea used funds at its disposal in *won* for the purchase of goods in South Korean markets?

Mr. CHEY : Yes.

CHAIRMAN : They had to be smuggled North.

Mr. MANET (France) : Were any measures being contemplated in South Korea for putting an end to this smuggling of money by withdrawing the Northern money in circulation in South Korea?

Mr. CHEY : No, we have not done anything so far.

Mr. MANET (France) : Can you tell us the main reason why this was not done, and do you think that it should be done or should not be done?

Mr. CHEY : I think it should be done, but as far as our printing press is concerned, we cannot do it because we estimate that in order to call in all these notes we have to pay out eight billion *won*.

Mr. MANET (France) : What is the present actual circulation?

Mr. CHEY : The total circulation in the South only is thirty-two billion *won*, but the old notes printed prior to the surrender were eight billion, including the North. We have all the notes, so we have to have at least eight billion *won* in new notes to exchange for the old notes, so that our printing capacity cannot meet the immediate needs of this conversion.

Mr. MANET (France): In your opinion, is that the only reason?

Mr. CHEY: Yes, that is the only reason, but some of the politicians say that they want to please some of the leftist groups, so they are keeping it. That is from the political point of view; the technical point of view is a different matter.

Mr. MANET (France): Are you aware of any steps being taken by either the military authorities in the North or South to stop this smuggling of goods and this bartering?

Mr. CHEY: In appearance, they do, but I do not think there is any way to solve it.

Mr. MANET (France): Do you think it might develop to such an extent as to remedy in part the unfavourable economic situation of Korea?

Mr. CHEY: No, personally I feel that we should encourage "smuggling" between the North and the South because most of the things needed down South are produced in the North and vice-versa, so I would rather have a free market between the North and South. That is my personal opinion. If that is officially recognized, I think it would be much better. However, when goods come in from the North, the people who bring them do different things and aid the destructive movement here. That is the thing we are afraid of, but as far as the free exchange of goods between the North and South is concerned, that should be encouraged. The Northern people have plenty of funds for political purposes that could be used in the South. That is, not only money but also material, too, so if they bring it down South by smuggling it, then it increases the difficulty of a free election among Koreans in the South. It is very difficult to prevent their doing that in the South.

CHAIRMAN: As a banker and a handler of money, would you not say that what it is doing is giving funds to the leftists to carry on their elections no matter whether they get them to the poor people or not, while the rightists have the funds anyhow? Would not the normal effect merely be to put them into a better position to fight a free election in the South?

Mr. CHUN *(interpretation from Korean)*: Most people think that the rightist parties of South Korea have money. That is not true because they cannot sell land at present. They do not have any business at present, so they actually do not have money. The leftists do have plenty of money, and they can dispose of it freely and can buy up the ignorant people in the rural sections.

CHAIRMAN: I was only asking that question as a logical question; those that are here and are established have the organization to carry out this election. The leftists who are not here have the organization, but they are fortunate enough to have the funds from the North which the South is not fortunate enough or sensible enough to get, because they cannot print another issue of notes and get rid of the old issue, so that actually they cannot help the situation at all. You are putting into the hands of the leftists the funds with which to fight an election. Logically, that is the position, I would say. It is a wrong position, but it is there. There has been no suggestion beyond how the note issue would be effective.

Mr. CHEY: Frankly speaking, as a banker who prints Bank of Chosen notes, I think that if the Military Government changed their position immediately it could be done.

CHAIRMAN: Could they get them printed abroad?

Mr. CHEY: I think there are about three billion and a half notes in reserve in the Bank of Chosen, and there would be about one billion more in other banks. I think we could issue our drafts or banker's cheques for the remaining amount of eight billion old notes.

CHAIRMAN: I wanted to be quite sure that you were satisfied that you could not print the notes if you were put to it. Supposing a national form of government was established now, could that national government immediately print a new issue?

Mr. CHEY: Everybody would be satisfied, and the rest of the deposits could be issued in the name of the government and in the name of the Bank of Chosen.

CHAIRMAN: As you said just now, you think that the Military Government could get it done if it took some risks and made some special arrangements so it would be possible?

Mr. CHEY: Yes, it would be possible. I think it could be done.

Mr. MANET (France): I was wondering why it had not been done.

Mr. CHEY: I think most of the Koreans are willing to change, but we have the National Economic Board, largely composed of American people, and this Board does not take the step to convert the note issue at all.

CHAIRMAN: There are half-a-dozen things I could mention myself, but the point we want to get at is that the solution is there. Can you tell us more specifically why they did not change the note issue?

Mr. CHEY: They did not like to bother with it, in the first place. They did not care very much about the political situation down South. That is frankly speaking. We could carry out the conversion now, but they put it off until the Korean government is formed.

CHAIRMAN: I know that is their general plan, and that it is supported by their own people in America. You have to remember that to a great extent the people of America have their eyes on these things, and they do not like interfering with the things that should be done by the Korean people. I am only mentioning this as just a side issue, but your impression is that they could do it, but they do not do it because of the difficulties and because of their desire to leave it to the Korean people when they have their government settled?

Mr. CHEY: Yes.

CHAIRMAN: We have to stop now, because we have other work to do.

Mr. CHEY: We thank you very much for the opportunity to be heard.

Mr. Lee Dong Sun and the other two members of his party left the Committee Room, and Mr. Lee Choon Ho, President of Seoul National University, assumed his seat.

Hearings of Koreans: Mr. Lee Choon Ho

CHAIRMAN: We are going to ask Professor Lee to talk to us. I think we might start off with a question on education, since that is a subject in which you are interested. We have found that the young Koreans, even the boys in our hotels, are studying philosophy at a time when there are no technicians in Korea. We should be very interested to hear your answer to what can be done about that.

Mr. LEE: After the liberation, the Korean educational system was changed into a system which is equivalent to the American educational system: that is, six years, primary education, six years' high school education, and four years' university education. Of course, if the Koreans can send their children right through from the primary school to the university, that is all right. I think every Korean wants to have an education under such an educational system, but at the present time I think, as you have said, Korea needs more scientifically trained men and also technicians.

I consider that the university graduates will be the supervisors of the research work, will be the teachers in the high schools, and will supervise the work in the factories, and so on, but our present system lacks a practical technical education. I have suggested several times, in several places, that I want to keep the present educational status at university level, but to educate a large number of Korean young men by means of a practical education. I think that is the way to work, to add one more educational line, so that after finishing their third year of high school education, they can go to a special technical school for three years. Then those three-year trained men can go to the factories or to the manual work, and some of the graduates of the three-year technical schools might go to engineering schools. After graduating, they might become teachers or supervisors in the different factories, or carry on technical work by themselves.

If such an opening were made, I am quite sure that a large number of Korean young men, who cannot complete a university education, will go instead to the practical technical schools for three years, and then go to work.

CHAIRMAN: Has there been any planning yet for such a technical education?

Mr. LEE: Not yet.

CHAIRMAN: Has it been touched in your present primary schools? Your present syllabus covers reading, writing, and mathematics, but not much beyond that. Do the children do anything in a practical way, as is done in most schools abroad? Imean such things as woodwork for boys.

Mr. LEE: No, nothing is done in that way.

CHAIRMAN: Nothing of the sort?

Mr. LEE: Nothing at all. That is one of the things we have to do. But, you see, under the Japanese control the Korean people naturally received their education from the Japanese in Japanese schools under the Japanese educational system. The Japanese educational system was such that there was no practical work, but only theory. Formerly, the missionaries came to Korea and established high schools and primary schools, and so on, and they tried to introduce such a new method of teaching in the high schools and the colleges. For instance, they tried to introduce woodwork, ironwork, painting, and such things as that, such classes covering two or three hours a day, but the Japanese Government did not like this, so the missionaries were forced to eliminate these practical subjects from their syllabuses. After more than thirty years under Japanese control, the Korean people naturally assimilated the Japanese ideas, and that is one of the difficulties we will have to break through. But it will take some time to introduce such new ideas to the mind.

CHAIRMAN: What percentage of the Koreans had an opportunity to have any sort of education under the Japanese?

Mr. LEE: I do not know the exact percentage.

CHAIRMAN: I have heard that it was possible for only about fifty per cent to be taken into the schools. I am speaking of the primary schools.

Mr. LEE: There would be a smaller percentage in the high schools and in the colleges, or in the Governmental colleges or universities. That would be only two or three per cent.

CHAIRMAN: Two or three per cent in the schools above the primary schools?

Mr. LEE: In the universities.

CHAIRMAN: I take it that these would be the sons of people who worked for the Japanese, and who are now suspects, to say the least.

Mr. LEE: That is right.

CHAIRMAN: What percentage of the Korean people would you say can read or write, and I suppose it would be Japanese they read and write?

Mr. LEE: Now?

CHAIRMAN: Yes, at this stage.

Mr. LEE: At the present time, more than seventy per cent.

CHAIRMAN: What percentage can read or write Korean at this stage, after two years of liberation?

Mr. LEE: The figure of seventy per cent that I gave is of Koreans who can read or write in Korean.

CHAIRMAN: But the Japanese did not teach Korean.

Mr. LEE: No, but Korean is a very simple language, and the Government has sent out teachers to the different districts in the country, where special courses of three to six months, duration were given in the Korean language.

CHAIRMAN: So that seventy per cent of the population can now be classified as literate to that extent?

Mr. LEE: Yes.

CHAIRMAN: What is the percentage of the population that can read and write Japanese?

Mr. LEE: Very much less.

CHAIRMAN: In the case of an election being held, we should be dealing with seventy per cent of the people who would be capable of understanding any instructions that would be issued to them in writing. Would you say then if placards were put up in the country, they could understand them?

Mr. LEE: Yes.

CHAIRMAN : That is rather a new conception to me. I did not think it was as high as that.

Mr. LEE : Some time ago the Department of Education prepared a special chart of the province of Kyonggi-Do, which showed that over seventy per cent could read and write, and I am sure that the other provinces have the same kind of programme.

CHAIRMAN : What would you say should be done with the illiterate thirty per cent if they were asked to vote?

Mr. LEE : That is a difficult problem.

CHAIRMAN : Would you wash them out, or say it was not worth bothering with them? If seventy per cent can read or write it must mean that there is not a family in which some members cannot read or write, and probably the majority of the members in every family can read and write. Therefore, the illiterates in the family can learn from their brothers or father what is the meaning of this voting, and as long as they could make their cross on the ballot paper that would be an effective vote. Would it not be safe to say that, in such a case, their vote would be effective?

Mr. LEE : I think it would be better to eliminate the illiterate men and women, otherwise they would be influenced by a friend or by a member of the family.

CHAIRMAN : Does that matter, since he may be a thinking man, nevertheless? He does not necessarily have to be influenced by his family ; an illiterate man often has a very independent mind.

Mr. LEE : If a man cannot read or write, then he has to ask his family or his friend whom to vote for.

CHAIRMAN : He will not have to ask him to vote for him. Would he not just ask his friend to read any available reading matter? After all, he has the same chance to listen to any radio, and there is very little available now in the way of written matter, so everything will probably be sent over the radio, with a few pamphlets that may be dropped, which he can get his friends to read for him. Does it not occur to you that the illiterate man has as much value, or almost as much value, as the literate?

Mr. LEE : Some value, but such a man or woman would be influenced by his or her friends, surely.

CHAIRMAN : The next point arising out of that is : in the villages or the valleys, where the people are more or less under the control of one man, what chance would there be of having a free election? That is to say, in the case of a man of leftist tendencies being put up against a rightist in one of these villages, what chance would there be of having a free election? If there were five thousand villages, and a rightist and a leftist were put up for election, would it be possible, in your opinion, to have anything like a free vote for the rightist or the leftist?

Mr. LEE : Unless a strong supervision is exercised, such a free election would not be possible.

CHAIRMAN : What do you think would be the result if we called an election? What do you visualize as happening in one of those places, if there is no supervision?

Mr. LEE : Without supervision, I have no doubt that one or the other side will call on the families and the voters and dictate to them how to vote.

CHAIRMAN : Or else?

Mr. MANET (France) : I did not quite understand the reasons given why, if close supervision were not exercised, no free election could be held.

Mr. LEE : I said that unless a strong supervision is provided, one or the other side, the left or the right, will try to influence the different families to vote for one particular party, and if they cannot influence them, then they will use force.

Mr. MANET (France) : You think this might be done by both sides?

Mr. LEE : Yes, by both sides.

CHAIRMAN : Do you think that in any one of these villages it would be possible that two people would be nominated and allowed to stand, or do you think that it would not reach that stage? Do you think that it would be possible in those villages to have two people nominated, one right and one left, or do you think that in a rightist village the rightist man will get up and they will not even allow the leftist man to stand against him for election?

Mr. LEE : I think it is fair to give them both parties.

CHAIRMAN : It has been said that in some villages such a man would not have a possible chance of putting up, since he would not be allowed to. It has even be said that the man would be killed. Do you think that is an exaggeration?

Mr. LEE : In some places, I think that might occur.

Mr. LUNA (Philippines) : May I clarify a certain point regarding free elections? I want to find out on what facts you base your conclusion that there is not going to be any free election in these villages unless a strong supervision is exercised. That is not very clear to me. What are the facts to show there will be any intimidation or threats of violence to prevent an elector voting as he pleases? I want some facts; I do not want conclusions. Will there be threats of violence or threats of personal injury . . .

Mr. LEE : Yes.

Mr. LUNA (Philippines) : To voters so that they will not be able to express their will in accordance with their conscience? Is that a fact?

Mr. LEE : By threats and also by force. Some, perhaps by shooting.

Mr. LUNA (Philippines) : Here, more or less, I have an idea. There are strong family ties. If I am wrong, please correct me; if I am right, please say so; but do you consider it to be a threat if a father tries to influence his son or daughter or wife to vote in accordance with the decision of that father? Do you consider that a threat of violence or intimidation, or simply family pressure?

Mr. LEE : I do not suppose there will be such a thing happening in a family, but we are talking now of a village.

Mr. LUNA (Philippines) : Exactly, in a village. You know that a village is composed of a certain group of families more or less under the domination of one head. Let us say that by intermarriage that family has grown into a big one, maybe one hundred people, under the leadership of one man who is head of them all. Do you consider it would be intimidation if the head of that family tries to influence the rest of the family to vote either leftist or rightist?

Mr. MANET (France): In other words, is that what you have in mind when you speak of intimidation, or have you something else in mind?

Mr. LUNA (Philippines): Yes, is that what you have in mind when you speak of intimidation?

Mr. LEE: No.

Mr. LUNA (Philippines): It is clear now. I should like to summarize that what is considered to be intimidation by the President of Seoul University is the pressure exercised by the head of the family over the members of the family.

Mr. LEE: The members of the family, but other family members as well.

Mr. LIU (China): Is that what you mean by intimidation?

Mr. LUNA (Philippines): That is what he said. That is not intimidation at all.

CHAIRMAN: I do not think this has gone as far as it appears. I do not think this is quite right. You mean that within the family even they would resort to violence to produce that intimidation? Do you say that within that family of one hundred, if the head-man were not obeyed in his instruction that they must vote right or left, he would resort to violence, or the members of the family would, against other members of that family to make them vote as he wanted them to vote? Would that be so?

Mr. LEE: I am not speaking in terms of big cities, but of the small villages in the country. Usually in a village there are families that belong to the right or to the left, but most of the families do not belong to either party. Naturally the right party will try to get votes from these families, and the left party will do the same thing.

Mr. LUNA (Philippines): If one member of the family tries to get votes from the other members of the family, do you consider that to be intimidation? Is that what you have in mind? Suppose that I live in one those villages, and I am a man with ten children. Each of my ten children has married into another family, and I am still the head of the family. My children have born children, so I am now a grandfather. These children have again married, so that there are now about fifty families. Let us say that I am leftist, and I tell my clan that I want them to vote for my candidate, and I try also to influence other people to vote leftist, as many as I can. So the members of my clan agree, and try to convince as many as, say, three thousand people, but they have done nothing except to try to influence these people to vote leftist.

Mr. LEE: That is all right so far.

Mr. LUNA (Philippines): What you have in mind is that my work is trying to intimidate or use violence in convincing other people to vote leftist?

Mr. LEE: No, I said that so far that is all right.

Mr. LUNA (Philippines): What is wrong?

Mr. LEE: But after that, there might be some threats made.

Mr. LUNA (Philippines): What threats? What facts constitute a threat? What are the facts you have in your mind which constitute a threat, because a threat is a conclusion?

Mr. LEE: Unless that family does not answer that it is going to vote for your candidate.

Mr. LUNA (Philippines): Supposing one of the members of the family says, "You know very well I am a leftist, therefore you must vote left. If you do not, do not rely upon me any more; I am not going to extend any more help". Do you consider that a threat?

Mr. LEE: No.

Mr. MANET (France): Do you believe that, if sufficient propaganda is made in the villages, each individual would realize that so far as complete secrecy for casting his vote is ensured, he can always do as he pleases, whatever the others tell him to do? Do you think the people would understand that? Do you think that this could be explained to them? They have had no past experiences of an election under democratic practices. As the representative for the Philippines has said, we do not consider that trying to influence somebody by suave speech is a threat or is an interference with the freedom of an election. On the other hand, when specific violence is exerted, we consider that as a breach of the freedom of an election. That is to say, when either the ballot box is opened or when secrecy is not ensured, or when people have to write the name of the candidate on the ballot in front of other people, then that is a breach of the freedom of an election. As the people of Korea have no experience in the holding of an election, do you think it would be possible, if every means were used to explain to them before an election was held, for them to realize they could vote as they peased?

Mr. LEE: In the villages? I doubt that a great deal.

Mr. MANET (France): You think that they will follow the advice of the head-man?

Mr. LEE: Yes, most of them.

Mr. MANET (France): They will follow his advice because they are used to following his advice, without any threat on his part?

Mr. LEE: You see, in the country, people are very simple, and even though they may vote for someone without indicating his name, yet they will still think that the final result will tell that he has announced he will vote for this man, then changed his mind and voted for somebody else.

CHAIRMAN: They think they might be found out?

Mr. MANET (France): I see, but we are concerned with a reasonable degree of freedom; that is to say, the degree of freedom generally accepted. So long as there is no definite violence or threat of violence, there is nothing that can be done. In other words, it is the same thing all over the world; if the head of the family is respected by the others, they will vote according to his wishes, even if they have they are all patriots, and that they are concerned very much with the independence and the unity of their country. Apart from that, do you notice any trends on favour of such and such a party, in favour if taking circumstances into account and doing what they can for only one part of Korea? What is the general feeling you notice?

Mr. SSUTU (China): That is what I want to know.

Mr. MANET (France): I refer only to university students in the last four years of their education.

Mr. LEE: Well, at the present time most of the university students are not concerned so much with politics.

Mr. MANET (France): They are not? I should have thought to the contrary.

Mr. LEE: Oh, no.

Mr. MANET (France): Mr. Lee says that the university students are, at the time being, very little concerned with politics.

Mr. SSUTU (China): Indifferent to politics?

Mr. LEE: In practice. Of course, they are concerned with the work of the United Nations Commission in Korea; I think every Korean is concerned with that, and with the work of the Commission for the independence of Korea. What I meant was that not so many students actually belong to a political party.

CHAIRMAN: In some of the other countries the university students take a foremost part in politics.

Mr. MANET (France): Yes, but they are not often members of political parties.

CHAIRMAN: I agree.

Mr. LEE: That is what I mean; they are not party members. Of course, they would like to have their own way in the formation of a government or in voting.

Mr. VALLE (El Salvador) *(interpretation from Spanish)*: I wish to ask Mr. Lee a question. I have seen in all parts of the world that the leftists generally promulgate their ideologies among the students, especially among the students of universities. Could Mr. Lee tell us whether this phenomenon exists here in Seoul?

Mr. LEE: In the Seoul National University, as well as in other universities, I am sure.

Mr. SSUTU (China): Do some of the students follow this propaganda and join the organization?

Mr. MANET (France): Do you mean that they are attracted by leftist tendencies in the sense that we usually give to the word "leftist" or that they are definitely attracted by communist propaganda coming from the North?

Mr. LEE: Yes.

Mr. MANET (France): So, it is communist propaganda coming from the North rather than "pink" or socialist tendencies?

Mr. LEE: We have nine colleges in the university, and in some colleges there are more leftist students, while others have fewer leftist students, who are working and educating or making propaganda according to the directions obtained from the North.

Mr. MANET (France): Have you clear evidence of that? So it is not so much, in your opinion, an intellectual leaning than the fact that they receive directives and orders, and they are told to do such and such things?

Mr. LEE: I do not know the real work being carried on by the communists, but, for instance, the disturbance that was made on 7 April was on the instructions obtained from the communist leader here, and the leader, I understand, actually received his instructions from the North.

Mr. MANET (France): Are they trying to influence the other students in the same way?

Mr. LEE: Yes, they do it. Sure they do it.

Mr. SSUTU (China): So the students participate in politics?

Mr. LEE: Yes.

Mr. MANET (France): Even in actual politics?

Mr. VALLE (El Salvador) *(interpretation from Spanish)*: I recall that during my student days the leftist propaganda was especially intensified in the schools of law. I wish to ask Mr. Lee whether the same thing exists in the law school in Korea.

Mr. LEE: The same thing has happened here in Korea in the Seoul National University, but last year we wiped out a great number of students of the left side.

Mr. LUNA (Philippines): You say "wiped out"?

Mr. LEE: Yes, wiped out.

Mr. LUNA (Philippines): You do not mean killed, you mean expelled?

Mr. LEE: Expelled.

Mr. VALLE (El Salvador) *(interpretation from Spanish)*: Could Mr. Lee tell us the percentage of leftist students in the law school at the present time?

Mr. MANET (France): Leftist in the sense of communist.

Mr. LEE: That is the sense in Korea: we do not call it socialism. I should say about forty per cent at the present time.

Mr. VALLE (El Salvador) *(interpretation from Spanish)*: I beg your indulgence to come back to another point that has been dealt with before, this point of intimidation. Mr. Lee mentioned certain intimidation in the villages; could he give us certain facts and examples of intimidation in the big cities, such as the city of Seoul?

Mr. LEE: I do not suppose there will be such intimidation in Seoul at all.

CHAIRMAN: Do you feel that the Korean police are likely to be lined up with a single party, or likely to be supporting the rightist party in this election, to the exclusion of every other party?

Mr. LEE: I do not suppose that such a thing will happen in the big cities, but I am sure it will in the country. That is why I said there should be strong supervision in the election.

CHAIRMAN : You think the police will be used to bring pressure to bear upon families ?

Mr. LEE : Yes, on some occasions.

CHAIRMAN : You do not think that is possible in the cities ?

Mr. LEE : No.

CHAIRMAN : You would not have any knowledge whether the police are actually members of a rightist party, or whether they are instructed even to become members ?

Mr. LEE : I do not know.

CHAIRMAN : I only asked that because it has been suggested to us, and I thought you might be able to throw some light on that. Thank you very much, Mr. Lee, for the long time you have spent with us.

The meeting rose at 6 p.m.

VERBATIM RECORD OF THE TWENTY-FOURTH MEETING[1]

Duk Soo Palace, Seoul, Korea, Friday, 27 February 1948, at 10 a.m.

Chairman : Mr. S. H. JACKSON (Australia)

Hearing of Koreans : Mr. Min Won Sik, Mr. Kim Pyung Soon and Mr. Yi Eung Chin

CHAIRMAN : I declare the twenty-fourth meeting of Sub-Committee 2 of the United Nations Temporary Commission on Korea open.

We have with us today Mr. Min Won Sik, President of the *Seoul Times*. He will now make a statement.

Mr. MIN : It is an honour for a Korean like me to come before you and give my views on Korea concerning its independence and helping you in some way, if I can, to facilitate your difficult task of trying to give us our independence. Of course, some of my views you have heard from other Koreans, I am sure. I hope that some of them will be of some use to you. If not, you can be sure that as a Korean who is independent and not affiliated with any political party or organization, and having in his heart the goal of independence for Korea all his life, his statement will be sincere and correct. My only wish, like other millions of Koreans, is for the full independence of my country.

I will speak to you first about the political situation in Korea. Of course you know that, on account of conditions existing, Korea — which is occupied by two armies belonging to the two strongest nations in the world, and these two nations having different ideologies — the people of Korea and Korea itself is divided into two camps, ideologically and otherwise. In economics, these two ideologies which have been given to the Korean people cannot agree. I mean to say that the two peoples cannot get together until the two armies are withdrawn and the people of North and South Korea get together and arrive at an understanding for the good of the country. It is difficult for a man like me — an independent man who has been working since the liberation, and not concerned with the politics of the country — to be happy with this condition in Korea. Political parties in Korea are divided into two main camps, the rightists and the leftists, and one of the main rightist parties is the Hankook Democratic Party. The main leftist party is called the South Korean Labour Party. There is also the Democratic People's Front and within this party there are many other small parties. When one of the major parties comes into power, the minor parties will join the major party, and will become one. There is not much difference between the many parties and the main party : the difference is between the right and the left. As an independent man, I do not agree with their policies and their way of doing things. The extreme rightist party is really backed up mostly by rich landlords, profiteers and collaborators. This party wants to keep the *status quo* in Korea. As an independent and free man, I really do not agree with this party. In Korea only two parties can exist. Right now it is difficult for an independent man like me in South Korea. Of course, I do not agree with the leftists, especially the Communist Party which is dominated by foreign power. I do not agree with them but some of the leftists that are accused of being communists are, my belief, not communist at all. They are opposed to the rightist party and the policies of these parties. In South Korea, as you know, under present conditions, the rightists are the strongest party and the leftists have now gone underground.

Mr. MANET (France) : When you say the leftists are underground, do you mean the communists or all leftists ?

Mr. MIN : I mean to say the communists and some of the leftists. The condition in Korea is that if a man opposes the rightist parties then he is accused of being a "red". That means the Korean people do not know the difference between a leftist and a communist. If a man had progressive ideas, he is branded as a leftist. If he is considered a leftist, they think he is a communist. That is the condition now in Korea.

Mr. LUNA (Philippines) : You said they were "accused" or they are being accused. Who accused them ?

Mr. MIN : The rightists accuse them.

Mr. LUNA (Philippines) : When they are accused, are they accused before a court ?

Mr. MIN : I will come to that later on.

[1] Document A/AC.19/SC.2/PV.24.

Mr. MANET (France) : I think this comes from the French, because Mr. Min speaks very good French, and he means they are "branded" as communists.

Mr. MIN : Yes. The news just came in from the United States that an election will be held in South Korea.

CHAIRMAN : May I correct that? They can recommend to this Commission that an election be held in South Korea. I doubt whether that has been passed. In the absence of an official text, we do not know. Therefore, I think it would be better to leave it altogether because the most that we think they can do is suggest a recommendation. I know that Mr. Min's intention is to lead up to his ideas on an election in any case, but I did not want to make any mistake about that. The ruling, as far as we know, is not a direction to hold an election, but this Commission still has the final decision on that matter. We are not clear on that, but that appears to be the position.

Mr. MIN : Under this condition, how are the elections going to be held freely and democratically? I do not know. I feel that as an independent man — and I believe that I am a patriotic Korean — that to divide my country in two will be a real shame because, as you know, our country is one of the unique countries in the world; that is, the people are of one race, one language and have one tradition and custom. Physically, also, our country cannot exist divided. Our country, Korea, in the South is mostly agricultural, and in the North it is industrial. In the North we have natural resources like timber, coal, metals, water power and other resources. In the South, as I have said, the country is purely agricultural. Now, if our country is divided in two, how is South Korea to be independent economically from the North? How is Korea going to be free from foreign influence? As a Korean, I feel that the Koreans cannot have self-respect and will not be happy at all living on charity because living on charity will not make the Korean people happy. If our country is divided in two, economically South Korea cannot stand; everything will be in a poor economic condition here due to lack of raw materials. In South Korea we need coal, timber and minerals, the essential products to run our industry, power, and everything else. How are we going to run our country? We cannot depend on some other country to help us. Some of the political leaders here are asking for elections in South Korea and are asking to have a government in South Korea. Have they presented to you some plan, some idea as to how they are going to operate in South Korea? I do not know. This is a very important matter. I am not a politician, but I think that the economic condition of Korea must be one of the first conditions that must be considered before we can think of dividing the country in two, so, as a Korean independent, first of all, we must have a plan for the economic life of South Korea and then, if we come to an election in South Korea, we have to show you a plan so that we can have a free election.

Right now in South Korea, as I stated a few minutes ago, there is no freedom. As an independent man, I do not feel free in South Korea; I do not feel that I am a free man. Everything is controlled by the army or by the police. There is no law to protect a man. We do not have habeas corpus here.

Mr. LUNA (Philippines) : Will you please give me some data on your statement that you are not a free man? On what do you base the statement that you are not living freely here?

Mr. MIN : I can be arrested at any moment for any excuse by the police and be questioned and put in jail without getting any help.

I will give you an example that will clear it up. Supposing I go into the street and happen to hit a policeman on the shoulder by accident. The policeman will ask you, "Why did you do that? Don't you respect the police?" Now, if you do not tell him that you are sorry and that you did not see him and make excuses, the policeman might get mean, and he might just arrest you and bring you to the police station and keep you there.

Mr. LUNA (Philippines) : You said, "hit him"?

Mr. MIN : I mean if you happen to brush up against his shoulder. When a man is passing you in the street, you may collide with him.

Mr. LUNA (Philippines) : I understand.

Mr. MANET (France) : Such a thing can happen in other countries. The only difference may be that in other countries they cannot detain you. They take you to the police station and you can defend yourself. How long do you think they might keep you?

Mr. MIN : They might keep you for days and weeks.

Mr. MANET (France) : We understood that there was a provision that a man could not be detained for more than three days.

Mr. MIN : Forty-eight hours.

Mr. MANET (France) : No, three days.

CHAIRMAN : It was forty-eight hours, but they extended it to three days.

Mr. MIN : It has not been followed because they can give any excuse to detain and question you. For example, if I wear an American necktie, the police will have the excuse that I have American goods, and they will detain me and question me on that point. They can arrest you for any excuse and can keep you. Sometimes those people are not registered so there is no check on them, and if there is a check made on the books, one police station holding a man will release him after three days, and the next police station is warned that a certain man is coming out and they will arrest him and put him in prison in another police station, and three days after that they release him and arrest him in the South Gate station and then the East Gate station. There are things like that going on. I do not feel free here in Korea.

Mr. LUNA (Philippines) : As a matter of fact, have you ever been arrested and detained in any of these police stations? Have you ever been detained and kept for any reason anywhere since the United States occupation of South Korea?

Mr. MIN : As far as myself am concerned, if I go to the police station and they ask me questions, I am a man who can protect himself. My position in Seoul allows me to scare to some extent a policeman who wants to arrest me. I have connexions in Seoul, so a policeman sees my name and knows who I am and he does not treat me like an ordinary Korean.

Mr. LUNA (Philippines): So you have never been arrested for anything or for any reason whatsoever by the police and kept in jail even for a few days since the occupation began until now?

Mr. MIN: As far as I am concerned, no.

Mr. MANET (France): Did it happen to any friend of yours?

Mr. MIN: Yes, many friends I know, many people have been arrested.

Mr. MANET (France): Can you give us an idea of what their political tendencies were? Do you know if this was done purposely because of their political colour or just accidentally because the police abused their powers?

Mr. MIN: I heard it from one of the United States officers who is in a high position in the police. I do not want to mention his name, but he says that in the police force there are at least 3,000 Koreans who had collaborated with the Japanese as policemen, and they are occupying — nearly all of them — important positions in the police, and they are running the police force as they formerly did under the Japanese.

Mr. MANET (France): May I suggest incidentally — not in order to counteract the impression made by Mr. Min — that we have had some experience with collaborators in the police in France during the war, but I must say, apart from some important authorities, the great majority of them kept their jobs after the liberation and no damage was done, but that was over a period of five years.

Mr. MIN: The police in South Korea are controlled by a political party; everybody knows that. How are you going to have a free election?

Mr. MANET (France): Without putting the slightest doubt on what you said, I would just point out: suppose you had a government here and supposing the party you are referring to had a majority in the congress and therefore identified itself with the government, the police would still obey the government; that is to say, that party. Maybe that is not the main point. Do you see what I have in mind?

Mr. MIN: If the party in power is elected by means of free elections, then it might be all right. They would control the police, being the party in power. But the said party is not in power and has not been elected by the free will of the people; yet it controls the police right now. These are the conditions that exist in South Korea. I do not know about North Korea. Of course, I hear that that is also a police state and that everything is controlled by the police, so that at present both North Korea and South Korea are police states.

Mr. MANET (France): Is it true that the Korean people have never known anything else but a police state in their history of four thousand years?

Mr. MIN: I do not know.

Mr. MANET (France): In other words, whenever you insist on a free election, does it mean a relatively free election taking into account the customs and the past history of the Korean people or a free election entirely based on the concepts of the most advanced western countries?

Mr. MIN: Conditions in Korea right now do not allow a real democratic method as in advanced countries like the United States. First of all, we must have personal freedom in Korea, and we do not have it. Second, if everything is controlled by the police, then we must have some kind of freedom for the people to express their will or their feeling or choose whoever they wish, good or bad, but here there is almost a dictatorship prevailing.

Mr. MANET (France): You mean relative freedom, taking into account the ancient customs and the social and patriotic customs? In other words, is it a trip to the moon or is it something relative that you are asking for at this very moment? In Korea you have never had an election; this is the first time you will have one, so when you ask for freedom of elections, what exactly do you have in mind? Is it a comparative freedom, and could you give us some definite minimum requirements? Do you see what I mean?

Mr. MIN: I see what you mean. The police control everything in Korea, and that means the people of Korea are not educated as the people in some of the countries that are more advanced, but the leaders and educated people must have freedom to tell the people such and such and give them advice and instruct them. If these educated people do not have freedom for that purpose, then the people will never know what the truth is and what is going on.

Mr. MANET (France): Therefore, the head-man of a village influences the vote of all of his family and even influences other families because they are used to requesting his advice, but if no pressure — by pressure I mean threats or threats of violence — was exerted by this head-man, would you consider it a free atmosphere for elections, because it would at the same time take into account your remarks about the police and the customs of Korea?

Mr. MIN: I will come to that point. I think I will answer your question in my next point.

Now, I am going to discuss economic conditions in South Korea. As I have said, Korea is an agricultural country, and it is a country that is controlled by the landlords, and, of course, formerly by the Japanese. You know that 40% of the land in South Korea was owned by the Japanese. There are at least 600,000 landlords in South Korea. There must be a land-reform law. The people in the country know if a head-man is a good man or not. Even knowing a good man, they might not be able to elect this good man, but they will elect the landlords because they are influenced by the landlords.

Mr. WANG (China): You say that 40% of the land was owned by the Japanese. What happened to that 40% of the land that was owned by the Japanese?

Mr. MIN: The 40% of land owned by the Japanese is held by the Government now.

Mr. WANG (China) : So you have 40 % fewer landlords than you had before?

Mr. MIN : Yes, most of the 40 % of the land is under the jurisdiction of the New Korea Company and the rest is are owned by the Industrial Bank. I do not know what kind of land reform the Government intends to carry out, but as a Korean I would like to suggest that this 40 % of the land owned by the Japanese be distributed free of charge to tenant farmers all over Korea.

Mr. MANET (France): When you say tenant farmers, you mean without taking in the people from the North and without aiming at a fair distribution? You would be personally in favour of giving it to those who are working on it?

Mr. MIN : Yes, because this land was worked by the Koreans. The Japanese did not work those lands. They were worked by the Korean tenants. Of course, the refugees that are coming from the North and those people who have experience in agriculture should be given land also.

Mr. MANET (France): He said that in the villages, even if the head-man was a good man and they knew it, many peasants would probably vote for the landlord if the landlord was a candidate because they would find it better and safer for them. Do you think that it might be possible to convince them in a short period of time that with secrecy in voting being ensured, they could just vote as they pleased? Do you think they would believe in it, or do you think they would not believe in the secrecy of casting their ballots?

Mr. MIN : They will believe, I think.

Mr. MANET (France) : And they will still vote for the landlord?

Mr. MIN : They would believe in it if it is not controlled by the police or other organization. They might believe it. Supposing there are ten houses in a village and in each house there is one or two voters, the landlord knows how many people there are in the village. Most of them are his tenants. Now, if he is not elected as the chief of the district, he knows very well who did not vote for him. He can find that out.

Mr. MANET (France): Even if the vote is done in secrecy, will the peasants vote for him as a precaution?

Mr. MIN : Yes.

Mr. LUNA (Philippines): Concerning land reforms, don't you think that these land reforms of yours, perhaps not equal distribution of land, may be achieved better and faster if you have your own government rather than a foreign government? You are talking here of making a statement regarding land reform — 40 % of this land was held by Japanese landowners and the others are the Korean landlords. Don't you think that if the people of Korea desire to have equal distribution of land that that idea can be better achieved if you had your own Korean government rather than a Military Government?

Mr. MIN : Yes. But not if the extreme rightist party gets in power.

Mr. MANET (France): Will it identify itself with the government?

Mr. MIN : Yes, it practically controls everything here in Korea now; the extreme rightist party, as I have said in the beginning, backed up by the landlords and money people, profiteers, and others. They want to keep their land, so I do not think that they will pass a law harmful to them.

Mr. LUNA (Philippines): Regarding freedom of elections on which you made a statement; don't you think that the General Assembly has stated in its Resolution that protection is to be given to the voters in their freedom of choice when they are to vote in a secret compartment and when they can make their own choice without the interference of anybody else?

Mr. MIN : It will be difficult.

Mr. LUNA (Philippines): How will it be difficult?

Mr. MIN : Because the Korean people in the country are ignorant now. Many people do not even know how to write their names. Now, the rightist party has gone into the country and is giving prizes to people who know how to write the name of the leader of the rightist party.

CHAIRMAN : Do your reporters report that?

Mr. MIN : Yes. If you want the facts, I can bring them to you.

Mr. LUNA (Philippines) : What is called the Australian ballot or the system of secret voting has been adopted in all other countries as one of the protections in giving the voter absolute freedom of choice. If the secret ballot idea is put into practice the voter is alone, and he will vote for whoever he pleases to vote, and then after that drop the ballot in the ballot box. Then he goes out of the polling booth, having discharged his duty as a citizen of the country without having his vote known by anybody else. If that be the case — and that is the way it is to be done here — how can this fear of pressure that you have been talking about be exerted if there is absolute secrecy? For example, let us say I am a Korean. I am a Korean tenant, and my landlord tells me to vote for the extreme rightists, but I am not convinced. I will tell him "all right, I will vote for this party just to protect my job as a tenant", but when I go to the voting booth I will vote as my own conscience dictates and put down the name of the person I want to vote for, and they will have no means of knowing how I cast my vote. How can these rightist party people or landlords evict me from the land I am occupying when they do not even know in whose favour I have voted. Of course, if they ask me, I will say, "I voted for your man".

Mr. MANET (France): The more so, may I suggest, if the voter is not required to write the name of the candidate, but if it is printed in advance or if only a photograph is used; there are many ways of doing it. The voter is not even being required to write the name of his candidate.

Mr. LUNA (Philippines): What will he write?

Mr MANET (France): He will have nothing to write. He will just put the printed ballot into the ballot box.

Mr. MANET (France) *(interpretation from French)* : What I wanted to state clearly is that there are systems by which the voters do not have to write any name on the ballot. They put the ballot into the ballot box. Many of the systems are used that relieve the voter of that necessity, systems where the voter does not have anything to write on his ballot. I do not want to enter into the details of the different systems that can be used to obtain that effect. I would only like Mr. Min to answer the question of Mr. Luna regarding secrecy and adding that particular precaution which is the fact that the voter does not have to write anything on his ballot.

Mr. LUNA (Philippines): I will explain my question. Even under the system that you mentioned, the voter does not write the name of the candidate because the name of the candidate may have been printed on the ballot. At least, he must do some checking in order that his idea of voting may be identified.

Mr. MANET (France): No, he just drops one single ballot into the box with the name of his candidate and his picture printed on it, and that is all, so it is not necessary to enter into details. Your question remains open and every possible precaution is being taken regarding the method of voting in order to ensure complete secrecy as far as complete secrecy can ever be obtained. The Philippine representative's question remains open to Mr. Min.

Mr. MIN: You all know more than I do about balloting systems all over the world and how secrecy is maintained. The thing that I wish to say is that you can have any system of voting, whether the voter has to write the name of the candidate or not or just drop the ballot in the box with a picture and make a mark or a line under the name of the candidate, the system might work all right. But the main thing is that even if those votes are cast in secrecy, those votes have to be counted and I think that has to be considered. As you know, in other countries there are some things going on when the votes are counted that might not be fair. For example, in a certain district, certain people are in power and they can get together and do some things that might falsify the number of votes. That is why I suggested that the police be decentralized in Korea so that the political power which controls the police cannot control everything as the national police do.

Mr. LUNA (Philippines): In the final analysis, what you fear is not the freedom given to the electors, but some fraudulent practices that may be perpetrated in the counting of the ballots?

Mr. MIN: Yes.

Mr. MANET (France) *(interpretation from French)*: The statement which Mr. Min has given us is such an interesting one that I will beg your indulgence to ask a further one. The things he has told us about are unfortunately unavoidable and they exist in all elections, in all the countries of the world. Indeed, if in certain localities the land is not owned by a small number of great landowners, there very well could be a factory that employs all the inhabitants of a particular locality, and it may well happen that the owner of that factory is a candidate for election. That is to say, the inhabitants of that locality are placed in exactly the same situation that you have described to us regarding the landowners. Therefore, I do not believe that is the important point. The importance of the point is the measure in which the electors will be protected afterwards against any possible reprisals concerning the way in which they voted. I would first like to know if Mr. Min agrees with what I have stated. What, also, could he recommend?

Mr. MIN: I agree with what Mr. Manet has said. In almost every country there are big landlords or big industrialists who have control over their employees. I do not want to insist on the details of the elections that we have discussed a few minutes ago, as to how the voting will be kept secret and how the voters will vote. I am not so much interested in that. The thing is that the people who will vote will be protected, as Mr. Manet and the Philippine Representative have just stated. Under present conditions, which are almost like a police state, the police which is controlled by a political party is backed up by the landlords, profiteers and collaborators who wish to keep the status quo, that is, their power, their land, their money, and everything. They are not concerned with the welfare — I am sorry to say — of the Korean people. I am almost sure of that. As an independent Korean who wishes for the good of his country, I ask this Commission to do something to break up this power by decentralizing the police. By doing that, the political powers of the police will be less strong, and we might have a free election to a certain extent.

CHAIRMAN: Would there, in your mind, be much good done if one of the regulations that were brought out in connexion with the election was that the police shall not be allowed near the polling centre and the polling booth at all? Would you look upon that as a very sound move?

Mr. MIN: I do not know whether I will be able to answer your question because I have no experience whatsoever on how the voting system works. It is up to the Commission and the people who are experienced in these matters, so you can suggest your own ideas. I do not want to go into details of this election; I just want to state the general conditions existing in Korea so that free elections can be held.

CHAIRMAN: We are interested in hearing what your reaction would be to that as a Korean. If you knew, as one step in the system of control of elections, that that was to be done, that the only people that would be allowed inside the election booth at all would be independent people whose job it would be merely to see that a man gets his ballot, and he puts it in the right box and then he can be checked off the list; he has his election role. The police are some distance away; they only keep the place clear. He can go through a certain gate if he likes; then he comes into the polling booth. First of all, his name is checked on the list to see that he does not vote twice. He is given a card; he goes into, perhaps, a little room of his own, alters that card as he wishes, comes out and puts it in a box. They will all go into the same box. There is no necessity for a policeman to be anywhere near there at all. Does that appeal to you as an idea that would suit Koreans in the country, ignorant as they are of elections?

Mr. MIN: Yes, one thing is that, if the policemen or the police uniform is not seen around the election centre, the people will feel more free to vote.

CHAIRMAN : That is the main point.

Mr. MIN : The Koreans have been controlled by the police for very long — but, as the French representative said, for 4,000 years, that I do not know. In former days, before the Japanese annexation, the Korean people had no freedom at all; they were either controlled by the police or some other government agency. But under Japanese domination for over forty years, Korea had been a police state. The police were very oppressive, so the Korean people naturally have a dislike for the police uniform and the police generally. You have seen it yourselves when you came from Kimpo airport to your hotel and the next day when you had the welcome parties. The police were lined up everywhere.

The people feel that the police are in power in Korea and have always been in power in Korea. You will see that, if any Korean goes up to talk to a policeman, he takes his hat off and bows four or five times before he addresses the policeman and the policeman stands there stiffly and addresses him in terms that we Koreans do not ordinarily use in addressing each other; I mean in the lowest terms. That is how the Korean people have been accustomed to the police.

Mr. VALLE (El Salvador) *(interpretation from Spanish)* : I think that Mr. Min has painted very clearly the actual situation that exists in Korea. If I understand him correctly, he referred to the reorganization of the police. It is particularly on this point that I wish to ask Mr. Min a question. I wish to ask Mr. Min — because we all know that the Korean people were dominated, as he said, by the police for forty years during the Japanese domination — should the police be reorganized and the vigilance kept by the police over the Korean people be relaxed? Would the Korean people here be accustomed to such relaxation of vigilance by the police because, as he said, the Korean people wish to have freedom of assembly, association, expression, and so on, because in the obtaining of such freedom there is a certain responsibility for the maintenance of peace and order. Therefore, I wish to ask Mr. Min whether he believes that, if the police relax their vigilance with the people, will the Korean people be able to maintain that peace and order and assume the responsibility of having the freedom that Mr. Min spoke of?

Mr. MIN : Right now, the laws enforced in Korea are the same laws that the Japanese had been using for forty years in Korea. That means that a man has no freedom and no right of habeas corpus. The present military government in Korea has not changed that law in Korea. If there is a change of law, a new law set up to protect individual where he cannot be arrested without the a reason and cannot be kept over forty-eight hours without being accused and found guilty, then somehow the police will act differently and the people will be protected. Second, I do not mean that the vigilance of the police for the protection of the people should be relaxed. Of course, there is the responsibility under the conditions that prevail in Korea now that order must be maintained if it can, but the police force is composed, as I said, of people who do not understand or who do not wish to know and who do not wish that the system be changed; I mean the police system of handling people. If these people are screened, gotten rid of in the police system and the law concerning arrest and punishment of the people is changed somehow to ameliorate conditions here under the police system, it would improve matters.

Mr. VALLE (El Salvador) *(interpretation from Spanish)* : Of course, Mr. Min has explained my question somewhat, but I wish to make my point clear ; in the elections to be held here in Korea, there will be parties in opposition. Of course, I know that the Korean people have great respect, in their social system, for peace and security, but in an election and in the play of politics there is a tendency to go either to the right or left. The rightists and the leftists would exert pressure on one another. It is the same, for instance, in France or the United States where the right and left propagate their ideas and try to influence one side or another to elect them. I appreciate that here in Korea the same tendency would exist. My concrete question was that, if we should give this liberty to the Korean people, would the Korean people respond to that responsibility and appreciate the responsibility that in having liberty they would be able to maintain that peace and order?

Mr. MIN : That is a hard question to answer for me, to give you a concrete answer by saying that the Korean people will know their responsibility and keep order; there is no way right now of reaching the people by independent newspapers or leftist newspapers here in Korea; there is no way of reaching the people through the Press. There is really no freedom of the Press, I am sorry to say. Under the Military Government, you are free to print anything you wish, but if you print something the Government does not like, the newspaper might be suppressed. The Korean people feel that they cannot express something they wish to express. If they do say something that is not liked, the newspaper might be suppressed. They give you freedom until the time they arrest you or stop you from printing your paper, so there is no way of educating the people and making known to them that they should keep order, nor can we teach them responsibility, and so on. Everything is controlled here by the police and by the party that is in control of the police. I do not want to criticize the military occupation here in Korea. The duty of the military occupation, as all occupations go, is to keep order by means of the army or the police. That is why the police in South Korea is very strong. Of course, it is the duty of the military occupation — to do their duty as a military occupation, but the police are so strong that a political party takes advantage of that condition to control the police, and the police control the people and the freedom of the people.

Mr. MANET (France) : Are there many instances where newspapers were suppressed or seized because of what they printed?

Mr. MIN : Yes, several.

Mr. MANET (France) : However, we can still read some strong criticisms. I wanted to know if, in your opinion, those newspapers which have been suppressed printed things that would amount to libel in any country where there is a law against libel and providing for protection against libel, or did it not go as far as that?

Mr. MIN : In the beginning, after liberation, many papers popped up. There are too many, in fact, in Seoul and in South Korea. The newspaper people, especially the younger reporters, were not experienced in the newspaper business, so they made criticisms that amounted to libel. That has happened.

Mr. MANET (France) : However, you know of instances where there was no libel and only criticism, and the paper was suppressed?

Mr. MIN : I do not know the number of the military ordinance, but it says that anything that criticizes or undermines the Government and the Military Government, will be punished. Under that you can do many things that will be used to suppress freedom of the Press.

There is one other thing. There are groups of youths here in Korea. I would like to touch on that because it has a connexion with the police and political parties. When the police themselves cannot act officially, a group of young people will act to threaten people, wreck newspaper offices, or beat people when the police cannot do it. These groups are controlled by the political parties and organizations here. There are many of them here in South Korea.

CHAIRMAN : Left and right?

Mr. MIN : They are both left and right. In the beginning, leftists were more active than rightists, but right now the rightists are more active. The village where my re ations live was one example of a village that was controlled by youths that were leftists. Everything was controlled by the leftists. They were the masters of the village. After the leftists were suppressed, they went underground and then the rightist groups came into the village and chased the leftists out and then the rightists dominated the village. The were the masters of the villages and the police backed them up. That has something to do with the elections. Perhaps if the police are not there, those youth groups will control it. When you are in a district counting the ballots, how are you going to find men who are honest and independent to watch those things? You have to use people in that district to count the ballots. These may be controlled by a group and this will be a difficult question.

Mr. MANET (France) : I was told by somebody — I don't know who it was or whether it is true or not — that the idea behind these youth organizations was to form some sort of a nucleus for a future Korean regular army. Would you rather have, by some sort of magic stroke, a regular army now and dissolve the youth organizations completely?

Mr. MIN : Yes, it is better to have a recognized army in South Korea that the people will respect and look up to as an organization that will protect the country than to have these youth organizations. Some of them may be good; others are not good.

Mr. LUNA (Philippines) : You said a few minutes ago that there is only nominal freedom of the Press here?

Mr. MIN : Yes.

Mr. LUNA (Philippines) : I think it would be well for us to clarify the question of freedom of the Press. Freedom of the Press, as it is understood in many democratic countries, is not licence. The publisher, by enjoying freedom of the Press, is not given the privilege of licentious publication of anything. In other words, in many countries, as far as freedom of the Press is concerned, the publisher or editor is made responsible for any statement which amounts to libel, and also for insults, inciting people to rebellion, sedition, or inciting riots. Although there are laws of that kind, in many of these countries, we understand there is freedom of the Press, even where are those distinctions between those words "freedom of the Press" and "licentious uses" of attacking people right and left in any manner without assuming responsibility. This is my question: I would like to find out if you agree that there is relative freedom of the Press here except with that common restriction that is generally practised in democratic countries that the publisher or editor is made responsible for any licentious publication, inciting people to riot, sedition, or rebellion, and that constructive criticisms are not included at all as a means of prohibiting or limiting the freedom of the Press?

Mr. MIN : Yes, I agree with you on all those points. There is a nominal freedom of the Press and those things that you mentioned may be awkwardly maintained but I am going to tell you why there is no freedom of the Press. Suppose that you want to start a newspaper or you want to change the editor of a newspaper that belongs to you; you have to get permission from the Military Government, and that man has to be checked, passed and approved by the Counter-Intelligence Corps before he is permitted to be the editor of the newspaper. Is there any freedom of the Press in that way of doing things? Of course, the editor or the publisher will be responsible for anything that is printed in the newspaper but then the Press is controlled. As you know, I am the publisher of the *Seoul Times*. Every day, I have to watch my newspaper to see that something is not put in there that will get me in trouble. It is not an absolutely independent paper.

Mr. LUNA (Philippines) : What you have just stated is one argument for establishing a civil government run by Koreans rather than a military government run by other people, because once a civil government is established and run by Koreans, you can inject into your own system of government things which are really and truly Korean and not those that you have just mentioned.

Mr. MIN : Under present conditions, if South Korea has elections, there will still be the two powers in occupation in Korea. I do not think the occupation armies will be withdrawn. I do not know what kind of government or temporary government we are going to have, but I still believe that it will be very difficult to change conditions that exist right now in Korea unless the government is purely a Korean government and set up through the will of the Korean people. I do not think that the government of South Korea will be a free government where Koreans will be independent.

Mr. WANG (China) : Is it your view that, under the existing situation in Korea, it is not possible to evolve a satisfactory government?

Mr. MIN : Under present conditions, it is not possible to evolve a satisfactory government.

Mr. WANG (China) : If it is not possible, are you in favour that no attempt should be made to evolve a democratic form of government?

Mr. MIN : No, of course not. There should be an attempt made to form a democratic government.

Mr. WANG (China) : If an attempt is necessary, do you believe that one of the effective ways of accomplishing such an object is by having the people take part, practise and learn democracy by actually living democracy?

Mr. MIN : Yes.

CHAIRMAN : I would like to thank Mr. Min for this first talk we have had with him. He is an independent Korean. He belongs to no party, but he is in a position to collect the views of all parties, as he claims a person is not allowed to express himself. I take it that Mr. Min, in his belief of freedom of the Press, does not wish licence, as was suggested by Mr. Luna. I think he realizes that he would not want licence, that he does appreciate what Mr. Luna said. He does agree that newspapers must have liberty and not licence in expressing their opinions. I, too, understand Mr. Min's feeling that Korea as a whole should be kept together. We are speaking now in the light of the action that has been taken by the Interim Committee. It does appear as though elections will take place in South Korea. I think we should say to Mr. Min that we really have faith in the intention of giving Korea back to the Koreans as quickly as possible. That appears, at the moment, to be the best way more or less to force a position in which Koreans will be able to get control of Korea for themselves. I hope we might say this to Mr. Min at this stage of the discussion.

We thank Mr. Min.

Mr. Min withdrew.

Mr. Kim Pyung Soon, Secretary-General of the Young Friends' Party of Chundo-Kyo, and Mr. Yi Eung Chin, Adviser, entered the Committee room and assumed their seats.

CHAIRMAN : Mr. Kim will speak to us briefly. Will Mr. Kim please give his views?

Mr. KIM *(interpretation from Korean)* : First of all, I wish to express my gratitude to the Commission for their efforts in trying to secure Korean independence. To me, Korean independence means a unified Korea, supported by thirty million people, but that goal is beset by great difficulties, I understand.

The Joint Commission of the United States and the Soviet Union have done very much, but their efforts have come to nothing, and the problem of Korean independence has now been taken up by the United Nations Commission.

Every Korean wishes the United Nations Commission to achieve its assigned task; that is to say, establish a unified Korean government. But again, every Korean is concerned with the question of what is next if the United Nations Commission fails. Korea, like other countries, is divided into two political fields, left and right. Ideologically speaking, they are divided into two groups, but that is a very minor problem. The main reason Korea is divided into two groups is because Korea is occupied by two forces. The fact that Korea is occupied by two forces makes the Korean problem more and more difficult. In case the United Nations Commission fails to achieve a unified Korea for Korean independence, then we must try to establish some kind of unified Korean government, so the next step must be that we Koreans ourselves must try to establish a unified government. I think that the best way of achieving a united Korea is to have the political leaders and representatives of political parties in South and North Korea meet together for the purpose of establishing a unified Korea. The United Nations Commission must co-operate with that movement.

In appearance, North and South Korea look like two foreign countries but once they get together they will think along the same lines; that is to say, they will try to co-operate with each other in establishing a unified Korean government. Further, I believe that if the task of the United Nations Commission goes smoothly the same movement between the political leaders in South and North Korea must start and continue along with the task of the United Nations Commission.

The platform of the Young Friends' Party of Chundo-Kyo is that they are determined to fight for Korean independence in terms of what I said before; that is to say, to achieve a unified Korean government, whether it be later or sooner.

Mr. WANG (China) : I should like to ask Mr. Kim if he has any definite idea as to how this consultation between the North and South could be brought about?

Mr. KIM *(interpretation from Korean)* : The initial procedure must be some conference between political leaders living in South and North Korea and between rightist leaders and leftist leaders. They should meet at one place, and they should talk about the procedure of establishing a united Korean government, and the United Nations Commission should assist that kind of movement; that movement must be assisted by the United Nations Commission. First of all, an organization must be started in which every kind of Korean problem is freely discussed; let us say, a consultative organization between North and South and between left and right. In organizing that kind of consultative organization, there is something that must be assured and guaranteed and that is freedom of travel between North and South. Personal safety also must be assured and guaranteed. That project must be aided by the United Nations Commission.

CHAIRMAN : Have you had any contact with the North at the present time that would make it possible to get in touch with the North?

Mr. KIM *(interpretation from Korean)* : For about one year immediately after the Japanese surrender, a person could travel pretty freely between North and South but since that time there has been no guarantee of freedom of travel and no guarantee of personal safety, so they could not get into contact with people in North Korea. So far as my party is concerned, they are quite sure that there will be many political leaders in North Korea who will be ready to have a conference between South and North Korea. I am speaking of my own party now.

CHAIRMAN : What, in your opinion, would be the effect of an election, to be held shortly in South Korea, on such a conference taking place?

Mr. KIM *(interpretation from Korean)* : My standpoint is that if we have general elections in South Korea alone, it means the division of Korea for an indefinite period of time, so before we have a general election, we should have a political conference between the political leaders in North and South Korea.

Mr. MANET (France) : Mr. Kim knows that the Soviet Union has said very clearly that it will not co-operate with the United Nations Commission; in other words, we are not permitted to enter North Korea nor to have any contact with the Soviet Union authorities. When Mr. Kim suggests that there should be guarantees given and freedom of travel ensured under the supervision of the United Nations Commission, may I ask precisely what he has in mind?

Mr. KIM *(interpretation from Korean)* : Since the Soviet Union has taken the definite attitude of opposing the United Nations Commission, logically the people in South Korea cannot enter the North, but political leaders and political representatives in North Korea may come down to South Korea.

As you know very well, there are three political parties in North Korea : Young Friends' Party of Chundo-Kyo, Labour Party and Democratic Party. Young Friends' Party in North Korea has a membership of 800,000. Besides the regular membership of Young Friends' Party, it is supported by the followers of Chundo-Kyo. And in South Korea, Young Friends' Party is supported by many people because this party advocates the unification of Korea.

Once that kind of political conference movement starts, my party will be supported by the people very much. So far as my party is concerned, that kind of movement will have a great effect.

CHAIRMAN : Could members of your party from the North come down here freely, or could they come down here at all to take part in your party conferences?

Mr. KIM : As I said before, about one year after the Japanese surrender, they could come and go freely but not now, so members from the North could come in secret.

Mr. YI *(interpretation from Korean)* : If such a movement of importance starts, I am quite sure that there will be many people coming down from the North even in secret.

CHAIRMAN : Have there been any movements so far as your organization, the Young Friends' Party, is concerned, to join with political parties to bring about such a conference?

Mr. YI *(interpretation from Korean)* : There have been efforts made to have such a conference. My party has not participated in this movement officially, but they have sent observers to hear the views of the various representatives.

CHAIRMAN : They would support a number of other parties, probably. Would the Young Friends' Party have observers in the meeting of other political parties who are trying to produce this conference? Is that the situation?

Mr. KIM *(interpretation from Korean)* : Yes, we have participated in this movement as observers but since Young Friends' Party is neither rightist nor leftist, but so to speak a middle group, they have many sympathizers in rightist and leftist political parties, but ideologically speaking they are completely in agreement with this kind of movement. The reason they have not participated in this movement officially is that the Young Friends' Party has many members in North Korea. If the Young Friends' Party of Chundo-Kyo in South Korea participates in this movement officially, the Young Friends' Party in North Korea may be suppressed by the Northern regime, so a delicate situation exists. That is the reason why they have not announced their attitude publicly. That is the reason why they have not joined this movement officially.

CHAIRMAN : Can you give us any information as to how it is getting on among the parties which you have been observing? What is your impression as to how it is progressing?

Mr. KIM *(interpretation from Korean)* : We are very strongly interested. Even though we cannot accomplish a united Korea at the present time, we will continue to struggle to regain national sovereignty in terms of a unified Korea, so we are largely, so to speak, nationalists and patriots. We are determined to continue the movement; we do not know whether it will succeed right now or not.

CHAIRMAN : There have been a number of rightists and leftists who have been pressing very hard to produce this very thing lately, and I take it that the Young Friends' Party has been observing those particular groups. We know that they have recently been trying very hard to bring about such a thing, and they have been trying to get contact with the North. Have you any information that you can give us as to what recent progress has been made in that direction?

Mr. KIM *(interpretation from Korean)* : I know that some negotiations are going on right now between the political leaders in North and South Korea asking the political leaders in North Korea if they will be willing to participate in that type of movement. Negotiations are being carried on now.

CHAIRMAN : Do you know whether they are definitely in contact with the North and whether they have had any reply from the North?

Mr. KIM *(interpretation from Korean)* : Evidently, some people have been sent to the North, and so far they have not received any reply from the North.

CHAIRMAN : You definitely say that some messengers or friends have been recently sent North to try to arrange this conference?

Mr. YI *(interpretation from Korean)* : I believe so. About ten days ago I heard that some people were sent to the North but as this is a very delicate question I did not ask the names of the people.

CHAIRMAN : We are interested to know that it is confirmed that they have gone North.

Mr. YI *(interpretation from Korean)* : Simply for your information, there may be some political leaders who are satisfied with the division of Korea into two parts, but the masses of the Korean people are very resentful of the division of Korea into two parts. Almost all the people in North Korea are against Korea being divided in two.

Historically speaking, Korea has never been divided into two parts, into a South and North, so I hope you will not be deceived by political leaders who may pretend that they are satisfied with the division of Korea. The masses are very much against the division of Korea, and if Korea remains divided into two parts, we have to expect trouble from the masses of the people who resent the division of Korea.

CHAIRMAN : If elections were held very shortly in South Korea, do you anticipate that there would be resistance to them that would lead to immediate trouble ?

Mr. YI *(interpretation from Korean)* : Before I answer your question I should like to make a little statement for your information. As you know very well, in 1919 we had a great national outburst against Japanese domination. At present, the social situation is almost like that even in North Korea. In appearance, people in the North seem to be suppressed by the present regime, but they are resentful of the division of Korea into two parts, so there is likely to be a movement for the unification of Korea, and even some riots. That movement will even spread down to South Korea, so the situation is just like it was in 1919. We know quite definitely that there will be many sacrifices made by the Koreans in starting that kind of movement, but the people desire independence throughout Korea so urgently and so fervently that they are going to proceed no matter how many sacrifices they make.

CHAIRMAN : In 1919 it was secretly organized. Is there any indication that such a demonstration is now being organized or ready to be organized ?

Mr. YI *(interpretation from Korean)* : In South Korea, such a movement would not be in secret because such a movement should be encouraged by the United States military authorities, but I definitely imagine that there is some secret movement towards that goal in North Korea.

Mr. MANET (France) : If Mr. Kim were confronted with only one alternative and one alternative only, that is to say, the perpetuation of present conditions in Korea with the two occupying Powers or the formation of some kind of government in South Korea, that is to say, for two-thirds of the population with a faint hope, maybe, of unification later on of the whole of Korea, what would be his choice ? As I understand it, no Korean patriot can favour any kind of division in this country. I should like to tell him that he may answer off the record if he likes.

Mr. KIM *(interpretation from Korean)* : If the government which will be established in South Korea can expect some day or other to have Korea unified, then I would like to have that kind of government in South Korea, but it is hardly possible that that kind of government can unify Korea, so I prefer to have the situation as it is, in the hope that some day we can be unified.

CHAIRMAN : Is there any other point that you would like to enlighten us on ?

Mr. YI *(interpretation from Korean)* : For your information I should like to say that for about one month immediately after the Japanese surrender, there was no police force at all. There was the Japanese police force that did not operate at all, so, in a sense, we were, in a vacuum situation in terms of the police, but for one month the Korean people maintained social order and peace very satisfactorily, but after the two parts of Korea, North and South, were occupied by the foreign forces, all kinds of troubles and disorders began to appear. That means, I believe, that it is concretely shown that the Korean people have the ability of self-rule.

Mr. KIM *(interpretation from Korean)* : I know that the Interim Committee has determined that a general election is to be held in South Korea. Does that mean that that general election will lead to the formation of a government in South Korea ?

CHAIRMAN : As this stage we are not quite clear because we do not have any official notice. I am afraid that we cannot say for certain until we do receive official notice. All that has come through so far is the Press comment, so I am afraid at the moment we cannot say for certain.

Mr. KIM *(interpretation from Korean)* : In conclusion, I wish to say again that we are very much honoured by your inviting us here, and I again wish to express my heartfelt gratitude to you for your untiring efforts in trying to secure Korean independence.

CHAIRMAN : Thank you very much.

The meeting rose at 1.15 p.m.

VERBATIM REPORT OF THE TWENTY-FIFTH MEETING [1]

Duk Soo Palace, Seoul, Korea, Friday, 27 February 1948, at 3 p.m.

Chairman : Mr. JACKSON (Australia)

CHAIRMAN : I declare the twenty-fifth meeting of Sub-Committee 2 of the United Nations Temporary Commission on Korea open.

Adoption of agenda

The agenda was adopted without discussion.

Hearings of Koreans : Mr. Kwon Tai Suok and Mr. Pak Keun Oong

CHAIRMAN : Mr. Kwon Tai Suok, Chairman of the Democratic Korea Independence Party, has been good enough to come to give us some information; we hope it will be a lot of information' Mr. Kwon wrote to us some time ago setting out his views, and we suggest that first of all he should speak along the lines of what he has already told us.

Mr. Kwon took his seat in the Committee Room. All his remarks were interpreted from Korean, and the questions put to him were interpreted into Korean.

Mr. KWON Tai Suok : From the extra edition of the newspapers in Seoul, I know that the American

[1] Document A/AC.19/SC.2/PV.25.

proposal was accepted by the Interim Committee, and I regret its passing very much. When the resolution on Korea was taken up by the United Nations, and when it was passed by the General Assembly, I made a public statement, nationally and internationally. The main cause of the division of Korea into two parts was the two occupying forces of Korea, and not the Koreans themselves. Even during the Japanese domination, Korea presented a united front. For forty years I was one of those who struggled against Japanese imperialism, and during that time there were, even then, two political fields : communists and nationalists. But although these two political ideologies split many Koreans, yet they presented a united front against the Japanese imperialism.

To quote a concrete example : in 1927, there was an organization named the *Singanho* which was composed of communists and nationalists to form a united front against Japanese imperialism, and the leading members of that organization who are still alive are Mr. Hong Myong Hi, of the Democratic Independence Party, Mr. Sin Suk Woo, living in Shanghai; and Mr. Ahn Chai Hong, the Civil Administrator. Not only were there leading political figures in this organization, but mass movements such as the Farmers' Trade Union. No matter whether there was a political split or not, all these people could form a united front against the Japanese domination.

Immediately after the Japanese surrender, there came on the stage three leading figures : the late Mr. Lyuh, Mr. Woon Heyung, and myself. They had different ideological ideas, but they could unite into an organization the name of which, literally translated, meant the National Reconstruction Property Committee. Korean independence can be achieved through co-operation between communists and nationalists.

At that time nobody expected, and nobody could know, there would be such a thing as the 38th degree parallel line. After that time, the political situation became very urgent, and divided into two fields. But I firmly know and believe that the masses of Koreans do not want to be dominated by the Communist Party, nor by other parties of extremists, but want to be united under a democratic government. Now the political situation in Korea is such that the people in the north are going to follow the Soviet pattern, and in South Korea they are going to follow the American pattern.

As I have said before, the main reason why we are divided into two parts is because the country is occupied by two forces, so the people of Korea have determined not to rely upon foreign Powers, Soviet or American, but to rely upon themselves and upon their own Korean strength. We do not know where the 38th degree parallel line came from; there was no such thing mentioned at Cairo, Yalta or Moscow, and, judging from the present world situation, I cannot see any hope of the 38th degree parallel being cancelled by co-operation between the Powers. Therefore, I claim that both forces must withdraw, and that the Korean problem must be solved by the Koreans themselves by having a conference between the leading politicians of North and South Korea. Geographically speaking, Korea is a small country. It is very much smaller than China — smaller even than a province in China — and its population is very small, so if Korea is divided into two parts, we cannot maintain ourselves economically.

In the light of these facts, Korea cannot afford to be divided into two parts. The task of the United Nations Commission in Korea is not to divide Korea into two parts, and if you go on with your task and divide Korea into two parts, then you will be causing civil war in Korea, and I firmly believe that is not in your minds.

Looking at the situation in Korea you will find that even the nationalist groups led by Mr. Kim Koo are against a unilateral government in South Korea. There are some fourteen political parties and some fifty social organizations organized into a national independence federation under the leadership of Mr. Kim Kiusic, and they are also against a unilateral government for South Korea. The small faction which is in favour of a separate government in South Korea is the National Association for the Rapid Realization of Korean Independence and the Hankook Democratic Party. For this reason, if the movement for establishing a separate government in South Korea is successful, it will accelerate the disaster, and will produce worse conditions in Korea than the conditions under American military occupation.

During the thirty years of Japanese domination, especially since 1919, all those who struggled for the cause of Korean independence hated worst of all those people who were said to be traitors and Japanese collaborators, but it is now a reality in Korea that they have put aside those who were true patriots, those who struggled, and the so-called national traitors and collaborators have formed themselves into a party which now enjoys political power.

Economically speaking, the whole situation has broken down, and even the very few factories which operated immediately after the Japanese surrender have come to a stalemate. Looking back at the incidents which took place when the American forces landed in Inchon, I can recall the picture very clearly. Many thousands and thousands of people lined the road from Inchon to Seoul to welcome the American forces as liberators, but the people of Korea are now very much disappointed. The only way to remove that disappointment, and the only way for us to achieve our national independence, is to have a political conference of the political leaders in North and South Korea.

I have never misunderstood nor tried to distort your good intentions, but with the best intentions in the world you cannot do anything good for Korea. It may be my own personal sentiment, but I am going to appeal to the representative of China. I think it very regrettable that the Chinese people did not understand the Korean situation quite so well as required. Many people in the world, after the passing of the General Assembly's resolution on Korea, thought that if both military forces withdrew, Korea would be reduced to a vacuum, but I have never believed that at all. There are many reasons for this. One reason is that when one compares the "platforms" of the various political parties, one finds there is no considerable difference between them. The simple reason is that there are no objective conditions which make any radical differences between these "platforms"; that is to say, the objective conditions in Korea do not promote either extreme leftist dictatorship or an extreme rightist dictatorship, so that if the Korean problem is left to the Koreans themselves, then, because of the objective conditions which are favourable for progressive democracy, the Korean problem will be solved very easily on the basis of true democracy.

I have given you the rough ideas of my political views, and if any representative wishes to ask any questions, I shall be very willing to give my answers.

Mr. MANET (France): I should like to make it clear that we are only a Sub-Committee, and our task is to obtain information. We have no opinion to formulate. We were told that if the foreign troops pulled out of Korea, there would not be a vacuum left because the Korean people could settle their own questions among themselves. However, Mr. Kwon is probably well aware of the fate of several countries recently, and of the case of Czechoslovakia, where, to my knowledge, no foreign troops were stationed.

Mr. KWON: Even among the Korean politicians there are many viewpoints whether or not a vacuum will exist after the withdrawal of the foreign forces. My own view is this: about 96 per cent of all Korean property was possessed by the Japanese, and was, as a result, enemy property. This enemy property will be turned over to the Korean people, so there will be no economic grounds which might divide the Korean people into two political fields. That is why we shall not have a proletariat dictatorship in Korea.

Mr. MANET (France): We have heard various estimates of the amount of property owned by the Japanese, and these are usually around twenty per cent. Now we have heard the figure of 96 per cent. Other witnesses have said that the landlords in South Korea were too influential in the political field because of the vast amount of property in their hands. Is Mr. Kwon very sure of his figure of 96 per cent, because this is the first time we have heard such a high figure?

Mr. KWON: It is quite true that in South Korea there are many landlords, but they are small landlords. Almost all the large areas were possessed by the Japanese, and almost all the industries were possessed by the Japanese, too. I have heard different figures; some say 85 per cent, and others claim that it was 96 per cent, but this figure can be confirmed from the statistics obtained by the American Military Government.

Mr. MANET (France): Therefore, in your view there is, at the present time, practically no private property in Korea, because there is only four per cent left?

Mr. KWON: In the meantime, private property is almost out of custom, compared with the enemy property which will be turned over to the national government.

CHAIRMAN: We should be interested, in the light of the fact that these elections will be taking place in the South, if you could give us your views as to how that will be taken in the South, and whether you consider a reasonably free atmosphere of election will be possible. I might add that this is still one of the conditions for holding such an election, so far as we are concerned.

Mr. KWON: If there is such a thing as a vacuum situation, then the present time is that, because almost all the true patriots and democratic people cannot express their ideas in public. They have no freedom of the Press because just a few people, who are considered to be national traitors and collaborators, have grasped the whole political power. Therefore, if we are to create the conditions which are favourable for free elections, in terms of time, this cannot be done within one year. That means that even if we can change the whole situation, it will take at least one year, and we cannot hold any election at all within that year.

The worst part of it is the police, and if we try to change the police I am afraid it will bring about many bad practices. A change in the police system logically implies changes in other departments: for example, the Department of Administration, the Department of Justice, and so on. I have no idea how long this would take, but at least it would take quite a long time.

CHAIRMAN: If you wish changes to be made in the police, and you say that such a thing is necessary before an election can be held, and laws would be required to produce those changes, how do you propose that these laws should be brought in, and by whom?

Mr. KWON: I need not answer that question, because it is a matter of universal opinion. By that I mean that there must be some organization which will pass some laws to change e police system, and that means we shall have to have another legislative body. But you may have heard, or you may have seen, the situation we have in the Legislative Assembly at present. So, if we change that Legislative Assembly, the patriotic people will be ousted from that body and some more members of the National Association for the Rapid Realization of Korean Independence and the Hankook Democratic People will infiltrate into that Assembly. So this is futile.

CHAIRMAN: I think you have misunderstood me. What we want to know is who is going to produce these laws. You say that one of the first things that is required is the reorganization of the police force. That will require laws, and somebody must produce those laws. Does Mr. Kwon propose that the Interim Legislative Assembly shall produce those laws, or some other elected body of government, or the Military Government? The proposal is now that some elected government shall produce these laws.

Mr. KWON: The simplest way would be for General Hodge to change the high-ranking policemen on the basis of true democracy, but even if he tried to change these high ranking policemen, it will take a long time.

CHAIRMAN: Does Mr. Kwon suggest, then, that it is going to be a long time before this country is in any position to have an election of any kind?

Mr. KWON: I think there is some misunderstanding. The democratization of the police force can take place after an election or it can take place before an election. The democratization after the election is inconceivable, and if we try to change the police before the election it will take a very long time.

Mr. LUNA (Philippines): Mr. Kwon said that power was in the hands of collaborators and traitors in South Korea. Although he may be reluctant to give us names, I think it is rather important for us to know exactly who are the collaborators and traitors, because every day, on the Pyongyang radio. Mr. Rhee Syngman, Mr. Kim Kiusic, Mr. Kim Koo and many others are called collaborators and traitors. We are trying to get a true picture of the situation.

Mr. KWON : About two or three months ago General Wedermeyer was in Korea, and he raised the same question : who are the national traitors and collaborators in Korea ? I replied that the people who were protecting the national traitors and pro-Japanese might be called traitors and Japanese collaborators. The reason why the Northern radio propaganda calls Mr. Kim Koo and Mr. Rhee Syngman national traitors is because they are leading some organizations which are considered to be reactionary, such as the Association for the Rapid Realization of Korean Independence and various youth organizations. I have never considered Mr. Kim Koo and Mr. Rhee Syngman to be traitors for the simple reason that it is because they are leading the reactionary organizations in South Korea that the propaganda from the North calls them national traitors. In Korean, the word "trusteeship" has a sinister connotation. Since we have no experience on the administrative side in the modern sense, and since we have had no power of administering the economic life in Korea until very recently, I hold the opinion that Korea must be helped and assisted by the democratic nations in the world, particularly by the big Powers who signed the Moscow Agreement. The Joint Commission disappointed the Koreans, and very much so, but the fact that we have become disappointed is not our own fault, but the fault of the big Powers.

CHAIRMAN : At the present stage, do you consider that it would be possible to carry out elections in accordance with the terms of the resolution of the United Nations, which requires freedom of election ? You say that this will take a long time; that is the interesting point to us at the moment.

Mr. KWON : My standing is neither rightist nor leftist, and I have always claimed we should co-operate with each other in order to achieve our Korean independence. From my boyhood up, I have been connected with the revolutionary movement, and even under the severe Japanese oppression I had not the experience of such a terrible situation as at present. That is to say, I cannot rest at peace at night, I cannot move freely, and I may be arrested at any moment. In the midst of many hundreds of policemen and many hundreds of people, some terrorist cut off my daughter's hair. My nephews and sons have been arrested by the police, so I am now experiencing the severest oppression.

Mr. MANET (France) : We all sympathize very with much the witness in the position he is in for the time being. It seems to me that he wishes rather to have the present situation under the American Military Government to remain as it is than have an all-Korean Government restricted to South Korea alone. Does he not believe that under a national government, without any occupying Power, it would be easier for the Korean people to settle the matter among themselves ?

Mr. KWON : I prefer things as they are at present. The simple direct reason is that if we establish a separate government it is quite logical that we shall have civil war. If America is sincere enough, and if America is really going to assist Korea, she should withdraw from Korea first, then the Koreans themselves will try to unify themselves into one nation. Under the pretext of protecting Korea, the American armed forces are staying in Korea, but America's true intention is to consolidate her power in Korea. So many people make the false excuses that if the American forces withdraw from South Korea the Red Army will invade the South.

CHAIRMAN : Would you propose that the American armed forces withdraw while the Russian forces are still in the North ?

Mr. KWON : It is a simple enough proposition; that is to say, I meant that if America is sincere in her desire to help Korea, she should withdraw from Korea.

CHAIRMAN : Whether or not the Russian army remains in the North ?

Mr. KWON : Of course the Soviet forces must withdraw from Korea.

Mr. LUNA (Philippines) : Who will force them to withdraw ?

Mr. KWON : We have no forces, but we must request them to withdraw from Korea. If the Soviet army invades South Korea it will cause a world war.

Mr. LUNA (Philippines) : What if the Soviet army, having withdrawn, leaves behind a puppet government strong enough to do that job for them without any direct assistance ?

CHAIRMAN : The job of invasion ?

Mr. MANET (France) : Supposing the American army withdraws and the Russian army withdraws, but the people left behind in North Korea — the people devoted to the Russians — were strong enough to impose their will upon the people in South Korea, would that not create a situation very like that which might be created, in the opinion of the witness, in South Korea if the Government was formed and the American army withdrew ?

Mr. KWON : If the Soviet forces will withdraw from the North while the American forces remain in South Korea ?

Mr. MANET (France) : No, if the American forces withdraw also from South Korea.

Mr. KWON : I understand your question, but I state it in different terms. In appearance, the present regime in North Korea is very strong, but the present power, in the form of the present regime, is very mild compared to the forces of the self-relying elements. Even among the soldiers of the Red army, principles of self-determination are held by those members who are trying to be favourable to Soviet Russia. My statement sounds like some kind of prophecy and needs affirmation. I believe that if both occupying forces withdrew from Korea, the Korean people themselves would solve their problems all right.

As a phase of Korean history, I am going to tell you something of my own personal history. I joined the 1919 movement, and I was imprisoned until 1921. In 1923 I joined the Communist Party in Korea, and I was imprisoned under the Japanese from 1928 until 1936. Even when I was a communist my prime concern was how to achieve Korean independence, and after the Japanese surrender my constant attention was to have a united front in order to achieve that independence. Leftist people regarded me as a reactionary, and the reactionary people regarded me as a leftist. My contention is that we cannot achieve Korean independence without co-operation between the various political parties.

Mr. VALLE (El Salvador) *(interpretation from Spanish)* : I wish to remind Mr. Kwon that our Commission has come here, in accordance with the resolution of the General Assembly, to observe elections in a free atmosphere, and after these elections of representatives, to establish, perhaps, a national government. Then there will be the withdrawal of the troops. I wish to emphasize that the occupying forces will withdraw only after the elections. I also wish to tell Mr. Kwon that this Commission is working on real ground, and not in Utopia. So I wish to ask Mr. Kwon whether, as a patriot, he would not co-operate, should there be an election in South Korea under a free atmosphere. He said a little while ago that, because of the conditions and circumstances here, no free elections were possible unless certain changes were made, certain changes that would give certain controls, such as the education of the voters and the change and re-organization of certain governmental organs. That, I think, is not realism, because we are here to accomplish our task in as short a time as possible, so that the elections can be held in a short time.

Mr. Kwon well knows that the attitude taken by the Soviet Union, that is, the negative attitude of non-co-operation, has prevented the furtherance of the task of this Commission. I wish to ask him whether, if there are elections held here in South Korea, and knowing very well that elections cannot be held in all Korea because of the non-co-operation of a certain Power, he is ready to co-operate in the effecting of an election.

Mr. KWON : I cannot co-operate with the United Nations Commission in an election, because if you are going to have an election in one part of Korea under the leadership of the American Military Government, and that election is for a central government, I cannot co-operate.

CHAIRMAN : What do you mean by a central government? A national government for all Korea?

Mr. KWON : Yes.

CHAIRMAN : It is not yet quite clear.

Mr. KWON : I cannot co-operate in an election that will be held in one part of Korea — South Korea — in order to select representatives of the people in South Korea alone. I cannot co-operate in an election the purpose of which is to establish a unilateral government in South Korea alone.

CHAIRMAN : Do you mean that you are prepared to have what we call a consultative election in South Korea alone, but you are not prepared to have an election for the purposes of government?

Mr. KWON : In the Korean Press we call it a separate government or a unilateral government.

CHAIRMAN : The first step is an Assembly which is to be selected for the purpose of consultation concerning the appointment of a government.

Mr. KWON : If I had to choose, I would prefer rather to have the Military Government continue for the time being than have a separate government established. I cannot participate in an election in South Korea, the purpose of which is to create a separate government which pretends to be the central government or the national government.

Mr. MANET (France) : This point is very important. I think it is necessary to explain to Mr. Kwon that the resolution of the General Assembly, that we are here to put into effect, comprises two different and successive steps. The first is to supervise elections wherever they are possible in Korea for the election of representatives with whom the Commission may consult. The second step is for these representatives to appoint, if they wish, a national government. In other words, the question is : Will the witness and his party participate in the first stage of such an election restricted to South Korea, since, for obvious reason, we cannot enter North Korea, leaving to the representatives, once they have been elected, to decide whether or not they co-operate in the formation of a government?

Mr. KWON : No matter how you put the question, the conclusion is always the same. That is to say, the truly patriotic Korean is concerned about a united Korea, and so long as there is the 38th degree parallel barrier between North and South Korea, then there can be no true Korean independence. For that reason, with the best intentions, your task in South Korea alone will come to nothing.

The sum and substance of my contention is that Korea should not be interfered with by foreign Powers. The Korean problem must be solved by the Koreans themselves, and I was very happy to learn the other day that the representative of Syria made a statement that independence is not something which is given by others, but is made by the people themselves.

Mr. VALLE (El Salvador) *(interpretation from Spanish)* : I wish it to be clear and stated in the records that I wanted to make it know why we are here. We are here to help the Korean people achieve their independence. We are not here to interfere in any manner whatsoever with the achievement of such an independence for the Korean people. I wish also to state that we are all striving with the fervent hope that Korean independence may be achieved very soon.

CHAIRMAN : In closing, may I say to Mr. Kwon that, as a result of the recommendations of the Interim Committee, certain action will be taken here in Korea, and the whole purpose of that action, whether it is right or wrong — we think it is right — is to speed up the handing over of Korea as a whole to the Koreans. Any mistakes that might be made will not be carelessly made; they will be honest mistakes. The intention of this Commission, we need not emphasize, is to carry out instructions, which are to help the Koreans to get Korea back for themselves, and under conditions which will enable them to produce a suitable government.

Mr. KWON : Yesterday I had an interview with the reporters, and I said that the American proposal was likely to pass the Interim Committee. Now some people claim that more than two-thirds of the population of Korea live in South Korea. But that does not mean that two-thirds of the population of Korea are for the establishment of a separate government in South Korea. The real number of people who favour that will not be more than, let us say, fifty or sixty thousand. For that reason I think that, though you may have the best of intentions, your task will create a great misfortune for Korea. I have expressed my views very frankly and without reservations and my contentions may have offended you.

Mr. Kwon Tai Suok left the Committee Room, and Mr. Pak Keun Oong, chairman of the Industry, Labour and Agriculture Committee, Korean Interim Legislative Assembly, took his seat in the Committee Room. All his remarks were interpreted from Korean, and the questions put to him were interpreted into Korean.

Mr. Ssutu (China) assumed the Chair.

CHAIRMAN : As Mr. Jackson has an appointment, I am taking the Chair. We have with us Mr. Pak Keun Oong, chairman of the Industry, Labour and Agriculture Committee. We understand that Mr. Pak knows about village conditions in Korea, so way may confine our questions to the elections in the villages, after Mr. Pak has made a general statement.

Mr. PAK Keun Oong: It is a great pleasure for me to have an opportunity of exchanging our views, and I appreciate your invitation. I believe that the establishment of a Korean Government will, through your efforts, be realized as quickly as possible. We appreciate the reports made by Dr. Menon to the Interim Committee, and we think that these reports were accurate. I believe also that your Sub-Committee has met many Koreans who have put forward their views. If I may repeat, the most urgent requirement of the Koreans, and which we are looking forward to, is the independence of a united Korea. I believe that each member of the Commission must have heard statements by Koreans in line with what I have just said, but I find it necessary to repeat this because this is a matter of life or death to the Koreans, since our political, financial and social life has collapsed as a result of the division.

We have received news today that the decision of the Interim Committee is that elections will be carried out within the areas where these are possible. In connexion with this news, there are some remarks I should like to make. The present status of Korea has been brought about by non-co-operation and disharmony between the two Powers — Soviet Russia and the United States of America. If elections are held in South Korea, and other arrangements are made for North Korea, then the separation of North and South Korea will be serious. So far as I understand, the news we have received today says that elections will be carried out in the areas where it is possible to carry them out for the organization of a separate government. If such is the case, in South Korea the opinions of the Koreans will differ. If this decision means the organization of a government, then one has to take into account the possibilities of obtaining power by virtue of this organization of a government. Those who feel they have this possibility will take part in the elections vigorously, but on the other hand, those who feel they will not share that power will not co-operate or devote themselves to the election. I believe that such people who have devoted their life to the independence of Korea will not take part in this election because they are conscious of the fact that the organization of a government in South Korea will segregate the country into two parts.

The co-operation we have given the Military Government in South Korea has been given because we hoped that some day we would have our own united government, and not a segregated government. I believe that when a general election is carried out in South Korea, the Koreans will be segregated into three parts. One part will take part in the elections, the second part will make desperate opposition, and the third part will put their hands in their pockets and stand by.

The people in general will not think of those who take part in the general election as their leaders. In any case, if some type of government is established in North Korea, and provided that some type of government is established in South Korea, then these people, historically, will take the responsibility of the division of Korea.

The positive right-wing parties will take part in the general election, and the positive left-wing will oppose it. The neutral party will stand by. This statement covers the general point of view, and, in such a case, the confusion after the election will be more serious. There is the possibility that there will be very serious friction between the Koreans themselves. If such elections are held, there will be a limited number of Koreans who will have good will for the United States, but the majority will not. In general, the Korean people love and respect those people who come from abroad into Korea and who have given their efforts for the revolution of Korea. There will be few revolutionary leaders who will take part in the general election, and, accordingly, the Korean people in general will not think that the government has been organized in a proper way.

This will also have a serious influence upon the mission of the United Nations Temporary Commission on Korea. It will show there is no definite plan or power with the United Nations to set up an independent government and solve the problem of Korea. There will be criticism by the majority of the Koreans that the United Nations Temporary Commission on Korea has played the role of a follower of the United States. In other words, this means that there is a great difference between Dr. Menon's reports and the actual acts to be committed by the United Nations Commission on Korea. I think also that if the United Nations Temporary Commission on Korea fails to establish a united government in Korea, the two Powers — the United States and the Soviet Union — will think, after that, that they can do anything they like. This will immediately cause the prestige of the United Nations Commission to collapse, because it will have been proved that it lacks power and a proper policy to set up a Korean government.

I think the success or failure of the United Nations Commission on Korea will be a key-point, if the United Nations is divided on the establishment of peace, not only in Korea and the Far East, but the whole world over. If Korea is divided as a result of the general election in South Korea, not only the Koreans, but five hundred million Chinese will have the same feeling of insecurity. In that case, the Chinese people and the Koreans — five hundred and thirty million people — will have the same feelings of uncertainly about peace, and that will mean that the United Nations cannot establish peace.

In concluding, I want to express my views, and hope that you will take these into consideration. The first is that, at any cost, the two Powers, the Soviet Union and the United States, should come to an agreement. The second point is, even though an election is held in South Korea, the establishment of a government should be gravely considered. Thirdly, I hope that the United Nations Commission on Korea will insist that the United States and the Soviet Union should come to an agreement, since the Korean people are sincerely hoping for a united government for North and South Korea. I hope that your Commission will help all Koreans : not only the left wing and the right wing, but also the neutrals must be helped, for without unification, many Koreans know, independence cannot be achieved.

There is one way in which unification can be achieved, apart from this way; that way is the unification of the revolutionary leaders of both left wings and right wings embracing North and South Korea. If any pro-Japanese or traitors are added to this unification, then unification will not be achieved. The revolutionary people will fight to the last for the benefit of the people in the country, but the pro-Japanese or traitors of the people will surrender easily before power or self-interest.

That is my point of view of the general political situation, but please allow me to add some remarks from the industrial point of view on behalf of our Association.

Mr. MANET (France) : I want to remind Mr. Pak that it is not the task of this Sub-Committee to reconcile the views of the Soviet Union and the United States. These views were expressed at the General Assembly at Lake Success. They cannot, apparently, be reconciled, and the Soviet Union closed the door to this Commission. We shall waste both the time of Mr. Pak and our time if we discuss this matter at length, because we are entirely impotent and powerless on the subject.

One thing I should like to ask Mr. Pak is this. Most persons have expressed the view before this Sub-Committee that the best way to find a solution for the Korean people was to leave it to the Korean people of the North and the South to settle the matter between themselves. I understand that is also the view of Mr. Pak. Do you think, if an election is held, and that election is restricted to South Korea since the United Nations Temporary Commission on Korea cannot enter North Korea, that out of the people elected in such a way in South Korea a government might be formed? I do not call it a national government, but some form of government might emerge. I do not say that a government elected in such a way would be good or would be bad, I have no opinion on that. All I know is that after a reasonable delay — the indication given by the General Assembly was ninety days — the American forces in South Korea might withdraw. In that case, I do not see why the Soviet forces in the North should not withdraw. Then would not the Korean people be left to themselves to settle their own question of Korean independence? Whatever the result, does Mr. Pak think that it would not be worse than the present situation? Does he believe that it would lead to a segregation of Korea worse than the present situation, where Korea is divided into two parts?

Mr. PAK : If everything comes into line with what the representative of France has just said, that way would be best, but the Korean people do not believe that that will be so.

Mr. MANET (France) : If the American forces withdraw, why does Mr. Pak believe that the Soviet forces will not withdraw?

Mr. PAK : I think that the Soviet forces will withdraw in that case.

Mr. MANET (France) : Then, for the first time, the Koreans could settle their own problem. How is it you find the solution so bad, and how is it you are convinced that it will lead to the final segregation of Korea into two parts?

Mr. PAK : I doubt if the withdrawal of the United States forces from Korea will be made after the government be established in South Korea before establishment of a unified government. Also, I doubt if such a government in South Korea could be supported by the people. In view of the present situation where there is no freedom, it is a question who will control the said government.

Mr. MANET (France) : The party which has the majority among the representatives elected.

Mr. PAK : Of course, it must be so. At the present moment, as I said before, the elections, which will be held in accordance with what was decided, will not be held in a proper way, for segregation will begin with the election. I am convinced that the real patriotic or revolutionary leaders will not be elected in any numbers because there are thousands of revolutionary people who are in jail right now or hiding.

CHAIRMAN : Do you think there will be a free atmosphere for elections?

Mr. PAK : No.

Mr. MANET (France) : Mr. Pak said there were thousands of revolutionary leaders in jail. Could he later submit to us a list of these people, because up till now we have not been able to get the names. We do not know who are the revolutionary leaders in jail, and it would be very interesting for us to know.

Mr. PAK : I think the majority of the people in jail are the left-wing political prisoners, and I will do my best to make up a list, but it is better to ask the leftist parties. Because they know better than I do.

Mr. MANET (France) : Does Mr. Pak mean that they are party leaders or revolutionary leaders? We thank him in advance, and we hope we shall receive this very valuable and important document as soon as possible.

Mr. PAK : As to the names of those leaders whom I know about, I will surely try to furnish them to you. However, most of the members of the revolutionary left wing are disguised and have given wrong addresses.

Mr. MANET (France) : I understood they were in jail.

Mr. PAK : I understand. I mean that as far as a free atmosphere for election is concerned, this is proof there is no free atmosphere when such people have to give wrong addresses.

Mr. MANET (France) : But their address is known if they are in jail.

Mr. PAK : Apart from the question of making a list, I am mentioning there is a lack of a free atmosphere as there are many who are avoiding arrest.

CHAIRMAN : Why is it that you do not think that a free atmosphere of elections is possible?

Mr. PAK : Because of the disagreement between the two big Powers.

Mr. MANET (France) : That is an entirely different question. That is not for us to deal with, it is for Lake Success.

CHAIRMAN : We thank you very much, Mr. Pak, for your assistance.

The meeting rose at 6.20 p.m.

SUMMARY RECORD OF THE TWENTY-SIXTH MEETING [1]

Yokchon, Yang P'yong-gun, on Tuesday, 2 March 1948, at 4 p.m.

Chairman : Mr JACKSON (Australia)

Interview with Mr. Ham Undong, Head-man of the village of Yokchon

Mr. HAM explained that he was a farmer, twenty-eight years of age, and had been head-man of the village of Yokchon [2] for three years. He had lived in that village, which consisted of seventy households, all his life. He had had an elementary school education. Although there was no school in the village, there was one in the county which was about a forty minutes' walking distance away.

Mr. LIU (China) asked Mr. Ham how the head of the village was appointed.

Mr. HAM replied that he had been elected at a festival meeting of the village to succeed the previous head-man. The election was conducted by the vote of men and women 18 years of age and older, which was the voting-age decided upon at a village meeting.

Mr. MILNER, Secretary, asked Mr. Ham who was responsible for convening the village meeting and how often it was held.

Mr. HAM said he could convene a meeting when special need arose or when the *Myun* [3] Office issued an ordinance.

Mr. LIU (China) asked how taxes were paid.

Mr. HAM explained that the village people paid their taxes to the *Myun*, usually going themselves to the *Myun* Office to do this. They paid both land and household taxes, which in terms of present money inflation were not so heavy.

Mr. LIU (China) asked where the villagers got their news and if they had heard any news from the North, or that an election was going to be held.

Mr. HAM replied that when there was news, the head-men of the different villages gathered at the *Myun* Office to hear it, and then called meetings in their respective villages to tell the people. Although he had heard no news from the North, he had heard that an election was to be held in the South. The village would take part in this.

He explained that the Dai Dong Young Men's Group[4] notified the village people that an election would be held, and the people signed their names on a list indicating that they wished to take part. The list was then sealed and sent to the *Myun* Office where the chief officer of the *Myun*, with the co-operation of a representative of the Dai Dong Youth Organization, designated a candidate for the *Myun* and sent the selected name on to the *Gun* Office. This had already been done in anticipation of the forthcoming election.

Mr. Ham explained that the Dai Dong Youth Organization was the only one the village had any dealings with, and that this was true in the neighbouring villages.

Mr. LIU (China) asked if the village people could express their opinions if they did not approve of the candidate designated by the Youth Organization.

Mr. HAM replied that the village and the *Myun* people usually agreed with the choice of the candidate made by the Dai Dong Youth Group.

The CHAIRMAN asked what party the Dai Dong Youth Organization was connected with.

Mr. HAM explained that the Dai Dong Youth Organization was in itself really a political party. It was in a sense affiliated with the Hankook Democratic Party.

The CHAIRMAN asked if any leftist or communist candidates were trying to be elected.

Mr. HAM said that in his *Myun* there was no trouble at all from such persons, but that he did not know the conditions in other *Myuns*.

The CHAIRMAN asked if Mr. Ham thought the nomination of more than one candidate in a *Myun* would be a good thing.

Mr. HAM replied that he could not conceive of more than one candidate, or the number of candidates specifically required to fill the available

[1] Document A/AC.19/SC.2/SR.26.
[2] Small village situated near Seoul in the county *(Gun)* of Yan P'yong.
[3] Township comprising villages and hamlets : subdivision of a *Gun* (see document A/AC.19/W.16).
[4] Dai Dong Chung Nyun Dan : one of the most influential rightist youth organizations.

seats, being designated, because all the people of the *Myun* agreed that those who had been chosen were satisfactory.

The CHAIRMAN stated that if, for instance, two candidates in a *Myun* were to be elected and there were five villages within the *Myun*, then three villages would not be represented. If this were true how did the non-represented villages have anything to say in the government?

Mr. HAM pointed out that since the people had already signed the list sent to the *Myun* Office indicating their willingness to participate in the elections, they would vote whether they were to be represented or not. That list was composed of the names of all men and women of the village over twenty-three years of age, and since the election would be for the good of the whole of Korea, no one would abstain from voting.

The CHAIRMAN asked how and where the voting would take place on the election day.

Mr. HAM explained that the voting would be carried out at the village meeting place where there would be a ballot box. The voting would be observed by a member of the Dai Dong Youth Organization and the village head-man.

The CHAIRMAN asked how other party interests besides the Dai Dong Youth Organization's were taken care of.

Mr. HAM said that if there were a member of another party who wished to vote, the people would not object. However, since it was undesirable that the village should be divided into many parties, the candidates came from one party.

The CHAIRMAN asked where the *Myun* Office got the names for their candidates.

Mr. HAM explained that the chairman of the Dai Dong Youth Organization and the chief officer of the *Myun* consulted together and nominated the candidates.

In reply to a question by Mr. Milner, Secretary, as to whether other parties had existed in his *Myun*, Mr. HAM said that there had been none.

In reply to a question whether he knew of political leaders other than Dr. Rhee Syngman, Mr. HAM said that he had also heard of Mr. Kim Koo.

The meeting rose at 4.45 p.m.

SUMMARY RECORD[1] OF AN INTERVIEW WITH MR. HAW SAWNG TAIK, CHAIRMAN OF THE FEDERATION OF KOREAN TRADE UNIONS[2]

Sudo Hotel, Seoul, Friday, 20 February 1948, at 3.15 p.m.

Chairman : Mr. LUNA (Philippines)

Mr. HAW gave a synopsis of his personal history and background. At the age of sixteen he had commenced his work in the Korean independence movement, had been imprisoned or under police detention for ten years under the Japanese, not recovering his liberty until 15 August 1945. Because of his sympathy for the Allied cause during the war and of his record of anti-Japanese activities in Korea, he had been maltreated and tortured by the Japanese.

His place of birth was Sung Jin in North Korea. He had been in jail for one year in Chung Jo in South Korea. On 16 August 1945 he came to Seoul and helped to organize the Federation of Korean Trade Unions, of which he was appointed Chairman.

As a consequence of his long period of imprisonment his family life had been disrupted. On his release, his wife had come to join him in Seoul.

In February 1947 he was arrested at a committee meeting of the Federation on the charge of not having obtained a permit from the police to hold the meeting. He had not believed such permission to be necessary since the meeting had taken place in a private house. On 19 February 1948 he had been released on expiry of his sentence to find that his family had gone away. He had been obliged to accept the hospitality of a friend.

Since his release the previous day he had been constantly followed by four detectives. On the night of 19 February the master of the house in which he was staying had noticed on his return home the four detectives outside his house. He had been afraid and had attempted to run away. Mr. Haw's friend had come out and asked the men who they were. They had replied that they were members of the vigilance section of the Seoul metropolitan police. He felt embarrassed over the difficulties he was causing the master of the house and had already taken his leave of him. After leaving his friend's house he had noticed that he was still being followed by the four detectives. He had asked them who they were, and they had again disclosed their identity as members of the vigilance section of the metropolitan police. He had endeavoured to contact leaders of the Labouring People's Party and the Democratic National Front, and while he had been interviewing them, he had been watched. The detectives had followed him until he entered the Kookje hotel. They had halted, he believed, in the lane leading to the hotel.

He wished to contact labour leaders who were in hiding because of existing conditions in South Korea. It was likely that they would not come out of hiding to see him because of the existing situation. He would endeavour to see them provided he was assured of the fact that he was not under surveillance. He had been informed that he would be free from re-arrest until 1 March 1948 and he had many problems to settle. It was therefore necessary for him to have freedom of movement, without police observation, if he were to consult his colleagues and reply to the Sub-Committee's invitation. He asked what steps might be

[1] Document A/AC.19/SC.2/9.

[2] A letter of invitation to appear before Sub-Committee 2 was delivered to Mr. Haw in Seoul Prison on 18 February 1948, the day before his release (Document A/AC.19/SC.2/SR.20, page 3).

taken to remove the continuous observation of his movements.

The CHAIRMAN asked Mr. Haw what the aims of the Federation of Korean Trade Unions were and what methods were used to realize them.

Mr. HAW replied that the Federation had as its main aim the political and economic benefit of labourers and workers. To achieve that aim he had striven for increase in wages and the attainment of democratic rights such as the freedom of assembly and of speech. To increase wages three methods were used : firstly, the master or owner of a factory was requested to increase the wages of the staff; secondly, the Labour Department of the Military Government was asked to draft a law providing for an improvement in the economic life of the workers; thirdly, if the other attempts were fruitless, strikes and sabotage could be employed.

Before his imprisonment the Federation claimed 300,000 members in South Korea. He was not certain as to the existing membership.

He stressed that the Federation itself was a consultative body only. Decisions were taken by the various specialized unions of workers, such as, for example, the Railway Workers' Union. In order to increase the wages of railway workers, the Railway Workers' Union could be advised to take any necessary action. He could not remember any cases which had involved violence.

On 24 September 1946 there had been a railway strike, but the workers had acted peacefully and had protected their machinery. That strike had not been ordered by the Federation : the Federation had tried in vain to intercede with the Military Government on the workers' behalf. Strikes and sabotage did not necessarily imply violence. Workers could strike by confining themselves to their factories and discussing their problems. Sabotage involved showing the employer the authoritative unity of the workers. During the railway strike of 1946 the police arrested approximately 1,700 workers.

He considered himself still to be legally the Chairman of the Federation, because the chairman had to be elected at the general assembly of the Federation and there had been no new assembly since his imprisonment.

In reply to a question concerning his arrest, Mr. Haw explained that he had obtained permission to hold a mass meeting of the Federation in a memorial hall, at which 1,015 members were present. At that second general assembly it had been decided to hold a committee meeting in a private house on 19 February 1947. He had assumed that no permission was needed to hold the committee meeting since it was in the form of a dinner at a private house. The chairman and vice-chairman had lodged the eighty committee members in one house for reasons of economy. After the meeting some members had gone home. The remaining fifty-two members had stayed to eat and were then arrested by the police. The charge was that no official permission had been granted for holding the meeting; and secondly, the police had believed that there was some connexion between the meeting and the railway strike of September 1946.

The fifty-two members had been tried by a military court. He, the vice-chairman and one other had been sentenced to one year's imprisonment and most of the others to one month. Mr. Haw added that he had not been connected with the authorization of the strike; he had tried to intercede peacefully by sending letters to the then Military Governor, General Lerch, to General Hodge and to the American adviser to the Labour Department of the Military Government.

He felt that he was not legally guilty of any offence. The strike leader had reported that there had been no violence. He himself had merely interceded with the Military Government and made a public statement in the Press regarding his action in the situation.

The CHAIRMAN asked Mr. Haw if he remembered the riots of 15 August 1947.

Mr. HAW replied that there had been a strike in September 1946 and riots in Taegu in October 1946. The Taegu riots had broken out amongst farmers and other citizens, over whom the Federation had no authority. He had nothing to do with riots in August 1947 since he was in prison at that time. With regard to General Weckerling's memorandum[3] concerning his release, Mr. Haw emphasized that the reference to the August 1947 riots quoted therein must have been included by mistake. His case related to the 1946 strike and not to either the Taegu riots of October 1946, or the August 1947 riots of which he knew little.

With regard to the railway strike of September 1946, he said that the railway workers had asked the Department of Transport for an increase in wages. He had advised the leaders not to order any strike before obtaining a reply from the authorities. He had sent a letter, before the strike was declared, to the Military Governor, to General Hodge and to the chief adviser to the Labour Department, to which no reply had been received. The strike had started on 24 September. He had heard of the strike on 25 September. On 26 September the railway workers' leader had reported that he had not ordered the strike but that the workers had struck by themselves. The strikes took place without violence. That night he had drafted a letter to the Labour Department. He added that the Commission might be able to bring his *exposé* of the strike situation to the attention of the Military Government.

The CHAIRMAN asked Mr. Haw to what political party he adhered.

Mr. HAW replied that he was a member of the Central Committee of the South Korea Labour Party, which was of the extreme left. He had not attended the meeting at which the Committee was appointed but he had been elected because of his status as Chairman of the Trade Union Federation.

The political principles of the South Korea Labour Party were very complicated : the main objective was probably the national independence of Korea. He could not say what the attitude of the party would be to the holding of elections in South Korea alone. As representative of the Federation of Korean Trade Unions, he could not state the attitude of that organization before consulting his colleagues.

The CHAIRMAN said that Mr. Haw's statement would be studied and submitted for the consideration of Sub-Committee 2. It would then be

---

[3] Document A/AC.19/SC.2/8/Add.1.

possible to see what action might be taken to have the surveillance by the police discontinued.

Mr. HAW said that provided he were freed from police surveillance he would probably be able to say on 28 or 29 February whether it would be possible for him to accept the invitation to appear before Sub-Committee 2. If possible he would come in person.

He recalled that it was necessary for him to have freedom from police observation to consult whom he desired. It might be necessary to consult with the Chairman of the South Korea Labour Party, Mr. Huh Hun, which would be difficult since Mr. Huh was under warrant of arrest. After consulting certain people and considering the existing situation in Korea, he would be able to decide whether he would appear before Sub-Committee 2.[4]

The meeting rose at 4.45 p.m.

[4] Mr. Haw, in a letter dated 2 March 1948, declined the invitation to a formal hearing (document A/AC.19/SC.2/9/Add.1).

ANNEX XI

SUMMARY OF OPINIONS EXPRESSED BY KOREAN PERSONALITIES ON ELECTION LAWS AND REGULATIONS [1]

1. At the second meeting of Sub-Committee 3, held on 23 January 1948, consideration was given to a request from Sub-Committee 2 for such questions as Sub-Committee 3 might wish to have included among those then being considered by Sub-Committee 2 for use in the hearings of Korean personalities (A/AC.19/Sub.3/3). It was decided to transmit the following questions to Sub-Committee 2:

1. The voting age for the Legislative Assembly in the South Korean Public Act No. 5 has been fixed at 23 years and the age at which a citizen can be elected at 25. The North Korean regulations provide that 20-year-old citizens can vote and be elected.

Sub-Committee 3 requests that the opinion of Korean personalities be sought by Sub-Committee 2 on the voting age and the age of candidature best suitable for all of Korea in the light of the Assembly's recommendation for elections to be held "on the basis of *adult* suffrage".

2. Section 2, paragraph *(a)* of Public Act No. 5 for South Korea reads:

Section 2 *(a)* — Persons to whom any of the following categories are applicable are not eligible to vote or to be elected:

(1) Incompetents, quasi-incompetents, mentally deranged persons and drug-addicts.

(2) Persons who are sentenced and serving prison sentences or who are under suspended sentence, or are fugitives from justice.

(3) Persons who have received a sentence of one or more years' penal servitude or imprisonment; provided, however, that if three or more years have elapsed since the completion of sentence, or since the time when final decision was made not to execute the sentence, or if the sentence was imposed for a political offence, the person concerned will not be included in this category.

(4) Persons who have been forbidden to vote by law and persons who have been classified by law as "traitors", "collaborators" or "profiteers".

Section 1, paragraph (1), of the Election Regulations of North Korea reads:

1. Exclusive of mental patients and men who have been stripped of their franchise by the verdict of the Court of Justice, all 20-year-old citizens of North Korea shall have the franchise and be qualified for election regardless of their financial status, education, residentiary zone and their religion.

Do you consider these provisions as adequate?

3. *(a)* Should persons who have held official positions during the period of Japanese domination be deprived of their right to vote and/or to be elected? If so, to what official positions should this apply and by what authority is this decision to be taken in individual cases?

(b) Should persons who were guilty of pro-Japanese acts during the period of Japanese domination be deprived of the right to vote and/or to be elected? If so, to what types of acts should this apply and by what authority is this decision to be taken in individual cases?

4. In your opinion should persons who cannot read and/or write be given the right to vote?

5. Of approximately how many members should, in your opinion, the National Assembly of Korea be composed?

2. Between 26 January and 3 February 1948, inclusive, thirteen Korean personalities were heard by Sub-Committee 2 and, of these, seven were asked to express opinions on these questions relating to elections.

Among the seven personalities, four replied to all of the five questions put to them; one replied to three questions, four of which were submitted; one replied to the only question put, namely, Question 1; and one replied in a general statement only.

3. The seven Korean personalities who expressed opinions on the above questions relating to elections may be classified according to political affiliations or beliefs as follows: *Right* — 4; *Moderate* — 1; *Non-partisan* — 2. A summary of views expressed on each question submitted, according to this classification, is presented below.

Question 1.

(a) Right:

Voting age - 20 to 23 years;
Age of candidature - Only one individual expressed a definite opinion, namely, 25 years.

(b) Moderate:

Voting age - 20 years;
Age of candidature - no opinion expressed.

(c) Non-partisan:

Only one individual expressed a definite opinion, namely, that age of voting should be 23 years, and age of candidature slightly above 25 years.

Question 2.

(a) Right:

The three views expressed varied considerably in detail, but in general the provisions of Section 2, *(a)*, Public Act No. 5, were not regarded with enthusiasm.

Two individuals considered that certain provisions of Section 2 *(a)*, Public Act No. 5, were adequate, and one believed that Section 1 (1) of the Election Regulations of North Korea were more acceptable, except for the provision relating to voting age.

(b) Moderate:

The creation of a court was favoured in order to determine which persons were pro-Japanese traitors and collaborators.

(c) Non-partisan:

The provisions of Section 2 *(a)* of Public Act No. 5, except for paragraph (3), were considered adequate (one opinion expressed).

Question 3.

(a) Right:

It was generally agreed that persons who held official positions during the Japanese regime should not, *ipso facto*, be deprived of the right to

[1] Document A/AC.19/W.27.

vote or be elected. Moreover, their numbers were believed to be so small as to have no appreciable effect on the outcome of elections. Similarly, traitors and collaborators were difficult to single out, but they were considered unlikely to play any appreciable part in elections. Question 3 *(b)* was not answered directly by any of the individuals to whom it was put.

(b) Moderate:

Only those who held positions of high rank should be deprived of the right to vote. No direct opinion was expressed on part *(b)* of this question.

(c) Non-partisan:

Persons under the two categories enumerated should be tried by a special Commission established for that purpose (one opinion expressed).

Question 4.

(a) Right:

One replied in the affirmative, two in the negative.

(b) Moderate:

Replied in the negative.

(c) Non-partisan:

Replied in the affirmative (one opinion expressed).

Question 5.

(a) Right:

(1) — 250 members.
(2) — 300 members.
(3) — 400 members.

(b) Moderate:

300 members.

(c) Non-partisan:

Question not submitted.

4. Individual replies to questions submitted are given below:

(1) Dr. Rhee Syngman *(Chairman, National Association for the Rapid Realization of Korean Independence)*:

Question 1. With respect to voting age, either 20 or 23 years would be acceptable. With respect to age of candidature, its establishment at either 21, 22 or 23 years would not create a serious problem.

Question 2. The provisions enumerated in Public Act No. 5 were considered based on small details artificially created in order to discriminate against certain classes of individuals, and would consequently restrict the freedom of the people. Questions arising out of these provisions should be settled by a special court, governed by appropriate laws and regulations, following the establishment of a Korean government. In the meantime, however, these questions would create disputes.

Question 3. Such persons specified in Section 2 *(b)* of Public Act No. 5 should not be discriminated against, since some Koreans who held positions under the Japanese regime had enjoyed the people's confidence. Moreover, they are small in number. In any case, the voters themselves should decide this question. If there are any real collaborators and traitors, the Korean people would know them as such and they would have no influence over the general public.

Question 4. Yes. Restrictions on illiteracy should be removed.

Question 5. Approximately two hundred and fifty members, based on one representative per 100,000 population.

(2) Mr. Kim Koo *(Chairman, Korean Independence Party)*:

Question 1. Twenty years as the voting-age and 25 as the age of candidature.

Question 2. Some provisions were believed to be adequate, others inadequate. A conference between the political leaders of North and South Korea should be held in order to discuss all these problems concerning eventual elections.

Question 3. Those persons who held official positions during the Japanese regime should not be punished merely because they held high positions. This question also should be left to the decision of the conference referred to above. Similarly, persons who committed pro-Japanese acts during the Japanese regime should also be subject to decision of such a conference.

Question 4. Only persons who are able to read and write should be given the right to vote.

Question 5. Approximately four hundred representatives elected on a population basis for the whole of Korea.

(3) Mr. "X" *(representative of a moderate left organization)*:

(None of the above questions on elections was submitted.)

(4) Dr. Kim Kiusic *(Chairman, Interim Legislative Assembly)*:

(None of the above questions on elections was submitted.)

(5) Rev. Han Kyung-Chik *(Christian pastor, formerly in North Korea)*:

General: The Rev. Han believed that representatives from North Korea should be elected by the refugees from the North, since these refugees truly represent the ideas of the people of North Korea. Therefore, he favoured the establishment of a special electoral district for North Koreans.

The Rev. Han considered that all refugees are rightists. They dislike the so-called middle-of-the-roaders because many of them are believed to be communists.

(None of the above questions concerning elections was submitted.)

(6) Mr. Lyuh Woon Hong *(Chairman, Socialist-Democratic Party)*:

Question 1. The Socialist-Democratic Party had preferred the voting-age to be fixed at 20 years, but 23 years had been accepted as a compromise measure. However, Mr. Lyuh felt that a voting age of 23 years was undemocratic, and he hoped, therefore, that the age requirement would later be reduced to 20 years.

Question 2. It would be necessary to create a special court in order to determine which persons were pro-Japanese collaborators or traitors.

Question 3. Persons who held *chingwang* (high-ranking) positions, regardless of their willingness to hold such positions, should be deprived of the right to vote and/or be elected. However, certain Koreans who held high-ranking positions during the Japanese regime, as well as those of lower rank, such as policemen, were not necessarily hated or disliked by the Korean people. On the other hand, others were more pro-Japanese in their actions against Koreans than were the Japanese themselves.

Question 4. Persons who are unable to read or write should not be given the right to vote.

Question 5. Approximately three hundred representatives for the whole of Korea, on the basis of one representative per 100,000 population.

(7) Mr. Kim Sung Soo *(Chairman, Hankook Democratic Party)* :

Question 1. 23 years as the voting-age.

Question 2. Mr. Kim considered that there were no political prisoners in South Korea. Those who might be classified on this basis were imprisoned for committing acts of violence and not for political reasons.

Section 2 (*a*) — paragraphs 1, 2 and 3 of Public Act No. 5 were believed to be adequate.

With respect to paragraph 4, however, it would be very difficult to define and investigate those persons who were traitors, collaborators or profiteers. For the present, therefore, this provision should be omitted from the law. At a later date, following the establishment of a duly constituted government, this question should be given consideration. The regulations for North Korea on these questions (Section 1 (1)) were more acceptable, except for the provision which related to voting-age.

Question 3. It would be difficult to determine, on the basis of official positions alone, which persons co-operated with the Japanese to the detriment of Koreans.

Section 2 (*b*) of Public Act No. 5 should be omitted provisionally.

Persons who were guilty of pro-Japanese acts were believed to be so small in number that it would not be necessary to bar specifically such a group from the polls. Moreover, it would be difficult to determine which persons were guilty of pro-Japanese acts.

Question 4. Persons who cannot read or write should not be given the right to vote since such persons would not be able to exercise judgment on election matters. Moreover, such a provision would not exclude a large number of persons because a knowledge of the Korean alphabet may be acquired in a very short period of time.

Question 5. Approximately three hundred representatives.

(8) Mr. Cho Pyung Chai *(Secretary-General, Civil Liberties Union)* :

Question 1. No opinion expressed.

Question 2. All provisions of Section 2 (*a*) of Public Act No. 5, except paragraph 3, were considered adequate. The inclusion of paragraph 3 would have no effect on a free election.

Question 3. Persons who held high official positions during the Japanese regime should be tried by a special commission. In addition, persons who were in the Intelligence Service of the Japanese Army and those who furnished ammunition and other war materials to the Japanese should be tried by a special commission.

Question 4. Persons who cannot read or write *should* be given the right to vote.

Question 5. Not submitted.

(9) Mrs. Esther Whang Park *(President, Federation of Women's Clubs)* :

Question 1. Under present conditions, 23 is the proper voting-age, although at some future date this should be reduced. Age of candidature should be slightly higher than 25.

Questions 2, 3, 4 and 5 : Not submitted.

(10) Mr. Ahn Chai Hong (Civil Administrator).

(11) Mr. Kim Yung Moo (Chief Justice of Supreme Court).

(12) Dr. Chough Pyung Ok (Director, National Police).

(13) Mr. Chang Kun Sang (Chairman, Labouring People's Party).

(None of the above questions on elections was submitted.)

ANNEX XII

RECORDS OF OBSERVATION OF THE ELECTIONS OF 10 MAY 1948 BY THE COMMISSION'S OBSERVATION GROUPS

FIRST PERIOD OF OBSERVATION ; 5 to 10 APRIL 1948

(Registration of Voters)

OBSERVATION GROUP I

SUMMARY RECORD OF FIRST DAY OF OBSERVATION[1]

Present: Mr. Jackson (Australia); Mr. Ssutu (China); Mr. Valle (El Salvador); Mr. Manet (France); Mr. Singh (India); Mr. Luna (Philippines); Mr. Milner (Deputy Principal Secretary).

Duk Soo Palace, Seoul,
Monday, 5 April 1948, at 10.30 a.m.

Interview with members of Seoul City Election Committee

Mr. SINGH (India) stressed that the meeting was an informal interview to find out what arrangements had been made in Seoul for registration.

Mr. CHANG Kyung Keun, Chairman of Seoul City Election Committee, said that the 737 voting district election committees had begun registration on 31 March. The places of registration had been publicized, but unfortunately not through the medium of the Press by 29 March, as required by the election regulations. The national election committee had been consulted with regard to publication in the Press of the registration places and it had advised delay because of the large expense involved. In his opinion, since public notification could not be made through the Press, some other procedure had to be evolved. Another difficulty in publicizing registration in the Press was the fact that newspaper space was severely limited.

The registration places had been publicized by means of notices and posters.

Mr. KIM Hyung Min, Mayor of Seoul, said that in Seoul there were ten electoral districts, each with up to 150,000 inhabitants. Each district was divided into *dongs* of 3,000 to 5,000 households; the *dongs* were divided into *tongs* of 50 households; and the *tongs* were divided into *pans* of about 20 households. Instructions were passed through the various *dong*, *tong* and *pan* leaders to the individual households. Each household signed a mimeographed paper in receipt of the instructions, which was then passed on to the next household. That system had been carried on from the Japanese regime as it had been found very effective, in view of the fact that so many people did not read the Press or listen to the radio.

Mr. MANET (France) asked whether that effective procedure could be reconciled with the text of the election law.

Mr. MILNER (Deputy Principal Secretary) stated that, according to section 6 of the Regulations for implementing the Law for the Election of Representatives, registration places had to be publicly announced in the newspapers and by posters prior to the date of registration.

Mr. CHANG said that, up to 7 p.m. on 4 April, which was the sixth day of registration, 389,273 persons, or 53 per cent of the total number of eligible voters, had registered in the ten electoral districts.

Mr. KIM explained that the figures were based on the 1946 census, which gave the population of Seoul as 1,140,000. In actual fact, because of the influx of refugees from the North, the population was more in the region of 1,500,000. Of these 750,000, or 50 per cent, could be considered as over twenty-one years of age. As 389,273 such adults had already registered, 53 per cent of the potential voting body had registered.

Mr. CHANG said that in the *ku* (district) of Chong-No A only 32 per cent had registered. In Mapo, however, over 70 per cent of the potential voters had registered, and, in Yung Dung Po, 58 per cent. In order to encourage the remaining 47 per cent, the election officers were contemplating intensive publicizing of the elections through the *tong* and *pan* leaders in the next four days.

Up to 4 April, eight candidates had registered in the ten districts. By 15 April, at least fifthy candidates were expected.

A total of 13,468 people were employed in carrying out the registration procedure : 22 people were working for the Election Committee in Seoul; 180 for the ten electoral district committees; and 13,266 for the 737 voting district committees. In addition, many people in the administrative offices in Seoul were giving their assistance.

With regard to anti-election incidents, he stated that, up to that morning, three places had been attacked, and that two other places had been attacked during the morning. Registration place No. 33 in Sing Dang Dong was plundered at noon on 4 April, when only one registration clerk was present, the others being at lunch; 524 registration forms, as well as the poll registers and the list of residents, were stolen.

Mr. LUNA (Philippines) asked what steps had been taken to investigate the incident and to remedy the situation.

Mr. KIM, said that the matter had been reported to the police. The police had said that to assign one man to each of the 737 voting districts would be a heavy drain on their manpower. To effect such police protection would require an order from the national police headquarters. If one policeman were allotted to each of the 11,000 voting

[1] Document A/AC.19/SC.5/SR.1.

districts in South Korea, almost half the entire police force (of approximately 30,000) would be involved.

It was felt that the people whose registration forms had been stolen should be given a few extra days in order to re-register.

Mr. MANET (France) asked whether it had been contemplated to draw on the constabulary for protection. In addition it might be advisable not to keep the registration documents too long in the registration offices.

Mr. KIM said that Mr. Manet's observation about the constabulary was a most helpful suggestion. In the afternoon of 4 April, instructions had been issued that registration documents for each day should be kept in a safe place at night.

Mr. CHANG suggested five measures to prevent further incidents: firstly, all registration officers and clerks, etc., should be present during registration hours; secondly, poll registers, etc., should be removed to a safe place nightly (an order had already been issued to that effect); thirdly, there should be police protection in each district, a matter which was at present under negotiation with the authorities. As the police force was inadequate, youth organizations might be called in, but that would involve two difficulties: two meals a day might have to be provided, which was an expensive item; and most youth organizations were political. The constabulary had been mentioned, and he would negotiate with that body.

The fourth measure was to encourage those voters whose records had been stolen to re-register. Fifthly, it might be necessary to postpone the final registration date in the case of registration offices which had been plundered.

Mr. LUNA (Philippines) felt, with regard to the last consideration, that no action should be taken at present, but that postponement should be considered on 8 April if registration places were attacked near that date.

He further pointed out that the Director of National Police should be instructed to detail one policeman to each district.

Mr. CHANG said, with regard to the incident in Sing Dang Dong, that the police had arrested three persons, but had not recovered the records.

The second incident had taken place at the registration office at the West Gate, No-Go-San, at 12.30 p.m. on 4 April. Five young rascals had entered the office, threatened the officials with weapons and stolen a hundred registration forms completed that day; the other forms were in the safe.

The third incident had happened in Hwa Hak Dong, but no detailed report had yet been received.

The fourth incident was in registration place No. 11 in Mapo Ku, where, at 7.45 a.m. on 5 April, about sixty rascals, armed with stones wrapped in cloth, had entered and stolen the registration documents of the previous day. One of the intruders had been caught.

The fifth incident was in registration place No. 6 in Mapo Ku. At 8.10 a.m. on 5 April, six or seven rascals had entered and stolen the poll register. One elections officer had been severely wounded.

In reply to a question by Mr. MANET (France), Mr. KIM replied that no detailed reports concerning the incidents had been received from the police. It was therefore not yet possible to ascertain whether the miscreants belonged to any particular party.

Mr. CHANG announced that five million *won* had been appropriated by the Military Government for election purposes in Seoul alone, of which sum 1,300,000 *won* had been allotted to Seoul City Election Committee and the remainder to subordinate committees. 3,700,000 *won* would be allotted to the 737 voting districts. Each voting district would therefore receive between 4,000 and 5,000 *won*, which was adequate to cover the costs of preparing documents, but insufficient to pay the salaries of the election officers and clerks. As the clerks and secretaries held honorary posts, it was advisable to provide them with meals.

Mr. KIM stressed that, because of the inflation, the 5,000 *won* allotted to each district was roughly equivalent to 5 *won* pre-war and that the election officials worked from 7 a.m. to 7 p.m.

As the Military Government had announced that it could only subsidize the election costs, the Seoul City election committee had evolved the following plan to help cover the remaining expenses. Each *tong* had its own budget, to which each household contributed. It had been suggested that each *tong* should allot a maximum of 15,000 *won* from its budget (the fiscal year beginning in April) to election expenses. It was inadvisable to accept individual contributions towards the election budget.

He emphasized that less than one-tenth of the funds necessary for running the election committees existed. A sum of 5,000 *won* per district was much too small under existing conditions, when each meal cost 500 *won*.

Mr. SINGH (India) observed that the financial problems of the elections were not the concern of the Commission, but that it had been very interesting to hear them.

Mr. CHANG said that the Seoul City Election Committee usually met at least once a week to discuss propaganda measures. On the previous day, the Election Committee had split up and visited the electoral districts to observe local conditions. Those observer groups had six tasks: to ascertain whether registration was proceeding smoothly from 7 a.m. to 7 p.m.; to observe whether the registration places were in order; to ensure that the electoral district committees were encouraging people to register; to see whether the district committees were employing several methods to remind people of the desirability of registering and voting; to answer questions on the electoral and other laws; and to ascertain whether school superintendents had been requested to speak to the children so as to encourage their families to register.

In addition to the activity of the observer groups, Seoul City election committee had established propaganda towers throughout the city, had issued pamphlets, posted bills and affixed pennants and panoplies on buildings. Newspapers and the radio had also been used. The committee had contemplated summoning *ku* and *dong* leaders to instruct them on registration procedure. Other methods of propaganda were mobile exhibitions and loud-speaker cars. During the intervals in theatres and picture houses, people addressed the audience and publicized the elections.

It was his own opinion that, by restricting voting to one day, disruptive elements would be encouraged. At least three days were needed for voting, because, in addition, the election officers needed time to encourage those who had not voted to vote. He was deeply concerned with keeping the number of non-voters to an absolute minimum, because, after the elections, the question might be raised as to whether the government had been elected by a majority of the people. Such a question might also be raised with regard to a request by Korea for membership in the United Nations.

Mr. LUNA (Philippines) thought that the question of the voting day should be referred to the national election committee.

In reply to a question by Mr. SINGH (India), Mr. CHANG replied that so far there had been no cases of forged registration. The election officer checked the age of registrants in the birth registers of localities.

Mr. KIM said that several reports had been received from smaller units that irresponsible persons were discouraging people from registering by saying that those over 45 years of age could not register. There were also threats that people registering would be killed or would meet some disaster in a few days. He had instructed the police to investigate such cases, but there were many difficulties involved in investigating.

Mr. CHANG stated that, in the case of illiterates, two witnesses, one of whom might be an election officer, signed the registration form in accordance with section 9 of the regulations. There was a considerable number of illiterates, especially amongst the female population.

He was surprised to find that almost as many women had registered as men. The majority of the people were enthusiastic about the elections in spite of hostile interference.

He added that people were not forced to register, but that it was impressed on them that it was their duty to do so as inhabitants of a democratic country.

Mr. VALLE (El Salvador) asked what concrete steps had been taken to investigate the matter of the stolen documents.

Mr. CHANG hoped to be able to provide detailed reports in a few days. With regard to those already arrested, the election law provided that they should be examined by the police and tried by court of law.

Mr. VALLE (El Salvador) felt that the theft of the election documents might not be only a civil, but also a political crime. Simple legal investigation was not sufficient. It must be ascertained whether the crime was a premeditated act of a political group.

Mr. CHANG said that, as no detailed reports had been received, it was impossible to decide whether the crimes were of a political nature. In his opinion, the incidents were carried out according to the plan of certain destructive elements. As already indicated, a number of pamphlets had been circulated stating that those who participated in the elections were traitors.

Mr. KIM said that he had received one report. On Sunday, 4 April, a handbill had been passed to every house in the city stating that the elections should be boycotted. In the evening of the same day, Pyongyang (North Korea) radio had praised those people who had attacked registration places.

Mr. SINGH (India) thanked the members of the Seoul City Election Committee for providing the group with a useful picture of the situation and the problems involved.

In order to visit as many voting districts as possible, Group I then split up into two parties, which simultaneously visited different areas of Seoul. The observation of each party is recorded separately.

FIRST PARTY

Present: Mr. Manet (France); Mr. Luna (Philippines); Mr. Engers (Secretary).

Registration Place No. 3, Chong-No B, Seoul, Monday, 5 April 1948, at 3 p.m.

Mr. MANET (France) asked how many persons had registered so far, and he was told that 426 persons had registered out of a total of 600.

The registration clerk explained that he first asked the registrant his age, which he checked in the *hojuk* at his side. If the registrant was of eligible age, he signed the registration form and marked it with his seal or thumbprint. In the case of illiterates, the clerk filled in the registrant's name in the register, and the form was signed by two witnesses, one of whom might be the clerk himself.

Mr. ENGERS, Secretary, asked where the registration forms were kept at night.

The registration clerk replied that the forms were kept in a secret place which he did not wish to divulge.

Mr. ENGERS, Secretary, noticed a pile of printed pamphlets with a photograph on the desk and asked what the pamphlets were.

The registration clerk replied that the person depicted was Chang Myun, so far the only candidate standing in the district. He was a non-party candidate and a figure in the world of education. The registrants were free to take a copy of the pamphlet if they so desired.

Registration Place No. 1, Chong-No B, Seoul, Monday, 5 April 1948, at 3.25 p.m.

Mr. MANET (France) asked what chart the registration clerk was in the process of using.

The registration clerk replied that he used the chart to check the age of the registrants and that the chart was based on the Japanese system. So far a total of 550 people had registered, of whom 90 had registered that day. He believed the total of eligible voters in his area to be 700.

Mr. MANET (France) and Mr. LUNA (Philippines) said that they were very favourably impressed with the registration procedure.

Registration Place No. 39, Chong-No B, Seoul, Monday, 5 April 1948, at 3.45 p.m.

The registration clerk explained that the office had been moved to its present premises because, previously, the building of a local youth group had been assigned as a registration office and it had been felt that such a place was completely inappropriate.

The registration clerk stated that 400 persons had so far registered out of a total of 832. Sixty persons had registered since the morning. As yet there was no candidate for the area. Registration was, roughly speaking, equally divided between men and women and registrants were very enthusiastic about the elections. Most of them came early in the morning before going to work. He further explained that the registration forms were taken away nightly for safekeeping.

Registration Place No. 52, Chung Ku, Seoul, Monday, 5 April 1948, at 4.10 p.m.

The Group was greeted by the chairman of the election committee, who explained that the large portrait displayed outside the registration area was that of the secretary of Mr. Rhee Syngman, the only candidate standing so far.

The registration clerk said that 130 people had already registered, which brought the total to 536. He estimated the total number of eligible voters to be 1,300. In his experience registrants had shown great enthusiasm about the elections. Registration forms were sent to the *ku* (district administration) office for checking. The reference documents were not kept in the registration place.

Mr. MANET (France) asked how an ineligible registrant was informed of his ineligibility.

The registration clerk replied that, if the *ku* office declared the registrant ineligible, a messenger was sent to the person in question to notify him about his ineligibility. Usually *tong* and *pan* leaders made such notification. In practice, cases of ineligibility were very few.

Registration Place No. 33, Sung Dong Ku, Seoul, Monday, 5 April 1948, at 4.50 p.m.

The registration clerk said that, on the previous day, two persons had entered the office. One of them had asked how many persons had registered and had then said that the clerk should be killed for doing such work. They had then upset the tables and had stolen 525 registration forms. One of them had fled through the window and the other waited a short time before following him. The registration clerk had pursued them but had lost them. The people who had registered on the stolen cards had been asked to re-register and most of them had done so.

So far 540 people had registered, 20 of them on that day. In his opinion about 560 people were eligible to register.

Mr. MANET (France) asked if the people in that area were interested in the elections and was informed that people were very enthusiastic. That had already been proved by the fact that people had re-registered after the theft of the forms.

The registration clerk felt sure that the robbers were from some other district. To prevent a recurrence of the theft, the incident had been reported to the police, who had promised to patrol the district.

SECOND PARTY

Present: Mr. Ssutu (China); Mr. Valle (El Salvador); Mr. Singh (India); Mr. Milner (Deputy Principal Secretary).

Registration Place No. 14, Ah Hyun Dong, Mapo Ku, Monday, 5 April 1948, at 3 p.m.

In reply to a question by Mr. SINGH (India), it was stated that the registration office was opened on 30 March and that approximately 500 out of 700 eligible voters had already registered.

Mr. MILNER, Deputy Principal Secretary, asked on what basis the estimate of eligible voters had been made.

The chairman of the voting district election committee replied that the figure was based on the register of residents at the town *(dong)* office. There was no list of residents in the registration place and the registration forms had to be sent to the town office where they were checked.

Mr. SINGH (India) asked how many persons already registered were known to be qualified.

The chairman replied that 360 forms had already been approved and returned. He himself had been residing in the district for seven years and in many cases knew if the registrants were eligible.

Most people came to register between 7 a.m. and 9 a.m. and 6 p.m. and 7 p.m.

To a question by Mr. SSUTU (China), the chairman explained that he was a doctor in the local hospital and that his assistant was the local president of the Dai Dong Youth Organization, the office of which was located in the same building.

Mr. MILNER, Deputy Principal Secretary, asked what steps the election committee had taken to persuade people to register.

The chairman replied that all registrants had come voluntarily. The *pan* leaders had visited individual houses to inform people about the election procedures, the dates of registration and of voting and about the importance of the elections. There had been no propaganda against registration in that area.

The Group then witnessed a voter registering in the presence of a member of the Dai Dong Youth Organization. It was explained that the latter was present only to help with the office work. It was stated further that the eighteen members of the election committee undertook office duties in turn.

Mr. MILNER, Deputy Principal Secretary, asked if the members belonged to any political organization and was informed that two of them belonged to the National Association for the Rapid Realization of Korean Independence and that the others were non-party.

The election committee representative further explained that the 140 missing registration forms had not been returned from the town office because they had been sent over only the previous night. As a rule, the registration forms for each day were sent over in the evening of that day or, at the latest, on the following morning.

In view of the information received at registration place No. 14, Ah Hyun Dong, members of the Group then visited the dong office.

Town Office, Ah Hyun Dong, Mapo Ku, Monday, 5 April 1948 at 3.45 p.m.

The town office clerk explained that he knew the number of eligible voters in each district because he could refer to the book in which all residents had to register in order to draw their rice ration. The total population of the town was 8,800, and the date of birth of each resident was included in the register.

There were four voting districts in the town, each having its own registration office from which the registration forms were sent to the town office for checking. If the forms were in order, they were returned to the local registration office. In the case of forms which were not in order, the reasons for ineligibility were indicated in red ink on the forms, which were then returned to the local registration office. Very few forms had yet been rejected. There had been no case of a person not registered at the town office seeking to register as a voter.

He added that he was a full-time employee of the town office and at the same time the local leader of the Dai Dong Youth Organization.

Mr. SSUTU (China) asked what authority controlled the office.

The clerk replied that the office was supervised by the Mapo Ku authorities. The chief of the office was Mr. So, who did not belong to any organization.

Mr. MILNER, Deputy Principal Secretary, asked who had made the arrangements for the present system of checking registration forms.

The clerk replied that the Mapo Ku was responsible. The registration office took the necessary steps, in the case of ineligibility, to inform the registrant.

In reply to a question by Mr. SSUTU (China) he said that the office was also responsible for food distribution : the rice ration was distributed every two weeks.

Registration Place No. 6, Moo Kyo Dong, Chung-Ku, Monday, 5 April 1948, at 4.10 p.m.

Mr. YANG Chai So, a member of the voting district election committee, who was present in the registration place with one clerk, said that his work on the committee was, at present, his sole employment. He stated that, of the 643 potential voters in the district, 343 had already registered. He based his figures on the register of residents containing their address and date of birth, to which he referred each time a person registered for voting. So far there had been no cases of invalidity. The office also dealt with food rationing. As there was only one district in the town, the town office did not receive registration forms from other registration places.

In order to publicize the elections, *tong* and *pan* leaders had been summoned by the election committee so that they could be instructed to hold meetings at which they could explain the mechanism of the elections to the people. Since a *pan* embraced ten to twenty households, the *pan* leader could invite all the people in his area to his house. The voters had been told that they had to register before 8 April and vote on 10 May and that the independence of Korea depended on their vote. He knew of no anti-election propaganda in his voting district.

Mr. PAK, chairman of the town office and of the election committee, arrived with the vice-chairman. Mr. SSUTU (China) asked him why, on the chart indicating the number of registered voters, the number of women was larger than that of men.

Mr. PAK replied that approximately 65 per cent of the local population were women, as many men had emigrated for better paid jobs. He added that he himself had no other employment and that neither he nor the vice-chairman were members of any political organization.

SUMMARY RECORD OF SECOND DAY OF OBSERVATION [2]

Present : Mr. Jackson (Australia) ; Mr. Ssutu (China); Mr. Manet (France); Mr. Singh (India); Mr. Villalva (Philippines); M. Milner (Deputy Principal Secretary).

City Hall, Kaesong, Kyonggi-Do, Tuesday, 6 April 1948, at 10 a.m.

Interview with Kaesong City electoral district election committee

Mr. CHO Tai Seun, chairman of the electoral district election committee, welcomed the Group and introduced the election committee. The vice-chairman and he had been appointed by the Chief Judge of the District Court in Seoul on 20 March; of the sixteen other members, eight had been appointed by the civil courts and eight by the mayor of Kaesong.

Mr. SINGH (India) explained that the United Nations Commission had been appointed to observe the elections on 10 May provided certain conditions were fulfilled. Three observation groups had been established; the present members formed Group I. Prior to visiting local registration offices, the group desired to ask the election committee questions concerning election propaganda and the mechanics of registration.

Mr. JACKSON (Australia) asked the Chairman to give a general outline of the population statistics for the Kaesong area.

Mr. CHO explained that, according to the census of 25 August 1946, 87,926 people resided in the area. A more accurate indication of the actual population might be obtained from the number of people registered for the rice ration, which was 97,310. The city of Kaesong constituted one electoral district and there were alto-

[2] Document A/AC.19/SC.5/SR.2.

gether fifty-nine voting districts. Until 7 p.m. on 5 April 1948, 34,456 persons had registered out of a total of approximately 38,908. His figure was based on 40 per cent of the total number of residents.

Mr. SINGH (India) asked how the eligibility of a registrant was checked.

Mr. CHO replied that the registration forms were sent from the registration office to the central office in the city hall where they were checked. If a registrant were found to be ineligible, Mr. Cho himself made an appropriate indication on the form. The form was then returned to the local office and the person concerned summoned to the office, at which time he would have an opportunity to produce documents to prove his eligibility.

Mr. SINGH (India) said that there was a great difference between the population figure of the 1946 census and the figure based on the register for rice rations. He asked how the eligibility of new arrivals since the 1946 census was checked.

Mr. CHO replied that, between 1946 and 1947, thousands of refugees had come from the North and settled in Kaesong. On arrival, the refugees had been questioned and provided with a temporary birth certificate which was kept in the city office. Such refugees were entitled to register. He added that recent arrivals in Kaesong did not receive rice unless the proper registration procedure was observed.

In reply to a question by Mr. SSUTU (China), he estimated that 45 per cent of those already registered were women. He added that he thought that all those who had registered would vote. *Tong* and *pan* leaders had been instructed to notify people to register. Since 5 April, the election committee members had been assigned to various areas of Kaesong so that they could make propaganda in individual streets. People who did not wish to register were not forced to do so.

There was no organized opposition to the elections. There had been a single case of activity by disruptive elements in the north of the city who had distributed anti-election pamphlets.

Mr. JACKSON (Australia) asked what steps had been taken to prevent theft of documents from registration offices.

Mr. CHO said that usually only two people were present as registration officers but that the documents were usually returned to the city hall at night.

In reply to a question by Mr. SSUTU (China), he added that the percentage of illiteracy so far was approximately 25 per cent.

Mr. VILLALVA (Philippines) asked how many booths would be set up in each voting district.

Mr. CHO said that the instructions of the national election committee in Seoul had been requested on that point.

On request, the chief civil affairs officer for the Kaesong district gave the following statistics concerning registration up to 7 p.m. on 5 April 1948:

In Yun Back Gun (population 211,000) 70 per cent of eligible voters had registered. It was divided into two districts in which 35,276 and 36,316 persons respectively had registered.

In Chang Dan Gun, 12,028 persons had registered, which represented 65 per cent of eligible voters.

In Paju Gun, 38,426 persons had registered, which represented 94.8 per cent of eligible voters.

Mr. RHEE Seung Deuk, Mayor of Kaesong, thanked the United Nations Commission for its work in connexion with Korean independence, and praised the United Nations for its efforts in the cause of human welfare and of the liberty of small nations. He expressed his full support of the elections to be held on 10 May, which would result in the constitution of a National Assembly and the unification of Korea.

Mr. SINGH (India) said that, although appreciating the nature of such welcomes, the Observation Groups had felt it necessary to decline all social and civic engagements in order to concentrate on their work.

Registration Place No. 2, Kaesong, Kyonggi-Do, Tuesday, 6 April 1948, at 10.55 a.m.

Mr. RHEE Seung Deuk, Mayor of Kaesong, who accompanied the Group, said that he intended to resign as mayor in order to stand as an independent candidate.

The Group noticed that, according to a chart on the wall, 75 per cent of eligible voters had registered up to 6 April.

There were no registrants present but the Group noted that the registration office seemed to be run in orderly fashion.

Registration Place No. 2, Suheung Dong, Kaesong, Tuesday, 6 April 1948, at 11.10 a.m.

To a series of questions by Mr. SINGH (India), Mr. HUN Kwan Ho, registration officer, replied that most voters came to register between 9 a.m. and 12 noon He knew most of the registrants personally, and only a few people had come to register by mistake because they had believed that they belonged to the district. In such cases he consulted the list of residents and directed the registrants to the proper registration office.

He added that approximately 500 persons were eligible, of whom 330 had already registered. Both *pan* leaders and messengers of the election committee had called on individual households to impress the population with the significance of the elections. In general, the population was extremely enthusiastic about the elections.

Registration Place No. 1, Sunjeuk Dong, Kaesong, Tuesday, 6 April 1948, at 11.35 a.m.

In reply to Mr. SINGH (India), Mr. OO Soo Yun, chairman of the voting district election committee, replied that the number of potential voters was 342 men and 339 women. Of those 278 men and 280 women had already registered. He pointed out that these figures were only up to 5 April and that many people had come on the present day. He felt sure that the majority of the remainder would come to register.

Mr. JACKSON (Australia) asked whether there were any refugees from the North in the area.

Mr. OO replied that there were few refugees and that, in any case, they had to pass the 60-day qualifying period before being entitled to register.

Approximately 30 per cent of the registrants were illiterate.

Mr. JACKSON (Australia) asked whether there were any members of youth groups on the election committee.

Mr. OO replied that he belonged to the Dai Dong Youth Organization and that he was the only member of a youth group on the election committee.

To a question by Mr. SINGH (India), he replied that he was the owner of the surrounding land.

Mr. SSUTU (China) asked how many candidates were standing so far and to what parties they belonged.

Mr. OO answered that there were three candidates so far, one of whom was a figure in the educational world, one an independent, and one probably of a political group. He did not know to which political group the last candidate belonged.

He mentioned that the election committee had been appointed by the Mayor of Kaesong.

Mr. SSUTU (China) asked how large the membership of the youth groups was.

Mr. OO replied that there were 4,000 members of the Dai Dong organization in Kaesong City; there were about 80 in his area. In addition, there were two other independent and non-political youth groups : the National Youth Movement sponsored by the Military Government and the Young People's Alliance. There were no district political parties but in the Kaesong area there was a semi-political party, the National Association for the Rapid Realization of Korean Independence, whose vice-chairman was murdered on 12 December 1947.

Mr. SSUTU (China), noticing certain women at the desk, who were introduced as members of the election committee, asked them what was the attitude of the female population to the elections, and was informed that most Korean women were aware of the importance of the elections, knew the procedure and intended to vote. Assemblies and speeches were held to impress the women with the meaning of the elections and pamphlets had been distributed to that end by the *tong* and *pan* leaders.

Mr. OO added that the election officers split up and visited households to whom they passed the pamphlets.

At the request of Mr. MILNER, Deputy Principal Secretary, a summary was given of one of the pamphlets supplied by the voting district election committee, which stated that in view of the registration period it was necessary to enlighten the people of the district in order to reduce abstention from registration to a minimum. The pamphlet further stated that a meeting would be held on 27 March in Man Wol Primary School Assembly Hall and that *dong* leaders and chairmen and alternate chairmen of all voting district election committees were urgently requested to attend.

Mr. OO stated that these pamphlets were issued by the Mayor of Kaesong and the chairman of the Kaesong election committee.

Mr. VILLALVA (Philippines) remarked that the questions leading to the producing and reading of the document had been put *motu proprio* by the secretariat.

Mr. SINGH (India) requested a copy of the pamphlet.

Registration Place No. 3, Puk An Dong, Kyonggi-do, Tuesday, 6 April 1948, at 3.15 p.m.

Mr. CHAI Yung Chin, chairman of the voting district election committee, stated that he was an *in-san* producer. He stated that most people had already registered; there had been only eleven registrants that day. Only 95 persons had still to register. Not more than ten people from North Korea had registered.

Mr. JACKSON (Australia) asked how the election committee was composed.

Mr. CHAI replied that there were altogether eighteen officers and alternates, of whom none were government employees. Four of them were members of youth organizations but none belonged to the National Youth Movement. There had been no activity concerning the elections on the part of the youth organizations in that area.

He added that the population was fairly interested in the elections and he felt sure that all those who had registered would vote.

So far there was no candidate from his district. There was only one association in the district and in his opinion, only one person would stand as candidate.

Mr. SINGH (India) asked if there had been any fraudulent registration.

Mr. CHAI said that 668 persons out of a total of 773 potential voters had registered and that the committee had immediately checked to ensure that they were all residents of the district.

In reply to Mr. SSUTU (China), he stated that the percentage of illiterates was 30 per cent.

Mr. SINGH (India) asked what methods had been employed to encourage people to register.

Mr. CHAI said that the *pan* leaders went from house to house to explain the election procedure and encourage registration according to instructions by the election committee. The system of *pan* leaders, who were appointed by the *dong* office, was a heritage of the Japanese regime and, because it had proved satisfactory, it had been retained. Some of the more recent appointments of *pan* leaders had been made on the recommendation of local households. There were about ten households in each *pan*.

Interview with a " man in the street "

Members of the Group stopped a passer-by at 3.40 p.m. to enquire into his experiences and attitude with regard to the elections. He expressed his willingness to be interviewed.

The passer-by willingly gave his name as SHYNN Chong Shyu. He had registered at registration place No. 2 in Hong-Hyun. Until 1946, he had been living in North Korea, but his business had failed and so he had come south to visit his brother-in-law. He stated that he had no formal political affiliation but that he favoured the rightists.

He told the members that his pan leader had visited him personally and had told him that the registration day was approaching and that he should decide whether he would register or not. The *pan* leader impressed the significance of the elections on him. As far as he knew, his neighbours had had the same experience and he doubted whether any of them were too indifferent or two lazy to register.

SUMMARY RECORD OF THIRD DAY OF OBSERVATION [3]

Present: Mr. Ssutu (China); Mr. Valle (El Salvador); Mr. Manet (France); Mr. Singh (India); Mr. Engers (Secretary).

Inchon City Hall, Kyonggi-do, Korea, Wednesday, 7 April 1948, at 10.30 a.m.

Colonel EVANS, Chief Civil Affairs Officer, welcomed the Group and reported that up to the present the registration procedure had functioned very smoothly and without interference.

Mr. KIM Moo Yong, chairman of the election committee of electoral district A, expressed his appreciation of the Commission's efforts in the cause of Korean independence.

Mr. SINGH (India) requested a general outline of the election situation in Inchon.

Mr. KIM said that Inchon, which had a total of 115,853 eligible voters, of whom 89,648 or 88 per cent had already registered, had been divided into two districts for the purpose of the elections. District A had 60,039 eligible voters, of whom 43,915 had registered up to 5 p.m. on 6 April; district B had 55,714 eligible voters, of whom 45,733 had already registered in the same period. His figures were based on statistics obtained from birth certificates and certificates of residence filed in the City Hall.

Mr. SINGH (India) asked what methods were employed to notify eligible voters of the registration procedure.

Mr. KIM replied that notification was made through the Press, posters and *pan* leaders. The latter passed the information from household to household. No types of organizations, including youth organizations, were used as media. All propaganda for the elections emanated from the City Hall and from the election committees which, at the present stage, were only responsible for supervising registration procedure.

To a question by Mr. MANET (France), he replied that there had been no complaints concerning the activities and behaviour of the youth organizations in that area.

Mr. SINGH (India) asked how the election committees were composed.

Mr. KIM explained that each of the two election committees was composed of a chairman, an alternate chairman, eight members and eight alternates. None of the members of his committee belonged to a party or youth organization.

Mr. KIM Tay Yong, chairman of the election committee of electoral district B, said that only one member of his committee belonged to a party, the National Association for the Rapid Realization of Korean Independence, and none to any youth organization.

In reply to Mr. SINGH (India), Mr. KIM Moo Yong said that there were 89 registration places in district A and 93 in district B.

Birth and residence certificates were used to check the eligibility of registrants. A second check was made by the central authorities. That system had worked well and so far there had been no cases of fraudulent registration.

Mr. SSUTU (China) asked whether there had been any anti-election incidents.

Mr. KIM Moo Yong replied that no attempts had been made to destroy or plunder registration places. There had been no anti-election manifestations, but hostile pamphlets had been secretly distributed, generally at night. A copy of one of these pamphlets was handed to the secretariat.

Captain SEKAN, Assistant Civil Affairs Officer, stated that there had been an anti-election demonstration in which approximately 100 middle school students and 40 labourers had taken part.

In reply to a question by Mr. ENGERS, Secretary, Mr. KIM Moo Yong stated that three candidates had registered in each of the districts; in district A, one candidate was independent, one belonged to the Hankook Democratic Party, and one to the National Association for the Rapid Realization of Korean Independence; in district B, one candidate belonged to the last-named organization, one to the Tai Han Labour Union, and one to the Hankook Democratic Party.

Approximately 50 per cent of the registrants were women; the percentage of illiterates was less than 10 per cent.

Mr. Kim said that, by profession, he was judge of the Inchon District Court and his colleague, Mr. Kim Tay Yong, was a lawyer.

While proceeding to the next point of observation, Mr. SSUTU (China) drew the attention of the Group to posters demanding the withdrawal of the United Nations Commission; other posters, which were of the Korean National Youth Organization, welcomed the Commission.

Registration Places Nos. 1 and 2, Naidong, District A, Inchon, Korea, Wednesday, 7 April 1948, at 11.20 a.m.

Mr. PAK Chu Tong, chief of the *dong* assembly, said that up to 7 p.m. on 6 April, 1,516 people had registered out a total of 1,733 eligible voters.

[3] Document A/AC.19/SC.5/SR.3.

Mr. SINGH (India) asked what the registration place was normally used for.

Mr. PAK replied that the office normally belonged to the *dong* assembly. It was not used for the distribution of rations.

Registration Place No. 1, Yon Dong, District A, Inchon, Wednesday, 7April 1948, at 11.40 a.m.

Mr. KIM Chi Kun, election officer, explained that the four persons present were the election officers who worked in the morning; the y were replaced by their alternates in the afternoon.

To a question by Mr. SINGH (India), he replied that 956 out of a total of 1,150 eligible voters had already registered. He showed Mr. Singh the books which were used to check the identity and eligibility of registrants. The initial checking took place in the registration place and not in the Central Office, but a second check was effected in the central office. So far there had been no case of fraudulent registration.

Registration Places Nos. 1 and 2, Kum Kok Dong, District B, Inchon, Wednesday, 7 April 1948, at 11.55 a.m.

Mr. Ho Yong Su introduced himself as chairman of the election committee of the first voting district and Mr. KIM Yong Won as chairman of the election committee of the second voting district. The other persons present were election officers.

In reply to a question by Mr. SINGH (India) he said that, in registration place No. 1, 827 out of a total of 860 eligible voters had already registered; in registration place No. 2, 643 out of a total of 699 potential voters had already registered.

The percentage of illiterates was approximately 30 per cent. When an illiterate registered, a clerk filled in the form and the chairman or an election officer acted as witness. The illiterate person was not allowed to bring his own witness.

Mr. SINGH (India) asked what methods were used to notify people about registration procedure.

Mr. KIM Yong Won, replied that information concerning the registration procedure emanated from the chairman of the voting district and was disseminated by *pan* leaders. The people were also summoned to public meetings.

The registration place was normally used for the administration of the *pan*.

In reply to a question by Mr. SINGH (India), he explained that he was head of a factory of the Asiatic Chemical Company and that his colleague, Mr. Ho Yong Su, was a newspaper man attached to the *Central Newspaper*.

There had been no anti-election manifestations or incidents. Registration records were sent nightly to the chief of the *dong Hai* for safe-keeping.

Registration Place No. 2, Chung Yong Dong, District B, Inchon, Wednesday, 7 April 1948, at 12.10 p.m.

Mr. YU Man Kyong, chairman of the election committee, stated that 522 persons out of a total of 676 eligible voters had registered up to 7 p.m. on 6 April. Eligible voters had been notified by the *pan* leaders and by the chairman and members of the election committee.

Mr. MANET (France) asked whether the local population showed genuine interest in the elections.

Mr. YU replied that, generally, interest was great. In his opinion not more than 20 per cent of the people were indifferent. There seemed to be no organized opposition, but anti-election handbills had been distributed on two occasions.

The registration documents were removed to a safe place at night.

Eligibility was checked by reference to birth and residence certificates. He showed the Group a copy of a certificate of registration bearing a seal and a number which was given to each registrant.

Mr. KIM Hoo Yong and Mr. KIM Tay explained that they had taken the initiative in introducing the certificate of receipt.

Mr. YU stated that the percentage of illiteracy was approximately 30 per cent.

To a question by Mr. SSUTU (China), he replied that, by occupation, he was a dealer in sea products.

The registration place was normally an administrative office, one of its administrative tasks being to inform the public about rice distribution. The office was also responsible for transmitting circulars to *pan* leaders and for implementing special orders; it was the smallest administrative unit under the City Hall.

SUMMARY RECORD OF FOURTH DAY OF OBSERVATION[4]

Present: Mr. Ssutu (China); Mr. Valle (El Salvador); Mr. Singh (India); Mr. Villalva (Philippines); Mr. Engers (Secretary).

Provincial Headquarters, Chunghong, Kang Won Do, Thursday, 8 April 1948, at 10.30 a.m.

Mr. SHIN Bong Joo, chairman of the provincial election committee, said that, up to 7 p.m. on 7 April, 461,557 out of a total of 507,938 eligible voters had registered, which represented 91 per cent of the electorate of the entire province.[5] In Chunchong City, the percentage was 96 per cent.

The population had been informed about registration through the Press, radio and by public speeches by the *Myun* chiefs, provincial chiefs, judges of district courts and election officers. Posters, propaganda towers and enlightenment groups which toured the villages had also been used. *Pan* leaders had been instructed to inform each household of the desirability of registering.

[4] Document A/AC.19/SC.5/SR.4.

[5] For statistics of registration in the main towns of Kang Won Do as supplied by the provincial election committee, see Appendix, page 189.

The enlightenment groups were mainly composed of sixteen members of the voting district election committee; they included no members of youth organizations.

Mr. SINGH (India) asked whether there were any youth organizations in the province.

Mr. VILLALVA (Philippines) objected to that question. In his opinion, the appropriate person to answer such a question was the Military Governor.

Mr. SHIN said that he had no knowledge of any such organizations in the province.

So far there had been no pressure on registrants nor any fraudulent registration. Eligibility was checked by reference to birth and residence certificates which were kept in the registration place. There were 797 registration places in the province, each of which kept its own reference documents.

The percentage of women registrants was fifty; illiterates amounted to 5 to 10 per cent.[6] In the case of illiterates, the election officer or clerk completed the form in the presence of two witnesses who could be the election officers themselves.

The provincial election committee was composed of ten election officers and ten alternates, of whom three belonged to parties and one to a youth organization.

So far only two candidates had registered; there were twelve seats open for election. One candidate was from Kang Neun and was a member of the Dai Dong Youth Organization; the other belonged to the National Association for the Rapid Realization of Korean Independence.

Mr. VILLALVA (Philippines) asked whether the law specifying that not more than three members of any election committee should belong to any one political party was being observed, and was informed that it was.

In the case of blind registrants, literates filled in the forms and their hands were guided by election officers; registration of illiterates was effected in the usual way.

Mr. SSUTU (China) asked whether school teachers and political leaders spontaneously helped to encourage registration.

Mr. SHIN replied that he had no knowledge of any such cases.

Mr. YANG Bong Hak, alternate chairman, said that intellectuals, teachers and other respected personalities stressed the importance of the election and urged people to register.

In reply to Mr. SINGH (India), Mr. SHIN explained that he was by profession judge in the District Court of Chunchong; the alternate chairman was also a judge, and both of them were politically independent.

There had been no organized opposition to the elections in the province, but there had been two cases of anti-election pamphlets being distributed by persons whom he believed to be leftists. He added that, in registration place No. 2, Kangnung, the wooden sign outside the door had been removed; nothing more was known about the incident.

There were 38 registration places in Chunchong City.

Mr. ENGERS, Secretary, asked how long it would be after 7 p.m., on 10 May, before the election results would be known, taking into account the fact that Kang Won Do was a rural province.

Mr. SHIN replied that, in his opinion, the results would be known by the morning of 12 May.

Mr. SINGH (India) thanked the chairman and committee members for the useful data which they had provided.

City Hall, Chunchong, Kang Won Do,
Thursday, 8 April 1948, at 11.40 a.m.

Mr. SINGH (India) asked the chairman of the city election committee for information concerning the progress of registration.

Mr. BYUN Jun Wo, chairman of Chunchong City election committee, announced that 94 per cent of the 21,823 eligible voters had already registered. The election officers had done much to encourage the people to register. There was no anti-election activity and he felt sure that those who had registered would vote.

Approximately 5 per cent of the registrants were illiterate, and their registration was effected according to the procedure specified in the law. Forty-five per cent of the registrants were women.

To a question by Mr. VILLALVA (Philippines), he replied that he was president of Kang Won Sericulture and Silk Producing Company. At present he held no governmental position.

Only two members of the election committee were affiliated with a political party, the National Association for the Rapid Realization of Korean Independence.

County Hall, Chun Sung Gun, Kang Won Do,
Thursday, 8 April 1948, at 12.5 p.m.

Mr. SINGH (India) said how much the Group appreciated the opportunity of meeting the various election committees and hoped that the Chun Sung Gun election committee would excuse the shortness of the visit, which was due to the fact that much work had to be done.

Mr. HAN Suk Ho, chairman of the election committee, offered the services of a guide to aid the Group in its tour of the registration places.

Mr. SINGH (India) gratefully accepted the offer on behalf of the Group.

Sobu Dong Registration Place, Kang Won Do,
Thursday, 8 April 1948, at 1.35 p.m.

Mr. RHEE Kap Pong, chairman of the election committee, said that 523, or 97 per cent, of the 542 eligible voters had already registered. The estimate of the total eligible was based on birth and residence certificates and on the rice ration register, which were kept in the registration place.

He explained that the registration place was normally used as the office of Sobu Dong Assembly. Rice ration cards and registers were kept there.

The election officers, in collaboration with the *pan* leaders, had encouraged the voters to register. There had been no unwillingness to register, and no pressure was exercised on the electorate. There was no anti-election activity.

In reply to a question by Mr. SINGH (India) he said that the election committee was composed of a chairman, an alternate chairman, eight members and eight alternates. Only three members had party affiliations, all three, including himself, being members of the National Association for the Rapid Realization of Korean Independence.

[6] The chairman at first stated that 50 per cent were illiterate.

By profession, he was chief of the local branch office of the Seoul newspaper *Tai Dong*.

The aid of youth groups had not been summoned because the election officers had felt that they could convince people of the desirability of registering through the existing media.

In reply to Mr. VILLALVA (Philippines), he stated that the election register was open for public inspection from 7 a.m. to 7 p.m.

So Yang No Registration Place, Sa Ga Dong, Kang Won Do, Thursday, 8 April 1948, at 1.55 p.m.

Mr. ANN Dong Wan, chairman of the election committee, announced that, up to 7 p.m. on 7 April, 507 persons out of an approximate total of 543 eligible voters had registered. The figure for the total was approximate because many people had moved out of the district after the last census. Thirty of the remaining 36 persons were not expected to register, because they had left the district for business purposes, which left a total of six remaining eligible voters.

Mr. SSUTU (China) noticed that, according to a wall chart, of the number of voters registered 256 were women and 251 men.

Mr. ANN informed the group that he was a landowner.

The chairman of Sa Ga Dong Assembly was a member of the election committee. Mr. Ann explained that that member only dealt with rice rationing in the capacity of a clerk, as the Dong Assembly was not primarily concerned with food distribution.

Three members of the election committee were affiliated with the National Association for the Rapid Realization of Korean Independence.

Registration Place No. 2, Cho Cha Dong, Kang Won Do, Thursday, 8 April 1948, at 2.20 p.m.

Mr. SON Jun Sup, alternate chairman of the election committee, said that he was a building constructor by trade.

The election committee was composed of a chairman, alternate chairman, eight members and eight alternates.

So far, 886, or 92 per cent of the total of 965 eligible voters, had registered. The percentage of women was 50 per cent, and of illiterates 25 per cent.

Only three members of the election committee had party affiliations, being members of the National Association for the Rapid Realization of Korean Independence.

The registration place was normally used as the office of the Cho Cha Cloth Manufacturing Company.

Mr. ENGERS, Secretary, asked what measures were taken to facilitate the registration of sick persons.

Mr. SON replied that if the sick person were a chronic invalid who could not write, he could not register. In the case of temporarily sick persons, friends and relatives usually helped the registrant to register. If a sick person only recovered after the registration was closed, he would be allowed to register on the production of a certificate from his *pan* leader or doctor.

A considerable number of refugees from North Korea who had been in residence in the area for more than 60 days had registered.

In reply to a question by Mr. SSUTU (China), he added that none of the election committee members was a school teacher or belonged to any social or educational organization.

Registration Place No. 2, Cho Ja Dong, Kang Won Do, Thursday, 8 April 1948, at 2.40 p.m.

Mr. KIM Chang Suk, chairman of the election committee, said that his normal occupation was that of local governmental administrator in connexion with rice distribution. He himself was chairman of the election committee, the remainder of the committee being composed of an alternate chairman, eight members and eight alternates.

Up to 7 p.m. on 7 April, 630 out of a total of 675 potential voters had registered, which was equivalent to 90 per cent. Of those registered, 319 were women. Illiterates were as high as 70 per cent of the total, probably because the district was agricultural and the population mainly tenants.

To a question by Mr. SSUTU (China), he replied that usually the chairman or alternate chairman and five members were on duty at one time. Three members and three alternates belonged to the National Association for the Rapid Realization of Korean Independence. One alternate member belonged to the North West Youth Group; two members and two alternates belonged to the Dai Dong Youth Group. One alternate belonged to the Tai Han Labour Union. The remainder were politically independent.

APPENDIX

REGISTRATION STATISTICS FOR THE MAIN TOWNS IN KANG WON DO[7] *(as at 7 p.m., 7 April 1948)*

	Eligible	Registration	Percentage
Chunchon	25,463	24,438	96
Chunsung	38,000	37,978	99
Hongchon	58,968	57,095	96
Hoengsung	43,118	38,630	92
Wonju	48,226	42,275	89
Yongwol	41,083	36,722	89
Pyongchang	39,527	35,215	88
Chonsung	25,542	21,154	82
Kangnung A.B.	78,899	67,221	85
Samchok	65,540	64,020	97
Ulchin	41,083	36,722	89
TOTAL	507,938	461,557	91

[7] The statistics as given here were supplied by the Kang Won Do provincial election committee.

SUMMARY RECORD OF FIFTH DAY OF OBSERVATION [8]

Present : Mr. Manet (France); Mr. Singh (India); Mr. Villalva (Philippines); Mr. Milner (Deputy Principal Secretary).

Capitol, Cheju, Cheju-Do,
Friday, 9 April 1948, at 2.25 p.m.

Interview with Cheju Do provincial election committee

Mr. SINGH (India) invited the governor of the province to give a general outline of the existing situation, and the chairman of the provincial election committee to give some general information on the progress of registration.

Mr. RYU Hai Chin, Governor of Cheju Do, explained that the *Do* was divided into North Gun, with two electoral districts, A and B, and South Gun with one electoral district. The population of the entire *Do* totalled 270,000, of whom one-third were estimated to be eligible voters. Of the 90,000 eligible voters, 71,893 had already registered up to 7 p.m. on 8 April, which represented approximately 80 per cent. [9]

There were three political parties in the *Do* : the Democratic Independence Party of Mr. Hong Myung Hi, which was the strongest; the Korean Independence Party of Mr. Kim Koo, which was the next strongest; and the South Korea Labour Party, which was an underground movement of destructive elements.

The Democratic Independence Party and the Korean Independence Party, as organizations, were officially in opposition to the elections but individual members of both parties had nevertheless registered. The South Korea Labour Party, on the other hand, opposed the elections both individually and as an organization.

Mr. MILNER, Deputy Principal Secretary, asked on what basis the figure of 90,000 eligible voters had been estimated.

Mr. RYU replied that the estimate was based on the average age of the population and the death rate.

Mr. CHAI Won Sun, chairman of the provincial election committee, said that, as far as he knew, one member of the Korean Independence Party, Mr. Kim Chung, was canvassing for 200 signatures and would probably register as a candidate. There was no candidate from the Democratic Independence Party, and the South Korea Labour Party, in view of its anti-election policy, would certainly not put forward a candidate.

Mr. RYU said that the closing date for registering candidates was 16 April.

The recent disturbances in Cheju Do had taken place about 2 a.m. on 3 April and 4 April. There had been eight attacks on police boxes; one police box had been set on fire; six policemen had been killed; seven policemen had been wounded and two had been kidnapped. There had also been attacks on members of the Dai Dong Youth Group, of which nine members had been killed, twenty-nine wounded and five kidnapped. Three houses belonging to members of the Dai Dong Youth Group had been burned. So far three of the miscreants had been killed. The police believed that the miscreants were communists. There had been no disturbances before 3 April; after 4 April there had been some disturbances, on which no detailed reports were yet to hand. On the previous night, for example, the police box at Song San had been attacked. As far as he knew only one registration place had been attacked and set on fire; fortunately, the registration documents had been removed as registration had been completed in that locality.

Mr. CHAI believed that communist elements of the South Korea Labour Party were responsible for the disturbances. The communists were against the elections mainly because they maintained that the purpose of the elections was to divide Korea. On the other hand, they had caused similar disturbances after liberation, which led him to think that they were carrying out destruction only for its own sake.

Kwang Ju and Yosu, in Cholla Nam Do, were believed to be the seats of the communist elements; rich communists in those areas were supposed to finance the disruptive elements in Cheju Do. So far, eleven arrests had been made. One of those arrested had declared that he had committed murder, and four others had been found in his company. Six people were under investigation.

In reply to a question by Mr. SINGH (India), he added that attacks were made principally against police premises rather than registration places.

Mr. RYU said that the miscreants fell into two categories : those who opposed separate elections and the establishment of a separate government in South Korea, and those who aimed at destroying what they termed the "puppets of the extreme right" which meant especially the Dai Dong Youth Group and the police. He added that the one registration place which had been attacked was normally the office of the Dai Dong Youth Group.

Both the chairman of the Provincial election committee and he believed that the disturbances were caused by members of the South Korea Labour Party and that they were instigated by elements outside Cheju Do. The communists had adopted the tactics of telling the people that the mainland of Korea had been entirely communized, that a People's Republic, with its capital in Seoul, had been set up, and that it was necessary for the people of Cheju Do to follow the example of the mainland.

Mr. CHAI said that both Japanese weapons and dynamite had been used by the rioters.

Apart from the eleven arrests which had been made when the rioting began, writs of court had been made out on 7 April for the arrest of ten people accused of killing policemen after 3 April. Five of these came from outside Cheju Do.

Mr. VILLALVA (Philippines) asked whether any individuals or groups had attempted to discourage people from registering.

[8] Document A/AC.19/SC.5/SR.5.
[9] For day-to-day registration figures, as supplied by the provincial election committee, see Appendix, page 192.

Mr. RYU replied that on one occasion members of the South Korea Labour Party had frightened a member of a local election committee into tendering his resignation. Two members of the election committee had also been killed.

Mr. CHAI said that, on 31 March and 1 April, he had received instructions from the national election committee in Seoul concerning the composition of the provincial election committee, which had ten members and ten alternates. He had submitted a list of the twenty prospective members of the latter committee to the national election committee, and the appointments had been made by the latter.

There were three members of the Korean Independence Party and three members of the Democratic Independence Party in the provincial election committee; the remainder were independent.

Mr. CHAI added that the pattern of party membership in the provincial election committee was not generally repeated in the subordinate election committees, where there were more independents.

Mr. MANET (France) noted that, according to what had been said, it appeared that the members of Mr. Kim Koo's Korean Independence Party did not necessarily oppose the elections, although the organization as a whole was against them. The fact that three members of the election committee belonged to that party seemed to indicate that they were free to play an active part in the elections.

Mr. RYU said that the same discrepancy between the attitude of individual members and policy of the organization applied to the Democratic Independence Party. Although such a situation might appear anomalous, the reason could be found in the fact that the two parties in question opposed the elections for different reasons from those of the South Korea Labour Party, which insisted that elections should be held only after the evacuation of United States and Soviet troops from Korea. The latter consideration did not form part of policy of the other two parties, which insisted on the unification of Korea but felt that their individual members, by participating in the elections, could fight for such unification. He felt that members of the Korean Independence Party would also stand as candidates.

He added that he himself was a member of the Democratic Independence Party.

Mr. CHAI said that there were 221 registration places in Cheju Do, of which eleven were in Cheju Eup.

He did not know the percentage of women registrants or of illiterates.

Mr. SINGH (India) asked what methods had been employed to publicize the elections and encourage the registration.

Mr. KIM Too Hyun, a member of the provincial election committee, said that election propaganda had been passed down from the *Do* administration through the administrations of the *Eups*, *Myuns* and *Ris* to individual households. After 3 April, propaganda had decreased because of the disturbances.

Mr. CHAI said that the national election committee had instructed him to postpone the closing of the registration period for one day to 7 p.m. on 9 April.

To his knowledge, there had been no fraudulent registration so far. Outsiders, for example immigrants from the mainland, were entitled to register if they possessed a certificate of residence.

Electoral District A, North Gun Cheju, Cheju Do, Friday, 9 April 1948, at 4.25 p.m.

Mr. RHEE Yun Ee, chairman of the electoral district election committee, said that he was a landowner. This election committee had been appointed by the chairman of the provincial election committee and the head of the *Gun*. Two of its members belonged to the Korean Independence Party and two to the Democratic Independence Party; the remainder were independent.

There were 53 voting districts in the electoral district.

Pan leaders had been instructed to visit each household in their areas and publicize the elections. Up to 7 p.m. on 8 April, 17,510 people had registered. He estimated the number of eligible voters to be 30 per cent of the total population of the electoral district, which was 127,197; the percentage was based on the fact that, in most families, 30 per cent of the members were over twenty-one. About one-third of the registrants were women; more than one-third were illiterates.

The closing date for filing the names of candidates was 16 April, but no names had been submitted so far.

Mr. SINGH (India) remarked that the figure of 17,510 people already registered was less than half the total of eligible voters estimated on the basis of 30 per cent of the total population. He asked what steps had been taken to urge the remainder to register.

Mr. RHEE replied that *pan* leaders had been instructed to visit individual households again. Members of the electoral district election committee had also visited local election committees to stimulate greater efforts.

Mr. MANET (France) asked if there had been any disturbances or anti-election activity.

Mr. RHEE replied that there had been disturbances on 3 April in voting district No. 38, Ee Ho Ri. At 2 p.m. forty persons had entered the registration place and destroyed the windows, but the members of the election committee had salvaged the registration documents. At 2 p.m. on 3 April, registration place No. 215 had been set on fire. The premises were also used by the police. One janitor, one policeman and his wife were killed. Registration having been completed, the registration documents had been removed beforehand. As transport and communication facilities had been disrupted on that date, no reports had been received from other areas.

He added that the figure of 17,510 registered voters was based on reports from districts in the vicinity of Cheju, as the disruption he had just mentioned had prevented the forwarding of reports from outlying districts.

To a question by Mr. VILLALVA (Philippines), he replied that there had been no cases of fraudulent registration. The various voting district election committees would presently examine registration forms to ensure that they were valid. If protests were made against their findings, the cases would be considered by the electoral district election committee.

After the termination of the registration period, the electoral district election committee envisaged three tasks; the examination of registration forms to ensure validity; consideration of applications from registered voters; and encouraging registered voters to vote on election day.

Registration Place No. 7, Cheju, Cheju Do, Friday, 9 April 1948, at 5 p.m.

Mr. KIM Chong Heun, chairman of the voting district election committee, said that, up to the present, 485 out of a total population of 1,250 had registered in the voting district; he did not know the number of eligible voters. Fifty per cent of the registrants were women; eighty per cent of the women registrants and fifty per cent of the men were illiterate. In the case of illiterates, the registration clerk filled out the form, signed it and sealed it. Two witnesses, who could be members of the election committee, then added their signatures. The chairman of the election committee checked the completed form and sealed it, if it was in order.

Registration documents were kept in a safe at night. There had been no anti-registration disturbances.

With regard to the eligibility of registrants, he remarked that most members of the election committee knew the registrants personally. They also referred to birth and residence certificates, which were kept in the registration place.

He explained that the registration place was normally used as the *Gun* administration office.

Registration Place No. 8, Electoral District A, Cheju, Cheju Do, Friday, 9 April 1948, at 5.55 p.m.

Mr. KIM Chang Jin, a member of the voting district election committee, said that 420 out of a total of 500 eligible voters had already registered; the population of the district was 1,500. About one-third of the total registrants were illiterate; nearly all women registrants were illiterate and approximately twenty per cent of the men.

The election committee was composed of nine regular members, including the chairman, and nine alternates and had been appointed by the provincial election committee. No members of the election committee belonged to any political organization or group.

The registration place was the private house of one member of the election committee who was a rice-polisher.

So far there had been no case of fraudulent registration.

To encourage registration, members of the election committee had visited individual households. The attitude of the local residents was enthusiastic. He believed all registered voters would vote on election day.

There was so far no candidate in the district.

Registration was due to end at 7 p.m. that evening, but he had heard an unofficial rumour that the closing might be postponed till the following evening.

There had been no disturbances in the area.

APPENDIX

REGISTRATION FIGURES FOR CHEJU DO

(as supplied by the provincial election committee)

Date	South Gun	North Gun District A	North Gun District B	Total
2 April	—	9,320	19,497	28,817
3 April	—	—	—	—
4 April	10,378	2,803	2,055	15,236
5 April	1,102	3,163	9,358	13,623
6 April	2,798	1,847	906	5,551
7 April	3,232	526	2,101	5,859
8 April	921	1,393	493	2,807
	18,431	19,052	34,410	71,893 [10]

[10] Total registration returns as of 9 April (but not including all voting districts) were stated to be 74,178.

SUMMARY RECORD OF SIXTH DAY OF OBSERVATION [11]

Present: Mr. Manet (France); Mr. Singh (India); Mr. Villalva (Philippines); Mr. Milner (Deputy Principal Secretary).

Electoral District Office B, Hallim, North Gun, Cheju Do, Saturday, 10 April 1948, at 9.55 a.m.

Mr. SINGH (India) explained the nature of the Group's mission and requested information on the local situation.

[11] Document A/AC.19/SC.5/SR.6.

Mr. YANG Doo Ok, vice-chairman of the electoral district election committee, said that registration had ended at 7 p.m. on 9 April. In electoral district B, 20,316 people had registered out of a total of 26,000 eligible voters. The population totalled approximately 74,000. Those were the final figures, based on a census of people over twenty-one years of age taken before the registration period commenced. Women registrants amounted to approximately 50 per cent and illiterates to approximately 30 per cent.

In the case of illiterates, the registration clerk filled out the form, and the registration was witnessed by two persons who were generally members of the election committee.

In voting districts 31, 32, 14 and 28, destructive elements had endeavoured to attack the registration places which had been closed on 3 April. He added that the registration figures which he had given included the figures for districts 31 and 32 which were as follows : in voting district 31, 278 out of a total of 350 eligible voters had registered; in voting district 32, 148 out of a total of 180 eligible voters had registered.

With regard to the other districts where disturbances had taken place, he estimated that about 58 out of a total of 300 eligible voters had registered in voting district 14, and 200 out of 300 in voting district 28. Those estimates had been included in the total registration figure which he had quoted.

No steps had been taken to allow further eligible voters to register in those areas because the people had been frightened by the disturbances. Some of the attackers had been killed and others arrested. Two civilians who had helped to defend a police-box had been killed.

He explained that registration places 31 and 32 were normally used as the offices of the local administration, and not by any youth organization.

There had been no fraudulent registration. Reference documents to check eligibility were kept in the registration place; if a registrant's period of residence had to be checked specially, reference was made to the central authority.

Mr. KIM Chung Su, chairman of the election committee, said that the committee was composed of a chairman, alternate chairman, eight members and eight alternates. He was a member of the Korean Independence Party; two members and three alternates belonged to the National Association for the Rapid Realization of Korean Independence; the remainder were independents. The committee had been appointed partly by the chief judge of the District Court and partly by the chief of the *Gun*.

He further stated that he was a land-owner.

Mr. YANG said that no candidates had registered so far. According to the instructions from the provincial election committee, the registration of candidates ended on 16 April. He felt that the Dai Dong Youth Organization and the National Association for the Rapid Realization of Korean Independence would each put forward a candidate.

There had been a meeting of *Gun* chiefs and the chairmen of the election committees in each voting district, at which they were instructed to send their subordinates from house to house to encourage people to vote; however, no pressure had been used.

To a question by Mr. VILLALVA (Philippines), he replied that the chairmen of the election committees of voting districts 14 and 28 had salvaged the registration documents. He believed that the attackers were communists who opposed the elections.

There were two youth organizations in the district : the Dai Dong and the National Youth Group, which was a branch of the National Association for the Rapid Realization of Korean Independence. He did not know the membership.

In reply to Mr. SINGH (India), he explained that the youth groups had been of assistance, because when people came to register, the youth groups had emphasized the desirability of registering and the significance of the elections. They had also assisted at meetings convened by the *Gun* chiefs.

Registration Place No. 8, Hallim, Cheju Do, Saturday, 10 April 1948, at 10.50 a.m.

Mr. Ko Yu Cheun, chairman of the voting district election committee, said that the period of registration had been from 31 March to 8 April. Of a total of approximately 300 eligible voters 258 had registered. The population of the district was 200 families. *Pan* leaders had been instructed to visit individual households and tell the members that it was their duty to register.

There had been no disturbances in the area.

In reply to a question by Mr. MILNER (Deputy Principal Secretary) concerning the procedure for making public the poll register, Mr. LEE Ool Sung, registration clerk, said that the *pan* leaders would be instructed to tell all the people in their areas to come and inspect the poll register, which would be kept at the registration place.

In reply to a question by Mr. VILLALVA (Philippines) he stated that, during the registration period, the register had not been open for public inspection; inspection was due to start on the following day.

Provincial Police Headquarters, Cheju, Cheju Do, Saturday, 10 April 1948, at 12.40 p.m.

Interview with local police officers

Mr. KIM Jung Ho said that he had been dispatch ed to Cheju Do by the national police department in Seoul to investigate local incidents.

Approximately 1,000 rioters, whose headquarters was in Haila San,[12] had been causing disturbances in the island. Their leader showed exceptional commanding ability. They were armed with Japanese rifles (marks 38, 44 and 99), United States carbines, machine-guns, improvised hand-grenades, dynamite and bamboo spears. They also had Japanese helmets, water-bottles and mess-tins.

Policemen and their families, including babes-in-arms, members of the Dai Dong Youth Group and their families, school teachers and superintendents has been murdered. He added that the schools had been used to help in the registration process.

One registration place had been attacked. Others had probably been attacked but there were no details. Thirteen police-boxes had been attacked and three burned. Twenty civilians, including the wives of school superintendents or of those who collaborated with the United States Military Government and the Korean Interim Legislative Assembly, had been killed and twenty-four wounded. Six of the rioters had been killed.

He emphasized the extreme difficulties of combating the rioters, as a result of the nature of the terrain with its stone walls and small bushes, which offered excellent cover.

Approximately one hundred arrests had been made and twenty persons had been subsequently released. Most of them appeared to be members of the South Korean Labour Party and certificates of membership had been found on their persons.

[12] Mountains in the neighbourhood of Cheju.

Most of the trouble was instigated from the mainland. The intention was to attract the police to the island and then to cause disturbances on the mainland.

Captain KIM Tong Shik, in reply to a question by Mr. MILNER (Deputy Principal Secretary), said that prior to 3 April two prisoners had died during investigation, but not as a result of torture. A post-mortem examination had shown that death was due to lung trouble and other illness. The maximum corporal punishment inflicted by the police during investigations was face-slapping.

Mr. KIM Yong Bai, chief of the Cheju Do police, said that the persons arrested had received instructions from the South Korea Labour Party.

Captain KIM Tong Shik said that rioting was on the increase and that the rioters were concentrated in the central mountainous part of the island.

Mr. KIM Jung Ho felt that one cause of the rioting might be attributed to the fact that, after rioting on the mainland on 7 February, certain leaders had escaped and sought refuge in Cheju Do.

Recently there had been more disturbances. On 7 April one police-box was burnt down and one village plundered. Rightist leaders and persons collaborating with the Military Government were killed. On 8 April one police-box wes attacked. On 9 April there had been no disturbances because the police had taken preventive measures.

Captain KIM Tong Shik exhibited a box of capture weapons, signal flags and documents. He explained that some of the items had been found on the persons of the prisoners and others in caches revealed by the prisoners after interrogation.

Passages from a document containing 38 regulations for members of the organization were read. The first three regulations called upon the members to put party interests and comradeship before individual interests.

Another document defined categories of pro-Japanese elements and national traitors.

Mr. MANET (France) asked whether he was right in summarizing the situation thus : destructive elements had fled from the mainland to the island and were fighting the police. There seemed to be little connexion between the rioting and the elections.

Mr. KIM Jung Ho said that the rioting was, to a certain extent, obviously aimed at hindering the elections. The police, who were considered to be puppets of the Military Government, were the main target. He agreed that when the miscreants had first come to the island there had been no question of elections, but since then the instructions received from the superior authorities of the South Korea Labour Party included an anti-election aspect.

Captain KIM Tong Shik said that 20 per cent of the hundred persons investigated were not residents of Cheju Do.

He explained that before 1 April the police were legally authorized to arrest suspects without a writ of court. After that date a writ was necessary but he stressed the difficulty of arresting a person even with a writ. There were at present two types of arrest : arrest of persons in the process of rioting, and arrest on the basis of a prisoner's revelation of the position of rioting elements. Writs were not issued in the second case, because a prisoner's confession might be false, or because the rioting elements might have moved elsewhere in the meanwhile.

Mr. KIM Jung Ho exhibited a document issued by the Self-Government Council of Cheju High School advocating opposition to the Military Government and the witl· 'rawal of the United Nations Commission. He felt that the students in question were the tools of irresponsible persons.

Mr. KIM Yong Bai, said that many senior students were absent from school and also from their homes and were possibly participating in the riots.

Mr. KIM Jung Ho said that instigators from the mainland visited houses on the island and told the men of the house to follow them and join the rioting groups. In a mountainous area the men were trained to attack police-boxes, etc. After the first crime of that nature, the men were blackmailed into continuing with the group.

United States Military Government Headquarters, Cheju, Cheju Do, Saturday, 10 April 1948, at 2.25 p.m.

Interview with the United States adviser to the Cheju Do police

Captain BURNS, United States adviser to the local police, said that he had accompanied the local police on 3 April to investigate the first of the recent incidents. He had seen the bodies of one policeman and two leaders of the Dai Dong Youth Group. Approximately 15 arrests were made later.

He had personally investigated two cases of arrest occurring in March 1948 in which the prisoners had died in the police substations as a result of beating during police interrogation. He displayed the lethal weapon which had been used. Other methods of third degree were : to tie a prisoner's legs to the chair and beat the soles of his feet; to tie a prisoner between two chairs and beat him on the body; to hang a prisoner upside down; and to force a prisoner to drink excessive quantities of water. He believed those forms of torture to have been inherited from the Japanese police system. Most of the police officers in Cheju Do had come from the mainland. Some of them, including the present local chief of police, had been officers in the Japanese Army. He had been told that the methods used were similar to those used on the mainland.

In his opinion the disturbances were not exclusively differences between the police and the civilian population; they had a political aspect also. In Hak Ku Ri, for example, rightist elements as well as the police had been attacked.

He added that the third degree methods of the police were usually practised at night and that he had surprised the police in several instances inflicting torture. When caught, their fear was for their position. He did not think that the misdemeanours of the police were carried out with the connivance of the local chief, who punished the offenders, when discovered, and who, he believed, was co-operating with him in attempting to discourage recourse to violent methods of interrogation. However, reforms were difficult to bring about. For example, on one occasion a police offender, who had been sentenced to five years' imprisonment, had said quite openly that he would be reinstated in his former rank when the United States troops withdrew.

The local disturbances were well organized and he believed that they would continue at least until after the elections. Approximately 1,250 persons were involved in the rioting and were spread over the island. Three of the rioters who had been killed were not residents of the island.

The rioters possessed weapons, ammunition and explosives, probably buried by the Japanese. Ninety-nine rifles and carbines had been captured, as well as knives, pistols, improvised hand grenades, clubs and bamboo spears. Some of that material might have been brought from the mainland.

The police force had been reinforced by 200 men from the mainland and now totalled 536. So far the constabulary had not been used to combat the rioting, nor had United States military personnel.

An aerial reconnaissance had recently disclosed numerous bands of 20 to 50 people provided with clothing, bedding and rations. The police said that the women were used as supply agents.

Recently the Dai Dong Youth Organization had volunteered to help the police and were now guarding police-boxes with sticks. Their aid was permitted on the understanding that they were controlled by the police.

OBSERVATION GROUP II

SUMMARY RECORD OF FIRST DAY OF OBSERVATION[13]

Present: Mr. Patterson (Canada); Mr. Mughir (Syria); Mr. Lucas (Secretary).

Chongju, Chung Chong Pukto,
Monday, 5 April 1948, at 1.45 p.m.

Interview with the chairman of the provincial election committee, Mr. Su Chung Kook

Mr. Su Chung Kook, committee chairman, stated that there were twelve electoral districts and 787 voting districts in the province. Members of all electoral district election committees had already been appointed. Up to 3 April, out of 450,000 eligible voters, 47 per cent had already registered. According to the information received on 5 April, nearly 70 per cent of the eligible voters had registered.

Mr. Mughir (Syria) asked whether, in the opinion of Mr. Su, all those who had registered would participate in the voting.

Mr. Su replied that he did not anticipate any abstentions. He further said that he had encountered no difficulties and did not expect any.

To a question of Mr. Patterson (Canada), he replied that members of the provincial election committee received no salary. The national election committee had certain sums at its disposal, which were distributed to the provincial election committees in proportion to the population of the province.

The registration officials had been appointed on 23 March. They received no salary. Members of voting district committees took charge of the registration through a daily rotating system.

Interview with the provincial election committee

Mr. Su Chung Kook introduced other members of the provincial election committee.

To a question of Mr. Mughir (Syria), one of the members replied that, in general, the attitude of the population towards the elections was favourable. There was some opposition, which, however, could be considered as negligible and did not represent more than 10 per cent of the voters. Some trouble might be expected on election day, but it would not be of a serious nature.

Concerning the methods of persuasion used by the committee, he added that nobody was forced to register, and no method was used to persuade people to register. Those opposing the elections were generally the supporters of Mr. Kim Koo.

To a question of Mr. Lucas (Secretary), one of the members replied that there was only one daily newspaper in Chongju. Additional newspapers came from Seoul and were all of rightist tendencies.

Mr. Patterson (Canada) asked if it would be right to report to the United Nations Commission that no difficulties of whatever character were anticipated in the province of Chung Chong Pukto in connexion with the elections.

Mr. Su replied that no difficulties were anticipated. Few people were opposed to the elections and they were not expected to take any action.

In reply to a question of Mr. Mughir (Syria), Mr. Su said that there were two political parties represented in Chongju: the Hankook Democratic Party and the National Independence Party of Mr. Kim Koo.

Interview with the governor of the province and the provincial chief of police

Mr. Yun Ha Yong, governor, stated that he had no problems whatsoever with respect to the elections. There was some moderate opposition towards registration and it might be expected that some people would abstain from voting. An educational campaign was being carried on, and speakers were sent all around the country to acquaint the people with the electoral procedure.

To a question of Mr. Patterson (Canada), Mr. Kim Sing Bong, police chief, replied that he was not expecting any trouble with youth organizations, which were under the supervision of the police.

No instructions had been received recently concerning youth organizations and their role in the elections. He considered the present supervision sufficient. Instructions on that matter had not been received by the governor.

[13] Document A/AC.19/SC.6/SR.1.

Interview with Mr. Sin Hung Bok, petitioner

Mr. SIN Hung Bok said that he represented the farmers and workers of the province, although he was not a member of any organization. He presented a petition to the Commission and said that the farmers and workers were opposed to elections in South Korea only. Such elections would establish a government of the wealthy class. The United Nations Commission should make an effort to form a united government for the whole of Korea. If it were unable to do so, it should leave Korea immediately.

There was general opposition to the elections, and only the Hankook Party was supporting them. He considered that the opposition represented 70 per cent of the voters in the province.

To a question of Mr. MUGHIR (Syria), Mr. SIN replied that he had had no difficulty in approaching the Observation Group and had not been stopped by the police.

Mr. PATTERSON (Canada) asked how it could happen that 70 per cent of the eligible voters had already registered if 70 per cent of them were opposed to the elections.

Mr. SIN replied that people were forced to register. In some cases they were tortured by the police. The Hankook Democratic Party had said that all those who refused to register would be punished. Members of some youth organizations had told people that they would not be considered as Koreans if they did not register.

To a further question of Mr. PATTERSON (Canada), he replied that he did not know of any names of people apprehended by the police. He had seen some incidents; he was unable, however, to give any details.

Mr. PATTERSON (Canada) asked whether there was evidence of active opposition.

Mr. SIN replied that handbills had been distributed. The National Independence Party was openly opposing the elections. He personally had not registered, but expected to be forced by the police to do so.

Interview with Miss Lee Chong Ok, petitioner

Miss LEE Chong Ok said that she represented the women of Chonju, but did not belong to any organization. All the women were opposed to elections in South Korea. A united government for the whole of Korea should be established. Under present circumstances most women were opposed to registration and were called for that reason a "red element".

She said, in reply to Mr. PATTERSON (Canada), that she was allowed by the police to approach the Observation Group. She knew of many cases where women had been forced to register under the threat that their rice ration cards would be refused. Such threats had been made not by the police but by the "block association". She could give no names, but promised to supply them at a later date. She was afraid that the police might arrest her for having approached the Observation Group.

Visit to first voting district registration office, Chongju

To the questions of Mr. PATTERSON (Canada) and Mr. MUGHIR (Syria), the chairman of the voting district election committee replied that of the eighteen members and alternate members of the committee, fourteen were businessmen (shopkeepers, etc.), one was a government official, one a clerk and two were workmen. The average age of the members was forty years.

During the period of registration to date, all registrants, except two, were registered in the "block register" (for rice rationing and other purposes) and could therefore be checked against that register in order to determine whether residence requirements had been met.

Interview with the head-man and chairman of the voting district committee, village of Yung Woon Dong[14]

Mr. HANG Kir Yun said that he had been head-man of the village for the last six months. He had succeeded the previous head-man, who had resigned for private reasons and with whom he had served as clerk. He had been elected by the inhabitants of the village, the population of which was 1,500. He had an advisory council to help him, elected for one year. The members of the voting district election committee were selected by him and appointed by the mayor of Chongju. Out of 609 eligible voters, 580 had already registered. About 30 per cent were illiterate. He expected all eligible voters to register. There was no opposition to the elections in the village.

Interview with Mr. Min, head of the Daidong Youth Organization[15]

Mr. MIN, head of the Daidong Youth Organization, said that the organization had a membership of 20,000 in the province and 3,000 in the city of Chongju. The age of members was between seventeen and thirty years. The object of the organization was to help the members by educating them in various fields, professional, cultural and physical. Its programme was not concerned with politics. The organization covered the whole country and its national leader was General Lee Chung Chun. Although it had no connexion with any political party, it was of nationalistic and rightist tendencies. He thought that the organization would nominate its own candidate at the elections. (Later the Governor informed Mr. Patterson (Canada) that Mr. Min would probably be the candidate nominated by the Dai Dong Youth Organization.)

Mr. PATTERSON (Canada) remarked that nominating candidates was the most direct way of taking part in politics.

Mr. MIN replied that although not a political party, his organization was interested in politics and supported the ideas of Mr. Rhee Syngman.

Interview with the leader of the National Youth Corps

Mr. KWAK Chong Soo, National Youth Corps, said that his organization was not interested in politics. He supposed that the members would take part in the voting, but the organization as such did not support any political party.

---

[14] In the outskirts of Chongju.

[15] Mr. Min had been formerly mayor of Chongju.

APPENDIX A

STATUS OF REGISTRATION
CHUNG CHONG PUKTO PROVINCE, ON 5 APRIL 1948

Chongju City	78 %	Gun 6	45 %
Gun 1	53 %	Gun 7	30 %
Gun 2	66 %	Gun 8	.4 %
Gun 3	45 %	Gun 9	29 %
Gun 4	52 %	Gun 10	60 %
Gun 5	46 %		

Total number of eligible voters: 449,515
Total number of registrants: 234,158
Percentage of eligible voters registered: 47 %

APPENDIX B

INTERVIEWS AT STATIONS EN ROUTE TO CHONGJU, CHUNG CHONG PUKTO, 5 APRIL 1948

CHONAN, Chung Chong Namdo

Information given by the *Gun* Head.

125,000 population of Chonan Gun (1 electoral district)
65,000 eligible voters
80 % registered to date
202 voting districts
2 candidates registered: one from the Hankook Democratic Party and one from the National Association for the Rapid Realization of Korean Independence.

There was no opposition to the elections.

Information given by the Head of the National Youth Corps.

600 members
5 men gave full time to the work without salary; they came from well-to-do families.

The members met once a week and persons from headquarters trained them. At night the members organized house-to-house campaigning. The same procedure was followed by the Young Women's Patriotic Association.

CHOCHIWAN, Chung Chong Namdo

Information given by the *Gun* Head

90,000 population of the Gun (1 electoral district)
30,000 eligible voters
80 % registered to date

The *Gun* Head stated at first that there would be five candidates, including one from the Hankook Democratic Party, one with no party affiliations, one backing General Lee and one from the Dai Dong Youth Organization. Subsequently he changed the number to three candidates.

There was no active opposition thus far. There were few radicals; they also had registered and would participate in the election. The two newspapers printed in Taejon were available, but there were no radio facilities.

Illiterates registered with the help of others. About 10 per cent of the people could not write. There were many blind persons and they registered with the help of friends.

SUMMARY RECORD OF SECOND DAY OF OBSERVATION [16]

Present: Mr. Patterson (Canada), Mr. Mughir (Syria), Mr. Lucas (Secretary).

Taejon, Chung Chong Namdo, Tuesday, 6 April 1948, at 1.30 p.m.

Interview with the governor of the province

Mr. SUH Duk Soon, governor, stated that there were 19 electoral districts and 1,542 voting districts in the province. Up to 4 April out of 833,000 eligible voters, 73 per cent had already registered. So far the electoral programme had been followed without any difficulty. Teams had been formed to travel throughout the province in order to acquaint the voters with the electoral procedure. Election committees had been appointed in all voting districts. In a few cases it had been difficult to find persons without political affiliation to serve on the committees.

To a question of Mr. MUGHIR (Syria), he replied that the province was quiet from the political point of view. A small minority was opposing the elections, but he did not anticipate any disturbances. Some illegal posters had been put up recently and removed by the police. There had been no persecutions or arrests.

To a question of Mr. PATTERSON (Canada), he replied that, although it was not illegal, a good citizen should not oppose the elections. Instigating opposition or abstention by using threats was, in his opinion, illegal.

He added that the police on their own judgment might arrest individuals for breaking the Election Law. In such cases they should immediately inform the prosecution office which would take action against the offender.

The provincial police were under the direct supervision of the Department of National Police in Seoul and he, as governor, had no authority over it.

Mr. PATTERSON (Canada) asked whether the provincial police had received any instructions concerning the application of the Election Law.

Mr. SUH said that he did not know, but he thought that the police must have received appropriate instructions.

To a question of Mr. LUCAS (Secretary) he replied that there was no active opposition to the election programme so far.

[16] Document A/AC.19/SC.6/SR.2.

Interview with the provincial election committee

The spokesman for the committee said that the committee's main difficulty was the short time at its disposal to carry out the election programme. It was concerned primarily with supervising the electoral district election committees.

To a question of Mr. PATTERSON (Canada) concerning the extent to which people understood election matters, he replied that one of the main tasks of the committee was to educate the voters. That was done by means of lecture tours throughout the province.

To a question of Mr. MUGHIR (Syria), he replied that only a small minority was opposing the elections. Some handbills had been distributed and posters put up. The contents of the posters were usually limited to sentences such as : "We do not want separate election" or "We want real election". The police were taking no action to stop such activities.

To a question of Mr. LUCAS (Secretary), he replied that no postponement of elections would be necessary; by 10 May the entire programme would be accomplished.

Mr. PATTERSON (Canada) said that the Commission had been told that serious opposition to the elections might develop throughout the country. He asked whether it would be right to report to the Commission that no difficulties were anticipated in the province of Chung Chong Namdo.

Mr. NAM, Committee Chairman, said quite emphatically that no such opposition was anticipated.

Interview with the electoral district election committee of Taejon

Mr. CHOUNG Sang Yul, committee chairman, said that there were 64 voting districts in the city, which has a total population of 115,000. So far 69 per cent of the eligible voters had registered. The polling places would be accommodated in schools, in block association offices, in empty warehouses, and, in certain cases, in private residences.

No candidates had been registered thus far. He understood that two candidates would be nominated by the Hankook Democratic Party. He had heard of two lawyers who wanted to run and of one or two candidates to be nominated by Christian societies.

To a question of Mr. LUCAS (Secretary), he replied that the electoral district election committee was reporting the progress of registration and other news in connexion with the electoral programme to the provincial election committee. The district committees in the country frequently made use of the police telephone lines.

Interview with the chief of the provincial police

Mr. KANG Boh Hyang, chief of police, said that no difficulties had been encountered thus far. Many detectives were employed to find out and check upon the opposition.

Mr. PATTERSON (Canada) said that some people were favouring the elections and others were opposing them. Would the police interfere with people advocating opposition to the elections?

Mr. KANG thought that there was a third category of people — namely, those who advised people to take part in the elections while instigating them to mark their ballots so that they would be invalid before putting them in the ballot box. He considered such activities as illegal. He was not anticipating many difficulties, as those opposed to the elections were in a small minority.

He had made public that people violating the Election Law, regardless of their political tendencies, would be punished in accordance with section 53 of that Law.

He was not openly investigating the opposition parties nor individuals, but was having them watched by detectives.

Mr. PATTERSON (Canada) asked whether it would be considered illegal if one citizen were to try to convince another that he should abstain from voting.

Mr. KANG said that that would be illegal and would be a violation of the Election Law.

Mr. MUGHIR (Syria) asked whether the police had recently been instructed to watch the activities of the youth organizations, particularly in connexion with the elections.

Mr. KANG said that he had received instructions regarding the South Korea Labour Party's youth organization, which strongly opposed the elections. Some rightist youth organizations had been causing a little trouble, but lately they had calmed down.

A messenger from Seoul had recently been arrested while carrying instructions to the South Korea Labour Party. Those instructions called for organizing demonstrations against elections and for attacking police posts. Such demonstrations would probably begin about 15 April and continue until election day.

To a question of Mr. MUGHIR (Syria), Mr. KANG replied that youth organizations supporting elections were also watched by the police, since under section 53 of the Election Law, any violation of that law should be punished.

The police were taking no part in preparing for the elections; however, their telephone lines were used by various election committees and the police kept records of all reports transmitted in that way. The provincial police were reporting that information to the headquarters of the National Police in Seoul.

Mr. MUGHIR (Syria) asked whether the police were interested in keeping a record of those persons who had registered and those who had abstained from registering.

Mr. KANG said that the police were keeping such a record. He had received instructions to send a daily report to the Department of National Police on the progress of registration. He thought that all provincial police chiefs had received similar instructions.

APPENDIX

CHUNG CHONG NAMDO PROVINCE : STATUS OF REGISTRATION AS OF 4 APRIL 1948

City or Gun	Town and Myun	Village	Population	Electo-ral district	Voting district	Total voting population	Registration	Per-cent-age	Can-di-date
Taejon	40		96,207	1	64	50,558	34,653	69	
Taeduk	10	145	93,932	1	58	39,682	34,120	86	
Yongi	7	101	82,456	1	50	37,000	16,808	45	
Kongju	12	213	154,926	2	215	84,000	47,549	57	
Nonsan	15	193	184,722	2	138	79,211	67,530	85	
Puyo	16	192	151,869	2	90	60,747	51,994	85	
So-Chon	13	172	130,345	1	125	58,728	58,007	99	
Poryong	10	110	104,312	1	72	46,020	34,140	74	
Chyungyang	10	115	85,432	1	55	34,506	29,780	86	
Hongsong	11	141	120,376	1	77	55,821	39,074	70	
Yaesan	12	181	135,761	1	83	46,020	10,887	24	
Loosan	20	247	192,651	2	148	73,592	57,106	77	
Tangjin	10	123	118,680	1	92	54,032	34,473	64	
Asan	12	163	118,684	1	73	50,810	38,712	[illegible]	
Chonan	14	190	139,052	1	202	62,532	50,009	[illegible]	1
TOTAL	212	2,286	1,909,405	19	1,542	833,259	604,842		1

SUMMARY RECORD OF THIRD DAY OF OBSERVATION [17]

Present : Mr. Patterson (Canada), Mr. Mughir (Syria), Mr. Lucas (Secretary).

Taejon, Chung Chong Namdo,
Wednesday, 7 April 1948, at 9 a.m.

Interview with Mr. Chung Woon Yung, provincial representative of the People's Front

Mr. CHUNG Woon Yung gave his occupation as a retired businessman and his age as 82 years.

To a question put by Mr. PATTERSON (Canada), Mr. CHUNG stated that the People's Front would oppose the forthcoming elections because it sought a general election for both North and South Korea. He did not know the membership in the several political parties constituting the People's Front. The People's Front did not actively oppose the elections and there was no objection to party members voting, but in his personal opinion he felt that they should not. He did not himself intend to register. No intimidation was exercised against voters to dissuade them from voting.

In reply to an observation by Mr. PATTERSON (Canada) that the high percentage of registration in the province did not reflect statements made that there was considerable opposition to the elections, Mr. CHUNG stated that many people who had registered would probably not cast their ballots.

To a question put by Mr. MUGHIR (Syria), Mr. CHUNG believed that the elections would not be held in a free atmosphere. He had been informed that certain people had been threatened with revocation of their rice ration card if they refused to register. People had also been man-handled for refusing to register. Voting district officials were chiefly responsible for these threats. While he believed that the police and youth organizations had brought pressure to bear, he had no facts to support this.

In answer to a question put by Mr. PATTERSON (Canada), Mr. CHUNG felt that a free atmosphere would never prevail until the armies of both Powers in Korea withdrew. He felt that the two Powers, as well as the United Nations Commission, sought to conduct their activities according to their own beliefs, and that these beliefs did not necessarily coincide with the wishes of the Korean people. Mr. CHUNG further considered that Korea's problems would never be solved unless the United States and the Soviet Union came to an agreement. A free atmosphere for elections was not possible as long as pressure was exercised against the electorate. This pressure had resulted primarily from the presence of occupation forces in the country.

Interview with Mr. Kim No Won, provincial head of the Korean Independence Party

Mr. KIM No Won, Korean Independence Party, gave his occupation as factory manager. He estimated the provincial strength of the party, including families of voters, as being 300,000. There were about 3,500 members of voting age in Taejon.

In reply to a question put by Mr. PATTERSON (Canada), Mr. KIM said that the attitude of party members toward the elections coincided with the position taken by Mr. Kim Koo. The party did not advise its members whether or not to register or vote, but in his opinion very few members had registered. He believed that voting officials and district and village head-men had been visiting households in order to persuade the people to register. If they refused to do so, they had been threatened that the police would be so informed. He believed that many who had registered would not vote. Reports on registration were being regularly submitted by district and village head-men to election committees, which in turn transmitted these reports to the police.

[17] Document A/AC.19/SC.6/SR.3.

On 5 April, at a meeting in Taejon sponsored by the chief of police, people were informed that they must register or else the police "would see to it." People had also been threatened by head-men that if they refused to register, their ration cards would be suspended.

In answer to a question put by Mr. LUCAS (Secretary), Mr. KIM stated that voting district registration places generally coincided with block association headquarters (local ration headquarters).

Interview with Mr. Nam Ki Won, provincial head, Dai Dong Youth Organization

Mr. NAM Ki Won, Dai Dong Youth Organization, stated that the membership in the province was 260,000 and in Taejon City 8,000. While the organization was not affiliated with any political party, it supported the forthcoming elections according to instructions received from headquarters in Seoul.

In reply to a question put by Mr. MUGHIR (Syria), Mr. NAM replied that the primary objective was to enlighten the people by means of handbills, radio broadcasts, posters and meetings regarding the issues involved in the election.

He added that anyone in the organization who opposed instructions from headquarters would be brought before a trial court and, if found guilty, would either be reprimanded, suspended or expelled from the organization.

The organization was deeply concerned with the maintenance of peace and order, and whenever this condition was threatened (*e.g.*, by "subversive activity"), the members informed the police and worked closely with them in order to remedy the situation or sought to restore peace and order by their own efforts.

Interview with Mr. Sung Nak Su, Taejon city head of the National Association for the Rapid Realization of Korean Independence.

Mr. SUNG Nak Su estimated the provincial membership of the organization to be about 800,000 (20 years of age and above).

In reply to a question put by Mr. MUGHIR (Syria), Mr. SUNG replied that the organization had not yet nominated a candidate for election.

He added that, while there was no official connexion between the organization and the police, nevertheless close co-operation between the two existed. Police assistance was given whenever difficulties were encountered between the organization and leftist groups.

Mr. SUNG observed that left wing parties, for the most part, opposed the elections. The opposition consisted of about 10 per cent of the voting population.

In reply to a question put by Mr. MUGHIR (Syria), he said that the organization maintained a close relationship with the Dai Dong Youth Organization.

Interview with Mr. Kim Ki In, deputy head, National Youth Corps, Chung Chong Namdo province

Mr. KIM Ki In, National Youth Corps, estimated the provincial membership to be 110,000. The organization was not affiliated with any political party, but it supported the election programme and this support was expressed by informing the people as to election procedures and urging the people to register.

In reply to a question by Mr. MUGHIR (Syria), he stated that the local organization maintained no official connexion with the local authorities or with the police. There was a certain amount of friction between the National Youth Corps and the Dai Dong Youth Organization, but because both organizations had similar objectives friction was held to a minimum. There was no overlapping membership in the two organizations.

Wednesday, 7 April 1948, at 11.30 a.m.

Visit to voting district registration office

Mr. PATTERSON (Canada) reported on his visit to the registration office in the Chung Don voting district of Taejon. The population of this district according to 1946 census figures was 1,888. The figures now were 3,200 with 1,525 eligible voters. He had examined the figures of all 64 voting districts of Taejon at the Mayor's office and had found that fourteen of these districts had more than 1,000 eligible voters. The mayor and his secretary stated that the difficulty in accommodating voters could be met by providing a sufficient number of booths for the recording of votes.

In the Chung Don voting district the cases of twenty persons who applied for registration had had to be investigated. Four were subsequently registered. The others failed to qualify because of lack of residence qualifications.

Thirty per cent of those registering were illiterate in the sense that they could not read or write Chinese characters.

Iri, Cholla Pukto, Wednesday, 7 April 1948, at 3.15 p.m.

Visit to a voting district registration office

The REGISTRATION OFFICIAL stated that, out of 760 eligible voters in the district, 710 had already registered. No difficulties had been encountered thus far. The registration office was situated in the offices of the block association headquarters, where ration cards were issued. The names of registrants were checked against the local "hojuk" kept in the city hall.

To a question put by Mr. PATTERSON (Canada), he replied that there was competition between voting districts in completing registration in the shortest period of time. People were interested in the elections and thus far the opposition had been practically non-existent. About 20 per cent of the registrants were illiterate.

SUMMARY RECORD OF FOURTH DAY OF OBSERVATION [18]

Present : Mr. Patterson (Canada), Mr. Mughir (Syria), Mr. Lucas (Secretary).

Chonju, Cholla Pukto, Thursday, 8 April 1948, at 9 a.m.

Interview with the chief of provincial police and the assistant director of national police

Mr. WHANG Ok, assistant director of national police, believed that the general elections in South Korea would proceed satisfactorily. He was afraid, however, that the release of some of the political prisoners might create trouble. Most of them were communist and they might consider their release as a victory and that would encourage them to start new agitation against the elections.

To a question put by Mr. PATTERSON (Canada), he replied that the released prisoners had been arrested for distributing handbills, attending illegal meetings and instigating riots. He considered as leaders of riots persons who, on the basis of evidence found by the police, had been preparing or planning riots.

To a question put by Mr. PATTERSON (Canada), Mr. SONG Pyung Sub, chief of police, replied that communism was not illegal in South Korea, but that the communists organized in the South Korea Labour Party were trying to carry out their programme by illegal methods, such as destruction of property, murder, arson, etc. The police were not discriminating between criminals of communist or other political affiliations, and people were arrested on the basis of evidence.

Mr. PATTERSON (Canada) asked at what point an act in opposing the elections became illegal, as there were many methods of expressing opposition.

Mr. SONG said that all opposition expressed through the Press or by speeches was legal. Any use of force or threat of force should be considered as being illegal.

To a question of Mr. MUGHIR (Syria), he replied that it was not necessary for the police to give any assistance in electoral procedure. Thus far, the role of the police had been to guarantee a free atmosphere for the elections.

Mr. MUGHIR (Syria) asked whether there were many youth organizations in the province.

Mr. SONG said that there were four groups: the National Patriotic Youth, affiliated with the South Korea Labour Party, a very insignificant organization in the province; the Young Men's Christian Association; the National Youth Corps; and the Dai Dong Youth Organization, affiliated with Dr. Rhee Syngman. The police were keeping a record of all these groups.

Mr. MUGHIR (Syria) inquired whether the police had recently received any instructions to watch the activities of youth groups in connexion with the elections.

Mr. SONG replied that the police had been instructed to observe whether a free atmosphere prevailed in the province and that included the activities of youth organizations. No particular instructions had been received.

Interview with the electoral district election committee of Chonju

Mr. KIM Chey Ock, committee chairman, said that there were 61 voting districts under the supervision of the committee. He had been appointed by the Chief Justice of the district court, and other members had been appointed by him and by the mayor of the city. The committee had reviewed the appointments of the members of the voting district committees and had rejected seven persons because of their connexion with Japanese authorities. No candidates for election had been registered thus far.

The population of the largest district was 3,600 people, which included about 1,700 eligible voters.

Mr. PATTERSON (Canada) drew attention to the regulations which provided for voting districts of 2,000 population and suggested that the committee look into the question of providing adequate facilities for accommodating voters in any districts with a larger population.

In reply to a further query of Mr. PATTERSON, Mr. KIM replied that the committee had received no assistance from the police and that up to the present there had been no signs of opposition to the elections or registration in his district thus far.

Interview with provincial election committee

Mr. NA Hang Woon, committee chairman, stated that of 822,000 eligible voters, 87 per cent had already registered. The Committee had had to reject the appointment of thirteen members of electoral district election committees, in accordance with the provision of section 19 of the Election Law.

In reply to a question put by Mr. PATTERSON (Canada), he said that the committee had received from the National Election Committee 5 million yen and had distributed 2,200,000 among the 22 electoral district election committees. That sum was far from sufficient to cover all electoral expenses. The committee had already requested an additional allocation of 25 million yen. The district committees were borrowing money to cover their current expenses.

Mr. PATTERSON (Canada) remarked that there were possible dangers in such a situation which might affect the freedom of elections, since the election committees might be tempted to collect money by illegal methods.

To a question put by Mr. PATTERSON, Mr. NA replied that he himself was very astonished by the results of the registration. He attributed those results to the educational campaign of the block associations, which had taught the people their patriotic duties. No pressure, however, had been used. The committee had received no complaints thus far.

To a question put by Mr. MUGHIR (Syria), he replied that there were no persons in the province

[18] Document A/AC.19/SC.6/SR.4.

falling under categories 4 and 5 of section 2 of the Election Law. Investigations were being made by the authorities to determine those which fell under category 3.

He remarked that section 64 of the Regulations might affect the freedom of elections, since it would permit a candidate elected from a district in which a small number of votes had been cast, to discover persons who had voted against him, especially since, under section 52, different kinds of marks could be used on the ballots.

Mr. PATTERSON (Canada) thought that a candidate would not be able to see the ballots, but would be informed of general results only. However, if such doubts existed, the committee should report them to the National Election Committee and, if it wished, forward a copy of its letter to the United Nations Commission.

Interview with the representatives of the Press

In reply to queries by Mr. PATTERSON (Canada) and Mr. MUGHIR (Syria), two of the correspondents replied that pressure had been exercised upon the citizens to register. Threats that ration cards would be refused to those who abstained had been made. One of the correspondents stated that he had heard about the threats as rumours, the other had known positive cases.

In answer to a question put by Mr. PATTERSON (Canada), a representative of the *Chosun Times* (rightist) stated that the majority of the people supported the elections, but doubts had recently arisen because of the reports that a High Commissioner would be appointed by the United States Government following the elections. Mr. Kim Kiusic had repeated those reports in a press interview at Seoul. They might influence many people to abstain from voting.

A representative of the *Korean Pacific Press* (rightist) stated that certain promises made by General Hodge in the past had not materialized and therefore there was a certain degree of doubt in the minds of many people that election promises would be kept.

[Mr. Patterson (Canada) was the only member of the Commission present at the next three interviews.]

Interview with representatives of the National Independence Party, Mr. Son Yu Tak and Mr. Lee Pong Hat

Mr. SON Yu Tak said that his party had announced its decision not to take part in the elections and its members had been advised to abstain from registering. However, many members had registered, which did not mean that they would vote. No attempt had been made to stop them from registering.

To a question by Mr. LUCAS (Secretary), Mr. LEE Pong Hat replied that no special pressure had been used to force people to register. However, people who had not registered had been visited by some persons and asked for the reasons for their abstention. He had drawn the attention of the Chairman of the electoral district election committee to those facts.

Interview with representatives of the People's Independence Party, Mr. Kuk Chai Kyong and Mr. Cho Nam Suh

Mr. CHO Nam Suh said that the party had 5,000 members in the province. It had been decided not to take part in the elections. However the members were free to register. The party opposed elections which were limited to South Korea only.

To a question put by Mr. LUCAS (Secretary), Mr. KUK Chai Kyong replied that rumours had been circulating concerning the pressure exercised by the police on registrants and he believed them to be true. There was no oppression, but officials had visited certain people several times inquiring about registration. That mere fact was sufficient to impress people. He called it a strong persuasion. People who had refused to register were called "reds".

Interview with representatives of the National Association for the Rapid Realization of Korean Independence

Mr. PAI Eun Hee, chairman of the provincial group, said that he represented 70,000 members. There was little opposition to the elections and he did not anticipate much trouble. The opposition might, however, create some difficulties and some confusion. He had read in the newspapers that Mr. Kim Kiusic had said that the United States Government was considering appointing a High Commissioner for Korea after the elections. The Koreans, in his opinion, would not accept such an act and it might influence people to abstain from voting.

He thought that the United Nations Commission should go ahead and help in the formation of a Korean government after the elections. That was what the Korean people had been expecting from the resolutions of the General Assembly.

He himself intended to run as candidate.

[Mr. Mughir (Syria) was the only member of the Commission present at the next two interviews.]

Interview with Mr. Oh Hung Whan, Chonju representative of the National Youth Corps

Mr. OH Hung Whan estimated the membership of the National Youth Corps to be 1,500 in the city of Chonju and 50,000 in the province. He defined his organization as being nationalistic, rather than political in character. As an organization it favoured the general elections, but voting and candidature were matters of individual opinion.

He explained that his organization had no relationship with the police and was on friendly terms with other youth organizations. The police however, gave more support to other youth groups. These youth groups performed acts of terrorism against his organization and against the people, destroying property and forcibly collecting contributions.

Interview with Mr. Son Kwan Pai, vice-chairman of the provincial Dai Dong Youth Organization

Mr. SON Kwan Pai gave the provincial membership as 200,000 and said that each *Gun* branch kept a record of its members.

In reply to a question put by Mr. MUGHIR (Syria), Mr. SON stated that the purpose of his organization was to unify North and South Korea and to set up an independent government. He said that it would achieve these aims by supporting the elections in South Korea alone, and later hoped to set up a united government by the efforts of the young people. In the elections his organization would support its own candidates or those of any other rightist party, in particular the National Association for the Rapid Realization of Korean Independence and the Women's Patriotic Association.

Mr. SON stated that his organization's relations with the police were not good because the police supported the Hankook Democratic Party.

In reply to a further question by Mr. MUGHIR (Syria), Mr. SON said that he was sure all the members of his organization would vote. Up to now no decision had been taken regarding members who did not vote, but the organization would not take a hostile attitude toward people who opposed the elections.

Informal interview with the governor of the province of Cholla Pukto, Mr. Pak Chong Man

In reply to a query made by Mr. LUCAS (Secretary), Mr. PAK Chong Man, governor, replied that the only complaint reported concerning election procedures was that certain voting district registration places were collecting fees from registrants in order to defray their expenses. This practice had been stopped and orders given that fees collected were to be returned. The provincial election committee was advised that provincial authorities would furnish the necessary funds to meet expenses.

To a question put by Mr. PATTERSON (Canada), Mr. PAK criticized the land reform law, which in his opinion would make the farmers less industrious. He also criticized the release of political prisoners.

APPENDIX

CHOLLA PUKTO PROVINCE:
STATUS OF REGISTRATION ON 6 APRIL 1948

Electoral district	Eligible voters	Number registered	Percentage
1. Chonju	38,106	28,822	76
2. Kunsan	31,326	27,494	87
3. Iri	16,833	15,667	93
4. Wanju (A)	32,974	31,143	94
5. Wanju (B)	38,272	37,643	98
6. Chinan	31,569	30,339	96
7. Kumsan	35,818	29,015	81
8. Muju	24,553	22,599	90
9. Changsu	24,957	20,818	83
10. Imsil	41,456	34,369	83
11. Namwon	63,268	53,937	85
12. Sunchang	39,611	33,548	85
13. Chongup (A)	39,891	38,808	97
14. Chongup (B)	49,041	46,625	95
15. Kochang (A)	34,055	24,706	72
16. Kochang (B)	32,851	28,963	88
17. Puan	54,260	44,539	82
18. Kumje (A)	39,612	34,106	86
19. Kumje (B)	34,664	32,809	94
20. Okku	51,317	39,982	78
21. Iksan (A)	31,789	30,663	96
22. Iksan (B)	35,363	31,588	89
Total	821,586	718,183	87

SUMMARY RECORD OF FIFTH DAY OF OBSERVATION[19]

Present: Mr. Patterson (Canada), Mr. Mughir (Syria), Mr. Lucas (Secretary).

Kwangju, Cholla Namdo, Friday, 9 April 1948, at 9 a.m.

Interview with the governor of the province

Mr. PARK Kun Won, governor, stated that, thus far, 80 per cent of the eligible voters had registered. There were minor cases of disturbances, such as attacking the registration offices and destroying the registration lists. In one case, the chairman of a voting district committee had been shot and killed by unknown men. The communists were carrying on propaganda against registration by means of posters, handbills and direct persuasion. Such methods of propaganda were not considered to be illegal.

To a question put by Mr. PATTERSON (Canada), he replied that he had no authority over the police. It would certainly facilitate his job if he had such authority and he had so stated to General Hodge and to General Dean. Ordinance 176 had been very necessary; however, the police still had the power to arrest people as before, although that power had been restricted. In his opinion, the ordinance had had a good effect on the public.

He thought that the effects of the release of prisoners would be good. About 100 had been released.

To a question put by Mr. LUCAS (Secretary), Mr. PARK replied that the dissemination of information with respect to the elections was made by the Department of Public Information. Field teams composed entirely of Koreans had been organized, trucks equipped with loudspeakers were going to villages on market days, and daily broadcasts were being delivered from the radio stations in Kwangju and Mokpo. There were about 10,000 receiving sets in the province to serve approximately 540,000 households. The police had a public information section and was conducting an educational campaign of its own.

To a question by Mr. MUGHIR (Syria), Mr. PARK stated that there were five youth groups in the province. They were doing a good job and helped the authorities in their educational work. He did not think they exercised any pressure on the people. The Dai Dong Youth Organization was receiving material as well as moral assistance from the police. He knew of some cases where that organization had helped the police.

[19] Document A/AC.19/SC.6/SR.5.

Mr. PATTERSON (Canada) thought that that might create dangers and recalled the role played by youth organizations in Germany.

Mr. PARK said that he thought there was no such danger as far as the organization itself was concerned. He agreed, however, that some individual members might go too far in their activities.

Interview with the chief of the provincial police

Mr. HONG Nak Koo, police chief, stated that his main difficulties were connected with the activities of subversive elements. He quoted the cases mentioned by the governor. Most of these activities were conducted by the South Korea Labour Party, which planned to establish a people's republic throughout Korea.

At least 100 prisoners had been released from prison under Ordinance 176. Most of them were communists. He did not consider that it was illegal to be a communist.

He explained that there were in the province three important youth organizations : the National Youth Corps, the Dai Dong Youth Organization, and the North-west Young Men's Association. The police did not utilize their services in any way; however, they did occasionally make use of their information on subversive activities.

To a question of Mr. PATTERSON (Canada), he replied that there was one leftist youth organization : the Democratic Patriotic Young Men's Association, which was working underground. The age of the members of that association was between 18 and 24 years; he had had considerable trouble with them. He did not know the present membership, but the figure for 1946 was approximately 10,000.

To a question by Mr. PATTERSON (Canada), Mr. HONG replied that the opposition to the elections was not limited to the communists. Some middle-of-the-road elements were also opposed to them, but the methods they employed were within the law.

Interview with the provincial election committee

Mr. OH Pil Sun, committee chairman, stated that, in spite of threatening letters which some of the members of the provincial electoral district and voting district committees had received, the work was proceeding according to schedule. However, he estimated that three or four members of the provincial committee had resigned through fear. From the twenty-nine electoral district election committees, about 50 members had resigned for various reasons and probably half of them had resigned through fear. He did not know the number of those who had resigned from the voting district committees. Threats of various kinds had emanated from unknown sources. Agitators went around the villages threatening that those participating in the elections would be killed.

In view of the lack of an adequate police force, inhabitants of certain villages had formed self-protecting teams.

To a question put by Mr. PATTERSON (Canada), the committee chairman replied that the had heard of no case of people being forced to register.

The members of the provincial election committee and electoral district committees were composed mostly of rightists. He knew however of a few sympathisers with the National Independence Party who served on some of the election committees.

Interview with the electoral district election committee of Kwangju

Dr. MIN Pyong Ki, committee chairman, said that out of 46,000 eligible voters, 42,000 had registered. He knew that the provincial election committee had received 5 million yen to cover the electoral expenses, but those funds had not been distributed thus far. The committee had had to borrow 100,000 yen from the municipality to cover its expenses. There were 69 voting districts in Kwangju and the voting district committees had been obliged to borrow money from the block associations.

No candidate had registered thus far, but it was know that the former mayor of the city would run as candidate of the Hankook Democratic Party.

To a question by Mr. PATTERSON (Canada), the committee chairman replied that he had received a threatening letter marked No. 18 and he believed that it came from the South Korea Labour Party.

He thought that some of the registrants might abstain from voting, especially if the candidates did not appeal to them.

To a question by Mr. MUGHIR (Syria), he replied that about 100 persons had been considered ineligible to vote.

Interview with the Press

Mr. PATTERSON (Canada) and Mr. MUGHIR (Syria) replied concurrently to a number of questions asked by the Press. Four reporters made statements in criticism of methods used to secure registration.

To a question put by Mr. PATTERSON (Canada), Mr. CHO Ok Whan, representing the *Honam Sinmum* (leftist tendencies) said that the police had been watching people who had not registered, had called on them and questioned them. He knew also of some cases where people had been told that their ration cards would be revoked unless they registered.

Mr. LEE Won Ki representing the Kwangju Simbo (neutral, with leftist tendencies) concurred with the above statement. He had heard of similar cases, but did not know personally of any. He did not think that a free atmosphere was prevailing in the province since the police were interfering with freedom of the Press.

Interview with representatives of the Hankook Democratic Party

Mr. SHANG Pyung Jun, chairman of the provincial group, said that he himself had been nominated as candidate by the executive board of the Party. Two additional candidates intended to run. Some members of Mr. Kim Koo's party were individually supporting the elections.

Mr. Shang was securing the protection of the police against possible attacks from the opposition. His brother-in-law, who was on the police force, stayed in his home at night.

To a question by Mr. PATTERSON (Canada), Mr. Shang replied that he anticipated that about 10 per cent of voters would abstain from voting.

Interview with Mr. Chong Soung Tai, assistant provincial chief of the National Youth Corps

Mr. CHONG Soung Tai stated that there were 80,000 members in the province. General Lee Bum Suk, national leader, had instructed all members to support the elections and the organization intended to nominate five candidates.

Mr. PATTERSON (Canada) remarked that this last statement surprised him since he had been under the impression that the National Youth Corps was not a political organization.

To a question by Mr. MUGHIR (Syria), Mr. CHONG replied that members opposing the elections would be expelled from the corps. The organization had no relations with the police and had not been requested to assist it in any way. However, if necessary, it would be ready to help the community.

To a question of Mr. PATTERSON (Canada), he said that the organization was not opposed to the ideas of the Hankook Democratic Party; it was not taking part in politics and therefore was presenting its own candidates in the general elections.

Mr. PATTERSON (Canada) remarked that the statement concerning non-participation in politics was difficult to understand since a characteristic of a political party was to nominate its own candidates to political bodies.

Interview with the representatives of the North-west Young Men's Association

Mr. SIN, chairman of the provincial group, said that there were in South Korea 4,600,000 refugees from North Korea and, with the exception of some 20,000, they were all opposed to communism. The object of the organization was to fight communism and therefore it had been blamed on several occasions for what were termed illegal activities. One such activity was the arrest of communists. The association supported the elections in spite of the fact that people from North Korea had not been granted a special electoral district in the Election Law.

Interview with representatives of the Dai Dong Youth Organization

Mr. YANG Hoi Young, chairman of the provincial group, said that the organization had 4,000,000 members in South Korea; 300,000 of them in the province of Cholla Namdo. It was giving its full support to the elections.

He thought that the South Korea Labour Party was opposing elections because it realized that it would not win them. It had changed its attitude since September 1946 when it had been campaigning for an election in South Korea. He had been at that time a member of the Communist Party.

Mr. Kim Kiusic and Mr. Kim Koo were, in his opinion, opposed to the elections for the same reasons: fear of losing them.

To a question by Mr. MUGHIR (Syria), Mr. YANG replied that his organization was supporting elections by lectures, handbills, posters, articles in newspapers and by other means of educating the people.

The attitude of the organization towards the elections had been decided in the middle of February at a meeting of the representatives of all the provincial groups. held at Seoul. That decision had been brought to the attention of the representatives of all *Guns*. Some members had been originally opposed to the elections, but they had changed their minds, and unanimity had been achieved. Nine candidates would be nominated in the province, and he himself intended to run. Two of those candidates belonged to the Hankook Democratic Party, while others had no political affiliation.

To a further question by, Mr. MUGHIR (Syria), Mr. Yang replied that the only object of the organization was to obtain the independence of Korea. It had no relation with the police, but whenever the peace was disturbed, it was considered a patriotic duty to help in re-establishing order. During the month of March, seven members of the organization had been killed, presumably by the communists. It had been necessary for the organization to intervene in order to protect its members. No illegal acts had been committed, however, and the organization had not forced people to register.

APPENDIX

CHOLLA NAMDO PROVINCE : STATUS OF REGISTRATION

Electoral District	Date (April)	Percentage of voters registered
Kwangju	5	71.5
Mokpo	6	56.5
Tamyang	7	91.6
Koksung	6	65.9
Kurye	6	67.2
Kwangyang	5	58.3
Yosu No. 1	6	57.7
Sunchon No. 1	5	70.9
Sunchon No. 2	5	78.2
Posong	5	58.8
Hwasun	7	55.5
Changhung	7	64.6
Kwangjin	7	61.9
Haenam No. 1	6	51.1
Haenam No. 2	6	37.4
Yongam	7	70.4
Muan No. 1	6	98.8
Hampyong	6	52.6
Yonggwang	6	32.3
Changsong	7	64.6
Wando	6	60.0
Chindo	6	63.1
Kwangsan	not reported	
Yosu No. 2	not reported	
Kohung No. 1	not reported	
Kohung No. 2	not reported	
Muan No. 2	not reported	
Naju No. 1	7	69.8
Naju No. 2	7	50.7

Total provincial registration of eligible voters as of 6 April 1948: 76%, comprising 29 electoral districts and 1,874 voting districts in Cholla Namdo.

OBSERVATION GROUP III

SUMMARY RECORD OF FIRST DAY OF OBSERVATION[20]

Present: Mr. Wang (China); Mr. Lindo (El Salvador); Mr. Paul-Boncour (France); Mr. Schmidt (Principal Secretary).

Train, Taegu, Kyangsang Pukto, Monday, 5 April 1948, at 4 p.m.

Interview with United States military authorities in Taegu (Colonel Munger, Colonel Anderson, Major Poole)

Discussion of methods of operation

Mr. SCHMIDT (Principal Secretary) explained that the Observation Group had a tentative schedule which included a meeting with the provincial election committee.

Colonel MUNGER stated that, although 6 April was Army Day, the United States military authorities would be at the disposal of the group at any time.

Mr. PAUL-BONCOUR (France) stated that the group would like to visit some election registration offices and eventually remain at these offices for a while to observe the methods used.

Mr. SCHMIDT asked if the United States military authorities could assist the group in acquiring names and addresses of persons whose views would be of special importance.

Major POOLE replied that the governor of the province could help the Observation Group in this respect.

Transportation

Mr. SCHMIDT raised the question of transportation and pointed out that at times the group would desire to go into the country unannounced. Moreover, it would like to have the United Nations flag on all the cars placed at its disposal.

Major POOLE asked if the group wished to be accompanied by a United States officer. If it did not, the transportation could be handled by the Observation Group itself. If the Group desired to have guides, the United States military authorities would prefer that Korean interpreter guides should be used, as the United States soldiers were for the most part unfamiliar with the terrain.

Mr. PAUL-BONCOUR (France) and Mr. SCHMIDT stated that no military escort was desired, but that the Group would appreciate the help of a guide, if necessary.

Provincial Election Committee Headquarters, Monday, 5 April 1948, at 4.30 p.m.

Interview with Mr. Choy Hisang, provincial governor, and with members of the provincial election committee

Mr. PAUL-BONCOUR (France) asked when the provincial election committee had received its documents and instructions, and how it had proceeded and was proceeding with the election preparations.

Mr. HAM Seung Ho, chairman of the provincial election committee, stated that, owing to transportation and communication difficulties, the committee could not give a complete report on the progress of the election preparations in the districts. However, he had heard that 54 per cent of the eligible voters had registered.

The election documents had been received from Seoul on 27 March, and were distributed to the local districts by army trucks, so that all the *Guns* had received the documentation by 29 March at the latest. Registration had begun on 30 March. The provincial election committee had also utilized the special police telephone system to contact the counties.

He reported that a certain faction of the people was, by means of threats, opposing and hindering the elections, although there were no cases of violence or riot. The persons connected with the election preparations were sometimes discouraged as a result of this opposition.

As there were 195 registration centres in Taegu, and almost all the schools and other public buildings had been utilized, some registration offices had had to be set up in private houses. There had been instances of threats against people in Taegu whose homes were being used, and the registration offices had had to be moved. He had not heard of any threats of this nature in the villages, each of which had a registration centre.

Mr. SCHMIDT (Principal Secretary) asked if there had been any police protection available for the private homes which were being used as registration centres and if the moving of the centres from place to place did not interfere with the registration.

Mr. HAM explained that there had been strong protection in the form of police patrols. When the occupants of a house had been threatened, the registration centre had been moved into a tent set up in the same location. One case of that sort had occurred that morning; he would investigate further and report to the group at a later date.

In reply to a question by Mr. SCHMIDT, Mr. HAM stated that no candidates had registered as yet.

Mr. CHOY Hisang, Governor of Kyangsang Pukto Province, said that some parties had unofficially announced possible candidates.

Mr. WANG (China) asked what measures had been taken to disseminate information impartially and to educate the masses concerning the elections.

Mr. HAM replied that the people had been informed by radio, handbills, posters and magazines. Moreover, in the previous month, there had been a conference for the *Gun* chiefs at which lectures on election procedure had been given. The *Gun* chiefs had then held similar conferences in their respective *Guns* for the *Myun* chiefs.

He explained that there were some inconsistencies between the regulations of the Election Law and other ordinances and orders relating to the conduct of the election.

For instance, the regulations of the Election Law stated that, in order for a person to be allowed

[20] Document A/AC.19/SC.7/SR.1.

3. 유엔한국임시위원단 보고서 제1부 제3권 : 부속문서 9–12

to register, he or she must possess a copy of the *Hojuk* stating his or her date of birth. As Ordinance 19 required that the date of birth, etc., should be checked, and as this was impossible in many cases, legal difficulties arose which had not yet been solved.

Mr. CHOY stated that many people had immigrated into the province from China, Japan, Manchuria and North Korea, and, due to circumstances beyond their control, had been unable to bring with them their *Hojuk*,[21] which was usually kept at the place of birth.

Because of this difficulty, the election committees had been forced to judge whether the applicant was eligible for registration by his or her appearance — this was a particularly unsatisfactory method if a candidate were elected by a narrow margin — or to use ration cards as a basis for registration. As a result, he had written to the Department of Justice requesting legal advice on this question.

Again, even if a person without a *Hojuk* or *Kiryu-Pu*[22] was registered, according to the regulations of the election law, his or her ballot would be declared null and void if no *Hojuk* or *Kiryu-Pu* were available.

[21] A *Hojuk* is the Korean family register.

[22] A *Kiryu-Pu* is a police register of Korean families living in the district.

Mr. PAUL-BONCOUR (France) stated that, although the Commission could not interfere with the election preparations, he would like the chairman of the provincial election committee and the governor of Kyangsang Pukto Province to present the Group with a document concerning these legal difficulties. This could be submitted to the Commission and taken up with the United States authorities in Seoul.

Mr. HUR, section chief, public information, raised the question of a free atmosphere for elections. He asked if the United Nations Commission regarded the presence of police in the vicinity of the registration office as contrary to the requirements for this free atmosphere.

Mr. PAUL-BONCOUR (France) said that, in case of acts of violence, the police should be available outside to cope with them, but that they should not be present in the registration office itself, or interfere in any way with the normal voting procedure.

In reply to a question by Mr. HAM, Mr. Paul-Boncour added that judges had been selected and appointed as heads of the electoral committees to ensure that the elections conformed with the law and that they were impartially conducted.

SUMMARY RECORD OF SECOND DAY OF OBSERVATION[23]

Present: Mr. Wang (China); Mr. Lindo (El Salvador); Mr. Paul-Boncour (France); Mr. Schmidt (Principal Secretary).

Registration Office in Grocery Store,[24] *Taegu, Kyangsang Pukto, Tuesday, 6 April 1948, at 9.40 a.m*

Interview with the chairman of the provincial election committee

Mr. WANG (China), looking through a registration form, observed that all the filled-in forms were stamped with registrants' seals or thumbprints.

In reply to a question asked by Mr. PAUL-BONCOUR (France), Mr. HAM Seung Ho, chairman of the provincial election committee, said that there were 208 persons registered, and 400 eligible voters in the voting district of the *tong* in *dong*.

Mr. WANG (China) pointed out that, if there were approximately 400 registrants in each local registration section, the electorate would total about 80,000.

Mr. HAM said the total population of Taegu was 300,000, of whom 100,000 were over twenty-one years of age.

Mr. SCHMIDT (Principal Secretary) asked if there had been any opposition to the registration of eligible voters.

Mr. YI Won Gu, secretary of the local registration office, stated that there had been none, but that the registration office was favourably located, with a military police motor pool across the road.

[23] Document A/AC.19/SC.7/SR.2.

[24] Privately owned.

During an interview between Mr. PAUL-BONCOUR (France), Mr. SCHMIDT and the chairman of the provincial election committee, Mr. HAM Seung Ho stated that efforts had been made to include members of moderate and left groups in the committee; these efforts, however, had failed and the committee consisted, therefore, of rightists, with the exception of one member, who was regarded as representing the left groups, although he did not openly state that he belonged to any leftist party. The election committee of the city of Taegu was also composed of members of rightist groups.

In reply to further questions by Mr. PAUL-BONCOUR (France), Mr. HAM expressed the opinion that it was still possible that the leftists would take part in the voting and that, if they did so, they might even get a majority of the votes.

Sandong, Kyangsang Pukto, Tuesday, 6 April 1948, at 10.30 a.m.

Interview with the head-man of the village of Sandong

In reply to questions asked by Mr. PAUL-BONCOUR (France) and Mr. SCHMIDT (Principal Secretary) Mr. SON Chong Sik, head-man of the village, said there were 200 registrants, about 500 eligible voters, and a population of 1,500 in the village.

Mr. SCHMIDT asked if there had been any riots or intimidation.

Mr. YI Ki Dal, chief of the information section, stated that the previous evening, approximately 200 people had gathered on a mountain near to register, he or she must possess a copy of the *Hojuk* stating his or her date of birth. As Ordinance 19 required that the date of birth, etc., should be checked, and as this was impossible in many cases, legal difficulties arose which had not yet been solved.

Mr. CHOY stated that many people had immigrated into the province from China, Japan, Manchuria and North Korea, and, due to circumstances beyond their control, had been unable to bring with them their *Hojuk*,[21] which was usually kept at the place of birth.

Because of this difficulty, the election committees had been forced to judge whether the applicant was eligible for registration by his or her appearance — this was a particularly unsatisfactory method if a candidate were elected by a narrow margin — or to use ration cards as a basis for registration. As a result, he had written to the Department of Justice requesting legal advice on this question.

Again, even if a person without a *Hojuk* or *Kiryu-Pu*[22] was registered, according to the regulations of the election law, his or her ballot would be declared null and void if no *Hojuk* or *Kiryu-Pu* were available.

Mr. PAUL-BONCOUR (France) stated that, although the Commission could not interfere with the election preparations, he would like the chairman of the provincial election committee and the governor of Kyangsang Pukto Province to present the Group with a document concerning these legal difficulties. This could be submitted to the Commission and taken up with the United States authorities in Seoul.

Mr. HUR, section chief, public information, raised the question of a free atmosphere for elections. He asked if the United Nations Commission regarded the presence of police in the vicinity of the registration office as contrary to the requirements for this free atmosphere.

Mr. PAUL-BONCOUR (France) said that, in case of acts of violence, the police should be available outside to cope with them, but that they should not be present in the registration office itself, or interfere in any way with the normal voting procedure.

In reply to a question by Mr. HAM, Mr. Paul-Boncour added that judges had been selected and appointed as heads of the electoral committees to ensure that the elections conformed with the law and that they were impartially conducted.

[21] A *Hojuk* is the Korean family register.
[22] A *Kiryu-Pu* is a police register of Korean families living in the district.

SUMMARY RECORD OF SECOND DAY OF OBSERVATION[23]

Present: Mr. Wang (China); Mr. Lindo (El Salvador); Mr. Paul-Boncour (France); Mr. Schmidt (Principal Secretary).

Registration Office in Grocery Store,[24] Taegu, Kyangsang Pukto, Tuesday, 6 April 1948, at 9.40 a.m

Interview with the chairman of the provincial election committee

Mr. WANG (China), looking through a registration form, observed that all the filled-in forms were stamped with registrants' seals or thumbprints.

In reply to a question asked by Mr. PAUL-BONCOUR (France), Mr. HAM Seung Ho, chairman of the provincial election committee, said that there were 208 persons registered, and 400 eligible voters in the voting district of the *tong* in *dong*.

Mr. WANG (China) pointed out that, if there were approximately 400 registrants in each local registration section, the electorate would total about 80,000.

Mr. HAM said the total population of Taegu was 300,000, of whom 100,000 were over twenty-one years of age.

Mr. SCHMIDT (Principal Secretary) asked if there had been any opposition to the registration of eligible voters.

Mr. YI Won Gu, secretary of the local registration office, stated that there had been none, but that the registration office was favourably located, with a military police motor pool across the road.

During an interview between Mr. PAUL-BONCOUR (France), Mr. SCHMIDT and the chairman of the provincial election committee, Mr. HAM Seung Ho stated that efforts had been made to include members of moderate and left groups in the committee; these efforts, however, had failed and the committee consisted, therefore, of rightists, with the exception of one member, who was regarded as representing the left groups, although he did not openly state that he belonged to any leftist party. The election committee of the city of Taegu was also composed of members of rightist groups.

In reply to further questions by Mr. PAUL-BONCOUR (France), Mr. HAM expressed the opinion that it was still possible that the leftists would take part in the voting and that, if they did so, they might even get a majority of the votes.

Sandong, Kyangsang Pukto, Tuesday, 6 April 1948, at 10.30 a.m.

Interview with the head-man of the village of Sandong

In reply to questions asked by Mr. PAUL-BONCOUR (France) and Mr. SCHMIDT (Principal Secretary) Mr. SON Chong Sik, head-man of the village, said there were 200 registrants, about 500 eligible voters, and a population of 1,500 in the village.

Mr. SCHMIDT asked if there had been any riots or intimidation.

Mr. YI Ki Dal, chief of the information section, stated that the previous evening, approximately 200 people had gathered on a mountain near

[23] Document A/AC.19/SC.7/SR.2.
[24] Privately owned.

the village and shouted in favour of a People's Republic against a separate government in South Korea. However, the police had dispersed them.

Mr. SCHMIDT asked if the gathering had been a peaceful one.

Mr. YI said that the people had not come into the village, but that the People's Republic movement was a strong one and dangerous to the population.

Mr. HAM Seung Ho, chairman of the provincial election committee, said that if the police had not dispersed the meeting, the people would have attacked the registration office.

In reply to a question by Mr. SCHMIDT, Mr. YI said there was evidence that the demonstrators had been trying to attack the registration office.

M. LINDO (El Salvador) asked if they had firearms or any other kind of weapons.

Mr. YI replied that some of those present at the meeting had weapons which had been acquired from the Japanese.

In reply to a question by Mr. WANG (China), he said that they knew the group had weapons because some of them had been fired.

Mr. PAUL-BONCOUR (France) explained that when there were meetings in which no violence was involved, but merely shouting, the police should not interfere, for if they did, the United Nations Commission would receive complaints that the elections were not being conducted in a free atmosphere.

Mr. KIM, formerly affiliated with a youth group, said that in Korea, as compared with more advanced countries, the people were not educated concerning the importance of free elections, and that when people gathered, their intention was not a peaceful one, but to plan destruction and violence; therefore, the police must intervene.

Mr. SCHMIDT asked whether, in view of the fact that out of 500 eligible voters only 200 persons had registered, there had been any organized attempt to block the registration of voters.

Mr. YI said there had been no such attempts.

Mr. KIM reported that there had been instances where handbills and letters threatening the life of the chairman of the voting district had been sent. However, he had no copies at the moment.

Mr. WANG (China) requested that copies of some of these threatening letters and handbills be submitted to the Observation Group before its departure.

Choong-Dong, Taegu,
Tuesday, 6 April 1948, at 11.5 a.m.

Interview with Mr. Yi Tong Kap, secretary of the registration office

Mr. PAUL-BONCOUR (France) said that he had noted that few Koreans seemed to know where the district registration office was located.

In reply to questions asked by Mr. LINDO (El Salvador) and Mr. SCHMIDT, (Principal Secretary), Mr. YI Tong Kap, secretary of the registration office, said that about 100 persons were registered; there were about 400 eligible voters, and a population of 1,000.

Mr. SCHMIDT asked why so few persons had registered, especially since there were only two more days until registration closed.

Mr. YI explained that the farmers were busy with planting, which was just beginning, and that the people did not understand election procedure. However, he assured the group that all the people would be registered in time.

Mr. WANG (China) asked what had been done to inform the people concerning election procedures.

Mr. YI stated that two days before the people had been instructed orally. He added that there had not been any riots or any form of intimidation from persons opposed to the elections.

Mr. SCHMIDT asked if there had been any organized movement to prevent or boycott the elections.

Mr. YI replied that there had been no organized opposition to the election preparations, but he could not say for sure what the opinions of individuals living in the area were.

Boys' Orphanage, Keun-Sa-dong, Kyangsang Pukto Province, Tuesday, 6 April 1948, at 12 noon

Interview with Mr. Son Won Ha and Mr. Chang Sung Wan, secretaries of the registration office

In reply to questions by Mr. PAUL-BONCOUR (France) and Mr. SCHMIDT (Principal Secretary) Mr. SON Won Ha said there were 414 registrants, 614 eligible voters, and a population of about 1,700.

In reply to a question by Mr. WANG (China), Mr. CHANG Sung Wan stated that women comprised one-third of the registered voters.

Mr. SCHMIDT (Principal Secretary) asked if the moderates, leftists or any other groups had opposed the elections.

Mr. SON said that there were no such groups in the district and that there had been no opposition to the election preparations.

Mr. SCHMIDT asked whether it had been made clear to the people that they were free to vote or not, as they so desired, or if they had been given definite instructions. He further asked if the people had been assured that nothing would happen to them if they did not wish to vote.

Mr. CHANG said that, in giving election procedure instructions, the people had not been told that they were compelled to vote, but that to do so was in the interest of an independent Korea. There had been no intimidation at all. He added that the voters in the district were for the most part farmers.

Mr. PAUL-BONCOUR (France) asked if any candidates had been named.

Mr. CHANG replied that no one had made any public announcement as yet.

Mr. SCHMIDT asked what measures had been taken to educate the people regarding election procedures.

Mr. CHANG said that there had been a conference of village head-men. The head-men had explained the instructions acquired at this conference to the people of their respective villages. The Press had not been used for educational purposes, as the villages were so small that it was easier to tell the people orally.

The registration forms and other documents had reached the registration office two days late.

Mr. LINDO (El Salvador) asked whether the registration place was continually guarded by the police.

Mr. CHANG stated that there was no direct protection at the entrance of the registration office, as there was a police station nearby which could be contacted if necessary. So far, there had been no necessity for calling the police. The police had never entered the registration office.

Keun Sa-dong, Kyangsang Pukto, Tuesday, 6 April 1948, at 12.35 p.m.

Interview with the village head-man, Mr. Yu Yong Il

In reply to a question by Mr. PAUL-BONCOUR (France), Mr. YU Yong Il, village head-man, said that there were 340 inhabitants. The registration office was at the boys' orphanage.

Mr. PAUL-BONCOUR (France) asked how the registration was arranged to avoid interference with the farming and the work of the inhabitants, and whether the women also had time to register.

Mr. YU explained that registration for the village had been completed the day before. The villagers had met together and decided to take one day from their work and go as a body to register. About eighty per cent of the eligible voters had gone on the appointed day, which was two days before, and the rest had gone on the previous day. Some difficulties had arisen in the case of nine families, who had not their *Hojuk* or *Kiryu-Pu* and were therefore unable to prove their age. These families had come from Japan, China and Manchuria and had only lived in the village about three months. However, they had been taken to the chairman of the district election committee, and the registration office was awaiting instructions from the higher election committee, as these people could not be registered under the present election regulations.

Mr. PAUL-BONCOUR (France) asked if the names of these people had been taken at the registration office and if it were known whether they had any party affiliations prior to their arrival at the village.

The head-man said that the families had no political affiliations. They were so poor and ignorant that their first concern was their livelihood, and they moved wherever work was available.

Mr. WANG (China) asked Mr. Yu if he had gone to any conferences sponsored by the election committee in order to learn about election procedures.

Mr. YU explained that there had been three conferences: one summoned by the *Myun* chief, which he had attended, and at which election procedure instructions had been given, one summoned by the chairman of the election committee, which he had not attended, and a conference summoned by the sub-committee of the voting district election committee, which he had attended and at which he had received the same instructions as those given at the conference summoned by the *Myun* chief.

In reply to a question by Mr. SCHMIDT (Principal Secretary) Mr. Yu said that when he had said, while giving the villagers information concerning election procedures, that the election was to lead to Korea's independence, the people had been enthusiastic.

Mr. PAUL-BONCOUR (France) asked if anyone had told the people for what person or party they should vote.

Mr. YU replied that, since there had been no public announcement of candidates, there had been no election campaign as yet.

Chinchon-dong, Wolpae-myun, Talsong-gun, Kyangsang Pukto, Tuesday, 6 April 1948, at 6 p.m.

Present: Mr. Lindo (El Salvador); Mr. Paul-Boncour (France).

Interview with Mr. Woo, chairman of the registration office

Upon arriving at the registration office at Chinchon-dong, the representatives on the Observation Group were taken to the home and place of business — a barber shop — of Mr. Woo, who was in charge of the registration office and who kept the registration forms at his place of business. He also appeared to be one of the head-men of the village. He explained that, in order to carry out the election registration, he had found it necessary to make a list of the people in the village whom he considered to be eligible voters, and had completed the registration forms with information which he had acquired from the family register at the *Myun* office. He had then divided between himself and two friends the task of going around the country and having the registrants sign the forms. Some had signed the forms with their thumbprints, but most of the men used seals. Because the women for the most part had no seals, they used thumbprints; however, some were so enthusiastic about participating in the election that they, too, were having seals made, which explained a slight difference existing between the number of eligible voters and the number of registered ones.

SUMMARY RECORD OF THIRD DAY OF OBSERVATION [25]

Present : Mr. Lindo (El Salvador); Mr. Schmidt (Principal Secretary).

Headquarters of the provincial election committee at Taegu, Kyangsang Pukto, Wednesday, 7 April 1948, at 9.40 a.m.

Interview with the chairman of the provincial election committee and a member of the committee

In reply to questions put by Mr. SCHMIDT (Principal Secretary), Mr. HAM Seung Ho, chairman of the provincial election committee, stated that he did not know exactly how many political prisoners were in jail in Taegu, but he believed that there would not be more than one hundred. Most of these prisoners had been arrested during the October riots. He further explained that he could not give names and addresses of leftists whom the Observation Group might interview because they were not known to him and they worked mostly in secret.

Mr. KWONG Sung Tong, member of the provincial election committee, stated that the communists were inciting to violence and for that reason the police had to interfere now and again.

Mr. SCHMIDT asked whether all leftists and moderates were communists, and whether many people were not opposed to the election for purely political reasons but did not incite to violence.

Mr. KWONG replied that this was hardly the case in Taegu. The communists were a small minority and the other groups had no influence and no followers.

Mr. LINDO (El Salvador) and Mr. SCHMIDT asked whether the names of Kim Koo and Kim Kiusic were known among the industrial workers in Teagu and among the farmers outside the city.

Mr. KWONG replied that among the farmers only one name was known, that of Rhee Syngman, and that Kim Koo and Kim Kiusic had no followers among the farmers at all. Among the industrial workers in the city and among the intelligentsia the names of Kim Koo and Kim Kiusic and some leftist leaders were known through the Press and through communications from Seoul, but in his opinion their influence was insignificant. He was not able to give the names of political prisoners whom the Observation Group might interview in prison.

Headquarters, provincial election committee, Taegu, Kyangsang Pukto, Wednesday, 7 April 1948, at 10.5 a.m.

Interview with Mr. Kim Sung Kwong, member of the provincial election committee [26]

Mr. SCHMIDT (Principal Secretary), asked what kind of propaganda was put out by the leftist and moderate groups.

Mr. KIM Sung Kwong replied that all these groups opposed the election and that they carried out their propaganda by means of handbills and posters, through the Press, etc. They worked mostly in secret. He added that he did not think the leftist groups would change their mind before the date of the elections and put up candidates. However, he was not quite certain about that. If the leftists put up candidates, they might in his opinion get a large proportion of the votes in Taegu; he could not, however, give any estimate of the percentage of votes they might get. In reply to further questions, he expressed the opinion that the leftists would concentrate all their attention and propaganda on the announced conference of leaders of North and South Korea; in their view if this conference succeeded, no separate elections in South Korea would be necessary.

Mr. SCHMIDT asked whether the leftists and moderate groups were free to carry on their propaganda without interference from the police.

Mr. KIM replied that the use of posters inciting to acts of violence, sabotage, etc., was regarded as a criminal act; the police interfered in such cases. Normal election propaganda, including statements urging the people not to vote on political grounds, was, as a rule, not interfered with. However, it was not always easy to draw the line between one method and the other, and groups which were under suspicion of inciting to violence had difficulty in carrying out normal election propaganda.

Questioned further by Mr. LINDO (El Salvador), Mr. KIM stated that there had been no interference with the Press and no newspapers were suppressed or editors or reporters arrested, even if they printed the political views of leftist and moderate groups.

Mr. SCHMIDT made it clear that the Observation Group wished to visit the jail in Taegu to interview political prisoners, and he guaranteed, on behalf of the Group, that these interviews would be completely private, with no police present. In order to do so, however, it was necessary to have names of such prisoners. Could Mr. Kim furnish names of his friends or members of his association who were in prison for political reasons?

Mr. KIM said it was difficult to say who were political prisoners and who were not.

Mr. LINDO (El Salvador) asked why it was difficult.

Mr. KIM replied that sometimes a person arrested for political offences was sentenced for common crimes.

Mr. LINDO (El Salvador) asked whether a judge could not distinguish between a common crime and political offence.

Mr. KIM replied that it was sometimes difficult to find out exactly what had happened. After being pressed several times by Mr. LINDO (El Salvador) and Mr. SCHMIDT, he replied tha the was not in a position to give names of political prisoners. He did not know at the moment of any person whom the Group could interview in prison. He might be able to find out more about it if he had more time.

[25] Document A/AC.19/SC.7/SR.3.

[26] Mr. Kim Sung Kwong is the only "independent" member of the provincial election committee, supposed to be "secretly" connected with the South Korea Labour Party and other organizations of the extreme left. Mr. Kim emphasized during the interview that he was not a politician, but merely Director of the Physical Training Centre, which allowed all Koreans, irrespective of their political views, to enter the organization.

Mr. LINDO (El Salvador) asked about the attitude of the youth groups with regard to the election.

Mr. KIM replied that, on the whole, the youth groups had behaved very well. They were making strong efforts to explain the election procedure to the people and took an active part in all the work. There had been no conflicts or fighting of any kind among members of these groups.

Mr. SCHMIDT asked Mr. Kim if he could give a rough estimate of the percentage of people that would go to the polls.

Mr. KIM replied that, as this was the first election, a number of people would probably make mistakes in filling out the ballot forms. He thought that perhaps eighty per cent of the registered voters might cast valid votes.

Sindang-dong, Songso-Myun, Talsong-gun, Kyangsang Pukto, Wednesday, 7 April 1948, at 10.20 a.m.

Present: Mr. Wang (China); Mr. Paul-Boncour (France); Mr. Huhr (Interpreter).

Interview with Mr. Woo Chang, secretary of the registration office [27]

Mr. WANG (China) asked if the district election committee or the Dai Dong Youth Organization was in charge of dissemination of information concerning the elections.

Mr. Woo Chang, secretary of the registration office, said that the Dai Dong Youth Organization had nothing to do with the elections and that the election committee did everything.

When asked to show the registration forms in his office, he explained that registration of eligible voters had been completed the day before and that the forms had been taken to the *Myun* office.

In reply to a question by Mr. WANG (China), Mr. Woo stated that the population of the village was approximately 1,200 and that, although he had no idea of the proportion between eligible voters and registrants, he estimated that there were about 500 eligible voters, of whom about 250 were women.

Mr. PAUL-BONCOUR (France) asked if the people had registered willingly or whether anyone had come to tell them not to do so.

Mr. Woo replied that the people were interested in voting and that no one had told them not to vote.

Mr. PAUL-BONCOUR (France) asked if the people knew who the candidates would be and, if so, did they know for whom they wished to vote.

Mr. Woo said that the people had no idea who would be candidates or even if the candidates would be chosen from their particular village.

In reply to a question by Mr. PAUL-BONCOUR (France), Mr. Woo said he would vote for a woman candidate is she were well qualified.

[27] Upon the arrival of the Observation Group at the registration office of Sindang-dong, it was learned that the office was closed and that the village head-man had gone to the *Myun* office for a meeting with Dai Dong Youth representatives concerning elections.

Mr. WANG (China) asked how the people would be informed of the names of the candidates.

Mr. Woo stated that this was difficult to answer, but that some newspapers and organizations might propagandize the elections. He explained that the village head-man was the only one to take a newspaper in the village and this was entitled *Yon Nam Ilbo*.[28]

Mr. WANG (China) and Mr. PAUL-BONCOUR (France) asked if the people had any idea of the voting procedure itself. Would they go to the voting place or would someone collect the votes?

Mr. Woo said that the people would come to the voting place. He also stated that proper instructions had been received from the *Myun* office.

Mr. WANG (China) asked if the people liked to make up their own minds about whom to vote for or did they like to seek the advice of people whom they considered qualified to counsel them. He further inquired if the people had any occasion to discuss whom they would like elected or who they thought would win.

Mr. Woo said that it depended upon the individual potential voter and if he was well-informed. If he was not, he was likely to seek the advice of others.

Yikok-Yi, Songso-Myun, Talsong-Gun, Kyangsang Pukto, Wednesday, 7 April 1948, at 11.5 a.m.

Interview with Mr. Eun Hi Paik, principal, Songso Primary School

Mr. PAUL-BONCOUR (France) asked the opinion of Mr. Eun Hai Paik as to the degree of education the people had had concerning the elections, which were new to them. Although they appeared to be vaguely informed, did they realize what they were going to do in the future?

Mr. Eun replied that, in the surrounding area, about 80 per cent of the eligible voters had already registered, but that the villagers on the whole did not understand much about elections. The school sent out teachers who gave lectures on voting procedure, and the previous week there had been an exhibition at a parents' conference, at which lectures had also been given. However, the people were so ignorant that they would follow blindly the instructions of the teachers and other lecturers. In reply to a question by Mr. WANG, Mr. EUN said that about 80 per cent of the people in the district were illiterate.

Mr. PAUL-BONCOUR (France) asked if there had been any propaganda to persuade the people not to vote.

Mr. EUN said that, in that particular district, there were no opposition groups at all; this was borne out by the fact that almost 80 per cent of those eligible had registered.

In reply to a question by Mr. WANG (China), Mr. EUN stated that he could see no other obstacles to the conducting of the elections besides that of illiteracy.

[28] A rightist paper in Taegu.

Mr. PAUL-BONCOUR (France) asked if Mr. EUN expected all the registrants to cast votes on 10 May.

Mr. EUN replied that, since the people were so ignorant and as they did not know who the candidates were, they would blindly follow the leadership of the *Myun* office, and that all 80 per cent of eligible voters would vote. Moreover, he had heard from the *Myun* chief that the remaining 20 per cent of eligible voters would register before the closing date.

Mr. PAUL-BONCOUR (France) asked if there were any political trends among the Korean school teachers.

Mr. EUN said that the teachers were for the most part middle-roaders and impartial.

SUMMARY RECORD OF FOURTH DAY OF OBSERVATION [29]

Present: Mr. Wang (China); Mr. Lindo (El Salvador); Mr. Paul-Boncour (France); Mr. Schmidt (Principal Secretary).

Provincial capital building, Kyongsang Namdo, Pusan, Thursday, 8 April 1948, at 9.20 a.m.

Interview with the provincial governor, members of the provincial election committee, and the United States chief civil affairs officer

Mr. PAUL-BONCOUR (France) asked how members of the election committee had been chosen and if any of the members were affiliated with political parties. If they were, what were the names of the parties, and, if not, what were the reasons for this non-partisan situation.

Mr. PYUN Ok Choo, chairman of the provincial election committee, said that the committee was composed mostly of educators, physicians and lawyers. None of the members had any party affiliation, as the committee w : supposed to be impartial and objective.

Mr. WANG (China) asked if any of the political parties objected to being excluded from the election committee.

Mr. PYUN had not heard any complaints.

Mr. KIM Cheull Soo, governor of the province, explained that public officials and politicians had not been included in the election committee because they were directly concerned with the election campaign and were so busy that they did not wish to participate in election committee work.

Mr. PAUL-BONCOUR (France) stressed the point of view which he had expressed during the visit in Taegu with the chairman of the election committee there that, if judges had been selected and appointed as heads of electoral committees, it was to ensure that the elections would both conform with the law and that they would be impartially conducted.

Mr. WANG (China) asked when the election committee had received the election documents from the national election committee and when they had been distributed to the district election committees.

Mr. PYUN stated that they had been received on 29 March and distributed on the same day by military trucks.

Mr. WANG (China) asked if any complaints had been received about the shortage of documents or if there were any indications of an inadequacy of documentation.

Mr. PYUN replied that they had received instructions from the national election committee in Seoul to make three copies of the lists of eligible voters, but that they had not enough paper to accomplish this. However, they had received information from the national election committee the previous day that the necessary paper would be sent.

Mr. WANG (China) asked Mr. Pyun for an estimate of the attitude of the people concerning the elections.

Mr. PYUN stated that he could not express the individual thoughts of the people, but judging from the fact that 80 per cent of the qualified voters had registered, it was apparent that the people were very interested in the elections.

Mr. SCHMIDT (Principal Secretary) asked if there had been any organized opposition to the elections, any intimidation or riots.

Mr. PYUN said that so far there had been no instances of any opposition. However, he had read in the paper that there had been some threatening letters. He added that there had been no propaganda in the way of handbills, posters, etc.

In reply to Mr. LINDO (El Salvador), Mr. PYUN said t : were seven daily newspapers in Pusan.

Mr. SCHMIDT asked if all these daily newspapers supported the elections.

Mr. PYUN felt that since the newspapers had published the results of the registration and propaganda concerning the election, they supported the election in general.

Mr. SCHMIDT asked if there were any candidates put up so far.

Mr. PYUN said that Mr. Paik Song Choo, an independent, and Mr. Hur Chong, a member of the Hankook Democratic Party, had registered as candidates.

Mr. SCHMIDT asked if any other parties were expected to put up candidates.

Mr. PYUN said there were many rumours about possible candidates, but that he was unable to answer this question at present. In reply to a question by Mr. LINDO (El Salvador), he added that he could not say whether any newspapers were published by the parties opposing the elections.

Mr. LINDO (El Salvador) asked why there were no newspapers opposing the elections.

[29] Document A/AC.19/SC.7/SR.4.

Mr. PYUN said that in Seoul newspapers expressed definite political tendencies, but in local areas like Pusan they did not indicate their political leanings.

Mr. SCHMIDT asked whether there was any interference by the police in the election propaganda.

Mr. KIM explained that, as elections were being held in Korea for the first time, the people were ignorant concerning election procedure. The purpose of the administrators and police was not to interfere in the elections, but to instruct and educate the people legally and politically.

Mr. WANG (China) asked if they instructed the people politically or in a non-partisan manner.

Mr. KIM said that the people were educated politically in the concept prevailing in democratic countries and according to democratic procedures, which was the only way to achieve independence.

Mr. LINDO (El Salvador) asked if there was any censorship in Pusan and, if so, who were the censors.

Mr. KIM replied that there was none in Pusan, but that, if any newspaper article incited civil disorder, the section of public information warned the publisher concerned. The section of public information consulted the Department of Public information in Seoul before taking any action.

Mr. LINDO (El Salvador) asked what was meant by inciting civil disorder. Did it mean inciting violence or disseminating propaganda against the elections?

Mr. KIM stated that so far no newspaper had published any propaganda against the election, but articles which were prefabrications or distortions of the truth were deemed as instances inciting civil disorder.

Mr. YI Tong Soon, editor of *Cha Yu Minbo*, added that false reports, such as statements that rice rationing would be stopped or that farmers could acquire land free of charge, and items which spread false propaganda, were inciting to civil disorder.

Mr. HONG Ul Soo, chief of the public information section, assured the Group that there had been no pressure on the newspaper publishers in Pusan, even if they published articles opposing the elections, and that there would be no such pressure.

Mr. PAK Hi Chang, member of the provincial election committee, made a general statement, in which he concluded that, although there was a minority which was suspicious that the elections south of the 38th degree parallel would divide Korea, and which would, therefore, oppose the election, the majority of the people supported the election in the belief that it was a preliminary step toward the achievement of Korean independence.

Mr. LINDO (El Salvador) asked whether the broadcasting stations in Pusan were censored.

Mr. HONG said that, in connexion with the elections, the Pusan broadcasting system relayed almost all the broadcasts from Seoul, and local Korean authorities broadcast educational lectures concerning the methods and meaning of the elections. These lectures stressed that elections must be fair, particularly as they were being observed by the United Nations.

Mr. WANG (China) asked whether or not any interference was expected with the registration records either by those supporting the elections or those opposed to them.

Colonel GILLETTE, United States Civil Affairs Officer, gathered from the questions of the Observation Group that it was concerned with the lack of leftist opposition. He explained that many parties were not supporting the election, but only one — the communists — was opposing it actively. The general policy of the leftists was not to oppose registration, but to capture and destroy the registration forms at a later date so as to nullify the records. It was impossible to pad the records, as they were open to inspection. Trouble had already occurred in two provinces, but as yet there had been none in Kyangsang Namdo.

Mr. PAUL-BONCOUR (France) made a general statement emphasizing the importance of the international responsibility of the Commission to the United Nations, and pointed out that the Commission would have to answer criticisms concerning the situation in Korea by the Members of the United Nations at the General Assembly. In conclusion, he stressed that the members of the election committees must take measures to reform, if necessary, the lack of freedom of Press and assembly in South Korea in order to avoid these criticisms.

Choonga-dong, Pusan,
Thursday, 8 April 1948, at 2.20 p.m.

Interview with the chairman of the D 14th voting district election committee

In reply to questions by Mr. PAUL-BONCOUR (France) and Mr. SCHMIDT (Principal Secretary) Mr. KIM Yong Tae, chairman of the voting district election committee, stated that the population of the whole city of Pusan was 600,000, of whom about 200,000 were immigrants and transients. There were a total of 266 voting districts in Pusan. In the D 14th voting district, there were 2,400 inhabitants, 1,096 eligible voters, and 815 registrants. Of these registrants, slightly less than half were women.

Pasoo-dong, Pusan,
Thursday, 8 April 1948, at 2.40 p.m.

Interview with the chairman of the fifth voting district election committee

Mr. YI Yong Hoo, chairman of the voting district election committee, stated that there were 2,000 inhabitants in the voting district, 900 eligible voters, and 871 registrants, of whom 436 were women registrants.

There were branches of the Dai Dong Youth Organization in this district, but they had nothing to do with the elections.

In compiling the preparatory list, 999 eligible voters were enumerated, but as some were discovered to be below the proper age level, and others had left the district, the actual number of eligible voters was 900.

Mr. WANG (China) asked how the list of eligible voters was compiled.

Mr. YI said that the street head-man's office kept a record of the people living on the street and their ages. This list was copied and examined by the voting district election committee as regards age and other qualifications.

Choryang, Pusan,
Thursday, 8 April 1948, at 3.5 p.m.

Interview with the chairman of the first voting district election committee

In reply to questions by Mr. PAUL-BONCOUR (France), Mr. KIM Woo Sam, chairman of the voting district election committee, stated that there were 1,529 inhabitants in the voting district, 686 eligible voters, and 608 registrants, of whom 300 were women.

Puumil-dong, Pusan,
Thursday, 8 April 1948, at 3.30 p.m.

Interview with the chairman of B 8th voting district election committee

In reply to questions by Mr. PAUL-BONCOUR (France), Mr. KIM Tong Ho, chairman of the voting district election committee, said there were about 1,700 inhabitants who actually lived in the district, 858 eligible voters, and 845 registrants.

Puun-il-dong, Pusan,
Thursday, 8 April 1948, at 3.55 p. m.

Interview with the chairman of B 14th voting district election committee

Mr. CHANG Chi Ham, chairman of the voting district election committee, stated that there were 1,400 inhabitants, 810 eligible voters, and 768 registrants. Although this was an industrial district, there were no trade unions, and although he could not say for sure whether or not the industrial workers supported the South Korea Labour Party, there had been no opposition from the leftist group as far as registration was concerned. The people who had not registered had either gone elsewhere or were ill.

Since the village and street head-men had held many conferences in which the significance of the elections and their connexion with the independence of Korea had been stressed, he thought that all the people who had registered would vote.

Mr. SCHMIDT (Principal Secretary) asked what methods in the form of propaganda, handbills, etc., had been used to get the people to register.

Mr. CHANG explained that handbills, etc., had not been used, but that conferences, explaining orally the meaning of the elections and giving election instructions, had been held.

No pressure had been put on the people to force them to register, but they all knew it was their duty.

* * *

In each of the registration offices visited, the Observation Group was assured that there had been no difficulties whatsoever in the way of intimidation or opposition to the elections; that there had been no refusals to register, and in each voting district it was expected that all the registrants would vote.

In each registration office, Mr. WANG (China) examined the registration forms and noted that a substantial number of the voters were illiterate.

(The following questions and answers were exchanged during the journey by automobile between the various registration offices.)

Mr. PAUL-BONCOUR (France) said that he had heard that 200,000 refugees had settled in Pusan and wondered if they were registered.

Mr. PYUN Ok Choo, chairman of the provincial election committee, explained that the ability of a refugee to register in the *Kiryu-Pu*[30] was approved by each voting district election committee of Kyangsang Namdo on the basis of a certification by the village or street head-man that the person involved had lived in the particular area for sixty days. This system was approved by the judicial court because the *Kiryu-Pu* matters were under the jurisdiction of this court.

Mr. WANG (China) asked if the street directory was compiled on the basis of ration cards.

Mr. PYUN explained that the city directory was based upon three sources of information: the *Hojuk*,[31] ration cards, and the certification by the street head-man that persons had resided there for sixty days.

Questioned by Mr. WANG (China), Mr. PYUN stated that people who did not register had no fear of losing their rations. He further explained that the election committee had encountered no difficulties in its work, other than those of transportation.

In order to disseminate election information impartially, public officials and influential citizens had formed into lecture groups, each of which was sent from place to place to give lectures and information to local people.

When Mr. WANG (China) asked Mr. PYUN if he had any knowledge of any opposition groups holding meetings recently, he replied that he had not, and that opposition was not expected at this time, but rather when the actual voting took place.

In reply to a question by Mr. WANG (China), Mr. PYUN stated that there had been no recent ruling from the Department of Justice concerning legal evidence required to ascertain the ages of registrants. He explained that the problem of registering in the *Hojuk* or *Kiryu-Pu* was not the business of the district election committee, but a legal problem under the jurisdiction of the local court.

Mr. WANG (China) asked how village and street head-men acquired that position.

Mr. PYUN stated that the mayor of Pusan appointed them on the basis of their education and the confidence the people had in them, but the decision was left to the judgment of the mayor.

Mr. WANG (China) said that in other countries the precinct captain was a politician. Was this true in Pusan?

Mr. PYUN said that some village and street head-men were politicians. Others were independent. He did not know the percentage of those with party affiliations, but would find out at the

[30] A *Kiryu-Pu* is a police register of the Korean families living in the district.

[31] A *Hojuk* is the Korean family register.

City Hall and inform the group. He could not give a definite answer as to whether any of the village or street head-men were members of the Hankook Democratic Party.

Mr. LINDO (El Salvador) asked if there were any political prisoners in Pusan.

Mr. PYUN stated that there were many political prisoners, but by order of Lieutenant General Hodge, the Commanding General of the United States Army Forces in Korea, 123 prisoners had been released three days previously.

In reply to a question by Mr. LINDO (El Salvador), Mr. PYUN stated that no newspaper reporters or editors had been imprisoned for ideas which they had expressed in printed articles. He was unable to state the number of political prisoners still in jail because this was not under his jurisdiction. However, it was often difficult to distinguish between political prisoners and common prisoners because some political prisoners had committed murder and incited violence. Those who had just distributed propaganda had been released.

In reply to a question by Mr. LINDO (El Salvador), Mr. PYUN explained that the only political prisoners were members of leftist groups. Members of the rightist parties could not be regarded as political prisoners because they did not incite violence against the *status quo*. If there were any rightist prisoners, they were common criminals because they had either beaten leftists or incited violence in the interest of the party. He gave the names of Mr. Kang Tae Hong, a member of the South Korea Labour Party, and Mr. Yang Soon of the Federation for an Independent Korea, who were among the political prisoners who had just been released. He did not know the names or addresses of these persons, but would give them to Mr. Lindo later, together with the names of some political prisoners still in jail.

Train, Pusan station,
Thursday, 8 April 1948, at 4.40 p.m.

Present: Mr. Lindo (El Salvador); Mr. Schmidt (Principal Secretary).

Interview with Mr. Cha Chung Yul and Mr. Pak Chung Ho

Mr. SCHMIDT (Principal Secretary) explained the purpose of the visit of the Observation Group to Pusan, and asked the two gentlemen whether, in their opinion, there was any organized opposition to the elections in Pusan.

Mr. PAK Chung Ho, antique dealer, said that, before answering the question, he would like to ask whether the election was compulsory or free.

Mr. SCHMIDT explained that, according to the decision of the United Nations Commission, the election should be entirely free, that the people could vote or not as they chose, and that they should be free to express their political views in newspapers, handbills, meetings, etc.

Mr. PAK stated that he was very glad to hear that, but felt that the registration was compulsory; there had been threats that those who did not register before a certain date would have their ration cards suspended.

Mr. SCHMIDT wished to know who was responsible for making such threats.

Mr. PAK explained that each town or village had a so-called "street organization" and the head-men of these street organizations had made the threats.

Mr. SCHMIDT asked whether there were any written statements or letters proving that such threats had been made.

Mr. PAK replied that he had no written proof — that the threats had been made orally.

Mr. SCHMIDT wished to know whether all the head-men or street leaders had made such threatening statements, or whether it was limited to certain streets.

Mr. PAK could not speak for all the streets in Pusan, but so far as his own street was concerned, it had been done orally.

In reply to a question by Mr. LINDO (El Salvador), Mr. PAK stated that he did not know whether the orders given to the people were on the initiative of the head-man or whether they had come from a higher source.

Mr. SCHMIDT asked whether there were any middle-of-the-road groups in Pusan between the extreme right and the extreme left.

Mr. PAK replied that it went without saying that the rightists had political power in Pusan and in the province as a whole, but in opposition to the rightists, there were certainly leftist groups. However, since, the latter wereso suppressed, they were in hiding and had mostly fled to the countryside.

Mr. SCHMIDT asked Mr. PAK whether he was opposed to the elections.

Mr. PAK stressed that he preferred a united Korea, but that, if a united Korea were not possible, a separate government in South Korea would be the only alternative. In any case, he was neither going to support nor oppose the elections.

Mr. SCHMIDT asked whether that meant that he would not vote.

Mr. PAK replied that that was what he meant.

Mr. SCHMIDT asked whether, if the left-wing parties took part in the elections, Mr. PAK thought they could get a large percentage of the votes.

Mr. PAK stated that he had no idea.

In reply to a question by Mr. SCHMIDT as to whether he knew of any instances of suppression of the Press, of censorship, of arrests of journalists, or the names of any political prisoners, Mr. PAK replied that one of his friends had run away to Japan, and that most of them fled before the police could catch them.

Mr. SCHMIDT asked if Mr. PAK could supply the Observation Group with the name of one person who was a political prisoner. If so, the Group would see to it that he would be able to speak to it freely, without the presence of the police.

(No answer was given.)

Mr. LINDO (El Salvador) raised the point that, in view of the type of work he was engaged in, Mr. Pac should know something about the attitude of the intelligentsia of Pusan toward the elections.

Mr. Pak stated that he did not know the attitude of the intelligentsia. He wished to stress, however, that he would support the best methods of achieving the independence of Korea.

Choong-dong, Pusan,
Thursday, 8 April 1948, at 5.50 p.m.

Present: Mr. Wang (China); Mr. Paul-Boncour (France); Mr. Hong (Interpreter for the U.S. Military Government).

Interview with the chairman of A 38th voting district registration office

In reply to questions by Mr. PAUL-BONCOUR (France) and Mr. WANG (China), Mr. KIM Sok Chim, chairman of the registration office, stated that there were 1,000 inhabitants in the voting district, 469 eligible voters, 465 registrants, of whom 232 were women; 117 of the male and 214 of the female registrants were illiterate. He also stated that there had been no opposition to registration.

Chaesongni, Pusan,
Thursday, 8 April 1948, at at 6.10 p.m.

Interview with the chairman of A 38th voting district registration office

In reply to questions by Mr. PAUL-BONCOUR (France) and Mr. WANG (China), Mr. YI Pong-Hi, chairman of the registration office, stated that there were 900 inhabitants in the voting district, 413 eligible voters, 402 registrants, of whom 205 were women, 131 of the male and 203 of the female registrants were illiterate. He also stated that there had been no opposition to registration.

Panyu-ri, Pusan,
Thursday, 8 April 1948, at 6.30 p.m.

Interview with Mr. Yun Tuk Choo, village head-man

In response to question by Mr. PAUL-BONCOUR (France) and Mr. WANG (China), Mr. YUN Tuk Choo, village head-man, stated that his village had a population of 270, of whom 90 were eligible voters, and that all of them had been duly registered. He added that he had been told by his *Myun* chief to gather his people together and register their names for the coming election. He had also been summoned to the sub-district election committee to learn of the election procedures.

Mr. PAUL-BONCOUR (France) asked Mr. Yun how he and his people would judge the qualification of the candidates when they cast their votes.

Mr. YUN answered that the literate ones would probably study the names of the candidates and arrive at a suitable selection, whereas the illiterate ones would probably study their photographs.

SUMMARY RECORD OF FIFTH DAY OF OBSERVATION [32]

Susang-dong, Kimhae, Kyangsang Namdo Province,
Friday, 9 April 1948, at 11.10 a.m.

Present: Mr. Wang (China); Mr. Paul-Boncour (France); Mr. Schmidt (Principal Secretary).

Interview with Mr. Pak Chae Hong n industrialist with middle-of-the-road political tendencies

Mr. PAUL-BONCOUR (France) asked Mr. Pak if he had announced his candidacy or if he was just contemplating doing so, and if so, with what party was he affiliated.

Mr. PAK Chae Hong stated that he had not officially announced his candidacy, but that he intended to do so. Although he had no party affiliations so far, if he were a candidate he would represent the middle-of-the-roaders.

Mr. WANG (China) asked wha Mr. Pak's profession was.

Mr. PAK stated that he was the owner of an iron foundry, which manufactured farm implements, and that he also owned a rice mill.

Mr. PAUL-BONCOUR (France) asked, if he registered as a candidate, whether he felt that he would be able to campaign freely, with no interference from the police or youth organizations, and if he would be in a position to campaign in a democratic and fair manner.

Mr. PAK explained that he was going to negotiate with the police because, so far, there had been much suppression from private youth organizations and police. There was a branch of the Hankook Democratic Party in Kimhae which backed the North-west Youth Organization and which, together with it, was going to monopolize the whole political field in the area. Thus, a minority of around sixty persons would prolong the Japanese way of administration and fascism.

Although he was not a politician, he felt that, for the cause of Korean independence and democracy, he should stand up against this minority. Three days previously he had been beaten by members of the North-west Youth Organization.

In reply to a question by Mr. WANG (China), Mr. PAK said that he had not been beaten badly enough to require a doctor.

When asked by Mr. SCHMIDT (Principal Secretary), whether the police had done anything to protect him, or if he had informed the United State authorities about the beating, Mr. PAK replied that he had not. He was first going to see the police and leaders of the North-west Youth Organization to ascertain if they were going to suppress the middle-of-the-roaders. If he learned that they intended to do so, he would inform the United States authorities and meet the Press to make a statement to this effect.

Mr. PAUL-BONCOUR (France) stated that Mr. Pak should also send a complaint in writing to the United Nations Commission in Seoul.

Mr. PAK said that he would do this, but could not promise exactly the date on which it would be sent.

Mr. PAUL-BONCOUR (France) asked why be had said he would "negotiate" with the police. He had the right to campaign and had only to ascertain that he would be able to campaign as he desired

[32] Document A/AC.19/SC.7/SR.5.

Mr. PAK agreed that, officially, the United Nations and the United States authorities had proclaimed that there should be a free atmosphere for the elections, but the secret intention of the police and youth organization appeared to be to have one State and one Party which would monopolize the whole political situation. If this were true, he would not only abstain from running as a candidate in the elections, but also from registering or voting.

Mr. WANG (China) asked if he felt that the registration procedure of eligible voters had been legally carried out in that particular *Eup*.[33]

Mr. PAK explained that the rice ration cards were the basis for the registration. Public officials working in the *Myun* and *Eup* went around the country telling the people to register. As regards those who were ignorant, one could not say that registration was carried out legally, but literate persons registered of their own free will.

In reply to a question by Mr. SCHMIDT, he added that he had not heard about the suspension of ration cards should a person refuse to register. However, he was sure it was possible. He had heard that some village and street head-men were telling the people that they should elect candidates of the Hankook Democratic Party. In the Kimhae district, there were four or five persons of moderate political tendencies who, since they had been terrorized by the North-west Youth Organization, were vacillating in their decision as to whether or not they should run as candidates.

Mr. WANG (China) asked if the eligible voters in the district knew whether they could vote as they pleased and that no particular force should be exercised to make them vote one way or another.

Mr. PAK replied that they did not know this fact. In Kimhae there was an organization called the election steering committee, composed entirely of Hankook Democratic Party members; it recommended candidates and warned that no other candidates would run except those recommended by the committee. This committee had nothing to do with the district election committee.

Mr. SCHMIDT asked for an explanation of Mr. Pak's political platform, if he ran for election, and what his programme was for the workers and farmers.

Mr. PAK explained that all the people must desire the unification of Korea; should this fail to come about, they should at least achieve a separate government in South Korea to save them from the dire poverty at present in existence. If the future government should be in the control of the moderate group, there was a chance of consulting with the government in the North in order to achieve the necessary unification of all Korea. If it should be controlled by the extreme rightist groups or the extreme leftists, there was no hope of this unification.

He proposed that as the farmers could not live comfortably under the present system, land must be distributed to them at a fair price, compulsory rice collection should be abolished, and rice should be sold on the free market.

[33] A *Eup* is the administrative unit of a village township.

He proposed that the workers should receive higher wages, and in contrast to the situation in the North, should be politically and economically free.

In reply to questions by Mr. SCHMIDT, be added that the workers in his factory were not organized into trade unions, and that there were no trade unions in that particular industry.

Mr. PAUL-BONCOUR (France) asked if Mr. Pak considered the land reform programme being conducted by the United States Army with regard to the selling of former Japanese-owned land as a favourable one.

Mr. PAK answered affirmatively. He added that, generally speaking, the United States policy was satisfactory, but that it was being abused by some of the political parties.

In reply to questions by Mr. SCHMIDT he stated that, although he had had to close down his factory three days before because of the worsening circumstances, he had formerly employed 80 workers, all of whom he himself was still supporting as there were no unemployment benefits.

Mr. WANG (China) asked if he had found it necessary to close his business as the result of his political opinions.

Mr. PAK thought that since Korea was in a state of disorder and the whole political field was controlled by a certain political party, his business was indirectly affected by this fact.

Train, Pusan station,
Friday, 9 April 1948, at 4 p.m.

Present : Mr. Paul-Boncour (France); Mr. Schmidt (Principal Secretary).

Interview with Mr. Pak Ki Chul, head of a branch of the National Federation Association, and Mr. Kim Tong San, head of branch of the People's Republic Party

Mr. PAUL-BONCOUR (France) explained that the Observation Group had evidence that the moderates would like to put forward candidates. However, it did not know why they were not represented and what prevented them from being represented in the coming elections.

Mr. PAK Ki Chul said that in looking at the political trends of the world, there were extreme leftists and extreme rightists. Although the moderates, of which he was one, had expected much from the United Nations Commission, they had been disappointed to a certain extent. In order to achieve world peace, the Commission should not take sides either in favour of the United States or the Soviet Union. The moderates had the impression that the Commission was working in the interests of the United States of America.

Korea must be united, and for this reason the moderates were supporting the political conference of leaders in North and South Korea; for, whether Korea would be better off materially or not, the moderates must advocate what would bring about a unified Korea.

He explained that they were afraid of the results of the election more than of the election itself, for it was obvious that if separate governments were established in South and North Korea, there would be two nations in the same land, with national boundaries dividing them. Moreover, two governments in Korea inevitably would mean civil war, to which he was absolutely opposed.

Mr. PAUL-BONCOUR (France) explained the task of the United Nations Temporary Commission, as defined in the General Assembly Resolution, and the efforts the Commission had made to carry out its terms of reference. He emphasized, however, that the Commission should not be blamed for circumstances beyond its control.

The political problem of Korea, besides being an international one, was also a question of internal democratic policy. The result of the moderates' boycott of the elections was that the United Nations Commission had to observe the activities of a single political party which was the only one to take an interest in the elections. The moderates could not say the elections were unfair if they did not take part in them. Although there might be many future elections in Korea, it was particularly important that advantage be taken of the first one as being observed by the Commission, that it be fair and just, and that power should be given to people who would lead Korea to real and not merely nominal independence, for this opportunity might never arise again.

He emphasized that he had no desire to intrude in Korean politics, but only wished to indicate that if the present attitude of the moderates continued, there was little hope that the final government would be composed of any but members of one party.

As the people were ignorant concerning elections, they had to be taught. He wondered how the moderates hoped for them to be educated satisfactorily if they themselves did not teach them.

Mr. PAK pointed out that, as the international situation of Korea was such that it was in the neighbourhood of the powerful Soviet Union, and as Korea was a poor country in need of economic assistance from the United States, it must be friendly to these two Powers and thus maintain its national sovereignty.

Even if a government were successfully established in South Korea, it would be unable to maintain itself economically and militarily and, so long as one Power remained in Korea, the other would do so also and there would be no military independence.

A free atmosphere could not be created at this time simply because of the existence of the military government and the police, and the Commission was ignorant of the situation in Korea if it thought that there could be a free atmosphere under these circumstances. Because of the two extremes in political opinion in Korea, the police had no alternative other than to act as they were doing at present. To check communists, the police even had to check the movements of the moderates. Korea was in a state of revolution, and the moderates, who were composed of the intelligentsia and petits bourgeois, were in the majority but did not have the courage to brave the police or to stand up against the rightists or leftists.

Mr. PAUL-BONCOUR (France) pointed out that the Commission had instructions from Lake Success to bring about a freedom of atmosphere in Korea. But if the Commission tried to co-operate and the moderates said it was to no avail and that it did not have the courage to emphasize that elections should not be unilateral, the cause of a real independent Korea would be lost and it would not be the fault of the United Nations.

Mr. PAK said that in Pusan the owner of a certain newspaper concern and a well-known member of the Hankook Democratic Party had issued an advertisement in his newspaper recently that he would run for election. This politician had stated at that time that he was not a member of a political party because if he professed to be a member of his party he would fail in the elections, and this was an indication of how thoroughly the Hankook Democratic Party was hated.

When asked if the people did not know that this newspaper owner was a member of the Hankook Democratic Party and if they could not recognize this fact from his editorials, Mr. PAK said that the newspaper owner had not issued a platform, but had merely stated that he was not a member of the Hankook Democratic Party.

Mr. PAUL-BONCOUR (France) said that this example merely stressed the danger of a one-party election, about which the moderates should not complain, since they did not wish to participate. Although people had a perfect right to abstain from the elections, he pointed out that the general population would not abstain because it had been told to vote. Therefore, there would only be an abstention of leaders due to their lack of courage, which would result in a single-party election and would render the United Nations task of observing the elections more difficult.

Mr. PAK said that the Observation Group had stated that there must be freedom of atmosphere to the extent that the Koreans might freely oppose the elections. But this was a purely imaginary topic because his own political party was unable to put small hand-bills outside its own office without the permission of the police.

Mr. SCHMIDT (Principal Secretary) emphasized that upon the instructions of the Secretary-General, the Secretariat had made every effort to get in touch with the authorities of North Korea. The Commission had done likewise, without results.

He asked the moderates, if they did not wish to participate in the elections for political reasons, what political alternatives they were putting forward. He further enquired if there were any important instances when it had been necessary to get the permission of the police to carry on normal election campaign propaganda. Had any journalists been arrested or beaten for expressing their ideas? If so, and if the United Nations were given concrete examples, then it would be able to act.

Mr. PAK said that civil war would not be avoided in Korea even if the moderates participated in the elections. Moreover, if the Commission would visit police stations in the villages and in Pusan, they would see that machine-guns were set up in front of them. Under such circumstances there could be absolutely no free atmosphere.

Mr. SCHMIDT replied that the Observation Group had passed several police stations and had not seen any machine-guns. However, it would not be an extraordinary thing if there were such weapons as protection against attack. He asked whether machine-guns in front of police stations were sufficient proof that no free atmosphere for elections existed.

Mr. PAK pointed out that there were still many laws which violated the civil liberties. For instance, there were police laws which made it difficult to distinguish between an actual crime and the preparation of a crime. Someone might issue a handbill urging non-participation in the elections. However, as a result of this, subversive activities might develop which might become real crimes.

Since the people were ignorant and did not understand the meaning of the election, they registered simply because they were certain that, if they did not, their rice ration would be suspended and they would be beaten.

While the Observation Group was in Pusan, the people might feel a little safer, but as soon as it left, the threat would again be strong.

He stated that he would give some concrete examples in writing of the police collecting opposition handbills and presenting them at a later date to the Observation Group.

Mr. SCHMIDT asked whether or not the moderates felt that, if they really represented a majority of the people and still did not participate in the elections, they were involuntarily strengthening the extreme right and the extreme left.

Mr. PAK stated that the elections in Korea were not only to establish a party in power, but to establish a nation; if the government being established was not worthy of the name, why should it be established in the first place.

He stated, in conclusion, that when the United Nations had decided that separate elections should be held in South Korea, the funeral knell of Korea had been sounded.

Train, Pusan station,
Friday, 9 April 1948, at 5 p.m.

Present: Mr. Wang (China); Mr. Lindo (El Salvador).

Interview with Mr. Um Moon Hyun, head of the publicity department, and Mr. Song Il Whan, head of the organization department of the provincial committee of the National Independence Federation

Mr. WANG (China) explained the interest of the Commission in obtaining as much information as possible concerning the attitude of all Koreans toward the elections, and particularly toward a free atmosphere for elections.

Mr. SONG Il Whan wished to ask some questions concerning the free atmosphere for elections. According to the newspapers, there was to be a free atmosphere for elections. Did that mean that those who opposed the elections were free to do so?

Mr. WANG (China) stressed the fact that the Commission felt that all views concerning the elections should be expressed, provided that such views did not incite violence.

Mr. SONG stated that there was a free atmosphere only for those supporting the elections and not for those who opposed it. The latter were suppressed.

In reply to a question by Mr. LINDO (El Salvador), Mr. SONG pointed out that, although the newspapers in Seoul were free to express their opinions, this was not the case in the local districts. As an example, he cited the case of a moderate newspaper in Pusan, which had printed an article displeasing to the police. The police had visited the party office and threatened to arrest the members, but upon their apologizing, they had not done so.

Mr. LINDO (El Salvador) asked for the name of a member who had been so threatened.

Mr. SONG gave the name of Pak Ki Chul, district chairman of the National Independence Association; he repeated that the moderates could not express their opinions freely, that they could not print handbills, nor in any way oppose the elections publicly.

Mr. UM Moon Hyun gave a further example of this lack of a free atmosphere. His street headman had visited his house every day since 30 March to force him to register.

When asked by Mr. WANG (China) whether the street head-man had tried to force or to persuade him, Mr. Um explained that, as a result of Japanes oppression, people feared to disobey the government, and this was especially true in the case of uneducated Koreans. Educated ones like himself could use their knowledge to good advantage. The same had been the case with his nephew, a student, who had not registered, and who was being prevailed upon by the street head-man to do so.

Mr. SONG gave as a further example the case of his wife, who had been threatened with the suspension of the family ration cards if she did not register. As a result, she had registered for three members of the family, although this invalidated the registration forms.

Thus, not only was force used in North Korea, but in South Korea as well.

Mr. UM remarked that his wife had registered both for herself and himself.

Mr. LINDO (El Salvador) inquired whether Mr. Song referred to the United States authorities when he used the word "government", or did he mean that the Korean Interim Government was at fault.

Mr. SONG stated that it was the Interim Government, but since this was under the supervision of the Military Government, it could be considered as the latter.

In reply to a question by Mr. LINDO (El Salvador), Mr. SONG stated further that journalists were afraid to print articles for fear of measures that would be taken against them. Torture at the hand of the Japanese had been bad enough, but torture at the hands of the present government was even worse.

Mr. WANG (China) emphasized the importance of taking an active part in the elections. It was a distinctive privilege that people should have, and one who abstained from participating should do so only for very strong reasons.

Mr. SONG said there were strong reasons. The Koreans had supported the US-USSR Joint Commission, the United Nations Commission, and the decisions taken at Yalta, Moscow and Cairo because it was felt that this would lead to a unified Korea. They had been deceived by the United States and the Soviet Union. To participate in the elections now would help in the creation of a separate government, and thus, they would be traitors both to their cause and to their people.

Mr. WANG (China) asked whether, in Mr. Song's opinion, those political parties favouring the elections favoured a separate government as well.

Mr. SONG stated that very few political parties, including some extreme rightists, favoured the elections and a separate government.

Mr. WANG (China) asked if the moderates would not be in a better position to help Korea by participating in the elections than by not doing so.

Mr. SONG felt that, by participating, the moderates would assist in the creation of a separate government, and this, in turn, would lead to the creation of a separate government in North Korea. Civil war would result, and that is what they feared most.

Asked by Mr. LINDO (El Salvador) whether, if there were no government in South Korea, the people would not be vulnerable to attack from the North, Mr. SONG replied that it was not possible. Moreover, since the governments set up in North and South Korea would actually represent the two great occupying Powers, it was best to leave things as they were at present. Although the moderates had expected much from the United Nations Commission on Korea, they had been disappointed because they felt that the Commission was working in the interests of the United States to help create a separate government.

Mr. WANG (China) explained that the purpose of the Commission, as defined in the Resolution of the General Assembly, was, on the contrary, to assist in the realization of Korean unity and independence.

Mr. SONG felt that a great step toward the unification of Korea was the conference to be held in Pyongyang between leaders of the North and the South. Since Rhee Syngman, Pak Hun Yong (General Secretary of the South Korean Labour Party), and Kim Il Sung were the mouthpieces of the United States and the Soviet Union, the people should support the moderates and thus assist in the unification of Korea.

APPENDIX A

This document was handed to the Principal Secretary of the Commission by United States officials in Pusan as a reply to relevant questions put by Observation Group III :

REPORT TO THE UNITED NATIONS TEMPORARY COMMISSION ON ACTION TAKEN BY MILITARY GOVERNMENT AUTHORITIES IN KYONGSANG NAMDO TO ENSURE A FREE ATMOSPHERE IN THE ELECTIONS OF 10 MAY 1948

1. Since a free election depends on a knowledge of democratic ideals and processes on the part of the people, a brief review of attempts made during the past two and a half years to educate the people in the ways of democracy is in order. The following difficulties had to be overcome :

(a) Ignorance, lack of education, superstition, apathy and indifference.

(b) Japanese psychological exploitation which left the Korean people confused and without a definite goal upon liberation.

(c) The nature of the people, which makes them easily led and readily influenced by any political party that will promise them something. Their inexperience and vacillating nature makes them change their minds frequently. They have a volatile and individualistic nature which makes them easily aroused to violence. They lack a group spirit and nationalistic patriotism. Only the family is important.

(d) Indifference on the part of the great majority of the people toward political matters. The vociferousness of the many left- and right-wing political leaders gives their parties an apparent membership not warranted by their numerical strength.

(e) The oriental head-man system that has had to be overcome if universal suffrage is to be effective. The loss of face of the head-men by introduction of universal suffrage was an important item.

(f) The poverty of the people that made very difficult any attempts to interest the masses in anything other than economic and agricultural subjects — in other words, where the next day's bowl of rice was coming from.

(g) The police system inherited from the Japanese which, if allowed to continue uncontrolled, would result in a dictatorship.

(h) Communist propaganda which was directed toward undermining every aspect of United States Military Government, keeping people confused, upset and antagonistic, and inciting them to violence, bloodshed and destruction of property.

2. To combat these difficulties, all resources available to the American and Korean government officials were utilized. The following are a few of the methods used :

(a) An extensive adult education programme in night schools, which taught one million Koreans to read and write, and which raised literacy to sixty per cent.

(b) Speaker teams from all levels of government continuously stressed the need for democratic thinking on the part of the people. The Military Governor himself (Chief Civil Affairs Officer) made two hundred speeches pointed always toward the need for free discussion of political views and tolerance by all toward those with different convictions. Use was made of radio, Press, pamphlets, air-drop messages, etc., directed toward enlightening the people regarding their responsibilities under a democratic form of government. Additional information is being furnished by Mr. Newman, Miss Semmerling and Captain Butler regarding details of the above.

(c) Attempts were made to develop a Press with modern journalistic standards and a code of ethics worthy of a civilized country. The few restrictions placed on newspapers during the early days were directed entirely against those whose inflammatory lies attempted to incite the people to overthrow the government by force. Since then there has been plenty of criticism of government policies and much confusing and misleading information published which has caused the people to mistrust the newspapers, but there has been no censorship during the past year. Standards, however, have steadily improved to the point where the feeling of responsibility on the part of the Press for accurate news reporting and a constructive editorial policy has resulted in what can now be called a responsible Press. No restrictions ar

imposed on the Press except those self-imposed by the editors to ensure decency and accuracy.

(d) An Information Centre has been established for the dissemination of material regarding democratic methods and ideals. This has also been used very effectively for the education of the people in election procedures and the right and responsibilities of all citizens in a democratic election. See Mr. Newman's separate report in this connexion.

(e) By attempting to use the head-men to assist in the dissemination of information, it saved face for them and made them feel that they are still important members of the community, even though the power of voting for the entire family has been taken from them.

(f) Welfare programmes have been directed toward alleviating conditions of repatriates. The public health programme has eliminated smallpox, cholera and typhus. The civilian supply programme has imported two hundred million dollars' worth of United States goods and raw materials. The development of home industries and the conversion of Japanese war industries to light manufacturing plants have furnished employment and are developing materials for export. All such efforts have been co-ordinated toward raising the standard of living.

(g) Unceasing efforts have been directed toward reduction of Japanese torture methods employed by the police. The introduction of modern crime detection procedures and an increase in efficiency of police units are convincing them that such methods are unnecessary. Continuous stress is laid on education of the police in democratic procedures and in impressing on them their responsibilities as public servants under a democratic form of government. A lenient policy in this province regarding political prisoners has ensured that only those directly concerned with bloodshed, violence or destruction of property were given prison sentences. However, the recent release of four hundred and twenty-six prisoners, many of them actual criminals, has been ordered.

(h) While communist propaganda was very effective in the first year and a half of the occupation, their propaganda line was such that it has undermined its own efforts. For the first few times, the people believed the outlandish lies told them, and blindly followed the leaders which were imported from outside the province. During recent months, however, the people began to realize that they had been misled, and were continually confused by the propaganda offered them. They seem now to understand, or at least to mistrust, these leaders, so that communist activity has decreased materially in this province during the past year. The fact ringleaders who stirred up the trouble and caused arrest of local leaders were never present at the scene of any violence, but had moved on to another province, has been a key factor in undermining the faith in these leaders on the part of the local leaders, who have suffered because of their connexions with them. There has therefore been little actual opposition to the election to date. It has been determined that the party strategy is directed against the destruction of the registration records, thus nullifying the election at those points.

3. While it cannot be claimed that the Americans have been successful in democratizing an oriental nation in the short space of two and a half years, it is believed that a fair election under a free atmosphere, as directed by the United Nations Commission, can be carried out. There has so far been little actual opposition to the election in this province. While many individuals and parties are not supporting the election, only the Communist Party has offered or is planning to offer any actual opposition toward it. There have been a few isolated reports of misleading information, of coercion, of intimidation, by officials, police or young men's associations (both right and left wing). When investigated, however, these turned out to be the results of misunderstandings or of failure to carry out orders on the part of individuals and are not indicative of a general condition in those areas. As may be seen by the separate reports of Mr. Newman and Miss Semmerling, the dissemination of information regarding the responsibility of each citizen toward the election will be stepped up between now and the election date. Up to now, government officials and others have concentrated their efforts toward inducing the people to register. Hereafter, however, the campaigns of the various candidates will be watched carefully, and every effort will be made toward the elimination of coercion, intimidation, purchase of votes or the dissemination of false information on the part of all concerned. Vigorous prosecution by either the civil courts or, in extreme cases, by the military provost courts, has been assured in cases of flagrant violation of the United Nations Election Laws. American Military Government officials will visit the electoral districts with the special mission of investigating all such violations. Korean police will be used only for the protection of registration places when called on by the local election committee and for the protection of the ballot boxes during transporation to the electoral committee on completion of the elections. Military units have been instructed to take no part in the elections, but have been directed to report any cases of violation of election laws which come to their attention.

(Signed) F. E. GILLETTE
Colonel, Infantry,
Chief Civil Affairs Officer
Kyongsang Namdo.

9 April 1948

APPENDIX A

This document was handed to the Principal Secretary by United States officials in Pusan as a reply to relevant questions put by Observation Group III :

HEADQUARTERS UNITED STATES ARMY FORCES IN KOREA

8 April 1948

SUBJECT : Special report on registration publicity by the Pusan Branch, Office of Civil Information.

To : Director
Office of Civil Information, Hq USAFIK.

1. The following steps were taken by the Pusan Branch, Office of Civil Information, to publicize the registration and election in Kyongsang Namdo :

(a) On 17 March, this office reprinted 500 copies of the "Tentative Law for the Election of Representatives of the Korean People", and distributed them to prominent citizens throughout the province via Korean postal facilities. Five hundred thousand registration and election leaflets (samples attached)[34] were printed by this office; 150,000 were distributed by the National Youth Organization through its various cells in the province,

[34] Not reproduced.

75,000 were distributed by election trucks, 250,000 were distributed over the fourteen most important cities in the province, and the balance was given to miscellaneous organizations for distribution.

(b) On 1 April, envelopes containing all the OCI publications in stock, plus the election statement by General Hodge and World News No. 40, were mailed to each *Myun jong* (314) in this province. Attached to the publications was a letter requesting the *Myun jongs* to furnish us with the names of prominent citizens who would like to be on the OCI mailing list. Within seven days replies had been received from seventeen *Myun jongs* furnishing us with a total of 350 names. These individuals were mailed a supply of current literature, including "Purpose and Function of OCI", "Election Law", "Implementation of the Law", sample registration blanks and information on eligibility of voters, and will continue to receive pertinent current literature each week.

(c) Five thousand copies of World News No. 39 were distributed personally by Mr. Malcolm Beardmore, Adviser to the Bureau of Commerce, Kyongsang Namdo, in the Kosong, Koje, Hamhae area on 29 March. Upon his return, Mr. Beardmore reported that the literature was distributed with care and was well received.

(d) On 26 March, 30,000 copies of World News No. 38 were delivered to Captain Reenstjerna, G-2, 6th Division, for shipment to Division Artillery for distribution by patrols in the central and northeastern sectors of the province. On 28 March, 20,000 copies of World News No. 39 were delivered to the Division, and on 31 March, they received 20,000 copies of World News No. 40. On 8 April, they received 65,000 copies of World News No. 41.

(e) Major Wallace, Adviser to the Bureau of Public Works, personally distributed 5,000 copies of World News No. 39 in the Kochang, Hamyang, Sachan area on 4 April. Mr. Lee, another provincial government official, distributed 12,500 copies of World News No. 40 and 2,500 of World News No. 39 in the Haman, Chinyang, Chinju area on 4 April. Fourteen thousand copies of the *Farmer's Weekly* and 20,000 of World News No. 40 were distributed to the tenants of the New Korea Company on 6 April.

(f) On Monday morning, 5 April, three special election trucks, colourfully decorated, and each carrying a speaker from the Public Information Section, headed for three sectors in the province to distribute from each truck 10,000 copies of World News No. 40, 3,500 posters, 15 sets of photographs and 24,000 copies of the OCI leaflets. A special trailer, bearing several thousand leaflets, and covered with election slogans, posters and pictures, was drawn through the greater Pusan area each day of the week beginning 31 March.

(g) Under the direction of Mr. Hull, 50 sets of pictures graphically demonstrating the processes of registration and voting were prepared and delivered to this office on 3 April. In addition to being distributed throughout the province from the election trucks, 15 sets were mounted on the bulletin boards of all city newspapers, in the city hall, at the provincial capital, in the railway station, and on theatre bulletin boards.

(h) During the period 30 March to 8 April, inclusive, 20,598 copies of World News No. 39, 142,500 of World News No. 40, and 2,500 of World News No. 41 were distributed from the desk of the Information Centre to individuals and organizations' representatives upon request. This represents a total of 165,598 pieces of literature referring to registration and election.

(i) In summary, it is reported that the Pusan Branch distributed over 600,000 pieces of literature throughout the province, and more than 200,000 in the city of Pusan via the media listed above.

2. In addition to the activities by the Office of Civil Information, the Public Information Section, Kyongsang Namdo, under the direction of Miss Helen Semmerling and Captain Knox, supervised the distribution of 60,000 special registration and election copies of the *Kyong Nam Chubo*, the provincial newspaper, 10,000 special posters and 250,000 registration leaflets. In addition, Radio Masan and Radio Pusan carried special station-break announcements throughout the day and night.

3. A special and highly successful publicity campaign was directed by Mayor Yang and Captain Butler, of the city of Pusan. Each taxicab in the city carried an election banner, all main intersections bore huge registration and election signs, all block leaders were given special orientations and written material to distribute, and civic organizations were encouraged to co-operate.

(Signed) J. John NEWMAN, DAC
Manager, Pusan Branch
Office of Civil Information

MAIN COMMITTEE: SUMMARY RECORD OF THE FOURTH MEETING [35]

Duk Soo Palace, Seoul, Saturday, 17 April 1948, at 10.30 a.m.

Chairman: Mr. R. LUNA (Philippines).

Present: Mr. Jackson (Australia), Mr. Patterson (Canada), Mr. Ssu-tu (China), Mr. Valle (El Salvador), Mr. Paul-Boncour and Mr. Manet (France), Mr. Singh (India), Mr. Mughir (Syria).

Adoption of the agenda [36]

The agenda was adopted.

Interview with Major General W. F. Dean, military governor

At the invitation of the chairman, General Dean, Military Governor, took his place at the Committee table.

The CHAIRMAN said that the American Government in South Korea had already given full consideration to the views expressed by the Commission. The Committee wanted, therefore, to inform the Military Governor of some observations made by its travelling groups. The Military Government had the main responsibility for conducting the election in South Korea, but the Commission also had its share under the Resolutions of the General Assembly.

In the course of observation, several members had been impressed by some misuse of authority by Korean officials. He referred in particular to complaints expressed on several occasions that

[35] Document A/AC.19/SC.4/SR.4 (excerpt).
[36] Document A/AC.19/SC.4/Agenda 4.

pressure had been used to force people to register by threatening them that their rice ration cards would be revoked.

General DEAN stated that he had heard reports of such complaints. The Press, first, had mentioned them and he had sent a message to the United States Civil Affairs Officers in all provinces instructing them to report to him all such facts and to take the necessary steps in order that no pressure was used in the elections. So far no case had been reported.

The newspapers which had reported that such threats had been made were the same newspapers which had published editorials criticizing the elections. Those allegations might have been true in some isolated cases, but no evidence had, so far, been found.

Mr. PAUL-BONCOUR (France) agreed with the Chairman that the United States Military Government was responsible for conducting the elections and would be kept responsible for them by the United Nations. He had suggested an interview with General Dean as he was struck by the good will and the desire of co-operation with the United Nations Commission shown by the American military authorities in all the places he had visited and, also, because his personal impression was that the American authorities wished to leave great independence to Korean authorities. That seemed a natural course, but since the American authorities would be held responsible for the elections, a greater control on their part should be exercised.

The Commanding General, United States Army Forces in Korea, recently had made a proclamation on the rights of the Korean people. It seemed to him, however, that the Korean provincial authorities had not a very clear idea of the meaning of those rights. He had been told, during his observation tour, of a gathering which had taken place at night, on top of a hill, not very far from a registration office. The participants had demonstrated orally against the elections. The police had dismissed the meeting, fearing, apparently, that the registration office might be attacked. He considered it as interfering with the freedom of assembly.

At Pusan, when questions were asked about the freedom of the Press, the answers which were given by the authorities were ambiguous, so as to avoid a clear statement. He thought it advisable that instructions should be given to the local authorities on the interpretation of the proclamation.

General DEAN appreciated the spirit in which Mr. Paul-Boncour had made his observations. He said that the American military authorities were taking all measures to educate and to control the Korean authorities. The message on rice ration cards had been addressed to American advisers and not to Korean governors as, in order to exercise a better control, the American authorities were now held responsible for the administration to a greater degree than before.

As far as the freedom of Press was concerned, he did not know of any other country where the Press could enjoy such a degree of freedom as in Korea. The Press of Seoul had often attacked the Commanding General and himself, and statements not only malicious but entirely false attributed to them, had been published without any action being taken. However, he would make inquiries concerning the situation of the Press in Pusan.

Mr. PAUL-BONCOUR (France) raised a second point — namely, that of the role played by the chiefs of blocks, or streets. He realized that those chiefs were performing important tasks, much more extensive in their scope than he thought before going to the provinces. The role of the chiefs of blocks in the procedure of registration had been considerable and similar to that of headmen in villages. They had repeatedly urged their fellow-citizens to register in due time. This was all right, in so far as registration is only an administrative formality; but, in the next stage of the election procedure — namely, the voting — such a role might become dangerous and he believed that the police, with which these chiefs of blocks or streets have normally very close connexions, should immediately take steps in order to place them under control, so as to prevent their interference in the freedom of elections.

General DEAN agreed that the block leaders might misuse their position. Instructions had already been issued to prevent that. He had discussed it with the Director of National Police on several occasions. The educational campaign conducted by the authorities had been emphasizing the complete liberty of citizens to vote in accordance with their own individual opinions.

He thought, however, that the freedom of elections would not be imperilled by officials or by the police, but by some dissentient elements forming a minority, who, he strongly believed, were receiving money from the outside, so that the problem of giving an adequate protection to members of election committees and of guarding polling places on the day of elections against attacks was his greatest concern at present. However, he wished to state that a free atmosphere, in his opinion, meant first that any citizen was free to go unhampered to a polling office, and second that the ballots were not destroyed, and finally those patriotic Koreans who served as election committee members should not fear personal reprisal from having served.

Mr. PAUL-BONCOUR (France) raised a third point — namely, that of intimidation of potential candidates by members of some youth organizations, connected with a party which was playing the most prominent role in Korean politics. He quoted a particular case of a "middle-of-the-road" candidate, who had been beaten and threatened. Obviously the youth organization in question had been active in preventing citizens, whose opinion was not on the rightist side, from running. It might have been an isolated case, but he believed that instructions should be given to prevent repetition of such intimidations, and stressed that it was no more in the interest of the United States than of the United Nations that the coming elections should have unilateral character.

General DEAN said that he had heard many such allegations and that, though many were not absolutely groundless, many Koreans wished to be martyrs. However, he did not mean to intimate that this fact applied in this particular case, and he would see that this person was protected.

When he learned that the North-west Youth Organization was the organization involved, he explained that it was not as large as the Dai Dong Youth Organization. They had had trouble with it as its membership was composed of young men from North Korea, whose families were still there. And, because they had been treated badly in the North and had a burning hatred for anything smacking of communism, they believed that they should treat their opponents in a similar fashion.

Although the United States military authorities had estimated that the flow from the North would amount to approximately 10,000 the previous month, the number had amounted to nearly 20,000, many of the refugees evaded the registration centres in order to go where they pleased in South Korea.

Mr. MUGHIR (Syria) raised the question of ration cards and their significance as an element in a free atmosphere for elections. Although those opposing the elections might state that there was a threat of the suspension of rice ration cards as a pretext, the fact had been reported on more than one occasion.

General DEAN explained that all officials, both United States Military and Koreans, had been instructed not to suspend ration cards, and he had set out the directive, mentioned before, to this effect on 13 April.

Mr. MUGHIR (Syria) also raised the question of the youth organizations. The Commission had been told that all chiefs of police had been instructed by the Department of National Police that youth organizations were not to participate in the elections. However, when he had asked the chiefs of police interviewed during the observation trips concerning the matter, they did not seem to have received any instructions at all. The National Youth Corps seemed to be peaceful, but other youth organizations claimed that they were in close connexion with the police and of considerable assistance to them.

General DEAN attributed the answers of the chiefs of police to a possible language barrier or unreliability of the person interviewed. He had heard the Director of the National Police give oral instructions to all the division chiefs of police at the Police College, and later before all the Korean governors, that youth organizations were not to take any part in the elections. He had a duplicate copy of the different instructions; he would take this matter up with the officials concerned when he visited the provinces and also with the Director of Police.

Mr. PATTERSON (Canada), who had travelled with the representative of Syria, said that, when the specific question had been put to the provincial chiefs of police, he was sure that there was no question of language difficulty, and, in three cases, provincial chiefs of police had stated that they had not received instructions from the National Director of Police regarding youth groups.

Mr. MANET (France), although he realized that there was a serious lack of office space, felt that it would have been better to avoid registration taking place in the same office where the rationed commodities — rice notably — were distributed. The rumours concerning pressure connected with rice rationing had obviously their origin in such mistakes. However, the situation was not the same when registration was taking place in administrative offices, which were responsible for the distribution of rice ration cards but also performed numerous other functions: this was the case in most other countries of the world. In any case, he wished to point out that registration only was concerned and not actual voting, which, after all, was not so serious, considering that the procedure of registration was almost automatic in many advanced democracies. In the future it would be advisable to see to it that polling places were not located in offices where ration cards are issued.

As a member of Group I, he also wanted to call the attention of General Dean to the fact that the Korean police were sometimes reverting to methods inherited from the Japanese, and he referred to two deaths of Koreans, which had occurred during interrogations by the local police on the Island of Cheju Do. His Observation Group knew of such deaths only through an open and sincere statement of the American Adviser, to whom he was glad to pay a tribute. But he was wondering whether such methods were used on the island as retaliation against the killings of police people, or if they were still in use in the whole of South Korea, in spite of the efforts that seemed to have been made by the United States military authorities to stop them.

In any case, there clearly was no justification for such criminal acts, the generalization of which would be highly detrimental to the conclusions of the Commission regarding the free atmosphere for elections.

General DEAN stated that one of the deaths had occurred on 6 March, was investigated, and the case referred for trial to a military court.

An investigation of the second case was now being made. If the investigation revealed the conditions alleged, the guilty parties would likewise be tried by military court.

It had always been the concern of the United States authorities to prevent such practices.

It was indeed probable, as suggested by the delegate from France, that the wanton killing of so many police and police families by members of the South Korean Labour Party, on the Island of Cheju Do, influenced the police in these particular cases to take such harsh measures upon capturing some of the culprits. However, such action on the part of the police would not be tolerated. Personnel transfers had been effected and instructions to that effect reiterated.

Mr. PATTERSON (Canada) shared the fear of the United States Military Governor concerning unfounded Press reports and rumours expressing the attitude of the Commission.

He wished to give his impression concerning a free atmosphere for elections, subject to revision in light of further reflection and new information. On the whole, Koreans seemed keenly interested in the elections : committees were well organized and their members well informed; United States military officials seemed sincere concerning the achievement of a free atmosphere; there was much variation in opinion among United States and Korean authorities as to the activities of the leftist groups, but all seemed to feel that these activities were planned and directed by the communists, and expected an increase in these activities as indicated by captured documents; some officials, particularly the police and governors, doubted the wisdom of Ordinance 176, and feared that the release of political prisoners would be interpreted by the communists as meaning that they had won a battle; the contacts of the Observation Group had been largely confined to officials and rightists due to the refusal of leftists to confer with it; registration was high; little or no opposition was reported in three of the four provinces visited; the Provincial Election, and Electoral District Committees in Kwanju said that they had received threatening letters resulting in some resignations; it was hard to assess the degree of pressure being used to enforce registration, but the Press and leftists maintained that social pressure to do so was constant and that there were threats concerning suspension of ration cards; in interviews with officials and youth organizations, he had the impression that they were either coached to say that they did not exert any pressure, or that they had actually been given instructions not to partake in the elections; National Youth Organization and the Dai Dong Youth Organization disclaimed any interest in politics, but indicated that they were putting up candidates.

General DEAN pointed out that the Dai Dong Youth Organization was a political organization but that the National Youth Organization was not.

Mr. PATTERSON (Canada) said that it appeared that there would be competition among rightists but it had been stated that, if leftists and moderates put up candidates, the rightists would probably coalesce. He noted that where there had been forceful action exerted by the left; it had been freely reported to the Group, but when there were possible infractions of the law by rightists with which the authorities seemed to be more in sympathy, the reports were vague and difficult to discover. One was conscious of a general feeling of fear and suspicion among the people which, it was said, compared unfavourably to the relationship of Koreans to each other under the Japanese regime.

It was a matter of gratification that all the recommendations of the Commission concerning the elections had been met by the United States military authorities.

General DEAN, Military Governor, gave the Committee copies of some threatening letters received by the Election Committee of Seoul, which were read by the CHAIRMAN.

General Dean, Military Governor, departed.

SECOND PERIOD OF OBSERVATION: 19 TO 24 APRIL 1948

(Following registration of candidates)

OBSERVATION GROUP I

SUMMARY RECORD OF WEEK OF OBSERVATION[1]: 20 TO 24 APRIL 1948

Present; Mr. Ssutu (China); Mr. Villalva (Philippines); Mr. Engers (Secretary).

Choong-Koo District Office, Seoul,
Tuesday, 20 April 1948, at 10.15 a.m.

Interview with the secretary of Choong-Koo voting district election committee

Mr. HAN Chang Hi, secretary of the election committee, stated that no member of the committee was present. He informed the Group that the members usually came for one hour or one hour and a half in the afternoon. Mr. Han took the Group to the office of Mr. Yun Chung Nung, head of the administrative district, who offered to answer all questions, as he had attended all the election committee's meetings.

To a question by Mr. Ssutu (China) he replied that of the eighteen members of the committee, twelve had been chosen by the Court and six designated by himself. There were about 79,000 voters and thirteen candidates in the district; 95 per cent of the eligible voters had registered.

The ballots were printed by the City Hall. One person presenting his candidacy had been sponsored by 180 voters only and had been eliminated.

Chong-No A, District Office, Seoul,
Tuesday, 20 April 1948, at 10.45 a.m.

Interview with the head of the administrative office

Mr. KIM Chin Young, head of the administrative office, stated that he was also a member of the voting district election committee. At this point statistical information concerning the electoral procedure was given by one of the clerks, Mr. Dim Dai Hyun.

Mr. Kim stated that the registration of candidates, of whom there were eight, had ended on 16 April. The candidates had drawn lots on 17 April for the order in which their names would appear on the ballot. All the candidates were present, except three who had sent representatives. Illiterate voters could designate the candidate of their choice by a number of vertical strokes corresponding to the place the candidate had drawn. The eligibility of all the candidates had been verified and no complaints had been received to date from the electoral sub-districts concerning the registration of voters. Candidates campaigned by holding meetings and paying visits to the voters.

Interview with Mr. So Song Ch'on, candidate in the Chong-No district

After failing to contact two candidates, Miss Pak Sun Ch'on (NARRKI[2] Women's Patriotic Association) and Mr. Kim Tae Sok (independent), the Group went to see Mr. So Song Ch'on, Chairman of the Taechan Independent Youth Party. On arriving at the party's headquarters, the Group was greeted with cheers and was saluted in a military fashion by the headquarters' staff.

The Group ascertained from one of Mr. So's secretaries that he was president of the *Modern*

---

[1] Document A/AC.19/SC.5/SR.7.

[2] National Association for the Rapid Realization of Korean Independence.

Daily News, edited in the same building, chairman of the Korean Farmers' Federation and leader of the Young Men's Industrial Movement. The building had been occupied until 1946 by the Communist Party and the paper at that time expressed leftist ideas. The total membership of the party was 1,200,000.

Mr. So stated that he had drawn fifth place in the sequence of candidates. As regards his methods of campaigning, he had had small posters put up in the district by members of the youth party and had held meetings. He had only to advise the authorities beforehand in order to hold meetings. He complained about the interference of political opponents who covered his posters and put out the lights during his meetings. He held the communists responsible for that and other mischief.

He added that his campaigning expenses would amount to 500,000 *won* at least.

Mr. SSUTU (China) asked whether Mr. So intended to mobilize his youth organization. Mr. So replied that the cost of such action would be too high, as most members of the movement were in the provinces.

Other members of his party were free to run as candidates without any interference from him. He had no report to date regarding the candidacy of any of his followers. He had not yet stated his political platform and had kept the place and time of his meetings secret.

Mr. ENGERS (Secretary), pointing to a picture of Mr. Rhee Syngman, enquired whether Mr. So was running with Mr. Rhee's endorsement, notwithstanding the fact that there was a NARRKI candidate in the district.

Mr. So answered that he was standing for his country and not for Mr. Rhee. Moreover, as far as he knew, no candidate in the district had been specifically designated by Mr. Rhee.

He stated that he had been a member of the police force and was a pupil of the late Ahn Chang Ho, a famous Korean leader. Before that, he had worked in the field of physical education.

Yongsan District Election Office, Seoul, Wednesday, 21 April 1948, at 2.25 p.m.

Present: Mr. Ssutu (China); Mr. Barthelemy (France); Mr. Engers (Secretary).

Interview with election officials

Mr. KIM Chun Suk, Chairman of the Election Committee, showed the list of twelve candidates, of whom nine were affiliated with some party and three independent. All twelve candidates had been present at the time the lots had been drawn to determine their sequence on the ballot. Other procedure connected with the election had gone smoothly so far.

To a question by Mr. BARTHELEMY (France), Mr. MYUN Wan Sik, administrative head of the district office, replied that Mr. Kim Koo Ock, candidate of the Dai Dong Youth Organization, had been the last to register on 16 April 1948.

Mr. KIM announced that there were 82 different registration booths in the district. The total population of the district was 169,557 of whom 74,154 were eligible voters and 69,534 or 94 per cent had registered.

One candidate, Mr. Sung Jai Won, a drug manufacturer, had handed in his resignation on 16 April because, as his father was sick, he was obliged to return to his home town.

Interview with Mrs. Pack Seung Ho (Women's Patriotic Association)

Mrs. PACK informed the Group that she was a member of the KILA. [3]

The Women's Patriotic Association, of which she was leader, had a membership of 40,000 to 50,000 most of whom resided in the provinces. She expected to have the support of her association and more generally of women voters, as she was the only woman condidate in the district. She also hoped for some support from the younger generation, in spite of the fact that Korea was a man's country.

Mr. ENGERS (Secretary), said that he had been informed that her organization supported and was supported by Mr. Rhee Syngman. As there was in that district a NARRKI candidate, Mr. Sin Jyun San, he wished to know Mrs. Pack's views regarding the splitting of the vote and the possibility of her gaining votes at the expense of Mr. Sin.

Mrs. PACK, while admitting the support of Rhee Syngman, did not believe that there was any connexion between the votes she might receive and those of Mr. Sin.

Before the liberation she had been a teacher. She had then participated in the formation of the Women's Patriotic Association. She was connected with the women's Press and had become a member of KILA.

Mr. BARTHELEMY (France) asked what methods Mrs. Pack used in her campaign.

Mrs. PACK explained that her only broadcast was as a member of KILA on behalf of the election committee. She had held several meetings at which she had delivered speeches to an audience of one to two hundred persons. She had planned a bigger meeting on the present afternoon and had expected an audience of one to two thousand persons, but had had to cancel the meeting because of her interview with the Group. She added that that was the only disturbance she had met so far in her campaign. She had not used posters so far because of the expense involved but intended to do so. She had almost no financial backing whatsoever. She received help from volunteers, who went from household to household, explaining her programme and asking the occupants to vote for her. She felt that, even if she were not elected, it would better the cause of women's welfare to have a woman candidate in the district.

Interview with Mr. Moon Moo Sool (Independent)

Mr. MOON said that he had been a member of KILA but had resigned. As he belonged to no party, he expected backing only from his numerous personal friends.

In his view, the Pyongyang conference would not have any effect whatsoever on his campaign, as he was in favour of the elections in South Korea which, in his view, would lead to independence. He explained that, though he had resigned

[3] Korean Interim Legislative Assembly.

from KILA at the same time as Mr. Kim Kiusic, he was not one of his followers and that his resignation was not connected with the separate election issue.

He complained about the rumours that had been spread by his opponents according to which he was a leftist, a middle-of-the-roader, an opponent of the elections, etc. All those rumours were groundless. He had come from North Korea in October 1945. He had been imprisoned there and his property had been confiscated. Thirty years ago, he had belonged to the Ki Mi Nyon Independence Movement. He had spent twelve years in Japanese jails in Seoul. He had fought in Manchuria for ten to twenty years and was in no way a politician. At the time the KILA was formed, he had been appointed by the Military Government to that Assembly on the strong recommendation of his numerous friends. He would have preferred to be a representative of North Korea, where he was born, but since the general situation made that impossible, he had accepted to run as a candidate in the Yongsan district on the insistence of his friends.

Interview with Mr. Kim Tai Hium (Dai Dong Youth Organization)

Mr. KIM said that he was the leader of the refugees who had come from the province of P'yongan Nam, north of the 38th parallel.

He had received his primary and middle school education in North Korea, had then studied law in Tokyo, and in Japan had belonged to the Independence Movement. He had been imprisoned for two years in Japan for his activity, and had spent another eight months in jail in North Korea. In December 1945, he had fled to Seoul where he had started a North Korean Young Men's Association which had joined the Dai Dong Youth Organization in October 1947. He had been put in charge of the refugees from his province in North Korea.

Mr. ENGERS (Secretary) asked Mr. Kim's opinion about the fact that another candidate of the Dai Dong Youth Organization, Mr. Kim Hoo Ock, had registered in the same district.

Mr. KIM replied that he had been appointed by his organization as candidate for the Yongsan district and that he could not explain the initiative taken by Mr. Kim Hoo Ock. That district had been inhabited by Japanese whose houses had been turned over to refugees from North Korea. The North Korean element represented 70 to 80 per cent of the population of Yongsan district and he had the support of that element which favoured a candidate from the North. Since there were two candidates of the Dai Dong, it was difficult for that organization officially to back one of them at the expense of the other.

Mr. Kim stated that his opponents were circulating letters and pamphlets accusing him of being pro-American, pro-United Nations, and of showing short-sighedness because he accepted separate elections. He felt that such manoeuvres had to be expected. He had stood as candidate so that the young generation of the North would be represented in the future government of Korea. Neither he nor his friends had enough money to put up posters or pictures of himself, but, in his view, the elections were a question of votes and not of money and he felt sure of his backing.

Chong No B District, Seoul,
Wednesday, 21 April 1948, at 4 p.m.

Interview with Chong No B electoral district election committee

Mr. Ko Yung Mok, Vice-Chairman, informed the Group that nine candidates had registered. The total population of the district was 122,176, of whom 50,985 were eligible voters and 45,804, or 90 per cent, had registered.

All candidates had met on 16 April and lots had been drawn.

Mr. Ah Chang Pan, of the Korean Reconstruction Young Men's Association, had been the last candidate to register. No candidate had so far resigned. All the candidates that had registered had been found acceptable under the law and had been sponsored by well over 200 people.

Present: Mr. Liu (China); Mr. Ssutu (China); Mr. Martel (France); Mr. Villalva (Philippines); Mr. Engers (Secretary).

Inchon City Hall,
Thursday, 22 April 1948, at 10.20 a.m.

Interview with the chief civil affairs officer and election officials

The Observation Group was greeted by Lt. Colonel Evans, Chief Civil Affairs Officer, who presented the candidates and election officials of Inchon and Pouchan districts.

The following figures were given by Mr. Kim Moo Young and Mr. Kim Tay Young:

	Inchon A	Inchon B	Pouchan
Eligible male voters (approx.)	29,500	28,500	18,700
Eligible female voters (approx.)	27,000	26,000	18,800
Total	56,500	54,500	37,500
Registered voters (approx.)	51,500	51,500	36,000
Percentage of eligible electorate which registered	91.4	94.5	96
Number of candidates	7	5	7

Mr. LIU (China) asked the Chairman if there had been any complaints, and was informed that there had been none, either from voters or from candidates. One of the candidates in Inchon wished to resign but had not actually done so as yet. He was not present at the meeting.

In reply to Mr. VILLALVA (Philippines) it was stated that lots had been drawn on 16 April, when all candidates were present or represented.

Mr. LIU (China) asked if the booths were ready and the Inchon representative answered that they were not yet in order as many of the voting places were too small.

To a question by Mr. VILLALVA (Philippines) he replied that there were 89 booths in Inchon A, 93 in Inchon B and 70 in Pouchan. The electoral committees intended to provide two booths for each 300 of the population and one more for each additional 200.

1. *Incidents:* The members of the election committee claimed that they had not been informed of any incidents. It appeared at a later stage that

some of the candidates did not agree with that statement.

2. *Number of candidates:* Owing to the large number of candidates, the number of votes necessary for election was estimated by some of the candidates to be as low as 15,000 and several rightist candidates expressed the fear that the leftist parties would profit by that situation.

3. *Fishermen's vote:* Special notice was taken of a point raised by Pouchan candidates : Pouchan district included six islands, the main one being Yong Chong Myun. Of the 13,300 eligible voters in the islands, 3,000 were fishermen and could hardly abandon their fishing to come into town for the polls.

Interview with two Pouchan agricultural independent candidates

Personal background: Mr. NAM Kyung Woo had finished college and had been a teacher for seven years. Mr. HONG Sung Chul had spent ten years studying Chinese characters and was now interested in agricultural problems.

Political platform: Mr. LIU (China) asked what was meant by "non political" and the candidates explained that they had the support of both right and left as they were working only for the good of the people and the independence of the country. Mr. Nam had written a personal letter to Dr. Hoo who had replied, encouraging him to run.

Mr. LIU (China) asked whether, when Mr. Nam spoke of the 'left", he included the communists. Mr. NAM answered that he had not the support of the Communist Party as a whole, but, as far as his district was concerned, he had the support of part of the leftist elements, as he was in favour of a democratic form of government. Mr. HONG shared his views.

Raising the question of the fishermen's vote, the candidates asked whether it would be possible to send out a launch to serve as a mobile polling booth which would go from boat to boat to collect the votes.

Both candidates hoped that Mr. Rhee would be elected President if a government were formed.

Interview with Mr. Jun Jong Nam (Dai Dong Youth Organization), Pouchan candidate, and Mr. Kim Suk Ki (NARRKI), Inchon B candidate

Personal background: Mr. JUN had been a student of economics and was now interested in the medical supply trade. Mr. KIM, aged 50, had studied economics, was a specialist in machinery evaluation and, since the liberation, adviser to the Dai Dong and the Women's Patriotic Association.

Incidents: Mr. KIM stated that he received daily letters and pamphlets accusing him of being a traitor to his country. His posters were torn down. Moreover, he felt that, even among the Inchon candidates, some were working against the election. Though asked to do so by Mr. LIU (China), he was reluctant to give names, but pointed out that the Inchon Catholic paper had published on the previous day an article on that subject. Mr. LIU (China) wondered why people who opposed the election stood as candidates. Mr. KIM expressed the view that in each Inchon district there was one leftist candidate whose object was to have an inside view of the election. He was afraid that owing to the splitting of the rightist votes, the candidate of the left might have some advantage.

Mr. Kim criticized the chairman of the electoral committee. In his opinion, all candidates agreed that he was not very co-operative and had no capacity. He had been chosen only because he was a judge.

Mr. MARTEL (France) asked whether other candidates shared those views, and Mr. KIM replied that they had all been taken aback by the chairman's answer. He stated, however, that the judge was not affiliated with any party.

Mr. JUN stated that in his district there had been no incidents to date, but felt that during the election the communists would try to interfere. It was unfortunate, in his opinion, that the chairman of the election committee had not been elected but was a nominee of the authorities.

Political platform: Mr. LIU (China) pointed out that, since Mr. Kim Koo's resignation, there had been a split in the Dai Dong and wondered whether the candidates could claim that they had the support of the whole organization in their respective districts.

Mr. JUN stated that, in Pouchan, there were no followers of Kim Koo in his Association. The only group which upheld Kim Koo's ideas were the communists, who used his name to oppose the elections.

Mr. VILLALVA (Philippines) asked the candidates whether they thought that the illiterate voters would be able to understand the number of lines corresponding to the candidates, and was told that illiterates had only to mark the ballot opposite the number of strokes representing the candidate of their choice.

In conclusion, Mr. KIM regretted that more time had not been devoted to the education of the voters.

Interview with Mr. Im Yun Pai (Independent), Pouchan candidate, and Mr. Im Hong Jai (Independent), Inchon B candidate

Personal background: Mr. IM Yun Bai was a graduate of the Middle School, a farmer and head of a *Myun.* Mr. IM Hong Jai was also a graduate of the Middle School, had been a teacher for four years, mayor of Inchon for eighteen months after the liberation, had worked one year with the Military Government and was chairman of an Inchon paper.

Incidents: When asked by Mr. LIU (China) whether they had received any threats, both candidates answered in the negative. Mr. Liu enquired whether they had heard of any unfair methods employed by the candidates themselves, such as threats, libel or bribing, and Mr. IM answered that he had no proof, but thought that there were some practices of that kind. He complained particularly that when he had announced a meeting in the country for 7.30 p.m., for instance, another candidate had scheduled a meeting for 6 p.m. and had attracted the whole population.

Political platform: Through he was recorded as "independent", Mr. IM was an adviser to the Daihan Labour Union and had launched his candidacy on the strength of the support of that organization.

He felt that there might be many blank ballots, as leftists still opposed the elections by distributing handbills. In his estimation, 10 per cent of the registered voters would not vote.

Mr. IM raised the question of the fishermen's vote and suggested that a ship should be sent out as a voting place.

Interview with Mr. Yang Che Bark (Hankook Democratic Party), Inchon A candidate, and Mr. Hah Sang Hoon (Hankook Democratic Party), Inchon B candidate

Personal background: Mr. YANG was a college graduate and, since the liberation, chief of his party in Inchon. Mr. HAH, also a college graduate, was president of a business group and district chief of the party.

Incidents: As to unfair practices, Mr. HAH stated that one of his clerks had been beaten up one night and nearly killed but he did not know which party was responsible. His posters were torn down and seals had been manufactured and stamped on the posters calling both of them traitors to their country.

Mr. YANG stated that in his opinion there was in each of the Inchon districts, one candidate who opposed the elections: in district A, a follower of Mr. Kim Koo, in district B, an ex-communist.

Political platform: Mr. LIU (China) asked whether, as representatives of the Hankook Democratic Party, they faced any opposition from the Dai Dong or NARRKI organizations. Both candidates answered that the only opposition came from leftists and Kim Koo's followers.

They also expressed the view, in answer to a question by Mr. LIU (China), that, although democratic ways were admitted in the world at large, in Korea a powerless police would leave the leftists free to tear down posters, commit arson, start disorders and generally oppose the elections.

Mr. YANG emphasized that the Korean people were not educated enough for free elections. He asked whether, if the percentage of votes fell under 50 per cent of the electorate owing to the pressure of the leftists, the Temporary Commission would still recognize the elections, and when told that this question was still to be decided, he estimated the number of leftists to be 5 per cent, mostly underground elements.

Interview with an Inchon B independant candidate

Personal background: Mr. Jo Bong Arm stated that in 1919 he was in the independence movement. After one year's imprisonment by the Japanese, he had gone in 1925 to Moscow, worked in Shanghai and in Manchuria, returned to Korea and had been imprisoned again. After the liberation, he had enlisted in the Inchon National Guard and had been a member of the Communist Party till 1946. He had then resigned from the party because he felt that the Koreans had to work out their independence by themselves and not with the Russians through the Communist Party. Asked if he was in favour of a united Korea, he answered that he placed his faith in Mr. Kim Kiusic.

Incidents: Mr. Jo thought that the elections would not so much meet opposition from communists as from the Dai Dong and other rightist groups who threatened to beat up those who opposed them and whom they branded as communists. In his view, freedom for elections was more theoretical than practical. If there were fewer incidents at present, it was because the people were even more afraid of the rightist groups than of the police. The youth organizations would hold meetings in a village, then call the village head-man and the population to tell them for whom they must vote.

Mr. LIU (China) pointed out that the vote was secret, but Mr. Jo answered that the rightists would know the proportion of votes in each village and punish those villages which had voted against them. When he visited his friends in the country, they told him that they would be glad to give him their votes, but were afraid of the consequences.

Mr. VILLALVA (Philippines) asked whether Mr. Jo could give the names of people beaten up and of culprits.

Mr. Jo answered that he could not, but there was a collective impression to that effect; unless the problem were solved, free elections would be impossible.

Mr. LIU (China) stressed once more the secret nature of the ballot, and Mr. VILLALVA (Philippines) added that, if crimes had been committed, regular complaints should be made to the courts.

Mr. LIU (China) enquired whether, as an ex-member of the party, Mr. Jo could guess the number of communists in Inchon.

Mr. Jo estimated the total number of communists to be approximately 1,000. Altogether, there were about 3,000 communists and pro-communists.

Mr. ENGERS (Secretary), asked Mr. Jo what percentage of votes would he necessary for election in view of the large number of candidates.

Mr. Jo stated that the number of voters would drop to 40,000 and that a candidate polling more than 10,000 votes had a good chance. He added that it was very difficult to understand the so-called left in Korea. Most of the Koreans had no party affiliation and were mainly interested in the independence of their country.

Interview with two Inchon A candidates

Mr. YUN Byung Teuk, although recorded as belonging to NARRKI, protested that he was an independent candidate. When asked what were his political ideas, he stated that he was in sympathy with the leader, Mr. Chang Cho Ang.

Personal background: Mr. YUN a graduate of a medical college in Japan, had conducted research work in the Seoul Central Research Institute and was now in charge of a hospital in Suchon. Mrs. LEE Sun Hi (NARRKI) was a graduate of a Seoul middle school, had started a primary school, and later a middle school for girls, and was also leader of the Young Men's Christian Association group.

Political platform: Mr. LIU (China) pointed out that Mr. Yun's leader was opposed to the elections. Could Mr. Yun explain why he was nevertheless a candidate and whether he ran in Mr. Chang Cho Ang's name or in his own?

Mr. YUN replied that there were too many candidates who favoured independence for South Korea alone. He personally wanted to figure among those elected who advocated unification. Though his party could not appoint a candidate, it nevertheless supported his candidacy.

Mrs. LEE then stated that she was in favour of women's suffrage, but did not stand as a women's candidate. Korean women were not educated enough to vote for a candidate other than the one for whom their husbands told them to vote. She was therefore in favour of voting for some political party. If she were elected, she intended to do everything in her power for the welfare of women.

Incidents : Mr. VILLALVA (Philippines) asked whether the candidates had received any threats, and both answered in the negative. When campaigning, Mr. YUN made use of posters and of handbills giving his personal history. Ten days earlier there had been a public meeting at which all the candidates had stated their views; another was scheduled for 25 April. The meetings were organized by a newspaper association.

To finance his campaign, Mr. YUN counted only on the contributions of his friends, both political and personal. In reply to Mr. LIU (China), he stated that the medical profession was very much interested in politics. He finally expressed the view that a candidate would require 15,000 votes to be elected.

Interview with Mr. Kwak Sang Hoon (Independent), Inchon A candidate, and Mr. Lee Juk Min (Korea National Young Men's Association), Inchon B candidate

Personal background : Mr. KWAK did not finish middle school, travelled to Japan and later devoted himself to the independence movement. He was supported by his former independence associates, but was running as an independent.

Political platform : After both candidates had stated that they had experienced no interference, Mr. LEE said that he was affiliated with General Lee's National Youth Organization.

M. LIU (China) alluded to complaints against youth groups, and Mr. LEE answered that, so far, the youth movements had committed no illegal acts in Inchon. His organization, moreover, was not working for the benefit of any party, but was mostly interested in the education of the young; it had approximately 20,000 members, and he was the only youth organization candidate in his district.

If he were elected, he would still work for the unification of South and North Korea.

Mr. KWAK asked whether a government set up in South Korea alone would be admitted to membership in the United Nations.

Mr. VILLALVA (Philippines) answered that the question was not for the Commission but for the Security Council to decide.

Mr. KWAK further asked whether the Soviet Union could veto the admission of Korea and Mr. ENGERS (Secretary) explained that seven affirmative votes were necessary for the Security Council's recommendation. Any of the five permanent members had the power to nullify the Council's action regardless of the number of favourable votes.

Mr. KWAK finally stated that in his opinion the most outstanding men in Korea were Mr. Rhee Syngman and Mr. Kim Koo, but that they represented their personal interests, while he wished a government genuinely elected by the people and which would be recognized internationally.

Interview with two Inchon A candidates

Personal background : Mr. KIM Yun Joo was a graduate of a university in Japan and an electrical engineer. He had worked in China with the underground against the Japanese. Upon his return to Korea in 1943 he had been imprisoned until the liberation and was now in charge of the Tai Han Labour Union.

Mr. HAM Hyo Hung (Independent) had worked with different papers, and was now manager of an electrical plant.

Political platform : Mr. KIM was in favour of a unified Korea, but felt that there was little hope left. To a question by Mr. LIU (China) he replied that he was opposed to pro-Japanese parties. Mr. Liu (China) pointed out that the working class, of which Mr. Kim was a representative, was divided on the question of elections; Mr. KIM stated that his Union, in his opinion, was the only one to represent the working-class in Korea. If a government were set up, it would only be a matter of time before the Tai Han Union represented the entire working-class.

Mr. HAM felt that the main point of the elections was the first objective of the Commission : the creation of a united government in Korea. If he were elected, he would fight to that end.

Incidents : Mr. KIM stated that there was no interference, only normal electioneering rivalry. Mr. HAM complained that the opposition accused parties which were in favour of elections of being pro-American. His party was, on the contrary, against any government controlled by a foreign country.

Mr. LIU (China) asked Mr. Ham if, in view of his experience with papers, he felt that the Press was fair to the different candidates.

Mr. HAM answered that there were three kinds of papers : those in the hands of parties, those controlled by pro-communist elements, and independent ones. He hoped that the latter would survive.

Mr. MARTEL (France) asked whether the candidates were satisfied with the organization of the elections, and Mr. HAM replied that it was 80 per cent satisfactory in the Inchon area. In conclusion, Mr. Ham asked what the Commission would do if the meeting of political leaders in the North succeeded and the Russians agreed not to interfere.

Mr. LIU (China) answered that the United Nations had never lost the initial idea of setting up a unified government for Korea but would not brook any delay or interference. The Commission would be available for consultation with elected representatives.

Kaesong City Hall,
Friday, 23 April 1948, at 9.55 a.m.

Present : Mr. Liu (China); Mr. Valle (El Salvador); Mr. Costilhes (France); Mr. Villalva (Philippines); Mr. Blokh (Acting Secretary).

Interview with the provincial election committee

Mr. LIU (China) convened the meeting and proposed the following programme:

1. Hearing of chairmen of the electoral committees.
2. Hearing of the 35 candidates in groups according to party affiliation.
3. Visit to the refugee camps in the afternoon.

The plan was adopted and the following figures were submitted by Mr. Kim Won Hong, Mr. Yu Chai Myun, Mr. Hong Sun Hae, Mr. Lee Yang Hoon, Mr. Cho To Sun and Mr. Cho Jil Song, for the districts of whose election committees they were chairmen:

	Yonbaek A	Yonbaek B	Chang Dan	Kaepung	Kaesong	Paju
Eligible voters..	54,231	50,843	19,000	35,636	40,975	38,000
Registered voters	53,542	48,789	17,899	34,580	39,352	
Percentage registered	98.6	98	98	97	96	96
Candidates	2	7	13	4	4	5

The general feeling of the chairmen was that, in view of the proximity of the 38th parallel, the police would have a difficult task in maintaining order on election day. They were generally satisfied with the material preparation, although Mr. HONG, of the Chang Dan district, believed the number of booths to be too few. So far, no incident had been reported though handbills and been distributed and threats uttered. Signal fires had been lit on the surrounding hills. Mr. LEE, of the Kaepung district, had heard rumours to the effect that drinking water would be poisoned. He had also heard complaints about illiterate farmers being told for whom to vote.

Mr. COSTILHES (France) asked Mr. Cho To Sung about the party affiliation of the candidates in his district of Kaesong.

Mr. CHO To Sung replied that in his district there was only one party member; there were three independent candidates.

Mr. VILLALVA (Philippines) asked whether, at the time when lots were drawn in the different districts for the purpose of assigning the number of strokes to candidates, all candidates had been present. He was told that that had been the case, but that in the Kaesong and Yonbaek districts candidates had sent representatives.

Mr. VALLE (El Salvador) wanted to know if there were any leftist candidates in the different districts.

He was informed that only in the district of Mr. Yu Chai Myun was there a candidate whom some suspected of being a leftist as he had been connected with the Communist Party before the liberation.

Mr. VILLALVA (Philippines) asked if any candidates had been disqualified and was answered in the negative.

Interview with first group of six independent candidates

Mr. LIU (China) asked if the candidates had any complaints to make concerning the election procedure and the way it was applied.

Mr. LEE Jong Keun explained that, according to certain rumours, candidates were not allowed to promote their campaigns further than 100 metres outside the boundary of their districts. That, in his view, was a great handicap. He also complained about the lack of method in the dissemination of information concerning the elections. Though everything had been calm so far in the district, fire signals had been made on the surrounding hills and handbills opposing the elections distributed at the same time.

To a question by Mr. LIU (China), he replied that, in his view, the elections would have no meaning whatsoever if they were not immediately followed by the formation of an independent government.

Mr. LEE Kyung Koo believed that the elected assembly should not proceed to the formation of an independent government before making another attempt to persuade North Korea to join with the South.

In the view of Mr. KIM Seung Chan, it was impossible to plan ahead, because the possibility of an agreement with the North depended solely on the attitude of the Soviet Union.

Mr. LEE Kyung Koo added that it was the earnest desire of every Korean to see Korea united and that all considered the government in the South as provisional and as the best solution under the present circumstances.

Mr. COSTILHES (France) asked the candidates about their professions.

Mr. LEE Seung Duk stated that he was the former mayor of Kaesong and had resigned to stand as candidate; Mr. LEE Jong Koo was a member of the Korean Provincial Assembly; Mr. KIM Song Chan, president of a girls' school; Mr. LEE Kyung Koo, manager of a rice plant; Mr. KIM Chi Kwun, a farmer.

Mr. LEE Seung Duk stated that, in his view, a united government for the whole of Korea was at present impossible because of the different social structures on the two sides of the 38th parallel. It would however be the first task of the independent South Korean government, when formed, to try by all available means to come to an agreement with the North.

Interview with second group of Independent candidates

Mr. LIU (China) asked if there were any complaints and the answer was in the negative.

Mr. CHO Hyun Jong said that his support, financial and otherwise, came from the Dai Dong Youth Organization.

Mr. CHO Joong Hium stated that what was most desired was the formation of an independent government for the whole of Korea, but that, in his view, the formation of a separate government in the South was indispensable to undertaking negotiations with the North. When asked by Mr. LIU (China) whom he would recommend as president of the Assembly if he were elected, Mr. CHO preferred not to answer.

Mr. LIU (China) asked how big the infiltration from the North was and whether that infiltration would have any effect on the elections. He was informed that the refugees were numerous but that the purpose of their infiltration was unknown.

Mr. Liu (China) asked if there were any outside interference, and was told that there was none. In the view of the candidates, there would be a very heavy poll by about 100 per cent of the electorate.

Mr. Villalva (Philippines) asked Mr. Jan what methods he had used in his campaign.

Mr. Jan Myun Kyoo stated that he had the support of farmers, being a farmer himself, and that he had limited his propaganda to going from household to household explaining his views and requesting support.

Mr. Wang Joon stated that he had not made any public speeches so far but that he intended to do so. He further stated that no permit from the authorities was required for that purpose.

Interview with third group of Independent candidates

Mr. Costilhes (France) asked if there were any complaints, and Mr. Kim Kyung Bae replied that it was difficult for him to answer such a question in front of the other candidates.

Mr. Liu (China) told him that he could remain after the departure of the other candidates to state his complaints in private to the Group. He asked the different candidates for their opinion as to the chances of success of the Pyongyang Conference.

Mr. Kim Kyung Bae replied that it was impossible at this stage to have any opinion on the matter, as even the terms of the discussion were unknown.

In the view of Mr. Choi Jae Suk, in spite of Kim Koo's and Kim Kiusic's efforts, the Conference would be a failure like the Joint Commission in Seoul.

Mr. Costilhes (France) asked what backing Mr. Choi expected and was informed that he expected the support of the farmers.

Mr. Kim Tae Hi stated that, being an old resident of the district, he was well known and did not need any publicizing. He relied on the backing of his friends.

Mr. Liu (China) asked if there were any leftist candidates in the district of Yonbaek. The candidates replied that they had not heard of any; neither were there any moderates, so far as they knew.

To a question by Mr. Villalva (Philippines), Mr. Ryoo Rae Hong replied that he had no knowledge of any buying of votes.

After the candidates had left, Mr. Kim Kyung Bae remained alone with the Group. He asked his statement to be kept confidential as his life would be in danger if what he stated was revealed. A certain candidate of the Hankook Party enjoyed the support of the police and used unfair means against him by covering up his posters and spreading slanderous accusations. Mr. Kim enjoyed the support of farmers because he had opposed the rice collection and had been sent to jail because of that opposition. With the help of the police, the Hankook candidate who had come from Seoul was accusing him of campaigning illegally.

To a question by Mr. Costilhes (France) as to whether he had complained to the Electoral Committee about that interference, Mr. Kim explained that he had had a private conversation with the Chairman of the Committee, but that that official was also under the pressure of the police. The name of the two police chiefs that had helped the Hankook candidate were Mr. Kim Ki Ok and Mr. Ahn Dong Yun. He gave the Group a document in which those facts were related.

Interview with Mr. Kim Pack Yung (Dan Min Party)

Mr. Costilhes (France) asked who was the leader of the Dan Min party.

Mr. Kim explained that there were three heads of the party of whom he was one. The party had been founded on 22 March and had little financial support. He had come from Seoul to stand as party candidate in the district and had no criticism to make concerning the actions of the local election committee.

His campaign budget amounted to approximately 300,000 *won*, most of which came from private funds. He had, however, few expenses as most of his campaigning was done by lectures and public speeches.

Mr. Liu (China) asked the candidate his views on Korean political problems such as the formation of a separate government in the South, the Pyongyang Conference and the role of the United Nations Commission.

Mr. Kim stated that a democratic government for the South should be immediately formed and recognized internationally. Such recognition would put it in a very strong position for negotiating with the North. The Pyongyang Conference would be a total failure. The United Nations Commission should leave Korea once its task of setting up the Assembly by means of the elections was fulfilled.

Interview with candidates of the Nation Party

The candidates explained that their party was affiliated to NARRKI and supported Rhee Syngman. There had been no threats against them and the only complaint they had to make was concerning the police, who actively supported the Hankook candidates in the Yongbaek district. They expected, however, to receive votes from all quarters and believed the fiscal arrangements for the elections to be generally satisfactory. They were concerned about the maintenance of order on the day of the elections, as the police could not adequately protect the polling booths. They hoped for some help from the United States Army and from volunteers.

Interview with candidates of the Dai Dong Youth Organization

Mr. Cha Myun Hong stated that there were 1,800 members of the Dai Dong in the Yongbaek district. Mr. Kim Ryun Han stated that in the Chong Dong district there were 1,170 members of the Dai Dong organization.

Mr. Liu (China) asked if there had been any split in the organization, such as had taken place in Seoul when General Lee, their leader, had publicly supported Mr. Rhee Syngman.

Mr. CHA answered that there had been none. When asked by Mr. COSTILHES (France) if he had any complaints, he expressed the desire to speak privately to the Group.

Mr. LIU (China) asked if there were any raiders from North Korea and if the Dai Dong helped the police to fight them.

Mr. KIM stated that raids were frequent and were carried out by bands of twenty to thirty men. The police could, however, generally cope with the situation by themselves and Dai Dong volunteers gave help only in emergency cases. Only a few days previously one member of the Dai Dong had been killed by a raiding party from the North.

Mr. LIU (China) asked the opinion of the candidates regarding the Pyongyang Conference.

Mr. CHA said that, though he hoped for a favourable result, he did not see any possibility of success since the Joint Commission had failed twice in the same task.

After Mr. Kim had eft the room, Mr. CHA remained alone with the Group and complained about the interference of the police, who obliged him to obtain a permit from the authorities before holding a public meeting. He was also obliged to submit reports on his campaign. His movements were being watched. The hostile attitude of the police could be explained by the fact that they had a personal grudge against him, as he had been in Saigon and because his supporters were members of ex-leftist groups. He was afraid that the police might in some way prevent them from voting, as Mr. Kim Ki Chan and Kim Pon Sun, police officials who were watching him, had suggested that action should be taken against his supporters. The district police were actively backing the candidates of the Hankook party and uniformed police had been seen at the meetings of the Hankook candidates.

Interview with the candidates of the Hankook Democratic Party

The two candidates, Mr. HAN Sang Dhoon (editor of the *Chosun Ilbo*) and Mr. SIN Hyun Mo (banker) were candidates in the Yongbaek district (wards A and B respectively.) They believed that the situation would be quiet during the elections. They had come from Seoul with the backing of their party to run as local candidates.

Mr. LIU (China) asked them if there was any truth in the accusation generally levelled against their party, that is was pro-Japanese.

Mr. SIN answered that those assertions were ridiculous, as the party had been formed after the liberation. They were to be explained by the fact that the party was composed of persons of higher social standing.

Mr. COSTILHES (France) asked if there was any competition.

Mr. HAN stated that, in Yongbaek B a moderate pro-leftist candidate, Mr. Chai Chong Suk, who had been present at the farewell meeting of Mr. Kim Kiusic, was running against him.

On being asked by Mr. VILLAVA (Philippines) what his programme would be regarding the problem of inflation, if he were elected, Mr. SIN replied that Korea was in need of a foreign loan of between 100 and 150 million dollars to stabilize its currency. In addition, it was necessary to stop the influx of notes from North Korea and to increase the country's production.

Mr. VILLALVA (Philippines) asked about the political policy of the newspaper *Chosun Ilbo*.

Mr. HAN stated that his paper existed before the liberation and had fought for Korean welfare at the time.

After Mr. Sin had withdrawn, Mr. Han stated privately that he had to complain about the unfair treatment he was receiving from the electoral committee of the district. The committee had withheld publications concerning his campaign and had not properly informed the electorate. The numbers to be given to the candidates were allotted according to their time of registration. Mr. Kim Yong Bae had obtained the first place on the list and the committee members had made it known informally that the voters had to cast their vote for the candidate with No. 1. Mr. Kim was an independent who supported Kim Koo and enjoyed the support of the Committee, whereas the members of that Committee accused Mr. Han of being helped by the police because of the police protection he had had in Seoul and the bodyguard he had brought with him; that protection was necessary as he was on the list, kept by the communists, of persons to be killed. Protection had been given to him since the assassination of Mr. Chang Yak Sin.

Mr. VILLALVA (Philippines) asked Mr. Han if he was present at the time the lots were drawn.

Mr. HAN replied that he had sent a representative as all the other candidates had done.

Appendix

TRANSLATION OF DOCUMENT GIVEN TO THE GROUP BY MR. KIM KYUNG BAE

CONFIDENTIAL — Information sheet No. 1.
TO : Chairman, Association supporting candidate Kim Kyung Bae
FROM : Person in charge of information
DATE : 16 April 1948
SUBJECT : Policeman distributing handbills

On 14 April 1948, a certain person Choo, a policeman working with the Yong Doo branch police under the Chong-dan police station, was seen distributing handbills publicizing candidate Ham Sang Hoon although he is a government official.

This clearly violates section 29 of the election law. I am hereby reporting it.

(Witness to the above action : Mr. Lee Sang Kyu.)

CONFIDENTIAL — Information sheet No. 2
TO : Chairman, Association supporting candidate Kim Kyung Bae
FROM : Person in charge of information
DATE : 16 April 1948
SUBJECT : Confinement of members of Association

Kim Tai Kin, Han Ki Mo, Choi Il Cho, Kim Chong Tai, Kim In Bong, Kang In Sic, and Song Sun Chan, working with the Yongbo branch, were confined at Chong-dan police station on 14 April on the charge that they had held a meeting without permission.

Actually, what happened was that about ten days before the confinement, the chief of the Chong-dan police station,

Ham Sang Hoon, and others came to this island. They campaigned for and requested that Ham should be a candidate. Our members might not have been concerned had Ham come alone to campaign, but we thought it unreasonable that the chief of the police (a government official) should accompany and campaign for him. For discussing the matter in that light, the members were confined. This clearly violates (3) of section 53 of the Penal Regulations of the election law.

(Reporter of incident : Oh Chang Hoi.)

1. It is true that posters advertising a certain candidate were covered up by posters advertising a rival candidate (such cases were found very often).

2. Mr. Yu Won Bok, fiscal officer of our Association, was called by the police and the chief threatened to imprison him, but he was not imprisoned. The Director of General Affairs of our Association was also called and examined by the police.

3. When the election enlightenment groups were organized at Mooduk building at the police station on 9 April, the police chief told the people that he had received instructions from the higher authorities that all campaign advertisements were subject to censorship.

Is this true or not?

4. On 7 April, An Tong Yon, chief of the Chong-dan police station, ordered the branch police station to take down the posters publicizing candidate Kim Kyung Bae. Policeman Kim, working with the Choudai Branch Police, obeyed the order. Policeman Cha witnessed and reported the incident.

OBSERVATION GROUP II

SUMMARY RECORD OF WEEK OF OBSERVATION: 19 TO 23 APRIL 1948[1]

Present : Mr. Patterson (Canada); Mr. Wang (China); Mr. Lindo (El Salvador); Mr. Hausner (Secretary).

Town Hall, Chonan, Chung Chong Namdo, Monday, 19 April 1948, at 11.10 a.m.

Interview with the election committee of Chonan Gun

Mr. YI Sang Kyu, magistrate of Chonan Gun, gave the Group the following information :

There were ten candidates for the one available seat. One belonged to the Dai Dong Youth Organization, one to the Hankook Democratic Party, one to NARRKI[2] and seven were independents.

Poll registers were now open for public inspection. There were numerous questions from interested registrants, but no objections had been raised. Copies of the register were kept in three separate places for safety.

With regard to a free atmosphere for elections, the local population was extremely enthusiastic about the elections and their national independence. This accounted for the high registration figure. Registrants had been encouraged to register by *Gun* chiefs and officials, but there had been no coercion.

Since registration had ended there had been no hostile incidents, but Mr. Yi expected minor disturbances during the voting period.

Interview with Mr. Han Yang Soo (Independent)

Present : Mr. Patterson (Canada), and members of the secretariat.

Mr. HAN Yang Soo said that he was an independent candidate, not recognized by any party, and explained, with reference to his platform, that, as he himself was a refugee from North Korea, he advocated assistance for refugees. If elected, he was determined to advocate the establishment of a national government. He felt that it was preferable to establish a national government as soon as possible without previously negotiating with the authorities in North Korea.

He had no knowledge of the party affiliations of the other independent candidates. Members of parties or organizations usually supported candidates connected with those parties or organizations.

He expected the Commission to do something to aid the unification of North and South Korea. He also expected the Commission to support the elected representatives in forming a national government, adding that that was the popular impression.

He had no complaints to make concerning illegal or unwarranted opposition to his campaigning.

Interview[3] with Mr. Kim Woong Kak (Independent)

Mr. KIM Woong Kak, an independent candidate, said that he was the director of a national live-stock experimental station. He had no party affiliations. He was supported by various branches of the Dai Dong Youth Organization, personal friends and former schoolmates who conducted personal campaigns on his hehalf.

Because of the nature of his occupation, many people accused him of being a middle-of-the-roader and even of being communist. As he was poor and members of the Hankook Democratic Party were rich, many people believed that he was standing as a candidate in order to oppose that party. He stated that he was neither a middle-of-the-roader nor a communist, but that he did oppose the Hankook Democratic Party, which, according to rumours, was supported by the police. The *Gun* police chief had told him, on an occasion after 5 April, to busy himself with his live-stock station and not to run as candidate. On another occasion, Mrs. Yang Pae Sang, Chairman of the Women's Patriotic Association, who supported him, was told by the police chief that she should not meddle with politics. He regarded those incidents as unwarranted pressure and agreed

---

[1] Document A/AC.19/SC.6/SR.6.

[2] National Association for the Rapid Realization of Korean Independence.

[3] Unless otherwise indicated, the same members of the Group were present at the successive interviews.

to inform the Commission of any similar incidents in the future.[4]

He further stated that the other nine candidates were regarded as unscrupulous and that his friends had persuaded him to stand in opposition to then. He felt that pressure was being exercised against him in the form of lavish spending by the other candidates. Theres were cases of public organizations or police stations offering large numbers of votes in return for money.

Mr. Kim felt that at least two or three of the six "independent" candidates might have party connexions. One candidate, Mr. Hong Seung Kil, who professed to be independent, was popularly associated with the Hankook Democratic Party. He had donated a cheque for one and a half million *won*, about the end of March, to the Educators' Association of the *Gun*, before he became a candidate, stating publicly that he had made money in Seoul and wished to donate something to his native *Gun*.

Mr. Kim supported the creation of a national government as soon as possible and without previously negotiating with the authorities in North Korea. He believed that the United Nations should and would assist in the creation of a national government, adding that that was the popular belief.

He was optimistic about his chances of election.

Interview with Mr. Kim Chong Chul [5]

Mr. KIM Chong Chul stated that he was affiliated with the Dai Dong Youth Organization. He was director of propaganda for that organization in Seoul and was supported by it, but was not officially a candidate of the organization. As he had only come back from Seoul the previous day, he did not know if the Dai Dong Youth Organization supported other candidates in the area. He had not requested the support of that organization, but, as he was a native of the *Gun*, many of his friends, who were members, supported him.

As he had only returned the previous day, he could not criticize the campaigning methods of other candidates, but, as there were ten candidates for one seat, he expected strong competition. Furthermore, as the first elections were about to take place in Korea, it could not be hoped that they would be ideal; there probably would be financial and other forms of pressure.

He felt that all candidates, including himself, had even chances of success. The elections were an opportunity of educating the people politically.

He was not satisfied with the holding of separate elections in South Korea, but, since it could not be otherwise, he supported the immediate establishment of a national government, without previous negotiations with authorities in North Korea. Once established, this government would have to be regarded as the national government of the whole of Korea and the United Nations should recognize it as such. He intended to discuss that point in his campaign.

Mr. Kim expected the Commission to assist in the establishment of a national government. The Commission itself had the task of observing the elections and had no responsibility in the creation of a national government, but the United Nations as a whole did have such a responsibility. There was no agreement amongst the other candidates concerning the relationship of the United Nations to the establishment of a Korean government.

He had experienced no opposition in his campaigning, but he had heard that people felt there were too many candidates and that some should withdraw voluntarily. There had, however, been no direct pressure on him in that connexion. He personally felt there should be no restrictions on the number of candidates.

Town Hall, Chonan, Chung Chong Namdo,
Monday, 19 April 1948, at 11.40 a.m.

Interview with Mr. Kim Min Ung (Independent)

Present: Mr. Wang (China), Mr. Lindo (El Salvador) and members of the secretariat.

Mr. KIM Min Ung said that his candidacy was supported by a group of war refugees and repatriates. He had been chief manager of the relief station in the Chonan area since August 1945, and received 12,000 *won* yearly from the local Korean government authorities for that work; this sum, however, comprised only a small portion of the total expenses. Additional funds were supplied from his own personal income derived from his shoe-manufacturing concern.

He advocated primarily a united government for North and South Korea. He did not contemplate any trouble during the campaign period, and felt that he was far ahead of other candidates in the race for election.

Interview with Mr. Kim Yong Wha (Independent)

Mr. KIM Yong Wha said that there had been no pressure exercised against his candidacy and that his supporters were comprised of farmers, he himself being a farmer. There had been no signs so far of other candidates' organizations blocking his campaign.

At present it was very difficult to achieve Korean unity because the leaders' views were too divergent, but it might be possible in the future.[6]

Interview with Mr. Lee Pyung Kuk (NARRKI)

Mr. LEE Pyung Kuk said that he supported Mr. Rhee's political views and assumed all Rhee followers would vote for him. He stated that there were no other candidates affiliated with Mr. Rhee's party in this area. He had worked for Korean independence for over thirty years and he had been an intimate friend of Mr. Rhee for that entire period. He expected all the older men of the *Gun* to support him, but could not count on the full support of the younger men, as he had spent all his money in recent years, and had been unable to publicize his candidacy adequately. He had been condemned to death by leftists in his area. His only concern was to live long enough to see a united and independent Korea.

Many people felt certain independents were in reality affiliated with specific parties. He would be quite satisfied if any qualified man were elected. He received no financial help from any party and

---

[4] Captain McGraw, United States Army, who accompanied the Group in Chonan, had known Mr. Kim for two years and regarded him as most reliable.

[5] Of the Dai Dong Youth Organization.

spent personal funds derived from privately owned farmland.

Interview with Mrs. Pak Chung Hoon

Mrs. PAK Chung Hoon, leader of the provincial branch of the Patriotic Women's Association of Chonan Gun, stated that her association was not ready to support any one candidate until it had ascertained all candidates' views. Her association expected to work first for Korean independence and secondly for women's suffrage. She personally favoured Mr. Rhee's candidate but both the association and she herself wished to make a further study of candidates' platforms.

She believed that the pre-election procedure was being conducted legally and properly.

Onyang Hotel, Onyang Eup, Asan Gun, Monday, 19 April 1948, at 2.55 p.m.

Interview with the Asan Gun electoral district election committee

Present: Mr. Wang (China), Mr. Lindo (El Salvador) and members of the secretariat.

Mr. HA Kyong Han, chairman of the election committee, stated that there were seven candidates in the *Gun*, of whom three belonged to NARRKI; one to the People's Party (Min Chung Dang); one to the Hankook Democratic Party and two were independent.

So far there had been no anti-election incidents.

Interview with Mr. Kwon Wung Ho

Mr. KWON Wung Ho said that he represented Mr. Yi Chong Hyong, who was the candidate of the People's Party.

Mr. Yi, who was the owner of the newspaper *Dai Han Ilbo*, had experienced difficulty in securing meeting places to make his campaign speeches. The police had told him that, although the right to campaign was afforded to all candidates, permission for holding an assembly had to be obtained from the police. Mr. Yi had requested Mr. Kwon to bring that matter to the attention of the United Nations.

As far as he knew, no candidate had given any lecture in the *Eup*, but the other candidates were using the election conferences organized by each *Myun* office. Mr. Yi had not been informed about the *Myun* conferences. No police permission was required to hold these.

Mr. Yi was not a resident of the *Gun*, but he had supporters in the *Gun*. Mr. Kwon had no knowledge of any intimidation by parties or organizations directed against Mr. Yi, but as there were many candidates, there were mutual slanders.

Mr. Kwon was unable to state the precise policy of the People's Party, but said that Mr. Yi advocated economic rehabilitation and nationalized education.

He added that, in his opinion, many patriotic people had abstained from registering as candidates.

Interview with Mr. Lee Yong Chin (Independent)

Mr. LEE Yong Chin said that so far he had encountered no opposition to his campaigning but he expected some, because he had been educating for many years the children of poor families and many people accused him of being a communist or collaborator with the Military Government. He had had no difficulty in contacting the electorate.

He was an independent, because he felt that all parties strove for their own ends rather than for the benefit of the people. He stood for the benefit of the masses, especially the farmers, who were exploited by landowners and governmental authorities. He intended to form a farmers' party.

Four candidates lived in the *Gun*; three others in Seoul. Of the first four, he felt himself to be the only independent, as the other three, in his opinion, were connected with NARRKI.

There were two youth organizations in the area: the Dai Dong Youth Organization and the National Youth Corps. They had not engaged in any direct political activities, but the Dai Dong was recognized as a political organization. It had split into seven groups, of which one supported him.

Mr. Lee felt that the elections would not be free because candidates were spending much money in bribery; there were rumours that candidates were spending millions on entertaining.

Interview with representatives of public bodies

Mr. CHAE In Sok (National Youth Organization) said that so far there had been no opposition to the elections. His organization and the Dai Dong Youth Organization had co-operated with the election committee and the elections had gone smoothly so far.

There had been no interference with the inspection of poll registers, but some trouble was anticipated and the social organizations and the people were on the alert.

Mr. WON Tae Yong (Dai Dong Youth Organization) admitted that there was a leftist movement in Korea, but explained that no direct opposition had materialized because the majority of the people supported the elections, believing that to be the only way of achieving Korean independence.

Mr. SIN Kwang Hyon, Christian minister, endorsed the comments of Mr. Won. Many people believed that the unification of Korea must be eventually secured, but as they considered unification impossible for the present, they favoured the creation of a regional government in South Korea.

Mr. CHAE replied that almost everyone desired the unification of Korea. The Soviet Union, however, had boycotted attempts at unification. Although not welcoming a separate government in South Korea, the people believed that it was better than no government at all. They therefore recognized that the elections were the only way to economic, social and political salvation.

Mr. WON said that the farmers desired civil liberties, human rights and economic stability. They hoped economic stability would be achieved by a distribution of land.

Members of the Dai Dong Youth Organization had made speeches, and presented films and plays stressing the fact that, through the elections, Korean independence could be achieved.

Yesan Gun Hall, Chung Chong Namdo,
Monday, 19 April 1948, at 3.55 p.m.

Interview with electoral district election committee of Yesan Gun

Present : Mr. Patterson (Canada), and members of the secretariat.

In reply to a series of questions by Mr. PATTERSON (Canada), Mr. YANG Yung Pak, chairman of the election committee, said there were nine candidates with the following affiliations :

NAARKI	4
Dai Dong Youth Organization	2
Independent	2
Affiliated with both Dai Dong Youth Youth Organization and NARRKI	1

All poll registers were made up in triplicate and copies were maintained in separate offices, assuring adequate security. Only one case of opposition to the elections had been formally brought to the committee's attention, a case of a candidate's posters being torn from buildings. The police were now investigating that case. The committee permitted all campaign material and speeches as long as they did not incite to violence.

The election committee did not anticipate any difficulties during the ensuing campaign period but would be particularly alert between now and the election day. No member of the election committee originally appointed had since resigned or had refused to participate because of threats.

Interview with Mr. Paik Woon Yong

Mr. PAIK Woon Yong (Dai Dong Youth Organization) stated that the Dai Dong Youth Organization was assisting him by campaigning through its village branches. Originally he had been asked to run by that organization, which comprised 18,000 members in the district. 80 per cent of the voters would favour his candidacy. He considered his strongest competitor to be Mr. Pak Sung Kyu, independent.

One other candidate, Mr. Song Il Sung, was receiving support from the Dai Dong Youth Organization. Before announcing his candidacy he had gone to the Dai Dong Youth Organization headquarters in Seoul and had received their approval.

Mr. Paik indicated that he considered the methods which Mr. Song employed to promote his candidacy undesirable but not illegal.

Interview with Mr. Song Il Sung

Mr. SONG Il Sung (Dai Dong Youth Organization and NARRKI) stated that he worked as a leader of the Dai Dong Youth Organization for the western districts of Korea. There was no active campaigning by members of the organization, but he expected most of them to vote for him. He had no objections to the campaign methods of other candidates nor did he know of any opposition to his candidacy which he considered illegal. He felt confident of being elected and considered Mr. Yoon Pyung Koo, independent, to be his strongest competitor.

Some felt that certain so-called "independent" candidates were hypocrites; one "independent" candidate was known to be a leader of the Korean National Youth Corps.

Mr. Song thought that many voters would vote for the candidate sponsored by either the head-man of the village or the head of the household, but he knew of no organization which would exercise undue influence on either the head-men or the heads of families.

Interview with Mr. Pak Jai Yung (NARRKI)

Mr. PAK Jai Yung said that he was working in Seoul, but had legal residence in Yesan. He was receiving support from NARRKI indirectly through local groups. He had many old friends in Yesan who were supporters of Rhee Syngman and he was sure that they would all promote his candidacy. He considered Mr. Paik Woon Yong (Dai Dong Youth Organization) to be his strongest competitor. He felt that the pre-election activities were running smoothly and that there was no illegal opposition to any candidate.

Mr. Pak thought that the elected representatives would surely form a kind of Diet which would then establish a national government. He believed it would be better to form a national government in the South before trying to negotiate with the North, and he also believed that the elected representatives would see the advantage of this procedure. His personal views were that it would be difficult to bring together the North and South but that, of course, it must be accomplished in the future. He considered that the leftists were the real agitators against the establishment of a separate government. He was of the opinion that the people believed that the United Nations Commission would support a national government in the South.

Interview with Mr. Pak Pyung Ki

Mr. PAK Pyung Ki (Dai Dong Youth Organization) said that he was both a tenant farmer and landowner, and lived in a village outside Yesan. He was well known throughout the area and believed that 80 per cent of the eligible voters would support his candidacy. The Dai Dong Youth Organization was not at the moment supporting him as they had concentrated their support on Mr. Song Il Sung. There was to be a meeting of all candidates representing the Yesan Gun in the local Yesan theatre on 23 April, at which all would have an opportunity to outline their platform. If at that time he did not feel he had much support from the people, he might withdraw from the election.

Interview with Mr. Yoon Pyung Koo (Independent)

Mr. YOON Pyung Koo said that he was the local leader of the National Youth Corps. Although that organization was giving him local support, he was campaigning as an independent.

His only objection to pre-election activities was that some candidates spent too much money promoting their cause, thereby unduly influencing voters. However, he knew of no illegal methods used by any of them. Party groups threw their combined weight in favour of one candidate, but such practices were to be expected. He considered himself to be a rather popular candidate.

People were confused regarding candidates' views, due to the fact that many candidates were from outside places, although they had their legal residence in the local area.

Asked why the Hankook Democratic Party did not support a particular candidate, Mr. Yoon replied that he felt that some candidates claiming affiliation with NARRKI were actually members of the Hankook Democratic Party. He could not say how many candidates would fall into that group, but indicated that possibly Mr. Pak Woon Yong (Dai Dong Youth Organization) was one. He was sure that four of the candidates were not affiliated with the Hankook Democratic Party: Yu Chung Ho, Yun Pyung Koo, Pak Pyung Ki and Pak Sung Kyu.

Train, Chonan, Chung Chong Namdo,
Tuesday, 20 April 1948, at 9.40 a.m.

Interview with Mr. Lee Sing Don

Present: Mr. Patterson (Canada) and members of the secretariat.

Mr. LEE Sing Don (Hankook Democratic Party) said that he was a native of Chonan but that his business and residence were in Seoul. He was the only candidate of the Hankook Democratic Party in Chonan. He was the deputy director of information and propaganda of the party and a member of the central committee. He was supported by labourers and farmers and felt sure of winning. In his opinion, none of the independent candidates was connected with that party. He felt that some of the rightist candidates were secretly supported by the leftists.

Some of his posters had already been torn down or splashed with mud. Local authorities would have to act vigorously to prevent disturbances in the future, although such action would be difficult because the incidents took place in secret.

Train, Chonan, Chung Chong Namdo,
Tuesday, 20 April 1948, at 9.55 a.m.

Interview with Mr. Yi Pum Hoo

Mr. YI Pum Hoo (Independent) stated that farmers in general supported his candidacy. He had experienced no opposition or difficulties in campaigning and had heard of no preferential treatment being extended to his competitors by local authorities. He was from a village and he thought that candidates from the town who were supported by youth organizations would provide strong competition.

Interview with Mr. Lee Yong Kyu

Mr. LEE Yong Kyu (Independent) stated that, as candidate, he would not affiliate himself with any one party but that he had great respect for Mr. Rhee Syngman. He believed his strongest competitor would be Mr. Kim Wung Kak. He had not heard of any incidents during the pre-election period which could be regarded as illegal or unfair.

Mr. Lee had formed no firm convictions regarding the advantages of forming a national government in South Korea alone, but he believed the formation of a government in South Korea would be necessary. The older generation of Koreans believed that a separate government in the South would be worth while as a nucleus working for complete unification, but the younger generation seemed to favour postponement of the formation of a national government until, by negotiation, North and South Korea could be united.

Mr. Lee considered that there was little the Korean people could do by themselves to bring about the unity of the North and the South as long as the policies of the United States and the Soviet Union were so divergent. He had little confidence in the coming conference between leaders of the North and the South because of the great political divergences among them. None of the candidates had expressed their views publicly concerning the advantages or disadvantages of forming a separate government.

United States Public Information Centre,
Chongju, Chung Chong Pukto,
Tuesday, 20 April 1948, at 1.35 p.m.

Interview with the Chung Chong Pukto provincial election committee

Present: Mr. Wang (China); Mr. Lindo (El Salvador); and members of the secretariat.

Mr. SUH Jung Kook, chairman of the election committee, said that the poll registers had been stolen from two voting districts, voting district No. 4, Nami Myun, Chongwon Gun, at 2 a.m. on 11 April, and voting district No. 7, Miwon Myun at 12 midnight on 10 April. Fortunately, three copies of the poll registers existed. The miscreants had worn masks to avoid recognition.

Two registration places were set on fire at 9 p.m. on 9 April: one in Suwoon Dong district, Chongju, and one in voting district No. 3, Nami Myun.

No persons had been killed in connexion with the elections. On 9 April, the vice-chairman of the Dai Dong Youth Organization, Mr. Sah Pyang Doo, had been shot dead.

Interview with Mr. Chai Pyung Duk (NARRKI)

Mr. CHAI Pyung Duk stated that unknown groups opposing his candidacy had issued pamphlets slandering him, but that he had experienced no threats, intimidation or interference from local authorities.

With regard to the other candidates, one belonged to the Hankook Democratic Party, two to the Hankook Independence Party, and two were independent but sympathized with the latter organization.

Mr. Chai advocated the unification of Korea. He did not feel that other candidates enjoyed preferential treatment from the authorities or that potential candidates had been intimidated into not standing.

Mr. Chai was vice-chairman of the local branch of NARRKI. The were 60,000 members in the province who supported him. The two youth organizations, the Dai Dong and the National Youth Organization, did not support him. In his opinion, his strongest competitor was the Hankook Democratic Party candidate, Mr. Min Yong Bok, who was chairman of the party's branch in the Pukto and of the local Dai Dong Youth Organization.

The police were now acting in accordance with the recommendations of the United Nations. As

Korea was socially and politically backward and a free atmosphere did not exist, he felt that the police should assist in creating a free atmosphere.

Interview with Mr. Min Yong Bok

Mr. MIN Yong Bok (Hankook Democratic Party) stated that he was chairman of the Dai Dong Youth Organization and formerly mayor of Chongju. Although he had connexions with the Dai Dong Youth Organization, he could not count on its positive support as the organization had two candidates. Although he had felt himself too old to stand as a candidate, young people and friends had persuaded him to and were campaigning for him. He was supported by officials and young people. He had experienced no difficulties, but had twice received threatening letters.

Mr. Min had no complaints to make regarding the campaigning of his competitors, the strongest of whom was a Christian minister who was a member of the Hankook Independence Party.

He advocated the unification of Korea, towards which the first step was a central government in South Korea recognized by the United Nations, through which a fight (he modified this to "peaceful fight") should be conducted against the country which opposed unification; theoretically, Korea should be a democracy, but, in view of existing conditions, the conception of democracy would have to be modified and suitable laws evolved; all foreign troops should withdraw and, since civil war was then likely, conscription was necessary to withstand or conquer hostile forces from the North.

Interview with Mr. Suh Pyung Don

Mr. SUH Pyung Don (Independent) stated that he was a machine repairer. His candidacy was supported by citizens and young people in general, by the National Youth Organization, of which he was chairman, and by part of the Dai Dong Youth Organization. He felt that his strongest competitor might be Mr. Min Yong Bok, as the latter had been a teacher for forty years and was supported by many former students who had since become officials and prominent citizens. Mr. Min had also been chief of the *Eup* for many years and mayor of Chongju.

Mr. Suh had experienced no difficulty in campaigning and all legal facilities had been afforded by the local authorities.

He advocated the unification of Korea.

There had been some anti-election incidents including attacks on registration offices and threatening letters. He also believed that there had been a murder connected with the elections. As the hostile elements attacked at night, it was difficult to say how they organized. In his opinion, they were strong and the police were doing their utmost to combat them.

He was satisfied with the free atmosphere and felt that all candidates had the same facilities. He did not know if there were any moderate or leftist candidates.

Interview with Mr. Pak Ki Woon

Mr. PAK Ki Woon (Independent) said that he was a labourer and was supported by the labouring classes. So far there had been some indirect interference connected with his candidacy when, for example, some of his friends had been arrested without warrant.

He was vice-chairman of the local Dai Dong Youth Organization. Before the elections, the Dai Dong Youth Organisation and the Hankook Democratic Party had co-operated well, but since the announcement of the elections quarrels had arisen. Both organizations were rightist but their ideologies differed. The announcement of the elections had provoked quarrels, in which the vice-chairman of the Dai Dong Youth Organization had been killed. Last November members of the organization had gone to villages to suppress leftists and had been accused of committing crimes. Only recently Dai Dong members had been arrested on the latter pretext, so he believed the arrests to have been instigated in connexion with the elections.

Mr. Pak advocated the unification of Korea and the withdrawal of foreign troops within ninety days of the elections.

He had no complaints concerning the campaigns of his competitors and felt that voters were free to vote for the candidate of their choice. There were no strong groups in opposition to the elections, but a few people who supported the South Korea Labour Party appeared to be hostile.

Chinchon Gun Headquarters,
Tuesday, 20 April 1948, at 2.55 p.m.

Interview with the Chinchon election committee

Present: Mr. Patterson (Canada) and members of the secretariat.

The chairman of the election committee, Mr. Ko Sung Nok, stated that there were four candidates, two of whom members of the Hankook Democratic Party, one a member of the Korean Independence Party and one independent.

Registration lists had been made up in triplicate with one copy on file in the voting district office, one in the *Gun* office and one in the *Myun* office. A few people had come to review the registration lists, but the Chairman thought that they had come out of curiosity.

There had been no tampering with the poll registers, no evidence that pressure had been exerted on the people either to vote or not to vote, or any reports of other illegal acts.

Interview with Mr. Pak Chan Hi

Mr. PAK Chan Hi (Hankook Democratic Party) said that he had been away from Chinchon for about thirty years and had returned three weeks ago to campaign for election. His legal residence had always remained in Chinchon. He claimed no occupation.

The Hankook Democratic Party was backing his candidacy and that of Mr. Song Pil Mon. He understood that his nomination papers had been submitted to the Chinchon Gun election committee through party members.

Mr. Pak said that he had no papers which would indicate formal backing of the party nor did he believe that Mr. Song Pil Mon had any. He felt that only two parties carried any weight throughout Chinchon Gun : the Hankook Democratic Party and NARRKI. The Hankook Democratic Party, however, was not enthusiastic about the elections as the innumerable delays since March 1947 had discouraged many of its members.

He considered that Mr. Song Pil Mon would be his strongest competitor, and had heard a rumour that he might be urged to withdraw from the Hankook Democratic Party in order to leave the field clear for Mr. Song.

Mr. Pak knew of no illegal or improper actions to date.

Interview with Mr. Pak No Yul

Mr. PAK No Yul (Independent) had lived in Chinchon until three years ago and had since resided in Seoul.

There had been some communist disorders in the Chinchon area but they were quickly quelled by representatives of NARRKI. Members of that party had also twice dispersed groups of people who had assembled to hear him speak, and he had finally promised not to make any more speeches. These same members had told the people to vote for Mr. Pak Chan Hi. He himself felt, however, that Mr. Pak Chan Hi was not favoured by the farmers and that Mr. Song Pil Mon would probably be his strongest competitor.

He did not feel that the Hankook Democratic Party would give much help to the people but that NARRKI would give them all possible help.

Throughout the interview Mr. Pak spoke in low tones and was obviously on guard against being overheard. When he rose to go, Mr. Patterson repeated that the information he gave would be regarded as confidential, whereupon he quickly resumed his seat and added in more emphatic tones that he had become a Catholic when he had decided actively to fight communism. He was not sure whether communism was strong in Chinchon now but it had been in the past. The local Catholic Church of 200 members would give his candidacy full support.

Interview with Mr. Kim Bong Sik [6]

Mr. KIM Bong Sik said he was a farmer by occupation, was head of the local *Myun* and had lived in Chinchon all his life.

He considered his chances for election enhanced by the fact that he was the only one of the four candidates who had spent his entire life in or near Chinchon.

He had indicated that he was an independent, but the people of the area understood that he was really affiliated with the Korean Independence Party. While the party was not formally supporting him, local members would give him full support.

He considered that the pre-election operations had been conducted legally and properly.

There was no branch of the Dai Dong Youth Organization or National Youth Corps in the Chinchon area.

Mr. Kim believed it would be necessary to form a national government in the South before trying to effect unification of the North and South. He added, however, that he agreed, in principle, with Mr. Kim Koo's views that a separate government should not be established until North and South Korea could be united. He considered the chances of success of the coming North and South conference to be excellent because over half the people in the North favoured the coming elections.

He believed his chances for election good. He could not say which candidate had the best chance of being elected, nor what possibility there might be of one of the two Hankook Democratic Party members withdrawing from the election.

In a subsequent conversation, the governor of Chung Chong Province and the head of Chinchon Gun (neither of whom had been present at the interviews) stated that the people of Chinchon would solidly back the rightist group. On the return trip to Chung ju, Governor Yun said he knew all the candidates and their views, except Mr. Pak No Yul.

Temporary Office of Chungju District Election Committee, Chungju, Chung Chong Pukto, Wednesday, 21 April 1948, at 10.40 a.m.

Interview with the Chungju district election committee

Mr. KIM Chin Hong, chairman of the election committee, gave the follow inginformation regarding the candidates in Chungju electoral district :

NARRKI	1
Dai Dong Youth Organization	1
Independents	3

The majority of the population supported the elections because they believed it to be the only way to achieve national independence and unification. There had therefore been no opposition to the elections.

Numerous people had visited registration places but so far there had been no objections to the poll registers.

The election committee did not make propaganda for any candidates. Public notification of candidates had been made by the committee by means of signboards and police-station loud speakers. Notification was also forwarded to the various voting district election committees.

Illiterates had not been specifically educated concerning the elections but, since the liberation, adult education had been promoted by various educational and social organizations, including the Dai Dong Youth Organization and local branches of NARRKI. The police also helped.

The majority of people in the *Gun* supported the elections but some leftists and moderates were in opposition and even in the rightist camp there were people who opposed the elections. There had been no pressure against their becoming members of the committee.

Interview with Mr. Yun Kap, acting chief of Chungju Gun

Mr. YUN Kap stated that he was politically independent. He had been a teacher in Seoul for ten years and chief of Unchong Myun for eight years.

He felt that people in general considered the three independent candidates as genuinely independent. In his opinion, candidates' campaigning methods were fair. Of the thirteen *Myuns* in the

[6] The registration record indicated Mr. Kim to be a candidate of the Korean Independence Party.

Gun, ten had branches of the Dai Dong Youth Organization which supported their own candidate. There was a strong branch of NARRKI in Umsong Gun which supported the party candidate. Mr. Yun regarded the campaigning methods of those organizations as fair. There had been no pressure so far, but he felt that there might be some from the strong branches of those organizations.

Educated people felt that an educated candidate should be elected. There was one such candidate who was a graduate of a Tokyo university but he had not as good a chance as those supported by organizations. Mr. Yun felt that the strongest candidate was Mr. Kim Ki Chol who was a member of the Dai Dong Youth Organization.

Interview with Mrs. Yi Choon Ya

Mrs. Yi Choon Ya, a landowner, chairman of the Women's Patriotic Association, stated that, although chairman of the Women's Patriotic Association, she had registered as an independent. She was unable to say whether the two other independent candidates were popularly associated with political parties as they came from outside the *Eup*.

The candidates of organizations were putting pressure on the electorate and preventing her from making speeches. Each *Myun* had a branch of the Dai Dong Youth Organization and of NARRKI which were hostile to women politicians.

At this point, Mr. Lindo (El Salvador) asked Mrs. Yi why she was speaking in such a low voice.

Mrs. Yi replied that she was afraid of the power of the above organizations and hesitated about confiding her thoughts to the Group. Since the liberation Mrs. Yi had felt that women should do something for Korea and, although she did not expect to be successful in the elections, she nevertheless felt it her duty to stand as candidate in order to educate women politically.

She had received no threats and had not been advised to withdraw. However, about 15 April, when she had tried to assemble people to make a speech, the Dai Dong Youth Organization had opposed the assembly and threatened to interrupt it.

Mr. Patterson (Canada) said that the United Nations Commission would regard Mrs. Yi's remarks as strictly confidential and would not even pass them on to the United States or Korean authorities, unless the informant desired them to do so.

Mrs. Yi said that the meeting she had intended to hold was to take place at her home. A member of the Dai Dong Youth Organization had come to her house and said that the meeting should not be held. Later, a woman had come to tell her that a certain organization was going to interfere with her meeting. Although it would be in the interests of the Korean public to inform the authorities about the pressure which existed in the area, she felt that the information should remain confidential to prevent more pressure being exercised on herself and others. At present, hostile parties were slandering her. The police seemed to be supporting the organizations by conniving at their illegal activities.

The Women's Patriotic Association supported the same national leaders as the Dai Dong Youth Organization and NARRKI. She felt that Mr. Kim Ki Chol, who was chairman of the Dai Dong Youth Organization, had the best chances of success because of the support of his organization.

Train, Chungju, Chung Chong Pukto,
Wednesday, 21 April 1948, at 1.25 p.m.

Interview with Mr. Kim Ki Chol

Present: Mr. Wang (China) and members of the secretariat.

Mr. Kim Ki Chol (Dai Dong Youth Organization) stated that he was a native of Umsong Gun and his candidacy was supported mainly by members of the Dai Dong Youth Organization, to a less extent by members of NARRKI and by writers, he being a writer himself. As he was chairman of the Chungju branch of the Tai Han Labour Union, he counted on its support also. Handbills about his meetings had been distributed through the Dai Dong Youth Organization and NARRKI. He had no difficulty in obtaining police permits to hold campaign meetings and the other candidates did not receive preferential treatment. He had experienced no opposition when holding meetings.

He had not tried to find out whether other candidates were using unethical methods to influence the electorate. He was supported by the people because he advocated what was particularly desired, namely, national independence and replacing feudalism by democracy.

Mr. Kim had not met village head-men but intended to meet as many individuals as he could. As many ignorant people did not understand their own problems, he tried to make them understand. After his speeches, they generally asked him about land reform and improvement of labour conditions based on their everyday experience. Educated people voted individually, whereas uneducated people followed the head of the family. He had told members of the Dai Dong Youth Organization that, although he was their chairman, they should vote freely.

He felt that the elections must take place in a free atmosphere. So far, there had been no interference with candidates' meetings and all candidates had enjoyed freedom of expression.

He considered his strongest competitor to be Mr. Yi Hi Sung.

Interview with Mr. Yi Hi Sung

Mr. Yi Hi Sung (Independent) stated he was a native of Chungju but lived in Seoul. He had, however, spent much time in Chungju. He had gratuated from private schools there and from Chum Hung University in Tokyo. He was director of a motor repair company and owned a little land.

Mr. Yi said his candidacy was not supported by any party but he had encountered no opposition in his campaign and had heard of no unfair methods used by other candidates.

About 60 per cent of the local population was illiterate and tended to be influenced by the opinions of others. The local authorities had been relatively impartial. The police did not influence the population, but the farmers were afraid of the Dai Dong Youth Organization. Most people were members of NARRKI, which was the strongest organization. The latter organization was not voting for any particular candidate, as its chairman was a former member of the provincial election committee and therefore ineligible for candidacy. The head of the local Dai Dong was also the head of the office of NARRKI and was standing as a candidate.

People between the ages of eighteen and forty were forced to become members of the Dai Dong Youth Organization and only one out of the thirteen *Myuns* opposed joining. The Dai Dong had convened a meeting of its *Myun* chiefs and instructed them to make propaganda for the Dai Dong candidate. Ten thousand members of the Dai Dong were eligible to vote. Two members were assigned to each village to make propaganda for their candidate.

Mr. Yi supported Mr. Rhee Syngman. Mr. Kim Koo's policy was all right in principle but unrealistic because it was impossible to eliminate the 38th degree parallel by contacting leaders in the North after the failure of the Joint Commission of the United Nations Temporary Commission. Mr. Rhee, on the other hand, felt that when one part of Korea had become independent it would be possible to unify the country.

He realized that he did not have so much influence and support from organizations as other candidates. He did not anticipate any pressure. Apart from the predominance of youth organizations, he was satisfied with the local situation. It was impossible to see how strong leftist opposition was because it had gone underground.

Interview with Mr. Yun Kil Sop

Mr. YUN Kil Sop (Independent) stated that he had been vice-chief of Kumga Myun, but had resigned. He was a native of the *Gun* and was supported by villagers and Confucian scholars and their followers who comprised about 80 per cent of the population. He himself had not campaigned actively, but his supporters made individual door-to-door propaganda, experiencing no opposition, and visiting approximately 1,000 houses averaging six inmates each. Generally, the households welcomed the visits.

He did not feel that other candidates were using unfair methods.

There was a certain atmosphere of intimidation and pressure due to the youth organizations.

Yockcheun Street Registration Place,
Chungju, Chung Chong Pukto,
Wednesday, 21 April 1948, at 3.15 p.m.

Inspection of the poll register

The poll register seemed to be in order. It contained the names of 900 registrants, who represented 100 per cent of the eligible electorate.

Train, Chungju, Chung Chong Pukto,
Wednesday, 21 April 1948, at 3.35 p.m.

Interview with Mr. Chong Sung Wha

Mr. CHONG Sung Wha (Dai Dong Youth Organization and NARRKI) said that he was a resident of Koesan and was standing in the electoral district of Koesan Gun. He was a physician and vice-chairman of an auxiliary body of the Dai Dong Youth Organization, as well as a member of NARRKI.

The local authorities were impartial towards candidates. There had been no interference with candidates' campaigns and no opposition to the elections. He had experienced no opposition or threats.

Chung Pyun Station, Koesan Gun,
Wednesday, 21 April 1948, at 5 p.m.

Interview with the chairman of Koesan Gun electoral district election committee

Mr. LEE, chairman of the election committee, said that there were four candidates, of whom one was a member of the Dai Dong Youth Organization, one a member of the Dai Dong and NARRKI and the other two independent. Of the two independent candidates, one had formerly belonged to the Hankook Democratic Party and the other to the Korean Independence Party, but both had resigned.

He felt that the candidates would support different national leaders. The Dai Dong supported General Lee Chung Chon. There was no competition between the Dai Dong and the National Youth Corps. The latter did not support any particular leader. The supporters of General Lee Chung Chon would also support Rhee Syngman; the Dai Dong Youth Organization supported both. Mr. Kim Koo was not represented.

There had been no pressure or incidents connected with the campaigning. There was a free atmosphere for elections and no opposition was expected.

Umsong Gun Hall,
Wednesday, 21 April 1948, at 2.50 p.m.

Interview with Umsong Gun election committee

Present: Mr. Patterson (Canada); Mr. Lindo (El Salvador); and members of the secretariat.

The chairman of the election committee, Mr. CHANG Hyong Pai stated that no pressure had been exerted on committee members nor had any illegal or improper action been reported. The only political party active in Umsong Gun was NARRKI. There were no active youth corps.

Almost all the registrants had visited registration offices to inspect the poll registers. No objections had been received.

Only two candidates were registered, one associated with NARRKI, the other an independent. No case of irregularity on the part of candidates had been reported since starting their campaign.

The committee was emphatic in stating that there had been no opposition to the elections at any time, and it believed this was due to the fact that there were no leftists in the district. An additional factor might be that all the people of the *Gun*, for all practical purposes, were members of NARRKI. To a comment of the representatives that it was difficult to understand how such unanimity could exist among 39,000 voters, the chairman replied that there might be a few voters with different ideas but, if so, they had not expressed themselves openly.

Interview with Mr. Lee Ui Sang (NARRKI)

Before the interview began it was discovered that the candidate, Mr. LEE Ui Sang had been present during the interview with the *Gun* Election Committee.

Mr. LEE wished to make it clear that NARRKI was not a political party but rather a national movement. NARRKI did not officially sponsor his candidacy, but members of the association were actively campaigning on his behalf.

Mr. Lee stated that the knew of no instance in which there had been opposition to the election in the *Gun*. He did not know why the independent candidate was running against him, as this candidate had not lived in Umsong for a long period of time and had only returned on 16 April to register and begin his campaign. Mr. Lee understood that he had come from North Korea but had no other information. The independent candidate had made no speeches nor had he put up any posters promoting his candidacy, and Mr. Lee was quite sure that the people of the *Gun* were paying no attention to him. He could not say, however, whether the independent candidate had any chance of being elected, not having heard him express his political views.

The representatives of the Commission told Mr. Lee that they were disappointed in their interviews as they felt that neither the election Committee nor the candidate had given them what seemed a satisfactory explanation of the complete absence of difference of opinion in the district.

Mr. Lee said that if the Commission representatives could stay for a longer period the real situation might become clear to them.

Train, Chungju Station,
Wednesday, 21 April 1948, at 9.25 p.m.

Interview with five representatives of the National Democratic Front

Present : Mr. Patterson (Canada); Mr. Wang (China); and members of the secretariat.

Mr. HONG Chai Sik, expressing opposition to separate elections and separate government, stated that the movement for Korean independence must be free from foreign interference. There must be unity between South and North, and foreign troops must be withdrawn.

He reported that a Mr. Choi Chong Soo, who was waiting to see the United Nations Commission at Changju on 5 April, had been arrested the same day by the police and his whereabouts were still unknown. Miss Yi Chong Ok, who also met the Commission on 5 April, was followed by detectives on her way home and was subsequently beaten by the Dai Dong Youth Organization.

Mr. Hong Ki Yong had been beaten by members of NARRKI on 1 April because he was opposed to the elections, and he was now sick in bed. Mr. Hong Chai Sik himself had been arrested by the police on 31 March on suspicion of attacking the police and was released on 1 April.

He charged that registration was conducted by block leaders and village head-men who threatened the people either with the suspension of their ration cards or by classifying them as "reds" if they failed to comply.

He stated that a Mr. Yi Hyon Uk had been beaten by members of the Dai Dong Youth Organization because he had refused to join them. Later on, when he did join that organization and had subsequently withdrawn, he was arrested and beaten by the police on 22 March on suspicion of being a "red" and was now sick in bed.

Mr. YI Ki Soo, a village youth, charged that the block head-man of the third block, Changju Eup, had requested residents to affix their seals to a white paper to be used as a nomination paper for the candidacy of Mr. Ming Yong Bok. Residents had not refused the request fearing that they would be classified as "reds".

He stated that when the United States-Soviet Union Joint Commission had been in session, be had believed that its success was the only salvation for Korea; for this belief he had been beaten by members of the Dai Dong Youth Organization and had been expelled from Ka Cha Ri village, Chungju Eup. He had since been unable to return home to see his parents.

Mr. KWAK Sang Ho said he was unemployed. He stated that for supporting the general elections throughout South and North Korea he had been arrested by the police on 25 January and imprisoned for approximately three months. The arrest had been made at Nai Duk Chong, Chungju Eup, when he and his friend were in their room talking against the establishment of a separate government. The detective who arrested him claimed that it was an illegal assembly.

Mr. YI Tae Sik, a student of Chungju Normal School, said that around 17 March a house in that area had been bombed. Mr. Mo Chai Kwong, a fellow student, happened to be away in a nearby village where he had gone to get some food. The day after the bombing, both the police and members of the Dai Dong Youth Organization had searched the rooms of those students who had been absent from school the previous day. Mr. Mo Chai Kwong was arrested around 23 March and tortured by the police. Under pressure he had confessed to the bombing of the house and was thereafter handed over to the public prosecutor. He had been found innocent and released on 17 April. Mr. Yi opposed the establishment of a separate government because he feared it would perpetuate these conditions.

On 5 April when the Commission visited Chungju, the group of students who had demonstrated against the United Nations had been subsequently dismissed from their schools and one of them had been captured and arrested by the police and only released on 16 April.

Mr. SIN Hung Bok stated that he had met the United Nations Commission on 5 April when it last visited Chungju. As he left the meeting around 5 p.m., he was followed by a police detective to his place of employment which was the Central Korea Industrial Company. The next day, members of the Dai Dong Youth Organization came to his office; fearing that he would be beaten by them, he ran away. He later learned from his employer, Mr. Pak Kwong Yong, that the detective had said that he himself could not arrest Mr. Sin without a warrant according to the new ordinance issued 1 April, but would turn his case over to the Dai Dong Youth Organization to be dealt with by it in whatever way it saw fit. He had since been unable to return to his place of employment or to his house.

Representatives of the National Democratic Front handed to members of the Group documents which they stated contained a petition to the Commission and records of incidents in more detail than they had had time to bring verbally to the attention of the Group.

Office of Taejon Pu Electoral District Election Committee, Taejon, Chung Chong Namdo, Thursday, 22 April 1948, at 1.25 p.m.

Interview with the electoral district election committee

Present : Mr. Wang (China); Mr. Lindo (El Salvador); and members of the secretariat.

Mr. Yi Sok Ki, mayor of Taejon, said that he had nothing new to report since the last visit of a United Nations Group.

Interview with Mr. Chin Hyun Ha

Mr. Chin Hyun Ha (Independent) said that he had been the victim of slander during his campaign but that he had not resorted to similar practices. He had experienced no interference from local authorities or groups. He had had no difficulty in obtaining hall space for his campaign meetings, and the other candidates had had the same facilities. As he was not backed by any social organizations or political parties he did not expect any disturbances in connexion with his campaign. He was largely supported by businessmen and farmers.

There were branches of the Dai Dong Youth Organization and the National Youth Corps in the area, but their members supported different candidates. Mr. Chin was supported by some individual members of both these organizations and of NARRKI. The activities of the first two organizations were restricted to the youth movement. He himself had not joined any party. In November 1947, he had been chairman of the National Congress for twenty days but had resigned because he considered the Congress to be ineffective. The National Congress and NARRKI were the same.

As he was a lawyer and supported by well-educated people, he could exercise influence on the uneducated and the illiterate through his supporters.

So far Mr. Chin felt that there was a free atmosphere and freedom of expression. There had been no terrorism from the right nor opposition from the left. Mr. Chin later said that rightist groups had attacked the headquarters and houses of the leftists. The chief of the provincial department of education had been beaten by rightists; in his opinion the chief was impartial but he had been regarded by rightists as a leftist.

The leftists had no candidate because they were opposed to the elections. Because of rightist oppression they had either fled elsewhere or gone underground. Those he had met seemed unlikely to resort to violence. As the leftists were in hiding he felt it unlikely that the Group would be able to contact any. There were two moderates, however, who might speak with the Group: Mr. Hong Kuk Sik, a lawyer and a member of the Democratic Independence Party, and Mr. Song Pong Wo, a member of the People's Republic Party.

Interview with Mr. Nam Chun Do (NARRKI)

Mr. Nam Chun Do stated that his nomination had been supported by members of the Dai Dong, the Transport Trade Union, the Tai Han Labour Union and NARRKI.

Eleven local branches or organizations and parties had met together and had decided to put up one candidate but had later put up three. NARRKI had selected Mr. Sung Nak Su and himself and had sent them to the eleven party conference, where he had been elected party candidate.

There was no leftist candidate but one candidate was supposed to by supported by the leftists. The leftists had the same election facilities as other parties. They employed two tactics in their struggle against rightist forces; action in parliament and action outside parliament. He felt that the majority had decided on the latter procedure.

The moderates had one candidate, Mr. Chin Hyung Ha, who had no party affiliation but who was secretly supported by the leftists.

Mr. Nam felt that all candidates received equal treatment and facilities in their campaigning. He had received no threats and he did not believe that other candidates were resorting to unethical methods.

The people were not afraid of youth organizations because the latter did not violate laws but helped to enlighten and educate the people. In his opinion, there was a free atmosphere for elections.

Interview with Mr. Sun Nak Su (NARRKI)

Mr. Sun Nak Su stated that there had been some disturbances by members of youth organizations. He had heard from the chief of police that the police could not interfere in the elections unless the election committee reported incidents to them. There was a provincial branch of the Dai Dong and many street and village branches in the area. The provincial branch had decided not to support him as candidate : A friend of his, who was the chairman of a street branch, had resigned from his post and had been working with him. That day, a person from the provincial branch had come to Mr. Sun's office and inflicted violence on his friend. The police had been called in and the situation was being investigated.

The meaning of free atmosphere for elections was not generally understood. Youth organizations were prone to violence. As the Military Government had declared that the police should not interfere with the elections unless incidents broke out, an atmosphere of tension existed. Apart from the incident mentioned above, Mr. Sun had had no personal experience of intimidation.

He estimated leftists and moderates as forming about 20 per cent of the total population. They had the same facilities as other candidates but had not put up a candidate because they were opposed to the elections. In the local area they had restricted themselves to oral propaganda.

He believed Mr. Kim Chang Keun to be his strongest opponent as he was a clergyman and supported by Christians. The Dai Dong supported Mr. Nam Chum Oo in particular.

In their campaigns candidates enjoyed fair treatment from the local authorities.

Interview with the chairman of Taetuk Gun electoral district election committee

Mr. KIM Sung Yul, chairman of the election committee, said that equal opportunities had been assured to all candidates and that there had been no interference by local authorities. Prominent citizens in each *Myun* and village had given instructions to the public concerning the elections and had stressed their significance, telling people that they were free to vote for the candidate of their choice.

Interview with Mr. Song Eul Yong

Mr. SONG Eul Yong (Independent) explained that his nomination was supported by farmers who did not belong to youth organizations. He had experienced no threats, violence or interference from local authorities. In his opinion the youth organizations had not exercised undue influence on the electorate. He was genuinely independent and the youth organizations supported their own candidate. People were allowed to vote for the candidate of their choice. There was no leftist candidate because the leftists were opposed to the elections. The leftists in the *Gun* had not used violence but had refrained from registering. Their number had been reduced by education, by political officials and by oral persuasion by the rightists. On the surface there were very few leftists; there was however a rumour that the Hankook Independence Party was a leftist party in disguise.

Interview with Mr. Song Chin Paik (NARRKI)

Mr. SONG Chin Paik was satisfied with the treatment he had received from local authorities. There had been no interference by youth organizations or others and he had received the same facilities as other candidates. He considered the campaigning methods of his competitors as fair.

As he was genuinely independent, he was not supported by any party or association but by friends and relatives. He was a member of NARRKI but did not run as party candidate; the NARRKI candidate was Mr. Kang Chang Hun.

Mr. Song was treasurer of an auxiliary body of the Dai Dong, but the latter organization did not support him as a body, although individual members might vote for him. The official Dai Dong candidate was Mr. Kim Pyung Eun.

Interview with Mr. Song Won Yong (NARRKI)

Mr. SONG Won Yong stated that his nomination was supported largely by farmers and businessmen and by almost all members of NARRKI. He was the chief inspector of the local branch of NARRKI. He was connected with the Dai Dong but had no official position in it. He had received no threats or intimidation, and no one had interfered with his campaign. He knew of no case in which posters had been torn down. He believed that the local authorities had given each candidate fair and equal treatment. So far the atmosphere had been free.

Mr. Song had met no people who were actively opposed to the elections, but some people had abstained. These latter said that they were members of the Hankook Independence Party whose policy was to abstain in the elections. Abstainers numbered less than 7 per cent of the population. He felt that there had been no intimidation from police or head-men.

Interview with Mr. Hong Ki Hak

Mr. HONG Ki Hak (Korean Farmers'Federation) was satisfied with the freedom of campaigning. He had received the same opportunities and facilities as other candidates. Neither he nor his supporters had been threatened. He had put up posters, but had made no speeches yet.

He expected support from farmers in general, NARRKI, the Dai Dong and the Korean Farmers' Federation, of whose Chung Chong Namdo branch he was treasurer.

No candidate in the *Gun* was resorting to illegal or unethical methods. There was no leftist or moderate candidate in the *Gun* because both cliques were opposed to the elections. If leftist or moderate candidates had stood, they would have been afforded the same facilities as others.

Nonsan Gun Hall,
Thursday, 22 April 1948, at 2.10 p.m.

Interview with the election committee

Present : Mr. Patterson (Canada) and members of the secretariat.

The chairman of the election committee stated that there were two districts in the Nonsan Gun with six candidates running in each district. In both districts five independent candidates were registered and one NARRKI affiliate. About 80 per cent of the registrants had inspected the poll registers. No objections had been raised.

The election committee had received information at the beginning of the registration period that communist groups in Nonsan Gun planned to oppose the elections and that members of the South Korea Labour Party had been instructed to begin subversive activity. The latter party was rather strong in Nonsan Gun but its membership was unknown. He believed that all had registered for election but he could not say whether they would vote or not.

There were three youth groups in the area : the Dai Dong Youth Organization, the National Youth Group and the NARRKI Youth Group.

On 1 February 1948, the *Gun* districts had formed self-protecting units to combat communist activities after hearing of similar activities in Taegu. Those self-protecting units had been initiated by the provincial authorities and had been organized in separate villages. Each village elected a leader by majority vote.

The committee had heard of no instance where candidates had used improper campaign methods. The chairman believed that all candidates registered as independent were [illegible] independent.

Interview with Mr. Yoo Chin Hong (NARRKI)

Mr. Yoo Chin Hong stated that his home province was Seoul but that he had resided in Nonsan since 1945. He was officially supported by NARRKI, which had asked him to run as a candidate in Nonsan Gun. He had known Mr. Rhee Syngman rather intimately for twenty years.

Originally, eighteen members of NARRKI from Nonsan Gun had expressed their wish to run as sponsored candidates of that association. NARRKI had solved the problem by calling a meeting of all its members in Nonsan Gun, at which a vote was taken to choose two candidates, one for each district. Mr. Yoo and Mr. Kim Choon Soo had been chosen. Following that meeting, four of the remaining sixteen NARRKI members had decided to run as independents in district A, but one had since withdrawn. Three more of the remaining sixteen were running as independent candidates in district B.

Mr. Yoo stated that there were only about twenty members of the Hankook Democratic Party in Nonsan Gun. He considered that Mr. Han Chang Suk and Mr. Yoon Hyung Soon, two of the original eighteen NARRKI members, would offer the strongest competition.

Train, Taejon Station,
Thursday, 22 April 1948, at 9.10 p.m.

Interview with Mr. Song Pong Wo

Present : Mr. Lindo (El Salvador) and members of the secretariat.

Mr. Song Pong Wo (Moderate) (People's Republic Party) said that he was a friend of Mr. Chin Hyung Ha, independent candidate. When Mr. Chin had announced his candidacy, slanderous pamphlets were issued concerning him, accusing him of being pro-Japanese because he was a judge during the Japanese regime.

In obedience to the Military Government, high-ranking authorities tried to maintain a free atmosphere but police of the lower ranks had close connexions with the Hankook Democratic Party and NARRKI and were violating laws.

For a certain time Mr. Song had not registered, and members of the Hankook Democratic Party and NARRKI had come to see his neighbours, had told them that he was "red" and that something unpleasant would happen to them. By "something unpleasant", the threateners might have meant suspension of ration cards, etc.

Mr. Song had finally registered. The miscreants had tried to intimidate him indirectly through his neighbours. Ninety-six per cent of the electorate had registered but he could not say if the high number was entirely due to intimidation. Certainly the effects of one or two instances of intimidation might be widespread. He believed that many, but not the majority, of the village head-men and block leaders had intimidated the population. During the registration period the youth organizations had been inactive, but since then the Dai Dong had slandered Mr. Chin.

Popular feeling was against the Hankook Democratic Party and Mr. Rhee Syngman, because people believed that, if Mr. Rhee assumed political power, there would be civil war and bloodshed. The population desired the unification of Korea, but, if unification were not possible at present, it was felt that some political figure, other than Mr. Rhee, should be at the helm in order to achieve unification in the future.

Mr. Song added that the police all over Korea supported the Hankook Democratic Party and NARRKI.

Chon Puk Girls' High School, Chonju
Cholla Pukto,
Friday, 23 April 1948, at 10.10 a.m.

Interview with Cholla Pukto provincial election committee

Present : Mr. Patterson (Canada); Mr. Wang (China); Mr. Lindo (El Salvador) and members of the secretariat.

Mr. Rah Hang Yun, chairman of the election committee, said that, since the last visit of a United Nations group, no incident or hostile acts had occurred.

There were 99 candidates for the twenty available seats. In Chong Eup there was only one candidate for the one seat.

There had been difficulty in providing each ballot office with a brush and ink and the committee wondered whether it would be possible to use a bamboo stick and red paste to deposit a mark on the ballot forms.

Mr. Patterson (Canada) replied that that was a matter to be taken up with the national election committee. He recalled that, at the previous meeting with the election committee, the chairman had feared that the secrecy of the ballot might be invalidated by use of certain symbols on the ballot forms. He had suggested that the committee consult the national election committee on that point.

Mr. Rah replied that this had been done, and a copy of the letter sent to the United Nations Temporary Commission, but no answer had yet been received from the national election committee. He still feared that the secrecy of the ballot would be invalidated and the electoral district committees had petitioned his committee to change the method of marking.

The chairman presented the group with copies of a report on the election programme drawn up by the election committee.

Mr. Rah said that, apart from minor incidents between rival candidates and their supporters, there was no trouble in the province.

Interviews with candidates of Wanju B district

Present : Mr. Lindo (El Salvador) and members of the secretariat.

Mr. Lee Suk Choo (Tai Han Farmers' League), had experienced no trouble in his campaigning. He was permanent delegate of the Farmers' League to the Seoul headquarters and head of the local financial department, but, as the league was not powerful in his district, he was mainly supported by friends and relatives. He did not belong to any youth organization.

He felt that, as the May elections were the first to be held in Korea, the situation was relatively good. He had no complaints to make concerning the campaigning of his competitors and had experienced no interference in his own campaign. There were, however, two rumours circulating about him; firstly, as he was a delegate of the Hankook Democratic Party in Seoul, some people said that, instead of supporting the Farmers' League candidate, Mr. Rhee Syngman, he would support the chief of the Hankook Democratic

Party, Mr. Kim Sung Soo. Secondly, as he had talked about the welfare of farmers in his district, it was rumoured that he was a leftist.

Mr. Lee estimated the leftists and moderates in his district as forming about 30 per cent of the population. They had rioted and attacked police-boxes on 26 February. He had heard that they were going to riot again and, in his addresses to the public, he had tried to discourage violence.

The uneducated population, including farmers, had no strong political feelings and tended to be influenced by others. They had, however, registered freely. Only a few people consciously opposed the elections. He had talked to former rioters and impressed upon them the fact that the independence of Korea was at hand. They had seemed to recognize the situation and had therefore wanted to register.

Of the seven candidates for the seat in his district, he considered only three including himself to be strongly supported, the other two being Mr. Kim Yong Chun (Dai Dong Youth Organization) and Mr. Lew Chai Whan (an eminent Buddhist and a member of the Handkook Democratic Party).

Mr. RHEE Pong HAK (Independent) said he was not supported by any particular party but depended on the support of people in general, mainly farmers. As he was formerly a paper manufacturer, he counted on the support of people in that trade. As he had only recently stood as candidate, he had had less opportunity to publicize himself, although he had the same facilities as other candidates. He did not feel that the other candidates had used illegal or unethical methods.

Mr. Rhee had formerly been chairman of the Chonju City branch of the Hankook Independence Party, but had resigned one month previously in order to become a candidate. He had never belonged to any youth organization.

He did not know whether were many leftists or moderates in the area. He believed the riots in February to have been perpetrated by the South Korea Labour Party. He had no exact knowledge of that party's organization because it had gone underground.

Mr. Rhee personally thought that there were supporters of Kim Koo in the area but did not think that they were opposed to the elections.

He felt that Mr. Lee Suk Choo, who was a member of the Hankook Democratic Party and NARRKI and might also be supported by the Dai Dong and North-West Youth Organizations, and Mr. Lew Chai Whan were the strongest candidates.

Some unscrupulous candidates, when canvassing amongst farmers for the necessary number of signatures for their nomination, had told the signatories that, having signed the nomination lists, they would be bound to vote for them in the election. After the riots in February many farmers were afraid of the police and had refrained from informing them about that irregularity.

Mr. CHO Yung Chin (Dai Dong Youth Organization and NARRKI) said that he was the only candidate supported by the Dai Dong in the area. He and candidate Kim Yung Chin were both supported by NARRKI. He was an ordinary member of the Dai Dong and deputy chief of the General Affairs Department of NARRKI in Cholla Pukto.

Mr. Cho was generally satisfied that there was a free atmosphere. He had had no political difficulties in his campaigning and had enjoyed the same facilities as his competitors.

Mr. YUN Hyo Chung (NARRKI) did not belong to any youth organization; he was supported by farmers and not by any political party and was chief of the Unju Myun branch of NARRKI. He was satisfied that there was a free atmosphere for the elections and had had no trouble in his campaigning. The local authorities did not interfere with the elections.

Mr. LEW Chai Whan (Buddhist) was the head of the Cholla Pukto Buddhists and was an ordinary member of NARRKI. His candidature was supported by orthodox Buddhists and their followers and by many acquaintances and friends. He had never experienced any difficulty in campaigning and was satisfied that a free atmosphere prevailed. There had been freedom of registration. When told that the independence of Korea was at hand and could be achieved through the elections, the people had all willingly come to register without being intimidated by head-men or block leaders. Many people blamed the police for interfering with the elections but he had found no evidence of such interference.

Interviews with candidates of Chonju electoral district

Present : Mr. Patterson (Canada) and members of the secretariat.

Mr. CHONG Chin Hi said he was the recognized candidate for the Hankook Democratic Party. That had been decided by the Chonju City branch of the Hankook Democratic Party, the matter reported by them to the provincial branch of the party and thence to the national committee of the party in Seoul. One other candidate was a member of the Hankook Democratic Party but had registered as an independent.

There were two other independent candidates, one of whom was a Korean Independence Party member and the other a member of the National Students' Association. People were generally aware of the party affiliations of the independent candidates.

The Hankook Democratic Party assumed the whole responsibility for Mr. Chong's campaign and was campaigning for him actively but was not giving him financial assistance.

Some slander had been spread by his competitors, but he did not regard that as important. No pressure had been brought to bear on him although he had heard rumours that leftist groups would resort to violent methods. Although there had been no incidents so far in Chonju, reports from other centres like Cheju-Do might influence the voters and candidates. There were rumours that some groups would maintain that certain candidates were traitors to their country. No active measures had been taken against such persons, but candidates in their speeches stressed the importance of being alert against such measures.

Mr. Chong did not know of any counter-measures by the police.

He regarded his chances as quite good although he said that the Hankook Democratic Party was not very strong in Chonju; but since that party opposed the leftists it would get support from a large number of the people. He considered his strongest competitor to be Mr. Pai Un Hi, the NARRKI candidate.

Mr. YI Chol Sung (Independent) said he stood as an independent, had no party affiliation but was president of the National Student Association. The other two independent candidates were popularly regarded as belonging to the Hankook Democratic Party and the Korean Independence Party. The first, Mr. Pak, was chairman of the Seoul branch of the Hankook Democratic Party. The other, Mr. Sin Sung Kyun, resigned from the Korean Independence Party before becoming a candidate.

Students all over Korea supported Mr. Yi in his candidacy.

He said that posters had been torn down. Police had also disturbed his meetings in spite of regulations. On 18 April, when he was making a speech at the Sangmoo theatre, the police interfered with the meeting.

He felt that the village and street head-men exercised great influence and, when they gave their support to a certain candidate, it was useless for others to make speeches.

The Hankook Democratic Party and NARRKI candidates had the greatest influence with the head-men. Another factor was the social position held by the police and by cililian authorities; they used this to influence the head-men and also gave money to get their support. He pointed out that attendance at the reception given for the Observation Group in Chonju was compulsory.

He himself had little chance to influence the head-men because they had already been won over by underhand methods and bribes. He had no specific evidence yet of bribes having been given, but some cases were under investigation.

When Mr. Yi had tried to register as a candidate, certain street head-men had refused to approve the registrations of some of his sponsors. When he told them he would report that to the United Nations, they agreed to give their approval.

He personally had not been threatened, but some of his supporters had been threatened with violence or death by members of the Dai Dong group. The latter, however, was split into two factions and the younger members supported him.

Mr. Yi regarded NARRKI and the Hankook Democratic Party candidates and himself as the strongest candidates. The Hankook Democratic Party itself was not strong but was backed by the official authorities.

Mr. PAK Wan (Independent) said that he was registered as an independent candidate but was generally recognized as belonging to the Hankook Democratic Party. He might yet be recognized as the official candidate of the party, but that had not yet been decided. The other two independent candidates were only superficially independent, one being a Korean Independence Party member and the other a student association member.

If he obtained party recognition he would be given between 50,000 and 100,000 *won* to be used for election expenses such as printing of handbills and posters.

False stories and slanders were being mutually circulated by candidates both in secret and orally. Posters had been torn down, and others put up and there were rumours that Mr. Pak was withdrawing as a candidate. A limited number of those incidents had been reported to the police, but he did not otherwise get help from them.

Questioned regarding the relationship of the Hankook Democratic Party and NARRKI, Mr. Pak said that, in some places, the same people belonged to both organizations. In other cases where the membership of the two groups differed, strife developed as, for example, in Chonju. All, however, supported Mr. Rhee Syngman.

No illegal opposition to Mr. Pak's candidacy had developed, but there might be some later. Since he had relatives and friends in Chonju and had unofficial support from Hankook Democratic Party members and from the Chundokyo sect, of which was a member, he considered rumours against him to be relatively ineffective. Moreover, he was known to have been opposed to the Japanese and that had enhanced his prestige.

He regarded his chances of election as very good and Mr. Pai, the NARRKI candidate, as his strongest competitor.

Mr. Pak referred to rumours that a United States Commissioner would be sent to Korea, and expressed the hope that something could be done to counteract there rumours. The denial of Mr. Jacobs had been published in the local Press, but the rumours were being used by leftists against him.

Mr. Pak was a native of Chonju, which he had left thirty years ago. He lived at present in Seoul and was registered there as a voter. Some supporters had come from Seoul to help him in his campaign.

Interview with Mr. Pak Nam Yong

Present : Mr. Wang (China) and members of the secretariat.

Mr. PAK said that he was a member of the Hankook Democratic Party. He claimed 1,500 supporters throughout his district.

There was one other candidate running as an independent in the Gunsan electoral district, Mr. Yun Suk Yong.

Gun officials had given equal help to both candidates and they had been free to campaign without pressure from organizations or individuals. There were three rightist newspapers in Chonju which, during the early stages of registration, had printed editorials indicating opposition to the elections but those statements had not been repeated recently.

Mr. Pak believed in the establishment of a separate government in South Korea which could then work towards the unification of all Korea. He believed his chances for election were excellent.

Interview with Mr. Yun Suk Yong

Mr. YUN Suk Yong (Independent) was running as an independent. At one time he had been chairman of the Hankook Independence Party and had also been a member of the Korean Interim Legislative Assembly.

He said that, although he had organized the Labour Mutual Association in Gunsan district, that association was being used by the Hankook Democratic Party. His friend, Mr. Kan Chun, had written a newspaper article supporting him ; that had annoyed the members of the Labour Mutual Association who had attacked and damaged his house. The incident had been reported to the police but no action had been taken. Mr. Yun had also reported the incident to the C.I.C. and they had promised to take appropriate action.

He had made no campaign speeches to date as he believed the police might interfere. He was sure that the police would authorize him to hold campaign meetings.

Both the Dai Dong Youth Organization and the National Youth Group supported his candidacy.

Interview with Mr. Son Yong Pai

Mr. SON Yong Pai said that he was campaigning for one available seat in the Wan Ju district A. He was affiliated with the Dai Dong Youth Organization, being a member of its central executive committee. There were seven other candidates : three supported by NARRKI, two by the Hankook Democratic Party, and two independents.

He had experienced no opposition to the elections either from organized groups or individuals in his area. There were some leftists in Wan Ju district who probably opposed the elections but had not expressed such views publicly. He had been afforded the same rights in conducting his campaign as all other candidates

Members of the Dai Dong Youth Organization were actively campaigning throughout the district *Myuns* on his behalf.

Some Hankook Democratic Party members had accused Dai Dong members of being leftists and of opposing the elections but Mr. Son considered there accusations unwarranted.

He considered two of the three NARRKI candidates to be his strongst competitors.

Train, Chonju, Cholla Pukto,
Friday, 23 April 1948, 1 p.m.

Interview with Colonel Yancey (C.A.O.)

Present : Mr. Patterson (Canada); Mr. Wang (China); Mr. Lindo (El Salvador) and members of the secretariat.

Colonel YANCEY told the Group that there were sixteen teams of United States observers working in the province. Each team was made up of one civilian, one interpreter and a driver. The civilians were advisers in the United States Army and, because of their other duties, they worked on observation only two or three days a week. There were sixteen teams in all and they would visit every voting district (total 1,414) during the election period. One half of the voting districts had already been visited.

The teams met with the election committees, heads of *Guns* and the police, and interviewed sample groups of civilians. They made enquiries regarding the extent to which regulations were being observed. The reports so far were very favourable, no incidents having been reported.

On election day it was proposed to observe as many voting centres as possible and anything out of order would be reported to the election committee.

Additional observers were being sought from headquarters in Seoul so that there could be one civilian in each of the twenty-two electoral districts to visit "spot" voting places. The observations had gone so well in the province that it was proposed to have those additional observers go around the province with the experienced observers first. Interpreters would be secured as far as possible from their own local districts.

Chon Puk Girls' School, Chonju Cholla Pukto,
Friday, 23 April 1948, at 2.30 p.m.

Interview with Mr. Yu Chun Sang

Present : Mr. Wang (China) and members of the secretariat.

Mr. YU Chun Sang was one of eight candidates from the Wan Ju Gun district A who were campaigning for election. He was supported by NARRKI and had become a candidate in order to set up a true independent government which would work towards the unification of Korea.

He had encountered no opposition to his candidacy although some of the people in his district accused him of being a "profiteer". He believed all candidates from the district had equal opportunities to promote their candidacy.

Many voters would follow the advice of those head-men of villages who had established good records for aiding the people.

Mr. Yu believed that there was a free atmosphere for election in his district, but felt that the planned conference between leaders of North and South might result in developing opposition to the establishment of a separate government in the South.

Interview with Mr. Pak Ki Yook

Mr. PAK Ki Yook was a candidate from the Wang Ju Gun district A. He was sponsored by the Hankook Democratic party although he was a member of NARRKI. He would receive full support from the Hankook Democratic Party members and many of the farmer members of NARRKI.

Several candidates had expressed the hope that the United Nations Commission would first help South Korea establish a separate government, and that it would then work with the newly elected government to unite North and South Korea.

OBSERVATION GROUP III

SUMMARY RECORD OF WEEK OF OBSERVATION[1]: 19 TO 23 APRIL 1948

Present: Mr. Manet (France); Mr. Mughir (Syria); Mr. Lucas (Secretary).

Taegu, Kyongsang Pukto,
Monday, 19 April 1948, at 3.45 p.m.

Interview with the chief of the Home Affairs Department, acting governor of the province

Mr. HUR Uk, acting governor, said that thus far the election programme was going smoothly. A few incidents, however, had taken place, such as attacks against registration offices or the destruction of poll registers. It had been necessary in those cases to repeat the registration procedure. He attributed those incidents to leftist elements.

Pressed by Mr. MANET (France) and Mr. MUGHIR (Syria) as to the meaning of the term "leftist elements", Mr. Hur explained that he understood by it those opposing the elections and those belonging to the South Korea Labour Party. It was a term which had been used in the reports of the police.

To a further question of Mr. MANET (France), he replied that that kind of violent opposition to the elections came almost entirely from the South Korea Labour Party. The Korean Independence Party, although taking a negative attitude towards the elections, did not manifest it by any acts of violence.

He stated that 127 candidates had registered and their names were being printed at present on the voting ballots. He had reported all the names of candidates to Seoul on 18 April. The political affiliations of the candidates were as follows:

Hankook Democratic Party	10
Independent candidates	56
National Association for Rapid Realization of Korean Independence	35
Dai Dong Youth Organization	12
Great Korea Workmen and Farmers, Union	5
Patriotic Women's Association	2
Christian Association	2
Confucianist Association	2
Buddhist Association	2

Interview with the chief civil affairs officer[2]

Colonel ADAIR (chief civil affairs officier) said that the election programme was progressing more satisfactorily and smoothly than had been expected. On the whole, the people favoured the elections. However, some acts of violent opposition might still be anticipated. Thus far, only minor incidents had occurred.

To a question of Mr. MANET (France) on the attitude of the parties of Kim Koo and Kim Kiusic, he replied that those two leaders seemed to have no great following in the province.

Mr. MANET (France) asked whether Colonel Adair was able to expla... what was meant by the term "leftist elements".

Colonel ADAIR said that people opposing the elections, obstructing the election procedure and attacking the police were called, colloquially, leftists. It might be said, however, that only the communists and their sympathisers were opposing the elections by violent methods. No followers of Kim Koo or Kim Kiusic had been involved in violent incidents and he had heard of no middle-of-the-roaders who had taken part in such incidents. He had seen reports indicating that the communists had been receiving money from North Korea for inciting trouble.

Mr. MUGHIR (Syria) asked whether any pressure had been exercised on those indifferent to the elections or opposing them.

Colonel ADAIR replied that he had seen such reports only in the leftist newspapers, which had accused certain youth organizations and some officials of using pressure.

To a further question of Mr. MUGHIR (Syria), he replied that the police had been watching youth organizations. The Dai Dong Youth Organization was looking for publicity and therefore had created some trouble, but the police had it under control. It was true that the police had used youth organizations at one time, but they had realized the danger of giving police authority to irresponsible bodies. General Dean had recently issued instructions to stop any such practice.

To a question of Mr. LUCAS, secretary, he answered that he had heard of only one incident when the police had been accused of interfering with registration.

Interview with the representatives of the provincial election committee

Mr. HARM Sung Ho, committee chairman, said that the main problem the committee was facing at present was to guarantee personal safety to the candidates and to the election officials. Many among them had received threatening letters and in one case, the house of a woman candidate had been stoned. He considered it possible that some voters would abstain from going to the polls on election day because of fear. The opposition was, in his opinion, interfering with the free atmosphere. The police were making a great effort to cope with the situation, but their forces were not sufficient to prevent all possible incidents.

To a question of Mr. MUGHIR (Syria), he replied that the police might ask for the assistance of the constabulary, but he did not believe that they would use the services of any youth organization or political party.

To a question by Mr. LUCAS (Secretary), he answered that the candidates had had no difficulty in registering. Most of them had registered in the middle of the period set aside for the registration of candidates.

[1] Document A/AC.19/SC.7/SR.6.
[2] Unless otherwise indicated, the same members of the Group were present at the successive interviews.

Mr. MANET (France) asked whether the committee realized that if it wanted the elections to succeed, it should see to it that they took place in a free atmosphere.

A member of the committee replied that no free atmosphere could be assured as long as the opposition was conducting its campaign of intimidation. People would not be forced to vote, but they might be prevented by force from voting.

Mr. HARM added that he was afraid that some members of election committees and other officials might abstain from attending to their functions through fear of being attacked. He thought that the police should be allowed to guard the vicinity of voting places. That would guarantee freedom of elections.

Mr. MUGHIR (Syria) said that any act of violence from whatever source committed during the elections would be taken into consideration by the Commission.

Taegu, Kyongsang Pukto,
Tuesday, 20 April 1948, at 9 a.m.

Interview with three candidates of the Hankook Democratic Party

Present: Mr. Manet (France); Mr. Mughir (Syria); Mr. Lucas (Secretary).

Mr. CHAI Yun Tong stated that only a very small minority opposed the elections and employed violent methods such as throwing stones at the houses of candidates, or sending anonymous threatening letters.

Dr. KIM Sung Kuk, who gave his profession as medical doctor, said that he was not worried about the elections.

Mr. PAIK Nam Chai, member of the Legislative Assembly, anticipated that the great majority of people would go to the polls. He was afraid, however, that the minority might interfere with the freedom of atmosphere.

To a question of Mr. MUGHIR (Syria), Mr. Paik answered that the Hankook Democratic Party might have the support of the Dai Dong Youth Organization, the North-West Young Men's Association, the National Association for the Rapid Realization of Korean Independence and the National Youth Corps.

He added that violent opposition came mostly from the elements connected with the South Korea Labour Party. The middle-of-the-road parties, favourable to a conference with the representatives of North Korea, had taken a negative attitude towards the elections, but were not actively opposing them.

To a further question of Mr. MUGHIR (Syria), he replied that the programme of the Hankook Democratic Party was to form a national government immediately after the elections and then try to achieve a union with North Korea.

The Observation Group then divided into three parties.

Interview with a candidate of the National Association for the Rapid Realization of Korean Independence

Present: Mr. Mughir (Syria) and members of the secretariat.

Dr. IN Saik, said that he had been a member of the Korean Independence Party, but had resigned on 10 April because of the attitude of Kim Koo towards the elections. The Korean Independence Party was divided on the issue of the elections. Those opposing them, however, would not take any violent action.

He considered the opposition to the elections as considerable. In practice, only the Hankook Democratic Party, the National Association for the Rapid Realization of Korean Independence, some youth organizations and Christian associations were supporting them. The Korean Independence Party opposed the elections in order to avoid formation of two governments in South and North Korea, which might lead to a permanent division of the country.

Interview with a candidate of the Buddhist Association

Mr. PAK Sung Ha said that the Buddhist Association had been divided on the issue of the elections. The young elements were opposed to them, but had been persuaded to support them by their elders. In his opinion the only party actively opposing the elections was the South Korea Labour Party. He expected a national government to be formed immediately after the elections.

Interview with an independent candidate

Mr. RHEE Woo Chul said that he was chairman of the Relief Society for War Refugees, from North Korea, Japan, Manchuria and China. He was running as an independent candidate and was counting on the support of members of his association and their friends.

He thought that the best method to counteract the communist danger was to have the elections. If elected, he would advocate the removing of the 38th degree parallel line and the withdrawal of all foreign occupation troops, which would make economic recovery possible. If the Soviet troops would not withdraw from the North, it would be necessary to fight them.

Visit to the teachers' college and interview with Mr. Kan, professor of Korean literature

Mr. KAN said that the college had been closed for one month because of the students' strike and had opened only the previous day. Of 500 students, 400 had already attended classes. The students had gone on strike in protest against the elections and against the principal of the college, who was accused of pro-Japanese sympathies.

In his personal opinion, a free atmosphere did not prevail. Leftist, as well as rightist parties, had been responsible for that. He had witnessed an incident when some men came to the house of his friends and threatened them. Similar incidents had been reported in the Press.

Mr. Kan was inclined to believe that the police would remain impartial, but he was afraid of the activities of youth groups, such as the Dai Dong Youth Organization. Seventeen students had been expelled from the college for their participation in the South Korea Labour Party; that was done on the basis of a police report.

Mr. MUGHIR (Syria) asked whether, in Mr. Kan's opinion, the elections would be a step forward toward the unification of the country.

Mr. KAN replied that he would favour the elections; in his opinion they would lead to unification, if a free atmosphere could be assured. He was afraid, however, that under the present circumstances it was difficult to have a free atmosphere.

Interview with an independent candidate

Present : Mr. MANET (France) and members of the secretariat.

Mr. KIM Yung Ho stated that he was the owner of a brickmaking plant. He explained that he did not represent a political party, but was running for election with the support of the Roman Catholics. He estimated that there were 15,000 Roman Catholics in Taegu and 60,000 in the province; he was their only candidate in the province.

Mr. Kim thought that he should have more personal protection by the authorities. He was expecting violence during the elections.

Interview with a candidate of the Hankook Democratic Party

Mr. SUR Sang Il, at present a member of the Legislative Assembly, said that he was afraid of pressure from leftists elements. These were mostly communists, but also people who followed the communists under threats. Mr. Sur felt that a free atmosphere could be created with good will, but that the communists misused this freedom for evil purposes.

Mr. MANET (France) requested information about a member of Kim Koo's party who, he had been told, was standing for election.

Mr. SUR explained that, while the Korean Independence Party was opposed to the elections, many members were standing for election, declaring themselves to be independent candidates. Mr. Son In Sik, a candidate in the second district of Taegu, was a member of the Korean Independence Party. It was not true that Mr. Son had resigned from the Party; if elected, he would again become a member.

Mr. Sur further stated that special protection was needed for the candidates, but that the police were too busy. It would be helpful if the police were assisted by the constabulary, in which, however, there were many communists.

He thought that Korea would either go communist or democratic. In South Korea, in contrast to North Korea, there were many disturbances because the people had too much freedom.

In reply to a question put by Mr. LUCAS (Secretary) Mr. SUR said that, in his opinion, there should be greater restrictions surrounding the people and that the police should have more authority.

Interview with two independent candidates

Mrs. KIM Sun In said that she was a doctor at the Medical College. She belonged to no political party, but, as a candidate, would have the support of the women's associations.

When pressed by Mr. MANET (France), she said that she would support Mr. Rhee on major issues.

Mrs. Kim added that she had received threatening letters and that her house had been stoned. She would not request protection herself, but would welcome it, if offered by the police.

She thought that the majority of the people realized that they could express opposition to the elections by casting a blank ballot, rather than by violence.

Mr. KIM Yong Han stated that he was not employed at present, but had been a teacher in the middle school.

He was standing for election without the support of any particular party or religious group. He had no platform other than the wish to do his best for the country.

Mr. Kim had received many threats which he attributed mostly to communists. He said that he would welcome personal protection from the Taegu authorities and suggested that the United Nations Commission recommend more protection for the candidates.

Mr. MANET (France) enquired whether, since 91 per cent of the eligible voters in Taegu had registered, it could be said that the remaining 9 per cent were all communists.

Mr. KIM replied that many communists had registered in order to have a better opportunity of causing trouble while entering the polling places. Disturbances were caused by communists and by ignorant people who, because they had been threatened, followed the communist leaders.

Interview with the acting provincial leader of the Korean Independence Party

Mr. KIM Do Whan said that he was a landowner.

He had read in newspapers that pressure had been used to compel people to register, but he had no personal knowledge of such incidents. He thought, however, that people would be able to vote as they pleased on election day.

Mr. Kim explained that while Kim Koo did not prevent members of his party from standing as candidates, anyone so doing would have to leave the party. Mr. Son In Sik, running for election in Taegu, had left the party before registering as a candidate.

Interview with the chairman of the electoral district election committees

The three chairmen (Mr. Che Byong Oo, Mr. Lee Byong Ha and Mr. Chung Ki Suk), said that the poll registers were on display in the voting district election offices. For fear of theft, three copies had been made and two copies were kept by the police. All the chairmen stressed the need for more police protection for election officials and polling places.

They stated that the procedure of assigning symbols to candidates and drawing lots for positions on the ballots had gone off smoothly on 18 April, as scheduled.

Mr. LEE and Mr. CHUNG were both judges, while Mr. CHE said he was a solicitor.

Mr. LEE enumerated the six candidates in his district as follows: One Hankook Democratic Party, one Dai Dong Youth Organization, one National Association for the Rapid Realization of Korean Independence, two independent candidates and one other Hankook member, who was running as an independent.

The three candidates running in Mr. Chung's district represented the Hankook Democratic Party, the Christian and Buddhist Associations.

In Mr. Che's district there was one candidate representing the Hankook Democratic Party and two independents. One of the latter had recently left the Hankook Democratic Party.

Interview with Mr. Kim Che Kwan, provincial representative and Mr. Pak In Se, Taegu city representative of the Hankook Democratic Party

Mr. KIM gave his occupation as owner of a drugstore and Mr. PAK as a journalist.

Mr. Kim and Mr. Pak both said they had received threats which emanated from the communists, the South Korea Labour Party and its organizations. There had been many violent incidents in the province.

In answer to a remark of Mr. MANET (France), Mr. KIM thought that the police might well be assisted by the constabulary, although this group included many communists.

Mr. Kim referred to the new ordinance restricting the power of the police and thought that it went too far. It prevented the police from making immediate arrests and hampered their efforts to keep order.

Interview with Mr. Cho Yun Ki

Mr. CHO, provincial leader of the National Association for the Rapid Realization of Korean Independence, said that the communists would create disturbances but in his opinion, these would not be very serious. He was not afraid of violent attacks. The communists had not as much influence as people thought.

Visit to registration office, second voting district, and interview with Mr. Chu In Ho

Present: Mr. Lucas (Secretary).

Mr. CHU, committee chairman of the voting district reported of the 823 eligible voters in his district, 783 had registered. The number of inhabitants totalled 1,900. During the period of public display of poll registers (15-21 April inclusive), only candidates for election in the second electoral district had inspected the registers. The general public had not shown any interest thus far. The poll register had been prepared by the voting district election committee from the registration papers submitted by registrants. The register was available to anyone upon request and was maintained in a convenient place in the registration office, which also served as block association headquarters. The registration paper were safeguarded in an adjacent police substation.

Mr. Chu stated that he had no special incidents to report and that he had not been threatened in any way.

Interview with the local Press

Present: Mr. Manet (France), Mr. Mughir (Syria) and members of the secretariat.

Mr. MANET (France) and Mr. MUGHIR (Syria) replied to questions put by the Press. Two representatives of newspapers of leftist tendencies made complaints regarding the attitude of some officials, members of youth groups and political parties, in forcing people to register. They said that there had been cases of people tortured to death by the police, but were unable to give any details and referred to reports published by their newspapers. They admitted that those newspapers had not been apprehended for publishing such reports or for opposing the elections.

Masan, Kyongsang Namdo,
Wednesday, 21 April 1948, at 9 a.m.

Interview with the mayor of Masan

Present: Mr. Manet (France); Mr. Singh (India); Mr. Mughir (Syria); Mr. Lucas (Secretary).

Mr. SON Yung Soo, mayor of Masan, said that the city was quiet; there had been no incidents or trouble. He did not expect any difficulty on election day, as only a small minority grouped around the South Korea Labour Party was opposing the elections. No political party had a branch at Masan and the only organization represented was the National Association for the Rapid Realization of Korean Independence.

To a question of Mr. SINGH (India), he replied that the following youth groups were active in the city: the Dai Dong Youth Organization, the National Youth Corps, the North-West Young Men's Association, the National Youth Group (under Mr. Rhee Syngman), and the Great Korea Labour Union. The National Youth Corps and the National Youth Group were helping in the electoral programme by taking part in the educational campaign.

To a question put by Mr. SINGH (India) and Mr. LUCAS (Secretary), Mr. Son replied that he had heard of no case of pressure on eligible voters and of no threat of revocation of ration cards; he had seen such reports in Seoul newspapers only.

Interview with the vice-chairman of the electoral district election committee

Mr. AHN In Muk, Committee Vice-Chairman, said that three candidates had registered, all of them independent. One of them was a former member of the Hankook Democratic Party, another had rightist tendencies and the third was a middle-of-the-roader.

To a question of Mr. MUGHIR (Syria), he replied that the followers of Kim Koo, although they might have registered, would probably abstain from voting.

He did not expect any practical difficulty as far as technical voting arrangements were concerned.

Interview with the chairman of the Korean Independence Party for the city of Masan

Mr. KIM Soo San, chairman, said he had no occupation; he had spent several years in China fighting against Japan. He came to see the Observation Group, although it might result in his detention by the police, in order to give information on the lack of a free atmosphere.[3] Many people were opposed to the elections and to the establishment of a separate government in South Korea.

[3] The Observation Group received assurances from the United States military authorities that Mr. Kim would have their full protection.

He was not allowed, however, to distribute handbills, put up posters or hold public meetings. He had made an application for permission to call a meeting and was waiting for a reply. He stressed that it was necessary to obtain the permission of the police to distribute handbills and to hold meetings. He had been refused permission twice: on 15 February and 10 March. The local police had referred such applications to provincial headquarters at Pusan.

Mr. MANET (France) asked whether Mr. Kim had ever made a complaint to the United States authorities.

Mr. KIM replied that he had not; however, he was grateful for the suggestion.

He had been trying to oppose the elections by legal methods, but thus far these had been refused to him, and he considered this as a violation of the resolution of the Interim Committee and of the proclamation of General Hodge.

Mr. SINGH (India) stressed that Mr. Kim always had the right to appeal to the United Nations Commission, which was giving careful consideration to individual petitions.

Mr. KIM said that he would take advantage of this suggestion. He further stated that his party had a membership of 1,000 in Masan; more than 50 per cent had registered for fear of having their ration cards revoked. He himself had been threatened by a ration office clerk, who had visited him at his home. However, he had not registered and no action had been taken against him. He had heard of some cases where ration cards had been confiscated, but they had been returned to the owners later.[4]

The Observation Group then divided into two parties.

Interview with two independent candidates

Present: Mr. Manet (France), Mr. Mughir (Syria) and members of the secretariat.

Asked if they wanted to be interviewed separately or jointly, these candidates both indicated that they preferred to be interviewed jointly.

Mr. SON Moon Ku, said that he was a member of the Legislative Assembly. He counted on the support of the Patriotic Women's Association, the Dai Dong Youth Organization, the National Youth Group and the Great Korea Labour Union, Christian associations, and some commercial association. He had formerly been a member of the Hankook Democratic Party, but had resigned in mid-March. He had also been chairman of the local branch of the National Association for the Rapid Realization of Korean Independence, and might have the support of some individual members of that association.

Mr. KWON Tai Ook said that he was Chairman of the Association of Refugees and he was himself a refugee from Japan. He estimated the number of refugees to be 40,000. He was advocating in his electoral campaign the unification of North and South Korea and greater assistance to refugees, who were living in extreme poverty.

He did not anticipate any trouble on Election Day, although many voters might abstain. He had encountered no difficulty in his electoral campaign.

To a question of Mr. MUGHIR (Syria), Mr. SON replied that, if elected, he would advocate the immediate formation of a National Government in South Korea as a first step to the unification of the whole country.

Visit to Registration Office No. 1[5]

To questions put by Mr. MANET (France) and Mr. MUGHIR (Syria), the voting district officials said that the electoral programme was going smoothly and in accordance with the schedule.

Both members of the Group examined the registers and found them in order.

Visit to the camp of refugees from Japan

One of the officials of the camp said that all eligible voters had registered. He expected them to vote on election day, but was unable to give the name of any candidate. No pressure had been exercised on the registrants. Illiteracy amounted to about 50%.

When a group of refugees were asked whether they had heard of the names of the candidates, only one in the group knew of any, but he did not know of their political affiliations.

Chinhae, Kyongsang Namdo,
Wednesday, 21 April 1948, at 1.15 p.m.

Interview with the vice-mayor

Present: Mr. Singh (India) and members of the secretariat.

Mr. YU Yong Suli, Vice-Mayor, stated that there been no difficulties thus far.

When pressed by Mr. SINGH (India), however, he reported that on 10 March the *Eup* office had been burned down by leftists. As a result seventeen members of the South Korea Labour Party had been arrested. He did not know the membership of the South Korea Labour Party in that district.

Mr. Yu said that there were three political parties in Chinhae: the Korean Democratic Party, under Mr. Rhee, the People's Party and the South Korea Labour Party. The six candidates standing for election included one supported by the Dai Dong Youth Organization, two by the Korean Democratic Party and three independent candidates. Neither the Hankook Democratic Party nor the Korean Independence Party had branches in Chinhae.

He claimed that there was no organized opposition to the elections. No pressure had been used to force people to register. There were, however, many posters and handbills opposing the election. Special permission was not needed to put up these posters.

Registration had reached 99 per cent and he expected 90 per cent of the eligible voters to cast their ballot.

Regarding youth organizations, Mr. Yu said that the Dai Dong Youth Organization was the only

[4] Mr. Kim later called on the Group and left a written petition.

[5] Unless otherwise indicated, the same members of the Group were present at the successive interviews.

youth group in Chinhae and it had a membership of 3,000. The members would co-operate on election day by guarding the polling places.

Interview with Mr. Ku Jae Hen

Mr. KU, chairman of the Chinhae Electoral District Election Committee and a farmer by occupation, stated that the committee had had no difficulties thus far, and its members had not been threatened.

In reply to a question of Mr. SINGH (India), he said that the members of the local election committees went around to inform the people about the election procedure. In co-operation with the local officials, they had brought the people in to the registration places. The members of the Dai Dong Youth Organization did not take part in that.

He asserted that all preparations for the elections had been made. The polling places would be set up for the most part in school buildings.

Interview with a candidate of the Korean Democratic Party

Mr. KIM Tae Su said that he was the owner of a small farm and had no tenants. There were about 3,000 members of the Korean Democratic Party (under Mr. Rhee Syngman) in Chinhae. He explained the fact that there were two candidates of the Korean Democratic Party in the district by saying that the other candidate was not a local man, but came from Seoul.

Mr. Kim said that until then he had not put up posters, but that he would soon do so. He expected the farmers and fishermen to support him. So far he had received no threats.

If elected he sought the establishment of a Korean government. He felt that the conference between Northern and Southern leaders would not succeed and therefore was anxious for the elections to take place as soon as possible, in order that a government might be set up in South Korea.

Interview with an independent candidate

Mr. HYUN Jae Man gave his occupation as building engineer. He said that he was a Roman Catholic and estimated that there were 1,000 Catholics and 600 Protestants in the district. He expected to be supported by the Christian associations, as well as by the working people. He favoured, in general, the political views of Mr. Rhee.

If elected, he meant to explain democracy to the people. He would also advocate the principles of Catholicism and would favour a far-reaching land reform.

Mr. Hyun had held no meetings yet, but planned to do so in the future. He had distributed posters and handbills carrying his name and asking the voters to choose an honest man as their candidate.

He had not been threatened himself and had not heard of anyone else being threatened. He believed that there would be a free atmosphere for elections.

The party then returned to Masan, where it rejoined the other members of the Observation Group.

Interview with the Press

Present : Mr. Manet (France); Mr. Singh (India); Mr. Mughir (Syria) and members of the secretariat.

Some journalists present complained about the lack of a free atmosphere, which they attributed to the fact that only unqualified candidates were running. Those qualified, who would have the support of the people, were either prevented from running for financial reasons, or were leftists who would not run. One journalist anticipated that less than 50 per cent of the voters would go to the polls. No one expressed an opposite view.

Pusan, Kyongsang Namdo,
Thursday, 22 April 1948, at 9 a.m.

Interview with the chief civil affairs officer

Present :[6] Mr. Singh (India); Mr. Mughir (Syria), and members of the secretariat.

Colonel GILLETTE (chief civil affairs officer,) said that at the time when an Observation Group first visited Pusan he had stressed the lack of any serious opposition to the elections. That was even more noticeable at present. Some of the supporters of Kim Koo and Kim Kiusic considered it a patriotic duty to take part in the elections. Only the communists, thus far, had consistently opposed the elections. He had expected many attacks on registration offices, but only one such incident had occurred. Measures were taken to prevent possible attacks on polling places and the destruction of ballot boxes. There was considerable competition between candidates, especially of rightist tendencies. In one district in Pusan there were as many as eight candidates. If the leftists decided to run, they would have good chances of obtaining a considerable number of seats. Most of the candidates claimed no political affiliations.

To a question of Mr. SINGH (India), he replied that with very few exceptions, candidates did not outline any political programme in their campaigns; he attributed this to a lack of political experience.

He stated that, under the head-man and block-leader system, threats of the revocation of ration cards had certainly been used in forcing people to register. However, very few cases had been reported to him.

To a question of Mr. MUGHIR (Syria), Colonel Gillette answered that youth groups were active, not only in connexion with the elections, but also in order to extort money for their organizations. The police had realized the danger of using youth organizations and had them under control.

Interview with the governor of the province

Mr. KIM Chul Soo, governor, stated that he had encountered, thus far, no difficulty in implementing the election programme. The province of Kyongsang Namdo had more candidates than any other province. There were about forty different political parties in the province. The main groups were those of Mr. Rhee Syngman, which he called rightist; Kim Koo and Kim Kiusic, which he considered as moderates; and, on the extreme left, the South Korea Labour Party. He thought that some followers of Kim Koo and Kim Kiusic were divided on the issue of the elections. About fifteen candidates belonged to Kim Koo's party, but were running as independents.

[6] Mr. Manet (France) and an interpreter left for Kyongju at 8.30 a.m.

Mr. Kim could not estimate the number of leftists in his Province; they were few, but active, and might try to create trouble on election day.

Interview with the provincial election committee and chairmen and vice-chairmen of Pusan electoral district election committees

Mr. PYUN Ok Cho, provincial committee chairman, said that the electoral programme had progressed satisfactorily : candidates had registered, ballots had been printed, ballot boxes distributed. There had been a few incidents of attacks on registration offices and three members of the South Korea Labour Party had been arrested in that connexion. Leftist elements had put up posters, calling candidates traitors to their country. Such forms of propaganda were not considered illegal.

He added that the committee had received 65 million yen to cover electoral expenses, but he did not consider that sum sufficient.

To a question of Mr. MUGHIR (Syria), Mr. KIM Che Kyun, chairman of the second electoral district election committee, replied that there were three candidates in his district : one independent, one from the Hankook Democratic Party and one former member of the Korean Independence Party.

Mr. LEE Yung Shuk, chairman of the fourth electoral district election committee, stated that there were eight candidates in his district : three independents (one woman), and the representatives of the following organizations : Hankook Democratic Party, Chosen Democratic Party (from North Korea), Dai Dong Youth Organization, National Youth Corps and South Korea Labour Party.

The group then divided into two parties.

Interview with a candidate of the Chosen Democratic Party

Present : Mr. Mughir (Syria) and members of the secretariat.

Mr. WANG Cho San, candidate, said that his main difficulty was the lack of sufficient funds. Since his home was situated in North Korea, he had no personal resources. He was counting on the support of the North-West Young Men's Association, the Korea Labour Union and the Korean Independence Young Men's Association.

He considered that the National Assembly should, before conferring with the leaders from the North, establish a national government whose main task should be to bring about the unification of North and South Korea. If necessary an underground movement should be organized in North Korea.

Interview with a candidate of the Great Korea Labour Union [8]

Mr. KIM Chong Kwang estimated the membership of his organization in the Province at 100,000. He had been nominated by his Party and counted on no other support. His main difficulty in campaigning was financial : he considered that it was necessary to spend 1 to 2 million yen on his campaign.

Asked what he intended to do if elected, he said that he would try to introduce legislation to protect labour. He considered that a conference with the leaders from the North should precede the formation of a national government.

Interview with two independent candidates

Present : Mr. Singh (India) and members of the secretariat.

Mr. KIM Kuk Tei, who had been elected a member of the Legislative Assembly, said he was campaigning for general industrial improvements. He wanted to improve the lot of the poor farmer, labourer, miner and fisherman. He was in favour of land reform.

He further stated that he did not belong to any political party. Most party members placed the interests of their organization above those of the country. He had never asked anyone to vote for him, but expected the support of the young men's associations, the Dai Dong Youth Organization and the Great Korea Labour Union.

In reply to questions put by Mr. SINGH (India), Mr. KIM explained that his supporters were doing the campaigning for him. He himself had neither put up posters, nor held any meetings, although on a few occasions he had accepted invitations to make speeches.

He had not been interfered with or threatened. He and the other two candidates running in his district had met together and agreed to conduct their campaigns peaceably.

Mr. KIM Uk Cho said that he was chairman of the provincial branch of the Great Korea Labour Union, which had a membership of 60,000. He was also president of a newspaper company, the *Pusan Sinmun*. The paper, having a circulation of 7,000 in Pusan and about 2,000 throughout the province, was one of the mediums he employed for making known his political views and his desire to improve the conditions of the poor farmers and labourers. He had also distributed posters and handbills.

Mr. Kim had received three anonymous threatening letters, which he supposed had been sent by the South Korea Labour Party. His supporters, however, had had no trouble with those of the other seven candidates in the district, although there had been no formal agreement between them in this respect.

Interview with Mr. Kim Pyung Kiv and Mr. Chang In Tae

Present : Mr. Singh (India) and Mr. Mughir (Syria) and members of the secretariat, Mr. Lucas (Secretary).

Mr. KIM said that he was formerly governor of the Province and had relinquished his post in November 1947. He thought that the leftist elements might try to obstruct the voting on election day, particularly in the country where police forces were not adequate. Recently "self-protection" groups had been organized throughout the Province to maintain order and to ensure the security of the voters.

When asked by Mr. MUGHIR (Syria) about the attitude they would take in case leftist elements still insisted on opposing the elections, Mr. KIM said : "We beat them."

---

[8] Unless otherwise indicated, the same members of the Group were present at the successive interviews.

Interview with eight representatives of parties opposing the elections

Mr. ROH Pai Yong, Korean Independence Party, estimated membership 20,000, said the party was opposed to elections in South Korea only. He considered that the United Nations Temporary Commission should make a greater effort to obtain the unification of the country. The party members had been advised not to vote; however, no pressure had been exercised on them from any side.

Mr. SONG Sei Tong, Labouring People's Party, estimated membership 10,000, said that the party as a whole was opposed to the elections. Some individual members, however, were taking part in them. He had heard of several cases where pressure had been exercised to force people to register. Many had registered in order to avoid difficulties with the authorities. He was willing to report those cases to the Commission in writing.

Mr. KIM Chung Chun, representative of a scholars' association of 500 members, said that his party was opposed to the elections. He had been visited by a policeman at his home who threatened him if he did not register. He gave the date and described the event. Pressure had been exercised on other people to force them to register, and his wife had been influenced, by other women at a rice distribution office, to register for the whole family.

All representatives of opposition parties present agreed that there was no freedom of atmosphere and said that they would transmit evidence in written petitions to the Commission. They said, however, that they had no faith in the Korean mail system.

Kyongju, Kyongsang Pukto, Thursday, 22 April 1948, at 11.45 a.m.

Interview with the electoral district election committee

Present : Mr. Manet (France) and members of the secretariat.

Mr. KIM Yong Sup, Committee Chairman, District A, Chief Judge of Kyongju District Court, said that no incidents had occurred during registration. As many as 99 per cent of the eligible voters had registered.

To a question of Mr. MANET (France), whether such a high percentage meant that there was no opposition to the elections, Mr. SONG Soo Moon, committee member, explained that all the people, even those opposing the elections, with the exception of the communists, felt it advisable to register. Members of the local branch of the Korean Independence Party not only had registered, but had nominated a candidate.

The Chief of Home Affairs Section explained that the 99 per cent figure was calculated on the basis of a census of eligible voters made between 21 and 27 March. He corrected that figure later to 88 per cent. Some members of the opposition who were working underground and hiding in the mountains were not included in the census.

He felt that a free atmosphere existed and that all citizens would be free to vote or not to vote. He had the impression that half the registrants did not realize the significance of the elections, because of a lack of political education. An educational programme would be carried on up to election day by the authorities of the *Guns*, *Myuns* and *Eups*. School teachers were also co-operating.

Mr. SON Moo Il, Committee Chairman, District B, expected good results and a high participation of voters in the elections. He expected that all, or almost all, the eligible voters would cast their ballot; in this he disagreed with Mr. Kim, who had expressed a different opinion. Some voters, however, might cast a blank or void ballot. People, generally, considered it "profitable" to register and to vote.

Asked what he meant by "profitable", Mr. Son explained that the majority of the people of Kyongju had a strong dislike of communism. Those opposing the elections would be afraid of being called "communists" if they did not participate in the voting. He thought that, for that reason, there would be many blank or void ballots.

Mr. KIM Yong Sup said that four candidates had registered in his district: one independent, and three members of the National Association for the Rapid Realization of Korean Independence. Of those three, one, in his opinion, was the official candidate of the association, one was a member of the "Mass Party" (extreme right), and the last one a member of the Korean Independence Party (That statement, however, was disputed by one of the committee members present.)

Mr. SON Moo Il said that five candidates had registered in his district: one independent, one member of the Doi Dong Youth Organization and three members of the National Association for the Rapid Realization of Korean Independence (none of them being an official candidate of the party).

Interview with the chief of the local police [9]

The Chief of Police said that incidents had occurred during the last three nights. Nine people had been killed and thirty wounded by underground elements hiding in the mountains. The names of the offenders were known to the police; they were all communists; none of them had been arrested so far. The victims were members of extreme rightist organizations, or had been connected with the election procedure. In two cases they were members of election committees.

Fifteen registration places had been attacked and three poll registers had been stolen.

It would be very difficult for him to guarantee adequate protection of the voting places which, he thought, were too numerous. Each one should be protected by at least two policemen. The best way to ensure protection would be to locate the polling places in police buildings. If that were done, people would not hesitate to vote. If his suggestion were not adopted and no reinforcements sent, there would, he feared, be many other incidents and many people would be victimized.

Interview with the county chief

The County Chief said that no pressure had been exercised to force people to register. The great majority of registrants would go to the polls.

---

[9] Unless otherwise indicated, the same members of the Group were present at the successive interviews.

The acts of violence were perpetrated exclusively by members of the South Korea Labour Party. He referred to the incidents already mentioned by the chief of police. He had been present at the interrogation of one of the offenders arrested by the police, who confessed that, having been told that General Kim Il Sung had seized power in South Korea and had already established headquarters in Taegu, he considered it "profitable" to fight the rightists and to oppose the elections.

The county chief had received no complaints of threats from candidates. All candidates were treated equally as far as means of campaigning were concerned.

He was well aware of the necessity of freedom for the elections and was doing his best to educate the people and to stress the fact that the secrecy of the ballot would be assured.

OBSERVATION GROUP IV

SUMMARY RECORD OF WEEK OF OBSERVATION : 20 to 24 April 1948 [1]

Present : Mr. Jackson (Australia); Mr. Paul-Boncour (France); Mr. Milner (Deputy Principal Secretary).

Kwangju, Cholla Namdo Province,
Tuesday, 20 April 1948, at 2.15 p.m.

Interview with United States Adviser to division H (Cholla Namdo) of the Department of Police

Mr. R. M. COOLEY United States Adviser to Division H of the Department of Police, who was formerly a member of the Detroit, Michigan, police department, described the reforms carried out by the Police School under his supervision in Kwangju. The purpose of the training, which was in the hands of instructors who had not experienced Japanese police methods, was to orientate police recruits in modern police methods practised in democratic States. In view of the background of many police officers who had served under the Japanese regime, difficulties were experienced in eliminating bad practices, but considerable progress was being made. Malpractices were referred to the Police Board, which had disciplined and, where necessary, dismissed members of the police force found guilty of breaches of regulations.

In reply to a question by Mr. JACKSON (Australia), Mr. COOLEY remarked that the present Chief of Police had received his training under the Japanese but that he was co-operating in the new methods of police work.

Mr. Cooley stressed the difficulties in the way of reform of the police system in Korea. As a result of their Japanese background, members of the police force had little regard for the freedom of the individual as understood in western democracies. The practice was to arrest persons often on a slight pretext, conduct an interrogation and decide later whether the arrest had been justified. Since the enactment of Ordinance No. 176, arrests were not being made so lightly. As a result of that ordinance, which provided that an arrested person could be held for no longer than forty-eight hours, or five days in some cases, without a warrant of arrest, the police were now thinking twice before making an arrest. Mr. Cooley indicated that, a month ago, the total of prisoners held in Cholla Namdo was 1,275, of whom 67 per cent had violated Proclamation No. 2 relating to threats to the public peace, illegal meetings, etc. The present number of prisoners in the province was 312, of whom 13 were being held for violations of Proclamation No. 2.

Mr. JACKSON (Australia) asked what were the effects of the low salaries paid to members of the police force.

Mr. COOLEY agreed that the salary paid was little more than nominal. In practice, an organization known as the Police Supporting Society made collections on a neighbourhood basis to maintain members of the police force of each locality. This system, which had grown up under the Japanese regime, was, he thought, accepted as natural. In addition, individual policemen picked up extras such as rice, cigarettes and wood from the households in the neighbourhood of their station.

Mr. PAUL-BONCOUR (France) asked whether the *pan* leader was used by the police in getting information, etc.

Mr. COOLEY replied that the *pan* leader had no official connexion with the police but that, as the former was familiar with the situation in his neighbourhood, he was a natural source of information.

Provincial Capital Building, Kwangju,
Cholla Namdo Province,
Tuesday, 20 April 1948, at 3 p.m.

Interview with members of the provincial election committee

Mr. PAUL-BONCOUR (France) after noting that 95 per cent of the eligible voters had registered (see Appendix I) asked why only 73 per cent of the persons in the electoral district of Chindo had registered.

Mr. OH Pil Sun, chairman of the provincial election committee, explained that, since Chindo was an island *Gun*, many of the eligible voters were away fishing during the registration period. He added that, inasmuch as there were no refugees in Cholla Namdo, no problem arose concerning the registration of transients and immigrants, who had no *Hojuks*,[2] and there had been no persons who had been refused registration for that reason.

---

[1] Document A/AC.19/SC.8/SR.1.

[2] A *Hojuk* is the Korean family register.

Concerning the number of candidates registered, and the parties represented, Mr. Oh stated that there was a total of 92 candidates, of whom 32 represented the Hankook Democratic Party, 16 the National Association for the Rapid Realization of Korean Independence, 2 the Taehan Labour Federation,[3] 3 the National Youth Inc.,[4] 1 Korean Bar Association, 3 the Dai Dong Youth Association, 1 the W men's Patriotic Society,[5] 1 the Tan Min Party,[6] 1 the Taesung Association (Confucian), 1 the Christian Alliance, and 31 non-party candidates (see Appendix II).

The districts which had only one candidate each were: the City of Kwangju and the first-class *Guns* of Youngam and Youngkwan; these candidates were all members of the Hankook Democratic Party. The only woman candidate was in the electoral district of Sunchon, and represented the Woman's Patriotic Society.

Mr. PAUL-BONCOUR (France) asked if there had been any trouble in ports such as Mokp'o or Yosu.

Mr. OH replied that some anti-election handbills had been distributed in Mokp'o but was unable to say whether the agitators had come within the city or from outside.

Mr. JACKSON (Australia) asked if any candidate had been refused registration for candidacy.

Mr. OH replied that a Mrs. Cho Ah Ra, a member of the Women's Patriotic Society in the city of Kwangju, on the last day of registration of candidates, had presented her application, listing the necessary 200 names of residents; these names, however, instead of being individual signatures, were all written by one or two people.

In reply to a question by Mr. MILNER (Deputy Principal Secretary) Mr. OH stated that the city of Kwangju electoral district election committee had decided that her application for candidacy was invalid.

When asked by Mr. MILNER, whether Mrs. Cho Ah Ra had been notified that her application was invalid, Mr. OH said that, although written notification of the invalidity of her candidacy had been sent to her address in Kwangju, she was probably still uninformed as she was in Seoul.

Mr. PAUL-BONCOUR (France) asked if the chairman of the provincial election committee felt that the non-party candidates were really not affiliated with any party, or whether such candidates believed their chances of success greater if they stood as independents.

Mr. OH thought that perhaps three of the non-party candidates were affiliated with the Korean Independence Party; he could not explain why they had announced themselves as non-party. However, he did not think that the other non-party candidates were affiliated with any political party.

Mr. PAUL-BONCOUR (France) asked if the chairman of the provincial election committee felt that a high percentage of the registrants would vote.

[3] Rightist.

[4] A "non-political" organization according to its constitution: officially sponsored by United States Military Government.

[5] The women's organization of the National Association for the Rapid Realization of Korean Independence.

[6] A newly established party.

Mr. OH expected a good turn-out on election day, although there were still some elements who were disseminating propaganda in opposition to the elections which might affect the voting to some extent.

Mr. JACKSON (Australia) asked how the people, in areas where there was only one candidate, would be made to understand that their candidates had already been elected unopposed.

Mr. OH explained that the information had already been communicated by means of radio and newspapers and would be repeated. He added that there had been no instances of candidates withdrawing their candidacy.

Mr. JACKSON (Australia) asked if sample ballots were being shown to the people in the Province.

Mr. OH explained that, as the ballots were still being printed, that had not been done as yet. However, the ballots would be ready in time and samples would be displayed.

Mr. MILNER (Deputy Principal Secretary) asked if there had been any disturbances in connexion with the election preparations, and if there had been any appeals by persons whose registration had been declared invalid.

Mr. OH replied that the chairman and a member of the voting district election committee in Kangjin had been killed, and there had been disturbances in Naju, Hampyung and Changsung, and more were expected. There had been no cases of invalid registrations but some registration papers had been lost.

In order to observe as many areas as possible, Observation Group IV divided into two parties, one travelling to Mokp'o and the four electoral districts in Muan and Naju, and the other to Sunch'on, including the six electoral districts in Yosu, Hwasun, Kwangyang, Kurye, and Koksung. The record of each party's observations is given separately.

PARTY ONE

Wednesday, 21 April 1948,

Mokp'o City Hall, Mokp'o, Cholla Namdo Province,

Wednesday, 21 April 1948, at 2 p.m.

Interview with members of the district election committee of Mokp'o

Present: Mr. Jackson (Australia) and members of the secretariat.

In reply to a question by Mr. JACKSON (Australia), Mr. CHAI Su Sup, chairman of the district election committee, said there were six candidates in Mokp'o, and that no candidates had been refused nomination.

Mr. JACKSON (Australia) asked if the candidates had spoken in public as yet and, if so, how many speeches each had made.

Mr. CHAI said that some candidates had not yet made speeches, other were speaking in the local theatres, in schools and other public buildings, on the radio and through loud-speaker systems when available.

In reply to questions by Mr. JACKSON (Australia) and Mr. MILNER, Mr. CHAI said that the candidates were campaigning by explaining the voting procedure to the people, canvassing among their friends and associates, and publicizing their individual platforms. There had been no violence between rival candidates, and no trouble was anticipated on election day.

Mr. JACKSON (Australia) asked if youth organizations were used in connexion with the elections and if any members of the National Youth Inc. were candidates.

Mr. CHAI replied in the negative.

Mr. MILNER (Deputy Principal Secretary) asked if any political parties organized in Mokp'o had not put up candidates.

Mr. CHAI said there was the Korean Independence Party and members of the South Korea Labour Party, but no party office. If any members of those parties considered running candidates, they would do so as private individuals and not as party representatives.

In reply to Mr. MILNER, Mr. CHAI said that sample ballots had been publicly displayed and that equal space on signboards was being given to all candidates.

He thought that all 85 per cent of the registered eligible voters would vote. Although handbills opposing the elections had been distributed at the beginning of registration, there had been none since.

Interview with the six candidates of Mokp'o electoral district

Mr. Kim Yu Ki: Taehan Labour Federation (journalist)

In reply to questions by Mr. JACKSON (Australia) and Mr. MILNER, Mr. KIM stated that he was a rightist. As he represented labour and the farmers, he thought that he had the support of the rightists of those groups and, although he was not sure, he felt that the leftists who had registered would vote in his favour. The extreme leftists, who were communists, would not vote, but they were few in number.

He had heard rumours that, if he appeared to be too popular among the voters, the other candidates might attempt to terrorize him. This would be carried out by members of youth organizations, rather than by the police.

His platform contained the following points: equal educational opportunities, equal economic opportunities, and equal political rights.

Mr. Kim did not feel that it was correct to sell Japanese land at the present time. Japanese-owned land and lands owned by big Korean land-owners should be sold to the people on the basis of annual payments after a Korean government had been established. The land-owners should be permitted to retain a certain area (whether they worked it themselves or not) which would be limited by a government ordinance.

Mr. Lee Nam Kyu: National Association for the Rapid Realization of Korean Independence (Pastor, Presbyterian Church, and member of the Korean Interim Legislative Assembly)

In reply to questions by Mr. JACKSON (Australia) and Mr. MILNER, Mr. LEE was not sure whether there would be interference by the leftists; he did not expect any trouble from the rightists. If the leftists did initiate disturbances, they would do so indirectly by underground activities. All the Christian parties favoured the elections.

Mr. Chun Dong Han: Non-Party (Textile Merchant)

In reply to questions by Mr. JACKSON (Australia) and Mr. MILNER, Mr. CHUN said he had been engaged in the textile business for twenty years and was the representative for Cholla Namdo province in the Chamber of Commerce and Industry of Korea. The Chamber of Commerce and Industry, at a meeting in Seoul, from 13 to 15 March, had decided that powerful businessmen should be represented in the Korean government in order to develop Korean business. He believed that the Chamber of Commerce and Industry supported the Hankook Democratic Party.

He explained that he was not running on the Hankook Democratic Party ticket because the party had not nominated him, but that the chief of the district office had recommended that he run as a non-party candidate.

Mr. Kang Sun Myung: Non-Party, former member of the Korean Independence Party (Chairman of the Chamber of Commerce and Industry in Mokp'o).

In reply to questions by Mr. JACKSON (Australia) and Mr. MILNER, Mr. KANG said he expected no difficulties as a result of his former affiliation with the Korean Independence Party. He was running as an official candidate of the Chamber of Commerce and Industry which he represented in Mokp'o. He did not feel that the Korean Independence Party was strongly represented in Mokp'o but its strength was comparable with that of the Mokp'o branch of the Hankook Democratic Party. Since Mr. Kim Koo had sponsored the calling of the conference of political leaders of North and South Korea, Mr. Kang thought that those leftists who had registered might support him because he had been formerly associated with Mr. Kim Koo's Korean Independence Party.

Although he had not yet made any campaign speeches, Mr. Kang would base his platform on the necessity of increasing Korea's production and developing its resources. As regards land reform, he agreed with the policy of the National Land Administration, but thought that not only former Japanese-owned land but also large land-holdings owned by Koreans should be distributed to farmers in limited quantities.

Mr. Kim Dong Sin: Non-Party (Principal of Mokp'o Primary School)

In reply to questions by Mr. JACKSON (Australia) and Mr. MILNER, Mr. KIM said that, if he had to support a party, it would probably be the National Association for the Rapid Realization of Korean Independence.

As an educator, he expected to gain his support from former students (including leftists) and members of the Parent-Teacher's Association. He believed that, in each family, the wife would vote as her husband did, but that the sons might make their own choice. As the people in the city were, for the most part, educated, they would not necessarily follow the advice of a *tong* or *pan* leader, even if instructed to do so, but in the country where many were uneducated, people might vote as they were told by the village head-man. He did not think the mayor or any public official had told the people how to vote.

Mr. Kim had heard that leftists were threatened with violence if they did not register. He felt that the principle of the election was democratic, but that due to lack of education and illiteracy, its performance might not be.

He had heard that the Dai Dong Youth Association supported Mr. Lee Nam Kyu, NARRKI, and that the National Youth Inc. had not decided its attitude as yet.

His political platform advocated the unification of Korea, the establishment of a government based on democratic principles, equal land ownership for farmers, the nationalization of big industry, and equal rights for men and women.

Mr. Chung Yung So: Non-party (real estate manager)

In reply to questions by Mr. JACKSON (Australia) and Mr. MILNER, Mr. CHUNG said he favoured the National Land Administration policy concerning Japanese-owned lands, but felt that it should be put into effect when a Korean government was established. He did not feel that Korean land-owners should be compelled to sell their land, but that a law should be passed limiting the amount an individual might hold. The remaining land should be bought and sold at reasonable prices.

He added that all the people who had purchased his land and rented his houses would support his election and that 33 of them had signed a petition requesting him to run as a candidate.

All the candidates interviewed felt that candidates were enjoying equal opportunities to campaign freely, and that all facilities were being put fairly at their disposal.

Muan Gun Office, Mokp'o, Cholla Namdo, Thursday, 22 April 1948, at 10 a.m.

Interview with members of Muan electoral district A election committee and electoral district B election committee

Present: Mr. Jackson (Australia) and members of the secretariat.

In reply to questions by Mr. MILNER (Deputy Principal Secretary), Mr. CHAI Pyung Too, chairman of electoral district A election committee, stated that there had been no cases of invalid registration, no appeals against the poll register, and no disturbances during the registration period. During registration, the *pan* and *ku* leaders had urged the people to register, explaining that registration was important and urgent.

A sample ballot had been displayed in the voting district together with the symbols of the candidates. Although Mr. Chai had not heard any candidate make a speech, groups who were supporting certain candidates were working on their behalf to get more votes. There had been no instances of persons being refused candidacy, nor had any candidates withdrawn. The three non-party candidates in his voting district had never been associated with any particular party. In addition to the Hankook Democratic Party, the National Youth Inc. and the National Association for the Rapid Realization of Korean Independence had branches in the Muan area. There was also a small branch of the North-West Youth Association.

Mr. KANG Pyung Hyun, chairman of electoral district B election committee, said that the National Youth Inc. and the Dai Dong Youth Association were supporting the Hankook Democratic Party. Of the three candidates belonging to the Hankook Democratic Party, only one had its official backing.

Interview with two candidates of electoral districts A and B, Muan Gun

The *Gun* chief explained that, although there were five candidates in electoral district A and three in electoral district B, due to transportation difficulties only two could be present, and the others had sent representatives on their behalf.

Mr. Kim Un Kwin: Hankook Democratic Party, electoral district B (farmer)

In reply to questions by Mr. JACKSON (Australia) and Mr. MILNER as to why all three candidates in electoral district B were members of the Hankook Democratic Party, Mr. KIM stated that, although the party representative from Seoul had tried to effect an agreement whereby only one representative of the party would run, all three members had decided to be candidates.

He added that while approving the policy of the National Land Administration, he thought that land should be sold only after the Korean government had been established.

Dr. Oh Sei Nam: Non-party, electoral district A (doctor)

In reply to questions by Mr. JACKSON (Australia) and Mr. MILNER, Dr. OH stated that, although he did not know which party he would support if elected, it would be rightist. Although there were other rightist candidates, he was contesting the election because there were differences even among rightists, and he felt that his ideas might help Korea.

Interview with Mr. Hang Mun Yun, Muan Gun chief

Mr. HANG stated that, of the 800 islands in the Muan area, 300 were inhabited. There were 182 voting districts, and 98 per cent of the eligible voters had registered. Of these, he expected 95 per cent to vote. Although there had been no trouble during the registration period, he anticipated some in the future since some disturbances had broken out on three islands the month before.

Gun Capital, Naju Gun, Cholla Namdo, Thursday, 22 April 1948, at 2.45 p.m.

Interview with the chairmen of electoral district A and electoral district B, Naju Gun

In reply to questions by Mr. MILNER, Mr. CHOU Pyung Hwa, chairman of electoral district A election committee, stated that in his area only one registration place had been attacked by leftists.

All candidates had an equal opportunity to campaign freely, but, as there was only one truck available for transportation, the first one to request it, the candidate of the Hankook Democratic Party, had priority, whether all three had paid for it or not. Each candidate had his own office where posters were displayed, but the election committee also posted the names and symbols of candidates. Although the police were preparing for possible disturbances during the election period, each community had a self-protection organization[7] which would assist the police.

Interview with the Naju Gun chief

Mr. HWANG Mun Yun, Naju *Gun* chief, explained that on 8 April he had received instructions from the provincial chief of police, concurred in by the governor of the province, to the effect that, with the exception of students, firemen, constabulary and police, it was the duty of all able-bodied male youths, eighteen years of age or over, to belong to the Community Protection Association[7] to be formed in each village or town. Those instructions had been received by provincial chiefs of police and provincial governors from the director of national police in Seoul, Dr. Chough Pyung Ok. The association in question was being organized throughout South Korea to prevent disturbances during the elections and was to remain in existence until the government was strong enough to ensure law and order. As the national police force was not strong enough to cope with difficulties which might arise, and as there were no funds to enlarge the police force, the idea of the Community Protection Association had been conceived as a means of safeguarding the property and inhabitants of the villages. The police would supervise the organization and training of the members of each local unit of the association.

In order to raise funds for the association, a certain sum would be collected by the village headman from all the people in his village from 15 to 65 years of age and the *Gun* and *Myun* chiefs would collect those funds from the village head-men.

It was understood from the instructions received that existing youth organizations could not act as agents of the Community Protection Association. However, individual members of youth organizations could resign and become members of the new association.

Junnam Girls' School, Kwangju, Cholla Namdo, Friday, 23 April 1948, at 9.45 a.m.

Interview with Mrs. Cho Ah Ra, Mrs. Lee In Sung and Mrs. Cho Tuck Ray

Present : Mr. Jackson (Australia) and members of the secretariat.

In reply to questions by Mr. JACKSON (Australia) and Mr. MILNER, Mrs. CHO Ah Ra, who described herself as a candidate for the city of Kwangju who had been declared ineligible by the electoral district election committee, stated that, although concerned with women's welfare, she had not considered running as a candidate until 10 April, by which time no woman candidate had appeared. On 13 April she had been urged by friends to run as a women's candidate for Kwangju City and the following day, after consenting, she had left for Seoul to attend a conference.

Mrs. LEE In Sung stated that the local president of the Young Women's Christian Association, herself and other supporters of Mrs. Cho's candidacy had then held a meeting on 14 April to organize the registration of Mrs. Cho as a candidate. At 5 p.m. that day, she had visited the chairman of the Kwangju City election committee and inquired concerning the form required for registration of candidates. After experiencing some difficulty in obtaining the necessary information, Mrs. Lee had received by noon on 15 April the necessary number of printed forms from the printer.

In reply to a question by Mr. JACKSON (Australia) concerning the procedure followed, Mrs. Lee declared that eight supporters of Mrs. Cho went to their friends to secure names and signatures. Some of these persons were unable to write their own names and approximately eighty had had other persons sign their names for them. In every case, however, the thumbprint of the person filling in the recommendation form was included.

Mrs. CHO Tuck Ray explained that she had gone to a *dong* office to find out in what form the names of the recommending persons residing in that *dong* should be written. She had written some of the signatures on behalf of persons unable to sign for themselves and most names had been written in *hankul* (Korean characters). Names recorded in the register of residents in the *dong* office were written in Chinese characters and forty-five of the signatures on the forms collected by Mrs. Cho Tuck Ray had subsequently been re-written by the clerk of the *dong* office in Chinese instead of Korean characters.

At 4.15 p.m. on 16 April, the supporters of Mrs. Cho Ah Ra had submitted to the city election committee 210 forms, some of which were signed by some other person on behalf of the recommending person, but in each case thumbprinted by the latter. Mrs. Cho Tuck Ray stated that the representative of the city election committee had objected to the 45 forms mentioned above, when he noticed that the signatures were written in the same hand, namely, by the clerk of the *dong* office. He therefore told Mrs. Cho Tuck Ray that those forms were invalid, since they should have been signed by the recommending persons themselves, and showed her an instruction to that effect from the provincial election committee dated 14 April and received on 16 April. Mrs. Cho Tuck Ray said she had stated that she could not understand why that instruction should take effect only on 16 April, the last day for registration of the candidates.

In reply to a question by Mr. MILNER, Mrs. CHO added that she had not had an opportunity of studying the complete election regulations, but that she had had a copy of the draft regulations.

Mrs. LEE In Sung stated that the supporters of Mrs. Cho Ah Ra had requested the representative of the city election committee for an extension of time in which fresh application forms might be signed in the proper manner. Mrs. Lee had pointed out that she understood that some other candidates had had their recommendations signed by persons other than those recommending the candidate. She had stated further that the women voters of Kwangju leserved some consideration. The chairman of the city election committee had promised to discuss the matter with the provincial

[7] See Appendix III.

election committee. On 17 April, that discussion took place, and a letter of advice, dated 17 April, was subsequently sent to Mrs. Cho Ah Ra by the chairman of the city election committee. The letter stated that her application for registration as a candidate, submitted at 4.15 p.m. on 16 April, could not be approved because, in view of section 27 of the election law, there were some deficiencies in the signatures of the persons recommending her as a candidate.

Mrs. CHO Ah Ra remarked that she and all the women in Kwangju were deeply disappointed over her failure to secure acceptance as a candidate. She would appreciate any action which the United Nations Temporary Commission on Korea might take to permit her to contest the elections.

In reply to a question by Mr. MILNER as to whether Mrs. Cho Ah Ra had lodged any appeal with the national election committee, Mrs. CHO said that such an appeal had been contemplated but that, on learning that members of the United Nations Commission would be in Kwangju, she had preferred to consult them first.

Mr. JACKSON (Australia) pointed out that the United Nations Temporary Commission had made many recommendations with a view to seeing that the election law conformed to democratic practices. He explained that section 27 of the law stated clearly that, where a candidate was recommended by other persons, "the person making the recommendation must secure the signatures of 200 or more registered voters". He appreciated very well the disappointment felt by Mrs. Cho Ah Ra and assured her that the present discussion would be brought to the notice of members of the Commission. However, responsibility for applying the election law and regulations was a matter for the local authorities concerned.

Mrs. CHO Ah Ra expressed appreciation for the hearing accorded her and stated that she would carry on her political activity on behalf of the women of Kwangju.

PARTY TWO

Hwasun Myun, Hwasun Gun, Cholla Namdo, Wednesday, 21 April 1948, at 9.30 a.m.

Interview with Mr. Kwak, Hwasun Gun chief, and candidates

Present: Mr. Paul-Boncour (France) and members of the secretariat.

In reply to questions by Mr. PAUL-BONCOUR (France) Mr. KWAK, *Gun* chief, stated that there had been no incidents or difficulties in connexion with the registration of voters or candidates, no propaganda by anti-election groups in his district and that no difficulties were anticipated in the future.

Mr. YOUNG Hae Yong (Hankook Democratic Party) former official of the Department of Information of the South Korean Interim Government and Mr. CHO Kook Hyun (Teasong Association), Confucianist, assured Mr. PAUL-BONCOUR (France) that there was no real competition between them and that the campaign was being conducted in the most friendly manner.

Mr. Young added that, in addition to the Hankook Democratic Party, he was supported by members of the National Youth Inc.

Voting District No. 9, Hwasun Gun, Cholla Namdo, Wednesday, 21 April 1948, at 10 a.m.

Interview with Mr. Kong Sung Mo, assistant mayor

Mr. KONG Sung Mo, assistant mayor, said that so far the registering of voters (503) and the campaigning of candidates had not provoked any incident. His district had received a visit from Mr. Pak, the candidate of the National Association for the Rapid Realization of Korean Independence. To Mr. Kong's knowledge, no members of the National Youth Inc. were campaigning for Mr. Young Hae Yong, Hankook Democratic Party candidate.

Soft Coal Mine, Hwasun Gun, Cholla Namdo, Wednesday, 21 April 1948, at 10.20 a.m.

Interview with Mr. Kim Chong Doo, director of the mine

Mr. KIM Chong Doo, director of the coal mine,[8] stated that no trade union in the strict sense of the term existed among the miners. The mine was organized by a so-called "labour federation", the Taehan Labour Federation, which was a rightist organization, political in character. Since October 1946, all activities of the South Korea Labour Party had been stopped.

Sunchon Eup, Sunchon Gun, Cholla Namdo, Wednesday, 21 April 1948, at 4 p.m.

Interview with Mr. Kim Chung Qui, Sunchon Gun chief, and members of the electoral district election committee

In reply to questions by Mr. PAUL-BONCOUR (France), Mr. KIM Hung Qui, chairman of the electoral district election committee, stated that, so far, no incidents or difficulties had arisen in connexion with the campaigning of candidates, but he could not foresee what might happen in future. In any case, steps would be taken to protect the ballot boxes.

Mr. PAUL-BONCOUR (France), having noticed that all the candidates of the electoral district of Suchon belonged to rightist groups, inquired whether any candidate of the left or from the middle-of-the-road organizations had tried to register.

Mr. KIM Hung Qui replied in the negative.

Interviews with candidates of electoral districts A and B

Dr. Kim Kiu Soo: Hankook Democratic Party (physician), electoral district B.

Dr. KIM Kiu Soo said that he had no special organization behind him except the Hankook party machine, that he was travelling from district to district telling the people what he would do if elected. He was expecting the support of the Dai Dong Youth Association.

[8] This mine, which had recently been re-opened, employed 2,200 miners, two-thirds of whom were recruited in the district.

Mr. Cho Ok Hyun : National Association for the Rapid Realization of Korean Independence (farmer), electoral district B.

Mr. Cho Ok Hyun stated that he had a group of twenty people working for him. He explained that there was no difference between his programme and that of the Hankook Democratic Party in Sunchon and that both candidates of the party were in agreement in supporting Mr. Rhee Syngman, as were all the other candidates.

Mrs. Ok Park Shin : Women's Patriotic Society (housewife), electoral district A

Mrs. Park Ok Shin said that in her campaign she was emphasizing equal political rights for men and women, and she was expecting votes from both men and women.

Mr. Lee Tai Yul : campaign manager for Mr. Whang Du You, candidate of the Taehan Labour Federation, electoral district A

Mr. Lee Tai Yul explained that the Taehan Labour Federation was not a trade union, that he himself and the candidate, Mr. Whang, did not belong to any union and that Mr. Whang was not supported by any union but only by the members of the Labour Federation.

(Other candidates present were Mr. Kim Yang Soo, farmer, Hankook Democratic Party, electoral district A, and Mr. Shim Son Hyun, farmer, non-party, electoral district B.)

Yosu Eup, Yosu Gun, Cholla Namdo,
Wednesday, 21 April 1948, at 7 p.m.

Interview with candidates of electoral districts A and B

(Of the three candidates in electoral district A, one was a member of the National Association for the Rapid Realization of Korean Independence and two were non-party; in electoral district B, of the three candidates, one was a member of the Dai Dong Youth Association, one a member of the Hankook Democratic Party, and one a non-party man.)

Mr. Paul-Boncour (France) indicated to Mr. Kim Chul Chu, candidate of the Dai Dong Youth Association, that it was the duty of the candidate to educate and not to coerce or intimidate the voter.

Mr. Kim Moon Pyong (Hankook Democratic Party), electoral district A, assured the Group that his party would do its best to achieve a fair election.

Mr. Yong Chang Hi : non-party (business man), electoral district A explained that he had resigned from the Korean Independence Party in order to run for election, but that he had no difficulty in putting his name forward and no pressure had been exerted on him by members of his former party. He received the support of a group of businessmen of Yosu.

Kwangyang, Cholla Namdo,
Thursday, 22 April 1948, at 10 a.m.

Interview with Mr. Hwang Pyong Hi, chairman of the electoral district election committee and one candidate

Present : Mr. Paul-Boncour (France) and members of the secretariat.

Mr. Hwang Pyong Hi, chairman of the district election committee, declared that there had been no incidents in the district and that none was expected.

Mr. Kim Ok Chu : non-party (farmer), stated that his platform included compulsory free education for all Korean boys and girls up to the age of 18, and division of large estates by the government after the owners had received a proper indemnity. He favoured a form of nationalization of the major industries (paper mills, spinning mills, etc.)

Kurye Myun, Kurye Gun, Cholla Namdo,
Thursday, 22 April 1948, at 12.15 p.m.

Interview with Mr. Kim Hong Il, alternative chairman of the election committee, one candidate and one campaign manager for a candidate.

Mr. Kim Hong Il, alternate chairman of the election committee, said that there had been no opposition to the registration, that he had had no difficulties with any organization concerning the registration of candidates, and that he was not expecting any trouble in the future.

Mr. Ri Tai Kang, campaign manager for his brother, Mr. Ri Pan Sol (Dai Dong Youth Association), co-owner with his brother of the largest rice mill in the county, said that his brother had the support of five organizations in his campaign : the National Association for the Rapid Realization of Korean Independence, the Dai Dong Youth Association, the Taehan Labour Federation, the Agricultural Federation and the Korean Women's Patriotic Society.

Mr. Kim Chong Sun (Hankook Democratic Party), a farmer, said that he was not supported by any organization but had received pledges of support from "patriotic leaders" in the *Gun*. He described those leaders as head-men of the villages, usually well educated and wealthy.

Koksung Myun, Koksung Gun, Cholla Namdo,
Thursday, 22 April 1948, at 4.30 p.m.

Interview with the chairman of the electoral district election committee

Mr. Choi Sang Til, chairman of the electoral district election committee, said that there had been no difficulties, complaints or trouble during the registration period and that he was not expecting any in the future.

Mr. Paul-Boncour (France) asked why there were two candidates from the same party, the Hankook Democratic Party.

Mr. Choi explained that one of the candidates was nominated by the National Executive Board of the party and the other by the local organization of the party.

Mr. Paul-Boncour (France) inquired whether there was any other political party in the electoral district.

Mr. Choi said that the Korean Independence Party was represented in the *Gun*, but was not participating in the election.

Changsun Eup, Changsung Gun, Cholla Namdo, Friday, 23 April 1948, at 12.15 p.m.

Interview with Mr. Suh Yang Pong, and Mr. Kim Pyung Soo

Present : Mr. Paul-Boncour (France) and members of the secretariat.

In reply to questions by Mr. PAUL-BONCOUR (France), Mr. SUH Yang Pong, civil administrator, vice-chairman of the electoral district election committee, explained that the fact that only 88 per cent of the eligible voters had registered in the Changsung Gun was due to the activities of parties opposing the elections in two districts; everywhere else, the percentage was never less than 95 per cent.

He explained that in Changsung Eup, the population of which was 21,762, only 66 per cent of the eligible voters had registered owing to the fact that Mr. Kim Koo's political party had more members in this district than any other political organization and they had campaigned against registration. In Hwang Yong Myun, the population of which was 11,808, a campaign of intimidation had been carried out by a very active local centre of leftist propaganda, and the registration had been only 71 per cent.

Mr. SUH and Mr. KIM Pyung Soo, whose candidacy had been withdrawn by the Hankook Democratic Party, said that the non-party candidacy of Mr. Chung Kyu Mun, former member of the national police, was not put forward until 14 April and that the Hankook Democratic Party, which up to that date had been running three candidates on individual tickets, had immediately held a meeting at which it was decided to withdraw two of the three candidates. The only Hankook Democratic Party candidate now running was Mr. Kim Sang Soon.

Interview with Changsung Gun chief

The *Gun* chief stated that a Kim Koo follower was campaigning on a non-party ticket in the Changsung electoral district and that the Hankook Democratic Party had considered the situation serious enough to withdraw two of their three candidates in order to concentrate votes on only one of them.

Appendix I

REGISTRATION IN CHOLLA NAMDO[9]

Electoral district	Eligible voters	Registrants	Percentage
Kwangju	47,385	43,740	92
Mokp'o	44,276	39,434	89
Kwangsun	48,507	46,833	96
Tamyang	45,817	43,720	95
Koksung	34,256	32,298	94
Kurye	24,423	23,728	97
Kwangyang	30,214	29,133	97
Yosu, A	36,385	33,769	92
Yosu, B	32,521	29,795	91
Sunchon A,	33,641	32,055	95
Sunchon, B	36,025	32,925	91
Kohung, A	35,392	32,674	93
Kohung, B	31,541	30,699	97
Posong	54,172	53,044	98
Hwasun	51,030	45,089	88
Changsung	42,813	40,026	93
Kangsin	42,623	42,354	99
Haenam, A	37,638	37,237	99
Haenam, B	31,202	30,788	99
Youngnam	45,795	43,253	94
Muan, A	42,807	40,293	94
Muan, B	47,929	48,145	99
Naju, A	40,663	37,865	93
Naju, B	44,820	40,687	90
Hampyung	41,601	36,684	88
Youngkwang	55,459	48,730	87
Changsung	44,118	39,220	88
Wando	44,094	42,433	94
Chindo	39,002	27,146	69
TOTAL	1,186,149	1,103,797	93

[9] Figures as supplied by the Chief Civil Affairs Officer United States Military Government, Kwangju.

Appendix II

POLITICAL AFFILIATION OF CANDIDATES IN CHOLLA NAMDO

Political Party or Organization

Electoral district	NARRKI[10]	Hankook Democratic Party	Women's Patriotic Society	Dai Dong Youth Association	National Youth Inc.	Taesung Association	Tan Min Party	Christian Alliance	Korean Bar Association	Taehan Labour Federation	Non-Party
Kwangju . .		1									
Mokp'o . .								1		1	4
Kwangsun .		1									2
Tamyang . .	1				1						2
Koksung . .		2									
Kurye . . .		1		1							
Kwangyang .	2										2
Yosu, A . .	1										2
Yosu, B . .		1		1							1
Sunchon, A.		1	1							1	
Sunchon, B.	1	1									2
Kohung, A .	2										
Kohung, B .		1					1				
Posong . . .	1	3									

[10] National Association for the Rapid Realization of Korean Independence.

Appendix II (continued)

Electoral district	NARRKI [10]	Hankook Democratic Party	Women's Patriotic Society	Dai Dong Youth Association	National Youth Inc.	Taesung Association	Tan Min Party	Christian Alliance	Korean Bar Association	Taehan Labour Federation	Non-Party
Hwasun . .	1	1				1					
Changsun . .		1									1
Kangsin . .	1	1									2
Haenam, A .	1	1									
Haenam, B .	1	1		1							
Youngnam .		1									
Muan, A . .		2									3
Muan, B . .		3									
Naju, A . .		1									2
Naju, B. . .	1	2			1						1
Hamp'yung .	1							1			2
Youngkwang	1										
Changsung .	3										1
Wando . . .	1				1				1		2
Chindo . . .	1	1									2
TOTAL . .	20	27	1	3	3	1	1	2	1	2	31

[10] National Association for the Rapid Realization of Korean Independence.

Appendix III

COMMUNITY PROTECTION ASSOCIATION

A. *Instructions received by the chief of police of Cholla Namdo from the director of national police, 8 April 1948*[11]

TO: Hong Nag Gu, Chief of Police,[11] Division H
FROM: Chough Pyung Ok, Director of National Police

It was decided at the conference of the police deputy chiefs to organize the Community Protection Association.

1. The local chiefs of the Community Protection Association and the staff members shall be elected by the people who live in the areas concerned. As a rule, they shall be standing members of the Association.

2. The Corps shall be self-governing, and autonomous from the regular police. Nevertheless, in extraordinary situations where public order and peace are concerned, the members of the Community Protection Association shall be subject to mobilization under the police.

3. The expenses of the Community Protection Association shall be defrayed from voluntary contributions made by the people in the areas concerned.

B. *Press statement by the military governor, Major General William F. Dean, 20 April 1948, concerning the Community Protection Association*[12]

In connexion with the widespread and extremely misleading publicity that has been given to the so-called Community Protection Association system, I have recently sent the following letter to all Provincial Governors, all Chief Civil Affairs Officers, and the Director of the National Police.

"1. In order to assure the maintenance of law and order during the period before the coming election and through election day, 10 May 1948, local Korean civil government officials, such as Mayors, *Gun Soos*, *Myun Jangs*, and down through the *Ko*, *Dong*, and *Ka* levels are authorized to deputize male citizens of their communities as needed to assist the police in preserving the peace and to afford protection to their respective communities against those who may try to impede and interfere with the election by threats, rioting, murder, incendiarism and other forms of sabotage. Deputized citizens, when performing this duty, will be under the control of their local civil authorities, who will co-operate as necessary with local police authorities. Citizens deputized for this service will serve without remuneration and no contributions will be exacted from citizens of the community to pay for this patriotic service.

"2. Youth organizations or political groups will not be deputized as such to perform this duty.

"3. Persons deputized for this duty will not be prevented from voting by reason of such service."

This letter is clear in the instructions that it gives, but I am very anxious that all the people know and understand the true nature of the proposed local protection plan. Therefore, I wish to call particular attention to certain points in my letter.

First of all, the authority to deputize additional peace officials does not constitute a draft of all available manpower in Korea and participation is entirely voluntary. Those deputized will be local patriotic Koreans who will be available to assist the national police in their own respective localities for preventing disorders on election day by subversive elements whose masters have instructed them to take all means, including threats, murder, arson, rioting, and other forms of sabotage, to impede and interfere with the holding of Korea's

[11] Text provided by the Office of the Chief of Police, Kwangju, 23 April 1948 (translation from Korean).

[12] Special Press Release, 20 April 1948, by the Department of Public Information, South Korean Interim Government.

democratic election for the formation of a Korean government.

This type of protection will not be a financial burden to the hardworking Korean people. There will be no contributions of any kind to pay to those deputized. They will be volunteering their services without pay to ensure the freedom of the ballot in their own local communities. True patriotism has no price, and those members of the communities who serve as peace deputies will be giving their time for their country. Many men have given their lives in the same cause.

The use of deputies will be such as to have no connexion with any political party or any youth group.

THIRD PERIOD OF OBSERVATION: 7 TO 11 MAY 1948

(Election Day, 10 May 1948)

OBSERVATION GROUP I[1]

SUMMARY RECORD OF OBSERVATION OF ELECTION: 10 MAY 1948 [2]

Present: Mr. Mughir (Syria); Mr. Schmidt (Principal Secretary).

Polling place No. 1, First Ward, Chung-Ku Electoral District, Seoul, Monday, 10 May 1948, at 9.5 a.m.

Interview with the chairman of the election committee

Upon interviewing the chairman of the election committee, the Group learned that of 749 voters, 276 had voted. Eight members of the election committee were present.

Chong-No Electoral District A, Seoul, Monday, 10 May 1948, at 9.25 a.m.

Interview with a member of the election committee

At the polling place visited, the Group was informed that out of 734 eligible voters, 293 had voted. There were eight candidates for the voting district. Nine members of the election committee were present.

The polling place was located inside a walled-in yard. Although the two police present remained outside the wall, some of the volunteer guards were found to be within the walled-in area, which the chairman of the election committee maintained was still outside the voting place.

Chong-No Electoral District B, Seoul, Monday, 19 May 1948, at 9.50 a.m.

Interview with members of the election committee

It was noted by the Group that certain of the eligible voters were being searched as they entered the polling place visited. Upon questioning, it was explained that the chief of the volunteer guards,[3] who in turn had received his instructions from the Chong-No police headquarters, had ordered that this should be done.

Of the 633 eligible voters, 400 had voted.

It was noted that there were no curtains before the voting booths, and that the election committee was seated less than two yards from the voting booths. The chairman of the election committee assured the Group that the committee did not watch the voters sign their ballots. Moreover, he said that a person from City Hall had come the day before and told them that the absence of curtains was all right.

When Mr. Mughir entered the voting place, a man who was going from voting booth to voting booth said that he was only giving instructions, mostly concerning procedure, to the people who were voting.

Tongdae Mun Electoral District A, Seoul, Monday, 10 May 1948, at 10.10 a.m.

Due to the cancellation by the National Election Committee of the candidacy of Mr. Choi Neung Chin [4], Mr. Rhee Syngman was unopposed, and there was no voting in that district.

Tongdae Mun Electoral District B, Seoul, Monday, 10 May 1948, at 10.20 a.m.

Interview with the chairman of the election committee

The Group observed that a person was stationed outside the polling booths, which did not have curtains, in order to ensure that the voters did not put any foreign matter in the ballot envelopes. Moreover, two persons were posted by the ballot box, one of whom counted the number of envelopes which were placed in the box and the other who felt the envelopes to ascertain whether they contained only one ballot, and nothing else.

The Group was informed that two of the original nine candidates had resigned two days previously. Out of 1,108 eligible voters, 750 had voted.

---

[1] Group I, consisting of the representatives or members of the delegations of China, El Salvador, France, Philippines and Syria, observed election day in the cities of Seoul and Inchon (Kyong-gi Do) and in the City of Chunchon (Kang-won Do). For this purpose the Group divided into several parties. The observation of each party is recorded separately.

[2] Document A/AC.19/SC.5/SR.8.

[3] Members of the Community Protection Association (see Volume III, Annex XII: document A/AC.19/SC.8/SR.1, Appendix 3).

[4] Documents A/563, Annex 2; A/595, Annex 6.

Polling place No. 2, Tongdae Mun Electoral District B, Seoul, Monday, 10 May 1948, at 10.35 a.m.

Interview with the chairman of the election committee

When it was asked why a volunteer guard was standing in each doorway of the polling place, the chairman informed the Group that, although he realized that this was not correct, the volunteer guards sometimes entered the polling place to sit down when they were tired.

Of the 461 eligible voters, 300 had voted. There were many illiterates, but they had been coached previously on voting procedure in their various districts, and when they were in doubt as to what to do, there was someone in the voting place to assist them.

Of the nine original candidates, Mr. Kim Kiu Whang, Korean General Youth Group, and Mr. O Chan Kwong, non-party, had resigned, but the chairman did not know why.

Thirteen election committee members were present. Five representatives of candidates were also present.

Polling place No. 4, Tongdae Mun Electoral District B, Seoul, Monday, 10 May 1948, at 10.50 a.m.

Interview with the chairman of the election committee

The Group was informed that 75 per cent of the 1,200 eligible voters had voted.

Polling place No. 1, first ward, Chung-Ku Electoral District, Seoul, Monday, 10 May 1948, at 11.50 a.m.

Upon returning to polling place No. 1, first ward, Chung-Ku electoral district, the Group was informed that of the 749 eligible voters, 495 had voted.

Polling place No. 3, first ward, Chung-Ku Electoral District, Seoul, Monday, 10 May 1948, at 12 noon

Interview with the chairman of the election committee

The Group was told that some of the eligible voters had come to the voting place on stretchers.

When Mr. Mughir (Syria) asked why paste to seal the envelope was available on top of the ballot box rather than in the voting booth, it was explained that paste was also available in the voting booths but, as the voters sometimes failed to seal the envelopes there, they were in such cases sealed at the ballot box.

Polling place No. 2, first ward, Chung-Ku Electoral District, Seoul, Monday, 10 May 1948, at 12.7 p.m.

Interview with members of the election committee

The Group was informed that of the 715 eligible voters, 535 had voted. A representative of one candidate was present.

Polling place No. 1, Sodaimun Electoral District, Seoul, Monday, 10 May 1948, at 12.20 p.m.

Interview with the chairman of the election committee

Representatives of two candidates were present. Of the 634 eligible voters, 509 had voted. Eight members of the election committee were present.

It was noted by the Group that several of the volunteer guards wore youth group uniforms and badges, but the chairman of the election committee assured the Group that it did not mean that they were members of these youth associations simply because they wore the uniform. When it was pointed out that some of these volunteer guards were in the polling place, the chairman said that they could not come in as members of a youth group, but that they could as guards.

Interview with a volunteer guard

A volunteer guard explained that he had not become a guard upon the instructions of the youth association. The police had requested volunteers, and the volunteer guards had volunteered in their particular districts.

*

Although there were posters explaining and illustrating voting methods and exhorting the people to vote, and posters distributed by the metropolitan police telling the people not to be afraid to vote, there was no campaign propaganda by individual candidates in any of the polling places visited.

There had been no difficulties or incidents in any of the polling places visited.

There were approximately fifteen volunteer guards wearing blue armbands and carrying heavy sticks or rifles in front of each polling place. These were authorized to assist the police in case any incidents occurred.

When asked whether any of them had any party affiliations or belonged to any youth group, the answer was always in the negative.

* * *

Present: Mr. Valle (El Salvador); Mr. Villalva (Philippine Republic) and Miss Glance (Précis Writer).

Polling place No 3, Pendong, Tondong Po, Electoral District, Seoul, Monday, 10 May 1948, at 10.50 a.m.

Interview with the chairman of the election committee

Arriving at the polling place, the Group was greeted by the chairman of the election committee, who informed the Group that there were 865 registrants, of whom 721 had already voted. There were four election booths with the photographs of the candidates in each. One candidate had withdrawn for unknown reasons.

Mr. VILLALVA (Philippines) asked whether the ballot box had been opened in the morning.

The chairman of the election committee replied that it had, in the presence of the entire election committee. The Group watched the voters proceed with their ballots. No irregularity was noticed.

Polling place No. 2, Yongsan Electoral District, Seoul, Monday, 10 May 1948, at 11.20 a.m.

Interview with the chairman of the election committee

There were about 800 registrants, according to the chairman, and of these about 600 had already voted.

Seated near the entrance to the two booths were two men. It was explained by the chairman that they were there to show the voters the way to the booths.

Mr. VILLALVA (Philippines) explained that their presence so close to the voting booth was not necessary, and that unless their help was required, they should sit outside with the others. The chairman said he would instruct them to do so.

There was only one set of photographs of the candidates to serve for both booths, and this was hung between the booths so as to be visible from both at the same time.

When asked by Mr. VALLE (El Salvador) why several photographs were lacking (although the candidates had not withdrawn), the chairman explained that none had been submitted.

Polling place No 8, Mapo Electoral District, Seoul, Monday, 10 May 1948, at 11.40 a.m.

There were two voting booths, completely open and lacking privacy. In one of them, a woman, evidently illiterate, seemed to be confused. She turned to inquire something of a voter waiting his turn near the entrance to the booth, and was reprimanded by one of the committee members.

When asked by Mr. VILLALVA (Philippines) whether there was anyone assigned to assist the voters, the chairman replied in the negative.

The total number of registrants was about 1,100, of whom approximately 800 had already cast their ballots.

Polling place No. 2, Mapo Electoral District, Seoul, Monday, 10 May 1948, at 11.55 a.m.

Although the entire election committee and several policemen were having lunch when the Group entered, voting was still going on. The chairman stated that, out of 930 registrants, about 700 had already voted. Two candidates had been cancelled for unknown reasons. The booths, as in other places visited, were open and relatively lacking in privacy.

Polling place No. A-4, Chung-Ku Electoral District, Monday, 10 May 1948, at 12.15 p.m.

There were two polling places contiguous to each other, with a booth in each. Of about 1,100 registrants, approximately 800 had voted. The rooms were quite small. One was extremely dark, and although there was an electric light almost directly above the booth, it had not been used. The Group suggested its use, and this suggestion was complied with. The booths themselves had a fair degree of privacy, one being blocked off by a curtain and the other — a makeshift of wooden slats — by reason of its being placed at a reasonable distance from members of the election committee.

When members of the election committees were asked whether there had been any disturbances of any kind in their respective voting districts, they answered in all instances in the negative.

Inside or several yards away from each polling place, there were several men armed with wooden clubs. It was explained to the Group that these were auxiliary police, who assisted in keeping order in the queue and on the premises.

* * *

Present: Mr. Mughir (Syria) and Miss Faure (Précis Writer).

Polling place No. 1, Yongdong Po Electoral District, Seoul, Monday, 10 May 1948, at 2 p.m.

Upon arrival, the Group noticed several young men standing near the polling place. They belonged to the "Hyang Bo Dan" (Community Protection Association), newly organized under the police, and had received orders from their headquarters to assist the police.

The voting population of that voting district was 1,0258; 20 had already voted.

The leader of the Community Protection Association was present in the polling place and it was explained that he had been there since the previous night and all that day.

Mr. MUGHIR (Syria) reminded the chairman of the election committee that the police and members of youth groups in uniform were not allowed to be in the polling place. The chairman was well aware of that provision.

It was noted that the voting booths were wide open, assuring no privacy to the voters.

Visit to Polling Place No. 7, Do Rim Dong, Yongdong Po Electoral District, Seoul

The polling place consisted of one small and very crowded room. There were two desks which served as voting booths, placed about one yard from the election committee's desk, with complete lack of privacy for the voters.

The number of registered voters was 1,186, of whom '61 persons had already voted.

The chairman explained the presence of the police and members of the Community Protection Association on the grounds of possible violence in that district. Although he himself had received a threatening letter, he did not expect any violent incident.

Visit to Polling Place No. 8, Do Rim Dong, Yongdong Po Electoral District, Seoul

Out of 952 registered voters, 825 persons had already voted.

In the polling place, the Group noticed the presence of one policeman and several members of the Community Protection Association.

When Mr. MUGHIR (Syria) reminded the chairman of the provisions of the Electoral Law, he received the same answer as he had received in the previous polling place. The chairman said that there had been attempts at incendiarism near the polling place the previous night.

* * *

Present : Mr. Valle (El Salvador); Mr. Villalva (Philippine Republic) and Mr. Engers (Secretary).

Polling place No. 9, Mapo Electoral District, Seoul, Monday, 10 May 1948, at 3 p.m.

Interview with the chairman of the election committee

The chairman of the election committee informed the representatives that, out of 949 persons who had registered, 879 had already voted. The 16 members of the election committee and two representatives of the candidates were present. Out of 13 candidates, two had resigned some time ago. At 7 a.m. that morning, the ballot box had been opened for the inspection of the voters. There had been no difficulties so far.

Visit to Polling Place No. 14, Mapo Electoral District, Seoul

The Group was informed by the chairman of the election committee that about 87 per cent had already voted : out of 660 registered, 610 persons had cast their ballot. All the members of the election committee were present, as well as two representatives of candidates. The polling place was in a private office building, the owner being a member of the election committee in another district.

Visit to Polling Place No. 33, B ward, Songdong Electoral District, Seoul

The chairman of the election committee informed the Group that, out of 800 persons registered, 717 had voted. There were five representatives of candidates present. Out of a total of nine candidates, two had resigned the previous day. They were not affiliated with any party. There had been no trouble during the voting. The polling place would remain open until 7 p.m. when a truck would pick up the ballot box and deliver it to the electoral district election committee.

Visit to Polling Place No. 4, B ward, Songdong Electoral District, Seoul

The Group was informed by the chairman of the election committee that out of 1,181 persons who had registered, 1,051 had already voted. Five representatives of candidates, as well as the members of the election committee, were present. There had been no difficulties.

Visit to Polling Place No. 1, Songga Dong, Yong San Electoral District, Seoul

The chairman of the election committee told the Group that 656 of the 676 registrants had voted. Besides the members of the election committee there were three representatives of candidates present. At 7 a.m. the ballot box had been opened for inspection and thereafter the voting had proceeded without difficulties.

Visit to Polling Place No. 1, Yong San Gun, Second Electoral District, Seoul

The Group learned that 870 out of 877 registrants had voted. Two representatives of candidates had been present during the voting. Out of twelve candidates, four had resigned about a week previously. Everything had been running smoothly.

Visit to Polling Place No. 3, Uk Sok Dong, Yong Dong Po Electoral District, Seoul

Out of 746 registrants, 650 had voted. The members of the election committee and three representatives of candidates were present to watch the voting.

*

In general, there had been no difficulties reported in any of the seven polling places visited. Outside each polling place were stationed one or two policemen and a group of men with armbands and sticks, who preserved order in the queue of voters. Inside there were, for the most part, three polling booths placed apart from the seats reserved for the members of the election committee and the representatives of the candidates. With regard to precautions to ensure the secrecy of the ballot, it was noted that in most cases polling booths were substantially constructed in accordance with the Electoral Law.

* * *

Present : Mr. Mughir (Syria) and Mr. Milner (Deputy Principal Secretary).

Electoral district office, Chung-Ku, Seoul, Monday, 10 May 1948, at 9.30 p.m.

The Group was informed by the chairman of the electoral district election committee that ballot boxes had arrived from each of the 106 voting districts in the electoral district. The Group witnessed the opening of the first ballot box from Myung-Dong voting district at 9.30 p.m., in the presence of the mayor of Seoul and the chief civil affairs officer.

The chairman of the electoral district election committee opened the ballot box and distributed the ballots in their envelopes to the members and the alternates of the election committee. It was then ascertained that the number of ballot papers corresponded with the number of voters (656) in the poll register. The ballot papers were then taken from their envelopes and distributed for counting to the members and alternates of the election committee. For purposes of counting, the ballots cast f[illegible]ch candidate were sorted out and passed to c[illegible]unter. The counting of the votes in the first ballot box was completed at 10.10 p.m., but a recount was found necessary. At 10.20 p.m. the revised final vote was recorded. Of the 656 ballots received, 37 were invalid, some 20 of which were unmarked ballot papers and others having a line drawn through the voting column.

The Group noted that the entrance to the electoral district office was heavily guarded by police and Community Protection Association members and that some 12 police were present inside the room where the counting took place. Representatives of the candidates and of the Press were present at the counting.

Electoral district office, Chong-No A, Seoul, Monday, 10 May 1948, at 10.45 p.m.

The chairman of the electoral district election committee indicated that all ballot boxes from the 69 voting districts had been received without incident. The Group witnessed the counting of ballots of the first ballot box opened. The counting of ballots proceeded smoothly. The Group noted a discussion by the electoral district election committee regarding validity of a ballot paper in which a circle had been drawn so as to cover unevenly two spaces in the voting column. The ballot paper was declared invalid. Of 637 ballots in the first ballot box, 18 were invalid, and in the the second, 25 were invalid out of 722. Invalid ballots were mostly marked with two or more circles in the voting column.

* * *

Present: Mr. Barthelemy (France); Mr. Chu (Secretary).

City Hall, City of Inchon, Kyonggi-Do, Monday, 10 May 1948, at 9.45 a.m.

Interview with Yang Moon Pyu, mayor; Kim Moo Young, chairman of election committee of District A; Kim Tae Yong, chairman of election committee of District B; Kim Si Ku, vice-chairman of election committee of District B; Kang Hae Sung, Gun chief of Puchon; Lt. Col. Evans and Captain Sekan, Military Government

Mr. BARTHELEMY (France) inquired as to the reported disturbances of the evening before.

Colonel EVANS, of the Military Government, replied that a small hand bomb had been thrown at the telephone switchboard located in the Seoul Post Office building setting fire to and destroying the switchboard. One culprit had been apprehended. The Military Government had provided for 13 patrols to patrol the city area, made up of at least one officer and one enlisted man. They were under instructions to observe and not interfere with any activities unless the Korean police or the constabulary specifically requested their assistance. They were further instructed that if they felt it necessary to inspect any particular polling place, they should remove their weapons before entering. A check with the local counter-intelligence corps revealed that everything was quiet.

Mr. KIM Moo Young, chairman of the election committee of District A, stated that there was no interference in his district and that everything was proceeding normally in the 89 polling places of that district.

Mr. KIM Tae Yong, chairman of the election committee of District B, stated that there was no interference in his district and that everything was running smoothly so far in the 93 polling places.

Mr. BARTHELEMY (France) asked the mayor whether there had been any interference in any section of the city.

Mr. YANG Moon Pyu, mayor, said that if there was going to be any violence, it would be started by the leftists only, but that so far nothing unusual had occurred.

In reply to a question by Mr. CHU (Secretary), as to whether any leftists were candidates, Mr. YANG said there were none. There was however one middle-of-the-roader, who was a former leftist, now running in Election District B.

Mr. BARTHELEMY (France) asked the *Gun* chief of Puchon whether he knew of any interference.

Mr. KANG Hae Sung, *Gun* chief of Puchon, said that on the eve of the election handbills had been distributed in his area by unknown persons denouncing the elections but he did not feel that they had any effect on the voters. He said that there were 96 per cent eligible voters registered but that the number voting would be much smaller since his area was made up principally of fishermen and that they had set out to sea two days before as this was the time for making their yearly haul.

Mr. CHU asked whether there had been any interference from the rightists, leftists, the middle-of-the-roaders or any other source.

Mr. KANG Hae Sung said that, as far as he knew, there had been none. He added that the results of the North and South Conference recently held in Pyongyang had raised some doubt in the minds of the citizens in his area as to the value of the elections but that outwardly it seemed to have no effect on the actual voting.

Mr. CHU asked whether any persons had been incarcerated as a result of election activity.

Mr. YANG Moon Pyu said that there had not been any up to that minute.

Visit to Polling Place No. 1, Election District 4, Dhung and Dong, Inchon, Kyonggi-Do

The Observation Group did not meet the members of the local election committee but walked through the polling place observing the method of voting. Two rooms had been set aside as the actual polling booths. Inside the rooms were two tables separated by a screen. There was no curtain separating the individual booths. In both rooms two members of the election committee were standing within five feet of the desk used for marking the ballot. Upon asking the reason for their presence, the Group was informed that they were there to assist those people who were illiterate and did not understand the voting procedure. The voters in the district seemed to be uninformed as to the entire procedure and had to be guided and instructed at each stage of the operation. The lock on the ballot box was not sealed.

Visit to Polling Place No. 1, Election District A, Nae Dong, Inchon, Kyonggi-Do

The lock on the ballot box was sealed. The voting booths were screened, ensuring complete privacy. The citizens in this area seemed to be better informed and well instructed. The entire processing was proceeding very efficiently. There were seven candidates, one of which was a woman. It was agreed among the candidates that only the female candidate's picture should be posted.

Visit to Polling Place No. 1, Election District B, Kum Kok Dong No. 2, Inchon, Kyonggi-Do

The lock on the ballot box was not sealed. The voting booths were sufficiently screened to ensure privacy. The chairman of the election committee stated that there had been no interference in this area, although, of the five candidates, a member of the National Youth, Inc., had withdrawn his name on the evening of 7 May for unknown reasons.

Visit to Polling Place No. 2, Election District B, Kum Kok Dong No. 2, Inchon, Kyonggi-Do

The ballot box in this polling place was sealed on all sides with paper although the lock was not. The voting booths offered a degree of privacy. The chairman of the election committee stated that, at 11 a.m., 90 per cent of the 1,800 eligible voters had already cast their vote for one of the five candidates.

Visit to Polling Place No. 1, Pu Pyong Dong, Pu Pyun Gun, Kyonggi-Do

Of the 530 eligible voters, 80 per cent had already cast their vote by 11 a.m. for one of the five candidates. The lock on the ballot box was sealed and the voting booths offered complete privacy. The polling place was in immediate proximity to the Dai Dong, North-West, and NARRKI[5] organization headquarters.

Visit to Polling Place No. 11, So-Sa Eup, Puchon Gun, Kyonggi-Do

There were seven candidates running in this area and 550 of the 800 eligible voters had already cast their vote by noon. The voting booths offered a reasonable degree of privacy.

The lock on the ballot box was not sealed.

Visit to Polling Place No. 1, Yung Dung po, Seoul, Kyonggi-Do, and interview with Mr. Kim, mayor of Seoul, and Lt.-Colonel Wilson, chief civil affairs officer, who arrived at polling place simultaneously with the Group

Mr. KIM, mayor, stated that there had been surprisingly little violence during the evening, although a home-made bomb had been thrown at one of the polling places farther in town during the night, causing no damage. The culprit had been apprehended.

It was pointed out by Mr. BARTHELEMY (France) that the lock on the ballot box in this polling place was not sealed and the mayor ordered it sealed immediately.

At 12 p.m., 570 out of the 1,080 eligible voters had already cast their vote. The room was extremely small for smooth operation but the voting booths were sufficiently screened to ensure privacy.

* * *

Polling place No. 4, Soyang No district, Chunchon, Kang Won Do, Monday, 10 May 1948, at 10.50 a.m.

Interview with the chairman of the election committee

Present : Mr. LIU (China), Mr. MILNER (Deputy, Principal Secretary).

The chairman of the election committee informed Mr. LIU (China) that, out of 513 persons registered, only 48 had not yet cast their vote.

Mr. LIU (China) asked the chairman if many explanations had to be given to the voters as to how to vote and was told that most people knew how to proceed.

Visit to Chungang Ro polling place

In Chungang Ro, the chairman of the election committee told Mr. LIU (China) that, out of 527 persons who had registered, only 43 had not voted so far.

Polling place No. 1, Cho Yang Pong, Chunchon, Monday, 10 May 1948, at 11.15 a. m.

Interview with the chairman of the election committee

Out of 901 registered persons, 600 had already voted.

To a question by Mr. MILNER (Deputy Principal Secretary), as to whether, in the event that a certain number of people had not voted by 5 or 6 p.m., any steps would be taken to encourage them to come, the chairman said that they had not envisaged taking any action in that direction, and that they would close the polling place at 7 p.m.

Visit to Polling Place No. 2, Cho Yang Dong, Chunchon

The Group was informed by the chairman that 698 persons had already voted, out of a total of 763 who had registered.

Visit to Polling Place No. 3, Cho Yang Dong, Chunchon

The chairman of the election committee told the Group that only 63 persons had not yet voted out of 760 who had registered.

*

No difficulties were reported in any of the polling places visited and it was noted that most people had voted during the first three hours after the opening of the polling places.

The voting booth, in all cases, was either in a separate room or curtained off behind the voter, or screens had been provided to ensure secrecy during the marking of the ballots.

In all the polling place visited, except one, it was noted that each of the four candidates had one representative present.

There were no policemen either in or unduly near the polling places; in some cases, persons belonging to the Community Protection Association, wearing armbands and armed with sticks were stationed near the entrance to the polling places.

Provincial headquarters, Chunchon, Monday, 10 May 1948, at 1.45 p.m.

Interview with the Kang Won provincial election committee

Mr. LIU (China) first congratulated the members of the election committee and the United States advisers of the Province on the excellent work they had accomplished. He then asked Mr. SHIN Bong Soo, chairman of the provincial election committee, if he anticipated that the voting in the rest of the Province would go as smoothly as in Chunchon.

[5] National Association for the Rapid Realization of Korean Independence.

Mr. SHIN said he had not yet received exact reports, but the results obtained so far proved that the voting was proceeding everywhere without difficulties. To questions by Mr. LIU (China), he also said that, although there had been no show of violence that day, he had just had a report that two candidates were shot at the night before in Kangnung, 2nd district. In Samchok Gun, one grenade had been thrown into a house the day before, but had not exploded. In Ulchin Gun, a police box had been attacked about two weeks previously. Mr. Shin added that there were 12 candidates in the province running on a non-party ticket. Among those 12, one actually belonged to the Taehan Labour Federation, one to the National United Front, one to the People's Party, two to the National Youth Inc. and one to the Dai Dong Youth Organization.

In reply to Mr. LIU (China), who wanted to know why no Hankook Democratic Party representative was running for election in Kang Won Do, Mr. SHIN gave as a reason the fact that that party had no branch organization in the province. He then explained to the Group that the various organizations had different electoral platforms. The Dai Dong Youth Organization favoured distributing land to the farmers without compensation, "government for the people" and a free education system, whereas the National Association for the Rapid Realization of Korean Independence, which also advocated government for the people, did not favour distribution of land without compensation to the landowner.

To a question by Mr. MILNER, who asked if intensive campaigning had occurred, Mr. SHIN answered that handbills had been distributed, and that many speeches had been made. On one occasion, a branch of the Political and Economics Institute had organized a big meeting, at which each of the four candidates in turn presented their views to the people.

To a question by Mr. LIU (China), Mr. SHIN then added that there had been no disturbances whatsoever during the period of campaigning, and that no candidate had been disqualified. During the registration period, however, handbills had been distributed by members of various organizations opposed to the elections.

Mr. MILNER asked if the election committees had undertaken any activities to encourage the people to vote after they had registered.

Mr. SHIN replied that the election committees had done all they could to educate the people as to the importance of voting.

In reply to a question by Mr. LIU (China) whether any of the candidates for the province belonged to the parties of Mr. Kim Koo or Mr. Kim Kiusic, Mr. SHIN said that those organizations had no branch in Kang Won Do, and consequently there were no followers of either Mr. Kim Koo or Mr. Kim Kiusic.

Mr. LIU then asked the members of the provincial election committee if there were any questions they would like to put.

Mr. SHIN said that he would like to have the opinion of the United Nations Temporary Commission as to the value of the results brought about by the Conference of North and South political leaders.

Mr. LIU (China) answered that all he knew about the conference was what he had learned from reading the newspapers.

To a member of the election committee who wanted to know how long it would take to set up the new Korean Government once the final result of the election was known, Mr. Liu pointed out that the Korean representatives elected would have more to say about that than the Commission which, in any case, would be at the Government's disposal for any consultation it might wish to undertake.

Visit to Chunchon city election committee

The Group then met with the Chunchon city election committee and learned that the ballot boxes would all be collected after 7 p.m. and brought there to be kept until the next morning, when they would be taken to the city public hall, where the counting of the ballots would then commence. The room where the boxes would be put for the night was located upstairs, and guards would be put in the building till they were removed.

Visit to Polling Place No. 3, So Yang No, Chunchon city, Kang Won Do

The chairman of the election committee told the Group that out of 739 registrants, only 32 had not yet voted.

Visit to Nak Wan Dong polling place

The chairman of the election committee said that 463 persons had voted, out of 487 who had registered. He added that he only expected two more persons to vote, but felt that the others would not be able to come, either having left the area some time ago or being sick in bed.

Interview with the executive officer to the chief civil affairs officer, United States Military Government, Kang Won Do

Lt. Colonel SUTTON, executive officer, informed the Group of the results which had just come in from the different parts of the province to which the United States authorities had sent Observation Groups:

In Mukko, a port on the East coast where trouble had been expected, everything had been going on smoothly. (The report had been sent at 1.48 p.m.)

In Ulchin Gun, at 1.34 p.m., everything was all right.

In Samchok Gun, everything was quiet at 1.26 p.m.

In Chinmenjin Gun, 80 per cent of the population had already voted by 1.35 p.m., and 90 per cent by 2 p.m.

In Kingmong Gun, 80 per cent of the people had voted before 2 p.m.

In Chongmon-ni (Ulchin Gun), everything was peaceful.

In the *Guns* of Wonju, Yongwol, Pyongchan, Chongson and Hoengsong, there had been no agitation whatsoever.

OBSERVATION GROUP II

SUMMARY RECORD OF OBSERVATION OF ELECTION [1] : Saturday, 8 May, to Wednesday, 12 May 1948

Present : Mr. Patterson (Canada); Mr. Campbell (Acting Secretary).

Chongju, Chungchong Pukto

Observation Group II, composed of the above members, arrived in Chongju at noon on Saturday, 8 May 1948, to observe the elections in Chungchong Pukto.

Interview with groups opposed to the elections

On Sunday, 9 May, at 2 p.m., the following persons requested an interview with Mr. Patterson : Chong Un Song (Chief Secretary of the Chongju Branch of the Korean Independence Party), Slein Wan U (Korean Independence Party), Song Chae Hi (Korean Independence Party), Pak Chong Won (Democratic Independence Party), Byon Yang Kyu (Labouring People's Party), Sin Chong Ho (Social Democratic Party), Kim Kik Ho (Independent Labour Party).

Mr. CHONG Un Song, the spokesman of the group, stated that all the parties represented were opposed to the elections. They believed that the elections would be conducted successfully but that they would succeed only by the use of force. The "rights" and "free atmosphere" which General Hodge had mentioned in his declarations had not been made effective. Locally, there had not been freedom of assembly, as some persons who had applied for permits to hold meetings had not been allowed to hold them before the election.

Registration by force

Mr. Chong quoted from his own experience to illustrate the kind of pressure exerted during the registration period. On 5 April, the Panchang had come to his house at 46-3 Chongju, Munwha Dong, and had asked his mother for the family's ration cards, stating that he had heard that people who did not register could not get rice. His mother had given the Panchang the cards and had taken them back one week later after visiting the Panchang's house. The Panchang claimed that he had taken the cards so as to have the seals of the Kuchang, the Mayor and himself put on them. Mr. Chong had not registered. The Panchang could claim that he was collecting cards by order of the Mayor in order to investigate the "ghost population". He considered that procedure to be a veiled threat as it had occurred just before registration.

On 7 April, the day before the closing of registration, many had not registered and officials had taken forms to the homes of those who had not registered and forced them to register, although registration should have taken place at the registration office.

Pressure after registration

Mr. Chong stated that, on 16 April, at about 6.30 a.m., the Panchang had come to his home and asked him why he had not come to guard the registration office on the previous night as requested. He had replied that he had not gone because he had no interest in the matter, whereupon the Panchang said that neighbours had told him that Mr. Chong might not want rice. Mr. Chong had replied that he had the same right as any Korean to obtain rice. He added that five or ten members of the Community Protection Association (Hyang Bo Dang) had guarded the registration place each night. All citizens had been asked to join and, if they refused, had been obliged to pay 300 *won* per night to a substitute. Recruitment took place by order of the police.

Pressure on election day

Mr. Chong said further that it was expected that the police would summon the members of the Community Protection Association in the morning of election day and instruct them to tell the people they should vote and to report to the police.

Election committees had issued numbered registration cards to Panchangs who were to take them to the voters. The people might vote through fear. Posters condemned the people who did not vote as traitors.

Complaints

Mr. Chong then referred to the case of Kim Du Whan, who was said to have been arrested on 13 April and to have died in jail the next day, and to the case of Choi Song Soo, who was said to have been in jail since his arrest on 5 April when waiting to speak to the United Nations Observation Group in Chongju.[2]

Monday, 10 May 1948

At 6.30 a.m. on Monday, 10 May, Mr. PATTERSON left Chongju on a tour of observation of the electoral districts of Chinchon Gun, Chongju City, Chongwan Gun I and II, and the southern *Guns* (Boun, Okchon and Yongdong); at the same time, Mr. CAMPBELL left on a similar tour of the northern *Guns* (Kwesan, Umsong, Chungju, Chechon and Tanyang).

On Monday, 10 May, the offices of the election committees of the electoral districts of Chinchon Gun, Chongju City, Chongwan Guns I and II, Boun Gun, Yongdong Gun, Kwesan Gun, Chungju Gun and Tanyang Gun were visited and, on Tuesday, 11 May, similar offices in Okchon Gun, Tanyang Gun (second visit), Chungju Gun (second visit) and Umsong Gun.

Voting places in those electoral districts were visited as follows :

Chinchon Gun

Eup Nei Li, voting district 3
Eup Nei Li, voting district 1
Sungam Li
To Ha Li

[1] Document A/AC.19/SC.6/SR.7.

[2] These statements were included in a list of complaints forwarded to the United States authorities : see document A/563, pages 39-40.

Chongwan Gun II
Weinam
Chongdai Li

Chongju City
Neitookdong voting district 1
Neitookdong voting district 2
Yung Won Dong

Chongwan Gun I
Nam Il Myun
Tu San Li
Pyang An Li

Okchon Gun
Chichi Li
Kopyun Li

Yongdong Gun
Kuchon Li
Kyesam Li

Kwesan Gun
Jung Pyun Myun, voting district 1
Sa Ri Myun
Kwesan City, voting district 1
Kwesan City, voting district 3
Kwesan City, voting district 2
Kwesan City, voting district 5
So Sung Myun, voting district 1

Umson Gun
Umsong City, voting district 3
Umsong City, voting district 2
Umsong City, voting district 1
Pee Sul Li, voting district 6
Jwo Dok Myun

Chungju Gun
Ee Rup Myun, voting district 19
Chungju City, voting district 13
Tan Wol Li, voting district 15
Sal My Myun, voting district 6
Yong Chun Li, voting district 5
Shin Mai Li, voting district 4

Chechon Gun
Hong Gang Li, voting district 1
So Chung Li, voting district 2
Su San Myun, voting district 1

On Monday night, 11 May, and Tuesday, 12 May, the counting of ballots was observed in the electoral district offices of Yongdong Gun, Okchon Gun, Boun Gun, Chongju City, Chongwan Guns I and II, Tanyang Gun and Chungju Gun.

Early voting

As early as 6.30 a.m., queues of people, mainly women, were observed at the voting places. Most people appeared to have voted before noon. For instance, at Neitookdong II in Chongju City, all but 45 of the of the 899 registered voters had voted before 11 a.m. In Kwesam Myun, approximately two-thirds of the registered voters had cast their ballot by 9 a.m. In Jwo Dok Myun, 92 per cent of the registered voters had voted by 1.05 p.m.

Maintenance of order

No incident of disorderly conduct was observed throughout the day.

Approaches to polling booths

No irregularities were observed at the approaches to the polling places. No signboards were displayed, hand-bills distributed, nor canvassing conducted within 100 metres of the booths. Except for the instances noted below *(Behaviour of police)* no police were observed near the entrances.

Entrances to polling booths

Photographs of candidates were posted at all polling booth entrances. It was noted that, at all voting places in Chungju Gun, only the first two of the five candidates had supplied photographs.

A member of the voting district election committee was at the entrance to instruct voters. In one instance (Chongdai Li, Chongwan Gun II) this member was exhorting the queueing voters in a loud voice to note the photographs carefully, to consider which candidate would best serve the interest of Korea, and to vote for that candidate. He did not, however, mention the name of any particular candidate.

Polling Places

Committee members were invariably present and, in most cases, the entire election committee was at hand. The election committee followed the prescribed procedure for the conduct of voting. The secrecy of the voting booths seemed to be reasonably maintained in all cases, but, in some voting places, the openings of the voting booths faced the election committee and/or candidates' representatives. In the latter cases, it was possible to see the voter marking the form but it was doubtful whether it was possible to observe for whom the voter was casting his ballot.

The names of candidates with identifying marks and, in most cases, their photographs, were posted in the booths. At Changdai Li, Chongwan Gun II, the identifying marks had not been placed below the names of the candidates at 7.30 a.m., but that had been corrected on the advice of the United States observer. In all booths visited in Chungju Gun, only the first two of the five candidates had supplied photographs for use on the booth posters.

Representatives of candidates were or had been present at the great majority of polling places visited and in no cases were there more than five such representatives.

No unqualified persons were observed in the polling places except at Neitookdong I, Chongju City (see below *Dai Dong Youth Group*), and at Pee Sul Li, Umsong Gun (see below *Behaviour of police*).

In the booths of the voting places in voting district 3, Umsong City, notices were displayed stating that whoever opposed the elections was unpatriotic.

Behaviour of police

Police were not observed within voting places except in the following instances:

(a) In Pee Sul Li, voting district 6, Umsong Gun, an armed policeman entered the voting place and remained during the fifteen minutes of observation.

(b) A policeman was at a desk inside the voting place at Nam Il Myun, Chongwan Gun I, at 1.45 p.m. No voters were present at the time. Of the 730 registered voters, 681 had already voted.

(c) An armed policeman in plain clothes was inside the voting place at Hang Min Li, Boun Gun, at 3.50 p.m. No voters were present at the time and 699 of the 717 registered voters had already voted. The chairman of the election committee said that he had requested the policeman to enter. Mr. Patterson advised that the policeman should remain outside in accordance with the Election Law.

(d) The two United States observers reported having observed two policemen in one voting place in Yongdong Gun, voting district 5, where the alternate chairman of the election committee had been beaten to death on Saturday, 8 May.

One or two policemen were usually patrolling in the neighbourhood of the voting place. Chungchong Pukto provincial headquarters had stated that they should not approach nearer than 25 metres from the entrances unless summoned by the chairman of the election committee to deal with disturbances. The United States observers in Okchon Gun reported having observed one soldier at the entrance to a voting place.

Dai Dong Youth Group

Members of the Dai Dong Youth Group, wearing armbands and usually carrying staves, were observed in most electoral districts and in the vicinity of most of the voting places visited; some were stationed at or near the entrances to the voting places.

They were also seen patrolling areas around the voting places and guarding the rope barriers which had been put up in many places to shut off roads approaching the voting places. In some cases, they patrolled road junctions and highways at points some distance from any voting place.

Chairmen of election committees stated that they had asked the Dai Dong Youth Group to help and that the Dai Dong leaders had instructed members to patrol the vicinity of the voting places and aid the police if called upon.

In certain cases, where Dai Dong members wearing armbands were seen inside voting places, they were said to be committee members. At Iwanlini, Boun Gun, eight of the committee members were affiliated with the Dai Dong; in Chichi Li, Okchon Gun, six; and in Neitookdong, Chongju City, thirteen.

At Yung Won Dong, Chongju City, one policeman and 30 Dai Dong members were on duty. At 1.15 p.m., one Dai Dong member, wearing an armband, was noted inside the polling place. On the entry of Mr. Patterson, the committee chairman motioned him outside, saying that his place was at the entrance.

The most serious instance of apparent intrusion was that of Dai Dong members in Neitookdong I of Chongju City, noted at 11.45 a.m. At the request of the committee chairman, 51 members of that organization were assisting at the voting place. They had received instructions from their leader, who was also a committee member inside the voting place. Some of the Dai Dong members were patrolling outside the entrances, one was sitting at a table just inside the roped entrance, and others were in the yard at the voting booth itself. A roped corridor led from the highway to the voting place. Ten yards from the entrance, a Dai Dong member was searching people for weapons, matches, etc.; ten yards further along, another member was carrying out the same procedure. A woman was engaged in searching women voters. All those who were being searched had already been identified as voters at the entrance. When questioned by the observer regarding who had requested their help, the Dai Dong leader replied that that was beside the point, that they would have given assistance in any case and that their objective was to create a Korean nation and to help wherever possible. He further stated that they were trying to help the voting by having their members patrol the area and prevent disturbances. They were supposed to patrol at a distance of at least 100 metres from the booth.

When asked if he considered the Dai·Dong members to be observing that distance, he replied that some were committee members, some were stationed there as guards and some were used to bring lunches to committee members. He said committee members were still wearing armbands because they had been worn before the curfew on the previous night and he had forgotten to collect them.

He added that, as far as he knew, the voters were being searched for weapons in all voting districts within Chongju. (This, however, was the only district where it was observed.)

The chairman of the election committee admitted that it had been thoughtless to use Dai Dong members as had been done and said that the armbands would be removed from all thirteen committee members who were affiliated with the Dai Dong and other people within the voting area.

Community Protection Association (Hyung Bo Dong)

Members of this association were used extensively in the electoral districts visited. Like Dai Dong members, they patrolled the areas around the voting places. Their leaders had instructed them to assist the police in controlling the voting areas. In some cases, they were used to protect the houses of voters while the latter were absent casting their ballots. In Okchon Gun, according to the committee chairman, about 5,000 people had been recruited into this association. Only one in ten was armed with staves. They received no remuneration. Mr. YUN, Governor of Chungchong Punkto, stated, however, that the *Gun* chiefs had asked him to provide extra rice for members of the association and that he had refused to do so.

All officials questioned about this association offered information without restraint and apparently regarded its activities as quite legitimate. Governor Yun, on the other hand, felt that both this association and the Dai Dong Youth Group had dangerous possibilities and that they schould be dissolved after the elections.

Use of firemen

In several voting places, firemen were observed patrolling outside the booths. They had been summoned to aid the police in the maintenance of order in case any incidents occurred.

Closing of ballot boxes

In several voting places, ballot boxes had been closed before the official hour of 7 p.m. In Tan Wan Li, Umsong Gun, the ballot box was sealed and ready for dispatch at 3.50 p.m. The chairman of the election committee said that only 30 of the registered voters had not voted and that the remaining 30 would not come because of sickness, absence from the area, etc. In Kyopyn Li, Yongdong Gun, a crowd of about 100 were met at 5.30 p.m. carrying the ballot box to the police sub-station. The chairman stated that all 707 registered voters had voted.

The chairman of the election committee in Kungchon Li, Yongdong Gun, reported that the ballot boxes in his and four other districts (Changham Li, Mai Kim Li, Pusan Li, Hangon Li) had been closed before 6.30 p.m. In Kungchon Li, 633 of the 664 registered voters had voted by 5 p.m. and the remainder were known to be either dead, confined to hospital or home, or to have stated that they were not going to vote.

At 6.55 p.m., the chairman of Shunma Li, Yongdong Gun, was observed on the road with the other committee members, carrying the ballot box to a waiting vehicle. They had carried it 5 miles over the mountain road in order to reach the highway before dark.

The ballot box was sealed and ready for dispatch in Salmi Myun, Chungju Gun, at 4.20 p.m.; in Yong Chun Li, Chungju Gun, at 4.35 p.m.; and in Shin Mai Li, at 4.55 p.m.

Collection of ballot boxes

Provision had been made in each electoral district for vehicles to carry the ballot boxes from polling places to electoral district headquarters.

Counting of ballots

The counting of ballots was conducted efficiently and methodically. All members of the electoral district election committees were present, together with other Korean officials and representatives of the candidates.

In some cases a policeman was stationed in the electoral district headquarters and members of the Dai Dong Youth Group and of the Community Protection Association patrolled the area outside.

Committee members worked all night on 10 May and, in most cases, on 11 May in order to complete the counting as soon as possible.

In Tanyang, after a short speech by the chairman and after all present had bowed to the Korean flag and sung the Korean national anthem, the first box was opened at 9 p.m. By 2 p.m. on 11 May, 30 of the 48 boxes had been counted.

In Chungju, 53 of the 93 boxes had been counted by 3.55 p.m. on 11 May.

In Umsong, the counting had ended at 12.5 p.m. on 11 May.

Anti-election incidents

The chairman of the election committee of Hong Gang Li, Chechon Gun, said that a member of the election committee of Han Soo Myun had been attacked by about 20 leftists while walking at 11 a.m. and that he was in a very critical condition.

He further stated that bonfires had been lit in the mountains in his district and he believed that the intention was to frighten the people into not voting.

Analysis of candidates' affiliations

In Chungchong Pukto, 48 candidates ran, after the withdrawal of five of the original total. The following table shows the party affiliation indicated in the candidates' registration applications and also the party affiliations according to investigations conducted by the Public Information Bureau (PIB) of the Provincial Government. The latter figures were furnished by Governor Yun.

	Affiliations on registration application	Affiliations indicated by PIB
National Association for the Rapid Realization of Korean Independence (NARRKI)	16	31
Dai Dong Youth Group. .	6	4
Hankook Democratic Party	2	5
Independent	24	6
Korean Independence Party	0	2
	48	48

According to the PIB analysis, the 24 "independent" candidates were reported to be affiliated as follows:

NARRKI	15
Korean Independence Party	2
Hankook Democratic Party	1
Genuinely independent	6

Of the six candidates registered under the Dai Dong Youth Group, four were recognized by PIB as affiliated with that group and two with the Hankook Democratic Party.

Of the 30 candidates indicated by PIB as belonging to NARRKI, only 16 had registered under NARRKI; 15 had registered as independent.

Of the five candidates recognized by PIB as affiliated with the Hankook Democratic Party, two had registered under that party, two under the Dai Dong Youth Group, and one as independent.

Two candidates recognized by PIB as belonging to the Korean Independence Party had registered as independents.

Interview with Mr. Yun, governor of Chungchong Pukto

Analysis of the 12 successful candidates

Governor YUN supplied, during the afternoon of Wednesday, 12 May 1948, the following information concerning the first eight candidates:

(1) Mr. SONG Pill Man (age 58) was elected in Chinchon electoral district. He was registered under the Hankook Democratic Party. According to Governor Yun, he was an extreme rightist and a favourite secretary of Mr. Rhee Syngman. His residence remains in Chinchon but he has been living in Seoul and came from Seoul for the election. During the election period, he toured the provinces speaking on behalf of Mr. Rhee.

In the autumn of 1947, strife broke out between rightists and communists at I Wul Myun, Mr. Song's home, which resulted in the killing of two rightists. Since then, there have been many attacks on leftists. The police aided NARRKI and the Dai Dong Youth Group. At times, they cut women's hair off. From all citizens, 200 *won* were collected. In the same autumn, NARRKI and the Dai Dong Youth Group collected rice.

Similarly, in Sam Seung Myun, Boun Gun, NARRKI and the Dai Dong Youth Group collected 1,800,000 *won* from the people in November and December 1947. In the same place, the

Dai Dong Youth Group collected 10 per cent of the rice crop and also tobacco.[3]

(2) Mr. Yun Byung No (age 54) was elected in Kwesan electoral district. Mr. Yun is considered by PIB as a member of the Hankook Democratic Party but he is not a real member. He registered as having no political affiliations. He is believed to be a real patriot and a man of action rather than a talker. It is not clear what significance there may be in his victory over Chyung Seun Wa, who registered under NARRKI. Mr. Yung's margin was very great. Out of 54,564 registered voters, 40,319 voted for Mr. Yun.[4]

(3) Mr. Pak Kee Woon (age 37) was elected in Chongju City electoral district. Mr. Pak registered as an independent. He is considered by PIB as belonging to the Korean Independence Party. He formerly belonged to the Hankook Democratic Party but withdrew and opposed its policy. His chief opponent, Mr. Min Yong Bob, is prominent in the Hankook Democratic Party. People everywhere hate the Hankook Democratic Party because it is fascist and too hungry for power. Mr. Min, however, is a former mayor and also had the support of many poor people. Mr. Min is chairman of the local Dai Dong Youth Group and Mr. Pak is vice-chairman. The Dai Dong Youth Group is divided, some supporting Mr. Min and some Mr. Pak. With five other candidates competing, Mr. Pak received 7,290 votes in a district where 23,850 voters had registered.

(4) Mr. Kim Kyo Byon (age 60) was elected to Boun electoral district. He registered as an Independent but, according to PIB, is affiliated with NARRKI. According to Governor Yun, he is NARRKI in name only. He is well known in Boun, where he was principal of the Agricultural School. Before the election, it was believed that the contest would be between Mr. Kim and Mr. Choi Myun Su, who ran second. Mr. Choi is said to be a good man but not politically active. He was not personally known to Governor Yun.

There were five candidates and 35,157 registered voters in Boun electoral district; Mr. Kim received 13,387 votes. He had one official NARRKI opponent, one Dai Dong Youth Group opponent and two "Independent" opponents, considered by PIB as belonging to NARRKI.

(5) Mr. Lee I Sang was elected in Umsong electoral district. He was registered as NARRKI, being Chairman of the local branch of that Party and an honest supporter of Mr. Rhee. His only opponent, Mr. Kim Sei Kwun, is not known in Umsong as he came from Seoul and registered on the last possible day. It is not known where he got his support. Umsong is very conservative. In Umsong, 38,770 or over 99 per cent of the eligible voters registered.[5] Mr. Lee secured 29,966 votes, or more than 77 per cent of the total of registered voters.

(6) Mr. Yu Hong Rul (age 42) was elected in Chechon electoral district. He is regarded as a genuine independent.[6] He was a Myun chief in Chechon Gun. His only opponent, Mr. Kim Chong Mun, also registered as an independent but is considered as belonging to NARRKI. Mr. Kim was a sectional chief in the Department of General Affairs but resigned to become a candidate. There were 43,767 registered voters in Chechon electoral district; Mr. Yu received 30,519 votes.

(7) Mr. Cho Chong Sun (age 46) was elected in Tanyang electoral district. He registered as an independent but is considered as belonging to NARRKI. He is a former *Myun* chief. There were four candidates and 25,352 registered voters in Tanyang electoral district: Mr. Cho received 9,347 votes.

(8) Mr. Kim Ki Chul (age 30) was elected in Chungju electoral district. He registered under the Dai Dong Youth Group and is considered by PIB as belonging to that group. There were five candidates and 61,932 registered voters in Chungju electoral district; Mr. Kim received 29,457 votes.

The following table shows the affiliations and number of votes received by each candidate as at 2 p.m. on 11 May:

Name of candidate	Affiliation as registered	Affiliation according to PIB	Votes at 2 p.m. 11 May 1948
Kim Ki Chul	Dai Dong	Dai Dong	12,675
Lee Hi Sun	Independent	Independent	8,858
Lee Pyong Taek	NARRKI	NARRKI	5,694
Yun Kil Sop	Independent	Independent	793
Mrs. Lee Chun Ga	NARRKI	NARRKI	558

Mrs. Lee is a supporter of Mr. Rhee and was favoured by him. It was rumoured that Yun Kil Sop registered in order to get communist votes. Governor Yun added that people in this province did not like political parties.

(9) Mr. Hong Sun Ok (age 54) was elected in Chongwan electoral district I. He registered as an independent but is considered as belonging to NARRKI. There were four candidates: three registered as independents, one under the Dai Dong Youth Group. The first three are considered by PIB as belonging to NARRKI, the fourth as belonging to the Hankook Democratic Party. There were 37,620 registered voters; Mr. Hong received 14,455 votes.

(10) Mr. Lee Man Kun (age 56) was elected in Chongwan electoral district II. Mr. Lee registered as independent but is regarded by PIB as belonging to NARRKI. Of the three other candidates, two were registered under NARRKI and one under the Dai Dong Youth Group. There were 34,679 registered voters; Mr. Lee received 14,926 votes.

[3] These comments of Governor Yun on the tactics of NARRKI and the Dai Dong Youth Group were made in reply to a remark from Mr. Patterson that Pak No Yul, one of the candidates in Chinchon, had said in an interview with the Observation Group that NARRKI and the communists were both to be criticized. Governor Yun closed these remarks by saying: "It is true that NARRKI are not wise; they are too fascist."

[4] There were originally four candidates. Kim Yong Kyu, who withdrew from the Korean Independence Party and was known to be a supporter of Mr. Rhee, was killed after registering. Governor Yun said this had no political significance but did not enlarge on the circumstances. Mr. Chya Kyun Taik, the fourth candidate, withdrew as he apparently had no chance of winning.

[5] Mr. Campbell noted that in voting booths in this district, above the candidates' pictures, notices were posted stating: "It is unpatriotic not to vote."

[6] Governor Yun does not know Mr. Yu personally but believes him to be a middle-of-the-roader.

(11) Mr. CHONG Kyu Chan (age 56) was elected in Okchon electoral district. The five candidates in this district registered under NARRKI. There were 36,088 registered voters; Mr. Chong received 12,361 votes.

(12) Mr. PARK U Kyong (age 54) was elected in Yongdong electoral district. Of the five candidates in this district, one registered under NARRKI, one under the Dai Dong Youth Group, and three as independents. One independent candidate was regarded by PIB as belonging to NARRKI. Mr. Park registered as independent and is so regarded by PIB. There were 41,995 registered voters; Mr. Park received 14,019 votes.

OBSERVATION GROUP III

SUMMARY RECORD OF OBSERVATION OF ELECTION: Monday, 10 May, to Tuesday, 11 May 1948 [1]

Present: Mr. Singh (India); Mr. Lucas (Secretary).

Taejon City, Chungchong Namdo

Observation Group III, composed of Mr. I. J. Bahadur SINGH (India) and Mr. G. J. LUCAS (Secretary) observed the conduct of elections in Chungchong Namdo on Monday and Tuesday, 10-11 May 1948. The Group left Seoul for Taejon, the provincial capital, on Sunday, 9 May, at 8 a.m., and returned Tuesday, 11 May, at 6 p.m.

On election day, 10 May, the Group visited 16 polling places in three electoral districts — namely, Taejon City, Daeduk Gun and Konju Gun (A district). In addition, the Group interviewed the Chairman of the Konju Gun A electoral district election committee during the balloting on 10 May and the Chairmen of Taejon City and Daeduk Gun electoral district election committees during the counting of ballots on 11 May. The Group also interviewed a candidate for election in Taejon City.

On 11 May, the Group observed the counting of ballots in two electoral districts — namely, Taejon City and Daeduk Gun.

Taejon, the provincial capital, where the Group made its headquarters, is situated in the extreme south-east corner of the province and road communications are bad. For these reasons time did not permit the Group to extend its coverage beyond the three electoral districts mentioned during the period of observation. There are 19 electoral districts in the province.

Election day observation

The Group visited nine polling places in Taejon City, three in Daeduk Gun, and four in Konju Gun (A District). The Group remained at each polling place for an average of 15 minutes and questioned election officials, candidates or their representatives, and voters when such questioning did not interfere with the voting or when there were no voters waiting to cast their ballots.

The Group observed that, in the majority of polling places visited, the election procedures were adhered to in accordance with the Election Law and the physical arrangements for voting were satisfactory. Election officials and candidates or their representatives were present inside the polling places visited. Photographs of candidates, together with appropriate symbols assigned to each, were posted above voting booths and outside the polling places. There was no evidence of political campaigning in the vicinity of polling places.

In one polling place in Taejon City it was noted that the rooms were too small and badly overcrowded, and that there was a certain amount of confusion among the voters and election officials.

At another polling place in Daeduk Gun (Yusong Myun), the voting had been conducted in an open-air courtyard adjacent to a private house. At the time of the Group's arrival (5 p.m.), all the registered voters had cast their ballots, and the voting facilities had been removed because of rain, although the election committee remained on the premises, safeguarding the ballot b

The Group observed that, with the exception of the two polling places noted above, secrecy of voting was reasonably well assured. However, many of the voting booths were somewhat primitive in construction. At one polling place in Taejon (note above) it was observed that a member of the election committee was seated within six feet of the voting booths. However, the Group considered that while secrecy of voting was not guaranteed, it appeared to be reasonably assured at the time of visit.

The Group observed that some of the voters, particularly old people, required a certain amount of instruction in the voting procedure.

Community Protection Association groups were present in the vicinity of all but one of the polling places visited. Their presence did not appear to interfere with the voting nor was there any evidence of intimidation of voters. Election officials, candidates or their representatives, and voters who were questioned by the Group at polling places, reported no instances of violence or intimidation.

Police were observed in the vicinity of but not adjacent to polling places. At two polling places, members of the Korean constabulary stood guard about 30 yards distant.

At polling places visited it was observed that the majority of registered voters had cast their ballots by noon. However it was also observed that the number of persons waiting to vote varied considerably. For example, there were approximately 300 persons waiting at one polling place in Taejon at 11 a.m., while there were only about ten at another place at 11.20 a.m.

The following data obtained from eight polling places illustrate the progress of voting during the day:

Indong, voting district 2, Taejon city
501 registered voters
300 ballots cast at 10.10 a.m.

---

[1] Document A/AC.19/SC.7/SR.7.

Polling place, Taejon city
400 registered voters
340 ballots cast at 10.30 a.m.

Polling place, San Nae Myun, Daeduk Gun
792 registered voters
670 ballots cast at 11.20 a.m.

Polling place, Taejon city
950 registered voters
710 ballots cast at 1 p.m.

Polling place, Taejon city
590 registered voters
515 ballots cast at 1.15 p.m.

Polling place, Konju Gun (A District)
791 registered voters
763 ballots cast at 3.30 p.m.

Polling place, Konju Gun (A District)
830 registered voters
770 ballots cast at 3.50 p.m.

Polling place, Yusong Myun, Daeduk Gun
939 registered voters
839 ballots cast at 4 p.m.

One candidate, Mr. Nam Chongu, was interviewed at a polling place in Taejon City. He considered that voting was being fairly conducted and was free of restraint. Some of his opponents had a greater number of representatives at polling places than he did and had been able to spend more money for campaigning. For those reasons he felt that he was placed in a disadvantageous position.

The Group interviewed the election committee of Konju Gun, district A, at the courthouse in Konju Eup. The chairman reported that no incidents in connexion with the balloting had taken place in his district thus far and he did not anticipate any. He stated that at all the 87 polling places there were Community Protection Groups organized from among the local residents in each of the voting districts. He anticipated that all the ballot boxes would be brought to the electoral district headquarters by 9 p.m.

The Group ascertained from conversations with the chief civil affairs officer of Chunchong Namdo that two American observers had been assigned to each of the 19 electoral districts from the time the polling place opened until the time of final counting of ballots at the electoral district headquarters. As soon as the balloting had been completed, the ballot boxes would be transported to the respective electoral district headquarters and would be under heavy guard during the night. Counting of ballots would commence early Tuesday morning, 11 May.

American observers were encountered in two polling places visited.

Counting of ballots

On Tuesday, 11 May, the Group observed the counting of ballots in two electoral districts — namely, Taejon City and Daeduk Gun. The counting was conducted in the city and *Gun* halls respectively, both situated in Taejon City.

Daeduk Gun electoral district

The counting of ballots for Daeduk Gun began at 7.30 a.m. and it was estimated that it would take approximately 50 hours to complete the count. All the ballot boxes for the 58 voting districts were assembled in the centre of a large room in which the counting was conducted, and the actual work involved was well organized by election officials and carried out in accordance with the Election Law. The public was permitted to observe the opening of ballot boxes and the counting of ballots, and candidates or their representatives and the police were also present. There were no signs of disorder or dissatisfaction among the spectators.

The Group closely observed the processing of ballot boxes Nos. 4 and 7. A total of 604 and 754 ballots respectively were cast, of which 16 and 50 respectively were declared to be invalid. The invalidated ballots were scrutinized by the Group.

The ballots were distributed as follows:

Candidate	Box 4	Box 7
1	40	55
2	68	164
3	33	137
4 (withdrawn) .	0	0
5	30	91
6	240	151
7	18	29
8	152	52
9	7	25
Invalid ballots[2]	16	50
Total . . .	604	754

Taejon City electoral district

The counting of ballots for Taejon City began at 9 a.m. and it was estimated that it would take about 60 hours to complete the count for the 64 voting districts.

The same general situation prevailed here as in the Daeduk Gun electoral district, although the counting proceeded more slowly, apparently due to lack of sufficient working space. The Group was satisfied with the conduct of the work of the election committee. Although the room was guarded by the police, the public was permitted freedom of entry.

The Group observed the processing of the first two ballot boxes opened, and the invalid ballots were scrutinized. The results of the vote were as follows:

Candidate	Box 1	Box 2
1	72	94
2	151	279
3	292	264
4	111	160
Invalid ballots .	32	34
Total . . .	658	831

[2] Some of the invalid ballots had been cast for Candidate No. 4.

OBSERVATION GROUP IV

SUMMARY RECORD OF OBSERVATION OF ELECTION[1]: Friday, 7 May, to Monday, 10 May 1948

Present: Mr. Ssutu (China); Mr. Wang (China); Mr. Balinski (Acting Secretary).

Chonju, Cholla Pukto,
Friday, 7 May 1948, at 5 p.m.

Interview with the civil affairs officers, Colonel Yancy and Colonel Ross

Colonel YANCY and Colonel ROSS informed the Group that there were 23 electoral districts in the Province of Cholla Pukto and that in one district only there was no contest.

The total number of polling places was 1,519. The United States authorities were sending 44 field observers in groups of two to observe elections in all contested districts.

Mr. SSUTU and Mr. WANG said that the Group wanted to spend the two days preceding the elections observing the general state of preparedness and on election day to divide into three groups in order to visit as many polling places as possible.

Saturday, 8 May 1948

Namwon Gun, Cholla Pukto

The Observation Group left Chonju at 8.30 a.m. and arrived at Namwon at 11 a.m. where it had an interview with Mr. SON, *Gun* Magistrate, and Mr. RO Ik Nae, Chairman of the electoral district election committee. The Group visited polling places Nos. 6, 3, 2 and 5, situated in a movie theatre, a temple used as a school, a block office and private house respectively. Everywhere the preparations were proceeding in accordance with the regulations.

Osuri, Imsil Gun, Cholla Pukto

The Group arrived at Osuri at 2.45 p.m. and visited polling place No. 33 situated in a conference room at the *Myun* office. The Community Protection Association was expected to guarantee the safety of the voting place and of the voters.

Imsil, Imsil Gun, Cholla Pukto

The Group arrived at Imsil at 3.30 p.m. and had an interview with Mr. KIM Hak In, acting *Gun* Magistrate, and Mr. RIM Tai Gun, Chairman of the electoral district election committee. Further, it visited polling places Nos. 1, 2 and 3, situated in a block office, a school and a *Myun* conference room respectively. The preparations were well advanced.

Mr. RIM said that he was not expecting any trouble. However, the Community Protection Association had been formed to guarantee the safety of voting. The unit in the *Gun* amounted to 2,280 people, some of them members of youth organizations. They were carrying badges on the left arm, had no weapons and although they were expected to follow the directives of the election committees, were not under their authority.

Kwanchong, Imsil Gun, Cholla Pukto

The Group arrived at Kwanchong at 4.30 p.m. and visited polling place No. 56.

Sunday, 9 May 1948

The Group left Chonju at 8.30 a.m. and, after visiting polling places Nos. 67 and 32 in Kumje Gun, proceeded to Chinan.

Chinan, Chinan Gun, Cholla Pukto

The Group had an interview with the *Gun* Magistrate and visited polling places Nos. 1, 2 and 3, situated in the *Myun* office, the local library and a school respectively. In polling place No. 2 a picture of Dr. Rhee Syngman was hanging on the wall, together with pictures of some of the leading personalities of Korea.

The Community Protection Association was expected to guard each polling place and instructions had been given its members to stay outside the polling places.

Present: Mr. Ssutu (China).

Chonju City, Cholla Pukto

Monday, 10 May 1948

Mr. SSUTU started his observation tour at 9 a.m. and visited the following polling places in the city of Chonju: Nos. 33, 32, 45, 29, 30, 56, 53, 43, 48, 50, 49, 16, 10, 9, 1, 47, 44, 37, 38, 25, 13, 14, 15, 35, 36 and 40.

He found that the regulations were complied with everywhere, that the secrecy of voting was ensured and that no members of the police or youth organizations were present at polling places or in their immediate vicinity. He noticed, however, in the vicinity of some polling places, members of the Community Protection Association, some of them carrying sticks.

All through Chonju, only three candidates out of five had appointed their representatives. One candidate had not provided the polling places with his picture.

Whanju Gun, Cholla Pukto

Mr. SSUTU visited polling places Nos. 42 and 37. He noticed that firemen in uniform stood at the entrance of polling place No. 37 and that no representatives of candidates were present in either of the places.

Kumje Gun, District B, Cholla Pukto

Mr. SSUTU visited polling places Nos. 58, 56 and 54. He noticed that in polling place No. 54 a red mark had been put under the name of the candidate of the National Youth Organization.

[1] Document A/AC.19/SC.8/SR.2.

Present : Mr. Wang (China).

Kunsan City, Cholla Pukto

Mr. WANG left Chonju at 9 a.m. and started his observation tour at Kunsan at 11 a.m. He visited polling places Nos. 52, 53, 28, 21, 49, 16, 15, 37, 1, 3, 2 and 8. He found that in general the voting was proceeding in accordance with the regulations. Polling places were situated in school buildings (4), public offices (2), commercial buildings (3) and private houses (3). Most of the places had two polling booths, some of them three. Ballot boxes were placed in accordance with the regulations. The secrecy of voting was well protected. He noticed no police in the polling places or their vicinity. However members of the Community Protection Association (not exceeding five) were seen in the immediate vicinity of polling places Nos. 52, 28 and 3.

Okku Gun, Cholla Pukto

Mr. WANG visited the following polling places : Nos. 77, 67, 72, 73, 63, 61, 49, 47, 55 and 54, situated in public offices (4), village compounds (2) and private houses (3). All of them had at least two polling booths. At only one polling place (No. 73) were there members of the Community Protection Association within the 100-metre limit of the polling place. Otherwise the regulations were observed.

City of Iri, Cholla Pukto

Mr. WANG had an interview with the Chairman of the election committee and the Vice-Mayor of the City and visited polling places Nos. 7, 12, 14, 3 and 1, situated in public offices (3), and in private commercial buildings (2). The secrecy of voting was protected.

Present : Mr. Balinski (Secretary).

Kumje Gun, District A, Cholla Pukto

Mr. BALINSKI left Chonju at 9 a.m. and visited polling places Nos. 67, 47, 3, 4, 5, 6, 2 and 27, situated in public offices (3), in schools (2) and in private houses (3). All of the places had at least 2 polling booths. The secrecy of voting was well protected, with the exception of polling place No. 27, where polling booths were separated by very low screens. Out of five candidates, only two had their representatives present in most of the polling places. No police or members of youth organizations were seen, inside or outside the polling places. However in several cases (six out of eight) members of the Community Protection Association, mostly young men 16 to 20 years old, were in the immediate vicinity of polling places. None of them carried weapons and only two had sticks.

Puan Gun, Cholla Pukto

Mr. BALINSKI visited the following polling places : Nos. 2, 5, 3, 4, 81, 95 and 94, situated in public offices (3), schools (2) and private houses (2). All of the places had at least two polling booths well protected by screens. The voting was proceeding in accordance with the regulations. Out of six candidates in the district, two had not provided the election committees with their pictures. Only two representatives of candidates were present.

Most of the voters arrived at the polling places carrying a piece of paper with their name and address, which had been given to them previously by the election committees.

Chongup Gun, District B, Cholla Pukto

Mr. BALINSKI visited polling places Nos. 3, 4 and 5 situated in a theatre, school and a private house respectively. No voters were present at the polls.

At 4.30 p.m. he visited the headquarters of the district at Taein, where the first ballot boxes were arriving.

* * *

All members of the Group had noticed that the voting was practically completed by 1 p.m.

Present : All members of the Group.

Chonju, Cholla Pukto, at 8 p.m.

Visit to the headquarters of the electoral district election committees of Whanju Gun, Districts A and B

The Observation Group was present at the opening of the first ballot boxes and noticed that the procedure provided for in the Election Law had been followed scrupulously.

OBSERVATION GROUP V

SUMMARY RECORD OF OBSERVATION OF ELECTION :[1] Friday, 7 May, to Tuesday, 11 May 1948

Present : Mr. Lindo (El Salvador); Mr. Liao (Acting Secretary).

Kwangju, Cholla Namdo,
Friday, 7 May 1948, at 1.30 p.m.

Interview with Judge Oh Pil Sun, chairman of the provincial election committee

When asked by Mr. LINDO (El Salvador) to make a preliminary statement, Mr. OH Pil Sun, Chairman of the provincial election committee, stated that in accordance with instructions received from the National Election Committee, all preparations for the coming elections were already made in the Cholla Namdo province, and that all voting districts were prepared to keep records of the elections. He further stated that a few voting districts in Kwangju and Chang Sung were attacked by the leftists and others who were opposed to the elections. As a consequence, many election officials were reluctant to continue working for the elec-

[1] Document A/AC.19/SC.9/SR.1.

tions. He expected disorders on election day, and named Kangju, Chang Heung, Naju, Po Sung and Chang Sung as the places where disorders most probably would occur.

Mr. LINDO (El Salvador) then asked whether the police had taken precautionary measures and whether any youth organizations had offered to help the authorities in maintaining order.

Mr. OH replied that the police had been doing all they could to cope with the situation, but that the police force was insufficient in size to handle any widespread disorders, such as the burning by leftists of houses of people who went out to vote on election day, as had been rumoured. To deal with these circumstances, a self-protection group had been organized to help the police and youth organizations.

Mr. LINDO (El Salvador) then asked for the names of the youth organizations existing in the province.

Mr. OH named the Dai Dong, National Youth, Northwest, and the Sam Kyun Youth Organizations. He said that, although Cholla Namdo had a 95 per cent registration of eligible voters, he feared that many voters would not vote because of threats of violence. This would apply especially to the mountainous districts where polling places were far from the places where the voters lived.

Polling place No. 5, Kwang San district, Hyo Chi Myun, Kwang San Gun, Cholla Namdo, Friday, 7 May 1948, at 2.30 p.m.

Interview with the chairman of the provincial election committee

Four candidates were registered in the Kwang San district. The polling place consisted of two rooms and it was indicated that only one large room would be utilized to build four voting booths.

At the time of the visit, the polling place was unguarded; two officials were present and voting booths were not in evidence. It was stated that the booths would be constructed on 8 May, and that they would be ready by the evening of 9 May. The reasons given for not building these and other booths earlier, were that they feared attacks and thefts.

(Mr. LINDO (El Salvador) then decided that it was unnecessary to visit other polling places, since they were still under preparation.)

Polling place No. 3, Hyo Chi Myun, Kwang Sang Gun, Sunday, 9 May 1948, at 12.30 p.m.

Interview with members of the election committee

Three voting booths with photographs of the candidates were set up at the time of the visit. Two members of the election committee were present, and stated that all preparations were complete, with the exception of the ballot box, which would be delivered to them on the morning of the election. The ballot boxes were at present deposited in the Hyo Chi Myun police sub-station.

Upon further questioning, it was learned that with the exception of signal fires visible in the surrounding areas, no incidents had taken place so far.

Naju Gun County Office, Sunday, 9 May 1948, at 1.35 p.m.

Interview with the Gun chief

In reply to a question by Mr. LINDO (El Salvador), the *Gun* chief stated that in his district on the early morning of the 8th, twelve telegraph poles had been sawn down and two bridges had been set on fire by the leftists and those opposed to the elections. He further stated that the campaign manager of candidate Su Sang Duk had been killed when he was electioneering.

Myun Sung voting district, Mu An "A" Gun, Cholla Namdo, Sunday, 9 May 1948, at 3 p.m.

Interview with a member of the election committee

At the time of the visit, voting booths were not yet ready, but it was expected that they would be constructed before voting took place.

A member of the election committee stated that two of the five candidates in this district, namely, Mr. LA Chong Moon and Mr. O Se Nam had withdrawn their candidacy without giving specific reasons.

OBSERVATIONS ON VOTING DAY

Mokp'o Pu, Cholla Namdo, Monday, 10 May 1948, at 7 a.m.

Polling places:

Pok San	Haeng Jung
Song Dong	Gung Jung
So Dong	Pon Jung
Chuk Jung	Tae Hwa
Ko Jung	Sam Suk

The above polling places were all housed in the Yudal primary school. At 7.35 a.m., voting had not begun, due to unfinished preparations and the late arrival of some members of the election committee, although voters were already massed in the different corridors of the building. The Group left when the checking of voters began.

Polling places:

Suk Wung II	Kyung Jung I
Mokp'o Tae I	Chung Jung
Whang Jung	Haean Tong
Kum Jung	Uk Chung I
De Jung	Uk Chung II

These polling places were housed in the Mokp'o girls' middle school. Police were seen loitering in the corridors and rooms, but after this fact was made known to the chairman of the election committee, the police were instructed to stay at the door of the building only.

Polling places (9 a.m.):

Qun Kun I
Qun Kun II
On Chung

These polling places were housed in the Mokp'o normal school. Enormous crowds of voters were massed in the corridors.

The representatives of the candidates all stated that they had no complaints. However, one said that because of the crowd of voters, he doubted whether correct checking of the registration of voters was possible.

Mr. LINDO (El Salvador) emphasized that he could proceed to a member of the committee who was checking the registrations and verify any irregularities.

Polling places (9.30 a.m.):

Tae Jung I	Honam I
Myung Choi	Nam Kyo I
Chang Pyong	Nam Kyo II

These polling places were housed in the Mokp'o technical school. The Group was informed that 50 per cent of the voting had already taken place.

Polling places (9.50 a.m.):

Sang Jung IV	Sang Jung VII
Sang Jun V	Sang Jung VIII
Sang Jung VI	

The above polling places were housed in the Sang Jung primary school.

Polling places (10.30 a.m.):

Yong Dong I	Sang Jung II
Yong Dong II	Sang Jung III
Sang Jung I	

The above polling places were housed in the Mokp'o commercial school.

Polling places:

Tae Sang Dong I	Tae Sang Dong IV
Tae Sang Dong II	Tae Sang Dong V
Tae Sang Dong III	

The above polling places were housed in the Mokp'o middle school.

Polling places (11.40 a.m.):

Chuk Kyo VI	Puk Kyo I
VII	II
VIII	III
IX	
X	
XI	
XII	

The above ten voting places were located at the Puk Kyo primary school.

Polling place (1.30 p.m.):

Myung Sang
Mu An Gun

Only the photograph of one candidate was seen above the names of the three candidates of this district. The Group was informed that the other two candidates did not send their photographs, so it was impossible to have them posted.

Polling place (2.20 p.m.):

Hok Kyo Myun
Han Pyong Gun

When the Group arrived at this polling place, 568 voters had voted out of 631 registered voters. The lock of the ballot box had been violated and torn off. When asked for the reason, the Group was informed that the lock of the ballot box was not functioning.

Mr. LINDO (El Salvador) then asked the reason for wishing to open the lock.

No reply was made.

Polling place (3 p.m.):

Mun Pyun
Naju Gun

On the arrival of the Observation Group, only fifty voters had voted out of 624 registered. The reason given for the slowness in voting was the rain in the morning. Posters of candidates were being posted at the entrance to the place and a poster of one of the candidates was posted inside the voting place.

* * *

The Observation Group observed that at all the voting places visited on 10 May 1948, certain members of the election committee were sitting facing the voting booths and too close to them.

Mr. LINDO (El Salvador) called the attention of the chairman of the election committee to this fact; the chairman then gave instructions that this situation should be remedied. Voting booths, while ensuring a certain amount of secrecy, had been hastily constructed and often were partitioned off by the use of benches and curtains. Voting was quite orderly. The polling places were guarded by the Community Protection Association members.

The Group was informed that the ballot boxes, when voting had terminated, would be taken to the *Gun* office for tallying by the committee members, under police protection.

Gun Office, Kwang Sang Gun, Cholla Namdo. Tuesday, 11 May 1948, 10.30 a.m.

The votes were being counted when the Group visited this office. Kwang Sang Gun had a total of 70 balloting places and ballot boxes were delivered to the *Gun* office throughout the night of 10 May. Tallying of votes began at 8.40 p.m. on 10 May.

At the time of the visit of the Group, 35 ballot boxes had been counted. Upon questioning, the chairman of the election committee stated that the *Gun* office was then guarded by 30 policemen, and that at no time was the place guarded by less than 12 members of the police.

OBSERVATION GROUP VI

SUMMARY RECORD OF OBSERVATION OF ELECTION: Friday, 7 May, to Tuesday, 11 May 1948[1]

Present: Mr. Manet (France); Mr. Blokh (Acting Secretary).

Taegu, Kyongsang Pukto

Observation Group VI left Seoul by train on Friday, 7 May, at 8 a.m. and arrived at Taegu the same day at 3.30 p.m. The first concern of the members of the Group was to obtain from Mr. Choi Hisong, provincial governor, and from the local representative of the United States Military Government, Colonel Adair, as well as from Major Poole, a general picture of the situation in the province of Kyongsang Pukto on the eve of the elections.

In the course of that interview with the local authorities, the following information was received:

I. *General situation on the eve of the elections*

During the period from 25 April to 9 May, extremist activity increased in the whole province. That activity was more or less exclusively carried out by extreme leftist elements who were opposed to the elections and resolved to impose their point of view by recourse to violence.

During that time, 27 polling booths were attacked. One member of the staff of these booths was killed, 17 were wounded. In all 34 electoral registers were stolen, but there were other copies available. Amongst the candidates, one was killed, and an attempt was made on the life of another. Two campaigners were wounded.

On the other hand, one of the perpetrators of these outrages was killed and 21 of them were arrested by the police. That activity, as well as the threats of the extremists against both voters and candidates and their families, seemed to have caused the resignation of five out of the 128 candidates of the province.

In addition, in a certain number of the schools of Taegu, the students and 50 primary school teachers had gone on strike in the week preceding the elections. It should be noted that these strikes seemed to have ended completely on the day after the elections. Several other strike movements in various industries and public utilities seemed either to have failed or not to have lasted long.

On the whole the local authorities took an optimistic view of the situation and did not seem to expect any trouble or serious disorders on election day itself.

During that interview it was made clear to the Group that intimidation by the extremists was concentrated in villages located at some distance from the main roads and particularly in mountainous districts. It appeared that this activity was led by those elements of the population who had actively participated in the uprising of October 1946 and who, in order to escape police investigation, had taken refuge in the mountains and organized themselves into bands.

Nowhere, with the exception of Kyongju, was allusion made as to an active participation in these disturbances of subversive elements sent from North Korea.

The governor, without showing any real anxiety, considered it probable that those bands would intensify their activity on election day, since the police would prove insufficient in number to ensure the protection of all the localities of the province.

II. *Supervision of the elections by the United States authorities*

During an interview held on Saturday morning, 8 May, between Mr. Manet and Major Poole, the following information was given concerning the methods used by the United States Military Government to ensure as efficient supervision of the electoral operations as possible.

Under the direction of Major Hertz, 34 officials had been sent from Seoul to Taegu to reinforce the local military staff entrusted with this task. Each electoral district of the province would be supervised by a team of two United States representatives assisted by an interpreter.

The instructions they had received appear in the annexed document[2] given by Major Poole to Mr. Manet at his request. They had been instructed to abstain from any direct intervention in the booths and to notify the competent electoral committees of all the mistakes that could be corrected in time, leaving it to them to intervene when necessary.

Major Poole informed the Group that the province had been divided into 231 *Myuns* comprising 28 electoral districts in all. Appropriate measures had been taken, in spite of the difficulties due to the lack of means of transportation in the province, to place at the disposal of the 195 *Myuns* an equal number of vehicles in order to ensure a rapid collection of the ballot boxes after the closing of the electoral operations. Precise instructions had been given by the competent Korean authorities to each polling place, leaving to them the responsibility for the transportation of the sealed ballot boxes to the place where they would be picked up.

Each of these United States observation teams would visit during the day all polling places in its district. A vehicle was placed at their disposal for this purpose. Every one of the polling places of the province would thus be visited by those teams.

Furthermore, the teams were also entrusted with the task of ensuring, in rotation, that the ballot boxes would be permanently watched from the time of their removal to the end of the ballot counting.

The provincial governor finally remarked that, in his view, it would have been preferable if 6 p.m. had been fixed as the time for the closing of the ballot boxes so that their removal might have taken place before nightfall.

Mr. Manet (France) stated that his Group would concentrate its attention on the election day,

[1] Document A/AC.19/SC.10/SR.1.

[2] See Appendix, page 288.

OBSERVATION GROUP VI

SUMMARY RECORD OF OBSERVATION OF ELECTION: Friday, 7 May, to Tuesday, 11 May 1948[1]

Present: Mr. Manet (France); Mr. Blokh (Acting Secretary).

Taegu, Kyongsang Pukto

Observation Group VI left Seoul by train on Friday, 7 May, at 8 a.m. and arrived at Taegu the same day at 3.30 p.m. The first concern of the members of the Group was to obtain from Mr. CHOI Hisong, provincial governor, and from the local representative of the United States Military Government, Colonel ADAIR, as well as from Major POOLE, a general picture of the situation in the province of Kyongsang Pukto on the eve of the elections.

In the course of that interview with the local authorities, the following information was received:

I. *General situation on the eve of the elections*

During the period from 25 April to 9 May, extremist activity increased in the whole province. That activity was more or less exclusively carried out by extreme leftist elements who were opposed to the elections and resolved to impose their point of view by recourse to violence.

During that time, 27 polling booths were attacked. One member of the staff of these booths was killed, 17 were wounded. In all 34 electoral registers were stolen, but there were other copies available. Amongst the candidates, one was killed, and an attempt was made on the life of another. Two campaigners were wounded.

On the other hand, one of the perpetrators of these outrages was killed and 21 of them were arrested by the police. That activity, as well as the threats of the extremists against both voters and candidates and their families, seemed to have caused the resignation of five out of the 128 candidates of the province.

In addition, in a certain number of the schools of Taegu, the students and 50 primary school teachers had gone on strike in the week preceding the elections. It should be noted that these strikes seemed to have ended completely on the day after the elections. Several other strike movements in various industries and public utilities seemed either to have failed or not to have lasted long.

On the whole the local authorities took an optimistic view of the situation and did not seem to expect any trouble or serious disorders on election day itself.

During that interview it was made clear to the Group that intimidation by the extremists was concentrated in villages located at some distance from the main roads and particularly in mountainous districts. It appeared that this activity was led by those elements of the population who had actively participated in the uprising of October 1946 and who, in order to escape police investigation, had taken refuge in the mountains and organized themselves into bands.

Nowhere, with the exception of Kyongju, was allusion made as to an active participation in these disturbances of subversive elements sent from North Korea.

The governor, without showing any real anxiety, considered it probable that those bands would intensify their activity on election day, since the police would prove insufficient in number to ensure the protection of all the localities of the province.

II. *Supervision of the elections by the United States authorities*

During an interview held on Saturday morning, 8 May, between Mr. MANET and Major POOLE, the following information was given concerning the methods used by the United States Military Government to ensure as efficient supervision of the electoral operations as possible.

Under the direction of Major Hertz, 34 officials had been sent from Seoul to Taegu to reinforce the local military staff entrusted with this task. Each electoral district of the province would be supervised by a team of two United States representatives assisted by an interpreter.

The instructions they had received appear in the annexed document[2] given by Major Poole to Mr. Manet at his request. They had been instructed to abstain from any direct intervention in the booths and to notify the competent electoral committees of all the mistakes that could be corrected in time, leaving it to them to intervene when necessary.

Major Poole informed the Group that the province had been divided into 231 *Myuns* comprising 28 electoral districts in all. Appropriate measures had been taken, in spite of the difficulties due to the lack of means of transportation in the province, to place at the disposal of the 195 *Myuns* an equal number of vehicles in order to ensure a rapid collection of the ballot boxes after the closing of the electoral operations. Precise instructions had been given by the competent Korean authorities to each polling place, leaving to them the responsibility for the transportation of the sealed ballot boxes to the place where they would be picked up.

Each of these United States observation teams would visit during the day all polling places in its district. A vehicle was placed at their disposal for this purpose. Every one of the polling places of the province would thus be visited by those teams.

Furthermore, the teams were also entrusted with the task of ensuring, in rotation, that the ballot boxes would be permanently watched from the time of their removal to the end of the ballot counting.

The provincial governor finally remarked that, in his view, it would have been preferable if 6 p.m. had been fixed as the time for the closing of the ballot boxes so that their removal might have taken place before nightfall.

Mr. MANET (France) stated that his Group would concentrate its attention on the election day,

[1] Document A/AC.19/SC.10/SR.1.

[2] See Appendix, page 288.

especially on the city of Taegu, reputed to be a centre of political agitation; he added that on Sunday he would visit Kyongju where he had been on a previous observation tour in the preceding weeks and where he wanted to see the prevailing conditions on the eve of the elections.

Situation in Kyongju (Kyong Sang Pukto)

In Kyongju, where contact was made with Observation Group IX (Mr. PAUL-BONCOUR), the Group interviewed a number of local authorities, who indicated that disturbances had been increasing in the city during the past weeks. Leaving to Group IX the task of relating in its report the situation prevailing in the locality on the information received the previous day, Mr. MANET had a long interview with Mr. YUNG Song Hwan, chief of police, who related several recent incidents (sabotage of three locomotives by three railroad employees previously dismissed for their extremist activities, murder of the Yangnam Myun mayor by a group of bandits, sabotage of the electric current line coming from the South during the previous night, etc.).

While making the same reservation already made to Mr. Manet some weeks earlier concerning the insufficient forces placed at his disposal to protect the polling places, Mr. YUNG seemed on the whole less concerned than he had been previously.

10 May, Election Day, Taegu and surrounding districts

At 8 a.m. the Group called on the governor and on Colonel Adair.

The GOVERNOR stated that a certain number of incidents had taken place during the past 24 hours, none of which was of an alarming nature.

Mr. MANET remarked that he had noticed little activity in the streets of Taegu, and Colonel ADAIR explained that election day had been proclaimed an official holiday which accounted for the calm prevailing in the city.

In the opinion of the Group the extraordinary measures taken by the police to prevent possible disturbances had no doubt contributed to this result.

Governor CHOI stated that he had already voted but that he was far from the first to vote in his locality. He added that he had just been informed that at 7 a.m. that morning, five non-opposed candidates had been proclaimed elected in conformity with the law.

Taegu, visit to polling places

District A — Buk Sun No. 1 (9.30 a.m.)

Operations took place in good order and in conformity with legal provisions.

District B — Tal Sung Dong No. 11 (9.45 a.m.)

Similar situation : There was no incident worthy of reporting, except that when the Group arrived, the police were taking energetic steps to stop the distribution of leaflets to the queue of voters standing in the street. Mr. MANET obtained one of the leaflets and noted that they were a reproduction of a ballot, showing the voters where to put the crosses or circles. The election material was on behalf of the candidate of the Hankook Democratic Party. The attitude of the police being in full conformity with legal provisions, Mr. Manet did not put any further questions.

District B : Tal Sung Dong No. 3 (9.50 a.m.)

The Group noted a certain confusion in the polling place. The booths had been set up in the proper way, but a discussion was taking place between the chairman of the election committee and a delegate of the city hall, who had written instructions. The first voter had just placed his ballot in the box and the chairman of the election committee was opening the ballot box (of which he kept the key) in order to verify if, as be believed, the voter had by mistake put his name on the envelope. It appeared that the misunderstanding was due to the fact that the representative of the city hall, misinterpreting his instructions, had told the voter that he was to put his name on the envelope. The chairman maintained that secrecy of the ballot was incompatible with such a procedure.

Mr. MANET immediately reported this incident to the competent authorities, as well as the fact that in the polling place there were occasionally policemen full of what seemed to be quite innocent curiosity. Later that morning, it was reported to the Group that irregularities had been corrected after the arrival of a representative of the central election committee who had been immediately sent to that polling place.

Tong Dung Dong (10.40 a.m.)

Satisfactory organization : no remarks.

Tong Moon Dong (10.45 a.m.)

Satisfactory organization : no remarks.

Tong In Dong, No. 4 (10.50 a.m.)

Satisfactory organization : no remarks.

Tong In Dong, No. 7 (10.50 a.m.)

Satisfactory organization : no remarks.

Tong In Dong No. 11 (11.5 a.m.)

Satisfactory organization : no remarks.

The representative of a Dai Dong Youth Group candidate came spontaneously to Mr. MANET and, without trying to make his remarks confidential, bitterly complained about a member of the election committee who, he alleged, was telling inexperienced voters the name of the candidate they were to vote for. At that time, Governor Choi, who was himself on an inspection tour of the city arrived on the spot and the complainant stated that he wanted Mr. Choi to have that incident immediately investigated.

Tong In Dong No. 10 (11.15 a.m.)

No remarks.

Ha Dong No. 2 (11.20 a.m.)

Because of lack of office space the polling place had been set up in the open air, in a roped-off area. The organization was none the less satisfactory, but the Group showed surprise at the presence of a member of the committee a short distance from the table where the voters were filling in their ballots, and which was not sufficiently protected.

On the suggestion of Mr. MANET, a box was immediately placed on the table to secure the secrecy of the ballot. It was explained to the Group that a certain number of voters were unaware of the voting procedure and requested the guidance of the members of the committee, which explained the presence of one of them near the booth.

A number of persons in civilian clothes, armed with carbines and pistols, were standing outside the polling area. They explained that they were members of the regular police, which had armed them. They were wearing a special armband.

Later on its trip the Group met a United States observation team which was returning from an inspection of neighbouring villages and which informed the Group that in two of these villages armed bands had prevented the people from voting and had forced them to follow the bands to the mountains. The ballot boxes had been smashed and thrown into the fields.

In the afternoon the Observation Group visited a number of polling places in the vicinity of Taegu. It extended its observation more particularly to those places where incidents were reported to have occurred in the morning or during the previous days.

Wal Bai Myun : Tal Sung Gun (2.5 p.m.)

The Group noted that the protection of the polling places was ensured by members of the Dai Dong Youth Corps, who were wearing at the same time the armbands of their own association and that of the Community Protection Association recently set up by the Korean Interim Government to help the police on the election day. They stated that they were placed under the direct authority of the local police chief. They were armed only with sticks.

The chairman of the election committee informed the Group that only fifty of the registered voters had not yet voted. Most them were on duty guarding the village. On the preceding night, a group of fifty persons had been reported in the vicinity of the village, presumably with the intention of attacking the polling place. The police had intervened in time and had arrested some of them.

Wha Won Myun : Tal Sun Gun (2.15 p.m.)

Considerable police forces had just arrived in the village to maintain order and the electoral preparations had only just begun. Priority had been given to women voters because of the bad weather. At 6.30 a.m. that morning, a band of about two hundred armed men had come down from the mountains and had encircled the village shouting for the "People's Republic". Shots had been fired and threats of death uttered against all those who voted. For that reason, electoral operations had only begun when police reinforcements had arrived. The police chief explained to the Group that those armed bands were mainly composed of individuals wanted by the police since the riots of October 1946, and who, since that date, had been living in the mountains. The elections seemed to be proceeding satisfactorily. The Group noted, however, that a member of the election committee, though answering impartially the questions of the inexperienced voters, invariably pointed with his finger at one of the panels on the ballot only.

Taegu

At 4 p.m. the Group, having returned to Taegu, visited polling place No. 4 of Chil Sung Dong, district A, where a bomb had been thrown about noon. Damage was very slight and did not affect the polling office itself. The election operations had been interrupted for only half an hour. Approximately 90 per cent of the registered voters had already voted in spite of the incident. At 6.30 p.m. the Group proceeded to visit a certain number of polling places to watch the sealing of the ballot boxes. The following places were visited: Suh Moon Dong 1, Suh Moon Dong 2, Tang Sun 4, Tong Mun Dong, Buk Sun Dong No. 1.

In all these polling places, the sealing took place immediately after 7 p.m. In a number of them the Group was present during the operation, which was done methodically and efficiently in the presence of representatives of candidates, who expressed their satisfaction. Generally it appeared that the great majority of the registered voters had already voted. No queue was noticed in front of any of the polling places. The sealing was done almost everywhere immediately after 7 p.m. Transport operations were carried out speedily due to the fear that at night attacks might recur. The whole operation was done with remarkable efficiency and speed.

At 7.30 p.m. the Group went to the provincial police headquarters where all the ballot boxes were to be collected and guarded during the night, under the supervision of the electoral committees and representatives of the United States Military Government; it watched the constant arrival of vehicles loaded with ballot boxes, which were immediately put in a place set aside for that purpose. It was explained to the Group that the choice of the police building had been made because of the tense situation preceding the election. The choice was generally considered as the best means of ensuring that the boxes were effectively protected.

Tuesday, 11 May 1948

Opening of the ballot boxes and counting of the ballots

Observation Group VI went at 9.30 a.m. to the provincial police headquarters to see the ballot boxes removed from the place where they had remained during the night and taken to the Public Meeting Hall of Taegu, where they were to be opened at 10 a.m.

At 9.50 a.m. the Group arrived at the public meeting hall, where all the members of the election committees had already gathered, together with the officials entrusted with the counting, the United States observers and the representatives of the candidates. A little later the provincial governor and Colonel Adair (United States Military Government), Mr. Kang Ki Duk, representative of the national election committee, who had come from Seoul, the mayor of Taegu and the provincial police chief, all took their places on the rostrum. Apart from the members of the election committee, most of the provincial authorities stayed in the hall only about half an hour after the opening of the ballot boxes. They stayed on the rostrum and did not circulate in the hall.

Three groups entrusted with the counting of the ballots, corresponding to the three electoral districts, had been set up. In spite of the delay in the opening operations, which only began effectively to work at 10.30 a.m., the organization seemed very satisfactory on the whole. However, probably due to lack of experience, the counting was very slow, the ballots being first set out in various categories before being checked and counted. It should be noted that the Group did not see at any time any bundles of ballots for any particular candidate at the time of the opening of the ballot boxes. The ballots were taken out of the boxes and divided with a certain regularity into piles for each of the various candidates, for blank or void ballots.

During these operations, which Mr. Manet and Mr. Blokh watched closely, the Group had interviews with the candidates or their representatives who were in the hall and whose number increased as the counting progressed. The interviews gave the following results :

(*a*) Mr. RHEE Je In, representative of Mr. Son In Sik (independent), first stated that he was completely satisfied with the procedure. As he had, however, pointed out that one ballot had been declared valid which, in addition to a circle in the panel corresponding to a candidate's name, had a circle marked in the margin, Mr. Manet advised him to protest to the central election committee.

(*b*) Mr. PAK In Se, representative of Mr. Suk San Il (Hankook Democratic Party), stated that he was on the whole satisfied but that he would protest against the fact that none of the ballots contained in the two ballot boxes just opened had the seal of the chairman of the election committee. He believed, however, that the ballots should be declared valid but reserved his right to have an explanation. Mr. Manet enquired about these ballots from the competent authorities and was informed that the seals were the personal property of the chairmen in question and that one of the latter had been killed before the election date; the second had disappeared.

(*c*) KIM Myon Koo, representative of Mr. Kim Sung Kuk (Hankook Democratic Party), expressed his satisfaction, but protested against the fact that the election committee had not yet taken a decision about a ballot on which the circle marked by the voter overlapped two panels.

(*d*) Mr. CHO Yong San, representative of Mr. Cho Kyong Ku (Dai Dong Youth Organization), protested against the absence of an immediate decision on a certain number of ballots which in his view were void. In the afternoon, when he was interrogated again, he stated that he had no further objection as the matter had been settled to his satisfaction.

(*e*) Mr. CHOI San Hun, representing Mr. Choi Yun Dong (Hankook Democratic Party), expressed his satisfaction on the whole, but he reserved the right to protest against the two boxes in which the ballots had no seals.

(*f*) Mr. KIM Je Ho, representative of Mr. Rhee Woo Chul (candidate of the Relief Society), was completely satisfied.

(*g*) Mr. PAK Nam Boo, representative of Mr. Pak Nam Chai (Hankook Democratic Party) had no comment to make.

The Group returned several times during the day to the counting place. It was not directly seized of any complaint or protest, as most of the interested parties appeared satisfied with the manner in which the election committees were dealing with the disputes.

Because the counting was so slow, it went on during the night of Tuesday to Wednesday and ended in Taegu at 6.30 a.m., Wednesday, 12 May.

It was noted that during the transportation of the ballot boxes, several of the seals, which consisted of paper strips pasted around the locks and bearing the seals of the election committee chairmen, were broken. This appeared due to the lack of adequate materials, sealing wax, etc., rather than to attempts to break the lids open. None of the internal seals that were protected by the lid of the ballot box were broken.

Departure of the group

Before leaving Taegu, the Observation Group had one last meeting with the local authorities, who were extremely satisfied with the events. The night had been relatively calm with the exception of the following incidents :

(*a*) A bomb had destroyed the house of the chief detective of the national police.

(*b*) A bomb had caused damage to the house of Mr. Kim Yong Ho, a candidate.

(*c*) The house next to that of Mr. Pak Nam Chai, candidate of the Hankook Democratic Party, had been set on fire.

The first results of the elections were communicated to the Group, which expressed to the local Korean and United States authorities its gratification for the welcome it had received and the facilities that had been extended to it during its observation trip in Kyongsang Pukto.

Appendix

SOUTH KOREAN INTERIM GOVERNMENT

Office of the Chief Civil Affairs Officer
Kyongsang Pukto Province
Taegu

1 May 1948

SUBJECT : United States observation of National Election on 10 May 1948

1. In accordance with instructions of the Commanding General, USAMGIK, which prescribe that two (2) Americans will observe election procedures in each of the election districts of this province, you are hereby directed that you are one (1) of the two (2) American observers assigned to perform this mission in . . . . election district. Your particular part of the district will be determined by personal discussion with the other American assigned to the same election district.

(*a*) To assist you in the performance of your prescribed duties, as enumerated below, Mr. . . . . . is hereby assigned as your interpreter for the duration of this duty.

(*b*) Assignment of transportation will be as announced by the Adviser, Transportation Section, Bureau of Home Affairs. Each observer will contact the Hq. Comdt, 99th Military Government Group, prior to departure for the *Guns*, in order to receive sufficient rations for the trip.

(*c*) For your information, within your election district are located some . . . . . voting places with a total of . . . . . persons eligible to vote.

(*d*) You will be at the location of your district election committee by 0700, 10 May 1948, at which time and location there will be a guide awaiting you to accompany you around your half of the election district. In order to arrive at your primary destination by 0700, it will be necessary for you to leave Taegu not later than . . . . . If it is desired to depart from Taegu the day before Election Day, arrangements for billets will be accomplished by the individual concerned.

(*e*) In order to observe this election properly, you will visit each of the voting places within your assigned district. Observations will include, but are not restricted to, the following :

(1) Is there any indication of action being taken by anyone to stop an individual or groups of individuals from voting? Or to force anyone to vote?

(2) How many have voted up to the time you arrived? What percentage of eligible voters does this represent?

(3) Is the proper procedure, as explained in the briefing conference, being carried out in so far as the voting by an individual is concerned?

(4) At what time do they contemplate voting will be completed?

(5) Are arrangements made to effect the transfer of the ballot box to the district election committee by 1930, 10 May?

(6) Is use being made of local self-protection units for protection of ballot boxes in transit?

(7) Are these self-protection units operating according to Colonel Adair's letter of 21 April 1948, or are they dominated by youth organizations? Under police control?

(*f*) Upon completion of visiting each polling place, or at the latest at 2000, 10 May, return to the district election committee's location and observe the following :

(1) Is the process of opening the ballot boxes and counting the ballots executed in accordance with the procedure as explained at the briefing conference?

(2) Was the winning candidate announced? Who was he (or she)?

(3) What was total number of votes cast? How many for each candidate? How many were thrown out for one reason or another?

(*g*) Upon completion of the provisions of paragraph 1 (f) above, return to Taegu and submit your "Observation Logs" (copies of which are enclosed herewith as Inclosure 1) to the office of the undersigned. In this connexion, for the convenience of the typist and to insure expeditious forwarding of the completed report to USAMGIK, it is requested that all concerned write plainly and legibly.

For the Chief Civil Affairs Officer :

Edgar R. POOLE
Major Infantry
Adviser

2 incls.

1 — Observation logs
2 — Map of election district

OBSERVATION GROUP VII

SUMMARY RECORD OF OBSERVATION OF ELECTION : SATURDAY, 8 MAY, TO TUESDAY, 11 MAY 1948 [1]

Present : Mr. Jackson (Australia), Mr. Gottesman (Acting Secretary).

Building of the Provincial Capital, Pusan, Kyongsang Namdo,

Saturday, 8 May 1948, at 9.30 a.m.

Interview with the provincial governor, the chairman of the provincial election committee, and the United States Civil Affairs Officer

Mr. JACKSON (Australia) asked to be informed of any matters of interest which had occurred since the last Group of the United Nations Temporary Commission on Korea had been in the province of Kyongsang Namdo. He said that he had arranged to take advantage of the information gathered on election day by Observation Groups sent out by the Military Government.

Mr. KIM Cheull Soo, provincial governor, mentioned that Korean teams were also being sent out to all voting districts. They would report to Mr. Pyun and to himself, starting on Tuesday afternoon, and would be available for questioning by the United Nations Group.

Mr. JACKSON (Australia) said that the Group would visit as many polling places as possible and that the statements made by observation teams would be valuable in helping to provide a proper view of the situation in the province as a whole.

Mr. KIM said that, in the campaigning, public meetings had been held in school buildings at which the candidates presented their political views. These meetings were usually sponsored by the newspapers and conducted by the editors and managers of the papers. Every candidate was given an equal opportunity in these meetings and as comparatively few of the candidates had announced the party to which they belonged, there had been no complaints by candidates concerning the procedure. Loud speakers and newspaper publicity, as well as posters and signs, had also been used.

There had been some difficulties in the province, but not in the City of Pusan. One chairman of an election committee had been killed, and some candidates had received threatening letters.

Colonel GILLETTE, Chief Civil Affairs Officer said that the chairman of a district election committee of Ulsan had been killed; his head had been cut off by a Japanese sword.

Mr. KIM added that the chief of Sanchon Gun, the leader of the Dai Dong Youth Group, had also been killed. He was not a member of the election committee, but had been killed in connexion with the election.

He said that there had been some publicity by the leftists in the province to the effect that, if the voting showed that less than 50 per cent of the eligible voters had taken part in the elections, the United Nations Commission would not recognize the election.

Mr. JACKSON (Australia) replied that, no matter what the percentage of votes might be, the election

---

[1] Document A/AC.19/SC.11/SR.1.

would have been held and the representatives elected.

Provincial Capitol, Pusan, Kyongsang Namdo, Saturday, 8 May 1948, at 10.40 a.m.

Interview with the mayor of Pusan, and the chairmen of No. 2, No. 3, and No. 4 district election committees

Mr. JACKSON (Australia) explained that the United Nations Commission was trying to contact every electoral district in Korea by means of observation groups, and by talking to Korean observers and to the Military Government observers in order to find out how the elections had gone. It would be interested in the unsatisfactory features which would be corrected by the Koreans at future elections. He asked if any of the chairmen had any complaints or anything of interest to report which had developed since the last visit of United Nations representatives.

Mr. KIM Che Kun, chairman of No. 2 district election committee, replied that two recent developments had been, first, the opposition to the holding of a separate election and the formation of a separate government in South Korea, which had risen out of the North-South Korea conference in North Korea, and second, the anti-Japanese sentiment stirred up by the Japanese closing of Korean schools in Japan and American indifference and inaction. These developments had caused some antagonism to the American-supervised election and led to strikes in the middle schools. The movement had started with anti-Japanese sentiment, but anti-Japanese and anti-American feeling had soon taken on equal intensity and the students had been aroused and had gone on strike.

He said that he had not known of any large secret meetings of the students. However, strikes had started in the schools and the students had made demonstrations. Some schools had announced school holidays to prevent such demonstrations. The strikes had started on 5 May and the schools announced the holidays for 7 and 8 May so that schools were closed until after the elections.

Mr. PAK Song Kil, chairman of No. 3 district election committee, said he believed the people in general were supporting the election. The majority were convinced that the election was a step towards complete independence for Korea. Now, however, in relation to the North-South Korea conference, some resentment toward the election had developed and support of the candidates had been waning.

The communists were using the anti-Japanese feeling as an occasion to oppose the election.

Mr. KIM said that two colleges in the city of Pusan were involved in the strikes, and about four middle schools — two girls' schools and two boys' schools. In other middle schools the attendance had been reduced, but attendance had been normal in the primary schools.

Mr. JACKSON (Australia) asked whether the strikes had been a protest against what the Japanese had done to the Korean schools in Japan, or whether it was another leftist effort to sabotage the elections.

Mr. KIM said that the affair had started purely as a protest against the Americans, that it had come under the control of the communists and leftists and, since the elections were being handled by the Americans, it had been used against them. In its present status, it was purely opposition to the elections.

He stated that, in the city of Pusan, over 90 per cent of the eligible voters had registered, but that the percentage of those actually voting would probably be much lower because of abstentions and invalid votes. He wished to know what percentage of the eligible voters would have to cast valid ballots in order to ensure a true election.

Mr. JACKSON (Australia) explained that the United Nations Observation Group planned to visit the electoral districts of Pusan, Ulsan and Yangsan and wished to call upon as many Korean and Military Government teams as possible for information concerning those and all thirty-one electoral districts in the province.

Colonel GILLETTE, Chief Civil Affairs Officer, supplied a detailed list of the candidates.

Polling place No. 34, voting district No. 4, Pusan, Kyongsang Namdo, Monday, 10 May 1948, at 6.45 a.m.

Present : Mr. Jackson (Australia) [2]

Mr. JACKSON (Australia) noted that there was a police reserve in a truck some distance away from the polling place and that there were police in jeeps constantly on the move through the streets in the area. A group of eight officials, wearing identifying armbands, were being instructed on their duties outside the polling place. A queue of some forty people was waiting in an orderly line for the polls to open at 7 o'clock. No police or members of youth organizations were in evidence in the immediate vicinity. Large posters with excellent photographs of the candidates above their respective ballot numbers and names were displayed prominently on the outside of the polling place. At 7 o'clock sharp, as a factory whistle blew nearby, the door of the polling place was opened and the voters filed in. Eight election officials supervised the procedure, two watching the booths and one the ballot box. The voters passed a desk where they were handed the necessary papers. They then proceeded to the booths, filled in their ballots, folded them, placed them in envelopes and deposited them in the ballot box. Posters similar to those on the outside of the building were displayed in each booth.

No. 3 voting district, Yangsan Tong Myun, Kyongsang Namdo, Monday, 10 May 1948, at 10.15 a.m.

Present : Mr. Jackson (Australia) and Mr. Gottesman (Secretary).

The Observation Group noted that, on the road before reaching the polling place, there were several members of the Community Protection Association, armed with stout sticks, but in ordinary Korean dress, and that there were about ten other placed about the polling place itself.

In response to questions by Mr. JACKSON (Australia), Mr. KIM Soo Man, chairman of the district election committee, said that 286 eligible

[2] Where no other indication is given, succeeding interviews were carried out by the same individual or individuals.

voters had registered and that already all but three had cast their votes. However, in line with their instructions, the ballot box would not be sealed and the polls closed until the designated hour for closing, which was 7 p.m.

No. 4 voting district, Yangsan Tong Myun, Kyongsang Namdo, Monday, 10 May 1948, at 10.45 a.m.

On arrival, the Group observed that a number of women were voting. They were in a queue and were proceeding in orderly fashion through the various stages of the process. The men, in another queue, were awaiting their turn outside the polling place.

In response to questions by Mr. JACKSON (Australia), an official in charge of the polling booth explained that the people had been given thorough instructions away from the polling place on the voting procedure.

There were 544 eligible voters registered, of whom 310 had voted at that hour.

Chung Kan Myun voting district No. 3, Tongnae Electoral District, Monday, 10 May 1948, at 11.10 a.m.

Mr. PAK Chong Yul, chairman of the district election committee, stated that there were 717 registered voters, of whom 676 had already voted.

City Hall, first electoral district, Ulsan, Kyongsang Namdo, Monday, 10 May 1948, at 12.20 p.m.

Interview with the chairman and members of the first electoral district election committee, and Mr. Shin Yun Sik, Gun official

Mr. PAK Nam Kuk, chairman of the first electoral district committee, stated, in reply to questions by Mr. JACKSON (Australia) that this was the first visit of the United Nations Commission to the district. A total of 38,300, or 96 per cent of the eligible voters, had registered. There were six candidates in the district, of whom two were women. One was an independent candidate, four represented the National Association for the Rapid Realization of Korean Independence, and one the Hankook Democratic Party. Four or five days previously, some leftists had attempted to oppose the election. They had sent threatening letters to the members of the election committee and had distributed handbills telling the people not to vote. There had been no raids or violence and the election committee had not been attacked.

The candidates had campaigned by making speeches at public meetings held in the schools and by distributing handbills and posters. There had been no trucks with loudspeakers available for their use in the district. The women candidates had been given the same opportunities to campaign as the men and had taken full advantage of them.

Mr. JACKSON (Australia) asked how the election had been going so far.

Mr. SHIN Yun Sik, *Gun* official, replied that the election had been proceeding very satisfactorily. In some of the voting places at a distance from the town, there had been some agitation prior to the election day, but it had been kept in hand by the police and the community protection groups. The leading agitators had not registered and were not taking part in the elections, but their followers had registered and had voted, although probably some had cast invalid votes. He had no specific information about any organized plan to cast invalid ballots.

In response to further questions by Mr. JACKSON (Australia), Mr. SHIN said that there were followers of Kim Koo and Kim Kiusic in the district but that they were not numerous. They had done nothing which could be considered obstructive, although they had been opposed to the election.

Mr. JACKSON (Australia) said that some leftists had stated that it would not be possible for them to nominate any candidates. He asked if this was true in this district.

Mr. PAK and Mr. SHIN replied that the Hankook Democratic Party was the strongest party in the district. One of its leading members had recently become a follower of Kim Koo, but only his family and close friends supported him. There were no other leading members of the Korean Independence Party in the area. They believed that leftists had not tried to be nominated and, in any case, because of the preponderance of rightist voters, any leftist candidate would have been defeated.

They figured that about 20 to 30 per cent of the population in the district had been in favour of the leftists. There had been no effort on the part of the rightist campaigners or candidates to secure leftist votes. Some of the leftists had modified their political ideas and had decided to participate in the election.

Mr. Shin said he had no idea what the final outcome of the voting would be, but in his opinion the actual voting in support of leftist representatives would not have been as high as claimed by the leftist parties. Minds had changed, and there were many voters who had been undecided before election day. The general feeling of the people about the election was one of increased patriotism and enthusiasm.

City Hall, first electoral district, Ulsan, Kyongsang Namdo, Monday, 10 May 1948, at 1.27 p.m.

Interview with a candidate of the Patriotic Women's Association

Mrs. CHAE Chung Sun said that she had no idea whether or not she would get a large women's vote. There were many women who supported her, but women generally followed their husbands. Other women who were literate and more intelligent would cast their votes as they saw fit. The intellectual people — men as well as women — realized that women should be represented in the National Assembly. The intelligent men would give their wives freedom to vote for a woman candidate. Other men felt that it was too soon in the development of Korea for women to take part in politics.

She said that her husband had specialized in law and that he had been a prosecutor under the Japanese. After the liberation, he had become a *Eup* master for a short while. Now, he had no position.

Voting district No. 2, Ulsan, Kyongsang Namdo, Monday, 10 May 1948, at 3.30 p.m.

Interview with the alternate chairman and members of the district election committee

Mr. CHUNG Sung Nak, alternate chairman of the district election committee, said that 39,100, or

97 per cent, of the eligible voters had registered and that 90 per cent had voted thus far. There had been five candidates, but one had died. All were independent, representing no political party. There had been some disturbances: the chairman of the On Yang Myun district (about three miles from On Yang) election committee had been killed. He had first been shot and then his head had been cut off. A member of that district election committee had been wounded and his wife killed.

Mr. JACKSON (Australia) asked what percentage of the population of the area was leftist and whether or not they would vote for the nominated candidates.

Mr. CHUNG replied that about 30 per cent were leftist. One of the candidates, who was a rightist, was using a leftist platform in order to secure the leftist votes. He felt that there would be very few abstentions in the district.

Several members of the district election committee said that some people might consider that the population of the area was equally divided, that there were 50 per cent leftist and 50 per cent rightist, but, of this figure, about 30 per cent were not true leftist; they were opportunists and would follow any leadership which might appear to be beneficial to themselves. Even had there been an equal number of leftist and rightist candidates, the leftists would receive only 20 to 30 per cent of the votes. The majority of the people were ignorant farmers and would follow the leaders of their villages and towns. There was an organization of the Korean Independence Party, but it was never strong. All candidates selected were citizens well-qualified to represent the people.

Mr. Chung said that the registration amounted to 97 per cent of the eligible voters and that the remaining 3 per cent comprised the extreme leftist element, the agitators. Many of these did not remain in their home district, but moved around killing people and creating violence.

One of the candidates, Mun Chang Jun, had been a member of the Korean Independence Party, but when Kim Koo announced his policy of non-participation in the election, Mun had withdrawn from the party and had presented himself as an independent candidate. All the candidates were independent and the results of the election would, therefore, be a true reflection of the individual desires of the people.

Yangsam, Kyongsang Namdo,
Monday, 10 May 1948, at 4.50 p.m.

Mr. KIM Hung Sik, *Gun* chief, said that 23,400, or 100 per cent of the eligible voters, had registered and that 92 per cent had already voted.

Those of communist tendency in the district did not amount to more than 10 per cent.

All four of the candidates were independent and the people were very enthusiastic about the election.

Provincial Capital, Pusan, Kyongsang Namdo,
Tuesday, 11 May 1948, at 2.50 p.m.

Interview with the United States Chief Civil Affairs Officer and members of the Military Government observation teams

As the members of the Military Government observations teams returned from their respective districts, they reported immediately to the United Nations Observation Group. Teams from the following districts were questioned by Mr. JACKSON (Australia):

Pusan I (Tongnae)	Milyang II (West)
Pusan II (North Pusan)	Yangsan
Pusan III (Downtown)	Ulsan I (East)
Pusan IV (Mokto Is.)	Ulsan II (West)
Masan	Tongnae Gun
Chinju	Changwon I (West)
Chinyang	Changwon II (East)
Milyang I (East)	

Each team commented on the enthusiasm and skill with which the election had been handled. The Military Government had had nothing to do with it; it was the election committees which had taken into consideration every detail and had worked long and conscientiously to educate the people, ensure proper protection of the polling places, train the election officials, and carry out the details of the election procedure. It had been done with the maximum of efficiency and the election law had been observed to the letter.

In most instances, in spite of the fact that the formality of voting was completely new to the Koreans and notwithstanding the large number of illiterates, the number of invalid ballots amounted only to 3 to 4 per cent. There was one district in Pusan — an industrial district — where the number reached $12\frac{1}{2}$ per cent.

Many women had been interrogated and the unvarying answer had been that they were voting in order to set up their country's government and that none of them had received instructions on how to vote from their husbands.

After the closing of the polls, the Koreans had stood all night in the pouring rain to hear the election returns.

Colonel LIPSETT, chief of the observation team for Tongnae Gun, said that the *Gun Soo*[3] had been very nervous when the polls had been closed and the ballot boxes opened at the end of election day, but that everything in the district and in connexion with the election had been orderly.

Colonel GILLETTE, Chief Civil Affairs Officer, explained that Tongnae had been predominantly Japanese and that it was now filled with refugees and that it had been one of the places where they had expected trouble.

In response to a question by Mr. JACKSON (Australia), Lieutenant MILLIGAN, member of the Ulsan I team, said that he had worked with the Koreans for three years. His belief was that the leftists were a minority and that Koreans were opportunists and would support the party which could obtain food and clothing for them. Communists use mass psychology as the means to arouse the people and any communistic tendencies among the Koreans was due to this rather than to any personal conviction. If there had been a proportion as high as 50 per cent of communists and 50 per cent of rightists, there would have been a great deal of antagonism and trouble on election day, whereas there had been nothing of the sort. Everything had gone off like clock-work.

Captain BALDWIN, chief of the Ulsan II team, said that Kim Su Sun, the rightist candidate who had used a communist platform, had been elected.

[3] Chief official.

Mr. NEWMAN, chief of the Pusan III team, reported that two youths, strangers to the community, had entered a polling place, snatched the registration book and run off with it. The one carrying the book had been caught and it was claimed that he spoke a North Korean dialect.

Provincial Capital, Pusan, Kyongsang Namdo, Tuesday, 11 May 1948, at 8.30 p.m.

Interview with the United States Chief Civil Affairs Officer and members o. the Military Government observation teams.

Mr. JACKSON (Australia) questioned members of the following additional teams as they returned from the field :

Haman	Kochang
Changnyong	Hyopchon I (South)
Kimhae I (East)	Kosong
Kimhae II (West)	

Mr. BECK, chief of the Changnyong team, reported that there had been three incidents in his area. At about 2 o'clock in the morning of election day, the voting place had been burned down. The registration book and the ballots and ballot box had been rescued; however, another voting place had been set up and the election had been carried out successfully. A large number of men (reported to be 150) had come down from the hills and attacked. They were armed with pistols, rifles, rakes and poles, and a battle was waged against the police and the self-protective group. Thirty-one of the raiders had been captured and imprisoned in the police station, but when interrogated, nothing had been learned from them.

Twelve houses in the town had been burned; among them were the houses of the chairman and three members of the election committee.

In another place, the chairman and committee members had twice been driven out of the voting place by men armed with rakes — at 5 o'clock and at 7.30 o'clock in the morning, respectively. The register and ballot box had not been touched, and by 12.30 p.m. another voting place had been set up and the election had proceeded satisfactorily. The police protection in this spot had been withdrawn to assist in the battle against the large number of raiders mentioned above.

Mr. BRUZOT, member of the Changnyong team, said that one voting place had been attacked by men armed with spears, and that the election committee had dispersed. It had not been on duty when he had been in the district at 2.30 p.m., and he did not know whether the election had been carried out or not.

Another voting place had been attacked at midnight by about forty men and again at 2.30 o'clock in the morning by sixty more. Ten members of the Community Protection Association had been kidnapped. At 7 o'clock in the morning there had been another attack. The ballot box, however, remained intact.

In another place, the roof of the voting place had been burned, but as the building was in condition to resume voting, the election had gone on.

In a fourth area, people had been afraid to walk down the road to vote because they said there were communists in the hills to prevent them.

In Heuntong, during the lunch hour, a man approached the room where the ballot box was kept, threw in a beer bottle filled with gasoline, which hit the ballot box and burst into flame, but no harm was done.

Mr. YOUNG, chief of the Kochang team, said that, in two places in his area, the ballots had been burned, but replacements had been secured and the people had been called in again and voted again.

Trouble had commenced on 8 May. In another place, the police office was stormed and burned and 6 men were killed. In spite of this, voting was not interfered with.

In another place, 20 communists had appeared, but as the police were too numerous, they had withdrawn. From 4 until 6.30 in the morning of election day, a patrol of American soldiers and police had been scouring the hills. Shooting could be heard as the police tried to round up the communists.

In another location, a polling place had been burned and one communist killed.

In Mongsong Myun, about 200 communist prisoners had been brought in by the police and a number of corpses were brought in during the day.

The police had burned about fifteen houses belonging to communists.

Mr. Young estimated that about twelve had been killed and twenty-five to thirty wounded in the area visited by him.

Provincial Capital, Pusan, Kyongsang Namdo, Tuesday, 11 May 1948, at 9.5 p.m.

Interview with the provincial governor, Mr. Kim Cheull Soo

In reply to questions by Mr. JACKSON (Australia), Mr. KIM Cheull Soo, provincial governor, said that there were about forty communists living on the mountain between Yangsam and Miryang and that during the past month they had come down at night and made trouble. The police had been unable to get rid of them.

In Yangsan, there was more than 10 per cent leftists. There were only ten well-educated leftists and they were the ringleaders. The other feltists were uneducated farmers and not true leftists. The communists were not trusted.

Of the communists, he believed 5 per cent had not voted and that 5 per cent had cast invalid votes.

In his opinion, not more than 20 per cent of the people in Pusan were leftist before the election.

OBSERVATION GROUP VIII

SUMMARY RECORD OF OBSERVATION OF ELECTION : FRIDAY, 7 MAY, TO MONDAY, 10 MAY 1948[1]

Present : Mr. Costilhes (France) and Mr. Globa (Acting Secretary).

Local situation

The peculiar situation which prevailed in Cheju-Do (Cheju Island), compared with the other electoral areas in South Korea, calls for some general remarks in order to give a local background to the observation made by the Group.

On its arrival, the island had been for a few days the theatre of serious disturbances, the principal aim of which was to hinder the elections by all possible means. Threats of murder had been lavishly sent to chairmen and members of electoral committees and had been, in one or two instances, carried into effect.

In the roadless hinterland, rebel groups composed of the male population of certain villages managed, on election day, to prevent some voting places (about 50 out of 222) from being put up, by taking with them from the villages the whole population, old people, women, children and cattle. The sympathy which these bands enjoyed in certain localities and their family links explained the difficulties of repression, which the Korean military forces do not wish to make too cruel.

The impression has been gathered, moreover, that the constitution of these bands is rather the product of personal motives, such as hatred between families, than of ideological motives.

Town Hall, Cheju City, Cheju-Do,
Friday, 7 May 1948, at 4 p.m.

Interview with the chairman of the provincial election committee

Mr. CHAI Won Sup, chairman of the provincial election committee, supervised the organization of elections in the three electoral districts[2]. Interviewed by the Group together with the governor and Captain Stevenson, he pointed out that the polling places would not be prepared before the evening of 9 May or even the morning of election day, as he feared that they would be attacked. He stated, moreover, that some of the local electoral committees had sent back ballot boxes and ballots, being afraid of reprisals by the "guerillas". He also declared that the protection of the most dangerous places would be as thorough as possible, but regretted that Korean constabulary and police forces should be in insufficient numbers to provide adequate protection everywhere. United States authorities had promised to provide the necessary trucks for the collecting of ballot boxes in the whole island.

That collecting was carried out, as provided for during the evening and night of 10 to 11 May and the ballot boxes were grouped in each district at police headquarters, where they remained overnight under the supervision of Korean and American local authorities.

North Cheju electoral district B,
Saturday, 8 May, to Monday, 10 May 1948

Out of three sub-districts (*Myuns*) of this district, those of Kumnyong and Choch'on were visited by the Group only on Sunday, 9 May, where the voting places were being prepared. According to the United States officers in charge of these two sub-districts, the voting places could be open normally on 10 May in the first one and only partially in the second. The Group attached itself more particularly to the observation of voting places in Cheju sub-district which covered the capital of the island, villages located along the coast west of Cheju — next to Hallim district — and inland villages where, as soon as Friday, 7 May, it was known that it would probably be impossible to operate polling places. On the morning of 8 May, during a trip by jeep round the island, the Group had found normal conditions along the western road between Cheju and Aewol (Hallim district). When the Group again passed through the same places in the afternoon of 10 May, all the villages had been abandoned by the population during the night from 9 to 10 May and the electoral material, when it had been possible to distribute it, had been taken to the hills by the bands who had ordered this evacuation with the probable complicity of part of the villagers. The Group stopped more particularly in the villages of Dahodong (close to the airfield) and of Wedo. In the first one, where a clash had occurred on the morning of 10 May between the constabulary and rebel elements, the Group found only an old man and a sick woman with her children. No information could be gathered from them. In all those villages, doors were padlocked and shops closed up.

Cheju City, North Cheju electoral district A,
Monday, 10 May 1948

In Cheju City, the morning of election day, the Group visited voting places Nos 1 and 2, 6 and 7, 8 and 9, 10 and 11, 12, 13.

Except in 1 and 2, the booths were not in conformity with the law. It should, however, be observed that, if they had been so, the majority of the voters would, nevertheless, have carried on discussions while filling in their ballot. The Group noticed, for instance, that in voting places 8 and 9, where satisfactory booths had been put up following observations made to the electoral committee, the clerk found in very difficult to prevent voters from entering together one of the booths when the other one was empty.

[1] Document A/AC.19/SC.12/SR.1.

[2] Cheju-Do was divided into three electoral districts: North Cheju Gun A and B (with headquarters at Cheju City in the north and Hallim Ri in the west, respectively) and South Cheju Gun (with headquarters at Sogwi Ri in the south).

A minority of voters only seemed anxious to make use of the secrecy of vote to which they were entitled. In no case, moreover, even when the booths were inadequate, did the Group notice that local authorities tried to see how the voters were voting. The illiterates frequently asked from these often inexperienced and overwhelmed authorities what they should do, as few of the candidates had sent photographs and some had not indicated the number of strokes corresponding to their place on the ballot. The invariable answer was: "Put a circle wherever you want" without any precise indication in favour of any particular candidate. The Group asked a woman, who had just voted and could not read, how she had been able to choose a candidate and she replied that her father had told her to vote "three bars", meaning candidate No. 3.

Voting places 6 and 7 were overcrowded and several voters were filling out their ballots on the same table. But only voting places 10 and 11 were organized in a really incorrect way : the ballots of illiterates were filled in by the chairman on his own desk and the ballot boxes were not padlocked. However, having noticed that these errors seemed to originate rather in the chairman's inefficiency than in a fraudulent intent, the Group advised the chairman, who proceeded to follow its advice.

Hallim, North Cheju electoral district B,
Monday, 10 May 1948

Of the three Hallim sub-districts, two, Aewol and Hallim, were visited by the Group, the third being an island a few miles north of Cheju-Do.

In Aewol sub-district, close to the deserted villages of Cheju sub-district, some committees were afraid of possible attacks. In Si-Nom, where the Group arrived on 10 May at 2.30 p.m. and where the constabulary was on guard, the voting place had just been closed and the ballot box was being carried away on a man's back to the capital of the sub-district, accompanied by members of the committee anxious to be rid of it as soon as possible. Koneni polling place, where the Group arrived a little later, was still open, though no more voters were coming. In Aewol, the Group met, in one of the two well-organized polling places of that township, Mr. PAK Hyeng Soon, chairman of the sub-district electoral committee, who stated that, out of 485 registered voters, 400 had already cast their ballots.

In the afternoon of 10 May, the Group visited voting place 7 in Hallim, where it had already made a visit on 8 May, in company with Mr. KIM Kyang So, chairman of the election committee, who had explained his anxiety as to the preparation of voting places. The advice then given had been punctiliously applied. For lack of cloth, the booth was closed in by a screen. Out of 325 voters, 275 had already cast their ballots. The chairman, however, whom the Group was anxious to see again before leaving Hallim, could not be found, owing probably to the numerous murder threats he had personally received on previous days.

Taejong, Sogwipo, P'yoson, Song Sanpo,
South Cheju electoral district
Saturday and Sunday, 8 and 9 May 1948

This district is formed of seven sub-districts, of which four were visited by the Group on 8 and 9 May, namely, Taejong, Sogwipo, P'yoson and Song Sanpo. In all these places the Group was very favourably impressed by the scrupulous care given to the study of the electoral law by the election committees. As to the practical organization of the voting places, the committees showed how they would organize them on election day, without omitting any of the principal rules provided by the law. In certain places where the vote was to take place in classrooms, a sketch of the voting place had been drawn on the blackboard so that on entering the voters would realize what they had to do. In the whole district, roads were patrolled and guarded by the Community Protection Association groups organized by the Military Government. None of the election committees seemed to be afraid of incidents, either during the election or during the collecting of ballot boxes.

In short, the Group felt that two of the three districts were particularly well organized, namely, Hallim (North Cheju electoral district B) and Sogwipo A (South Cheju electoral district). Cheju City district (North Cheju electoral district A), on the contrary, could be subject to the criticisms set forth in the first part of this record, but the observed faults can be explained by the serious disturbances which took place there. A general fact should be emphasized in Cheju City District as well, namely, that although the law gave to the chairman the right of calling police or army forces inside the voting place in case of danger — and many committees in Cheju-Do might have felt themselves in danger — nowhere was the presence of either police officers, members of the constabulary or of youth organizations noticed by the Group inside the polling places.

Finally, being anxious to ascertain whether the voters had been subject to any pressure to make them vote, the Group interviewed at random several persons, mostly women. Their answers never mentioned any such intervention. One of the women stated she had not been able to vote because, her name not having been found on the electoral register of the voting place where she had gone, she had considered that it was useless to pursue the matter. A scavenger about thirty years old, apparently illiterate, seemed not to understand at all the questions asked of him. The Group had to recognize in the end that he even did not know that an election was held on 10 May.

OBSERVATION GROUP IX

SUMMARY RECORD OF OBSERVATION OF ELECTION: FRIDAY, 7 MAY, TO WEDNESDAY, 12 MAY 1948[1]

Present: Mr. Paul-Boncour (France) and Mr. Grand (Acting Secretary).

1. *Itinerary*[2]

Leaving Seoul on 7 May at 8 a.m. by train, the Group arrived in Taegu at 3.30 p.m. and proceeded from there in two jeeps, each manned by two drivers who took the wheel in turn.

The Group spent the day of 8 May in Kyongju; it reached the eastern coast on 9 May about 2 p.m., south of Pohang-dong. Proceeding northward along the road which hugs the coast, it spent the night in Yongdok and entered Utchin district on the morning of 10 May, two hours after voting commenced.

A little later, the Group left the highway to inspect the voting places situated more to the west on mountain roads, and arrived at about 5.45 p.m. in the capital of the district, leaving at about 7 p.m.

About 8 p.m. it arrived in Samch'ok district just when the sealed ballot boxes were being brought to the police stations to remain there during the night. Arriving at midnight in the district capital, the Group spent the morning of 11 May there. It then proceeded straight to Kangnung, where it arrived about 5 p.m. Part of the Group did not go farther north than Chumunjin, headquarters of Kangnung district B, where it arrived about 6.15 p.m., but Mr. Grand (secretariat) proceeded farther and arrived by nightfall at Inkoo on the 38th parallel demarcation line.

The same jeeps took the Group back to Seoul on 12 May. The Group had covered in all more than 900 miles of bad roads and visited six electoral districts: two in Kiongsang Pukto, and four in Kanwon-do.

2. *Atmosphere for elections*

In Taegu, Mr. PAUL-BONCOUR (France) contacted the governor of the Kyongsang Pukto and inquired about the incidents of 1 May. Mr. CHOY replied that events had not borne out the pessimistic forecast which he had made in the course of a telephone conversation on 29 April, but it was apparent that he did not draw any optimistic deductions from that fact concerning the atmosphere on the election days themselves.

In Kyong Ju, the Group found the local authorities on the alert. Mr. HYE You, head of the district, Mr. KIM Yong Syel, chairman of the electoral committee, and Mr. YUNG Song Hwann, local chief of police, emphasized in turn that, since 8 April, twenty-eight political murders had been committed, to say nothing of many other attempts directed against members of election committees or persons affiliated with rightist parties.

They asserted that those murders and numerous cases of sabotage had been perpetrated by about 200 guerrillas hidden in the mountains, armed with Japanese army guns or American carbines taken from the police; their unexpected and scattered raids never gave the police any respite. The candidates had been spared only because of special police protection, which could not practically be extended to all possible victims. The chief of police made, moreover, special reservations as to the possibility of protecting all the polling places on election day, because if he put a policeman on duty in every polling place, he would have no reserve forces in case of serious incidents.

As regards the origin and importance of these guerrilla groups, the persons interviewed did not conceal that they were for the most part recruited locally. The head of the district informed Mr. PAUL-BONCOUR (France) in private that, when taking counter measures, he tried to make a distinction between the leaders, who were not many, and the elements who had joined the guerrillas by chance or by constraint without any firm political beliefs.

As the officials interviewed suspected that among the guerrillas there were agitators from the North, the Group tried to clear up that point during the rest of its trip.

The night of 8 May, electric lines were damaged in the whole province, and especially in Pohang-dong, a small port which was on the alert when the Group arrived about 2 p.m.

On the previous night, violent demonstrations had taken place in the vicinity of the residence of the United States authorities, where the Group had stopped.

Moreover, two police stations had been attacked with bombs: similar incidents were expected to occur in the evening.

Mr. YUN Kab Tal, chief of police, could therefore see the Group for a few minutes only, but the interview with the head of the district, Mr. TCHE To Houn, was longer. They both also mentioned guerrillas hidden in the mountains and armed with American or Japanese arms stolen during attacks on police stations. But they did not feel that any agitators had come from the Soviet zone. The chief of police explained that he knew the men who stirred up this agitation in Pohang, who were responsible for the destructions, who recruited demonstrators or excited the students. They were only a handful and all resided in the province.

It should, moreover, be noted that the farther north the Observation Group progressed, the less trouble or incidents it encountered.

For instance, in Yondjok district — where the Group, for reasons explained hereafter, remained only for the night — the authorities stated that they knew nothing of any guerrillas. Likewise, in Utchin district, incidents had been expected which did not occur; a United States motorized detachment, based in Utchin, had travelled all day long north and south of the capital; Lieutenant SNYDER, who was in charge, confessed his surprise that nothing had occurred.

The security measures prescribed by the United States Military Government were nevertheless

[1] Document A/AC.19/SC.13/SR.1.
[2] East Coast of Southern Korea: see Appendix I.

strictly applied during the whole of the following night, and on the road the Group took to reach Samch'ok it met numerous patrols either of the police, or of the Community Protection Association with green armbands (the result of the recent order of General Dean mobilizing adults from 18 to 50 years old), sometimes officered by policemen. In fact, the militia armed with sticks, whom the Group contacted and who often showed the Group the way, were members of youth organizations. Very few were wearing National Youth uniforms, apart from detachments which formally welcomed the Group when it entered important centres.

Except for a dynamite explosion in a candidate's house in the mining centre of Naan-ne, no trouble had occurred in Samch'ok district either, though its capital is an industrial centre; after the Group had explained to Mr. KIM Tong Soun, head of the district, and to Mr. BAC Boyang, chairman of the election committee, what guerrillas were, they stated that they knew of nothing similar in the region.

But the most distinctive case of interest to the Group was found in the most northern districts, Kangnung A and Kangnung B. Chumunjin, situated about twenty miles north of Kangnung, is the capital of that electoral district, which includes important territories situated south of the 38th degree parallel but which had their capital before 1945 in what is now the Soviet zone.

Captain EDWARDS, Military Commander of the sub-district, stated himself that during the twenty-one months he had been in command no serious incident had occurred.

The display of United States as well as Korean forces in all the region was nevertheless striking: protection in the vicinity of the places where ballots were counted was ensured by the militia; moreover, two armed United States soldiers, under the command of Lieutenant Serge, were found in the room where the counting of ballots took place. In reply to a question by the Group, this officer stated that the United States authorities had been obliged to agree to mount guard inside the place because some members of the election committee were afraid of a possible raid by elements coming from the north and agreed to participate in the election procedure only in the presence of United States soldiers, as the law did not allow the presence of police inside the offices.

The Group immediately questioned Mr. CHOI Tong Sik, chairman of district D election committee, a local customs officer without any definite political affiliation, concerning that matter.

Mr. CHOI answered that the parties opposed to the elections had carried out no serious campaign in the district; he did not deny, of course, the existence of a "whispering" campaign nor the distribution of handbills;[3] but he made clear that "nobody had ever seen or heard of people coming from the north to induce the population not to vote". Owing to well-organized police protection, the population was living and voting peacefully.

Mr. Choi admitted that he, as well as the authorities and his colleagues in the election committee, had foreseen serious events. He added that they had been wrong and as a proof pointed out that at 4 p.m. the last ballot box had been brought down from a place 90 miles from Chumunjin. The departure of the car carrying the box had been witnessed by the guards in the neighbouring Soviet post; everything had been carried out without any difficulty.

The above statements — (Mr. Choi was asked to repeat them twice) — are worth relating in detail. One should however compare them with the observation made farther north by Mr. Grand as well as with facts brought to the knowledge of the Group in Chumunjin, where two houses less than two miles from the place where the ballots were counted, belonging to a candidate and to a person affiliated with Mr. Rhee Syngman's party, had been blown up.

While Mr. PAUL-BONCOUR (France) proceeded with the above investigation Mr. GRAND (Secretariat) extended his observations as far as the 38th degree parallel demarcation line.

In Namai, a fishermen's village, Mr. HONG Him Pyo, chairman of the electoral committee, a farmer, told Mr. Grand that, though three candidates had campaigned in the district, no incident had taken place either during the pre-electoral period or on 10 May.

Out of the total of 755 registered voters, 748 had cast their ballot. When asked to explain that zeal, Mr. HONG stressed that the district had been part of the Soviet zone until the adjustment of the 38th degree parallel line; from that, as well as from other points of view, voting was, for the Namai electorate, a first step towards Korean independence.

The last centre in the United States zone on this side of the demarcation line, In Koo, has a population of 15,000. Out of a total of 5,700 registered voters, 5,700 had just voted; among them were about 500 refugees who had resided in the region for more than the six months required by the law.

The population was half fishermen, half farmers; the election had been held normally, likewise the campaigning of the candidates, of whom one was born in In Koo. Two or three times agents coming from North Korea had distributed handbills, but public order was never disturbed. The last attempt at handbill distribution dated back to the night of 8 to 9 May. A copy of the handbill in question is annexed to this report.[4] The same theme is repeated in it time and again: "Do not participate in the election. Fight American imperialism. Drive the United Nations Commission out of Korea"

The above data were supplied to Mr. GRAND by Mr. HAN Kyong Mo, head of the village.

At nightfall, Mr. GRAND reached voting place 62 and interviewed Mr. KIM Chi Joon, chief for the past year of the police station nearest to the 38th degree parallel on the main road. Mr. KIM had noticed no trouble either during the pre-electoral period or on election day. Since 1947, he could only recall three incidents (10 April 1947, 20 January 1948 and 13 April 1948) when shots had been exchanged by partisans across the boundary line.

For the past three months, an average of 300 refugees per month had crossed the boundary line at

[3] Appendix II contains the document distributed from 6 to 8 May along the entire eastern coast by fishing boats.

[4] See Appendix II.

that place; on the previous day, ten persons had been checked at his post, and on 5 May, 100 persons had arrived by boat. In general, Mr. KIM considered that the number of refugees had doubled since the year before.[5]

In voting place 62, where 157 voters (of whom 71 were women) had registered, everyone had voted. On being invited to give an explanation, Mr. NAM Song Cho, head of the village, stated that the district had been for some time part of the Soviet zone. He added that the impressions brought from the North by the refugees had had some influence on the zeal with which the population had gone to the polls.

3. *Electoral procedures*

As stated above, Pohang authorities on 8 May were on the alert and too busy to finish setting up voting places and show them to the Group.[6] On the same night, the Group, on arrival in Yongdok, was informed that no election would be held in that district, where, of a total of 94,000 inhabitants, 37,000 were eligible voters and 36,500 had actually registered. Mr. HWANG Dai Yun, head of the district, and Mr. CHYENGD Ki Mo, chairman of the election committee, explained that the registered candidates, all affiliated with rightist parties, had been unwilling to maintain their candidacies against Mr. Oh Taik Nyul, whose character was particularly respected in the district and who belonged to Dr. Rhee Syngman's party.

For these reasons, the Group could only begin the inspection of voting places on the morning of 10 May in Utchin electoral district. This inspection was thorough, first along the main road, then along mountain roads in faraway sections without any rapid means of transportation. The Group could thus arrive unheralded in nearly all the following polling places :

Kimyen-ri : voting place 85 at 9 a.m. and voting place 84 at 9.30. (Chairmen : Mr. Chyeng Myeng Cho and Mr. Kim Yung Sec respectively.)

Samyoul-ri : voting place 82 at 9.45 a.m. (Chairman : Mr. Kim Tong Hai.)

Pupoly : voting place 79, at 10 a.m. (Chairman : Mr. Kim Kang Ryen.)

The four above-mentioned places were crowded. Nearly all male voters had already cast their ballots, and the women were following suit. The voting places were in perfect order : despite meagre means and sometimes lack of space, the secrecy of the vote was sufficiently ensured; only one policemen was standing at a distance on the road leading to the voting place and ushers, who were not even always members of the militia, took care of the voters who crowded the places. The procedure took place with striking gravity and with impressive scrupulousness. Those farmers and fishermen had tried to understand the clauses of the electoral law and regulations and had succeeded to a very satisfactory degree.

Only two ballots had to be declared void on the intervention of the Group. The chairman of Pupoly election committee thought that he ought to keep them in a drawer, but the attention of the French delegate had been drawn to the fact that an old peasant woman had come out of the booth, presenting in one hand her ballot duly filled in and in the other the envelope, to a clerk, who ushered her to the chairman. The chairman then delivered a new ballot and a new envelope and kept in his possession the ballot previously filled in by the voter.

Of the four candidates in Utchin district,[7] two only had representatives in all of the above-mentioned voting places. In Kimyen-ri candidate No. 1 only had a representative.

Photographs of candidates 1, 2 and 3 were exhibited in all the places, those of candidate 4 were missing.

An equally satisfactory state of affairs was noticed during the inspection of voting place 70, in the more important township of P'yongaeri.

Though it was only 10.30 a.m., Mr. RI Kai Sin, chairman, stated that out of 404 registered voters, 12 only had not cast their ballots. But the three schoolmasters were expected any moment, two voters were sick and unable to come, three were travelling, so that there were only about four of the voters who were late.

The representative of candidate 2 was the only one present.

At about one mile from the voting place, the Group interviewed a few voters, most of them illiterate peasants. According to them, no opposition campaign had been made in their villages; each of them considered that he was free to vote according to his wishes : as to how they had decided they would vote, it appeared that no candidate had visited them and that neither electoral handbills nor posters had been used. One of the voters explained that one could judge sufficiently well the candidate from his picture.

A very different situation was found in Kwang Poun Ri, far away in the mountains, when voting place 92 was inspected at 11.30 a.m. It appeared from conversations with the voters present that of the four Utchin district candidates, three had come to the village and had made statements within a few days. The Group had just met on the road candidate number 2 who was leaving his birthplace where he had come to cast his vote.

Mr. KIM Soun Chyen, chairman of the election committee, explained that only part of the 280 registered voters had been able to come, the others living in isolated farms or villages too far in the hills for the husband to come down to vote and get back home and his wife to come down in turn on the same day. Therefore, he had just sent to the hills most of the voters who had already voted,

[5] The chief of the police station had, moreover, felt particularly sorry when he had received information from Seoul concerning the criticism expressed by the Commission regarding the organization and activities of the national police, of which he was a member. He stated that, with five men and more or less makeshift supplementary elements, he was responsible for eight miles of the border. In his opinion, the army organized in North Korea would, sooner or later, cross the 38th parallel, and he doubted whether police and constabulary forces would be in sufficient numbers to master the situation. He knew that the northern army had planes, though of out-moded types, tanks and machine-guns.

[6] The Group asked to see the candidates for the district, but the answer given was that they had been in hiding for about a fortnight from fear of attempts on their lives.

[7] Mr. Kim Myung In (No. 1), no party; Mr. Kim Sou Keun (No. 2), Tok Chok; Mr. Chang Hong Kou (No. 3), Tai Chung; Mr. Choun Young Jik (No. 4), Tok Chok.

to guard the houses of the hillmen while they were coming down to the voting place.

This voting place had no defects, except lack of space, the booths being reduced to a pair of rather low screens in a corner of one of two tiny rooms. But this shortcoming was made up by the fact the ceilings were very low (everybody, election committee and voters, was squatting on the floor).

The situation was different in Kim Chyen where, during the inspection of voting place 91 at 11.45 a.m., Mr. KIM Hyeng Ryong, chairman, stated that out of 561 registered voters, 11 only had not yet appeared, because they were either sick or too old to come on foot to the voting place. The chairman was going to send a mountain cart for them.

Nothing could be said against the organization of the voting place, which was in a large barn.

In both above-mentioned places, candidates 1 and 2 were represented.

In Sotai-ri, too, during the visit to voting place 86 at noon the chairman, Mr. NAM Yeng Chic, stated that, out of 543 registered voters, 27 only had not yet appeared.

Nothing could be said against the organization of the place, where only candidate number 1 was represented. But it appeared clearly that the arrival of the Group was from then on heralded. A motorized police patrol reached the villages at the same time as the Group and arranged "spontaneous" cheers upon its arrival and departure.

The Group then decided to stop its inspection and after lunch in the neighbouring hot-springs hotel, made directly for Utchin, where it arrived at 5.45 p.m.

It was then the end of the afternoon, and the voting procedure was practically over. In voting place 2, which the Group thought it its duty to visit on principle, out of 468 registered voters, 3 only had not voted, as they were out of town.

The Group was officially greeted at the Town Hall by Mr. RI Dai Yeng, chief of the district, Mr. KIM Ton Riong, police chief, and Mr. RIM bo Kwang, chairman of the district election committee, surrounded by all his colleagues and Press reporters.

Mr. PAUL-BONCOUR (France) paid tribute to the conscientiousness of the country voters and to the zeal of the local authorities in the small mountain villages which the Group had visited. He warned the election committee members, however, when they were about to begin the counting of votes, that the provincial authorities and the central election committee were now responsible for free elections in Utchin district.

Having left Utchin shortly before 7 p.m. on 10 May, the Group was only able to enquire into operations subsequent to the voting itself.

Arriving in Samch'ok district, the Group stopped at 8 p.m. in Hosan, where Mr. KWAN O Ryun, local police chief, exhibited the three ballot boxes already under his guard. At the same time, Mr. BAC Yeng To, chairman of voting place 38, where voting had ended one hour earlier, explained that all four candidacies in the district were in fact right-wing, the independent candidate being a member of the Hankook Party, and the three other representing respectively the Labour Federation, Dr. Rhee Syngman's National Association and the Dai Dong Youth Organization.

During this interview, Mr. HONG Seng Dai, head of the village, brought into the police station a member of the election committee of a village located more than eight miles away in the mountains (voting place 40). The Group was unable to ascertain the name of this election official, who was worn out with fatigue. He and the policeman who escorted him had carried the ballot box down to Hosan on a stretcher strapped to their shoulders.

The four ballot boxes were carefully padlocked; paper sheets had been pasted over all the openings.

In the port of Imwanzin, which the Group reached about 9 p.m. the police chief opened, in the presence of the Group, a padlocked cupboard in which the ballot boxes of voting places 33, 34 and 35 had been stored. They were also padlocked and sealed.

The documents accompanying the boxes mentioned that out of 406 voters registered in voting place 33, only 5 had not voted, and that out of the 507 registered in voting place 35, only 8 had not voted.

Asked how such percentages of voters were reached in a population composed mainly of fishermen, the chief of the local police explained that, because of the elections, the fishermen had not gone to sea that day.

The Group arrived at Samch'ok at midnight and was able to observe, at 10 a.m. the next day, the beginning of the ballot counting for the district. The election committee had postponed the opening of the boxes to the morning of 11 May.

The organization of the ballot counting was a credit to the head of the district, Mr. KIM Song Toun and to the chairman of the election committee, Mr. BAC Bo Yang.[8]

One hundred and two padlocked ballot boxes, fastened with ropes or wrapped in mats, always carefully sealed with paper bands, had already been brought by lorry. Vehicles were constantly arriving, bringing new full loads of ballot boxes, which were left in a special office under the supervision of two election committee members, who took the inventory of the load in the lorry and signed the receipts. The boxes were then taken in twos to the counting hall.

The Group observed only the counting of the ballots of the first box, from 10 a.m. to 10.55 a.m. Mr. BAC Bo Yang and four assistants opened before the Group a great number of envelopes and placed the ballots in two drawers, one for valid ballots, the other for blank or doubtful ballots.

The Group noted that the ballots taken from the envelopes showed no unusual regularity in the vote, which seemed to exclude any trickery either by the substitution of a ballot box prepared in advance or by the insertion of a great number of pro-governmental ballots at the closing of the box.

The other members of the election committee were in four groups of two members.[9] Each group had a drawer for each of the four candidates in the district. Three groups were distributing the valid ballots amongst the corresponding drawers, the fourth was passing to his colleagues the doubtful ballots before allocating them to the

[8] See sketch, Appendix III.
[9] See sketch, Appendix III: Nos. 6–13.

appropriate candidate or eliminating them altogether after discussion.

The Group withdrew at 11.15 when the second box was opened. The first box counted contained 1,600 ballots, of which only 2 were blank, 7 had mistakes rendering them void, and 9 were still under discussion by the members of the election committee, which delayed the announcement of the results of the balloting in the polling place in question. The result was to be announced by the chairman and immediately registered by a team of statisticians who were sitting at a special separate table with two or three representatives of the Seoul and local Press.[10]

At another separate table, close to the four groups of election committee members classifying the ballots, sat the representatives of the four candidates.[11]

The Group again found the same methodical organization, apparently Japanese in its origin, in the two other districts visited in the afternoon of 11 May at Kangnung A and B, but the offices were not so big and the operation not so well organized.

In Kangnung and in Chumunjin, the Group observed the three following aspects of the ballot counting which seemed the most worthy of interest:

(1) The votes specified on the ballots were successively counted in one box. As in Samch'ok, the genuineness of the ballot seemed proved by the diversity of the votes.

(2) Another sign of this genuineness was the fact that the total of votes obtained by each of the three more particularly interesting candidates running in Kangnung District A remained at a relatively steady level. Candidate No. 1, Mr. CHOI Doo Chip, was a member of Dr. Rhee Syngman's party; candidate No. 2, Mr. IM Pyong Chul, a partisan of Mr. Kim Koo, was running as an independent; candidate No. 3, Mr. WONG Chang Kil, had the support of youth organizations.

Time	Number of votes obtained by candidates		
	I	II	III
8 a.m.	4,216	2,653	3,071
4 p.m.	6,391	3,777	4,001
midnight	9,817	5,228	8,091

The Group questioned the head of Kangnung district, Mr. CHAI Byeng Wy, as well as the chairman of district A election committee, Mr. CHO Tal Mouc, as to the reasons why in this ballot, which appeared to the group as honest and genuine, the voters favoured No. 1, a governmental candidate, rather than No. 2 who was in fact a representative of the opposition. The answers given concurred in stating that the past terrorism of Mr. Kim Koo's party had somewhat troubled peasant voters, who were moreover constantly in contact with refugees from the North, among whom a growing number of "kulaks" deprived of their property were to be found, and who put an unfavourable interpretation on Kim Koo's attendance at the Pyongyang Conference.

(3) The proportion of voters and of blank or void ballots in this region adjacent to the 38th degree parallel where the flow of leaflets from the north of the type given in Appendix II had first spread. The following are characteristic figures collected during 11 May, the first day of counting.

About 5 p.m., at Kangnung A, the ballot boxes of voting places 1 to 28 had been counted; there were 16,216 ballots in all, of which only 253 were blank. The ballots of voting place 47 were just being counted and of 909 ballots opened so far only 7 were blank. All the registered voters of that voting district had voted without exception, and 98 per cent of the potential voters had registered.

When the convoy left Jangnung on 12 May at dawn, the United States Military Commander of the district, Captain EDWARDS, gave to the Group the figures of the count as at midnight. Out of 24,000 counted ballots for district A, only 342 blank ballots and 510 void ballots had been found.

At Kangnung B, there was a total of 38,009 out of 38,850 eligible voters who had registered.

When the Group arrived at Chumunjin at 6.15 p.m., 42 out of 63 ballot boxes had been counted. By then 25,913 ballots had been opened, of which only 203 were blank and 599 void.

At 7.30 p.m., when the Group left the office of district B, the total of ballots counted was 23,494, of which 232 were blank and 616 void.

4. *United States supervision*

The Group happened to be present at the first interview in Pohang-Dong between the head of the district, Mr. TCHE To Houn, and the civilian observer sent from Seoul by the United States Military Government, Mr. PEARSONS (Canadian by nationality).

The latter had arrived on the preceding evening and had been unable to find the head of the district in his office in the morning. Mr. TCHE To Houn had come to see him at the beginning of the afternoon, when the Group was present. As explained in section 2 above, the situation on 9 May in the port of Pohang was critical. The statement of the observer sent by the central United States authority was somewhat contradictory: on one hand, he sympathized with the difficult situation with which the Korean authorities were confronted, and asked them what help could be afforded them by the United States authorities. On the other hand, he stressed that the Korean authorities bore the full responsibility, both for the maintenance of order and for the holding of regular elections on the next day, and stated that the United States authorities did not intend to intervene in these operations, but only to check developments.

At Utchin, where the civil observer was a United States official, Mr. TURNER, attached as adviser to the Korean administration of the district, and in Kangnung where Mr. FISHER had been specially sent from Seoul by General Dean, the United States civil observers seemed also to play a somewhat passive part. It was, however, different in the case of the military observation teams which the Group met in different places. They took care not only that order was maintained but also that the election regulations were applied in the polling places. The efforts made by the XXIV U.S. Army Corps and the services of the Military Government were most remarkable in this respect.

[10] See sketch, Appendix III: Nos. 19–28.
[11] *Ibid.*, Nos. 40–43.

For instance, on 9 May, in Pohang, the Group met Lieutenant PETERSON, who was just about to embark for an island some 86 miles to the north-east in order to supervise the electoral operations in the polling places which he had been anxious to visit on previous occasions.

At Utchin, on 10 May, the United States commander, Captain ARGUE, had carried out an inspection tour throughout the morning on the northern roads of his district, both along the coast and inland; Lieutenant SNYDER, in command of the motorized detachment referred to in section 2 above, had inspected the voting places in the sector south of the main town.

One heavy armoured car had however been unable to proceed sufficiently far on the mountain roads which the Group had covered that morning, therefore the United Nations Commission had alone inspected this particular sector.

All these officers and some of their subordinate staff were following with interest the progress of the election operations and checked the implementation of the regulations with military minuteness. They shared their findings with the Group in detail, but the notes taken in this connexion were too extensive to appear in the present report. It can be said, however, that the facts which they had ascertained corroborated almost completely what had been ascertained by the Group.

At Kangnung, the Group was accommodated in the house of the military commander, Captain EDWARDS, and was able to note at close hand the assiduity and anxious desire for impartiality and justice with which he personally supervised the counting of the previous days' ballot in each of the two electoral districts placed under his command.

The fact remains that, in keeping with the policy followed for over two years in Korea, the United States military authorities left to the Korean administration, set up under its auspices, the entire responsibility for organizing these elections, the first to be held in the history of Korea.

Appendix I

ITINERARY OF THE GROUP

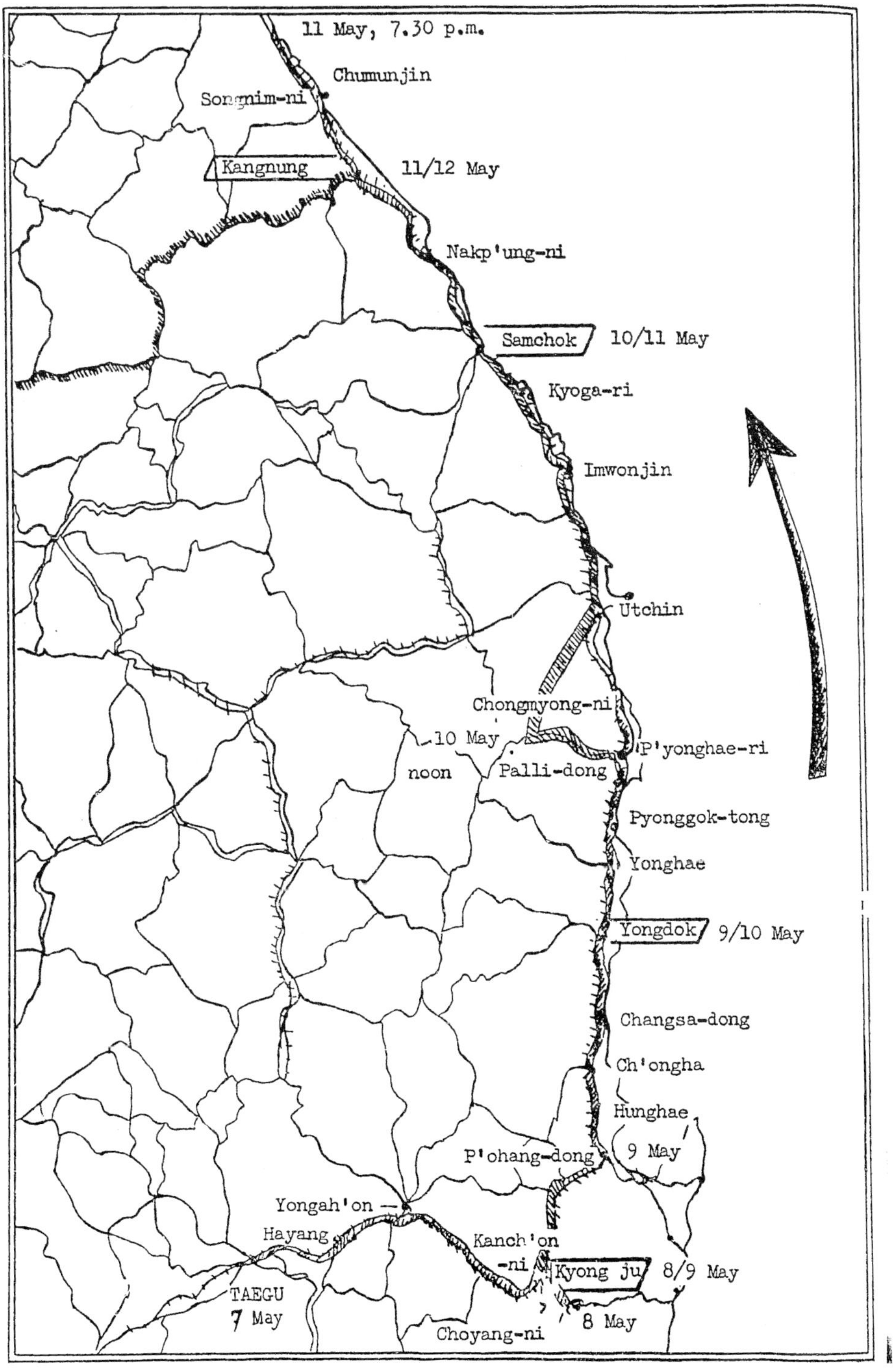

Appendix II

JOINT DECLARATION BY THE SOCIAL ORGANIZATIONS AND POLITICAL PARTIES OF NORTH AND SOUTH KOREA, 30 APRIL 1948

Leaders of the various social organizations and political parties in North and South Korea, convened at Pyongyang on 30 April, following the Conference of the representatives of these parties and organizations :

It was resolved in the conference among the leaders to oppose and to destroy the separate election, to advocate the evacuation of the occupying forces, and to take appropriate actions on those problems which may emerge after the evacuation.

They further adopted the following resolutions :

"1. That the evacuation of the foreign troops, as advocated by the Soviet delegate, is the best and only way to solve the problems of Korea. Hence the United States Government must grant independence to us by evacuating its troops from Korea. The problem of Korea must be relegated to ourselves, who have the will and ability to solve it. We hereby specially denote that we include a great number of those who have been trained for the particular purpose of solving the Korean problem.

"2. That we are convinced that the evacuation of foreign troops would not cause a civil war, and we will not tolerate the occurrence of any disorder caused by the evacuation. That we are fully confident that the ardent desire of the Korean people for the unification and the sacred agreement reached among us will guarantee the existence of order and peace after the evacuation.

"3. That following the evacuation, the All Korea Political Convention shall be convoked by the following undersigned political parties and social organizations. The convention will form the democratic provisional government, which will exert all its effort to preserve public peace and order immediately after the evacuation, and which will make the necessary preparations for the establishment of the democratic legislative assembly that will be formed by the secret vote of the people.

"4. That the separate election in South Korea will not delegate the will of the Koreans, since we who represent the overwhelming majority of the potential voters oppose it. That we will not recognize or support the separate government which will be established as the result of such election."

(Signed)

North Korean Labour Party
North Korean Democratic Party
Political Party, Ch'ondo-kyo of North Korea
General Trade Union of North Korea
General Farmers' Union of North Korea
North Korea Democratic Youth Alliance
Democratic Women's Alliance of North Korea
North Korea Artists' Federation
North Korea Industrial Technicians' Federation (Union)
North Korea Forestry and Fishery Union
North Korea Christian Union
North Korea Buddhists' Union
North Korea Sanitation League
North Korea Red Cross
Supporting Society for Patriots of North Korea
South Korea Labour Party
Hankuk Independence Party
Korean People's Republic Party
National Independence Federation
Labouring People's Party
Social Democratic Party
New Progressive Party
South Korea Political Party, Ch'ondo-kyo
Labouring Masses Party
Minju Korean Independence Party
Democratic Independence Party
Council of All Korean Labour Union
Federation of All Korean Korean Farmers' Unions
South Korea Democratic Patriotic Youth Alliance
South Korea Democratic Women's Alliance
General League of All Korean Cultural Organizations
All Korean Confucianists' Union
Democratic Christian Alliance
Self-Governing Women's Alliance
Korean Race Society
Konmin Society
Korean Industrial Reconstruction Association
Returned Brethren's Society
South Korea Reporters' Association
Denied Student Soldiers' Alliance

Appendix III

SKETCH OF THE SYSTEM OF COUNTING OF BALLOTS IN SAMCH'OK,
11 MAI 1948, AT 10 A.M.

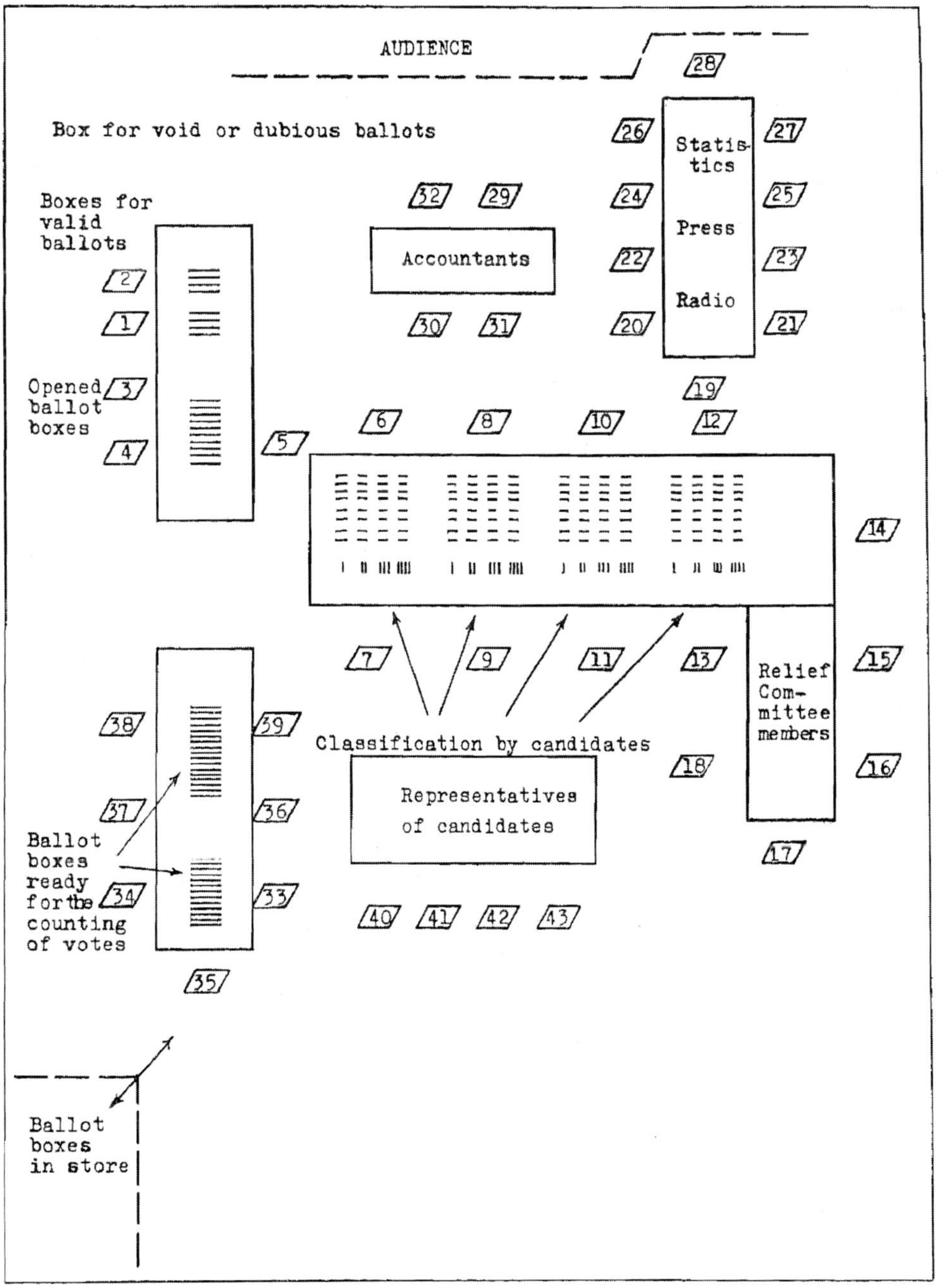

SALES AGENTS FOR UNITED NATIONS PUBLICATIONS

The following is a list of sales agents for United Nations publications in various countries.
Names of agents in other countries will be announced as the appointments are made.

ARGENTINA
Editorial Sudamericana S.A.
Calle Alsina 500
BUENOS AIRES

AUSTRALIA
H. A. Goddard Pty. Ltd.
255a-George Street
SYDNEY

BELGIUM
Agence et Messageries de la Presse S.A.
14-22 rue du Persil
BRUSSELS

BOLIVIA
Librería Científica y Literaria
Avenida 16 de Julio 216
Casilla 972
LA PAZ

CANADA
The Ryerson Press
299 Queen Street West
TORONTO, Ontario

CHILE
Edmundo Pizarro
Merced 846
SANTIAGO

CHINA
The Commercial Press Ltd.
211 Honan Road
SHANGHAI

COLOMBIA
Librería Latina, Ltda.
Apartado Aero 4011
BOGOTÁ

COSTA RICA
Trejos Hermanos
Apartado 1313
SAN JOSÉ

CUBA
La Casa Belga
René de Smedt
O'Reilly 455
HAVANA

CZECHOSLOVAKIA
Librairie F. Topič
Národní Třída 9
PRAGUE I

DENMARK
Librairie internationale
Einar Munksgaard
Norregade 6
COPENHAGEN

DOMINICAN REPUBLIC
Librería Dominicana
Calle Mercedes 49, Apartado 656
CIUDAD TRUJILLO

ECUADOR
Muñoz Hermanos y Cía.
Nueve de Octubre 703
Casilla 10-24
GUAYAQUIL

EGYPT
Librairie La Renaissance d'Egypte
9 Sharia Adly Pasha
CAIRO

FINLAND
Akateeminen Kirjakauppa
Keskuskatu 2
HELSINKI

FRANCE
Editions A. Pedone
13 rue Soufflot
PARIS, 5e

GREECE
Librairie internationale
« Eleftheroudakis »
Place de la Constitution
ATHENS

GUATEMALA
Goubaud & Cía., Ltd., Sucesor
5a Ave Sur, No. 6 Y 9a, C.P.
GUATEMALA CITY

HAITI
Max Bouchereau
Librairie à la Caravelle
Boîte Postale III-B
PORT-AU-PRINCE

INDIA
Oxford Book & Stationery Co.
Scindia House
NEW DELHI

IRAN
Bongahe Piaderow
731 Shah Avenue
TEHERAN

IRAQ
Mackenzie & Mackenzie
The Bookshop
BAGHDAD

LEBANON
Librairie Universelle
BEIRUT

LUXEMBURG (Grand-Duchy of)
Librairie J. Schummer
Place Guillaume
LUXEMBURG

NETHERLANDS
N.V. Martinus Nijhoff's Boekhandel en Uitgevers Maatschappij
Lange Voorhout 9
THE HAGUE

NEW ZEALAND
Mr. A. D. McKinlay
United Nations Association of New Zealand
P.O. Box 5027
Lambton Quay
WELLINGTON

NICARAGUA
Dr. Ramiro Ramírez
Agencia de Publicaciones
MANAGUA, D.N.

NORWAY
Johan Grundt Tanum Forlag
Kr. Augustgt. 7a
OSLO

PHILIPPINES
D. P. Perez Co.
132 Riverside
SAN-JUAN

SWEDEN
Aktiebolaget C. E. Fritzes Kungl. Hofbokhandel
Fredsgatan 2
STOCKHOLM 16

SWITZERLAND
Librairie Payot
LAUSANNE, BALE, BERNE, GENEVA, MONTREUX, NEUCHATEL, VEVEY, ZURICH
Librairie Hans Raunhardt
Kirchgasse 17
ZURICH

SYRIA
Librairie Universelle
DAMASCUS

TURKEY
Librairie Hachette
469 Ave. de l'Indépendance
ISTANBUL

UNION OF SOUTH AFRICA
The Central News Agency, Ltd.
Cor. Commissioner & Rissik Sts.
JOHANNESBURG and at CAPETOWN and DURBAN

UNITED KINGDOM
H.M. Stationery Office
P. O. Box 569
LONDON S.E.1

UNITED STATES OF AMERICA
Columbia University Press
International Documents Service
2960 Broadway
NEW YORK 27, N.Y.

URUGUAY
Héctor D'Eliá
Oficina de Representación de Editoriales
Av. 18 de Julio 1333 — Esc. 1
MONTEVIDEO

VENEZUELA
Escritorio Perez Machado
Conde a Piñango 11
CARACAS

YUGOSLAVIA
Drzavno Preduzece
Jugoslovenska Knjiga
Marsala Tita 23/II
BELGRADE

Orders from countries where sales agents have not yet been appointed may be sent to:

Sales Section,
United Nations Office at Geneva,
Palais des Nations, GENEVA, Switzerland

or

Sales Section,
United Nations, LAKE SUCCESS,
New York, U.S.A.

Printed in Switzerland.

Price in the United States: $ 3.-

4. 유엔한국임시위원단 보고서 제2부 제1권

해제문서 4 : A/575.Add.3 (Second Part of the Report of the United Nations Temporary Commission on Korea, Volume I)

<table>
<tr><td rowspan="2">문서명</td><td colspan="3">Second Part of the Report of the United Nations Temporary Commission on Korea, Volume I</td></tr>
<tr><td colspan="3">유엔한국임시위원단 보고서 제2부 제1권</td></tr>
<tr><td rowspan="2">발신</td><td rowspan="2">유엔한국임시위원단</td><td>생성일시</td><td></td></tr>
<tr><td>발신일시</td><td>1948년 10월 15일</td></tr>
<tr><td rowspan="2">수신</td><td rowspan="2">유엔총회</td><td>수신일시</td><td></td></tr>
<tr><td>문서번호</td><td>Official Records: Third Session Supplement No.9 (A/575/Add.3)</td></tr>
<tr><td>문서형태</td><td>보고서</td><td>문서분량</td><td>20쪽</td></tr>
<tr><td>주제명</td><td colspan="3">1. 1948년 5월 25일 부터 10월 14일까지 위원단과 부속기구의 주요활동 요약
2. 한국독립과 통일문제</td></tr>
<tr><td>주요내용</td><td colspan="3">본 문서는 1947년 11월 14일 유엔총회에서 채택된 결의문 112(II)에 따라 설치된 유엔한국임시위원단의 1948년 5월 10일 이후의 활동을 다룬 유엔한국임시위원단 보고서 제2부 제1권임.
제1권은 두 개의 장으로 구성되어 있으며, 제1장은 1948년 5월 25일부터 10월 14일까지의 위원단 및 산하기구의 주요 활동을 다루고 있으며, 제2장은 한국독립문제의 여러 측면과 남북통일문제에 관한 내용, 그리고 위원단의 결론을 수록하고 있음. 각 장별 주요 내용은 본문 참조.</td></tr>
<tr><td>검색어</td><td colspan="3">유엔한국임시위원단(UNTCOK), 유엔한국임시위원단 연락반(UNTCOK Liaison Group in Seoul), 국회연락위원회 (National Assembly Liaison Committee), 선거감시위원회(Election Review Board), 한국민주당(Hankook Democratic Party), 대한독립촉성국민회(National Association for the Rapid Realization of Korean Independent), 북조선인민회의(People's Council of North Korea), 최고인민회의(Supreme People's Assembly), 조선민주주의인민공화국
김두봉, 김일성, 김구, 김규식, 이승만, 코스티유(Hernri Costilhes), 발레(Miguel A. P. Valle), 슈미트(Petrus J. Schmidt)</td></tr>
</table>

〈목차〉

제1장

위원단과 부속기구의 주요 활동 요약

A. 대한민국 국회의 헌법

- 1948년 5·10 선거에 대한 국가선거위원회의 결과 발표에 따라 주한미군 사령관인 하지(John R. Hodge) 중장이 1948년 5월 25일, 국회를 개회하고 임시의장 선임을 승인하는 포고를 발한 후, 국가선거위원회 위원장이 1948년 5월 31일을 국회 개회일로 공표함. 이승만 임시 국회의장은 서울 주재 유엔한국임시위원단 연락단(UNTCOK Liaison Group in Seoul)에 연락하여 임시위원단 전원이 국회 개회식에 참석해 줄 것을 요청함. 당시 상하이에 머물고 있던 임시위원단은 이 문제를 논의하기 위해 회의를 열고 서울 주재 유엔한국임시위원단 연락반의 코스티유(Hernri Costilhes, 프랑스 대표)로 하여금 개회식에 참석하도록 결정함.

- 1948년 6월 3일, 임시국회의장 이승만은 임시위원단에 임시국회연락위원회(National Assembly Liaison Committee)의 설치를 알리고 필요하다고 판단되는 사안이 있을 때마다 협의하기를 희망한다고 알림. 위원단은 제59차 회의에서 당선자들의 협의요청에 대한 입장을 정리하기 위한 토론을 진행하였으며 원활한 진행을 위해 호주 대표와 필리핀 대표가 각각 각서(memorandum)를 제출함. 이어 개최된 제60차 위원단 회의에서 필리핀 대표가 제출한 결의안을 만장일치로 채택함. 결의안의 주된 내용은 당선자들의 협의 요청에 응할 준비가 되어 있다는 것으로, 6월 3일자 이승만의 서한에 대해 임시위원단 의장이 답신을 보내는 형식으로 발송됨.

- 임시위원단은 한국 국회의장이 국회의 성립을 공식적으로 알린 1948년 6월 11일자 서한에 대한 회신에서 유엔한국임시위원단의 감시 하에 실시된 1948년 5·10 선거를 통해 선출된 당선자들에 의해 5월 31일 수도 서울에서 대한민국 국회가 성립되었음을 확인함. 또한 한국의 독립과 통일을 빠른 시일 내에 달성하기 위해 노력해 줄 것을 기대하고 있으며, 1947년 11월 14일의 유엔총회 결의에 따라 부여된 권한에 의거하여 협의(자문)에 응할 준비가 되어 있음을 알림.

B. 1948년 5·10 선거에 관한 대한민국 국회에 대한 결의와 성명

- 엘살바도르 대표가 임시위원단 감시 하에 실시된 1948년 5월 10일 선거와 관련하여 위원단의 견해를 기록해 두는 것이 타당하다는 점을 강조하며, 위원단 회의에 제출한 결의안이 만장일치로 채택됨. 결의안의 주요 내용은 다음과 같음.

1947년 11월 14일 유엔총회에 의해 채택된 결의안에 따라 임시위원단은

1948년 5월 10일의 선거를 위해 접근 가능한 지역에 대해 감시를 실시하였으며, 언론·출판의 자유가 보장된 자유로운 분위기 속에서 선거가 실시되었고 위원단이 권고한 바의 적절한 선거절차에 따라 선거가 실시되었음을 확인함. 5월 10일 선거의 결과는 한국 인구의 약 3분의 2에 해당하는 주민이 거주하는, 위원단이 접근 가능한 지역에서 실시된 유권자의 자유의지에 따른 유효한 선거임을 명기함.

- 1948년 6월 30일, 임시위원단의 발레(Miguel A. P. Valle)의장은 위원단 전체가 한국 정기 국회에 참석한 자리에서 답례연설(speech of response)을 통해 1948년 5월 10일 선거 결과에 대한 위원단의 결의문을 발표함.

C. 당선자들과의 협의 절차

- 위원단은 본위원회(Main Committee)가 일정한 조건하에서 1948년 5월 10일 선거에 의해 선출된 당선자들과 연락하도록 승인하였고 제71차 회의에서 찬성 4, 반대 1, 기권 1로 프랑스 대표가 제출한 결의안을 채택함. 결의안의 주요 내용은 선거 실시 이전과 선거를 통해 유효한 것으로 증명된 정치 시찰과 한국 당국과의 연락방법을 선거 후의 상황에도 그대로 적용하는 한편, 본위원회는 그 권한 범위 내에서 국회에 의해 구성된 임시연락위원회와 협조하여 지방시찰을 수행하며 업무수행 중 발생한 문제를 위원단 총회에 보고한다는 것임.

D. 대한민국 정부수립과 관련한 임시위원단의 입장

- 대한민국 국회는 헌법을 채택한 후 국회연락위원회 위원장을 통해 1948년

7월 17일의 헌법 서명과 공포에 임시위원단이 참석해줄 수 있는지를 확인하는 연락을 보내 옴. 위원단은 기관이 아닌 개인 자격으로 여러 명이 참석하였고, 1948년 7월 24일의 대한민국 대통령 및 부통령 취임식에도 개인자격으로 참석함.

- 이승만 대통령은 1948년 8월 6일자로 위원단에 보낸 서한에서 1948년 8월 5일에 대한민국 정부수립이 완료되었음을 통지하고, 1947년 11월 14일 유엔총회 결의 112(II) 제4항과 관련하여 자문을 요청함. 국가위원회는 임시위원단 의장에게 1948년 8월 15일 대한민국 정부수립을 기념하는 식전에서 그와 관련한 연설을 해줄 것을 요청함.

- 위원단은 1948년 8월 14일, 제94차 위원단 회의에서 찬성 4, 반대 2, 기권 1로 1947년 11월 14일 유엔총회 결의안 112(II) 제4항에 규정된 바에 따라 이승만대통령의 자문 요청에 응하기로 결정하고, 8월 6일자로 대통령의 서한에 대한 답장으로 회신하였으며, 1948년 8월 15일 대한민국 정부수립 축하 집회에서 공개적으로 이를 발표함. 제96차 회의에서 본위원회(Main Committee)에 협의 사무를 배정함.

E. 본위원회의 활동

- 자유로운 분위기에서 선거가 실시되었는지의 여부와 관련하여 민원을 접수하고 이를 미군 당국에 전달하여 조사가 이루어지도록 하며, 입후보자나 대리인이 제기한 상대 후보자의 선거법 위반 주장에 관한 민원 역시 미군 당국으로 이첩하여 조사를 실시하고 그 결과를 위원단에 통지함.

- 선거법에 따라 1948년 6월 26일 설치된 선거감시위원회(Election Review Board)가 선거관련 민원 및 이의제기와 관련하여 그 타당성 여부를 수사하게 될 것이라고 통보받음.

- 한국 국회임시연락위원장이 위원단에 보내는 1948년 7월 12일자 서한에서, 북한 지역에서 합법적으로 선출된 국회대표에 대해 남한 국회가 북한 주민들에게 호소하는 결의문을 전송할 수 있도록 이를 유엔사무총장에게 전달해 줄 것과 남북한의 통일을 달성할 추가적인 방법 및 수단과 관련하여 대한민국 국회와 협의를 개시할 것을 요청함.

- 위원단은 북한으로 결의문을 전달하는 것이 불가능하여 유엔사무총장을 통해 전달하고자 하는 한국 측 요청이 들어 있는 7월 12일자 서한을 접수하였고, 이를 유엔사무총장에게 전송하는 것에 대한 협의를 위해 1948년 7월 19일 임시연락위원회 위원들을 소집하기로 결정하였고, 7월 16일 위원단 의장이 임시연락위원회에 대해 정식으로 결정사항을 통지함.

- 본위원회는 제15차 회의에서 한국 국회 임시연락위원회와 협의를 시작했으며 1948년 8월 17일, 한국정부는 외무부를 통해 3명의 대표를 지명하였음을 위원단에 알렸는데 그 중 2명은 국회임시연락위원회 위원임. 유엔총회 결의 112(II) 제4호와 관련하여 통치권의 이양(transfer of governmental authority) 등과 같은 사안과 관련한 협의를 해줄 것을 요청함. 본위원회는 한국 대표들에 의해 요청된 협의를 진행하기 위해 제19차 회의를 개최하였고, 의견교환을 통해 주요 요점들을 제2장 15단락에 기록함.

F. 임시위원단 보고서 제2부 준비

- 위원단은 제85차 회의에서 보고서 제1부 제6장과 서문을 채택하였고 1948년 5월 25일부터 10월 14일에 걸친 위원단과 산하기구의 활동을 내용으로 한 보고서 제2부 제1장 내용 초안을 검토함.

- 위원단은 제89차, 제90차, 제97차 회의에서 제2장의 내용과 작성 절차에 관하여 토의하였으며 한국에서 보고서 작성을 하는 데에 제한이 있음을 고려하여 서울을 떠나 '기초위원회(drafting committee)'를 구성하고 유엔총회에 제출할 보고서 제2부를 작성하기로 함. 1948년 9월 7일부터 10월 8일까지 기초위원회가 20회에 걸친 회의를 통해 보고서를 작성하고 제103차 위원단 회의를 통해 이를 채택하여 유엔총회에 제출함.

G. 임시위원단의 추가 활동

- 레이크 석세스에서 개최된 제100차 회의에서 결의를 채택함. 주요내용은 다음과 같음.

1) 유엔총회가 한국문제 해결을 위한 권고안을 작성하는데 상당한 도움을 제공할 수 있다는 믿음에서 임시위원단은 본위원회를 서울에 남겨 두기로 함. 2) 유엔총회에서의 한국문제 토론을 위해 한국문제의 진행상황을 직접 유엔총회에 보고할 필요성이 있으며, 유엔총회 제3차 회의에 참석할 한국대표단과 권한을 가진 국제기구로서 위원단이 한국문제와 한국 인사들에 대한 평가에 조력할 수 있다는 점을 고려함. 3) 파리에서 열린 유엔총회에서 한국문제를 심의하는 동안 위원단이 파리에 머물면서 슈미트(Petrus J. Schmidt) 사무국장(Principal Secretary)이 필요한 준비를 할 수 있도록 위원단과 사무국은 최대한

신속하게 파리로 이동하기로 결정함.

- 위 결의와 관련, 1948년 10월 13일 제102차 위원단 회의에서 사무국장은 유엔사무총장의 태도를 다음과 같이 요약함.

'1947년 11월 14일 유엔총회 결의에 따라 위원단이 유엔총회에 보고할 책임이 있다는 것이 곧 위원단이 파리회의에 참석해야 한다는 의미는 아니며, 위원단 의장만 제1위원회에 초청하여 협의하는 것이 확립된 관행이므로 위원단 전체가 파리로 이동하는 것을 승인할 수는 없지만, 위원단이 그렇게 결정했다면 금지할 수는 없다. 다만 뉴욕에서 파리로의 이동 비용을 보장할 수 없으며 재정부담은 전적으로 그의 권한 하에 있지 않다는 것에 대해 양해를 구한다.'

- 위원단은 반드시 필요한 정치적 고려와 명백한 실질적 필요성으로 인한 추가업무에 근거해서 1948년 9월 17일 결의를 채택했기 때문에, 사무국이 표명한 행정적인 성격의 반대에 대해서는 위원단의 당초 입장을 수정할 만한 사유로 고려하지 않음.

제2장 한국 독립과 통일 문제

A. 서론

- 유엔한국임시위원단은 1948년 5월 10일 실시된 선거의 감시 및 해당 선거가 한국인의 자유의지가 표현된 유효한 선거라고 선언한 이래, 1947년 11월 14일 채택된 유엔총회의 결의에서 구상한 한국의 독립 달성 문제와 관련한 추가적인 책임을 고려하였으며, 비록 위원단의 임무 수행이 주한미군의 점령 하에 있는 지역에서만 가능했지만 일관되게 한국전역에 걸친 권한범위 내에서 임무를 수행하고자 함.

B. 선거 후 사건들에 관한 임시위원단의 입장

- 위원단은 선거관련 민원에 대해 선거는 북한을 제외하고 남한의 75%이상의 주민이 투표에 참여하고 유권자의 자유의지가 발현된 유효한 선거임을 확인하였고, 한국 국회의장의 초청에 응하여 서울주재 임시위원단 연락반의 대표

를 1948년 5월 31일의 국회 개원식에 참석시켰으며, 1948년 6월 3일, 한국국회 의장이 위원단과의 협의를 목적으로 하는 임시연락위원회 구성을 위원단에 정식으로 통보하자 위원단은 협의에 응할 준비가 되어 있다는 회신을 보냄.

- 대한민국 국회는 1948년 6월 12일, 북한지역 주민들에게 한반도 통일을 달성하기 위해 합법적으로 선출된 대표를 보내 줄 것을 요청하는 결의를 채택하였는데 이는 통일을 달성하기 위해 한국 국회가 취할 수 있는 최선의 행동이었으며 통일을 향한 희망을 포기하지 않았음을 뜻하는 것이라고 평가함.

- 국회는 1948년 8월 5일, 대한민국정부의 내각 구성을 완료하였으며, 8월 6일, 이승만대통령은 1947년 11월 14일 유엔총회의 결의 112(II) 제4항과 관련하여 위원단에 협의를 요청함. 한국정부와 협의하는 문제에 대해 위원단 내부에서 의견이 나뉘어졌으나, 찬성 4, 반대 2, 기권 1로 한국정부와 협의를 시작하기로 결정하고 한국 대통령에게 1948년 8월 16일자 서한을 통해 이 사실을 통지함.

- 1948년 8월 17일, 한국 외무부를 통해 위원단과 협의할 3명의 대표를 지명하고 유엔총회 결의 112(II) 제4호와 관련된 주제, 특히 (1) 남조선국방경비대의 설치 (2) 주한미군 점령당국으로부터 한국 정부로의 통치권 이양과 관련한 협정 (3) 한국으로부터의 점령군의 철수 문제를 논의함.

- 1948년 8월 25일, 외무부 대표의 요청으로 본위원회와의 협의절차가 시작됨.

C. 국회 평가

- 위원단이 한반도 전역에 걸쳐서 선거를 감시할 수 없었기 때문에 수립된

국회가 1947년 11월 14일 유엔총회 결의에서 상정한 '완전한 국회'가 될 수 없음. 그럼에도 불구하고 적법하게 선출된 대표들은 남한지역의 75%의 유권자가 참여한 선거에서 선출되었으며, 남한 인구는 한국 전체인구의 약 3분의 2에 해당함.

- 1948년 7월 12일, 대한민국 헌법이 만장일치로 채택되고 7월 17일에 공포됨. 헌법제정 과정에서 양원제와 단원제, 대통령제와 의원내각제, 대통령선거의 직접선거와 간접선거, 긴급사태 시의 대통령의 권한 등에 관하여 장시간 논의가 이루어짐. 헌법에는 대한민국 영토조항, 한국 국민의 기본권 및 자유 보장, 대통령제의 기관, 단원제 입법부, 국회에 의한 4년 임기 대통령 선출, 입법·사법·행정 기관 간의 견제와 균형, 천연자원과 경제·교육에 대한 일정한 정도의 국가 통제 등을 규정하고 있음.

- 1948년 7월 16일에 채택된 정부조직법에 따라 국립경찰을 내무부 산하에 둠.

- 오직 우익정당과 단체들만이 공식적으로 선거를 지지했기 때문에 위원단은 남한의 두 개의 주요 우익정당, 즉 한국민주당(Hankook Democratic Party)과 대한독립촉성국민회(National Association for the Rapid Realization of Korean Independent)와 이들 두 정당과 연대한 것으로 알려진 무소속 당선자들에 의해 지배당하는 것이 아닐까 하고 우려하였으나 한국민주당 소속 후보가 200개 선거구 중 100개에서 입후보하였으나 28명만 당선되었고, 대한독립촉성국민회도 247명의 후보 중 55명만 당선됨.

- 1948년 8월 19일, 국회가 친일반민족행위자를 정부로부터 배제하는 결의를 채택하였고 9월 초에 반민족행위자 처벌법이 제정될 것이라고 알려짐.

- 국회는 단일 정당에 의해 지배당하지 않았고 85명의 무소속 당선자들은 특정 세력에 좌우되지 않고 헌법상의 책임과 양심에 따라 투표할 수 있음.

D. 대한민국정부 평가

- 1948년 8월 15일 한국정부 수립 이래 시간이 얼마 되지 않았음을 고려할 때, 국회에 의해 수립된 정부가 통일을 향한 국민의 열망을 어느 정도로 충족시키고 한반도 전체에 대한 주권(통치권)을 가진 대한민국 정부라는 주장을 얼마나 정당화할 수 있을지 판단하기 어려움.

- 후자와 관련해서는 이견이 있음. 우선 서울에서 수립된 정부가 유엔총회 결의에서 구상된 정부로 간주될 수 있다고 주장하는 의견이 있음. 국회를 구성하는 대표들이 위원단의 감시 하에 선출되었고, 위원단으로부터 선거 결과가 유효하다고 선언되었고 국회와 국회에 의해 제정된 헌법에 따라 수립된 정부의 요청으로 위원단과의 협의가 시작되었으며, 영토에 대한 실효적 관리가 미군정 당국에 의해 본 정부로 이양되었으므로 본 정부는 법률상 국가승인(de jure recognition)을 받은 것으로 합리적으로 주장될 수 있다고 봄. 이러한 견해에 대해 지금처럼 서울에서 수립된 정부는 1947년 11월 14일 유엔총회 결의에서 구상된 정부로 간주될 수 없다고 주장하는 견해도 있음. 북한에 거주하고 있는 국민들은 1948년 5월 10일 선거에 참여할 수 없었기 때문에 선출된 국회는 완전하지 않으며 유엔총회 결의에서 구상된 정부를 수립할 수 없었고 더욱이 수립된 정부는 스스로 한국 전역으로 관할권을 확대할 수 없으며 게다가 정부가 지금 수립되어 있는 바의 경제구호 프로그램을 수행하고 조만간 목적을 달성하기 위해서는 외부의 경제적 원조와 기술적 지원이 필요한 상태에 있다는 사실을 지적함.

- 한국정부 수립 후 미국정부는 통치권 이양을 위한 협정체결에 착수했고 국회는 1948년 9월 18일, 미국과 미군정에 의해 관리되었던 한국의 재산 및 자산을 한국정부로 이양하는 임시 재정 및 재산 처분 협정을 승인함.

- 한국정부의 국제적인 지위와 관련하여, 몇몇 정부가 승인을 위한 예비단계를 밟고 있으며 1948년 8월 12일, 남경(Nanking)에서 발표한 공식 성명에서 중국 외교부장이 한국정부를 잠정적으로 승인함. 같은 날 미국 정부와 필리핀 정부가 한국정부를 승인함.

E. 통일문제

- 한국은 오래된 역사와 전통을 가진 민족으로 통일과 독립에 대한 강한 열망을 가지고 있으며 인종적으로나 문화적으로 단일하며 남북한 통일에 의해 남북한이 상호간의 자원을 활용하여 한국의 경제문제를 해결할 수 있음.

- 남한의 단독선거 실시와 이를 통한 남한 단독정부 수립이 유엔의 지원 하에 한국의 통일과 독립 문제 해결에 가장 최선의 방안이라고 믿고 있는 한국민주당(Hankook Democratic Party)과 이승만 지도 하의 정치·사회단체가 있는가 하면, 김구와 김규식을 중심으로 한 우익 및 온건 그룹은 남북한 분리선거가 국가 분단을 영속화시킬 것이라고 확신하고 있으며 극좌진영은 남한에서의 단독선거가 미제국주의의 계획의 일부로, 북한과의 틈을 더 벌어지게 할 것이라고 주장함.

- 1948년 4월 19일에서 26일 사이에 평양에서 남북정치지도자 협의회가 개최되어 북측에서 김일성과 김두봉이, 남측에서 김구와 김규식이 참석하였으며,

회의 결과 1948년 4월 30일, 통일을 위한 계획을 담은 공동 코뮤니케를 발표함. 주요내용은 1) 미국 및 소련 군대의 철수 후에 전국적인 회의 개최 2) 통일된 임시 중앙정부 수립 3) 전국선거 실시 4) 헌법제정 5) 공식적인 중앙정부 수립으로 되어 있음.

- 1948년 6월 12일 국회가 북한 지역 동포들에게 위원단 감시 하에 선거를 실시할 것을 권고하는 결의안을 채택하고 이를 방송을 통해 알림으로써 최대한 신속하게 한국의 통일이 이루어지길 희망하는 의지를 표명함.

- 대한민국 정부가 수립되기 전인 1948년 8월 3일, 18명의 국회의원이 국회에 남북한 특별통일위원회를 설치하여 남북통일을 촉진시키기 위해 모든 가능성을 검토할 것을 제안하는 발의를 하였으나, 그러한 기구를 설치하는 것은 현 정부가 전체 한국 정부라는 주장에 반대하는 비우호적인 입장을 반영한 것으로 간주하였으며 정부가 남북분단을 해결하는 책임을 져야 한다고 함. 통일 달성을 위한 남한 당국의 공식적인 시도는 더 이상 없음.

- 1948년 7월 9일, 제5차 북조선인민회의(People's Council of North Korea)가 소집되어 조선민주주의인민공화국 헌법을 제정하고 1948년 8월 25일 총선거를 실시하여 최고인민회의(Supreme People's Assembly)를 구성함. 평양 라디오 방송에 따르면 북한지역 인구의 93%가 선거에 참여하였고[79] 212명이 최고인민회의 대의원으로 선출됨.

- 1948년 9월 9일, 김일성 수도 하에 조선민주주의인민공화국 정부 수립.

79 북한의 공식 발표에 따르면, 전체 유권자의 99.97%가 선거에 참여했다.

F. 요약과 결론

- 위원단은 현재 상황을 검토하고 앞서 보고서 제1부 제6장에 기록된 결론을 상기하면서 한국 문제와 관련한 상황을 다음과 같이 요약하고자 함.

(1) 위원단에 부여된 권한을 항상 유념하면서 한반도 전체 상황에 대해 우려해 왔지만 소련군이 점령하고 있는 북한 지역에 접근할 수 없었다는 사실이 유감이며, 남한에서만 미국 정부의 적절한 지원 하에 임무수행이 가능함.

(2) 1948년 5월 10일의 총선거 감시가 위원단의 주요 임무였으며, 선거 후 당선자들과 1948년 8월 5일 정부 수립에 관한 협의를 진행함.

(3) 비록 선거가 남한 지역에 국한되어 실시되었으며, 일부 정당과 단체들이 반대하였지만 자유로운 분위기 가운데서 실시된 선거에서 한국 사람들은 한국의 독립과 통일을 향한 자유의지를 보여주었고 어느 소수 정당에 의한 지배가 아닌 형태로 의회가 구성되고 지체 없이 정부를 수립하는 등 독립을 향한 강한 열망을 보여줌.

(4) 국회의원 선거 당선자들에 의해 구성된 정부는 주한 미군정장관에 의해 수행되어 온 기능들을 인수받았고 이러한 점진적이고도 질서 있는 이양과정이 마지막 단계에 이르렀음. 경찰예비대 훈련 및 재정 문제 해결을 위한 협정이 체결되었으며, 정부기능 이양을 통해 한국 정부가 적절하게 정부기능을 수행할 수 있을 것으로 보이나 한국의 자립경제 토대를 수립하기 위해서는 해외의 원조가 그 무엇보다 중요함.

(5) 그러나 분단한국이라는 냉혹한 현실 때문에 이러한 발전이 무색해지고

있으며, 모든 한국인들은 정치·사회적인 입장과 관계없이 일제히 분단 현상을 비난하고 있음. 위원단은 한국의 정치·사회·경제적인 안녕을 위해 즉각적인 통일이 절대적이며 필수적이라고 판단함. 통일을 향한 한국 지도자들의 공식·비공식적 노력은 계속되어 왔으나 긍정적인 결과를 낳지 못하였고 이는 주로 국제정세에 팽배한 긴장(갈등)에 기인하는 것으로 판단됨.

(6) 제3차 유엔총회는 한편으로는 국제적 감시를 받지 않고 자의적으로 수립된 인민공화국이 북한에 있고 다른 한편으로는 위원단의 선거감시 하에 수립된 대한민국 정부가 남한에 있는 상황에 직면하고 있는 바, 이 정부에 대한 승인의 권원(title) 문제가 법적인 사안(법적 검토대상, juridical consideration)으로 부상함. 중국, 필리핀, 미국은 한국 정부를 승인하기 위한 예비적인 단계를 밟고 있음. 남북한 정권 모두 인위적인 경계를 넘어서 한반도 전체에 대한 완전한 주권을 주장하고 있으며 양자 모두 각각의 영역에서 실효적인 통치를 하고 있음.

(7) 위원단은 평화로운 협상을 위한 절차를 마련할 필요성이 시급하며, 내부의 권력 투쟁에 빠질 수 있는 경쟁적 정치체제를 방지하기 위해 점령군의 철수가 시작되기 전에 협상이 이루어져야 한다고 생각함.

(8) 한국 국민들은 유엔헌장과 원칙을 크게 신뢰하고 있으며, 한국문제를 해결하는 데에 유엔이 가진 명망과 권위가 아낌없이 발휘되기를 희망함. 또한 위원단은 1947년 11월 14일 유엔총회의 결의에서 상정된 모든 목표가 달성되지 않았음을 감안할 때 유엔총회는 한국문제를 붙잡고 있어야 하며 모든 회원국의 전폭적인 협력을 구하는 한편, 한국의 독립과 통일을 달성하는데 적합한 것으로 판단되는 조치들을 취해야 한다고 판단함.

UNITED NATIONS

SECOND PART OF THE REPORT OF THE UNITED NATIONS TEMPORARY COMMISSION ON KOREA

Volume I

GENERAL ASSEMBLY
OFFICIAL RECORDS : THIRD SESSION
SUPPLEMENT No. 9 (A/575/Add.3)

PARIS, 1948

(20 p.)

UNITED NATIONS

SECOND PART OF THE REPORT
OF
THE UNITED NATIONS TEMPORARY COMMISSION ON KOREA

Volume I

GENERAL ASSEMBLY

OFFICIAL RECORDS : THIRD SESSION

SUPPLEMENT No. 9 (A/575/Add.3)

PARIS, 1948

This document constitutes Volume I of the second part of the report of the United Nations Temporary Commission on Korea. Volume II will be published as rapidly as possible and will consist of a number of annexes containing the text of important documents referred to in the present volume.

Some of the documents issued by the United Nations Temporary Commission on Korea (series A/AC.19/1, etc.), to which reference is made in the footnotes to the present report, have not been included in the annexes published in Volume II. They are, however, available for consultation in the Archives Section of the Secretariat.

TABLE OF CONTENTS

INTRODUCTION

The second part of the report of the United Nations Temporary Commission on Korea, divided into two volumes, deals with the activities of the Commission after 10 May 1948 and the post-election developments in Korea relevant to the Commission's terms of reference.

Volume I consists of two chapters. Chapter I covers the main activities of the Commission and its subsidiary bodies during the period 25 May-14 October 1948. Chapter II deals with different aspects of the problem of Korean independence and unification and the conclusions reached by the Commission.

Volume II comprises a number of annexes containing the texts of important documents referred to in this part of the report.

At the date of this report, the Commission has not completed its task. It therefore wishes to refer to its resolution of 17 September 1948 (see page 6) in which it has indicated its readiness to render further service and assistance to the General Assembly in the consideration of the Korean question.

Lake Success,
15 October 1948.

SECOND PART OF THE REPORT OF THE UNITED NATIONS TEMPORARY COMMISSION ON KOREA

Volume I

CHAPTER I

Summary of the main activities of the United Nations Temporary Commission on Korea and its subsidiary bodies during the period 25 May to 14 October 1948

A. Constitution of the Korean National Assembly

B. Resolution and statement to the National Assembly on the elections of 10 May 1948

C. Procedure for consultation with the elected representatives

D. Position of the Temporary Commission with respect to the establishment of the Government of the Republic of Korea

E. Work of the Main Committee

F. Preparation of the second part of the report of the Temporary Commission

G. Further activities of the Temporary Commission

A. Constitution of the Korean National Assembly

1. Following the announcement by the National Election Committee of the results of the elections of 10 May 1948, Lt. General John R. Hodge, Commanding General, United States Army Forces in Korea, issued on 25 May 1948 a proclamation[1] authorizing the Chairman of the National Election Committee to determine and publicly announce the date for the first meeting of the elected representatives, to call the first meeting to order, and to designate the oldest member as temporary chairman. In accordance with the proclamation, the Chairman of the National Election Committee declared 31 May 1948 as the date for the opening meeting of the elected representatives.

2. The members of the National Election Committee and of a Preparation Committee of the elected representatives informally approached the Liaison Group of the Commission in Seoul requesting the Commission's representation on the opening day of the Assembly. This request was followed by invitations from Mr. Rhee Syngman, who had been designated as Temporary Chairman of the Assembly, to all members of the Commission to attend the Assembly's opening meeting.

3. At its forty-third meeting, the Commission, which was then in Shanghai, received its Liaison Group's report on the forthcoming formation of the Assembly and discussed the question of its representation at the opening meeting of the elected representatives. At its forty-eighth meeting it decided that Mr. Costilhes, French member of the Liaison Group, should be asked to represent the Commission on that occasion.

4. In a letter dated 3 June 1948,[2] Mr. Rhee Syngman, Chairman of the Korean National Assembly, informed the Temporary Commission of the establishment by the said Assembly of a Temporary Liaison Committee. He also expressed the hope that the Commission would contact the members of this Committee whenever it wished to consult the Assembly on matters deemed to be necessary.

5. The Commission, at its fifty-ninth meeting, discussed the question of its attitude towards the consultations requested by the elected representatives. To facilitate the discussion, the representatives of Australia and the Philippines each submitted a memorandum. The Australian memorandum read as follows :

" *The United Nations Temporary Commission on Korea*

" *Places on record* its opinion :

" (*a*) That the Assembly elected by ballot on 10 May 1948, though acceptable as an elected body for consultation purposes, is not qualified by its mandate alone to establish a National Government of Korea ;

" (*b*) That the said Assembly should now endeavour to find means acceptable to both North and South Korea for the unification of all Korea ;

" *Resolves* that it will make itself available to consult with the Assembly elected on 10 May 1948 for the purpose of finding means acceptable to both North and South Korea for the unification of all Korea. "

The Philippine memorandum recommended that the Commission should be ready for consultation with the representatives duly elected by the Korean people, for the further implementation of its terms of reference as defined in General Assembly resolution 112 (II) of 14 November 1947.

[1] A/AC.19/W.50.
[2] A/AC.19/74.

6. At its sixtieth meeting, the Commission adopted unanimously, after some amendments, a draft resolution submitted by the representative of the Philippines concerning the readiness of the Commission to conduct such consultations as the elected representatives might request.

The resolution[3] read as follows :

"*The United Nations Temporary Commission on Korea,*

"*Having observed* the election held on 10 May 1948, and having returned to Seoul on 7 June 1948 to resume its sessions,

"*Resolves* that notice be sent to the elected representatives stating that the Commission is now ready for such consultation as they may request concerning the further implementation of the Commission's terms of reference as defined in the resolutions of the General Assembly of 14 November 1947."

It was further decided that a copy of this resolution should be sent by the Chairman of the Commission in reply to Mr. Rhee's letter of 3 June.[4]

7. The Commission, at its sixty-first meeting, considered a further letter from the Chairman of the Korean National Assembly dated 11 June 1948 notifying the Commission formally of the establishment of the Korean National Assembly. The letter[5] stated, in part :

"I have the honour to notify you formally of the establishment of a Korean National Assembly in the capital city of Seoul, on the thirty-first day of May 1948, by the representatives of the Korean people elected on 10 May 1948, under the observation of the United Nations Temporary Commission on Korea...

"The establishment of the Korean National Assembly was in accordance with part II of the 'Resolutions adopted on reports of the First Committee', United Nations, 14 November 1947, particularly paragraph 3 which states 'that as soon as possible after the elections, the National Assembly should convene and form a National Government and notify the Commission of its formation.'

"The Interim Committee of the General Assembly, after hearing the views of former Chairman K. P. S. Menon of the United Nations Temporary Commission on Korea, stated on 27 February 1948 that it was resolved 'in the light of developments in the situation with respect to Korea since that date (14 November 1947), to implement the programme as outlined in resolution II in such parts of Korea as are accessible to the Commission'."

In this connexion, the representative of the Philippines submitted the following draft resolution :

"*The United Nations Temporary Commission on Korea,*

"*Having in mind* that the election held on 10 May 1948 was held in a reasonable degree of free atmosphere wherein the democratic rights of freedom of speech, Press and assembly were recognized and respected,

"*Having been* formally notified by Mr. Rhee Syngman, Chairman, Korean National Assembly, in his letter dated 11 June 1948 to the Chairman, United Nations Temporary Commission on Korea, that a Korean National Assembly, composed of representatives elected by the people in the election held on 10 May 1948 under the observation of the Commission, was duly organized and constituted on 31 May 1948 in the capital city of Seoul,

"*Considering* that the establishment of a Korean National Assembly by the representatives of the Korean people duly elected on 10 May 1948, under the observation of the United Nations Temporary Commission on Korea, is in accordance with the terms of reference of the Commission as embodied in resolution II of the General Assembly of 14 November 1947,

"*Resolves* that this Commission places on record its opinion that the establishment of the Korean National Assembly by the elected representatives of the Korean people on 31 May 1948, is in conformity with the programme outlined in resolution II of the General Assembly of 14 November 1947, and constituted a forward step towards the unification and freedom of Korea."

8. After full discussion of the Philippine draft resolution at several subsequent meetings which included consideration of a memorandum[6] on the implementation of the resolutions of the General Assembly submitted by the Chinese delegation, the Commission decided at its sixty-fifth meeting to adjourn the debate.

9. The Commission, at its sixty-eighth meeting, continued the consideration of Mr. Rhee's letter of 11 June. The French representative offered a formula for discussion[7] while the Philippine representative submitted a draft reply.[8] At the sixty-ninth meeting, the following reply[9] to Mr. Rhee's letter of 11 June, based mainly on the combination of the French formula and the Philippine draft reply, was unanimously adopted :

"I have the honour to acknowledge receipt of your letter of 11 June 1948 in which you notify the Commission formally of the establishment of a Korean National Assembly in the capital city of Seoul on 31 May 1948, by the representatives of the Korean people elected on 10 May 1948, under the observation of the United Nations Temporary Commission on Korea.

"The Commission takes note of the fact that a National Assembly was constituted

[3] A/AC.19/77.
[4] A/AC.19/74/Add.1.
[5] A/AC.19/78.
[6] A/AC.19/82.
[7] A/AC.19/SR.68, pages 5-6.
[8] *Ibid.*, page 7.
[9] A/AC.19/78/Add.1.

on 31 May 1948 by the elected representatives of the Korean people and desires to express the earnest hope that these representatives will seek to promote early attainment of the independence and unification of Korea.

"Your letter further refers to the resolutions of 14 November 1947 of the General Assembly of the United Nations and to the resolution of the Interim Committee of 26 February 1948, which constitute the terms of reference of the United Nations Temporary Commission on Korea.

"In this regard, the United Nations Temporary Commission on Korea desires to make reference to the letter of 10 June 1948 in which the then Chairman of the Commission, Mr. G. S. Patterson, advised you that the Commission is now ready for such consultation as the elected representatives may request concerning the further implementation of its terms of reference as defined in the resolutions of the General Assembly adopted on 14 November 1947."

B. Resolution and statement to the National Assembly on the elections of 10 May 1948

10. Following considerable debate on the nature of the Korean National Assembly at the previous meetings, the representative of El Salvador, stressing the advisability of putting the Commission's views on record concerning the results of the elections on 10 May 1948 which it observed, submitted a draft resolution at the sixty-ninth meeting. The resolution adopted unanimously by the Commission read as follows :[10]

"*The United Nations Temporary Commission on Korea,*

"*Having observed,* in accordance with the terms of the resolution of 14 November 1947 adopted by the General Assembly of the United Nations, the elections which were held on 10 May 1948 in that part of Korea accessible to the Commission,

"*Having previously declared* that there existed in that part of Korea a reasonable degree of free atmosphere wherein the democratic rights of freedom of speech, Press and assembly were recognized and respected,[11]

"*Having taken into account* the reports of its observation groups that such a free atmosphere existed during the elections,

"*Having satisfied itself* that the electoral procedures which it recommended had on the whole been correctly applied,

"*Resolves :*

"*To record* its opinion that the results of the ballot of 10 May 1948 are a valid expression of the free will of the electorate in those parts of Korea which were accessible to the Commission and in which the inhabitants constituted approximately two-thirds of the people of all Korea."

11. Since the whole Commission, due to its work in Shanghai, had been unable to attend the opening session of the Korean National Assembly, Mr. Rhee Syngman, in a letter dated 23 June 1948, invited all members of the Commission to attend a regular session on a convenient date. At its sixty-sixth meeting, the Commission decided to accept the invitation.

12. At its seventieth meeting, the Commission took note of the text[12] of the address of welcome to be given by Mr. Rhee Syngman, on the occasion of the Commission's visit to the Assembly. It was decided that, in his speech of response, the Chairman of the Commission should announce the resolution on the results of the elections of 10 May 1948.[13] On 30 June, the full Commission attended the regular session of the Korean National Assembly. Mr. Miguel A. P. Valle, then Chairman of the Commission, delivered the following message :

"As Chairman of the United Nations Temporary Commission on Korea, it is indeed a great honour for me, in particular, to have this opportunity of greeting you gentlemen, honourable representatives of the Korean people, in the rich language of Cervantes. At the outset, I would like to say how sorry we were that we ourselves were not able to be present at the inaugural session of this distinguished Assembly. We were engaged at that time in writing the first part of our report in Shanghai and, at our request, Mr. Costilhes, a member of the French delegation to the Commission, represented us on that occasion.

"Today I would like to take the opportunity of announcing to you that on 25 June, the Commission resolved unanimously to place on record its opinion that the results of the ballot of 10 May 1948 were a valid expression of the free will of the electorate in those parts of Korea which were accessible to the Commission and in which the inhabitants constituted approximately two-thirds of the people of all Korea. This decision was taken in the light of our observations of the elections in accordance with the terms of the resolution of the General Assembly of 14 November 1947. These observations had previously led to our declaration that there existed a reasonable degree of free atmosphere wherein the democratic rights of freedom of speech, Press and assembly were respected. Our decision was taken after the Commission had satisfied itself that the electoral procedures which it had recommended had on the whole been correctly applied by the respective authorities.

"In extending our congratulations to the Korean people on the spirit of patriotism they demonstrated during the elections, the Commission entertains the hope that

[10] A/AC.19/84.
[11] A/AC.19/68.
[12] A/AC.19/W.53.
[13] See paragraph 10.

the distinguished representatives who are present here will exert their greatest efforts and will, in all sincerity, strive for the attainment of the unification of Korea within the shortest possible time. I am sure your efforts will receive the fullest co-operation of all Korean patriots.

"In addition to announcing its resolution on the elections, the Commission wishes to reiterate the fact that, in accordance with resolution II of the General Assembly of the United Nations of 14 November 1947, it is ready for consultation with the elected representatives of the Korean people if they desire such consultation.

"In expressing its sincere wishes for the peace and prosperity of the Korean people, the United Nations Temporary Commission on Korea desires me to emphasize its belief and faith in the future of the Korean people—a future which will indeed remain bright so long as her sons work with patience and enthusiasm for the greatness of the country."

C. Procedure for consultation with the elected representatives

13. The Commission discussed, at its seventieth meeting, a French draft resolution authorizing the Main Committee, subject to certain conditions, to maintain liaison with the Korean representatives elected on 10 May 1948. With some amendments, the Commission, at its seventy-first meeting, adopted the French draft resolution by 4 votes to 1, with 1 abstention. The resolution read as follows:[14]

"*The United Nations Temporary Commission on Korea,*

"*Wishing to apply* to the post-electoral situation the methods of liaison with the Korean authorities and of political observation which proved valuable before and during the elections,[15]

"*Resolves:*

"1. *To extend* to this new field of action the competence of the Main Committee and the means of action that were given to it, including the observation trips in the provinces;

"2. *To request* the Main Committee to maintain liaison with the representatives elected on 10 May 1948, and, when deemed appropriate, to associate with some of its discussions members of the Temporary Liaison Committee set up by the National Assembly;

"*Provided that* it be incumbent upon the Main Committee to refer to the plenary Commission questions of principle which may arise in the course of its work."

D. Position of the Temporary Commission with respect to the establishment of the Government of the Republic of Korea

14. Following the adoption of the Constitution by the Korean National Assembly, the Chairman of the Liaison Committee approached the Temporary Commission to ascertain whether it would attend the ceremony for the signing and promulgation of the Constitution on 17 July 1948. Although the Commission was not disposed to be present as a body, members of the Commission received individual invitations and several attended the ceremony.

15. At the eighty-seventh meeting, the Commission considered the question of attending the inauguration ceremony of the President and Vice-President of the Republic of Korea on 24 July 1948. Although no formal decision was reached on the matter, members of the Commission then resident in Seoul, in response to individual invitations addressed to them, were all present on that occasion.

16. The formation of the Government of the Republic of Korea was completed on 5 August 1948. This fact was communicated to the Commission by President Rhee Syngman in a letter dated 6 August. The President, on behalf of his Government, further requested consultations with the Commission particularly with reference to paragraph 4 of resolution II of the General Assembly of 14 November 1947. In the meantime, the National Committee on celebrating the establishment of the Government of the Republic of Korea, on 15 August 1948, requested the Chairman of the Commission to deliver a message on that occasion. At the ninety-second meeting, the Commission authorized its Chairman to deliver the message as requested. Members of the Commission then resident in Seoul, with one exception, attended the ceremony.

17. At the ninety-third meeting, the Commission considered a French draft reply to President Rhee's letter of 6 August 1948 which, in the interest of maintaining unanimity within the Commission, made no reference to consultations as provided for in paragraph 4 of resolution II of the General Assembly. This formula, however, failed to win unanimous support. At the ninety-fourth meeting on 14 August 1948, the Commission, by 4 votes to 2, with 1 abstention, decided to accede to the President's request for consultations as provided for in paragraph 4 of resolution II of the General Assembly of 14 November 1947. This decision was communicated by the Chairman to President Rhee in reply to the latter's letter of 6 August. It was also announced publicly by the Chairman on 15 August 1948 at the mass meeting celebrating the establishment of the Government of the Republic of Korea.

18. At the ninety-sixth meeting, the Commission decided to assign to its Main Committee the task of consultation.

[14] A/AC.19/86.
[15] A/AC.19/56.

E. Work of the Main Committee

19. The Main Committee, at its thirteenth meeting, considered complaints regarding the free atmosphere for elections submitted by a leftist organization, the National Democratic Front. These were forwarded to the United States authorities for investigation. Subsequently, the Commission was informed that these complaints were without foundation. Other complaints, including those filed by candidates or their agents regarding violations of the electoral law and regulations and illegal practices of their opponents, were similarly referred to the United States authorities for investigation, and the results were duly noted by the Commission. The Commission was also informed that an Election Review Board was established on 25 June 1948 in accordance with the Election Law, to investigate such appeals as might be submitted to it regarding the validity of these charges.

20. In a letter dated 12 July 1948,[16] the Chairman of the Temporary Liaison Committee of the Korean National Assembly requested the Commission : (1) to forward to the Secretary-General of the United Nations, for transmission to North Korea through the Government of the Union of Soviet Socialist Republics, an Assembly resolution appealing to the Koreans in the North to send duly elected representatives to the Assembly and (2) to enter into consultations with the Korean National Assembly concerning additional ways and means to further the unification of Korea. In response to these requests the Main Committee, at its fourteenth meeting, decided : (1) to acknowledge receipt of the letter of 12 July indicating the impracticability of transmitting the resolution mentioned above to North Korea through the United Nations Secretary-General; (2) to transmit the said resolution to the Secretary-General for information purposes only ; (3) to invite the members of the Temporary Liaison Committee for consultation on 19 July 1948. In a letter dated 16 July 1948,[17] the Chairman of the Commission advised the Temporary Liaison Committee of the above decisions.

21. At its fifteenth meeting, the Main Committee entered into consultation with the members of the Temporary Liaison Committee of the Korean National Assembly (see paragraphs 8, 9, and 10 of chapter II).

22. At its sixteenth meeting, the Main Committee took note of the report on consultations which the Chairman of the Temporary Liaison Committee made to the Korean National Assembly. To clarify the Temporary Commission's position, the Committee decided to leave it to the discretion of its Chairman and of the Principal Secretary to take such steps as they deemed advisable. Accordingly, the Chairman held a Press conference on 21 July 1948 and released the contents of his letter to the Chairman of the Temporary Liaison Committee, dated 16 July 1948.[18] The Committee, at its seventeenth and eighteenth meetings, took note of its Chairman's report on his Press conference and the Press treatment of his statement to the foreign correspondents. Some delegations expressed the view that in any statement to the Press the Committee should not concern itself with those issues arising from the Press comments regarding which the Korean Assembly was not responsible.

23. On 17 August 1948, the Korean Government informed the Commission, through its Foreign Office, of the appointment of three representatives, two of whom were former members of the Temporary Liaison Committee of the Korean National Assembly, and requested consultation with the Commission concerning such subjects relevant to paragraph 4 of resolution II of the General Assembly as the transfer of governmental authority, the establishment of a security force and the withdrawal of foreign troops from Korea.

24. The Main Committee held its nineteenth meeting for the purpose of the consultation requested by these representatives. The essential points in this exchange of views are recorded in paragraph 15 of chapter II.

25. In conformity with the Commission's previous decisions, the Main Committee continues to function in Seoul.

F. Preparation of the second part of the report of the Temporary Commission

26. The Commission, having adopted at its eighty-fifth meeting chapter VI of the first part of the report and the introduction to the report, proceeded to consider the draft text of chapter I of the second part of the report, covering the activities of the Commission and its subsidiary bodies from 25 May to 14 October 1948. The first reading of chapter I was completed at the eighty-ninth meeting.

27. The Commission, at its eighty-ninth, ninetieth and ninety-seventh meetings, discussed the contents of chapter II and the procedure for drafting it. At the ninety-fifth meeting, the following resolution was unanimously adopted :

"*The United Nations Temporary Commission on Korea,*

"*In view of* the inadequate information on the international situation available in Seoul,

---

[16] A/AC.19/W.53/Add.1.

[17] A/AC.19/W.53/Add.2.

[18] *Ibid.*

"*Considering* that, for several weeks, exchanges of views took place through diplomatic channels on questions within the scope of its competence, which could only be brought to its knowledge in an indirect and summary way,

"*Decides* that it cannot continue the task of writing the second part of its report to the General Assembly in Korea :

"*Resolves* to appoint for that purpose a drafting committee composed in the same manner as the Main Committee, which will meet before 10 September 1948 at the interim headquarters of the United Nations and, if it is deemed necessary, subsequently in such other places where the Security Council of the United Nations may be in session."

28. In accordance with this decision, the Drafting Committee, having set 7 September for its first meeting, left Seoul for the interim headquarters of the United Nations to prepare the second part of the report to the General Assembly. From 7 September to 8 October 1948 the Drafting Committee held twenty meetings and completed the report at its twentieth meeting.

The Temporary Commission adopted the second part of its report to the General Assembly at its one hundred and third meeting.

G. Further activities of the Temporary Commission

29. At its hundredth meeting, held at Lake Success, the Commission adopted the following resolution :

"*The United Nations Temporary Commission on Korea,*

"*Considering :*

"That the Commission, before reporting to the General Assembly, was unable to complete the work which had been envisaged for it by the resolutions of the General Assembly of 14 November 1947, and that it had to leave its Main Committee in Seoul ;

"That it is the belief of the Commission that it can be of considerable assistance to the General Assembly in the consideration of the Korean problem through supplying additional information and through formulating recommendations for the solution of the problem of Korea ;

"That the Commission may find it necessary to report directly to the General Assembly on developments in the Korean problem between the conclusion of the period which the second part of the report is intended to cover and the discussion of the problem by the General Assembly ;

"That delegates from Korea are on their way to the seat of the third session of the General Assembly, and that the Commission, as a competent international body, may be of assistance in the appraisal of Korean matters and personalities :

"*Resolves* that the Commission should be present in Paris during the consideration of the Korean issue by the General Assembly and that the Principal Secretary be requested to make the necessary provision for the transfer of the Commission and the Secretariat to Paris as soon as possible."

30. In connexion with this resolution, the Principal Secretary, at the hundred and second meeting on 13 October 1948, summarized the attitude of the Secretary-General as follows :

(i) The responsibility of the Commission, in accordance with the resolution of the General Assembly of 14 November 1947, to report to the General Assembly is not to be interpreted to mean that the Commission has to be present in Paris.

(ii) It has happened in the past that the First Committee has invited the Chairman of a Commission to speak for that Commission. The Korean Commission conformed to this procedure when it sent its Chairman to Lake Success in order to consult with the Interim Committee in February 1948.

(iii) In conformity with this established practice, the Secretary-General feels that he cannot authorize the travelling expenses of the full Commission to Paris. On the other hand, however, he feels that, under the existing regulation, he cannot prohibit a Commission from coming to Paris if it decides to do so.

In this connexion the Secretary-General is prepared, in order to facilitate the travel of the Commission to Paris, to advance to the Member Governments represented on the Commission any funds necessary for travelling expenses.

(iv) The Secretary-General is of the opinion that the decision taken by the Commission to proceed to Paris would be likely to be criticized by the Fifth Committee and by the Advisory Committee on Administrative and Budgetary Questions.

(v) If the First Committee should call the full Commission to Paris, the payment of the travel expenses of the Commission from New York to Paris might be authorized although the Secretary-General feels that, in the absence of that possibility, he cannot now guarantee the travelling expenses from New York to Paris.

(vi) The Secretary-General wishes to make it abundantly clear that he has tried in every sense to be helpful in this situation, and he hopes that the Commission will understand his inability to give approval to steps which he feels are not within his competence either under the existing Financial Regulations or under the resolutions of the General Assembly.

31. Since the Commission adopted its resolution of 17 September 1948 on the basis of imperative political considerations and of obvious practical necessities for its further work, it did not regard objections of an administrative character expressed by the Secretariat in paragraph 30 to be of such a nature as to lead it to modify its original position.

CHAPTER II

The problem of Korean independence and unification

A. INTRODUCTION

1. Following its observations of the elections of 10 May 1948 and its declaration that these were a valid expression of the free will of the Korean people in those parts of Korea accessible to it, the Temporary Commission proceeded to consider its further responsibility with respect to the achievement of Korean independence as envisaged in the resolutions of the General Assembly of 14 November 1947.

2. Although the Commission was able to carry out its duties only in such areas as were under the occupation of the United States Army Forces in Korea, it consistently maintained that under its terms of reference it was concerned with the whole of Korea.

B. POSITION OF THE TEMPORARY COMMISSION WITH RESPECT TO POST-ELECTION EVENTS

3. At this point, it will be useful to recall the events leading to the establishment of the Government of the Republic of Korea and the position taken by the Commission with respect to these events.

4. Election complaints continued to reach the Commission during the weeks following 10 May 1948. After due investigation, the Commission maintained its opinion that the electoral laws and regulations as a whole had been enforced and that, in general, the voters had been able to exercise their free will in electing their representatives. This was subsequently announced on 30 June 1948 by the Chairman when the Commission attended a regular session of the National Assembly. The Chairman stated to the elected representatives that, in the opinion of the Commission, the results of the elections of 10 May 1948 were a valid expression of the free will of the electorate.

5. In response to an invitation from the temporary Chairman of the Korean Assembly, the Commission, then engaged in preparing the first part of its report in Shanghai, had designated a member of its Liaison Group in Seoul to attend the opening session on 31 May 1948. At that time the 198 elected representatives[19] constituted the National Assembly and, by 188 votes, elected Rhee Syngman as Chairman.

On 3 June 1948, the Chairman of the National Assembly advised the Commission of the appointment of a Temporary Liaison Committee for purposes of consultation. The Commission declared its readiness to consult with the elected representatives at their request concerning the further implementation of its terms of reference as defined in the resolutions of the General Assembly of 14 November 1947.[20]

6. Nevertheless, the request for consultation was repeated in a letter dated 11 June 1948[21] in which the Chairman of the National Assembly, in notifying the Commission of the establishment of the National Assembly on 31 May 1948, cited paragraph 3 of Resolution II of the General Assembly of 14 November 1947 and the Interim Committee's resolution of 26 February 1948.

In a reply dated 25 June 1948,[22] the Commission took note of the fact that the National Assembly had been constituted on 31 May 1948 and expressed its earnest hope that the elected representatives would seek to promote early attainment of the independence and unification of Korea. Regarding the resolutions of the General Assembly of 14 November 1947 and the resolution of the Interim Committee of 26 February 1948, the Commission referred to its earlier declaration of its readiness for consultation concerning further implementation of its terms of reference.

7. Consultation of the National Assembly with the Commission was confined to one session on 19 July 1948.

8. At this session[23] the Chairman of the Commission pointed out that while the

[19] Due to conditions of unrest, North Cheju-Do was unable to elect its two representatives to the Assembly.

[20] A/AC.19/74/Add.1 ; A/AC.19/77.
[21] A/AC.19/78.
[22] A/AC.19/78/Add.1.
[23] For the record see A/AC.19/SC.4/SR.15.

Commission had not questioned the right of the elected representatives to constitute the National Assembly and to establish a government, it had also carefully avoided any responsibility of recognizing the title of the Assembly as national. The Commission was assured that there was no misunderstanding in the Assembly as to the attitude taken by the Commission on this point.

9. The Chairman then drew the attention of the Temporary Liaison Committee to the Interim Committee's letter of 1 March 1948 to the Commission. It was pointed out that the letter stressed that the elected representatives would be entirely free to consult the Commission and to carry on negotiations with any other Korean groups which might not have participated in the elections. In reply, the Chairman of the Temporary Liaison Committee stated that the term "other Korean groups which might not have participated in the elections" mentioned in the letter of 1 March 1948 could only apply to the people in North Korea. In the view of the Temporary Liaison Committee there had been no group which had not participated in the elections, as 75 per cent of the potential electorate in South Korea had voted in the elections of 10 May.

10. The Chairman of the Commission called attention to the fact that the National Assembly's resolution of 12 June 1948[24] calling on the people in North Korea to send duly elected representatives was the only effort exerted to date towards achieving Korean unity. Referring to the resolution, the Chairman of the Temporary Liaison Committee said that the Assembly had done everything it could and that no immediate steps to realize unity could be taken at this time. Nevertheless, the Korean people would never give up their hope for unity.

11. In the meantime, the National Assembly had proceeded with the establishment of a Government of the Republic of Korea. The formation of this Government was completed on 5 August 1948. On 6 August 1948, President Rhee requested, on behalf of this Government, consultation with the Commission, particularly with reference to paragraph 4 of resolution II of the General Assembly of 14 November 1947.[25]

12. The Commission was divided on the question of consultation with the Government. Some members took the view that the Government, as constituted in Seoul, could not be regarded as the government contemplated by the General Assembly's resolutions. In view of the forthcoming session of the General Assembly they believed that the Commission should not prejudice the position of the General Assembly by acceding to the request for consultation. The majority, however, were of the opinion that since the Commission had accepted the advice of the Interim Committee, had observed the elections, and had decided to make itself available for consultations with the National Assembly, it should accede to the request for consultation with the Government.

13. Consequently, by a vote of 4 to 2, with 1 abstention, the Commission agreed to enter into consultation with the Korean Government. This decision was duly communicated to the President in a letter dated 16 August 1948.[26] At a later meeting, the Commission assigned the task of consultation to its Main Committee.

14. On 17 August 1948, the Foreign Minister of the Korean Government appointed three representatives to consult the Commission.[27] Subjects relevant to paragraph 4 of resolution II of the General Assembly which were mentioned specifically were: (1) establishment of a security force; (2) arrangements regarding transfer of authority from the United States occupation forces to the Korean Government; and (3) withdrawal of occupation forces from Korea.

15. At the request of the representatives of the Foreign Ministry,[28] the Main Committee met with them on 25 August 1948 for the purpose of consultation. At this initial session the representatives informed the Committee that negotiations between their Government and the United States authorities were progressing to the satisfaction of both parties,[29] that an interim agreement covering the transfer of responsibility for the existing Korean security forces to the Government of Korea and the training and equipping of those forces had been signed on 24 August 1948[30] and that, for the present, there were no questions on which the Korean Government desired to consult the Commission. The Chairman of the Commission informed the representatives that the Commission would continue to be available for consultation when requested by the Korean Government.[31]

---

[24] For the text of the resolution see A/AC.19/W.53. This resolution was forwarded to the Commission by the National Assembly with the request that it be transmitted to North Korea through the Government of the Union of Soviet Socialist Republics by the good offices of the Commission. The Chairman pointed out to the Temporary Liaison Committee that, due to the attitude of the USSR towards the Commission, the requested procedure was not an appropriate one.

[25] A/AC.19/89.

[26] A/AC.19/89/Add.4.

[27] A/AC.19/89/Add.5.

[28] A/AC.19/89/Add.6.

[29] On 9 August 1948 and 11 August 1948 notes concerning the transfer of the functions of government were exchanged between the President and the Commanding General of the United States Army Forces in Korea. According to the President's note, the transfer to the Korean Government of the functions of government, including direction of all police, constabulary and coast guard units, was to commence on 15 August 1948. During the period of transition, the Commanding General of the United States Army Forces in Korea was to retain control over such areas and facilities as he deemed necessary in order to accomplish the transfer of government authority, and was to exercise exclusive jurisdiction over the United States military and civilian personnel, including their dependents. In answering the President's note, the Commanding General indicated his readiness to arrange the progressive and orderly transfer of governmental functions, including the assumption of responsibilities by the Korean authorities for the direction of all police, coast guard and constabulary units now in being, leading to the termination of the United States occupation (A/AC.19/89/Add.1 and Add.2).

[30] A/AC.19/91.

[31] For full record see A/AC.19/SC.4/SR.19.

C. The National Assembly, An appraisal

16. In consequence of the Commission's inability to observe elections throughout the whole of Korea, the National Assembly, as constituted, could not be the completed assembly envisaged in the resolutions of the General Assembly of 14 November 1947. Moreover, a number of political parties did not participate in the elections; thus, their plans and policies, handicapped by the lack of representation of these parties in the National Assembly, could not be officially advocated for consideration by the Assembly.

17. Nevertheless, consideration should be given to a number of other factors.

18. In duly electing these representatives to the Assembly, 75 per cent of the potential electorate in South Korea took part in the elections, and the population in this area represented approximately two-thirds of the people of all Korea.

19. In meeting the desire of the Korean people for immediate independence and in fulfilling what they considered to be the mandate of their constituents, these representatives discharged their duties in the same spirit which had prevailed in South Korea during the preparation of the elections and on the day of the election itself.[32]

20. Following the election of Rhee Syngman as Chairman of the National Assembly, the representatives proceeded with the drafting and adoption of the rules of the Assembly and organized themselves into a committee of the whole and nine standing committees to deal with such functions as are usually involved in elected assemblies of democratic countries. The chairmanships of these committees were distributed on a fairly equitable basis among important political groups and leading personalities of the Assembly.

21. The Constitution of the Republic of Korea [33] was adopted by a unanimous vote on 12 July and promulgated on 17 July 1948. In the course of drafting the Constitution such issues as bicameral versus unicameral system, presidential versus cabinet system, direct versus indirect election of the President and the degree of emergency power to be delegated to the President were debated at length. The Constitution contained such main provisions as the definition of the territory of Korea,[34] guarantee of fundamental rights and freedoms of the Korean people, institution of a presidential system and unicameral legislative body, election of the President by the National Assembly for a term of four years, a system of checks and balances among the three branches of the Government and a certain degree of State control over natural resources, economy and education.

22. An important issue encountered by the Drafting Committee on Government Organization Law was to determine, with respect to the status of the national police about which the Commission during the initial stage of its work had made several references[35] whether it should continue as an independent administrative department or be placed under the control of the Department of Internal Affairs. The Government Organization Law, adopted on 16 July 1948, placed the national police under the Ministry of Internal Affairs.

23. Since only rightist parties and groups had officially supported the elections, the Commission had been apprehensive lest the two major rightist parties in South Korea —the Hankook Democratic Party and the National Association for the Rapid Realization of Korean Independence—supported by those successful independent candidates who were known to be affiliated with them, would dominate the National Assembly.

However, in a total of 200 electoral districts where there were 100 Hankook Democratic Party candidates, only 28 were elected.[36] Furthermore, on the one hand, in advocating a cabinet system of government and, on the other hand, in contesting for the chairmanship and vice-chairmanship of the National Assembly and of the premiership, this party was outvoted in each instance.

Nor did the National Assembly seem to have been dominated by the National Association for the Rapid Realization of Korean Independence, under the leadership of Rhee Syngman. Of the 247 candidates of this party, only 55 had been successful in the elections.[37]

24. Minor parties and personalities of liberal leanings were able to play an influential role in the Assembly's discussions. Their contribution was evidenced by the incorporation into the Constitution of such provisions as the distribution of farmlands to serve the interest of tillers, the right to work, labour's right to collective bargaining, concerted action and profit-sharing in private enterprises, and State protection of the aged and the infirm. It might also be noted that one Assemblyman, an ex-Communist, whose liberal views had won recognition from the Assembly, was subsequently made a member of the Cabinet.

25. Leaders of the Korean Independence Party, which opposed the elections, were nominated by a number of representatives for prominent posts in the Government.

This party, under the leadership of Kim Koo, President of the erstwhile Provisional

---

[32] See first part of the report, volume I, chapter VI, paragraphs 33, 34 and 47.

[33] A/AC.19/W.55/Add.1.

[34] Article 4 of the Constitution provides " the territory of Korea shall consist of the Korean Peninsula and its accessory islands ".

[35] See first part of the report, volume I, chapter III, paragraphs 52 and 53 and chapter VI, paragraphs 23 and 24.

[36] See first part of the report, volume I, chapter VI, paragraphs 51 to 56.

[37] *Ibid.*

Government in Exile, in conformity with its policy of opposition to the election, took no part in the formation of the Korean Government. However, in spite of this party's participation in the Pyongyang Conference,[38] Kim Koo's name appeared in the voting record of the Assembly on several occasions. He received 13 ballots in the election for President and 65 votes in the election for Vice-President. Thus it may be assumed that among the 85 independents elected to the Assembly there were a number who are sympathetic towards the Korean Independence Party.

26. In the course of the formation of the Cabinet, Dr. Rhee's choice was not always acceptable to the National Assembly.

The elected representatives indicated varying degrees of preference for certain leaders for the post of Prime Minister. This prompted President Rhee to explain before the National Assembly his reasons for not designating for premiership such political figures as Cho So Ang, Vice-Chairman of the Korean Independence Party, formerly opposed to the elections; Kim Sung Soo, leader of the Hankook Democratic Party, and Shim Il Ky, a Cabinet minister of the erstwhile Provisional Government in Exile.

When the President presented his own nomination for premiership of Lee Yun Ying, a former resident of North Korea, Acting Chairman of the Chosen Democratic Party which was originally organized in Pyongyang in 1945, and presently a member of the National Assembly, the elected representatives, exercising their constitutional prerogative, rejected the nomination by a vote of 132 to 59.

Although the President's subsequent nomination of Lee Bum Suk, head of the National Youth Organization, was confirmed by the National Assembly by 110 votes to 84, this majority of only 26 votes was interpreted as a further reminder to the President that his actions were subject to critical review by the National Assembly.

27. The Cabinet, as formed, appeared to represent various political groups and personalities. Of the eleven ministerial posts, Finance was held by a member of the Hankook Democratic Party; Foreign Affairs and Transportation by ex-high officials of the Military Government; Internal Affairs by an ex-member of the Hankook Democratic Party; Commerce and Industry by a member of the National Association for the Rapid Realization of Korean Independence; Agriculture and Forestry by an independent, formerly a member of the Communist Party; Social Affairs by a member of the Daihan Labour Union; National Defense by the Prime Minister himself; and the remaining three posts by persons with undefined political affiliations.[39]

28. There was widespread criticism of the personnel appointed to the Cabinet, and the opinion was expressed that the President had failed to utilize fully the best talents available.

On 19 August 1948, the National Assembly adopted a resolution designed to eliminate Japanese collaborators from the Government. Assemblyman Kim In Sik who sponsored the resolution, reporting to the National Assembly on 23 August 1947, named the Minister of Transportation and the Vice-Minister of Commerce and Industry as Japanese collaborators. Subsequently, the latter had to tender his resignation. It might also be noted that the National Assembly in early September enacted a national law for the punishment of traitors, which also included provisions aiming at excluding Japanese collaborators from government service.

29. It thus appeared that no single party had been able to dominate the Assembly, that the expected combination of two major rightist parties had not taken place, that of the eighty-five independents elected to the National Assembly a majority were able to vote independently instead of as a bloc and that, as a whole, the elected representatives discharged their constitutional responsibilities conscientiously.

D. The Government of the Republic of Korea. An appraisal

30. In view of the short time which has elapsed since the formation of the Korean Government on 5 August 1948, it is difficult to determine to what extent the Government as established by the National Assembly will be able to meet the desire of the people for unification and to justify its claim that it is the Government of the Republic of Korea with sovereignty over the whole of Korea.

31. On the latter question, there are divergent views. On the one hand, it is contended that the Government, as now constituted in Seoul, can be regarded as the Government envisaged in the resolutions of the General Assembly. The representatives who constituted the National Assembly were elected under the observation of the Commission. The results of the elections were declared valid by the Commission. At the request of the National Assembly, and subsequently of the Government which was established in accordance with the Constitution adopted by the Assembly, the Commission entered into consultations with them. Furthermore, effective administration of the territory has been transferred to this Government by the United States Government. Thus it may be reasonably

[38] See paragraph 40.

[39] Indicative of the National Assembly's position towards the composition of the Cabinet was a resolution adopted on 2 August 1948, specifying that high officials of the Military Government should not be appointed to Cabinet posts.

contended that this Government is entitled to *de jure* recognition.

32. As against this view, it is contended that the Government as now constituted in Seoul cannot be regarded as the Government envisaged in the resolutions of the General Assembly of 14 November 1947. Since the people residing in North Korea did not participate in the elections of 10 May 1948, the Assembly, as elected, was incomplete and could not establish a National Government as envisaged in the General Assembly's resolutions. Moreover, the Government which was established is not by itself in a position to extend its jurisdiction over the whole of Korea.

33. Furthermore, in order to enable the Government as now constituted to carry on a programme of economic rehabilitation, for some time to come it would require economic aid and technical assistance from outside sources."[40]

34. Following the establishment of the Government, the United States Government entered into an agreement for the transfer of governmental authority, to which reference is made in paragraph 15. In addition, the National Assembly, on 18 September 1948, approved the Interim Financial and Property Settlement Agreement with the Government of the United States of America [41] which provided for the transfer to the Government of the Republic of Korea of properties and assets formerly held by the United States Government.

35. As to the international status of the Korean Government, several Governments have taken preliminary steps toward recognition.

In a statement made public in Nanking on 12 August 1948, the Foreign Minister of China stated in part: [42]

"After due consideration of all factors involved, the Chinese Government deems it both as its right and as its obligation to establish immediate relations with the Government of Korea. I am happy to announce that, pending discussion of the Commission's report to the General Assembly of the United Nations, and in the spirit of unity and friendship between the two peoples, the Chinese Government accords provisional recognition to the Government of Korea..."

The Government of the United States of America, in a statement released through the State Department in Washington on 12 August 1948, declared in part: [43]

"It is the view of the United States Government that the Korean Government so established is entitled to be regarded as the Government of Korea envisaged by the General Assembly resolutions of 14 November 1947. Pending consideration by the General Assembly at its forthcoming third session of the report of the United Nations Temporary Commission on Korea, the United States, pursuant to its responsibility as occupying Power, is sending to Seoul a Special Representative who will be authorized to carry on negotiations with that Government, in consultation with the United Nations Temporary Commission on Korea, concerning the implementation of the further provisions set forth in paragraph 4 of the second of the General Assembly resolutions of 14 November 1947..."

In a message dated 19 August 1948, the President of the Philippines extended to the President of the Republic of Korea "the sincerest wishes of the Republic of the Philippines for the success of the new State of Korea and the continued prosperity and well being of the Korean people." A statement made public by the Department of Foreign Affairs on 23 August 1948 declared in part:

"The Philippine Government feels that the new Korean Government, established following an election under a group of observers from the United Nations Temporary Commission on Korea on 10 May of this year, should be recognized as the Government of Korea in accordance with the resolutions of the General Assembly of the United Nations adopted on 14 November 1947."

E. The problem of unification

36. Earlier sections of the report have emphasized the long historical tradition of Korean unity and the passionate longing of the Korean people both for unity and for independence. Nothing is more remarkable than the homogeneity of the Korean people. Ethnically and culturally they are one.

37. Economically, Korea cannot long endure the continued division of the country. While her economic problems are not different from those faced by many other countries, particularly in under-developed areas, the additional hindrances which political division has placed in the way of economic recovery need only be mentioned to be realized.

38. In the early part of the report [44] the economic aspects of the Korean problem have been dealt with. The chemical and metal industries, resources of hydro-electric power, iron ore and coal of North Korea form a natural complement to the agricultural resources and light industries of the

[40] A/AC.19/W.59.
[41] A/AC.19/94.
[42] A/AC.19/W.58/Add.1.
[43] A/AC.19/89/Add.3.
[44] See first part of the report, volume I, chapter III, paragraphs 106 to 111.

South. With unification many of Korea's problems would be solved and others ameliorated.[45]

39. As was made clear in the first part of the Commission's report (chapter III), those who favoured holding elections in South Korea alone believed this to be the best method available for effecting the unity and independence of Korea. It was the stated belief of the Hankook Democratic Party and of the political and social organizations under the leadership of Rhee Syngman that the Government established as a result of the elections would, with the assistance of the United Nations, be able to unify Korea. On the other hand, rightists and moderate groups under the leadership of Kim Koo and Kim Kiusic were convinced that separate elections would tend to perpetuate the division of the country. The extreme leftists consistently maintained that separate elections in the south were part of the imperialistic designs of the United States and would, of course, widen the rift with the north.

40. A conference of political leaders of North and South Korea held at Pyongyang from 19 to 26 April 1948 has been described in chapter III of the first part of the report. As noted there Messrs. Kim Il Sung and Kim Doo Bong from the north, and Kim Koo and Kim Kiusic from the south, as a result of discussions following the main conference, issued a joint communiqué, on 30 April 1948, which provided the following programme for unification : (1) a nation-wide political conference shall be held following the withdrawal of Soviet and American troops ; (2) a unified provisional central government shall be formed ; (3) a nation-wide election shall be held ; (4) the Constitution shall be enacted ; (5) a formal central government shall be formed.

41. On 17 June 1948, Kim Il Sung and Kim Doo Bong issued an invitation to Kim Koo and Kim Kiusic to attend a further conference at Haeju, north of the 38th parallel, on 25 June 1948. It was reported that, in a reply dated 23 June 1948, the latter proposed that the northern leaders should come to Seoul and suggested further that the northern authorities should arrange for the election of 100 representatives to join the National Assembly as established in Seoul.

42. The second joint conference held on 29 June 1948 was not attended by Kim Koo and Kim Kiusic, due partly to the failure of northern leaders to live up to certain promises made at the previous conference.[46] In opposition to the decisions of this conference to promulgate the Constitution of the People's Republic and to proclaim the holding of elections on 25 August 1948, twenty-five political organizations in South Korea under the leadership of Kim Koo and Kim Kiusic declared the so-called second joint conference illegal, stressed their non-participation therein and denounced all activities and trends of events which had taken place in North Korea and which were contrary to the provisions of the joint communiqué formulated on 30 April 1948.[47] Thus the efforts of those political leaders in the south who were opposed to the elections of 10 May 1948 to achieve unification by Koreans themselves had produced no results.

43. It may also be recalled that the elected representatives, having constituted themselves into the National Assembly on 31 May 1948, in a resolution adopted unanimously on 12 June 1948 gave evidence of their desire that their compatriots in the north should hold elections under the observation of the Commission. The resolution[48] read in part :

"We hope you, our fellow countrymen in North Korea, will hold a general election soon in a free atmosphere, in accordance with the United Nations resolution, as we did, and elect the true representatives of the people, sending them to the National Assembly to sit with us."

This resolution was broadcast to the people in the north and a copy was also transmitted to the Commission.

For its part, the Commission, speaking through its Chairman before a regular session of the National Assembly on 30 June 1948, reiterated the Commission's hope that the elected representatives would exert their greatest efforts and strive for attainment of the unification of Korea within the shortest possible time.

44. Before the formation of the Government of the Republic of Korea on 5 August 1948, eighteen members of the National Assembly had introduced a motion on 3 August urging the establishment of a north and south special unification committee of the Assembly to explore all possibilities for accelerating the unification of North and South Korea. This motion was not carried. Many members who objected to this motion apparently felt that the establishment of such a committee might reflect unfavourably on the claim of the present Government as the Government of

[45] A/AC.19/W.59.

[46] In a joint statement dated 6 May 1948 Kim Koo and Kim Kiusic stated that the "authorities of North Korea said clearly that they would not set up a separate government there", that "there will be no strife among our own people", that "the North Korean authorities agreed gladly that they would not cut off the light and water", and that "they would let us take Mr. Cho Man Sik (leader of Chosen Democratic Party reported to be under house detention) down to South Korea not this time as requested but in the near future".

[47] A/AC.19/W.57/Add.2.

[48] A/AC.19/W.53—It may also be noted that the Commanding General of the United States Forces in Korea, in a letter dated 27 May 1948 (A/AC.19/W.51) addressed individually to the elected representatives, reminded them that "in order to pave the way for unification of North and South Korea an early resolution might be adopted stating that 100 seats, or a number as calculated on a proportional population basis, are always open in the Assembly for your brothers in North Korea when their representatives have been duly chosen".

all Korea. They further maintained that the Government should assume the responsibility of removing the barrier still existing at the 38th parallel.

No further official attempts were made by the Korean authorities in the South for the achievement of unification.

45. Meanwhile, the authorities in North Korea proceeded with their programme for setting up a Government.[49] The fifth session of the People's Council of North Korea was convened on 9 July 1948. It decided to carry out the provisions of the Constitution of the Democratic Korean People's Republic, which was originally published on 10 February 1948. In accordance with its provisions, a general election was held on 25 August 1948 to elect representatives of a Supreme People's Assembly.

46. Pyongyang radio broadcasts[50] reported that 93 per cent of the population in North Korea had taken part in the elections and that 212 North Korean Assemblymen had been elected. They further claimed that 1,080 representatives from South Korea had met in Haeju in North Korea and had in turn elected 360 Assemblymen. These 572 Assemblymen, according to the Pyongyang radio, constituted the Supreme People's Assembly and, on 9 September 1948, established the Government of the People's Republic of Korea under the leadership of Kim Il Sung.

F. Summary and conclusions

47. In reviewing the situation at the present time the Commission recalling its previous conclusions recorded in chapter VI of the first part of the report will attempt to summarize the situation relating to the Korean problem in the following terms.

(*a*) Having regard to its terms of reference the Commission has always been concerned with Korea as a whole. However, the Commission regrets to report that it was denied access to that part of Korea occupied by the military forces of the Union of Soviet Socialist Republics. In the area south of the 38th parallel, on the contrary, the facilities called for in paragraph 6 of resolution II of the General Assembly of 14 November 1947 were extended by the United States authorities in such a way as to enable the Commission adequately to perform its assigned duties. Thus, for its part, the United States Government has fulfilled the duties incumbent upon it as an occupying Power.

(*b*) The main tasks of the Commission in South Korea have been the observation of the elections of 10 May 1948, and then consultations firstly with the elected representatives and subsequently with the Government established by them on 5 August 1948.

(*c*) Even though the elections of 10 May 1948 were restricted to South Korea and were opposed by some political parties and kindred organizations in that area, nevertheless, they were an impressive expression of the will of the Korean people in their attempt to achieve their independence and the unification of their country. The misgivings that the elections might produce an Assembly of a unilateral character proved finally to be groundless. For it was indeed significant that the election of a large number of independents prevented the two parties which had been predominant in politics in South Korea from jointly obtaining an absolute majority in the Assembly. Moreover, the elected representatives undertook their responsibilities with seriousness and despatch, and there was considerable evidence that, in the exercise of their judgment, they were not subject to the control of any one political party. Their proceeding without delay to the constituting of an Assembly and the formation of a Government was a reflection of the desire of the Korean people to expedite the achievement of their independence.

(*d*) The Government established by the elected representatives has assumed the functions previously exercised by the Military Government of the United States Armed Forces in Korea and a progressive and orderly transfer of these functions is reaching its final stage.

Agreements have been reached for the training of internal security forces and the settlement of financial matters. Providing the transfer of governmental functions is satisfactorily completed and provisions made for adequate security forces, it is to be expected that the degree of support accorded to the new Korean Government by the people, as evidenced by the election returns of 10 May 1948, will enable it adequately to perform the normal functions of a government. In view of the fact, however, that for some years to come South Korea will be unable to support itself without help from abroad, the establishment of the basis for a viable economy is of paramount importance.

(*e*) All these developments, however, have been overshadowed by the grim reality of a divided Korea. All Koreans, regardless of their political affiliations or social standing, are united in their condemnation of this disunity. The Commission maintains the view that for the social, political and economic well-being of Korea immediate unification is absolutely essential.

The efforts of the Korean leaders for the attainment of this unity, official and unofficial such as they have been, have failed

[49] The Commission depended entirely on the Korean Press and the Pyongyang radio for reports on these proceedings.

[50] A/AC.19/W.57 and Add.1.

to achieve any positive results. The reason for this failure must be attributed in the main to the tension prevailing in the international situation.

(*f*) The third regular session of the United Nations General Assembly is thus confronted with the following situation. On the one hand, there is a People's Republic in the north set up arbitrarily by steps which were not under international observation. On the other hand, there is the Government of the Republic of Korea established in the south as a result of elections observed by the Commission. The title for recognition of this Government arises from juridical considerations as set forth in paragraph 31. Three Member Governments, namely China, the Philippines and the United States of America have taken preliminary steps towards the recognition of this Government.

Over the whole of Korea, and beyond a perfectly artificial boundary, both régimes claim sovereignty and in their respective areas both exercise effective authority subject only to the rights of the occupying forces.

(*g*) In so far as the problem of unification is concerned, one may question whether these developments constitute a progress on the situation which existed at the time the General Assembly adopted its resolution of 14 November 1947 and the Interim Committee its recommendations of 26 February 1948. On the other hand, even though it is realized that effective jurisdiction of the Government established in Seoul does not extend to the north, the view is held that this Government does provide a basis from which it may be possible to proceed to unification by peaceful methods of negotiation, at least in the economic field where such unity is of vital importance. It is the opinion of the Commission that the need for setting up some procedure for peaceful negotiations is urgent and must take place before military evacuation of the occupying forces abandons Korea to the arbitrary rule of rival political regimes whose military forces might find themselves driven to internecine warfare.

(*h*) As an international body specialized in Korean affairs, the Commission might be expected in this report to outline some solution in this respect. If, however, it refrains from doing so, it is not because it shirks its responsibilities, but rather because it feels that the task of defining methods for peaceful relations between the Governments of North and South Korea would be futile so long as the opposing ideologies and politics to which they subscribe continue in opposition to each other, as they do at present, with ever-increasing violence in all parts of the world where they confront each other. However, while the Korean problem is only one aspect of the present struggle in international relations, the Commission believes that there are prospects that the prevailing tension between the north and the south may be eased in the course of time.

(*i*) In these circumstances and without prejudicing the position of the General Assembly, the Commission places itself at the disposal of the Assembly for the purpose of such consultation as it may request and of assisting eventually in the formulation of such solutions as may commend themselves to that body in the light of the debates and international developments.

(*j*) Placing great faith as they do in the principles and Charter of the United Nations, the hope of the Korean people is that the prestige and authority of the United Nations will be unsparingly used in the solving of their problems. For this reason and inasmuch as all the objectives envisaged in the General Assembly's resolution of 14 November 1947 have not been fulfilled, the Commission is of the opinion that the General Assembly should remain seized of the problem, seek the full co-operation of all Member States and take such other steps as it may deem fit to bring about the attainment of the national independence and unity of Korea.

SALES AGENTS OF THE UNITED NATIONS PUBLICATIONS

ARGENTINA
Editorial Sudamericana S.A.
Alsina 500
BUENOS AIRES

AUSTRALIA
H. A. Goddard Pty. Ltd.
255a George Street
SYDNEY, N. S. W.

BELGIUM
Agence et Messageries de la Presse, S. A.
14-22 rue du Persil
BRUXELLES

BOLIVIA
Librería Científica y Literaria
Avenida 16 de Julio, 216
Casilla 972
LA PAZ

CANADA
The Ryerson Press
299 Queen Street West
TORONTO

CHILE
Edmundo Pizarro
Merced 846
SANTIAGO

CHINA
The Commercial Press Ltd.
211 Honan Road
SHANGHAI

COLOMBIA
Librería Latina Ltda.
Apartado Aéreo 4011
BOGOTÁ

COSTA RICA
Trejos Hermanos
Apartado 1313
SAN JOSÉ

CUBA
La Casa Belga
René de Smedt
O'Reilly 455
LA HABANA

CZECHOSLOVAKIA
F. Topic
Narodni Trida 9
PRAHA 1

DENMARK
Einar Munksgaard
Nørregade 6
KØBENHAVN

DOMINICAN REPUBLIC
Librería Dominicana
Calle Mercedes No. 49
Apartado 656
CIUDAD TRUJILLO

ECUADOR
Muñoz Hermanos y Cía.
Nueve de Octubre 703
Casilla 10-24
GUAYAQUIL

EGYPT
Librairie "La Renaissance d'Egypte"
9 Sh. Adly Pasha
CAIRO

FINLAND
Akateeminen Kirjakauppa
2, Keskuskatu
HELSINKI

FRANCE
Editions A. Pedone
13, rue Soufflot
PARIS, V°

GREECE
"Eleftheroudakis"
Librairie internationale
Place de la Constitution
ATHÈNES

GUATEMALA
José Goubaud
Goubaud & Cía. Ltda. Sucesor
5a Av. Sur No. 6 y 9a C. P.
GUATEMALA

HAITI
Max Bouchereau
Librairie "A la Caravelle"
Boîte postale 111-B
PORT-AU-PRINCE

INDIA
Oxford Book & Stationery Company
Scindia House
NEW DELHI

IRAN
Bongahe Piaderow
731 Shah Avenue
TEHERAN

IRAQ
Mackenzie & Mackenzie
The Bookshop
BAGHDAD

LEBANON
Librairie universelle
BEYROUTH

LUXEMBOURG
Librairie J. Schummer
Place Guillaume
LUXEMBOURG

NETHERLANDS
N. V. Martinus Nijhoff
Lange Voorhout 9
s'GRAVENHAGE

NEW ZEALAND
Gordon & Gotch, Ltd.
Waring Taylor Street
WELLINGTON

NICARAGUA
Ramiro Ramírez V.
Agencia de Publicaciones
MANAGUA, D. N.

NORWAY
Johan Grundt Tanum Forlag
Kr. Augustgt. 7A
OSLO

PHILIPPINES
D. P. Pérez Co.
132 Riverside
SAN JUAN

SWEDEN
A.-B. C. E. Fritzes Kungl. Hofbokhandel
Fredsgatan 2
STOCKHOLM

SWITZERLAND
Librairie Payot S. A.
LAUSANNE, GENÈVE, VEVEY, MONTREUX, NEUCHÂTEL, BERNE, BASEL
Hans Raunhardt
Kirchgasse 17
ZURICH I

SYRIA
Librairie universelle
DAMAS

TURKEY
Librairie Hachette
469 Istiklal Caddesi
BEYOGLU-ISTANBUL

UNION OF SOUTH AFRICA
Central News Agency
Commissioner & Rissik Sts.
JOHANNESBURG and at CAPETOWN and DURBAN

UNITED KINGDOM
H. M. Stationery Office
P. O. Box 569
LONDON, S.E. 1
and at H.M.S.O. Shops in LONDON, EDINBURGH, MANCHESTER, CARDIFF, BELFAST and BRISTOL

UNITED STATES OF AMERICA
International Documents Service
Columbia University Press
2960 Broadway
NEW YORK 27, N. Y.

URUGUAY
Oficina de Representación de Editoriales
Av. 18 de Julio 1333 Esc. 1
MONTEVIDEO

VENEZUELA
Escritoría Pérez Machado
Conde a Piñango 11
CARACAS

YUGOSLAVIA
Drzavno Preduzece
Jugoslovenska Knjiga
Moskovska Ul. 36
BEOGRAD

Printed in France. Price in the United States : 20 cents. 4 November 1948.

5. 유엔한국임시위원단 보고서 제2부 제2권 : 부속문서 1-7

해제문서 5 : A/575.Add.4 (Second Part of the Report of the United Nations Temporary Commission on Korea. Volume Ⅱ, Annexes Ⅰ-Ⅶ)

문서명	Second Part of the Report of the United Nations Temporary Commission on Korea. Volume Ⅱ - Annexes Ⅰ-Ⅶ		
	유엔한국임시위원단 보고서 제2부 제2권 부속문서 1-7		
발신	유엔한국임시위원단	생성일시	
		발신일시	1948년 10월 15일
수신	유엔총회	수신일시	
		문서번호	Official Records: Third Session Supplement No.9(A/575/ Add.4)
문서형태	보고서	문서분량	42쪽
주제명	1. 대한민국 국회구성 및 임시위원단과 국회의원들의 협의에 관한 주요 문서 2. 대한민국 정부수립과 임시위원단과의 협의에 관한 주요 문서 3. 정부기능 이양에 관한 합의문과 교환통신문 4. 북한의 선거와 관련된 문서 5. 대한민국 헌법 6. 1948년 6월 5일 이후 위원단 및 사무국 대표단 목록 7. 1948년 6월 5일 이후 발표된 임시위원단 문서의 최종 목록		
주요내용	본 문서는 1947년 11월 14일 유엔총회에서 채택된 결의문 112(Ⅱ)에 따라 설치된 유엔한국임시위원단의 1948년 5월 10일 이후의 활동을 다룬 유엔한국임시위원단 보고서 제2부 제2권에 해당하는 것으로 제2권은 위와 같이 전부 7개의 부속문서로 구성되어 있음. 상세한 내용은 본문 참조.		
검색어	유엔한국임시위원단(UNTCOK), 유엔한국임시위원단 연락반(UNTCOK Liaison Group in Seoul), 국회연락위원회(National Assembly Liaison Committee), 한국국방군(Korean Security Forces), 해외청산위원회(Office of the Foreign Liquidation Commissioner) 고창일, 김도연, 윤치영, 이범석, 이승만, 이시영, 이훈구, 장기영, 장면, 장택상, 리우위안(Liu Yu-Wan), 하지(John R. Hodge), 패터슨(George S. Patterson), 봉꾸르(Jean-Louis Paul-Boncour), 무초(John J. Muccio), 루나(Rufino Luna), 로얄(Kenneth C. Royall), 헬믹(C. G. Helmick), 드럼라이트(Everett F. Drumright), 웨커링(John Weckerling), 비너츠(Coert Binnerts), 남조선노동당(남로당, South Korean Labour Party), 왕세걸(王世杰, Wang Shih-Chieh) 로얄(Kenneth C. Royall), 무기르(Yasin Mughir), 빌랄바(Custodio A. Villalva), 씽(I. J. Bahadur Singh), 마네(Olivier Manet), 코스티유(Henry Costilhes), 발레(Miguel Angel Pena Valle), 슈튜(Ting T. Ssutu), 패터슨(George S. Patterson), 제이미슨(A. B. Jamieson), 잭슨(Samuel H. Jackson), 주홍티(朱鴻題, Hung-Ti Chu)		

〈목차〉

부속문서 I

대한민국 국회 구성 및 임시위원단과 국회의원들의 협의에 관한 주요 문서

1. 1948년 6월 11일, 대한민국 국회의장 이승만이 유엔한국임시위원단 의장에게 보내는 국회구성 및 위원단과의 협의에 관한 서한[80]

- 유엔한국임시위원단의 감시 하에 실시된 1948년 5월 10일 선거를 통해 당선된 대표자들로 1948년 5월 31일부로 대한민국 국회를 수립하였음을 공식적으로 확인하고 임시위원단과 모든 문제에 관해 협의할 국회임시연락위원회를 구성하였음을 알림.

2. 1948년 6월 25일, 유엔한국임시위원단 리우위안(Yu Wan Liu) 의장이 대한민국 국회의장에게 보내는 국회구성 및 국회의원과의 협의에 관한 회신[81]

- 국회의장 이승만이 보낸 6월 11일자 편지에 대한 회신으로, 1948년 5월 10일 선거를 통해 당선된 대표자들로 5월 31일 대한민국 국회가 구성되었음을 환영하고 이들과 함께 한국의 독립과 통일 달성을 촉진하는 방안을 찾는 데에 기대를 갖고 있으며, 당선자들과 함께 1947년 11월 14일 채택된 유엔총회 결의안에 담긴 내용을 이행하기 위한 협의를 할 준비가 되어있음을 통지함.

---

80 Document A/AC.19/78.

81 Document A/AC.19/78.Add.1

3. 1948년 5월 27일, 주한미군 사령관 하지(John R. Hodge) 중장이 국회의원 당선자들에게 보내는 정부구성 책임에 관한 서한[82]

- 국회의원 당선을 축하하며, 선거를 통해 당선된 이들이 한국의 미래를 위해 막중한 사명을 갖게 되었음을 환기하고 한국이 외국의 점령에서 벗어나 민주정부 하에서 통일된 독립국가를 수립하도록 하는 것이 미국의 정책임을 알림. 이러한 목적을 달성하기 위해 앞으로 한국정부를 구성하는 데에 몇 가지 제안을 하고 동시에 향후 한국의 독립과 통일을 위해 지원을 아끼지 않을 것임을 약속함.

4. 1948년 6월 12일, 북한에 대한 대한민국 국회 결의안[83]

- 1948년 6월 14일 국회임시연락위원회 윤치영(Yun T. Young)이 임시위원단 의장 패터슨(George S. Patterson)에게 보낸 서한에서 6월 12일 국회에서 채택된 '북한주민에게 보내는 메세지'라는 제목의 결의안을 첨부함. 북한에서도 남한과 같이 유엔결의에 의거하여 자유로운 분위기 속에서 신속히 총선거를 실시하여 선출된 대표를 우리 국회로 보내주기 바란다는 내용.

5. 1948년 7월 12일, 임시연락위원회(Temporary Liaison Committee) 장면 위원장이 임시위원단 의장에게 보내는 협의요청 서한[84]

- 한국의 통일 달성을 위한 위원단의 지원과 한국 국회에서 채택된 6월 12일 결의를 유엔사무총장을 통해 북한지역에 전달될 수 있도록 해줄 것을 요청하

82 Document A/AC.19/W.51.
83 Document A/AC.19/W.53.
84 Document A/AC.19/W.53.Add.1.

고 한국 통일을 위한 추가적 방법에 관해 위원단과 협의를 희망함을 알리는 내용.

6. 1948년 7월 16일, 임시위원단 봉꾸르(Jean-Louis Paul-Boncour)의장이 임시연락위원회 장면 위원장에게 보내는 7월 12일자 협의요청 서신에 대한 답신[85]

- 위원단은 한국의 협의 요청을 환영하며 이를 위해 임시연락위원회를 7월 19일 오전 10시 30분 덕수궁에 초청하여 본위원회(Main committee)에서 회합을 갖자는 내용의 회신.

7. 1948년 7월 19일, 임시위원단 본위원회(Main Committee)와 국회임시연락위원회의 협의 기록[86]

- 위원장의 초대로 장면 위원장과 임시연락위원회의 윤치영, 이훈구, 김도연, 장기영이 참석함. 국회임시연락위원회와 임시위원단 양자 간의 소통에서 발생할 수 있는 오해를 줄이기 위해 허심탄회한 대화를 나누고 한국의 독립과 통일에 대한 임시위원단의 지원 입장을 재확인함.

---

85 Document A/AC.19/W.53.Add.2.

86 Document A/AC.19/SC.4.SR.15.

부속문서 II

대한민국 정부 수립과
임시위원단과의 협의에 관한 주요 문서

1. 중국대표단이 제출한 1947년 11월 14일 유엔총회 결의 이행에 관한 각서(memorandum) 초안[87]

– 유엔한국임시위원단의 권한과 의무에 관한 내용으로, 1947년 11월 14일의 유엔총회 결의를 이행하기 위하여 5월 10일 총선거를 감시(시찰), 국회의원 당선자들과 한국 국민들의 즉각적인 자유와 독립의 달성에 관한 협의, 국방군 및 통치권의 이양과 남북한 각 지역의 점령군 철수에 관한 협의가 주요 내용.

2. 1948년 8월 6일, 대한민국 대통령이 임시위원단 의장에게 대한민국 정부수립을 알리고 특히 유엔총회 결의와 관련하여 위원단의 협의를 요청하는 서한[88]

- 임시위원단의 감시 하에 실시된 1948년 5월 10일 총선거 결과에 따라 대한민국 국회가 구성되고, 7월 12일 대한민국 헌법이 공포되었으며, 7월 16일 정부조직법의 제정과 더불어 8월 5일 대한민국 정부가 수립되었음을 알림. 헌법과 정부조직법에 따라 1948년 7월 20일, 이승만을 대통령으로, 이시영을 부통령으로 각각 선출한 사실과 각 정부 부처 장관의 명단 등 대한민국 정부수립 내

87 Document A/AC.19/82.

88 Document A/AC.19/89.

용을 공식적으로 알리고 1947년 11월 14일 채택된 유엔총회 결의 112(II) 제4호에 따른 협의를 요청함.

3. 1948년 8월 12일, 하지(John R. Hodge) 주한미군사령관이 임시위원단 의장에게 1948년 8월 12일 발표된 미국무부 성명을 전송하는 서한[89]

- 1948년 8월 12일자 미 국무부 성명을 8월 13일 09:00부로 보도 자료로 배포하기 전에 먼저 서한에 동봉하여 통지함. 한국의 독립과 통일에 대한 의지를 재확인하는 한편, 이 문제를 효과적으로 해결하고자 유엔총회에 상정하여 결의안을 도출하였음을 알리고 수립된 대한민국 정부가 1947년 11월 14일 유엔총회 결의에서 예정된 한국정부로 간주될 자격이 있다는 것이 미국의 입장임을 밝히며 한국주재 최고대표(주한특사)로 무쵸(John J. Muccio)를 임명하였음 통지함.

4. 1948년 8월 16일, 임시위원단 단장이 협의를 요청하는 이승만대통령의 편지에 대하여 동의표시를 하는 답장[90]

- 이승만대통령이 임시위원단에 대한민국 정부수립을 공식적으로 알리고 협의를 요청한 1948년 8월 6일자 서신에 대한 위원단 루나(Rufino Luna) 의장의 답신으로, 위원단은 협의할 준비가 되어 있음을 알리고 위원단의 본위원회(Main Committee)가 한국 당국과 협의를 하게 될 것임을 알림.

89 Document A/AC.19/89.Add.3.
90 Document A/AC.19/89.Add.4.

5. 1948년 8월 17일, 대한민국 외무부장관이 임시위원단 의장에게 보내는 위원단과 협의를 목적으로 한국대표 지정에 관한 서한[91]

- 대한민국 외무장관 장택상이 임시위원단에 협의 주제와 협의에 임할 한국 대표자명단(장면, 장기영, 고창일)을 통보함.

6. 1948년 8월 21일, 대한민국 외무부장관이 임시위원단 의장에게 보내는 협의요청 서한[92]

- 한국측 대표 장면이 임시위원단에 최대한 신속히 협의를 시작하길 희망함을 알리고 협의개시를 위한 일정을 정해줄 것을 요청하는 한편 협의주제에 대해 알림.

7. 한국정부에 대한 잠정적 승인(Provisional Recognition) 문제에 관한 중국 외무부장관 왕세걸(Wang Shih-Chieh) 박사의 성명[93]

- 중국 정부는 한국정부에 잠정적 승인을 부여하고 리우위안(Liu Yu-Wan)을 대사 직급의 중국외교대표에 임명한다고 통보함.

---

91 Document A/AC.19/89.Add.5.
92 Document A/AC.19/89.Add.6.
93 Document A/AC.19/W.58.Add.1.

8. 1948년 5월 19일, 워싱턴 D.C.에서 미육군부 장관 로얄(Kenneth C. Royall)에 의해 공표된 한국에 대한 "존스톤 위원회(Johnston Committee)" 보고서[94]

- 인위적인 분단에 처한 한국의 상황, 경제적 주요 문제들, 한국의 자산에 대해 다루고 있으며, 한국의 부흥과 통일을 위해서는 원자재 지원 및 농업 지원 등 미육군부가 마련하고 국무부가 지원하는 부흥프로그램(recovery program)을 통한 미국의 확고한 지원이 필요함을 역설함.

9. 1948년 8월 25일, 임시위원단 본위원회와 대한민국 정부 대표들 간의 협의 기록[95]

- 한국측 대표 중 한 명인 장면이 이승만대통령과 주한미군사령관 하지(John R. Hodge) 사이에 통치권의 이양과 이로 인해 자연스럽게 연결되는 주한미군의 남한지역 점령의 종료 및 철수 등에 관하여 협의가 진행 중이며 머지않아 최종적으로 완료될 것임을 알림. 임시위원단은 장면의 통지에 감사를 표하며 한국과 미국간의 대화와 협의 진행에 기대를 표하였으며, 위원단이 파리회의 참석을 위해 곧 떠날 예정이지만 한국측과의 협의는 계속 진행되도록 하겠다는 의사를 밝힘.

94 Document A/AC.19/W.59.
95 Document A/AC.19/SC.4.SR.19.

부속문서 III

정부기능 이양에 관한 합의문 및 상호교환 통신문

1. 1948년 8월 10일, 대한민국 대통령이 임시위원단 단장에게 보내는 서한으로, 통치권 이양(transfer of governmental authority)과 관련하여 주한미군사령관 하지(John R. Hodge)에게 보낸 8월 9일자 서한의 사본을 동봉[96]

- 주한미군사령관에게 보낸 편지의 내용은 대한민국 정부수립을 알리고, 임시위원단과의 협의를 거친 후 정부기능을 수행하기 위해 주한미군 사령관이 행사해 온 통치권을 한국정부로의 이양에 협조와 지원을 요청하고, 협의진행 및 미군철수가 진행되는 과정에서 주한미군사령관 휘하의 군인과 민간인에 대한 주한미군사령관의 전속관할을 인정한다는 내용. 이 협의와 관련하여 한국측 협의대표자 3명(이범석, 윤치영, 장택상)을 지명하였음을 알림. 이 서신과 함께 관련 보도 자료를 동봉함.

---

96 Document A/AC.19/89/Add.1.

2. 1948년 8월 11일, 주한미군사령관 하지(John R. Hodge)가 임시위원단 단장에게 보내는 서한으로, 통치권의 이양과 관련하여 대한민국 대통령에게 보낸 서한의 사본을 전송[97]

- 8월 9일자로 대한민국 대통령 이승만이 보낸 서한에 대한 주한미군사령관 하지(John R. Hodge)의 8월 11일자 답장. 내용은 대한민국 대통령의 요청에 적극적으로 협조할 것을 알리며 협정체결과 관련한 협의 대표로 헬믹(C. G. Helmick) 소장과 드럼라이트(Everett F. Drumright)를 대표로 지정하였음을 알리는 것임.

3. 1948년 8월 24일, 한국국방군(Korean Security Forces) 지휘권의 대한민국정부로의 이양에 관한 대한민국 정부와 주한미군사령관 간의 잠정협정[98]

- 1948년 8월 24일자로 대한민국 대통령 이승만 및 주한미군사령관 하지(John R. Hodge) 중장이 각각 임시위원단 의장 루나(Rufino Luna)에게 보낸 서한에 동봉된 서류로, 1948년 8월 24일 서명한 한국국방군(Korean Security Forces) 지휘권의 대한민국정부로의 이양에 관한 대한민국 정부와 주한미군사령관 간의 잠정협정의 사본임.

*대한민국 대통령과 주한미군사령관 사이에 체결된 과도기에 시행될 잠정적 군사안전에 관한 행정협정

- 1948년 8월 24일 서명 및 발효되었으며, 전문 및 5개 조문으로 구성되어

97 Document A/AC.19/89/Add.2.
98 Document A/AC.19/91.

있음. 주요내용은 미군의 한국철수와 한국점령 종결을 목적으로, 주한미국사령부가 대한민국 정부에 통치권을 이양하는 각서를 교환하며 미군철수 완료시까지 본 조약의 군사 및 안전보장에 대한 조치에 합의하였음을 밝히고, 주한미군사령관이 대한민국 국방군을 조직, 훈련, 무장시키고 가급적 신속하게 모든 경찰, 해안경비대, 국방군의 지휘권을 대한민국정부에 이양하며, 주한미군 철수를 완료하기 위해 필요한 중요지역과 시설에 대한 통제권을 대한민국 대통령이 가진다는 내용.

4. 1948년 9월 11일, 대한민국 정부와 미합중국 정부 간의 재정 및 재산에 관한 최초 협정[99]

- 대한민국과 미국정부 간의 재정 및 재산에 관한 최초협정으로 1948년 9월 11일 서명되었고 국회의 동의를 거쳐 미국정부에 정식통지된 후에 발효함. 본 문서는 전문(preamble)을 포함하여 총 14개 조문과 부록(supplement) 그리고 증거(exhibit a)로 구성되어 있으며 주요내용은 다음과 같음.

- 미군정은 군용재산을 제외하고 점령기간 동안 운영했던 모든 재산, 현금, 은행예금, 부채를 이양하며, 주한미군이 한국에서 철수하는데 소요되는 비용 및 시설은 한국정부가 제공함. 이때 미군이 무상으로 사용하는 재산은 협정의 부속문서에 명시함. 군정기간동안 미국이 제공한 원조물자 및 그 판매 대금을 이양하며 그 지출은 한미 간 협의에 의해 결정하는 것으로 함. 한국으로 이전된 외환은행의 외환은 한미간 협의에 의해 결정함. 미군정이 점령 당시 패전국 일본이 남기고 간 재산(적산을 귀속한 것과 이를 판매한 대금, 일본인 소유로 남한에서 귀속시킨 현금 전액을 대한민국에 이양함. 미군정이 군정 법령 제33호(Ordinance No. 33)를 통해 실시한 귀속 재산 정책을 비준하고 승인하며, 한국 정부 내에

---

99 Document A/AC.19/94.

귀속재산을 처분할 별도의 정부기관을 설치할 것을 규정함. 미군정하에서 한국경제를 위해 북한으로부터 제공받은 전력의 비용 지급에 미국이 협력하고, 미군정이 한국정부에 지불해야 할 주둔비 및 기타 일체의 비용에 대해 최종적이고도 완전하게 지급하였음을 규정하였으며, 미군정이 해외청산위원회(Foreign Liquidation Commissioner) 차관으로 도입한 2,500만 달러를 한국정부가 상환하는 것으로 규정함. 미군정의 법률 및 법령, 규칙의 계속적 시행에 대해 규정함.

부속문서 IV

북한에서의 선거와 관련된 문서

1. 1948년 8월 2일, 북한에서의 선거와 관련하여 미국연락장교 웨커링(John Weckerling) 준장이 임시위원단 사무국장(Principal Secretary) 비너츠(Coert Binnerts)에게 보낸 각서(Memorandum)[100]

- 8월 25일에 개최될 북한 지역 선거에 대한 평양 라디오 방송 등 선거 관련 북한 동향을 알림.

2. 1948년 8월 4일, 남조선노동당(남로당)의 계획 및 운영과 관련, 미국연락장교 웨커링(John Weckerling) 준장이 임시위원단 사무국장(Principal Secretary) 비너츠(Coert Binnerts)에게 보낸 각서(Memorandum)[101]

- 지도부가 당원들에게 8월 25일 북한에서 실시될 총선거에 남한의 좌익들이 참석하라는 지시를 내릴 것이라는 구두 지시를 남조선노동당이 받았다는 정보를 알림.

100 Document A/AC.19/W.57.
101 Document A/AC.19/W.57.Add.1.

3. 북한의 활동을 비난하는 남한의 25개 정치·사회단체의 공동성명[102]

- 연합국들이 약속했던 한국의 독립이 시간이 지남에 따라 멀어지고 있고, 남북분단이 미국과 소련군대의 점령으로 심화되었음을 지적하며, 1948년 4월 30일의 공동코뮤니케에 위반되는 소위 제2차 남북정치지도자 연석회의는 위법이고, 우리는 이 회의에 대표자를 파견하지 않았으며, 1948년 4월 30일 공동코뮤니케에 위반되는 북한에서의 모든 활동을 비난한다고 엄숙하게 선언하는 내용이고 이에 25개 정당 사회단체가 연서함.

---

102 Document A/AC.19/W.57.Add.2.

부속문서 V

대한민국 헌법

■ 1948년 7월 12일, 대한민국 국회에서 채택된 대한민국 헌법[103]

- 대한민국 제헌헌법은 전문, 총 10장, 103개 조문으로 구성되어 있으며, 각 장별 주요내용은 다음과 같음. 제1장 총강에서 대한민국은 민주공화국임과 영토조항, 평화주의를 규정하고, 제2장 국민의 권리·의무에서 국민의 기본권을 규정하고 있으며, 제3장 국회에서 단원제 국회와 대통령·부통령·국무총리·국무위원 등이 직무를 수행하는 데 있어 헌법과 법률을 위반할 때에는 국회는 탄핵의 소추를 결의할 수 있도록 하였고, 탄핵 사건을 심판하기 위하여 탄핵 재판소를 설치하였으며, 제4장 정부에서 대통령중심제의 정부형태 및 간접선거에 의한 대통령 및 부통령 선출을, 제5장 법원에서 사법부의 구성 및 독립성을 규정하고 있으며, 제6장 경제에서 대한민국의 경제질서 운용에 관하여, 제7장 재정에서 조세법률주의를, 제8장 지방자치에서 지방자치단체의 구성에 대해 규정하고 있음. 제9장 헌법개정에서 헌법개정 방식을 규정하고 있으며, 제10장에 부칙을 두어 헌법시행이 안정적으로 이루어질 수 있도록 함.

103 Document A/AC.19/W.55.Add.1.

부속문서 VI

임시위원단 및 사무국에 파견된 대표단 목록
(1948년 6월 5일 이후)

〈표 1: 임시위원단 대표단 명단〉

번호	국적	인원수	성명	직명
1	호주 (Australia)	2	잭슨(Samuel H. Jackson)	대표
			제이미슨(A. B. Jamieson)	교체대표
2	캐나다 (Canada)	2	패터슨(George S. Patterson)	대표
			맥팔레인(Mabel McFarlane)	비서 겸 타이피스트
3	중국 (China)	3	리우위안(Liu Yu-Wan)	대표
			슈튜(Ting T. Ssutu)	제1 교체대표
			왕궁싱(Gung-Hsing Wang)	제2 교체대표
4	엘살바도로 (El Salvador)	1	발레(Miguel Angel Pena Valle)	대표
5	프랑스 (France)	6	봉꾸르(Jean-Louis Paul - Boncour)	대표
			마네(Olivier Manet)	교체대표
			코스티유(Henry Costilhes)	고문
			바르텔레미(Marcel Barthélemy)	비서
			미쇼(Irène Mrchaux)	비서
			마르텔(Charles Martel)	비서
6	인도 (India)	1	씽(I. J. Bahadur Singh)	대표
7	필리핀 (Philippines)	2	루나(Rufino Luna)	대표
			빌랄바(Custodio A. Villalva)	고문
8	시리아 (Syria)	1	무기르(Yasin Mughir)	대표
	계	18		

〈표 2: 유엔한국임시위원단 사무국〉

번호	직명	성명	인원수
1	사무국장 (principal Secretary)	비너츠(Coert Binnerts)	1
2	사무부국장 (Assistant Secretary)	주홍티(朱鴻題, Hung-Ti Chu)	1
3	행정 및 재무관 (Administrative and finance officer)	카츠(Alfred F. Katz)	1
4	통역관 (Interpreters)	블로크(Alexandre Blokh) 류(Harry C. Liao)	2
5	개요기록자 (Précis-writers)	발린스키(Anthony Balinski)	1
6	비서 겸 속기사 (Secretary-stenographers)	앨라드(Magdeleine Allard) 코피(Colette Coppée) 파우레(Christiane Faure)	3
7	현지 채용 직원 (Locally recruited staff) - 통역 겸 번역 (Interpreter-translator) - 서한 담당 비서 (Correspondent-secretary) - 전령 (Messenger)	허현(Hyun Hurh) 이은자(Unja Lee) 이종대(Chong Dea Lee)	3
		계	12

부속문서 VII

임시위원단 문서 최종 목록
(1948년 6월 5일 이후)

- 1948년 6월 5일 이후 임시위원단에 의해 제출된 문서의 최종목록은 다음과 같이 구성됨.

A. 위원단 회의 어젠다에 관한 문서

B. 위원단 회의요록 문서

C. 일반 문서(General Documents)

D. 조사보고서(Working Papers)

E. 정당, 단체, 개인과의 교환서신

F. 비공식 보고서

G. 분과위원회의 회의 어젠다 및 회의요록 관련 문서

(a) 본위원회(Main Committee)의 어젠다 및 회의요록

(b) 기초위원회(Drafting Committee)의 어젠다 및 회의요록

H. 분과위원회 문서

(a) 본위원회(Main Committee)

(b) 기초위원회(Drafting Committee)

I. 신문 발표

UNITED NATIONS

SECOND PART OF THE REPORT
OF
THE UNITED NATIONS TEMPORARY COMMISSION ON KOREA

Volume II — Annexes I-VII

GENERAL ASSEMBLY

OFFICIAL RECORDS : THIRD SESSION

SUPPLEMENT No. 9 (A/575/Add.4)

PARIS, 1948

(42 p.)

UNITED NATIONS

SECOND PART OF THE REPORT OF THE UNITED NATIONS TEMPORARY COMMISSION ON KOREA

Volume II — Annexes I-VII

GENERAL ASSEMBLY

OFFICIAL RECORDS : THIRD SESSION

SUPPLEMENT No. 9 (A/575/Add.4)

PARIS, 1948

TABLE OF CONTENTS

Annexes

SECOND PART
OF THE REPORT OF THE UNITED NATIONS TEMPORARY COMMISSION ON KOREA

Volume II — Annexes I-VII

ANNEX I

Texts of main documents concerning the formation of the Korean National Assembly and consultation of the Temporary Commission with its representatives

1. LETTER TO THE CHAIRMAN OF THE UNITED NATIONS TEMPORARY COMMISSION ON KOREA FROM THE CHAIRMAN OF THE KOREAN NATIONAL ASSEMBLY CONCERNING THE ESTABLISHMENT OF THE NATIONAL ASSEMBLY AND CONSULTATION WITH THE COMMISSION [1]

National Assembly, the Capitol
Seoul, 11 June 1948

I have the honour to notify you formally of the establishment of a Korean National Assembly in the capital city of Seoul on the thirty-first day of May 1948, by the representatives of the Korean people elected on 10 May 1948, under the observation of the United Nations Temporary Commission on Korea.

This notification of the formation of the Korean National Assembly is confirmatory of the informal notification of the proposed establishment of a National Assembly to the United Nations Temporary Commission on Korea through Mr. Chu, Hung-Ti, representing the Secretariat, on Saturday, 29 May 1948 by a Preparation Committee of representatives. An invitation to attend the opening session of the National Assembly was extended to Mr. Chu, Hung-Ti, and to Mr. Henri Costilhes, head of the Liaison Group.

This will also confirm the appointment of a temporary Liaison Committee by resolution of the National Assembly. This Committee was received by Mr. Patterson, the United Nations Temporary Commission on Korea, Chairman, and Mr. Milner, the Principal Secretary, on 8 June 1948. The Committee will be available for any consultation with the United Nations Temporary Commission on Korea on all matters affecting the National Assembly.

The establishment of the Korean National Assembly was in accordance with part II of the *Resolutions adopted on reports of the First Committee*, United Nations, 14 November 1947, particularly paragraph 3 which states " that as soon as possible after the elections, the National Assembly should convene and form a National Government and notify the Commission of its formation."

The Interim Committee after hearing the views of former Chairman K. P. S. Menon of the United Nations Temporary Commission on Korea stated on 27 February 1948 that it was resolved " in the light of developments in the situation with respect to Korea since that date (14 November 1947), to implement the programme as outlined in resolution II in such parts of Korea as are accessible to the Commission ".

(*Signed*) Syngman RHEE
Chairman
Korean National Assembly

2. REPLY FROM THE CHAIRMAN OF THE TEMPORARY COMMISSION TO THE CHAIRMAN OF THE NATIONAL ASSEMBLY REGARDING ITS ESTABLISHMENT AND CONSULTATION WITH ITS REPRESENTATIVES [2]

Duk Soo Palace
Seoul, 25 June 1948

I have the honour to acknowledge receipt of your letter of 11 June 1948 in which you notify the Commission formally of the establishment of a Korean National Assembly in the capital city of Seoul on the thirty-first day of May 1948, by the representatives of the Korean people elected on 10 May 1948, under the observation of the United Nations Temporary Commission on Korea.

The Commission takes note of the fact that a National Assembly was constituted on 31 May 1948 by the elected representatives of the Korean people and desires to express the earnest hope that these representatives will seek to promote early attainment of the independence and unification of Korea.

Your letter further refers to the resolutions of 14 November 1947 of the General Assembly of the United Nations and to the resolution of the Interim Committee of 26 February 1948, which constitute the terms of reference of the United Nations Temporary Commission on Korea.

In this regard, the United Nations Temporary Commission on Korea desires to make reference to the letter of 10 June 1948, in which the then Chairman of the Commission, Mr. G. S. Patterson, advised

[1] A/AC.19/78.

[2] A/AC.19/78/Add. 1.

you that the Commission is now ready for such consultation as the elected representatives may request concerning the further implementation of its terms of reference as defined in the resolutions of the General Assembly adopted on 14 November 1947.

(*Signed*) YU WAN LIU
Chairman

3. LETTER FROM THE COMMANDING GENERAL, UNITED STATES ARMY FORCES IN KOREA, TO THE ELECTED REPRESENTATIVES CONCERNING THEIR RESPONSIBILITIES IN THE FORMATION OF A GOVERNMENT [3]

27 May 1948

I congratulate you upon your election as a representative of the Korean people to participate in forming a government and in uniting the Korean nation. You carry great responsibilities of which I am sure you are well aware and which I am confident you will handle with great honour to yourself and the fine people you represent.

The most important feature of the election is that it puts the fate and future of Korea into Korean hands. The manner and method in which the elected representatives in South Korea make their approach to handling the affairs of their nation will have tremendous and lasting effect on the future of the Korean people.

The policy of the United States has always been that Korea shall be a *united* independent nation under democratic government free of foreign domination. That same policy is reflected internationally in the 43 to 0 vote of the United Nations General Assembly when it voted to observe elections in Korea as a step toward establishing a Korean National Government and to advise Korean elected representatives in the formation of that government. This policy also reflects the wishes of the 30,000,000 Korean people, and we all regret exceedingly that the free election could not be held in Korea north of 38° parallel at the same time as in South Korea. The United States and the United Nations hope that this can be done, and that representatives from North Korea can join those of South Korea in the establishment of a truly National Korean Government joining North and South Korea together in one nation.

It is my hope, the hope of the United States Government and the hope of the members of the United Nations Temporary Commission on Korea as expressed to me on numerous occasions, that the newly elected representatives will do everything in their power to form a truly democratic government and to unite Korea.

I am sure that members of the Assembly, both as individuals and as members of party groups, have ideas as to how these objectives can be accomplished. In that connexion, I have three suggestions for your possible early consideration when you meet to begin your deliberations toward the formation of a government. They are as follows.

First, in order to pave the way for unification of North and South Korea, an early resolution might be adopted stating that 100 seats (or a number as calculated on a proportional population basis) are always open in the Assembly for your brothers in North Korea when their representatives have been duly chosen.

Second, the Assembly might, early in its deliberations, appoint an able liaison committee to contact the United Nations Temporary Commission on Korea inasmuch as this Commission was specifically appointed for the purpose of facilitating and expediting the establishment of an independent Korean Government. The Government which you will form will certainly wish to have the approval of the United Nations of the world and such a committee could be most helpful to both the United Nations and the Korean Assembly in carrying out the remaining provisions of the United Nations resolution of 14 November 1947.

Third, that the Assembly avoid precipitant action in the adoption of any constitution providing a form of government which may not be suitable to Korean needs and psychology. The constitution provides the basic foundation of the State and its provisions should be the subject of most careful and serious consideration.

I wish you and all other elected representatives of the Korean people every success. I assure you that as the senior United States representative in Korea I will continue to do everything I can to assist the Korean people in attaining their life-long desire, namely, an independent Korean nation, united under its own sovereign government.

(*Signed*) John R. HODGE
Lieutenant General, U. S. Army
Commanding

4. RESOLUTION OF THE NATIONAL ASSEMBLY OF 12 JUNE 1948 CONCERNING NORTH KOREA [4]

Korean National Assembly, Seoul, Korea
14 June 1948

Dr. G. S. Patterson, Chairman,
United Nations Temporary
Commission on Korea,
Duk Soo Palace,
Seoul, Korea.
Dear Sir:

I have the honour in sending you herewith the original Korean copy of the Resolution passed at the ninth sitting of the Assembly on 12 June 1948 re "Message to Our Countrymen in North Korea" with a copy of the English translation.

[3] A/AC.19/W.51.

[4] A/AC.19/W.53.

I trust this will receive your due consideration and appropriate action.

(*Signed*) Yun T. Young
Liaison Committee
Korean National Assembly, Seoul, Korea

TEXT OF THE RESOLUTION

To our fellow countrymen in North Korea

Our independence movement conducted since 1919 finally resulted in international promises of independence at Cairo and Potsdam, thanks to the blood of our martyrs and the spirit of our patriots.

The task of the US-USSR Joint Commission which was organized by the Moscow Agreement, however, incompatible with the will of the thirty million Korean people and (therefore the commissions) finally broke up.

International justice expressed by the resolution of the General Assembly of the United Nations on 14 November 1947, brought the United Nations Temporary Commission on Korea into Korea, and the 10 May general elections were held in a free atmosphere in that area where it was possible, according to the resolution of the United Nations Little Assembly on 17 February 1948.

We, the members elected by the free will of the nation, held a solemn opening ceremony of the National Assembly before the (eyes of the) world, and we are proceeding to the great task of establishing a complete sovereign government. We deeply regret that our fellow countrymen in North Korea did not have the opportunity to hold a general election like we did, because the Union of Soviet Socialist Republics boycotted the United Nations resolution.

Hereby we, all the members of the National Assembly, resolve to express our sincerest wishes to our fellow countrymen in North Korea.

We hope you, our fellow countrymen in North Korea, will hold a general election soon in a free atmosphere, in accordance with the United Nations resolution, as we did, and elect the true representatives of the people, sending them to the National Assembly (to sit with us).

5. LETTER FROM THE CHAIRMAN OF THE TEMPORARY LIAISON COMMITTEE TO THE CHAIRMAN OF THE TEMPORARY COMMISSION REQUESTING CONSULTATION[5]

Korean National Assembly
Temporary Liaison Committee
Seoul, 12 July 1948

I have the honour to call your attention once again to the urgent desire of the members of the Korean National Assembly for unity of Korea, and to request your assistance to attain that objective.

In the Korean National Assembly, as well as throughout Korea, there is great anxiety that elections shall be held north of the 38th parallel at the earliest possible date, in a free atmosphere, under United Nations supervision, so that freely elected representatives may join in the deliberations of our National Assembly and in the activities of our forthcoming government. We hold open some one hundred seats for our brethren in North Korea who have been unable to hold elections.

On 12 June, by unanimous vote, the National Assembly passed a resolution, appealing to our fellow countrymen in North Korea to join us. A copy of this resolution[6] is attached for your information. By publication in the Press and by repeated radio broadcasts of the text, we have endeavoured to acquaint our fellow countrymen in North Korea with our longings and our hopes. In addition, a member of the Liaison Committee, Mr. Yun Chi Yung, personally read the text of the resolution over the radio in a broadcast to North Korea, acting officially as a member of the National Assembly.

To this date, however, we have received no response. We do not possess any other means of communication ourselves. We have explored other possible avenues but find none feasible. Since the United Nations Temporary Commission on Korea also is deeply concerned over the question of our national unity, we wish to consult with you as to the best means not only of transmitting our resolution to the north, but of achieving our objective of a united Korea.

We respectfully request that you transmit our resolution to the Secretary-General of the United Nations, with your memorandum that he communicate our appeal to the people residing in the northern part of our country through the Government of the Union of Soviet Socialist Republics whose troops are in occupation.

We would like to consult with you on behalf of the Korean National Assembly as to additional means to further our objective of national unification.

(*Signed*) Chang Myun
Chairman, Temporary Liaison Committee
Korean National Assembly

6. REPLY FROM THE CHAIRMAN OF THE COMMISSION TO THE COMMUNICATION OF THE CHAIRMAN OF THE TEMPORARY LIAISON COMMITTEE REGARDING REQUESTED CONSULTATION[7]

Duk Soo Palace
Seoul, 16 July 1948

I acknowledge receipt of your letter dated 12 July, enclosing copy of a resolution adopted on 12 June by your Assembly.

[5] A/AC.19/W.53/Add. 1.

[6] The text of this resolution was submitted to the Chairman of the Commission on 14 June 1948. For the text, see A/AC.19/W.53, page 2.

[7] A/AC.19/W.53/Add. 2.

The United Nations Temporary Commission on Korea notes with special interest the repeated assurances given in this communication concerning the earnest desire of the representatives elected on 10 May to further the national unification of Korea.

The Commission welcomes your suggestion for consultations and has instructed me to invite the Temporary Liaison Committee to appear before the Main Committee of our Commission, at the Duk Soo Palace, on Monday 19 July, at 10.30 a.m.

Meanwhile your communication will be transmitted to the United Nations, Lake Success, for information purposes.

As to the procedure you suggest to acquaint the people in the northern part of Korea with the resolution of 12 June, we cannot but make reservations as to its practicability. Moreover, our Commission wishes to remind you of the fact that the proper channel for all official communications remains, as in the past, the respective military authorities of occupation.

(*Signed*) Jean PAUL-BONCOUR
Chairman

7. RECORD OF CONSULTATION BETWEEN THE MAIN COMMITTEE OF THE TEMPORARY COMMISSION AND THE TEMPORARY LIAISON COMMITTEE OF THE NATIONAL ASSEMBLY, 19 JULY 1948[8]

On the invitation of the Chairman, Mr. Chang Myun, Chairman, and Messrs. Yun Tchi Young, Lee Hooku, Kim Do Yun and Chang Ki Young, members of the Temporary Liaison Committee, took their places at the Committee table.

The CHAIRMAN said that the Main Committee felt very happy at starting formal co-operation with the Liaison Committee of the Korean National Assembly, elected by the people of that part of Korea to which the Commission had access. As stated already to this Assembly in the speech of his predecessor, Mr. Valle, the elections of 10 May 1948 had been held in a free atmosphere and the electoral procedure had been correctly applied ; the Assembly constituted therefore the expression of the will of the electorate.

The lack, thus far, of any formal consultations between the Commission and the Liaison Committee might have led to a somewhat delicate situation due to certain irresponsible elements, over which the Assembly could have no control, since the Press in South Korea was free, and to a wrong interpretation given by some Press comments to the speech of Mr. Valle on 30 June and the communications addressed by the Commission to Mr. Rhee, Chairman of the Assembly. He felt sure, however, that all members of the Assembly had duly noted the very careful way in which those verbal and written communications had been worded. The Commission had taken note of the decision of the elected representatives to constitute a National Assembly, but it had been careful to avoid any responsibility to recognize the title of "National". It did not mean that the members of the Assembly had not the full right to give to it any name they wanted. On the other hand the Commission had the obligation to stress that its relations with the Assembly were only based on factual grounds.

He considered it of great importance that the Liaison Committee realized on what delicate basis the collaboration between the Assembly and the Commission was placed. He hoped that that would also be kept in mind when the formation of a government would be considered. He felt it his duty to explain that in a friendly and frank way so to avoid any misunderstanding in the future.

He further asked the Liaison Committee for an authorized English version of Mr. Rhee's speech delivered before the National Association for the Rapid Realization of Korean Independence. Divergent reports had been published and might lead to international polemics. It was important therefore for the Commission to know what, in fact, had been said.

Mr. CHANG, Chairman of the Temporary Liaison Committee, said that the Committee was greatly honoured by having been invited to meet formally with the Main Committee of the United Nations Temporary Commission on Korea. The Liaison Committee felt it its obligation to keep the Commission informed on the proceedings of the Assembly and all important events had been reported to the Principal Secretary. Up to that time all the members of the Assembly had been busily engaged in passing the Constitution and the law on the formation of the government. It was expected to proceed the next day to the election of the President and Vice-President. The President, with the consent of the Assembly, would appoint a Prime Minister, and in a week or so the Cabinet might be formed. The Commission would be duly notified of the fact of the formation of the government.

Referring to the Chairman's remarks, he did not believe that there was any misunderstanding in the Assembly as to the attitude taken by the Commission. It had been duly stated in all the communications of the Commission that it had taken note of the fact that the Assembly had been established. Note had been taken by the Assembly that the word "recognition" had not been used. He perfectly realized that the Commission was not entitled to take decisions on recognition, since that was an attribute of individual Governments only. He had been well aware of, and had deplored, the irresponsible comments of the Press, over which the Assembly had no control. However, in private conversations

[8] A/AC.19/SC.4/SR.15 (excerpt, pages 2 to 7).

with pressmen, he had stressed the erroneous interpretations they had given to the Commission's communications. The Assembly, however, had abstained from formally rectifying those comments.

He assured the Main Committee that no misunderstandings existed and he did not expect any misunderstanding in the future.

As to the speech of Mr. Rhee, it had been delivered outside the Assembly and could not involve its responsibility. He was well aware of various tendentious Press reports which had circulated on that subject: they were incorrect. In his speech, Mr. Rhee had made reference to the people in the north, who had been persecuted by the Communists and had taken refuge in the south and he stressed the necessity of combatting communism. Some newspapers had changed that idea and had attributed to Mr. Rhee the words: "combatting the USSR". Denial had been published by several newspapers, but he would submit to the Committee an authorized English translation.

The CHAIRMAN thanked Mr. Chang for his frank and friendly statement. The Commission had also abstained from rectifying the Press comments. The country was on its way to independence and it had not been considered advisable to interfere in questions belonging to the elected representatives, such as the constitution of the National Assembly or the formation of a government. He was glad to hear that members of the Assembly had rightly interpreted the attitude of the Commission and that there was no misunderstanding as to the stand of the Commission. He shared the hope of Mr. Chang that such misunderstandings would not arise in the future.

He noticed that the Liaison Committee did envisage the notification to the Commission of the fact of the creation of a Korean Government in Seoul. He agreed that the Liaison Committee should be the proper agency to transmit to the Main Committee such a notification.

He expressed the hope that steps would be taken in advance to avoid the repetition of erroneous comments by the Press at the time of the notification to the Commission of the formation of the government.

He understood that the Assembly had no responsibility for Mr. Rhee's speech. If he wanted to know its exact text, it was because the Commission was preoccupied with the possible repercussions of that speech and wanted to be able to reply to the eventual accusation that the trend of political developments following the elections of 10 May had not been in accordance with the wishes of the United Nations, as specified in paragraph 2 of the letter of the Chairman of the Interim Committee to Mr. Menon on 1 March 1948 (A/AC.19/45).

Mr. CHANG, Chairman of the Temporary Liaison Committee, said that great care would be taken to avoid repetitions of any further misinterpretations of the Commission's position.

With regard to the letter of 1 March 1948, he considered that the term "other Korean groups which might not have participated in the elections", applied to the people in North Korea since in South Korea there had been no group which had not participated in the elections.

In that respect he recalled that the first resolution passed by the Assembly had been an appeal to the people in North Korea. All members of the Assembly considered it their most essential task and were unanimous in the desire to attain the unity of Korea. That was why the appeal had been made asking the people in the north to send their representatives elected under the supervision of the United Nations. A copy of that appeal had been handed to the Chairman of the Commission and to the Principal Secretary.

For its part, the Assembly had taken all possible steps to have the appeal reach the people in the north. Finally, the Commission had been requested, on 12 July, to transmit it to the Secretary-General of the United Nations for communication to North Korea through the Government of the Union of Soviet Socialist Republics. The Assembly had done everything it could and hoped that the whole world would know that it was most anxious that elections be held in North Korea under the supervision of the United Nations.

If members of the Main Committee had any suggestions to make, they would be gratefully accepted.

The CHAIRMAN pointed out that the request of the Liaison Committee presented in its letter of 12 July had been transmitted to Lake Success. However, the experience which the Commission had had in its dealings with the Soviet authorities in North Korea and the Government of the USSR obliged him to make reservations as to the practicability of the rest of the procedure.

He took note of Mr. Chang's statement that no methods, other than issuing an appeal to the people in North Korea, had been used to attain unity. He stated that the Commission would feel obliged to report to the General Assembly and to submit its recommendations with regard to the independence and unity of Korea. The Commission would have to consider the international situation, and in particular the relations of the two occupying Powers in Korea, as well as the national factors, such as for instance the imminent constitution of separate governments in the north and in the south. Those recommendations would necessarily depend on the nature of decisions taken in that respect by South and North Korea.

He hoped that the happy contact established by that first meeting would be maintained and developed.

Mr. CHANG, Chairman of the Temporary Liaison Committee, expressed again his gratitude and that of his colleagues. He felt that no other organization was more concerned or interested in assisting Korea in achieving its independence and unity than the United Nations. The Assembly was, so to speak, a child of the United Nations and would look to it for guidance and assistance. Although no immediate steps to realize the unity of Korea could be taken, it was to be hoped that some formula would be found later. In spite of all difficulties, international and otherwise, the Korean people would never give up their hope and they counted on the help of the United Nations.

The CHAIRMAN assured the members of the Liaison Committee that all the members of the Commission had deeply at heart the interests of Korea.

He enquired whether the Liaison Committee would report to the Assembly informally or publicly. If the report was made at public session, the Main Committee might consider it advisable to issue a Press release of its own.

Mr. CHANG, Chairman of the Temporary Liaison Committee, said that he would report to the Assembly at its next public meeting; he did not think that his statement would necessitate a Press release by the Main Committee since it would be made in a very general way.

Mr. Chiang, Chairman, and the other members of the Temporary Liaison Committee, withdrew.

ANNEX II

Texts of main documents concerning the establishment of the Government of the Republic of Korea and consultation with the Temporary Commission

1. DRAFT MEMORANDUM ON THE IMPLEMENTATION OF THE RESOLUTIONS OF THE GENERAL ASSEMBLY OF 14 NOVEMBER 1947, SUBMITTED BY THE CHINESE DELEGATION [1]

(1) The powers and duties of the United Nations Temporary Commission on Korea are defined by resolution II of the United Nations General Assembly of 14 November 1947, taking into consideration also the resolution of the Interim Committee of 26 February 1948. It should be noted that the resolution of the Interim Committee did not and could not add to, or subtract from, the powers and duties of the Commission as determined by the resolution of 14 November 1947, not only because the "Little Assembly" is without power to change the resolutions of the General Assembly, but also because the Commission is an autonomous body within the limits fixed by the instruments of its creation.

(2) The United Nations Temporary Commission on Korea was authorized by the resolution of 14 November 1947 "to consult with the Interim Committee... with respect to the application of this resolution in the light of developments". The Commission did consult the Interim Committee and the latter did advise that "in its view it is incumbent upon United Nations Temporary Commission on Korea to implement the programme as outlined in resolution II in such parts of Korea as are accessible to the Commission". The Commission decided to accept this advice and adopted this interpretation as its own decision "to proceed with the observation of elections in that part of Korea accessible to it". This means that no change has been made and none could be made in the tasks imposed upon the Commission by its fundamental law, the resolutions of 14 November 1947. What are these tasks?

[1] A/AC.19/82.

(3) Resolution I of 14 November 1947 recognized that a correct solution of the Korean question requires participation of the indigenous population through its elected representatives and the Commission was established "to facilitate such participation and to observe that the Korean representatives are in fact duly elected by the Korean people and not mere appointees by military authorities in Korea". The Commission undertook to observe the elections in territory accessible to it after having determined that the elections could be held in a reasonably free atmosphere.

(4) The representatives so elected are representatives of the Korean people with whom, under paragraph 2 of the resolution of 14 November 1947, the Commission "may consult regarding the prompt attainment of the freedom and independence of the Korean people", but also under the express terms of the resolution, they are constituting a National Assembly "which may establish a National Government of Korea". The circumstance that the elections could not be held in the whole territory of Korea does not change the fact that the elected representatives constitute a National Assembly. Historically, instances could be cited showing that national assemblies did not always at all times control all national territory. The Commission has already expressed its readiness to consult with the elected representatives "concerning the further implementation of the Commission's terms of reference as defined in the resolution of the General Assembly adopted on 14 November 1947". Under that same resolution, these elected representatives may constitute and have already constituted a "Korean National Assembly".

(5) It is this National Assembly which, under paragraph 3 of resolution II of 14 November 1947, was told that "as soon as possible after the elections, the National Assembly should convene and form a Na-

tional Government and notify the Commission of its formation ". It is of this National Assembly, too, that the Interim Committee, in an explanatory note to its resolution of 27 February 1947, fully aware of the negative attitude of the Union of Soviet Socialist Republics and the Ukrainian Soviet Socialist Republic, continued to speak, and added that " the National Assembly to which representatives are to be elected would be a stage in the formation of a Korean Government ". The Interim Committee further noted " that the representatives constituting a National Assembly would be entirely free to consult with the United Nations Temporary Commission on Korea " and " furthermore to carry on such negotiations as they wish with any other Korean groups which might not have participated in the elections regarding the form of government to be established and the participation of groups therein ".

(6) The tasks of United Nations Temporary Commission of Korea are therefore:

(*a*) To observe the elections, which are already completed ;

(*b*) To consult with the elected representatives of the Korean people constituting a National Assembly regarding the " prompt attainment of the freedom and independence of the Korean people "; and

(*c*) To be available for consultation with the National Government in carrying out the purposes of paragraph 4 of resolution II of the General Assembly, such as constitution of a national security force, transfer of governmental functions and withdrawal of armed forces of the two occupying Powers.

2. LETTER FROM THE PRESIDENT OF THE REPUBLIC OF KOREA TO THE CHAIRMAN INFORMING THE TEMPORARY COMMISSION OF THE FORMATION OF THE GOVERNMENT OF THE REPUBLIC OF KOREA AND REQUESTING CONSULTATION WITH THE COMMISSION, PARTICULARLY WITH REFERENCE TO PARAGRAPH 4 OF RESOLUTION II OF THE GENERAL ASSEMBLY [2]

Office of the President
Republic of Korea

Seoul, 6 August 1948

I have the honour to inform you that on 5 August 1948, the Korean National Assembly, which was constituted as a result of elections held on 10 May 1948, under observation of the United Nations Temporary Commission on Korea, formed the Government of the Republic of Korea. This Government has been formed in accordance with the Constitution of the Republic of Korea, adopted by the National Assembly on 12 July 1948, and proclaimed on 17 July 1948. A copy of this Constitution was transmitted for your information on 14 July 1948.

Preliminary to the formation of this Government, the National Assembly adopted the Government Organization Law on 16 July 1948, a copy of which was transmitted to you for your information on 21 July 1948. The Government, as organized, is in accordance with that law, which is based on the Constitution.

In accordance with the Constitution and the Government Organization Law, on 20 July 1948, the undersigned, Syngman Rhee, was elected President, and Lee Shi Young was elected Vice-President of the Republic of Korea, by votes of more than two-thirds of the members of the National Assembly.

Also in accordance with the Constitution of the Republic of Korea, Kim Pyung Ro was designated by the President as Chief Justice on 5 August 1948 and his appointment was approved by vote of the National Assembly on 5 August 1948.

Following the election of the President, Lee Bum Suk was appointed Prime Minister by the President, this appointment being concurred in by the vote of the National Assembly on 2 August 1948. Thereupon, the following gentlemen were appointed to the indicated posts. With the President and the Prime Minister, they form the Cabinet and hence the Executive Branch of the Government:

Yun Tchi Young
Minister of Interior

Chang Taik Sang
Minister of Foreign Affairs

Lee Bum Suk
Minister of Defence

Kim Do Yun
Minister of Finance

Lee In
Minister of Justice

An Ho Sang
Minister of Education

Cho Bong Am
Minister of Agriculture and Forestry

Yim Young Sin (Louise)
Minister of Commerce and Industry

Chun Chin Han
Minister of Social Affairs

Min Heui Sik
Minister of Transportation

Yun Suk Koo
Minister of Communication

This notification of the formation of the Government of the Republic of Korea is being transmitted to the United Nations Temporary Commission on Korea in accordance with paragraph 3 of resolution II, of the General Assembly of 14 November 1947.

In furtherance of the United Nations General Assembly resolutions on Korea, I have the honour to request on behalf of the Government of the Republic of Korea, consultations with the United Nations Temporary

[2] A/AC.19/89.

Commission on Korea, particularly with reference to paragraph 4 of resolution II, adopted on 14 November 1947.

(*Signed*) Syngman RHEE
President

3. LETTER FROM THE COMMANDING GENERAL, UNITED STATES ARMY FORCES IN KOREA, TO THE CHAIRMAN OF THE TEMPORARY COMMISSION, TRANSMITTING A STATEMENT OF THE STATE DEPARTMENT ISSUED ON 12 AUGUST 1948[3]

12 August 1948

Enclosed herewith is a statement concerning the new Korean Government to be released by the United States State Department in Washington at 1800, 12 August (Washington time) and released by me in Seoul at 9:00, 13 August (local time, one hour after Washington release).

I have been asked by my Government to pass an advance copy to the United Nations Temporary Commission on Korea for its confidential information prior to its release here tomorrow morning.

(*Signed*) John R. HODGE
Lieutenant General, U. S. Army, Commanding

(Enclosure)

Press release

For release 9:00 a.m., 13 August 1948

The Commanding General, United States Army Forces in Korea, announced that the State Department has released in Washington the following statement :

In the Joint Declaration issued at Cairo on 1 December 1943, the three subscribing Powers, the United States of America, China and Great Britain, expressed their determination "that in due course Korea shall become free and independent". This determination was reaffirmed in the Potsdam Declaration of 26 July 1945, with which the Soviet Union associated itself upon its declaration of war against Japan on 8 August of that year. On 27 December 1945, in Moscow, the Foreign Ministers of the Soviet Union, the United States of America, and Great Britain concluded an agreement, later adhered to by the Government of China, designed to re-establish Korea as an independent State.

Although the annexation of Korea by Japan was effectively terminated with the occupation of that country by the armed forces of the Soviet Union and the United States in August and September 1945, the freedom and independence of Korea so solemnly pledged by the four Powers has proven slow of realization. After nearly two years of painstaking but unavailing effort to give effect to those pledges through negotiations with the other occupying Power, the United States Government, on 17 September 1947, laid the problem of Korean independence before the General Assembly of the United Nations. The will of an overwhelming majority of that body was expressed in two resolutions adopted by it on 14 November 1947, the purpose of which was to make it possible for the Korean people to attain their long-sought freedom and independence through the holding of free and democratic elections and the establishment, on the basis thereof, of a National Government.

In pursuance of these resolutions, elections were held in Korea on 10 May of this year, under the observation of the United Nations Temporary Commission on Korea, for the purpose of electing representatives to a National Assembly which might in turn form a National Government. The National Assembly so elected convened on 31 May and has proceeded to form a Government—a Government in which it is hoped that the people of North Korea, who were prevented from participating in the 10 May elections by the refusal of the Soviet Union to permit the implementation of the General Assembly resolutions in its zone of occupation, will be free in due course to assume their rightful role. Notification of the formation of the new Government was communicated to the United Nations Temporary Commission on Korea on 6 August 1948.

It is the view of the United States Government that the Korean Government so established is entitled to be regarded as the Government of Korea envisaged by the General Assembly resolutions of 14 November 1947. Pending consideration by the General Assembly at its forthcoming third session of the report of the United Nations Temporary Commission on Korea, the United States, pursuant to its responsibility as occupying Power, is sending to Seoul a Special Representative who will be authorized to carry on negotiations with that Government, in consultation with the United Nations Temporary Commission on Korea, concerning the implementation of the further provisions set forth in paragraph 4 of the second of the General Assembly resolutions of 14 November 1947. As such Special Representative, the President has named the Honorable John J. Muccio of Rhode Island, who will have the personal rank of Ambassador.

4. REPLY FROM THE CHAIRMAN OF THE TEMPORARY COMMISSION TO PRESIDENT RHEE SYNGMAN'S LETTER ACCEDING TO THE REQUEST FOR CONSULTATION (SEE ANNEX II, 2)[4]

Duk Soo Palace
Seoul, 16 August 1948

I have the honour to acknowledge your letter of 6 August 1948, in which you informed the United Nations Temporary Commission on Korea of the formal establishment of the Government of the Republic of Korea, pursuant to paragraph 3 of resolution II of the General Assembly.

[3] A/AC.19/89/Add. 3.

[4] A/AC.19/89/Add. 4.

adopted on 14 November 1947, and in which you requested consultations with the Commission, particularly with reference to paragraph 4 of the aforesaid resolution.

I am pleased to inform you that the Commission has authorized me to communicate to you that the Commission is now ready for such consultation, having designated the Main Committee of the Commission as the body to consult with the Korean authorities.

(*Signed*) Rufino LUNA
Chairman

5. LETTER FROM THE FOREIGN MINISTER OF THE GOVERNMENT OF THE REPUBLIC OF KOREA TO THE CHAIRMAN OF THE TEMPORARY COMMISSION REGARDING THE APPOINTMENT OF THE KOREAN REPRESENTATIVES FOR THE PURPOSE OF CONSULTATION WITH THE COMMISSION[5]

Republic of Korea
Ministry of Foreign Affairs

Seoul, Korea
17 August 1948

With reference to your letter of 16 August 1948, addressed to the President, I have the honour to inform you that the President has instructed me to appoint representatives of this Government to consult with the United Nations Temporary Commission on Korea.

The President has directed me to express for him, and I also express for myself, great pleasure at the decision of your Commission to engage in consultations with this Government as provided for in resolution II on Korea, paragraph 4, of the United Nations General Assembly of 14 November 1947. The subjects therein defined are: (1) establishment of a security force; (2) arrangements for the transfer of authority from the United States occupation forces to the Korean Government; (3) the withdrawal of foreign troops when practicable.

I have designated Mr. Chang Myun; Mr. Chang Ki Yung and Mr. Koh Chang Il as representatives of the Foreign Ministry to conduct these consultations. I have noted your designation of the Main Committee of the United Nations Temporary Commission on Korea as the consultative body, and have so informed the Korean representatives named above.

(*Signed*) CHANG Taik Sang
Foreign Minister

6. LETTER FROM THE REPRESENTATIVE OF THE MINISTER OF FOREIGN AFFAIRS OF THE KOREAN GOVERNMENT TO THE CHAIRMAN OF THE TEMPORARY COMMISSION REQUESTING CONSULTATION[6]

Republic of Korea
Ministry of Foreign Affairs

Seoul, 21 August 1948

I have the honour to address you on behalf of the Minister of Foreign Affairs in acknowledgment of your letter of 19 August 1948, acknowledging the letter of the Minister of Foreign Affairs designating the official Korean representatives to consult with the United Nations Temporary Commission on Korea. The representatives are Mr. Chang Ki Yung; Mr. Koh Chang Il and myself.

I wish to make arrangements for the appearance of our representatives before your Main Committee at the earliest possible date. If you are in a position to make such an appointment verbally I shall be happy to accept the time you designate.

The Korean representatives will wish to consult on problems connected with the establishment of a security force and consequent Korean relations to the United States occupation forces; the transfer of governmental powers from the United States occupation forces to the Government of the Republic of Korea; and the withdrawal of the occupation forces from Korea, in accordance with resolution II, paragraph 4, United Nations General Assembly resolutions on Korea of 14 November 1947.

(*Signed*) CHANG Myun

7. STATEMENT BY DR. WANG SHIH CHIEH, MINISTER OF FOREIGN AFFAIRS OF CHINA, CONCERNING PROVISIONAL RECOGNITION OF THE GOVERNMENT OF KOREA[7]

An independent Korean Government elected and formed under the auspices of the United Nations has come into being. It has been China's long-cherished desire to see the restoration of independence to Korea.

Since the Cairo Conference of 1943, the liberation of Korea has become the common commitment of the principal allied Powers, but in spite of the defeat of Japan the realization of Korea's independence has been much delayed. The United Nations Temporary Commission on Korea, through patient and judicious efforts and in accordance with the resolutions of the General Assembly of the United Nations, has fulfilled its assignment in assisting the birth of a truly democratic Korean Government. After due consideration of all the factors involved, the Chinese Government deem it both as her right and as her obligation to establish immediate relations with the Government of Korea. I am happy to announce that, pending discussion of the Commission's report by the General Assembly of the United Nations, and in the spirit of unity and friendship between the two peoples, the Chinese Government accords provisional recognition to the Government of Korea and appoints Dr. Liu Yu-Wan China's diplomatic representative near that Government with the rank of an Ambassador.

---

[5] A/AC.19/89/Add. 5.
[6] A/AC.19/89/Add. 6.
[7] A/AC.19/W.58/Add. 1.

8. Report of the "Johnston Committee" on Korea made public by Secretary of the Army Kenneth C. Royall in Washington, D. C., 19 May 1948 [8]

Summary

In Korea the problem is complicated by the artificial division of the country into two zones of military occupation. The Koreans are eager for the independence to which our Government is committed. It has been impossible so far to hold elections throughout all Korea, but an election is soon to be held in the South Korean (American) zone, under the auspices of the United Nations. After the election and the establishment of a representative government it is proposed, under the United Nations resolution, to work out arrangements for the withdrawal of occupation troops.

Korean food prduction is improving and South Korea should eventually be able to supply its own food requirements if fertilizer requirements can be met. Other problems, however, are most acute. Lack of raw materials is greater even than in Japan. South Korea is dependent on North Korea for most of its electric power supply. The Korean railroads would stop if coal supplied by our occupation authorities in Japan were cut off. The industries which Japan developed during forty years of Japanese control are operating at only about 20 per cent of capacity. South Korea is short of raw materials, and equally short of management and technical supervision formerly supplied by the Japanese. As in Japan, the United States has been supplying food, fertilizer and petroleum products to keep the economy from collapse and to prevent widespread disease and unrest.

Here again the Committee believes, with General Hodge, our military commander, that reasonable assistance should be given to finance importation of raw materials necessary to increase production of agricultural and industrial goods. An interim aid programme, not limited solely to relief, should give a new Korean government, when it is formed under the supervision of the United Nations, the needed help to establish the stable economic conditions so necessary to encouraging the development of free democratic government.

Finally, our Committee has examined the proposed recovery programme prepared by the Department of the Army and supported by the State Department. The programme would provide a total of 220 million dollars for a twelve-month period for raw materials and other recovery items for Japan, Korea, and the Ryukyu Islands. We believe such a recovery programme essential in order to reduce and eventually eliminate spending in these areas for relief.

As an occupying Power, we have accepted a flag responsibility. We believe the United States can discharge this responsibility better, and end it earlier by concentrating on economic recovery and by gradually reducing relief. Our Committee therefore recommends approval and execution by our Government of the suggested recovery programme at the earliest possible date.

Brief notes on the economic situation in Korea

It is impossible in three days to make a comprehensive and detailed appraisal of the economic situation of a nation. The Committee was dependent, during its short stay in Korea, upon facts and figures made available by General Hodge and his staff, upon sketchy glimpses of the city of Seoul and its environs, and upon individual discussions with Korean business, economic and political leaders. Our review was largely limited to an analysis of the resources, economic potentials and needs of South Korea and to an examination of the fiscal and budget situation.

The Committee was impressed by the strong desire of the Korean people for self-government. They are an intensely nationalistic people who have experienced the bitter taste of suppression. Appreciative as they are for what the United States has done for them in the American Zone in Korea, they are anxious to guide their own destinies as an independent nation.

Korea's assets

Korea is not heavily endowed with natural resources, but has considerable agriculture, fisheries and mineral deposits. Seventy-five per cent of the industrial production, the bulk of the electricity generating capacity, the larger portion of anthracite coal deposits (there is no bituminous deposit), and 95 per cent of the fertilizer production, however, are found in North Korea. With the exception of electric power transmission, the 38th parallel border between the American Zone and the Russian Zone effectively excludes these benefits from South Korea. At present South Korea is able to supply only 80 per cent of the food required to maintain a minimum subsistence level for its enlarged population. The deficit, as in Japan, is being supplied by the United States of America under its occupational responsibilities. The agricultural and food situation may be greatly improved if adequate supplies of fertilizer are made available to the farmers.

The fishing industry offers real promise both by way of food for domestic consump-

[8] A/AC.19/W59. The Johnston Committee was composed of Mr. Percy H. Johnston, chairman of the Chemical Bank and Trust Company; Mr. Paul G. Hoffman, now Administrator for the European Recovery Programme; Mr. Robert F. Loree, chairman, National Foreign Trade Council, formerly Vice-President of the Guaranty Trust Company, and Mr. Sidney H. Scheuer, senior partner of Scheuer and Company.

At the invitation of Secretary of the Army Kenneth C. Royall, the Committee accompanied Under-Secretary Draper on a three weeks visit to Japan and Korea in order to study the economic situation and economic occupation problems in Japan and Korea. The Committee submitted its report to Mr. Kenneth C. Royall, Secretary of the Army, on 26 April 1948.

tion and for export, providing Korea can increase her fishing fleet and equipment. No sizable export surplus will emerge, however, unless a considerable investment in the fish catching and processing industries is made. A large proportion of the Korean fishing fleet was taken to Japan by repatriated Japanese and, as a consequence, the Korean fishing industry has been severely handicapped since 1945.

The mineral resources of South Korea, such as tungsten, gold, zinc, copper and graphite, together with her ceramic clays, are of substantial value and should be developed as soon as possible. Here again, there is a need for sizable investment inasmuch as the underground structures have deteriorated and many of the refining processes are obsolescent.

Large investments in public improvements, productive facilities and buildings, made by the Japanese during their occupation have given this essentially agrarian economy an industrial nucleus which can be advantageously utilized if raw materials are made available, if physical plant is converted from war uses to peacetime purposes, and if an adequate corps of managers and technicians can be trained.

Major economic problems

The problems of the Korean economy are similar to those in many under-developed parts of the world today, but are greatly aggravated by the unfortunate division of the country into two zones north and south of the 38th parallel. Serious problems of inflation, unbalanced budget and excessive currency circulation are being experienced in South Korea. The future government must meet these fiscal problems with vigour, but they can only finally be satisfactorily overcome when the economy of all Korea is integrated and when production has been substantially increased.

The inadequacy of fuel and power, the scarcity of raw materials and the lack of competent managers and technicians have combined to reduce South Korea's industrial production to less than 30 per cent of capacity.

No indigenous bituminous coal is produced, and South Korea is now importing from Japan 60,000 tons per month, primarily for railroads and steam electric plants. Of the anthracite coal, which must be briquetted before it can be used industrially, the larger deposits are in North Korea. This briquetting will require the continued importation of asphalt pitch.

South Korea produces less than half of her minimum electric power needs, the remainder being supplied from the northern zone.

Next to coal, the two most important raw materials which Korea must import are raw cotton and salt. South Korea alone will need to import 50,000,000 pounds of raw cotton annually to provide the population with the very minimum needs of cotton textiles. Korea's domestic salt production supplies less than one-third of her minimum requirements. No substantial increase in fishery output can be had unless salt imports of 200,000 metric tons are provided.

Other vital raw material needs are raw rubber, petroleum products and wool.

The future of Korea's economy will depend upon the development of experienced managers and technicians now lacking as a result of approximately forty years of Japanese imperialistic domination and exploitation. Koreans will need all possible assistance to overcome this deficiency. It would be most desirable to make available top flight industrial consultants and business advisors from the United States, but it is highly doubtful if the services of sufficient numbers of such men with the required qualifications can be obtained. Since the most immediate field from which assistance can be obtained is Japan, the new Korean Government should seriously consider, in its own interest, and in spite of the understandable hatred remaining from the war, recruiting key technicians and technical instructors from Japan.

While able guidance is obviously essential to meet the immediate managerial problem, it is most important, from the long-range point of view, that conditions be established which will encourage the Koreans themselves to learn to deal with all phases of their economic and industrial activities as soon as possible.

The occupation authorities have, to the extent personnel and facilities are available, undertaken training programmes, but these need expansion. Korean technicians should also be given an opportunity to receive training outside the country. There are considerable numbers of qualified candidates, and steps should be taken at once to help Koreans obtain the necessary education in foreign schools.

Revival of a flourishing trade will, of course, be extremely difficult under the present unsatisfactory conditions. In addition, the Koreans must face the problem of developing an entirely new pattern of trade relationships since, under Japanese domination and exploitation, Korean trade was an adjunct of the Japanese economy. Korea must necessarily be an integral part of the Far Eastern economic system. It is dependent for many of its requirements upon Japan, and for others upon China and Manchuria. The resources and industries of Korea, in turn, can supply products valuable to other Far Eastern areas. With additional coastal shipping facilities, Korea should be able to develop her trade with Far Eastern areas on an equitable basis and with considerable saving in cost.

Conclusions

Many of Korea's problems would be solved, and others ameliorated, if the country were united. The United States must, however, face existing political realities in the Far East. We have publicly affirmed our intention that the Korean people should be free and independent as soon as possible. Pursuant to a General Assembly resolution, a United Nations Commission is now in Korea for the purpose of expediting Korea's independence. Although they have been refused admittance to the northern zone, the Commission has been instructed by the United Nations Interim Committee to supervise elections in South Korea. When an independent government is established as a result of these elections, the basic United Nations General Assembly resolution contemplates the early subsequent withdrawal of occupation forces.

For a time after the withdrawal of United States forces the new independent Korean Government will require continuing American aid, advice, food and raw materials in order to maintain at least the present ration level and to achieve necessary rehabilitation and governmental effectiveness. This assistance we feel should be provided for an interim period, with steps taken to assure that it is properly utilized. The Committee believes that firm support by the United States and the United Nations to the new Korean Government will inestimably help to develop participation in future Far Eastern trade on a basis valuable to the Korean people and to their neighbours.

9. RECORD OF CONSULTATION BETWEEN THE MAIN COMMITTEE OF THE TEMPORARY COMMISSION AND THE REPRESENTATIVES OF THE GOVERNMENT OF THE REPUBLIC OF KOREA, 25 AUGUST 1948 *

The CHAIRMAN said that the representatives of the Korean Government, designated by the Foreign Minister to conduct consultations with the Commission, had visited him that same morning and advised that for the time being they had no concrete questions about which to consult the Committee. However, since he had already convened the meeting and since the Main Committee was ready to proceed with consultations as provided for in paragraph 4 of resolution II of 14 November 1947, he had asked them to attend the meeting at 11 a.m., as had been previously decided, if only for purposes of information.

Mr. LIU (China) considered it advisable to take that opportunity to stress to the Korean representatives that the seat of the Commission remained in Seoul, that the Main Committee was ready for consultation at any time and that the Drafting Committee only was proceeding to New York.

Agreed.

The meeting was suspended for fifteen minutes.

Mr. Chang Myun, Mr. Chang Ki Yung and Mr. Koh Chang Il, representatives of the Korean Government, took their places at the Committee table.

The CHAIRMAN welcomed the representatives of the Korean Government.

Mr. CHANG MYUN said that he wanted to keep the Committee informed on the negotiations between the Korean Government and the United States authorities, but that for the moment there were no questions on which the Korean Government wanted to consult the Commission. Negotiations with the United States authorities were progressing to the satisfaction of both parties concerned. He referred to the executive agreement signed on 24 August, which he considered a basic agreement. Mr. Rhee and General Hodge had exchanged notes some time ago on other questions connected with the transfer of authority, leading to the withdrawal of the United States forces and the termination of the United States occupation of South Korea. The agreement which had just been signed had been very carefully negotiated and it was hoped that its provision would be completed without much delay.

Those were the most important facts on which he wanted the Committee to be informed.

The CHAIRMAN thanked Mr. Chang Myun. He was glad to hear that talks between the Korean Government and the United States authorities were proceeding satisfactorily and he hoped that the spirit of good-will and co-operation would prevail during the entire course of negotiations.

He further said that although some members were leaving Korea on 26 August and others on 2 September, the official and legal seat of the Commission remained in Seoul. The Main Committee would be ready for consultation when requested by the Korean Government. The Drafting Committee only was proceeding to New York in order to complete, in time, the report to the General Assembly.

Mr. CHANG MYUN thanked the Chairman for that information which he would transmit to his Government. He himself and Mr. Chang Ki Yung intended to leave Seoul for Paris in order to attend the session of the General Assembly. Mr. Koh Chang Il would remain in Seoul and would maintain a close contact with the Main Committee.

* A/AC.19/SC.4/SR.19 (excerpt, pages 2 to 3).

ANNEX III

Texts of agreement and exchange of communications concerning the transfer of governmental functions

1. LETTER FROM THE PRESIDENT OF THE REPUBLIC OF KOREA TO THE CHAIRMAN OF THE TEMPORARY COMMISSION, TRANSMITTING A COPY OF HIS LETTER TO THE COMMANDING GENERAL, UNITED STATES ARMY FORCES IN KOREA, REGARDING THE TRANSFER OF GOVERNMENTAL AUTHORITY [1]

Republic of Korea
Office of the President

Seoul, 10 August 1948

I have the honour to transmit, for your information, a copy of a letter which I sent on behalf of the Korean Government to Lieutenant General John R. Hodge, Commanding General, United States Army Forces in Korea, on 9 August 1948.

The text of this letter will not be made public at this time, although its contents were described in a Press release yesterday afternoon, a copy of which also is enclosed. It is contemplated that at an early date the text will be published, but it is requested that in the interim you will consider this letter as a secret document.

(*Signed*) Syngman RHEE
President

(Enclosure 1)

Republic of Korea
Office of the President

Seoul, 9 August 1948

Sir,

I have the honour to inform you that, in consequence of the deliberations and acts of the Korean National Assembly, which was constituted as a result of the election held on 10 May 1948, under the observation of the United Nations Temporary Commission on Korea, there was formed, as of 5 August 1948, the Government of the Republic of Korea. In accordance with paragraph 3 of resolution II of the United Nations General Assembly resolutions on Korea of 14 November 1947, the United Nations Temporary Commission on Korea was notified, on 6 August 1948, of the formation of this Government.

In furtherance of the United Nations General Assembly resolutions on Korea, particularly paragraph 4 of resolution II, I have the honour further to inform you that the Government of the Republic of Korea, after consultation with the United Nations Temporary Commission on Korea, will be prepared to take over the functions of government. To that end, your co-operation and assistance are requested in transferring to the Government of the Republic of Korea all such functions now exercised by you as Commanding General, United States Army Forces in Korea, including the direction of all police, coast guard and constabulary units now in being. The Government of the Republic of Korea recognizes that it will be necessary for you to retain control over areas and facilities of vital importance to you (such as ports, camps, railways, lines of communication, airfields, etc.) as you may deem necessary in order to accomplish the transfer of authority to the Government of the Republic of Korea and the withdrawal of United States occupation forces from Korea in accordance with the United Nations General Assembly resolutions on Korea. During this period, the personnel of your Command, both military and civilian, including their dependents, shall remain under your exclusive jurisdiction.

In the interest of providing a progressive and orderly transfer of full governmental responsibility and authority from the United States Army Forces in Korea to the Government of the Republic of Korea and to accomplish the purposes set forth above, I am prepared to name Mr. Lee Bum Suk, Mr. Yun Tchi Young and Mr. T. S. Chang to consult with representatives of your Command.

(*Signed*) Syngman RHEE
President

Lieutenant General John R. Hodge,
Commanding General,
United States Army Forces in Korea,
Seoul

(Enclosure 2)

Press release No. 2

Republic of Korea
Office of the President

9 August 1948

The President transmitted a letter to Lieutenant General John R. Hodge, CG, USAFIK, on 9 August, informing him of the formation of the Government of the Republic of Korea on 5 August, and of his previous notification to the Temporary Commission with request for consultation.

The President stated that the Korean Government is prepared to take over the functions of government, including direction of all police, constabulary and coast guard units, and requested initiation of negotiations to effectuate that transfer.

The President named the Prime Minister Lee Bum Suk, the Home Minister Yun Tchi Yung, and the Foreign Minister Chang Taik Sang as Korean representatives to consult with representatives of the Commanding General, United States Army Forces in Korea, to provide for the transfer of governmental responsibility and authority from the United States authorities in Korea to the Government of the Republic of Korea.

The President realizes the transfer of authority is a step of such magnitude as to

[1] A/AC.19/89/Add.1.

require a transition period to effect that transfer in an efficient and orderly manner. The President expects the transfer to commence on 15 August, Liberation Day. During the transition period, until the foreign troops can be withdrawn in accordance with the United Nations resolution of 14 November 1947, the President recognizes that the Commanding General, United States Army Forces in Korea, necessarily will retain control over all United States troops as well as over those facilities essential to their maintenance.

2. LETTER FROM THE COMMANDING GENERAL, UNITED STATES ARMY FORCES IN KOREA, TO THE CHAIRMAN OF THE TEMPORARY COMMISSION TRANSMITTING A COPY OF HIS LETTER TO THE PRESIDENT OF THE REPUBLIC OF KOREA CONCERNING THE TRANSFER OF GOVERNMENTAL AUTHORITY [2]

11 August 1948

The enclosed copy of a letter is transmitted for your information. The original, addressed to Dr. Syngman Rhee, President of the Republic of Korea, was dispatched this date.

Although it is expected that this letter eventually will be made public, you are requested to treat it as a privileged communication until that time. Meanwhile, the contents of this letter have been described in a Press statement released simultaneously with transmittal of the letter. A copy of this Press Statement also is enclosed.

(*Signed*) John R. HODGE
Lieutenant General, U. S. Army, Commanding

(Enclosure 1)

11 August 1948

Sir,

I have the honour to acknowledge Your Excellency's Note of 9 August 1948, in which you informed me of the fact that, in accordance with the United Nations General Assembly resolution II of 14 November 1947, the United Nations Temporary Commission on Korea was notified on 6 August 1948 of the formation of the Government of the Republic of Korea, and in which you requested my co-operation and assistance in transferring to that Government the functions of government now exercised by me as Commanding General of the United States Army Forces in Korea.

I am pleased to note that the Government of the Republic of Korea recognizes that it will be necessary for me to retain control over areas and facilities of vital importance (such as ports, camps, railways, lines of communication, airfields, etc.) as I deem necessary in order to accomplish the transfer of authority to the Government of the Republic of Korea and the withdrawal of United States occupation forces from Korea in accordance with the United Nations General Assembly resolutions on Korea.

[2] A/AC.19/89/Add.2.

Furthermore, I note that the Government of the Republic of Korea recognizes my exclusive jurisdiction over the personnel of my Command, both military and civilian, including their dependents.

I shall be pleased to co-operate with you in arranging a progressive and orderly transfer of governmental functions, including the assumption of responsibilities for the direction of all police, coast guard and constabulary units now in being, leading to the withdrawal of United States forces from Korea and the termination of the United States occupation. To this end, and for the purpose of facilitating arrangements for the withdrawal of the forces under my Command, I have appointed Major General C. G. Helmick and Mr. Everett F. Drumright to consult with Your Excellency's representatives: Mr. Lee Bum Suk, Mr. Yun Tchi Young and Mr. T. S. Chang.

(*Signed*) John R. HODGE
Lieutenant General, U. S. Army, Commanding

His Excellency Syngman Rhee,
President of the Republic of Korea, Seoul

Press release: PIO USAFIK

11 August 1948

In response to a letter dated 9 August 1948 from Dr. Syngman Rhee, President of the Republic of Korea, Lieutenant General John R. Hodge, Commanding General, United States Army Forces in Korea, replied this date. The President had stated that the Korean Government was prepared to take over the functions of government, including direction of all police, constabulary and coast guard units, and requesting initiation of negotiations to effectuate that transfer. The President had named the Prime Minister, the Home Minister, and the Foreign Minister as his representatives to consult with representatives of the Commanding General, United States Army Forces in Korea, to provide for the transfer of governmental responsibility and authority from the United States authorities in Korea to the Government of the Republic of Korea.

General Hodge designated Major General C. G. Helmick and Mr. Everett F. Drumright as his representatives to confer with the representatives of the President.

General Hodge took note of a statement by the President that the latter recognized that the Commanding General, United States Army Forces in Korea, necessarily would retain control over all United States forces as well as over those facilities essential to their maintenance.

These negotiations will cover subjects referred to in resolution II, paragraph 4, United Nations General Assembly resolution on Korea, 14 November 1947. It is expected that the new Korean Government will be inaugurated on 15 August and that the formal negotiations for transfer of authority will commence the following day.

3. Interim Agreement between the President of the Republic of Korea and the Commanding General, United States Army Forces in Korea, regarding the transfer of authority of the Korean Security Forces to the Government of the Republic of Korea [3]

Republic of Korea
Office of the President

Seoul, 24 August 1948

Sir,

The enclosure is a copy of the interim agreement between the President of the Republic of Korea and the Commanding General, United States Army Forces in Korea, regarding the transfer of authority of the Korean security forces to the Government of the Republic of Korea, signed on 24 August 1948.

It has been agreed between the parties concerned that this agreement will be kept confidential until the transfer of authority of other departments of the Government has been completed.

May I ask you to present it to other members of your august Body, the United Nations Temporary Commission on Korea.

Please let me know if the Commission desires any further information regarding the content of it.

(*Signed*) Syngman Rhee

The Honourable Rufino Luna,
Chairman,
United Nations Temporary Commission on Korea,
Duk Soo Palace

Headquarters XXIV Corps,
Office of the Commanding General,
APO 235

Seoul, 24 August 1948

Sir,

I am enclosing herewith for the information of the United Nations Temporary Commission on Korea a copy of an interim agreement in connexion with paragraph 4 of General Assembly resolution II, of 14 November 1947, between the President of the Republic of Korea and the Commanding General, United States Army Forces in Korea, covering the transfer of responsibility for the existing Korean security forces to the Government of Korea and the training and equipping of those forces. It will be noted that this agreement pertains only to the period that United States Army Forces stay in Korea.

It is requested that this agreement be held in classified status and not become available to the public until such time as it is published as agreed upon between authorized representatives of the Korean and United States Governments

If additional information concerning this agreement is desired by the Commission, I or any of my representatives will be happy to supply it.

Signed, John R. Hodge
Lieutenant General, U. S. Army,
Commanding

The Honourable Rufino Luna,
Chairman,
United Nations Temporary Commission on Korea,
Duk Soo Palace

Executive agreement between the President of the Republic of Korea and the Commanding General, United States Army Forces in Korea, concerning interim military and security matters during the transitional period

Preamble

Whereas, the President of the Republic of Korea and the Commanding General, United States Army Forces in Korea, exchanged notes on 9 August 1948, respectively, concerning the progressive and orderly transfer of governmental functions from the Commanding General of United States Army Forces in Korea to the Government of the Republic of Korea leading to the withdrawal of United States forces from Korea and the termination of the United States occupation ;

Whereas, the President of the Republic of Korea and the Commanding General, United States Army Forces in Korea, have appointed representatives to consult for the purposes of facilitating the progressive and orderly transfer of governmental responsibility, and of facilitating arrangements for the withdrawal of forces under the command of the Commanding General, United States Army Forces in Korea ;

Whereas, the consultations between the representatives of the President of the Republic of Korea and of the Commanding General, United States Army Forces in Korea, have revealed the common interest of the Government of the Republic of Korea and the Commanding General, United States Army Forces in Korea, in maintaining the security of Korea, and in continuing the organization, training and equipping of security forces of the Republic of Korea now in being, until the completion of the withdrawal of United States forces ;

Whereas, it is desirable to establish an agreed basis for accomplishing the common military and security requirements which were revealed by the consultations between the representatives of the President of the Republic of Korea and of the Commanding General, United States Army Forces in Korea ; and

Whereas, article 61 of the Constitution of Korea provides that the President of the Republic of Korea shall be the Commander-in-Chief of the National Military Forces

[3] A/AC.19/91

and that the organization and formation of the military forces shall be determined in accordance with law ;

Therefore, the President of the Republic of Korea, in his dual capacity of Chief Executive of the Republic of Korea and Commander-in-Chief of the National Military Forces, and the Commanding General, United States Army Forces in Korea, agree upon the following military and security measures to be effective until the completion of the withdrawal of United States forces from Korea ;

Article I

The Commanding General, United States Army Forces in Korea, agrees that, pursuant to directives from his Government and within his capabilities, he will continue to organize, train and equip the security forces of the Republic of Korea now in being, provided that his obligation shall cease upon the completion of withdrawal from Korea of forces under his command.

Article II

The Commanding General, United States Army Forces in Korea, agrees to transfer to the Government of the Republic of Korea progressively, and as rapidly as he deem compatible with common security, responsibility for the direction of the security forces of the Republic of Korea, consisting of all police, coast guard and constabulary units now in being, and the President of the Republic of Korea agrees to accept progressively, for the Government of the Republic of Korea, responsibility for the direction of these forces. It is further agreed that the Commanding General, United States Army Forces in Korea, shall retain, until completion of withdrawal of United States Army Forces as contemplated in paragraph 4 (c) of resolution II passed by the United Nations General Assembly, 14 November 1947 (which reads as follows : " (c) arrange with the occupying Powers for the complete withdrawal from Korea of their armed forces as early as practicable and if possible within 90 days "), the authority to exercise such over-all operational control of security forces of the Republic of Korea (including the constabulary and coast guard and such national police detachments as may be stationed in critical areas) as he deems necessary in the interests of common security, or to facilitate the organization, training the equipping of the security forces of the Republic of Korea. The provisions of this article shall not interfere with the sovereign rights of the Government of the Republic of Korea in the administration of the Korean security forces, the screening of their personnel to eliminate enemies of the Government of the Republic of Korea, the selection of recruits to fill the ranks of existing or future units and the formation of such additional Korean security forces as may be provided by law in accordance with the provisions of article 61 of the Constitution of the Republic of Korea.

Article III

Pursuant to the provisions of the note transmitted by the President of the Republic of Korea to the Commanding General, United States Army Forces in Korea, on 9 August 1948, the President of the Republic of Korea agrees that the Commanding General, United States Army Forces in Korea, shall retain control over areas and facilities of vital importance (such as ports, camps, railways, lines of communications, airfields, etc.) which he deems necessary in order to accomplish the transfer of authority to the Government of the Republic of Korea and the withdrawal of United States occupation forces from Korea in accordance with the United Nations General Assembly resolution on Korea. The Commanding General, United States Army Forces in Korea agrees to list, for the Government of the Republic of Korea, as soon as practicable, those areas and facilities as described above currently in use by his forces, and to keep that Government informed of all changes therein. It is further agreed that the Commanding General, United States Army Forces in Korea, shall retain exclusive jurisdiction over the personnel of his command, both military and civilian, including their dependents, whose conduct as individuals shall be in keeping with pertinent laws of the Republic of Korea. It is further agreed that any individuals under the jurisdiction of the Commanding General, United States Army Forces in Korea, as described above, who may be apprehended by law enforcement agencies of the Government of the Republic of Korea shall be immediately turned over to the custody and control of the Commanding General, United States Army Forces in Korea, and that any individuals not under the jurisdiction of the Commanding General, United States Army Forces in Korea, who may be apprehended in acts detrimental to the security of personnel or property under his jurisdiction, shall be immediately turned over to the custody and control of the Government of the Republic of Korea.

Article IV

It is agreed between the President of the Republic of Korea and the Commanding General, United States Army Forces in Korea, that the details for accomplishing the progressive and orderly transfer of responsibility for all Korean security forces to the Government of the Republic of Korea, in accordance with the principles herein set forth in this interim agreement, shall be determined between appropriate officials of the Government of the Republic of Korea and of the United States Army Forces in Korea and the transfer of responsibility for the Korean security forces to the Government of the Republic of Korea shall begin at the earliest practicable time.

Article V

This agreement shall be registered with the Government of the United States of

America and with the Government of the Republic of Korea, in duplicate in the English and Korean languages, at Seoul, Korea, this twenty-fourth day of August 1948. The English text and the Korean text shall have equal force, but in case of divergence the English text shall prevail.

President of the Republic of Korea
Commanding General, United States Army Forces in Korea

4. INITIAL FINANCIAL AND PROPERTY SETTLEMENT BETWEEN THE GOVERNMENT OF THE UNITED STATES OF AMERICA AND THE GOVERNMENT OF THE REPUBLIC OF KOREA ON 11 SEPTEMBER 1948[4]

Preamble

The Government of the United States of America and the Government of the Republic of Korea, in view of the note of 9 August 1948, from the President of the Republic of Korea to the Commanding General, United States Army Forces in Korea, the note of 11 August 1948, from the Commanding General, United States Army Forces in Korea, to the President of the Government of the Republic of Korea, and in view of the desirability of concluding an initial financial and property settlement between the Government of the United States of America and the Government of the Republic of Korea, the undersigned, being duly authorized by their respective Governments for that purpose, agree as follows :

Article I

The Government of the United States of America hereby transfers to the Government of the Republic of Korea all right, title and interest held by the United States of America to all property classified as national property in the land and buildings ledgers, and map books of the district tax offices and the land and buildings registers of the courts, together with all improvements on and additions to such property, all cash and bank deposits of the United States Army Military Government in Korea and of the South Korean Interim Government, all equipment, supplies and other property held by the departments, offices and agencies of the United States Army Military Government in Korea and of the South Korean Interim Government, including all relief and rehabilitation supplies heretofore furnished to the Korean economy by the Government of the United States of America. Military property of the Government of the United States of America furnished to the Korean constabulary, police, or coast guard will be transferred to the Government of the Republic of Korea from time to time as authority for such transfer is given by the Government of the United States of America to its representative in Korea. Such transfers of military property shall be accomplished through the Office of the Foreign Liquidation Commissioner of the United States Department of State and in accordance with separate agreements to be entered into between said Foreign Liquidation Commissioner and the Government of the Republic of Korea. The Government of the Republic of Korea agrees that property retained for use by or under control of the United States Army Forces in Korea during the period of troop withdrawal shall be made available for the use of the Government of the United States of America and maintained without charge to the Government of the United States of America during the period of troop withdrawal. The Government of the Republic of Korea agrees that properties specified in exhibit A shall be made available for the temporary use of the Government of the United States under free leaseholds, and further agrees that it will bear all costs in Korean currency for the repair and maintenance of such properties. The Government of the Republic of Korea hereby assumes and relieves the Government of the United States of America of all liability for the South Korean Interim Government overdraft account at the Bank of Chosen, commitments under loans guaranteed by the United States Army Military Government in Korea, its agencies and instrumentalities, and by the South Korean Interim Government, and all other obligations incurred by the United States Army Military Government in Korea and by the South Korean Interim Government, including present and future claims of every kind and description.

This section shall be effective until an agreement comes into effect between the Government of the United States of America and the Government of the Republic of Korea. To the extent that relief and rehabilitation supplies still on hand or hereafter received are transferred to the Government of the Republic of Korea by the Government of the United States of America, such transfer shall be made in a progressive and orderly manner, and the Government of the Republic of Korea shall assume responsibility for the receipt, allocation, distribution and accounting for American-financed supplies. Net *won* proceeds and accounts receivable derived from the sales of relief and rehabilitation supplies by the United States Military Government in Korea or by the South Korean Interim Government, shall be turned over to the Government of the Republic of Korea. The Government of the Republic of Korea agrees to deposit these proceeds in a special account in its name in the Bank of Chosen. The Government of the Republic of Korea further agrees to deposit in this special account the proceeds of all sales of relief and rehabilitation supplies which have been or may be transferred by the Government of the United States of America to the Government of the Republic of Korea. Disbursement from this special account will be made only for such purposes as are

[4] A/AC.19/94.

agreed upon between the senior representative of the Government of the United States of America and the Government of the Republic of Korea.

Net proceeds in Korean currency and accounts receivable derived from sales of certain property declared surplus to the Office of the Foreign Liquidation Commissioner of the United States Department of State and heretofore furnished to the Korean economy are hereby transferred to the Government of the Republic of Korea.

Article II

The Government of the United States of America agrees to effect settlement for all imports from Japan for the Korean economy delivered between 9 September 1945, and the effective date of this agreement, less the value of Korean exports shipped to Japan during such period.

Article III

The Government of the United States of America hereby transfers from its custody to the custody of the Government of the Republic of Korea any property in Korea which may have been owned or controlled, directly or indirectly, in whole or in part, on or since 9 August 1945, by Germany, or by any German nationals, corporations, societies, associations, or any other German organization. The Government of the Republic of Korea agrees to take all necessary measures to facilitate such transfers of German assets in Korea as may be determined by the United States of America in consultation with the Republic of France and the United Kingdom of Great Britain and Northern Ireland.

Article IV

The Government of the United States of America hereby transfers to the Government of the Republic of Korea the Korean Foreign Exchange Bank shares presently owned and held by the United States Army Military Government in Korea, together with all the assets and liabilities of said bank. The Government of the United States of America hereby transfers to the Government of the Republic of Korea the net residual balances of foreign exchange now standing to the credit of the South Korean Interim Government in said bank, subject to allocation and use only after consultation with and concurrence of the senior representative in Korea of the Government of the United States of America. Pending further agreement between the Government of the United States of America and the Government of the Republic of Korea, existing foreign exchange controls shall be retained by the Government of the Republic of Korea.

Article V

The Government of the Republic of Korea recognizes and ratifies such disposition of former Japanese public and private property vested under Ordinance No. 33 of the United States Army Military Government in Korea as has already been effected by the United States Army Military Government in Korea. Except for the reservations in respect to the acquisition and use of property by the Government of the United States of America contained in articles I and IX of this agreement, the remaining vested but unsold property, the next unexpended proceeds from rentals and sales of vested property together with all accounts receivable and sales contracts, shall be transferred to the Government of the Republic of Korea in the following way:

(*a*) All cash, bank deposits or other liquid assets are hereby transferred as of the effective date of this agreement ;

(*b*) All other vested property that is to be transferred, together with all available inventories, maps, deeds, or other evidences of ownership, will be turned over progressively to the Government of the Republic of Korea, supported by balance sheets, operating statements and other financial records relating to vested property, as rapidly as an orderly transfer can be effected. The Government of the Republic of Korea agrees to establish a separate governmental agency to receive and administer for the benefit of the Korean people the property, heretofore vested under Ordinance No. 33, which is or will be transferred to the Government of the Republic of Korea under the provisions of this article.

The Government of the Republic of Korea will respect, preserve and protect the rights and interests, direct or indirect, of nationals of countries at war with Japan, in former Japanese property in Korea acquired by the Government of the Republic of Korea in accordance with this article provided such rights and interests were legally acquired by *bona fide* transfer prior to the effective date of Ordinance No. 33.

The Government of the Republic of Korea hereby relieves the United States of America of all liability, including all current and future claims arising out of the vesting, administration and disposal of the property referred to in this article.

Article VI

Property in Korea of United States nationals, which was seized, confiscated or sequestered by the Imperial Japanese Government under its wartime regulations, together with property in Korea of other persons which was treated by the Imperial Japanese Government as enemy property, and which is transferred to the Government of the Republic of Korea under the provisions of article V, will be protected and preserved by the Government of the Republic of Korea pending its return to its rightful owners, provided such owners request the return of the property within a reasonable period. The Government of the

Republic of Korea undertakes to return all such identifiable property, if not otherwise provided for by mutual agreement between the owner and the Government of the Republic of Korea. Continuing the policy initiated by the United States Army Military Government in Korea, the Government of the Republic of Korea undertakes to compensate the owners for damage or loss to such property during the period that it was not under the control of such owners, to the same degree as compensation is paid by the Government of the Republic of Korea for loss or damage to Korean property seized, confiscated or sequestered for war purposes by the Imperial Japanese Government, its agencies, instrumentalities, or its nationals. The Government of the Republic of Korea hereby relieves the Government of the United States of America from liability for any claim arising out of the administration of property referred to in this article prior to the effective date of this agreement.

Article VII

The Government of the United States of America and the Government of the Republic of Korea agree to collaborate in arranging a satisfactory settlement of any unpaid debt owing to the Soviet authorities in Korea for power furnished for the Korean economy from 9 September 1945 to the effective date of this agreement. The Government of the United States of America further agrees to liquidate this debt, whenever a fair value of the unpaid debt has been agreed upon by the representatives of the Soviet and United States authorities.

Article VIII

The Government of the United States of America, through the United States Army Military Government in Korea, has reimbursed Korea at a fair dollar value for all goods, services and facilities provided for and to the United States Army Forces in Korea from the Korean economy for the period from 9 September 1945 through 30 June 1948, inclusive, and for all claims of every kind and description against the Government of the United States of America, its officials, employees, or agencies and instrumentalities, raised or which may be raised by the Government of the Republic of Korea, its nationals, or other individuals and organizations, as a result of the occupation of Korea by the United States Army Forces in Korea during such period.

The Government of the Republic of Korea agrees that this payment constitutes full, final and complete settlement for all goods and services used by or provided to the United States Army Forces in Korea during the aforementioned period, and for all claims of every kind and description against the Government of the United States of America, its officials, employees, or agencies and instrumentalities, raised or which may be raised by the Government of the Republic of Korea, its instrumentalities, nationals, or other individuals or organizations as a result of the occupation of Korea by the United States Army Forces for the period from 9 September 1945 through 30 June 1948. The Government of the Republic of Korea further discharges and agrees to save harmless: the Government of the United States of America, its officials, employees, or agencies and instrumentalities, its nationals or other individuals and organizations, from all claims of every kind and description arising as a result of the occupation of Korea by the United States Army Forces in Korea during the period prior to 1 July 1948. The Government of the Republic of Korea hereby recognizes and ratifies the agreement under which the above-mentioned payment to Korea was effected.

The Government of the Republic of Korea also assumes and relieves the Government of the United States of America of all liability for funds used from the overdraft account at the Bank of Chosen entitled "United States Army Military Government in Korea Funding Account". The Government of the Republic of Korea agrees that the Commanding General, United States Army Forces in Korea, shall continue to draw *won* from the overdraft account at the Bank of Chosen presently entitled "United States Army Military Government in Korea Funding Account No. 2" and the Government of the United States of America hereby agrees to pay to the Government of the Republic of Korea in dollars or other United States assets, the fair dollar value of all goods and services procured in the Korean economy with *won* drawn from such account.

Article IX

(*a*) In consideration for certain property heretofore furnished to the Korean economy by the Government of the United States of America through the Office of the Foreign Liquidation Commissioner of the United States Department of State and the United States Army Military Government in Korea, including the net proceeds in Korean currency arising from the sale of such property, the Government of the Republic of Korea agrees to pay to the Government of the United States of America in the manner provided in the terms of this article, the fair value of said property, no to exceed the equivalent of $25,000,000 as shown on the records of said Foreign Liquidation Commissioner, covering the transfer of such property to the United States Army Military Government in Korea. Interest shall accrue at the rate of 2% per centum per annum from 1 July 1948, on the unpaid balance of the total fair value of said property, and shall be due and payable in Korean currency on 1 July of each year, the first payment to be made on 1 July 1949.

(*b*) At such times and in such amounts as shall be specified by the Government of the United States of America, the Government of the Republic of Korea shall pay in Korean currency all or part of the balance then due under the indebtedness set forth in this article, including interest due and unpaid, if any, less any credits made for property as provided in paragraph (*d*) of this article, and the Government of the United States of America shall credit the balance due under such indebtedness with the United States dollar equivalent of such currency. Any currency so received by the Government of the United States of America shall be used in accordance with the provisions set forth in paragraph (*c*) of this article.

(*c*) The Government of the United States of America and the Government of the Republic of Korea agree that the Korean currency to be received by the Government of the United States of America as provided in paragraph (*b*) of this article, as well as the Korean currency to be received by the Government of the United States of America as interest provided in paragraph (*a*) of this article, shall be expended in Korea and may be used for the payment of any or all expenditures in Korea of the Government of the United States of America, including expenditures for :

(1) Such educational programmes as may be mutually agreed upon by the two Governments, and

(2) The acquisition of property located in Korea, either real or personal, tangible or intangible, including improvements to any property in which the Government of the United States of America has an interest. Such property shall include initially the property listed in the supplement to this agreement.

(*d*) At the request of the Government of the United States of America the Government of the Republic of Korea shall deliver title to such property as may, by mutual agreement, be acquired by the Government of the United States of America in accordance with the terms of this article. Upon the delivery of title to such property by the Government of the Republic of Korea to the Government of the United States of America, the Government of the United States of America shall credit the account of the Government of the Republic of Korea under this article with the agreed-upon fair dollar value of such property.

(*e*) Except as may be provided by special agreement between the two Governments, the Government of the United States of America shall not request the Government of the Republic of Korea to make payment in Korean currency or to deliver title to property located in Korea, as provided in paragraphs (*b*) and (*d*) of this article, the combined total amount of which exceeds in any single fiscal year beginning 1 July the equivalent value of $5,000,000 plus interest due and payable as provided in paragraph (*a*) of this article.

(*f*) The *won* equivalent of the dollar obligations assumed by the Government of the Republic of Korea under the terms of this agreement shall be calculated by mutual agreement between the Government of the Republic of Korea and the Government of the United States of America, such calculations to be made immediately prior to each payment. The *won* equivalent in any case shall be no less favourable to the Government of the United States of America than the conversion rate legally available to any third party at the time of each transaction.

Article X

The Government of the Republic of Korea hereby agrees that it will not permit the re-export or diversion of equipment, supplies and other property furnished to it by the Government of the United States of America under the terms of this Agreement unless such re-export or diversion is approved by a duly authorized representative of the Government of the United States of America.

Article XI

The Government of the Republic of Korea agrees to continue in full force and effect all existing laws, ordinances, public acts, and regulations of the United States Army Military Government in Korea and or of the South Korean Interim Government until repealed or amended by the Government of the Republic of Korea.

Article XII

Pending negotiation of mutually satisfactory treaties of amity and commerce, it is agreed by the contracting parties that the rights and privileges now enjoyed by the United States nationals and firms engaged in lawful pursuits in Korea shall be respected and affirmed.

Article XIII

Administrative control over the accounts, properties and operating facilities transferred to the Government of the Republic of Korea under the terms of this Agreement shall be turned over in a progressive and orderly manner to the authorized officials of the Government of the Republic of Korea within thirty days from the effective date of this Agreement, or as rapidly as the Government of the Republic of Korea is prepared to assume such operations and responsibilities, except that administrative control over vested properties and over relief and rehabilitation supplies shall be turned over not later than ninety days from the effective date of this Agreement, or as rapidly as the Government of the Republic of Korea is prepared to assume such operations and responsibilities.

Article XIV

Until such time as the United States Army Forces in Korea are withdrawn from Korea, the Government of the United States of America and the Government of the Republic of Korea agree that they shall be bound by, and shall respect all agreements previously made between the United States Army Forces in Korea and the several departments of the United States Army Military Government in Korea concerning the use of certain transportation, communication, and other facilities and services by the United States Army Forces in Korea.

The present Agreement shall become effective with the formal notification to the Government of the United States of America that the Korean National Assembly has consented to this Agreement.

Done in duplicate, in the English and Korean languages, at Seoul, Korea, this eleventh day of September 1948. The English and Korean texts shall have equal force, but in the case of divergence, the English text shall prevail.

For the Government of the United States of America
(*Signed*) John MUCCIO

For the Government of the Republic of Korea
(*Signed*) LEE BUM SUK
T. S. CHANG

Supplement to the initial financial and property settlement

This Agreement between the Government of the United States of America, hereinafter called "United States", and the Government of the Republic of Korea, hereinafter called "Korea" is supplemental to the "Initial Financial and Property Settlement", article IX, this date, and covers the transfer of real property in return for surplus property furnished Korea.

Witnesseth :

Whereas, the "Initial Financial and Property Settlement" between Korea and the United States provides in article IX that, at the request of the United States, Korea shall deliver title to such property located in Korea in which the United States has an interest, and

Whereas, Korea has agreed in section (*d*) of the article of the Agreement above referred to, to make available property desired by the United States at prices to be agreed upon by the Governments, and

Whereas, the United States has already selected certain properties which it desires to receive under the terms of the Agreement referred to above,

Now, therefore, it is agreed :

1. That Korea transfer, on or about the sixtieth day from the effective date of this Agreement, to the United States, at prices to be specified in dollars and to be determined by three recognized appraisers, one of whom shall be nominated by Korea, one by the United States, and the Chairman by the two appraisers first chosen, properties including but not limited to the following :

(A) Dependent House and Lot No. 10, 1-39 Chong Dong. 1,362 Pyung.

(B) Russian No. 1, 1-39 Chong-Dong. 720 Pyung.

(C) Vacant lot west of present U. S. Consulate, 1-9 Chong Dong. 1,414 Pyung.

(D) Vacant lots south of present U. S. Consulate; part of the road now running beside the U. S. Consulate leading to the property of the Seoul Club, 8-1, 8-3, 8-4, 8-5, 8-6, 8-7, 8-8, 8-9, 8-10, and 8-17 Chong Dong. 535.40 Pyung.

(E) Triangular lot directly east of DH No. 10 and Russian No. 1, together with one warehouse, three houses and other buildings thereon, 1-39 Chong Dong, Sawdai Moon Koo. 1,675 Pyung.

(F) All of former Military Government Area No. 2, consisting of approximately 43 houses, miscellaneous other buildings, and the land on which situated. This is intended to include all property owned by the Siksan Bank in this area, all of 49-1 Song Hyun Dong, and all of 96, 97-2, 98, 99, 102, 103-1, 144-1 and 104-2 of Sakan Dong together with all buildings thereon. 9,915 Pyung, more or less.

(G) Banto Hotel and adjacent parking lot to East 180-2 Ulchi-Ro, Chongno Koo. 1,944 Pyung.

In witness whereof the undersigned, duly authorized by their respective Governments, have signed the present agreement in the English and Korean languages at Seoul, Korea, on the eleventh day of September 1948.

The English and Korean texts shall have equal force, but in case of divergence, the English text shall prevail.

For the Government of the United States of America
(*Signed*) John MUCCIO

For the Government of the Republic of Korea
(*Signed*) LEE BUM SUK
T. S. CHANG

EXHIBIT A

Properties, to be made available by the Government of the Republic of Korea for the temporary use of the Government of the United States under free leaseholds, will include but will not be limited to the following :

(A) Specified 51 houses and lots in the three military areas Nos. 1, 2 and 7.

(B) DH No. 9, DH No. 109, DH No. 143, DH No. 218, DH No. 221, Billet No. 5, Billet No. 10 and Billet No. 11 in scattered areas.

(C) Mitsui Building and lot opposite Banto Hotel.

(D) OCI Information Centre and lot (former Metropolitan Police building).

~~

(E) Special Troops area.

(F) 216th Quartermaster concrete warehouse in area near South Gate.

(G) Fifty-six houses and lots in 7th Division area (Camp Sobingo).

(H) Fifty-seven housing units in Capitol grounds area.

(I) Billet No. 32 (Kockje Hotel) and Billet No. 21 (Sude Hotel).

(J) Billet No. 23 (Nai Ja Apartments) comprising three buildings.

(K) Billet No. 38 (Plaza Hotel).

(L) Yong Dong Pe dependent housing area No. 1, consisting of eight usable houses and 15 apartments.

ANNEX IV

Texts of related documents concerning elections in North Korea

1. Memorandum from the United States Liaison Officer concerning elections in North Korea.[1]

2 August 1948

Memorandum for Mr. Coert Binnerts,
Principal Secretary,
United Nations Temporary Commission on Korea

Subject : Communist " Elections " in South Korea.

(1) The Pyongyang radio has spoken recently of an " election " to be held in South Korea on 25 August, the object being apparently to parallel all steps taken in this area toward the " election of representatives of the Korean people " minus, of course, the observation of the United Nations Temporary Commission on Korea and the usually accepted procedures of a democratic election such as multi-party lists of candidates and secret balloting.

(2) The Communists have initiated a plan to include 360 South Korean delegates to a " General Unity Conference " preparatory to the elections announced for 25 August. Of these 360 delegates, it is planned that 40 per cent will be from the Democratic People's Front, 20 per cent from the " intermediate " parties such as those in the NIF, 20 per cent from rightist elements and 20 per cent from non-partisan individuals. Each group is supposed to send three men for each delegate allotted, and after they reach Pyongyang, a " South Korea Election Committee " composed of Pak Heun Yung, Hong Myong Hi (still in North Korea), and Lee Yung (of the New Progressive Party) will determine which of the three will be the actual delegate.

(3) In Kyongsang Pukto the South Korea Labour Party has chosen nine candidates to be " elected " to the North Korean National Assembly on 25 August. The selected candidates have allegedly already gone to North Korea. In the meantime the party officials in Taegu are canvassing the public, showing them the list of candidates and asking them to sign a certificate to the effect that they will accept the candidates as the " true representatives of the Korean people " in the establishment of a National Government. Even though the people have but one list of names from which to choose, the aim of the South Korea Labour Party is to collect as many signatures as possible so they will have impressive " statistics " when they begin the " free " Korean election propaganda campaign.

(4) In Seoul a widespread campaign is being conducted on the issue " do you prefer a united or a divided Korea ? " Of course, the answer is obvious and the Communists are collecting numbers of signatures on this basis to support the theory of a " National election to elect true representatives of the Korean people. " The same technique was employed in Germany recently.

(*Signed*) John WECKERLING
Brigadier General, U.S.A.

2. Memorandum from the United States Liaison Officer concerning plans and operations of the South Korean Labour Party.[2]

4 August 1948

Memorandum for Mr. Coert Binnerts,
Principal Secretary,
United Nations Temporary Commission on Korea.

Subject : Plans and Operations of the South Korea Labour Party.

I am reliably informed that certain units of the South Korea Labour Party have received oral instructions as follows :

Cell chiefs will inform the members of their cells that there will be a general election in North Korea on 25 August 1948, and the Leftists in South Korea must participate.

Ballots will be prepared on pieces of very thin paper, such as tracing paper, and will be about the size of 100 *won* note. These ballots will be issued to the cell chiefs, who will obtain ten hand marks (or signatures) on each one. The ballots will then be turned in to the Chief of Branch of the SKLP. Cell members are told that these ballots will elect one representative. The name of the candidate will not appear on the ballot as his identity must be kept secret. His name

[1] A/AC.19/W.57.

[2] A/AC.19/W.57/Add.1.

(that of the representative) will be inserted after the ballots are back in the hands of the Chief of Branch.

(*Signed*) John WECKERLING
Brigadier General, U.S.A.

3. Joint statement of twenty-five political and social organizations in South Korea denouncing the activities in North Korea.[3]

The independence of Korea which was promised by the Allied Powers - the United States, the Soviet Union, China and Great Britain - appears to become more remote with the passage of time. The division of the nation is intensified by the occupation of American and Soviet troops.

Motivated by the belief that our unification and national independence should be accomplished in accordance with the principle of self-determination we advocated a joint conference of the leaders of North and South Korea. This conference was held in Pyongyang in April 1948. The political leaders of North and South Korea reached complete accord regarding the establishment of a central government and national unification. The following joint communique was declared on 30 April :

(*a*) A nation-wide political conference shall be held following the withdrawal of Soviet and American troops;

(*b*) A unified provisional central government shall be formed;

(*c*) A nation-wide election shall be held;

(*d*) The Constitution shall be enacted;

(*e*) A formal central government shall be formed.

The North Korean leaders, however, have convoked the so-called second joint conference of North and South Korean political leaders, in contradiction to the firm and solemn agreement previously made, in order to establish a People's Republic in North Korea, and adopted a resolution which is contrary to the joint communiqué issued at Pyongyang on 30 April 1948. The so-called Constitution of the People's Republic has been promulgated and the North Koreans are trying to enforce an election in order to establish a government.

The undersigned political parties declare :

(*i*) That the so-called Second Joint Conference of North and South Korean Political Leaders is illegal;

(*ii*) We have dispatched no representatives to the so-called second joint conference of North and South Korean political leaders;

(*iii*) We denounce all the other activities and trend of events that have taken place in North Korea which are contrary to the provisions of the joint communiqué formulated on 30 April. We, hereby, make this firm and solemn declaration at home and abroad.

The following parties signed the joint communiqué :

(1) National Independence Federation
(2) Korean Independence Party
(3) Democratic Independence Party
(4) New Progressive Party
(5) Korean Farmers' Party
(6) Sam Il Colleagues' Society
(7) Independent Women's League
(8) Patriotic Youths Colleagues' Group
(9) Youth Society for Founding a Nation
(10) Repatriates' Association
(11) Korean Students' Federation
(12) National Construction Students' Federation
(13) North West Students' Federation
(14) North West Union of Christian Endeavor Society
(15) Patriotic Colleagues' Society
(16) Patriotic Old Men's Society
(17) League of Patriots for the Independence
(18) First Kwanghae Province Youth Corps
(19) Korean New Civilization Party
(20) Revolutionary Colleagues' Youth Society
(21) Korean Inventors' Association
(22) Canton and Hongkong Society
(23) Christian New Democratic Society
(24) Industrial Rehabilitation Association
(25) South Korea Chun Do Kyu Youth Friends' Party.

ANNEX V

Text of the Constitution of the Republic of Korea

Constitution of the Republic of Korea adopted by the Korean National Assembly on 12 July 1948.[4]

CONSTITUTION OF THE DEMOCRATIC REPUBLIC OF KOREA

PREAMBLE

We, the people of Korea, with a glorious tradition and history from time immemorial, following the indomitable spirit of independence, as manifested in the establishment of Tai Han Republic in the course of the Sam-El independence movement,

Now at this time engaged in reconstructing a democratic, independent country, are determined :

To consolidate national unity by justice, humanity, brotherly love and the elimination of all kinds of social evils,

To offer equal opportunities to every person,

[3] A/AC.19/W.57/Add.2.
[4] A/AC.19/W.55/Add.1.

To provide for the fullest development of the equality of each individual in all fields of political, economic, social and cultural life,

To permit every person to discharge his duties and responsibilities,

To promote the welfare of the people, to maintain permanent international peace, and thereby to assure the Security, Liberty and Happiness of ourselves and our posterity,

Do hereby ordain and establish this Constitution on the 12th day of July in the year one thousand nine hundred and forty-eight in the National Assembly composed of our freely and duly elected representatives.

CHAPTER I

GENERAL PROVISIONS

Article 1

Korea shall be a democratic republic.

Article 2

The sovereignty of the Korean Republic shall reside in the people as a whole. All State authority shall emanate from the people.

Article 3

The requirements for Korean citizenship shall be determined by law.

Article 4

The territory of Korea shall consist of the Korean Peninsula and its accessory islands.

Article 5

The democratic Republic of Korea shall guarantee liberty and equality and the initiative of each individual in the fields of political, social and economic life. It shall be responsible for their protection and adjustment for the promotion of the public welfare.

Article 6

The democratic Republic of Korea shall denounce all aggressive wars. The mission of the national military forces shall be to perform the sacred duty of protecting the national territory.

Article 7

The duly ratified and published treaties and the generally recognized rules of international law shall be valid as a binding constituent part of the law of Korea. The status of aliens shall be guaranteed within the scope of international law and international treaties.

CHAPTER II

RIGHTS AND DUTIES OF CITIZENS

Article 8

All citizens shall be equal before the law. No discrimination, in any field of political, economic and social life, derived from sex, religion, or social position shall exist. Privileged status shall not be recognized, nor shall ever be established in the future. The bestowment of badges, medals and other decorations shall confer to its bearer only personal honours and no privileged status shall be established.

Article 9

All citizens shall have personal freedom and no citizen shall be arrested, detained, searched, tried, punished, or subject to compulsory labour unless according to law. No citizen shall be arrested, detained or searched except by warrant of a judge. In case a person its apprehended *flagranto delicto* or in case of danger that a person under suspicion may escape or destroy evidence, the detecting authority may ask for an *ex post facto* warrant of arrest in accordance with the provisions of law. The right to receive assistance from counsel and the right to request the court for examination of the legality of an apprehension shall be guaranteed.

Article 10

All citizens shall be free from " limited residence ", restrictions on domicile or restrictions on change of domicile, trespasses upon and the searching of private premises other than specified by law.

Article 11

The privacy of correspondence of all citizens shall remain inviolate and shall not be interfered with except in accordance with law.

Article 12

All citizens shall enjoy freedom of religion and conscience. No State religion shall exist. Religion shall be independent from politics.

Article 13

Citizens shall not be subjected to any restrictions on the freedom of speech, Press, assembly and association except as specified by law.

Article 14

All citizens shall have freedom of science and art. Rights of authors, inventors and artists shall be protected by law.

Article 15

The right or property shall be guaranteed. Its nature and restrictions shall be defined by law. The exercise of property rights shall conform to the public welfare. Expropriation, use or restriction of private property for public purposes shall be accompanied by due compensation in accordance with the provisions of law.

Article 16

All citizens shall be entitled to equal opportunity for education. At least elementary education shall be compulsory and free of charge. The educational system shall be determined by law and all educational institutions shall be placed under the supervision of the State.

Article 17

All citizens shall have the right and duty to work. The standards of the conditions of labour shall be determined by law. Special protection shall be extended to the labour of women and children.

Article 18

Freedom of association, collective bargaining and collective action of labourers shall be guaranteed within the limits of the law. Workers employed in profit-making private enterprises shall be entitled to share in the profits of such enterprises in accordance with the provisions of law.

Article 19

Citizens who are incapable of making a living because of old age, infirmity or incapacity to work shall be entitled to protection by the State in accordance with the provisions of law.

Article 20

Marriages shall be based on the equality of men and women. The purity of marriage and the health of the family shall receive special protection of the State.

Article 21

All citizens shall have the right to submit written petitions to each Government agency and the Government shall be obliged to examine such petitions.

Article 22

All citizens shall have the right to be tried in accordance with the law by judges whose status has been determined by law.

Article 23

No citizen shall be prosecuted for a criminal act unless such act constituted a crime prescribed by law at the time at which it was committed nor shall he be placed in double jeopardy.

Article 24

All defendants in criminal cases shall have the right to be tried in public without delay unless there is proper reason for not doing so. When a defendant in a criminal case who has been detained is found not guilty he may, in accordance with the provisions of law, request compensation from the Government.

Article 25

All citizens shall have the right to elect Government officials in accordance with the provisions of law.

Article 26

All citizens shall have the right to assume public office in accordance with the provisions of law.

Article 27

Public officials shall be the trustees of the sovereign people and shall at all times be responsible to the people. All citizens shall have the right to petition for the removal of public officials who acted unlawfully. Citizens who suffered damages by unlawful acts of public officials in the exercise of their official duties may request compensation from the Government or the public corporate bodies concerned, provided that the civil or criminal liability of the public officials concerned shall not be exempted thereby.

Article 28

Liberties and rights of the people shall not be ignored for the reason that they are not enumerated in this Constitution. A law imposing restrictions upon the liberties and rights of citizens shall be enacted only where such law is deemed necessary for the maintenance of public order and welfare of the community.

Article 29

All citizens shall have the duty to pay taxes in accordance with the provisions of law.

Article 30

All citizens have the duty to defend the national territory in accordance with the provisions of law.

CHAPTER III

NATIONAL ASSEMBLY

Article 31

The legislative power shall be exercised by the National Assembly.

Article 32

The National Assembly shall be composed of members elected by universal, direct, equal and secret votes. The details for the election of the members of the National Assembly shall be determined by law.

Article 33

The term of the members of the National Assembly shall be four years.

Article 34

The National Assembly shall convene each year on the twentieth day of December. Should that day fall on a public holiday, the National Assembly shall assemble on the following day.

-- -

Article 35

In case of an extraordinary necessity the Speaker of the National Assembly shall summon a special session of the National Assembly upon the request of the President or upon the request of not less than one-fourth of the members of the National Assembly. The National Assembly shall convene immediately if there should arise a cause requiring the election of the President or Vice-President during a recess of the National Assembly.

Article 36

The National Assembly shall elect its Speaker and two Vice-Speakers.

Article 37

Unless otherwise provided in this Constitution or the rules of the National Assembly attendance of a majority of the members duly qualified and seated and the vote of a majority of the members present shall be necessary for acts of the National Assembly. The Speaker shall have the right to participate in voting and to break a tie vote.

Article 38

The proceedings of the National Assembly shall be open to the public but a closed session may be held by a resolution of the National Assembly.

Article 39

Bills may be introduced by the members of the National Assembly or the Government.

Article 40

Bills passed by the National Assembly shall be sent to the Government, and the President shall, within fifteen days, promulgate the law. In case of objection the President shall return the bill to the National Assembly for re-consideration with a statement of the reasons of his objections. If, in the presence of two-thirds of the members duly elected and seated, the bill is confirmed on re-consideration by two-thirds of the members present, such bill shall be determined to be a law. If a bill is not returned within fifteen days after it has been presented to the Government, the same shall become law. The President shall have the duty to proclaim without delay a law which has been determined under the foregoing paragraph. A law shall be effective twenty days after the date of proclamation unless otherwise stipulated.

Article 41

The National Assembly shall consider and decide upon budgets.

Article 42

The National Assembly shall have the right to consent to treaties concerning international organizations, peace treaties, treaties pertaining to mutual aid, commercial treaties, treaties financially incumbent on the state of the people, treaties related to legislative affairs, and declare war against a foreign State.

Article 43

The National Assembly shall demand, if necessary, documents, subpoena witnesses and receive testimonies or opinions for purposes of supervision and inspection.

Article 44

The Prime Minister, Ministers and their representatives shall be authorized to attend, state their opinion, and answer questions at the meetings of the National Assembly. Whenever requested by the National Assembly, the Prime Minister, Ministers and their representatives are obliged to attend a meeting of the National Assembly and to answer questions.

Article 45

The National Assembly shall investigate the qualifications of its members, establish its own rules of procedure and decide on disciplinary punishments of its members. The concurrence of two-thirds of the members duly qualified and seated shall be necessary for the expulsion of a member of the National Assembly.

Article 46

In the event the President, Vice-President, Ministers, the head of the Board of Audit, judges and other public officials as determined by law violate, in the exercise of their official duties, provisions of this Constitution or other laws, the National Assembly may resolve to impeach them. A motion for impeachment shall be signed by no less than fifty members of the National Assembly. Attendance of two-thirds of the members of the National Assembly duly elected and seated and the vote of two-thirds or more of the members present shall be necessary to institute impeachment.

Article 47

An Impeachment Court shall be established by law for the purpose of hearing impeachment cases. The Impeachment Court shall be presided over by the Vice-President and five justices of the Supreme Court, and five members of the National Assembly shall serve as associate judges. When the President or Vice-President is tried the Chief Justice shall preside. The concurrence of two-thirds of the judges is required for impeachment. A judgment in case of impeachment shall not extend further than removal from office ; but the party convicted shall not be exempted from civil or criminal responsibility.

Article 48

No member of the National Assembly can be a member of any provincial council.

Article 49

When the National Assembly is in session no member of the National Assembly shall be arrested or detained without the consent of the National Assembly except when apprehended *flagrante delicto*. In case the apprehension of a member has been made before the convocation of the National Assembly, such member shall be released during the session in case the National Assembly so requests.

Article 50

No member of the National Assembly shall be held responsible to anyone outside of the Assembly for any statement or vote occurring within the Assembly.

CHAPTER IV

GOVERNMENT

Section I—President

Article 51

The President of the Republic shall be the head of the executive branch of the Government and shall represent the Republic vis-a-vis foreign Powers.

Article 52

In case the President is unable to execute his office for any reason, the Vice-President shall act for him and in case both the President and Vice-President are unable to perform their duties, the Prime Minister shall act for the President.

Article 53

The President and Vice-President shall be elected by the National Assembly by secret ballot. The election of the President and Vice-President shall be determined by the concurring vote of two-thirds of the members of the National Assembly in the presence of two-thirds of the members duly elected and seated. In case no candidate receives two-thirds of the votes a second ballot shall be taken. In case no candidate receives two-thirds of the votes in the second ballot a run-off balloting shall be conducted between the two candidates who received the highest number of votes, and the candidates who received the plurality of the votes in the run-off balloting shall be elected.

Article 54

Before the President assumes his office he shall take the following oath :

" I do solemnly swear before the nation that I shall observe the Constitution, promote the welfare of the people, defend the State and shall faithfully execute the office of President. "

Article 55

The President and Vice-President shall hold office for four years. Consecutive re-election shall be permissible for one time only. The term of office of the Vice-President shall begin and end simultaneously with that of the President.

Article 56

The election for the President and Vice-President shall be held not later than thirty days before the expiration of the term of the preceding President and Vice-President. The vacancy of the President or Vice-President shall be filled without delay by election in the National Assembly.

Article 57

When in time of civil war, or in a dangerous situation arising from foreign relations, or in case of a natural calamity, or on account of a grave economic or financial crisis it is necessary to take urgent measures for the maintenance of public order and security, the President shall have the right to issue orders having the effect of law or to make necessary financial dispositions; provided, however, that the President shall exercise such powers exclusively if time is lacking for the convocation of the National Assembly.

Such orders or dispositions shall be reported without delay to the National Assembly for confirmation. If confirmation of the National Assembly is not obtained, such orders or dispositions shall lose their effect, thereupon, and the President shall announce it without delay.

Article 58

The President may issue orders within the framework of the powers delegated to him and orders necessary for the enforcement of laws.

Article 59

The President shall conclude and ratify treaties, declare war, make peace, and receive and accredit diplomatic representatives of foreign countries.

Article 60

The President may address the National Assembly or express his opinion on important national affairs by written messages.

Article 61

The President shall be the Commander-in-Chief of the National Military Forces.

The organization and formation of the National Military Force shall be determined by law.

Article 62

The President shall appoint and remove Government officials in accordance with the Constitution and the law.

Article 63

The President shall have the power to grant pardons, mitigation of punishment and restoration of rights, in accordance with the provisions of law.

Article 64

The President shall proclaim a state of siege in accordance with the provisions of law.

Article 65

The President shall confer decorations and extend other honours or awards.

Article 66

The acts of the President pertaining to State affairs shall be executed in written documents and all such documents shall be countersigned by the Prime Minister and the Minister concerned.

The foregoing paragraph applies equally to acts of the President pertaining to military affairs.

Article 67

The President shall not be charged with criminal offense during his tenure of office except in case of treason.

Section II—State Council

Article 68

The State Council shall act as a collegiate body. It shall be composed of the President, the Prime Minister and other Ministers and shall decide on important national policies which come within the scope of the powers of the President.

Article 69

The President shall appoint the Prime Minister with the consent of the National Assembly. When the National Assembly convenes after a general election the appointment of the Prime Minister shall be confirmed by the National Assembly. The Ministers shall be appointed by the President. The total number of Ministers shall not be more than fifteen and not less than eight. No military personnel shall be appointed Prime Minister or Minister unless he has resigned from active service.

Article 70

The meetings of the State Council shall be presided over by the President.

The Prime Minister shall assist the President and shall be the vice-chairman of the State Council.

Article 71

The decisions in the meetings of the State Council shall be by majority vote. The President shall have the right to vote and to break a tie vote.

Article 72

The following matters shall be referred to the State Council for decision :

1. Fundamental plans and policies concerning national affairs;

2. Proposed treaties, declaration of war, conclusion of peace, and other important foreign policy;

3. Proposed amendments to the Constitution, bills and orders of the President;

4. Proposed budgets, reports to the Board of Audit, urgent financial dispositions, and the defrayment of the reserve fund;

5. Matters pertaining to the request of convening the National Assembly for an extraordinary session;

6. Proposed proclamation and termination of a state of siege;

7. Important military affairs;

8. Conferment of honours and grant of pardon, mitigation of punishment or restoration of rights;

9. Matters referring to the liaison between departments of the executive branch and determination of their jurisdiction;

10. Examination of petitions submitted or referred to the Government ;

11. Appointment and removal of justices of the Supreme Court, Procurator General, the Head of the Board of Audit, the President of the National University, Ambassadors, Ministers, the highest ranking officer of the National Military Force, the Chief of Staff and other public officials and the managers of important national enterprises designated by law;

12. Establishment and operation of important policies of the various branches of the executive branch of the Government; and

13. Other matters presented by the Prime Minister or the Ministers.

Section III—Executive Departments

Article 73

The heads of the departments of the executive branch shall be appointed by the President from among the Ministers.

The Prime Minister shall, under the orders of the President, control and supervise the heads of the departments; he shall take charge of administrative affairs not assigned to any particular department.

Article 74

The Prime Minister and the head of each executive department may, by virtue of their implied authority or by special delegation, issue "Orders of the Prime Minister" or Department Orders respectively, concerning affairs in their agencies.

Article 75

The organization and function of each department of the executive branch shall be determined by law.

CHAPTER V

COURTS

Article 76

The judicial power shall be vested in the courts composed of judges. The organization of the Supreme Court and the lower courts shall be determined by law. The qualification of judges shall be determined by law.

Article 77

The judges of the court shall judge independently in accordance with the Constitution and the law.

Article 78

The Chief Justice of the Supreme Court shall be appointed by the President with the consent of the National Assembly.

Article 79

The tenure of the judges shall be ten years and the judges may be reappointed in accordance with the law.

Article 80

Judges shall not be dismissed, suspended from office or have their salaries reduced except by impeachment or criminal or disciplinary punishment.

Article 81

The Supreme Court shall have jurisdiction to decide finally whether administrative orders and regulations, and dispositions, are consistent with the Constitution and the law.

Whenever the decision of the case depends on the determination of the constitutionality of a law, the court shall proceed in accordance with the decision of the Constitution Committee.

The Vice-President shall be the Chairman of the Constitution Committee and five justices of the Supreme Court and five members of the National Assembly shall serve as members of the Constitution Committee. A decision holding that a law is unconstitutional requires a two-thirds majority of the Constitution Committee. The organization and the rules of procedure of the Constitution Committee shall be determined by law.

Article 82

The Supreme Court may establish internal regulations of the court and rules pertaining to routine matters.

Article 83

The trial and the announcement of judgment shall be open to the public but may be closed to the public by a decision of the court when it is considered to disturb public peace and order or to be dangerous to public morals.

CHAPTER VI

ECONOMY

Article 84

The principle of the economic order of the Korean Republic shall be to realize social justice, to meet the basic demands of all citizens and to encourage the development of a balanced economy.

Within the limits of the foregoing paragraph the economic freedom of each individual shall be guaranteed.

Article 85

Mines and other important mineral resources, marine resources, water power and natural powers which may be utilized economically shall be owned by the State. In order to utilize and develop such resources, licenses shall, in case of public necessity, be granted for a limited period to private persons in accordance with the provisions of law and shall be cancelled in accordance with the provisions of law.

Article 86

Farmland shall be distributed to self-tilling farmers. The method of distribution, the extent of possession, and the nature and restrictions of ownership shall be determined by law.

Article 87

Important transportation and communication enterprises, financial and insurance institutions, electricity, irrigation, water supply, gas and any enterprises having public character, shall be managed by the Government or by juridical persons of public law. When required by public necessity such enterprises shall be licensed to private individuals in accordance with the provisions of law and licenses shall be cancelled in accordance with the provisions of law.

Foreign trade shall be under the control of the Government.

Article 88

In order to meet urgent necessities of national defense or national life, private enterprises shall be transferred to State or public ownership, or their management shall be placed under control or supervision of the State or juridical persons of public law, when it is deemed urgently necessary in accordance with provisions of law.

Article 89

Article 15, paragraph 2, of this Constitution shall be applicable to the cancellation of a license, the expropriation, use or restriction of property as provided in Articles 85-88.

CHAPTER VII

FINANCE

Article 90

The items and rates of all taxes shall be determined by law.

Article 91

The Government shall submit to the National Assembly at the beginning of each annual meeting for decision a budget covering all revenues and expenditures for the fiscal year.

In case a special disbursement covers a period of more than one year, such disbursement shall be established by the National Assembly as a continual fund.

The National Assembly shall neither increase items of expenditure, nor establish new items of expenditure without the concurrence of the Government.

Article 92

The raising of a national loan or the conclusion of any contract incumbent upon the National Treasury outside the national budget shall be subject to a decision of the National Assembly.

Article 93

The creation of a reserve fund for unforeseen expenditures outside of the budget, or for any disbursement in excess of the budget, shall be decided by the National Assembly in advance; the disbursement of the reserve fund shall be confirmed by the subsequent session of the National Assembly.

Article 94

The National Assembly shall enact the annual budget before the beginning of the fiscal year. In case the budget cannot be enacted in time on account of unavoidable reasons, the National Assembly shall establish a temporary budget for a period not exceeding the first month of the fiscal year and the regular budget shall be enacted within this period.

Article 95

The counts of revenue and disbursement of the State shall be investigated annually by the Board of Audit.

The Government shall submit to the National Assembly, in session the following year, a statement of accounts together with the auditing report of the Board of Audit. The organization and functions of the Board of Audit shall be determined by law.

CHAPTER VIII

LOCAL AUTONOMOUS ORGANIZATIONS

Article 96

Local autonomous organizations shall manage their property and perform their administration within the framework of laws and orders and shall perform such additional tasks as are delegated to them by law.

Local autonomous organizations may establish self-governing regulations within the framework of laws and orders.

Article 97

The organization and operation of local autonomous organizations shall be determined by law. There shall be a Board or Council set up in each local autonomous organization.

The organization and authority of the local councils and the election of its members shall be determined by law.

CHAPTER IX

AMENDMENT TO THE CONSTITUTION

Article 98

A motion to amend the Constitution shall be introduced either by the President or by one-third or more of the members of the National Assembly duly elected and seated. Proposed amendments to the Constitution shall be announced by the President to the public. The period for an announcement as prescribed in the foregoing paragraph shall not be less than thirty days.

The decision on the amendment to the Constitution requires the concurrence of more than two-thirds of the members of the National Assembly duly elected and seated.

When an amendment to the Constitution has been adopted the President shall promulgate it immediately.

CHAPTER X

SUPPLEMENTARY RULES

Article 99

This Constitution shall be in effect from the date of its promulgation so declared by the Speaker of the National Assembly which enacted this Constitution. However, those provisions which can be made effective only after the enactment of supplementary laws shall become effective from the date at which such a supplementary law becomes effective.

Article 100

Existing laws and ordinances shall be in effect to the extent that they do not conflict with this Constitution.

Article 101

The National Assembly which enacted the Constitution may establish a special law dealing with the punishment of malicious anti-national acts committed prior to 15 August 1945.

Article 102

The National Assembly which enacted this Constitution shall exercise the powers of the National Assembly as prescribed in this Constitution ; the terms of its members shall be two years from the date of the convocation of the National Assembly.

Article 103

Government officials who are holding positions at the effective date of this Constitution shall continue their duties until such time as their successors shall be elected or appointed according to this Constitution.

ANNEX VI

List of delegations to the Commission, and secretariat (after 5 June 1948)

DELEGATIONS TO THE COMMISSION

Australia : S. H. Jackson, representative;[1] A. B. Jamieson, alternate.

Canada : George S. Patterson, representative ; Mabel McFarlane, secretary-typist.

China : Liu Yu-Wan, representative ; Ssutu Ting Teh, first alternate ; Wang Gung-Hsing, second alternate.

El Salvador : Miguel Angel Pena Valle, representative.

France : Jean Paul-Boncour, representative ; Olivier Manet, alternate ;[2] Henri Costilhes, adviser ; Marcel Barthélemy, secretary ; Irène Michaux, secretary ; Charles Martel, secretary.

India : B. Singh, representative.

[1] Left Seoul on 24 June 1948. During Mr. Jackson's absence from Seoul, Mr. Jamieson represented Australia until 15 August 1948, when he was recalled by his Government. Mr. Jackson rejoined the Commission in New York on 13 September 1948.

[2] Returned to Paris, France, 21 July 1948. Subsequently Mr. Costilhes was appointed alternate.

Philippine Republic : Rufino Luna, representative ; Custodio A. Villalva, adviser.

Syria : Yasin Mughir, representative.[3]

SECRETARIAT OF THE COMMISSION

Principal secretary : Coert Binnerts ;[4]

Assistant secretary : Hung-ti Chu ;

Administrative and finance officer : Alfred F. Katz ;

Interpreters : Alexandre Blokh, Harry Liao ;

Precis-writer : Anthony Balinski ;

Secretary-stenographers : Magdeleine Allard, Colette Coppée, Christiane Faure.

Locally recruited staff

Interpreter-translator : Hyun Hurh ;

Correspondent-secretary : Unja Lee ;

Messenger : Chong Dea Lee.

[3] Returned to Washington, D.C., 3 June 1948, rejoined the Commission on 7 September 1948 in New York.

[4] From 7 June to 4 July 1948, Mr. Ian F. G. Milner served as the Principal Secretary, and on 4 July 1948 Mr. Binnerts assumed duties.

ANNEX VII

Complete list of documents of the Temporary Commission issued since 5 June 1948

A. Agendas of the meetings of the Commission

A/AC.19/Agenda 59	Provisional Agenda for the 59th meeting	8 June 1948
A/AC.19/Agenda 60	Provisional Agenda for the 60th meeting	11 June 1948
A/AC.19/Agenda 61	Provisional Agenda for the 61st meeting	13 June 1948
A/AC.19/Agenda 62	Provisional Agenda for the 62nd meeting	15 June 1948
A/AC.19/Agenda 63	Provisional Agenda for the 63rd meeting	16 June 1948
A/AC.19/Agenda 64	Provisional Agenda for the 64th meeting	19 June 1948
A/AC.19/Agenda 65	Provisional Agenda for the 65th meeting	21 June 1948
A/AC.19/Agenda 66 A/AC.19/Agenda 67	Provisional Agenda for the 66th meeting-67th meeting	22 June 1948
A/AC.19/Agenda 68	Provisional Agenda for the 68th meeting	23 June 1948
A/AC.19/Agenda 69	Provisional Agenda for the 69th meeting	24 June 1948
A/AC.19/Agenda 70	Provisional Agenda for the 70th meeting	26 June 1948
A/AC.19/Agenda 71	Provisional Agenda for the 71st meeting	28 June 1948
A/AC.19/Agenda 72	Provisional Agenda for the 72nd meeting	29 June 1948
A/AC.19/Agenda 73	Provisional Agenda for the 73rd meeting	30 June 1948
A/AC.19/Agenda 74	Provisional Agenda for the 74th meeting	2 July 1948
A/AC.19/Agenda 75	Provisional Agenda for the 75th meeting	2 July 1948
A/AC.19/Agenda 76	Provisional Agenda for the 76th meeting	3 July 1948
A/AC.19/Agenda 77	Provisional Agenda for the 77th meeting	5 July 1948
A/AC.19/Agenda 78	Provisional Agenda for the 78th meeting	7 July 1948
A/AC.19/Agenda 79	Provisional Agenda for the 79th meeting	8 July 1948
A/AC.19/Agenda 80	Provisional Agenda for the 80th meeting	10 July 1948
A/AC.19/Agenda 81	Provisional Agenda for the 81st meeting	12 July 1948

A/AC.19/Agenda 82	Provisional Agenda for the 82nd meeting	13 July 1948
A/AC.19/Agenda 83	Provisional Agenda for the 83rd meeting	15 July 1948
A/AC.19/Agenda 84	Provisional Agenda for the 84th meeting	16 July 1948
A/AC.19/Agenda 85	Provisional Agenda for the 85th meeting	19 July 1948
A/AC.19/Agenda 86	Provisional Agenda for the 86th meeting	21 July 1948
A/AC.19/Agenda 87	Provisional Agenda for the 87th meeting	22 July 1948
A/AC.19/Agenda 88	Provisional Agenda for the 88th meeting	26 July 1948
A/AC.19/Agenda 89	Provisional Agenda for the 89th meeting	29 July 1948
A/AC.19/Agenda 90	Provisional Agenda for the 90th meeting	4 August 1948
A/AC.19/Agenda 91	Provisional Agenda for the 91st meeting	6 August 1948
A/AC.19/Agenda 92	Provisional Agenda for the 92nd meeting	10 August 1948
A/AC.19/Agenda 93	Provisional Agenda for the 93rd meeting	12 August 1948
A/AC.19/Agenda 94	Provisional Agenda for the 94th meeting	13 August 1948
A/AC.19/Agenda 95	Provisional Agenda for the 95th meeting	17 August 1948
A/AC.19/Agenda 96	Provisional Agenda for the 96th meeting	19 August 1948
A/AC.19/Agenda 97	Provisional Agenda for the 97th meeting	19 August 1948
A/AC.19/Agenda 98	Provisional Agenda for the 98th meeting	23 August 1948
A/AC.19/Agenda 99	Provisional Agenda for the 99th meeting	14 Sept. 1948
A/AC.19/Agenda 100	Provisional Agenda for the 100th meeting	21 Sept. 1948
A/AC.19/Agenda 101	Provisional Agenda for the 101st meeting	1 October 1948
A/AC.19/Agenda 102	Provisional Agenda for the 102nd meeting	11 October 1948
A/AC.19/Agenda 103	Provisional Agenda for the 103rd meeting	13 October 1948

B. Summary records of the meetings of the Commission

A/AC.19/SR.49/Corr.1	Corrigendum to Summary Record of the 49th meeting	16 June 1948
A/AC.19/SR.54/Corr.1	Corrigendum to Summary Record of the 54th meeting	26 June 1948
A/AC.19/SR.55/Corr.1	Corrigendum to Summary Record of the 55th meeting	15 June 1948
A/AC.19/SR.56/Corr.1	Corrigendum to Summary Record of the 56th meeting	16 June 1948
A/AC.19/SR.58/Corr.1	Corrigendum to Summary Record of the 58th meeting	26 June 1948
A/AC.19/SR.59	Summary Record of the 59th meeting	9 June 1948
A/AC.19/SR.60	Summary Record of the 60th meeting	10 June 1948
A/AC.19/SR.61	Summary Record of the 61st meeting	14 June 1948
A/AC.19/SR.61/Corr.1	Corrigendum to Summary Record of the 61st meeting	17 June 1948
A/AC.19/SR.62	Summary Record of the 62nd meeting	16 June 1948
A/AC.19/SR.62/Corr.1	Corrigendum to Summary Record of the 62nd meeting	26 June 1948
A/AC.19/SR.63	Summary Record of the 63rd meeting	17 June 1948
A/AC.19/SR.64	Summary Record of the 64th meeting	22 June 1948
A/AC.19/SR.65	Summary Record of the 65th meeting	24 June 1948
A/AC.19/SR.65/Corr.1	Corrigendum to Summary Record of the 65th meeting	1 July 1948
A/AC.19/SR.66	Summary Record of the 66th meeting	25 June 1948
A/AC.19/SR.67	Summary Record of the 67th meeting	24 June 1948
A/AC.19/SR.68	Summary Record of the 68th meeting	25 June 1948
A/AC.19/SR.69	Summary Record of the 69th meeting	26 June 1948
A/AC.19/SR.70	Summary Record of the 70th meeting	29 June 1948
A/AC.19/SR.71	Summary Record of the 71st meeting	1 July 1948
A/AC.19/SR.72	Summary Record of the 72nd meeting	1 July 1948
A/AC.19/SR.73	Summary Record of the 73rd meeting	2 July 1948
A/AC.19/SR.74	Summary Record of the 74th meeting	3 July 1948
A/AC.19/SR.75	Summary Record of the 75th meeting	7 July 1948
A/AC.19/SR.75/Corr.1	Corrigendum to Summary Record of the 75th meeting	12 July 1948
A/AC.19/SR.76	Summary Record of the 76th meeting	8 July 1948
A/AC.19/SR.77	Summary Record of the 77th meeting	9 July 1948
A/AC.19/SR.77/Corr.1	Corrigendum to Summary Record of the 77th meeting	13 July 1948
A/AC.19/SR.78	Summary Record of the 78th meeting	10 July 1948
A/AC.19/SR.78/Corr.1	Corrigendum to Summary Record of the 78th meeting	13 July 1948
A/AC.19/SR.79	Summary Record of the 79th meeting	12 July 1948
A/AC.19/SR.80	Summary Record of the 80th meeting	14 July 1948
A/AC.19/SR.81	Summary Record of the 81st meeting	14 July 1948
A/AC.19/SR.81/Corr.1	Corrigendum to Summary Record of the 81st meeting	23 July 1948

A/AC.19/SR.82	Summary Record of the 82nd meeting	14 July 1948
A/AC.19/SR.83	Summary Record of the 83rd meeting	17 July 1948
A/AC.19/SR.84	Summary Record of the 84th meeting	19 July 1948
A/AC.19/SR.85	Summary Record of the 85th meeting	23 July 1948
A/AC.19/SR.86	Summary Record of the 86th meeting	22 July 1948
A/AC.19/SR.87	Summary Record of the 87th meeting	24 July 1948
A/AC.19/SR.88	Summary Record of the 88th meeting	29 July 1948
A/AC.19/SR.89	Summary Record of the 89th meeting	3 August 1948
A/AC.19/SR.90	Summary Record of the 90th meeting	6 August 1948
A/AC.19/SR.91	Summary Record of the 91st meeting	9 August 1948
A/AC.19/SR.92	Summary Record of the 92nd meeting	11 August 1948
A/AC.19/SR.93	Summary Record of the 93rd meeting	14 August 1948
A/AC.19/SR.94	Summary Record of the 94th meeting	16 August 1948
A/AC.19/SR.94/Corr.1	Corrigendum to Summary Record of the 94th meeting	20 August 1948
A/AC.19/SR.95	Summary Record of the 95th meeting	19 August 1948
A/AC.19/SR.96	Summary Record of the 96th meeting	20 August 1948
A/AC.19/SR.97	Summary Record of the 97th meeting	21 August 1948
A/AC.19/SR.98	Summary Record of the 98th meeting	25 August 1948
A/AC.19/SR.99	Summary Record of the 99th meeting	17 Sept. 1948
A/AC.19/SR.100	Summary Record of the 100th meeting	21 Sept. 1948
A/AC.19/SR.101	Summary Record of the 101st meeting	6 October 1948
A/AC.19/SR.101/Corr.1	Corrigendum to Summary Record of the 101st meeting	12 October 1948
A/AC.19/SR.102	Summary Record of the 102nd meeting	14 October 1948
A/AC.19/SR.103	Summary Record of the 103rd meeting	18 October 1948

C. General documents

A/AC.19/39/Add.3	Fourth list of documents issued by the Temporary Commission	5 June 1948
A/AC.19/39/Add.3/Corr.1	Corrigendum to fourth list of documents issued by the Temporary Commission	7 July 1948
A/AC.19/39/Add.4	Fifth list of documents issued by the Temporary Commission	2 July 1948
A/AC.19/39/Add.5	Sixth list of documents issued by the Temporary Commission	3 August 1948
A/AC.19/39/Add.5/Corr.1	Corrigendum to sixth list of documents issued by the Temporary Commission	8 October 1948
A/AC.19/39/Add.6	Seventh list of documents issued by the Temporary Commission	31 August 1948
A/AC.19/39/Add.7	Eighth list of documents issued by the Temporary Commission	19 October 1948
A/AC.19/66/Add.3	Official registration and election statistics	9 June 1948
A/AC.19/66/Add.4	Official registration statistics; withdrawal of candidates registered	12 June 1948
A/AC.19/66/Add.5	Official registration statistics; political party affiliation of candidates	25 June 1948
A/AC.19/72/Add.1	Letter from the Chairman and Rapporteur transmitting to the Secretary-General the first part of the report of the Temporary Commission to the General Assembly	21 June 1948
A/AC.19/74	Communication from Mr. Rhee Syngman concerning the appointment of a Temporary Liaison Committee	8 June 1948
A/AC.19/74/Add.1	Reply from the Chairman of the Temporary Commission to the communication from Mr. Rhee Syngman concerning the appointment of a Temporary Liaison Committee	11 June 1948
A/AC.19/75	Official results of the election	9 June 1948
A/AC.19/75/Add.1	Official results of the election ; postponement of by-election in electoral districts A and B of Cheju-Do	12 June 1948
A/AC.19/75/Add.2	Official result of the election; invalid ballots	22 June 1948
A/AC.19/76	Philippine Republic : draft resolution	9 June 1948
A/AC.19/77	Consultation with elected representatives; resolution adopted at the 60th meeting, 10 June 1948	10 June 1948

A/AC.19/78	Establishment of a Korean National Assembly : letter from the Chairman, Korean National Assembly	11 June 1948
A/AC.19/78/Add.1	Establishment of a Korean National Assembly : letter from the Chairman of the Temporary Commission to the Chairman, Korean National Assembly	28 June 1948
A/AC.19/79	Philippine Republic : draft resolution	14 June 1948
A/AC.19/80	United Nations Temporary Commission on Korea : first part of the Report to the General Assembly.	21 July 1948
A/AC.19/80/Add.1	United Nations Temporary Commission on Korea : second part of the Report to the General Assembly	15 October 1948
A/AC.19/80/Add.2	United Nations Temporary Commission on Korea : second part of the Report to the General Assembly; annexes	18 October 1948
A/AC.19/81	Tenth information report on the work of the Commission (period 16 May-5 June 1948)	14 June 1948
A/AC.19/82	Implementation of the resolutions of the General Assembly of 14 November 1947. China : draft memorandum	22 June 1948
A/AC.19/83	Elections of 10 May 1948. El Salvador : draft resolution	24 June 1948
A/AC.19/84	Elections of 10 May 1948 : resolution adopted at the 69th meeting, 25 June 1948	26 June 1948
A/AC.19/85	Consultation with elected representatives. France : draft resolution	28 June 1948
A/AC.19/86	Consultation with elected representatives : resolution adopted at the 71st meeting, 29 June 1948	30 June 1948
A/AC.19/87	Eleventh information report on the work of the Commission (period 6 June-4 July 1948)	7 July 1948
A/AC.19/88	Twelfth information report on the work of the Commission (period 5 July-31 July 1948)	4 August 1948
A/AC.19/89	Establishment of a Korean Government : letter from the President of the Republic of Korea	6 August 1948
A/AC.19/89/Add.1	Establishment of a Korean Government : letter from the President of the Republic of Korea	12 August 1948
A/AC.19/89/Add.2	Establishment of a Korean Government : letter from the Commanding General, United States Army Forces in Korea	12 August 1948
A/AC.19/89/Add.3	Establishment of a Korean Government : letter from the Commanding General, United States Army Forces in Korea	12 August 1948
A/AC.19/89/Add.4	Establishment of a Korean Government : reply from the Chairman of the Commission to President Rhee Syngman's letter, 6 August 1948	18 August 1948
A/AC.19/89/Add.5	Establishment of a Korean Government : letter from Foreign Minister Chang Taik Sang of the Korean Government to the Chairman of the Commission	18 August 1948
A/AC.19/89/Add.6	Establishment of a Korean Government : letter from the representative of the Minister of Foreign Affairs of the Korean Government	23 August 1948
A/AC.19/90	Completion of the second part of the Report to the General Assembly	23 August 1948
A/AC.19/91	Interim agreement between the President of the Republic of Korea and the Commanding General, United States Army Forces in Korea	25 August 1948
A/AC.19/92	Thirteenth information report on the work of the Commission	14 Sept. 1948
A/AC.19/93	Future activities of the Commission; resolution adopted at the 100th meeting	20 Sept. 1948

A/AC.19/94	Initial financial and property settlement between the Government of the United States of America and the Government of the Republic of Korea	6 October 1948
A/AC.19/95	United Nations Temporary Commission on Korea : statement from the Principal Secretary to the members of the Commission concerning the attitude of the Secretary-General toward the Commission's resolution of 17 September 1948	13 October 1948

D. Working papers

A/AC.19/W.39/Add.6	Attitudes toward the elections : acts of violence against Election Committee Officials (circulated by the Secretariat)	6 May 1948
A/AC.19/W.39/Add.7	Attitudes towards the elections : anti-election activities (circulated by the Secretariat)	15 June 1948
A/AC.19/W.39/Add.8	Attitudes towards the elections : anti-election activities (circulated by the Secretariat)	20 July 1948
A/AC.19/W.50	Proclamation and announcement concerning the first meeting of the elected representatives, Seoul, Korea	8 June 1948
A/AC.19/W.51	Letter from the Commanding General, United States Army Forces in Korea, to the elected candidates	8 June 1948
A/AC.19/W.52	Speeches delivered by Mr. Rhee Syngman, by the Commanding General, United States Army Forces in Korea, and by the Military Governor at the opening ceremony of the meeting of elected representatives, Seoul, Korea, 31 May 1948	8 June 1948
A/AC.19/W.52/Add.1	Address delivered by Mr. Rhee Syngman at the ceremony of inauguration of the first President and Vice-President of the Democratic Republic of Korea, 24 July 1948	27 July 1948
A/AC.19/W.52/Add.2	Public Statement by Lt. General John R. Hodge, Commanding General, United States Army Forces in Korea, on 27 July 1948 (circulated by the Secretariat)	27 July 1948
A/AC.19/W.53	Resolution of the Korean National Assembly concerning North Korea (circulated by the Secretariat)	14 June 1948
A/AC.19/W.53/Add.1	Resolution of the Korean National Assembly concerning North Korea (circulated by the Secretariat)	14 July 1948
A/AC.19/W.53/Add.2	Reply from the Chairman of the Temporary Commission to the communication from the Chairman of the Temporary Liaison Committee, Korean National Assembly (circulated by the Secretariat)	23 July 1948
A/AC.19/W.54	Analysis of official results of the election (prepared by the Secretariat)	18 June 1948
A/AC.19/W.55	Draft constitution of the Democratic Republic of Korea : draft of the Committee for the drafting of the Constitution (circulated by the Secretariat)	1 July 1948
A/AC.19/W.55/Add.1	Constitution of the Democratic Republic of Korea adopted by the Korean National Assembly on 12 July 1948 (circulated by the Secretariat)	27 August 1948
A/AC.19/W.56	South Korean constabulary (circulated by the Secretariat)	23 July 1948
A/AC.19/W.57	Elections in North Korea : memorandum from the United States Liaison Officer (circulated by the Secretariat)	3 August 1948
A/AC.19/W.57/Add.1	Elections in North Korea : memorandum from the United States Liaison Officer (circulated by the Secretariat)	4 August 1948

A/AC.19/W.57/Add.2	Elections in North Korea : joint statement by twenty-five political organizations in South Korea (circulated by the Secretariat)	31 August 1948
A/AC.19/W.58	Speeches delivered by President Rhee Syngman, by General of the Army Douglas MacArthur, by the Commanding General, United States Army Forces in Korea, and by the Chairman of the Commission on the occasion of Korean celebration of formation of Government of the Republic of Korea	16 August 1948
A/AC.19/W.58/Add.1	Statement by Dr. Wang Shih Chieh, Minister of Foreign Affairs of the Chinese Government, issued in connexion with the occasion of Korean celebration of formation of Government of the Republic of Korea, 15 August 1948	23 August 1948
A/AC.19/W.59	Economic position and prospects of Korea : report of the "Johnston Committee" on Korea made public by Secretary of the Army Kenneth C. Royall in Washington, D.C., 19 May 1948 (circulated by the Secretariat)	23 August 1948

E. Communications received from parties, organizations and individuals

A/AC.19/NC.2/Add.3	List of communications from organizations	8 June 1948
A/AC.19/NC.2/Add.4	List of communications from organizations, received 11 May - 31 July 1948	5 August 1948
A/AC.19/NC.3/Add.3	List of communications from individuals	8 June 1948
A/AC.19/NC.3/Add.4	List of communications from individuals, received 11 May - 31 July 1948	6 August 1948
A/AC.19/NC.42	Communication from the Chairman of the Patriotic Alliance for Freedom and Unity of Korea, 20 June 1948, to the General Assembly of the United Nations	29 June 1948
A/AC.19/NC.43	Communication from the Most Reverend Paul M. Ro, D.D., Vicar Apostolic of Seoul, Korea, 1 July 1948	7 July 1948
A/AC.19/NC.44	Communication from the Society to accelerate unified independence, Seoul, Korea, 15 September 1948 to the Secretary-General of the United Nations	30 Sept. 1948

F. Information papers

A/AC.19/INF.1/Rev.3	Secretariat of the Commission	4 July 1948
A/AC.19/INF.2/Rev.3	List of delegations	23 July 1948

G. Agendas and summary records of meetings of the Sub-Committees

(a) *Main Committee*

(1) Agendas

A/AC.19/SC.4/Agenda 13	Provisional Agenda for the 13th meeting	17 June 1948
A/AC.19/SC.4/Agenda 14	Provisional Agenda for the 14th meeting	14 July 1948
A/AC.19/SC.4/Agenda 15	Provisional Agenda for the 15th meeting	17 July 1948
A/AC.19/SC.4/Agenda 16	Provisional Agenda for the 16th meeting	20 July 1948
A/AC.19/SC.4/Agenda 17	Provisional Agenda for the 17th meeting	21 July 1948
A/AC.19/SC.4/Agenda 18	Provisional Agenda for the 18th meeting	27 July 1948
A/AC.19/SC.4/Agenda 19	Provisional Agenda for the 19th meeting	25 August 1948

(2) Summary Records

A/AC.19/SC.4/SR.13	Summary Record of the 13th meeting	21 June 1948
A/AC.19/SC.4/SR.14	Summary Record of the 14th meeting	16 July 1948
A/AC.19/SC.4/SR.15	Summary Record of the 15th meeting	20 July 1948
A/AC.19/SC.4/SR.16	Summary Record of the 16th meeting	21 July 1948
A/AC.19/SC.4/SR.17	Summary Record of the 17th meeting	22 July 1948
A/AC.19/SC.4/SR.18	Summary Record of the 18th meeting	29 July 1948
A/AC.19/SC.4/SR.19	Summary Record of the 19th meeting	26 August 1948

(b) *Drafting Committee*

(1) Agendas

A/AC.19/DC/Agenda 1	Provisional Agenda for the 1st meeting	4 Sept. 1948
A/AC.19/DC/Agenda 2	Provisional Agenda for the 2nd meeting	8 Sept. 1948
A/AC.19/DC/Agenda 3	Provisional Agenda for the 3rd meeting	9 Sept. 1948
A/AC.19/DC/Agenda 4	Provisional Agenda for the 4th meeting	10 Sept. 1948
A/AC.19/DC/Agenda 5	Provisional Agenda for the 5th meeting	13 Sept. 1948
A/AC.19/DC/Agenda 6	Provisional Agenda for the 6th meeting	15 Sept. 1948
A/AC.19/DC/Agenda 7	Provisional Agenda for the 7th meeting	15 Sept. 1948
A/AC.19/DC/Agenda 8	Provisional Agenda for the 8th meeting	16 Sept. 1948
A/AC.19/DC/Agenda 9	Provisional Agenda for the 9th meeting	17 Sept. 1948
A/AC.19/DC/Agenda 10	Provisional Agenda for the 10th meeting	20 Sept. 1948
A/AC.19/DC/Agenda 11	Provisional Agenda for the 11th meeting	21 Sept. 1948
A/AC.19/DC/Agenda 12	Provisional Agenda for the 12th meeting	22 Sept. 1948
A/AC.19/DC/Agenda 13	Provisional Agenda for the 13th meeting	24 Sept. 1948
A/AC.19/DC/Agenda 14	Provisional Agenda for the 14th meeting	24 Sept. 1948
A/AC.19/DC/Agenda 15	Provisional Agenda for the 15th meeting	27 Sept. 1948
A/AC.19/DC/Agenda 16	Provisional Agenda for the 16th meeting	27 Sept. 1948
A/AC.19/DC/Agenda 17	Provisional Agenda for the 17th meeting	28 Sept. 1948
A/AC.19/DC/Agenda 18	Provisional Agenda for the 18th meeting	29 Sept. 1948
A/AC.19/DC/Agenda 19	Provisional Agenda for the 19th meeting	7 October 1948
A/AC.19/DC/Agenda 20	Provisional Agenda for the 20th meeting	8 October 1948

(2) Summary Records

A/AC.19/DC/SR.1	Summary Record of the 1st meeting	8 Sept. 1948
A/AC.19/DC/SR.2	Summary Record of the 2nd meeting	9 Sept. 1948
A/AC.19/DC/SR.3	Summary Record of the 3rd meeting	13 Sept. 1948
A/AC.19/DC/SR.4	Summary Record of the 4th meeting	14 Sept. 1948
A/AC.19/DC/SR.5	Summary Record of the 5th meeting	15 Sept. 1948
A/AC.19/DC/SR.6	Summary Record of the 6th meeting	20 Sept. 1948
A/AC.19/DC/SR.6/Corr.1	Corrigendum to the Summary Record of 6th meeting	23 Sept. 1948
A/AC.19/DC/SR.7	Summary Record of the 7th meeting	16 Sept. 1948
A/AC.19/DC/SR.8	Summary Record of the 8th meeting	22 Sept. 1948
A/AC.19/DC/SR.9	Summary Record of the 9th meeting	22 Sept. 1948
A/AC.19/DC/SR.10	Summary Record of the 10th meeting	24 Sept. 1948
A/AC.19/DC/SR.11	Summary Record of the 11th meeting	22 Sept. 1948
A/AC.19/DC/SR.12	Summary Record of the 12th meeting	27 Sept. 1948
A/AC.19/DC/SR.13	Summary Record of the 13th meeting	27 Sept. 1948
A/AC.19/DC/SR.14	Summary Record of the 14th meeting	26 Sept. 1946
A/AC.19/DC/SR.15	Summary Record of the 15th meeting	30 Sept. 1948
A/AC.19/DC/SR.16	Summary Record of the 16th meeting	30 Sept. 1948
A/AC.19/DC/SR.17	Summary Record of the 17th meeting	1 October 1948
A/AC.19/DC/SR.18	Summary Record of the 18th meeting	4 October 1948
A/AC.19/DC/18/Corr.1	Corrigendum to the Summary Record of 18th meeting	17 October 1948
A/AC.19/DC/SR.19	Summary Record of the 19th meeting	7 October 1948
A/AC.19/DC/SR.20	Summary Record of the 20th meeting	12 October 1948

II. Sub-Committee Documents

(a) *Main Committee*

A/AC.19/SC.4/15/Add.10	Election in Tong-Dai-Mun A District, Seoul City: exchange of communications with the United States Liaison Officer to the Commission	9 June 1948
A/AC.19/SC.4/15/Add.11	Election in Tong-Dai-Mun A District, Seoul City: statement by Choi Neung-chin concerning investigation of complaint against cancellation of candidacy	15 June 1948
A/AC.19/SC.4/15/Add.12	Election in Tong-Dai-Mun A District, Seoul City: communication of the United States Liaison Officer to the Commission	21 June 1948
A/AC.19/SC.4/23/Add.3	Complaints concerning free atmosphere for elections: submission to the United States authorities	21 June 1948
A/AC.19/SC.4/23/Add.4	Complaints concerning conduct of the elections: submission to the United States authorities	11 June 1948

A/AC.19/SC.4/23/Add.5	Complaints concerning the free atmosphere for elections : submission to the United States authorities	22 June 1948
A/AC.19/SC.4/23/Add.6	Complaints concerning the free atmosphere for elections : Submission to the United States authorities	16 July 1948
A/AC.19/SC.4/25/Add.1/ Corr.1	Complaints concerning the free atmosphere for elections : comment by the United States authorities	18 June 1948
A/AC.19/SC.4/25/Add.2	Complaints concerning the free atmosphere for elections : comment by the United States authorities	9 June 1948
A/AC.19/SC.4/25/Add.3	Complaints concerning the free atmosphere for elections : comment by the United States authorities	10 June 1948
A/AC.19/SC.4/25/Add.4	Complaints concerning the free atmosphere for elections : comment by the United States authorities	14 June 1948
A/AC.19/SC.4/25/Add.5	Complaints concerning the free atmosphere for elections : comment by the United States authorities	16 June 1948
A/AC.19/SC.4/25/Add.6	Complaints concerning the free atmosphere for elections : comment by the United States authorities	16 June 1948
A/AC.19/SC.4/25/Add.7	Complaints concerning the free atmosphere for elections : comment by the United States authorities	24 June 1948
A/AC.19/SC.4/25/Add.8	Complaints concerning the free atmosphere for elections : comment by the United States authorities	29 June 1948
A/AC.19/SC.4/25/Add.9	Complaints concerning the free atmosphere for elections : comment by the United States authorities	29 June 1948
A/AC.19/SC.4/25/Add.10	Complaints concerning the free atmosphere for elections : comment by the United States authorities	16 July 1948
A/AC.19/SC.4/25/Add.11	Complaints concerning the free atmosphere for elections : comment by the United States authorities	9 August 1948
A/AC.19/SC.4/27	Establishment of Election Review Board : communication from the United States Liaison Officer	24 June 1948
A/AC.19/SC.4/28	Consultation with the Temporary Liaison Committee, Korean National Assembly : communication from the Chairman of the Temporary Liaison Committee	23 July 1948
A/AC.19/SC.4/29	Election of President and Vice-President by the Korean National Assembly : communication from the Chairman of the Temporary Liaison Committee, Korean National Assembly	23 July 1948

(b) *Drafting Committee*

A/AC.19/DC.1	Drafting Committee of the United Nations Temporary Commission on Korea : Report of the Commission, second part, chapter I	8 October 1948
A/AC.19/DC.2	Drafting Committee of the United Nations Temporary Commission on Korea : Report of the Commission, second part, chapter II	11 October 1948

I. *Press releases*

Nos. 58—70, in Seoul, covering the period 5 May 1948 to 30 June 1948.

SALES AGENTS OF THE UNITED NATIONS PUBLICATIONS

ARGENTINA
Editorial Sudamericana S.A.
Alsina 500
BUENOS AIRES

AUSTRALIA
H. A. Goddard Pty. Ltd.
255a George Street
SYDNEY, N. S. W.

BELGIUM
Agence et Messageries de la Presse, S. A.
14-22 rue du Persil
BRUXELLES

BOLIVIA
Librería Científica y Literaria
Avenida 16 de Julio, 216
Casilla 972
LA PAZ

CANADA
The Ryerson Press
299 Queen Street West
TORONTO

CHILE
Edmundo Pizarro
Merced 846
SANTIAGO

CHINA
The Commercial Press Ltd.
211 Honan Road
SHANGHAI

COLOMBIA
Librería Latina Ltda.
Apartado Aéreo 4011
BOGOTÁ

COSTA RICA
Trejos Hermanos
Apartado 1313
SAN JOSÉ

CUBA
La Casa Belga
René de Smedt
O'Reilly 455
LA HABANA

CZECHOSLOVAKIA
F. Topic
Narodni Trida 9
PRAHA 1

DENMARK
Einar Munksgaard
Nørregade 6
KØBENHAVN

DOMINICAN REPUBLIC
Librería Dominicana
Calle Mercedes No. 49
Apartado 656
CIUDAD TRUJILLO

ECUADOR
Muñoz Hermanos y Cía.
Nueve de Octubre 703
Casilla 10-24
GUAYAQUIL

EGYPT
Librairie "La Renaissance d'Egypte"
9 Sh. Adly Pasha
CAIRO

FINLAND
Akateeminen Kirjakauppa
2, Keskuskatu
HELSINKI

FRANCE
Editions A. Pedone
13, rue Soufflot
PARIS, Ve

GREECE
"Eleftheroudakis"
Librairie internationale
Place de la Constitution
ATHÈNES

GUATEMALA
José Goubaud
Goubaud & Cía. Ltda.
Sucesor
5a Av. Sur No. 6 y 9a C. P.
GUATEMALA

HAITI
Max Bouchereau
Librairie "A la Caravelle"
Boîte postale 111-B
PORT-AU-PRINCE

INDIA
Oxford Book & Stationery Company
Scindia House
NEW DELHI

IRAN
Bongahe Piaderow
731 Shah Avenue
TEHERAN

IRAQ
Mackenzie & Mackenzie
The Bookshop
BAGHDAD

LEBANON
Librairie universelle
BEYROUTH

LUXEMBOURG
Librairie J. Schummer
Place Guillaume
LUXEMBOURG

NETHERLANDS
N. V. Martinus Nijhoff
Lange Voorhout 9
s'GRAVENHAGE

NEW ZEALAND
Gordon & Gotch, Ltd.
Waring Taylor Street
WELLINGTON

NICARAGUA
Ramiro Ramírez V.
Agencia de Publicaciones
MANAGUA, D. N.

NORWAY
Johan Grundt Tanum Forlag
Kr. Augustgt. 7A
OSLO

PHILIPPINES
D. P. Pérez Co.
132 Riverside
SAN JUAN

SWEDEN
A.-B. C. E. Fritzes Kungl. Hofbokhandel
Fredsgatan 2
STOCKHOLM

SWITZERLAND
Librairie Payot S. A.
LAUSANNE, GENÈVE, VEVEY, MONTREUX, NEUCHÂTEL, BERNE, BASEL
Hans Raunhardt
Kirchgasse 17
ZURICH I

SYRIA
Librairie universelle
DAMAS

TURKEY
Librairie Hachette
469 Istiklal Caddesi
BEYOGLU-ISTANBUL

UNION OF SOUTH AFRICA
Central News Agency
Commissioner & Rissik Sts.
JOHANNESBURG and at CAPETOWN and DURBAN

UNITED KINGDOM
H. M. Stationery Office
P. O. Box 569
LONDON, S.E. 1
and at H.M.S.O. Shops in LONDON, EDINBURGH, MANCHESTER, CARDIFF, BELFAST and BRISTOL

UNITED STATES OF AMERICA
International Documents Service
Columbia University Press
2960 Broadway
NEW YORK 27, N. Y.

URUGUAY
Oficina de Representación de Editoriales
Av. 18 de Julio 1333 Esc. 1
MONTEVIDEO

VENEZUELA
Escritoría Pérez Machado
Conde a Piñango 11
CARACAS

YUGOSLAVIA
Drzavno Preduzece
Jugoslovenska Knjiga
Moskovska Ul. 36
BEOGRAD

Printed in France. Price in the United States : 40 cents. 12 November 1948.

한국문제 관련 유엔문서 자료집(上)

초판 인쇄 | 2017년 2월 20일
초판 발행 | 2017년 2월 27일

편　저 | 경희대학교 한국현대사연구원
발행인 | 한정희
발행처 | 경인문화사
총괄이사 | 김환기
편집부 | 김지선 나지은 박수진 문성연 유지혜
마케팅부 | 김선규 하재일 유인순
등록번호 | 제406-1973-000003호
주 소 | 경기도 파주시 회동길 445-1 경인빌딩 B동 4층
전 화 | 031) 955-9300　팩 스 | 031) 955-9310
전자우편 | kyungin@kyunginp.co.kr
홈페이지 | www.kyunginp.co.kr

값 45,000원
ISBN 978-89-499-4262-9 93910
978-89-499-4261-2 (세트)